徐复观先生作品

两汉思想史 一（大字本）

徐复观——著

九州出版社
JIUZHOUPRESS

图书在版编目（CIP）数据

两汉思想史：大字本 / 徐复观著. -- 北京 ：九州
出版社，2020.12

ISBN 978-7-5108-8862-5

Ⅰ．①两… Ⅱ．①徐… Ⅲ．①思想史－研究－中国－
汉代 Ⅳ．①B234.05

中国版本图书馆CIP数据核字(2020)第242477号

两汉思想史（大字本）

作　　者	徐复观　著
出版发行	九州出版社
地　　址	北京市西城区阜外大街甲 35 号（100037）
发行电话	(010)68992190/3/5/6
网　　址	www.jiuzhoupress.com
电子信箱	jiuzhou@jiuzhoupress.com
印　　刷	三河市兴博印务有限公司
开　　本	710 毫米 ×1000 毫米　16 开
印　　张	118.25
字　　数	1088 千字
版　　次	2020 年 12 月第 1 版
印　　次	2020 年 12 月第 1 次印刷
书　　号	ISBN 978-7-5108-8862-5
定　　价	398.00 元（全三册）

徐复观先生

徐复观先生手迹

出版说明

　　《两汉思想史》卷一，由香港新亚研究所一九七二年三月初版，原名"周秦汉政治社会结构之研究"。台北学生书局一九七四年五月初版，后于三版时，正式易名为"《两汉思想史》卷一"。《两汉思想史》卷二，由台北学生书局一九七六年六月初版。《两汉思想史》卷三，由台北学生书局一九七九年九月初版。九州出版社整编《徐复观全集》，三卷分别序列《全集》第七、八、九。此次所印行之大字本，系以《全集》版为本，改版而成。

九州出版社

目　录

自　序 / 1

台湾版代序：有关中国殷周社会性格问题的补充意见 / 3

三版改名自序 / 12

西周政治社会的结构性格问题 / 1

　　一、对西周奴隶社会论者的检讨 / 1

　　二、周室宗法制度 / 16

　　三、周室之封建制度及其基本精神 / 22

　　四、"国人"的性格、地位问题 / 40

　　五、土田制度与农民 / 47

　　六、农民的地位与生活状况 / 58

封建政治社会的崩溃及典型专制政治的成立 / 68

一、封建政治秩序的崩溃 / 68

二、封建社会在赋税重压下的解体 / 81

三、在封建社会解体中，国人阶层的发展与转变 / 87

四、封建道德的传承问题及宗法由政治向社会的移转 / 104

五、开放的过渡时代 / 113

六、商鞅变法与秦之统一及典型专制政治出现的关系 / 130

七、典型专制政体的成立 / 144

八、一人专制的五种特性 / 152

九、专制政治的社会基础问题 / 166

汉代专制政治下的封建问题 / 175

一、问题的限定 / 175

二、封建与楚汉兴亡之关系 / 176

三、汉代封建的三大演变 / 181

四、专制对封建的克制过程 / 188

五、在克制过程中对学术发展的重大影响 / 196

六、学术史中董仲舒的冤狱 / 208

七、东汉专制政治的继续压迫 / 211

汉代一人专制政治下的官制演变 / 218

一、官制系以宰相制度为骨干 / 218

二、三公九卿在历史官制中的澄清 / 222

三、汉代官制的一般特性 / 234

四、武帝在官制演变中的关键性的地位 / 238

五、武帝对宰相制度的破坏 / 244

六、尚书、中书的问题 / 252

七、中（内）朝问题的澄清 / 263

八、尚书在西汉非内朝臣 / 275

九、武帝以后的宰相地位与三公在官制中之出现 / 278

十、光武对宰相制度进一步的破坏及尔后在专制下官制演变
　　的格局 / 287

十一、光武对地方军制的破坏及其严重后果 / 297

西汉知识分子对专制政治的压力感 / 302

中国姓氏的演变与社会形式的形成 / 317

一、引言 / 317

二、氏义探原 / 319

三、姓义探源 / 324

四、周初姓氏内容的演变 / 329

五、氏在春秋时代的演变 / 338

六、古代平民的姓氏问题 / 342

七、姓氏向平民的普及 / 345

八、姓氏普及后社会结构的变化 / 350

九、以孝为中心的伦理观念的普及与宗族的功能 / 356

十、专制政治对宗族势力的摧残 / 362

十一、姓氏在对异族同化中的力量 / 368

十二、结语 / 373

自　序

　　江藩著《汉学师承记》，以"各信师承，嗣守章句"，为两汉学术的特色。以乾嘉时代声音训诂考订的学风，为"汉学昌明，千载沉霾，一朝复旦"。自是以后，谬说相承，积非成是；而两汉学术的精神面貌，遂隐没于浓烟瘴雾之中，一任今日不学之徒，任意涂傅。所以我在六年以前，发愤要写一部《两汉思想史》。

　　两汉思想，对先秦思想而言，实系一种大的演变。演变的根源，应当求之于政治、社会。尤以大一统的一人专制政治的确立，及平民氏姓的完成，为我国尔后历史演变的重大关键；亦为把握我国两千年历史问题的重大关键。所以我在动笔写思想史以前，想借助于当代史学名家的著作，以解答两汉思想的背景问题。但经过一番搜寻后，发现能进入到自己所研究的"历史世界"，以通古今之变，握枢密之机的，可以说是渺不可得。没有办法，只好自己动手，写了这里所收集的几篇文章，得新亚研究所之助，先把它印出来，作为《两汉思想史》的背景篇。三年前，受到东海大学一位"以说谎为业者"的迫害，离开在里面研求写作了十四年的书屋，客食香江，使写书工作，受到莫大的困扰，以致对汉代社会，在本书里只能算开其端，许多重要问题还压着未及动笔，深以为恨。但在我的余年中，会继续完成预定计划的。书中有关汉代的两篇文章，承友人祁乐同教授细心校阅，改正了不少错误；付印时又由杜君天心代负校对之劳，俱可感念。

旧历辛亥十一月二十日徐复观自序于台北市寓庐

台湾版代序：有关中国殷周社会性格问题的补充意见

当我这部小著发行台湾版之际，对殷、周的社会性格问题，应当补充说几句话。

一年以来，大陆上对过去曾经长期争论的历史分期问题，已经达到了定于一尊的结论，即是殷代是奴隶社会，周代一直到春秋之末，也是奴隶社会。这个定于一尊的结论，大概是由郭沫若在一九七二年《考古》五期上所刊出的《中国古代史的分期问题》一文所奠定的。在我这部小著中，没有提殷代的社会性格问题，因我对此一问题，不能直接掌握到足够的资料；而对他人所提出的论证，有如李亚农、郭沫若等从甲骨文中所提出的论证，其解释的正确性及其分量的重要性，都觉得颇有问题，不够支持他们的结论。对于周代，我便根据可以直接掌握到的资料，作过详细的考查；针对他们的说法作了相当的批判，更从资料中抽出我的结论，这便是在这本小著里的第一篇第二篇文章。当我看到郭氏的上述文章后，其中决定性的论证，是在我的两篇文章中所未曾论及的，所以在这里提出，略加讨论。

郭氏在上述文章中说：

> 殷代以前的夏代，尚有待于发掘物的确切证明；但殷代是典型的奴隶社会，已经没有问题了。殷代祭祀，还大量地以人为牺牲，有时竟用到一千人以上。殷王或者高等贵族的坟墓，也有不少的生殉和杀殉，一墓的殉葬者，往往多至四百人（按郭氏的数字，都近于夸张）。这样的现象，不是奴隶社会，是不能想象的。

我认为以人为牺牲及以人殉葬，乃出于古代野蛮的信仰，再加上王权的横暴。仅有野蛮的信仰，而没有王权的横暴，不会以大规模出现；仅有王权的横暴，而没有这种野蛮的信仰，则横暴可以发泄到旁的方面去，有如汉代几次大冤狱，每次杀戮三数万人；党锢之祸，一网打尽了天下的善类；高洋却喜欢把女人的腿砍下来堆积得高高的。如此之类，历史中不可胜数。但与奴隶社会，没有必然的关系。例如在阿西里亚，认为是德赫·卡拉酋长之墓里面，发现了作牺牲之用的一批小孩尸首。这些作为牺牲用的小孩，很难推断都是奴隶的儿女。春秋时代记有三次用人作牺牲的事。一是《左传·僖公十九年》："夏，宋公使邾文公用鄫子于次睢之社，欲以属东夷。"这次用的是一位小国之君，而不是奴隶。《左传·昭公十年》："秋七月，平子伐莒，取郠，献俘，始用人于亳社。"这次用的是一般性的俘虏，而不是奴隶。《左传·哀公七年》："（鲁季康子伐邾），师宵掠，以邾子益来，献于亳社。"这次也是用的小国之君，而不是奴隶。有名的魏西河河伯娶妇的故事（见《史记·滑稽列传》），实际也是变相的人牲。历史上这类的事还不少。台湾近代还有吴凤自为人牲以感悟高山族的真实故事。这类野蛮信仰的被抑制，是来自人道的严厉批评。例如春秋时代的三个故事，都尝遇到严厉的批评，而不是来自社会生产关系的变革。殷墟小屯村 C 区的地下建筑基址上，有七个墓坑，藏十九副人骨，另有十九个土坑，藏二十三副牛、羊、狗等骨；据推测，这是奠基礼节中所用的人牲。在此基址前面，南北约八十公尺，东西约五十公尺的范围内，发现了一六八个（推定数）土坑，其中有八三三（推定数）副的人骨，斩了首以后埋下去的有一二五人。此外有五个马车坑，全体好像是一个战车队葬在这里一样。这种人牲墓坑，在王者的墓里也可以看到。例如同地武官村大墓，在墓南五三公尺的地点，排有四列的十七个墓坑，里面有十副无头的人骨，据推测，这不是殉葬的，而是年年祭祀时所用的人牲（以上皆见日本创元社《考古学辞典》页二一五）。在上面材料中，一次有八三三个人牲及五个马车坑，合理的推测，这是一次战役后所杀的俘虏。上引的春秋时代的三个例子有一个是俘虏，有两个也是俘虏的性质。古代奴隶，虽然是由俘虏而来，但必须使用于劳役，始可称为奴隶。一次杀掉八百三十三个从事劳役的奴隶，这对奴隶主而言，是损失太大了。小规模的人牲中，可能用的是奴隶，但不一定奴隶社会才有奴隶。在久里可的新石器时代遗迹中，也发现有两个男性人牲（同上）；新石器时代，很难说是奴隶社会。

一九五六年所发掘的武官村大墓，做得有木椁，四面四隅，有八个长方坑，各收葬有跪坐执戈的人和犬。木椁下面，也收得有人和犬。小墓是殉葬于大墓（王的墓）的，有方形长方形两种；例如某一方形坑有人头十个，次一长方坑便收有十个人的身体，还具备有刀子、斧头、砺石；也有全身殉葬的；还有马车坑、象坑及鸟兽坑，并收有兵器礼器等等（《考古学辞典》页三一四）。但问题是在：这些殉葬的都是奴隶吗？跪坐执戈的殉葬者，乃是守卫的武士，断然不是奴隶。在殉葬者的骨群中，发现有女人的首饰；能用首饰的女人，恐怕也不是奴隶。埃及第一王朝拿米尔（Narmer）王墓，有妾侍、侍臣、从仆、工人等三三人的殉葬。环绕责尔（Zer）王墓的陪葬墓，有宫女二七五人，侍臣四三人殉葬。米索波达米亚的乌尔（Ur）王墓，有五九人殉葬，其中有六个穿甲胄的武人，有九个戴有宝石的盛装妇人（同上，页四四八）。武官村大墓的殉葬者中，身首异处的应当是奴隶。但由古代殉葬的全盘情况看，决不可一口断定都是奴隶。秦穆公以三良殉葬，诗人为之赋《黄鸟》，三良断然不是奴隶。秦始皇死，二世以大量无子的后宫宫人殉葬，这也不是一般所说的奴隶。古希腊、罗马，都是典型的奴隶社会，未闻有以人殉葬之事。而以俑代人，起于殷代之末，这只说明文化的进步，不一定代表生产关系的变更。由此我们可以断言，殉葬和人牲一样是出于古代野蛮的信仰，加上王权的横暴。这二者与奴隶社会没有必然的关系，不能以二者来论定殷代即是奴隶社会。

　　郭沫若们若以人牲和殉葬两件事与奴隶社会有必然的关系，则进入周代，即没有出现这两件事，岂不恰好证明周代不是奴隶社会吗？但郭氏却另有说法。他在上文中说：

　　　　我自己曾经从周代的青铜器铭文中找到了不少以奴隶和土田为赏赐品的记载，而且还找到了西周中叶的奴隶价格。五名奴隶等于一匹马加一束丝（原注：孝王时代《曶鼎》铭文），故我认为西周也是奴隶社会。

按西周分封建国，必锡土田及在土田上耕作的人民；并于分封之初，尚须赐若干臣工，以形成建国的骨干。郭氏便把这一起称为奴隶，连把"王人"、"庶人"也说是奴隶，在我这本小著里，对他这些说法，已经批判过了，此处只谈《曶鼎》的问题。兹据吴闿生《吉金文录集释》卷一将《曶鼎》铭文录下：

唯王四月既生霸。辰在丁酉。井叔在异。翼或云冀为□。□智使厥小子_敲散以限讼于井叔。吴佩叔云限券也。我既卖赎女五□夫□效父用匹马束丝限诒讦智智从效父请赎五夫，效父责令出匹马束丝而后诺许。比则俾我赏偿马。效□父□则俾复厥丝□于比比又责智偿马效父乃令智复厥丝于比。效父乃诒_敲□此字本作_讵，旧释曰误，疑当为廷，犹言朝也。于王参门。孙云参门疑皋门内库门外。□□木榜。用赁述卖赎丝兹，五夫用百爰镬○效夫约散会于王参门，责赎兹五夫，当用百镬。非之五夫□赎□则罚。乃比又罚众鼓金。孙云鼓量名。小尔雅钧四谓之石，石四谓之鼓。○案《启贮敦》众子鼓每铸旅敦，此众鼓二字，疑与彼文同。又案此数语尤难解，今诂亦未尽确，罚字亦未是，姑且存之。○以上皆智使小子散讼效父与比之词。井叔曰。在王人乃卖赎□用□。不逆付智。毋俾成于比。邢叔责效父以此五夫逆付于智。逆付云者赎金未具先付还之。以其不逆付，智则无由俾其成好于比也。智则拜稽首。受兹五夫。曰隔曰恒曰龙曰彝曰省。吏爰以告比。既成讼令吏告于比乃俾□_敲以智酒及羊兹三爰。用到兹人。到刘心源读致是也。以智酒羊致兹人者以其赎金未付故也。兹人即兹五夫。智乃每谋于比。□□舍_敲大五秉。舍犹予也。大读夫。智谋于比，请使散给此五夫，每人五秉。曰。在尚俾处厥邑田□厥田。言此者冀使还其故处勿虐待之。比则俾□复命曰诺。

此文奥衍难读。今以意贯之，大略如此。以上为第二节。羊兹三爰与《师旅鼎》兹古三百爰，疑皆货贝名。

此铭文中的比，到底与曶向效父赎五夫之事，有何关系？因比插上一脚，以致用匹马束丝赎回五夫之事告吹，且要敲曶的竹杠，遂使曶不得不使他的儿子散告到邢叔名下，其中的曲折，都无法明了。邢叔判决先把五夫交还给曶；到底付了多少代价，铭文也没记载清楚。我这里只提出一点，此鼎所称的"五夫"，郭氏说是五个奴隶，在整个周代，会把奴隶称为"夫"吗？《诗经》上有三十五个"夫"字，其中有七个"大夫"，固然不是奴隶；此外有三个"武夫"，七个"征夫"，三个"百夫"，一个"射夫"，都不是奴隶；五个农夫，两个仆夫，两个"膳夫"，从上下文看，都不是奴隶。"狂夫瞿瞿"，"夫也不良"，"谋夫孔多"，"老夫灌灌"，"哲夫成城"，无一可称为奴隶。《左传·宣公十二年》："非夫也。"《左传·昭公元年》："抑子南，夫也。"这是以"夫"字形容男人的勇敢。几乎可以这样说，所有出现于周代文献中及金文中的"夫"字，无一可作奴隶解，独曶鼎上的夫字，可作奴隶解吗？并且先送五夫以酒及羊，又每人送五秉粟，使他们能安住（处）在他们的邑田，这是对奴隶的态度吗？合理的推测，这名字记得清清楚楚的五夫，应当是曶手下的武夫这一类的人，不知为了什么，被效父扣留了，才发生这一场纠葛。

即使如郭氏之说，《曶鼎》所记的，是五名奴隶买卖的事情，则只要有奴隶，便会有买卖，问题乃在于即使有奴隶，有奴隶买卖，并不足以构成一个"奴隶社会"。《史记·货殖列传》，"僰僮"，即是僰地出产的僮，此处僮乃年轻的奴隶；既以出产僮著称，即有大量买卖。又齐地刁闲以"收取"（买入）"桀黠奴"致巨富。南北朝时代，南北互掠良民为奴而从事买卖的规模相当大。为什么郭氏不认秦汉南北朝是奴隶社会，而以西周贵族间五个奴隶的买卖，便可证明周代是奴隶社会呢？

我上面只指出郭氏认定殷代是奴隶社会的论证很难成立；而对殷代社会的性格，我不能提出积极的论断，所以宁愿采取保留的态度。但周代，则有《尚书》、《诗经》、《左传》、《国语》以及由孔子到先秦诸子百家的许多典籍。由这些典籍的相关资料来作客观的理解，它是中国本土型的封建社会，至春秋中期后渐次解体，这是可以断定而毫无可疑的。有人把封建社会中保有参与政治权利的"国人"也说成是奴隶，把国人对国君贵族们的反抗，说成是奴隶起义，说孔子顽强拥护奴隶主的利益，这完全是横心说"浑话"，便不值得一辩了。

兹当我这本小著发行台湾版之际，我诚恳地希望海内外的学者们，以客观而谨严、谦虚的态度，面对这类重大的学术问题，勤勉地提出贡献。我因为研究工作的忙碌，除了增入一篇附录外，没有把这本小著好好地重新细看一遍，匆匆由学生书局的朋友出版，非常感到歉疚。

旧历癸丑年十月四日于九龙寓所

又《中国姓氏的演变与社会形式之形成》一文中在页二九一讨论一家的人口数字，应参考《逸周书·职方》第六十二。其所述九州一家人数，虽属于推测，然亦必有若干根据。与我所说的"五口之家，不能代表家庭人口常态"的话相合。页三〇五讨论异族无姓氏时，应补入后魏太和十九年，孝文帝制定代人姓族诏曰"代人诸胄，先无姓族"的重要资料。

三版改名自序

我研究中国思想史所得的结论是：中国思想，虽有时带有形上学的意味，但归根到底，它是安住于现实世界，对现实世界负责；而不是安住于观念世界，在观念世界中观想。所以我开始写《两汉思想史》时，先想把握汉代政治社会结构的大纲维，将形成两汉思想的大背景弄清楚。而两汉政治社会结构的特色，需要安放在历史的发展中始易著明；因材料及我研究所及的限制，便从周代的政治社会结构开始，写成了六篇文章，汇印为一九七二年三月由新亚研究所出版的《周秦汉政治社会结构之研究》。这实是《两汉思想史》的开端，应如我在《两汉思想史》卷二自序中所说，可称为《两汉思想史》卷一。我当时所以不用《两汉思想史》卷一的名称，是因为生活播迁，年龄老大，对能否继续写下去，完全没有信心。及一九七五年有印出第二册的机会时，便在自序中首先说明，一九七二年出版的"可称为《两汉思想史》卷一，此处所汇印的七篇专论，便称为《两汉思想史》卷二"。但卷二出版后，很快便追问"卷一"的下落的，我记得是香港大学的一位先生。学生书局的朋友，大概也受到这种困扰。此书由新亚研究所印行时是第一版；由学生书局发行台湾版时是第二版；现时重印则是第三版。学生书局的朋友，当重印之际，提议干脆改名为《两汉思想史》卷一，我觉得这是很适当的，所以现在便标题为"三版改名"《两汉思想史》卷一，而以"周秦汉政治社会结构之研究"为副标题。

我认为郭沫若在学术上最大的污点，除了揣摩毛泽东意旨，特写《李白与杜甫》，存心诬蔑杜甫外，莫过于一口咬定西周是奴隶社会。此说因得到毛泽东的支持，遂成为今日大陆学术的定论。问题本身，乃是研究的态度是否客观，举出的证据是否坚确的问题，与政治立场并没有关系。不过我曾再三指出过，不顾客观证据，存心诬蔑没有直接利害关系的古人的人，断乎没有不诬蔑有直接利害关系的今人之理。四人帮及其相关人物，即是眼前的显证。我除写了《西周政治社会的结构性格问题》一文，在第一节中，检讨了西周奴隶社会论者的论证外，后来看到郭沫若以人牲、殉葬与《曶鼎铭文》为主的新论证，便又写了一篇《有关中国殷周社会性格问题的补充意见》，以作为此书台湾版的代序，对这两点加以反驳。我在补充意见中，举出中外有关材料，证明人牲及殉葬，"乃出于古代野蛮的信仰，再加上王权的横暴"；二者中有的用的是奴隶，但有的并不是奴隶，所以"与奴隶社会，没有必然的关系"。并且更进一步指出："郭沫若们若以人牲和殉葬两件事，与奴隶社会有必然的关系，则进入周代，即没有出现这两件事，岂不恰好证明周代不是奴隶社会吗？"但近几年来，大陆学人，一看到墓中有殉葬的情形，不论规模的大小，和殉葬者的身份，以及在当时是特殊性的现象，还是普遍性的现象，便一律指为这是奴隶社会的确证。我在这里，应再补充若干证据，以供有学术诚意者的参考。希望读者和我的原文合在一起看。

（一）《史记》卷五《秦本纪》："二十年，武公卒，葬雍平阳，初以人殉死，从死者六十六人。"按秦武公二十年，乃鲁庄公十六年。

（二）又："三十九年，缪公卒，葬雍，从死者百七十七人。秦之良臣子舆氏三人，名曰奄息、仲行、𫠗虎，亦在从死之中。秦人哀之，为作歌《黄鸟》之诗。君子曰，秦缪公广地益国，东服强晋，西霸戎夷，然不为诸侯盟主，亦宜哉。死而弃民，收其良臣从死。且先王崩，尚犹遗德垂法。况夺之善人良臣，百姓所哀者乎。是以知秦不能复东征也。"按秦缪公三十九年，为鲁文公六年。

（三）《左传·鲁宣公十五年》："初，魏武子有嬖妾，无子，武子疾，命颗曰：'必嫁是。'疾病则曰：'必以为殉。'及卒，颗嫁之，曰：'疾病则乱，吾从其治也。'及辅氏之役，颗见老人结草以亢杜回（秦之力士），杜回踬而颠，故获之。夜梦之曰：'余，而（汝）所嫁妇人之父也。尔用先人之治命，余是以报。'"

（四）《礼记·檀弓下》："陈子车死于卫，其妻与其家大夫（宰）谋以殉葬。定而后陈子亢（子车之弟）至，以告曰：'夫子疾，莫养于下，请以殉葬。'子亢曰：'以殉葬，非礼也。虽然，则彼疾当养者孰若妻与宰。得已（能不以殉葬），则吾欲已。不得已，则吾欲以二子（妻与宰）者之为之也。'于是弗果用。"

（五）又："陈乾昔寝疾，属其兄弟而命其子尊己曰：'如我死，则必大为我棺，使吾二婢子（郑注：婢子，妾也）夹我。'陈乾昔死，其子曰：'以殉葬非礼也，况又同棺乎。'弗果杀。"

（六）《史记》卷一百十《匈奴列传》："其（匈奴）送死有棺椁金银衣裘，而无封树丧服。近幸臣妾从死者多至数千百人。"

从上面（一）、（二）的材料看，说明当中原早无殉葬习俗时，而秦因渐染西戎野蛮之俗，却出现有两次大规模的殉葬，深为"君子"所讥。（一）用个"初"字，以说明此为秦以前所未有。而由良臣子舆氏三人在内的情形推之，可断言其用以殉葬者中，必非全为奴隶。（三）与（五）的情形相近，所欲以为殉的都是有燕婉之私的妾侍，妾侍不能说是构成"奴隶社会"的奴隶。且与（四）合在一起，都被当时很流行的礼的观念所抑制，这即可证明周礼是反对殉葬的。（四）中陈子亢抵抗此事的方法是认为死人在地下若要人服事，最好是用死者的妻与其妾，由此可知，殉葬者当用与死者最为亲近之人，可与（六）的情形相印证。凡此事实，都是加强我的论点，而成为郭论点的反证。大陆的史学家们，应当面对历史事实，作全面性的反省。

我有一个经验，凡考证某一问题，不可能把所有有关的材料，一次搜罗尽净，势必有所遗漏。但若引导的方向错了，便常继续发现与自己结论相反的材料，此时只有对自己的结论，重加考虑，加以改正或放弃，而应以近百年来一些"权威者"所经常采取的文过饰非的态度为大戒。在学问上，能发现某些权威犯有错误的，仅有极少数人才可以做到；一般人，只能在权威圈子里打筋斗。这些年来，国内外对王充、戴东原、章实斋等人的渲染、腾播，即是最显著的例子。首先立说的权威，假定继续做学问，则对自己立说的漏洞，必能有所发现。假使由立说者自己把漏洞亲口亲笔表达出来，这该可以减少一般人少走许多冤枉路。但近百年来的风气决不如此，不仅绝少自己发现自己错误之事，并且对他人所指出的错误，要便是"概不答辩"，以保持自己的身份。要便是运用以"游辞"为"遁辞"等方法，使问题更陷入魔瘴。甚至促使受到卵翼的帮派后生出来为他呐喊，或运用政治力量给对方以打击。这是中国在传统历史文化的研究上，经常陷于泥淖之中的重大原因之一。

若在起步时引导的方向对了，则继续遇到的有关材料，便常会为自己的论点补充证据。例如我在《汉代一人专制政治下的官制演变》一文中，说汉代光禄大夫一职的地位"可高可下"，"当时亦可能视为九卿"（见页一九二）。后来留意到《汉书·叙传》中下面的一段话，可断言光禄大夫因皇帝的意旨，其地位的确是九卿中的重要一环。《汉书·叙传》：

> 是时（成帝时）许商为少府，师丹为光禄勋。上（成帝）于是引商、丹入为光禄大夫，伯（班伯）迁水衡都尉，与两师（许商、师丹）并侍中，皆秩中二千石。

按许商为少府，师丹为光禄勋，少府、光禄勋，皆位列九卿，这是没有疑问的。由少府、光禄勋"引"为光禄大夫，最低限度不是降级，所以在当时亦必视光禄大夫为九卿，而且较少府、光禄勋更为重要，也是没有疑问的。这样一来，九卿当在十三四个以上，所以我说"九卿"一词，在西汉只是象征的性质，并非实指九个官位，同样没有疑问。

我在《中国姓氏的演变与社会形式的形成》一文中，根据《国语·晋语》中司空季子的一段话，认为姓的原始意义，乃是一个"部落的符号。惟此符号，仅能由其统治者一人所代表，故符号即含有政治权力的意义，不是被统治的人民所得而有"（页二七一）。《史记》卷二《夏本纪》

赞："太史公曰，禹为姒姓（指禹之先祖）。其后分封，用国为姓。故有夏后氏、有扈氏、有男氏、斟寻氏、彤城氏、褒氏、费氏、杞氏、缯氏、辛氏、冥氏、斟氏、戈氏。"按"以国为姓"，是指以其所封之国为姓，所以姓是国的符号，亦即是我所说的一个部落的符号。姓与国不分，国由统治者所代表，姓即由统治者所代表。这可以补足原文所引《国语·晋语》的材料。

在上文中我指出"由春秋之末，以迄西汉之世，所发展普及的姓氏，乃中国所独有，而为四围的异族所无"（页三〇五），除已引用了若干材料作证明外，尚应补充下面的材料：

一、《史记》卷一百十《匈奴列传》："其俗有名不讳，而无姓字。"

二、《后汉书》卷七十六《循吏列传·任延传》："建武（光武年号）初……诏征为九真（今越南河内以南，顺化以北之地）太守……九真俗以射猎为业，不知牛耕，民常告籴交阯，每至困乏。延乃令铸作田器，教之垦辟田畴，岁岁开广，百姓充给。又骆越之民，无嫁娶礼法，各因淫好，无适对匹；不识父子之性，夫妇之道。延乃移书属县，各使男年二十五至五十，女年十五至四十，皆以年齿相匹。其贫无礼聘，令长吏以下各省奉禄以赈助之。同时相娶者二千余人。是岁风雨顺节，谷稼丰衍。其产子者，皆知种姓。咸曰：'使我有是子者，任君也。'多名子为任。于是徼外蛮夷夜郎等，慕义保塞。延遂止罢侦候戍卒。"

三、《魏书》卷一百一十三《官氏志》："太和十九年（魏孝文帝年号）诏曰：代人诸胄，先无姓族。虽功贤之胤，混然未分。故官达者位极公卿，其功衰之亲，仍居猥任。比欲制定姓族，事多未就。且宜甄擢，随时渐铨……"

四、《宋书》卷五十九《张畅传》："畅问虏使姓，答曰：'我是鲜卑，无姓。'"

我因对时代的感愤，在进入到暮年时，才开始了对自己历史文化的反省，在反省中写出了若干文章。每当一书付印时，从未动念要请有地位的名流学者为我写序。因为自己的用心所在，很难取得他人的了解；而许多文章中谈到关键性的问题时，必然是忘掉了自身的利害，否则不能下笔；更何有于假借他人之笔，来揄扬沧海一粟中的个人的浮名。但当我去年读到李幼椿（璜）先生随意写给我的一封信时，他以八十三岁的高龄，一生未曾离开学术岗位，对一个在学术上应当算是后辈的区区无名之辈，流露了他的热情、坦率，反映出他对学术上的真诚与自信，令我当时极为感动。所以在这里特附印在后面。

一九七八年七月二十五日徐复观序于九龙寓所

附李先生来信

复观先生：大著《周秦汉政治社会结构之研究》，前周于本所所长室书柜中始得借阅之，初觉有味道。归来细读一过，大为欣赏。先生眼光之锐敏，断案之明确，处处足见智慧过人，无任倾佩。兹举数点之大获我心者：

一九至六九页，对中国封建制度之基点说明，有"此一封建制度……即是根据宗法制度……按照宗法以建立一个以血统为纽带的统治集团……因是亲亲尊尊之礼制之所从出……这个礼制之'分'及其精神一经破坏，封建的政治秩序，便完全瓦解"。弟对中国封建之基因，亦尝及于宗法社会一点，不过不及先生言之明透。弟又尝以此基因驳斥马派封建论，即以西欧中世纪查理曼大帝之封建，除分封其三子与诸将外，其他皆就豪强据地者封之，并非以经济利害为主也。——毛派学马派而将封建基因归于大地主，乃胶柱鼓瑟。

一〇一页末行"当然这里有一大问题，即是上述的转变与转移，在儒家观念上，并不曾出现显著的否定的一面，而使人容易误会儒家是封建的继承者"——此点足见著者眼光。不过在《孟子》书中，已有"否定"之义（按李先生所见者甚确，且不仅《孟子》书中如此）。

一八二与一八六页所引《史记·卫青列传》司马氏之言与裴骃《史记集解》中杜业之奏，（以）这两个引证来说明专制帝王不喜知识分子，至为精当。真所谓读书得间也。

四〇九页："研究工作，必须建立在问题自身的基本资料之探索……"一段，此论为治史论史之重要指导，确切之至。我昨在讲堂，已向学生言之。

弟　李璜　十二日

此外可圈可点之处尚多，先生可否签名赠我此书一部。问好。

（按李先生信款有日期而无月期，大概两人都不能追记了。）

西周政治社会的结构性格问题

一、对西周奴隶社会论者的检讨

我国大一统的专制政治，是在封建政治、封建社会瓦解之后所出现的。为了对大一统的专制政治有较为确切的了解，应当从周初的封建了解开始。

西周是奴隶社会？或者是封建社会？这是讨论了很久的问题。此一问题的解决，是把握中国古代史的关键。但下述两种态度，我认为在作学术性的讨论时，首应加以避免。

（一）把西方社会的历史发展阶段作为一定的模型，或者以若干原始部落的情况作为一定的模型，而将我国古代社会的发展，一一加以比拟，由此以得出简捷的结论，这种方法是非常值得怀疑的。我不否认西方古代社会及原始部落社会的情形，对我国古代社会的研究，有其启发性；但这只是一种启发性而已。若超过启发性的限度，必求比而同之，即会走上牵强附会之路。

（二）拿定一二人的著作，当作永远不刊的经典；研究结论的价值，必以与此种经典的说法是否相符作判断，这种方法更值得怀疑。我们首先得承认任何人的知识，都要受到时代及环境的限制。其知识可以应用的范围，也自然有一种限制，而有待于后人的修补。有通贯古今中外的道德精神，但决没有通贯古今中外的行为格式。有通贯古今中外的求知精神，也决没有通贯古今中外的知识结论。尤其是对于一个由具有自由意志的人类所形成的社会，一个含有许多动机动力、互相影响激荡的非常复杂的社会，谁人能根据局部的一时的现象，以规定出有普遍性、永恒性的发展规律呢？

我国历史发展到了西周初年，已有不少的典册和金文及从地下掘出来的资料。一切问题，必决定于资料；研究者的责任，在于合理地处理资料；不仅不可使资料的真赝夹杂，并且也不可使每一资料的轻重位置失宜。

当我看了若干近代人士有关这一方面的研究论文后，使我首先否定西周是任何形态的奴隶社会的说法。①

主张西周是奴隶制度的，大体上是以金文的材料为根

---

① 主此一说者有古代东方型奴隶制论，及西周典型奴隶制论之分。前一说主张当时只有家内奴隶，主要来源是债务奴隶，数量无多，不从事主要生产。此说的错误，是当时交换经济不发达，由债务成为奴隶之数目性甚少。此一说法，实际是否定西周是奴隶社会的。两者俱略见于杨宽著《古史新探》页五四至六一。

据；兹将常被援引者简录如下：

（1）《大盂鼎》："雩我其遹相先王，受民受疆土，易（锡）女（汝）鬯一卣、冂衣，巿舄，车（车）马……易女邦嗣（司）四白（伯）人鬲自驭（御）至于庶人六百又五十又九夫。易尸（夷）嗣王臣十又三白（伯）人鬲千又二十夫。"

（2）《矢令毁》："隹九月既死霸丁丑，乍（作）册矢令尊俎于王姜，姜商（赏）令贝十朋，臣十家，鬲百人。"

（3）《不娶毁》："女（汝）以我车宕伐寰允（猃狁）于高陵，女多折首埶（执），噽（讯）……易（锡）女弓一矢束，臣五家，田十田，用逑乃事。"

（4）《虢季子白盘》："折首五百，埶噽五十，是以先行，趞趄子白，献馘于王。"

（5）《井侯彝》（周公彝）："王令荣众内史曰，箕（与）井侯服，易（锡）臣三品，州人、重人、庸人。"

（6）《矢毁》："隹四月辰在丁未，□□斌王成王伐商图，遂省东国图，王立于圀宗土（社）南乡（向），王令虞侯矢曰，繇侯于圀（宜），锡畵一卣……锡土厥川三百□，厥□百又廿，厥□邑卅又五，（厥）□百又卌，锡在宜王人□又七生（姓），锡奠七伯，厥□又五十夫，锡圀庶人六百又六（十）夫。"

（7）《颂鼎》："王曰，颂，令女官嗣成周贮廿家、监嗣新窞（造）贮，用宫御。"

（8）《大克鼎》："……王曰克……锡女田于埜，锡女田于渒，锡女井家羁田于㙩，以厥臣妾……锡女史小臣霝龠鼓钟。"

（9）《伊簋》："隹王廿又七年正月既望丁亥，王才（在）周康宫……王乎命尹封册命伊□官嗣康宫王臣妾百工……"

（10）《师毁毁）："隹王元年正月初吉丁亥，白龢父若曰师毁……余令女队（尸）我家□嗣我西隔东扁仆驭百工牧臣妾……"

有关同样性质的金文材料很多，这里只简抄西周奴隶社会论者所应用得较多的若干例子。在西周奴隶社会论者中，大概可分为两型：一型以郭沫若为代表，认为当时奴隶之范围甚大，上引金文材料中，凡被"锡"与之人，皆是奴隶。"人鬲"是奴隶，"庶人乃人鬲中之最下一等"，《矢殷》中之"王人"、"甸人"与"氓"，也是奴隶。[①] 如郭氏之说，则西周诚不愧为奴隶社会。另一型则认当时奴隶

---

① 郭沫若此一主张之文字甚多，此处系根据其《矢毁铭考释》。见《考古学报》一九五六年第一期。又据杨向奎《中国古代社会与古代思想研究》页三八所引周谷城的主张也是如此。

之范围较小，姑以杨宽为代表。不以"庶人"为奴隶，而以"人鬲"、"丑"、"讯"、"臣"及手工业之百工等为奴隶，其来源皆为战争之俘虏。并还有"部族奴隶"。[①]在上述两型主张中，有一共同之点，即是都引《诗经·周颂·载芟》上的"千耦其耘"，及《周颂·噫嘻》的"十千维耦"的诗，以作西周是奴隶社会的证明。因为他们认为若非使用奴隶以从事于农业，便不会有这样大规模的劳动。

由金文研究，可以补证典册记载之所不足，诚为治古史者所必须之工作。然"周时文字，点画自由，略无定律"。[②]以金文中之文字为尤甚。故对金文之解读，必以在典册中可以得到互证旁证者为能近于真实。又其文字简质，在解释时若无典册上之互证旁证，即不应随意加以联想扩充。

按古代奴隶的主要来源是由战争所得的俘虏，这是历史的事实。西周有战争，西周便有俘虏，便有由俘虏而来的奴隶，这是无可置疑的。《尚书·牧誓》："弗迓克奔，以役西土。"这很显明地指出了俘虏的用途。但"人鬲"、"鬲"，是否即由俘虏而来的奴隶，便非常可疑。"鬲"是鼎属的器具，在典册中丝毫找不出是俘虏、奴隶的痕迹。且《鬲尊》："鬲锡贝于王。"鬲在此处是人名，其非奴隶，

---

① 见杨宽《论西周时代的奴隶制生产关系》，收入《古史新探》页七三。
② 见杨树达《积微居金文说》页七八。

甚为显著。绝对多数的金文学者，都以鬲为"献"之省。"人鬲"即"民献"或"献民"。于是李剑农即以人献为奴隶。但《尚书·大诰》："民献有十夫。"《洛诰》："其大悖典殷献民。"《逸周书·商誓》"及百官里居献民"，"天王其有命尔百姓献民"，《度邑》"九牧之师，见王于殷郊，乃征厥献民"，《作雒》"俘虏献民，迁于九毕"。被俘而迁于九毕的殷献民可能成为奴隶；但献民之本义乃指人民中持有材能者而言，无法解释为奴隶。于是有人主张"鬲"即是《逸周书·世俘》篇的"磨"，由此以证明其为由俘虏而来的奴隶，这从文字训诂的观点说，未免太牵强了。①最低限度，此说是非常可疑的。即使承认此一说法，其人数也不足以构成一个"奴隶社会"。

至于古籍中"臣妾"连词，如《尚书·费誓》的"臣妾逋逃"，此处（8）"以（与）厥臣妾"，那确指的是奴隶。但这乃是家庭奴隶。单说一个"臣"字的，其本义虽为囚俘，②可转为奴隶；但周初典册中的"臣"字，"只是一种供人使令或给役于人的人，身份可上可下"。③虽下至与"臣妾"相等，亦依然是家庭奴隶的性质。若相信"只有

① 见杨宽《释"臣"和"鬲"》，及《"人鬲"、"讯"、"臣"是否即是奴隶》两文，皆收入《古史新探》。
② 《礼记·少仪》："臣则左之。"郑注："臣谓囚俘。"
③ 见《学术月刊》一九六〇年十二月号金兆梓《关于西周社会形态讨论中的几个问题》。

家庭奴隶不成为奴隶"的说法，则亦与奴隶社会无关。西周金文中，有锡臣几夫或几家的记载，我认为与《诗·大雅·嵩高》诗中之所谓"王命傅御，迁其私人"的"私人"同一意义，《毛传》："私人，家臣也。"家臣一面是"私人"，但一面仍为"王臣"，故在形式上仍待锡与，所以有待于"王命傅御"的赐与，不能一概作奴隶解释。《诗·小雅·大东》："私人之子，百僚是试。"其非奴隶，更为显然。

并且西周封建，除授土授人之外，还要授予以车服、旌弓、乐器及祝卜乐工之类。若不锡臣若干家，上面所锡予的东西，便无法活动起来。故所锡予之臣，绝对多数，乃与上、中、下士同科，形成封君贵族在政治与生活上的骨干；其中可以为其管理生产劳动之事，没有以奴隶身份从事生产劳动的痕迹。

当时在战场被俘虏而成为奴隶，大概是事实。但对被征服的氏族，是否作为奴隶而加以锡予？前引《井侯彝》的"臣三品"是否即是"部族奴隶"？更须慎重研究。《左传·定公四年》，卫子鱼述周成王封鲁、卫、晋的情形是：封鲁以"殷民六族"，"因商奄之民"；分卫以"殷民七族"；分唐以"怀性九宗"。上面三国立国的基干，皆是被征服或被怀柔的其他氏族、部族。《诗·大雅·韩奕》追述韩受封之始的"以先祖受命，因时百蛮"的情形，也是一样的。从"帅其宗氏，辑其分族"，"启以商政，疆以周索"，"启以夏政，疆以戎索"的情形看，不可能把他们变成奴隶。《左传·闵公二年》成季之繇曰："间于两社，为公室辅。"是鲁除周社之外，因有商奄之民，故又立有亳社，即等于殷社。《左传·定公六年》鲁国的"阳虎又盟公及三桓于周社，盟国人于亳社"。由此可知，"国人"主要是殷的遗民。而"国人"在周代是保有政治权利的自由民。又《左传·哀公七年》"以邾子益来献于亳社"，哀四年《春秋经》也特书"亳社灾"，由此可知，鲁之亳社，较周社更为显赫。又《左传·隐公六年》"翼九宗五正顷父之子嘉父逆晋侯于随，纳诸鄂，晋人谓之鄂侯"，杜注："翼，晋旧都也。唐叔始封，受怀姓九宗，职官五正，遂世为晋强家。"按分封的"怀姓九宗"，可以拥立晋侯，其非奴隶，亦甚为明显。春秋时代，楚灭国最多，决无以被灭之氏族或部族作奴隶之事。《左传·僖公二十八年》晋楚城濮之战，楚令尹子玉败后，楚成王"使谓之曰，大夫若入，其若申息之老何？"申息被灭为楚之二县，其子弟多从子玉战死，故楚王有是言；则其未以灭国为奴隶，并与以楚民平等的地位，尤为明显。则《井（邢）侯簋》"易（锡）臣三品，州人，重人，庸人"。正与"分殷之六族"，"分殷之七族"，同一意义，未可断定其为部族奴隶。《左传·宣公十五年》晋灭赤狄而赏"桓子狄臣十家"；及齐灭莱夷后赏叔夷以"厘（莱）仆三百又五家"，这由《左传·成公二年》下面的故事可加以解答。《左传·成公二年》六月晋伐齐，及齐师战于鞍，齐师败绩。

　　晋侯使巩朔献齐捷于周，王弗见。使单襄公辞焉，曰："蛮夷戎狄，不式王命，淫湎毁常，王命伐之，则有献捷。……兄弟甥舅，侵败王略，王命伐之，告事而已，不献其功。所以敬亲昵，禁淫慝也。

　　单襄公所说的，乃周的"先王之礼"（单襄公语）。由此礼推之，同样是战争，但对内与对外夷的战争，在性质与处置上有显明的区别。对外夷的战争，会将俘虏作奴隶；且随文化的进步，而这种情形也渐成为特例。至对内的战争，既不准献捷，即不承认俘虏为正当的行为，自不许可转变为奴隶。赤狄莱夷是外族，故有作为奴隶，以赏赐有功的情形。不可视为一般战争后的结果。

　　《左传·宣公十二年》楚国克郑，"郑伯肉袒牵羊以逆曰……其俘诸江南，以实海滨，亦唯命。其剪以赐诸侯，使臣妾之，亦唯命。"乃乞哀之词。若当时系奴隶社会，而战争又为奴隶的主要来源，则楚国克郑以后，俘郑人为奴隶，乃事所当然，何待郑伯的乞哀？而楚王更会因此竟"退三十里而许之平"呢？且进入春秋时代，战争之频度增加，规模日大，各国互相兼并，至战国时期，而仅余七国；若如奴隶社会论者的主张，则这些灭国的战争，应当成为奴隶的争夺战，并且每灭一国，即补充一次奴隶。何以灭国者相继不绝，而竟无以被灭者夷为奴隶的痕迹？且秦以利诱三晋之农民为其耕作，而长平四十万赵卒，宁坑之亦不以为奴隶，这说明当时并无大量奴隶生产的传统。仅战场上的俘虏成为奴隶，而被征服之氏族、民族，未成为奴隶，则奴隶的数目有限，即不足以构成奴隶社会。

至于民、庶民、庶人之非奴隶，更为显然。我在《中国人性论史·先秦篇》第二章第四节中，由《尚书》周初的几篇可信的文献，加以归纳，而了解周初的统治者（主要是周公），把所谓"民"的地位，"抬高到与天命同等的地位。人民的意向，成为天命的代言人"。[1]《诗经》上大约出现了九十个左右的"民"字，绝对多数是出现在西周时代的诗，如《小雅》、《大雅》、《周颂》之类。《十月之交》谓"民莫不逸"，《小旻》之诗谓"民虽靡膴（郑《笺》：膴，法也），或哲或谋，或肃或艾"；《小弁》、《大东》、《四月》各诗，皆称"民莫不谷"；《生民》之诗"厥初生民"，指的是后稷。其中有许多是呼吁民的疾苦的，但无一个民字可以解释为奴隶。《诗经》中出现有五个"庶民"，皆牵涉不到奴隶身份上去。出现有两个"庶人"，和"庶民"的意义并无分别。《大雅·卷阿》之七章说"媚于天子"，八章便说"媚于庶人"，这可解释为奴隶吗？

---

[1] 可参阅拙著《中国人性论史·先秦篇》页二九至三〇。（编者注：现为九州出版社《全集》版页二八至二九，大字本页三三至三五。）

金文中的"氓"，与《周礼·遂人》之所谓"氓"相应，指的是专以耕种为业的农民，同于孟子之所谓"野人"。《遂人》中有谓"凡治野，以下剂（郑注：及会之以下剂为率，谓家可出二人），以田里安氓。以乐昏扰（顺）氓。以土宜教氓。以兴锄利氓。以时器劝氓。以强予任氓。以土均平政。"这里所说的不是奴隶的情形。《说文》十三下："氓，田民也。"这是氓字意义的一面。《周礼》郑注："变民言氓，异外内也。氓犹懵懵无知貌也。"这又是氓字意义的一面，由这一意义说，故甿即氓。《淮南子·脩务训》高诱注："野民曰氓。"《说文》十二下："氓，民也。"《一切经音义》："案氓，冥昧貌也；言众庶无知也，《汉书》'氓氓群黎'也。"是"氓"乃野民因地位低下，无有知识之特称，但并不因此而成为奴隶。《诗·卫风·氓》：①

　　氓之蚩蚩，②抱布贸丝；匪来贸丝，来即我谋。……匪我愆期，子无良媒。将子无怒，秋以为期。乘彼垝垣，以望复关。不见复关，泣涕涟涟。既见复关，载笑载言。……以尔车来，以我贿迁……

---

① 《唐石经》作甿，可知氓、甿亦通用。
② 马瑞辰《毛诗传笺通释》："至《释文》引《韩诗》云'氓，美貌'，盖以氓藐一声之转……《尔雅》'藐藐美也'。然以氓为美，与蚩蚩义不相贯，蚩蚩盖极状其痴昧之貌。"

这是一位年老爱衰的妇人，追述那位抱布贸丝的氓，开始追求她的情形。这里所描写的氓，有一点奴隶气息吗？

至郭沫若以《矢毁》中的"王人今亦转化为奴"，尤为横决。他的证据引《尚书·君奭》："殷礼陟配天……百姓王人，罔不秉德明恤"，他以"此为周初称殷代贵族的王人之证"，他以《矢毁》中"王人之在宜者即殷王之人"（以上皆见于《矢毁铭考释》）。

此处有两个问题：第一，周初既称殷贵族为"王人"，即可证明周并未将殷贵族转为奴隶，这在《诗》、《书》有关的资料中亦皆是如此，郭引《君奭》中之"王人"，很明显地不是奴隶；何以在《矢毁》中的殷王人便会转为奴隶？第二，矢被改封为宜侯，在今日之江苏丹徒，殷是否在此有王人？从铭文开首两句话看，封矢之王，不可能是成王，而应当是康王。时代经过了这么久，是否还会称殷贵族为王人？合理的推测：周可封矢为宜侯，则泰伯、仲雍（《周本纪》称虞仲），因太王欲立其弟季历而入吴之说为可信；《矢毁》中的"王人"，或为随泰伯入吴的周的同姓，或系矢由宗周率领前往之人，不可能是奴隶。

《颂鼎》"贮廿家"的贮，阮元、王国维、杨树达各立异说；但以杨宽作奴隶的解释，似最为无据。杨宽在引金文材料（9）（10）中的"臣妾百工"及"仆御百工牧臣妾"，而断定当时从事手工业的都是奴隶，也有问题。在周室及其贵族的手工业中，可能有用奴隶作助手。但当时奴隶的来源是由战争而来的夷狄，当时手工业中有许多作品已极精巧，则手工业的技术，不可能是掌握在奴隶手上；而所谓"百工"，决非对手工奴隶的称呼。周初百工的范围，包括甚广，低级的乐人，也包括在里面。金文中称为"师"的有时也指的是百工。杨树达在《师望鼎跋》中说："大师小师之外，又别有典同磬师、钟师、笙师、镈师、韎师、旄人、龠师诸职"（《积微居金文说》页八五）。《师艅鼎》："……锡师艅金，艅则对扬皇德，其乍（作）皇文考宝鼎。"《师害殷》："师害乍（作）文考障殷。"艅和害即是制器的百工，不可能是奴隶。《尚书·洛诰》"予齐百工，平使徒王于周"，此处之百工，当然不是奴隶。《国语·周语》召公告厉王不可防民之口的话中有"百工谏，庶人传语"的话，此与《左传·襄公十四年》"工诵箴谏"，"工执艺事以谏"之语相合，所以是可信的。若百工是奴隶，便不可能有向王进谏的资格。《左传·桓公二年》"庶人工商，各有分亲"，《左传·闵公二年》"通商惠工"，《左传·宣公十二年》"商农工贾，不败其业"，《左传·成公一年》"农工皆有职以事上"；就这些材料看，手工业中纵有一部分"臣妾"当助手，但正式称为"工"或"师"的不可能是奴隶。（9）（10）两金文中将百工与臣妾分别称谓，即可证明百工与臣妾有别而不是奴隶。奴隶论者所犯的最大毛病，在于把金文中的人物，皆简化为奴隶主与奴隶两个阶级。

至于以《诗经》的"十千维耦"这类的话来证明当时是大量的奴隶生产，更是一个误解。现在先把有关的材料抄在下面：

《诗·周颂·噫嘻》：

噫嘻成王，既昭假尔。率时农夫，播厥百谷。骏（郑《笺》：骏，疾也）发尔私（《毛传》：私，民田也），终三十里（郑《笺》：《周礼》曰："凡治野，田夫间有遂，遂上有径。十夫有沟，沟上有畛。百夫有洫，洫上有途。千夫有浍，浍上有道。万夫有川，川上有路。"计此万夫之地，方三十三里少半里也，诗言三十里者，举其成数）。亦服尔耕，十千维耦（郑《笺》：辈作者千耦，言趋时也）。

《诗·周颂·载芟》：

载芟载柞（《毛传》：除草曰芟，除木曰柞），其耕泽泽。千耦其耘（郑《笺》：言趋时也），徂隰（郑《笺》：隰谓新发田也）徂畛（郑《笺》：畛谓旧田有径路者）。侯（维）主（《正义》：维为主之家长）侯伯，（《正义》：维为伯之长子）侯亚（《正义》：维次长之仲叔）侯旅（《正义》：维众之子弟），侯强（《正义》：维强力之兼士），侯以。（《正义》：维所以佣赁之人）；有喷（《毛传》：众貌）其馌，思媚其妇。有依（郑《笺》：依依言爱也）其士（《毛传》：士，子弟也）。

误解的发生，因为根本不知道，或故意抹煞农业的"趋时性"，即是农业中的重要工作，必须抢在季节中的短短几天内完成。此时全体的农人，都必须同时出动，全力以赴。于是在关中平原，黄河平原中，自然出现"十千维耦"，"千耦其耘"的盛况。《噫嘻》诗分明说这是"骏发尔私"，是由成王带着农夫急于开发农夫的私田，在广大平原中，一口气便耕种万夫的三十里，而有"十千其耦"；何能解释为奴隶劳动？奴隶怎能有私田？《载芟》的诗，因为后面说到丰收后的祭祀，所以《诗序》误会这是"春籍田而祈社稷"；"籍"则种的是公田。但诗中并无籍田的痕迹，所以《正义》说这是"经序有异"。若此诗所说的是奴隶劳动，则会出现"有喷其馌，思媚其妇"的情景吗？①

总之，我不是说周代没有奴隶；周初以后的三千多年中，中国社会都有奴隶。也不是说没有农奴；《国语·晋语》郑偃谓"其犹隶农也。虽获沃田而勤易之，将不克飨，为人而已"。这分明说隶农无私田。而周代绝大多数的农

---

① 杨向奎不赞成西周是奴隶社会的说法，他乃另立一说："我认为千耦其耘，十千其耦的千字不是指人数或耜数说，这就是千亩的千，是专名词，等于籍田……等于说公田在耕种了。"见《中国古代社会与古代思想研究》页四六，此种解释，只是牵强。

夫不是隶农，因其有私田。周代虽有奴隶，但从全般的情形看，奴隶不是周代政权的基础，也不是当时社会生产的主要成分；称周代为奴隶社会，是违反历史事实的。[①]

二、周室宗法制度

西周的政治制度，是传统所说的封建政治制度。此种封建政治制度，与当时的土地制度不可分，所以当时的社会，也可以称为是封建社会的性格。

西周的封建，与西方历史中之所谓封建的最大不同之点，在于西周的封建政治，是以西周的宗法为骨干所形成的；甚至可以说，这是宗法社会的政治形态。西周宗法的起点是嫡长的传子制。殷代殷墟前半期，除武丁外，前后三代，是兄弟继承。后期武乙以下的五王，则系父子继承。[②]但殷代无嫡庶之分，周之太王、王季、文王，在继承上亦无嫡庶之分。故殷末之父子相传，并未形成一个客观的制度。因之，假使殷代也有宗法，与周的宗法制度，不会是相同的。

---

① 杨宽的《古史新探》，作了深刻细密的研究，应算是难得的一部书。他一方面认为西周的庶人不是奴隶，并承认庶人在当时占有重要的地位；但依然要说西周是"中国奴隶制社会"，这是轻重倒置的结论，也是不自然的结论。

② 贝冢茂树《中国古代史学之发展》页六四。

周代宗法的详细情形，不可得而详考。后人只能凭《礼记》的《丧服小记》，及《大传》的几句话来加以推论。《丧服小记》：

> 别子为祖，继别为宗。继祢者为小宗。有五世而迁之宗，其继高祖者也。是故祖迁于上，宗易于下。尊祖故敬宗，敬宗所以尊祖祢也。庶子不祭祖者，明其宗也。……亲亲尊尊长长，男女之有别，人道之大者也。

《大传》：

> 上治祖祢，尊尊也。下治子孙，亲亲也。旁治昆弟，合族以食，序以昭穆，别之以礼义，人道竭矣。……君有合族之道。族人不得以其戚，戚君位也。……庶子不祭，明其宗也。……别子为祖，继别为宗。继祢者为小宗。有百世不迁之宗，有五世则迁之宗。百世不迁者别子之后也。宗其继别子之所自出者（朱元晦曰"之所自出"衍文），百世不迁者也。宗其继高祖者，五世则迁者也。尊祖故敬宗。敬宗，尊祖之义也。……是故人道，亲亲也。亲亲故尊祖。尊祖故敬宗。敬宗故收族（收犹今所云"团结"）。收族故宗庙严。宗庙严故重社稷。重社稷故爱百姓。爱百姓故刑罚中。刑罚中则庶民安。庶民安故财用足。财

用足故百志成。百志成故礼俗刑（《正义》：刑亦成也）。礼俗刑，然后乐。

　　《说文》七下："宗，尊。祖庙也。"段《注》："凡言大宗小宗，皆谓同所出之兄弟所尊也。"在许多兄弟中，以长嫡子主祭，此主祭的嫡长子即是祖宗一脉相承而不乱的象征，乃至可以说是代表，故即为其他兄弟之所尊。既为其他兄弟之所尊，便须有保育其他兄弟的责任。这一套规定，即谓之宗法。程瑶田谓："宗之道，兄道也。"[①]这是对的。所谓"五世则迁之宗"，是凡共父亲共祖父共曾祖共高祖的弟兄，皆以之为宗。过此以往，则不以之为宗，此之谓"小宗"。所谓"百世不迁之宗"，是凡共始祖的，皆以之为宗，此之谓"大宗"。"别子为祖"的别子，乃对周王室的嫡长子而言。周王室的嫡长子主祭其生之所自出，而为全姓的总宗，这一点在《丧服小记》和《大传》中都略过了，常为后儒所忽。周王室的嫡长子以外的"别子"，分封出去，则在其国另开一支，而为此国之祖。继别为宗，是继承此国的嫡长子，即为此一国百世不迁之大宗。"继祢为小宗"者，此大宗之弟及庶出兄弟所生之嫡长子，即为其弟及庶出兄弟所宗，此乃五世则迁之小宗。祢是亲庙，大宗之弟及庶兄弟所生

---

① 程瑶田《宗法小记》。

之嫡长子，于其父亲死而入庙后，祭祀时为主祭，这即是"继祢为小宗"。朱骏声《说文通训定声》宗子下谓："按大宗一，为始祖后也。小宗四，高曾祖父后也。"大宗所以保持此一氏族血统的传承于不乱不断。他是始祖的代表，所以只有一个。小宗是大宗此一氏族血统的蕃衍流派。高祖、曾祖、祖、父四代，各有其大宗以外所生之嫡长子，即各有一小宗，故小宗同时有四。大宗包含小宗，而大宗为之本，小宗为其枝。小宗包含许多五服以内的族人，由小宗率领以捍卫大宗。小宗五世不迁，则大小宗无所别，而氏族血统之本干不显。大宗之上又有一总的大宗，这即是天子。《诗·大雅·板》一诗《毛传》"王者天下之大宗"，即指此而言。王为天下之大宗，诸侯为一国之大宗。被封出去的诸侯是别子。而天子对别子而言则是"元子"。《尚书·召诰》："鸣呼，有王虽小，元子哉。"由大宗小宗之收族而言，每一组成分子皆由血统所连贯，以形成感情的团结，此之谓"亲亲"。由每一组成分子有所尊，有所主，以形成统属的系统而言，此之谓"尊尊"、"长长"。

这里有由《大传》"君有合族之道，族人不得以戚，戚君位也"而引起汉儒以来的一种误解，认为宗法乃由大夫以下达于庶人；而天子诸侯，乃在宗法之外。[1] 毛奇龄

---

[1]　程瑶田《宗法小记》。郑康成《大传》注："公子不得宗臣。"

更引《穀梁传》"诸侯之尊，兄弟不敢以属通"以实之。[①]
近人王国维对此谓：

> 故由尊之统言，则天子诸侯绝宗，王子公子无宗可
> 也。由亲之统言，则天子诸侯之子，身为别子，而其后
> 世为大宗者，无不奉天子以为最大之大宗。特以尊卑既
> 殊，不敢加以宗名，而其实则仍在也。故《大传》曰：
> 君有合族之道，其在……《大雅》之《行苇》序曰：周
> 家能内睦九族也。……是天子之收族也。《文王世子》
> 曰：公与族人燕则以齿。……是诸侯之收族也。……是
> 故天子诸侯，虽无大宗之名，而有大宗之实。《笃公刘》
> 之诗曰：饮之食之，君之宗之。《传》曰：为之君，为
> 之大宗也。《板》之诗曰：大宗维翰。《传》曰：王者天
> 下之大宗。又曰：宗子维城。《笺》曰：王者之嫡子谓
> 之宗子。是礼家之大宗，限于大夫以下者，诗人直以称
> 天子诸侯。惟在天子诸侯则宗统与君统合，故不必以宗
> 名。大夫、士以下皆以贤才进，不必身是嫡子，故宗法
> 乃成一独立之统系。[②]

王氏之论，已接触到问题的本身，但仍有误解之处。他所

① 毛奇龄《大小宗通释》。
② 《观堂集林》卷十《殷周制度论》。

指的"礼家"，是汉代的礼家；而所谓"诗人"，则系西周的诗人。诗人就西周政治实际的情形而分明说是"君之宗之"，说是"大宗维翰，宗子维城"，分明说西周的天子、诸侯，乃一宗法的结合。并且《大雅·文王》的诗说"文王孙子，本支百世"，这是说周室的政治机构，是由宗法中的"本"与"支"连结起来的。周人称丰镐为"宗周"，正因其为宗庙之所在，亦即为"天下大宗"之象征。《大传》"族人不得以其戚，戚君位也"，上戚字应作亲属解，下戚字应作"近"义解，近有狎侮之意。此句话只是说君虽有合族之道，但族人不可以人君是自己的亲属而便存狎侮之心；这是一种防微杜渐的意思，即是不可因亲亲而忘了尊尊的一面。若人君不在宗法之内，则何由而合族？何由而可称为"戚"？《毛传》在上引诗的解释中，尚保持原义，其他汉儒，则常以汉时的君臣关系，推论秦汉以前的君臣关系；并以当时宗法的状况，推论周初的宗法状况；便把西周的宗法，斩断了上半截，而认为只实用于大夫以下。实际，则周的宗法，开始乃与封建同时实行于周天子与诸侯之间，再扩及于各国的贵族之间。周以外的氏族，也同样受此一宗法的规定。因为宗法本是以氏族社会为基础所发展起来的。至战国而在政治上中断的宗法，因民间家族之日趋强大，乃转而保持某一程度于社会之中。即在西周，其组织也是逐渐发展而渐增完备的。甚至可以说"别子为祖，继别为宗"，只适用于天子与诸侯的关系，而不适用于大夫；因为大夫应以诸侯之大宗为大宗，而不应自立其大宗。即诸侯以下之大夫，只有小宗而不另立大宗。后来礼家的混乱，都因在这种地方弄颠倒了。至王国维说"大夫士以下皆以贤才进，不必身是嫡子"，亦即说诸侯以下的贵族，宗法与政治地位不一致，故宗法成一独立统系。其不合历史事实，更为显然。

三、周室之封建制度及其基本精神

把宗法说清楚了，现在可以谈到封建制度的问题。

在西周以前，当然有若干分封建国的情形。《诗·商颂·殷武》"命于下国，封建厥福"，即其证。但在规模上，尤其是在制度上，依然应以西周的封建为封建制度的代表。周人灭商后，当然还有许多历史悠久的氏族国家，由相互的承认而继续存在。《吕氏春秋·观世》篇谓"周封国四百余，服国八百余"。所谓"服国"，即指非由周人封建而来的国家。但作为西周立国特性的，还是他的封建制度。此一封建制度，先简单地说一句，即是根据宗法制度，把文王、武王、成王、康王等未继承王位的别子（武王不是嫡长子），有计划地分封到旧有的政治势力中去，作为自己势力扩张的据点，以连络、监督、同化旧有的政治势力，由此而逐渐达到"溥天之下，莫非王土"的目的。被封的别子，即成为封国之祖，他的嫡长子，即成为封国的百世不祧之宗，按照宗法建立一个以血统为纽带的统治集团。封国与宗周的关系，政治上是天子与诸侯的关系，宗族上却是"别子"与"元子"的血统关系，是由昭穆排列下来的兄弟伯叔的大家族的关系。各侯国内的政治组织，也是如此。为了便于统治的从属关系能够巩固，以血统的嫡庶及亲疏长幼等定下贵贱尊卑的身份，使每人的爵位及权利义务，各与其身份相称，这在当时称之为"分"；"定分"即所以建立当时的政治秩序。"分"是以身份作根据所划分的；通过各种不同的礼数，把分彰显出来，且使之神圣化。其分封异姓时，也必以婚姻连系起来，使成为姻娅甥舅的关系，这依然是以血统为统治组成的骨干。在以宗法血统形成政治骨干的制度下，一面必须某一氏族（如周）经过长期的生存斗争发展，以蓄积此一血统在人口上所形成的力量。所以司马迁在《史记·秦楚之际月表》序中谓"汤武之王，乃由契、后稷修仁行义十余世"，未尝不可由此一角度去加以解释。其另一面当然要求子孙众多。[①] 所以当时婚姻制度中的"媵"，即是特殊的多妻制。而严格的同姓不婚，除了防止"其生不蕃"的原因以外，也和政治势力向异姓的扩张，有不可分的关系。分封了一定的土地，及附着于土地上的人民，以形成统治所必要的军事与经济的基础，

---

① 《诗·螽斯》序："后妃子孙众多也。"《思齐》"大姒嗣徽音，则百斯男"，此外诗人歌咏子孙众多者甚多，皆当时政治要求之反映。

此之谓"有土此有人，有人此有财"。①为了对周人的封建容易得到明确的印象，所以把若干有关的资料撮录在下面：

（1）《周礼·封人》："凡封国，设其社稷之壝，封其四国。"②

（2）《诗·大雅·嵩高》序："嵩高，尹吉甫美宣王也。天下复平，能建国亲诸侯，褒赏申伯焉。""嵩高维岳，骏极于天。维岳降神，生甫及申。维申及甫，维周之翰。四国于蕃，四方于宣。亹亹申伯，王缵之事。于邑于谢，南国是式。王命召伯，定申伯之宅。登是南邦，世执其功。王命申伯，式是南邦。因是谢人，以作尔庸（城）。王命召伯，彻申伯土田；王命傅御，迁其私人。申伯之功，召伯是营；有俶其城，寝庙既成。既成藐藐（美貌）。王锡申伯，四牡蹻蹻。钩膺濯濯。王遣申伯，路车乘马。我图尔居，莫如南土。锡尔介圭，以作尔宝。往近王舅，南土是保。申伯信迈，王饯于郿。申伯还南，谢于诚归。王命召伯，彻申伯土疆。以峙其粻，式遄其行。申伯番番，既入于谢，徒御啴啴，周邦咸喜，戎有良翰。不显申伯，王之元舅，文武是宪。……"

---

① 《礼记·大学》。

② 《逸周书·作雒解》谓诸侯受命于周，乃建大社于国，其土色皆合于其方位，此乃附入了邹衍五行思想，似不可信为西周之事实。

（3）《诗·大雅·韩奕》序，尹吉甫美宣王"能锡命诸侯"。"奕奕梁山，维禹甸之。有倬其道，韩侯受命。……""韩侯取妻，汾王（《笺》：厉王也）之甥，蹶父（《传》：卿士也）之子……""溥彼韩城，燕师所完。以先祖受命，因时百蛮。王锡韩侯，其追其貊（《传》：追、貊，戎狄国也），奄受北国，因以其伯。实墉实壑，实亩实籍。献其貔皮，赤豹黄罴。"

（4）《诗·鲁颂·閟宫》："王曰叔父，建尔元子，俾侯于鲁，大启尔宇……乃命鲁公，俾侯于东。锡之山川，土田附庸。"

（5）《左传·僖公二十四年》周王将以狄伐郑，富辰谏曰："不可。臣闻之，大上以德抚民。其次亲亲，以相及也。昔周公吊二叔之不咸，故封建亲戚，以藩屏周。管、蔡、郕、霍、鲁、卫、毛、聃、郜、雍、曹、滕、毕、原、酆、郇，文之昭也。邘、晋、应、韩，武之穆也。凡、蒋、邢、茅、胙、祭，周公之胤也。召穆公思周德之不类，故纠合宗族于成周而作诗曰：'常棣之华，鄂不韡韡。凡今之人，莫如兄弟。'其四章曰：'兄弟阋于墙，外御其侮。'①如是，则兄弟虽有小忿，不废懿亲……周之有懿德也，犹曰莫如兄弟，故封建之。

---

① 此处之召穆公，乃召康公十六世孙名虎。《周语》富辰引《常棣》以为周文公之诗，则此处作诗之作，乃修复之意，参阅《国语·周语》中韦注。

其怀柔天下也，犹惧有外侮。扞御侮者莫如亲亲，故以亲屏周。召穆公亦云。"

（6）《左传·昭公二十六年》，周王子朝夺取王位失败后，他"及召氏之族，毛伯得、尹氏固、南宫嚚，奉周之典籍以奔楚……使告于诸侯曰：昔武王克殷，成王靖四方，康王息民，并建母弟，以藩屏周，亦曰：吾无专享文、武之功……至于夷王，王愆于厥身，诸侯莫不并走其望，以祈王身。至于厉王，王心戾虐，万民弗忍，居王于彘；诸侯释位，以间（参与）王政。宣王有志（年长有知识），而后效官。至于幽王，天不吊周，王昏不若，用愆厥位。携王（杜注：幽王少子伯服也）奸命（犯立嫡之命），诸侯替之，而建王嗣，用迁郏鄏。则是兄弟之能用力于王室也。……今王室乱……兹不谷震荡播越，窜在荆蛮……敢尽布其腹心，及先王之经，而诸侯实深图之。昔先王之命曰：王后无嫡，则择立长；年钧以德，德钧则以卜。王不立爱，公卿无私，古之制也……"

（7）《左传·定公四年》周刘文公合诸侯于召陵，将长蔡于卫。因蔡始封之蔡叔，于卫始封之康叔为兄，故卫侯使祝佗（子鱼）私于苌弘曰："以先王观之，则尚德也。昔武王克商，成王定之，选建明德，以藩屏周。故周公相王室以尹（杜注：正也）天下，于周为睦。分鲁公以大路、大旂……封父之繁弱（大弓名），殷民六族，条氏、徐氏、萧氏、索氏、长勺氏、尾勺氏，使帅其宗氏，辑其分族，将其类丑（杜注：丑众也），以法则周公，用即命于周，是以使之职事于鲁，以昭周公之明德。分之土田陪敦，①祝宗卜史，备物典策，官司彝器，因商奄之民，命以伯禽，而封于少皞之虚。分康叔以大路、少帛（杜注：杂帛）、绪茷（杜注：大赤）、旃（杜注：通帛为旃）旌（杜注：析羽为旌）、大吕（杜注：钟名），殷民七族，陶氏、施氏、繁氏、锜氏、樊氏、饥氏、终葵氏。封畛土略，自武父以南，及圃田之北竟。取于有阎之土，以供王职。取于相土之东都，以会王之东搜。聃季授土，陶叔授民，命以《康诰》，而封于殷虚。皆启以商政，疆以周索（杜注：疆理土地以周法）。分唐叔以大路密须之鼓，阙巩（杜注：甲名）、沽洗（杜注：钟名），怀姓九宗（杜注：唐之余民。按下文当为夏之余民），职官五正；②命以《唐诰》，而封于夏虚（杜注：今太原晋阳），启以夏政，疆以戎索……"

（8）《国语·周语上》："穆王将征犬戎，祭公谋父谏曰……夫先王之制，邦内甸服（韦注：甸，王田也，

---

① 杜注："陪，增也。敦，厚也。"盖以此为膏腴之地。惟近人则有此即附庸二字之转音变形，不知确否？

② 按五正或系指夏之五行之官，即主管金、木、水、火、土五材之官。

服其职业也）。邦外侯服（韦注：侯圻也，言诸侯之近者，岁一来见）。侯卫（韦注：言自侯圻至卫圻，其间凡五圻，圻五百里，五五二千五百里，中国之界也）宾服（韦注：常以服见宾贡于王）。蛮夷要服（韦注：要结信好而服从之）。戎狄荒服（韦注：荒忽无常之言也）。甸服者祭（韦注：供日祭）。侯服者祀（韦注：供月祀）。宾服者享。（韦注：供时享）要服者贡（韦注：供岁贡也。要服六岁一见）。荒服者王（按王者，仅承认其为共主，他无所事）。日祭（韦注：祭于祖考，谓上食也），月祀（韦注：月祀于高祖），时享（时享于二祧），岁贡，终王（韦注：终谓垂终也。按谓吊已死之王，并贺新王），先王之训也。"

（9）《国语·周语中》，周襄王十七年，以翟伐郑，将以其女为后。"富辰谏曰不可……昔挚、畴（二国名，任姓）之国也，由大任（文王之母）。杞、缯（二国姒姓，夏禹之后）由大姒（文王之妃）。齐、许、申、吕，四国皆姜姓，由大姜（大王之妃）。陈（妫姓舜后）由大姬（武王之女，配虞胡公封于陈）。是皆能内利亲亲者也。"

（10）《国语·周语中》："晋文公既定襄王于郏，王劳之以地，辞。请隧焉（王丧时阙地通道），王弗许，曰，昔我先王之有天下也，规方千里，以为甸服，以供上帝山川百神之祀，以备百姓兆民之用，以待不庭不虞之患；其余以均分公侯伯子男，使各有宁宇。"

（11）《国语·周语中》："晋侯使随会聘于诸侯，定王享之殽烝（韦注：升折俎之殽）。原公相礼，范子私于原公曰，吾闻王室之礼无毁折，今此何礼也？王……召士季曰，子弗闻乎？禘郊之事，则有全烝。王公立饫（韦注：礼之立成者为饫），则有房（大俎也）烝。亲戚宴飨，则有殽烝。今女非它也。而叔父使士季实来修旧德以奖王室……女今我王室之一二兄弟，以时相见，将和协典礼以示民训则，无亦择其柔嘉……以示容合好。……"

《左传·昭公二十八年》晋成鱄对魏献子谓："武王克商，光有天下，其兄弟之国者十有五人，姬姓之国者四十人。皆举亲也。"《荀子·儒效》篇谓："周公兼制天下，立七十一国，姬姓独居五十三人焉。"封国的详数虽难断定，但其封建系以宗法为主，由这两条材料也可以看得非常清楚。再把上述材料加以总结，可以看出以下的几条结论。

（一）在上述材料中，对封建始于何人，说法不一。《史记·周本纪》，以封建始于武王。然（6）"昔武王克殷，成王靖四方"；（7）"昔武王克商，成王定之"。封建诸侯，是"靖四方"、"定之"的事。武王"克商"，没有时间及力量实行封建。其封管蔡相禄父治殷，乃安定殷民的权宜措施，与封建之本质无关。而成王的靖四方，实始于周公的东征。经营洛邑，以作向东向南发展的根据地，也是周公。宗法的基础在传子立嫡立长；成王以前的太王、王季、文王，都与商季传位的情形相同，无立嫡立长的观念。[①]周公以周室传位的习惯及其特殊功绩，实曾即位为王。传嫡长子制的奠定，亦即宗法的奠定，实自周公把王位让给成王始。综合上述三种原因，则（5）以封建始于周公，为能得其实。又根据周初许多金文的记载及上引资料（2），可知自周公以后，迄宣王为止，皆曾继续封建。由一九五四年江苏丹徒烟墩山属于康王时代的《宜侯矢簋》的发现，知道矢原封于畿内为虞侯，后改封于宜为宜侯。同时，辽宁凌源县马厂沟发现了《匽侯盂》等一组铜器，知道辽宁在西周初年已属于由周所封的燕国的疆域；由此可知周初封建所到达的区域甚为广大。封建的实行，乃由于周政治势力的扩张，封建的停止，乃由于周政治势力的衰落。

（二）（4）"大上以德抚民，其次亲亲以相及也"二语，从来泛泛看过。实际，"以德抚民"与"亲亲以相及"，是

---

① 《史记·周本纪》所谓"我世当有兴者，其在昌（文王）乎？长子太伯、虞仲知古公欲立季历以传昌"云云，乃后来周人根据宗法制度加以文饰之辞，非其实。

对举的；消极的意思，说明远古没有以亲亲为骨干的封建。传说中的唐虞及以前的时代，只是由各渐次形成的许多氏族所承认或推戴的共主。到夏禹而始进入一姓相传。各氏族间当然时有并吞兴废；但夏商两代，依然是以各有历史，各有传承的许多氏族，构成各地政治的主体。夏商的王者，只争取各氏族承认其为天命所寄的共主。当时政治的统一性是相当松弛的。至周公乃以宗法的亲亲制度，有计划的封建亲戚，以为王室的屏藩，扩大王室政治的控制面，加强王室政治的统一性。每一封国，皆负有某一地区的政治特别任务。如韩的任务在"奄受北国"；鲁卫的任务在同化殷之遗民；齐之任务在镇压并同化莱夷；申的任务在加强对南方楚国的捍卫等。可以说古代政治的统一性，至周的封建而大为加强。

（三）从全般的材料看，封建所到之处，皆以当地的氏族为基础；如燕是"因时百蛮"，鲁是"因商奄之民"，申是"因是谢人"等。其所以能做得到，这一方面是周克商以后，取得了由天所命的共同承认的共主的地位；另一方面，还是以武力为其后盾。宣王能重封韩侯，是因为韩城乃"燕师所完"。封申伯则需要"召伯是营"，需要"王命召伯，彻申伯土田"，召伯实际是以王室的力量做好申伯可以前往履封的基础。一九五六年在陕西郿县李家村出土的一组西周铜器中，有《盠方彝》和《盠尊》，据其铭文，知道周王除了命盠掌管宗周的六师外，还要他兼管

"殷八师"。①金文中的《陵贮簋》及《南宫柳鼎》，皆提到六𠂤（师）。②《𠝫壶》则称"成周八师"。《小克鼎》"成周"与"八师"虽未连在一起，但也可断言说的是成周八师。《竞卣》的"成师"，可视为"成周八师"的简称。《小臣谜簋》铭文中有谓"叚！东夷大反，白懋父以殷八𠂤（师）征东夷"。《禹鼎》则将"西六师"、"殷八师"并举。"西六师"即"宗周六师"，这是巩卫西周首都丰镐的。我以为"殷八师"即"成周八师"。③这是周公在洛阳所建的庞大兵力。

并且从上面有关的金文看，这八师都是用来作东征南讨之用的。④我们不难想见，这一庞大兵团，正是周公及成康们由西向东向南以封建伸张势力的武装力量。并且在封建时的一件大事，即是由王室的力量为被封者筑一个坚固的城，以作封国的根据地。这是由前面的材料中很容易看出来的。

（四）材料的大部分都说明封建的是周室的兄弟子侄。而（5）中提出"文之昭"、"武之穆"，这分明是按照宗法

---

① 《新中国的考古收获》页五七。

② 西周金文"师"皆作"𠂤"。

③ 有人以为这是两个兵团。但当时的兵制与土地制度连在一起，不可能在洛阳（成周）有了成周八师，而另外又能成立殷八师；成周八师是在殷遗民中成立的，故又称殷八师。

④ 杨宽在《古史新探》中作了较详细的研究。各金文原文，杨著页一五六引有全文。

的排列次序以为封建的根据。对周公诸子的受封，而只称"周公之胤"，因昭穆是庙里继承王位的大宗的次序；周公奉还王位后，不能在周庙中序昭穆。封建的目的便在屏藩周室。封建的纽带便是宗法的亲亲。在被封各国中，以鲁最为优渥；这固然因周公曾居王位，且功勋最大。但（7）"于周为睦"，也是重大的因素。（9）说明了分封异姓的情形。由此可以了解异姓之所以受封，皆系姻娅（后代之所谓外戚）的关系，依然是顺着亲亲的精神，将宗法加以扩大。异姓受封各国的内部，也会按照宗法以树立统治的骨干。周因政治道德的要求而存唐虞夏商之后的"三恪"，里面还是加上了一层姻娅关系。由宗法所封建的国家，与周王室的关系，一面是君臣，一面是兄弟伯叔甥舅。而在其基本意义上，伯叔兄弟甥舅的观念，重于君臣的观念。《左传·僖公九年》，会于葵丘，周王使宰孔赐齐桓公胙（祭肉），宰孔致辞说"天子有事于文武，使孔赐伯舅胙"，这是以舅称齐桓公。《左传·僖公二十八年》冬，晋文公朝王于河阳，王命晋侯为"侯伯"，其命辞中谓"王谓叔父，敬服王命"，这是以叔父称晋文公。周的封建，便是由分封的伯叔兄弟甥舅各国，构成了当时的所谓"中国"。《尚书·梓材》"皇天既付中国民"，《荡》"女炰烋于中国"，"内奰于中国"，《桑柔》"哀恫中国"，当时的所谓"中国"，是有具体内容的。夹在"中国"中间的若干夷狄戎狄，到春秋之末，大体都被消灭、同化了。其中当然还有只奉周室正朔，而其立国远在武王克殷之前，并非出于周室封建的古国；但在"中国"范围之内，也渐为周室封建的国家消灭了。从（6）的材料看，封建实尽到了屏藩周室的责任。并且到了春秋之末，与封建无关的国家，只有越国。由此不难想见周公以宗法亲亲所建立的封建政治秩序，实际发生了很大很久的影响。王室权威的失坠，可以说主要是因为女宠或因一时之忿，用戎狄以伐同姓，自己破坏了作为政治团结的基本要素——"亲亲"的关系，因而失掉了自己的屏藩，瓦解了由宗法而来的向心力。

（五）分封时由周王郑重赐予三样东西，一是土田，二是人民，三是适合于受封者身份（名位）的车服器物。"王命诸侯，名位不同，礼亦异数"。[①] 由各种身份以确定每一组成分子在整个封建的，亦即在整个宗法的大构造运行中所应尽的义务与所应享受的权利，使能互相调和配合而不互相冲突，这是礼的最大功用，这是封建秩序的神经系统。此一由血统的身份所构成的神经系统，亦即所谓"礼"，由王室的中枢，一直伸向诸侯、卿大夫、士以及庶人。[②] 孔子说"周监于二代，郁郁乎文哉，吾从周"（《论语》），这是说礼至周而最为完备；此不能仅从文化自身发

---

① 《左传·庄公十二年》。
② 《曲礼上》："礼不下庶人。"郑注："为其遽于事，且不能备物。"故各种礼之实行自士始；然庶人在政治及社会上之权利义务，实仍规定于礼的系统之中，此即孔子所谓"齐之以礼"。

展的角度去看，而亦实为宗法、封建之所要求。应当从这种地方了解所谓"周文"的意义。而车服器物等等不同的礼数，实即此一神经系统的征表。所以分封乃至平日赏赐的这一类的东西，不是实用的意义，而是赋予以神圣意义的宝物。

（六）分封土田的大小，随爵位，亦即随受封者的身份而有等差。在各种不同的说法中，孟子和《礼记·王制》的说法是一致的。①《左传·襄公二十五年》郑子产答晋人"何故侵小"之问中有谓："……且昔天子之地一圻（杜注：方千里也），列国一同（杜注：方百里也）；自是以衰（杜注：差降也）。今大国多数圻矣；若无侵小，何以至大焉。"由此可知孟子之言可信。当然这只是原则性的规定。《礼记·大学》称"有土此有人，有人此有财"，此二语可能承古代封建的情形而来的。"人"，主要是指农民而言。在理论上，土地是属于王的，耕种土地的人民，也是属于王的。②所以授土同时即授民。从前面的资料看，所授的民，即是当地的人民。从"启以商政"、"启以夏政"、"启以戎

① 《孟子·万章下》："天子制地方千里，公侯皆方百里，伯七十里，子男五十里，凡四等。不能五十里，不达于天子，附于诸侯，曰附庸。"《礼记·王制》："天子之田方千里，公侯田方百里，伯七十里，子男五十里。不能五十里者不合于天子，附于诸侯曰附庸。"

② 《诗·小雅·北山》："率天之下，莫非王土；率土之滨，莫非王臣。"此二语为《左传·昭公七年》及《孟子·万章上》所引。

政"的因俗为治的情形看，决无把所授之民变为集体奴隶之理，且亦无此力量。前面已经提到，鲁国因殷民六族而立亳社，团结在亳社周围的是"国人"，而非奴隶。周公以殷余民封康叔于卫，因为对殷余民统治的成败，即关系于周业的成败，所以特为之作《康诰》、《酒诰》、《梓材》。在《康诰》中教康叔应"往敷求于殷先哲王"，及"商耇成人"；勉以"应保殷民"，而结之以"殷民世享"。《酒诰》对周人群饮者"予其杀"，对殷臣工之沉湎于酒者则"勿庸杀之，姑惟教之"，这是把殷人变成集体奴隶吗？由《康诰》的"罚蔽殷彝"的话来看，则（7）之所谓"启以商政"是可信的。除鲁因周公特殊德望以外，一切封建，皆因其旧政故俗以为治，即绝对不是将其奴隶化。周以洛阳为中心所成立的八师，有时称"成周八师"，有时称"殷八师"，可以推想组成八师的骨干是殷之遗民，即可断其绝非奴隶。对有直接敌对性的殷民是如此，对其他种族氏族亦应莫不如此。

（七）封建诸侯对周室的义务，除了奉正朔及按时朝聘述职之外，在非常时固然有为王室征伐城戍等义务；但如（8）所说，平时只供应四时祭祀之需，可以说是负担很轻的。王室与各封建侯国的关系，虽然较周以前的王朝加紧了；但若以"集权"与"分权"为权力分配的标准的话，封建政治可以说是两级分权的政治。王室把某一土地人民分封出去了，统治的权力也便分出去了，连对王畿之内的采邑，也是一样。诸侯把受封的土地人民，按照宗法的要求，分给卿大夫以作食邑之后，被分的食邑的统治权，也便分给卿大夫了，所以卿大夫也有家臣，有邑宰，便是这种原因。当然诸侯对外可以成为独立的政治单位，卿大夫则否。所以王室内的卿大夫及诸侯内的卿大夫，常与王室及所属的诸侯，作为一个政治单位而活动。因此，诸侯对其卿大夫的权力，远超过天子对诸侯的权力。

（八）因为封建的骨干是宗法，宗法虽然要由嫡庶亲疏长幼以决定身份的尊卑贵贱，但它的基本精神还是"亲亲"。所以由天子以下逮于大夫士的上下关系，不是直接通过政治的权威来控制，而是以"礼乐"来加以维持。礼所定的，"分"虽然很严，但是由礼所发出的要求，是通过行为的艺术化，亦即通过所谓"文饰"，加以实现，这便大大缓和了政治上下关系的尖锐对立的性格。春秋时代，朝聘会同之间，彼此意志的沟通，及某种要求的表达，常不诉之语言的直接陈述，而只通过歌诗的方式以微见其意，即《汉书·艺文志·诗赋略》序所谓"古者诸侯卿大夫交接邻国，以微言相感"者，也应由这种宗法所结成的政治特性去加以了解。同时，礼得以成立的基本条件是"敬"与"节"，所以荀子常常说"礼之敬文也"或"礼之节文也"。敬与节（节制、谦让）是对两面的要求，并非片面的要求，这便也抑制了每一统治者的统治欲望。孔子答鲁定公"君使臣，臣事君，如之何？"的问答以"君使臣以礼"（《论语·八佾》），正是这种意思。所以礼是定上下之分，同时也可以通上下之情；必须从这两方面来把握，始能把握到礼在政治上的基本意义。由周初到春秋时代，礼乐是并行的。礼以别异，乐以和同。在礼乐中可以保持伯叔兄弟甥舅间的血统感情，所以在上面的材料中，他们相互间的集会，都实现或要求一种亲族间所流露出的情感的气氛。统治阶级相互间的要求是如此，统治阶级对于被统治的人民，也是希望在礼乐之教中达成统治的目的。孔子主张"齐之以礼"（《论语》），是有历史的根源的。《左传·昭公六年》，三月，郑人铸刑书，叔向使诒子产书曰："……昔先王议事以制，不为刑辟……是故闲之以义，纠之以政，行之以礼……严断刑罚，以威其淫……民于是乎可任使也……民知有辟（公布的刑法条文），则不忌于上，并有争心，以征于书，而徼幸以成之，弗可为矣。夏有乱政而作禹刑。商有乱政而作汤刑。周有乱政而作九刑。三辟之兴，皆叔世也。今吾子相郑国……铸刑书，将以靖民，不亦难乎……将弃礼而征于书，锥刀之末，将尽争之……郑其败乎……"（子产）复书曰："若吾子之言，侨不才，不能及子孙，吾以救世也。"《左传·昭公二十九年》："冬，晋赵鞅、荀寅帅师城汝滨，遂赋晋国一鼓铁，以铸刑鼎，著范宣子所为刑书焉。仲尼曰，晋其亡乎，失其度矣。夫晋国将守唐叔之所受法度，以经纬其民……民是以能尊其贵；今弃是度也，而为刑鼎，民在鼎矣……贵贱无序，何以为国。且夫宣子之刑，夷之搜也，晋国之乱制也。"上面两个故事，实系历史转变的一大关键。周制中未尝不用刑，但其重点则是礼。晋铸刑鼎后未尝不尊贵，但这不是由宗法礼制中的尊贵。平日之民，乃受宗法礼制中的规范，民的休戚，在贵族手上的礼。今铸刑鼎，民的休戚，在刑法条文所铸的鼎上。不从这种历史根源的地方，便不能了解叔向和孔子为什么有这种反对的意见。周初时的原始宗教已开始衰退，但西周时对祖宗的祭祀，在政治行事中，始终保持非常重要的地位。而一切重大的政治行为及贵宾的宴飨，都是在宗庙中实行。甚至贵重的客人，也使其住在宗庙之内；这不是宗教的意义，而是要使大家在祭祀与宗庙中，保持住宗法的"本支百世"的感觉，以维持精神团结、政治团结的意识。周天子的所居地称为"宗周"，诸侯的所居地称为"宗国"，卿大夫的所居地称为"宗邑"，皆由此而来。总结一句，宗法的亲亲是周的封建政治的骨髓。以孝悌、礼让、仁爱为基底的道德要求，都是由此发展出来的。周的政治，较之后世特富于人道的意味，也是以"亲亲"为根源所发展出来的。考古上所发掘的殷贵族的墓葬，常有大批的殉葬者。但近年大量发掘出的周代墓葬，便几乎可以说没有这种现象，也正是说明了殷周之际的精神上的大转变。此一骨髓的枯竭，便使封建精神归于破灭。

四、"国人"的性格、地位问题

形成宗法贵族统治的直接支柱，形成封建政治的武力基础，并有力量对宗法贵族发生反抗、制约的，则有不容忽视的所谓"国人"阶级的存在。以下对此试加以探索。

"或"、"国"，在周时为古今字（此段玉裁说）。然朱骏声《说文通训定声》谓："或者，竟内之封；国者，郊内之都也。《考工记·匠人》'国中九经九纬'注，'城内也'……《国语·齐语》'参其国而伍其鄙'注，'郊以内也'。"由此可知当时的所谓"国人"，乃住在都邑之内，及都邑近郊之人。在《左传》、《国语》称为"国人"的，乃所以别于居于鄙野的农民。《左传》称"国人"者约有八十次左右；此外，有的只称"国"，有的只称"人"，有的只称"众"，而实皆指的是"国人"。"民"的范围，较"国人"为广；然有的称"民"时，亦指的是"国人"。凡称到国人时，不仅都与政治、军事直接有关；而且对政治军事，在最后常有决定性的作用，因而使当时的统治者，不能不时时考虑到对国人的争取。"国人"的自身，也时时发生主动性的作用。《国语·周语》上："厉王虐，国人谤王。"《左传·襄公三年》："郑人游于乡校，以论执政。"是国人可以直接批评政治。甚至可以这样地说：春秋二百四十二年间，政治上层的激烈活动是诸侯、卿大夫，而在上层的下面，激荡着一股强大的激流的则是国人。现简抄若干材料如下：

（1）《左传·文公二年》："冬十二月，狄人伐卫，卫懿公好鹤，鹤有乘轩者。将战，国人受甲者皆曰使鹤；鹤实有禄位，余焉能战。……及狄人战于荥泽，卫师败绩，遂灭卫。"

（2）《左传·僖公十五年》：十月一日壬戌，晋侯及秦伯战于韩，晋侯被俘后，"使郤乞告瑕吕饴甥，且召之。子金教之曰，朝国人而以君命赏；且告之（按指国人）曰，孤虽归，辱社稷矣，其卜贰圉也。众皆哭。晋于是乎始作爰田。"（《左氏会笺》：服虔、孔晁皆云，爰，易也……《晋语》作辕田。贾侍中云，辕，易也。为易田之法。赏众以田，易疆界也。）

（3）《左传·僖公二十四年》：颓叔桃子以狄师攻王，"王遂出；及坎欿，国人纳之。"

（4）《左传·僖公二十八年》：晋人伐卫，"卫侯请盟，晋人弗许。卫侯欲与楚，国人不欲；故出其君以说于晋。卫侯出居于襄中"。"六月，晋人复卫侯。宁武子与卫人盟于宛濮曰……不有居者，谁守社稷。不有行者，谁扞牧围……行者无保其力，居者无惧其罪……国人闻此盟也，而后不贰。"

（5）《左传·文公七年》：宋"昭公将去群公子……

穆襄之族，率国人以攻公，杀公孙固、公孙郑于公宫。六卿和公室。"

（6）《左传·文公十六年》："宋公子鲍礼于国人……昭公无道，国人奉公子鲍以因夫人……夫人将使公田孟诸而杀之。公知之，尽以宝行。荡意诸曰，盍适诸侯？公曰，不能其大夫，至于君祖母，以及国人，诸侯谁纳我？……冬十一月甲寅，宋昭公将田孟诸，未至，夫人王姬使帅甸攻而杀之……文公即位。"

（7）《左传·文公十八年》："莒纪公生太子仆，又生季佗。爱季佗而黜仆，且多行无礼于国。仆因国人以弑纪公。"

（8）《左传·宣公十三年》："春，楚子围郑，旬有七日……国人大临，守陴者皆哭，楚子退师……"

（9）《左传·成公十三年》：曹宣公随晋侯伐秦，卒于师，"曹人使公子负刍守，使公子欣时逆曹伯之丧。秋，负刍杀其太子而自立……冬，葬曹宣公。既葬，子臧（杜注：子臧，公子欣时）将亡，国人皆将从之。成公（杜注：成公，负刍）乃惧，告罪，且请焉，乃反而致其邑。"

（10）《左传·成公十五年》：宋华元出奔晋，"鱼石将止华元。鱼府曰，右师反，必讨；是无桓氏也。鱼石曰，右师……且多大功，国人与之；不反，惧桓氏之无祀于宋也……鱼石自止华元于河上；请讨，许之，乃

反。使华喜、公孙师率国人攻荡氏，杀子山。……乐裔为司寇，以靖国人。"（按《左传》记"以靖国人"者凡五见）

（11）《左传·襄公十年》："……故（郑）五族聚群不逞之人，因公子之徒以作乱……子产闻盗……完守备，成列而后出，兵车十七乘，尸而攻盗于北宫；子蟜帅国人助之……盗众尽死。"

（12）《左传·襄公十六年》：宋"……十一月甲午，国人逐瘈狗，瘈狗入于华臣氏，国人从之。华臣惧，遂奔陈。"

（13）《左传·襄公十九年》："郑子孔之为政也专，国人患之。……甲辰，子展、子西率国人伐之，杀子孔。"

（14）《左传·襄公二十六年》："二月庚寅，宁喜、右宰谷伐孙氏，不克……宁子出居于郊……国人召宁子，宁子复攻孙氏，克之。"

（15）《左传·襄公二十七年》：庆封"使卢蒲嫳率甲以攻崔氏……弗克。使国人助之，遂灭崔氏。"

（16）《左传·襄公二十九年》："郑子展卒，子皮即位。于是郑饥而未及麦，民病。子皮以子展之命，饩国人粟，户一钟；是以得郑国之民。"

（17）《左传·襄公三十一年》："莒犁比公生去疾及

展舆。既立展舆，又废之。犁比公虐，国人患之。十一月，展舆因国人以攻莒子，弑之。"

（18）《左传·昭公十四年》："秋八月，莒著丘公卒，郊公不戚，国人弗顺。""冬十二月……郊公奔齐。"

（19）《左传·昭公二十三年》："莒子庚舆，虐而好剑。苟铸剑，必试诸人，国人患之……乌存率国人逐之。"

（20）《左传·定公八年》，晋师盟卫侯于郭泽，辱卫侯。"卫侯欲叛晋，而患诸大夫。王孙贾使次于郊。大夫问故，公以晋诟语之，且曰，寡人辱社稷，其改卜嗣，寡人从焉。大夫曰，是卫之祸，岂君之过也。公曰，又有患焉，谓寡人必以而子与大夫之子为质。……王孙贾曰，苟卫国有难，工商未尝不为患，使皆行而后可。（杜注：欲以激怒国人也）……公朝国人，使贾问焉曰，若卫叛晋，晋五伐我，病何如矣？皆曰，五伐我，犹可以能战。……乃叛晋。"

（21）《左传·定公十三年》："冬十一月，晋荀跞、韩不信、魏曼多奉公以伐范氏、中行氏，弗克。二子……遂伐公，国人助公，二子败。"

（22）《左传·哀公元年》："吴之入楚也，使召陈怀公。怀公朝国人而问焉曰，欲与楚者右，欲与吴者左。陈人从田。无田从党。"（杜注：都邑之人无田者随党而立也。不知所与，故直从所居。）

（23）《左传·哀公十一年》："夏，陈辕颇出奔郑。初辕颇为司徒，赋封田以嫁公女（杜注：封内之田悉赋税之也）有余，以为己大器。国人逐之，故出。"

（24）《左传·哀公二十四年》：公子荆之母嬖，哀公立以为夫人，"而以荆为太子，国人始恶之"（按此为鲁哀公不没于鲁之张本）。

现在要进一步了解的，住在都邑及近郊的构成分子——国人，是些什么人呢？首先，国人与统治贵族之间，可能保有由氏族社会下来的疏远血统；也可能有一部分是由没落的宗法贵族而来。但决非当时宗法贵族直接结构中的一部分。上引材料（5）的"穆襄之族"和"国人"，是二而非一。（9）将从子臧出亡的国人，若是子臧的族人，便不会使曹成公惧而告罪。（15）卢蒲嫳所率的甲，及助他的国人，也是二而非一。（21）荀跞等三人奉晋公以攻范氏、中行氏而不克，这是没有国人参加战争。等到范氏、中行氏伐晋公而激起国人"助公"，故得以击败范氏、中行氏。由此亦可证明国人不是宗法贵族结构中的一部分。

其次，国人是当时军事力量的基础。但并非专以战争为业的人。从（1）看，国人作战时的甲，是临时授受的。顾栋高《春秋大事表》十四《邱甲田赋论》，也主张"甲仗兵器，皆出自上"。而当时的贵族，自王、诸侯，以至卿大夫，有经常直接掌握的甲乘，以为对内自卫，及动员时的军事的骨干；（11）子产的兵车十七乘，即其一例。因此，不能援《国语·齐语》"士乡十五"，认定"国人"即是"士"。也不能认为士即是战士。我把《左传》中的所谓士，约略考查过，在用法上大概可分为四种不同的性质。一是"卿士"连词时，可以指各种身份的贵族。二是指在贵族中有固定低级职位的人。此一意味的士，可以由国人充任，但并非即是国人。三是指作战时的全体战士。在全体战士中，有一小部分是贵族平日所养的固定战士；但在国与国的战役中，更多的是由动员"国人"而来的战士。此时的国人皆可称为士，但只是战时的称呼，不是平时的称呼。四是据我在《封建政治社会的崩溃及典型专制政治的成立》一文中的考查，士原是农民中的精壮分子。但到了春秋中期，渐渐出现了独立而带有流动性的士的阶级，如《左传·文公十四年》"公子商人骤施于国而多聚士"，士可以随骤施而多聚，即可知此种士不固定于某一卿大夫集团，且亦不再束缚于固定职业之上而系独立的，因而也可以随待遇的好坏而自由流动的士。士在演变过程中当然构成国人的一部分。并且这一部分的地位，在早期是介乎贵族与平民之间。到了晚期，因没落贵族的流入而不断扩大，并在性格上渐转变为平民知识分子。出现在《论语》上的所谓"士"，便属于这种性格。其次：由（2）（22）（23），而知国人与"田"有密切的关系，可知住在都邑及近郊的农民，是构成国人重要的一部分。（2）的"爰田"，依服、贾的解释，是"赏众以田，易疆界也"；可知构成国人的农民，其田土原有一定的疆界。按《孟子》"国中什一使自赋"，是国人中的农民，不负耕种公田之责，而仅纳十一之赋。这是不同于井田制的。又其次：由（20）而可知工商业者是住于国中而构成国人的另一部分。综括言之，国人是由士、自由农民及工商业者三部分所构成的，有似于古希腊时代城邦的自由民。

上面有关国人问题的考查，都是春秋时代的材料。春秋时代的国人，是否可通于西周时代呢？我的看法，构成国人一部分的士，西周与春秋时代，在性质上有较大的演变。但国人这一阶层的存在，及其在政治上的作用，则春秋时代，正是承自西周，而为西周开国立国的基础。《国语·周语》一国人居厉王于彘的故事，即其显例。再推而上之，公刘的迁豳，太王的迁岐下，必有"国人"阶级随其俱迁；而文王三分天下有其二，亦必扩大了此一国人阶级，因而扩大了他们的武力基础。这是古代社会中保有政治自由权利的自由民，也是古代社会政治的直接支柱。

五、土田制度与农民

形成西周封建政治骨干的是宗法制度，形成封建统治直接基础的是国人。但较国人更有广大深远的社会意义的，则是都邑以外的"土田附庸"，①及与此有密切关系的农民。《孟子》述周室班爵禄之"大略"中有谓"不能五十里，不达于天子，附于诸侯，曰附庸"。按《周礼·司勋》"民功曰庸"，《尔雅·释诂》"庸，劳也"，《释训》"庸庸，劳也"。庸的本义，应为人民的劳动力，即所谓"力役"。附庸的本义，应为附属于土田上的人民的劳动力。《孟子》所说的附庸，乃其引申义。金文《自伯虎簋》作"仆庸土田"，"仆""附"古通用。在分封时，赐予受封者以土田及附属于土田上的劳动力，此即所谓"土田附庸"。然则此附属于土田上的劳动力，是不是如郭沫若们所说的"耕作奴隶"呢？这便关系于周初的土田制度。然则周初有没有土田制度呢？《左传·定公四年》卫子鱼说封康叔于卫的情形是"皆启以商政，疆以周索"（杜注：疆理土地以周法。索，法也）。说封唐叔的情形是"启以夏政，疆以戎索"（杜注：太原近戎而寒，不与中国同，故自以戎法也）。由上面的材料看，康叔虽因殷之遗民而封以卫，而启以殷政，但对土地，则须疆理以周法。对于鲁，因周公特殊的威望，径自使其"以法则周"，则其对土地之治以周索，是不待言的。仅唐叔僻处北陲，才用异于周索的戎狄之法。由此可以推断，在当时的"中国"范围之内，周是有其土田制度的。此土田制度，未必一次就能全面实施；而实施的情形，

①《诗·鲁颂·阌宫》。

也不必是完全一致。但随封建的授土授民而有其土田制度，随封建之所到而加以推行。以形成封建制度的社会基础，与封建的政治制度有不可分的关系，则是无可置疑的。《诗·大雅·绵》有"乃召司空"，"乃召司徒"的话，司徒由"司土"之音变而来，金文中"嗣土"与"嗣徒"之名并用。① 这是上自天子，下至大小诸侯，皆具备的官职，应当即是主管土田的官职。《散彝》"命女（汝）作嗣土，官司耤田"，即其明证。《周礼》是真伪参半的书。"地官司徒第二"，"地官"两字，也和"天官"、"春官"、"夏官"、"秋官"、"冬官"一样，是王莽们加上去的；凡其有关"掌邦教"的部分，也是由王莽们按照后来司徒一职的演变所加上去的。但其有关"掌建邦之土地之图"的部分，应当是周初司徒一职的概略陈述，而后由王莽们加以缀辑饰润而成。②

《孟子》一书，乃先秦典籍中从未发生真伪问题的书，其言三代田赋制度，虽间杂有理想成分，然必有所本。今先录其有关之言论如下：

---

① 例如《尤簋》"命尤作嗣（司）土"。《曶壶》："命曶夏乃祖作家嗣土于成周。"《散彝》："命女作嗣土，官司耤田。"《虢叔簋》"嗣徒官白"。《邿更鼎》"嗣徒南中"。《散氏盘》亦有嗣土之名。其他尚有称嗣土或嗣徒者。

② 《汉书·王莽传》上，刘歆与博士诸儒七十八人，功显君（王莽之母）《丧服议》中有云"摄皇帝遂开秘府，会群儒……发得《周礼》，以明因监"。按刘向、刘歆父子校录秘书，未见《周礼》，而特为莽所"发得"，其出于莽、歆等之手，决无可疑；然其中必有所本。此将另以专文论究。

夏后氏五十而贡，殷人七十而助，周人百亩而彻。其实皆什一也。彻者彻也。助者藉也。龙子曰，治地莫善于助，莫不善于贡……诗云，雨我公田，遂及我私。惟助为有公田，由此观之，虽周亦助也。（《滕文公上》）

按上段乃孟子述三代之"取于民有制"（同上），乃三代之税法，而牵涉于治地的田制。

使毕战问井地。孟子曰：……请野，九一而助，国中什一使自赋。卿以下必有圭田，圭田五十亩；余夫二十五亩。……方里而井，井九百亩。其中为公田，八家皆私百亩，同养公田。公事毕，然后敢治私事，所以别野人也。（同上）

首先要追问的是，孟子所说的"周人百亩而彻"，是不是事实？《论语·颜渊》："哀公问于有若曰，年饥用不足，如之何？有若对曰，盍彻乎？曰，二，吾犹不足，如之何其彻也？"观哀公之言，可知有若主张实行彻法，则为什分取一，与孟子"其实皆什一也"之说相合；而有子"盍彻乎"的口气，乃指恢复已经行过之彻法而言。《左传·宣公十五年》："初税亩，非礼也。谷出不过藉，以丰财也。"按此处之"亩"，指私田而言。"藉"是指藉由民力耕种的

"公田"而言。周金文《令鼎》"王大耤农于谌田，（飨）王射……"，此铭文之意，谓周王出在谌田的地方，大耤（借）农民之力以耕种其公田，并行飨射之礼。此公田系耤民力耕种，故即谓之"耤"；天子亲往提倡，并重之以飨射，此即所谓"耤礼"。"税亩"，是于公田之收入外，又在私田上按亩抽税。鲁宣公已收了公田在全部土田中所占的什一，又在私田上收什一，这正是后来鲁哀公所谓"二，吾犹不足"之"二"。《左氏》谓"谷出不过藉"，即是有若所谓"盍彻乎"的"彻"。"彻"即是"耤"。孟子谓"助者藉也"，"藉""耤"古通用，可知鲁的田制，是由农民的私田与藉民力耕种的公田所组成的；这正是井田制度。所以孟子谓"虽周亦助也"的话是有根据的。因而谓周的田制是井田制，也是有根据的。《国语·周语》："宣王即位，不藉千亩。"韦注："藉，借也，借民力以为之。"此千亩之藉，天子行礼以亲"耕一坡"，乃示提倡农业生产之意；而藉田之得名，仍来自藉（借）民力以耕公田。《诗·小雅·大田》："雨我公田，遂及我私。"正说明"彻"系由公田与私田以九与一之比所组成的田制；周之赋税，即在此田制上成立的。因此，《诗·大雅·公刘》之所谓"彻田为粮"，即借民力耕公田而取之以为粮。《嵩高》"彻申伯土田"，"彻申伯土疆"，即当申伯初受封后，以彻法定申之田制，此即所谓"疆以周索"。《江汉》"彻我疆土"，乃言平定江汉之淮夷后，以彻法改定新收复之疆土。《传》、《笺》以"治"释

"彻"，失之太泛。

周之彻，正如孟子所指出，实因袭商之助。但周称彻而不称助，以意推之，当然有为现在所不能完全明了的改进。《方言》三："彻，列也。"则所谓彻者，应指"南东其亩"[①]之整齐行列而言。又《说文》三下："彻，通也。"清徐灏《说文解字注笺》谓："彻从彳，本言道路之通彻。故凡通彻者皆曰彻。百亩为彻者，广一步，长百步为亩；其间为畖，皆直彻于遂；由遂以彻于沟、洫、浍、川，故阡陌之制得施焉，什一之政得通焉。"按《周礼·司徒》："遂人掌邦之野……凡治野，夫（一夫百亩）间有遂，遂上有径；十夫有沟，沟上有畛；百夫有洫，洫上有涂；千夫有浍，浍上有道；万夫有川，川上有路，以达于畿。"郑注："遂、沟、洫、浍，皆所以通水于川也。"徐氏之说本此。《周礼·考工记》中，对此更有详细的叙述。《考工记》中所记铸造青铜合金的成分，与近人化验商周铜器的成分相合，故其说应为可信。则彻与助的区别，可能为水利与道路设施之更为完整，且其规模更为扩大。又《周礼·大司徒》"令五家为比，使之相保……五州为乡"，此乃六乡之组织；《遂人》"五家为邻……五县为遂"，此乃六遂之组织。此种组织，在平日为便于稽考以实施政令，在战时即皆为军队及军役动员之单位。而彻田制中的沟、洫、浍、

————————

① 《诗·小雅·信南山》。

川，又可在车战时代形成对敌之防御。故《左传·成公二年》晋国大败齐师于鞌后，晋对齐允许和好之重要条件之一为"使齐之封内尽东其亩"，杜注："使垄亩东西行也。"即是使沟、洫、浍、川及其路道，皆改为由东西向，此即完全撤除了齐对西的防御，以唯晋的"戎车是利"（齐使宾媚人答复之语），所以齐国宁"背城借一"而不从。《商君书·赏刑》篇，《韩非子·外储说右上》，《吕氏春秋·简选》篇，皆谓晋文公征服卫国后"东卫其亩"，即是压迫卫国把井田的沟浍，改为由西向东，以便尔后晋兵车的进出。诗中歌咏周农民的诗常称"南亩"，南亩是沟洫由北向南开，这主要是对西方东方的防卫。有一处说"南东其亩"（俱见后），由南东向西北的沟洫，这是对北方的防御。由一九五三至一九五七年所发掘之西安半坡，系新石器时代仰韶文化中的重大发现。发掘出之村落，全面积约五万平方公尺，其住屋之中心约三万平方公尺。中心之外围，绕以深广各五六公尺之沟，以作安全之保障；可知以沟洫兼防御之用，其源甚久。由此可知周的田制，乃政治、经济、军事结为一体的制度；所以封建所及之地，即"彻其土田"的田制所及之地。

然则，彻田的土地分配情形，是不是和孟子所说的井田制一样呢？首先孟子是把"国中"和"野"分为两个区域，"国中"是包括国都和近郊，有如《周礼》上的所谓"都"、"乡"；在此一区域，不行井田制度。野是近郊以外的土地，有如《周礼》上的所谓遂，井田制度是在此一区域实行的。此和《周礼》上的乡、遂异制的情形，大体相合。上述的田制，因地理环境，国境大小，不能不有所出入。孟子答毕战问井地，而结之以"若夫润泽之，则在君与子"，正是这种意思。且须要很强的行政能力加以维持。行政能力低落时，田制亦将因之废坏。而人口的变动，国与国及贵族与贵族间相互的争夺，均对这种田制会有某种程度的破坏，而不能维持周初田制所要求的状态。但见以下：

（1）《左传·襄公二十五年》"楚蒍掩为司马，子木使庀（治）赋（按使人民出甲兵为赋）数甲兵。甲午，蒍掩书土田，度山林，鸠薮泽，辨京陵，表淳（渍）卤，数疆潦，规偃猪（杜注：下湿之地），町（田之区划）原防（水旁之地可种艺者），牧隰皋（杜注：为刍牧之地），井衍沃（衍，广也。沃，膏腴之地。杜注：如《周礼》制以为井田也）。量入修赋，赋车籍马，赋车兵徒卒甲楯之数。"按劳蒍整理军事，自整理田制始，可与《周礼》司徒有关之文字相参阅，以见《周礼》田制、军制之规定，并非全出自后人伪托，且早已影响到楚国，故蒍掩得从而整理之。"井衍沃"，是规复井田制于广大肥沃土地之上，这是很自然的解释。《左传正义》只辨《贾逵》"以九当一"及"以度鸠之等，皆为九夫之名"，为与周礼及经传不合，并未否定此处"井衍沃"之井为井田制，否则此井字将无法索解。李剑农援《正义》以否定此井为井田，这是一种成见。①

（2）《左传·襄公十年》："初子驷（郑大夫）为田洫，司氏、堵氏、侯氏、子师氏，皆丧田焉。故五族（按加尉氏）聚群不逞之徒以作乱。……"
按井田的沟洫制度，不仅为古代农业的水利制度，且为周室田制之经界。四族平日"慢其经界"，以侵渔他人，故子驷以司洫而修理沟洫，同时即所以正经界，故四族丧田。由此可知郑之田制原系秉宗周之成法。

（3）《左传·襄公三十年》，郑子产为政，"使都鄙有章（车服有尊卑之等），上下有服（杜注：公卿大夫服不相逾），田有封洫（《会笺》：《周礼·大司徒》，正其畿疆，而封沟之。郑注：封起土界也。五沟五涂，井田法也。《传》以'封洫'二字包之。"据此文，当时郑国井田之法已坏，十年子驷为田洫，子产亦因子驷之故，而修之耳）。庐井有伍（《诗·信南山》"中田有庐"。井即井田，《周礼·遂人》"五家为邻"，即此处所谓"有伍"。此乃井田制之社会基本组织）。为政一年，舆人诵之曰，取我衣冠而褚（同贮）之，取我田畴（赵岐《孟子注》：畴，井也）而伍之；孰杀子产，吾其与之。及三年，又诵之曰，我有子弟，子产诲之（使不奢侈逾制）。我有田畴，子产殖之

———————
① 见李著《先秦两汉经济史稿》页一一三。

（井田以水利划经界，复井田即系修水利，故生产增加）。子产而死，谁其嗣之。"

按子产为政的重要内容之一，即在继子驷以整理井田之制。

（4）《国语·齐语》："桓公曰，吾鄙若何？管子对曰，相地而衰（差）征，则民不移……山泽各致其时，则民不苟。陆阜陵墐，井田畴均，则民不憾。"

按在此以前，管子曾说："昔者圣王之治天下也，参其国而伍其鄙。"韦注："谓三分国都以为三军，五分其鄙以为五属也。"故管子之所谓"国"，略同于《周礼》之"都"、"乡"；而所谓"鄙"，略同于《周礼》之所谓"遂"，亦略同于孟子之所谓"野"。其在鄙言及"井田畴均"，与《周礼》、《孟子》之井田制略同；但他主张"三十家为邑……"的组织，与《周礼》及《孟子》不同，正是他（管子）所谓："修旧法，择其善者而业（韦注：业犹创也）用之。"井田是他的"修旧法"，其组织不完全同于旧法，乃是他的"而业用之"，不能因此否定井田制度在齐国的存在。

（5）《国语·鲁语》："季康子欲以田赋，使冉有访诸仲尼，仲尼不对；私于冉有曰，求来，汝不闻乎？先王制土，藉田以力，而砥平其远迩，赋里（按《周礼·遂人》'五家为邻、五邻为里'；《论语》'与邻里乡党。'）以入，而量其有无。任力以夫而议其老幼，于是乎有鳏寡孤疾。有军旅之出，则征之，无则已（平时仅收藉田之所入而不另有所征）。其岁（韦注：有军旅之岁）收，田一井，出稷禾秉刍缶米，不是过也。"

按藉田即耤田，即借民力耕种的公田。"藉田以力"，是说公田以民的力役耕种。"任力以夫"，是说使用力役，以受田百亩之夫为单位。赋是军赋，"赋里以入"，是说如要在藉田之外收赋，则不以受百亩之夫为单位，而系以里为单位。但赋必在有军旅之出时，始加以征收。一井之所出者不过是"稷禾秉刍缶米"，而不出甲兵。甲兵出自"都"、"乡"之国人，而不出自野人之农夫。从孔子的话看，鲁国分明是行井田制；但因"税亩"与"田赋"[①]的重压而正在破坏之中。《左传·哀公十二年》对此事所记孔子的话，与《鲁语》所记的稍有出入。这证明《左传》、《国语》，并非出自一人。但内容并无不同。而由《左传》"且子季孙若欲行而法，则有周公之典在"之语观之，尤可证明周公是定有田制和税法的。《汉书·食货志》引李悝的话："今一夫挟五口，治田百亩。"孟子屡称"百亩之田"；《荀子·大略》篇："家五亩宅，百亩田。"《吕氏春秋·乐成》篇述魏襄王时邺令史起的话："魏之行田以百亩，邺独二百亩，是田恶也"；因田恶而增加分配，与《周礼·大司徒》及《遂人》所说的原则相合。根据洛阳金村出土的战国铜尺与商鞅量来推算，当时一公尺，合今零点二三公

---

① 先秦之"赋"与"税"，性质不同。凡言赋，皆指军役及出征所用之兵甲车马等。

尺。六尺为步，百步为亩；当时的百亩，合今三一点二亩。①这大概合于当时一家五口或八口的正常生产力，因而成为田制的标准。若周初无田制，或有田制，而其田制不是以井田制度为基准，再按地形、人数等情况加以变通运用，则上述的材料，及"百亩"一词的普遍流行，是无法加以解释的。

六、农民的地位与生活状况

最后要追究的是，在以井田制度为中心的西周土田制度之下，从事耕作的农民，到底是不是农业奴隶呢？首先我得补充说明的，奴隶的最大特色是，可以任凭奴隶主当作物品去买卖。西周金文中记录有这种情形。②但封建的授土授民，决不能视为是奴隶的买卖。其次，农业奴隶的劳动力，除了奴隶主给他以能维持继续劳动的食物外，不能有自己的工具，不能有自由支配的财物。萨孟武氏把在封建制度之下，"将农民束缚于土地之上"的情形，视为

---

① 此一推算，转引自杨宽《古史新探》页一一四。
② 奴隶买卖，据《曶鼎》："我既卖女五夫，用匹马束丝。"又："用债征卖兹五夫，用百锊。"杨树达以"铭文卖字作赎字用"。此二语之意为"曶初以匹马束丝赎五夫。今改（征）以百锊赎之"。见《积微居金文说》页五八。但杨宽即以为当时奴隶买卖之证。见《古史新探》页七五。

农奴制度，^① 这是把职业上的生活束缚，当作法律上的人身束缚，有如把今日的工人束缚于工厂之内，视作工奴一样，恐怕不太合理。现在根据比较可靠的材料来看西周农民的生活状况。

《尚书》：

（1）《盘庚》："若农服田力穑，乃亦有秋"；"惰农自安，不昬《勉也》劳作，不服田亩，越其罔有黍稷"。^②

（2）《大诰》：（按此乃周公居摄兴师东伐管、蔡及淮夷时所作）"厥父菑（反土曰菑），厥子乃弗肯播（播种），矧肯获（更不肯收获）。""若穑夫，予曷敢不终朕亩。"

（3）《酒诰》：（周公教诰康叔之辞）"妹土（纣之故都朝歌）嗣尔股肱，纯（专）其艺黍稷，奔走事厥考厥长，肇（敏也）牵车牛远服贾，用孝养厥父母。"

（4）《梓材》：（同上）"惟曰若稽（考查）田，既勤敷菑，惟其陈修，为厥疆畎。"

（5）《洛诰》：（周公诰成王）"兹予其明农哉。"

（6）《无逸》：（周公诰成王）"周公曰，君子所其无逸，乃知稼穑之艰难，乃逸，则知小人之依。相小人，

---

① 见萨氏著《中国社会政治史》页一五。
② 《尚书》用皮锡瑞《今文尚书考证》本。

厥父母勤劳稼穑，厥子乃不知稼穑之艰难，乃逸。""自时厥后（殷自祖甲之后），立王生则逸，不知稼穑之艰难，不闻小人之劳，惟耽乐之从；自时厥后，亦罔或克寿。""太王王季自抑畏。文王卑服，即康功田功，徽柔懿恭，怀保小民，惠鲜鳏寡。"

上引资料（1）及（6）有"力穑"之农，亦有"惰农"，可知商周农人之可以有勤有惰，这不是反映奴隶劳动的情况。从资料（2）看，勤耕的父亲，可以有不勤耕的儿子；且所反映的生产关系是父子而不是奴主与奴隶；所以这也不是反映奴隶劳动的情况。资料（3），伪《孔传》将"远服贾"解释为"艺黍稷"的农夫的副业，这当然不是奴隶所能做到的。即使分作两类解释，则此处的农人商人，皆以其所得奉养自己的父母，这反映的也不是奴隶生活的状态。资料（4）（5）（6），乃反映殷商及西周对农业的重视。总之，在《尚书》以周初为主的可信资料中，找不出农奴的痕迹。其实，在《尚书》周初文献中，如前所述，把"民"的地位抬高到成为天的代言人的地位；若农夫是包括在"民"的范围之内，则西周农民之非奴隶，可以说是无可争论的。

对农人生活有更多描写的是《诗经》。而《豳风》，《毛传》说是周公陈王业的诗。据《史记·刘敬列传》，由刘敬口里所述的豳，是公刘避桀所居之地，所以此诗所反映的农民生活状况，乃是夏商之际的状况；最低限度，是太王迁岐以前的状况。此诗中所牵涉到的月令问题，马瑞辰在《毛诗笺传通释》中，有较合理的解释，这里暂不涉入。

七月流火（大火星），九月授衣。一之日觱发（风寒），二之日栗烈。无衣无褐，何以卒岁？

三之日于耜。四之日举趾。同我妇子，馌彼南亩，田畯至喜。

春日迟迟，采蘩祁祁。女心伤悲，殆及公子同归。

七月鸣鵙，八月载绩（绩麻），载玄载黄。我朱孔阳（深纁），为公子裳。

取彼狐狸，为公子裘。

二之日其同（同出田猎），载缵武功，言私其豵（豕一岁曰豵），献豜（豕三岁曰豜）于公。

十月蟋蟀，入我床下……嗟我妇子，曰为改岁，入此室处。

六月食郁及薁……十月获稻。为此春酒，以介眉寿……采荼薪樗，食我农夫。

嗟我农夫，我稼既同，上入执宫功。昼尔于茅，宵尔索绹。亟其乘屋，其始播百谷。

九月肃霜，十月涤场。朋酒斯飨，曰杀羔羊。跻彼公堂，称彼兕觥，万寿无疆。

上诗的口气，可能是出自一位老农的"劳者自歌其事"，口传下来，而被周室的统治者，或者即是周公，采来加以润饰，以反映农夫的劳苦，作为政治上教诫之用的。从诗的内容看，"农人"及采桑载绩的女子，和"公"及"公子"，在生活上是有很大的差别。但从"九月授衣"，"殆及公子同归"，"食我农夫"，及"二之日其同"，"上入执宫功"，"跻彼公堂"这些词句看来，农民的生活虽苦，但依然有起码的保障，有起码的私财，有工作以后的安慰。尤其是在这诗里，上下的分限尚不很严，所以在役使之中，上下还可以有生活与情感上的交通，没有反映出显著的阶级压迫。"殆及公子同归"，有两种不同的解释，一是《毛传》以为这是"豳公子躬率其民，同时出，同时归"。另一是郑《笺》则以为"悲则始有与公子同归之志欲嫁焉"；《朱集传》更明白地说"盖是时公子犹娶于国中；而贵家大族，连姻公室者，亦无不力于蚕桑之务"。不论哪一种解释，此一伤心的女子与公子之间，尚没有形成阶级意识及阶级制度。同时，农夫与贵族共同习兵出猎（"二之日其同"），农夫可以"跻彼公堂"，这都是仅有生活上的差异，而尚未出现严格的阶级制度的现象。因此，由时代推测，这是氏族社会中农民生活的形态。其生活的辛苦，可能是来自当时生产力的幼稚。而周室的统治者，肯把此时农夫的辛苦，及上下生活与情感上的交流，在统治阶层中，有计划地反映出来，以作重大的政治教材，这更是一件非常有意义的事。

《诗经》的《小雅》、《大雅》、《周颂》中有关农民生活的诗，我以为是周室随封建而建立了田制以后的农民生活情形。《小雅·楚茨》及《信南山》篇所描写的丰收的情景，及治理田亩的情形，反映的是有分地的贵族的状况。尤其是在《信南山》的"我疆我理，南东其亩"，及"中田有卢，疆场有瓜"诗中，可以反映出"彻其土田"的面影。兹再抄若干资料如下：

（1）《甫田》："倬彼甫田，岁取十千。我取其陈，食我农人，自古有年。""我田既臧，农夫之庆。"

"曾孙来止，以其妇子，馌彼南亩。田畯至喜，攘其左右，尝其旨否。禾易长亩，终善且有。曾孙不怒，农夫克敏。"

"黍稷稻粱，农夫之庆；报以介福，万寿无疆。"（《小雅》）

（2）《大田》："大田多稼，既种既戒，既备乃事，以我覃耜，俶载南亩……曾孙是若。"

"有渰（《传》：云兴貌）萋萋（《传》：徐也），兴雨祈祈；雨我公田，遂及我私。"

"彼有不获稚，此有不敛穧，彼有遗秉，此有滞穗。伊寡妇之利。"

"曾孙来止，以其妇子，馌彼南亩，田畯至喜。"
（同上）

（3）《噫嘻》："噫嘻成王，既昭假尔，播厥百谷。骏发尔私，终三十里。亦服尔耕，十千维耦。"（《周颂》）

（4）《载芟》："载芟载柞，其耕泽泽。千耦其耘，徂隰徂畛。"（同上）

"有嗿（《传》：众貌）其馌，思媚其妇，有依（《笺》：依之言爱也）其士（《笺》：士子弟也）。"（同上）

（5）《良耜》："畟畟良耜，俶载南亩。播厥百谷，实函斯活。或来瞻（视）女（汝），载筐及筥（《笺》：谓妇子来馌者也）。其饟伊黍，其笠伊纠，其镈斯赵（《传》：刺也），以薅荼蓼。"

"荼蓼朽止，黍稷茂止，获之挃挃（《传》：获声也），积之栗栗（《传》：众多也），其崇如墉，其比如栉，以开百室。"

"百室盈止。妇子宁止。杀时犉牡。有捄其角。以似以续，续古之人。"（同上）

以上应皆为周初之诗。《诗序》对（1）、（2）的说明，似不可信。《毛传》把（1）、（2）中的"曾孙"解释为成王，把（3）中的"成王"又解释为"成是王事"，皆嫌迂曲。曾孙是分有采地的贵族，成王即是继武王在位的成王。在上述五条资料中，我们应注意的是（一）农夫吃的东西，已由《豳风》农民有时所食的"荼"，进而为（1）的"陈"及（5）的"黍"。陈是陈旧的黍稷。在《豳风》中农民有时所吃的荼，在这里把它割掉了。（二）在（2）与（3）中，农夫分明有了私田。（三）曾孙与农夫，当然是两个阶级；但相互间有一种感情的流通。并且除田畯外，曾孙和成王随着妇女的"馌耕"而亲自来看耕种的情形；对农夫慰劳之情，远过于督责之意。（四）农夫在耕种时及耕种后皆有一种家室之乐，并且能延续自己的家室。（五）在（5）中出现了镈，在前一篇的《臣工》中，出现了"钱"、"镈"、"铚"。[①] 这说明周初在农具方面，已开始由木制而进入到小规模地金属制造的阶段。[②] 而这种金属，可能即是铁。当然上引的资料都经过了诗人的润饰，但决不可能把耕种的奴隶，润饰成为上引材料中的和乐而有生气的形相。且耕种奴隶，在统治者的歌咏、祭祀中，也决不可能有如上引材料中的分量，和上下交流着的感情。因此，在封建的土田制度下的农民特征，应当是：

一、无土地所有权，但有定额分配到的使用权。在狩猎时，虽然要把猎获物献一部分给有关的贵族，但自己依然可以保留一部分。《礼记·曲礼下》："问国君之富，数地以对，山海之所出。问大夫之富，有宰（邑宰）食力，

---

① 《诗·周颂·臣工》："命我众人，庤（《传》：庤具）乃钱镈，奄观铚艾。"
② 参阅杨宽《古史新探》页五至八。

祭器衣服不假。问士之富，以车数对。问庶人之富，数畜以对。"这几句话里所反映的依然是封建时代的情况；而家畜则完全为庶人所私有的。

二、对统治阶级的负担，在平时是为其耕种公田；私田与公田之比为十比一，所以即是十分取一。在农隙还服若干的力役，在战时增加军事上的负担。在都邑与近郊，未行井田制的，以军赋为主，但也不会超过十分之一。

三、农民与土地连结在一起，从好的方面说，生活有保障；从坏的方面说，生活受到政治通过土地分配的束缚。但如前所述，这不能解释为农奴性的束缚。

四、在历史上农民没有不受剥削的。周代农民受剥削的程度，也和其他时代一样，与统治者的人格、行为，有不可分的关系。历史上政治清明的时候，总是比较少的；但《诗·小雅·苕之华》"人可以食，鲜可以饱"的两句话，应当是政治衰乱时的一般情况。并且在西周的封建制度上，对农民的剥削是有限制的，如力役不过三日之类。而在理论上，他们既承认人民是政治的决定力量，即不能不加以重视，不能不加以爱护。并且由宗法中的亲亲精神，也容易引发出人道的观念，以流注于农民之中。因而周代的统治，较之商代要温和、人道得多。这是先秦文献可以找到很多证明的。

上述的农民生活情形，在积极方面，我一时想不出一个适当的名词来加以概括，或者可以称为"半自耕农制度"。但在消极方面，则决不是郭沫若们所说的农业奴隶；因之周代也决不是奴隶社会，则是可以断定的。

《左传·昭公七年》楚芊尹无宇谓："天有十日（杜注：甲至癸也），人有十等。下所以事上，上所以共神也。故王臣公，公臣大夫，大夫臣士，士臣皂，皂臣舆，舆臣隶，隶臣僚，僚臣仆，仆臣台。"后人每以此言春秋时代的社会阶级结构，因而以此推及西周。实则这正如《左传会笺》所说："十等俱就王公言之，为在官者。"这不是说的一般的社会情形。从西周到春秋时代，构成政治社会构造者，大概言之，一是以宗法为中心的贵族，二是住在都邑及近郊的国人，三则是在鄙野的农民。奴隶则不过在宗法贵族中担任一种役使及享受工具的角色。

封建政治社会的崩溃及典型专制政治的成立

一、封建政治秩序的崩溃

封建政治、社会的成立，是经过长期氏族社会的积累，并经过周公根据自己的理想，作政治势力的加强控制与扩张的努力，所逐渐形成的。由近代地下材料的发现，知道西周初年的政治势力，北及辽宁，南及江苏，东渐于海，"其范围不是很小而是很大的"。[①] 范围内的许多邦国，乃前代之遗，而种族氏族，也极其错综复杂；所以周公的政治理想，未必曾完全实现。甚至一面在形成，一面已开始了某一程度的崩坏。但此一封建制度，曾在历史某一阶段上发生了重大的功用；而其崩坏，在意识与无意识的两种动力之下，是经过了长期的演变，则是无可置疑的。封建制度渐渐崩坏的过程，即是专制政治渐渐形成的过程。我这里所说的"典型专制政治"，乃指秦代的短期专制政

① 《新中国的考古收获》页五五至五六。

治而言。因为秦代的专制政治，一方面固然是凭着封建制度在崩坏中所形成的许多条件；但另一方面，则是根据法家长期所追求的政治形态，再加上秦政（始皇）李斯们所要求达到的政治目的，以"政治的创意"，所建立起来的。他们统一六国后，"夷郡县城，销其兵刃，示不复用"（《史记·李斯列传》），正证明他们是抱着一种政治理想来建立此种政治制度。自秦以后的专制，一方面是把它作为既成事实而继承下来；一方面又不断加入了许多更坏的和较好的因素到里面去。虽然一直到辛亥革命，政治的形式都是专制；但对于秦所建立的专制而言，已经有若干地方走了样，变得更坏或较好。为了对历史事实的把握，在观念中不致混淆，所以我便对秦以后的专制政治而言，称秦为"典型专制政治"。在封建与专制渐次交替的长期过程中，出现了一个特别的历史的过渡阶段，这即是七雄对立争雄的阶段。一般史家称之为战国时代。本文的目的，是要把两种制度交替的情形，陈述清楚，以便能把握专制政治之何以能成立及什么是专制政治的特性，并解答我国社会何以长期停滞不前等问题。战国时代，正是交替的大关键，所以也成为研究的主要对象之一。同时，战国时代，乃处于封建制度已经崩坏，专制政治尚未定型，因之，也可以说这是一个政治压力的空隙最大的开放时代。在这个开放时代，不仅出现了思想上的百家争鸣，并在政治社会的发展上，也具有专制以外向其他方向发展的可能性。所以对此一时代较详细的描述，更有其重要的意义。

（一）周室封建领导地位之丧失及其原因

封建政治秩序的维持，需要一个"礼乐征伐自天子出"的共主。封建政治的崩坏，必然地，先从作为共主的周室，失掉其领导的地位开始。其原因可概括为下列四点：

一、我在《西周政治社会的结构性格问题》一文中，已经说过，西周的封建政治，是以宗法制度为中心所建立起来的。而宗法中的"亲亲"，是维系封建政治的精神纽带。封建政治的崩坏，首先是由王室与诸侯之间的这种精神纽带的解纽而开始的。《左传·僖公二十四年》，记富辰谏周襄王将以狄伐郑的一段话中有谓"召穆公思周德之不类，故纠合宗族于成周而作诗曰：'常棣之华，鄂不韡韡。凡今之人，莫如兄弟。'其四章曰：'兄弟阋于墙，外御其侮。'"《国语·周语》中记富辰此事，则以《常棣》为"周文公之诗"；周文公即周公，此与《诗序》"闵管蔡之失道，故作《常棣》焉"之语，两相符合。则左氏所谓召穆公"作诗"之"作"，乃修复之义。[①] 由此可知周公经管蔡之乱，益知培养、发挥兄弟间亲亲精神之重要，故特作此诗。"厉王无道，周室亲亲之义衰。"（《诗序》）召穆公纠

---

① 《左氏会笺》第六页四九:"作字有两义，一则创造，一则修复。"此"作"
　是修复之义。

合成周之宗族，即周公以宗法所封建之诸侯；召穆公欲将诸侯重新团结于王室之周围，最基本的方法，惟有使亲亲精神，得以复活。

《诗·小雅·角弓》，《诗序》："《角弓》，父兄刺幽王也。不亲九族，而好谗佞，骨肉相怨，故作是诗也。"诗末两句是："如蛮如髦，我是用忧。"西周亡于幽王，骨肉相怨，应当是一个最基本的原因。然幽王被杀后，平王东迁（西纪前七七〇年），晋郑是依；依然是靠着与晋郑的亲亲的作用。齐桓、晋文的霸业，还有亲亲的精神在里面。桓、文以后，周室与诸侯间的亲亲精神，日远日薄，而周室在封建制度中的领导作用，也便陵替无余了。

二、封建政治，王室的赋与税的范围甚小。所以在权力、兵力、财力的使用上，是一种需要能自我节制的俭约政治。西周穆王的侈心远伐，已经削弱了周室的力量。而周室的衰微没落，厉王更是一个决定的大关键。因为住在都内及近郊的"国人"阶层，是政治的直接支持力量，也是武力编成的骨干。王及帮助王统治的贵族，对国人的赋税及其他要求，皆有一定的限制；而国人与王及统治贵族之间的关系，也是相当密切，国人并能把自己的意见反映在政治上并发生重大作用。①《国语·周语上》："厉王虐，国人谤王，邵公告曰，民不堪命矣。王怒，得卫巫，使监

---

① 参阅拙文《西周政治社会的结构性格问题》第四节。

谤者，以告，则杀之。国人莫敢言，道路以目。"又谓："厉王说（悦）荣夷公。芮良夫曰，王室其将卑乎。夫荣夷公好专利而不知大难……今王学专利，其可乎？"这两件事，实际是一件事的分别叙述；而其结果乃是国人"流王于彘"，"诸侯不享"。厉王与国人的两相背反，破坏了周室政治直接的支持力量，也削弱了武力的基础。《诗经》上有关宣王中兴的诗歌，可能是出自作诗者的夸大。农业是此时经济的基干，其生产方式，有赖于上下一体的协同劳动精神。①《国语·周语上》"宣王即位，不籍千亩"，即是此种精神之破坏。虢文公对籍田的意义谓："民之大事在农。上帝之粢盛于是乎出，民之蕃庶于是乎生，事之供给于是乎在，和协辑睦于是乎兴，财用蕃殖于是乎始，敦庞纯固于是乎成。"而以宣王之不修籍礼为"弃其大功"。结果，"三十九年战于千亩，王师败于姜氏之戎"。韦注以为"宣不纳谏务农，无以事神使民，以致弱败之咎"；这是封建经济开始破坏的一端。并且宣王在"丧南国之师"后，又"料民于太原"（《国语·周语上》），这是对民力的过分榨取，也为国人所不堪。所以"王卒料之，及幽王乃废灭"（同上）。

三、立嫡立长，这是周公所定宗法制度中以大宗为中

① 周公作《无逸》以教成王，谓"文王卑服，即康功田功"；"即田功"，即是与百姓一起种田。藉礼之起，亦即保持此种精神。

心的安定力量，在封建政治的秩序中，居于首要的地位；但周宣王也开始加以破坏。《国语·周语上》：

> 鲁武公以括与戏见王。王立戏。樊仲山父谏曰，不可立也，不顺必犯。（韦注：不顺，立少也。犯，鲁必犯王命而不从也。）犯王命必诛……夫下事上，少事长，所以为顺也。今天子立诸侯而建其少，是教逆也。

结果是"鲁人杀懿公（韦注：懿公，戏也。）而立伯御"。（韦注："伯御，括也。"又《史记·鲁世家》"懿公兄括之子伯御"二说不同。）这是以天子的力量破坏由宗法而来的封建政治秩序。至幽王因宠褒姒，竟废申后及太子，以褒姒为后，立褒姒所生之伯服为太子。结果申侯与缯、西夷、犬戎，攻杀幽王于骊山之下，西周遂因之以亡。[1]

四、由宗法所建立的封建制度，系以宗法中的亲亲达到尊尊的目的；以尊尊建立统治的体制，奠定政治的秩序。亲亲、尊尊，乃一事的两面，并都客观化为各种礼制以实现。亲亲精神，原于血统的宗支关系。宗支关系日益疏远，宗法制度纵然不遭到败德乱行的破坏，亲亲的精神，在无现实利害支持之下，其势原就不能持久。但尊尊的实际内容，是一种统治体制。此种统治体制，又是通过礼的各种

---

[1] 见《史记·周本纪》。

重要规定，以培养其观念，习染其行为，有如冠昏丧祭，及车服器用等，皆按照政治地位所定下的各种等差，亦即按照礼以"明分"的"分"，以维护封建中尊卑上下的秩序于无形。于是宗法制度中，在尊尊的一方面，只要不与现实的重大政治利害发生冲突，则借礼在观念上与行为上之力，尚能维持一个相当长的时期。东迁以后的周室，通过春秋时代，依然能维持一个名义上的共主地位；而周室自周王以及其卿大夫，在不得已时，宁愿牺牲土田等的现实利益，却尽一切方法，守住他们所把握的礼制，不肯放松，其原因皆应于此等处求了解。[①]并且由维护尊尊观念中的礼制，以维持当时的政治秩序，也直通于各国。《左传·成公二年》，卫与齐战于新筑，卫师败绩，"新筑人仲叔于奚救孙桓子，桓子是以免。既，卫人赏之以邑，辞。请曲县（杜注：轩县也。《会笺》：诸侯轩悬阙南方。形如车舆，是曲也），繁缨（杜注：马饰。皆诸侯之服）以朝，许之。仲尼闻之曰，惜也，不如多与之邑。惟器与名，不可以假人，君之所司也。……若以假人，与人政也。政亡，则国家从之，弗可止也已。"孔子的话，正应当从这种地方去了解。在礼的"明分"作用达到极限，或受到人为的

---

① 《左传·僖公二十五年》，晋文公勤王有大功，"晋侯（文公）朝王，请隧，（杜注：阙地通路曰隧，王之葬礼也。）弗许，曰，王章也；未有代德，而有二王，亦叔父之所恶也。与之汤樊、温、原、攒茅之田。晋侯于是乎始启南阳。"此其显著之例。

破坏尽净时，封建的政治秩序，便完全瓦解。司马光修《资治通鉴》，始于周威烈王二十三年（西纪前四〇一年）命晋大夫魏斯、赵籍、韩虔为诸侯，而哀其"先王之礼，于斯尽矣"，于是周室名义上的共主地位也无法维持了。

（二）封建政治的全面崩溃

春秋时代，可以说是封建政治全面崩坏的一大过程。其最显著的，无过于各国并吞之祸。

从封建政治的观点来说，凡是周室所封的，或是前代遗留下来，被周室所承认的各国，也应当流注着亲亲的精神；并各安于封建中的地位和国土，以维护相互间的和平关系。礼中的聘礼，及会同之礼，乃至在这些礼中的歌诗与音乐，都是适应这一要求所规定、发展出来的。但通过春秋时代，不仅上述礼仪中的亲亲精神，一天一天的稀薄，并演变向权谋术数，凌弱暴寡的方向；甚至在封建政治秩序中爵位相等的诸侯，因国势的悬殊，弱国却不能不朝贡于强国。即使是如此，还不能抑制互相兼并之祸。顾栋高《春秋大事表》四《列国疆域表》谓："鲁在春秋，实兼有九国之地。""齐在春秋，兼并十国之地。""晋所灭十八国。又卫灭之邢，秦灭之滑，皆归于晋。景公时剪灭众狄……又东得卫之殷墟，郑之虎牢。""楚在春秋，吞并诸国，凡四十有二。""宋在春秋，兼有六国之地。"各国并吞凌虐，惟力是视；周初封建屏藩之意，早荡焉无存。司马迁慨叹于"文武所褒大封，皆威而服焉"，于是《史记·十二诸侯年表》中的十二诸侯（实际是十三诸侯），便代表了春秋时代。而十二国中的陈、蔡、曹三国，皆微不足道，且亦未能保存到春秋末期。燕国僻处北陲，在春秋时代，亦未发生重大作用。[①] 是由封建所建立的中国形势，毕春秋之世，已一步一步地改变得面貌全非。尤其重要的是，在这些侵凌吞并的行为中，战争的破坏残酷，有的可以说达到了语言道断的程度。[②] 秦晋互相攻伐之战凡十八，晋楚大战者三，吴楚相攻者二十三，吴越相攻者八，齐鲁相攻者三十四，宋郑交兵者凡三十九。[③] 晋悼之世，宋郑两国十年而十三战。若把二百四十二年所有的战争加以统计，或就鲁卫宋郑中每一国所经过的战争加以统计，将更易发现战争的频度，尤为惊人。难怪顾栋高在《春秋鲁邾莒交兵表》叙中一开首便说："呜呼，余观春秋之世，而知封建之为祸烈也。"又在《宋郑交兵表》叙中说："乃吾统观春秋宋郑之故，而知天下不可一日而无伯也。"由封建中亲亲精神失坠后的相互不断地战争的形势，便已清楚指出，

---

① 《史记·十二诸侯年表》列有十三国。对这一点，异说甚多，要以傅占衡谓"以鲁为主"，故不数鲁，亦犹《六国年表》以秦为主，故不数秦之说为可信。

② 《左传·宣公十五年》，楚师围宋，"华元夜入楚师，登楚子反之床，起之曰，寡君使元以病告曰，敝邑易子而食，析骸以爨。"即其一例。

③ 以上皆请参阅顾栋高《春秋大事表》三十一至三十七。

分裂的天下，于理于势，非要求一个大一统的出现不可。

其次，各国内部，因封建贵族自身之必然腐败，于是封建礼制并不足以长期维持上下贵贱之分；所以春秋时代，乃是政权逐渐下移的时代。从人君的地位说，"春秋之中，弑君三十六，亡国五十二，诸侯奔走不得保其社稷者不可胜数"，① 此即政权下移的强烈信号。"孔子曰：天下有道，则礼乐征伐自天子出。天下无道，则礼乐征伐自诸侯出。自诸侯出，盖十世，希不失矣。自大夫出，五世希不失矣。陪臣执国命，三世希不失矣。"② 孔子在这里举出的数字虽然是概略性的，但也是根据他的历史知识所导出的政权下移的情形。刘逢禄《论语述何》："齐自僖公小霸，桓公合诸侯，历孝、昭、懿、惠、顷、灵、庄、景凡十世，而陈氏专国。晋自献公启疆，历惠、怀、文而代齐霸，襄、灵、成、景、厉、悼、平、昭、顷，而公族复为强臣所灭，凡十世。鲁自隐公僭礼乐灭极，至昭公出奔，凡十世。鲁自季友专政，历文、武、平、桓子，为阳虎所执。齐陈氏，晋三家亦专政，而无陪臣之祸，终窃国者，皆异姓公侯之后；其本国亡灭，故移于他国也。"又曰："南蒯，公山不扰，阳虎，皆及身而失，计其相接，故曰三世。"冯季骅《春秋三变说》谓："隐、桓以下，政在诸侯。僖、文以下，

---

① 《史记·自序》。
② 《论语·季氏》篇。

政在大夫。定、哀以下，政在陪臣。"此种情形，乃封建中的固定身份制度，使统治者必自上而下地趋于腐烂的必然结果，并为游士卿相局面开其先路。陪臣执国命，而欲自跻于世卿之列，因其并无宗法上的根据，无传统的政治基础，所以多及身而绝。但这正是新旧相推的关键，我们不必与孔子同其叹息。

在政权下移的过程中，首先是由国君移向世卿；但由宗法封建而来的世卿，其自身亦非渐趋于破灭不可。《春秋》书诸侯杀大夫者四十七，书大夫之为他国所执者十四，书放其大夫者二，书卿士大夫公子出奔者共五十七，[①]卿大夫的自相杀者，春秋中期以后，更不可胜数。由上述的情形，自然要发生阶级上的变动。《国语·周语》下周灵王二十二年（《左传·襄公二十三年》，西纪前五五七年），太子晋已经说："天所崇之子孙，或在畎亩，由欲乱民也。畎亩之人或在社稷，由欲靖民也。"是此时已有显著地上下贵贱易位的情形。《左传·昭公三年》，晋叔向对齐晏子谓："栾、郤、胥、原、狐、续、庆、伯（杜注："八姓，晋旧臣之族"），降在皂隶，政在家门。"又谓："晋之公族尽矣。肸（叔向之名）闻之，公室将卑，其宗族枝叶先落，则公从之。肸之宗十一族，惟羊舌氏（叔向之族）在而已。"由宗法血统的身份所形成的固定地统治

---

① 参阅顾栋高《春秋大事表》十三。

集团，事实上必由淫暴而归于动摇消灭，乃必然之势。此一趋向，到春秋之末，已发展而成为普遍的现象。于是以宗法为骨干的封建统治，至春秋之末，大体上已经瓦解了。

我在《西周政治社会的结构性格问题》一文中，已经指出维系封建政治秩序的工具，主要是礼而不是刑。春秋时代，因为政治社会的主干，依然是封建制度，所以我在《中国人性论史》中指出春秋世纪，是礼的世纪。但春秋世纪又是封建制度开始破坏的时代；破坏到了春秋的后期，封建制度已经崩坏得差不多了，于是统治的工具，自然由礼转移到刑的上面。《左传·昭公六年》三月，郑人铸刑书；《左传·昭公二十九年》冬，晋人赋一鼓铁以铸刑鼎；这是时代转变的大标志。郑子产对晋叔向的答复是"吾以救世也"，正是为此种转变所作的答复。由此可知申商的法术，为什么代表了此后的时代精神。

最后在封建制度崩坏的过程中，封建的封国、采邑，因并吞而转变为县郡，^①也是说明由封建分权统治的形式，转向国君集权，因而为秦以郡县代封建，作了开路的工作。《广韵》谓："楚庄王灭陈为县，县名自此始。"按楚灭陈在哀公十六年；而《左传·僖公三十三年》，晋襄公"以再命命先茅之县赏胥臣"。《左传·昭公三年》："初，州县，栾豹之邑也。及栾氏亡，范宣子、赵文子、韩宣子，皆欲

---

① 在秦以前，县大而郡小；至秦则郡大而县小。

之。文子曰，温吾县也（杜注：州本属温），二宣子曰，晋之别县不唯州，谁获治之。"是春秋时代，晋已先楚而有县。后人多据《周礼》以县为周制。果尔，亦与春秋时代所出现之县，内容亦有演变。席世昌《读说文记》："县师专主公邑之地……本六遂中小都大都之余。小都大都，属大夫为采地；而公邑则遥属王官。故谓之县者，如县物然，有系属之义焉。"而春秋时代之县，乃由弱国为强国所灭而来。[①] 顾栋高《春秋大事表》五《列国爵姓及存灭表》叙谓："封建之裂为郡县，盖不自秦始也。自庄公之世，而楚文王已县申、息，封畛于汝。逮后而晋有四十县。哀公二年，赵鞅为铁之师，誓曰，克敌者上大夫受县，下大夫受郡。终春秋之世，而国之灭为县邑者强半天下。"县郡与侯国、采邑的分别是：侯国对天子固为分权而治，成为世袭；采邑的卿大夫，亦为分权而治，成为世袭。县则由前期之赐予，演变而直属于国君，国君可以作直接而自由的处置；于是封建贵族，对土地的定着性、传袭性，逐渐被推翻了。这在说明封建制度中的土地制度的崩溃，有重大的意义。

---

① 按县之大小，由并吞地之大小而定，初无定制。瞿同祖《中国封建社会》页七九，断定县的面积是很大的，非通达之论。

二、封建社会在赋税重压下的解体

随着封建政治结构的瓦解，封建的社会结构也自然走向瓦解之途。促成瓦解的基本原因，首先由于统治贵族不断加重赋税的重压，压垮了彻法下的井田制度，也压走了封建诸侯始封时所授的土地与人民。这才是前面封建政权崩溃的更基本的原因。关于这一方面的材料，现时只能凭《春秋》有关鲁国的记载，以略窥二百四十二年中的概略趋向。因为孔子重视这种事实，而此种事实出现在鲁国的，他可得而记载；出现在他国的，因没有赴告的材料，他便无从记载。

鲁国第一次破坏彻（助）法的，是宣公十五年的"初税亩"。左氏对此的解释是："非礼也。谷出不过藉。"藉是藉（借）民力所耕的公田。由此可知此处的"亩"，乃指私田而言。左氏之意，周的田制有公田私田之分；税收仅取人民为公家所耕的公田物产，而私田不再出税。初税亩，是开始在收取公田的物产以外，更履私田之亩以收税。所以杜注以为这是"什而取二"，这与《论语》哀公对有若所说的"二，吾犹不足"的话相合；亦与《孟子》"耕者助而不税，则天下之农皆悦，而愿耕于其野矣"[①]之言相合；应当是正当的解释。而《公》、《谷》两传，皆以此为

---

① 《孟子·公孙丑上》。

"税而十分取一，但废古之助法"，是不确实的。

由宣公十五年到成公元年，才经过三年。《春秋经》书曰："三月作丘甲。"杜预对此的解释是："丘十六井，出戎马一匹，牛三头。四丘为甸，甸六十四井，出长毂一乘，戎马四匹，牛十二头，甲士三人，步卒七十二人。此甸所赋，今鲁使丘出之，讥重敛，故书。"按杜注系以《司马法》释周代兵制；后人多疑《司马法》乃战国时作品，其所言兵制，多出于附益、想象，与春秋时代所可考见之军事活动情形，不相符合。其次，丘出甸赋，一举而增加四倍，亦不近情理。所以胡安国谓："今作丘甲者，即丘出一甲，其数皆增三之一耳。"[1]李廉本此说以申之谓："作丘甲者，每丘出一甲士，而甸出甲士四人也。往者三人，而今增其一。"[2]此一解释，较为合理。然兵役由此增加三分之一，也是增加人民的很大负担。

由成公元年，至襄公十一年，凡三十八年。《春秋经》书曰"十有一年春王正月，作三军"；《左氏传》谓："正月作三军，三分公室，而各有其一（孟孙、叔孙、季孙三家各有其一）。三子各毁其乘（三子毁其原有私邑之私乘；因已各专一军之故）。季氏使其乘之人（谓隶于军籍者）以其役邑入者（谓臣于季氏若私邑）无征（无平日力役之

---

① 《春秋胡氏传》卷十九。
② 此由顾栋高《春秋大事表·邱甲田赋论》所转引。

征）。不入者倍征。孟氏使半为臣，若子若弟（使子弟之半臣于己）。叔孙使尽为臣，不然不舍（杜注：尽取子弟、父兄归公也）。《正义》谓："三家所得，各以父兄子弟，分为四；三家得七，公得五。"此一发展，为鲁君已失其人民十分之七。

由襄公十一年至昭公五年，凡二十五年；《春秋经》书曰："五年春王正月，舍中军。"《左氏传》谓："初作中军也。三分公室而各有其一。季氏尽征之。叔孙氏臣其子弟。孟氏取其半焉。及其舍之也，四分公室，季氏择其二，二子各一，而贡于公。"至此，由授土授民，封为鲁侯的大宗，已名存实亡了。

由昭公五年至哀公十二年凡五十四年，《春秋经》书曰："十有二年春，用田赋。"前一年，哀公十一年，《左氏传》记有："季孙欲以田为赋，使冉有访诸仲尼，仲尼曰，丘不识也……'而私于冉有曰，君子之行也，度于礼。施取其厚，事举其中，敛从其薄。如是，则以丘亦足矣。若不足于礼，而贪冒无厌，则虽以田赋，将又不足。"《春秋胡氏传》卷三十："鲁自宣公初税亩，后世遂以为常……至是二犹不足，故又以田赋也。夫先王制土，籍田以力，而砥其远迩。赋里（原注：里，缠也，谓商贾所居之区域）以入，而量其有无（按胡之说，应稍加变通。实则"国人"任赋，"野人"任税）。……田以出粟为主而足食；赋以出军为主而足兵。……今二犹不足，而用田赋，是重困农民而削其本。"按胡氏之意，国人原只担任兵赋，而野人只担任耕种公田以供税。"用田赋"，是要野人（邑郊以外的农民）也担任兵赋。此种解释，与《国语·鲁语》对此事所记孔子之言相合。此事之意义有二：一为重困农民。另一则为兵役之普及，兵源之扩大。此为战国时代，战争之规模，远较春秋时代为大的主要原因之一。

总结上面的演变：（一）不断加重税收。齐晏婴谓"民参其力，二入于公，而衣食其一"（见后），由此可以类推。（二）扩大赋役——即扩大兵役。将原有以"国人"为主的兵役，推广及于一般农民。（三）卿大夫与国君争土地、人民；土地人民，多脱离国君而入于卿大夫之手，以开鲁君守府，陈氏代齐，三家分晋的新局面。不过由《孟子》"故明君制民之产……"、"今也制民之产"①等语观之，一直到战国中期，土地还是在国君及执政的贵族手上。但因政治的混乱，恐怕早已不能按照规定授田，而慢慢产生自流性的私有土地。

在上述演变过程中，有两种值得注意的现象。

其一，是在封建制度未破坏时，人民是定着于土地之上，形成一种静态的凝固的社会。有人把农民定着于土地之上，作为当时农民系农奴的证明。②这是把由经济条件

---

① 见《孟子·梁惠王上》。
② 萨孟武《中国社会政治史》即据此说。见该书页一五。

的限制，和由法律条件的限制，混同了起来。照这一说法，工人定着于机器之上，便是工奴。而老子、孟子为人民所追求的"老死不相往来"，"死徙无出乡"的生活，却是一种农奴生活，大概不太合理吧。这种静态社会，自税苛赋重以后，人民开始弃其土地，离其乡里，在逃亡中求生存；于是静态的社会，开始演变为流动的社会。《左传·昭公二十五年》鲁子家子向昭公说："政自之（按指季孙氏）出久矣，隐民多取食焉，为之徒者众矣。"杜注以"隐约穷困者也"释"隐民"，实嫌迂曲。《说文》十四下："隐，蔽也。"隐民乃逃亡隐蔽之民。《国语·周语上》惠王十五年（鲁庄公三十二年），内史过答惠王"有神降于莘"之问中有"其刑矫诬，百姓携贰，明神不蠲，而民有远志"之语。《周语下》"景王二十一年（鲁昭公十八年）将铸大钱，单穆公曰不可"的一段话中，有"乏则将厚取于民，民不给，将有远志，是离民也"之语。所谓"远志"，当然指的是向远方逃亡之志。到了战国，此一趋势更大大地加强。这在后面还要提到。

其二，当时的人民，尤其是其中的"国人"，并不是完全没有政治的自主性。顾栋高在《春秋秦晋交兵表》叙中说："春秋当日，虽天子所赐，苟其民不服，则亦不得而有。隐十一年，王以盟，向易苏邘之田于郑；未几，盟、向叛郑归王，王迁盟向之民于郏。襄王锡晋以南阳，而温原之民不服晋。"正因为如此，所以卿大夫向国君夺取土地人民，除了前述鲁季孙氏对不邑入者加以"倍征"的威胁外，同时对人民还要采用利诱的方法。如前面提到《左传·昭公十五年》，昭公伐季氏不克，出奔于乾侯之役，子家子谓隐民多得食于季氏。《左传·昭公二十七年》秋，会于扈，谋纳昭公。晋范献子谓季氏甚得其民，遂作罢论。《左传·昭公三十二年》十二月，昭公死于乾侯，史墨答赵简子之问，以为"天生季氏，以贰鲁侯……民之服焉，不亦宜乎。鲁君世从其失，季氏世修其勤，民忘君矣……社稷无常奉，君臣无常位，自古以然。"可知季氏在人民方面做了一段长期的工作，才可与鲁君相抗。《左传·昭公三年》，齐晏子与晋叔向相语，晏子答叔向"齐其如何"之问谓："齐其为陈氏矣。公弃其民而归于陈氏。"因为陈氏的量器较公量大三分之一。陈氏平日"以家量贷，而以公量收入。山木如（往）市，弗加于山（陈氏运到市上的木价，与在山的木价一样，不加运费。下同）。鱼盐蜃蛤，弗加于海。民参其力，二入于公，而衣食其一。公聚朽蠹，而三老冻馁。国之诸市，履贱踊（刖足者所穿之履）贵；民人痛疾，而或燠休之（指陈氏）；其爱之如父母，而归之如流水，欲无获民，将焉辟（避）之。"以恩惠争取人民，成为当时野心家的重要手段，其结果，则为人民在痛苦中依然可以提高政治上的地位。

三、在封建社会解体中，国人阶层的发展与转变

封建社会解体的另一意义，也可以说是人民从封建束缚中的解放。一般农民，虽然很少得到这些解放的好处，但在解放中得到发展的，应当是国人阶层。我在《西周政治社会的结构性格问题》一文中，曾指出"国人"阶层的特别意义及其内容；它主要系由住在都邑之内及近郊的保有政治权力的农、工、商和士所构成的。随着封建制度的崩坏，国人中的工、商、士，尤其是商与士，得到了特别的发展。国人中的农民，因受剥削最重，自然会向工、商、士，及作为野人的农民分化。商鞅生年，如后所述，与孟子约略相同，此正诸子百家盛事著作之时。所以《商君书》中的《来民》篇、《弱民》篇中虽然夹有商鞅死后的材料，此乃先秦诸子中所常见的现象；其主要部分，乃系出于商鞅之手，足以反映商鞅变法时的情况，及商鞅的政治意见。《农战》第三，一则曰："是故豪杰皆可变业，务学诗书；要靡事商贾，为技艺，皆以避农战。"再则曰："豪杰务学诗书，随从外权。要靡事商贾，为技艺，皆以避农战。"三则曰："故其境内之民皆化而好辩，乐学，事商贾，为技艺，避农战。"四则曰："夫民之不可用也，见言谈游士事君之可以尊身也，商贾之可以富家也，技艺之足以糊口也……则必避农战。"这里可反映出进入到战国时代，工、商、士，成为社会中的趋向，因而成为当时活跃于社会中

的强大力量。这是直承春秋之末以来的大发展。而这种大发展，也可以说是"国人"阶层的大发展。

有关工人发展的情形，可以看到的材料很少。《左传·成公二年》，楚侵鲁及阳桥，"孟孙请往赂之以执斲，执针、织纴，皆百人；公衡为质，以请盟。楚人许之平。"此一故事，一面可知当时的"中国"，手工业较楚为发达，且系为鲁国的公室所有。一面也可见楚对工人的重视。由这种重视亦可推见他们的生活比较有保障，可以吸收生活最苦的农民。根据新的考古资料，春秋末期，发明了铸铁的技术；虽未在武器上引起革命，[①]可是引起了农业工具方面的革命。加以战争日益扩大，宫室服饰日益奢侈，更因生产力提高而引起消费品的增加，这都会增大从事于工的人口比率。

（一）"商"义探源

商业的发展，较工业更为显著。要了解这一问题，首须打破两种谬说。一是《一切经音义》卷六引"贾，坐卖也；商，行卖也"的传统说法。从可靠的文献上考查，西周末期及其以前，皆谓之"贾"。到西周之末，尤其是春秋时代，始把"商"字作"商业行为"及"商业行为者"

---

① 中国武器，一直至秦统一六国，还是以青铜器为主，故销兵器为金人十二。但入汉即以铁为主。

用；但商与贾常多互用，并无行商坐贾之分。《史记·货殖列传》，用商字者五，用贾字者二十一，商贾连用者四，其中如"西贾秦翟，北贾种代"，"东贾齐鲁，南贾梁楚"，"故南阳行贾"，"贯贷行贾遍天下"；岂有所谓"坐贾"之说。

另一谬说是徐中舒根据《左传·昭公十六年》，郑子产告诉晋宣子的一段话中提到的"商人"而说"此商人即殷人之后而为商贾者"。又说"贾商之名，疑即由殷人而起"。并谓汉代贱商，正由此而来。[①] 此说为胡适所信服。日人镰田重雄在他所著的《汉代社会》里大畅其说，谓："商人的商，本来用作地名和国号。殷王朝先置都于商，因谓之商……周亡殷后……这些散在诸侯国的殷遗民，习惯上称为商人。此商人即从殷商民中的行商发生的。"镰田氏也引了《左传·昭公十六年》的材料后，接着说："随着郑始祖桓公来往的商人，是殷的遗民集团，他们很快地成为行商集团。"[②] 并且徐氏之说，在今日几已成为定论。而引用此说者，除徐氏所引的一条根据外，更没有再加上一条证据。现在将《左传·昭公十六年》的材料简录如下：

---

① 此由《胡适文存》第四集卷一《说儒》文中所转引（页十七）。徐原文见《国学论丛》一卷一号页一一。杨向奎《中国古代社会与古代思想研究》上册页二七亦袭承其说而加以扩大。

② 镰田氏的原著，收在宏文堂雅典文库。此处所引者见原著页五八至五九。

三月，晋韩起（宣子）聘于郑……宣子有环，其一在郑商。宣子谒诸郑伯，子产弗与……韩子买诸贾人。既成贾矣。商人曰：必告君大夫。韩子请诸子产曰……今买诸商人，商人曰：必以闻，敢以为请。子产对曰：昔我先君桓公，与商人，皆出自周（杜注：郑本在周畿内。桓公东迁，并与商人俱。）……世有盟誓，以相信也，曰：尔无我叛，我无强贾……恃此质誓，故能相保，以至于今。今吾子以好来辱，而谓敝邑强夺商人，是教敝邑背盟誓也。"

按（一）郑桓公始立于周宣王二十二年；子产之所谓"昔我先君桓公与商人皆出自周"，此周乃都于镐的宗周，而非东迁洛阳的成周或东周；宗周没有殷遗民集团的商人。（二）商朝自盘庚迁殷后，虽亦有时称"殷商"、称"商"、称"商人"；但更多的是称"殷"、称"殷人"、称"殷民"。例如孔子自称"丘，殷人也"。[①]若商贾之商与商人，系由商朝之商，及商朝遗民而来，则何以不将商贾之商称为殷或殷人？（三）若殷亡国之后，其遗民因受迁徙或压迫而多改事商贾，因以商代之商，为其行业之称；则商贾之商的名称，应大行于西周时代；且商业应大行于殷遗民最多

---

① 《礼记·檀弓》。

的成周（洛阳）及鲁、卫、宋诸国。但实际，西周时代很少看到称商贾为商或商人。《诗经》中十七个商字：无一字与商业之商有关。但两个"贾"字，一为商贾之贾（"如贾三倍"），一与商贾有关（"贾用不售"）。而最先以商业图富强的，乃是没有分到殷遗民的齐国，这将作何解释？（四）若商贾之商，系由商朝之商而来，则齐有"公子商人"，楚有"公子商臣"，孔子有学生名"商"，这是否与商朝有关系？（五）在上项材料中，"商人"分明亦称"贾人"。《左传·成公三年》："晋荀䓕之在楚也（被俘），郑贾人有将置诸褚中以出，既谋之未行，而楚人归之。贾人如晋，荀䓕善视之"。此贾人即商人。若"商人"一词，系因殷遗民经营商业而来，则"贾人"一词，又从何而来呢？尤其是亡国之民，在古代只能流浪于胜利者所能控制的范围之外，决不能流浪于胜利者所能控制的范围之内；因之，只有保有相当自由权利的"国人"，才能得到商业活动的便利。因亡国而反能垄断商业活动，这完全是不了解历史内情的幻想。徐中舒之说，正出自望文生义的幻想，为考证工作中的大忌。今人喜新好异，而疏于证实，此亦其一例。

从子产上面的一段话中，随郑桓公东徙于郑的商人（当时大概只称"贾人"），正是有政治权利的宗周国人中的构成分子。由此可知商人在西周时，已有相当重要的地位。同时，从《国语·郑语》"桓公为司徒，甚得周众与东土之人。问于史伯曰，王室多故，余惧及焉，其何所可以逃死"的一个故事看来，他的东封于郑，是经过史伯为他作过一番详细研究后所决定的。史伯说："其济、洛、河、颍之间乎"；这是内可以固守，外便于通达四方之地。郑桓公要宗周的商人随封来此，并与之立休戚与共的盟誓，可能是了解郑乃适于商贾之地，需要发展商贾的力量，以作为其国力的一部分。果然，在僖三十三年秦师袭郑及滑的时候，"郑商人弦高，将市于周，遇之，以乘韦先，牛十二犒师，且使遽告于郑"，于是郑得及早为备，使秦师知难而退。可见郑商人实际是与郑国同休戚。子产不肯将就晋韩宣子以强迫商人，实有保护商人，使得自由贸易的重大经济政策在里面。在春秋时代，以个人资格出现的三个商人，皆是郑国的商人；且不仅交易范围之广，南及于楚，东及于齐（想救荀罃的贾人后来往齐国），北及于晋，秦地为其所自出，自不待言。且直接与卿大夫相来往，与本国的政治密切相关联，更涉及国际间的政治活动。这里面，实含有经济势力，代替封建下以宗法中的身份来决定地位的重大意义。郑因地理关系，商业活动特为显著，其他各国，当然同样有商业上的发展。徐中舒的说法，不仅在考据上毫无根据，而且昧于人类经济发展到某一阶段时，任何民族、氏族，都自然会发生商业行为，而绝非限于某一特定民族、氏族。而其中发展的程度，会受到地理、物产的制约而已。

然则贾、贾人，何以到后来又称商，称商人呢？《说文》三上："商，从外知内也，从冏章，省声。"汉人喜"闻声生义"，以附会当时之说，如"王者往也"；"君之为言群也"皆是。《汉书·律历志》"商之为言章也"，也是这种情形。许慎以为商从章省，乃受了《律历志》的影响。实则应如朱骏声《说文通训定声》之说："按此字（商）疑从言省，从内会意……古文从言不省。"《易·兑卦》九四："商兑来宁"注："商量裁度之也。"此盖其本义。殷先祖之世封于商，或其地曾为氏族集合商度之所，因以为名。又金文中多以"商"为"赏"，或此处乃始封时所赏赐之地，因以为名，亦有其可能。商贾行为，须讲价还价，与商之本义相合。随商业之发达，愈感到在商业行为中，彼此商量之重要，因而称之为商，为商人，岂非很自然的情形吗？

（二）春秋末期的商业发展

有不少的人，以为在封建制度之下，对商人的发展是一种束缚，这是没有根据的想象之谈。齐太公立国，即以商业为主（见《史记·齐世家》）；管仲以农工商并重而霸，卫文公于狄难之后，以"通商惠工"为复兴的要图，郑在始封时即与商人互盟合作。国人阶层的自由民中，商人乃重要构成分子之一。商业发展的程度，是与整个经济发展的条件相适应；而整个经济发展的程度，是决定于生产的进步性。农耕铁器及牛耕的应用，我认为在春秋中期以后已经开始与扩大，这便提高了生产的能力，促进了商业的发展。所以商业发展，到了春秋末期，已达到显著的程度。《史记·货殖列传》记计然教越王勾践"以物相贸易"之术，"修之十年，国富厚……遂报强吴"。这虽然说的是国家经营的贸易，但计然以"农末俱利"为目标，提出对物价的调剂、货币的流通等意见，皆极具经济学上的意义。由此可知，计然已积累有丰富的商业知识，足以反映出当时商业活动的情形，足以提供经济上的理论基础。

《货殖列传》记计然的学生范蠡，助勾践破吴后，"喟然而叹曰：计然之策七，越用其五而得意。既已施于国，吾欲用之家。于是先往齐，再往陶，以为陶（山东定陶县），天下之中，诸侯四通，货物所交易也。乃治产积居与时逐，而不责于人……十九年之中，三致千金"。按所谓"积居与时逐而不责于人"，是说屯积货物以争取出进有利的时机；赚有利时机的钱，而不直接以高利贷的方式，剥削于人，这当然是种高级的商业活动。

《论语·先进》："子曰，回也其庶乎，屡空。赐不受命，而货殖焉。"子贡同样为孔门高弟，孔子虽以他不及颜渊，但并无轻贬之意。孔子死后，子贡独庐墓六年。[①]由此可知孔门的学问，与子贡的货殖，两者之间，并无冲

———————

① 见《孟子·滕文公上》。

突。又《货殖列传》："子贡既学于仲尼，退而仕于卫，废著鬻财于曹鲁之间。七十子之徒，赐最为饶益……结驷连骑，束帛之币，以聘享诸侯。所至，国君无不分庭与之抗礼。夫使孔子名布扬于天下者，子贡先后之也。"按子贡以货殖关系，可与国君分庭抗礼，可知此时由商业而来的经济力量，彻底打破了封建制度中的身份地位。商业的财货，是由自由活动而来的财货。商业的发展，一方面在政治势力之外，社会出现了新的经济势力。同时，商人活动范围的扩大，也是社会活动自由的扩大。这正反映出由封建制度崩溃而来的社会解放，并反转去更促成封建制度的崩溃。

（三）士义探源

杨树达《积微居小学述林》卷三《释士》：

《说文》："士，事也。"士古以称男子；事谓耕作也。《汉书·蒯通传》曰："不敢事刃于公之腹者。"李奇注："东方人以物臿地中为事。"事字又作蔷。《汉书·沟洫志》注云："蔷亦臿也……盖作始于立苗，所谓臿物地中也。士、事、蔷，古音并同。男字从力田，依形得义。士则以声得义。"

按杨氏之说，在文字学上能否成立，难作断定。同时士是否与耒耜同音通义，而士之形，是否系像古代耒土之器的原始形态，有如西安半坡中所复原的新石器时代的耕具一样（见《新中国的考古收获》），因而即以形得义，都值得研究。郭沫若以甲骨文中之士字乃牡器之象形，由此所滋生的各种说法，我觉得是非常可疑的。由杨氏之说的启发，可以解决《诗经》中许多士字的问题，因而对士之历史演变，提出了新的启示。现在我试提一种假设：士本是"国人"中的农民。在未使用铁以前，以器插土，必须农民中之精壮者，故士原系农民中之特为精壮者之称。当时常选择此种精壮之农民为甲士，故亦称甲士为士。但其平时职业依然是以农耕为主。再由甲士中被选择而为贵族的下级臣属，即所谓上士、中士、下士，始渐与农耕脱离，但依然为军队组成的基层骨干，且服务于贵族中而脱离农耕者仍为士中的一小部分。士的大部分及其家属，仍与农耕连结在一起。不过因甲士而称士，因下级臣僚而称士，于是士之一名，渐掩其本系精壮农夫之称的本义。到了春秋末期，始出现专门追求各种治术，作为政治的预备军，与农耕游离，但与战斗尚未完全游离的士。《史记·苏秦列传》：苏秦说魏襄王"今窃闻大王之卒，武士二十万，苍头二十万，奋击二十万，厮徒十万，车六百乘，骑五千匹。"（《荀子·议兵》篇）谓："魏氏之武卒，以度取之，衣三属之甲，操十二石之弩……中试则复其户，利其田宅。"可知由农民中选择精壮者为甲士，魏尚如此，则我上面对西周时代，士本为国人中的精壮农民，因精壮而被选为甲士，但并不脱离农耕的说法，应当是可以成立的。

《礼记》一书，杂糅了古今的材料。下面三个材料，应当可以说明士演变的三阶段：

> 问士之子长幼，长则曰能耕矣；幼则曰能负薪，未能负薪。（《少仪》）

按上述材料，是士尚未脱离农耕阶段的记录。

> 地广大荒而不治，此亦士之辱也。（《曲礼》）

按上述材料，乃士有的脱离农耕，但脱离尚未久的阶段的记录。因为有的脱离了农耕，故地广大荒而不治。因脱离未久，故仍得以此加士以责备。

> 问士之子，长，曰能典谒矣。幼，曰未能典谒也。问庶人之子，长，曰能负薪矣。幼，曰未能负薪也。（《曲礼》）

按上述材料，已反映出士已成为书香门第，并与庶人的生活情态完全不同。又《曲礼》："君使士射；不能，则辞以疾。"则是士在脱离战争阶段的反映。

（四）士在春秋末期发展中的转变

当士演变成为参与政治的预备军的时候，也正是贵族阶层已经腐烂，需要倚赖士的能力以维持其统治的时候。于是士势必起而追求政治上的各种知识；这使士开始过渡到"古代知识分子"的性格。更因春秋中叶以后，大批贵族的没落，把贵族手上所保持的知识，解放向社会，所以孔子便能以原在贵族手上的诗书礼乐来作为教育他学生的教材，这更助长了社会上以政治知识为专业的士的成长。孔子便是此大转变阶段的最伟大的关键人物。他本身是宋国贵族的后裔；他以平民身份，号召了新的士的集团，要使他们由政治预备军的地位，更将其转变而成为人生价值、人类命运的担当者，及学问知识的传播者。在《论语》中，仍可以看出他这种努力的足印。《论语》"子曰……人（指当时之卿大夫）不知而不愠，不亦君子乎"（《学而》），可见他的学生中，人不知而愠的还是占多数。"子张学干禄"（《为政》），"子曰：三年学不志于谷（禄），不易得也"（《泰伯》）。这都是士开始转变为下级官吏预备军的这一阶段的反映。但此时的士，还常和甲士的性格连在一起。《左传·哀公八年》吴伐鲁，次于泗上，"微虎（杜注：鲁大夫）欲宵攻王舍，私属（集也）徒七百人。三踊于幕庭，卒三百人，有若与焉。及稷门之内。或谓季孙曰：不足以害吴，而多杀国士，不如已也。乃止之。吴子闻之，一夕三迁。吴人行成"。所谓"私属徒"，是私人集合徒众，非秉命于执政者。所集合的徒众，即是所谓"国人"，有若正是以国人中的士的地位参加在里面的。《左传·哀公十一年》，齐人伐鲁，鲁"孟孺子泄帅右师……冉求率左师……樊迟为右。季孙曰：须（樊迟之名）也弱。有子（冉求之字）曰：就用命焉。"结果冉求和樊迟获得了很好的战果。墨子曾特讥笑子夏之徒言斗，[①] 孟子称子夏、曾子之勇，[②] 韩非记漆雕开之勇。[③] 子路特以勇闻，更是不待说的。可知孔门弟子，殆无一不能战。而樊迟问学稼学圃，孔子答以"吾不如老农"，"吾不如老圃"。[④] 这正可反映出在这过渡时期的士，离农耕也尚未太远的性格。把士转变成为人格上文化上的担负者，因而完全摆脱了封建身份的束缚，成为文化上的自由人，我以为这是孔门教化集团的一种努力，一种成就。"君子"、"小人"，本是贵族与平民之称；但《论语》上的"君子"，多半指的是"成德之人"；而小人则多指的是"无德之人"，这便是以人格代替身份的显明证据。孔子对樊迟问学稼学圃之答，并不一定是轻视稼圃，而是意识到在政治昏乱榨压之下，须要有一批人出来担负人格及人类命运与知识的责任，以适应群

① 《墨子·耕柱》篇。
② 《孟子·公孙丑上》。
③ 《韩非子·显学》篇。
④ 《论语·子路》章。

体生活中的需要；换言之，他要以文化转移政治，代替政治，为人类的命运负责。这种意义，在司马迁《史记》的《十二诸侯年表》叙及自叙中，说得清清楚楚。因此，孔子要顺着当时士的倾向，而有意地促成此一转变。《论语》："子张问，士何如斯可谓之达矣？子曰，何哉尔所谓达者？子张对曰，在邦必闻，在家必闻。子曰，是闻也，非达也。夫达也者，质直而好义，察言而观色，虑以下人。在邦必达，在家必达。夫闻也者，色取仁，而行违，居之不疑；在邦必闻，在家必闻。"（《颜渊》）按子张之问，乃顺承当时的士，以求知见用为目的的风气；而孔子则在"质直而好义"上加以转换。又《论语·子路》章：

子贡问曰：何如斯可谓之士矣？子曰：行己有耻。使于四方，不辱君命。可谓士矣。曰：敢问其次。曰：宗族称孝焉，乡党称弟焉。曰：敢问其次。曰：言必信，行必果，硁硁然，小人哉。曰：今之从政者何如？子曰：噫，斗筲之人，何足算也。

子贡之问，表示在士的转换时期，对士自身存在意义的迷惘。并实际以当时能向政治升进的人即可作为士的标准。孔子的答复，是完全要使这一新转变出来的阶层，在人格行为知识上站起来，即以此为其新的基本性格。孔子对"士"的性格的转换，和对"君子"性格的转换，完全是同样的。《论语》上，孔子又说"士志于道。而耻恶衣恶食者，未足与议也"（《里仁》）。"士而怀居，不足以为士矣"（《宪问》）。"志士仁人，无求生以害仁，有杀身以成仁"（《卫灵公》）。曾子谓"士不可不弘毅，任重而道远"（《泰伯》）。这都是在士的新地位、新性格的形成中所作的转换的努力。

士脱离他原有的农耕和战斗的固有职业，而成为农工商以外的另一形态的人，若不了解孔子的基本用心，若不了解在社会因进步而分工时，文化也是分工中的重要一环，则士的这一形态的人，他的存在意义到底如何？不仅孔子曾受荷蓧丈人"四体不勤，五谷不分"之诮让（《论语·微子》）；一直到战国中期，还成为一个很大的问题。按《孟子》"士庶人曰，何以利吾身"（《梁惠王上》），"士庶人不仁，不保四体"（《离娄上》），这还是把士和庶人连在一起。"惟士无田，则亦不祭"（《滕文公下》），这反映出有的士是有田，有的则已失掉了田。又"子之执戟之士"（《公孙丑下》），这还是以武士称士。以上还反映出在过渡期所残存的旧有形态。但如"士之仕也，犹农夫之耕也"（《滕文公下》）；"士之失位也，犹诸侯之失国家也"（同上）。这一类的话，已清楚反映出倚赖仕以为生的士的新形态。孟子的学生彭更，对孟子说"士无事而食，不可也"（《滕文公下》）；"王子垫问曰：士何事？"（《尽心上》）这都是对士的新形态的怀疑，而孟子对前一疑问的答复是"子不通功易事，以羡补不足，则农有余粟，女有余布……于此有人焉，入则孝，出则悌；守先王之道，以待后之学者，而不得食于子；子何尊梓匠轮舆而轻为仁义者哉"。这是以社会分工来说明士的新地位，而士所分的工，乃是文化的担当者。对王子垫所作的"尚志"的答复也是如此。但尚志不能吃饭，吃饭还得倚赖政治，终不是妥当的办法；所以出现在春秋之末，及战国时期的隐士，多数是从事于躬耕的人。而"有为神农之言者许行"，主张"贤者与民并耕而食"（《孟子·滕文公上》)，所以特具历史和社会的意义。但由士的这一蜕变，把封建政治中由宗法的身份关系所决定的政治结构，更从根本上加以动摇；也可以说，封建的以身份为主的政治结构已经崩溃，大大地开启了凭士的身份走入政治的门。把历史中，由士进入到高层政治的特例，渐渐成为仕进中的通例。

（五）"国人"阶层发展转变对政权的影响

上述的"国人"阶层的发展，对当时的政权，自然发生了大影响。过去的国人阶层，是凝结于其国君政权的周围，成为支持政权存在的骨干。在春秋之末，国人阶层，已经不以其原属国家政权的利益为中心，而各自追求其自身的利益与理想。封建的静的社会，由此进入到一种竞争的动的社会。商人的流动性是很显然的。士人则以孔子为时代新趋向的标志，在他的弟子三千人，身通六艺者的七十二人①中，已经是来自贵族的极少，其中绝对多数是属于"国人"的阶层。其属籍则除鲁国占绝对多数外，今日就《史记·仲尼弟子列传》之可考而无歧说者计：端木赐（子贡），卜商（子夏），高柴（子羔），勾井疆，廉絜（康），卫人；言偃（子游），吴人；颛孙师（子张），公良孺（子正），陈人；公冶长，公皙哀（季次），步叔乘（子车），齐人；司马耕（子牛），宋人；公孙龙（子石），任不齐（选），楚人；秦祖（子南），壤驷赤（子徒），秦人；叔仲会（子期），晋人。"有朋自远方来，不亦乐乎？"（《论语·学而》）孔子一人的门徒，今日可考见的已是来自九个国家，打破了封建国家的界限。并且孔子自鲁定公十二年秋冬之际适卫后，周游列国者前后约十三四年。在孔子心目中，若能为任何一国所见用，则"吾其为东周"②之志，都无分于彼此。这在士的现实活动上，完全破除了封建的束缚，为战国时代打开了士的自由活动的天地。

---

① 此据《史记·孔子世家》。《仲尼弟子列传》称七十有七人。《吕氏春秋·遇合》篇称委质为弟子者三千人，达徒七十人。《孟子·公孙丑》篇、《韩非子·五蠹》篇、《淮南子·泰族训》及《要略训》皆言七十；盖举成数而言。

② 《论语·阳货》："如有用我者，吾其为东周乎。"

四、封建道德的传承问题及宗法由政治向社会的移转

总结上面的分析，封建制度，因为形成封建制度骨干的宗法，随亲亲与尊尊两大精神在政治上的消失而完全崩溃了。但宗法的骨架及封建中的若干道德观念，依然由孔子建立的儒家所肯定，所传承；于是说儒家的道德，乃是封建的道德，儒家思想，乃是维护封建的思想，似乎不能不加以承认。但问题并没有这样简单。下面我将解答这一问题。

（一）孔子所传承的封建道德的价值问题

首先我们应当注意到，实行以宗法为封建的周公，在政治上提出的原则，对封建贵族所努力的教养，及由这种原则、教养所导出的道德观念，不能不承认其中有许多是突破了封建的限制，而赋予了普遍性的价值，值得孔子加以肯定，传承。周公在立教中的典型是文王。固然文王是周室的大宗之所自出；但通过周公口中的文王，实表现为一伟大的道德者的存在。孔子"祖述尧舜，宪章文武"（《中庸》），但使孔子说"周鉴于二代，郁郁乎文哉，吾从周"（《论语·八佾》）的这种话的，主要还是文王和周公。所以他说"文王既没，文不在兹乎"（《论语·子罕》）；"甚矣，吾衰也，久矣，吾不复梦见周公"（《论语·述而》）。

现在试简单把《诗》、《书》中提到文王的材料抄一点在下面：

穆穆文王，于缉熙（《传》：缉熙，光明也）敬止。（《笺》：文王能敬止其光明之德。）（《诗·大雅·文王》）

无念尔祖（文王），聿（述）修厥德。永言配命，自求多福。（同上）

维此文王，小心翼翼……厥德不回（邪），以受方国。（同上《大明》）

帝谓文王，予怀明德，不大声以色……不识不知，顺帝之则。（同上《皇矣》）

维天之命，于穆不已，于乎不显，文王之德之纯。（同上《周颂·维天之命》）

尔惟旧人，尔丕克远省，尔知宁王（文王）勤哉。（《尚书·大诰》）

惟乃丕显考文王，克明德慎罚，不敢侮鳏寡；庸庸（勤劳），祗祗（敬谨），威威（畏天之威），显民（显扬人民的地位与意志。（同上《康诰》）

尚克用文王教，不腆于酒。（同上《酒诰》）。

文王卑服（按服，事也。卑服，作小民之事），即（就也）康功（功，事也。按《伊簋》，康宫乃周室"臣妾百工"作工之宫，则所谓"即康功"者，乃指文王亲自到康宫，作康宫中工人之事。）田功（新农事）。徽柔

懿恭，怀保小民，惠鲜（此）鳏寡，自朝至于日中昃，
不遑暇食，用咸和万民。（同上《无逸》）

及我周文王……厥或告之曰：小人怨汝詈汝。则皇
（遽）自敬德。厥愆，曰：朕之愆。允若时不啻不敢含
怒。（同上）

由上面简录的材料，可以了解周公及周初诗人所提出作为
教诲之资的文王，是：（一）很敬谨于自己的生活行为。
（二）非常勤劳，并自己参加工人制器、农人种田的工作。
（三）用刑很谨慎，爱抚人民，惠及鳏寡。（四）承当人民
怨詈之言，以人民怨詈之言策励自己。这四点非常平实的
精神，如何应当随封建制度的崩溃而加以埋葬呢？至于以
周公为中心对周室贵族所作的教养，试简录《尚书》中可
信的资料如下：

王曰：呜呼！小子封（康叔之名），恫瘝乃身（言
如病痛之在汝身），敬哉。天畏（威）棐（匪）忱（信），
民情大可见，小人难保。往尽乃心，无康好逸豫，乃其
乂（治）民。……亦惟助王宅天命，作新民……王曰：
封，敬明乃罚……若保赤子，惟民其康乂。非汝封刑人
杀人，无或刑人杀人……用其义刑义杀。王曰：呜呼！
肆汝小子封，惟命不于常，汝念哉（《康诰》）。

王曰：封，我闻惟曰，在昔殷先哲王，迪畏天，显

小民，经德秉哲……古人有言曰，人无于水监，当于民监。(《酒诰》)

曰：惟王受命，无疆惟休，亦无疆惟恤（忧）。鸣呼！曷其奈何弗敬。……鸣呼，天亦哀于四方民，其眷命用懋、王其疾敬德……其丕能诚（和）于小民……用顾畏于民嵒（多言也；即今之所谓舆论）。节性，惟日其迈（勉）；王敬作所，不可不敬德（《召诰》)。

周公曰：鸣呼，君子所其所无逸。先知稼穑之艰难，乃逸，则知小人之依（依，隐痛也）(《无逸》)。

上面简录的《康诰》、《酒诰》，是周公教诰康叔的。《康诰》是要康叔"明德"，"慎罚"，爱民。全篇直接说到爱民的有十二次之多。说到慎罚的有六七次之多；并且都是从"恫瘝乃身"的深刻反省精神中说出的。《酒诰》中并提出"当于民监"的正确观念，而对周人沉湎于酒的惩罚，远超过殷的遗民。《召诰》、《无逸》，是周公教诚成王的。"天亦哀于四方民"，即在今日读来，亦可感受到周公这类的话，无不自深厚的仁心发出。并要成王敬畏人民的舆论。《无逸》则是要成王通过自己所体认到的稼穑之艰难，以深切了解农民的痛苦。从《诗经》有关西周初年的诗来看，周室的统治者，多以深厚的感情，把自己和农业、农民融和在一起；所以《无逸》的精神，是真正贯注下去的。周初在得到大位以后，以戒慎恐惧的精神，整饰自己的行为，把政治的目的，安置于爱民之上，并使自己经常与生产劳作，保持直接的连系。我不了解，由周公所提出的这一类的规范、教训，为什么不能突出于封建政治局格之外，而不应为孔子立教的基点呢？据我了解，孔子所说的仁，是把修己与治人融合在一起的无限自觉向上的努力，这即是文王、周公"明德"、"爱民"的观念在生命中生根的进一步的发展。孔子的仁，是能由封建制度加以限制的吗？实际可以说，正因为孔子的仁心而促使孔子修《春秋》，"贬天子，退诸侯，讨大夫"（《史记·自叙》），作了对封建统治的大批判。我认为孔子在对文王、周公的传承中，把西周初年的劳动精神，转化为"发愤忘食，乐以忘忧，不知老之将至"（《论语·述而》）的学问精神，而无意中使后人忽视了孔子的执御执射，也是一种体力劳动，以为孔子是不注重生产中的体力劳动的，这在中国知识分子的塑造上，发生了无可弥补的弱点，是非常可惜的。

（二）礼在传承中的转变

孔子继承文王、周公明德爱民的精神，而特别发展出仁的精神，为人道建立一个普遍而永恒的原则，这是不应当有问题的。[①]但若是不了解随着封建制度的崩坏，而维持封建制度的礼，亦随之而转变；而孔子及其学徒，在人

---

① 关于仁的内容，请参阅拙文《释〈论语〉的仁》，收入《学术与政治之间》。

的因素上来说，正是促成此种转变的大关键，便依然不能完全解答儒家所说的道德，是否即是封建道德的问题。首先我觉得维持封建秩序的礼，其中含有许多合理的成分在里面，此即春秋末期及庄子所说的"礼意"。①礼意是藏在礼的形式后面的精神。"林放问礼之本"，"本"即指的是礼意，指的是礼的精神。所以孔子便称赞他为"大哉问"（《论语·八佾》）。当时所以会从礼的形式的后面去发掘礼的精神，这是出于感到某些被限定的形式已经僵化，要在僵化中作根源性质的反省，以希望导出一般性的原则，与适应时代的新形式。试以《礼记·曲礼》为例，里面记录有很多代表封建制度中的礼节。但从一开始的"曲礼曰，勿不敬"起，到"贫贱而知好礼，则志不慑"止，凡四百零五字，可以说都是从礼中导出的一般性的原则，而是不受封建中的身份制度的限制的。尤其孔子是以仁为礼的精神。②仁对阶级的突破，即礼对阶级的突破。孟子则从中特别抽出辞让与恭敬的原则。荀子则以礼来定政治、社会上各尽所能，各取所需的"分"（详见拙著《学术与政治之间》，《荀子政治思想的解析》）。这都是把礼作了突破性的大回转。

---

① 《庄子·大宗师》："是恶知礼之意。"《尚书·周官疏》九："或据礼文，或据礼意。"
② 《论语·八佾》："人而不仁如礼何。"

至于礼乃维持封建政治的尊卑贵贱的秩序，而儒家亦主张以礼为维持政治中尊卑贵贱的秩序，好像儒家所主张的政治，与封建政治没有分别。但大家忽视了决定封建政治中的尊卑贵贱的是宗法的身份制度。而儒家心目中的尊卑贵贱，乃是由"尊贤，使能，俊杰在位"所构成的。了解此一本质的转变，便应当了解儒家主张以礼来维持政治中的秩序，不应与封建政治混淆在一起，而应与法家主张以刑来维持政治秩序的情形，两相比较，即容易发现其实有重大的意义。礼是从宗法中的伯叔兄弟甥舅的亲亲关系中所规定出来的，所以在周旋进退之间，还有一种感情流注于尊卑上下之间，以缓和政治中的压制关系。亲亲的精神消失了，但由亲亲精神所客观化出来的礼，其所定的君臣上下间的分位，远没有由术由法所定出来的悬隔而冷酷。郑康成曾说"古者君臣如朋友"，正说的是礼制下的君臣关系。大家应从这种根源的地方来了解孔子所说的"君使臣以礼"，及"齐之以礼"的用心所在。宗法中的"尊尊"，是尊血统中的尊；所以《礼记·大传》："上治祖祢，尊尊也。"这应用到政治上当然会引起严重的弊害。但《中庸》上说："亲亲之杀，尊贤之等，礼所生也。"这是在政治上把尊血统中的尊，转而为尊贤之尊；把由血统而来的亲亲尊尊的礼的骨干，转变在亲亲之中，却限制之以尊贤，以作为礼之所由生起的根据。又如《仪礼》一开始是《士冠礼》。在《士冠礼》后面的《记冠义》，引用了孔子的一段话，其中有谓："天子之元子，犹士也。天下无生而贵者也。继世以立诸侯，象贤也（此乃以贤为继世之条件）。以官爵人，德之杀也（郑注：德大者爵以大官，德小者爵以小官）。"这分明是孔子承认由这些仪节象征出了人生重要生活中的某种意义；但把封建政治中的身份制度，都彻底抽掉了。孔子此意，应贯通于儒家所说的一切礼节之中。礼在儒家手中，适应时代的要求所作的这种本质的转变，被后世言礼者完全忽略过了，所以今后应以发展转变的观点与方法，开辟研究礼的新方向。

（三）宗法向社会的移转

形成封建制度骨干的是宗法制度，促成封建制度由腐烂而崩溃的，也是宗法制度。封建制度中的身份制度与世卿制度，都是由宗法制度而来的。但封建制度崩溃以后，随封建贵族的没落，"平民家族"的逐渐扩大，宗法制度却逐渐下逮于社会，扩大于社会。汉儒以宗法仅适用于大夫以下，而不适用于诸侯、天子，此一误解，一方面是来自秦的专制政治出现以后，君臣之分，过于悬殊；另一方面正反映出宗法制度下逮于社会的实况。普遍通行的族谱、宗祠、祖产等结构，皆由此发展而来。这是中国社会结构的原则与骨干。但由这种社会结构，便不免形成中国历史上的强宗大族。于是有的人便以这种情形为社会的封建势力，非彻底加以摧毁不可；却忽略了同一事物，同一行为，在统治阶层手上，与在社会大众手上，其意义，其结果，常常是相反的。因为面对的对象，发生作用的对象，是两不相同的原故。南唐后主的词，宋徽宗的画，若出之于一般文人，意义便会完全两样。今日美国资本家蓄股票以图利，是正当的行为，但限制此种行为进入到政府之内。宗法制度，是以固定的贵族身份来统治人民的制度。于是其亲亲、尊尊，亦皆以统治人民为目的。政治上不可有固定的贵族，政治中的地位尤不可决定于固定贵族中的固定身份，否则必成为政治中的大罪恶，这是很易明了的。但宗法由政治转移到社会，统治的关系没有了，凭借统治而来的罪恶也便没有了；于是宗法中的亲亲精神，乃成为我国两千多年来，社会组成的坚韧的纽带；也成为我国能渡过历史苦难的真实力量。永嘉之难，能渡江南去的，或渡陇西去的，多是强宗大族。能立足中原，保持中国文化于夷狄之中的，依然是强宗大族。强宗大族是专制政治的敌人，但却是民族动力的保持、推进者，岂能因其中所含的流弊，便抹煞它在历史中所发生的功用。此一由宗法精神所形成的社会结构，当然会由经济的变化而日趋于瓦解，以形成新的结构。但在衡论历史时，岂能忽视宗法由政治转移于社会所发生的不同意义与结果，而一概以"封建"两字断定其罪案？我特于此发千古之覆。当然这里有一个大问题：即是上述的转变与转移，在儒家的观念上，并不曾出现显著地否定的一面，而使人容易误会儒家只是封建的继承者，这不仅容易忽视上述的转变与转移，而且容易为小儒及阿世之士，傅会、堕落到原有的封建泥沼中去，以增加我们清理的困难。

五、开放的过渡时代

封建政治社会的崩溃，在春秋末期，已经一落到底了。若以历史上之所谓战国时代开始于《史记·六国年表》之周元王元年（前四七五年），则下距秦政二十六年（前二二一年）之统一天下，正式成立专制政体，中间相隔二百五十四年。若以《资治通鉴》始于周威烈王二十三年（前四〇三年），初命晋大夫魏斯、赵籍、韩虔为诸侯，即定此为战国时代的开始，则下距秦政二十六年，中间相隔凡一百七十二年。这是由封建过渡到专制的过渡时代。过渡时代的特性，我想假借《孟子》上梁襄王问孟子"天下乌乎定"（《梁惠王上》）的话来加以界定，即是这一切是变动激烈而"未定"的时代。正因为是未定的时代，封建的束缚已经解除，大一统的专制的压制尚未开始；七雄相互间的竞争激烈，人类各种智能的活动，皆可得到尝试与鼓励。所以这又是一个大自由、大开放，民族的生命力得到空前发展的时代。所以我称之为开放的过渡时代。在此开放而未定的时代中，由封建而来的静态的社会，及在静态社会中所需要的观念，皆在激流中消失或转变，而出现空前盛况的新的观念与新的局面。但在此演变中，活跃在社会上的各种力量，皆不足以与集中的政治力量相抵抗，于是诸子百家及商业者与农民的命运，最后还是由现实政治的力量所决定，而使其在历史上，仅成为过渡的角色。

（一）国家性格的改变

首先我们应了解，进入到战国，不仅因长期兼并的关系，由周初封建而来的国家，所余无几，且终于形成七雄并立的局面。更应注意到此时形成国家骨干的，已和原有的封建国家大不相同。形成封建国家的是由宗法而来的世袭贵族。此一政治特性，一因采邑制度而形成贵族的割据，以致国家的权力分散。另一因贵族必然会一步一步地走向堕落，以致政治毫无效率可言。进入战国时代，各国政治，都摆脱了旧时封建贵族的羁绊，权力都向国王、国君集中。为了应付剧变的情势，以追求富强为目的，政治上的效率也便随之提高了。周威烈王二十三年（西纪前四〇三年）命魏斯、赵籍、韩虔为诸侯。周安王十六年（西纪前三八五年）命齐田和为诸侯。所以韩、赵、魏、齐，是以"新国家"的姿态进入战国的。秦之立国，贵族的影响，本来较弱，且可能未曾受到周室封建礼制的重大影响。根据近年来考古上的发现，自西周之末，到战国之初，墓葬的有椁无椁，葬器中礼器的等差，都与礼书上所说的，随死者身份不同，而葬礼有差异的情形，两相吻合。进入到战国后，这种由身份而来的差异，开始混淆，并渐以日用器具代替礼器。这说明了财富观念，已渐代替了身份观念。但被发掘的秦墓中，则一般都不用木椁；且无礼器作随葬品；这正证明秦国贵族势力，或者因受西戎之俗的影响，不曾完全接受周室宗法封建的身份制度；或者虽接受了，而没有得到普遍的发展。[1]再加以周显王八年，秦孝公用商鞅，至显王十年（西纪前三五八年）实行变法，秦更远离贵族政治的影响，而向权力集中、效率第一的方向猛进，奠定了统一天下的基础。楚虽贵族政治的基础相承未变；但在实际政治的运行上，对贵族的程事责功，与各国任用客卿的情形亦无异致。"楚之令尹，俱以亲公子为之。一有过，则必诛不赦。所以权不下替，而国本盛强。"顾栋高特举此以为春秋楚国与其他各国在政权运用上的大分别。[2]燕僻处北陲，春秋时代及战国之初，很少参与中原的活动。可以说是长期处于闭关状态。自燕昭王卑躬厚币以招贤，而其立国的情形稍变。然在七国中"最为弱小，几灭者数"。[3]总之，由封建国家的崩溃，贵族政治的变质，战国时代国家的权力，较之春秋时代远为集中。国家的性格，因而为之一变。

---

① 请参阅《新中国的考古收获》页六九至七〇。

② 见《春秋大事表·春秋卿大夫世叙表叙》。

③ 《史记·燕召公世家》赞。

在春秋中期以前，贵族有固定采邑，报功报庸，率以土田行之。及春秋末期，始渐出现贵族用粟供给家臣，作为俸给的情形；及进到战国，除极少数之特殊贵族与封爵者外，赠遗间便多以金为币；而国君对臣属之给与，皆采以粟为禄之制度。《墨子·贵义》篇称他仕其弟子于魏，魏许之千盆而与之五百盆。《韩非子·定法》篇："商君之法曰，斩一首者爵一级，欲为官者为五十石之官。斩二首者爵二级，欲为官者为百石之官。"又《外储说下》记燕王哙收吏玺，令自三百石以上皆效予之。此一俸给制度之出现，在政治上说明两种意义：一为土田向国君手上的集中；二为"粟禄"制度之运用，较土田制度之运用远为自由，使人君有经常进用游士之机会，以适应政治上之需要。这样便由权力之集中，新进人才之选用，而国家的政治效率，必较春秋时代大为提高。并且自魏国李悝尽地力起，各国几皆有适应于此一变化的政治改革，而以秦国商鞅最为彻底；这便决定了七雄的最后结局。此一国家性格的改变，实为专制制度之成立，准备好了先行的条件。

（二）工商业的发展

春秋时代，住在"国中"的工商业者，进入到战国，得到更大的发展。

近年来出土的战国中、晚期的铁农器，计有辽宁、河北、山东、山西、河南、陕西、湖南、四川等八省的二十多个地方以上。由各处出土的数量，可知铁农具已在生产中居于主导的地位。[①] 从技术方面说，据判断，出土的春秋、战国之际的小型农器，还是用的"固体还原法"；但在石家庄赵国遗址出土的两件铁斧，及在兴隆古洞沟燕国遗址出土的一个铁范，经金相学和化学的考查，都是用"高温液体还原法"所制造的。由"固体还原法"到使用"高温液体还原法"的铸铁，这是冶铁技术上的一次革命。铸造铁器，一般使用"陶范"，但燕国遗址却发现了一批铁范，在形式上出现了复合范和双型范。范的外型设计了保证铸造时各部分的温度均匀。同时还采用了防止铸件变形的加强结构和金属型蕊，这是在现代也不太容易处理的工作。在石家庄赵国遗址出土的两件铁斧，经过考查，它的中心部分是铸铁的白口组织；但边缘层都经过柔和处理，可以克服一般铸铁的脆裂性。而在镀铁技术方面，西安半坡九十八号秦墓出土的一件铁凿，经考查，是经过多次加热锻打，由表层至内部，逐渐改变其含碳量而制成的。[②] 从上述冶铁技术的进步及使用的普遍情形来看，铁的使用经验，必业已经过了长期的积累和发展。所以我国对铁器的使用，不可能和《新中国的考古收获》的编者所说的，是起于春秋、战国之际，而应以《诗经》中出现的"钱"、

---

① 《新中国的考古收获》页六一。
② 同上，页六三至六四。

"镈"等农器为其早期试用时期。章鸿钊《石雅》附录《中国铜器铁器时代沿革考》中有谓"考诸地质，铜与铁每并生。因铜得铁，理宜有之。予尝以此叩之上虞罗叔蕴（振玉）先生，先生遗以书曰：吾家藏古铜刀，观其形制，乃三代物。柄中空虚，中实以铁。又藏古矢镞，其锋刃以铜为之，而挺则用铁。惟完全铁器则不可得。"此亦可为旁证。铁器的使用，若没有长期的经验，便不可能出现如上所述的技术上的大发展。同时由冶铁的大大发展，一方面会全面地推进了战国时代的农业生产能力；另一方面，则开辟了工商的结合，而大大提高了商业财富的积累。《史记·货殖列传》所记录的以工商致富的八人中，冶铁业者便占了四个。

战国时代，手工业的种类、技术、组织（分工）、规模，都有飞跃的进展。但主要是属于官手工业。并由大量出品的工艺品上标出"相邦"、"守相"等官职所代表的当时中央政权；及标出"郡"、"郡守"、"县"、"县令"等所代表的地方政权；因而知道当时官手工业是按照当时的国、郡、县的三级政权所组织起来的。但因一九五六年在武安午汲赵城内发掘了一处包括十座陶窑的战国晚期窑址，在许多陶器、陶片上，印记着"文牛陶"、"栗疾已"、"陈陲"、"韩□"、"史□"、"孙□"等姓名，而断定这些不是官工业的印记，乃是一群小手工业者所作的私工业的印记。又在山东临淄调查中，发现有"某里人某"印记的陶片，这种陶片也常见于著录。印记的地名，有"陶里"、"豆里"等名称，由此可以推知，在战国时代，临淄的城郊，实分布着许多独立的小手工业者。[①]综合上述两种资料，在战国时代，可以断定已经出现了私人手工业。

至于此时商业的活跃，可由此时钱币流通的情形反映出来。代表战国中期的，在郑州杜岗第一一二韩墓，及辉县固围村第一号魏墓，发现了平首布，上面还记着地名和币值单位。它不仅已脱离了农具样式，并且币值的标明，说明这些货币，早已从商品货币，变为符号货币。一九五六年在芮城发现的窖藏，出土了四百六十块金币；铸造地名有魏、韩、赵等二十多处。一九五七年，在北京呼家楼发现的窖藏，出土的布币，其铸地达五十多处。[②]据马昂的《货布文字考》："范铜为货，乃创自商民；民以为便，便则通行，国家未有禁令，铸不为私。"由货币自身效用的演进及铸币地域的普遍，不难想见战国时期商业的高度发达。《史记·货殖列传》，记"当魏文侯时"（前四二四至前三八五年）白圭治生之术颇详；而结之以白圭之言谓"吾治生产，犹伊尹、吕尚之谋（按言能有远见），孙吴用兵（按言能制机先），商鞅行法（按言能有信用）是也"。由白圭之言所反映出的当时商业经营情形，已与

---

① 《新中国的考古收获》，页六二至六三。
② 同上，页六七。

现代商业竞争之条件相合。而秦并天下后，迁天下豪富十二万家于各地。此皆可以说明战国时代商业发展之情形。

战国时代工商业的发展，也可反映到都邑的发展上。《论语》上所说到的邑，是由"十室之邑"，说到"千室之邑"。《战国策·赵策三》马服君谓："且古者……城虽大，无过三百丈者；人虽众，无过三千家者。"但《战国策·赵策一》记有韩康子、魏宣子俱致"万家之邑"于知伯的事实。《赵策三》马服君谓："今千丈之城，万家之邑相望也。"又《赵策四》虞卿有"令王能以百里之地，若万户之都，请杀范座于魏"之语。《楚策》亦有"效万户之都"之语。《齐策一》苏秦说齐王谓"临淄之中七万户"。《东周策》谓韩之宜阳"城八里，材士十万"。这种都邑的发展，一方面反映人口的增加；另一方面是说明由工商业发展而来的人口向都市的集中。其中也有各国常备兵力增加的因素在里面。

（三）士集团的扩大

至于士的阶层，进入到战国，在数量上更为扩大；并且有的以思想文化为中心，形成了许多集团的活动。孔子的一个教化集团，在他死后，还由他的弟子。分别继承下来；其中为后世所能知道的，子夏之在西河，曾子之在武城，商瞿传易而远及楚人馯臂子弓，我们可以推见这都是士的集团。《墨子·公输》篇谓墨子弟子禽滑厘三百人，皆可赴汤蹈火；其后学更有以"钜子"为中心的集团。孟子的"后车数十乘，从者数百人"，这也是一个集团。由《孟子》中所带出的"陈良之徒陈相"的故事，可见南方也有此种集团。而许行"其徒数十人，皆衣褐"，当然是一个集团（《孟子·滕文公上》）。《庄子·德充符》说，鲁有兀者王骀，"从之游者与夫子（孔子）中分鲁；立不教，坐不议"。这虽然是寓言，但也可以反映庄子当时的士集团的情势；并且庄子心目中的王骀，是属于道家型的人物，则承老子之流的，当然也会形成若干集团。《庄子·天下》篇说到宋钘、尹文是"以此周行天下，上说下教"，这当然是一个集团。《战国策·齐策四》记有田骈"学于彭蒙"、"赀养千钟，徒百人"，这自然是一个集团。《天下》篇谓"惠施以此为大观于天下，而晓辩者，天下之辩者相与乐之"，是辩者又各有其集团。张仪"始尝与苏秦俱事鬼谷先生学术"，[①]又是一种集团。可以说，每一学派中的大师，都会形成或大或小的集团，以与当时的人主及权贵相倚为重。最突出的是齐的稷下，及燕的碣石宫；[②]和孟尝、平原、信陵、春申四君，与稍稍后起的吕不韦，皆各集客数千人；其中以吕不韦使其宾客积极向文化上发挥为最有意义。当时不以思想相号召的游说之士，似乎都是个人活

---

① 《史记·张仪列传》。
② 皆见《史记·孟子荀卿列传》。

动；但观苏秦之说，得行于赵时，赵王资以"饰车百乘，黄金千镒……以约诸侯"，[①] 是他们一旦得势，即集聚士徒，张大声势。上述以学术思想为中心所形成的集团，当然亦与当时士脱离农耕以求禄有关系。《吕氏春秋·博志》篇，记有宁越因以耕为苦，转而勤学以求闻达的故事，乃当时许多弃农而从学的风气之一例。故墨子劝人以"姑学乎，吾将仕子"（《公孟》篇）。且他实曾仕胜绰于齐（《鲁问》篇），仕公尚过于越（同上），仕曹公子于宋（同上）；耕柱、魏越之徒，亦皆因墨子而得禄（分见于《耕柱》篇及《鲁问》篇）；齐宣王亦欲养墨子之弟子以万钟（《孟子·公孙丑下》）。这种集团的活动，仅在东汉末期，因州牧的形成，稍可仿佛于一二，但旋为宦竖所屠戮，可知这种现象只能出现于此一开放的过渡时代。

（四）政治思想的大分野

上述由士所形成的诸子百家，若仅就政治方面而言，在思想上可以分为三大类型。第一，是为人民求解救，以仁义为政治最高规范的类型，儒、道、墨、阴阳家皆属之。道家反对世俗上之所谓仁义，而追求其"大仁""大义"，[②]

---

① 《史记·苏秦列传》。

② 《庄子·齐物论》"大仁，不仁"；《老子》五八章："是以圣人方而不割，廉而不刿。"实等于说"大义不义"。《史记·孟子荀卿列传》谓邹衍："然要其归，必本于仁义节俭。"

故亦可列入于此类型之内。二是为统治者争权势，以富强为最高目的类型，齐鲁系统及卫晋系统的法家皆属之；而卫晋系统法家特为严酷。第三是不涉及政治的基本方向问题，而只论各国相互攻取的策术长短的阴谋家类型，纵横家属之。第一的类型，从大体上说，主张政治的基本权力应保存在人民手上，而不应集中在人君手上。儒家要求将生杀赏罚的大权操之于国人，[1]主张"民之所好好之，民之所恶恶之"，[2]固然是要把政治的基本权力保存在人民手上。老子"圣人无常心，以百姓之心为心"，用意亦是如此。墨子的"尚同"思想，有人以为是极权思想，这是就其流弊所至，发生的误解。墨子的尚同，极其究，是诸侯上同于天子，则诸侯无权；天子上同于天，则天子亦无权。天对人民乃是"兼而爱之，兼而利之"，则天子诸侯奉承天志，亦只能为人民服务。且墨子主张自天子以至诸官吏，皆由选举产生，则政治权力，自然操持在选举者的人民手上（见《尚同》上、下）。法家——尤其是商鞅、韩非，则要求把政治权力彻底集中在人君手上，要"独制四海之内"。[3]人臣而能得民心，乃法家所大忌，这在《商君书》、《韩非子》中，再三再四地引为大戒。儒家以各种

① 《孟子·梁惠王下》："国人皆曰贤，然后察之。……国人皆曰可杀，然后察之。……故曰国人杀之也。"
② 见《礼记·大学》。此为儒家的通义。
③ 《韩非子·有度》。

说法，要把人君的地位向下降；要使君臣的关系建立于互信之上。所以韩非说"卑主危国之必以仁义智能"。① 孟子认为"君之视臣如手足，则臣视君如腹心"，② 君臣的关系，是相对的关系。而法家则特须把人君神圣化，神秘化，使君臣之关系特为悬隔。所以韩非特别强调："道不同于万物……君不同于群臣……是故明君贵独道之容；君臣不同道。"③ 又说"主上不神，下将有因。"④ 神术之术是："掩其迹，匿其端，下不能原。去其智，绝其能，下不能意。"⑤ 何以要如此，因为"上下一日百战"，人臣随时可以篡弑。"臣之所不杀其君者，党与不具也。"所以"有道之君，不贵其臣"，⑥ 而尽量把人臣当狗看待，不使狗能变成虎。所以说"主失其神，虎（指臣）随其后。主上不知，虎将为狗（言人君将误以虎为狗）……虎成其群，以杀其母。……主施其法，大虎将怯。主施其刑，大虎自宁。法刑狗（苟）信，虎化为人"。⑦《韩非子·二柄》篇谓："明主之导制其臣者，二柄而已矣。二柄者，刑德也。何谓刑德，曰，杀戮之谓刑，庆赏之谓德。"这中间没有一点道德和情感的

① 《韩非子·说疑》。
② 《孟子·离娄下》。
③ 《韩非子·扬权》。
④ 同上。
⑤ 同上，《主道》。
⑥ 皆见《韩非子·扬权》。
⑦ 同上。

因素。此即所谓法术之术。千言万语，不外人君把自己神秘化、绝对化起来，以刑赏劫制其臣；臣与民不是人格的存在，而只是绝对者的工具。

儒家要求统一，但统一是人民自然归向的结果，不赞成以战争为统一的手段。统一以后的政治形态，孟、荀没有明白地说出；但由《中庸》主张"继绝世，举废国"；及后来儒家常常主张政治上的封建看来，在先秦时代，可能是主张有共主的联邦政治。而后世则可能是主张负责的地方分权政治。因为一直到顾亭林为止，后来儒家所说的封建，乃是在观念上大大转化了的地方分权政治的性质。道家墨家反战争，道家更反对权力，当然更反对权力的集中。纵横家实际是主张对立中的均势。惟有法家是彻底主张武力统一，而且统一后的政治形态，是彻底的中央集权。即所谓"事在四方，要在中央。圣人执要，四方来效"。[①]

在经济政策方面，墨家主张强本节用。儒家的孟子主张"制民之产"，使民有恒产，而后要求有恒心。但孟子是农工商并重。荀子主张"养与欲相持而长"，而稍有抑商的倾向。但他们对生产的重视，都是以解决人民生活为目的。法家则自商鞅主张出于"一孔"，即抑工压商，使人民出于农耕一途；而农耕与战斗，又紧密地连结在一起。

---

① 《韩非子·扬权》。

儒家重视文化，重视教化，重视人格的培养。法家则彻底反文化，反教化，反人格价值；因为不如此，人民便会显露出自由意志而不会成为人君彻底的工具。儒家虽由道德的要求而主张孝弟，主张亲亲；但"春秋讥世卿"，孔子已很明白地反对由身份的封建制度所建立的政治结构，他抱着"为东周"之志，周游列国，并谓他的学生仲雍"可使南面"，这都不是承认封建的身份制度的情形。孟子主张"国君进贤，如不得已……国人皆曰贤，然后察之，见贤焉，然后用之"（《孟子·梁惠王下》）。用人以国人的意见为基准，这不可能承认政治上的身份制度。他之向齐宣王提出"世臣"，是因为当时统治集团里的流动情形太严重，并且齐宣王用人又太轻率，"昔者所进，今日不知其亡也"（同上），所以劝其用人应特别慎重。他向滕文公提到"世禄"，实际是在"制民之产"以外，主张应制士之产，以安定士的生活。《礼记·礼运》"天下为公"，"选贤举能"的政治思想，正是儒家政治思想的集中表现。简言之，儒家及其他诸子百家，皆承认政治上由职位而来的尊卑，但决没有人承认由固定身份而来的贵贱。此种身份上的大解放，广大影响于当时知识分子（士）的阶层；甚至对于由政治地位而来的尊荣，亦加以反抗蔑视。由此而出现许由、务光等视天下为不屑受之物的故事。颜斶在齐宣王面前，居然说"生王之头，曾不若死士之垄"，结果宣王无可奈何，"愿请受为弟子"，①这真是在观念上，由诸子百家对封建的身份制度大加扫荡的时代。而这种观念上的扫荡，也可说是封建社会崩溃的正常反映。

法家在政治上对封建制的身份扫荡，更为彻底，因为他们直接指向残余的贵族势力。商鞅治秦变法，太子犯法，刑其傅公子虔，是有名的故事。但商鞅扫荡了封建由血统所形成的身份制度，却另外建立了鼓励战功的身份制度，此即为汉所继承的"爵二十等"。爵二十等的基本意义，乃是表示在一般人民之上，自"公士"起，到"彻侯"止，有不同的二十等身份。《史记·商君列传》"有军功者各以率受上爵"，即指此而言。并且法家是"政治的绝对论者"，不许人生存于统治权力之外，所以他们都反对岩穴之士。

（五）在观念上政治社会的开放与封闭

把上面所概略描述的情形，可以作如下的概括：凡是站在为人民而政治的，是从已经崩溃的封建政治社会制度中，导向更为开放的政治社会；而野心的纵横之士，也助长了这一气势。此一开放的影响，在秦统一天下以后，依然成为深入到社会的一股力量。项梁避仇吴中，阴以兵法部勒大繇役及丧事中的宾客子弟。项羽观秦始

---

① 《战国策·齐策四》。

皇东游，谓"彼可取而代之"。这还可以说是由于他叔侄家庭的世为楚将而来的报仇心理。但东阳少年欲立故东阳令史陈婴为王，[①]可知当时一般少年们的心理中，视平民为王，乃极寻常之事。刘邦"繇咸阳，纵观秦皇帝，喟然太息曰：呜呼，大丈夫当如此也"；且有计划地为自己造作各种神异，以为起事张本。[②]陈胜为人佣耕，曾向他的同伴说"苟富贵，毋相忘"，卒与吴广有计划地造成举大事的情势；问卜时，卜者一见即窥见他们的野心。举事不久，"陈中豪杰父老"，即劝陈涉自立为王；他且能作全面之策动部署，秦卒因此而亡。[③]彭越渔巨野泽中，少年劝其效诸豪杰叛秦。[④]黥布为布衣，"有客相之曰，当刑而王"。[⑤]韩信受饭于漂母，而谓"吾必有以重报母"[⑥]凡秦楚之际，所出现的野心家，都有野心的社会群众作背景。而野心群众之所以出现，在这段历史以前，并没有可以援引的事例。因为西周的国人虽放逐了厉王，而春秋时代，出现更多的国人左右政治的现象，但国人中尚无取国君贵族而代之的野心。这完全是诸子百家，

---

① 以上皆见《史记·项羽本纪》。
② 见《史记·高祖本纪》。
③ 见《史记·陈涉世家》及《张耳陈馀列传》。
④ 见《史记·彭越列传》。
⑤ 见《史记·黥布列传》。
⑥ 见《史记·淮阴侯列传》。

在观念上把政治、社会，从过去的封建，推向开放之途的结果。司马迁在《秦楚之际月表》序中，既惊叹于"五年之中，号令三嬗"；又对刘邦之以平民为天子，惊叹为"岂非天哉！岂非天哉！"依然是忽视了由战国这一过渡时期的政治观念大开放的巨大影响。

凡是站在统治者的立场以言政治的法家，一方面顺从封建制度崩溃之势，而彻底抛弃了封建制度，并抛弃在封建制度中所发展出的文化，以至抛弃任何文化；另一方面，则企图建立一个以神圣化的君权为中心的更闭锁的政治社会制度。申不害在韩，吴起在楚，都曾作过政治改革的短期努力，但终为封建的残余贵族所破坏。唯有秦国立国，封建贵族势力，本不若东方诸国的深厚，加以杂西戎之俗，礼制尚未深入人心，故以刑治代礼治，所遇之阻碍力特少。故自商鞅变法以后，法家思想，成为秦国的立国精神。于是秦与六国的斗争，在政治、社会上，乃成为法家型的政治社会，与残余的上层封建政治，及流动而未定型的社会之间的斗争，其结果当然是秦的统一，而并且是专制政治的统一。专制政治成立的条件及其结果，都是更为封闭的政治与社会，这在后面要详细说到。秦的成功，不能看作是法家与儒家或其他诸子百家斗争的结果。儒家思想及其他诸子百家，在战国这一过渡时期，其影响乃在社会而不在政治；因为除滕文公外，没有任何国家，曾如秦国对法家样，贯彻至以某一家思想为中心的政治。

六、商鞅变法与秦之统一及典型专制政治出现的关系

（一）在流动社会中孟子言"保民而王"的根据

秦的统一，虽然得力于张仪的连横，范雎的远交近攻，及白起、王翦们的战胜攻取；但国家的力量及政治的性格，当然是由商鞅变法所奠定的基础。不过，若仅了解由宗法所形成的贵族阶级，随着历史时间的经过，而愈成为荒淫无知的情形；而不曾了解随封建制度的崩溃，自春秋之末起，各国社会已成为非常流动的社会；此种流动社会，对于一个国家的政治权力而言，是一种莫大损害的情形，依然不能完全把握到商鞅变法的背景。今仅就《孟子》一书来看当时流动社会的情形。

> 梁惠王曰：寡人之于国也，尽心焉耳矣。河内凶，则移其民于河东，移其粟于河内；河东凶亦然。察邻国之政，无如寡人之用心者。邻国之民不加少，寡人之民不加多，何也？（《梁惠王上》）

按从上述梁惠王的口中，不仅反映出当时的统治者也知道政治的基本力量系来自人民，并反映出各国的人民正在大

流动之中，因而可随各国政治的善否，可来可去。孟子说：

彼夺其民时，使不得耕耨，以养其父母，父母冻饿，兄弟妻子离散。彼陷溺其民，王往而征之，夫谁与王敌？故曰仁者无敌，王请勿疑。（同上）

……如有不嗜杀人者……民归之，由水之就下，沛然谁能御之？（同上）

……今王发政施仁，使天下仕者，皆欲立于王之朝。耕者皆欲耕于王之野，商贾皆欲藏于王之市，行旅皆欲出于王之途。天下之欲疾其君者，皆欲赴愬于王；其若是，孰能御之？（同上）

……举疾首蹙额而相告曰……父子不相见，兄弟妻子离散……（《梁惠王下》）

邹与鲁哄，穆公问曰：吾有司死者三十三人，而民莫之死也。诛之则不可胜诛；不诛，则疾视其长上之死而不救，如之何则可也？"孟子对曰："凶年饥岁，君之民，老弱转乎沟壑，壮者散而之四方者，几千人矣……"（同上）

孟子所说的与上面意义相同的话还很多，在孟子的话里面，很明显地反映出农民被压迫得四出逃生，商贾也在选择关市不太烦苛的空间去活动。孟子在这种大流动的社会背景之下言王道、仁政，认为只要推行使人民有恒产而不苛暴的仁政，一方面可以招来更多的人民，选择最好的人材，并把他们安定下来，使“人民死徙无出乡；乡里同井，出入相友，守望相助，疾病相扶持”。[①]另一方面，他国受压迫的人民，不会起而为暴君去抵抗能带给他们以福利的军队，有如燕民开始欢迎齐军，[②]及邹与鲁哄中邹民采取观望的情形。则“仁者无敌”的话，在大流动的社会背景下，并不是没有现实的根据。否则孟子不会在齐、梁之君及其学生面前，强调毫无实现可能的政治主张。过去对孟子的政治思想，总以为不过是站在人民立场所产生的理论，乃是没有弄清楚当时的社会背景。当时人君以为“迂阔而远于事情”，主要是若如孟子的主张，则人君完全成为人民服务的工具，并且可由人民加以变更，这是与人君的权力意志相冲突的。

（二）在流动社会下，商鞅变法的消极意义

商鞅在上述大流动的社会背景之下，采取了另一条路线。他变法的情形是：

令民为什伍，而相牧司（《索隐》：牧司谓相纠发

---

① 《孟子·滕文公上》。
② 《孟子·梁惠王下》齐人伐燕。孟子在两答齐宣王之问中所反映者，必有事实根据。

也）连坐。不告奸者腰斩；告奸者与斩敌首同赏，匿奸者与降敌同罚。民有二男以上不分异者，倍其赋。有军功者，各以率受上爵。为私斗者各以轻重被刑。大小僇力本业耕织，致粟帛多者复其身。事末利，及怠而贫者，举以为收孥。宗室非有军功论，不得为属籍。明尊卑爵秩等级，各以差次。名田宅臣妾衣服，以家次。有功者显荣，无功者虽富无所纷华。……令民父子兄弟同室内息者为禁。而集小都乡邑聚为县，置令丞，凡三十一县。为田开阡陌封疆而赋税平。平斗桶权衡丈尺。……商君曰：始秦戎翟之教，父子无别，同室而居。今我更制其教，而为其男女之别。大筑冀阙，营如鲁卫矣。(《史记·商君列传》)

又：

夫商君为秦孝公明法令，禁奸本；尊爵必赏，有罪必罚。平权衡，调轻重。决裂阡陌，以静生民之业，而一其俗。劝民耕田利土，一室无二事。力田稽积，习战阵之事。(《史记·范雎蔡泽列传》中蔡泽说范雎之语)

在上述商鞅变法中，有消极与积极两方面的意义；而积极方面的意义，是以消极的意义为前提条件的。所谓消极方面的意义，即蔡泽口中所说出的"以静生民之业"的静。在当时，生民之业是流动的。因为是流动的，人民无久长之计，不安心于垄亩，土地必归于荒芜；所以《商君书》一再强调"去莱"、"垦草"、"田不荒"。因为人民是流动的，国力也因之不能凝聚起来，立国的基础便无法巩固。所以商鞅第一个着眼，便是要把流动的社会，使其在职业上稳定安静下来。此即所谓"以静生民之业"。当时的商业资本，尚无流入土地兼并的形迹，而商人蓄积财富的能力，远大过于农民；由商业而来的财富，同样是国家的财富。管仲治齐，因商而致富；卫文公中兴，实行通商惠工；郑以保护商人为其立国条件之一；越王勾践用计然之策，提倡商业以致富强。然则商鞅何以要抑商如此之甚？盖春秋时代之商，虽活动于四方，却定籍于一国。至商鞅时代，在流动的社会中，流动性最大的莫如商人；商人的财富，也因之是流动的，非某一国所得而有。且商人因流动而得利，即会影响到其他农民。商鞅为了要把流动的社会安静下来，所以特别要打击此一流动性最大的商人阶级，及游士的活动。《商君书》常常是把商人和游士，贬责在一起的。再加以相同连坐之法，把人民都钉住在乡土之上。所以自商鞅变法后，秦可以诱三晋之民入秦耕种，但未闻有秦国的人民向外流出，亦未见有秦士活动于山东诸国之间。这在立国的现实基础上，显较六国为巩固。由此可知，同样的抑末（商），商鞅的抑商，与西汉初年的抑商，实有不同的背景与内容。

（三）商鞅变法的积极意义

现对商鞅变法的积极意义，稍加条理。

第一，商鞅变法的所谓"法"，是规定对人臣及人民的严格要求，及为了达到此种严格要求，所使用的信赏必罚的手段。在信赏必罚中，实际是罚远超过于赏，这是由封建制度下以礼为达到政治目的之手段，转变到以刑为达到政治目的之手段的政治性格的大转变。而在刑罚中，尤以相牧司（伺）连坐，及以战时在敌前所用的刑法，普遍使用到人民寻常过失之上，最为突出，最为残酷。军法中的相司连坐，在商鞅是用以禁奸的。而当时的所谓奸，最重要者莫如逃亡。所以这里面含有秦民不得轻离乡土，而必定住于一地的重大意义在里面。本来由礼治转到刑治，在春秋末期，郑人铸刑书，① 晋铸刑鼎，② 已开其端。但当时刑书刑鼎上所规定的，以《左传》记载此两故事的上下文字推测，只是限于人民某些犯罪行为。商鞅则将臣民的整个生活，都控制于连坐及战时军法之下。这是商鞅政治的基本动力，及秦国政权的基本保障，这也是形成专制政治的最基本内容。

第二，彻底抛弃了封建制度中由身份而来的统治结构，

---

① 《左传·昭公六年》。
② 《左传·昭公二十九年》。

代之以耕战为中心的统治结构。实际上这是当时应当有的大改革；吴起相楚，"明法审令，捐不急之官，废公族疏远者，以抚养战斗之士。"[1]这对当时各国在强弱兴亡的竞争上，有重大的意义。

第三，整理前后出现参差不齐的地方政治机构，使成为单一的以县为单位的政治组织，以便于政令的推行。

第四，以军事组织为社会组织。这是管子治齐已经实行过的。但商鞅的"令民为什伍"，除了便于战时动员外，更为了平时便于"相牧司连坐"。换言之，这一方面是军事组织，军事控制；同时又是刑法组织，刑法控制。并强制抑压家庭生活，只准有父子单一相承的家庭。一方面是防止家庭中的依赖性，另一方面也是为了人民的易于控制。李剑农对此的解释，认为由此"产生无数独立的自由小地主，完全脱出领主佃民的关系"。[2]按若农民原为领主之佃农，则一父，二子，三子同居，固然为佃农；分析而为一父一子同居，仍为领主之佃农。因为并不能因家庭之特小化而改变所有权之关系。且就全盘情形看，当时对土地之侵渔独占，主要是来自暴君污吏。在战国中期，尚无商业资本侵入土地之显著现象，所以《商君书》及《孟子》等书，皆未反映出领主佃农的问题。李剑农的说法，是假定

---

① 《史记·孙子吴起列传》。
② 见李著《先秦两汉经济史稿》页一二四。

先有领主佃农的关系，又把"民有二男以上不分家者倍其赋"的措施，解释为所有权转移的措施，可以说是完全没有根据的。

第五，使人民的职业出于耕织之一途，并开阡陌封疆，一方面是为了扩大耕种面积；一面是让生产能力强的，可不受传统的经界限制而可尽量发展。这是对生产的鼓励。由开阡陌而可以扩大耕地，亦可证明周代井田沟洫经划之制，确为历史上的事实。周代为了规划他们的田制，并把农民固定于分配土地之上，曾在人口稀少的条件下，不惜使用不少的土地以作道路、水利、军事防御和分别经界之用。随人口的增加，赋税剥削的加重，政治的无能，井田制在春秋时代，已开始破坏。井田制破坏后，由井田制而来的阡陌，反成为农业生产发展的障碍。并且自《左传·昭公元年》，晋魏舒"毁车以为行（步阵）"，"败无终及群狄于太原"后，一般的趋势，由车战进而采用步骑作战的方式，阡陌在军事上的交通意义也完全失掉，无保存的必要。从孟子"是故暴君污吏，必慢其经界"（《孟子·滕文公上》）的话来看，土地的私有兼并，首先乃起于政治性的侵渔。同时，因农民的大量逃亡，授田的政令废缺，对逃亡荒废的土地，会有人加以占领使用；使用久了，便自然而然地出现了社会性的土地私有。所以土地私有，并非先有政令的规定，而是因社会先有此种事实，然后再由政治加以承认。同时，对于井田制的阡陌，各国也皆在自流性的非计划性的情况下，都在开辟。只有魏文侯时的李悝，[①]及稍后的商鞅，才从政治上意识到此一问题，乃进行以政治之力，作有计划的开辟。这可以助长由人民生产力之不同所形成的私有土地间的贫富之差，但并非如传统的说法，商鞅开阡陌而井田废，乃是井田废而李悝、商鞅开阡陌。同时，在商鞅以严峻的方法监理商人和公族及官吏的情形下，社会虽有贫富之差，但尚不致发生兼并现象。并且因公族及官吏没有特殊地位，便取消了使赋税负担不平均、权衡不统一的根本原因。这都可以发生鼓励农民生产的作用。

第六，人民平时生活的组织，即采用的是军事组织，而耕与战，又完全结合在一起，甚至鼓励秦民的战争勇气，更过于农耕。《商君书·徕民》篇以"利其田宅而复之三世"的优厚条件，引诱山东之民无不西，此不仅在增加农民人口，且在使秦固有的农民多服兵役，而以新来之农民从事耕作。然李剑农遂以此为"兵农分道，农民免去封建式之兵役负担"，[②]此证以蔡泽谓商鞅治秦，"是以兵动而国广，兵休而国富"之二语。李氏的推断，完全是错误的。

第七，从《商君书》看，他是反对人民有人格独立的

---

① 《史记·孟荀列传》谓："魏有李悝尽地力之教。"《货殖列传》又谓："当魏文侯时，李克务尽地力。"今从《索隐》，定为李悝。
② 见李著《先秦两汉经济史稿》页一二四。

教养，与信奉法令以外的知识的。因为这样的人，将和商贾一样，会逃避农与战。《农战》第三：

> 今境内之民皆曰：农战可避，而官爵可得也。是故豪杰皆可变业，务学诗书，随从外权（按指游仕于他国而言）。……要靡事商贾，为技艺；皆以避农战。具备（按指上述两者皆有于国中），国之危也。……善为国者官法明，故不任知焉。上作壹，故民不偷（偷）营，则国力抟聚也。国力抟者疆，国好言谈者削。故曰农战之民千人，而有诗书辩慧者一人焉，千人者皆怠于农战矣。农战之民百人，而有技艺者一人焉，百人皆怠于农战矣。

> 诗书礼乐善修仁廉辩慧，国有十者，上无使守战。

在《史记·商君列传》赵良向商鞅进言中，有"劝秦王显岩穴之士"之语，则商鞅的抑压隐士，也是必然的。因为隐士是不完全服从政令的人。但商鞅为了建立适合于富国强兵的社会秩序，在刑罚之外，也曾以某种道德强要于人民，使能形成较为合理的风俗，以补刑罚之所不及。在商鞅答复赵良的话里面说："始秦戎翟之教，父子无别，同室而居。今我更制其教，而为其男女之别。"父子间的男女关系混乱，可给社会秩序以最坏的影响，所以商鞅要加以禁止。这只是在儒家的五伦中，他采用了夫妇一伦，其他皆为商鞅及其他法家所不取。

商鞅于秦孝公元年入秦（西纪前三六一年），是年为周显王八年，梁惠王十年。孝公卒于周显王三十一年（西纪前三三八年）。孝公卒后，商鞅即为秦惠王所杀。孝公卒后之三年（西纪前三三五年），梁惠王卒，其子襄王即位。孟子曾见梁惠王与梁襄王；即是孟子与商鞅约略同时。但孟子未尝得一行其道，"虽由此霸王，不异矣"①的构想，徒托空言；而秦国则守商鞅之业，有明确的政治目标，有坚决的政治作法，有可以计日程功的效果，以此对付经常在混乱中的山东诸侯，则商鞅死后，经一百一十七年（公元前二二一年）而秦统一天下，并建立专制政体，无宁是当然之事。

（四）吕不韦的插曲

秦自孝公以后，一直沿着商鞅变法所定的基线发展。尤以秦政阴鸷狠戾，是法家型的性格。再加李斯以不世之才，怀偷合苟容之志，②承顺秦政法家的性格，以完成法家所追求的理想，这便是他们所成就的大一统的专制政治。但这中间我们不能忽略吕不韦的出现。《史记·吕不韦列

---

① 《孟子·公孙丑上》。
② 《史记·李斯列传》所记"见吏舍中鼠食不洁"的故事。即系刻画李斯的这种性格。

传》：当是时，魏有信陵君，楚有春申君，赵有平原君，齐有孟尝君，皆下士，喜宾客，以相倾。吕不韦以秦之强，羞不如，亦招致士，厚遇之，至食客三千人。是时诸侯多辩士。如荀卿之徒，著书布天下。吕不韦乃使其客人人著所闻，集论以为八览六论十二纪，二十余万言，以为备天地万物古今之书，号为吕氏春秋。

吕氏春秋乃是为了秦统一天下后所用以治理天下的一部宝典。这部书，根据一种特别假定，构成一种特别系统；取诸家之长，合一炉而冶之，给汉代思想界以很大的影响，这将另作进一步的研究，此处都不讲它。而只提出里面的政治思想，乃是以儒家为主，并可谓撮取了儒家政治思想的精华。而在泛采诸子百家之说中，独没有采用法家思想；这一点是特别值得我们注意的。因此，在吕不韦的三千门客中，实际是以儒、道、阴阳三家为主干，并且是由儒家总其成的一部著作。与秦政母亲私通的嫪毐，被戮于秦政九年；吕不韦免相国是十年（西纪前二三七年），他饮酖而死是十二年（西纪前二三五年）。吕不韦与嫪毐的地位，及两人与秦政的关系，不可同日而语。吕不韦死后，秦政皆"复归嫪毐舍人迁蜀者"。[①] 但吕不韦死时，"其舍人临者晋人也，逐出之。秦人六百石以上，夺爵迁。

---

① 《史记·吕不韦列传》。

五百石以下，不临迁，勿夺爵"。① 是对吕不韦死后的处置，远较嫪毐为严苛。盖秦政与吕不韦的冲突，不仅在权势而实在思想。李斯"从荀卿学帝王之术"，入秦为吕不韦舍人，不韦任以为郎② 是其思想本与《吕氏春秋》所表现的大方向相合。及不韦以鸩死，而李斯乃完全顺承秦政之意，发展法家在秦已有的基础，遂决定了统一天下后的专制形态。但《吕氏春秋》中记有六国灭亡之事。③ 是吕不韦死后，其书仍在继续修补之中，则吕氏门客，在秦仍继续发生影响。亦即儒家阴阳家，由吕不韦的招致，对秦的政治意识，亦未尝不发生若干的作用。阴阳家与神仙之说相结合，其在当时的影响力，是显而易见的。我以为儒家大小《戴记》中所收各篇章，亦多成于吕氏得势，及秦政统一宇内的这一段时间。并且在战国时代，各国文化，虽然各有其地方特性，也都有其时代的共同趋向。例如秦虽抑商，而商业依然继续发展，连秦也不例外；刘邦初入关所遇到的秦将，居然是贾人，④ 由此可以窥见贾人势力在咸阳之大。这点后面还要提到。秦反对游士，而秦廷依然为游士角逐之场。秦政因吕不韦事件，议逐客，卒因李斯

---

① 《史记·秦始皇本纪》。
② 《史记·李斯列传》。
③ 见《吕氏春秋·孟冬纪·安死》篇。
④ 《史记·留侯世家》。

《谏逐客书》而作罢。①秦国官制，多受山东诸国影响，因而与山东诸国大体相同。②而山东诸国官制，乃由周制长期发展演变而来。丞相或宰相之相，当自相礼之相，衍变而出。"相国"当由动词衍变而为名词，并且此重要官制，首见于《吕氏春秋·举难》篇及《韩诗外传》卷三所记的故事；及《史记·魏世家》所记魏文侯择相事，亦分别出现于韩、齐诸国。至秦惠文王十年，以张仪为相。《秦本纪》记武王二年初置丞相，此皆受山东诸国的影响，而后为秦所采用。"博士"更先见于山东诸国。③并从李斯《谏逐客书》中证明始皇及其宫廷的生活、服饰、音乐等，都受到各国的影响，大大改变了秦的故俗。而《说苑·至公》篇载秦政与博士议"五帝禅，三王继世，孰贤"？而有"吾将官天下"之语，虽出自一时的矫情，但彼亦未尝不是受了《吕氏春秋》中的政治思想的影响。秦统一六国后，还做了先融合，再整理的工作。《始皇本纪》："秦西破诸侯，写放其宫室，作咸阳北阪上。"又《独断》载秦谒者的高冠是齐冠，法吏的法冠是楚冠，侍中的武冠系赵灵王效胡服之冠，此虽细事，亦可由此类推其余。《史记·礼

① 《史记·李斯列传》。
② 参阅《秦会要》卷十三至十五《职官》。
③ 《史记·循吏列传》，公仪休为鲁博士。《龟策列传》，卫平为宋博士。《说苑·尊贤》篇，淳于髡为齐博士。《汉书·贾山传》，贾祛为魏王博士弟子。按弟子二字，当为衍文。

书》谓："至秦有天下，悉内（纳）六国礼仪，采择其善。"
这虽然不完全是由吕不韦门客的关系；但秦统一后的立国
规模，亦未尝不因吕不韦的门客而也受到儒家及其他各家
思想的影响。不过，在立国精神上，实系以法家精神为骨
干，实系以商鞅所奠定的法家政治结构为基础，则是毫无
可疑的。离开了法家思想的线索，便无法了解专制政治出
现的根源及其基本性格。

七、典型专制政体的成立

（一）中西专制的不同

专制一词，在先秦已出现。《国语·楚语上》："既得
道，犹不敢专制。"《大戴礼·本命》："妇人者仗于人者
也，是故无专制之义。"《韩非子·亡征》："大臣专制，树
羁族以为党。"《史记·穰侯列传》记范雎入秦，谓太后
专制。专制即不受他人牵制而独作决断的意思。但两千年
中，似乎没有把秦政统一天下后所建立的政体称为专制政
体的。把秦政所建立的政体称为专制，其意义乃来自与立
宪政体相对立的 despotism 一词的翻译，或系由 absolute
monarch 一词的翻译。与我国传统所用的专制一词，实
大有出入。此一译名的引用，当由清末的维新运动而来，
目前我不能判断始于何人何书。清光绪二十五年（西纪
一八九九年）《清议报》中有梁启超《各国宪法异同论》

一文，开首即谓："凡属国家之大典，无论其为专制政体（原注：旧译为君主之国），为立宪政体（原注：旧译为君民共主之国），为共和政体（原注：旧译为民主之国），似皆可称为宪法。"又光绪二十六年梁氏在《立宪法议》一文中谓"世界之政体有三种：一曰君主专制政体，二曰君主立宪政体，三曰民主立宪政体"。此段有小字注谓："三种政体，旧译为君主，民主，君民共主，名义不合，故更定今名。"观此，则专制政体一名之使用或即始于梁氏；而其取义则系来自西方，殆无可疑。①但若因此一名词，实际是来自西方，因而将西方所谓专制政体的具体情形，轻率地和中国历史中的专制政体两相比附，而不考虑历史条件有很大的不同，便会陷于极大的错误。古巴比伦和埃及的专制政治，是立基于残酷的奴隶制度之上，而且一般的社会生活状态，几乎没有自由可言，这显然与秦代专制政体成立的情况，几乎可以说是天壤悬隔。西方近代的专制政体之出现，一方面因为民族国家的形成，发生了国家统一的积极作用，另一方面，专制君主在对付贵族阶级上，得到新兴的市民阶级——在当时是商业资本家为主——的支持。贵族的势力推翻后，新兴的市民阶级又起而推翻了君主专制。这与中国的专制情形相去很远。有人把中国专制政体的出现，和商业资本之发达，连在一起，在后文里

---

① 此段资料之查考，乃出于亡友徐高阮先生之手，念及平生，为之雪涕。

便会了解，这是由比附而来的误解。也有人把中国的专制，和水利的开发连在一起。殊不知中国水利制度，以周代的沟洫制度最为完备。而战国时期，首先讲求水利的乃起于三晋，再由郑国而启发于秦地，此皆在统一专制未出现之前。所以这更是一种猜测夸大之词。

（二）中央专制

为了把专制分梳清楚，首先应了解秦政所建立的专制政体，应分作两方面加以把握。一方面指的是对封建政治下的诸侯分权政治而言的中央专制，即是一般所谓之废封建为郡县。秦在位日浅，对他的郡县政治设施，缺少直接的材料。但若承认西汉郡县的情形是继承秦制，则可以了解秦的郡与县的政治组织，是朝廷官制的具体而微；并且较之朝廷的政治组织，去掉了许多为了维护皇帝特殊地位所设立的不合理的部分，因之较朝廷的官制，远为合于实际需要。在事实与权责上，可以发挥很大的政治功能。这是与唐以后的情形大为不同的。郡县的守、令和封君不同之点在于：（一）对郡守县令的人选，直接操于朝廷，随时可以任免。（二）赋税收入，皆属朝廷；郡县的支出，等于朝廷支出的一部分。（三）秦的郡县，有主管武力的尉；但似乎实际上没有武力，更不能直接发兵。（四）职与爵分途：有职的不必有爵，有爵的不必有职。这可以说是通朝廷以至地方而言，乃废除封建后的一大特色。此事发端颇早，如管仲地位低于国、高两氏，而实执齐国之政，这也可以说是职与爵分途的见端。但在过去是特例，至此而为通例。（五）由朝廷派遣监察御史，负对地方官守监督之责。从上面这些特点说，与其称为专制，无宁称为大一统的中央集权。这应当是中国历史发展的一大进步。

上述的进步，或者可以说是合于当时大多数的社会组成分子的要求，但不能拘于西方近代民族国家成立时的社会背景，而认定是由社会某种特定势力所促成、所决定的。甚至秦的君臣，作废封建为郡县的决定时，只泛泛地反映了当时社会一般的要求，决非反映社会某一特定阶层的意志，甚至也非完全出自秦政的自私。虽大一统以后，许多知识分子感到失掉了活动的自由，但在战争扰攘不休的时候，法家固然要求一统。儒家也同样要求一统，孟子早就说"定于一"。[1] 所谓"定于一"，是说天下安定于"一统"。孔子修《春秋》，一面是"贬天子"，[2] 一面是尊周尊王，也是为了要求能有"礼乐征伐，自天子出"[3] 的有力共主，也是为了一统。《吕氏春秋》的作者是赞成继续封建制度的，但同样也要求一统。《始览·谨听》篇谓"乱莫大于无天子"，即是这种意思。但当时的儒家赞成一统而不赞成中

① 《孟子·梁惠王上》。
② 《史记·自序》。
③ 《论语·季氏》。

央集权，这是与法家不同之点。

再从社会阶层来说，农民是战争的直接负担者，痛苦最大，当然要求一统。但当时的农民，还没有主动地表示意见的能力与机会，因此我们很难说秦的一统，是由农民的意见意识所促成的。战国是商业大为发达的时代，《史记·货殖列传》已经很明显地说出了在政治势力以外，还有财富的势力。并且从《孟子》"古之为关也，将以御暴；今之为关也，将以为暴"（《尽心下》），及《荀子》"苛关市之征以难其事"（《富国》篇）的情形看，列国并立，关税烦苛，当时的商人阶层，当然也以一统的天下为有利。但秦统一六国的是武力，武力的组成分子，主要是农民而非商人。越王勾践曾用计然之计，振兴商业以致富强；[①]但秦自孝公以来，一贯实行的是抑商政策。并且出身商人而在政治上发生大影响的无如吕不韦。但在《吕氏春秋》中，依然是"上农"思想，并未特别反映出商人意识。所以把商人和秦之统一连在一起的说法，根本不能成立。总之，促成大一统的，不是社会的什么特定阶级，而只是由长期战争所造成的政治上的理由。《史记·秦始皇本纪》：

二十六年……丞相绾（王绾）等言："诸侯初破，燕、齐、荆地远，不为置王，无以填之。请立诸子，唯

---

① 《史记·货殖列传》。

上幸许。"始皇下其议于群臣，群臣皆以为便。廷尉李斯议曰："周文武所封子弟同姓甚众。然后属疏远，相攻击如仇雠，诸侯更相诛伐，周天子弗能禁止。今海内赖陛下神灵一统，皆为郡县。诸子功臣，以公赋税重赏赐之，甚足、易制；天下无异意，则安宁之术也。置诸侯不便。"始皇曰："天下共苦战斗不休，以有侯王。赖宗庙，天下初定，又复立国，是树兵也。而求其宁息，岂不难哉！廷尉议是。"分天下以为三十六郡；郡置守、尉、监。

造成大一统的中央集权的，乃是"天下共苦战斗不休"的这一重大教训。此一重大教训，可以说是反映当时一般的要求，而非反映某一特定阶级的要求。贾谊《过秦论》中谓："秦并海内，兼诸侯，南面称帝，以养四海。天下之士，裴然乡风，若是者何也？曰：近古之无王者久矣。周室衰微，五霸既没，令不行于天下。是以诸侯力攻，强侵弱，众暴寡，兵革不休，士民罢敝。今秦南面而王天下，是上有天子也。既元元之民，冀得安其性命，莫不虚心而仰止。"正说出了当时都希望能由统一以得到安定的大倾向。但当时的儒生，却继续泥古拘虚，卒以此导致三十四年焚书之祸。《史记·李斯列传》：

始皇三十四年，置酒咸阳宫，博士仆射周青臣等，颂称始皇威德。齐人淳于越进谏曰：臣闻之，殷周之王千余岁，封子弟功臣，自为支辅。今陛下有海内，而子弟为匹夫，卒（猝）有田常六卿之患，臣无辅弼，何以相救哉。事不师古而能长久者，非所闻也……丞相（李斯）谬其说，绌其辞，乃上书曰……今陛下并有天下，辨白黑而定一尊，而私学乃相与非法教之制。闻令下，即各以其私学议之……如此不禁，则主势降乎上，党与成乎下，禁之便。臣请诸有文学《诗》《书》百家语者，蠲除去之……

因为淳于越继续主张封建而导致焚书，可见这在当时是最严重的争论。此一争论的本质，是政治权力应如何安排而始能把政权维持得长久，因而社会能得到安定的问题。此一问题，成为中国历史上无法打开的死结，乃系专制的另一事实所形成的。即是，如后所述，决定性的政治权力，远离开人民社会，而一层一层地安放在皇帝一个人的身上，其势真有如以一丝而悬千钧之重。在此一意义的专制之下，若把权力集中于朝廷，就必定有外戚宦官之祸。若分寄于地方，则不论是封建的形式，或者是州牧的形式，就必定有互相劫夺之祸。所以这一争论，是永远没有结果的。

（三）一人专制

另一方面的所谓专制，指的是就朝廷的政权运用上，最后的决定权，乃操在皇帝一个人的手上；皇帝的权力，没有任何立法的根据及具体的制度可加以限制而言。人臣可以个别地或集体向皇帝提出意见；但接受不接受，依然是决定于皇帝的意志，无任何力量可对皇帝的意志能加以强制。这才是我国所谓专制的真实内容。而郡县制的成立，加强了皇帝一人专制的程度，由此而掩盖了它的进步意义。在一人专制之下，所建立的中央制度，有丞相总庶政之成，有御史大夫作为丞相的副贰，有太尉主管军事。在丞相之下，有合理的分工；遇有国家大事时，朝廷有大小规模的会议加以讨论；并且作为知识分子的代表者的博士，职位虽低，但能参加会议，并有随时向皇帝提供意见的机会，这都是在他们所建立的政制中所含的合理的成分。甚至可以说，就秦的官制的分工本身而言，可以认为并非完全是专制的。可是这套官制机构的总发动机，不在官制的自身，而实操之于皇帝一人之手。皇帝一念之差，及其见闻知识的限制，便可使整个机构的活动为之狂乱。而在尊无与上，富无与敌的环境中，不可能教养出一个好皇帝。所以在一人专制之下，天下的"治"都是偶然的，"乱"倒是当然的。这便不是从官制本身能得到解答。而且官制中的合理部分，也势必被其糟蹋、破坏。

八、一人专制的五种特性

为得了解一人专制的特性，便应该举出下列各点。

（一）专制皇帝的地位，是至高无上，几乎可以说是人间的至高神。但在我国，秦以前的王，及西方的专制者，他们的这种地位，是靠与神的关系建立起来的。只要大家承认他是天之所命，他便有这种崇高的地位。由秦始皇所代表的皇帝地位，不仅在秦以前的王者，不能比拟其崇高；即西方古代与近代的专制主，在规模上也不能比拟其伟大。由周初所胎动的人文精神，到了战国时期，已经把宗教性的天、帝解消尽净了。由阴阳家所重新建立起来的五帝，只可满足统治者夸张的心理，并非通过真实的信仰所肯定的。所以皇帝的地位，并非靠神权建立起来的，而是靠法家的人工的法与术所建立起来的。以人工的法与术来建立这种地位，其历程较假托于神意的更为严酷。《史记·始皇本纪·琅邪刻石》：“古之五帝三王，知教不同，法度不明，假威鬼神，以欺远方。实不称名，故不久长。”在这几句话里，即反映出始皇并无所假借于鬼神。术倡于申不害，是人君所用以控制人臣的方法。其内容是“因任而授官，循名而责实；操生杀之柄，课群臣之能”。[①] 此一基本内容，当然由法家一直承传下去。但到了韩非，更把这种

---

① 《韩非子·定法》第四十三。

控制术，向上升进，使人君成为老子所说的道的权化。《韩非子》的《主道》第五，并非泛泛说人主之道；乃是说人主如何而能与老子之所谓道，合而为一。这在他，称之为"体道"。他开始说"道者万物之始，是非之纪也。是以明君守始以知万物之源，治纪以知善败之端"；这种话，不能轻易看过。明君的"守始"、"治纪"，即是明君的体道。道是万物的创造者，是形而上的存在。明君的体道，即是明君超越于万物之上，而成为万物的最初和最后的决定者。《琅邪刻石》之所谓"皇帝作始，端平法度，万物之纪"，正由韩非的思想而来。老子所说的道，是虚静无为的性格；在韩非手上，却成为人君隐秘自己、伺察人臣的最高权术的神秘殿堂。所以他说："寂乎其无位而处，漻乎莫得其所（按此二句言人君的威严，不能为人臣所测度），明君无为于上，群臣竦惧乎下。"① 这样一来，由术所建立的人君崇高的地位，不是由神所授，而是由术的人工所制造出来的现世上的神。由商鞅所定的法，是"宪令著于官府，刑罚必于民心，赏存乎慎法，而罚加乎奸令"。② 臣民在法令赏罚驱策之下，本已完全处于被动的地位。发展到了韩非，法与术相合，对臣民的防制愈严，通过法中的严刑峻罚以抑制挫折臣民的意味更重；于是皇帝的崇高不可测度

① 《韩非子·主道》第五。
② 《韩非子·定法》第四十三。

的地位，更由臣民的微末渺小而愈益在对比中彰著。法家中的上述发展，完全由秦政、李斯所继承下来。《史记·秦始皇本纪》：

丞相绾，御史大夫劫，廷尉斯等皆曰……今陛下兴义兵，诛残贼，平定天下，海内为郡县，法令由一统，自上古以来未尝有，五帝所不及。臣等谨与博士议曰，古有天皇、地皇、泰皇，泰皇最贵。臣等昧死上尊号，王为泰皇，命为制，令为诏，天子自称为朕。王曰：去泰著皇，号曰皇帝，制曰可。

又：

制曰：朕闻太古有号毋谥。中古有号，死而以行为谥。如此，则子议父，臣议君也。甚无谓，朕弗取焉。自今已来除谥法，朕为始皇帝。

又：

赵高说二世曰："……天子称朕，固不闻声。"又《李斯列传》记赵高之言谓："天子所以贵者，但以声闻，群臣莫得见其面，故号曰朕。"

按赵高的话，虽是玩弄胡亥，但也是来自他所学的法家思想。而由赵高的话，一直可以贯通到建立皇帝称号时的用心。为了把皇帝和人臣的地位悬绝起来，除了把"古者尊卑共之"（《独断》）的"朕"，定为皇帝的专称以外，更把皇帝的命称为制，令称为诏；而将人臣所通用之书改为奏（《御览》卷五九四引《汉书杂事》）。此种称呼上的峻别，乃秦以前之所无。此皆出自要把皇帝尽可能地向上捧，把人臣尽可能地向下抑的心理所定下来的。李斯受诬后，"囚就五刑"，其残酷亘古无比，真所谓"视臣如草芥"。这正是以人工建立的至高无上的一人专制的结果。这可以说是新建立起来的绝对化的身份制。

（二）秦代建立专制政治制度，也和周初建立封建政治制度一样，一方面是凭借历史上已经成熟的若干条件；另一方面则是根据他们所抱的一种理想而加以意识的努力。秦政与李斯所抱的理想，用简单的话表达出来，乃是继承由商鞅所要求的"则民朴壹"[①]的"朴"与"壹"。朴是质朴，诚朴。"壹"是《商君书》上所再三强调的观念；不过在《商君书》之所谓壹，指的是壹于农战。而秦政所要求的，是人民根据皇帝的法，在生活行为上能整齐划一。因为能这样，便不会因人民个性与特殊利益的发展，影响到社会的安定。并且这种社会安定的性格，实际是皇帝意

---

① 见《商君书·农战》第三。

志在客观世界中作普遍性的伸展。这才是专制权力的彻底实现。因儒家所提倡的孝悌思想，随战国时代的"社会家族"的逐渐出现，^①在社会上大为流行，秦政也不能不受影响。同时，在事实上，欲求社会的安定而不把它安放在某种道德规范之内，几乎是不可能的。所以在有关的秦刻石中，随着时间的经过，愈益把法的整齐划一和道德的规范，连结在一起。如：

二十八年《泰山刻石》："皇帝临位，作制明法，臣下修饬。……治道运行，诸产得宜，皆有法式。大义休明，垂于后世，顺承勿革。皇帝躬圣，既平天下，不懈于治。夙兴夜寐，建设长利，专隆教诲。训经宣达，远近毕理，咸承圣志。贵贱分明，男女礼顺，慎遵职事……"（《史记·秦始皇本纪》）。

《琅邪刻石》："维二十八年，皇帝作始。端平法度，万物之纪。以明人事，合同父子。圣智仁义，显白道理……上农除末，黔首是富。普天之下，抟心揖志。器械一量，同书文字……应时动事，是维皇帝。匡饬异俗，陵（作凌，历也）水经地……除疑定法，咸知所辟（避）。方伯分职，诸治经易。举错必当，莫不如画。皇帝之明，临察四方。尊卑贵贱，不逾次行。奸邪不容，

<hr>

① 此乃对"贵族家族"而言。

皆务贞良。细大尽力，莫敢怠荒……六亲相保，终无寇贼。欢欣奉教，尽知法式。六合之内，皇帝之土。……人迹所至，无不臣者。"（同上）

二十九年《之罘刻石》："……作立大义，昭设备器，咸有章旗。职臣遵分，各知所行，事无嫌疑。黔首改化，远迩同度，临古绝尤。"（同上）

上面刻石里的词句，当然因歌功颂德而有夸张；但在这种夸张中，正可反映出他们所追求的目的，及在这种目的中对皇帝的专制欲望的满足。当然他们所要达到的目的，并不应一概加以抹煞，而含有某种合理性。所以我便称他们所建立的专制是典型的专制。

（三）在上述的社会统制中，虽亦含有儒家道德思想之要素，但他们所用以达到目的之手段，则完全靠作为法家思想主要内容的刑，这是秦立国的基本精神，也是专制政治的最大特色。古今中外，凡专以刑来实现道德，道德成为刑治的工具时，道德便变为刑治的帮凶。关于秦的刑治的残酷，在西汉凡是有思想的知识分子，几乎每一个人都提到。现在仅引两件直接材料：

始皇推终始五德之传，以为周得火德。秦代周德，从所不胜。方今水德之始，改年始朝贺，皆自十月朔。……更名河曰德水。以为水德之始（南本始作治），

刚毅戾深，事皆决于法。刻削毋仁恩和义，然后合五德之数。于是急法，久者不赦。（《史记·秦始皇本纪》）

按邹衍五德终始之说，[1]经过吕不韦门客的推演，[2]而给秦政以很大的影响。所以根据《吕氏春秋》的《应同》篇，认定秦为水德之始，由此而来一套改正朔，易服色，以与水德相应，这是新的迷信，本不足论。但儒家自孔子说了"逝者如斯夫，不舍昼夜"[3]之后，孟子则以水比拟为道德之有本源；[4]荀子则以其有似于九种德行。[5]老子则以"上善若水"，盖特取其"善利万物而不争，处众人之所恶，故几于道"。[6]至《庄子·秋水》篇，则特赋与以艺术的意味。而秦的君臣所看出的水德，则成为刑的象征，成为秦政性格的象征，特别成为专制政治基本性格的永恒象征。此一水的形象的创造，真是意味深长的一件事。

---

① 见《史记·孟荀列传》。
② 按形成《吕氏春秋》十二纪骨干的，主要由邹衍的阴阳及五德思想，推演而来。
③ 《论语·子罕》。
④ 《孟子·离娄下》："徐子曰，仲尼亟称于水曰，水哉，水哉，何取于水也？孟子曰，源泉混混，不舍昼夜，盈科而后进，放乎四海，有本者如是……"
⑤ 见《荀子·宥坐》篇"孔子观于东流之水，子贡问于孔子曰"一节。
⑥ 《老子》第八章。

侯生、卢生相与谋曰：始皇为人天性刚戾自用，起诸侯，并天下，意得欲从，以为自古莫及己。专任狱吏，狱吏得亲幸。博士虽七十人，特备员弗用。丞相诸大臣皆受成事，倚辨于上。上乐以刑杀为威，天下畏罪持禄，莫敢尽忠。上不闻过而日骄，下慑伏谩欺以取容……天下之事，无小大皆决于上，上至以衡石量书，日夜有呈，不中呈不得休息。贪于权势至如此，未可为求仙药。于是乃亡去。（《史记·秦始皇本纪》）

按侯生、卢生，把当时的任刑自专的情形，归到秦政个人的性格上面，固然不错。但秦政的性格，已客观化而为专制政治制度，于是秦政个人的性格，也即是专制政治制度自身的性格。在此制度之下，纵使皇帝不似秦政一样的刚戾自用，但由此制度必然产生的外戚、宦官、权臣，也必刚戾自用。因为顺着此一机构活动的自然结果，只能是如此。除非渗入儒家更多的因素。不过，后来刚戾自用的人，不能如始皇这样的精能罢了。

以刑法整齐臣民，臣民势必无所措手足。所以当时犯罪者之多，可以说到了骇人听闻的程度。据《史记·秦始皇本纪》：二十八年，始皇出巡"至湘山祠，逢大风，几不得渡。……于是始皇大怒，使刑徒三千人，皆伐湘山树，赭其山"。"三十三年，发诸尝逋亡人、赘婿、贾人，略取陆梁地，为桂林、象郡、南海，以谪遣戍。西北斥逐匈奴。自榆中并河以东，属之阴山，以为三十四县……筑亭障以逐戎人，徙谪，实之初县。"据《资治通鉴》卷七："以谪徙民五十万人戍五岭，与越杂处。"据《文献通考》一"是时北筑长城四十余万"；皆系上述《史记》上所谓罪谪之人，而徙罪谪实初县三十四县，其数目亦当在数十万人。《本纪》"作阿房宫……隐宫徒刑者七十余万人"。就上述情形估计，始皇所动用之罪人，当在二百万至三百万之间。贾山《至言》说秦时"赭衣半道，群盗满山"，殆非过言。何以如此，一方面固然因侈泰之心，赋苛税重；另一方面则是来自以严刑要人民行动的划一。陈涉起事的借口是"公等遇雨，皆已失期，失期当斩"。[1]刘邦起事的原因是"为县送徒郦山，徒多道亡，自度比至，皆亡之"。即是这种情形的反映。

（四）在专制政治之下，因为一切人民，皆处于服从之地位，不允许在皇帝支配之外，保有独立乃至反抗性的社会势力。所以秦政二十六年统一天下后，立即"徙天下豪富十二万户"，据《史记·货殖列传》所保存之纪录，豪富经过一徙，便立变为贫穷，这并非完全出于抑商政策，因豪富中并非都是商人。乃是因为财富的力量，常常可以抗衡政治的力量。《史记·货殖列传》："蜀卓氏之先，赵人也，用冶铁富。秦破赵，迁卓氏，卓氏见虏略，独夫妻

---

[1] 《史记·陈涉世家》。

推辇诣迁处……乃求远迁，致之临邛，大喜。倾滇濁之民，即铁山鼓铸，运筹策，富至僮千人……程郑，山东迁虏也，亦冶铁。……富埒卓氏，俱居临邛。宛孔氏之先，梁人也，用铁冶为业。秦伐魏，迁孔氏南阳，大鼓铸……家致富数千金。"上面三人是被徙十二万户中，贫而再富的侥幸者。三人中，没有一个人直接与六国的政治有关系。由此，亦可见其非为防止六国政治余烬而出此。此一政策，后遂为专制政治所常行的社会政策。至《史记·货殖列传》中，所记秦政对以畜牧致富的乌氏倮比封君，为以丹穴致富的寡妇清筑怀清台，乃出于他的边疆政策，并非表示他的抑商政策有所改变。

（五）因为专制政治，一切决定于皇帝的意志，便不能允许其他的人有自由意志，不能有自律性的学术思想的发展。在当时培养自由意志的是诗书及百家之言；因为诗书及百家之言的内容，可以和现实情况作对照。在对照之下，便可引发对现实情况作批评，这便违反了皇帝的意志。修诗书及百家之学的，是当时广义的儒生，所以法家自商鞅起，一直是反诗书，反儒生的。专制政治是法家的产物；所以焚书坑儒，不应当看作历史上的突出事件，而无宁应当视作在专制政治下的必然事件。在专制政治下，必然出现某种形式的焚书坑儒事件，有如"举业"、"八股"。《史记·秦始皇本纪》三十四年：

丞相李斯曰……异时诸侯并争，厚招游学。今天下已定，法令出一。百姓当家，则力农工；士则学习法令辟（避）禁。今诸生不师今而学古，以非当世，惑乱黔首。……今皇帝并有天下，别黑白而定一尊。私学而相与非法教。人闻令下，则各以其学议之；入则心非，出则巷议。夸主以为名，异取以为高，率群下以造谤。如此弗禁，主势降乎上，党与成乎下，禁之便。臣请史官非秦记皆烧之。非博士官所职，天下敢有藏诗书百家语者，悉诣守尉杂烧之。敢有偶语诗书者弃市。以古非今，族。吏见知不举者同罪。令下三十日不烧，黥为城旦。所不去者医药、卜筮、种树之书。若欲有学法令，以吏为师。制曰：可。

李斯主张的实现，乃自商鞅以来，法家理想的实现。法令乃皇帝自由意志的客观化，同时又是完成皇帝意志的唯一手段。去掉了诗书百家之学，则人民只知有法令，亦即只知有皇帝的意志；这是专制政治在精神上必然的措施。贾谊《过秦论》："于是废先王之道，焚百家之言，以愚黔首。堕名城，杀豪俊；收天下之兵，聚之咸阳，销锋铸镝，以为金人十二，以弱黔首之民。"愚与弱的百姓，正是专制政治所要求的百姓。自此以后，在专制政治能有效运行时，必有某程度的变相的焚书工作，如清的修《四库全书》，其原因即在于此。对已有的儒生怎样呢？前面提到批评过始皇的侯生、卢生亡去后：

> 　　始皇闻亡，乃大怒曰：吾前收天下书，不中用者尽去之。悉召文学方术士甚众，欲以兴太平；方士欲练以求奇药。……卢生等吾尊赐之甚厚，今乃诽谤我，以重吾不德也。诸生在咸阳者，吾使人廉问，或为妖言以惑黔首。于是使御史悉按问诸生，诸生传相告引以自除。犯禁者四百六十余人，皆坑之咸阳，使天下知之以惩后。益发谪徙边。始皇长子扶苏谏曰：诸生皆诵法孔子。今上皆重法绳之，臣恐天下不安，唯上察之。始皇怒，使扶苏北监蒙恬于上郡。

按始皇坑儒，后人有的以为所坑者主要是方士而非真儒；然观扶苏之言，亦可知方士中亦未尝不受儒家思想的影响。郑樵以为"秦时未尝废儒；而始皇所坑者，盖一时议论不合者耳"，其言近似。秦坑儒后，仍征文学之士，作待诏博士；朝廷中亦问博士以政治，如《史记·叔孙列传》所记情形，自系事实。然其所坑者，始皇分明谓"或为妖言以惑黔首"，即是私自批评了政治，批评了始皇的人；其未批评，或批评而未被发现者，当然留下未坑。其目的正在"使天下知之惩后"，使剩下的儒生，完全成为先意承志的工具。

　　由秦始皇和李斯继承商鞅的余烈，以法家思想为骨干，又缘饰以阴阳家和儒家所建立的专制政治，在像始皇这种英明皇帝统治之下，是可以发挥很高的效果，很快地解决问题的。因为我们的疆域和人口，对古代而言，可以说是太大太多了。通过一个强有力的政治控制力抟集在一起，当然是一种很伟大的力量。据《秦始皇本纪》，统一天下之后，即"一法度衡石丈尺，车同轨，书同文字"，这都是了不起的工作。《汉书》贾山《至言》："秦为驰道于天下，东穷燕齐，南极吴楚。江湖之上，滨海之观毕至。道广五十步，三丈而树，厚筑其外，隐以金椎，树以青松。"这种交通上的开辟，虽然是为了适应他巡游的侈心，但为了巩固统一，也是伟大的工作，在建国上也有很大的意义。始皇三十二、三十三两年，在对外的疆土拓张上，正如贾谊《过秦论》中所说："南取百越之地，以为桂林象郡。百越之君，俯首系颈，委命下吏。乃使蒙恬北筑长城而守藩篱，却匈奴七百余里。胡人不敢南下而牧马，士不敢弯弓而报怨。"此一工作，病在一时，功在万世。假定始皇晚年不穷奢极侈；又"乡使二世有庸主之行而任忠贤"，如贾谊《过秦论》中所说，此一专制政体，是不是就可以安定下去呢？我认为依然是不可能的。第一，奢侈可以说是专制下的必然产物。由皇帝地位的神化，由神化而又有所作为时，穷奢极侈，便成为心理与事实上必然的要求。二千年的专制历史中，只有极少数的皇帝，在这种地方表现克制的力量。第二，把权力绝对化于一人之身。任何人必有"人所无法避免的弱点"，此弱点稍一暴露，立即会为他的最亲近者所乘。有如在一个巨大的机器的发动机里投下一颗小石块，转眼之间，便全部失灵，乃至被破坏。并非这一颗小石块有这么大的破坏作用，而是它凭借了全副机器得以运转的动力中心，才有这大的作用。始皇的病，及由病而死，这是任何人无法能够避免的。宦官中车府令赵高的政治地位，正如他自己所说，"高固内官之厮役也"，但他可以劫持李斯，说："定太子，在君侯与高之口耳。"李斯分明知太子扶苏之贤，且居嫡居长，始皇临死时的遗命，是要扶苏继承大统，且必如此而秦的基业乃可巩固；但终于违背自己的良心，听赵高之计，杀扶苏、蒙恬而立胡亥。[①] 这说明李斯以丞相之尊，其一人的祸福利害，亦操在赵高之口。赵高之口何以有这样大的作用？因为他是"内官厮役"，与皇帝混在一起；皇帝发生问题，而不能直接开口时，内官厮役之口便是皇帝的口；始皇的遗诏是交在赵高手上，赵高便可利用此一间隙，于是他的口便代替了始皇的口，而成为此一庞大机器的总发动机。纵然暂时不问人民的死活，这也是专制政治自身所含的无可救药的致命伤。赵高既利用此一间隙，轻松而自然地盗窃了专制政治的最高统治权，对于皇帝的继承者，他必然要做最坏的选择，并为自己做最后的打算。陈涉未奋起以前，秦的命运，已经决定于赵高之口的一刻了。专制政治，正如

① 以上见《史记·李斯列传》。

《吕氏春秋·先识》篇所说的饕餮一样，"周鼎饕餮，有首无身；食人未咽，害及其身"一样的。

九、专制政治的社会基础问题

最后要谈到为什么在封建制度崩溃后，我只提出专制政治，而不涉及社会的性质，不赋予尔后的社会以某种称呼呢？难道说专制政治，没有一种社会基础吗？下面我将解答这些问题。

第一，我在前面已经提到过，封建制度解体的原因非一；其中"国人"阶级在发展中的解纽，当然是一个重要原因。而在国人阶级的发展中，当然以商人阶级及士人阶级的发展为最速。但秦之所以能并吞六国，是由商鞅变法所扶植起来的自耕农的力量。而废封建为郡县，以完成专制体制的，是长期由对立而来的惨酷战争的教训，而不是根据某一特定的社会阶级的阶级意识，尤其与商人阶级无关。这在前面已经说过了。商鞅变法，根据富强的要求，曾考虑到他们政权的社会基础问题，这即是最稳定的耕战合一的农民。秦始皇、李斯们完成了他们的专制构造后，也意识到了他们政权的社会基础问题，这即是小所有者的自耕农，加上家庭手工业者。他们不能消灭商人阶级，但他们继续采取抑商的政策。他们重视小所有者的自耕农，因为这是由商鞅所奠定的立国基础，同时也是他们并吞六国的武力基础。但他们比商鞅前进了一步是：商鞅把私人手工业与商人作同样的看待，而加以抑压；到了始皇时代，则把工人与农民作同样的看待。试从刻石中的材料来证明我的上述看法。

二十八年，《泰山刻石》："治道运行，诸产得宜，皆有法式。"（《史记·秦始皇本纪》）

《琅邪刻石》："上农除末，黔首是富。""皇帝之明，临察四方。尊卑贵贱，不逾次行。奸邪不容，皆务贞良。细大尽力，莫敢怠荒。远迩辟隐，专务肃庄。端直敦忠，事业有常。……节事以时，诸产繁殖。……六亲相保，终无寇贼。……欢欣奉教，尽知法式……功盖五帝，泽及牛马。莫不受德，民安其宇。"

三十二年，《碣石刻石》："夷去险阻，地势既定，黎庶无繇，天下咸抚。男乐其畴，女修其业，事各有序。惠被诸产，久并来田，莫不安所。"（同上）

上面似乎只提到农，没有提到工。但由李斯《焚书议》中"百姓当家则力农工"之言推之，则刻石中屡有"诸产"一词，诸产中一定含有工业生产在里面。从上面刻石的文字中，可以看出他们所希望的社会，是由"端直敦忠"的农民、工人所组成的小所有者的生产社会。始皇并天下，即移天下豪富十二万户于各地，使富者变穷，并于"三十三年发诸尝逋亡人、赘婿、贾人，略取陆梁地"（《秦始皇本纪》），他们的政权，不是要建立在商人及其他豪富的身上，至为明显。此时当然有由刑罪及债务而来的奴隶；但在整个社会组织中的地位，乃居于极不重要的地位，也至为明显。因为小所有者的农民工人，不仅只是财赋与力役之所自出，形成国力的骨干；并且小所有者的农工，是最易驯服，是最缺少反抗力的阶级；法家和始皇及李斯们，认为只有把专制政治建立在这种阶级上面，才不会遇到知识与暴力的反抗，可以长治久安下去。但是不是由此而可称专制下的社会，即是小所有者的农工社会呢？如后所述，不仅专制政治，在事实上并不能保护小所有者的农工；而且在专制政治之下，小所有者所受的压迫，较其他阶层为更甚。因此，使小所有者的生存，在专制之下，经常是在动摇之中，无法巩固自己生存的地位。所以秦因要求社会生活划一所来的繁刑，因侈泰之心所来的重赋，再加上胡亥、赵高的残毒，把农民逼得无路可走；起而亡秦的，依然是农民而不是商人，也不是奴隶。这不仅是始皇始料所不及；也是专制政权必然的命运。所以专制下的社会，在与全盘社会力量的现实对比之下，不能称为小所有者的农工社会。

第二，始皇、李斯们，虽然很有意识地抑压商人，要以小所有者的农民工人为其政权的社会基础。但社会愈进步，分工便愈发达。分工愈发达，商人的商业行为，便成为分工社会生活中的纽带。始皇们既不可能消灭商业行为，即不可能消灭从事商业者由物价操纵[①]而来的财富积聚。商人操纵物价的主要对象，亦即是剥削取利的主要对象，即是农民与工人。尤其是农民受天灾人祸的影响最大。一受到这种影响，农民的生活便赤裸裸地暴露于天灾人祸之前，一听商人操纵。从这一方面，说明了商业资本的兴起，乃社会发展中的自然趋向，不是专制政治下的政治力量所能阻止。财富是人类最大的诱惑。商人有了财富，亦即有了机会夤缘各级政府，与各级政府互相勾结。以秦的抑商，而屠者子，居然可以为秦之将，[②]即是此一情势的反映。更加以商人是最长于逃避赋税力役的；赋税力役，主要是落在农民身上。商人的财富积累在都市，并可以相机转移，在战乱中不仅保存较易，且战争常为商人大量积累财富的温床。而农民的生计，固定在农村；战争所到之地，即农民生活破产之地。这说明专制政治，既不能真正保护农民，也不能真正抑制商人。虽以汉武帝的告缗与盐铁专卖，使中产以上者之家皆破，但终不能长期抑制商人的复活。[③]尤其是自秦以后，因儒家思想更多的介入，主张只抑制商人的土地兼并，并不抑制商业的其他活动。这也造

---

① 从《史记·货殖列传》看，自春秋之末到汉武时代，商人资本的积累，主要来自由屯积以操纵物价。

② 《史记·留侯世家》："沛公……与良俱南攻下宛，西入武关。沛公欲以兵二万人击秦峣下军。良说曰，臣闻其将屠者子，贾人易动以利。"

③ 见《史记·平准书》。

成商业活动有利的条件。但是否因此而可称专制的社会为商业资本社会呢？何况在长期的历史中，常常出现商人与官吏相勾结的现象，这似乎可以说明商业活动与专制政治的一致。但为了解此一问题，首先应了解中国历史上的商业活动，和近代的商业资本，不应互相混同起来。中国历史上的商业是"土著商业"，土著商业过分的发展，必然对社会发生剥削和腐蚀的作用。他们财富的增加，是由于张三转到李四的转移关系，即谚语所说的"东家不穷，西家不富"。近代欧洲的商业，是国际性的商业；他们竞争的对象不是国内的农民，而是异国的财富。所以他们的财富，对其本国而言，是增加而不是单纯的转移，不仅东家不穷，西家也可富，而且东家西家都可互富起来。因此，他们的商业资本，才有历史的进步性，并能产生新的观念以影响社会与政治。我国大约到了唐代，开始有了可观的海上商业活动，至宋而规模更大。但一直到鸦片战争以前，其规模还没有达到对社会、政治提供新观念，形成新势力的程度。并且在上述情形之下，商业活动，始终附着于官僚地主之间隙中以求生存，未能取得社会中之主导地位；故商业活动之本身，亦始终沾滞不前，未能顺着其本身之规律，以向前作质的蜕变。所以我觉得在长期专制下的社会，不能说是商业资本社会。

第三，汉初加入了畸形的政治封建制度以后，虽然由此所造成的政治上层的分裂危机，到汉武帝时已加以克服，但因彻侯制度的扩张，造成政治特权阶级，出现大规模的政治性的土地兼并。再加以商业资本进入农村，而出现了商业性的土地兼并。于是由这两种兼并而来的地主对佃农的剥削，又成为专制政治下极严重的问题。在汉代，政治性的土地兼并，大于商业性的土地兼并；这种土地贵族，形成汉代专制政治的一部分，也是促成专制皇朝崩溃的主要原因。但是这种地主对佃农的剥削关系，我依然认为不应把秦以后的长期专制下的社会，称为封建社会。因为如果如此，首先便与周初所实行的封建制度，引起观念上的混淆。其次，周式封建的土地制度，是公田与私田的关系，再加上力役的义务，这是后来土地关系中所绝对没有的。周室"以什一而税"为基准，后世地主则常榨取十分之四、五，远超过井田制的剥削。还有在专制下的自耕农，常沦没而为佃农；但佃农也可上升而为自耕农。这种情形，又是周代的封建制度下所不能出现的。至于地主与佃农，在一般社会构成的比重上，恐怕也不能称为封建社会。

第四，基于专制政治是以刑为骨干的政治，及上述的各种原因，在两汉，曾出现了数目相当庞大的刑事奴隶与债务奴隶。但供贵族手上使役的奴隶的数字，可能大过于社会上从事生产的数字。既未形成社会主要的劳动力，且亦不断为政府所禁止。所以说汉代是奴隶社会的，根本不能成立。

第五，最主要的一点是，任何社会势力，一旦直接使专制政治的专制者及其周围的权贵感到威胁时，将立即受到政治上的毁灭性的打击。没有任何社会势力，可以与专制的政治势力，作合理的、正面的抗衡乃至抗争；所以最后只有全面性的农民暴动。专制政治需要的是小所有者的农民工人。但此一政制的本质，并没有能力保护农民工人。因为农民工人，与最高无上的皇帝、皇室悬隔太远，又没有攀附奔走于统治集团的机会与能力；于是他们经常是穷无所告的人群，成为被层层剥削，而毫无顾忌的对象。再加以政治兼并，商业资本兼并，经常是以小所有者的农工为对象，所以小所有者的农民工人，是不断地在动荡没落之中。但是就各地的小所有者的农民来说，固然是在动荡中没落；但若就全般情形来说，则是此灭彼生，此伏彼起，小所有者在历史中始终占一重要地位。不过因为农民生活形式的散漫，经济力量因分散而薄弱，所以在社会上、政治上，不能发生出积极的作用；对专制统治集团，经常负担赋役的重大责任，而极少能得到社会政治上的权利。但若政治黑暗到由大量的政治的土地兼并（明代乡绅，也是政治的土地兼并），而使此一中间阶级，大部分都动摇崩溃时，他们的力量，便由"农民暴动"的方式表达出来，以彻底摧毁一个王朝。大部分的土地，在大变乱后开始自然性地重新分配。可是农民暴动，能摧毁一个王朝；但缺少新的观念及集体化的社会力量以另建立新的政治形式。于是一个专制王朝倒下去，另一个新专制王朝又起来。商人活动于统治集团与中间阶级之间，他们可依附（勾结）于统治集团以扩大其财富，但同样不能形成对抗政治的社会力量。他们的生命财产，是操纵在专制集团手上；舆论则是操纵在士人手上。因之，也不能形成他们自己的独立意识。可以说，商人乃以附随于专制统治集团之下，或利用，或被利用，以图其生存的。由商业规模的扩大，可以引起商品生产规模的扩大，也可以刺激生产组织与技术的改进。但中国过去一遇到上述的机运时，便插入专制政治的压力而归于夭折。

总结上面的分析，可以了解在专制政治之下，有由政治兼并而来的大地主，有大小商人，有由商业资本兼并而来的大地主，有小所有者的农工阶级，有佃农，有奴隶。在专制新王朝建立之初，政治多是倾向于保护小所有者，及佃农奴隶的方面。但专制政权，在延续中必然腐化，于是便自然倾向于政治性的大地主，及附随于政治性的大地主的商人。此一倾向达到某一极限，便激起农民暴动，改朝换代，重新再来。政治是循环的，经济社会也是循环的。在此种情势之下，不能容许某一特定阶级，作直线的发展。因此，两千年来的历史，政治家、思想家，只是在专制这副大机器之下，作补偏救弊之图。补救到要突破此一专制机器时，便立刻会被此一机器轧死。一切人民，只能环绕着这副机器，作互相纠缠的活动；纠缠到与此一机器直接冲突时，便立刻被这副机器轧死。这副机器，是以法家思想为根源，以绝对化的身份、绝对化的权力为中核，以广大的领土，以广大的领土上的人民，及人民散漫的生活形式为营养，以军事与刑法为工具，所构造起来的。一切文化、经济，只能活动于此一机器之内，而不能轶出于此一机器之外，否则只有被毁灭。这是中国社会停滞不前的总根源。研究中国历史，不把握到这一大关键，我觉得很难对中国历史作正确的理解。

汉代专制政治下的封建问题

一、问题的限定

在进入到本问题讨论之前，首先应说明的一点是，汉代所继承的秦爵二十等中的列侯，^①不在此处讨论范围之内。

二十爵中最后一级的列侯，在以一固定的税收供给被封者的特殊生活——即所食的国、邑——的这一点上，及在以此为表示其固定的身份地位。而此身份地位，乃表示进到以皇室为中心的统治集团，与皇室有密切的关系的这一点上，^②可以说它具备有充分的封建性格。但若就周代封建最重要的意义，乃在于分封建国的分权统治，则列侯对

---

① 原称为彻侯。避武帝（刘彻）讳改称列侯或通侯。
② 列侯原系酬德报功的性质，但外戚恩泽侯之出现，皆原于与皇室关系之特殊身份；于是以封侯显示与皇室关系之特殊身份之意义，日益昭著。故公孙弘以平民登相位，则先封侯以变更其身份；宣帝由庶人入承大统，亦先封侯以变更其身份。

中央政府的朝廷而言，完全没有分权统治的意义。所以秦代并不是没有少数因功被封的列侯，但对它的废封建为郡县，没有一点影响。一般史家说汉初是实行半封建半郡县的制度。所谓半封建，乃指的是被封为王的"诸侯王"而言，不是指这种列侯而言。"诸侯王"之不同于列侯，不仅在于它的身份较之列侯要高一等；而系被封为王的，乃真正是分封建国，在被封的范围内，有政治上的统治权，与周代所封建的诸侯相等，故称之为"诸侯王"。《史记》有《高祖功臣侯者年表》，又有《汉兴以来诸侯王年表》，本来已把两者不同的性格都分清楚了。但《史记》、《汉书》中，对列侯亦常援古代诸侯以相比譬，这便容易引起混乱。

刘邦统一天下（前二○二年），继承了秦代专制政治的统治机构。但在继承之中，却复活了秦政、李斯们所废除掉的封建制度——亦即是出现了上面所说的"诸侯王"，这是专制政治中的一种变局。为了要了解汉代专制政治在继承中的特殊性，也为得了解专制政治自身所包含的难以克服的矛盾，及其对学术文化所发生的窒息作用，我便首先提出了这一问题来讨论。

二、封建与楚汉兴亡之关系

周初封建，出于周公对政治的扩张、同化的要求，其中含有政治的理想。所以封建构成周室统治最重要的一环。

但汉初封建，首由异姓转而为同姓，皆出于一时形势之所不容已。所以《史记·汉兴以来诸侯王年表》叙首述"周封五等"，乃出于"亲亲之义，褒有德也"。而对汉初封建，则认为完全出于一时形势所逼成，自始即与当时一统专制的政治有极大的矛盾，因而扰攘达百年之久。所以司马迁在结语中谓"形势虽强，要之以仁义为本"，是说明汉初封建，既由形势所逼成，复以形势去挽救，完全建立在"力"的控制上，其中没有一点政治的理想。

汉初封建演变大势，《史记会注考证》卷十七引明陈仁锡《史记考》谓：

> 以（汉初）天下大势言之，如高五年（前二〇二年）楚王信、淮南王布、燕王绾、赵王耳（按当为赵王敖）、梁王越、长沙王芮、韩王信，则天下之势，异姓强而同姓未封也。如高六年（前二〇一年）楚王交、齐王肥、代王喜、淮南、燕、赵、梁、长沙，异姓同姓，强弱略相当也。如高十二年（前一九五年），吴王濞、淮南王长、燕王建、赵王如意、梁王恢、淮阳王友、代王恒、齐、楚、长沙，则天下之势，同姓强，异姓绝无而仅有。

要了解刘邦之所以封异姓为诸侯王，首先应了解起而亡秦的固然是被压迫的人民，但领导人民的，却可分为两大集团：一是平民中的野心家，一是六国的残余贵族。陈胜、吴广、陈婴、张耳、陈馀、刘邦们，代表了平民的野心家。而项羽、范增们，却代表着残余的贵族。项羽对功臣的刓印不封，乃是只着眼于过去的贵族，而忽视了新起的平民野心家。他在关中戏下时，不是大封诸侯王吗？但他此后不再考虑到平民野心家的愿望。刘邦开始是徘徊于二者之间；但因韩信首先向他提醒，张良继续促成，他便知道只有满足新起的平民野心家的愿望，才可能取得天下。因为此种形势的逼成，所以他在始封之时，即藏有杀戮之意。专制与大一统本不可分，这是必然的演变。

刘邦何以能得天下，他自己既加以夸饰，后人更为其所愚。当刘邦向他的臣下问"吾所以有天下者何？项氏之所以失天下者何？"的时候，只有王陵讲出了最主要的原因：

> 陛下慢而侮人，项羽仁而爱人。然陛下使人攻城略地，所降下者，因以与之，与天下同利也。（《史记》卷八《高祖本纪》）①

---

① 《史记》卷八《高祖本纪》，刘邦自谓："此三人者（张良、萧何、韩信）皆人杰也，吾能用之，此吾所以取天下也。"后人更加上"仁而爱人"，"常有大度"，"约法三章"等。

项羽妒贤嫉能；有功者害之，贤者疑之，战胜而不与人功，得地而不与人利，此所以失天下也。（同上）

由以下的材料，可以证明王陵的话是真实可信的。《史记》卷八十九《张耳陈馀列传》谓他们是想："因天下之力，而攻无道之君，报父兄之怨，而成割地有土之业。"这说明了平民野心家冒险犯难的动机。《史记》卷九十二《淮阴侯列传》记韩信在汉中答刘邦之问中有谓："今大王诚能反其（项羽）道，任天下武勇，何所不诛？以天下城邑封功臣，何所不服？"韩信这几句话，说出了当时平民野心家的心理，给刘邦以很大的启发。张良阻止刘邦重封六国之后的一段话中有谓："且天下游士，离其亲戚，弃坟墓，去故旧，从陛下游者，徒欲日夜望咫尺之地。"① 此便坚定了刘邦的政略战略的大方向，不再在残余贵族身上发生幻想，这对刘邦取天下有决定性的意义。陈平答刘邦之问谓："项王为人，恭敬爱人，士之廉节好礼者多归之。至于行功爵邑，重之，士亦以此不附。今大王慢而少礼，士廉节者不来。然大王能饶人以爵邑，士之顽钝嗜利无聊者多归汉。"② 郦食其说齐王田广谓刘邦："收天下之兵，立诸侯之后。降城，即以侯其将。得赂，即以分其士；与天

① 《史记》卷五十五《留侯世家》。
② 《史记》卷五十六《陈丞相世家》。

下共其利。"①都反映出刘邦此一政略战略的运用。《史记》卷七《项羽本纪》：

> 汉五年（前二〇二年），汉王乃追项羽至阳夏南，止军。与淮阴侯韩信、建成侯彭越期会而击楚军。至固陵，而信、越之兵不会。楚击汉军，大破之。汉王复入壁，深堑而自守。谓张子房曰：诸侯不从约，为之奈何？对曰：楚兵且破，信、越未有分地，其不至固宜。君王能与其分天下，今可立致也。即不能，事未可知也……汉王曰善。于是乃发使者告韩信、彭越曰：并力击楚。楚破，自陈以东傅海，与齐王（韩信）。睢阳以北至谷城，与彭相国。使者至，韩信、彭越皆报曰，请今进兵。

这样便完成了垓下的大会战的胜利，刘邦遂得有天下。所以诸侯将相在共请刘邦由汉王升为皇帝时，"大王起微细……有功者辄裂地而封为王侯"，②即是拥戴刘邦的最大理由。

刘邦即位后，即开始捏造"谋叛"的理由以剪除这一批异姓诸侯王，尤其是对韩信更觉得岌岌不可终日。垓下

---

① 《史记》卷九十《郦生列传》。
② 《史记》卷八《高祖本纪》。

会战刚一胜利，立即入韩信壁夺其军。旋即由韩信将有三年历史的齐王改封为楚王。于次年（六年）伪游云梦，擒韩信械至洛阳，降封为淮阴侯；卒于十五年假手于吕雉，斩信于未央宫，"夷信三族"。被杀的功臣，皆先被五刑，磔尸首为菹醢。凡此，并没有其他的政治理由，只因刘邦既以天下为他一人的产业，[①] 则凡有夺其产业的可能性的人，便都是罪大恶极之人，这是专制者最基本的心理状态。这批异姓诸侯王，一开始便与大一统的专制政治是势不两立的。他们的不旋踵即归于破灭，乃说明汉代大一统的专制政治，向前进了一大步。《史记》卷十七《汉兴以来诸侯王年表》叙谓："高祖末年，非刘氏而王者，若无功，上所不置而侯者，天下共诛之。"[②] 这正是家天下的法制化。

三、汉代封建的三大演变

刘邦对异姓诸侯王的剪灭，除无足轻重的长沙王外，到十二年（前一九五年）已经完成。初期的同姓诸侯王的封建，至此也告一段落。这是刘邦根据他政权的现实需要，有计划地建立起来的。因为刘邦直接兵力所及，大体不出

---

① 同上，"高祖……起为太上皇寿曰：始大人常以臣无赖，不能治产业，不如仲力。今某之业所就，孰与仲多？"

② 又《史记》卷九《吕后本纪》王陵曰："高帝刑白马盟曰，非刘氏而王，天下共击之。"

今日陇海铁路河南段的沿线左近，除关中外，广大的地区，一开始便都直接控制在异姓的诸侯王手上。一旦凭"皇帝"的政治绝对优越性，以运用其诈术，很快地便把异姓的诸侯王剪灭掉了。每剪灭一处，即形成统治上的虚脱地带。刘邦没有可以信任的异姓之臣，连萧何、樊哙等与他有特深私人关系的人，也几乎不免；而郡县的地方制度，虽然尚在维持，但其守长的统治威望尚未能建立。换言之，朝廷的神经中枢，还没有把它的神经末梢伸入到全国，这不能不使刘邦内心有由虚脱而来的恐惧。其封同姓时封域之所以特大，并给以与朝廷相同的制度，也是为了填补此种广大的政治虚脱地域而来。《史记》卷十七《汉兴以来诸侯王年表》谓："天下初定，骨肉同姓少；故广疆庶孽，以镇抚四海，用承卫天子也。"史公的话，报道了大封同姓的真实内容，以见刘邦封建的用心，与"周封五等"的"亲亲之义，褒有德也"的用心，是大不相同的。《史记》卷五十一《荆燕世家》赞中说明刘贾之封为荆王，乃是为了"填江淮之间"；卷一百六《吴王濞列传》谓"上（刘邦）患吴会稽轻悍，无壮王以填之；诸子少，乃立濞于沛为吴王"即其显证。我所以要特别说明这一点，是在指出：（一）刘邦的同姓之封，依然是当时的现实政治形势所逼出来的，与儒家的政治思想没有任何关系。（二）也只有在这种现实形势之下，才会接受亡秦的教训。《汉书》卷十三《异姓诸侯王表》序，卷十四《诸侯王表》序，皆强调秦因废封建、二世而亡的这一点，以作为刘邦实行封建的根据，这是被后来所特别渲染过的观点。史公仅在《齐悼惠王世家》的赞中，有"以海内初定，子弟少，激秦之无尺土封，故大封同姓，以填抚万民之心"的话；而在《汉兴以来诸侯王年表》叙及《高祖功臣侯者年表》叙中，皆不提到这一观点，这说明史公了解这一观点在刘邦心目中所占的分量并不太大。在有关刘邦的直接资料中，不曾发现此一观点。此一观点之出现，我以为是受了诸吕之乱的影响。我特提破这一点，是为了说明（三），刘邦的大封同姓，系作为完成大一统专制的一种手段；而不是像周公一样，"宗周"以居于天下大宗（共主）的地位为满足。这便使汉初的封建，在基本上已经生不了根。并不如当时的策士，及后世的史家，把由此种封建所发生的问题，都归罪到封地太大的上面。

刘邦的大封同姓，不仅不是受了若干儒者把周代封建加以理想化的思想的影响，而且刘邦的自身也根本缺少周初封建的条件。周室经过长期氏族社会的积累，又加以太王、王季、文王三代的经营教养，他本身形成了一个强有力的宗族集团，及国人阶级，这是周公实行封建的本钱。刘邦的情形便完全不同，"高祖子幼，昆弟少，又不贤"。①

---

① 《史记》卷五十一《荆燕世家》。

不仅昆弟少，连骨肉同姓也少。①所以当他于即皇帝位之次年（六年），"废楚王信，因之，分其地为二国……欲王同姓以镇天下"时，只好首封"不知其何属"的刘贾。②这样一来，更使汉代封建，完全不曾继承周代封建的有意义的一方面，有如由亲亲精神所制出的礼，缓和了君臣间的克制性。由共主分治的法理化，增大了各地方分别发展的可能性等。而仅继承了封建的丑恶的一方面，有如身份制度，压榨、纷争等，以加强专制政治的罪恶。

汉文帝生四子，窦皇后生景帝，余皆封为王。景帝十四子，王皇后生武帝，余皆封为王。武帝六子，卫皇后生戾太子据，死于巫蛊之祸。赵婕妤生昭帝。元狩六年（前一一七年）同时策封其子闳、旦、胥为王。③这三世的建封，皆系"诸侯王"的性质。但与高祖不同者：（一）汉的地方政治已渐有基础而能直接控制于中央，故无"镇抚天下"的意义。（二）所封者皆为王子，开尔后天子之子皆封王之局。这种演变的意义是什么呢？《汉书》卷十四《诸侯王表》叙有谓：

藩国大者夸州兼郡，连城数十。宫室百官，同制京

---

① 《史记》卷十七《汉兴以来诸侯王年表》叙。

② 以上皆见《史记》卷五十一《荆燕世家》。

③ 详见《汉书》卷四十七《文三王传》，卷五十三《景十三王传》，卷六十三《武五子传》。

师，可谓矫枉过其正矣。虽然，高祖创业，日不暇给。孝惠享国又浅，高后女主摄位，而海内晏如，亡狂狡之忧，卒折诸吕之难，成太宗（文帝）之业者，亦赖之于诸侯也。然诸侯原本已大，末流滥以致溢，小者荒淫越法，大者睽孤横逆，以害身丧国。故文帝采贾生之议，分齐、赵；景帝用晁错之计，削吴、楚；武帝施主父之策，下推恩之令。……自此以来，齐分为七，赵分为六，梁分为五，淮南分为三。皇子始立者，大国不过十余城。长沙、燕、代，虽有旧名，皆亡南北边矣。

在上面的概略叙述中，不难了解，文帝、景帝，是削灭前帝所封之封土以为己子之封土；既可以弱较疏者之权，又可以张自己之势。

这里值得注意的是：文帝、景帝封自己的儿子为王，要封便封，没有任何曲折。但武帝要封自己的三子为王，据《史记》卷六十《三王世家》，却要由大司马霍去病首先疏请。武帝还不径行允许，把霍去病的疏请"下御史"，由"丞相臣青翟"等六人表示赞成霍去病的意见，并奏请"所立国名"，但武帝又制诏谦让，"其更议以列侯家之"。其后再由"丞相臣青翟"等更大的阵容，奏请非立三子为王不可，武帝又谦让一番，"丞相臣青翟"等又恳切奏请，武帝将他们的奏请"留中不下"。于是"丞相臣青翟"等又"昧死"上奏，才得到"制曰可"。史公（或系褚先生）

所记的这种曲折，不仅为汉室过去所无，亦并非周室封建所有。这到底为了什么呢？原来元朔二年（前一二七年）春已开始采用主父偃的建策，诏诸侯王得分国邑封子弟为列侯，以彻底削弱由高、文、景三帝所封的诸侯王。汉家旧制，诸侯王的体制与朝廷相准。虽自景帝起已开始"减削其官"，[①] 但诸侯王之母称太后，诸侯王之妻称王后，子称太子，仍与朝廷无异。由元朔二年开始分封诸侯的子弟为"列侯"，到封三王的元狩六年，十年之间，以谋反的罪名杀掉了淮南王安、衡山王衡（元狩元年），主父偃的政策已经完全实现。正逼迫文景所封的诸侯王分国邑给他们的子弟为列侯，而却要把自己的儿子封为王，这使武帝在表面上不能不做作一番。

由这一番做作，而西汉封建的意义，发生了第三次的大演变。如前所述，高祖同姓诸侯王之封，是为了填抚异姓诸侯王被剪灭后的政治虚脱；这对异姓诸侯王之封而言，是第一次的演变。文景诸子之封，是为了排挤削弱前帝之所封，以巩固自己的地位；这可以说是第二次演变。这两次演变，都可以说是由客观的形势所逼成，所以史公在《汉兴以来诸侯王年表》叙中，特以"形势"二字贯穿全文。但至武帝，再没有客观的形势，要求他封子为王；而他仍须封子为王，乃出于为了维护皇帝绝对崇高的身份地

---

① 《史记》卷十四《诸侯王表》叙。

位。这是第三次的大演变。此一大演变，遂构成尔后专制
政治的节目中永不可缺的一部分。

《汉书》卷十五上《王子侯年表》序："至于孝武，
以诸侯王疆土过制，或僭差失轨，而子弟为匹夫，轻重
不相准。于是制诏御史，诸侯王或欲推私恩分子弟邑者，
令各条上，朕且临定其号名。"这是元朔二年的事。武帝
推恩分封的根本动机，当然在于诸侯王的"疆土过制"；
所谓"子弟为匹夫，轻重不相准"，不过是一种借口。但
由此，亦可窥见在他的心目中，"匹夫"的身份是不应与
诸侯王的身份平放在一起的。所以议立武帝三子为王的
时候，群臣反对立三子为列侯而必立为王的理由，一则
曰"而家皇子为列侯，则尊卑相逾，列位失序，不可以
垂统于万世"。再则曰"今诸侯支子，封至诸侯王。而家
皇子为列侯……皆以为尊卑失序，使天下失望，不可"。
三则曰"……昧死请立皇子臣闳等为诸侯王……陛下固
辞弗许。家皇子为列侯，臣青翟……等二十七人议，皆
曰以为尊卑失序。高皇帝建天下，为汉太祖。王子孙，
广支辅。先帝法则弗改，所以宣至尊也"。他们完全是
从"身份"上立论，皇帝的子弟若与其他诸侯王的子弟
同为列侯，则无形中影响到皇帝的"至尊"的地位，使
天下感到皇帝与诸侯王的地位没有什么大分别，致使皇
帝"至尊"的身份不显；而皇帝的身份是"至尊"的这
一观念，在专制政治中，是一个非常重要的基本要求。

为了维护皇帝的"至尊"的身份，便非把皇帝的子弟封为诸侯王不可，并将此观念，上推及于高祖的封建，遂使尔后皇子封王，成为专制政治为了将皇帝身份加以绝对化的不可缺少的重大条件之一。皇帝的子弟必封王，皇后的父兄便应封侯，侍奉皇帝或女主的宦官，也可以封侯，于是在汉代政治结构中，便有大量"恩泽侯"的出现。[①]这都是由"身份"的观念演变出来的。班固在《诸侯王表》叙论中责秦始皇"窃自号为皇帝，而子弟为匹夫"。班固所责的，正是秦始皇非常可取的地方。自汉武转变封建为维护专制的绝对身份的作用以后，便扩大了专制政治的榨取压迫的集团，增加了专制政治内部无穷的混乱，把秦政、李斯们建立此一政制所含的一点理想性，完全破坏了。

四、专制对封建的克制过程

汉室封建，在先是为了完成大一统专制的事实上的需要，最后则为了维护大一统专制的皇帝身份的需要；所以一方面在演变，另一方面在形式上却始终加以保持。但尽管如此，封建的存在，尤其属于诸侯王这一系统的存在，始终对专制政治的自身，成为一最大的矛盾。因为专制的

① 请参阅《汉书》卷十八《外戚恩泽侯表》。

最高权力，乃属于皇帝一人。而谁人能获得此最高权力，汉代因女宠而皇后的地位并不巩固的关系，所以一开始便未能守宗法中立嫡立长之制。高祖原想立赵王如意，吕后则立一不知所出的少帝；文帝之得以嗣立，乃因当时大臣鉴于吕后之凶残，"莫自坚其命"；而文帝"太后家薄氏谨良"，各大臣对其猜嫌较少。① 景帝、武帝，皆以"中子"得立。昭帝则以幼子得立。所以有汉一代，在皇位继承上，因皇帝的爱憎无常，并未能建立一种客观制度，而系决定于皇帝一念的爱憎，及皇帝死时的形势。因此，凡是皇子被封为诸侯王的，便都有继承大统的可能，便都在皇帝的猜嫌之列。这种在权力根源之地的矛盾，当时是借"强干弱枝"的口号叫了出来的。② 有干则必有枝；在常情说，干枝本是一体，干强者枝茂，枝茂者亦可增加干之强，这是周初封建的信念，齐桓、晋文的霸业，也证明了这一点。汉代则为了强干而必须弱枝，强弱的衡量，全在权力根源之地——皇帝及其左右——的一念，这便难乎为"枝"了。从文帝起，他们所作的强干弱枝的过程，《汉书》卷十四《诸侯王表》叙有简括的叙述。

---

① 俱见《史记》卷九《吕后本纪》。

② 此意当首发于贾谊《陈政事疏》，自后遂成一固定政策。《史记》卷十七《汉兴以来诸侯王年表》叙："强本干，弱枝叶之势也。"卷十八《高祖功臣侯者年表》叙："始未尝不欲固其根本，而枝叶稍陵夷衰微也。"即指出当时此种政策。

故文帝采贾生之议，分齐、赵。景帝用晁错之计，削吴楚。武帝施主父之策，下推恩之令，使诸侯王得分户邑以封子弟，不行黜陟而藩国自析……景遭七国之难，抑损诸侯，减黜其官。武有衡山、淮南之谋，作左官之律，设附益之法。诸侯惟得衣食税租，不与政事。至于哀、平之际，皆继体苗裔，亲属疏远；生于帷墙之中，不为士民所尊，势与富室亡异。而本朝短世，国统三绝。是故王莽知汉中外殚微，本末俱弱，亡所忌惮，生其奸心……不降阶序而运天下……

　　到了汉武帝，诸侯王已与列侯无异。但他们的际遇，并赶不上列侯。到了哀平之际，他们已与富室无异，但他们更赶不上富室。因为他们没有列侯所能保有的生活自由，更没有一般富室所保有的生活自由。

　　历史的政治表面，常常是由统治者所编造的材料写成的。尤其关于最高权力斗争中的机微之际，对失败者不利的材料，必定被夸张；对成功者不利的材料，必定被隐没。著史和读史者能不受此种情势所欺瞒的实在很少。有关两汉朝廷与诸侯王发生重大关系的材料，使我痛切感到这一点。

　　首先我得指明，从政治以人民为主的基本观点来说，假使高祖安于异姓诸侯王之封；再退一步，假使文帝安于高祖之所封，景帝安于文帝之所封，朝廷只维持纪纲，课责政绩，则在互相牵制，互相竞争的情势下，政治可能比之于把权力集中于朝廷尺寸之地，集中于不肖者绝多而贤者绝少的一人之身，更为有利。而所谓反叛问题，完全是由猜嫌心理所逼出，甚至是伪造出来的。《史记》卷一百六《吴王濞列传》："会孝惠高后时，天下初定，郡国诸侯，各务自拊循其民。"这几句话中所透露出的，可以作我上面假设的根据。七国之叛的祸首吴王濞"招致天下亡命者，益铸钱，煮海水为盐，以故无赋，国用富饶"。"然其居国以铜盐故，百姓无赋。卒、践、一更，辄与平贾。岁时问茂材，赏赐闾里。"这在政治上不是很有成绩吗？《史记》这里所说的"益铸钱"，《汉书》上改为"盗铸钱"，这是后来故意加上去的罪名，因为当时无所谓盗铸。① 其中"招致天下亡命"一语，汉时常以为大罪，后人更为所欺。不知所谓"亡命"，指的是无户籍的人民。当时因征人头税（口算），及实行义务兵役制度，穷苦人民因逃避而流亡，以致无名籍者不可胜数。加以悬属于朝廷的郡县，据《汉书》卷四八《贾谊传》所载贾谊之言，谓其吏民因徭役往来长安者，苦不堪言，"逋逃而归诸侯

---

① 《汉书》改为"盗铸钱"，将"益"字改为"盗"字。《汉书》卷二十四下《食货志》载孝文五年"使民放铸"，贾谊谏不听。故邓通以中大夫之位而得铸钱。则吴之铸钱，乃当时法令所许，何盗之有？此即当时朝廷存心诬枉，而班氏为其所欺之一例。

者已不少矣"。在正常情形下，郡守县令的政治清明，常为流民（亡命）所归，即可列为好的政绩。但在诸侯王则视为图谋不轨的证据，因为怕他们的人口增加了。当诸吕之乱时，是诸侯王谋叛的最好机会，而当时最有资格继承帝位的无过于齐王，且已发兵"并将之而西"。但大臣卒立代王恒——文帝，而齐兵遂罢。吴王濞与朝廷之隙，起自"皇太子（后为景帝）引博局，提吴太子杀之"；文帝不仅未让责自己的皇太子，且不断系治吴使。及文帝"赦吴使者归之，而赐吴王几杖，老不朝，吴得释其罪，谋亦益解"。是吴王濞原并无反意。景帝削吴两郡令下，"吴王濞恐削地无已，因此发谋"。可知若削地而与以明令保障，亦无七国之变。汉室君臣，假定不以权力集中于皇帝一人为推行政治的先行条件，而只以在统一下允许合理的地方分权，则汉初百年间扰攘不安的政治问题，可不致发生，而由秦所建立的专制政体，及由此政体所必然发生的毒害，将会得到若干缓和，对社会的生机，也将会得到培育。但他们完全站在一人专制的立场来处理这一问题，想尽各种方法所达到的目的，只是大一统的专制政治。

首先他们在有关的官制上着实下了一番功夫。

诸侯的官制，据《史记》卷五十九《五宗世家》："太史公曰，高祖时，诸侯皆赋，得自除内史以下。汉独为置丞相，黄金印。诸侯自除御史、廷尉正、博士，拟于天子。自吴楚反后，五宗王世，汉为置二千石，去丞相曰相，银印。诸侯独得食租税，夺之权。其后诸侯贫者或乘牛车也。"《汉书》卷十九上《百官公卿表》上曰："诸侯王，高帝初置，金玺盭绶。掌治其国。有太傅辅王，内史治国民，中尉掌武职，丞相统众官。群卿大夫都官如汉朝。景帝中五年，令诸侯王不得复治国，天子为置吏。改丞相曰相，省御史大夫、廷尉、少府、宗正、博士官。大夫、谒者、郎、诸官长丞，皆损其员。武帝改汉内史为京兆尹，中尉为执金吾，郎中令为光禄勋，诸王国如故。损其郎中令秩千石，改太仆曰仆，秩亦千石。成帝绥和元年省内史，更令相治民，如郡太守。中尉如郡都尉。"而《汉书》卷九《元帝纪》，"初元三年春，令诸侯相位在郡守下"，则是使诸侯侪于郡守。

除了官制上的防制外，更加以人事上的防制。汉初诸侯王的丞相可入朝廷为丞相，如曹参由齐的丞相而入继萧何为相国。但以后做了诸侯王的官，等于犯了某种罪恶。《汉书》卷七十二《王吉传》："吉坐昌邑王被刑后，戒子孙毋为王国吏。"又同卷《两龚传》载龚舍曾被楚王聘为常侍，固辞去。后"三举孝廉，以王国人不得宿卫"。卷七十一《彭宣传》，载宣以博士"迁东平太傅"。后因张禹推荐而"入为右扶风，迁廷尉。以王国人出为太原太守"（注引李奇曰："初汉制，王国人不得在（仕）京师。"）"数年复入为大司农、光禄勋、右将军。哀帝即位，徙为左将军……乃策宣曰：有司数奏言，诸侯国人不得宿卫，将军不宜典兵马，处大位。朕唯将军任汉将之重，而子又前取淮阳王女，婚姻不绝……非国之制……其上左将军印绶。"实则武帝晚期之王，已侪于列侯。而哀帝时之王，已侪于富室，做到使他们有名无实。但在官制上所应有的官，尚以罪人视之，当然更不许他们交通宾客。又《汉书》卷八十《宣元六王传》载谏大夫王骏谕指淮阳王钦有谓："王幸受诏策，通经术，知诸侯名誉，不当出竟（境）。"这些出乎情理之外的措施，无非要把诸侯王彻底孤立起来，不使其有任何社会关系，而成为"监狱中的豪富"。

当时防制关东诸侯，实与防制匈奴无异。《汉书》卷七《昭帝纪》始元五年（前八十二年）："夏，罢天下亭母马及马弩关。"孟康曰："旧马高五尺六寸，齿未平，弩十石以上，皆不得出关。今不禁也。"《汉书补注》引："沈钦韩曰，《新书·壹通》篇，禁游宦诸侯，及无得出马关者，岂不曰诸侯国众车骑，则力益多。……苏舆曰：禁马无出关，在孝景中四年。"（前一四六年，见《景帝纪》）这种防制，出于心理的因素，远大于事实的要求。由这种心理因素，造成当时对诸侯王最大的精神虐待。现引两个例子，以概其余。

据《史记》一百十八《淮南衡山列传》，淮南厉王长，与文帝为兄弟，卒以"欲以有为"的死罪，蒙赦，在徙蜀途中不食而死。"欲以有为"的罪名，正是"莫须有"的罪名。《汉书》卷四十四《淮南厉王长传》载文帝的母舅薄昭与淮南王长书中有谓"法二千石缺辄言汉补。大王逐汉所置，而请自置相二千石……大王欲属国为布衣，守冢真定（按长母死葬真定），皇帝不许。……且夫贪让国土之名，轻废先帝之业，不可以言孝。父（指高祖）为之基，而不能守，不贤……言节行以高兄（按指文帝），无礼。贱王侯之位，不知……此八者危亡之路也。"在文帝时，除诸侯王的丞相出自朝廷外，其余秩二千石的，本应由王自置。但汉廷亦数为罪名。而淮南王长宁愿放弃王位，以布衣守冢真定，由此不难推想文帝所加给他的不能忍受的压迫。

《汉书》卷四十七《梁怀王揖传》，载哀帝建平中，梁王立因杀人，天子遣廷尉及大鸿胪持节讯问，立对谓："大臣皆尚苛刻，刺求微密。谗臣在其间，左右弄口，积使上下不和，更相眄伺。宫殿之里，毛氂过失，亡不暴陈……"由此可知诸侯王左右的职官，皆成为朝廷的特务。此时早已全无实权的诸侯王，仍置于严密特务控制之下，连私生活也严密监视。因此可以了解一个问题：为什么两汉诸侯王的"禽兽行"特为昭著？[①] 因为（一）在监狱中的富豪，自然容易走上这样的一条路。（二）如后所述，诸侯王的良好行为所招来的罪患，远过于禽兽行所招来的罪患。

---

① 可参阅《二十二史劄记》卷三《汉诸王荒乱》条。"禽兽行"是称诸王荒淫的专用名词。

（三）他们的隐秘都被朝廷所掌握、夸张、宣扬。而皇帝的"禽兽行"，实际较之诸侯王，有过之无不及。但常在由严刑峻罚所构成的铁幕的保护之中。《汉书》卷五十三《景十三王传》载中山王胜闻乐对：

> ……今臣心结日久，每闻幼眇之声，不知涕泣之横集也。夫众口煽漂山，聚蚊成靁……今群臣非有葭莩之亲，鸿毛之重。群居党议，朋友相为。使夫宗室摈却，骨肉冰释，斯伯奇所以流离，比干所以横分也……

上面的话，是借机会说出了他们一般悲惨的心境。

五、在克制过程中对学术发展的重大影响

在专制下对诸侯王的特别猜嫌禁制，不仅足以反映出专制主为达到一人专制的目的，即使牺牲其子弟宗支亦在所不惜的心理状态；并对知识分子及学术发展，发生了莫大的窒息作用。这才是研究中国思想史者所不能不注意到的问题。

两汉承先秦余绪，游士之风尚盛。此即诸侯王及富贵者门下的宾客。宾客之品类不齐，多随主人之所好而类集。但有一共同特点，他们都是社会上比较富有活力的一群。诸侯王中若有好学自修之人，则其所集者多在学术上有某

种成就之士；于是宾客之所集，常成为某种学术的活动中心，亦为名誉流布之集中点。这对知识分子及学术的发展而言，常可以发生很大的鼓励作用。但却触犯了专制者的大忌。景帝时代，朝廷猜防的重点在诸侯王的领土与职权。至武帝，则诸侯的领土与职权已不成问题；于是猜防的重点特转向到诸王的宾客上面，尤其是转向到有学术意义的宾客上面。而能招致才智及在学术上有所成就之士的诸侯王，其本身也相当的才智，在学术上也有相当的修养；而其生活行为，也多能奋发向上，可以承受名誉。这更触犯了专制者的大忌。换言之，专制皇帝，只允许有腐败堕落的诸侯王，而决不允许有奋发向上的诸侯王。附丽在专制皇帝的周围，以反映专制皇帝神圣身份的诸侯王，只准其坏，不准其好；"禽兽行"的罪恶，绝对轻于能束身自好而被人所称道的罪恶，这是专制政体中的一大特色。

《史记》卷一百十一《卫将军骠骑列传》赞：

太史公曰：苏建语余曰，吾尝责大将军卫青至尊重，而天下之贤士大夫无称焉。愿将军观古名将所招，选择贤者，勉之哉。大将军曰，自魏其武安之厚宾客，天子常切齿。彼亲附士大夫，招贤绌不肖者，人主之柄也。人臣奉法遵职而已，何与招士？骠骑亦放此意，其为将如此。

按卫青、霍去病，以佞幸而为大将，用兵并非其所长；伐匈奴的战功，实系得不偿失。但他们自身可以不受到猜忌，而又能揣摩武帝的猜嫌心理，因以猎取富贵，此一秘辛，只有司马迁能看得清楚，故在《史记》中以"微言"的方式，反复与以发明；而后世缺乏有识的史学家，故常被历史的表面所欺骗。此处所记，盖亦所以揭发当时君臣间的奥秘。魏其武安皆列侯，以外戚的关系，而先后当政，其权势决非当时的诸侯王可比。但诸侯王因为血缘关系而有窥伺神器的可能，所以诸侯王足以招致名誉的生活方式，及与其生活方式有关联的宾客，更成为专制者的大忌讳。

汉初诸侯王大抵皆有宾客，而第一个引起注意的是景帝的同母弟梁孝王武。梁孝王武在七国之变时立有大功，又得其母窦太后的宠爱，骄贵异常。《史记》卷五十八《梁孝王世家》："于是孝王筑东苑。方三百余里……招延四方豪杰。自山以东游说之士，莫不毕至。"《史记索隐》谓方广三百余里，"盖言其奢，非实辞"。《正义》引《括地志》云："兔园在宋州宋城县东南十里"，盖即所谓东苑。《汉书》卷五十一《贾邹枚路传》："是时景帝少弟梁孝王贵盛，亦待士；于是邹阳、枚乘，严忌，知吴不可说，皆去之梁，从孝王游。"此外，羊胜、公孙诡，亦有文采；司马相如亦曾舍朝廷之郎而为梁园宾客；这是当时文学活动的中心，其文学气氛，远非朝廷所能企及。因景帝对梁孝王是先利用，后猜嫌，卒至不明不白以死，此一文学活动的中心，遂归于消灭。后来武帝广招文学之士，我以为是受了梁孝王的影响。

汉代诸侯王，发生过与学术有密切关联的两大冤狱，一为淮南王安，另一为东汉的楚王英。他们之死，都是因为宾客与学术、名誉，三者结合在一起所造成的。

《汉书》卷四十四《淮南王传》：

> 淮南王安为人好书，鼓琴，不喜弋猎狗马驰骋。亦欲以行阴德拊循百姓，流名誉，招致宾客方术之士数千人，作为内书二十一篇，外书甚众。又有中篇八卷，言神仙黄白之术，亦二十余万言……初，安入朝，献所作内篇，新出，上爱秘之。

按：所谓"作为内书二十一篇"，即现行的《淮南子》。作为《淮南子》自叙的《要略》篇谓：

> 若刘氏之书，观天地之象，通古今之事。权事而立制，度形而施宜。原道之心，合三王之风……弃其畛挈，斠其淑静，以统天下，理万物，应变化，通殊类。非循一迹之路，守一隅之指，拘系牵连之（于）物，而不与世推移也。故置之寻常而不塞，布之天下而不窕。

淮南王安要他的门客造为内篇二十一篇，盖受《吕氏春秋》

的影响，欲为汉室的大一统政权提出包罗万象的政治宝典。书的内容将另文研究。此处只指出由此可以看出，当时的淮南，乃汇合儒道方术的一大学术中心。而其最重要的成果，则献之皇帝，可见其志只在学术的研究，并想以其研究充实汉家鸿业的内容。但武帝虽表面对这位多才好学的叔父"甚尊重之"，而内心特为忌毒。左右承其意旨，便诬构成一大冤狱。《史记》、《汉书》两传中，充满了当时诬构的"官文书"。

狱事之起，是因为淮南王刘安的太子刘迁，与其郎中雷被"比剑，误中太子"。雷被怕太子由此生出误会，愿赴长安，奋击匈奴，刘安便免了雷被的郎中，这是一件很寻常的措施。但元朔五年（前一二五年）雷被到了长安，"上书自明"，"事下廷尉河南，河南治，逮淮南太子"。因为这种细故而逮捕淮南太子，这分明是只要稍能有所借口，便要实现蓄之已久的预谋。中间穿插淮南门客伍被①的供词，陈述刘安想谋反的经过，把刘安写成了一个童呆愚稚之辈，其出自严刑逼供，再加以缘饰的情形，甚为昭著。而最后由胶西王端议曰："安废法度、行邪辟，有诈伪心，以乱天下，营惑百姓，背畔宗庙，妄作妖言。《春秋》曰：臣无将，将而诛。安罪重于将，谋反形已定。臣端所见其书印图，及它逆亡道，事验明白，当伏法。"这真是毫无

---

① 伍被供词，《史记》并入《淮南王列传》中;《汉书》则另立有《伍被传》。

事实根据的定谳。其所谓"以乱天下","妄作妖言",分明系诬指其宾客的学术活动而言。但这样的冤狱,除淮南王安自杀外,竟"坐死者数万人"。[①]《史记·平准书》谓其明年(元狩元年,前一二二年),"淮南、衡山、江都王,谋反迹见,而公卿寻端治之,竟其党与,而坐死者数万人"。由"寻端治之,竟其党与"八字,可知当时的朝廷官吏,顺着专制者阴刻之私,竟不惜成为一个谋杀几万人的大阴谋集团,而其根源则来自淮南宾客的学术活动。几万人的大屠杀,不仅摧毁了此一学术中心,并且也阻吓消灭了知识分子在思想上、在生活上一切带有一点选择自由的可能性。

当时另一学术中心,是以河间献王刘德为中心而展开的。《汉书》卷五十三《景十三王传》:[②]

河间献王德,以孝景前二年(前一五五年)立。修学好古,实事求是。从民得善书,必为好写与之,留其真,加金帛赐,以招之。繇是四方道术之人,不远千里,或有先祖旧书,多奉以奏献王者,故得书多,与汉朝等。是时,淮南王安亦好书,所招致率多浮辩。献

---

① 见《史记》卷三十《平准书》,及《汉书》卷二十七中之下《五行志》第七中之下。

② 《史记》在卷五十九《五宗世家》中,过于简略。

王所得书，皆古文先秦旧书，《周官》、①《尚书》、《礼》、《礼记》、《孟子》、《老子》之属，皆经、传、说、记，七十子之徒所论。其学举六艺，立《毛氏诗》、《左氏春秋》博士。修礼乐，被服儒术，造次必于儒者。山东诸儒者（多）从而游。武帝时，献王来朝，献雅乐，对三雍宫，及诏策所问，三十余事。其对，推道术而言，得事之中，文约指明。立二十六年薨。②

这是以儒术为主的学术活动中心，与淮南王安的学术中心大异其趣。而刘德的生活非常谨敕，也与刘安的才子型的人格不同。所以刘德在学术上及在生活上，应当很适合于汉廷的口味，而不应对他引起危险的感觉的。但《史记》裴骃《集解》：

《汉名臣奏》：杜业奏曰，河间献王经术通明，积德累行，天下雄俊众儒皆归之。孝武帝时，献王朝，被服造次，必于仁义。问以五策，献王辄对无穷。孝武帝艴然难之，谓献王曰，汤以七十里，文王百里，王其勉之。王知其意，归即纵酒听乐，因以终。

---

① 此所记有问题，另有专文论究。
② 据《汉书》卷六《武帝纪》，刘德死于元光五年春正月（前一三〇年）。

据《汉书》卷六十《杜周传》：杜周乃武帝时的酷吏，官至御史大夫。杜业乃周之曾孙。周子延年，以助霍光诛上官桀等封为建平侯；又劝霍光立宣帝，以其功比朱虚侯刘章。延年子缓嗣侯位，官至太常。缓卒，子业嗣；成帝初，尚帝妹颍邑公主。以忧恐发病死于王莽秉政之时。我所以在这里略述杜业的家世，是想说明杜业是有资格知道汉廷的内幕，故其所言刘德的故事为可信。但《史记会注考证》引"何焯曰：《汉书》云，献王薨，中尉常丽以闻，曰，王身端行治，温仁恭俭，笃敬爱下，明知深察，惠于鳏寡。大行令奏谥法曰，聪明睿知曰献，宜谥曰献王。褒崇若此，知杜业语为无稽。"按刘德非以罪死，而系以猜嫌忧愤而死。既死则猜嫌消而猜嫌之迹可泯。死后赐谥，乃当时之常例。而政治上表里异致，实古今之所同；猜嫌者其里，死后褒崇者其表。此在今日犹随处可以举例。何焯小儒，对政治全无了解，其言至可鄙笑。《汉书》卷六十三记昌邑王贺被废，宣帝心内忌贺；张敞奏贺"终不见仁义"，遂得保全性命，可作反证。我再引一例，以证明杜业之言，为能得当时之实。

《后汉书》卷十四《宗室四王三侯列传》，载北海靖王兴死后：

> 子敬王睦嗣。睦少好学，博通书传，光武爱之，数被延纳。显宗（明帝）之在东宫，尤见幸待，入侍讽

诵，出则执绋。中兴初，禁网尚阔，而睦性谦恭好士，千里交结；自名儒宿德，莫不造门，由是声价益广。永平中（五十八至七十五年），法宪颇峻，睦乃谢绝宾客，放心音乐。然性好读书，常为爱玩。岁终，遣中大夫奉璧朝贺，召而谓之曰：朝廷设问寡人，大夫将何辞以对？使者曰：大王忠孝慈仁，敬贤乐士。臣虽蝼蚁，敢不以实。睦曰：吁！子危我哉！此乃孤幼时进趣之行也。大夫其对以孤袭爵以来，志意衰惰，声色是娱，犬马是好。使者受命以行。其能屈申若此。

东汉诸王，更完全不能与闻地方政治。而刘睦为明帝之侄，夙见亲幸；犹且以个人可延致名誉的行谊为取祸之源。刘德的河间，乃当时一学术中心之地；而他本人则系其领导人物，其声势远非刘睦所能比拟，则武帝的猜嫌逼迫，乃自然之事，有何可疑。

由此一猜嫌逼迫，而影响到学术上的另一大问题，即是经学中对古文经学的压迫问题。

一直到武帝时为止，经学上并无今古文之争。孔安国事鲁申公治鲁诗为今文学，与鲁周霸，洛阳贾嘉等治《尚书》，亦为今文尚书。然"孔氏有古文《尚书》，而安国以今文读之，因以起其家"，[①] 并无害其为博士，即其明证。陆

---

① 以上皆见《史记》卷一百二十一《儒林列传》。

贾《新语》，韩婴《韩诗外传》，司马迁《史记》，刘向《新序》、《说苑》，皆广采《左氏传》。而《史记》中称"春秋"者，有指经文而言，有指《公羊》、《穀梁》二传言；更多的则是指《左氏传》而言。三家诗多傅合时事，而《毛诗》多傅古义，何以立五经博士而不及《左氏传》及《毛诗》？《穀梁传》犹有江公与董仲舒辩论于朝廷；何以竟无一人道及《左氏传》与《毛诗》？若谓无师法，则刘德所立之博士从何而来？我的推测，是因为河间献王搜集所得的多属古文，而又特为《毛诗》及《左氏传》立博士，于是古文经学遂为当时的大讳；尔后遂为鄙陋之儒，为保持其学术上之特权所借口，以专擅利禄之途。《汉书》卷三十《艺文志》："汉兴，鲁申公为诗训故，而齐辕固，燕韩生，皆为之传。或取《春秋》（按指《左氏传》而言）、杂说，咸非其本义。与不得已，鲁最为近之。三家皆列于学官。又有毛公之学，自谓子夏所传，而河间献王好之，未得立。"三家诗"咸非其本义"，比较得其本义者惟《毛诗》。《韩诗》在东汉最盛，郑康成先治《韩诗》，后由《韩诗》转主《毛诗》，其原因在此。《毛诗》之所以不得立，刘氏父子已露出一点秘辛，只是因为"河间献王好之"。《后汉书》卷三十六《范升列传》载，建武四年（二十八年），光武在云台召群臣议为《费氏易》与《左氏春秋》立博士事，范升反对立左氏的最初理由为"非先帝所存"；这完全是政治上的理由。而汉代经学，各家是否得立博士，除了当时一般学术情势外，决定于政治的因素甚大。《京氏易》的得立，是因为他的再受命的预言，与宣帝的起自民间偶然相合。《春秋穀梁传》的得立，是因为戾太子习《穀梁》；宣帝乃戾太子之孙，所以在民间时也习《穀梁》。武帝时立《公羊》不立《穀梁》，并非定于董仲舒与江公的争论，乃系《公羊》中"人臣无将"四字，可作杀戮大臣的借口。凡此，我将另有专文讨论。言中国学术史而忘记了这一巨大无比的政治阴影的作用，便很难把握到学术发展的真实情况。后世鄙陋之儒，盲目自陷于这一政治陷阱中，勇为今古文之辨，甚至出于诬妄而不辞，此乃学术中上了二千年专制之阴毒而竟不能自觉的一例。

武帝对诸侯王学术活动的忌毒，对他自己亲生的儿子也不例外。武帝有五子，长子戾太子受巫蛊之祸，次子齐怀王又早薨，按次序，太子应立三子燕王旦。但"旦为人辨略，博学经书杂说，好星历数术、倡优射猎之事，招致游士。……旦自以次第当立，上书，求入宿卫。上怒，下其使狱。后坐藏匿亡命，削良乡、安次、文安三县。武帝由是恶旦。后遂立少子为太子"。[①] 星历数术，在两汉为"前科学性"的一大学术系统，非好学深思者不能学。"倡优射猎"，乃汉家的寻常生活，李延年兄妹即皆出自倡优，值不得提出来渲染。巫蛊之祸，京师死者数万人，朝廷动摇；

---

① 《汉书》卷六十三《武五子传》。

"上书求入宿卫"，乃人子应有之义。且之所以不得立的最深根源，乃在其博学经书杂说及招致游士而已。

由专制政治所形成的专制心理，为了保护他们的专制地位，对学术传播的刻毒，可谓达到了心理变态的程度。《汉书》卷八十《宣元六王传》载东平王来朝，上疏求诸子及《太史公书》（按即《史记》）。成帝问大将军王凤，王凤的答复是："诸子书或反经术，非圣人；或明鬼神，信物怪。《太史公书》有战国纵横权谲之谋，汉兴之初，谋臣奇策，天官灾异，地形阨塞。皆不宜在诸侯王，不可予。……"这话很合成帝的心理，遂不与。而此时的诸侯王，正如班固所说，与一个社会的富人没有分别。由此可知专制者只要感到某种知识有窥破专制黑暗的可能时，即会神经过敏地加以阻塞。

专制政治及抱专制政治思想的人，在其本质上，和知识与人格是不能相容的。史公在《史记》中对当时朝廷的提倡儒术，常用一个"饰"字，即是不过以儒术来作专制政治的装饰之用，这揭破了武帝对学术的基本用心，也揭破了古今中外一切专制者对学术的用心。由装饰进一步而加以歪曲利用，乃自然之势，应有之义。在专制政治之下，不可能允许知识分子有独立的人格，不可能允许知识分子有自由的学术活动，不可能让学术作自由的发展。这即使是属于专制者的血统，在专制者的一个固定统治集团之内，依然非加以残酷地消灭不可，还能允许社会上存在有独立自由的学术势力吗？两汉的民间教授，弟子常多至数千百人，这只有在专制者心目中认为他们在社会上没有发生一点积极的反抗性的可能时，才能消极地承认他们的存在。

六、学术史中董仲舒的冤狱

我在这里应顺便为我国学术史揭破一件冤狱。

《汉书》卷五十六《董仲舒传》："自武帝初立，魏其、武安侯为相，而隆儒矣。及仲舒对策，推明孔氏，抑黜百家，立学校之官，州郡举茂才孝廉，皆自仲舒发之。"近百年来，一般人认定我国学术的不发达，皆应由董氏将学术定于一尊，负其全责。其实，董氏在对策中说"诸不在六艺之科，孔子之术者，皆绝其道，勿使并进"的话，实际是指当时流行的纵横家及法家之术而言。他的反纵横家，是为了求政治上的安定。他的反法家，是为了反对当时以严刑峻罚为治。他的推明孔氏，是想以德治转移当时的刑治，为政治树立大经大法。而他的所谓"皆绝其道，勿使并进"，指的是不为六艺以外的学说立博士而言。汉初承秦之旧，立博士并无标准。汉文时有博士七十余人，方士亦在其列；而六艺中仅有《诗经》博士。董氏的意见，并不是要禁止诸子百家在社会上的流通。董氏这一建议，只考虑到当时的政治问题，立论诚然容易被统治者所利用，而发生很大的流弊。但即使在两汉的经学盛时，也不曾影响到知识分子在学术上的态度。要由此而把两千年学术不发达的罪过一起加在他身上，这把一个书生所能发生的影响力，估计得太高，有点近于神话了。

要窥两汉学术的大势，及当时知识分子对学术的态度，应当由《汉书·艺文志》着眼。《艺文志》本于刘歆的《七略》；而刘歆的《七略》，则来自以刘向为首的校雠之业，及刘向"每一书已，辄条其篇目，撮其指意，录而奏之"。[1]因此，可以说《艺文志》乃出自刘氏父子之手，而得到班氏父子的承认，这是久有定论的。刘向的思想趋向保守，刘歆则较为通达。但他父子都是最推尊董氏的人。《汉书·董仲舒传》赞，即引了他父子两人的话以作对仲舒的评价。

　　赞曰：刘向称，董仲舒有王佐之材，虽伊、吕无以加。管、晏之属，伯者之佐，殆不及也。至向子歆，以为伊、吕乃圣人之耦，王者不得则不兴。故颜渊死，孔子曰："噫，天丧予。"唯此一人为能当之。自宰我、子贡、子游、子夏不与焉。仲舒遭汉承秦灭学之后，六经离析，下帷发愤，潜心大业，令后学者有所统一，为群儒首。然考其师友渊源所渐，犹未及乎游、夏，而曰

---

[1]　以上皆见《汉书》卷三十《艺文志》。

管、晏弗及，伊、吕不加，过矣。至向曾孙龚，笃论君
子也，以歆之言为然。

刘歆虽以其父推许董氏太过，但依然认其"为群儒首"。
班氏引之，遂为汉代对董氏的定论。《汉书·艺文志》，总
录百家，校其长短。其《诸子略》，不仅将儒家与诸家并
列，且总叙谓：

> 诸子十家，其可观者九家而已（按除小说家）。皆
> 起于王道既微，诸侯力政。时君世主，好恶殊方。是
> 以九家之说，蜂出并作。各引一端，崇其所善。以此驰
> 说，取合诸侯。其言虽殊，譬犹水火，相灭亦相生也；
> 仁之与义，敬之与和，相反而皆相成也。易曰：天下同
> 归而殊途，一致而百虑。今异家者，各推所长，穷知究
> 虑，以明其指；虽有蔽短，合其要归，亦六经之支与流
> 裔。使其人遭明王圣主，得其所折中，皆股肱之材已。
> 仲尼有言，礼失而求诸野。方今去圣久远，道术缺废，
> 无所更索。彼九家者不犹愈于野乎。若能修六艺之术而
> 观此九家之言，舍短取长，则可以通万方之略矣。

上面对诸子百家的开明态度，与司马谈《论六家要旨》的
精神是一致的。而与前面所引王凤对诸子的观点，可以形
成统治者与学者间的极为鲜明的对照。纵使此种开明态度，

不能直接推其出于董仲舒；但最低限度，刘氏父子及班固等，亦丝毫未因董氏"皆绝其道"的话，而发生误解；更未因此影响到他们对学术的全般态度。董氏的话，既未曾影响于汉代最崇拜他的人们，而谓其有力量能决定以后两千年学术发展的趋向，岂非神话？阻碍学术发展的，是专制政治；决定学术发展方向的是专制政治下的社会动态与要求。百年来的学者，不肯深求我国学术发展长期停滞的基本原因，而简单地归罪于董氏一人，这未免把董氏一人的力量估计得太高，而把学术上的大问题，作过于轻松的交代了。魏晋的思想，以玄学为主；南北朝及隋唐的思想，以佛学为主；董仲舒的影响到什么地方去了呢？学术之弊，极于经义八股，这还是出于专制者的要求？还是出于董氏的明崇孔氏的影响呢？

七、东汉专制政治的继续压迫

光武（刘秀）是一个精明而阴狠的人物。他在打天下的过程中，惩刘邦大封异姓所引起的问题，一开始便把地方政权的基础，安放在太守与令长身上。对功臣，大量封侯；先是虚封，以后再斟酌情形实封。即使实封，实际上侯者的地位，并不及太守。封侯而可为太守的，仅出于暂时的权宜，决不使他的功臣与地方政权发生关系。对皇子封王，给以非常优厚的俸给。至明帝减为二千万，①生活上仍不可不谓为养尊处优。但不仅不关与实际政治，且在实际政治中也毫无地位。《后汉书》卷十四《宗室四王三侯列传》载光武建武二年（二十六年）封其兄伯升之长子章为太原王，兴为鲁王。"章少孤，光武感伯升功业不就，抚育恩爱甚笃。以其少贵，欲令亲吏事，故使试守平阴令。"此足可反映出当时所封之王，全系虚衔，地位上与西汉末期的王亦大异其趣。

西汉末期，"宾客"的这一社会特别阶层，遍及于全社会，及王莽之乱，地方豪杰，多凭宾客以起事，这将另作研究。此处所应指出者，养宾客既为东汉初期的社会风气，则当时生活富厚的诸王，既与现实政治全不相干，则在人情上追随时代风气而养些宾客，以破除生活上的寂寞，这应当没有什么关系。《后汉书》卷四十二《光武十王列传》："时禁网尚疏，诸王皆在京师，竞修名誉，争礼四方宾客。"正是这种情形。但马援便最先看出了这里面的危机。《后汉书》卷二十四《马援列传》：

　　援谓司马吕种曰，建武之元，名为天下重开。自

---

① 《后汉书》卷十上《皇后纪》："帝（明帝）曰，我子岂宜与先帝（光武）子等乎？岁给二千万足矣！"卷五十《孝明八王列传》："明年（永平四年，西纪六十一年）按舆地图，令诸国户口皆等；租入岁各八千万。"据此则明帝之所谓"二千万"，并未实行。而光武所封之俸给，当更厚于此。

今以往，海内日当安耳。但忧国家诸子并壮，而旧防未立。若多通宾客，则大狱起矣。卿曹戒慎之。及郭后薨，有上书者，以为肃等受诛之家，客因事生乱，虑致贯高、任章之变。帝（光武）怒，乃下郡县收捕诸王宾客，更相牵引，死者以千数。吕种亦与其祸。临命叹曰："马将军诚神人也。"

马援的所谓"旧防未立"的旧防，卒于建武二十四年"诏有司申明旧制阿附蕃王法"，而把它恢复起来了，且实行得更为严酷。

按《后汉书》卷一下《光武帝纪》，建武二十八年，"夏六月丁卯，沛太后郭氏薨，因诏郡县捕王侯宾客，坐死者数千人。"《集解》："案广陵思王传，与东海王疆书曰，太后尸枢在堂，洛阳吏以次捕斩宾客，至有一家三尸伏堂者，痛甚矣。"这些死得不明不白的宾客，真可谓千古奇冤。

因对诸王的猜嫌心理，东汉把王侯与"妖恶"作一样的看待。《汉宫仪》记有推荐博士的举状，其中有一项是"世六属，不与妖恶交通，王侯赏赐"。家族一得了王侯的赏赐，便失掉博士候补的资格；因为"受王侯赏赐"，是和"与妖恶交通"同科的。这真是太严重了。

在上述的猜妨心理中，便出现了楚王英的大冤狱。《后汉书》卷四十二《光武十王列传》：

楚王英以建武十五年封为楚公，十七年进爵为王。……自显宗（明帝）为太子时，英常独归附太子，太子特亲爱之。及即位，数受赏赐……英少时好游侠，交通宾客；晚节更喜黄老学，为浮屠斋戒祭祀。八年（永平八年，六十五年），诏令天下死罪皆入缣赎。英遣郎中令奉黄缣白纨三十四，诣国相曰，托在蕃辅，过恶累积；欢喜大恩，奉送缣帛，以赎愆罪。国相以闻。诏报曰，楚王诵黄老之微言，尚浮屠之仁祠；洁斋三月，与神为誓。何嫌何疑，当有悔吝？其还赎以助伊蒲塞桑门之盛馈……英后遂大交通方士，作金龟玉鹤，刻文字以为符瑞。十三年，男子燕广告英与渔阳王平、颜忠等，造作图书，有逆谋，事下案验。有司奏英招集奸猾，造作图谶，擅相官秩，置诸侯王公将军二千石，大逆不道，请诛之。帝以亲亲不忍，乃废英徙丹阳泾县。……明年，英至丹阳自杀。

楚王英向其相赎罪，可知相即是平时监督他的特务。说他所招集的"奸猾"，乃当时佛道混合的"信徒"；造作图书，乃其宗教中的仪式。擅相官秩，英无一兵一卒，岂非儿戏？此皆诬妄之辞。但楚王英自杀后，竟兴起残酷的大狱。同传："楚狱遂至累年，其辞语相连，自京师亲戚诸侯、州郡豪杰，及考案吏阿附相陷，坐死徙者以千数。"《后汉书》卷四十五《袁张韩周列传》："永平十三年（七十年）楚王英谋为逆，事下郡覆考。明年，三府举安（袁安）能理剧，拜楚郡太守。是时英辞所连及系者数千人，显宗（明帝）怒甚，吏案之急，迫痛自诬，死者甚众。安到郡，不入府，先往案狱，理其无明验者，条上出之。府丞掾史皆叩头争，以为阿附反虏，法与同罪，不可。安曰：如有不合，太守自当坐之，不以相及也。遂分别具奏。帝感悟，即报许，得出者四百余家。"但明帝及当时的人臣，并不是不知道这是冤狱。明帝宁愿把社会稍有活力的人，如前所谓"州郡豪杰"，借机锄杀尽净，而人臣莫敢争。《后汉书》卷二十九《申屠刚鲍永郅恽列传》："建初元年（七十六年），大旱谷贵，肃宗（章帝）召昱（鲍昱）问……对曰……臣前在汝南，典理楚事（楚狱之事），系者千余人，恐未能尽当其罪。先帝（明帝）诏言，大狱一起，冤者过半。又诸徙者骨肉离分，孤魂不祀。一人呼嗟，王政为亏。宜一切还诸徙家属，蠲除禁锢，兴灭继绝，死生获所；如此，和气可致。帝纳其言。"章帝在两汉诸帝中，是天资最为敦厚的人，楚狱经过六年，至此乃得稍告一段落。大狱的进行，完全是用酷刑逼供的方法。《后汉书》卷八十一《独行列传》："是时楚王英谋反，阴疏（通）天下善士。及楚事觉，显宗（明帝）得其录，有尹兴（时为会稽太守）名，乃征兴诣廷尉狱。续（陆续）与主簿梁宏、功曹史驷勋，及掾史五百余人，诣洛阳诏狱就考。诸吏不堪痛楚，死者大半。

唯续、宏、勋掠考五毒，肌肉消烂，终无异辞。"即此可以推见一般。

但与楚王英为同父异母兄弟的济南安王康，被人告上与楚王英相同的罪名，却得到完全不同的结果。《后汉书》卷四十二《光武十王列传》：

> 济南安王康……在国不循法度，交通宾客。其后，人上书告康招来州郡奸猾渔阳颜忠、刘子产等；又多遗其缯帛，案图书，谋议不轨。事下考，有司奏举之。显宗以亲亲故，不忍穷竟其事。

济南安王康犯上了同一的罪名，而仍得以保全，以情理推之，殆其人较楚王英为凡庸，不足以引起明帝的猜忌。并且康后来"多殖财货，大修宫室，奴婢至千四百人，厩马千二百匹，私田八百顷，奢侈恣欲，游观无节"。他的国傅何敞上疏力谏，要他"修恭俭，遵古制……以礼起居"，康置之不理。结果他是"立五十九年薨"。他的荒淫腐化，正是他能"立五十九年薨"的重要条件。

通过专制政治中的封建情形的分析，应当可以了解专制政治的基本性格，及在这种性格下所形成的专制主的心理状态，是决不能容许社会上存在有使他感到压力的任何力量；哪怕这种压力，绝对多数只是专制主的心理上的存在，而不是事实上的存在，也必加以残酷的摧毁。对于与他们血肉相连，并由他们自身的需要所建立起来的"诸侯王"及"诸王"，也毫不例外，更何有于一般社会势力。专制政治既决不允许出现一种与它两不相容的进步力量，而历史上，又不可能有能与专制政治并行不悖的进步力量，于是中国历史中的学术文化，只有长期在此一死巷中纠缠挣扎，很难打开一条顺应学术文化的自律性所要求的康庄坦途，因而一直走的是崎岖曲折而又艰险的小径。中国历史中的知识分子，常常是在生死之间的选择中来考验自己的良心，进行自己的学术活动。所以两千多年来中国的学术情况，除了极少数的特出人物以外，思想的夹杂性，言行的游离性，成为一个最大的特色。逻辑的不能发达，此亦为重要原因之一。[1]而知识分子自身，由先秦两汉的任气敢死，因在长期专制折磨之下，逐渐变为软懦卑怯。一直到现代，即使是在外国学科学而能有所成就的人，一在国内住下以后，绝对多数的，也会变成在行为上是反科学的乡愿人物。不能了解此种历史背景，便很难了解中国文化学术及担当文化学术的知识分子，何以出现这种独特的形态。

---

[1] 台湾大学教授殷海光先生，一九六九年夏，胃癌复发，已无生望，而其求知之欲愈强。一日余往省视，于其病榻，偶言及此，则大笑，喜以为得未曾有之卓见，欲余为此专写一文，迄今未曾着笔，而殷君骨灰，闻已扬尘沧海。追念一时论学之欢，渺难再得。为之感恸。

汉代一人专制政治下的官制演变

一、官制系以宰相制度为骨干

官制是政治运作中的一套机器。从另一角度说，也是知识分子在政治上发挥能力所凭借的基本条件。它的形成，在理论上说，是适应治理天下的客观情势上的需要。因此，它的演变，应当是出于由客观情势变化的要求。所以官制的本身，应当具有客观独立的性格。但一人专制政治的特质，首须将皇帝个人的身份地位绝对化、神圣化；这一点，除了秦始皇通过礼仪加以实现，并由叔孙通为汉家制朝仪时所继承外，且如后所述，也须通过官制而加以实现。其次，一人专制政治，是秦国长期在法家思想培育之下所形成的。法家思想特点之一，是君臣关系的紧张，因而在心理上所引起的非常尖锐的猜防作用。一人专制者的皇帝地位，已如我在《封建制度的崩溃及典型专制政治的成立》一文中所述，并不借助于神权，而主要是运用法术的箝制与威吓，这便更助长了法家所提出的君臣间的紧张关系和猜防心理。《史记》卷五十三《萧相国世家》："于是乃令萧何赐带剑履上殿。"《会注考证》引朱锦绶曰："案《贾子》，古者天子二十而冠带剑，诸侯三十而冠带剑……，可见有事带剑，古礼之常。臣上君殿，其事尤大，当必以带剑为礼矣。……见君之礼，立而不坐，恐必不以不履为敬也。自秦法群臣侍殿上者，不得持尺寸之兵，适与古制相反。汉沿其法，故特赐萧何以宠之。其实剑履上殿，秦汉以前，不以为异，请约举经传以证之……"此即由猜防心理所引起的君臣关系变化的一例。这种情形，也必然在官制上发生重大的作用。

一人专制下的官制，是由秦政、李斯们所建立起来的。他们正紧接着战国过渡性的开放时代。由诸子百家，尤其是由其中的儒家所提出的政治理想，也浸透到政治制度的构想中去，甚至将理想伪托为古代官制之名以求其实现，这不能不渐渐形成一种"观念的力量"。这种观念的力量，也会通过吕不韦的门客而给秦的君臣以影响。尤其李斯本是荀卿的学生，也未尝不深通儒术。所以在他们形成这副大一统的统治大机器时，除了在基本上顺应一人专制的要求以外，其势也必须受到山东诸国的事实上与观念上的若干影响。于是在他们的官制中，我们应当承认实包含有若干合理的成分，最显著的是宰相制度的确立。① 春秋时代，各国政治的好坏，常随一个"为政"、"当政"、"当国"者为转移，不过那都是各国封建体制内的贵族。孔子则以平民而抱"吾其为东周乎"② 之志，这实际是假定他可以获得代替人君行使职权的官位。这一官位，一方面由事实的要求而演变出战国时的丞相；同时也是抱有政治理想的知识分子，在对官制的构想中所寄托的理想。《荀子·王霸》篇："相者论列百官之长，要百事之听，以饰朝廷臣下百吏之分，度其功劳，论其赏庆，岁终奉其成功，以效于君。当则可，不当则废。"《吕氏春秋·举难》篇："相也者，百官之长也。"《管子·君臣上》："是故主画之，相守之。相画之，官守之。"③ 在这类的话里面，不仅是对相权作现实的描述，而实也含有对相权作理想的期待。宰相的出现，是在战国斗争激烈的现实政治要求中所逐渐形成的。但它在现实要求中，可以容许政治的理想。人君不必皆贤，但宰相则可选天下之大贤；人君可以继业垂统的不变，但宰相则可因其贤否及成效而变动。御史大夫以监察为宰相之副，太尉主军政，由县尉及郡的都尉与县令长及郡守的关系，可以推知太尉也是属于宰相。宰相制度，是整个官制

---

① 宰相制度，在秦称丞相与相国。山东诸国的魏赵燕，皆有丞相，秦则悼武王二年始置丞相。

② 《论语·阳货》。

③ 《管子》此篇之时间，我以为不会出现在《吕氏春秋》之前。

中的领袖与骨干。宰相地位合理化，则宰相以下的百官皆可以合理化，而将整个政治机器推向合理的方向；这是家天下、私天下中所含的一点公天下的成分。所以宰相制度，可以说是现实与理想合一的制度；知识分子的政治抱负，在宰相制度之下，应当可以得到合理的机遇与合理的发挥，极其致，也可以跻身相位，取得治天下之实。当然这里不考虑到用宰相之权，是操在人君手上；宰相的好坏，还是决定于人君的好坏的这一种人的因素。正因为如此，宰相制度，一方面为大一统的专制政治所必需；另一方面，却又为一人专制下所不容。于是专制政治的发展，在官制上最重要的演变，便是宰相制度的破坏。官制中其他的演变，主要是环绕此一演变所引发出来的。由宰相制度在演变中的破坏，自汉武帝后，中国历史上便无名实相符的宰相；而担任变相宰相的人，也常受到最大的挫折与屈辱。这便影响到知识分子整个的命运，并挫折学术的正常发展。

秦享国日浅，它所建立的官制的效用，我们不能完全明了。二世胡亥任赵高为"中丞相"，[①] 这是宰相制度破坏的开始。但破坏的情形也不太彰著。大一统的一人专制之局，是由汉所继承、所稳定下来的。由汉代官制的演变，以了解一人专制的性格及其对汉代政治社会与学术的影响，这应当是一条重要的门径。

---

① 见《史记·秦始皇本纪》及《李斯列传》。

二、三公九卿在历史官制中的澄清

在未进入到本问题之前，我应当首先指出汉人所流行的三公九卿的官制的说法，不是唐虞三代的政治史上的官制，也不是秦及西汉初年所曾实行过的官制。我要先把这一点澄清，也便可以澄清我国两千年来官制中的若干纠结。

卜辞中有"三公"一辞，指的是先王先公而非爵位名称。[①] 传统的说法，最先出现三公一辞的是《尚书》中的《周官》"立太师、太傅、太保，兹惟三公，论道经邦，燮理阴阳"的几句话。按现行《尚书》中的《周官》系伪古文，今日已成定论。而"燮理阴阳"的观念，决非战国末期以前所有，恐亦不须多论。故此不足为"三公"之制在周初已有之证。惟《郑志》"赵商问曰：按成王《周官》立太师、太傅、太保，兹惟三公"云云，遂有以《郑志》所引，乃真古文《周官》之文，[②] 则是以太师太傅太保为三公，乃周初所固有。但皮锡瑞谓"案郑君述古文逸书二四篇目，见于孔冲远书疏，内无《周官》。而赵商云云者，惠栋《古文尚书考》曰：'孔氏逸书无《周官》。赵商据以为说，此必见《纬书》及《书大传》，梅氏即用之

---

① 见《甲骨文字集释》二·二三〇六。
② 屈万里氏著《尚书释义》附录三页一八八，即以此为真古文《周官》之文。

以入《周官》.'其说是也。"① 是《郑志》赵商所引之周官，仍非真古文《周官》，则"兹惟三公"之语，仍为后出之语。周初有公爵，但并无以三为限定而称为"三公"的官制。《尚书》中的《牧誓》、《酒诰》、《立政》、《顾命》，皆出有周初较详的官制，皆无三公之名。《金縢》有"二公曰"，《传》谓二公乃召公、太公，再加上周公本人，此似为三公。但此三人乃公侯伯子男五等爵中之公，而非周王左右另成一固定官制的"三公"之公。所以在《顾命》中又出现有毕公、毛公。周代爵位世袭，则其公之不限以三，甚为明显。《五礼通考》卷二百十五引叶氏时曰："以三公言之，召公为保，周公为师，而太傅无有焉，召公实兼之也。周公既没，召公为保，而太师太傅无有焉，召公实兼之也。"此乃傅会三公之说而不可得，故以"兼之"作弥缝，而不知本无所谓三公。《诗·小雅·雨无正》的"三事大夫"，郑《笺》即以三公释之。但诗人分明称为"大夫"，何得以大夫为公？是《诗》、《书》中未见有三公的名辞。《春秋左氏》、《穀梁》两传，皆无三公的名称，是春秋二百四十二年中，未出现所谓三公之制。《公羊传》有"天子三公"的说法，但这都是由"初献六羽"（隐五年）、"祭公来"（桓八年）、"周公出奔晋"（成十二年）等经文傅会而成，这是在景帝时胡毋生等写定时所傅会上去

---

① 见皮锡瑞《郑志疏证》四。

的。①在经文原文中，没有可以解释为三公的任何根据。正因为如此，所以二千年来的传注家对先秦典籍作三公的解释时，不仅都是采用"拼七巧板"的方式，并且对三公的内容也各不相同。《汉书》卷十九上《百官公卿表》七上，既以太师、太傅、太保为三公，但又"或说司马主天，司徒主人，司空主地，是为三公。"此处之"或说"，盖出于《韩诗外传》八："三公者何，曰司空、司马、司徒也。司马主天，司空主土，司徒主人。"其于古史为无稽，更不待论。

就我目前所能找到的可靠线索来说，三公这一名辞的出现，应在春秋之末，或即由墨子这一学派的政治理想所造出来的。《尚同上》："是故选天下之贤可者立以为天子。天子立，以其力为未足，又选择天下之贤可者置立之以为三公。天下三公既已立，以天下为博大，远国异土之民，是非利害之辨，不可一二而明知，故画分万国，立诸侯国君。诸侯国君既已立，以其力为未足，又选择其国之贤可者置立之以为正长。"《尚同中》、《尚同下》都有这一段大体相同的话；《天志》里也有与这相同的政治制度。假定《墨子》一书的主要部分，乃成立于战国中期以前，则这应当是在可信的材料中最早提出三公观念的；最低限度，是最早把三公的观念很明显而有力地镶入到整个的官

---

① 见《春秋公羊传·隐公二年》："纪子伯者何，无闻焉耳。"传注。

制中间去，而成为完整系统中的重要一环的。《老子》卷六十二也有"置天子、立三公"的话，由这种话所代表的政治意义，在《老子》一书里的分量，没有在《墨子》一书里的分量重。而《老子》一书，若如我所考证，这是由老子这一派的学徒辗转记录增补而成，其主要部分，也是写定于战国中期之前；① 则《老子》一书的这两句话，是受到墨子一派的直接或间接的影响，是可以讲得通的。至于孟子曾说柳下惠"不以三公易其介"（《尽心章上》），这可证明此一观念在战国中期已经传播开了。

然则何以能说这三公不是历史的事实，而是出自墨子这一学派的政治理想呢？第一，从天子起，一直到地方的正长，皆出自选举，这是被过去研究墨子的人所忽略了的伟大政治理想。第二，墨子引作三公职位的历史证据，都出于历史的傅会，由此可知在历史中并不曾真正出现过三公。《尚贤中》："傅说被褐带索……武丁得之，举以为三公。"《尚贤下》："昔伊尹为莘氏女师仆，使为庖人，汤得而举之，以为三公。"在历史的传说中，也没有傅说、伊尹所作的是三公的职位任何痕迹；可知墨子或墨子的学徒，在历史中找不到三公这一职位。然则何以称为三公呢？公的爵位在周初是有的，公而冠以三，或取"数成于三"，②

① 详见拙著《老子其人其书的再考查》，收入《中国思想史论集续篇》。
② 《史记·律书》："数始于一，终于十，成于三。"故古人好以"三"称物。

或取天地人三才之义，则无法确定。[①]

在《墨子》的官制系统中，天子之下是三公，三公之下是诸侯，由此可以推知他们所说的三公，实际指的是卿大夫，最低限度是概括了卿大夫，所以便略去这一环节。周的官制中有卿，这是不容怀疑的。《左传·成公三年》"晋作六军，韩厥、赵括、巩朔、韩穿、荀骓、赵旃皆为卿"。是晋有六卿。《左传·襄公八年》郑子展谓晋"八卿和睦"，是晋又有八卿。或八卿之八，乃六字之讹。《左传·襄公十九年》"公享晋六卿于蒲圃，赐之三命之服。军尉司马司空舆尉候奄皆受一命之服"。可知晋之所谓卿，以受命将佐上中下军为准；有兼司马、司空诸职的，但司马、司空等并非卿位。《左传·文公七年》宋国"公子成为右师，公孙友为左师，乐豫为司马，鳞矔为司徒，公子荡为司城，华御事为司寇，六卿和公室"。是宋六卿之名位，与晋不同。《左传·僖公九年》公子目夷"为左师以听政"。《左传》鲁文时期，华元以右师为政。《左传·襄公九年》"乐喜为司城以为政"。是六卿中无固定为政之规定。而司马、司徒、司空[②]皆卿位而非公位。此外郑有六卿，而司马、司空、司徒皆卿。[③]齐、楚、秦诸大国，则

---

① 　服虔《左传注》"三者，天、地、人之数"，此说在战国初期即盛行。

② 《左传·桓公六年》："宋以武公废司空。"杜注："武公名司空，废为司城。"是宋之司城即司空。

③ 　见《左传·襄公九年》及《左传·襄公十年》。

皆无六卿之名。

至于"九卿"，则自周初以迄战国，未曾发现此一官制的痕迹。独《国语·鲁语下》记公父文伯之母有"是故天子大采朝日，与三公九卿，祖识地德"的话，果尔，则在春秋定、哀之际，已有九卿一辞，且与"三公"连在一起。但不特自春秋之末以迄战国，除下述《吕氏春秋》外，其他可信赖的文献，并未见到九卿一辞。并且《国语》中除此处外，只有六卿的名称，再找不到九卿的名称。依我的推测，刘向编《列女传》时，三公九卿的名称，甚为流行。他将《鲁语》有关公父文伯的材料，改编成《列女传》中的《鲁季敬姜》，为求文字适合当时皇室的要求，便将《鲁语》中此处其他的官制名称，改为"三公九卿"。并将下句的"祖识地德"，改为"组织施德"（此句也可能是传抄中因字形近似而来的讹误）；后人再将《列女传》中的"三公九卿"，误校到《鲁语》中去了。因此，我以为"九卿"一辞，恐以《吕氏春秋》十二纪为最早而可信。吕不韦聚门客作《吕氏春秋》以作秦统一天下后政治的宝典。在十二纪中，开始把三公九卿组合在一起；而九卿的官制，可能即是他的门客构造出来的。《孟春纪》："立春之日，天子亲率三公九卿诸侯大夫，以迎春于东郊。"以后各纪中，大都有三公九卿的出现。他们所以将春秋时代流行的六卿改为九卿，或者因为晋、宋等国既已有六卿，则作为大一统的秦帝国，自应比他们要多出一些。而由六升到九，或者是因为《左传·文公七年》有"六府三事，谓之九功"的话而来；或者是出自他们特殊的数字衍化，由三公衍化而为九卿（见后），则不易断定。《吕氏春秋》的十二纪，给了汉代思想与政治以可惊的影响，此将另有专文论述。这里只指出，由汉文帝令博士诸生所作的王制[①]中，"天子三公九卿，二十七大夫，八十一元士"的几句话，是承《吕氏春秋》十二纪的三公九卿演化出来的。这种以三的倍数所形成的官制，或者与《宋书·律志》"黄钟之律长九寸，物以三生。三三见九，三九二十七，故幅广二尺七寸，古之制也"的这几句话有关系。因此，八十一元士之八十一，乃由三乘二十七大夫而来。董仲舒《春秋繁露·官制象天》第二十四，对此一官制，以"圣王所取仪金（于）天之大经，三起而成（按指每三月而成一季），四转而终（按指四季而成岁。以四季比此官制之四级）"作解释，恐亦非博士之本意。郑康成不知道这种官制是出自文帝的博士们的凭空演化，但又于古无征，所以只好说"此夏制也"，当然郑说是完全没有根据的。因此，凡是把秦以前的官制，向三公九卿去比傅，汉人比傅得没有办法，又造出三孤之说以为补缀，皆是曲解历史。除了增加混乱外，更无半丝半毫意义。

---

① 关于现行《礼记》中之《王制》，清今文学家另立异说，但绝对不能成立，将另文讨论。

三公的名称，虽出现得较早，而九卿的名称，虽出自吕不韦的门客，对秦可以发生影响；但秦的实际官制，并没有受到这两个名词的影响。《通典》卷二十《职官二》："秦置丞相，省司徒。"又谓"秦无司空，置御史大夫"，此误以成帝绥和元年（前八年）之改建三公，为古代所固有。汉承秦制，由西汉有九卿之名而不拘于九卿之数，即可推知秦无九卿之说；凡谓秦有九卿者，皆出自后人之傅会。

三公九卿之名，在西汉颇为流行。但在绥和元年以前，皆只作象征性的使用，而未尝以此作官制的规准。成帝绥和元年，因何武之言，将御史大夫改为司空，连同原有之丞相及武帝时所设之大司马，修改丞相制为三公制。在此以前，太尉并不常设，故《史记·将相年表》于高帝五年、文帝三年、景帝七年、武帝建元二年，皆云罢太尉官，是汉廷从无以太尉为三公之观念。而武帝之设大司马，乃是为了"以冠将军之号"①来宠异卫青及霍去病，亦与三公无涉，甚至与原设的太尉亦无涉。因为此时之大司马是虚

---

① 按《汉书·百官公卿表》谓"元狩四年（前一一九年）初置大司马，以冠将军之号"，是说在卫青的大将军及霍去病的骠骑将军上面，各加一大司马的头衔。将军是实职，而大司马是荣衔。但《大陆杂志》三八卷一期郑君钦仁译镰田重雄著《汉代的尚书》一文中有"大司马原为太尉的官，武帝时设置，冠以将军号"，这便由一字的颠倒而成为与原来意思的颠倒，不知是否系郑君误译。"大司马原为太尉的官"亦谬。

衔，且直属于天子；而太尉则系主管军政的实职，为丞相的助手。《汉书》卷八十九《循吏传》黄霸荐史高可为太尉："天子（宣帝）使尚书召问霸，太尉官罢久矣，丞相兼之，所以偃武兴文也。"按自霍光以大司马大将军辅政，卒于地节二年（前六十八年），经张安世、韩增、许延寿，至甘露元年（前五十三年）许延寿之死，大司马未尝无人。若在绥和元年以前，大司马系由武帝改太尉而来，则宣帝不会说"太尉官罢久矣"的话。以大司马作太尉，乃成帝绥和元年改置三公以后的观念。这一点，汉人也常常弄混淆了。《汉官仪》谓武帝改太尉曰大司马，此与元狩四年诏卫青、霍去病皆为大司马的情形完全不合。且三公的地位是平等的，故绥和元年改三公制时，即"益大司马大司空（御史大夫）奉（俸）如丞相"。在此之前，则御史大夫"掌副丞相"，丞相奉钱月六万，而御史大夫月四万；是绥和以前由高帝五年至元延四年，凡一百九十三年间，汉无三公的官制，彰彰明甚。然《史记》卷一〇二《张释之列传》有"三公九卿尽会"之语，卷一一二《平津侯列传》汲黯谓公孙弘"位在三公"，而公孙弘亦自称"夫以三公为布被"。此时弘为御史大夫；又"致位三公"，则弘已为丞相。卷一二二《酷吏列传》张汤自谓"陛下幸致为三公"，又"杜周初征为廷史……及身久任事至三公列"。张汤、杜周实皆为御史大夫。由此可知武帝时并无三公之实，而率称丞相、御史大夫为三公；可断言三公一辞，西汉时已在观念上发生影响，故当时即作象征性之使用。成、哀之后，乃渐趋向现实官制上的使用，至东汉而始在官制上完全确定。

九卿一辞的情形，也和三公一辞的情形一样。《续汉志》标明"太常（原名奉常）卿一人"、"光禄勋（原名郎中令）卿一人"、"卫尉卿一人"、"太仆卿一人"、"廷尉卿一人"、"大鸿胪（原名典客）卿一人"、"宗正卿一人"、"大司农（原名治粟内史）卿一人"、"少府卿一人"。以后韦昭《辨释名》，[①]张守节《史记正义》及《通典》、《通志》、《通考》，皆以此为两汉的九卿。而《通典》特加"九寺大卿"之名，此在两汉为无据。然《史记》卷一一二《平津侯主父列传》公孙弘谓"夫九卿与臣善者无过黯"，时汲黯为主爵都尉。卷一二〇《汲郑列传》"召（汲黯）以为主爵都尉，列于九卿"。又同卷郑庄"至九卿为右内史"。卷一二二《酷吏列传》宁成"徙为内史，外戚多毁成之短，抵罪髡钳。是时九卿罪死即死。少被刑，而成极刑"。"杨仆者……稍迁至主爵都尉，列九卿。"卷一二三《大宛列传》："军正赵始成为光禄大夫，上官桀为少府，李哆为上党太守，军官吏为九卿者三人，诸侯相郡守二千石者百余人。"由上文观之，少府固为九卿，光

---

①　见《太平御览》卷二百二十八《职官部》二十六。宋徐天麟《西汉会要》卷三十一《职官》所引略同。

禄大夫秩比二千石，但《汉书》卷三十六《楚元王传》载元帝征周堪，"拜为光禄大夫，秩中二千石"，与卿秩相同，是此职之地位，可高可下。故"毗亮论道，献可替否"（荀绰《晋百官表》），当时亦可能视为九卿。《汉书》卷七十六《张敞传》：敞"诣公车上书曰，臣前幸得备位列卿，待罪京兆。"又同卷《王尊传》，尊为京兆尹，御史大夫奏尊"不宜备位九卿"。主爵都尉（后改为右扶风）、内史（后改为京兆尹）、右内史，在当时皆称为九卿，远非《续汉志》所举之九卿可得而范围。今人求其说而不得，乃有人将"九卿"与"列卿"加以分别，[①] 此似因前有"列于九卿"、"列九卿"等字句而来。但汲黯为主爵都尉，称之为"列于九卿"。《史记》卷一二〇记汲黯"过大行李息曰……公列九卿"。按大行令后改为大鸿胪，正在《续汉志》九卿之内，亦称为"列九卿"。而《晋书》卷二十四《职官志》："太常、光禄勋、卫尉、太仆、廷尉、大鸿胪、宗正、大司农、少府、将作大匠、太后三卿、大长秋，皆为列卿。"此处所举自少府以上，正系一般所谓之九卿。但连同将作大匠等同称为列卿，则九卿与列卿之别，是毫无根据的。何况《汉书·百官公卿表》，实际是举出了十

---

① 中华文化出版事业委员会出版之《中国政治思想与制度史论集》中有曾繁康《中国历代官制》一文页十五"三、九卿之官（列卿附）"以执金吾、典属国，与水衡都尉等为列卿。

卿。因为在"中尉、秦官"这一条的下面说："自太常至执金吾（武帝太初元年改中尉为执金吾），皆中二千石，丞皆千石。"这是班氏视执金吾与由太常至少府等九官，皆系同等秩位；由太常至少府等九官是卿，执金吾也当然是卿。《汉书》卷七十七《毋将隆传》，隆为执金吾，诏即称其"位隆九卿"。所以韦昭辨正刘熙《释名》谓"执金吾本是中尉，掌徼巡宫外，司执轰奸。至武帝更执金吾为外卿，不在九列"的说法，认其对西汉而言，是不能成立的。执金吾因"徼巡宫外"，即为外卿，则廷尉掌理天下之狱，大司农掌理天下之财，岂非更应列为外卿吗？"外卿"之说，为两京所无，此亦系求其故而不得，故从而为之辞。而班固在《百官公卿表》中，列有奉常（太常）、郎中令（光禄勋）、卫尉、太仆、廷尉、典客（大行令、大鸿胪）、宗正、治粟内史（大司农）、中尉（执金吾）、少府、水衡都尉、主爵都尉（右扶风）、左内史（左冯翊）、右内史（京兆尹），共十四官，皆西京之卿，皆可称为九卿。此无他，九卿开始时乃一观念上之官制；西京对于本不止于九而称九卿，与本不足为三而称三公一样，乃象征性之使用，并未尝为"九"之数字所拘。成、哀而后，直至东汉，始将观念上之九卿，坐实而为事实上之九卿。此与三公的情形相同，乃官制上由观念演向事实的显著的一例。明乎此，则过去由西汉以上对三公九卿的种种拼七巧板式的说法，皆应廓而清之，不为其所迷惑。而十二卿

（刘熙《释名》）、十三卿①之说，皆不如从《汉书·百官公卿表》之为得其实了。

三、汉代官制的一般特性

由汉所继承的秦代官制，首先可以看出在设定之初，即含有一个特性，乃在于以官制中的大部分来表现并维护皇帝的绝对身份，而非出自客观政治治理上的需要。因此，所以在理论上尽可以说丞相助理万机，无所不统。太尉统军，御史大夫掌副丞相监察内外，这一官制的高层构造可以说是相当地合理；但因为其中坚构造的大部分是为了维护皇帝的绝对身份，所以一开始便成为丞相在法理上可以管，而在事实上则丞相不必管也不能管之局面。兹先作一概略观察如下。

列卿之首的太常掌宗庙礼仪，这可以说是由古代重视祭祀的传统而来。因其中有太史、太医及博士，这便成为半宗教半学术的机构。而博士"秩比六百石"，其地位不及太乐、太祝、太宰等令；但常有参议朝政，巡察地方的机会，这是以"通古今"的知识，得到政治发言权，是专制政治构造中最有意义的部分。

在列卿中地位特殊而组织庞大，在实质上可以说是居

---

① 《五礼通考》卷二百十七之说。

列卿的第一位的，无过于由先称郎中令，后改名为光禄勋的职位。光禄勋府在宫中，它是为皇帝看门的。正因为它是为皇帝看门，主管安全，并是通向内外的管钥，所以它的组织庞大，除为皇帝看门外，并兼尽储备人才的责任。《汉书·百官公卿表》：

> 郎中令，秦官，掌宫殿掖门户，有丞。武帝太初元年（前一〇四年）更名光禄勋。属官有大夫、郎、谒者，皆秦官。又期门、羽林，皆属焉。大夫掌论议。有太中大夫、中大夫、谏大夫，皆无员，多至数十人。武帝元狩五年（前一〇八年），初置谏大夫，秩比八百石。太初元年，更名中大夫为光禄大夫，秩比二千石。太中大夫秩比千石如故。郎掌守门户，出充车骑。有议郎、中郎、侍郎、郎中，皆无员，多至千人。议郎、中郎，秩比六百石。侍郎秩比四百石。郎中秩比三百石。中郎有五官、左、右三将，秩皆比二千石。郎中有车、户、骑三将，秩皆比千石。谒者掌宾赞、受事，员七十人，秩比六百石。有仆射，秩比千石。期门掌执兵送从，武帝建元三年（前一三八年）初置，比郎，无员，多至千人。有仆射，秩比千石。平帝元始元年，更名虎贲郎，置中郎将，秩比二千石。羽林掌送从，次期门，武帝太初元年初置，名曰建章营骑，后更名羽林骑。又取从军死事之子孙养羽林官（馆）教以五兵，号曰羽林

孤儿。羽林有令丞。宣帝令中郎将骑都尉监羽林，秩比二千石。

此一庞大机构，是武帝把它发展起来的。它的特点：第一，组织庞大，而内部享受高级待遇的，较任何机构为多。例如丞相府有两长史，秩千石；武帝元狩五年又加了一个司直，秩比二千石。但光禄勋府则光禄大夫秩比二千石，太中大夫秩比千石。这两种大夫，可以多到几十人。中郎五官、左、右三将及骑都尉皆秩比二千石。车、户、骑三将及谒者仆射，期门仆射，秩皆比千石。谏大夫秩比八百石，这在汉廷官制中可以说是很特出的。秩比六百石的可以多到几百人。比三百石到四百石的可以多到几千人。第二，掌议论的三种大夫，可以直接参与朝议。而谏大夫虽秩比八百石，但武帝常用以诘难丞相等大臣，使之折服，以伸张皇帝的意志。若以今日的名词来说，实际成为皇帝的智囊团及一批御用学者，以加强皇帝对大臣及政策的控制。第三，几千个郎的构成分子，最初多选自有功勋的中下级武人。高祖得天下后，为了安置这一批人，一方面养在这里，一方面又由这里选出去充任中央政府及地方政府的各种正式职位，这是军事复员善后的一种方法，大概是沿自秦始皇。接着选择才武之士，及二千石以上和有功勋者的子弟为郎。还有以纳赀进入仕途的，及选出的孝廉，乃至由四科所取的士，都要先在这里为郎，作更直执戟宿卫诸殿门，出充车骑①等职务，在这里熬资历，等机会。于是这一个皇帝的警备室，又成了吸收人才、储备人才的总站。其中的议郎常以处特突出之士；《续汉志》说"议郎不在直中"，即是说他可以不当班，要算是一种特例。仕进之途，由皇帝的警备室握其咽喉；一切臣工，皆出自皇帝的卫士。这样才可以保证他的忠诚，这样才更可以显出皇帝地位的崇高伟大，以摧抑由知识、人格而来的志气，使其非先接受这一专制模型的陶范不可。鼎盛期的大一统一人专制的形象，通过光禄勋这一机构而始完全刻画了出来。这要算是汉武的一大杰作。

卫尉是主管皇帝宫门的卫屯兵的，太仆是掌皇帝的车马的。主掌全国马政的职务，也是由汉武时扩充而来。大鸿胪是为皇帝作司仪。宗正是管皇帝的家谱。少府是皇帝的私账房，因为与皇帝更接近，所以其内容的丰富，仅次于光禄勋；而以后在政治上所发生的作用，更为过之。执金吾是管宫门以外的警卫及维持京师治安的。他出巡时的威风，令光武年少时望而生羡。中二千石的十卿，仅有廷尉是治狱，大司农是理财，不是直接为皇帝当差，太常可以说是半当差，其余的都是直接为皇帝当差的。仅凭为皇帝当差，即有政治上的崇高地位，愈与皇帝接近，便愈有政治上的权力，这是由一人专制所必然出现的现象。这是

① 见《续汉志》。

专制政治下的官制演变、政治演变的两个基本契机。不了解这一点，便不足以言专制政治下的官制问题。而宰相制度的破坏，也只有先把握到这一点，才能了解这是由专制政治内部矛盾所必定循环出现的现象。

四、武帝在官制演变中的关键性的地位

宰相一职，最先在刘邦的心目中，只是把它当作一个临时性的荣誉头衔，而不一定把它当作实际政治中所不可缺少的重要职位。洪迈谓："汉初诸将所领官，多为丞相。如韩信初拜大将军，后为左丞相击魏，又拜相国击齐；周勃以将军迁太尉，后以相国代樊哙击燕；樊哙以将军攻韩王信，迁为左丞相，以相国击燕；郦商为将军，以右丞相击陈豨，以丞相击黥布；尹恢以右丞相备守淮阳，陈涓以丞相定齐地。然《百官公卿表》皆不载。盖萧何已居相位，诸人者未尝在朝廷，特使假其名以为重耳。后世使相之官本诸此也。"① 同时，汉初政治上的猜忌之心，首先是集中到"诸侯王"身上；一直到景帝剪平七国，武帝分封子弟，而专制者心理上的这一重大政治压力，始大体解除。在官制上，他们的猜忌心理，则是首先安放在太尉一职之上，因为这是主管军事的。高祖六年（前二〇一年）以卢

---

① 《容斋续笔》卷十"汉初诸将"条。

绾为太尉，旋立绾为燕王，省太尉。十一年以周勃为太尉，攻代，旋省。惠帝六年（前一八九年）复以周勃为太尉；文帝元年（前一七九年），勃迁丞相，灌婴继之，至文帝三年省。景帝三年（前一五七年），以周亚夫为太尉，击吴楚，七年又省。武帝建元元年（前一四〇年），以田蚡为太尉，至二年省。[①] 可以说在特殊情形下（如用兵）才立太尉；在恢复常态时，即将之罢省。至于元狩四年（前一一九年），武帝立大司马以冠大将军及骠骑将军之号，如前所述，并不同于将太尉改为大司马。因为此时将军才是他们的实职，而大司马则系虚衔；太尉亦系实职。更重要的是太尉乃助理丞相，在丞相这一系统之内；故太尉省时，其经常业务即并入丞相。而以冠将军之号的大司马则直属于皇帝。《汉书》卷六十九《辛庆忌传》："丞相司直何武上封事曰……是以先帝（按指武帝）建列将之官，近戚主内，异姓距外，故奸轨不得萌动而破灭，诚万世之长策也。"卫青、霍去病等将军，正是"近戚主内"，加上去的大司马的头衔，是跟着将军走的，与丞相无职务上直接的关系。后来将大司马与太尉，视为一官之异名，乃起于成帝绥和元年为了拼凑成三公之数的原故。

西汉初期，虽视丞相不及太尉的重要，但丞相在法理上的职权，仍不能加以抹煞。陈平答文帝丞相所主何事之

---

① 参阅万斯同《汉将相大臣年表》，收入开明《二十五史补编》第二册。

问谓："宰相者，上佐天子，理阴阳，顺四时；下育万物之宜，外镇抚四夷诸侯。内亲附百姓，使卿大夫各得其职者也。"[1]申屠嘉为丞相，邓通以太中大夫得幸于文帝。嘉入朝，"通居上傍，有怠慢之礼……罢朝坐府中，嘉为檄召邓通诣丞相府，不来，且斩通……通至丞相府……通顿首，首尽出血，不解。文帝度丞相已困通，使使者持节召通而谢丞相曰：此吾弄臣，君释之。"[2]此固由文帝之能忍，然亦可见相权之尚尊。丞相府的组织，也相当庞大。《汉旧仪》卷上："丞相典天下诛讨赐夺，吏劳职烦，故吏众。""丞相初置吏员十五人，皆六百石，分东西曹。东曹九人出督州为刺史。西曹六人，其五人往来白事东厢为侍中。一人留府曰西曹，领百官奏事。""武帝元狩六年，丞相吏员三百八十二人。史二十人，秩四百石。少史八十人，秩三百石。属百人，秩二百石。属史百六十二人，秩百石。"正因为如此，汉初用相，除陈平一开始以护军中尉为汉高作军中特务，出计为其剪除功臣，[3]而又济以阴柔之术，得为丞相，并以善终外，此外皆自其故乡与其有特深私人关系，并椎鲁无能之人，亦即史公所谓"鄙朴人"。

---

① 《史记》卷五十六《陈丞相世家》。
② 《史记》卷九十六《张丞相列传》。
③ 刘邦伪游云梦欺骗韩信之计，固出于陈平。又《史记·陈丞相世家》："吕媭常以前陈平为高帝谋执樊哙。"以此推之，其计率多此类。故史公谓："奇计或颇秘，世莫能闻也。"而陈平亦自谓："我多阴谋。"

萧何之功，在刘邦未得天下以前。刘邦得天下以后，则救死惟恐不暇，且几不免于死，此在《史记·萧相国世家》中记之甚详。曹参则一事不作，一士不举，①竟为汉名相。《史记》卷九十六《张丞相列传》："自汉兴，至孝文二十余年，会天下初定，将相公卿皆军吏。"王陵以戆免。周勃"为人木强敦厚，高帝以为可属大事"，且有安刘、迎立之大功，但终"知狱吏之贵"。其子亚夫以"欲反地下"的理由，下狱呕血死。②申屠嘉以晁错之故，亦呕血死。晁错则以其才锐峭直刻深死于东市。③申屠嘉死之后，继其为相者益不堪。《史记》卷九十六《张丞相列传》："自申屠嘉死之后，景帝时，开封侯陶青、桃侯刘舍为丞相。及今上（武帝）时，柏至侯许昌、平棘侯薛泽、武强侯庄青翟、高陵侯赵周等为丞相，皆以列侯继嗣，娖娖廉谨，为丞相备员而已，无所能发明功名，有著于当世者。"文、景、武三世，正汉室盛时，独对丞相及副丞相的御史大夫，中间除张苍明律历外，皆特选无能之辈。盖专制君主的内心，欲以无能者对特别恩遇的感激，换取居此种职位者的忠诚；并以无能来抵消、抑制此一重大职位所能发生的作用，藉得减轻内心的疑忌。

---

① 《容斋续笔》卷十有"曹参不荐士"条。

② 皆见《史记》卷五十七《绛侯周勃世家》。

③ 杀晁错之不足以止七国之兵，景帝岂不知之？盖亦借此以除心中之所忌耳。细读《史记·晁错列传》自知之。

由秦皇所建立的大一统的一人专制，顺此一政制的基本性格，至汉武而发展完成。他发挥了大一统的一人专制下的很大效能，也暴露出大一统的一人专制下的残酷黑暗。他之所以能如此，一方面是他凭借了七十年安定中社会所滋生的力量；一方面也是凭借了他个人强大的欲望与生命力。在学术与人才方面，他一方面阻滞了社会上的自由发展；但一方面也可以说是牢笼万有，而又缘饰以儒术。《史记》卷一百二十八《龟策列传》："至今上即位，博开艺文之路，悉延百端之学。通一伎之士，咸得自效。绝伦超奇者为右，无所阿私。"这反映出了当时一方面的情况。《史记》卷一一二《平津侯列传》："于是天子察其（公孙弘）行敦厚，辩论有余，习文法吏事，而又缘饰以儒术，上大悦之。"武帝喜悦公孙弘能缘饰以儒术，正因他自己喜缘饰以儒术。《汉书》卷五十八《公孙弘卜式儿宽传》赞，备称武帝得人之盛，虽有所夸张掩饰，要亦可以窥知当时多方吸引的情形。至其征讨四夷，特以将相不得其人，得不偿失；[①] 然痛苦在一时，而功效特著于昭、宣、元、成之世。至其开辟交通水利、提倡农器技术上的改良，这都可以说是发挥了效能的一方面。

　　但由大一统的一人专制所很易引起个人的穷奢极欲，汉武较之秦皇，有过之而无不及。在这种穷奢极欲的发展

---

① 《史记·匈奴列传》赞特深刻地指出此点。

中，直接影响到官制上的，是与皇帝有直接关系的职位及后宫，作了大量的扩充。《续汉志》："及至武帝，多所改作，然而奢广，民用匮乏。"这即可作概略性的说明。《汉书》卷七十五《眭两夏侯京翼李传》，记宣帝初即位，"欲褒先帝（武帝）"，想为其立庙乐。"长信少府胜（夏侯胜）独曰：武帝虽有攘四夷，广土斥境之功，然多杀士众，竭民财力，奢泰无度，天下虚耗，百姓流离，物故者过半，蝗虫大起，赤地数千里，或人民相食，畜积至今未复，亡德泽于民，不宜为立庙乐。"这是冒大不韪的重要批评。但我在这里要特别指出的是，武力与刑罚，是一人专制政治的两大骨干；此两大骨干，到武帝特别得到了高度的发展。关于武帝是以刑为治，及刑法在他手上的发展，我们只要读《史记》的《酷吏列传》及《汉书》的《刑法志》，已经很清楚。而在官制上，据《汉旧仪》卷上："武帝时，御史中丞督司隶，司隶督司直，司直督刺史二千石以下至墨绶。"建立了一套严酷的督责系统。关于武力方面，他首先是在官制上把军事脱离宰相的系统，使其直属于他自己。再便是在当时由征召制度而来的军事力量外，扩充他周围的常备性的武力。据《汉书·百官志》，武帝除在光禄勋内增设期门（平帝元始元年改虎贲郎），羽林及羽林孤儿外，更增设城门校尉及中垒、屯骑、步兵、越骑、长水、胡骑、射声、虎贲等八校尉。并把不常设的将军，到他手上多成为常设的官职。如大将军、骠骑将军、卫将军、前后左右将军等，且提高他们的地位。这些可以说是武帝政治措施上的另一面。而与上述这些发展密切关连在一起，并影响到以后的政治最大的，无过于对宰相制度作进一步的破坏。而这种破坏，乃是顺着高祖以来对宰相一职如前所述的态度而来的发展，也即是一人专制自身所必然有的发展。

五、武帝对宰相制度的破坏

武帝即位的建元元年（前一四○年）六月窦婴为丞相，这是立有大功而又相当贤能的外戚；到二年十月免。更因田蚡说他"日夜招集天下豪杰壮士与论议"，弃市于渭城。继窦婴为相的是高祖功臣许温之孙的许昌，至六年六月免，这是史公所说的"娖娖廉谨"之一。接着是武帝的母舅田蚡为相，"蚡以肺腑为京师相，非痛折节以礼诎之，[1]天下不肃。当是时，丞相入奏事，坐语移日，所言皆听。荐人或起家至二千石，权移主上。上乃曰：君除吏已尽未？吾亦欲除吏。"[2]好像田蚡做了真宰相；但这是因为他具有三个条件：（一）他是武帝的舅父，有武帝的母

---

① 《索隐》对此语之解释谓为"欲令士折节屈下于己"，非是。上文有："又以为诸侯王多长，上初即位，富于春秋，蚡以肺腑为京师相。"则知蚡所痛折节以礼诎之者，乃指诸侯王而言。

② 皆见《史记》卷一百七《魏其武安侯列传》。

亲全力支持。故史公谓："上自魏其（窦婴）时，不直武安，特为太后故耳。"（二）武帝要借他来折诎诸侯王以尊朝廷。（三）他"所好音乐狗马田宅，所爱倡优巧匠之属"。[①] 可以减少武帝的猜嫌。但在他执行宰相职权时，武帝已不能忍耐。他死后（死于元光四年三月）九年，因淮南王安之事，武帝曰："使武安侯在者，族矣。"继田盼为相的是与许昌同出身、同类型的薛泽，一直到元朔五年（前一二三年）十一月，公孙弘为丞相。公孙弘于元光五年（前一三〇年）征为文学博士，其为人"恢奇多闻……每朝会议，开陈其端，令人主自择，不肯面折廷争。于是天子察其行敦厚，辩论有余，习文法吏事，而又缘饰以儒术，上大悦之"。[②] 七年之间，起布衣为宰相，这是他多闻而面谀，行文法而饰儒术，太适合了武帝夸大自尊的心理。他的性格是叔孙通这一类型的。元狩二年（前一二一年）三月公孙弘卒，李蔡以从大将军卫青有功封侯为丞相，至五年（前一一八年）因罪自杀；以与许昌同出身同类型的庄青翟为丞相；此时"丞相取充位，天下事皆决于汤（张汤）"。[③] 但至元鼎二年（前一一五年）三月，又因罪自杀，以与许昌同类型的赵周为丞相，至五年（前一一二年）下

---

① 皆见《史记》卷一百七《魏其武安侯列传》。
② 《史记》卷一百十二《平津侯列传》。
③ 《史记》卷一百二十二《酷吏列传》。

狱死。三年之间，杀了三个宰相。大概武帝觉得不好意思起来，便特选"上问车中几马，庆以策数马毕，举手曰六马"的石庆为丞相。"是时汉方南诛两越，东击朝鲜，北逐匈奴，西伐大宛，中国多事。天子巡狩海内，修上古神祠，封禅，兴礼乐，公家用少。桑弘羊等致利，王温舒之属峻法，兒宽等推文学至九卿，更进用事，事不关决于丞相。丞相醇谨而已。在位九岁，无能有所匡言。尝欲请治上近臣所忠、九卿咸宣罪，不能服，反受其过，赎罪"。①连朝廷有大事要开廷议时，也不使他参与，石庆惭愧要归丞相侯印，武帝骂他"君欲安归难乎"；石庆只好挨到大初二年（前一〇三年）死去，武帝才失掉了这一可以玩弄而又可以信赖的工具。继石庆当丞相的是公孙贺。他是胡种，义渠人。武帝为太子时，他曾经为舍人，他的妻是卫皇后之姊，所以"由是有宠"。"七为将军，出击匈奴，无大功，而再侯。"但他由太仆"引拜为丞相，不受印绶，顿首涕泣曰：臣本边鄙，以鞍马骑射为官，材诚不任宰相。上与左右见贺悲哀，感动下泣曰：扶起丞相。贺不肯起，上乃起去。贺不得已，拜出。左右问其故，贺曰：主上贤明，臣不足以称，恐负重责，从是殆矣"。②由此可

---

① 皆见《史记》卷一百三《万石张叔列传》。
② 以上参阅《史记》卷一百十一《卫将军及骠骑列传》及《汉书》卷六十六《公孙贺传》。

知作武帝的宰相，是如何的危险。公孙贺虽以临深履薄的心情来做他所不愿做的丞相，但终于征和二年（前九十一年）四月下狱死，且以灭其族。公孙贺死后，于是年五月，以宗室刘屈氂由涿郡太守为丞相，于次年（三年）遇巫蛊之变，屈氂兼将与太子战长安中，死者数万人。六月，以其妻有诅祝事，腰斩，妻子枭首华阳街；年余无相；四年（前八十九年），高寝郎（师古曰：高庙卫寝之郎）车千秋上急变讼太子冤，立拜为大鸿胪，六月拜为丞相。[①] 再过二十个月，是后元二年（前八十七年）二月，武帝死了，他这一代的宰相的悲剧，暂告一结束。

本来执法监察之权，是归御史大夫的。但武帝在剥夺丞相职权的过程中，突于元狩五年，增设一比二千石的司直，名为佐丞相举不法，实际乃所以侦伺丞相，故丞相多死于阴私的琐事。又据前引卫宏《汉旧仪》，丞相有侍中五人。但到了汉武帝，则改为加官之一，脱离了丞相，入侍禁中，分掌乘舆服物，“掌侍左右，赞导众事，顾问应对”。至东汉遂改隶少府。又据前引《汉旧仪》，出督州为刺史，乃丞相府东曹所主管。但到元封五年，分十三州刺史，假印绶，便把丞相对郡县的监督权剥夺了。此种官属系统及职务的改变，即意味着丞相实权的缩小。

武帝不仅从人事的选择，及以常情之外的严刑峻罚，

---

① 以上皆见《汉书》卷六十六《刘屈氂车千秋传》。

来使宰相的职位，归于名存实亡；更从任用的程序上，压低丞相在传统官制中的地位。按御史大夫，位列诸卿之上，为上卿，掌副丞相。故秦汉相承，率以御史大夫进为丞相，盖亦所以确定丞相总领百官的地位，不是侥幸越级可以猎取。所以《汉书》卷八十三《朱博传》，载朱博奏请复置御史大夫疏中有谓："故事，选郡国守相高第为中二千石，选中二千石为御史大夫，任职者为丞相。位次有序，所以尊圣德，重国相也。今中二千石未更（经历）御史大夫，而为丞相，权轻，非所以重国政也。"按郡守为二千石，列卿为中（中乃足之义）二千石，御史大夫则月俸四万，丞相六万。武帝早期用相，犹按朱博所述程序。但到了晚期，则公孙贺以太仆为相，太仆是中二千石，未更御史大夫。公孙贺下狱死后，刘屈氂以涿郡太守为相，且未更中二千石。刘屈氂腰斩后，车千秋以大约是三百石郎立拜为中二千石的大鸿胪，更由大鸿胪拜为丞相。一人专制者的心理，即使是自己所建立、所承认的客观性的官制乃至任何制度，皆可由他一时的便宜而弃之如遗。而武帝所以要破坏秦汉相承的拜相的程序，其目的即在使宰相的权轻，使宰相成为无足轻重的职位。

武帝所以要破坏宰相制度，一方面是出于由一人专制自然而然所产生的猜嫌心理。一人专制，需要有人分担他的权力，但又最害怕有人分担他的权力。这便使宰相首遭其殃。另一方面，则是出于由一人专制自然而然所产生的狂妄心理，以为自己的地位既是君临于兆民之上，便幻想着自己的才智也是超出于兆人之上。这种无可伦比的才智自我陶醉的幻想，便要求他突破一切制度的限制，作直接的自我表现。限制一人专制者作直接自我表现的便是宰相制度。他向自我表现的这一方向突进，因即破坏了宰相制度，大体可以分作三个阶段的发展。第一阶段是把当时具有纵横才智口辩之士，收罗在他的大门房里——光禄勋里，挟"天子宾客"之势，奉天子之命，诘难大臣，折服大臣，使大臣通过这种诘难、折服，而感到皇帝的允文允武，不可测度，只有彻底地服从，在政策上完全处于被动的地位；同时皇帝即可直接地掌握政策。《汉书》卷六十四《严朱吾丘主父徐严终王贾传》：

> 郡举贤良对策百余人（在建元元年），武帝善助对，繇是独擢助为中大夫。后得朱买臣、吾丘寿王、司马相如、主父偃、徐乐、严安、东方朔、枚皋、胶仓、终军、严葱奇等，并在左右。是时征伐四夷，开置边部，军旅数发。内改制度，朝廷多事，娄（屡）举贤良文学之士。公孙弘起徒步，数年至丞相，开东阁，延贤人与谋议。朝觐奏事，因言国家便宜。上令助等与大臣辩论，中外相应以义理之文，大臣数诎。

武帝当时最强的意志，是指向征伐四夷。而引起天下穷困骚动，因而引起当时最大反感的也是征伐四夷。所以武帝利用他门房里的宾客，主要是指向这一方面。建元三年（前一三八年）闽越举兵围东瓯，东瓯告急于汉，故太尉田蚡反对派兵前往救援，于是"助（严助）诘问田蚡。上曰：田蚡不足与计。乃遣助以节发兵会稽。淮南王安上书谏伐闽越，又遣严助前往谕意，于是淮南王谢曰：虽汤伐桀，文王伐崇，诚不过此。""是时方筑朔方，丞相公孙弘数谏。于是天子乃使朱买臣等难弘，置朔方之便发十策，弘不得一。弘乃谢曰：山东鄙人，不知其便若是。"①公孙弘奏民不得挟弓矢，吾丘寿王对以为"大不便，书奏上，以难丞相弘，弘诎服焉。"朱买臣难公孙弘，乃主父偃之计，大臣皆畏主父偃一张嘴的利害，"赂遗累千金"。博士徐偃使行风俗，接受人民的要求"使胶东鲁国鼓铸盐铁"，御史大夫张汤欲治以矫制之罪，徐偃援"《春秋》之义，大夫出疆，有可以安社稷、存万民，颛之可也"的话作辩护，汤"不能诎其义"。于是"诏终军加以诘问"，"使偃穷诎服罪"。"上善其诘，有诏示御史大夫"。蜀长老及大臣多反对通西南夷，有名的司马相如《难蜀父老书》，即为此而发，以竟武帝通西南夷之功，也正是此一风气下的作品。其中惟徐乐与严安，守正不阿，没有作这一类的诘

---

① 此段皆取材于《汉书》六十四卷《严朱吾丘主父徐严终王贾传》。惟此处朱买臣难公孙弘，系取材于《史记》卷一百十二《平津侯列传》。

难工作，所以在这批宾客中最为淹滞。

上面这些受意诘难诎抑大臣的人，一面是有纵横才辩，一面是有皇帝在后面作护符。但武帝只是一时利用他们，而在利用之中，要他们以纵横之术钳制公卿，却嫌忌他们可能用这一套来对付自己。所以制诏严助，要他"具以《春秋》对，毋以苏秦纵横"。并且严助、朱买臣、吾丘寿王、主父偃等皆以诛死或族灭。司马相如之得以善终，乃得力于他"常称疾避事"。并且他知道死后武帝必不放心他的著作，乃遗札言封禅事，我以为这是他为了保全妻子之计。终军之得以善终，因为他二十多岁的时候就死了。班固在《汉书·公孙弘卜式儿宽传》赞中极言武帝得人之盛，实则其中除外戚佞幸以外，多系广为收罗，巧为利用，而终之以屠戮。这是生命力较强、野心较大的一人专制者对人才处理的一套公式。

武帝为了贯彻他的主张，直接处理重要的问题，又特别提出了一种加官制度。《汉书·百官公卿表》："侍中、左右曹、诸吏、散骑、中常侍，皆加官。所加或列侯、将军、卿大夫、将、都尉、尚书、太医、太官令，至郎中，亡员。"所加各官，皆内廷为皇帝执役的小臣。把小臣的官衔，加在地位高的官员身上，使其有与皇帝接近的机会，因而增加了他们的权力，这便完全是以由私人关系所发生的权力，代替由客观官制所发生的权力。所加各官，为武帝以前所固有。但把它作加官之用，乃始于武帝。

宰相制度破坏的第二阶段，是尚书的抬头，乃至中尚书的出现。此一阶段，若在时间上来说，尚书的抬头，应当和第一阶段相权的抑制，是同时开始的。第三阶段则由武帝临死时对霍光们的遗诏辅政而开启了"中朝"专政的变局。相权被剥夺、废弃的总结果，则是外戚、宦官、藩镇①三者成为中国两千年一人专制中必然无可避免的循环倚伏的灾祸。

六、尚书、中书的问题

应劭《汉官仪》："初，秦代少府，遣吏四；一在殿中主发书，故号尚书。尚犹主也。"沈约《宋书》卷三十九《百官志》："汉初有尚冠、尚衣、尚食、尚浴、尚席、尚书，谓之六尚。"故尚书的本职，用现代的语言说，只是主管收发文书并保管文书的人。《汉官解诂》："尚书出纳诏令，齐众口舌。"《汉官仪》："凡制书皆称玺封，尚书令重封。"这依然保有早期收发文书职务的痕迹。在汉武帝以前，不仅没有尚书参与政治的情形，并且在记载上也没有出现尚书的官名。因为官职微末，无可记载的原故。所以《史记》一书中，除《三王世家》有"三月乙亥，御史

---

① 我在此处对藩镇一辞，系作广义的使用，凡以武力为政治资本者皆包括在内。

臣光，守尚书令奏未央宫，制曰：下御史。六年三月戊申朔乙亥，御史臣光守尚书令、丞非，下御史书到，言。"及《魏其武安侯列传》提到尚书外，此外全书恐未曾提到尚书一职。上面提到尚书的，皆武帝时代。但霍光以大司马受遗诏辅政，则必以"与金日磾、上官桀共领尚书事"为一重要条件，可知此时尚书在政治上已居于极重要的地位。按立三子为王，乃元狩六年，即西纪前一一七年。霍光受遗诏辅政为后元二年，即西纪前八十七年。在《三王世家》中之御史，当为御史中丞所领之侍御史，此时受公卿奏事，仍在侍御史；[1]尚书令及尚书令丞，其职权仍依附于御史。但由霍光们受遗诏辅政，共领尚书事的情形来说，即可证明尚书已掌握到政治的枢要。由元狩六年到后元二年，经过了三十年；在这三十年中，尚书职权的伸张，即是相权的被剥夺。

卫宏《汉旧仪》卷上："尚书四人为四曹。常侍曹尚书，主丞相御史事。二千石曹尚书，主刺史二千石事。民曹尚书，主庶民上书事。主客曹尚书，主外国四夷事。成帝初，置尚书五人，有三公曹主断狱事。"[2]应劭《汉官仪》卷上："尚书四员，武帝置。成帝加一为五。有侍曹尚书，

---

[1] 参阅《汉书》卷十九《百官公卿表》"御史大夫"条下。

[2] 此篇所引《汉旧仪》及《汉官仪》，皆用中华书局《四部备要·汉官六种》孙星衍校本。

主丞相御史事。二千石尚书，主刺史二千石事。户曹尚书，主人庶上书事。主客尚书，主外国四夷事。成帝加三公尚书，主断狱事。"两者文字小有出入，《汉旧仪》之民曹，在《汉官仪》为户曹。按《续百官志》太尉下有户曹，但所掌不同，似应以《汉旧仪》为正。而四人分曹办事，应自武帝时已然。《北堂书钞·设官部》、《太平御览·职官部》又引《汉官仪》："尚书郎四人，一人主匈奴单于营部，一人主羌夷吏民，一人主天下户口土田垦作，一人主钱帛贡纳委输。"此条亦见《汉旧仪》，与前引《汉旧仪》及《汉官仪》，又有出入。按大司农、少府之官职，很少变更，尚书似无"主钱帛贡纳委输"之必要。故《北堂书钞》所引，似钞录时由简略而误。《续汉志》："尚书令一人，千石。""尚书仆射一人，六百石。""尚书六人，六百石。"本注曰："成帝初，置尚书四人，分为四曹。常侍曹尚书，主公卿事。二千石曹尚书，主郡国二千石事。民曹尚书，主民吏上书事。客曹尚书，主外国夷狄事。世祖承遵。后分二千石曹，又分客曹为南主客曹、北主客曹，凡六曹。"按《续汉志》出自司马彪之《续汉书》。刘昭《注补序》谓"百官就乎故簿"，而所谓故簿，乃"世祖（光武）节约之制，宜为常宪，故依其官簿"，[1]乃东汉的官簿。"本注"乃刘昭以前之旧注。上面所说的尚书六人，乃光

① 《续汉志》。

武时代承成帝五人而来的发展。本注所说的"成帝初置尚书四人",未上溯到武帝,故不能推翻《汉官仪》武帝置尚书四人,成帝加一为五的说法。由武帝的置尚书四人。分四曹办事,则尚书已由公文的收发机关,进而为公文的处理机关,甚为明显。尚书处理公文的结果,并不经过丞相,而系直接送到皇帝。但皇帝怎能对尚书的处理加以审核呢?《汉书·百官公卿表》"皆加官"下"晋灼曰:《汉仪注》,诸吏、给事中,日上朝谒,平尚书奏事,分为左右曹。"这即是《百官公卿表》所说的"诸曹受尚书事"。《汉书补注》引"沈钦韩曰:《汉官仪》,左右曹日上朝请,案武帝后始见。亦如尚书五曹,而总于领尚书事者。"又《汉旧仪》卷上:"诏书以朱钩施行。诏书下,有违法令,施行之不便,曹史白封还尚书,对不便状。"按《汉书》卷十九《百官公卿表》:"侍中、左右曹、诸吏、散骑、中常侍皆加官……诸吏得举法……给事中亦加官……掌顾问应对。"由此可知,开始是由在皇帝左右的加官,代皇帝看尚书所处理的公事,并得由曹吏加以封驳的。上引《汉旧仪》"曹史白封还诏书"的"曹史",应系"曹吏"之误,指的即是加官中的左右曹与诸吏。而由《汉书》卷六十八《霍光传》:霍光死后,"时霍山自若领尚书,上(宣帝)令吏民得奏封事,不关尚书。"这是为了要剥夺霍氏的权柄。可知在一般情况下,一切封奏事,都要经过尚书的。由上所述,军国大事,都是通过尚书这一关卡以上达于皇帝，下达于吏民；只有加官在皇帝左右的顾问，可以参加一点意见。《汉官仪》卷上："尚书令主赞奏，总典纲纪，无所不统，秩千石，故公为之。"这说的虽是东汉时的情形，但实已具体而微地开始于武帝之世。所谓"故公为之"，乃是说尚书的"无所不统"的职务，本来是由三公负责的；就西汉说，本来是宰相做的。但在武帝时，已宰相其名，而尚书其实了。

然则武帝何以要把处理政务的实权，由宰相转移到尚书手上呢？除了由猜防宰相，必须剥夺相权的基本原因外，尚可分为四点。第一，尚书收发、保管文书，便会熟习日常政治处理的情形，及熟习各种政治问题的来龙去脉与惯例。所以武帝认为这种人，有处理实际政治的能力。第二，因为他们地位很低，可以减轻盗权窃柄的顾虑，并容易贯彻自己的主张，不致受到宰相的牵制。第三，汉代对宰相还保持有一番礼貌。《汉旧仪》"皇帝在道，丞相迎谒，谒者赞称曰：皇帝为丞相下舆；立，乃升车。皇帝见丞相起，谒者赞称曰：皇帝为丞相起；立，乃坐。"所以皇帝和丞相见面是一件很麻烦的事；见尚书，便没有这种麻烦。后来东汉的光武、明帝，还常常动手打尚书。第四，尚书属少府，与皇帝的日常生活较为接近。上述四种原因中，当然以第二种最为主要。

这中间又插入中书的问题，对以后官制的影响很大。先把有关的材料录在下面。《汉旧仪》卷上：

尚书令主赞奏封下书。仆射主闭封。……汉置中书官，领尚书事。中书谒者令一人。成帝建始四年罢中书官，以中书为中谒者令。

又《汉旧仪补遗》：

中书令领赞尚书，出入奏事，秩千石。
中书掌诏诰答表，皆机密之事。

《汉书》卷十九《百官公卿表》少府下：

又中书谒者……七官令丞。

《续汉志》：

尚书令一人，千石。本注曰：承秦所置。武帝用宦者，更为中书谒者令。成帝用士人，复故。掌凡选署及奏下尚书文书众事。

沈约《宋书》卷四十《百官志》下：

汉武帝游宴后廷，始使宦者典尚书事，谓之中书谒者，置令、仆射。元帝时，令弘恭、仆射石显，乘势用事，权倾中外。成帝改中书谒者令曰中谒者令，罢仆射。汉东京省中谒者令，而有中官谒者令，非其职也。

《晋书》卷二十四《职官志》：

> 案尚书本汉承秦置。及武帝游宴后廷，始用宦者主中书，以司马迁为之。中间遂罢其官，以为中书之职。
> 案汉武帝游宴后廷，始使宦者典事尚书，谓之中书谒者，置令、仆射。成帝改中书谒者令曰中谒者令，罢仆射。

引了上面的材料，先应对名词加以解释。《汉书》卷九十三《佞幸传》：

> 石显……弘恭……皆少坐法腐刑，为中黄门，以选为中尚书。宣帝时，任中尚书官。[1]恭明习法令故事，善为奏请，能称其职，恭为令，显为仆射。

按上文，石显、弘恭之为中尚书，似在宣帝以前；到了宣帝时，始一为令，一为仆射。因为他两人是宦官，原

---

[1] 依宋祁"中"字下补"尚"字。

来的官职是中黄门，即是内黄门，"中"即是"内"；所以他两人选为尚书，即称中尚书。他们是在皇帝左右办事的尚书，对原有的尚书而言，他们是供职后廷的中尚书，亦即是内尚书。由此可以了解，"中尚书"是全称，所有仅称"中书"的皆是简称。武帝游宴后廷，懒于在平日正式听政治事的地方，受由加官所平的尚书呈进的公文，所以便用可以出入后廷的宦官，执行尚书职务，这即所谓中尚书。中尚书依然是尚书。它之所以加一个"中"字，只是因为由侍奉皇帝左右的宦官所担任。等于赵高以宦官为丞相而称"中丞相"；并非于官制中的丞相之外，另有一种"中丞相"，完全是一样的道理。至于所谓"中书谒者"，全称应为"中尚书谒者"。谒者的官，属于光禄勋；中黄门属内廷，而谒者不一定属内廷。中黄门用宦官，谒者并不用宦官。所以弘恭、石显，都是由中黄门选中尚书，而非由谒者选中尚书。我的推测，武帝从宦官中选用了中尚书——可以由中黄门来，可以不从中黄门来——便又加上一个"谒者"的官衔；谒者"掌宾赞受事"；有了这个兼差，就便于和朝廷其他有关的人作公务上的联络。因此，中书、中书令是本职，而中书谒者，中书谒者令，是把兼差连在一起的称呼。故"谒者"可以省掉，而中书不能省掉。司马迁、石显、弘恭，便都只称中书令，而不必称中书谒者令。

　　其次是尚书与中书的办公处所，是一处还是二处的问题。《五礼通考》卷二百十七《设官分职》：

> 马氏端临曰："中书尚书之名始于汉。《通典》言汉武帝游宴后庭，始令宦者典事尚书，谓之中书谒者；则中书尚书，只是一所。"然考《霍光传》，光薨，霍山以奉车都尉领尚书事。故事，诸上书者皆为二封，署其一曰副，领尚书者先发之。所言不善，屏去不奏。魏相请去副封以防壅蔽。而光夫人显，及禹、山、云等言，上书者益黠，尽奏封事，辄下中书令出取之，不关尚书，则其时中书尚书，似已分而为二。

按马端临以中书尚书办公的地方只是一所，固然错误。《五礼通考》著者秦蕙田的说法，也有些模糊。原因是《续汉志》"武帝用宦者，更为中书谒者令"的"更"字，若读平声，则作"改"字解，其意遂成"改为中书谒者令"。《晋书》的著者由此而遂误以为有中书之后，遂罢掉了尚书（见前引"中间遂罢其官"）。更由此遂以为有中书即无尚书，中书便在尚书的原地办公。而《通典》卷二十一《职官》三"因武帝游宴后廷，始以宦者典事尚书，谓之中书谒者"的说法，也容易引起此种误解，这便自然而然地认为中书、尚书办公的地方只是一所。实则前引《汉旧仪》"汉置中书官，领尚书事"，又"中书令领赞尚书"，说得清清楚楚。在武帝未设中书以前，是由左右曹、诸吏，平尚书奏事（见前）。左右曹、诸吏，是加官，被加这种官的人，虽然成为内臣，但究不若宦官之可以随侍皇帝游宴的方便。于是设中书官，代替了左右曹、诸吏的任务，使尚书的赞奏，直接由中书到皇帝手上；皇帝太忙或精神不济时，便由中书代皇帝处理了，这是左右曹、诸吏所做不到的。中书是直接于皇帝的尚书，而原来的尚书未尝不存在。所以《续汉志》"更为中书谒者令"的"更"字，应读去声；即是说在尚书令之外，再（更）设一个中书令，这实际上是一种叠床架屋的官职。《汉书》卷七十五《眭两夏侯京翼李传》载"是时中书令石显颛权，显友人五鹿充宗为尚书令"。两令同时并存，其政治地位本是相等；但中书令是直接于皇帝的，所以"中书官领尚书事"。霍光以大将军领尚书事，不过在形式上是把中书令所领的接过来，而一直到成帝建始四年（纪前二十九年），中书、中书令之存在如故。把上面这种情形弄清楚了，则中书与尚书，官职是一，而担任者的身份不同，因而有内外之分；其办公地方并非一所，又何待言。这里附带要一提的是，《汉书》卷七十八《萧望之传》："望之以为中书政本，宜以贤明之选。自武帝游宴后庭，故用宦者，非国旧制……"卷九十三《佞幸传》也载有望之的同一内容的话，而将"中书政本"，记为"尚书百官之本"；后来引这段话的人，有的根据前者称"中书"，有的根据后者称"尚书"。其实，望之的话，是反对用刑余的宦官，"中书"是由用宦官而来的名称，所以萧望之不会说"中书政本"这种话。《佞幸传》称"尚书百官之本"是对的。同时望之此时是以前将军领尚书事，但石显为中书令，所领的也是尚书事；因他是直接于皇帝，这便使望之的领尚书事是有名无实。由此我们可以了解，尚书、中书，除了生活上与皇帝有远近不同之外，实际是由武帝一时的方便所形成的叠床架屋的官职。《汉书》卷九十三《佞幸传》："是时元帝被疾，不亲政事，方隆好于音乐。以显（中书令石显）久典事，中人无外党，精专可信任，遂委以政。事无小大，因显白决，贵幸倾朝。"这不仅说明了元帝的心理，也说明了所有一人专制者的心理。中书之所以出现，所以继续发展，皆由此而可以得到解答。与一人专制不可分的宦官之祸，也由此而可以得到解答。

此处更想附带解决一个两千年的疑案。《汉旧仪补遗》卷上：

太史公，武帝置，位在丞相上。天下计书先上太史公，副上丞相；序事如古春秋。司马迁死后，宣帝以其官为令，行太史文书而已。

按上面这段话，无一语合事实。《汉书·百官公卿表》奉常下："属官有太乐、太祝、太宰、太史、太卜、太医六令丞。"故《史记·自序》："卒三岁而迁为太史令。"由此可知武帝时无"太史公"之称。而太史令之非由宣帝"以其官为令"可知。太史令系奉常的属官，不能位在丞相上。史公《自序》："太史公既掌天官，不治民。"则可知无天下计书先上太史公之事。汉代太史属太常，不著史，故司马迁著书，只能"成一家之言"。班固为兰台令史，秩百石，属少府，不属太常。《汉官仪》谓"掌书劾奏"，即掌钞录之事，也不著史。班固继父业而修《汉书》，乃着手于兰台令史之前，其本传记之甚明。今人犹有谓"班氏父子，世为史官"云云，乃望文生义。汉世著史者，无一出自太史，自无所谓"序事如春秋"。这一段记载，我的推测，是因司马迁本为太史令，后又为中书令，因而传写有所讹夺。若把"太史公"改成中书令，而把后人由太史令所发生的联想去掉，大体上便可以说通了。

七、中（内）朝问题的澄清

这里便要谈到中朝，或称内朝的问题。按《礼记·玉藻》："朝服以日视朝于内朝。"注："天子诸侯皆三朝。"然三朝之说，率多牵附。惟《国语·鲁语下》公父文伯之母的一段话，说得比较明白。原文是："天子及诸侯，合民事于外朝，合神事于内朝。自卿以下，合官职于外朝，合家事于内朝。"内外朝之分，或古已有之，而为秦汉所因袭。然听政必于外朝，外朝即一般之所谓朝廷。而内朝乃燕私之地，故其称不显。但汉代之所谓中朝或内朝，有下述几个特点，第一，汉代中朝之所以为中朝，并非指的是管宫廷以内的事，也非指的仅是参加议论的事，更不同于"燕朝"。而指的是政治决策与执行的事。第二，中朝是由中臣，或称内臣、近臣所构成的。[1]但并非有中臣、内臣即有此种中朝、内朝。甚至"中朝臣"、"内朝臣"，有时亦仅为习惯性，或带政治运用性之称呼，并非即因此而可断定有实际中朝之存在。第三，皇帝自己处理政治，不能说这是中朝。第四，西汉的尚书决不是中臣、内臣（见后），所以尚书的活动不是代表中朝的活动。第五，凡宰相能实行其职权时，固然无所谓中朝；若内臣而可完全置宰相于不顾，径行以皇帝之名专政时，亦无所谓中朝。故东汉多为内臣专政之局，但东汉无中朝之称。所以总结上面的观点，汉代所谓中朝之出现，乃出于霍光为了把持权势所特别制造出来的；霍光以后，只是因皇帝或有势力的中臣，一时运用的便利，或者小人借辞挑拨，临时摆出来以抑压宰相的权位，并没有一种固定的组织与经常的政治活动。而站在官制的立场，宰相在理论上可以，并且也应当统辖中臣、内臣的。今人劳榦在《论汉代的内朝与外

---

[1]　此等处之"中"字即作"内"字解。故中朝亦称内朝，中臣亦称内臣。

朝》一文①中，已犯有重大的错误。而在《汉代的政制》②一文中，把"内朝"一章，放在宰相一章的前面，这便把汉代经常的官制，更完全弄乱了。其错误的根本原因，在于把西汉的尚书列在内臣、中臣里面去，误把尚书在政治上的经常工作，当作内朝在政治上的经常工作。下面将逐步加以论究。

《汉书》卷六十八《霍光传》载霍光将废昌邑王贺时，"王入朝太后还，乘辇欲归温室……王入，门闭，昌邑群臣不得入……令故昭帝侍中中臣侍守王"。《补注》"钱大昕曰：侍中为中朝官，故称中臣。朱一新曰：臣当作常。先谦曰：云守王，不须言侍字。中臣二字，史亦罕见。据《百官表》，侍中、中常侍皆加官得入禁中，则朱说是也。"按此时皇太后尚未正式宣布废立，昌邑王还是皇帝，则王先谦谓"守王不须言侍"是错误的。《汉旧仪》卷上："中官私官尚食，用白银扣器。"又："中官小儿官及门户四尚、中黄门，持兵三百人侍宿。"又："中臣在省中皆白请。其宦者不白请。尚书郎宿留台，中官给青缣白绫被……"《汉官仪》卷上："侍中……舆（当作与）中官俱止禁中。"则"中臣"、"中官"乃当时常辞，不得谓为"史亦罕见"。所以朱一新的说法，并不可信。在关涉到政治时，始称"中

---

① 见中研院《历史语言研究所集刊》第十三本。
② 见中华文化出版事业委员会出版之《中国政治思想史与制度史论集》。

朝臣"。可以说"中臣"是常称，他们是在内廷日常生活上当差，及当皇帝侍从的大小臣工。"中朝臣"是特称，指的是在内廷处理政治的一般人。而钱大昕及有不少的人，一见到"中臣"、"中官"，立即认定是中朝臣、中朝官，这也是容易引起混乱的。所谓中臣中官，最低限度，随专制政治之成立，即已存在；而加官中的中臣中官的本官，钱大昕亦认为其中有的汉初已有；[①] 中朝、外朝之分，钱大昕亦认为汉初所未有（见后）。东汉之有中臣中官如故，而东汉则很少见有中朝内朝之名。则后世注史家必将中臣、内臣，与中朝、内朝连在一起，于是以为凡是中臣内臣，即与闻政事，我觉得是应当澄清的。

《汉书》卷七十七《刘辅传》，成帝欲立赵婕好为后，刘辅上书极谏。"书奏，上使侍御史收缚辅，系掖庭秘狱，群臣莫知其故。于是中朝左将军辛庆忌、右将军廉褒、光禄勋师丹、大中大夫谷永，俱上书。……"注：

孟康曰："中朝，内朝也。大司马、左右前后将军、侍中、常侍、散骑、诸吏，为中朝。丞相以下至六百石为外朝也。"《补注》：刘奉世曰，"案文，则丹、永皆

---

① 《汉书·百官公卿表》侍中左右曹条下《补注》引钱大昕谓"是汉初已有侍中"。侍中乃中臣或中官。但钱氏认为其他加官的官名，则出于武帝之后。实则贾山《至言》，已提到常侍，诸吏；由此推之，加官的本官，早为秦汉所有。特以地位微末，有的未入记载。

中朝臣也，盖时为给事中、侍中、诸吏之类。"钱大昕曰："《汉书》称中朝官或称中朝者，其文非一，唯孟康此注，最为分明。"《萧望之传》，诏遣中朝大司马车骑将军韩增、诸吏富平侯张延寿、光禄勋杨恽、太仆戴长乐问望之计策。《王嘉传》，事下将军中朝者光禄大夫孔光、左将军公孙禄、右将军王安、光禄勋马宫、光禄大夫龚胜（《龚胜传》又有司隶鲍宣）。光禄大夫非内朝官，而孔光、龚胜得与议者，加给事中故也。此传太中大夫谷永，亦以给事中故得与朝者之列，则给事中亦中朝官，孟康所举，不无遗漏矣。光禄勋掌宫殿掖门户，在九卿中最为亲近。昭、宣以后，张安世、萧望之、冯奉世、辛庆忌皆以列侯将军兼领光禄勋。而杨恽为光禄勋，亦加诸吏，故其与孙会宗书，自称与闻政事也。然中外朝之分，汉初盖未之有。武帝始以严助、主父偃辈入直承明，与参谋议，而其秩尚卑。卫青、霍去病虽贵幸，亦未干丞相御史职事。至昭、宣之世，大将军权兼中外，又置前后左右将军，在内朝预闻政事，而由庶僚加侍中给事者，皆自托为腹心之臣矣。此西京朝局之变，史家未明言之，读者可推验而得也。

按钱氏上面的一段话，是认为中朝臣与闻政事，实始于昭、宣之世。但劳榦在《论汉代的内朝与外朝》一文中说：

中朝的起源，是见于《汉书·严助传》说："擢助为中大夫……上令助等与大臣辩论，中外相应以义理之文，大臣数诎。"师古注曰："中谓天子之宾客，若严助之辈是也。外谓公卿大夫也。"……这便是汉代内朝与外朝的起源。《汉书·司马迁传·报任安书》："向者仆亦尝厕下大夫之列，陪外廷末议。"所谓外廷，也就是外朝。可见武帝时候不惟有此事实，而且有此称谓了。[①]

据我的看法，武帝使他的左右诘难公卿，乃以内臣干预外廷政治之萌芽，但不能称为中朝的起源。因为这种诘难，并非把公卿召集到中朝来诘难，而系到外廷去诘难。更重要的是：他们止于诘难，使公卿能符合武帝的意旨；但处理之权，仍是在公卿手上，而不在这班中臣、内臣手上。所以说"中外相应以义理之文"，并未直接干涉到行政权。因而此处的中外，乃中臣、外臣之意。若如劳氏之说，当时内朝已经存在，并有此称谓，则司马迁以宦人为中书令，应当是"陪内廷末议"，为什么他仍然是"陪外廷末议"呢？他之所谓外廷，乃与宫禁相对而言。不应由此望文生义。

中朝之起，乃起于武帝临死前的遗诏辅政。《汉书》卷六十八《霍光传》：

---

① 《历史语言研究所集刊》第十三本页二三〇至二三一。

是时上（武帝）年老，宠姬钩弋赵婕妤有男，上心欲以为嗣，命大臣辅之。察群臣唯光（霍光）任大重，可属社稷。上乃使黄门画者画周公负成王朝诸侯以赐光。后元二年春，上游五柞宫，病笃……以光为大司马大将军，日䃅为车骑将军，及太仆上官桀为左将军，搜粟都尉桑弘羊为御史大夫，皆拜卧内床下，受遗诏辅少主。明日武帝崩，太子袭尊号，是为孝昭皇帝。帝年八岁，政事壹决于光。

在武帝所设立的将军，皆直属于他自己，而脱离了宰相的系统，故此后即谓之中臣或内臣。此时田千秋为宰相。受武帝遗诏的人，据《霍光传》，在宰相系统中的仅有御史大夫。这便把宰相放置在政治核心之外，自然由霍光以大司马大将军专政（《田千秋传》中列有田千秋名，但次序在御史大夫桑弘羊之下，此殆后来因顾虑体制所补记，非当时之实）。但和后来不同的是，后来若由大将军这一职位的人专政，他的地位便会摆在宰相或三公的上面，有如东汉的大将军窦宪、梁商、梁冀等皆是。这样便由内治外，没有内外的对立，所以也不出现中朝外朝的问题。但霍光虽然专政，法理上的地位依然是在丞相之下，于是形成名与实的对立，也即形成中外朝的对立，而中朝外朝之分，在对立中特显。霍光以后，无不如此。[1] 故中朝实由霍光而始出现；在霍光以后，才时时发生作用。

按《霍光传》赞，谓"光不学无术"，而实则他为了巩固自己的权力，乃是一个不学而有术的人。他的成功，乃在于"承孝武奢侈余敝，师旅之后，海内虚耗，户口减半；光知时务之要，轻繇薄赋，与民休息"。他之所以被汉人歌颂，因为援立宣帝于士庶之中，宣帝又是一个比较贤明的皇帝。但他对于自己权力的安排，却用尽了各种手段。昌邑之废，主要原因是因为昌邑即位后没有表示对他的信任，而只信任昌邑的旧人。二十七日而被举发昌邑的过失凡"千一百二十七事"，善读史者不难看出绝对多数是出于诬妄。武帝留下的丞相车千秋，其地位本出自偶然，当然完全成为霍光的傀儡。《汉书》卷六十六《车千秋传》："昭帝初即位，未任听政，政事一决大将军光。千秋居丞相位，谨厚有重德。每公卿朝会，光谓千秋曰，始与君侯俱受先帝遗诏，[2] 今光治内，君侯治外，宜有以教督，使光无负天下。千秋曰，唯将军留意，即天下幸甚。终不肯有所言。"这里所说的"治内"、"治外"，才真正指的是内廷（朝）、外廷（朝）。所谓治内，是治理政事于内朝。

---

[1]   以上可参阅万斯同《西汉将相年表》、《东汉将相年表》。

[2]   按霍光此语甚妙。对车千秋而言，本未受遗诏，而亦谓其受遗诏，这是给他的颜面，而主要则系挟遗诏以自重。

霍光本是由内朝总摄朝政，但在名分上，仍不能不承认丞相为"百僚首"的传统地位，所以勉强作此划分，以敷衍丞相的面子。实则从正常的官制上说，只有所谓"朝廷"的一个系统，有什么内朝外朝可言呢？并且等到丞相真正要以外朝相抗时，霍光便顾不得这种假面子了。《汉书》卷六十《杜周传》载千秋想为侯史吴之狱讲话，"恐光不听，千秋即召中二千石、博士，会公车门议问吴法……明日，千秋封上众议。光于是以千秋擅召中二千石以下，外内异言，遂下廷尉平、少府仁狱，朝廷皆恐丞相坐之。延年（杜延年）乃奏记光争……而不以及丞相。"车千秋以丞相召集会议，这是政治运行上的常轨，但几以此丧命。故中朝之出现，一方面固说明仍为丞相留有余地，实则是对正常官制职权的一种篡夺。不过因为丞相传统的地位还存，所以当蔡义为相，"议者或言光置宰相不选贤，苟用可颛制者。光闻之，谓侍中左右及官属曰……此语不可使天下闻也。"这说明他还存有若干顾虑。宰相所代表的是整个的"朝廷"。霍光因掩饰其篡夺，乃强为中朝外朝之分。现在把霍光死后所出现的若干有关中朝的材料，简录在下面：

宣帝时：

　　《汉书》卷六十六《杨恽传》："又中书谒者令宣，持单于使者语，视诸将军、中朝二千石。"

成帝时：

《汉书》卷八十二《王商传》："太中大夫蜀郡张匡，其人巧佞，上书愿将近臣陈日蚀咎，下朝者（孟康曰：中朝臣也）左将军丹等问匡。对曰，窃见丞相商，作威作福，从外制中，取必于上。"

《汉书》卷八十四《翟方进传》："司隶校尉涓勋奏言，春秋之义，王人微者，序乎诸侯之上，尊王命也。臣幸得奉使以督察公卿以下为职。今丞相宣（薛宣）请遣掾史，以宰士（宰相之士）督察天子奉使命大夫，甚悖逆顺之理……愿下中朝特进列侯将军以下，正国法度。议者以为丞相掾不宜移书督趣司隶。"

哀帝时：

《汉书》卷七十二《两龚传》："后岁余，丞相王嘉上书荐故廷尉梁相等。尚书劾奏嘉言事恣意迷国，罔上不道，下将军中朝者议。"

又卷八十六《王嘉传》："后二十余日，嘉封还益董贤户事，上乃发怒，召嘉诣尚书责问……嘉免官谢罪，事下将军中朝者。"

把上面的材料加以检讨，宣帝时的一条，不关政治。成帝时张匡的一条，是张匡想用"从外制中"这种话，即是说丞相王商，想由丞相的外朝地位控制中朝，并捏造王商一些阴私和危言耸听的事情以构陷王商。"上素重商，知匡言多险，制曰弗治。"因王凤与王商争权而力争，才免其爵位。在此一故事中，只能看出"中朝"成为构陷丞相的借口，并看不出中朝是一个有组织性的政治活动的官制系统。而王商的免除爵位，也根本与"从外制中"这一点无关。

成帝时的第二个故事，涓勋把丞相和皇帝的关系，比之于周代封建的诸侯与王室的关系，而自比于王人，这可以说是荒谬。他之"愿下中朝……"，这也是挟中朝之名以为在政治上构陷丞相的借口。在此一故事中，也看不出中朝是一个有组织性的政治活动的官制系统。并且此一故事继续发展下去，便是翟方进以丞相司直的身份，奏免了这位以"王人"自居的涓勋的司隶校尉职位。这证明只要丞相这一系统能振作起来，而不受皇帝的打击，依然可以发挥朝廷官制上的正常作用。

哀帝时的两个故事，实际是一个故事分写在两处，起源于哀帝对于丞相王嘉封还了益封他的嬖臣董贤的户邑，惹起了他的脾气，但不好直接开口，所以便授意给在他左右的"中朝者"加以陷害。陷害的目的虽然达到了，但由此一陷害，也可以证明这些"中朝者"只能由皇帝授意作一番议论，而不是一个经常执行政务的一群人或机构。

中朝臣只是聚在皇帝左右临时听用的一群人，他们可以和皇帝直接发生关系。它在政治的运行上发生经常作用，乃来自霍光打出"中朝"的招牌以篡夺宰相的权力。"中朝"并不是官制中有组织的政治运行机构，所以自霍光后，在政治经常地运行上，断无所谓中朝制度。元帝时，先后由中书令弘恭、石显窃政，中书令当然是中朝臣。但不可因此便谓元帝时代所行的是中朝政治，因为弘恭、石显也和东汉的十常侍一样，乃是凭借皇帝的名义以发挥他们的权力，并非像霍光一样，凭借中朝的名义以发挥权力。他们所凭借的皇帝，是朝廷的总发动机。因为中朝本不是经常政治运行的机构，在经常政治运行之内的官制，必然是以宰相为首；所以，宰相所代表的乃是整个的朝廷而不是什么外朝。如后所述，东汉的相权削弱殆尽，宦官气焰特别高张。但只要有一人守正，宰相在制度上的权力，即可使平日假中臣、内臣、近臣以自重的，也不能不加以承认。《后汉书》卷五十四《杨震列传》：

> 秉（杨震之中子）因奏览（中常侍侯览）及中常侍具瑗（皆宦官）曰：臣按国旧典，宦竖之官，本在给使省闼，司昏守夜。而今猥受过宠，执政操权……居法王公，富拟国家……臣愚以为不宜复见亲近……书奏，尚书召对秉掾属曰：公府外职，而奏劾近官，经典汉制，

有故事乎？秉使对曰：春秋赵鞅，以晋阳之甲，逐君侧之恶……邓通慢慢，申屠嘉召通诘责，文帝从而请之。汉世故事，三公之职，无所不统。尚书不能诘，帝不得已，竟免览官而削瑗国。

八、尚书在西汉非内朝臣

中朝擅权，乃由破坏宰相制度而来的政治变局，并非官制之常。劳榦竟承认它是政治运行中的经常官制，可谓为霍光所欺，而未尝深求其故。

劳氏的上述错误，我推测是由他对尚书看法的错误而来。他在《论汉代的内朝与外朝》一文中，把"内朝官属于近臣一类的"举出七种，而将尚书列为第七种。他在"丙、尚书"条下说：

尚书一职，孟康未曾提到，实在尚书也应属于内朝的。《史记·三王世家》，霍去病请封王子奏，以御史臣光，守尚书令奏未央宫，制乃下御史，并及丞相。昭、宣以来，有领尚书事的人，臣下奏事分为二封，领尚书事的发其副封，不善者不进奏（原注：《霍光传》及《魏相传》）。大致说来，用人和行政，定于禁中，宰相奉行而已（原注：见《张安世传》）。

假定上面劳氏的话可以成立，则自武帝开始，已把宰相的职权转移到尚书手上，尚书成为经常处理政务的枢机之地。尚书既是内朝臣，内朝自然是经常处理政务的枢机之地。但第一，尚书地位的提高，乃是剥夺宰相的职权，以直属于皇帝。四尚书曹及五尚书曹各曹所直接处理的文书，不是内臣可以直接到手的。若尚书是内臣，则这些政务的文书，是经过如何的经路，而能到达尚书手上的呢？第二，《汉书·百官公卿表》："侍中、左右曹、诸吏、散骑、中常侍，皆加官，所加或列侯、将军、卿大夫、将、都尉、尚书、太医、太官令主郎中，亡员。"上列各官，必加官后始得出入禁内而为内臣。若尚书是内臣，则何待加官？第三，若尚书是内臣，则何以晋灼引《汉仪注》"诸吏、给事中，日上朝谒，平尚书奏事"？而武帝又何必设中尚书？《汉书》卷六十八《霍光传》记霍山领尚书事，上书对他不利的，"不奏其书。后上书者益黠，尽奏封事，辄使中书令出取之，不关尚书。"则中书是内，而尚书是外，其事甚明。第四，《汉官仪》："尚书郎奏事光明殿……尚书郎含鸡舌香，伏其下奏事，黄门侍郎对揖跪受。"据此，则奏事时须由黄门侍郎转达，其非内臣甚明。第五，劳氏所引各例，皆不能证明尚书为内朝臣。（一）"御史臣光守尚书令奏未央宫"，未央宫乃汉室皇帝正式莅朝听政之地，不可谓为内朝。《汉官仪》"尚书令主赞奏"，所以奏未央宫，乃实行他的职务。在朝堂之上，绝无由内臣主赞奏之事。（二）《魏相传》："又故事诸上书者皆为二封，署其一曰副，领尚书者先发副封。所言不善，屏去不奏。相复因许伯白去副封，以防壅蔽。"而《霍光传》复言"使中书出取"。若尚书系内臣，则副本到尚书，不能为壅蔽；而亦无中书出取之必要。（三）张安世之所以能与宣帝决定用人行政于禁中，他不是以尚书的资格，而是以"大司马车骑将军领尚书事"的资格。正如前引孟康注，大司马是内臣、内官。后来罢张安世的车骑将军为卫将军，而未言罢大司马，盖此时大司马虽为虚衔，惟承卫青之后，地位之隆，与皇帝关系之密，正可以资宣帝的倚俾。但若不领尚书事，则无由直接关与政治。以大司马的内臣而兼领尚书事，才有资格做到"内外无隔"（本传语）。正式领尚书事的人，自己并不是尚书，这是再明显不过的事情。同时，西汉尚书与皇帝的关系，远不及东汉尚书与皇帝关系的切近；不可把东汉尚书与皇帝的切近关系，随意推论到西汉的尚书身上去。且即使东汉光武、明帝时代的尚书，直接于皇帝，也不可称为内朝臣；因为这是皇帝直接处理政治，而尚书向其负责，也和宰相向其负责一样。不可谓皇帝是属于内朝。张安世在禁中与宣帝"每定大计，已决，辄移病出。闻有诏令，乃惊，使吏之丞相府问焉。自朝廷大臣，莫知其与议也"。他有资格仿霍光"我主内"的作法，亦即是打出中朝、内朝的招牌，置宰相于不顾。他之所以让丞相维持一个面子，一方面固然是出自他的谦退，同时也证明在官制上并没有可以与宰相平分内外的中朝或内朝。由中臣、内臣而出现的所谓中朝、内朝，完全出于霍光要达到不居皇帝之名，却以皇帝之实来专政所强压出来的。这是政制中的"私生子"，而且以后，只有运用它以剥夺相权、肆行昏暴时，才发生作用的"私生子"。而今人言官制者，多受劳氏两文的影响，动辄把中朝与外朝对立起来，殊为可笑，所以我特表而出之。

九、武帝以后的宰相地位与三公在官制中之出现

宣帝起自民间，霍光死后亲政，励精图治，五日一听治，并常到宣室斋居而决事，信赏必罚，号为中兴。惩"大将军"专政之祸，政权在形式上从大将军这类的内臣，又转回到宰相手上。魏相、丙吉，和他私人有特深关系，先后为相。史称丙吉："宽大好礼让，不亲小事，时人以为知大体。"这实际是他两人的共同特点。他只有如此，才好让宣帝多发挥亲政以后的统治力。所以《汉书》卷七十四《魏相传》："及霍氏……伏诛，宣帝始亲万机，励精为治，练群臣，核名实；而相总领众职，甚称上意。"又同传赞谓"近观汉相，高祖开基，萧曹为冠。孝宣中兴，丙魏有声。是时黜陟有序，众职修理，公卿多称其位，海内兴于礼让。览其行事，岂虚乎哉。"这里我要指出的是：宣帝在政治上最大成就之一，是把武帝和霍光破坏了的官

制中的宰相体制，在进用的程序及行政的系统上，大体恢复了正常。前引《张安世传》以大司马领尚书事参与宣帝的决策，但仍在表面上维持宰相的体制，这实际是了不起的一件事。但宣帝的内心，并不信任宰相，因而有下述三种发展：

（一）《汉书》卷七十四《魏相丙吉传》："及霍氏诛，上（宣帝）躬亲政，省（察）尚书事。"这样一来，霍光时代的尚书向大将军负责，现则向皇帝负责。《汉书》卷八十九《循吏传》载黄霸为丞相，荐史高为太尉，"天子使尚书召问霸"；"尚书令受丞相对，霸免冠谢罪"。所谓"召问"，实际是"责问"。尚书所以能责问丞相，是因为尚书此时直属于皇帝，乃以前所未有。此例一开，等于把尚书的地位，高压在丞相的上面，使相权受到很大的损害。《汉书》卷七十二《两龚传》："丞相王嘉上书荐故廷尉梁相等，尚书劾嘉言事恣意迷国，罔上不道。"王嘉卒以此致死。又《汉书》卷八十三《朱博传》，朱博为丞相，与御史大夫赵玄奏请免何武、傅喜爵土，"上（哀帝）知傅太后素常怨喜，疑博、玄承指，即召玄诣尚书问状"，结果赵玄减死罪三等，而朱亦以此自杀。到了东汉，尚书责问公卿，遂成常例。《后汉书》卷六十一《左周黄列传》："是时大司农刘据，以职事被谴，召诣尚书，传呼促步，又加以捶扑。"这可以说是冠履倒置，朝廷之体制扫地无余；而皆自宣帝发其端。又《汉书》卷七十六《张敞传》：

"敝到胶东……吏追捕有功。上名尚书，调补县令者数十人。"是宣帝时诠选之任，亦归尚书，这也是贬损宰相的实权，开东汉事归台阁之渐。

（二）在上面提到宣帝使尚书召问黄霸的一段话中，宣帝对宰相职权的说明是："夫宣明教化，通达幽隐，使狱无冤刑，邑无盗贼，君之职也。"把宣帝心目中的相权，与前引陈平口里的相权两相比较，已经大大地加以局限。

（三）《汉书》卷七十八《萧望之传》："初宣帝不甚从儒术，任用法律，而中书宦官用事。中书令弘恭、石显久典枢机，明习文法，亦与车骑将军高（史高）为表里。"《汉书》卷三十六《楚元王传》，元帝时，"四人（萧望之、周堪、刘向、金敞）同心辅政，苦患外戚许、史在位放纵，而中书宦官弘恭、石显弄权"。欲加以抑制。结果遂使萧望之自杀，周堪、刘更生（向）废锢，太中大夫张猛自杀于公车，魏郡太守京房及待诏贾捐之弃市，御史中丞陈咸抵皋为城旦，郑令苏建以事论死。"自是公卿以下畏显，重足一迹。"[1]其端皆发自宣帝。《汉书补注》于《霍光传》宣帝辄使中书令出取封事下引何焯曰："使中书令出取，不关尚书，一时以防权臣壅蔽。然自此浸任宦竖矣。成帝以后，政出外家，有太后为之内主，故宦竖不得挠。不然，石显之后，必有五侯十常侍之祸。"这种看法是很对的。

---

① 俱见《汉书》九十三《佞幸传》。

总之，宣帝因惩霍光以大将军专政，稍加矫正，颇存宰相制度的体统。但虽以魏相丙吉等皆心腹之寄，仍不能信任宰相制度之自身，而依然从实质上去加以削弱；这样便更加强了尚书的地位，并酝酿宦官外戚之祸。

　　元帝时代的政权，在中书令石显手上。《汉书》卷三十六《楚元王传》，元帝征周堪"拜为光禄大夫，秩中二千石，领尚书事"。但"显干（师古曰：干与管同）尚书事（事字依官本补）；尚书五人，皆其党也，堪希得见，常因显白事，事决显口"，所以周堪虽领尚书事而无实权。成帝即位，"以元舅侍中卫尉阳平侯王凤为大司马大将军领尚书事"，正式进入到外戚专政的阶段。中间虽有哀帝时董贤的插曲，但此一格局，一直发展到王莽的篡汉。萧望之、刘向们，在元帝时代，曾经以全力反对尚书用宦官，换言之，要取消由武帝所设的中书，不仅未能做到，而且以此贾祸。但到了建始四年（纪前二十九年）"罢中书宦者，初置尚书员五人"。必罢中书宦者，王凤的领尚书事乃有其实。增加一个三公曹主断刑狱，把廷尉对刑狱的最高审议权也转移到尚书了。尚书职权的扩大，即王凤职权的扩大。此乃在外戚专政情形下的演变。《资治通鉴》卷三十在这一年下记着"是时上委政王凤"，是完全正确的。此时张禹以师傅旧恩，与王凤并领尚书事；但张禹内不自安，常心存退避。河平四年（纪前二十五年）六月，以张禹为丞相，反得以自安，这是因为丞相此时已有名无实，所以与王凤可不发生权力上的矛盾。

但终西汉之世，丞相在法理上始终保持总领百僚的地位。《汉书》卷六十八《霍光传》记废昌邑王时，"群臣连名奏王"的位次是"丞相臣敞、大司马大将军臣光、车骑将军臣安世、度辽将军臣明友、前将军臣增、后将军臣充国、御史大夫臣谊……"在此一位次中，御史大夫副丞相的正常地位受到了侵夺，但丞相的地位依然要安放在当时大权在握的大司马大将军的前面。成帝时，王音以从舅越亲用事，"上（成帝）以音自御史大夫入为将军，不获宰相之封，六月乙巳，封音为安阳侯"。[①] 按王音此时以大司马车骑将军辅政，而成帝惜其不获宰相之封，可知此时的丞相地位，犹在将军之上。因为宰相的此一崇高地位，除了非常时机，有如霍光专政、石显专权这类的情形以外，若遇见振奋有为的丞相，依然可以发挥统领百僚的功用。成帝时虽外戚当政，然翟方进为相，踔厉奋发，与张禹为相的情形大不相同；因为成帝时翟方进是凭借着宰相在官制中的崇高地位。但此一丞相的崇高地位，因为何武进言改为三公而开始动摇，遂下开东汉三公徒拥虚名之渐。《汉书》卷八十三《薛宣朱博传》：

> 初，汉兴袭秦官，置丞相、御史大夫、太尉。至

——————————

① 见《资治通鉴》卷三十一《孝成皇帝上》之下。

武帝罢太尉，始置大司马，以冠将军之号，非有印绶官属也。及成帝时，何武为九卿，建言古者民朴事约，国之辅佐，必得贤圣。然犹则天三光，备三公官，各有分职。今末俗文弊，政事烦多；宰相之材，不能及古；而丞相独兼三公事，所以久废而不治也。宜建三公官，定卿大夫之任。分职授政，以考功效。其后上以问师安昌侯张禹，禹以为然。时曲阳侯王根为大司马骠骑将军，而何武为御史大夫；于是上赐曲阳侯根大司马印绶，置官属。罢骠骑将军官。以御史大夫何武为大司空，封列侯。皆增奉如丞相，以备三公官焉。议者多以为古今异制。汉自天子之号，下至佐史，皆不同于古，而独改三公，职事难分明，无益于治乱。

何武的建议，除了他所说的表面理由外，可能并非仅为了要借此提高自己御史大夫的地位，而系想把当时以大司马的官衔实际辅政的大司马，纳在三公之内，在三公名义之下，可以"分职授政"，反使丞相与御史大夫能分担到一分职权。不然，丞相的"久废而不治"的摆在眼面前的原因，何武岂有不知之理？但何武不能从皇帝应当尊重正常的官制的地方来纠正"久废而不治"，却借辞以破坏宰相统领百僚的地位来纠正久废而不治。殊不知官职的治与废，首先是决定于皇帝的意向，及宰相的风格。皇帝向着宦官，向着外戚，则把宰相的地位向下拉平后，连表面上的体统也没有了，其废也更甚。《资治通鉴》把改宰相为三公，系于绥和元年（纪前八年）。过了两年多，为哀帝建平二年，因朱博的话，又恢复大司空为御史大夫。《汉书》卷八十三《朱博传》：

> 后二岁余，朱博为大司空，奏言帝王之道，不必相袭，各繇时务。高皇帝以圣德受命，建立鸿业，置御史大夫，位次丞相，典正法度，以职相参，总领百官，上下相监临，历载二百年，天下安宁。今更为大司空，与丞相同位，未获嘉祐。故事，选郡国守相高第为中二千石。选中二千石为御史大夫；任职者为丞相。位次有序；所以尊圣德，重国相也。今中二千石未更（经过）御史大夫而为丞相，权轻，非所以重国政也。臣愚以为大司空官可罢，复置御史大夫……为百僚率。哀帝从之。

朱博上面的话，有两大要点。（一）他反对改御史大夫为大司空，与丞相同位，实际更反对当时由外戚而来的大司马与丞相同位。（二）他指出中二千石未经过御史大夫而为丞相，实际指的是当时的大司马，皆不是通过晋升的正常途径，而仅凭外戚关系得来，更不可使其与丞相同位。其目的则在尊相权以尊国政；这才把握到当时与政制关连在一起的政治根本问题。哀帝虽然暂时听了朱博的话，但不仅实际的政权先是操在外戚丁、傅手上，后操在佞幸董贤手上；并且他为了提高董贤的地位，终于元寿二年（纪前一年）"五月甲子，正三公官分职。大司马卫将军董贤为大司马，丞相孔光为大司徒，彭宣为大司空"。①不久又在上面加太师太傅太保，而专制政治中较为合理的丞相制度，更由多头制的混乱而破坏以尽；东汉遂承此弊制，而与外戚宦官相终始。由丞相改为三公的利害，《后汉书》卷四十九《仲长统列传》简撮其所著《昌言》中的《法诫》篇说：

> 周礼六典，冢宰贰王而理天下。春秋之时，诸侯明德者皆一卿为政。爰及战国，皆亦然也。秦兼天下，则置丞相而贰之以御史大夫。自高帝逮于孝成，因而不改，多终其身；汉之隆盛，是惟在焉。②夫任一人则政专，任数人则相倚。政专则和谐，相倚则违戾。和谐则太平之所兴也，违戾则荒乱之所起也。

仲长统主要是指东汉以立论，而其端实开于西汉之成帝，这是相权的一大演变。

---

① 《资治通鉴》卷三十五《孝哀皇帝下》。
② 按西汉人立论，多将三代理想化；而东汉人则常将西汉理想化，此亦其一例，不可泥看。

成帝时的另一大演变，为以灾异逼翟方进自杀。天以灾异显示其谴责的意志，因而引起人君的警惕。此一事实，当然可以推到远古。但由周初开始的人文精神，逐渐发达，这种以灾异见天意的影响便日益稀薄，自董仲舒上《天人三策》，以为"天人相与之际，甚可畏也"。于是以此为一转捩点，通过灾异以表现有意志的天，重新压在大一统的一人专制的皇帝头上，常常引起他们由惶恐而求直言极谏，并选举贤良方正等举措。及成帝时，"刘向以王氏权位太盛，而上（成帝）方向《诗》、《书》古文，向乃因《尚书·洪范》，集上古以来历春秋战国至秦汉符瑞灾异之记，推及行事，连傅祸福，著其占验，比类相从，各有条目，凡十一篇，号曰《洪范五行传论》，奏之。天子心知向忠精，故为凤（王凤）兄弟起此论也。"① 在《洪范五行传论》中，把皇帝的一举一动，都与天紧密关联着，一点也不放松。这样一来，皇帝的精神负担，自然更加重了。但到了绥和二年（纪前七年），荧惑守心，善为甘石之学的郎官贲丽，"言大臣宜当之。上乃召见方进，还归，未及引决，上遂赐册责让，以政事不治，灾害并臻，百姓穷困，曰：欲退君位，尚未忍，使尚书令赐君上尊酒十石，养牛一，君审处焉。方进即日自杀"。② 这是把董仲舒、刘向们所苦

---

① 《资治通鉴》卷三十《孝成皇帝上之上》。
② 《资治通鉴》卷三十三《孝成皇帝下》。

心经营出的一套控制皇帝的办法，轻轻地转移到丞相身上去了，开尔后以灾异免三公之局，三公仿佛是专为皇帝作代罪羔羊而设，而宰相的功用，更减削以尽。

十、光武对宰相制度进一步的破坏及尔后在专制下官制演变的格局

立国的基础，关系于开国的规模；而开国的规模，与开国者的识量，又有密切的关系。光武中兴，他的长处，《后汉书》卷一下《光武帝纪》第一下有谓：

> 初帝在兵间久，厌武事。且知天下疲耗，思乐息肩。自陇蜀平后，非儌急，未尝复言军旅。……每旦视朝，日仄乃罢。数引公卿郎将，讲论经理，夜分乃寐……虽身济大业，兢兢如不及。故能明慎政体，总揽权纲。量时度力，举无过事……

又卷七十六《循吏列传》叙：

> 初光武长于民间，颇达情伪。见稼穑艰难，百姓病害。至天下已定，务用安静。解王莽之繁密，还汉世之轻法。

但他是一个非常猜忌严刻的人。《后汉书》卷十七《贾复列传》："复为人刚毅方直，多大节。既还私第，阖门养威重。朱祐等荐复宜为宰相。帝方以吏事责三公，故功臣并不用。"卷十八《吴汉列传》："论曰，吴汉以建武世常居上公之位，终始倚爱之亲，谅由质简而强力也。……昔陈平智有余以见疑，周勃资朴忠而见信。夫仁义不足以相怀，则智者以有余为疑，而朴者以不足取信矣。"卷十九《耿弇列传》："论曰……弇决策河北，定计南阳，亦见光武之业成矣。然弇自克拔全齐，而无复尺寸功；夫岂不怀，将时之度数不足以相容乎。"他在创业时已不敢用耿弇而只敢用质朴的吴汉，更不敢用有宰相才的贾复。范蔚宗的论赞，可谓能推见至隐。所以他在官制上，一方面是减汰由武帝而来的繁冗，使归简约。《续汉志》谓："世祖中兴，务从节约，并官省职，费减亿计。"这是很对的。另一方面则是尽量降低三公的地位，夺其实权，并不惜加以摧折。三公中大司马列第一位，自建武元年到建武二十年，皆由吴汉为大司马，这只是名义上的推崇。哀帝改丞相为大司徒，大司徒应当为三公的重心。建武三年，以大司徒司直（二千石）伏湛为大司徒。五年以尚书令（千石）侯霸为大司徒。十三年以沛郡太守韩歆为大司徒。十五年以汝南太守欧阳歙为大司徒。二十年以广汉太守蔡茂为大司徒。二十三年以陈留太守玉况为大司徒。由二千石登进为丞相，在武帝时乃偶一见之，至光武则成为常例，这是由登进的程序来压低三公的地位。到了建武二十七年因朱祐之奏，三公并去"大"字。又因光武于更始元年（西纪二十四年）行大司马事，又可能是因王莽以大司马篡汉，所以又将大司马改为太尉，尔后遂常以太尉为三公的首揆。西汉自公孙弘入相封为平津侯，遂成汉家故事。但自戴涉、蔡茂为大司徒，始皆不封侯，这都是为了压低三公地位而来的作法。

但三公地位压低以后，他和汉武帝对丞相一样，既不让他们任事，又不轻轻放过他们，遂使三公成为仕途中的畏途。《后汉书》卷二十六《侯霸列传》："以沛郡太守韩歆代霸（侯霸）为大司徒……以从攻伐有功，封扶阳侯。好直言无隐讳，帝每不能容……歆又证岁将饥凶，指天画地，言甚刚切。坐免归田里。帝犹不释，复遣使宣诏责之……歆及子婴竟自杀。歆素有重名，死非其罪，众多不厌。……后千乘欧阳歙，清河戴涉，相代为大司徒，坐事下狱死，自是大臣难居相位。"又同卷《冯勤列传》："司徒侯霸，荐前梁令阎杨。杨素有讥议，帝常嫌之。既见霸奏，疑其有奸，大怒，赐霸玺书曰：崇山幽都何可偶，黄钺一下无处所。欲以身试法耶？将杀身以成仁耶？使勤（冯勤）奉策至司徒府。勤还，陈霸本意，申释事理，帝意稍解。……三岁，迁司徒（冯勤）。先是三公多见罪退，帝贤勤，欲令以善自终，乃因谦见，从容戒之曰：朱浮上不忠于君，下陵轹同列，竟以中伤至今，死生吉凶未可知，岂不惜哉。

人臣放逐受诛，虽复追加赏赐、赙祭，不足以偿不訾之身……"总之是告诉冯勤，为三公的人要保全性命，第一是不要直言指斥人君的真面目；第二是只管小事，莫管大事。所以侯霸的未被诛戮，是偶然的。卷三十三《朱浮列传》："帝时用明察，不复委任三府，而权归刺举之吏。浮复上疏谏曰……窃见陛下疾往者上威不行，下专国命。即位以来，不用旧典；信刺举之官，黜鼎辅之任。至于有所劾奏，便加免退。覆案不关三府，罪谴不蒙澄察。陛下以使者为腹心，而使者以从事为耳目；是为尚书之平，决于百石之吏。故群下苛刻，各自为能……故有罪者心不厌服，无咎者坐被空文……"朱浮是出死力抗拒彭宠以保全河北的人，光武因其好直言恨他，随时想把他杀掉，却不好意思动手。到了明帝，便不明不白地赐死了。范蔚宗在《朱浮列传》后论曰："……光武、明帝，躬好吏事，亦以课核三公。其人或失，而其礼稍薄，至有诛斥诘辱之累。任职责过，一至于此。追感贾生之论，不亦笃乎！朱浮议讽苛察欲速之弊，然矣。焉得长者之言哉。"总之，光武在官制方面，主要是摧抑三公，独申己志，而将尚书增为六人，使政务的重心全归尚书。西汉尚书处理政务，是通过"平尚书事"的人以属于皇帝；至光武，则尚书直属于自己。而他对尚书的态度，据《后汉书》卷二十九《申屠刚列传》谓："时内外群官，多帝自选举。加以法理严察，职事过苦。尚书近臣，至乃捶扑牵曳于前，群臣莫敢正言。刚每辄极谏……帝并不纳。"

明帝对三公及群臣的方式，完全继承光武。历史上的滑稽现象是：光武、明帝之所以要如此，是为了便于自己主政，以预防由大臣权重而来的祸患。但章帝以后，和帝即位时年十岁，殇帝生百余日，安帝即位时年十三岁，顺帝即位时年十一岁，冲帝年二岁，质帝年八岁，桓帝即位年十五岁，灵帝即位年十二岁，献帝即位年九岁。先不问这些皇帝的智愚贤不肖，只问在年龄上，由外戚宦官所安排的这些儿皇帝，不先后由外戚宦官专权，还有其他的路可走吗？这是光武所能想象得到的吗？所以光武防闲外戚，甚为周到；而由安帝到桓帝延熹二年（西纪一五九年），一直是外戚专政。延熹二年以后，便一直是宦官专政。[①]到了宦竖以中常侍而把持生杀予夺的大权，便完全无官制可言，无政治可言；而生民及生民中的知识分子，势非大受屠僇不可。此时还谈什么宰相制度。但自安帝永初元年九月，因灾异策免太尉徐防，三公以灾异免自防始，[②]后来遂成定例。无与职位相应的实权，却要代替外戚宦官负实际的责任，这也应算作历史的大滑稽。对于上述情形，《后汉书》卷四十六《陈忠列传》，有下面的记述：

① 光武建武二十八年十月癸酉，诏死罪系囚，皆一切募下蚕室，此后即成为常例。由此一措置而宦官之数量可不断增加，此亦或为能形成宫廷内之巨大势力的原因之一。

② 《后汉书》卷四十四《徐防列传》及《资治通鉴》卷四十九《孝安皇帝上》。

时三府任轻，机事专委尚书。而灾眚变咎，辄切免公台。忠（陈忠）以为非国旧体，上疏谏曰：……汉典旧事，丞相所请，靡有不听。今之三公，虽当其名，而无其实。选举诛赏，一由尚书。尚书见任，重于三公。……今者灾异，复欲切让三公。昔孝成皇帝，以妖星守心，移咎丞相……卒不蒙上天之福，徒乖宋景之诚，故知是非之分，较然有归矣。

尚书何以任重，因为他直属于皇帝。皇帝幼弱昏愚，则自然直属于外戚宦官。前引仲长统《昌言·法诚》篇继主张宰相应任一人之后，接着说：

光武皇帝愠数世之失权，忿强臣之窃命，矫枉过直，政不任下；虽置三公，事归台阁。自此以来，三公之职，备员而已。然政有不理，犹加谴责。而权移外戚之家，宠被近习之竖……怨气并作，阴阳失和……此皆戚宦之臣所致然也。反以策让三公，至于死免，乃足为叫呼苍天，号咷泣血者也。又中世之选三公也，务于清悫谨慎，循常习故者，是妇女之检柙，乡曲之常人耳，恶足以居斯位耶……昔文帝之于邓通，可谓至爱，而犹展申屠嘉之志。夫见任如此，则何患于左右小臣哉……光武夺三公之重，至今而加甚。不假后党以权，数世而不行，^①盖亲疏之势异也。……或曰，政在一人（按指宰相），权甚重也。曰，人实难得，何重之嫌……今夫国家漏神明于媒近，输权重于妇党……不此之罪而彼之疑，何其诡耶。

专制中所谓英断之主，常与宰相制度不相容，必加以破坏而后快。但埋葬此一朝代的因素，也即孕育于此。清华湛恩在其《后汉三公年表序》中，也看出了这一点。

……光武中兴，贤主也。其不任三公，政归台阁，欲使权不下移，政由上出也。迨至再传而后，祸起于贵戚，极于宦官，而汉以不振。吾尝反覆其故，而叹光武之贻祸烈也。夫天下之大权，人主不能以一人独操之明矣，必与人共操之。故重臣之权尊，则人主安坐于上，而权不患其旁落。苟人主举不信之臣而欲独操之，则正人日以远，而小人日以近，必有起而窃之者……非同姓，即外戚耳。夫同姓外戚……因以窃国者比比也。……人主欲起而诛之，而无一二重臣以为倚赖……势必与左右之近臣谋之……于是近臣遂以得志……其所为必多不法，必与外廷之臣为仇……而外廷之臣受祸愈惨。于是忠臣烈士……奋不顾身，以与左右之臣为难。

---

① 章怀注："光武不假后党权威，数代遂不遵行。"

夫人主方与左右之臣为一，而举天下与之为难，则人主亦不能以独全，遂至于溃败灭裂，不可得救……

官制是权力与义务的一种分配和组织。但古今专制者的心理，因为把天下当作自己私人的产业，觉得政治是网罗天下的人力物力以向他的安富尊荣负责，而不感到他是应当对天下（人民）负责。于是便总是从权力方面去看官制，而决不从义务方面去看官制。既是只从权力方面去看官制，于是官制的客观化，感到即是权力的客观化。权力的客观化，感到即是权力离开了他（专制者），而使他感到危险。所以破坏官制的客观化，破坏官制能客观地发挥作用，这是古今专制者所不知不觉地采取的共同路线。形成官制的首脑与骨干的是宰相。宰相一职，在事实上是不可无；但一旦成为制度，即赋予了若干的客观存在的意义。因此，通过二千多年的专制，都是循环地破坏宰相在制度上的客观地位，而以皇帝身旁的地位低微的人去执行宰相的实权。执行久了，原来在地位上本是与宰相悬隔的，也慢慢被承认其为宰相，因而取得官制上的若干客观地位。于是后起的专制者又把它虚悬起来，重新使低微的近臣代替。和田清在《支那官制发达史上的特色》一文[1]中，对于这种情形，有扼要的陈述。兹译介如下：

---

[1]　此文收在和田清著的《东亚史论薮》内，由生活社发行。

除了现在西洋化的最近期，从来旧支那制度发达的过程，有几种显著的特色。第一应当举的，或者可称为支那官制的波纹式的循环发生。天子私人侧近的微臣，渐次得到权力，压倒站在表层的大官。到了不久，取而代之的时候，在他的里面，又生出私的实权者，发达而成为表层的大官，不断地反复着。例如秦汉之际，宰相总揽庶政，或曰丞相，或曰相国。……但其中，尚书、中书这种东西出现，渐渐篡夺了宰相的权力。尚书……初不过是在殿中主管发书的微官，由担任天子的秘书[1]而渐次加重权力。……随尚书权力的渐次增加，也具备了令、仆射、尚书等职位，而独立成为尚书省。尚书令仆是天下的宰相，尚书省代替了过去的丞相府。

中书，乃中官尚书之义。这是武帝游宴后庭，任命宦者所担任的尚书……到了由宦者出身的曹魏，中书长官的监令，掌握了宰相的实权。门下省的长官侍中，本是侍奉天子左右的侍者；但尚书、中书渐渐居于表层的地位时，侍中便代居机要，渐握实权，从住在宫中黄门之下的地方，而开始有门下省之名。北魏时的黄门侍中称为小宰相。从南北朝时，尚书、中书、门下，并称三省，以及于隋唐，而成为表层的政府。

---

[1]　实际只是担任公文收发的人员。

其中，中书宣奉诏命，门下驳议，尚书将确定了的诏命施行于天下，所以尚书省是站在最表层的官署。但它仅是形式，并无实权，实权渐移于内面的中书、门下。尚书省曰南省，在外；在内者仅有中书、门下，组织政事堂，议定大事。中书、门下，渐成表层时，也渐失掉了实权，天子更自选亲信，加以"同中书门下三品"或"同中书门下平章事"等，使参与其事。同中书门下云云，正如其名称一样，不过是中书门下的暂时代理；但因有天子的信任，实权便渐移到他们手上。……同中书门下平章事，也渐成为表层，唐末便由天子的顾问翰林学士院代之，有内相之称。还有由宦官构成的枢密使，也好像渐取得实力。但以后变为主兵权的武官。

宋太祖抑权臣，张天子独裁的纪纲；但不久，中书省与枢密院为重而称为二府，同平章事握宰相的实权。元的行政府也是中书省，其长官曰丞相。明太祖洪武十三年废中书省，罢宰相，使六部尚书直属于天子。……不久，到了他的子孙的时代，内廷顾问之官，握得宰相的实权。六部尚书，官正二品，而内阁大学士不过是正五品的微官；但因居于备天子顾问的地位，便渐增加实权，后遂以大学士当宰相之任，清的内阁制度，全由此而来。但后来，内阁也站到表层了，与内廷疏阔，于是选拔内阁中特为亲信者为军机处大臣，使在隆宗门内的军机处决定大事。……这是中央的显官，大概都为内部之微臣所取代的历史。

总之，宰相在官制中的地位，一带有客观的性质，专制者便觉得和他离得太远了，不可信任了，须以侧近的微臣取其实权。这是汉武帝、光武顺着一人专制的要求所开下的一条路，后百世而不能改。但西汉亡于外戚，东汉亡于宦官，这正是一人专制的自身所造出的无法克服的矛盾。

十一、光武对地方军制的破坏及其严重后果

秦并吞列国，废封建为郡县，而郡县的政治组织，仍多少受到战国时的独立王国的影响。其所赋予于郡守县令长的职权既相当强大；政治的机能，也是相当完备而合理，容易发挥地方政治上的效能。汉武帝使六百石的刺史监察二千石的郡守，虽然有人称赞它的好处，但设刺史的基本用心，还是与使侧近微臣去诘难公卿的用心是一致的，在制度上，依然是对地方官制的客观性的破坏，此处暂不深入去讨论。这里要特为提出的是光武以忌刻之私，削弱地方官制所及于尔后对民族发展的巨大影响。

《后汉书》卷一下《光武帝纪》第一下："是岁（建武六年，西纪三十年）初罢郡国都尉。"又建武七年"三

月丁酉，诏曰：今国有众军，并多精勇，宜且罢轻车、骑士、材官、楼船士及军假吏、令还复民伍"。应劭补充说："每有剧贼，郡临时置都尉。事迄罢之。"按《汉书》卷十九上《百官公卿表》："郡尉，秦官，掌佐守典武职甲卒，秩比二千石；有丞，秩皆（王先谦曰：皆字衍）六百石。景帝中二年更名都尉。"都尉之设，与汉的兵制密切相关。卫宏《汉旧仪》卷下："民年二十三为正，一岁而以为卫士，一岁为材官骑士，习射御骑驰战阵。八月，太守、都尉、令、长、相、丞、尉会都试，课殿最。水处为楼船，亦习战射行船。"又："年五十六，老衰，乃得免为庶民，就田里，民应令选为亭长。""亭长课射游徼，徼循尉（按此语之意，似为游徼顺承县尉）。游徼、亭长皆习设备五兵。五兵，弓弩、戟、盾、刀剑、甲铠。""鼓武吏，赤帻大冠，行滕带剑佩刀持盾被甲，设矛戟习射。"[1] 从上面的材料看，民男子二十三为正卒，虽有践更过更，[2] 但大体上是行的义务兵役制度。平日负一郡督、教、调派之责者为郡都尉。都尉以下有县尉，乡官。与整个社会，皆带有浓厚的武装组织的意味。光武起兵民间，内心害怕这种社会性的武装，所以在建武六年废都尉，而武备之教因以

---

① 按以上又见于《续汉志补注》引《汉官仪》，而略有异同。
② 《汉书·昭帝纪》元凤四年如淳曰："……贫者欲得雇更钱者，次直者出钱雇之，月二千，是为践更也。天下人皆直戍边三日……诸不行者出钱三百入官，官以给戍者，是为过更也。"

废弛。建武七年又罢轻车骑士、材官楼船，而民间的武装组织更因以瓦解。在他的诏书里是说"国有众军，并多精勇"，可以不事民间征发，所以也不需要民间保持武装组织。但《后汉书》卷三十一《杜诗列传》："初禁网尚简，但以玺书发兵，未有虎符之信。诗（杜诗）上疏曰……旧制发兵皆以虎符。其余征调，竹使而已。符第合会，取为大信。……间者发兵，但用玺书，或以诏令。如有奸人诈伪，无由知觉。愚以为军旅尚兴，贼虏未珍，征兵郡国，宜有重慎。可立虎符以绝奸端……书奏，从之。"按杜诗以建武七年为南阳太守，以建武十四年病卒。此奏叙述于建武八年上书乞避功德奏请之后，计时当在建武八年以后，十四年以前。是光武诏罢轻车材官之时，并未停止对郡县的征发。则其所以罢都尉，罢轻车材官，乃出于猜防人民的心理，昭然可见。其后颇以招募及弛刑成军；如《马援列传》，建武二十四年武陵五溪蛮反，援将十二郡募士及弛刑四万余人击之者即是。但征发之制依然存在。《后汉书》卷五《孝安帝纪》永初五年（西纪一一一年）"戊戌（闰三月）诏曰……寇贼纵横，夷狄猾夏，戎事不息，百姓匮乏，疲于发征"。即其明证。但平时无教战之吏，战时便无可用的将帅之才。所以同《纪》永初五年"七月己巳，诏三公、特进、九卿、校尉，举列将子孙，明晓战陈，任将帅者"。建光元年（西纪一二一年）十一月癸卯又诏"举武猛堪将帅者各五人"。卷六《顺帝纪》永和三年（西纪一三八年）"九月丙戌，令大将军三公各举故刺史二千石及见令长郎谒者四府掾属，刚毅武猛，有谋谟任将帅者各二人，特进卿校尉各一人"。汉安元年（西纪一四二年）"十一月癸卯，诏大将军三公选武猛试用有效验，任为将校者各一人"，即其明验。有事则征发未教之民，正如孔子所说："以不教民战，是谓弃之。"所以应劭《汉官仪》卷上有谓：

> 盖天生五材，民并用之，废一不可，谁能去兵？兵之设尚矣……自郡国罢材官骑士之后，官无警备，实启寇心。一方有难，三面教之；兴发雷震，烟蒸电激，一切取辨。黔首嚣然，不及讲其射御，用其戒警。一旦驱之以即强敌，犹鸠鹊捕鹰鸇，豚羊弋豺虎。是以每战常负，王旅不振。张角怀挟妖伪，遐迩摇荡，八州并发，烟炎绛天。牧守枭裂，流血成川。尔乃远征三边殊俗之兵，非我族类，忿鸷纵横，多僵良善，以为己功。财货粪土，哀夫民氓，迁流之咎，见出在兹。不教而战，是为弃之。迹其祸败，岂虚也哉。

光武为了防止人民造反而废弃社会的武装，但人民在活不下去时，依然会起来造反，遂至不惜引异类以贼杀同胞。应劭上面的话，可以说是指陈痛切。陈元粹所作钱文子《补汉兵志序》，以为钱文子见宋代聚兵京师，易世之后，"老弱者难汰，虚籍者难核。安坐无事则骄，骄则难用。久聚而法弛则悍，悍则难制……不娴临阵决战之术则怯，怯则弃甲曳兵而走……呜呼，此先生所以拳拳有意于汉家之遗制也。"而汉家兵制之坏，实始自光武；其动机，只是为了一人一家专制之私。

东汉最大的边患在诸羌。中叶以后，把归顺的羌人，迁居三辅，这种处置是有意义的。但一方面因吏治败坏，对羌人只骚扰而无抚辑之功。另一方面，则羌人有自卫能力而汉人则没有；以至羌人所至，汉人多逃避流徙。由此我们可以想象得到，五胡之所以乱华，根本原因之一，即在五胡能打仗而华民不能打仗。推原祸始，皆自光武专制之私发之。顺着此一方向发展，历代地方的政治机能，愈来愈弱。胥吏可凭地方政治的机能以作恶，而长令很难在地方政治的机能上，发挥两汉能吏循吏所能发挥的效果。于是宋、明、清的地方政治，完全成为胥吏政治。地方弱，国家岂能强。穷源究委，乃一人专制下的必然结果。

西汉知识分子对专制政治的压力感

一

一切知识分子所担当的文化思想，都可以说是他们所生存的时代的反映。在近三百年，时代中最巨大最显著的力量是经济。但在我国，一直在鸦片战争以前，甚至于一直到现在，各时代中最巨大最显著的力量都是政治。每一个知识分子，在对文化的某一方面希望有所成就，对政治社会希望取得发言权而想有所贡献时，首先常会表现自身的志趣与所生存的时代，尤其是与时代中最大力量的政治，乃处于一种摩擦状态；而这种摩擦状态，对知识分子的精神，常感受其为难于忍受的压力。并且由对这种压力感受性的深浅，而可以看出一个知识分子自己的精神、人格成长的高低，并决定他在文化思想上真诚努力的程度。由各个人的秉赋、生活环境及学问上的机缘，各有不同，对这种"压力感"的反应也各有不同，因而形成文化上不同的努力方向。但政治问题，不能不成为中国知识分子长期的共同问题。完全缺乏这种感受的人，便缺乏追求文化思想的动机，便不可能在思想文化上有所成就，甚至发生反文化思想的作用。

西汉与先秦相去不远。先秦诸子百家，在七雄并立中的自由活动，及在自由活动中所强调的人生、社会、政治的各种理想，与汉代所继承、所巩固的大一统的一人专制政治的情形，极容易引起鲜明的对照。例如在《战国策·齐策》"齐宣王见颜斶曰：斶前。斶亦曰：王前"的一个故事中，颜斶竟说出"生王之头，曾不若死士之垄"的话，而使齐王"愿请受为弟子"。这虽是比较极端的一例，但当时王与士的距离比较近，是可以想见的。进入到大一统的一人专制以后的情形，便完全改变了。汉文帝时贾山《至言》中谓："雷霆之所击，无不摧折者；万钧之所压，无不糜灭者。今人主之威，非特雷霆也，势重非特万钧也。"这与战国时，士对人君的觉感，可以说是天壤悬隔。因而西汉知识分子对由大一统的一人专制政治而来的压力感也特为强烈。东汉知识分子与西汉知识分子在这一点上，如说有所不同，则西汉知识分子的压力感，多来自专制政治的自身，是全面性的感受。而东汉知识分子，则多来自专制政治中最黑暗的某些现象，有如外戚、宦官之类。这是对专制政治自身已经让步以后的压力感，是政治上局部性的压力感。两汉知识分子的人格形态，及两汉的文化思想的发展方向，与其基本性格，都是在这种压力感之下所推动、所形成的。当然还应加上其他的因素。有如两汉像样子的知识分子，几乎没有不反对法家的，这可以说是由思想而来的压力感。但两汉知识分子所以普遍而深刻的反法家，乃是法家思想，通过秦长期的吸收、实现，最后已成为专制政治的骨干，而被汉所继承了下来，以加强专制政治的残酷性。所以反法家实际是反汉代专制政治中的骨干，这依然是由政治而来的压力感。至于西汉知识分子几乎无不反秦；而反秦实际上即是反汉，更不待论。我觉得若不能首先把握到两汉知识分子的这种压力感，便等于不了解两汉的知识分子。若不对这种压力感的根源——大一统的一人专制政治及在此种政治下的社会——作一确切的解析、透视，则两汉知识分子的行为与言论，将成为脱离了时间空间的飘浮无根之物，不可能看出它有任何确切意义。

各种不合理的东西，随时间之经过，因人性中对外来压力所发生的自我保存与适应的作用，及生活中因惯性而对现实任何存在，容易与以惰性承认的情形，也渐渐忘记那些事物是不合理的。古今中外，政治上的大奸大猾，都是朝向这一弱点上投下他们的野心与赌注。大一统的一人专制政治的自身，也正是如此。这便可使由此种政治而来的压力感，渐归于麻痹，而其他的压力感居于主导地位，这是了解我国知识分子性格随历史演变而演变的大关键。虽然如此，中国两千多年的大一统的一人专制政治对知识分子的压力，事实上是在不断的积累中更为深刻化。尽管后来的知识分子，对此只能作局部性的感受而不能作全面性的感受；但这一不断深刻化的压力，对知识分子而言，还是于不知不觉中有决定性的作用。所以对两汉知识分子的时代压力感，若能加以把握，及进一步加以研究，或许对两千多年中之知识分子的了解，也可能提供若干帮助。许多具有这种压力感的人，不必皆见之于文字。下面我将提出若干已见之文字，而又留传到今的，以作显明的例证。

二

《离骚》在汉代文学中所以能发生巨大的影响，一方面固然是因为出身于丰沛的政治集团，特别喜欢"楚声"，[①]而不断加以提倡。另一方面的更大原因，乃是当时的知识分子，以屈原的"信而见疑，忠而被谤，能无怨乎"[②]的"怨"，象征着他们自身的"怨"；以屈原的"怀石遂自投汨罗以死"[③]的悲剧命运，象征于着他们自身的命运。开其端者厥为贾谊。贾谊作《吊屈原赋》，是痛恨于"鸾凤伏窜兮，鸱枭翱翔。阘茸尊显兮谗谀得志。贤圣逆曳兮，方

---

① 《汉书》卷二十二《礼乐志》第二："高祖乐楚声，故房中乐楚声也。"
② 《史记》卷八十四《屈原贾生列传》。
③ 同上。

正倒植。"而希望屈原能够，实际是希望自己能够"历九州而相其君兮，何必怀此都也！凤凰翔于千仞兮，览德辉而下之。见细德之险征兮，遥曾击而去之"，[①] 即是希望在政治上能作自由的选择。但这在屈原列国并立的时代，尚有此可能；而在贾谊大一统的时代，便已没有这种可能了。所以他在《鵩赋》中，只有想"释智遗形，超然自丧"，要在庄子思想中来逃避这一黑白倒置而又没有"选择之自由"的政治情势，所给于他精神上的压力。他在《吊屈原赋》中悲痛地说："使麒麟可系而羁兮，岂云异夫犬羊。"在《惜誓》中又悲痛地说："使麒麟可得羁而系兮，又何以异乎犬羊。"他这种"何以异乎犬羊"的压力感，才逼使他痛哭流涕地上了《论时政疏》[②] 以求对于给他以重大压力的当时政治，能作长治久安的改变。但正如贾山《至言》中所说："士修之于家，而坏之于天子之廷。"天子之廷，正是埋葬士人志节的坟墓。贾谊既不能逃避掉天子之廷，又忍受不了这种由天子之廷而来的对他的埋葬，于是他只好涕泣夭折以死了。

---

① 以上皆见《贾长沙集·吊屈原赋》。

② 《汉书》卷四十八《贾谊传·贾谊论时政疏》，一开始便说："臣窃惟事势，可为痛哭者一，可为流涕者二，可为长太息者六。"

梁园宾客，^①多以文学著称，他们也有同样的压力感。严忌的《哀时命》中说："哀时命之不及古人兮，夫何余生之不遭时……志憾恨而不逞兮，杼中情而属诗……身既不容于浊世兮，不知进退之宜当。"^②他并不曾因游晏而减轻了他的压力感。而邹阳在仕吴王濞时，《狱中上书自明》，犹谓："今欲使天下廖廓之士，笼于威重之权，胁于位势之贵，回面污行，以事谄谀之人，而求亲近于左右，则士有伏死堀穴岩薮之中耳。"^③

以"正其谊不谋其利，明其道不计其功"见称的董仲舒，我们未尝不可从另一角度去了解他"三年不窥园"^④的意义。他在《士不遇赋》中说："屈意从人，非吾徒矣……皇皇匪宁，祇增辱矣。努力触藩，徒摧角矣。不出户庭，庶无过矣。生不丁三代之圣隆兮，而丁三季之末俗。……虽日三省于吾身兮，犹怀进退之惟谷……出门则不可以偕往兮，藏器又嗤其不容。退洗心而内讼兮，亦未知其所从也。"^⑤在这种强烈的压力感下，他既献了《天人三策》，要求以德代刑，以教化之官，代执法之吏，想转换当时大一

---

① 《汉书》卷五十一《邹阳传》："汉兴，诸侯王皆自治民聘贤。"卷四十七《梁孝王传》，孝王"筑东苑方三百余里……招延四方豪杰"，而其中特多文学之士。
② 《全汉文》卷十九。
③ 同上。
④ 皆见《汉书》卷五十六《董仲舒传》。
⑤ 《董胶西集》。

统的一人专制的政治内容；而最后的归宿，也只有"孰若返身于素业兮，莫随世而轮转"。① 他的"为儒者宗"② 的大业，正是在此种压力感下的成就。

至于司马迁的《报任少卿书》，把他对这种压力的感愤，可以说是尽情地宣泄了。不仅一部《史记》，正是此一感愤的产物，并根据他的意见，一切圣贤的著作，"皆意有所郁结，不得通其道也；故述往事，思来者"。③ 即是他认为所有的思想文化上的成就，都是由时代的压力感而来的。

三

我这里应特别提到东方朔的《答客难》。《答客难》的特殊意义，在于一方面他很明显地把大一统的一人专制政治下的知识分子的情形，和战国时代的知识分子的情形，作了强烈的对比，在此一对比中，说明了在有政治选择自由，与没有政治选择自由的两种情况下，对知识分子的运命，给与以完全不同性质的影响，因而把大一统的一人专制政治对知识分子的束缚性，更清楚地刻划了出来，当时

① 《董胶西集·士不遇赋》。
② 《汉书》卷二十七上《五行志》第七下。
③ 《史记·自叙》。

知识分子对时代的压力感的根源，可因此而得到明白的解释；另一方面，他在文学上创造了此一独特的体裁，成为后来许多发抒此种压力感的强有力的文学形式，有如扬雄的《解嘲》，班固的《答宾戏》，张衡的《应间》，崔实的《客讥》，蔡邕的《释诲》，一直到韩愈的《进学解》，都是一脉相承的发展。现在我试把《答客难》钞一段在下面：

客难东方朔曰：苏秦、张仪，一当万乘之主，而都卿相之位，泽及后世。今子大夫修先王之术，慕圣人之义，讽诵诗书百家之言……以事圣帝，旷日持久，官不过侍郎，位不过执戟，意者尚有遗行邪……东方先生喟然长息，仰而应之曰：是固非子之能备知也。彼一时也，此一时也，岂可同哉。夫苏秦、张仪之时，周室大坏，诸侯不朝；力政争权，相擒以兵。并为十二国，未有雌雄；得士者强，失士者亡，故谈说行焉。……今则不然。圣帝流德，天下震慑，诸侯宾服……天下平均，合为一家；动发举事，犹运之掌，贤不肖何以异哉。……故绥之则安，动之则苦；尊之则为将，卑之则为虏。抗之则在青云之上，抑之则在深泉之下。用之则为虎，不用则为鼠。虽欲尽节效情，安知前后。……使

苏秦、张仪，与仆并生于今日之世，曾不得掌故，安敢
望常侍郎乎。故曰时异事异。[①]

"彼一时"，乃有政治自由选择之时；"此一时"，乃无政治
自由选择之时。"时异事异"，岂仅关系于一个人的功名，
实也通于专制下的一切文化学术的活动。

　　在志趣与学问的成就上，东方朔皆不能望扬雄的项
背。但扬雄的《解嘲》，对两种不同的政治情况，及由此
对知识分子所发生的两种不同的命运，却与东方朔的《答
客难》，是同符共契的。不过东方朔把他的压力感消解于
滑稽玩世之中，而扬雄则转向到"默然独守吾太玄"[②]的著
书立说之上。对压力感的反应不同，而对压力感的根源的
把握，则并无二致。《解嘲》说：

　　……往者周纲解结，群鹿争逸。离为十二，合为
六七。四分五剖，并为战国。士无常君，国无定臣。得
士者富，失士者贫。矫翼厉翮，恣意所存……是故邹衍
以颉亢而取世资，孟轲虽连蹇犹为万乘师。今大汉左
东海，右渠搜；前番禺，后陶涂；东南一尉，西北一
侯。徽以纠墨，制以锧铁；散以礼乐，风以诗书……当

---

① 《汉书》卷六十五《东方朔传》。
② 扬雄《解嘲》。

涂者入青云，失路者委沟渠。……夫上世之士，或解缚而相，或释褐而傅；或倚夷门而笑，或横江潭而渔；或七十说而不遇，或立谈间而封侯……是以士颇得信其舌而奋其笔，窒隙蹈瑕而无所诎也。当今县令不请士，郡守不迎师；群卿不揖客，将相不俯眉。言奇者见疑，行殊者得辟（刑辟也）。是以欲谈者宛（同卷）舌而固声；欲行者拟足而投迹。乡使上世之士处乎今，策非甲科，行非孝廉，举非方正，独可抗疏时道是非，高得待诏，下触闻罢，又安得青紫……有建娄敬之策于成周之世，则缪矣。有谈范蔡之说于金张许史之间，则狂矣……唯其人之赡知哉，亦会其时之可为也。……①

四

班固的思想，当然受到他父亲班彪的影响。班彪的《王命论》，傅会神话，夸张事实，以证明天下之必重归于刘氏。这种想法，乃西汉思想家所少见，而象征了大一统专制的家天下，开始在知识分子的心目中，渐渐取得了合理的地位。然班彪的说法，虽然已表现知识分子对政治在历史时间中的惰性，恐亦与其家世有关。班彪的祖父班况，有女为成帝的婕妤；于是班彪的父辈，"出与王许子弟为

---

① 《汉书》卷八十七《扬雄传》。

群，在绮襦纨袴之间"，①也算是汉室的外戚。班彪的压力感，来自"此世所以多乱臣贼子"，②而要回到大一统专制政治的家天下，以求得解决，这是两汉政治思想转换的大标志。③以他父子在学术上的努力，更乘王莽狂悖乱政，天下残破的创巨痛深之余，更助长了《王命论》这种思想形态的发展，于是知识分子对大一统专制的全面性的压力感，便由缓和而趋向麻木。班固的《答宾戏》，正有此一转变过渡期的意义。

班固自谓"又感东方朔、扬雄，自谕以不遭苏、张、范、蔡之时，曾不折之以正道，明君子之所守，故聊复应焉"。④他的所谓正道，是承认汉家大一统专制的绝对权威，知识分子只宜委心任命于其下，而不要动其他的脑筋。他说汉室的政权是：

> 基隆于羲农，规广于黄唐。其君天下也，炎之如日，威之如神，涵之如海，养之如春。是以六合之内，莫不同源共流，沐浴玄德；禀仰太和，枝附叶着。譬犹草木之植山林，鸟鱼之毓川泽。得气者蕃滋，失时者零

① 见班固《汉书·叙传上》。王乃成帝母家，许则成帝之后家。
② 班彪《王命论》。
③ 西汉思想家之反专制，反家天下，将另有专文陈述。
④ 班固《汉书·叙传上》。

落。参天地而施化，岂云人事之厚薄哉。今吾子处皇代而论战国，曜所闻而疑所觌……亦未至也。[1]

班固把知识分子生活在大一统专制政治之下的情况，比譬为"譬犹草木之殖山林，鸟鱼之毓川泽"，是各得其所，各得其宜，并无人事厚薄之可言，因而应当像草木鸟兽样，不应有半分的压力感。他之所以从事著述，仅来自"要（求）没世不朽"[2]的一念。身与草木同朽，这也是一种压力感。但班氏父子由此一压力感所写成的《汉书》，在史学的基本精神上，便比《史记》后退了不知多少。而班固本人，并未能像山林中的草木，川泽中的鱼鸟，可以自由自在地生长。因为他曾是窦宪的宾幕。窦宪被诛，他被洛阳令种兢以私怨捕系，死于狱中了。[3]至于大一统专制政治对知识分子所发生的摧残腐朽作用，在东汉已经是非常严重。仲长统生当东汉王纲解纽，言论稍可自由之时，在他所著的《昌言·理乱》篇中，对于这一点有痛愤的叙述：

　　……及继体之时，民心定矣。普天之下，赖我（按指大一统专制之皇帝。下同）而得生育，由我而得富

---

①　班固《答宾戏》。
②　班固《幽通赋》。
③　《后汉书》卷三十下《班固列传》。

贵……天下晏然，皆归心于我矣。豪杰之心既绝，士民之志已定；贵有常家（按指皇室），尊在一人。当此之时，虽下愚之材居之，犹能使恩同天地，威侔鬼神。暴风疾霆，不足以方其怒。阳春时雨，不足以喻其泽。周孔数千，无所复角其圣。贲育百万，无所复奋其勇矣。彼后嗣之愚主，见天下莫敢与之违，自谓若天地之不可亡也，乃奔其私嗜，骋其邪欲；君臣宣淫，上下同恶……睇盼则人从其目之所视，喜怒则人随其心之所虑。此皆公侯之广乐，君长之厚实也。苟运智诈者，则得之焉。苟能得之者，人不以为罪焉……求士之舍荣乐而居穷苦，弃放逸而赴束缚，夫谁肯为之者耶？夫乱世长而化世短，乱世则小人贵宠，君子困贱。当君子困贱之时，踏高天，蹐厚地，犹恐有镇压之祸也。……是使奸人擅无穷之福利，而善士挂不赦之罪辜。苟目能辨色，耳能辨声，口能辨味，体能辨寒温者，皆以修洁为讳恶，设智巧以避之焉。况肯有安而乐之者耶？斯下世人主一切之愆也。[①]

赵壹对于被专制政治荼毒下的知识分子的变态情形，在《刺世疾邪赋》中，也作了集中的描写：

---

① 《后汉书》卷三十九《仲长统列传》。

春秋时祸败之始，战国愈复增其荼毒。秦汉无以相逾越，乃更加其怨酷。宁计生民之命，惟利己而自足。于兹迄今，情伪万方。佞谄日炽，刚克消亡。舐痔结驷（言舐痔者可以富贵），正色徒行（言正色者贫贱）。妪媮（相亲狎）名势，抚拍（谓慰恤也）豪强。偃蹇反俗，立致咎殃。……邪夫显进，直士幽藏。原斯瘼之攸兴，实执政之匪贤……所好则钻皮出其毛羽，所恶则洗垢求其瘢痕。虽欲竭诚而尽忠，路绝崄而靡缘；安危亡于旦夕，肆嗜欲于目前。奚异涉海之失柂，积薪而待燃。……故法禁屈挠于势族，恩泽不逮于单门。[①]

专制政体不变，专制政体的精神犹存，则赵壹上面对专制政体下的知识分子的描写，可以说将永远有其历史的真实性。这种知识分子当然没有所谓时代的压力感，而大量发挥反文化、反思想的效用，以迎合专制主之所好。

但若所有的知识分子都如赵壹所描写的一样，这将会使一个民族的历史归于终结。东汉的知识分子，所以在历史中能占一很重要的地位，乃是另有一部分置生死贫富贵贱安危于不顾，绳绳相继，在政治的极端黑暗中，作出各种不屈抗争的节义、名节之士。一直到党锢祸起，这些抗争不屈的节义、名节之士，才与东汉同归于尽。

---

① 《后汉书》卷八十下《文苑列传·赵壹列传》。

东汉的节义、名节之士的所以形成，所以有时趋于矫激，乃是来自专制下外戚、宦官，及在外戚、宦官宰割下变节为下流卑贱的知识分子的双重压力感。这一点，将另有专文讨论。

当然在四百三十余年（包括新莽与更始）中，知识分子的压力感，可以是来自多方面的。但以由大一统的一人专制政治而来的压力，才是根源性的压力，是主要的压力。因此，对此种大一统的一人专制政治的彻底把握，应当是了解两汉思想史的前提条件，甚至也是了解两汉以后的思想史的前提条件。

中国姓氏的演变与社会形式的形成

一、引言

我这里之所谓"形式",系指对复杂的内容,有一种统一、包括作用的机能而言。社会,都是以各种身份、地位、职业,及由此所产生的大小集团,作为它的具体内容的。但中国传统的社会,却由血统关系所形成的组织——宗族,及顺着血统关系的组织所形成的诸文化价值观念,来统一、包括社会的各具体内容的,这就是我所说的"社会形式"。而这种社会形式,是通过姓氏的演变所逐渐形成的。有时社会形式很突出而掩盖了其他内容,此时的形式即是内容。但更多的时候,社会的营运,都是各具体社会内容的营运;社会形式,仿佛是在睡眠状态之中,与内容并无直接关系。但在下述几点上,要了解我国传统的社会文化的特性,便先须了解此一社会形式。

(一)此一社会形式未演变完成以前,它的本身固然是政治性的,阶级性的,有如"政治的宗法制度"。但当它演变完成，而成为一"社会的形式"时，则在理念上它便成为各种社会内容的普遍的基础，以包含、贯通于各社会内容之中，成为各社会内容的共同出发点与归宿点，无形中巩固了各社会内容的地位，因而也加强了各个人在全般社会中的地位与力量。

（二）由此一社会形式所形成的价值系统，亦即传统之所谓人伦、伦理，实贯注于每一社会内容之中，以规整各社会内容的共同方向，及成为团结各社会内容的精神力量。至于由此对全盘社会所发生的是推进的或制约的作用，那是另一问题。在研究上应当另作处理。

（三）每当历史发生大变动时，社会各种内容的活力，常在危机中受到震撼乃至破坏、瓦解。此时常退缩在由姓氏而来的宗族组织的社会形式之内，形成保护最低生存的堡垒。这与我国民族突破许多大天灾、大人祸，而依然能继续生存发展，有密切的关系。

（四）此一社会形式，如后所述，对我国历史上环绕在周围的异族而言，乃我民族所独有，这是把握我国文化社会特性的关键之一。更主要的是，在历史中我们民族同化力之大，至足惊人。过去对此种历史事实的说明，皆嫌空泛。经过我这次的研究，发现它的主要原因是来自此由姓氏所形成的社会形式。

此种社会形式，是长期演变所渐渐形成的。大约经过西汉两百年的时间，才达到初步完成的阶段。演变的实际内容，是通过氏姓观念的发展而实现。过去纪录氏姓的典籍，自《世本》以下，在数目上可说不少。但有的是为了特殊目的，如《元和姓纂》，是为了作政治上官吏登庸的参考；而诸家的族谱，因地望的观念，对其先世的叙述，每多流于傅会，难资取信。[①] 从学术上把氏姓加以研究处理的，在今日也可以看到不少的著作；但因缺乏"演变"、"发展"的观念，常执一时的现象以贯通古今。所以立说愈多，而淆乱弥甚。本文乃针对此种情形，溯本探源，以明其演变、发展之迹，开辟研究我国社会史的新途径。

二、氏义探原

我想先从文字学上澄清若干有关的误解。并先从氏字开始。

《说文》十二下"氏"："巴蜀名山岸胁之旁箸欲落墯者曰氏。氏崩声闻数百里，象形。凡氏之属皆从氏。扬雄赋，响若氏隤。"段《注》墨守许义。并谓"古经传'氏'与'是'多通用。《大戴礼》昆吾者卫氏也。以下六氏字，皆'是'字之假借。而汉书、汉碑，假氏为是，不可胜数。故知姓氏之字本当作'是'，假借氏字为之，人

---

① 《汉书》卷七十五《眭弘传》颜注："私谱之文，出于闾巷。家自为说，事非经典；苟引先贤，妄相假托。无可取信，宁足据乎。"

第习而不察耳……"按许说之不能成立，乃在于若不能证明初造氏字之人，出自蜀产，则何能援巴蜀之特殊地形以造此字。且只要从小篆追溯上去，即可发现氏字之原形，与许氏所说的山岸欲堕的情形渺不相应。段玉裁以姓氏之氏的本字当作"是"，不能于先秦典籍中举证，遽以汉书、汉碑中偶有以是为氏的情形，抹煞先秦典籍中之无数氏字；他未想到由《隶释》以窥汉碑，其中所写的氏字不可胜数。偶有以"氏"为"是"，只能视为别字，何可援为证验。

朱骏声《说文通训定声》氏字下："按许说此字非是。因小篆横视似隶书山而附会之耳。本训当为木本，转注当为姓氏，盖取水源木本之谊。"朱氏之说，已较段说为进步。但其立说，乃援引"《汗简》引《石经》作 ᡱ"之字形作根据，与金文契文氏字之形皆不合，则其由象形所立之义，已被氏字之原形所推翻。此外，《说文》系统诸家之说，要不出段、朱两氏之范围，可置而不论。

由《金文编》所能看到的二十多个氏字，大约以《颂敦》的 ᡐ 为初文，其他 ᡘ 颂壶，芮公鬲等形，则系工师随手变化的一点花样，在表形的基本意义上不变。

契文氏形作 ᠻ 前七、三九、二，或作 ᠹ 后、下、二一、六。金文字形，承此而没有什么大变化。西安半坡的仰韶文化，发现有三十种符号，其中有两种符号作 ᠻᠲ，[①] 虽然不能确定

————————

① 见《西安半坡》图一四一之3、4，图版一六九之7、10。

契文的氏，与此二符号有何关联；但由形状相似，也未尝不是一个很有趣的现象。按郭沫若《金文余释之余》，《释氏》谓："氏者余谓乃匙之初文。《说文》，匙匕也，从匕是声。"段《注》云："《方言》曰'匕谓之匙'……今江苏人所谓搽匙汤匙也……古氏字形与匕近似；以声而言，则氏匙相同；是氏乃匙之初文矣。卜辞有从氏之字可证。盉前、二、廿七、一、"甲子王卜贞田盉往来无此盉同上第二片田盉无巛"盉同六、四一、七、"弜田盉其每"此等字乃象皿中插氏之形……虽文乃地名，义不可知，而氏之用途则如匕也。"①

按郭氏之说，其谬有三。匙既"从匕、是声"，则匕乃匙之初文；后因匕多作"匕首"之"匕"用，故另作"匙"字以别之，何得以氏为匙之初文；此其一。匕形契文作ᒿ或ᒣ，其下端向左或向右弯曲者，所以便于在皿中取物。氏契文作ᒑ或ᒪ，不论与匕形并不相似；而下端乃垂直之形，将何以取物。此其二。既明知盉乃地名，绝无以匕向皿取物之意，何以能以此证氏乃匙之初文。且以金文证契文，并由金文以释契文，乃解读契文的重要方法之一。郭氏不援引金文中许多氏字以证成其义，乃引一不相关涉之盉字以立证，安知盉字非从氏得声之形声字；或可另作解释（见后），此其三。这种显明的谬说，乃李孝定却以此为"发千古之覆，诚属确不可易"。又引契文中"姞氏"后、下、二、

① 　见郭氏《金文余释之余》页三四至三七。

一、六二字，既认"则氏当为姓氏字"；复以其为"单辞孤证,则此辞氏字亦未可必其为姓氏字也。"[①] 不知氏为姓氏之氏，在契文中是否仅此孤证，尚待研究；据丁山"卜辞又有族氏连称者"，[②] 其言必有所据。而郭氏之说，则在契文中即孤证而亦无之。且此孤证若与直承契文之金文中之氏字相印证，即可称为铁证。

然则氏之本义为何，应先略及族字之本义。

《说文》七上："族矢锋也，束之族族也。从放从矢。"按许说对"从放"之义不明，故段《注》据《韵会》、《集韵》、《类篇》，补"放所以标众，众矢之所集"十字，而以《韵会》、《集韵》、《类篇》等之"一曰从"三字为衍文，遂以此十字为许书所固有；但如段氏之说，则上下文不相蒙。钮树玉之《段氏说文注订》及徐承庆之《说文解字注匡谬》，皆以"一曰从"三字为《韵会》等书所固有；而段氏所增十字，为许书所本无。许书十四上金部收有镞字，此乃"矢锋"之本字，且先秦已极通行，则许氏以锋矢之释族为未审，已不待论。《说文通训定声》："或说族字当训大旗。古军中弓矢之兵，聚于旗下，故从放从矢会意。矢锋当为镞字之本义。"已开始订许氏之失，惟其义未澈。俞樾《儿笘录》"族者军中部族也。

① 见李君所编《甲骨文字集释》第十二册页三七至三八。
② 见丁山著《甲骨文所见氏族及其制度》页三三至三四。

从从者所以指挥也；从矢者所以自卫也"，为族义开一新的途径。丁山谓"字从从从矢，矢所以杀敌，从所以标众，其本义应是军旅的组织"，并以清人之八旗为证，[①]实俞说的引申。惟俞樾与丁山，为"从矢"所拘，皆将族释为军事组织。而不知族之原义，乃部族之意。从乃部族所用以相别异并聚合之标志，矢乃部族自卫能力之象征。每一部族皆须有自卫能力而始能生存，故从矢。此在平时战时皆然，不应专指为军旅的组织。卜辞中有"多子族"、"五族"、"旅族"等辞，族乃部族之通称；"多子"、"五"、"旅"，乃某一部族之特称；每一部族，必有一特称。引申而为连属之属；凡以血统关系而互相连属以成为自治体之一群，即称之为族。族系集团之通名，无大小之固定界限。此一部族，若由特定之姓为代表，则称"族姓"；[②]若以氏为代表，则称"氏族"。氏与族，单言之，则氏亦可为族，族亦可为氏。在周以前，氏族无别。惟族乃指其整个团体而言。氏则指其团体中之权力代表者而言。以契金文中之氏字字形意推之，古代氏族之长，多属其氏族中的长老；长老手中常持杖；氏或本系像长老手中所持之杖之形，同时即长老权力的标志。或者远古一般老人，并不持杖，故契文金文中，既无杖

① 见丁山著《甲骨文所见氏族及其制度》页三三至三四。
② 《尚书·吕刑》："官伯族姓。"注："族，同族；姓，异姓也。"不可从。

字，亦无作为杖之本字的丈字，而只有代表氏族中有权力之长老所持之杖，此杖字乃今日所见之氏字。因后起之丈字杖字流行，而氏字本为杖之象形的意义，因而隐没。因此郭氏前引契文中之两"盉"字，依我的推测，这是以供给器皿为主的一个氏族，盉便是他所得的氏的特定名称。从卜辞看，殷王两次卜问到盉氏去狩猎，而卜兆表示是"亡灾"的。我想，这是氏的原始意义。

丁山《甲骨文所见氏族及其制度》一文，谓"示即氏字"，及以氏为图腾之说，固不可信。但该文中"八、氏族的粗计"，"将武丁时代所有的贞卜例外刻辞归纳起来，就立见殷商王朝氏族之盛"。他说："就现在已经刊布的甲骨文材料看，我们确知商代的氏族，至少有二百个以上。……殷商后半期的国家组织，确以氏族为基础。"这大体是可信的。我更进一步地说，古代的氏，不同于周初以后的氏，更不同于后来一般所谓姓氏的氏；而系大小部落的名称。周以前的王朝及其中较大的方伯，皆系由部落联合而成；其中武力最强大者便被推或自立为诸部落的共主。丁山的研究，实已开出了解古代国家情形的途辙，惜其尚未深彻下去。

三、姓义探源

《甲骨文字集释》第十二册三五八九页收有"☐王☐

姓"前、六、二八、二及"□姓冥挽□"前、六、二八、三，此两片卜辞残缺，李孝定认为第二片之姓"仍为女字，非姓氏之姓"。日人岛邦男所编《殷墟卜辞综类》一四四页上二收有五个姓字。京二〇〇九，后下一七、一〇两片，仅残存两字，且姓之上一字未能认出。宁一、二三一之"即于弎中姓"，意义亦不明。前六、四九、三，及续四、二八、三，皆为"帚（妇）姓子死"。[1]今日甲骨文家多以姓为妇的名字。惟按先秦许多姓字训生之例，亦似应释为"妇生子死"，此处之姓，似不应解为妇人之名。张秉权有《甲骨文中所见人地同名考》一文，我的推测，某氏族生活于某地，于是即以地名为其氏族的名称。某氏族的支配者，即以其氏族的名称为其支配权之记号。此观于本文后文所引资料，是有其可能的。因此，我以为甲骨文中出现之姓字，可能乃代表由血缘而来的部落的通称。[2]其所以从女从生，此种血缘部族之起源，应遥溯到民知有母而不知有父的母系氏族社会时代。即使此义不能成立，但血缘部族之有标志、符号，则决无可疑。而契文中姓字的本义，应仍在未定之列。

《说文》十二下："姓，人所生也。古之神圣母，感

---

[1] 此皆曾特请中研院史语所张秉权先生解读。
[2] 我对甲骨文毫无研究。此特由姓字之全般情况所建立之假说，以俟专家论定。

天而生子，故称天子。从女从生，生亦声。《春秋传》曰，天子因生以赐姓。"徐锴《说文系传》在"神圣"下多一"人"字，在"故称天子"下多"因生以为姓"五字。段《注》及王筠《句读》从之。

按齐鲁韩三家诗及《春秋公羊传》，皆谓圣人皆无父，感天而生。《春秋左氏传》则谓圣人皆有父。此问题在今日无讨论之必要。惟许氏引此，乃解释"姓"字何以从女之故。因感天而生子，当然没有父，而只有母，所以姓字只好从女。如此，则《系传》所多出之六字，皆系不了解许氏原意所妄增。许氏引"春秋传曰"，则为说明其非因感天而生者之姓的来源。此在许氏的立场，为姓字得以成立之第二义。《说文》中的姓字，其意义若系承契文中之姓字而来，而我上面对契文中姓字意义的说法可以成立，则姓字之所以从女，应当推到母系社会时代。当时民知有母而不知有父，故其部族之标志，自然是来自女性。若此姓字的意义，是出自西周初年，则其从女，恐系与同姓不婚，有密切关系。《说文诂林》姓字下引《席记》："按古人立姓之始，皆为昏婚起见，故从女。"在周代封建制度中，贵族的男子不称姓，而女子则称姓，似可为此说之证。

但在文字学中，不可能解答姓字的原始意义的问题。姓字的原始意义，应在历史的文献资料中去探索。

《国语·晋语四》：

司空季子曰：同姓为兄弟。黄帝之子二十五人，其同姓者二人而已。唯青阳与夷鼓，皆为己姓。……凡黄帝之子二十五宗，其得姓者十四人，为十二姓。姬、酉、祁、己、滕、箴、任、苟、僖、姞、儇、依，是也。惟青阳（一作玄嚣）与苍林氏，同族于黄帝，故皆为姬姓……昔少典娶于有蟜氏，生黄帝、炎帝。黄帝以姬水成，炎帝以姜水成；成而异德，故黄帝为姬，炎帝为姜……

上面这段传说性的史料值得注意之点有二：一是同以黄帝为父，但除二人与父同姓外，其余并不与父同姓。二是兄弟二十五人，但得姓者仅十四人，其余则并没有姓。上述两点，不是以后世所谓姓的观念所能解释的。盖远古之时，人本无姓。血统蕃衍，聚居于某水涯山麓，自成部落。其中有统治才能的人，或被推，或受更大部落酋长者的赐与，成为某一部落的统治者，即以其聚居的地名或其他与其祖先降生有关事物之传说，作为此一部落的符号。惟此符号，仅能由其统治者的一人所代表，故符号即含有政治权力的意义，不是被统治的人民所得而有。黄帝得到姬水部落的统治权，故即以姬水为其部落的符号——亦即是所谓姓；炎帝得到姜水部落的统治权，故即以姜水为其部落的符号，亦即是所谓姓。黄帝之子二十五人，只有十四人得到了部落的统治权；而其他十一人没有得到，所以仅十四人有姓。

其中两人分治黄帝的姬水部落，故得同为姬姓。此外的酉、祁等十一姓，乃由统治着不同聚落所聚居的不同地名而来。《国语》这段传说，若认为是确指历史中某些真实的个人而言，便不易使人置信。若把它当作"姓"的起源的一般情况而言，便有很大的意义，因为由此而可以解释此后的许多有关问题。顾亭林《日知录》卷二十三"氏族相传之讹"条引"《路史》曰："余尝考之，古之得姓者，未有不本于始封者也。"犹能仿佛于姓的起源之义。

《国语·周语》记太子晋谏壅谷水的一段话中谓禹与四岳有功，"克厌帝心，皇天嘉之，祚以天下，赐姓曰姒，氏曰有夏……祚四岳国，命以侯伯，赐姓曰姜，氏曰有吕……唯有嘉功，以命姓受祀注：祀或为氏。"这段话里面的姓字与氏字同举，姓是代表血统关系的符号，而氏则是代表政权的符号。当时血统与政权是不可分的，并且政权是以血统为基础。姓与氏单举可以互涵，对举则所指的各偏向一面。并且有的仅系由一个血统集团所成的政权，即姓等于氏。甲骨文中所出现的许多氏字，当属于这种意义。这里的有夏氏、有吕氏，还是这种意义。但也有包涵许多血统集团的政权，更有由一个血统集团的政权，进而为包涵许多血统集团的政权，此时仍以原来的政权符号称之。此时的氏乃大于姓。一般史家所说的陶唐氏、有虞氏，及禹得天下以后而仍称为有夏氏，都是属于这种意义。《尚书·尧典》上的所谓"平章百姓"，及古代的所谓百姓，皆表示由许多血统集团所组成的政治集团。各姓皆有代表参与朝廷，于是百姓有时指的是百官。古代姓与氏的关系，在《左传·隐公八年》众仲的两句话里，也说得很清楚。他说："天子建国，因生以赐姓，胙之土而命之氏。"因其生之所自出而赐之姓，这分明指的是姓系血统的符号，此符号代表血统的一面。氏则由赐土而来，这分明指的是氏乃系国土的符号，此符号代表政治权力的一面。所以刘文淇《春秋左氏传旧注疏证》在此处说："诸侯之氏，则国名是也。"刘师培《氏族原始论》："古之所谓有国者，不称部而称氏。《孝经纬》云，古之所谓国者，氏即国也。吾即此语，推而阐之，知古帝所标之氏，乃指国名。非系号名。如盘古氏，即盘古之国。陶唐为帝尧之国，故曰陶唐氏。有虞为帝舜之国，故曰有虞氏。夏为大禹之国，故曰夏后氏。若夫共工氏、防风氏，则乃诸侯之有国者也。可知古之所谓氏者，氏即国也。《左传》言，胙之土而命之氏。此氏字最古之义。无土盖无氏矣。"这里说得更清楚。由此可以了解，在西周以前之所谓氏，与由周初起之所谓氏，其意义是完全不同的。

四、周初姓氏内容的演变

姓氏的关系，镶入到周初所建立的宗法制度中而情形便有很大的变化。宗法制度，是凭血统关系，把周室的基本力量，分封到当时的要害地区；并凭血统的"亲亲"之义，将分封出去的诸侯，团结在王室的周围，以加强中央政治控制力量的方法。这是把宗法中的亲属系统变为政治中的统治系统。宗法中的大宗，即是政治中的各国的人君，而周王则为各大宗的所自出。现时，可以方便称之为"统宗"。所以王室所在的丰镐，便称为"宗周"。此时的姬姓的姬，乃包括以前的姓与氏的双重意义，成为此一以血统集团为中心的政治权力的符号，此符号只有周王始能代表。将血统中的伯叔兄弟及姻娅分封出去为一国之君时，赐他们的土，同时也就赐他们的姓。赐姓是把作为血统集团的政治权力的符号赐给他，使他能代表此种符号的一部分。所以姓不是同一个血统中的一般人所能使用的。《国语·周语》周襄王拒绝晋文公请隧的理由是：

> 叔父若能光裕大德，更姓改物，以创制天下，自显庸也。而缩取备物，以镇抚百姓……何辞之有焉。若由（犹）是姬姓也，尚将列为公侯，以复先王之职，大物其未可改也。

这里很明显地说出，晋文公若能另外创立一个统治系统，便须要"更姓"。若依然以姬为姓，则姬姓的政治符号只能由周室之王来代表，而晋国依然要回到"公侯"的地位。

《左传·昭公八年》晋史赵谓"胡公不淫，故周赐之姓，使祀虞帝"。《史记·陈杞世家》："昔舜为庶人时，尧妻之二女，居于妫汭，其后因为氏姓，姓妫氏。"梁玉绳《史记志疑》："案帝舜姓姚，至周封胡公，乃赐姓妫。史谓胡公之前已姓妫，不但乖舛无征，且与下文言及胡公周赐之姓相违反，孔仲达、郑渔仲皆辩其诬矣。"此盖诸人不了解古人之姓氏，可随世代而易；故舜以姚为姓，亦不妨"其后"以妫"为氏姓"。姓乃血统集团权力之符号，必待赐而始可使用，故胡公之先人虽姓妫，而胡公仍有待于周王之赐，乃可以姓妫。此与前引众仲之言正合。诸人不明此义，所以横加疑难。

《春秋》所记之赐姓，似仅此一事。然分封建国时，赐土即同时赐姓；即同属周之宗室，亦不例外。此则与其宗法制度有不可分的关系。把姓氏改变为宗法制度的重要环节，甚至可以说，以姓氏形成宗法制度的骨干，这是姓氏在历史上的重大演变。

周室宗法制度，可简单以《礼记·大传》下面几句话作代表：

> 别子为祖，继别为宗，继祢者为小宗。有百世不迁之宗，有五世则迁之宗。百世不迁者别子之后也。宗其别子者，百世不迁者也。宗其继高祖者，五世则迁者也。

周之嫡长子为王，这是总的大宗，亦即是我前面所称的"统宗"。武王是文王的嫡长子，周公对武王而言，则是文王的别子。周公封于鲁，为鲁之始祖，这是"别子为祖"。周公之嫡长子继周公而为大宗，此大宗由历代的嫡长子一脉相传，这是百代不改之宗。周王为诸国的统宗，同时即是姬姓的最高代表者。各分封的同宗弟兄，为各国的百世不改大宗，便在封建之初，赐与以姬姓在分封内的代表权。郑玄驳《五经异义》："姓者所以统系百世，使不别也。"此即百世不改之宗，而姓即成为百世不改之宗的标志，同时也即成为一国政权的标志。《左传·襄公十一年》："秋七月，同盟于亳……载书曰……或间兹命……群神群祀，先王先公，七姓十二国之祖注：十二国共七姓，明神殛之，俾失其民，队命亡氏按指与会之卿大夫，踣其国家。"这里是把国与姓说在一起。《左传·昭公四年》："九州之险也，是不一姓。"是不一姓，即"是不一国"。姓由大宗代表，大宗各有其国。异姓亦是如此。

关于氏的问题，应依然回到前面已略为提到的《左传·隐公八年》的一段话。"无骇卒，羽父请谥与族。公问族于众仲。众仲对曰：天子建德，因生以赐姓。胙之土以命之氏。诸侯以字为氏，① 因以为族。官有世功，则有官族，邑亦如之。公命以字为展氏。"按"胙之土以命之氏"的"氏"，乃承周以前的传统观念，氏即是国。"诸侯以字为氏"的"氏"，乃周初以来的新观念，仅代表族而不代表国。诸侯以字为氏，是指诸侯对其同姓的卿大夫的命氏方法而言。杜注"诸公之子称公子。公子之子称公孙。公孙之子，以王父字为氏。无骇，公子展之孙也，故为展氏。"此处所谓"公之子"，乃公之庶子（对嫡长子而言）；公之孙，乃公之庶孙。嫡长子为一脉相传之大宗，以其先人受赐之姓为姓。庶子乃"继祢者为小宗"的小宗，五世而迁。大宗之姓为"正姓"，乃由始祖以来相承之姓。小宗虽以姬为姓，但仅称之为"庶姓"或"子姓"，② 庶姓乃庶出之姓，子姓乃指庶出之子孙，皆所以别于大宗之正姓；正姓乃此姓之代表，小宗无此资格。小宗之子称为"公子"，他与大宗之关系，视其称呼而即可明了。小宗之孙称为"公孙"，他与大宗之关系，视其称呼而亦可明了。小宗之孙与大宗为四世，曾孙与大宗为五世。故曾孙若仍

---

① 桂馥《说文解字义证》"姓"字下"郑玄驳五经异义，'《春秋左传》无骇卒，羽父请谥与族，公问于众仲，众仲对曰……诸侯以字为氏，因以为族……'馥按今《左传》作'诸侯以字为谥'，传写误也。"按桂说是。"羽父请谥与族"，亦当作"请氏与族"。

② 请参阅《礼记·大传》"系之以姓而弗别"及注，《丧大记》"卿大夫父兄子姓立于东方"注。

冠以"公"，则小宗五世而迁，其所谓"公"者，亦茫昧而不知所指；于是当曾孙死的时候，请之于时君，以其王父之字为其氏，使其死后的子孙，一面仍得因其王父之字而得知其氏之所自出；同时亦因此而许其另开一枝，以团结其族人，而自相滋演。我怀疑周初由诸侯的赐氏，一方面是与宗法密切相关，同时也是所以济"五世而迁"的宗法制度之穷。其原始形态，大抵是如此。这是周初的所谓氏，与周以前的所谓氏，截然不同的地方。朱骏声《说文通训定声》姓字下谓"凡小宗又别为氏"，这句话只说对了一部分。但因赐氏而得有其族，因而成为此族之长，即成为一部分政治权力之所在，于是赐氏的规定，亦有所变迁，这在后面还要谈到。但有一点必须特别指明的，赐氏之制，乃由于当时所谓姓，与后世之所谓姓，有本质上的不同。因姓只能由大宗，由天子、诸侯所代表；此外的同姓贵族，只好赐氏使其代表姓中的一枝。故氏者乃姓的分枝，姓乃所以统氏。天子的庶子而未得分封的，其子曰王子，孙曰王孙；故春秋有王子瑕、王孙满等，其由天子赐氏的情形，亦当与诸侯同。

众仲所说的"官有世功，则有官族，邑亦如之"。这是指诸侯赐异姓者之氏而言。官是仕于朝廷，邑是仕于都邑。诸侯对异姓者的赐氏，不能按照宗法的身份制度，而改用以勋劳为标准的制度。我们要注意"世功"两字。世功，是世世代代有功。世世代代有功，则世代相传下来，必定子孙众多。但若不赐之以氏，则此世代有功之人，并没有代表这些众多子孙的资格而自成一族，以成为以血统为内容的固定政治势力。为了酬庸报功，便赐以他世代所做之官、所宰之邑的名称，以作为他的氏的名称，使他的众多子孙，团结于所赐的氏名之下而成为一族，而他为之长。

无骇是公子展之孙，公子展是鲁君之庶子字展，亦是无骇的王父。所以鲁隐公便以公子展的展，为无骇的氏，而称为展氏。至是而"五世而迁"的小宗，才算正式立了一个门户而自为一族。这里应特别注意的是，西周以前，姓氏两个名词，常常可以互用。自周初始，则姓以标国，氏以标族。有氏始有族，否则在小宗五世之后，只能算是无所系属的孤单的一人一家，此时虽可向上追溯于他的姓。但姓只能由大宗、国君代表，他人不能称用。等于没有姓。所以"《春秋》隐桓之时……鲁有无骇、柔、挟，郑有宛、詹、秦、楚多称人"，[①] 既未赐氏，又不敢称姓，故仅称名。如在国外，既不能称姓而又无氏，则在名上冠以国名。如宋之公子朝，在国外则称宋朝。卫之公孙鞅，在秦则称卫鞅者是。由此可知，赐氏是一件大事。

周初姓氏的另一演变，是周以前姓不变，则氏亦不变。而周则"姓一定而不易，氏递出而不穷。以三桓言之，仲

① 参阅顾亭林《日知录》卷四"卿不书族"条。

孙氏之后，又分而为南宫氏、子服氏。叔孙之后，又分而为叔仲氏。季孙氏之后，又分而为公钮氏，公辅氏”。[1]姓一定而不易，这与"有百世不迁之大宗"连在一起，姓是团结的标志，这主要是政治的理由。但此外，还有婚姻上之理由。《礼记·大传》："四世而缌，服之穷也。五世祖免，杀同姓也。六世亲属绝矣；其庶姓别于上，而戚单（殚）于下，昏姻可以通乎？系之以姓而弗别，缀之以食而弗殊，虽百世而昏姻不通者，周道然也。"这段话里面的所谓庶姓别于上，指小宗五世而赐氏说的。戚单（殚）于下，指丧服至四世而已是"服之穷"，五世则无服。自六世起，由各小宗所出之氏，既不相同，而以丧服表示亲属的关系，又已断绝。此在周以前，是可以通昏的。但周道则氏虽别，而氏上系之以姓，则别于氏依然同于姓。即各氏仍皆为姓所统属，以直属于姓的代表者——王或国君。王或国君，犹行收族合宗之礼，以维系他的庶姓、氏族，这是出于政治的理由。"百世而昏姻不通"，《礼记·郊特牲》谓"取于异姓，所以附远厚别也"。这依然是政治的理由；"附远"是通过昏姻以为势力扩张的手段。"厚别"则所以防止乱源。但《国语·晋语》："同姓不昏，惧不殖也。"《左传·僖公二十三年》叔詹谓："男女同姓，其生

---

[1] 此引由《日知录》卷六"庶姓别于上"条的顾氏之言，而与此相关联之解释与顾氏不同。

不蕃。"《左传·昭公元年》子产告诉叔向谓："内官不及同姓……美先尽矣，则相生疾。"这是由长期经验而来的优生学上的理由。因此，氏同而姓异者可以为昏。其姓同而氏异者则不可。齐国的崔氏与东郭，其氏不同。崔杼欲娶于东郭偃，而偃以'君出自丁，臣出自桓'，欲加以拒绝。①一直到春秋时代，贵族的男子，有姓而不称姓，所以别于大宗，所以别于人君。贵族的女子则称姓，所以"远禽兽，别婚姻"。②若姓氏之"姓"字，不能追溯到母系社会时代，而系周初所赋予之新义，则《说文诂林》姓字下引《席记》："按古人立姓之始，专为婚姻起见，故从女"的说法，可以接受其中一小部分的观点。

这里应当再谈谈族的问题。如前所述，族是以血统为中心的政治集团；王及诸侯代表姓，姓即为国之符号。若王或国君对诸贵族之氏而言，则直属于王或诸侯之子姓，即可称王族或君族。《国语》："在中军，王族也。"《左传·僖公二十八年》："原轸、郤溱以中军公族横击之。"中军是当时军事组织的骨干。而王族或公族，又是中军组成的骨干。韦昭在上引《国语》"在中军，王族也"下注曰"唐云，族，亲族同姓也。昭谓，族，部属也"；韦昭是不以"亲族同姓"释"王族"为然，而另释之为"部

① 见《左传·襄公二十五年》。
② 借用《白虎通·姓名》篇中之语。

属"，实则各仅得其一端。应当说"王族，乃由王之亲族同姓所组成之部属"。

但春秋时代，以"氏族"连称者为最多。《左传·隐公八年》："胙土而命之氏。"疏："氏族一也，所从言之异耳。"顾亭林《日知录》卷二十三"氏族"条有谓："氏族对文为别，散则通也。""氏族对文为别"，乃因族字间或有广义的用法。实则无氏即无族；氏乃族的标志，赐氏乃可聚其小宗以下之子孙而成为一族；被赐氏的人，即握有一族的统辖权。未赐氏，即无由聚合其血统以为一族。所以《左传·隐公八年》鲁隐公"问族于众仲"，公所问者是族，众仲所答者是氏，结果"公命以字为展氏"；盖有"展氏"的标志，便有"展氏"标志下的族。所以应当了解"赐氏"即是赐与了一个血统集团的权力。

五、氏在春秋时代的演变

《日知录》卷四"卿不书族"条："《春秋》隐、桓之时，卿大夫赐氏者尚少，故无骇卒而羽父为之请族。如挟如柔如溺，皆未有氏族者也。庄、闵以下，则不复见于经，其时无不赐氏者矣。"按顾氏之言，已知其变，但未深究其所以变之故。

隐、桓之世，政治权力还多在国君手上；赐氏不赐氏，要算人君一种控制贵族的权力。隐、桓以下，政权逐渐由人君手上，向贵族下移，其势不能不"无不赐氏"，以承认其既成的势力。此其一。其次，则人口蕃衍，不赐氏以统帅之，即散漫无所系属。此其二。以情理推之，春秋之世，氏的产生，大概经历了四个阶段的演变。第一阶段，以赐氏为特典。第二阶段，以赐氏为照例的政治行为。第三阶段，为不待赐而自行命氏。第一、第二阶段的赐氏，率按宗法的规定行之。即是以王父的字为氏。到了第三阶段，即是到了春秋中期以后，既有贵族降为庶民；亦有庶民升入贵族的行列，甚至有"陪臣执国政"的事情。则其自行命氏，本无宗法统系可言，其命氏之方，自不能按照宗法的规定，于是有以父之字为氏的，如国侨之类；有及身而自为氏的，如仲遂之类是。[①] 更由此推演，而有自以邑为氏，自以官为氏。此一演变，使氏的成立，脱离了宗法制度的关系。此第三阶段演变的意义非常重大。因为在此演变之前，小宗统于大宗，同时即是氏统于姓。氏乃姓之分支，姓乃氏的宗主。经此演变之后，氏的成立，离开了宗法制度，亦即离开了大宗与小宗的关连，同时即离开了氏乃系属于姓的关连。氏成为离姓而独立的某一血统集团的标志。再加以周室陵夷，早不能发挥为天下"统宗"的作用。而春秋之末，战国之初，由周胙土赐姓的诸侯，

---

① 　见《日知录集释》卷六"庶姓别于上"注引"全氏曰"。但全氏仍以此为"赐氏"者误。

亦多没落以至夷灭。如三家分晋，田氏篡齐；大宗的意义，已荡然无存。由姓所象征的政治权力，亦撕毁以尽。于是与氏的独立性相侔，而姓与氏乃居于同等地位，成为同一性质。

在春秋之末及战国之初，贵族的氏，许多夷为平民的氏；而平民血统集团中，有强者出，为其集团所依附，而亦自立其氏，于是而又有以职业为氏，以居地为氏的情形出现。在此一阶段的特点，在于氏不仅不由宗法制度而来，且亦与政治权力无特殊的关系，而成为社会性的血统组织。这是氏的第四阶段的演变。至此一阶段，姓与氏已完全失其原有的特殊政治意义，姓更失去了它对氏的优越性；在战国时代，姓与氏，已成为二名而一实的东西；仅因传统习惯，而依然保持这两个名称。《日知录》卷二十三"氏族"条谓"姓氏之称，自太史公始混而为一"。又全祖望谓"太史公承秦汉丧乱之余，姓学已紊，故混书曰姓某氏，儒者讥之"。皆非探源之论。《史记》有仅书其姓的，盖其先本无氏。其书"姓某氏"乃先有氏而其后即以氏为姓。此义不明，盖二千年矣。

王充《论衡·诘术》篇：

> 古者有本姓，有氏姓。陶氏、田氏，事之氏姓也。上官氏、司马氏，吏之氏姓也。孟氏、仲氏，王父字之

氏姓也。氏姓有三，事乎，吏乎，王父字乎？以本姓则用所生，以氏姓则用事、吏、王父字。

王符《潜夫论·志氏姓》第三十五：

> 昔者圣王观象于乾坤，考度于神明，探命历之去就，省群臣之德业，而赐姓命氏，因彰德功。……故或传本姓，或氏号邑衍文谥，或氏于国，或氏于爵，或氏于官，或氏于字，或氏于事，或氏于居，或氏于志。若夫五帝、三王之世，所谓号也。文、武、昭、景、成、宣、戴、桓，所谓谥也。齐、鲁、吴、楚、秦、晋、燕、赵，所谓国也。王氏、侯氏、王孙、公孙，所谓爵也。司马、司徒、中行、下军，所谓官也。伯有、孟孙、子服、叔子，所谓字也。巫氏、匠氏、陶氏，所谓事也。东门、西门、南宫、东郭、北郭，所谓居也。三鸟、五鹿、青牛、白马，所谓志也。凡此姓氏，皆出属_{出当作此}而不可胜纪也。

按王符之言，较王充为详备，但皆杂糅古今以为言，而不能深探演变之迹，以明姓氏在历史各阶段中的特殊意义；后人言姓氏之学者，多属此一类型。

六、古代平民的姓氏问题

这里我再特别提出古代人民的姓氏问题。这里的所谓平民，是上对贵族而言。由春秋时代上推至周初，我们可以判断当时的人民，除了一部分奴隶以外，大概可分为两种。一种是住在都邑里面及其附近的"国人"；一种是四郊以外，以农耕为业的"庶人"或"野人"。①庶人和封建统治集团没有血统关系，亦即在统治集团的大宗小宗的系列之外，其无姓无氏，固不待言。"国人"开始虽在宗法范围之内，但姓由王与诸侯代表，氏由贵族代表，仅在王或诸侯合宗收族时，承认其为庶姓、子姓。平日则如前所述，贵族且不敢自有其姓；国人当然更没有资格自有其姓。这种情形，随合宗收族之礼废，及人口的增加，国人与野人的界线渐渐接近，所以国人只是属于某姓某氏之下，而自己并无姓无氏。《亭林文集》卷一《原姓》篇："男子称氏，女子称姓。氏一再传而可变，姓千万年而不变。最贵者国君，国君无氏，不称氏称国……次则公子。公子无氏，不称氏称公子……最下者庶人，庶人无氏，不称氏称名。"按顾氏这段话，说的是宗法制度下的姓氏情形。他已看出这种现象，而未能深究姓与氏在当时皆代表一种政治权力；

---

① 请参阅拙著《西周政治社会的结构问题》一文。又《孟子》："无野人莫养君子。"

庶人国人，无此政治权力，故不仅无氏，亦且无姓。《左传》中以其年为"四百有四十五甲子矣"而引起注意的绛县老人，无姓无氏无名。以牛十二犒秦师，因而救郑的弦高，有名而无姓无氏。其谓平民无氏而有姓的，实系莫大的错误，查平民无姓无氏，故平民亦无族。《礼记·祭法》："庶士庶人无庙。"《王制》："庶人祭于寝。"无族即无庙；无庙便只好祭于寝。及春秋之末，战国之初，"国人"分散而为游士，而为各种性质之平民，国人与野人之分，不复存在，故除由贵族没落为平民，及平民中的突出者外，一般平民，皆无姓无氏。

自春秋中期开始，贵族覆灭的情况日剧；《左传·昭公三年》晋叔向谓"栾、郤、胥、原、狐、续、庆、伯，降在皂隶"，此仅其一例。这里的所谓皂隶，只指其贫贱而言，不一定便是奴隶。由此例推之，平民中用其先人之氏以为姓氏者当不少，孔子即是如此。所以《左传·昭公三十二年》史墨谓："三后之姓，于今为庶。"若把《史记·仲尼弟子列传》稍加分析，即可概略发现正处在由春秋到战国的转换期的这批人，在姓氏上也表现出转换期的形态。后人有的实系以这批人中的某些人的名字为姓，但在其本人则仅有名而无姓。如仲由（子路）、仲弓，都是出身微贱的人，仲并不是姓而只是由兄弟的行辈构成名字的一部分。伯度、叔仲会，恐亦系如此。有若的"有"，恐非其姓，而系连"若"以为名。"言"在《诗经》中常作发语词用，所以言偃之言，恐亦非姓，言偃等于在今日称为阿偃。冉耕、冉雍、冉求、冉孺、冉季五人的冉字，在当时恐亦非姓，而系把柔弱温厚之意①加在名字的上面，以并为一名，表示父母爱怜之意。还有公冶长、公皙哀、公伯缭、公西赤、公孙龙、公祖句兹、公良孺、公夏首、公肩定、公西舆、公西箴等十一人，内除公孙龙的公孙，系沿袭"公之孙为公孙"，后因以为氏以外，恐亦系泛称而非出自一系的姓氏。颜无繇、颜回，系父子二人；但颜高、颜祖、颜哙、颜何，决非一姓所出。《说文》九上"颜，眉目之间也"，是否当时有种习俗，以眉目之间的地方的特征，即今日之所谓天庭地方的特征，作取名的一种方式，而后来因以为姓呢？秦祖、秦冉、秦商、秦非、曹恤、郑国、燕伋、狄黑。在后世认为这是以国为姓；在当时恐怕因他们远来列于孔子的门墙，因而他们把本国的国名加在自己的名字上面。等于前面提到的宋朝、卫鞅一样。漆雕开、漆雕哆、漆雕徒父，恐怕是把自己家里的职业加在自己名字的上面，因以为姓。卜商、巫马施、商瞿，系以其家庭职业为姓；司马耕系因其兄桓魋为宋司马，遂以其兄的官名为自己的姓，而不以兄的"桓"氏为自己的姓。这是他及身而自己加上去的。七十七弟子中，有许多怪异的

---

① 《说文》九下"冉"字段《注》："柔弱下垂之貌。"《文始》："其（冉）所挛乳皆有柔弱温厚之意。"

名字，大抵是他们进入孔子之门，由社会的低层而初接触到文化，在自己的名字上加上一个字以为姓，但这和前面所说的第一第二两阶段的得氏的情形完全不同。这可以反映出社会平民在当时有的还没有姓，有的是及身加上去的，并非他们的家族先有了姓。

这一点，由"百姓"一词含义的演变，也可以看得出来。《尚书·尧典》："平章百姓。"《传》"百姓，百官也"。《诗·小雅·天保》"群黎百姓，遍为尔德"。《传》"百官族姓"。此为"百姓"一词之本义。古代之官，来自各氏族、诸侯，故称为百姓。及春秋中叶以降，始称人民为百姓。阎百诗《四书释地又续》："百姓义有二。有指百官言者，书百姓与黎民对；《礼·大传》百姓与庶民对是也。有指小民言者，不必后代，自唐虞之时，百姓不亲……是也。"按阎氏把百姓之二义，平列起来看，这是过去学者缺少历史演变观念之一例。《尧典》："契，百姓不亲……"与上面的"弃，黎民阻饥……"相对成文；故此百姓仍应释为"百官族姓"。百姓一词内容的演变，正说明人民由无姓而开始有姓的这一历史事实。

七、姓氏向平民的普及

战国时代，游士商贾，皆极活跃，非氏姓无以自标志，所以平民的姓氏，当更为扩充。《汉书·叙传》："班氏之先，与楚同姓，令尹子文之后也。子文初生、弃于梦（云梦）泽中，而虎乳之。楚谓乳谷，谓虎于檡，故名谷于檡，字子文。楚人谓虎班，其子以为号。秦之灭楚，迁晋、代之间，因氏焉。"据此，则班氏之得姓，乃在秦楚之际。即其一例。同时，春秋时代，贵族以其氏姓的久长，当作是生命的延续，由此而得到"死而不朽"的安慰，[①]此一观念，延续两千余年之久，可以说中国人是以姓氏的延续，代替了一部分的宗教要求"永生"的作用。同时，姓氏本皆由赐锡而来，其本身原是一种权力的符号。由此推演，而觉得一个人的姓氏历史，足以影响他的身份地位；或因有光荣的姓氏历史而发生一种传承的责任感。司马迁在《史记·自序》中所表现的，正系此种观念的反映。此种观念，亦延续两千年之久，而形成汉魏六朝及唐代的门第观念及谱牒对祖先的攀附夸张。上述两种观念，到战国而兴起谱牒之学。《史记·三代世表序》"稽其历谱牒"，《十二诸侯年表序》"太史公读春秋历谱牒"，历谱牒率皆出自战国时代。虽其内容，历乃纪帝王诸侯的年月，谱牒记其世（系）谥，与后人之所谓谱牒不同，要系缘姓氏而来，为后来私谱之先河。而相传为左丘明所著的《世本》中有《氏姓》篇，又有相传为荀况所著之《血脉谱》[②]

---

① 见《左传·襄公二十四年》晋范宣子问于鲁穆叔之言。
② 张澍辑《风俗通姓氏篇序》。

尤为彰明较著。但一直到西汉之初，许多平民还是没有姓氏。《史记·刺客列传》记荆轲在卫，人谓之庆轲；在燕，人谓之荆轲。[①] 可知他本无姓氏，钱大昕《十驾斋养新录》卷十二《姓氏》："汉高帝起于布衣，太公以上，名字且无可考，况能知其族姓所出耶。……娥姁为皇后，亦不言何姓。以氏为姓，遂为一代之制。"按钱氏昧于姓氏在演变中，早已混而为一；又昧于当时平民无姓，误以为"当时编户，知有氏不知有姓"。但刘邦的姓刘，可能即始于刘邦，所以他简直没有族属。而其母的无姓，则是很清楚的。故《史记·高祖本纪》只好说"母曰刘媪"；刘媪者，犹今日之所谓刘太太。《史记·平准书》"为吏者长子孙，居官者以为姓号"，可知当时有初居官而无姓号的。平民的姓，多系自己随意取定，而其祖先并无姓氏，因之，此时有的姓，并未与祖宗的血统有密切的关连，所以姓的浮游性很大。如英布曾受黥刑，《史记》即称之为黥布。田千秋年老乘小车入朝，《汉书》即称之为车千秋。灌夫之父张孟，因曾充灌婴舍人，得灌婴之助，官至二千石，遂承蒙灌氏姓为灌孟。[②]《汉书·酷吏传》："周阳由，其父赵兼，以淮南王舅，侯周阳，因氏焉。"师古注："遂改赵姓而为周阳也。"卫青之父郑季，因与平阳侯妾卫媪通而生青，

---

① 见《史记·刺客列传》。
② 见《史记·魏其武安列传》。

因"冒姓为卫氏"。① 这些现象，都不是春秋前期以前，及西汉以后，对姓的观念所能解释的。正说明姓氏向社会扩大而尚未完成的过渡期的现象。

这里应提出另外一个问题来讨论一下。姓氏之由来，已略如上述。这完全是我国历史进程中的产物。乃西汉出现有吹律定姓名之说。《白虎通·姓名》篇：

> 古者圣人吹律定姓，以纪其族。人含五常而生，正声有五……转而相杂，五五二十五，转生四时，异气殊音……故姓有百也。

按《白虎通》这里所说的，实始于西汉。盖由阴阳五行的宇宙观所繁衍而出。《御览》十六引《孝经授神契》曰："圣王吹律有姓。"又三百六十二引《易是类谋》曰："黄帝吹律以定姓。"《汉书·京房传》："房本姓李，推律自定为京氏。"即其一例。这种说法，完全违反历史的事实，王充《论衡·诘术》篇，王符《潜夫论·卜列》篇，援史实以纠弹其荒诞，这是当然的。但此种荒诞说法的出现，亦必有其在历史中的现实要求。西汉完成大一统帝国之后，有二百年比较安定的时间。二百年间的社会，虽在武帝穷边黩武时期，受到了挫折；但从大体上说，依然是发展向

---

① 见《史记·卫将军列传》。

上的过程。《汉书·高惠文功臣年表》:"汉兴……大城名都,民人散亡,户口可得而数,裁十二三。……文景四五世间,流民既归,户口亦息。"《汉书·地理志》所录元始二年的人口数是:"民户千二百二十三万三千零六十二;口五千九百五十九万四千九百七十八。"但实际的人口数,恐怕要达到八千万左右。[①]姓氏对于人的重要性,已扩大及于社会,于是人民将纷纷要取得与自己有关的血统的姓氏。能推古氏姓以为姓的,只是知识分子中的极少数,如屈原、司马迁者是。由职业官职得姓的,其范围亦非常狭隘。于是苟且便宜、自定姓氏的,应该占平民的多数。所以在两汉可以考见的姓名,复姓特多,且不少希奇古怪的名称。宋洪迈《容斋三笔》有"汉人希姓"一条,略加列举,可见一般。定下自己有关血统的姓氏,是一件大事,甚至可以说是一种神圣之事。有些新起的知识分子,既不能附会出光荣的祖先,又不甘出之以苟且便宜的方式,便在当时阴阳五行之说大行的时候,倡为吹律定姓之说,以把自己姓氏的来源,推之于阴阳五行的气化,以代替帝王圣贤历史的统系。这样一来,便可表现自己的姓氏,是直禀于天,决不比"帝高阳之苗裔兮"为减色。这正反映出当时"平地一声雷"式的新定姓氏的要求。王符说"今俗

---

① 汉有口赋及更役,以致人民流亡隐匿的数字相当大。《汉书·王成传》,王成为胶东相,劳来不息,流民自占八万余口。即其一例。

人不能推纪本祖，而反欲以声音言语定五行，误莫大焉"，说出了一部分真象。

八、姓氏普及后社会结构的变化

日本昭和十年（西纪一九三四年）牧野巽博士在汉学会杂志第三卷一期刊出《汉代家族之大小》一文之后，引起日本学术界对汉代家族形态的研究，盛极一时。[①]他们虽然"家族"连称，但日本一般所说的家族，实际说的只是家而不及族。他们对于汉代的家的形态，有若干争论；这些争论中最重要的，一是由牧野博士所代表的，主张汉代一家的平均人口为五人前后。另一是由宇都宫清吉氏自己第二次修正的，主张家是包含父母妻子兄弟的三族制。三族制形态的家，其人数当然不止五人。两说争论的关键，是父母生存时，兄弟分居不分居的问题。每家五口的说法，首见于《汉书·食货志》所引李悝为

① 昭和十四年《史林》二十四之二刊有宇都宫清吉氏的《汉代的家与豪族》。昭和三十年弘光堂刊有同氏的《汉代社会经济研究》，亦涉及此一问题。昭和十五年《满铁调查月报》二〇之九，刊有清水盛光氏的《支那家族的诸构造》；又昭和十七年岩波书店刊有加藤常贤博士的《支那古代家族制度研究》。昭和十六年《史学杂志》五六之二刊有守屋美都雄《汉代家族型体的试论》，《中国古代史研究》上又刊有同氏的《关于汉代家族形态的再考查》。昭和十七年《东亚学》第四辑五辑刊有牧野巽博士《汉代的家族形态》。

魏文侯作尽地利之教中有"一夫挟五口"的话。后来晁错《说文帝令民入粟受爵疏》又有"今农夫五口之家，其服役者不下二人"的话。何休《公羊传》宣公十五年："一夫一妇，受田百亩，以养父母妻子，五口为一家。"晋范宁《榖梁传·宣公十五年》传注："一夫一妇，佃田百亩，以共五口，父母妻子也。"五口之家的特点，是未曾把兄弟包括在里面。本来一家的人口，是不断变化的。年岁的丰凶、政治的治乱、家长的能力性情，风俗的纯漓厚薄，都影响到一个家庭所能团聚的人数。但这中间有由血统而来的自然感情，及由生产而来的自然制约；儒家的伦理道德，皆顺应人情之自然以设教。家庭人口，虽变动不居，但在人情的自然，而环境又比较平稳的情形之下，在变态中亦未尝没有常态。"五口之家"，不能代表这种常态。父母死后兄弟才分居，这是伦理与人情的共同要求，现实上纵然未必完全是如此，但父母未死，兄弟之间，必维持到不能维持时始行分居，乃是一般家庭的常态。在兄弟未分居以前，一家决不止五口。《史记·陈丞相世家》："少时家贫……有田三十亩，独与兄伯居。"《苏秦列传》："兄弟嫂妹妻妾，窃皆笑之。"《汉书·东方朔传》："臣朔少失父母，长养兄嫂。"《后汉书·循吏列传》第五访："……少孤贫，常佣耕以养兄嫂。"这即是兄弟同居的例子。孟子对梁惠王说："彼夺其民时，使不得耕耨，以养其父母，父母冻饿，兄弟妻子离散。"这也是把兄弟视为家庭构成的基本分子。并且五口之家，乃以仅生子女一人计算；若夫妻二人而仅生子女一人，则人类将渐归灭绝。当父母未死，而生有子女二人三人，亦社会上的常态。这样计算，一家也不止五口。在李悝之后约八十年的孟子，两次说"八口之家"① 八口之家，是正常的家庭人口。李悝说"一夫挟五口"，未说明此五口的构成分子，这可能是战国初期的人口约数。晁错习法家之言，可能是以李悝的话为典故而说出的。何休、范宁们，更以晁错之言为典故，转相传述，而不是出自调查统计的结果。

更重要的是，日本学术界有关汉代家庭形态的研究，并不足以发现汉代社会的特色。因为一个家庭单位，除了商鞅以耕与战的目的，特别主张小家庭制以外，顺人情的自然所形成的家庭，汉与战国时代相去不会太远。汉代对先秦的最大特色，乃在继战国平民立姓之后，继续发展，完成了平民的姓氏，即是大体上到了西汉宣、元、成时代，天下比较安定，每人皆有其姓氏。无姓则有家而无族，有姓则每人皆有族。无族之家，孤寒单薄，易于摧折沉埋。有族之家，则族成为家的郭郭，成为坚韧的自治体，增加了家与个人在患难中的捍卫及争生存的力量。因此，在春秋末期以前，中国社会是以贵族的氏族为骨干。自春秋末

① 《孟子·梁惠王上》及《尽心上》。

期开始，而始出现平民的"族姓"，至西汉而发展完成。西汉称族姓为"宗族"或简称为"宗"，按此仍沿宗法制度之余响。于是概略地说，从西汉起，中国开始以平民的宗族，形成社会的骨干。这是历史演进中的大关键，也是研究我国社会史的大关键。

上述情形，试将秦楚之际豪杰蜂起的情形，与新莽之际豪杰蜂起的情形，作一比较，即可明了。

秦灭六国，对齐用兵较少，而齐又后亡，且距关中特远，故当群雄并起时，仅田儋、田荣、田横兄弟尚有强宗可资凭借。① 此外，则陈胜、吴广凭戍卒；项梁、项籍凭江东子弟，陈婴凭东阳少年，刘邦凭徒卒十余人，彭越凭泽间少年，黥布凭江中群盗，郦商凭高阳少年，余皆只身依附他人，没有凭宗族起来的。《萧相国世家》刘邦谓："且诸君独以身随我，多者两三人。今萧何举宗数十人皆随我。"以此定功的高下，实则萧何有宗，而他人并没有宗。并且萧何的宗，也不过数十人。《史记·荆燕世家》："荆王刘贾者，诸刘。不知其何属。""荆王刘泽者，诸刘远属也。"是刘邦除兄弟四人外，亦未有宗族。

及群雄并起而亡王莽时，情形为之一变。起义亡王莽的，可分为两大类。一为并无政治野心的饥民。这些饥民与秦楚之际的少年，完全不同。秦楚之际，是"欲立婴便

---

① 《史记·田儋列传》："儋从弟田荣，荣弟田横，皆豪，宗强。"

为王"①的少年，而王莽时的饥民，则"众万数，亶（擅）称巨人、从事、三老、祭酒，不敢略有城邑，转掠求食，日阕而已"。②另一为草泽间的野心家，他们所凭借起事的，多是宗族、宾客。例如汉光武刘秀起事时的情形是："初诸家子弟恐惧，皆亡逃自匿曰，伯升（刘秀之兄）杀我。及见光武绛衣大冠……乃稍自安。""军中分财物不均，众恚恨，欲反攻诸刘；光武敛宗人所得物，悉以与之，众乃悦。"③把上面两段材料合在一起看，则所谓"诸家子弟"，说的是刘秀宗族的子弟。又"昌城人刘植，宋子人耿纯，各率宗亲子弟，据其县邑，以奉光武"。④《后汉书·阴识列传》："阴识字次伯……及刘伯升起义兵，识时游学长安，闻之，委业而归，率子弟宗族宾客千余人，往诣伯升。"《岑彭列传》："彭因言韩歆南阳大人，可以为用。"注："大人，谓大家豪右。"又《耿纯列传》："纯与从兄弟䜣、宿、植，共率宗族宾客二千余人……奉迎（迎光武）于育。"上述情形，与汉自景帝以后，由土地集中而产生了大地主；这些大地主，反抗王莽的王田政策，当然有关系；但这仅可以解释此时期出现在社会各地的"宾客"的力量，因为大地主有力量，也有需要养宾客；但不能解释他们何以能

---

① 《史记·项羽本纪》。
② 《汉书·王莽传下》。
③ 《后汉书·光武帝纪》。
④ 同上。

凭借宗族的力量。他们所以能凭借宗族的力量，是因为姓氏的普及而把血统的关系延续、扩大，且纳入在一套社会制度之中的原故。

上面引的，不能仅算是特例，而应算是宗族在社会上发生了广大力量的反映，试看下面《后汉书》中的材料。

时三辅大饥……白骨蔽野，遗人往往聚为营保。（《刘玄刘盆子列传》）

时赤眉延岑，暴乱三辅。郡县大姓，各拥兵众，大司徒邓禹不能定。（《冯异列传》）

诸营保守附岑（延岑）者皆来降归异（冯异）。（同上）

还击破吕鲔，营保降者甚众。（同上）

诸将或欲分其功，帝患之，乃下玺书曰……北地营保，按兵观望……（同上）

时鬲县（在今德州西北）五姓共逐守长，据城而反。（《吴汉列传》）

五校（在河北蜂起中的一支）引退入渔阳，所过虏掠。俊（陈俊）言于光武曰：宜令轻骑出贼前，使百姓各自坚守壁，以绝其食……光武然之，遣俊……视人保壁坚完者敕令固守。（《陈俊列传》）

是时太山豪杰多拥众与张步连兵。（同上）

八年（建武）从上（光武）陇。明年，与中郎将来歙分部徇安定、北地诸营保，皆下之。（《耿弇列传》）

时檀乡、五楼贼入繁阳内黄，又魏郡大姓数反覆。（《铫期列传》）

及至鄗，世祖止传舍。鄗大姓苏公反，城开门纳王郎。（《耿纯列传》）

当时老百姓立营保自卫，都是以宗族为骨干所形成，这也是在战国以迄秦楚之际，所不能出现的，因为当时还有许多人没有姓，有姓的也因得姓不久而宗族的势力不强，社会上不能产生这种由血统而来的团结的力量。并且自东汉以后，几乎成为丧乱时期，人民以宗族为骨干所运用的自卫的基本方式。先师王季湘先生，著有《靳黄四十八寨纪事》。我的故乡浠水县，环绕我村子周围十五公里以内，便有四望山寨、添福寺寨、野鹤山寨、英武山寨、小灵山寨、大崎山寨等，按照山的形势，累石为垒，成为环绕山峰的山城。每一寨由山周围的几个宗族合作筑成使用，推其中最大的宗族为寨主。四望山寨，便推徐姓为寨主。

九、以孝为中心的伦理观念的普及与宗族的功能

家的精神纽带是孝，由家推至族的精神纽带更是孝。前面已经说过，春秋末期，是平民开始有姓，也即是平

民开始有族的时代。孔子以平民设教于社会，同时即把孝由贵族推向社会。《论语》一书，即以孝为人的基本德性。因姓而族的发展继续加强，所以自战国中期以后，诸子百家，几乎都从各种角度谈到孝的问题。《孟子》一书，孝的分量远较《论语》为重。《孝经》一书，乃成书于《孟子》以后，《吕氏春秋》以前之书，已为《吕氏春秋》及陆贾《新语》所称引。这是战国中期以后，由一位今日无法知道其姓名的儒生，所编的一部适应当时社会需要的通俗教孝之书。《管子》是出自齐鲁地区的一部政治丛书。除其中有管子治齐的资料外，主要成书于战国中期以后，下迄西汉之初。全书中皆强调孝悌与农事，给西汉初年的政治，以莫大的影响。①汉代自文帝起，特别强调孝悌，有政治的意义，也有社会的意义。政治的意义，乃在汉初铲除异姓王侯之后，大封同姓为王侯，欲借孝的观念加以团结。自惠帝起，皆加一孝字以为谥，如孝惠、孝文、孝景之类。社会的意义，所以适应由姓的普及而宗族亦因之普及，须要孝的观念以为宗族的精神纽带。武帝时，祁侯缯它与杨王孙书，称引《孝经》。是《孝经》在此时已渐通行于社会，为人所尊重，故得援引之以为说服他人之典据。自此以后，《孝经》的地位，逐渐提高到与《论

---

① 孝文帝孝弟力田之社会政策,实出自《管子》。晁错的"贵粟五谷而贱金玉"的思想，也是出于《管子·治国》及《轻重》各篇。

语》相等。至东汉，乃与《论语》及《诗》、《书》、《易》、《礼》、《春秋》并称为七经，这决不是偶然的。

平民的宗族普及到社会后，对宗族的功能，《白虎通·宗族》篇，有理想性的叙述：

> 宗者何也？宗者尊也。为先祖主者宗人之所尊也。古者所以必有宗，何也？所以长和睦也。大宗能率小宗，小宗能率群弟，通其有无，所以纪理族人者也。
>
> 族者何也？族者凑也，聚也。谓恩爱相流凑也。上凑高祖，下至玄孙，一家有吉，百家聚之，合而为亲。生相亲爱，死相哀痛，有会聚之道，故谓之族。

上面对宗的叙述的前一部分，说的是古代的宗法制度，与政治统治相配合的情形，自春秋时代，已日趋破坏，至春秋末期，已破坏无余。由春秋末期起，宗法中"敬宗收族"的精神，因平民宗族的兴起，转化而保存若干于平民宗族之中，以构成平民宗族组织与活动的格局；但随典型宗法制度之崩坏，而姓与氏早已不分，故宗族内部之组织，与典型宗法组织中之大宗小宗的相对关系，早不存在。《白虎通》由经生集议而成，按照典型宗法制度以言汉代当时宗族的组织，这是非常不适当的。在典型宗法制度之下，是以宗为主，有宗而后有姓有氏，而后有族。典型宗法制度崩坏以后，姓氏不分，以姓为主，有姓而后有族。但并没有所谓大宗小宗。除非在承袭爵位时始确认嫡长子的地位。但这也与大宗小宗的内容不同。汉代之所谓宗，实无大宗小宗这类的意义（见后），这是不可以随便混同的。《隶释》卷三《孙叔敖碑阴》，叙述孙姓宗族云礽蕃衍的情形，中有云：

> ……会平、哀之间，为贼所杀。世伯、孝伯、世信缺各遗一子，财八九岁，微弱不能仕学。世伯子字子仲，治产于续缭虚，有六男一女……此续宗六父也。孝伯子字文缺亦不仕学，治产于材虚，亦有六男一女……此材宗六父也。世信一子相承……孙氏宗族，别缺讲纪也。

按《碑阴》所叙孙氏蕃衍及分支情形，毫无大宗小宗的痕迹。所谓"续宗六父"，乃因孙子仲治产业于续虚，生有六子，六子分为六支，又各有蕃衍，故追称六支之祖为六父，等于我们故乡族谱中所称的"六房"。在各子中，并无大宗小宗之别。一个宗族中的族长，也不是由嫡长子的世传而来，而是由各种因素所形成，由族人所推定，并且是可以变更的。这在我的故乡，称为"护人"。护人并没有特别支配权力。所以凡是经生本五经中有关的宗法制度以解释春秋以后的宗族组织的，都是莫大的错误。

但是我们不能因《白虎通》以典型宗法制度解释汉代宗族的错误，而忽视了"所以长和睦"，"通其有无"，"一家有吉，百家聚之，合而为亲，生相亲爱，死相哀痛，有会聚之道"的这些话的意义。即是平民宗族出现以后，成为以血统为中心的社会互助，甚至是自治的团体。《白虎通》的叙述，虽带有理想性，并亦未完全离开了事实。这类材料虽然流传得不多，但并非完全没有。《后汉书·樊宏列传》：

> 樊宏字靡卿，南阳湖阳人也。世祖之舅……为乡里著姓。父重，字君云，世善农稼……三世共财，子孙朝夕礼敬，常若公家。……赀至巨万，而赈赡宗族，恩加乡里……

这是对宗族的救济。《隶释》卷十五《金广延母徐氏纪产碑释》：

> ……徐氏自言少入金氏门，夫妇勤苦，积入成家。又云，季本（徐氏之夫）平生以奴婢田地分与季子雍直，各有丘域。继云，蓄积消灭，债负奔亡；依附宗家，得以苏。

是雍直因得宗族的救济而得活。又卷一孟郁《修尧庙碑》："仲氏宗家，共作大壑……仲氏宗家，并受福赐。"《成阳灵台碑》："于是故廷尉仲定……复帅群宗，贫富相均，共慕市碑。"《灵台碑阴释》："右灵台碑阴，治黄屋者二十八人，作碑者十五人，凡诸仲三十一人，异姓者四人。其中称美仲阿东（"年在玄冠"），代群从出钱数十言。"是《修尧庙碑》及尧之母《成阳灵台碑》，皆得仲姓宗族之力，始得以聚事。《隶释》卷九《汉故民吴仲山碑》"诸宗邂逅，连有所得"，这也是对宗族的救济。卷十《孙根碑阴释》"右孙根碑阴可辩者凡二百四十四人，异姓才十之一尔"，这也是因孙氏宗族而得以成事。卷十二《先生郭辅碑》："是以宗亲归怀，乡党高尚。"《李翊夫人碑》："育理家道，群宗为轩。"卷二十四《孔子庙置卒史碑》："选年四十以上，经通一艺，杂试能奉弘先圣之礼，为宗所归者……"这都足以表示个人与宗族，是密切的关联着。汉代宗族中之互助，系通过何种方式实行，我现在还不很明了。惟东汉在墓侧已出现"祠堂"，[①] 后来逐渐发展，祠堂除为各族祭祀合宗之用外，亦为宗族之自治机关。并处理祠产与救济等事。我住师范学校时，因家中穷困，便由琯祖祠每年帮助稻谷约二百斤。这也未尝不可以作理解问题之一助。

---

① 如《隶释》卷六《从事武梁碑》："后设祠堂。"惟此制恐滥觞于西汉之末，待考证。

十、专制政治对宗族势力的摧残

由上面的陈述，平民在没有宗族以前，和有了宗族以后，可以说是两种情况：一是无所依恃，因而很难发生积极的力量，除非有其他的机会，以其他的方式团结起来。一是有所依恃，因而不论平时与变时，都能发生相当的力量。并且社会由此而成为以许多宗族为单元所构成的社会，这比以平民一家一家为单元所构成的社会，当然比较有力量。专制的统治阶级，最害怕的是有力量的社会。自商鞅起，他们追求以小耕农为基础的小家庭单位的社会。战国末期，强有力的社会单元，不是农民而是工商业者。秦国的重农，不仅是提倡生产的问题，而且也认为农民是最容易统治的。《吕氏春秋》卷二十六《上农》：

> 古先圣王之所以导其民者，先务于农。民农，非徒为地利也，贵其志也。民农则朴，朴则易用，易用则边境安，主位尊。民农则重，重则少私义。少私义则公法立，力专一。民农则其产复（厚）。其产复，则重徙，重徙则死处。

秦始皇为摧毁社会中有力的组成分子，当二十六年统一六国后，即"徙天下豪富于咸阳十二万户"。[1] 由《史记·货殖列传》中所记被秦所迁的卓氏、程郑、孔氏等推之，被徙的豪富中，除了六国的残余贵族外，恐多系工商业中的巨子。汉得天下后，用刘敬之策，徙齐诸田，楚昭、屈、景、燕、赵、韩、魏后，及豪杰名家十余万口居关中。[2] 此后发展而成为"徙陵"的制度，据《史记·游侠列传》，郭解徙茂陵，"家贫不中訾"，《索隐》"按訾不满三百万已上为不中"。郭解不中訾而仍须徙陵，是因为他有财富以外的社会力量。并且到武帝时候，天下太平已七十余年，平民族姓蕃衍，也成为统治者所感到的由社会来的威胁力量。所以此后列在徙陵中的，便有强宗右族的领袖人物。元朔二年"徙郡国豪杰及訾三百石以上于茂陵"（《汉书·武帝纪》）。这中的所谓豪杰，实系强宗右族中的领导人物。除此以外，无所谓豪杰。太始元年"徙郡国吏民豪杰于茂陵云陵"（同上），说明武帝末年，已无三百万訾的富人。元康元年"徙丞相、将军、列侯、吏二千石、訾百万者杜陵"（《汉书·宣帝纪》），这是政治防闲的扩大。元帝初元三年诏曰：

　　　安土重迁，黎民之性。骨肉相附，人情所愿

---

① 《史记·秦始皇本纪》。
② 《史记·刘敬列传》。

也。……徙郡国民以奉园陵，令百姓远弃先祖坟墓，破
业失产，亲戚别离，人怀思慕之心，家有不安之意……
非久长之策也。……今所为初陵者，勿置县邑，使天下
咸安土乐业，亡有动摇之心。

从上面的诏书看，被徙的人，即是和他的宗族隔绝的人。
元帝的杜陵是没有徙陵的；但过了三十多年，成帝鸿嘉
二年夏，听陈汤的话，又"徙郡国豪杰，訾五百万以上，
五千户于昌陵"（以上皆见《汉书·成帝纪》）。所以《汉
书·地理志》说："汉兴立都长安，徙齐诸田，楚昭、屈、
景，及诸功臣家于长陵。后世世徙吏二千石，高訾富人，
及豪杰并兼之家于诸陵。盖亦以强干弱枝，非独为奉山园
也。"

但汉代为了防制由平民宗族所形成的社会势力，一贯
地采取了更残酷的办法。《后汉书·酷吏列传》叙论：

汉承战国余烈，多豪猾之民……故临民之职，专
事威断。族灭奸轨，先行后闻。肆情刚烈，成其不挠之
志。违众用己，表其难测之智。至于重文横入，为穷怒
之所迁及者，亦何可胜言。故乃积骸满阱，漂血十里；
致温舒有虎冠之吏，延年受屠伯之名，岂虚也哉。

在范蔚宗上面的一段文章中，实揭穿了汉代政治中的一大

秘密。原来为了摧毁平民宗族的社会势力，可先加以"族灭"，然后奏闻，不经过任何法律上的手续。族灭的方法，只是"重文横入"，即是把严重的罪名（重文），随便加到他们身上（"横入"），以掩饰耳目。由此更进一步，可以了解汉武帝元封五年初置刺史的主要目的，便在于摧毁平民宗族的社会势力。《汉官典职仪记》："刺史以六条问事。"其第二第三第四第五第六条，虽在整饬官箴、吏治，并直接伺察地方官吏，为皇帝作耳目，但最毒辣的是第一条"强宗豪右，田宅逾制，以强凌弱，以众暴寡"。[①]汉代董仲舒限制名田之议，未见实行。师丹们限田之制，旋即破坏。田宅如何是"逾制"，并无明白规定，此一罪名是可随便加上去的。族大则力强势众，这是自然如此。干犯刑律，皆有科条可循，何能作统括性的预断。这分明是以强宗右族的本身为罪刑的对象。"一人有罪，举宗拘系"[②]的残酷现象，决非偶然的。《汉书·酷吏传》：

> 济南瞷氏，宗人三百余家，豪猾，二千石莫能制。于是景帝拜都（郅都）为济南守，至则诛瞷氏首恶，余皆股栗。

---

① 请参阅《汉书·百官公卿表上》"叙刺史"条下颜师古注。
② 见《汉书·成帝纪》鸿嘉四年正月恤民诏中语。

胸氏如干犯律令科条,二千石当本律令科条治罪。当时二千石手握兵符,断无敢抗拒之理。如其中有家訾至三百万,即可令其徙入关中奉陵。两者皆不具备,徒以宗有三百余家,遂使景帝视为眼中之钉,特派郅都为守,戮其长者,而加以空泛的"豪猾"两字,此正所谓"重文横入"。又:

> 义纵,河东人也。少年时尝与张次公俱攻剽为群盗。……迁为河内都尉,至则族灭其豪穰氏之属。
>
> 王温舒,阳陵人也。少时椎埋为奸……迁为河内太守……捕郡中豪猾,相连坐千余家,上书请大者至族,小者乃死。家尽没入偿臧(赃)。奏行不过二日,得可,事论报,至流血十余里。
>
> 尹齐……所诛灭淮阳甚多。
>
> 田延年……诛锄豪强。
>
> 严延年……为涿郡太守……大姓西高氏、东高氏,自郡吏以下,皆畏避之……遣吏分考两高,穷究其奸,诛杀各数十人。

《后汉书·酷吏列传》:

> 董宣……累迁北海相,到官,以大姓公孙丹为五官掾。丹新造居宅,而卜工以为当有死者。丹乃令其子杀

道行人……宣知，即收丹父子杀之。丹宗族亲党三十余人操兵诣府称冤叫号……使门下书佐水丘岑尽杀之。

樊晔……迁河东都尉……及至郡，诛讨大姓马适匡等。

李章……拜平阳令。时赵魏豪右，往往屯聚。清河大姓赵纲，遂于县界起坞壁……章到，乃设飨会而延谒纲……章与对饮。有顷，手剑斩纲，伏兵亦悉杀其从者。因驰诣坞壁，掩击破之。

黄昌……后拜宛令……一时杀戮，大姓战惧。

强宗右族的横被诛戮，当然都加上了罪名。但这些罪名，正如范蔚宗在《酷吏列传》论中所说，乃由"巧附文理"而成。汉承秦后，刑法本极严酷。但酷吏们所杀的，并非死于刑法，而系死于专制者的"与社会为敌"的政策。对大族的诛灭，不仅酷吏为然。汉廷对大臣，辄加以族诛，其中也含有这种意味。但东汉之末，受压迫的人民，不能凭宗族的力量起来反抗，乃改而凭宗教的力量起来反抗，此即所谓黄巾之乱。所以专制者的用心，总是徒然的。并且宗族这种由血统、伦理、经济所混融一体的社会单位，它的正常的发展，只能受到专制政治的阻遏，而使其在历史演变中，有某程度的变形；但并不能因此而使此种历史的自然发展，受到全面性的摧毁。此观于两汉末期及魏晋时代，家族在变乱中所发生的巨大影响，即可加以证明。

十一、姓氏在对异族同化中的力量

这里，我应提出另一问题。即是我们民族在历史中蒙受许多巨大的天灾人祸，而依然能生存发展下来，成为世界上最壮大的民族，对内而言，与由姓氏而来的宗族团体，发挥抗拒求生中的韧性，有密切关系；对外而言，则为来自对异民族所发挥的同化力量，亦即是对异民族于不知不觉之中而"华化"了的事实。同化力量的来源，是多方面的。例如我们文化中的政治思想，是以"天下"为对象，[①] 而不是限制于"国家"范围之内，所以种族的界限不严。尤其中国文化中，没有宗教的排斥性等等。而所谓同化或华化，断不能如陈垣氏在其《元西域人华化考》的名著中，以"对中国文化有所表现"[②] 为标准。因为，若果如此，则不仅华化者极为有限；且中原黎庶，对中国文化而能有表现的实亦无几，岂可因此而便斥之为非华吗？所谓"同化"、"华化"，乃指由生活的基本形态与基本意识的融合统一，不复有华夷界域存在之形迹而言。这样一来，异民族的混合，同时即是中华民族的扩大。这种力量的根源，

---

① 最显著的例子如《孟子·离娄上》："人之恒言皆曰天下国家。天下之本在国……"《礼记·礼运》："天下为公。"《大学》："国治而天下平。"
② 见陈氏原著第一卷页三。

乃来自中国至两汉而发展完成的姓氏。

由春秋之末，以迄西汉之世，所发展普及的姓氏，乃中国所独有，而为四围的异族所无。《史记·匈奴列传》："其俗有名不讳，而无姓字。"王充《论衡·诘术》篇："匈奴之俗，有名无姓字。"《后汉书·西羌传》："其俗氏族无定，或以父名母姓为种号。"按"母姓"乃母所属之部落。他们实无中国式的氏姓，所以氏族无定。《宋书》五十九《张畅传》："畅问虏使姓，答曰，我是鲜卑，无姓。"宋郑樵《通志》卷二十五《氏族略序》："三代之前，姓氏分而为二。男子称氏，妇人称姓。氏所以别贵贱，贵者有氏，贱者有名无氏。今南方诸蛮，此道犹存。"郑氏之言，颇多淆驳。但由此可知南蛮并无姓氏。最可注意的是宋濂《銮坡后集》卷七《西域蒲氏定姓碑文》下面的一段话：

夫西域诸国，初无氏系，唯随其部族以为号。……若吾蒲君，居中夏声名文物之区者三世。衣被乎诗书，服行乎礼义，而氏名犹存乎旧，无乃不可乎。于是与荐绅先生谋，因其自名而定以蒲为姓，使世世子孙不敢改易；其深长之思，可谓切矣。昔者代北群英，随北魏迁河南者，皆革以华俗，改三字四字姓名为单词，而其他遵用夏法。若叱力之为吕，力代之为鲍，羽真之为高者，又不可一二数也。

按宋氏上文所说的西域情形，实可上通于中国周代以前的各氏族的情形，及秦汉魏以后围绕中国的异族的情形。凡史书对异族而为氏姓之称者，多系随中国之成例，切取其部族名称或其个人名称的第一字以为姓，此乃方便之称；实则与我国古代以氏姓为集团政治势力之符号者相同，而与一般之所谓姓氏者殊义。

有中国姓氏与无中国姓氏的分别，在元程钜夫《雪楼集》卷十五有《里氏庆源图》引下面的话，正可与宋濂上面的话，互相发明：

> 西北诸公，以名称相呼，以部落为属；传久而差，失真尤甚……按里氏世高昌人……其俗大抵与诸国类。又世蹂金革，虽豪主大族，能自系其所自出者无几。惟里氏世仕其国为大官。自大父撒吉思仗义归朝，佐定中夏。其后列朝著寄方伯……者六十人，亦既盛矣。而隆禧君大惧世代日益远，生齿日益众，无命氏以相别，终亦茫唐杳眇，不可知而已……乃以身事本朝者，实自大父始。而大父之名，从世俗书，有从土从里之文。考若伯考之名，皆有里字；而《春秋》有里氏，遂自氏曰里氏。又溯而求之，定其可知者……至于今九世，系以为谱，号曰《里氏庆源图》……

按上文，“以名称相呼，以部落相属”，此实乃有名而无姓。

有名而无姓，则虽部属中的"豪主大族"，可以部落为氏，但此乃由政治结合而来之氏，并不代表血统宗支的关系；所以"能自系其所自出者无几"。随政治的起伏，其部落亦因盛衰而聚散无常。地位低微者更不待论。惟接受中国姓氏的格局，于是宗支蕃衍之迹，厘然可纪。与政治的盛衰聚散无关，而另以社会性的"宗族"，代替了原先的政治性的部落。

无中国式的姓氏，即无中国式的宗族。无中国式的宗族，即无中国式的伦理道德，亦即无中国式的生活意识与形态。贱老而贵壮，父死娶其后母，兄亡则纳寡嫂，即其显例。[1]换言之，有中国式的姓氏，即有中国式的宗族。有中国式的宗族，即自然接受中国式的伦理道德；且进而要求有表征人生意义的中国式的名与字，[2]而形成道一风同的生活意识与形态，于是同化之功，遂以完成。陈垣氏之《元西域人华化考》卷六《礼俗》篇"二、西域人丧葬效华俗"，"三、西域人祠祭效华俗"，"四、西域人居处效华俗"，皆可推而广之，以窥见一般同化的情形。中国的丧葬、祠祭，是从报本返始、敬宗收族的观念演变出来的，这都是随姓氏而宗族，所必然连带出来的。华侨今日散居

---

① 请参阅《史记·匈奴列传》及《后汉书·西羌传》。
② 请参阅陈垣《元西域人华化考》卷六《礼俗》篇一，西域人名氏效华俗。页九五至九九。

异国，而仍自成风气者，盖亦姓氏之力。

西汉还在姓氏的普及过程中。景、武之世，汉室与匈奴的斗争激烈，互相展开诱降工作，匈奴人降汉者，动辄封侯；《汉书》卷十七《功臣表》，犹可考见一斑。但这些人，多数还保持他们所属部落的名称。惟译者多用近似中国姓名的文字，史臣亦常切取其部族名称之第一字，视如中国之姓。究其实，不可谓已改从中国的姓氏。他们的后人，因以其部落译名的第一字或连带两字为姓，这是自然的演变，为后来异族留居中国，其子孙自己改为汉姓的常态。其中可证明及身改为汉姓的，为金日磾。《汉书》卷六十八《金日磾传》赞："金日磾夷狄亡国，羁虏汉庭。而以笃敬寤主，忠信自著，勤功上将，传国后嗣，世名忠孝，七世侍内，何其盛也。本以休屠作金人为祭天主，故因赐姓金氏云。"这可以说是最著名的一个"华化"的例子。

东汉之末，异族开始以各种原因进入中国杂居，尤以关中陇右一带为盛；以后遂演成五胡十六国之乱。其中野心家伪造氏姓渊源以增加他们的地位，如刘渊自称汉甥；拓跋氏谬称系轩辕之后；风气所及，由利用中国姓氏而汉化，亦意料中事。一般异族人士，则多于不知不觉之中，为适应习俗，由姓名的汉化而其家族便汉化了。拓跋氏起自鲜卑西部，至涉珪都代，建号大魏，已开始傅会他与中国的关系。到了孝文帝，迁都洛阳，力革胡俗，禁胡服，断胡语，更尽易胡人部落之称为中国式的姓氏。近人姚薇元有《北朝胡姓考》一书，言之甚详，这是异族自身由政治意识而来的大规模的汉化运动。他们的政治势力衰亡了，但汉化了的胡姓，在社会上又谁知道他本是胡族而加以歧视呢？满清入关，对八旗子弟，实行与北魏相反的政策，禁止汉化。但清室未亡以前，一般旗人，已开始以其祖若父的名字中的第一字为姓。清社既屋，随姓氏之完全汉化而满汉的痕迹，已完全泯没。可以这样说，在满清以前，异族的汉化，多以中国式的姓氏开其端；而满清则以中国式的姓氏收其果。姓氏成为中国文化中最有社会性的同化力量，是无可置疑的。

十二、结语

由姓氏所孳生出的宗族，这是农业社会的农民得所凭借的社会团体。它的正常的功能，也只能发挥于农业社会之内。因为在农业社会中，还是以男耕女织的自给自足的经济为主，一般人们在社会中活动的范围。及与外界的关涉，是有自然的限制的。岁时春秋二祭，在总、支的祠堂里，便可达到慎终追远、聚宗合族的要求。平时如发生特别事故，"打开祠堂门"，[①]由一族中的耆老会议，或由有纠

---

① 这是我们乡下遇着有什么纠纷时所常说的一句话。

葛者双方的辩论，甚至在祠堂里执行"族规"，而有刑罚这类的制裁，这都可以完成一部分地方自治团体的功用。在以农业为主的社会里，城市中的工商业的行会组织，可以较宗族的组织为突出；但不仅没有宗族组织的普遍，并且宗族组织是包容了男女老幼的一切人，是孕育着一切的人生情调与价值。不似工商行会，只能包容片断的职业性与职业意识。尤其是宗族组织，在没有大小事故时，可以说只有一份温暖的气氛，并不感到是有一种组织。只有在发生事故时，才感到有一种组织力量的存在，而这种组织力量的发挥，随着"宗老"性的人物的智愚贤不肖，有好有坏。但因为有一种由血统及与血统融合不可分的伦理而来的温暖气氛情调，即使坏，也比由冷酷无情的组织力量而来的坏，也会缓和得多。

由以农业为主的社会，渐渐进入到以工商业为主的社会，农村经济的自足性被打破了，宗族的组织性及由组织性而来的作用，也日渐弛缓，以至名存实亡。我十岁前后，听祖父辈的老人谈到宗族中的各种活动时，还是有声有色。我十岁前后所亲自感受到的，已经大大地褪色了。但清明重阳，同支的老少数十百人，还一起到墓地去祭祖，祭完后，在种祖田的人家，大吃一顿。而祠堂的祭祀，及"护人"对纠纷的调解，尚给我以很深的印象。欧战发生后，机器纺织业兴起，消灭了农村妇女的纺织手工业。农村更显得贫穷，壮丁渐渐向外移动。到了民国十三四年，较之在我十岁前后所经历的情形，已恍如隔世。这种农村中的变迁，与五四运动没有任何关系。由此可知，随工商业的兴起，外国经济的侵入，瓦解了原来农村经济的结构，也动摇了农村的原有生活形态及生活意识；而由姓氏来的宗族的意义，也自然淡薄、消退了。但因姓氏、宗族而来的私家谱牒，将各人的宗支蕃衍，及每一人在宗支蕃衍中的名字辈派，一一加以记录，遂使每家每人，皆在历史的时间之流中，占得一历史的位置，将过去、现在、未来，皆如一条线贯穿下来，连结为一气。每一人之生命，也皆与上下左右，连结为一体，此乃举世所无，而为人类史学发展的极致，其意义则永远不应加以抹煞。

有许多恶势力，常以宗族为凭借。尤其是东汉中叶以后，渐渐滋生出"门第"这种新阶级形式，至魏晋而大盛，迄唐中叶而始衰。在社会上，士族与庶人，成为地位悬殊的两种不同的存在。这都是不容否认的事实。但我应指出，社会恶势力及门第的出现，乃整个政治经济结构中的产物。没有宗族，也会以其他的形式而出现，所以不能以这些现象为中国姓氏、宗族的社会中所独有的现象。并且这些现象中的利弊得失，亦非可片面加以断定。这里只总结地指出，我国的姓氏，最初乃系部落的名称，与周围的异族无异。此时实姓与氏浑而不分。至周初，为加强中央政治权力的统治机能，将姓与氏分，以形成宗法制度中的骨干。自春秋中叶，宗法制度开始崩坏，姓与氏又开始合而为一，而出现社会平民的姓氏；至西汉之末，平民之有姓氏，始大体完成。其他民族，或仅有第一阶段的姓氏，或演变有第二阶段的贵族姓氏。像中国经过三大演变所形成的姓氏，由姓氏而宗族，在姓氏、宗族基础之上，塑造成我国三千年的生活形态与意识形态，以构成中国特殊的社会结构，及在民族生存、发展上所发生的功用，此为论定中国文化、社会特色者所必须承认的基本事实。顾此一事实，百十年来，很少为学术界所触及。姓氏之学，初盛于汉。《白虎通》有《宗族》篇、《姓名》篇，王符《潜夫论》有《论卜列》、《论氏姓》，应邵《风俗通》有《氏族》篇，颍川太守聊氏有《氏姓谱》。唐承六代门第之后，姓氏之学，尤为极盛。但正如郑樵所说："其书虽多，大概有三种。一种论地望，一种论声，一种论字……此皆无预于姓氏。"[1]今日为世所盛称的《元和姓纂》，更无预于姓氏之学。郑樵曾著有《氏族志》五十七卷，《氏族源》、《氏族韵》等书几七十卷；"载其略"以成《通志》的《氏族略》，可谓集前修的大成。他的宏识孤怀，诚可钦佩。他自谓"使千余年湮源断绪之典，灿然在目"，[2]也非过许。但因为他未能探及源流演变的诸大关键，所以混淆错杂，易迷初学者的耳目。且将氏族的意义，仅归之于"使贵有常尊，贱

---

① 《通志·氏族略序》。
② 同上。

有等威"，①可谓胶固而鄙陋。所以我发愤写成此文，虽不完不备，且其中当有不少错误，然或者由此而为了开辟历史、社会这一方面的领域，提供一个锁钥。

---

① 《通志·氏族略序》。

目　录

自　序 / 1

《吕氏春秋》及其对汉代学术与政治的影响 / 1

一、《吕氏春秋》内容之检别 / 1

二、邹衍学派与《吕氏春秋》十二纪纪首 / 6

三、从《夏小正》到十二纪纪首 / 15

四、十二纪纪首的构造 / 21

五、明堂的问题 / 26

六、十二纪纪首中的政令与思想的分配 / 37

七、《吕氏春秋》中的天人思想 / 48

八、《吕氏春秋》政治思想之一端 / 57

九、《吕氏春秋》对汉代学术思想的影响 / 63

十、《吕氏春秋》对汉代政治的影响 / 72

　　十一、十二纪纪首是古代天的观念演变的结果 / 86

汉初的启蒙思想家——陆贾 / 93

　　一、刘邦统治集团中的文化问题 / 93

　　二、《新语》的问题 / 99

　　三、五经六艺的真实意义 / 105

　　四、秦亡的教训及儒道结合等问题 / 110

　　五、陆贾启蒙的影响 / 115

贾谊思想的再发现 / 119

　　一、时代背景及《贾谊传》/ 120

　　二、《新书》的问题 / 123

　　三、贾谊的思想领域 / 131

　　四、贾谊由秦所得的历史教训（附贾山）/ 137

　　五、贾谊政治思想中的现实性与理想性 / 145

　　六、政治思想中礼的思想的突出 / 155

　　七、贾谊的哲学思想 / 171

《淮南子》与刘安的时代 / 192

　　一、问题的起点 / 192

　　二、时代背景 / 195

　　三、思想的分野 / 210

　　四、道家的天、人、性、命 / 234

五、精、神、精神、心 / 260

六、道家政治理想实现的可能性及思想上的融会贯通 / 275

七、由儒家所作的全书的总结——《泰族训》的研究 / 298

八、结论 / 322

先秦儒家思想的转折及天的哲学的完成
——董仲舒《春秋繁露》的研究 / 324

一、董氏思想与大一统专制政治之成熟 / 324

二、董仲舒的生平、人格及社会性 / 328

三、董氏的著作及《春秋繁露》成立的情形 / 339

四、《春秋繁露》的真伪问题 / 346

五、董氏的《春秋》学之一 / 352

六、董氏的《春秋》学之二 / 375

七、董氏《春秋》学之三 / 404

八、董氏的天的哲学之一 / 418

九、董氏的天的哲学之二——方法问题 / 438

十、董氏的天的哲学之三——天人关系 / 443

十一、天与政治 / 467

十二、余论——《贤良三策》/ 475

扬雄论究 / 485

一、《汉书·扬雄传》及其若干问题 / 485

二、扬雄的时代 / 502

三、扬雄的人生形态 / 511

四、扬雄的辞赋 / 517

五、扬雄的《太玄》/ 528

六、扬雄的《法言》/ 559

七、扬雄的政治思想 / 607

王充论考 / 623

一、引言 / 623

二、《后汉书·王充列传》中的问题 / 625

三、王充的遭遇与思想的关连 / 637

四、王充学术思想的特点 / 646

五、王充在学问上的目的 / 657

六、王充的理解能力问题 / 659

七、王充所运用的方法问题 / 663

八、王充疾虚妄的效率问题 / 670

九、王充的天道观 / 677

十、牵涉到的科学与迷信的问题 / 691

十一、王充的命运观 / 695

十二、王充的人性论 / 705

自　序

　　我在一九七二年三月，由香港新亚研究所出版了《周秦汉政治社会结构之研究》，①是作为计划中的《两汉思想史》的背景篇而写的，所以可称为《两汉思想史》卷一。此处所汇印的七篇专论，便称为《两汉思想史》卷二。因为我要继续写下去，预定还有卷三、卷四的印行。

　　我曾指出过，两汉思想，对先秦思想而言，实系学术上的巨大演变。不仅千余年来，政治社会的格局，皆由两汉所奠定。所以严格地说，不了解两汉，便不能彻底了解近代。即就学术思想而言，以经学史学为中心，再加以文学作辅翼，亦无不由两汉树立其骨干，后人承其绪余，而略有发展。一般人视为与汉学相对立的宋明理学，也承继了汉儒所完成的阴阳五行的宇宙观、人生观；而对天人性命的追求，实亦顺承汉儒所追求的方向。

---

① 此书增加了两篇重要文章后，于一九七四年五月，由台湾学生书局出台湾版。

治中国思想史，若仅着眼到先秦而忽视两汉，则在"史"的把握上，实系重大的缺憾；何况乾嘉时代的学者们，在精神、面貌、气象、规模上，与汉儒天壤悬隔，却大张"汉学"之帜，以与宋儒相抗，于是两汉的学术思想，因乾嘉以来的所谓"汉学"而反为之隐晦。我以流离琐尾的余年，治举世禁忌不为之旧学，也有一番用心所在。

这几年来，颇有好学之士，向我问到治思想史的方法。在这里特郑重说一句：我所用的，乃是一种笨方法。十年以前，我把阅过的有关典籍，加以注记，先后由几位东海大学毕业的同学为我摘抄了约四十多万字，其中有关两汉的约十多万字。等到我要正式拿起笔来时，发现这些摘抄的材料，并不能构成写论文的基础。于是又把原典拿到手上，再三反复；并尽可能地追寻有关的材料，这样才慢慢地形成观点，建立纲维；有的观点、纲维，偶得之于午夜梦回，在床上穷思苦索之际。即使是如此，也只能说我的文章，在治学的途辙上，稍尽了点披荆斩棘之劳，断乎不敢说没有犯下错误。李唐有自咏其画之句谓"看之容易作之难"。二十多年来，才渐渐识得一个"难"字。

只有在发展的观点中，才能把握到一个思想得以形成的线索。只有在比较的观点中，才能把握到一种思想得以存在的特性。而发展比较两观点的运用，都有赖于分析与综合的工力。我的这种工力虽然不敢说完全成熟，但每写一文时，总是全力以赴，以期能充分运用发展与比较的观点。这可能是我向读者所提供的一点贡献。

这七篇文章，都是作为独立性的论文来写的，所以重复甚至论点不大一致的地方，在所难免。这只有期待全书写成后，作一次总的调整。几十年来，把王充的分量过分夸张了。本书中的《王充论考》一文，目的在使他回到自己应有的位置。在这种揭破的工作中，应当引起研究者乃至读者自身对感情与理智的反省。就东汉思想而言，王充的代表性不大。所以我把西汉还有几篇文章写完后，便接着写东汉的一群思想家。

此书曾经香港中文大学印行。这里增加了两篇文章，并订正若干内容，恢复被中文大学出刊组删去的侧线，由学生书局的朋友，印行增订版，实感厚意。又本书订正部分，多得力于友人刘殿爵教授的教示，感佩难忘。

一九七五年十二月十日浠水徐复观序于九龙寓所

《吕氏春秋》及其对汉代学术与政治的影响

一、《吕氏春秋》内容之检别

一般地说，经学是两汉学术的骨干，也是支持、规整两汉政治的精神力量。但两汉人士，许多是在《吕氏春秋》影响之下来把握经学，把《吕氏春秋》对政治所发生的巨大影响，即视为经学所发生的影响；离开了《吕氏春秋》，即不能了解汉代学术的特性，这点却被人忽略了。所以为了打开探索两汉学术思想特性之门户，便应先从《吕氏春秋》所及于两汉学术与政治的影响开始。当然，两汉思想，除儒家以外，还有其他思想的重大影响。例如道家思想，在四百年中，一直是一支巨流。而《管子》一书，对西汉前期的影响也相当巨大，其中有的便成篇于汉初。法家对两汉也一直保持一个有力的传承的系统。但第一，道法各家的影响，是界域分明，因而也是有一定范围的影响；不是像《吕氏春秋》那样，以渗透融合之力，发生了几乎是无孔不入的影响。第二，各家的影响，都是系统分明，言者不讳，易为人所把握。但司马迁、刘向们，虽然都很重视吕不韦，可是在一般反秦风气之下，大家都讳其思想之所自出，故这样大的影响，却无人公开加以承认，所以值得特别提出来加以研究。

《吕氏春秋》，是对先秦经典及诸子百家的大综合。我约略统计一下，引《诗》者十五，引逸《诗》者一。引《书》者十，其中称《书》者一，称《商书》者二，称《仲虺》者一，称《洪范》者二，称《周书》者三，称《书》而不明所出者一。引《商箴》、《周箴》者各一，引《易》者四，述《春秋》者一。与政治有关之礼，则皆组入十二纪中。《仲夏纪》、《季夏纪》言音乐，多与《礼记》中之《乐记》相通。引《论语》者一，引《孝经》者一。在诸子百家方面，《吕氏春秋》全书，系统合儒、道、墨、阴阳四家思想而成；因含有反对秦国当时所行法家之治的深刻意味，故一字不提法家外，其余被它个别提到的，孔子者二十四，墨子者六，孔、墨并称者八，又多次提到孔、墨的许多弟子。提到老子者四，孔、老并称者一。提到庄子者二，列子者二，詹何者三，子华子者五，田骈者二，尹文、慎子、田子方、管子者各一。提到出于邹衍之后，与邹衍系统有密切关连之黄帝者十一。提到邓析者一，惠施者六，公孙龙者四，提到白圭者三，提到农家的神农、后稷者各二。里面还有采用了他人的思想而未出其名者更多，有如孟子、荀子即其一例。而我这里举出的姓名和数字，只是粗略的统计，必有不少遗漏的，但即此已可推见其内容的宏富。

由上面简单的陈述，可以了解《吕氏春秋》，应当从各个不同的角度，来作重新发现性的研究。例如其中包含大量的古代史料，便值得与同一史料但分见于先后或同时的各种典籍的，作一番比较性的研究。至于站在思想史的立场，应当把各种有关资料作比较而精密的处理，更不待说。同时，在一篇论文里，几乎不能包括每一重要角度的观点，也是非常明白的。本论文的目的，是站在吕氏门客的立场，来检别出其中他们认为最重要的部分，由此以讨论它所给予两汉学术及政治上的影响。我所以用"检别"两个字，因为即使识力卓绝的司马迁，他所把握的《吕氏春秋》的重点，或者说是骨干，可能便与吕氏门客们自己衡定的，并不相符。这里应顺便提破一点，构成内容骨干部分的，在今日看来，不一定是全书中最有价值的部分。

《史记》卷八十五《吕不韦列传》：

> 庄襄王元年，以吕不韦为丞相，封为文信侯……庄襄王即位三年薨，太子政立为王，尊不韦为相国，号称仲父……当是时，魏有信陵君，楚有春申君，赵有平原君，齐有孟尝君，皆下士，喜宾客，以相倾。吕不韦以秦之强，羞不如，亦招致士，厚遇之，至食客三千人。是时诸侯多辩士，如荀卿之徒，著书布天

下。吕不韦乃使其客人人著所闻，集论以为八览、六论、十二纪，二十余万言，以为备天地万物古今之事，号曰"吕氏春秋"。布咸阳市门，悬千金其上，延诸侯游士宾客有能增损一字者予千金。

按史公所重者在"备天地万物古今之事"，故先八览、六论而后十二纪。在《答任安书》中谓"不韦迁蜀，世传《吕览》"，这很明显地是以八览概括全书。然史公所见，与吕不韦自身之所期，颇有出入。《吕氏春秋》有《序意》一篇，不缀于全书之后，而缀于十二纪之末；且自名其书为"春秋"，正系综括十二纪以立名；则在吕氏及其门客的心目中，此书的骨干，是十二纪而不是八览、六论，至为明显。《序意》[①]说：

> 维秦八年，[②]岁在涒滩，秋甲子朔，朔之日，良人请问十二纪。文信侯曰，尝得学黄帝之所以诲颛顼矣。爰有大圜在上，大矩在下。汝能法之，为民父母。盖闻古

---

① 按《序意》一篇，颇有脱误。篇末引豫让、青荓之故事，就其性质言，疑本属《诚廉》篇，而误入此处。

② 按始皇八年，乃此书初次定稿之年。实则吕氏迁蜀，死于十二年，其后，秦政尚使人继续做整理工作。《孟冬纪·安死》篇"以耳目所闻见，齐、荆、燕尝亡矣，宋、中山已亡矣，赵、魏、韩已亡矣，其皆故国矣"，这分明是秦政二十六年灭六国以后的口气。又秦并天下，以十月为岁首；而十二纪中之九月有"来岁授朔"之语，此亦为秦并天下以后所增入的。

之清世，是法天地。凡十二纪者，所以纪治乱存亡，所以知寿夭吉凶也。上揆之天，下验之地，中审之人，若此，则是非可不可，无所遁矣。

上面一段话，正概括了十二纪的内容；而其著十二纪之目的，乃以秦将统一天下，而预为其建立政治上之最高原则。其十二纪所不能尽，或尚须加以发明补充者，乃为八览、六论以尽其意。八览之八，我以为殆指的是八方。有《始览》中之所谓"九野"，除中央外，实已举八方以为言；所谓"八风"，实指八方之风。则八览云者，乃极八方之观览。六论之六，我以为殆指的是六合。《庄子·齐物论》："六合之外，圣人存而不论。"则六论者，乃穷极六合之论。八览、六论的性格，正如史公之所谓"备天地万物古今之事"。不仅吕氏的主要用心并不在此，并且因为他们太喜爱数字上整齐的形式，于是全书都有分其所不必分，重其所不必重，以牵就整齐的数字形式。全书到了六论，在内容上似乎有蹶竭之感。

今人杨树达，著有《读吕氏春秋记》。其中颇多精义。但他在《读吕氏春秋书后》一文中谓："古人著书，自序必殿居全书之末，何以吕氏书不尔？及读《史记》，而后知今本《吕氏春秋》经后人易置其次，非吕氏书之旧也。请以五证明之。"杨氏长于训诂而不谙于思想，不能把握当时吕氏及其门客思想之骨干及其渊源，故其所举五证，皆不足置辩。

二、邹衍学派与《吕氏春秋》十二纪纪首

十二纪是综贯天地人以建立政治的最高原则，这表现了他们很大的野心。要对此作一确切的了解，应当自邹衍的思想说起；因为十二纪的成立，是邹衍的阴阳五行思想发展的结果。

（一）有关邹衍的若干考查

有关邹衍最可靠的纪录，还只有《史记》的《孟子荀卿列传》里面的材料。因为邹衍在西汉是一种显学，所以史公在《孟荀列传》中费了相当大的篇幅来写他的生平与思想。《孟荀列传》：

> 齐有三驺（与邹同）子。其前驺忌，以鼓琴干威王……先孟子。其次驺衍，后孟子。……是以驺子重于齐。适梁，惠王郊迎，执宾主之礼。适赵，平原君侧行襒席。如燕，昭王拥彗先驱，请列弟子之座而受业。筑碣石宫，身亲往师之。

按上面所说的"在孟子前"，"在孟子后"，是史公有意以孟子作时间的定位。我们考查邹衍的生平，应以此为准。

《史记》卷四十四《魏世家》：“惠王数败于军旅，卑礼厚币以招贤者，邹衍、淳于髡、孟轲皆至梁。”卷四十六《田敬仲完世家》：“威王卒，子宣王辟彊立……喜文学游说之士。自如邹衍、淳于髡、慎到、环渊之徒，七十六人，皆赐第为上大夫。”这都是泛叙，没有各人时间先后的严格意味。《史记》卷三十四《燕召公世家》：“燕昭王于破燕之后即位，卑身厚币，以招贤者……乐毅自魏往，邹衍自齐往。”按此事史公系采自《战国策·燕策》，又见于《韩诗外传》卷七，《大戴记·保傅》第四十八，《新书》卷十《胎教杂事》等。则邹衍在燕昭王初年到了燕国，是无可疑的。试以此一故事为中心，而将其他故事加以连缀，则据《史记·六国年表》，邹忌于西纪前三五八年（周显王十一年）以琴见齐威王；下距孟子游齐，早二十四年，故可谓“先孟子”。孟子于西纪前三二〇年（周慎靓王元年）游梁，梁惠王称之曰“叟”，假定此时为五十余岁。若此时邹衍三十多岁，亦可以与孟子相先后游梁，在年岁上可称为“后孟子”。孟子于西纪前三一八年由梁至齐，[①]邹衍本齐人，亦可能由梁返齐，为齐宣王之客。燕昭王嗣位于

① 《史记·孟荀列传》以为孟子先游齐，次游梁。赵岐《孟子注》及《风俗通·穷通》篇并从之。《资治通鉴》则先梁后齐。顾炎武《日知录》、王懋竑《白田草堂集》，任兆麟《孟子考》、江慎修《群经补义》、黄式三《周季编略》诸书，皆详加论列，以为系先梁后齐，今从之。所记孟子游梁年岁，则从梁惠王后十五年之说。

西纪前三一一年（周赧王四年），若邹衍于燕昭王即位后之两三年内由齐来燕，则他此时约四十余岁。赵胜于西纪前二九八年封平原君，邹衍此时约五十余岁或六十岁左右；他参与燕昭王谋伐齐之策，而出外奔走，则他有"适赵"或"过赵"之可能。刘向《别录》所载邹衍破公孙龙白马非马之论，陈义得当，为后人所不及知，故甚为可信。且平原君以公子的身份而好客，不必始于封平原君之后；史家惯例，常以某人最后之爵位称其人之一生。公孙龙本为赵人，平原君对他的"厚待"，乃因其坚白异同之论，与邯郸解围后他劝平原君勿请封之事无关。则邹衍过赵，亦可在赵胜封平原君之前。乐毅于西纪前二八四年（赧王三十一年）伐齐入临淄，邹衍此时约七十岁左右。他的生平，应以此为准；《御览》十四引《淮南子》"邹衍事燕王尽忠，左右谮之王，王系之狱，仰天哭；夏四月，天为之下霜"；这种传说，恐不太可信了。总结地说，他的活动，应开始于西纪前三二〇年前后；西纪前三一八、三一九年左右，返齐为齐宣王的稷下大夫；到了西纪前三一一年以后入燕。他在齐国约住了十年，他的"深观阴阳消息，而作怪迂之变，《终始》、《大圣》之篇，十余万言"，[①] 应即完成于此时，这是他倾动当时王侯的资本。史公说"如燕，昭王……筑碣石宫身亲往师之，作《主运》，是《主运》

---

① 《史记·孟荀列传》。

乃入燕以后所作，不同于入燕以前所作的《终始》、《大圣》之篇。所以他大事著书的时代，乃在西纪前三一八、三一九到三〇八、三〇九年的时代；此时的年龄作合理的推测，当在他三十多岁到四十多岁；他应生于西纪前三五六、三五七年，而死于燕伐齐前后，得年当在六十几岁到七十岁之间。

吕不韦相秦，在西纪前二四九年（秦庄襄王元年）；他招集宾客，从事著书，应当始于此年；上距邹衍之死，约四十年左右。据《史记·孟荀列传》："驺奭者齐诸驺子，亦颇采驺衍之术以纪文……邹衍之术，迂大而闳辩，奭（邹奭）也文具（按文饰其言而更加详尽）难施……故齐人颂曰，谈天衍，雕龙奭。"可知邹奭在邹衍之后，他继承邹衍之说，而更有所发挥。又《史记》卷二十八《封禅书》："自齐威、宣之时，邹子之徒，论著终始五德之运。及秦帝，而齐人奏之，故始皇采用之……邹衍以阴阳主运，显于诸侯；而燕、齐海上之方士，传其术，不能通；然则怪迂阿谀苟合之徒自此兴，不可胜数也。"这段话里面说，始皇因齐人奏之而始采用邹衍五德之说，殊未必然，因为应当是通过合著《吕氏春秋》的吕氏门客而采用其说。燕、齐海上方士所传的，亦系邹说的更加傅会；但由此亦可知邹衍生前死后,其说系不断地在发展传播。① 而《吕氏春秋》十二纪,正是直承其发展而加以组织化、具体化的。

（二）从邹衍到《吕氏春秋》

《汉书·艺文志》著录有《邹子》四十九篇,《邹子终始》五十六篇,早亡。《史记·孟荀列传》述其思想之内容如下：

> 邹衍睹有国者益淫侈,不能尚德,若《大雅》整之于身,施及黎庶矣。乃深观阴阳消息,而作怪迂之变,《终始》、《大圣》之篇十余万言。其语闳大不经；必先验小物,推而大之,至于无垠。先序今以上至黄帝,学者所共术,大并世盛衰。② 因载其祥度制,③ 推而远之,至天地未生,窈冥不可考而原也……称引天地剖判以来,五德转移,治各有宜,而符应若兹。以为儒者所谓

---

① 我在《阴阳五行及其有关文献的研究》一文中曾谓"邹衍之说,除引起了一部分统治者的兴趣之外,没有引起当时思想界的兴趣"(见拙著《中国人性论史·先秦篇》页五七五。)的说法,应加以修正。(编者注:《阴阳五行及其有关文献的研究》一文,九州出版社《徐复观全集》整编收入《中国思想史论集续篇》,见页六三；九州《中国人性论史·先秦篇》大字本恢复为附录二,见页五五一。)

② 方苞以"大"当作"及"者是也。"并世",乃随时之意。全句之意,当为"及随时所以盛所以衰之故"。

③ 按"祥"即灾异。度制者,度灾异之所以然而加以制御。

中国者，于天下乃八十一分居其一分耳。中国名曰赤县神州，赤县神州内自有九州，禹之序九州是也，不得为州数。中国外如赤县神州者九，乃所谓九州也……其术皆此类也。然要其归，必止乎仁义节俭，君臣上下，六亲之施。始也滥耳。

按邹氏之书，史公时俱在；篇幅既多，内容当亦庞杂；史公并不信其说，故又谓"驺衍其言虽不轨（不合于常道），倘亦有牛鼎之意乎"。因此，上面的简单叙述，未必能尽其条理。兹就其内容略加分析，可列为四端：

一、其动机及归结，乃在以儒墨之道，解决当时的政治问题。且系以儒家思想为主。此通观上文，即可明了。

二、以阴阳消息言灾异，予以加强对当时统治者行为上的压力。所谓"乃深观阴阳消息，而作迂怪之变"，"因载其机祥度制"者是。

三、以五行言五德终始，对政治上传统的天命，赋予全新的内容，而使其更具体化。所谓《终始》、《大圣》之篇"，"称引天地剖判以来，五德转移，治各有宜"者是。其所作的《主运》，当亦属此类。

四、大九州说。此盖燕、齐等地，当时已有海外交通，由此启发而来。

《吕氏春秋》未采第四项的大九州说。惟《应同》篇首段言五德终始一段，一般认为系采用第三项的邹衍之说。此证以《文选·魏都赋》注引"《七略》云，邹子为终始五德，言土德从所不胜，木德次之，金德次之，火德次之"等语，与《应同》篇首段的内容正合，当为可信。惟《应同》篇"代火者必将水……故其色尚黑，其事则水。水气至而不知数备，将徙于土"数语，俞樾以为"浅人不察文理，以上文之例增入"。因"当吕氏著此书时，秦犹未并天下，所谓尚黑者果何代乎"。按邹氏五德终始之说，正所以激励时君，代周之火德而王，故为此悬记，秦乃得因而用之，俞氏见浅不及此。然以五行相胜（克）言历史的递嬗，实过于机械而不能含摄人在历史行为中所应占有的地位。远不及《汉书》卷六十四《严安传》严安上书有谓"臣闻邹衍曰，政教文质者，所以云救也"的话，为有文化的意义。所以史公不信五德终始之说，而于《高祖本纪》赞则沿用文质互救之意义，以言历史发展应循的轨迹。吕氏及其门客，虽未否定五德终始的说法，但全书中仅在《应同》篇中引及，可知其并不重视。给吕氏及其门客以最大的影响的，仍在上述第二项。将第二项与第一项加以融合，并扩大其内容，此乃吕氏门客用心之所在。

第二项之所谓"深观阴阳消息"，须作进一步的解释。把向日者为阳、背日者为阴的两个表达经验现象的名词，逐渐抽象化以言天象，乃至由此以言天道运行的法则，开始是在主管天文的这一部分人手上发展出来的。到了战国中期，才慢慢扩展到一般思想界。①孔子只是以"四时行焉，百物生焉"②言天道。所谓"阴阳消息"，是指阴长（息）则阳消，阳长则阴消而言。阴阳二气，是人的眼睛看不见的；邹衍的"深观阴阳消息"，是如何"深观"法呢？《史记》卷二十六《历书》："是时独有邹衍，明于五德之传（转），而散消息之分，以显诸侯。"张文虎因为不了解"散消息之分"的意义，所以认为"散字分字疑有误"。我以为散消息之分，是开始把抽象的阴阳观点，与经验界中的四时现象，结合在一起；把阴阳的消息，散布在四时中间去，由四时气候的变化，以看出消与息之分。只有这样，邹衍才可以"深观"。本来在通过《诗经》及《春秋》所代表的时代中，阴阳的观念，已由以日光为准，发展而为明暗、冷暖、气候的阴晴等观念。孔子以由四时生物言天道，这是春秋时代下及战国中期，一般的说法。温带气候，四时分明，冷暖殊致；邹衍进而把阴阳融入到四时中去，由四时的冷暖之度，以言阴阳消息之分，这是很自然的，也是他的一个划时期的创说。此一创说，形成了十二纪纪首的骨干。十二纪，是把阴阳融入到四时十二月中去的。但就现在可以看到的材料看，邹衍是不是把五德运转，与阴阳消息，组成一个系统；亦即他是不是把五

---

① 详见拙文《阴阳五行及其有关文献的研究》。
② 《论语·阳货》。

行视为由阴阳二气所分化而出，因而把五行也融入到四时中去，并不明了，而且我认为其可能性甚小。因为在他，是以阴阳消息为天道运行的法则，以五德终始为历史运行的法则；所以在《史记》中提到时，总是分作两事。

但邹衍的用心，依然是在以仁义、节俭来解决政治问题的。他所谈的阴阳消息，如何能与政治关连上，以实现他的仁义节俭的要求呢？我觉得《吕氏春秋》卷十三《应同》篇下面的话，值得注意：

> 黄帝曰：芒芒昧昧（高诱注：广大之貌），因天之威，与元同气。故曰：同气贤于同义，同义贤于同力，同力贤于同居，同居贤于同名。帝者同气，王者同义，霸者同力（功），勤者同居，则薄矣。亡者同名，则牺（注：粗恶也）矣。其智弥牺者，其所同弥牺；其智弥精者，其所同弥精。

按先秦黄帝之言，多为各家所假托，不仅出于道家末流。上引黄帝之言，与《序意》"尝得学黄帝之所以诲颛顼矣，爰有大圜在上，大矩在下。汝能法之，为民父母"之言，两相符合，可能皆出于邹衍的这一派。所谓"帝者同气"，是说最理想的政治人物，他以仁义节俭为内容的生活与施为，是与天同其气的。天之气为阴阳，阴阳消息于四时之中；作为最高政治理想人物的"帝"，他以仁义节俭为内容的生活与施为，是与四时中所体现出的阴阳之气，完全相符应的。这样，便把阴阳消息与仁义节俭等政治原则，统一在一起了。这正是《序意》中的所谓"盖闻古之清世，是法天地"。十二纪纪首，是以此一构想为基干所构成的。

三、从《夏小正》到十二纪纪首

但十二纪不是仅凭邹衍学派的思想所凭空构造出来的；它是把许多有历史根据的材料，按照"同气"的原则，作一大的综合与统一。记录一年四季十二个月的节候、产物，以适应农业社会的需要，在我国当起源很早。因为近年考古上的发现，在新石器的仰韶文化时代，生产便是以农业为主。农业与节候有不可分的关系。古人一定加以重视，并记录下来。目前可以看到这方面有系统的材料，有《大戴记》中的《夏小正》，《周书》中的《周月》、《时训》。

《礼记·礼运》："孔子曰，我欲观夏道，是故之杞，而不足征也，吾得夏时焉。"郑注"得夏四时之书，其书存者有《小正》"，是以《夏小正》为夏代所传下来的。《夏小正》的传，是戴德所撰，①而《夏小正》的本文，记有十二月中可以作定时标准的星象，及可以表征气候寒暖、

①《隋书·经籍志》别出《夏小正》一卷，注云戴德撰。余嘉锡《四库提要辨正》卷一，页五三至五四，对此考证甚为明晰，读者可以参阅。

节物先后的各种天象及动植物的生态，也加入有季节性的重要人事活动；文字质朴而残缺，这是把长期累积的农业生产中所得的经验，写了出来，作为一年十二个月的全民活动的准据。说它是从夏代传下来，在道理上是可以说得通的。它与后来的此类材料相比较，最显明的区别，在于它没有一丝一毫的阴阳五行的痕迹。

《周书》[①]中有很早的材料，也有少数为后来编进去的材料。卷六《周月》第五十一，统述夏商周的三统，总述一年的十二个月的中气。中谓"夏数得天，百王所同"；结以"亦越我周王，致伐于商，改正异械，以垂三统。至于敬授民时，巡狩祭享，犹自夏焉。是谓周月，以纪于政"，其中已出现有阴阳的观念。如以一月（夏之十一月）"微阳动于黄泉，阴降惨于万物"，及"阳气亏"等。这可能出于战国时代，周室主管天文者之手，与《夏小正》似乎没有直接关连。

在《周月》第五十一后面，有《时训》第五十二，述一年之节候，不以月为单位，而以二十四气为单位。由四时而十二中气；由十二中气而二十四气，似乎是在测候上的一种进步。其中对可以征表节候的动植物等的叙述，则很明显地是继承《夏小正》而来。里面所用阴阳的观念，

---

① 《隋书·经籍志》称《汲冢周书》，先儒已多辩其谬。又有称为《逸周书》，是以不逸为逸，故宜用《汉志》、《周书》的原名。

与《周月》有关，且亦无五行观念；但出现有节物不时，即为政治社会将有某种不祥事物出现的思想。这或者是与《周月》同时的东西；《周月》简略，系总论性质，而此则每月皆分为二气，加以叙述，殆系分述的性质。

在《时训》第五十二后面，又有《月令》第五十三。卢文弨据蔡邕《明堂月令论》及《隋书·牛弘传》，谓《礼记·月令》即《周书·月令》，因以《吕氏春秋》十二纪纪首补之。乃朱右曾《周书集训校释》谓："马融《论语注》引《月令》改火之文，蔡邕、牛弘引《月令》论明堂之制，今俱不见于《吕览》，则其同异未可知也。"故以为"《周书》另有所谓《月令》，今已亡失"。然孙诒让《周书斠补》卷三引臧庸《拜经日记》谓："据中郎此言，是《周书·月令》，即《礼记·月令》也。初据《论语集解》言《周书·月令》有改火之文，疑别有《月令》。今考《周礼·司爟》，郑司农引《周书》为邹子……然则《论语注》所言《周书》，实邹子耳。"孙氏亦以"臧说近是"。至蔡邕、牛弘所引《月令》、《明堂》之制，正本于吕氏之十二纪纪首，不知朱氏何以失察。总之，《周书》之《月令》第五十三，实即《吕氏春秋》的十二纪纪首。朱氏所辑《周书逸文》有关这一部分，正可为证。

《吕氏春秋》十二纪纪首，正吸收了《夏小正》及《周书》的《周月》、《时训》，加以整理；而另发展了邹衍的思想，以此为经，再综合了许多因素，及政治行为，以组织成"同气"的政治理想的系统。兹分引"正月"之文如下，以便比较。《夏小正》（据顾凤藻《夏小正经传集解》本）：

> 正月。启蛰。雁北乡。雉震呴。鱼陟负冰。农纬厥耒。初岁祭耒。囿有见韭。时有俊风。寒日涤冻涂。田鼠出。农率均田。獭兽祭鱼，鹰则为鸠。农及雪泽，初服于公田。采芸。鞠（当为鲍，星名）则见。初昏参中，斗柄县在下。柳稊。梅杏杝桃则华。缇缟。鸡桴粥。

《周书·时训》（据朱右曾《周书集训校释》本）：

> 立春之日，东风解冻。又五日，蛰虫始振。又五日，鱼上冰。风不解冻，号令不行。蛰虫不振，阴气奸阳。鱼不上冰，甲胄私藏。惊蛰之日，獭祭鱼。又五日，鸿雁来。又五日，草木萌动。獭不祭鱼，国多盗贼。鸿雁不来，远人不服。草木不萌动，果蔬不熟。

十二纪《孟春纪》纪首（据许维遹《吕氏春秋集释》本）：

> 一曰：孟春之月，日在营室。昏参中，旦尾中。其日甲乙，其帝太皞。其虫鳞。其音角。律中太簇。其数

八。其味酸。其臭羶。其祀户。祭先脾。东风解冻。蛰虫始振。鱼上冰，獭祭鱼。候雁北。天子居青阳左个。乘鸾辂，驾苍龙。载青旂。衣青衣。服青玉。食麦与羊。其器疏以达。是月也，以立春。先立春三日，太史谒之天子曰：某日立春，盛德在木。天子乃斋。立春之日，天子亲率三公九卿，以迎春于东郊。还，乃赏卿诸侯大夫于朝。命相布德和令，行庆施惠，下及兆民。庆赐遂行，无有不当。乃命太史，守典奉法，司天日月星辰之行；宿离不忒；无失经纪，以初为常。是月也，天子乃以元日祈谷于上帝。乃择元辰，天子亲载耒耜，措之于参保介之御间。率三公九卿诸侯大夫，躬耕帝籍田。天子三推，三公五推，卿诸侯大夫九推。反，执爵于太寝。三公九卿，诸侯大夫皆御，命曰劳酒。是月也，天气下降，地气上腾。天地和同，草木繁动。王布农事，命田舍东郊。皆修封疆，审端径术。善相丘陵、阪险、原隰，土地所宜，五谷所殖，以教道民，必躬亲之。田事既饬，先定准直，农乃不惑。是月也，命乐正入学习舞。乃修祭典，命祀山林川泽。牺牲无用牝。禁止伐木。无覆巢，无杀孩虫胎夭飞鸟。无麛无卵。无聚大众。无置城郭。掩骼霾髊。是月也，不可以称兵，称兵必有天殃。兵戎不起，不可以从我始。无变天之道，无绝地之理，无乱人之纪。孟春行夏令，则风雨不时，草木早槁，国乃有恐。行秋令，则民大疫，疾风暴雨数至，藜莠蓬蒿并兴。行冬令，则水潦为败，霜雪大挚。
首种不入。

在这里只指出由《夏小正》到十二纪纪首的发展演变之迹。
《夏小正》只单纯记录可以表征节候的事物，及直接与农
业生活有关的事情；对节候的变迁，亦未深求其所以然之
故。这只是记录，而未把记录者的观念加到里面去，也未
牵涉到政治问题。因文字质朴，在传承中可能有些错误。
如"梅杏杝桃则华"句，"杏杝桃"三字可能由二月或三
月误入。到了《时训》，则将一月分解为两气，加以叙述，
对《夏小正》的文字，加以整理。如《夏小正》的"时有
俊风，寒日涤冻涂"，整理为"东风解冻"。对节候之变，
以阴阳观念加以说明，如"阴气奸阳"。对有关事物的出
现，分别安排在每一个五日之中。对节候失调，则关连上
政治的问题。但奇怪的是，它完全没关涉到农业的活动。
可以推想这是出于一位知识分子把自己的观念应用到纯朴
的记录中去，并把重点转到政治方面，而加以重新组织
的。到了十二纪的纪首，不用《时训》的以二十四气为单
位，而恢复以十二月为单位。但有关节物的叙述，则多采
用经过《时训》上整理了的文句。取回了《夏小正》中的
农事活动而更加完备，不以《夏小正》的正月一月二月纪
月，而改用春夏秋冬的孟、仲、季纪月，以特别显出"四
时"的观念，接受了《时训》上政治的灾异与节物变异的

关连。但《时训》上的灾异，不是由施政的得失而来，可以说，人是完全处于被动的。但到了十二纪的纪首，则完全倒转过来，灾异是由于施政没有按着节候而来，人成为主动的。但最大的发展演变，乃在于他们是以由邹衍思想所发展出的"帝者同气"的观念所完成的大综合、大系统。

四、十二纪纪首的构造

我在《阴阳五行及其有关文献的研究》一文中，曾指出阴阳与五行，本是两不相属的系统。把两者组合在一起，可能即始于邹衍。但现在看起来，此一组合，可能完成于邹衍的后学。而成为十二纪纪首骨干的，正是把阴阳二气，运行于四时之中，而将五行分别与四时相配合。例如春是"盛德在木"，夏是"盛德在火"，秋是"盛德在金"，冬是"盛德在水"。邹衍的所谓"盛德"的"德"，指的是五行的五种作用。此处之所谓"盛德"，是指五行之气所发生的"最当令"的作用。"盛德在木"，是指春季最当令的作用，乃在五行中之木，而木德是与春季之阳气相应的。但此时尚未认为五行乃由阴阳二气分化而来，而只是把两者组成一种相关，但并非融合的系统，以作为"天"的完整表现。再把一切生活事物，政治行为，安排得与春季的阳气与木德相合。其他各季，皆可由此类推。此即所谓"同气"，亦即所谓"是法天地"。这样一来，政治领导者的一举一动，皆与天地相通，皆表现为天人合一；形上形下，打成一片。在他们认为这当然是最理想、最强大的政治。

问题是五行有五，而四时只有四；以五行配四时，还多出一行无法安顿；于是他们想了一个很笨的方法，在季夏之月（六月）的末段，加上"中央土，其日戊己，其帝黄帝，其神后土"等七十四个字，以安顿五行中的土。但其他四行，每行都主管四时中的一时三个月；季夏还是属于火德，天子服赤色，与孟仲夏正同。现在突然冒出一个"中央土"出来，把服色改为黄色，这已经是一种混乱。同时，木火金水，在四时中皆是各配一时，故春谓"盛德在木"，夏谓"盛德在火"，秋谓"盛德在金"，冬谓"盛德在水"。至土则仅谓"中央土"，此"中央"应指一年之中央，即是六、七月之交。而六月属火，七月属金，土则完全落空了。这种显明的不合理，《吕氏春秋》的作者，竟无一字说明。淮南王安的宾客，将其采入《淮南·内篇》二十一篇中而称为《时则训》时，补救的办法，是把季夏之月，分配给土；所以把"中央土"改为"季夏之月，招摇指未……其位中央，其日戊己，盛德在土……"这便使土德在季夏——六月有了落脚之处。但问题是：（一）一年十二月，季夏并非一年的中央。（二）这样一来，火德只当令两个月，土德只当令一个月，何以木、金、水却都能当令三个月？所以礼家把它采入《小戴记》中而称为《月令》时，补救的办法是不把"中央土"这一段，附属于季夏之末，而使其介于季夏与孟秋之间，成为独立的一段，这便与"中央土"的中央之义相合。但郑康成在此处注云"火休而盛德在土也"，如此，则究系何月何时而盛德在土的问题，依然是落空而不能解决。所以孔颖达疏不用郑注，谓："以木配春，以火配夏，以金配秋，以水配冬；以土则每时辄寄，王十八日也。虽每分寄，而位本未宜处于季夏之末，金火之间，故在此陈之也。"这是说土在四时中，各分主十八天，共七十二天。孔氏以三百六十日为一年，五行各主七十二日，加起来恰是三百六十日。"而位本未宜处于季夏之末"三句，是斥十二纪纪首对此安排的不当，且申明所以将"中央土"一段改为独立之文的缘故。至此而五行配四时的问题，才算完全解决了。孔氏的这一改变，不是突然出现的。《春秋繁露·五行对》第三十八谓"土为季夏"，此犹秉承十二纪之说。但又谓："五行莫贵于土。土之于四时无所命者，不与火分功名。"董仲舒这种说法，是对"土为季夏"的说法感到有点不安，而想下一转语，尚未转得出。至《白虎通德论·五行》"土王四季，各十八日"，"五行更王，亦须土也；王四季居中央，不名时"，才算勉强说通了。孔疏实据此以为说。我所以把这一问题的演变详加叙述，意在指明五行说盛行以后，把许多事物与五行的五相配合，都是出于这类的牵强附会；由此所说出的一套道理，都是胡诌出来的，并不代表某种真实存在。但在胡诌的演进历程中，却含有一种合理的要求在里面。

对十二纪纪首中五行的性格，应当考查一下。我在《阴阳五行及其有关文献的研究》一文中曾经指出，一直到春秋时代为止，所谓五行，只指的是国计民生所通用的五种材料，所以又称为"五材"；丝毫没有作为构成宇宙的五种基本元素，或由阴阳二气分化而为五气的意味。并且与阴阳的观念，全不相干。在战国初期约百年之间，五行一词，反甚少出现，中间不知如何沦为社会迷信之一，至邹衍而把它提升为"五德终始"。五行的作用（德），各主持一个朝代；以相胜（克）的规律，终而复始。这里的五行之德，便不是原来的五种通用材料所发生的作用，而系宇宙间五种神秘力量所发生的作用。邹衍或其后学把它和阴阳连结在一起，五行至此，便已由具体之物，上升而为抽象之物。但阴阳与五行，究系何种关系，从今日可以考见的材料来看，并不能完全明了。至十二纪纪首，则明确地把五行配合到阴阳所运行的四时之中，五行在四时中轮流作主，发生作用。这正是由各朝代的五德终始，进而为四时的五德终结。它是抽象性的，或者可以说是形而上性的东西。但此五种形而上性的东西，表现在形器世界——经验世界的情形，却依然是由具体的五种材料的情形，所联想构成的。这便说明我国思想的性格，由具体升向抽象时，在抽象的舍象过程中，把由具体而来的属性，舍得并不干净，而成为抽象中含有具体性——具象性。孔颖达在

《月令》"中央土"下谓："夫四时五行，同是天地所生；而四时是气，五行是物。"把四时与五行的性格分开，这一方面说明阴阳与五行，在十二纪纪首中，依然是天的两种平行的因素；另一方面说明五行在十二纪纪首中，依然保有"物"的具体性格。把五行视为由阴阳所分化出的五种气，这要到《白虎通德论》成立的前后才出现，但五行所含的具体性格依然保存着。所以对中国思想，仅在纯思辨中作形而上的把握，这与中国思想性格本身是不能相应的，除非在中国另建立一种新的学统。例如以青、赤、黄、白、黑五种颜色，为木火土金水五行的颜色，分明是由经验界中五种具体材料的颜色而来。而以金为白色，这说明了它是以战国中期前后为背景，此时对铁的冶炼，已到达了很高的程度，经过精炼后的铁才是白色，金和铜都不是白色，这是近十多年在考古上所能肯定的事实。

在十二纪纪首中，把许多事物，都组入进去，而成为阴阳与五行所显露之一体，以构成包罗广大的构造，于是使人们感到，我们所生存的世界，都是阴阳五行所支配的世界，由此而成为尔后中国的宇宙观、世界观。例如孟春之月"其日甲乙"，把起源很早的天干组入进去了。"其虫鳞"，把动物组入进去了。"其音角，律中太簇"，把音乐组入进去了。"其数八"，把数的观念组入进去了。"其味酸，其臭膻"，把臭味组入进去了。"其祀户，祭先脾"，把祭祀、房屋、身体构造组入进去了。"东风解冻，蛰虫始振，鱼上冰，獭祭鱼，候雁北"，把气候及节物的活动，都组入进去了。"食麦与羊，其器疏以达"，把饮食器具组入进去了。"孟春行夏令，则风雨不时，草木早槁，国乃有恐。行秋令，则民大疫……行冬令，则水潦为败，霜雪大挚，首种不入"，把风雨、草木、疾病、雨水、霜雪、稼穑等，也都组入进去了。其中由《夏小正》来的，本是与时令相关的，这是合理的一部分；其余的都是凭借联想，而牵强附会上去的。但一经组入到阴阳五行里面去，便赋予了一种神秘的意味，使万物万象，成为一个大有机体。若把它在知识上的真实性及由此所发生的影响的好坏，暂置不论，这确要算是吕氏门客的一大杰构，而为以前所没有的具体、完整而统一的宇宙观、世界观。

五、明堂的问题

四时加上中央，都是阴阳五行的体现，也即是天道的体现。"天子"是天的儿子，有法天的责任。并且能法天，也便有天的功效与伟大。从春秋时代起，至战国中期，思想家们所说的天，是表现为道德的法则。此时则表现而为阴阳五行之气，而阴阳五行之气，体现于四时与中央，是可加以描述的。天子法天，首先便要在生活上"与元同气"。春季阳气的功用是生育万物，此时阳气的方位是东方。木在春季发生作用，它的颜色是青的、苍的，它的方位也是东方；天子在生活上为了与元同气，所以便须"居青阳左个。乘鸾辂，驾苍龙，载青旂，衣青衣，服青玉，食麦与羊，其器疏以达"。其他各季，皆可类推。其意义，高诱注都按阴阳五行解释得清楚。"青阳左个"，指的是明堂左边的一间房子，也即是明堂的一部分。这里顺便对明堂的问题稍作考查。

明堂，是古典中引起争论最多的问题之一。到王国维的《明堂庙寝通考》①为止，讨论此一问题的文字，前后大概不下二十余万言，而终莫衷一是；主要是因为过去的人，不了解历史上的明堂，与《吕氏春秋》十二纪纪首的明堂，虽有关连，但并非一物。前者是事实地存在，后者是理想地存在。后儒多混而同之，所以便治丝益棼了。首先应当了解，凡十二纪纪首所述各种制度，多有若干历史的根据；但吕氏的门客们，却按照他们自己的理想，来加以重新安排、改造，而赋予他们以所要求的新意义；明堂的问题，正是如此。

《左传·文公二年》："瞫曰，《周志》有云，勇则害上，不登于明堂。"杜注："明堂，祖庙也，所以策功序德。故不义之士不得升。"《周书·大匡》第三十八："勇如害上，则不登于明堂。明堂所以明道。"狼瞫所谓《周志》，当出于此。而《周书·明堂》第五十五："……周公

① 见《观堂集林》卷三。

摄政，君天下弭乱，六年而天下大治。乃会方国诸侯于宗周，大朝诸侯于明堂之位……明堂者，明诸侯之尊卑也，故周公建焉，而朝诸侯于明堂之位……"《礼记·明堂位》首段，全袭此文，而文字稍有异同。①《考工记·匠人》："夏后氏世室……殷人重屋……周人明堂。"《孟子·梁惠王下》："明堂者王者之堂也。王如行王政，则勿毁之矣。"《孝经·圣治》章："宗祀文王于明堂以配天。"《荀子·强国》篇："若是，则虽为之筑明堂于塞外②而朝诸侯，可矣。"上面这些材料，都可认为是《吕氏春秋》十二纪纪首以前的材料。《吕氏春秋》卷十五《慎大览》"故周明堂外户不闭"，卷十九《上德》"周明堂金在其后"（注："作乐金铺在后"）。此两处系征引性质，亦为周有明堂之证。如把这些以前的材料稍加条理，则：（一）明堂乃周人太庙之别名，或即系周公所建以祀文王之庙。因周公的关系，鲁亦有太庙，亦即有明堂。鲁悼公之时，"鲁如小侯"，③其

① 由文字及词汇言之，《周书》之《明堂》出于先秦，而《礼记》之《明堂位》，则由汉儒将《周书·明堂》之文加以整理抄入，至为明显。《周书·明堂》："天子之位、负斧扆南面立，群公卿士侍于左右。三公之位，中阶之前，北面东上。"《礼记·明堂位》作"天子负斧依南乡而立，三公中阶之前，北面东上"，省"群公卿士侍于左右"一句，而以"三公中阶之前"一句代之。后人又将此句羼入于《周书·明堂》之中，实则《周书·明堂》不应有"三公之位，中阶之前"二句。
② "于塞外"三字，杨注以三字为衍文。
③ 见《史记》卷三十三《鲁周公世家》。

明堂废而入于齐，而太庙之礼久废，原义不明，故齐宣王有"人皆谓我毁明堂，毁诸，已乎"之问。（二）周室以宗法制度为封建制度的骨干，重大的政事行为，皆于祖庙行之，则天子朝诸侯于太庙，颁布重大政令于太庙，纪功于太庙，都是可以承认的。其所以称太庙为明堂，或竟如蔡邕之说"圣人南面而听天下，乡明而治"，"取其乡明，则曰明堂"。^①（三）在上述材料中，有祀祖先以配天之意，但不以明堂即是法天，更与阴阳五行无涉。

十二纪纪首中的明堂，与上述的明堂，大异其趣。兹先录其材料如下：

《孟春纪》：天子居青阳左个。韦注：青阳者明堂也……各有左右房，谓之个……东出谓之青阳，南出谓之明堂，西出谓之总章，北出谓之玄堂。

《仲春纪》：天子居青阳太庙。

《季春纪》：天子居青阳右个。

《孟夏纪》：天子居明堂左个。

《仲夏纪》：天子居明堂太庙。

《季夏纪》：天子居明堂右个。

《中央土》：天子居太庙太室。

① 《全后汉文》卷八十蔡邕《明堂论》。

《孟秋纪》：天子居总章左个。

《仲秋纪》：天子居总章太庙。

《季秋纪》：天子居总章右个。

《孟冬纪》：天子居玄堂左个。

《仲冬纪》：天子居玄堂太庙。

《季冬纪》：天子居玄堂右个。

它与以前的明堂不同之处：（一）以前的所谓明堂，系太庙的别称，明堂即是太庙，此处则太庙乃明堂的一部分。（二）明堂、太庙、太室三个名词，皆于古有据。甲骨文中已出现有七个太室，[①]都是祭先王先公的地方。其他如青阳、总章、玄堂等名词，则是吕氏门客们自己造出来的。由此可以推知，于古有据的三个名词，他们仅借用其名，并不拘泥于名词原有的内容，因为他们的目的不在述古。（三）他们这个特殊建筑物，不仅与祖宗的祭祀，完全没有关连；乃至与所有的祭祀，也没有关连。甚至是否在此一建筑物内施行重要政令，也是可疑的。因为庆赏等大政，还是在朝廷上施行，更无在此处朝诸侯的规定。他们构想此一理想建筑物的原因，只是要天子的居处，顺应阴阳五

---

① 陈梦家《卜辞综述》页四七六。《考工记·匠人》谓"殷曰重屋"，甲骨中尚未发现此一名词，颇为可疑。

行，亦即是在居处上与元同气。

汉初，明堂的观念尚未定形。大体上可分为三支：一是儒生的一支，一是接近道家的一支，再另一是方士的一支。《史记》卷二十八《封禅书》：

> 周公相成王，郊祀后稷以配天，宗祀文王于明堂以配上帝。

这说的是十二纪纪首以前的明堂。西汉首先要实现这一理想的，是汉武即位以后的事。

《史记》卷二十八《封禅书》：

> 而上（武帝）乡儒术……欲议古立明堂城南以朝诸侯。

《史记》卷一○七《魏其武安侯列传》：

> 魏其、武安俱好儒术，推毂赵绾为御史大夫，王臧为郎中令，迎鲁申公，欲设明堂。

《史记》卷一二一《儒林列传》：

> 兰陵王臧，既受《诗》（于申公）……今上初即位……一岁中为郎中令。及代赵绾亦尝受《诗》申公，

绾为御史大夫。绾、臧请天子，欲立明堂以朝诸侯，不能就其事，乃言师申公。于是天子使使束帛加璧，安车驷马，迎申公……至，见天子，天子问治乱之事。申公时已八十余，老，对曰："为治者不在多言，顾力行何如耳。"是时天子方好文词，见申公对，默然。然已招致，则以为太中大夫，舍鲁邸，议明堂事。太皇窦太后好老子言，不说儒术。得赵绾、王臧之过以让上，上因废明堂事，尽下赵绾、王臧吏，后皆自杀。申公亦疾免以归。

赵绾、王臧所欲实现的明堂，是十二纪纪首以前的明堂。当武帝初即位时的政治问题，在于分封的诸侯王及列侯与朝廷的关系问题。赵、王两人，欲借古明堂之制，以整饬诸侯王及列侯的纲纪。而汉代早另有庙制，与明堂无关。所以他们撇掉了"宗祀文王于明堂"的一面，而只取周公朝诸侯于明堂的一面，这是属于儒生一支的明堂观念。其所以难就，是要在庙制之外，再创造一套建筑与仪式出来的缘故。但式微已久的明堂观念，重新被重视而当作政治上的重大设施，提了出来，依然是受十二纪的影响。

《淮南子》中所述的明堂，有的是属于历史性的。如《主术训》："成康继文武之业，守明堂之制。"明堂之制，即以太庙为基点的宗法制度。《齐俗训》："武王既没，殷民叛之。周公践东宫，履乘石，摄天子之位，负扆而朝诸侯，放蔡叔，诛管叔，克殷残商，祀文王于明堂，七年而致政成王。"这与《周书》的《明堂》，可互相印证。《氾论训》将"明堂太庙"并称，大概也是属于历史性的。《泰族训》"乃立明堂之朝，行明堂之令，以调阴阳之气，以和四时之节，以辟疾病之菑"，这是历史性而又掺糅了十二纪纪首的理想以立言的。其中最表现特别意义的是卷八《本经训》对明堂下面的描述：

> 是故古者明堂之制，下之润湿弗能及，上之雾露弗能入，四方之风弗能袭。土事不文，木工不斫，金器不镂。衣无隅差之削，冠无觚嬴之理。堂大足以周旋理文，静絜足以享上帝，礼鬼神，以示民知节俭。

《本经训》主张"同精于阴阳，一和于四时"，这便和十二纪纪首的思想很相一致。但它所说的明堂，由上下关连的文字看，其着眼点在针对当时统治者的奢侈的情形而提倡以道家思想为背景的节俭。其祭祀亦只泛言，而非以祖先为主，也没有与四时同气的意味，这算是道家的一支。

《史记》卷二十八《封禅书》：

> 初，天子封泰山，泰山东北址，古时有明堂处，处险不敞。上欲治明堂奉高（地名）旁，未晓其制度。济

南人公玉带上黄帝时明堂图。明堂图中有一殿，四面无壁，以茅盖。通水圜宫垣，为复道。上有楼，从西南入，^①命曰昆仑。天子从之入，以拜祠上帝焉。于是上令奉高作明堂汶上，如带图。及五年修封，则祠太乙五帝于明堂上坐，令高皇帝祠坐对之。祠后土于下房，以二十太牢。天子从昆仑道入，始拜明堂如郊礼。

按公玉带所献的黄帝明堂图及其意义，与十二纪纪首以前及十二纪纪首之所谓明堂，皆两不相涉。且亦与《淮南子·本经训》上的明堂构造，互不相干，这是方士一支所胡乱凑出来的。但《素问·著至教论》有"黄帝坐明堂"，《事物纪原·礼记·郊祀部·明堂》引"管子曰，黄帝有明堂之议"，是方士将黄帝与明堂傅会在一起，相当的流行，我推测这是邹衍学派中某一支派所繁衍出来的。《大戴记·盛德》第六十六中所说的"故明堂，天法也"，这是十二纪纪首的明堂思想的发展。而《明堂》第六十七，则系西汉初年各种明堂说法的初步综合，我怀疑这是戴德本人的杰作。所以开始说："明堂者古有之也。"接着是："凡九室。一室而有四户，八牖；三十六户，七十二牖；以茅盖屋，上圆下方。明堂者，所以明诸侯尊卑。外水曰辟雍……堂高三尺……九室十二堂……其宫方三百步。在

---

① 可能取《易·坤卦》卦辞"西南得朋"之义。

近郊，近郊三十里。或以为明堂者文王之庙也。"在此一初步综合中，还保存有历史性的与理想性的近于模糊的分界线。戴德在这种地方，亦稍露出两者间有某种程度的矛盾之感。

历史上的明堂，早因代远年湮而不易把握。从十二纪纪首起，已经把它变成理想性的东西，大家便可按照自己的理想随意加以构想。但因《礼记·月令》的影响一天天增大，对明堂的观念，便渐渐统一到十二纪纪首的观念方面。而汉代学术基本性格之一，常将许多各有分域的事物，组成一个大杂拌的系统。明堂在《大戴记·明堂》第六十七虽然有了初步的综合，但仍嫌简略而不圆融。到了蔡邕的《明堂论》而完成了以儒家及十二纪纪首为主干的大系统。《明堂论》：

明堂者，天子太庙，所以宗祀其祖，以配上帝者也。夏后氏曰世室，殷人曰重屋，周人曰明堂。东曰青阳，南曰明堂，西曰总章，北曰玄堂，中央曰太室……虽有五名，而主以明堂也。其正中皆曰太庙，谨承天顺时之令，昭令德宗祀之礼，明前功百辟之劳，起尊老敬长之义，显教幼诲稚之学，朝诸侯，选造士于其中，以明制度。生者乘其能而至，死者论其功而祭。故为大教之宫，而四学具焉，官司备焉。譬如北辰，居其所而众星拱之，万象翼之，政教之所由生，变化之所由来，明一统也。故言明堂，事之大，义之深也。取其宗祀之貌，则曰清庙；取其正室之貌，则曰太庙；取其尊崇，则曰太室；取其乡明，则曰明堂；取其四门之学，则曰太学；取其四面之周，水圆如璧，则曰辟雍。异名而同事，其实一也……①

蔡邕不仅把历史的明堂及十二纪纪首的明堂，糅合在一起；并且把从秦及汉初所提倡，至汉武而初步实现的太学乃至小学等，都糅合在一起，成为理想性的政教总机构；明堂至此而始完成至高无上的地位，给后世以很大的向往。而其实，这只是蔡邕由综合所构造的明堂。明堂的理想性愈高，他所含的历史因素便愈小。我现在把有关明堂的来龙去脉，在这里摆清楚了，则后儒要一一在历史中证明其存在，其聚讼纷纭，而不能折衷于一是，乃必然之事，因此也可以了解这是根本不必争论的问题。王国维氏，不知在历史的具体情况中，求其发展演变之迹，而仅以室堂等字的文字训诂为基点，由此而把明堂推定为古代宫室堂庙的统一建筑形式，因而下一结论谓明堂"为古代宫室通制"；此既不合于历史性的明堂，亦不合于理想性的明堂，而只成为王氏一人之臆说而已。

---

① 《全后汉文》卷八十《蔡邕》。

六、十二纪纪首中的政令与思想的分配

阴阳之气的性格及作用，这是通过人对四时气候所得的感受，及四时对万物生存所发生的作用而加以把握的。在今日看，实际是把四时的气候套向假设的阴阳身上去；但在当时，则以为这是由阴阳的真实存在，发而为四时的气候及其作用。理想的政治，是要与元"同气"，即是要与阴阳同气，与阴阳展现而为四时同气；于是政治的设施，便分为四大类，按各类的性质，分别分配到与此性质相同的四时中的各时乃至各月中去。这种分配，有的是合理的，有的是牵强附会的。柳宗元已提出了这种看法，他说：

> 观月令^①之说，苟以合五事，配五行，而施其政令，离圣人之道，不亦远乎。凡政令之作，有俟时而行之者，有不俟时而行之者。是故孟春修封疆，端径术，相土宜，无聚大众；季春利堤防，达沟渎，止田猎，备蚕器，合牛马，百工无悖于时。孟夏无起土功，无发大众，劝勉农人。仲夏班马政，聚百药。季夏行水杀草，粪田畴，美土疆土功，兵事不作。孟秋纳材苇（按此一句乃季夏非孟秋），仲秋劝人种麦，季秋休百工，人皆

----

① 按实即《吕氏春秋》十二纪纪首。

入室，具衣裘……孟冬筑城郭，穿窦窖……斯固俟时而行之，所谓敬授人时者也。其余郊庙百祀，亦古之遗典，不可以废。诚使古之为政者，非春无以布德和令，行庆施惠，养幼少，省囹圄，赐贫穷，礼贤者。非夏无以赞杰俊，遂贤良，举长大，行爵出禄，断薄刑，决小罪，节嗜欲，静百官。非秋无以选士励兵，任有功，诛暴慢，明好恶，修法制……非冬无以赏死事，恤孤寡，举阿党，易关市，来商旅，审门闾，正贵戚近习，罢官之无事者，去器之无用者，则其阙政亦以繁矣。斯固不俟时而行之者也。[1]

柳宗元的话，说得有点粗疏；例如把十二纪中的五行与阴阳混同起来，这是以后来的观念，代替十二纪纪首的观念。而"审门闾"，有检查修补之意，一般当然在冬季行之。但若不承认吕氏门客的"与元同气"的哲学，则柳宗元的话，是可以成立的。"俟时而行之者"，多半由农业社会的长期经验而来，更进一步使其规律化，这是《夏小正》的发展。"斯不俟时而行之"的部分，若不把它分别安排进四时十二月中间去，则这类的政令、行为，失掉了与天的关连，因而失掉了作为政令、行为得以成立的根据；在他们看来，不仅减轻了它们的意义，而且破坏了帝王与天的

---

[1] 《柳河东集》卷三《时令论上》。

圆满关系，破坏了"法天"的政治最高原则。

政令、行为，皆顺应阴阳四时五行之气的性格来操作，则帝王与天，政治的规律与天的规律，皆贯通而合一，当然是吉祥而有价值的。相反的，若有"春行秋令"这一类的情形，则是以人逆天，以政治逆天道；其发生由错杂之气而来的灾异，这站在他们的逻辑上讲，也是事有必至、理有固然的。《孟春纪》："孟春行夏令，则风雨不时，草木早槁，国乃有恐。"韦注："春，木也。夏，火也。木德用事，法当宽仁；而行火令，火性炎上，故使草木槁落……"即其一例。灾异之说，起源甚早。至此而把过去对灾异的零星解释，重新安放在"与元同气"的反面的基础之上，而赋予以一个可以推论，甚至可以预知的新的解说系统。

《周书》卷六《周月》第五十一："万物春生夏长，秋收冬藏，天地之正，四时之极，不易之道。"生、长、收、藏，是由阴阳展现而为四时的性格、作用。吕不韦的门客们，除了顺着上述性格、作用，以安排各种生活与政令外，更把与生活、政治有关的思想，作一大综合，也按照生、长、收、藏的四种性格、作用，分别安排到四时十二月中间去，每月安排四篇，以表示各种思想，也是顺应着阴阳之气的。但他们所建立的形式太整齐了，也太机械了，这便使他们不能不遇到更大的困难，即过于牵强和过于重复的困难，但我们不应抹煞他们这番苦心。

春的作用是生，春季言思想的十二篇，皆在政治、社会、人生上发挥生或由生所引申之义。夏的作用是长，夏季言思想的十二篇，皆在政治、社会、人生上发挥长或由长所引申之义。秋的作用是收，秋季言思想的十二篇，皆在政治、社会、人生上发挥收或由收所引申之义。冬的作用是藏，冬季言思想的十二篇，皆在政治、社会、人生上发挥藏或由藏所引申之义。

《孟春纪》纪首的第一篇是《本生》，言政治以养育人民之生命为本。所以一开始便说："始生之者天也，养成之者人也。能养天之所生而勿撄之，谓之天子。天子之动也，以全（注：犹顺也）天为故（注：故事也）者也。此官之所自立也，立官者以全生也。今世之惑主，多官而反以害生，则失所为立之矣。"人主不能独治，必设官以为治。现实上，人君与人民总是处于对立的地位，于是设官，只是为了榨压人民。吕氏门客们，特在这里来一个大回转。

《本生》篇接着便谈养个人之生的问题。养个人之生，在《吕氏春秋》全书中，占有很重的分量，其故有三。一是道家思想，在战国末期，特别向养生方面发展；方士长生之说，是由此傅会出来的。所以《吕氏春秋》之重视养生，可以说是反映当时道家思想的倾向。二是《吕氏春秋》上所说的养生，主要指的是人君；而养生的内容，以节欲为主。人君能节欲，即可少取于人民，让人民能自养其生。

三是认为养生可以"全其天"，①能全其天，则一人之身，即是一个小天地，可以与天地相通；且和天地一样，能发生莫大的感应效果。这也是战国末期由道家所发展出来的一种近于神秘的思想。《吕氏春秋》全书，发挥此一思想的很多。《本生》篇：

> 万物章章，以害一生（纵欲），生无不伤。以便一生，生无不长。故圣人之制万物也，以全其天也。天全则神和矣，目明矣，耳聪矣，鼻臭矣，口敏矣，三百六十节皆通利矣。若此人者，不言而信，不谋而当，不虑而得。精通乎天地，神覆乎宇宙。其于物，无不受也，无不裹也，若天地然。上为天子而不骄，下为匹夫而不惛，此之谓全德之人。

接着《本生》篇的便是《重己》，即是尊重自己的生命，而尊重自己生命之要点在于节欲。所以说"凡生之长也，顺之也，使生不顺者欲也。故圣人必先适欲（高注：适犹节也）"。

接着《重己》篇的是《贵公》，这代表了《吕氏春秋》的基本政治思想，也直接提出了政治的最基本问题。公与

---

① 此处与性同义。性受于天，故亦称之为天，高注《本生训》释天为身，谓"天，身也"。但《淮南·原道训》高注"天，性也。一说曰，天，身也"。应以训性为是。

私相对，贵公是说明统治者应以人民的共同意见、利益为贵；必如此，乃能全人民之生。他说：

> 昔先圣王之治天下也，必先公，公则天下平矣，平得于公。尝试观于上志，有得天下者众矣。其有得之必以公，其失之必以偏。凡主之立也生于公……天下非一人之天下也，天下之天下也。阴阳之和，不长一类。甘露时雨，不私一物。万民之主，不阿一人……故智而用私，不若愚而用公。日醉而饰服，私利而立公，贪戾而求王，舜弗能为。

贵公则必去私，故继之以《去私》。他所说的私，是指"传子"而言。所以说："尧有十子，不与其子而授舜。舜有九子，不与其子而授禹，至公也。"最后说："庖人调和而弗敢食，故可以为庖……王伯之君亦然，诛暴而不私，以封天下之贤者，故可以为王伯。"吕氏的门客，及当时儒生，于秦统一天下之后，主张封建，其用意乃在不以天下私之于天子一人，后人多不明了他们的用心。

把一套政治理论安排在"春生"的"生"的观念之下，以为这样便会与春之气相应，自然会流于牵强。并且春有孟春、仲春、季春，孟、仲、季，各须安排四篇性质相同的东西，更不能不重复。所以《仲春纪》的四篇是《贵生》、《情欲》、《当染》、《功名》。《贵生》、《情欲》，是孟春《重己》的重述与发挥。《当染》的主要内容是："凡为君，非为君而因荣也，非为君而因安也，以为行理也。行理生于当染。故古之善为君者，劳于论人，而佚于官事，得其经也。"当染是指人君用得其人，能得到好的薰染。所以这篇实际讲的是人君应为官择人，可以说这是《贵生》"立官者以全生也"的意义的发挥。《功名》在说明严刑重罚，不能使天下归心。但能示民以仁义，而豪杰人民自至。他说："欲为天子，民之所走，不可不察。今之世，至寒矣，至热矣，而民无走者，取则行钧也。欲为天子，所以示民，不可不异也。"这是切指秦的现状以立言，但一定归之于仲春之纪，便有些勉强。《季春纪》的《尽数》《先己》，是《重己》《贵己》的重述与发挥；《论人》《圆道》，乃《当染》的发挥，各有精义要言；但已不如《孟春纪》的四篇，与"生"的观念关连得密切。

夏、秋、冬各纪的政治思想的安排，其用心与春季相同，而其牵强更甚。"夏长"是万物在夏季因阳气正盛而得到发育成长的意思。吕氏的门客们，认为人的发育成长，系来自学问，而从艺术上使人的精神得以舒展的莫如音乐。所以便在《孟夏纪·纪首》后第一篇是《劝学》。《劝学》说：

> 忠孝，人君、人亲之所甚欲也；显荣，人子、人臣之所甚愿也。然而人君、人亲不得其所欲；人子、人

臣不得其所愿，此生于不知理义。不知理义，生于不学……是故古之圣王，未有不尊师者也，尊师则不论其贵贱贫富矣。……圣人生于疾学……疾学在于尊师。

次篇为《尊师》，引用了许多圣人尊师的故事，以发挥尊师的意义。这可能受了荀子学说的影响，并开汉儒重师法的先河。他说：

君子之学也，说义必称师以论道……说义不称师，命之曰叛。背叛之人，贤主弗纳之于朝，君子不与交友。故教也者，义之大者也。学也者，知之盛者也。义之大者莫大于利人，利人莫大于教。知之盛者莫大于成身，成身莫大于学……天子入太学祭先圣，则齿尝为师者弗臣，所以见敬学与尊师也。

次于《尊师》者为《诬徒》，言教学之方法，在于因人情以施教，并要求"师徒同体"，而不可诬诳弟子。他说：

达师之教也，使弟子安焉、乐焉、休焉、游焉、肃焉、严焉……此六者不得于学，则君不能令于臣，父不能令于子，师不能令于徒……为之而乐者，奚待贤者，虽不肖者犹若劝之。为之而苦矣，奚待不肖者，虽贤者犹不能久。反诸人情，则得所以劝学矣。

不能教者志气不和，取舍数变……失之在己，不肯自非。愎过自用，不可证移……此师徒相与异心也。人之情，恶异于己者，此师徒相与造怨尤也。人之情，不能亲其所怨，不能誉其所恶。学业之败也，道术之废也，从此生矣。善教者则不然，视徒如己，反己以教……所加于人，必可行于己。若此，则师徒同体。人之情，爱同于己者，誉同于己者，助同于己者。学业之章明也，道术之大行也，从此生矣。

再次，则为《用众》。这是说学者为学之方，在于能用众多之长，以补一己之短。他说：

善学者若齐王之食鸡也，必食其跖数千而后足……物固莫不有长，莫不有短，人亦然。故善学者假人之长以补其短，故假人者遂有天下。

天下无粹白之狐，而有粹白之裘，取之众白也。夫取于众，此三皇五帝之所以立大功名也。凡君之所以立，出乎众也。立已定而舍其众，是得其末而失其本……夫以众者，此君人之大宝也。

《仲夏纪》、《季夏纪》共八篇，皆言音乐之功效、历史，及其度数。虽其中杂有少数神秘思想，然古代音乐艺术之有关资料，以《吕氏春秋》所保存者最为完备，应另为专论。此处我们仅了解他们以音乐与仲夏、季夏相配之用心为已足。

秋收，是万物到了秋天皆因成熟而可以收获。秋是"盛德在金"，金主杀戮，所以《孟秋纪》说"始用刑戮"，《仲秋纪》说"杀气浸盛，阳气日衰"。分配在秋季的思想，皆应与此种秋气相应。所以《孟秋纪》的《荡兵》、《振乱》、《禁塞》、《怀宠》四篇，皆言用兵之道，而归结于用兵所以救民，救民之兵称为义兵。《怀宠》篇说：

> 先发声出号曰，兵之来也，以救民之死。子（注：谓所伐国之君）……上不顺天，下不惠民，征敛无期，求索无厌，罪杀不辜，庆赏不当。若此者，天之所诛也，人之所雠也，不当为君。今兵之来也，将以诛不当为君者也。以除民之雠而顺天之道也……故克其国，不及其民，独诛所诛而已矣。

《仲秋纪·论威》，论用兵以威重而胜，而威之立由乎义。《简选》论用兵须"简选精良"，《决胜》论决胜之道在于能"益民之气"，"有气则实，实则勇；无气则虚，虚则怯"。《爱士》言必平时爱士，战时乃能得士之用。此四篇依然是说的军事思想。

《季秋纪》阴气已盛，"乃趣狱刑，无留有罪"，以与季秋之阴气相应。《顺民》乃言不可以刑戮强迫人民，而先"取民之所悦"以"顺民心"为本。《知士》、《审己》、《精通》三篇，皆未直接言及刑罚。我的推测，秦自商鞅以来，以刑罚为治，《吕氏春秋》一书，欲以扭转秦的政治方向为职志，故特略刑罚而不言，特于《精通》篇言精诚感通之道，使君臣上下，如"骨肉之亲"，因而"痛疾相救，忧患相感，生则相欢，死则相哀"；如此，则刑罚亦可措而不用。

冬藏，因冬季是"盛德在水"，"天气上腾，地气下降，天地不通，闭而成冬"，万物此时都把自己的生命凝结隐藏起来。人死则藏于葬，葬之为言藏也；所以《孟冬纪》的《节葬》、《安死》、《异宝》、《异用》四篇，皆言丧葬之事，特伸张《墨子》薄葬的主张。但《仲冬纪》的《至忠》、《忠廉》二篇，所以辨忠臣之分。《当务》一篇，所以辨事理于疑似之间。《长见》一篇，乃言政治上之远见。此皆与冬季无密切关连。《季冬纪》的《士节》、《介立》、《诚廉》、《不侵》四篇，乃所以励士节、明士志，东汉的名节，皆可在这些地方得到一些线索。冬季气象严肃坚定，或即以此为士节士气之象征，所以便安排了这四篇文字。

将各种思想，分配于十二纪之下，以使思想与十二纪之气相适应，本来是说不通的，所以愈到后来，愈见牵强。到了西汉初年，几种典籍采用十二纪时，都摆脱了此一格套。但在吕氏门客的心目中，可能认为与四时之气结合在一起的思想，才能使这些思想更有生命，更有力量。

七、《吕氏春秋》中的天人思想

《吕氏春秋》一书，我已经指出过，内容包罗宏富，可从各种角度加以研究。这里仅提出两点，就全书作一简略的综述。一为天人性命的问题；二为他们所总结的先秦的政治原则的问题。

他们肯定人是由天所生，[①] 这是来自久远的传统观念。他们更具体地说"凡人物者阴阳之化也。阴阳者造乎天而成者也"，[②] 这却是战国末期所出现的新观念。此一新观念为汉代所继承，并由董仲舒在《春秋繁露》中特别加以推演。由人为天所生，更发展出两个重要观念：一为对生命的尊重，二为由养生而可以与天地相通。

《吕氏春秋》所用的"性"字，实与生命之生，同一意义。大概他们因生命由天而来，故亦称生为性，有时亦可称之为天。卷一《本生》："人之性寿，物者抇（汩）之，故不得寿。物也者所以养性也，非所以性养也。"《重己》："五者（按指饮食声色等）圣王之所以养性也。"皆说明生与性为一义。所以卷二十《知分》便明说："生，性也。

---

① 《吕氏春秋》卷一《始生》："始生之者天也。"卷五《大乐》："始生人者天也。"

② 《吕氏春秋》卷二十《知分》。

死，命也。"天所生出的生命的内容，当然有理性的一面，因而发生生命内的欲望与理性的抵抗。但《吕氏春秋》并未把理性的一面特别凸出，这大概因为他们认为生命既是得之于天，生命的整体即是理性的。由养生而全生，全生即是全天，全天即是理性全般呈现；所以在他们这一思想结构中，天理人欲的抵抗性，比之原始道家及儒家，较为轻微，这也表现出战国末期道家的特色。正因为如此，所以生命中最显现的，是情欲。而他们对情欲，是采取肯定的态度。卷二《情欲》："天生人而使有贪有欲。欲有情，情有节。圣人修节以止欲，故不过行其情也。"高注以"适"释"节"，从《吕氏春秋》相关连的文字看，是很确切的。先秦儒家，多主张以礼来节制欲，即是发挥理性的力量来节制欲。吕氏门客们对情欲既加以肯定，又要加以节制，与儒家相同。但节制的根据，不是直接求之于理性的本身，乃由《老子》"五色令人目盲"之意，直接求之于情欲的本身。他反复发挥物质享受太过，则反使情不适而生命为之剥丧。能节制欲望，反可适于情，而保全天所与人的生命；此之谓"全生"、"全性"、"全天"。《本生》篇说：

> 今有声于此，耳听之必慊（注：快也）己。听之则使人聋，必弗听。有色于此，目视之必慊己。视之则使人盲，必弗视……故圣人之于声色滋味也，利于性，则取之。害于性，则舍之。此全性之道也。世之贵富者，

其于声色滋味也，多惑者，日夜求。幸而得之，则逼
（注：流逸不能自禁也）焉。逼焉，性恶得不伤……万
物章章，以害一生，生无不伤；以便一生，生无不长。
故圣人之制万物也，以全其天也。

上面这类的话，全书许多地方皆有发挥。它是以生命的合
理要求为准，合于此要求的，可以完成天所给与于人的
生命，否则会促短其生命；其真实用意，与今日的生理卫
生学是一样的；这对当时希望能得到长生不老的统治者而
言，应当是比较容易接受的。但吕氏的门客们，更由此而
伸到神秘的境界。他们既认定人的生命是由天所生，便认
为"人之与天地也同"，[①] 认为"天地万物，一人之身也"。[②]
既能由养生以全其天，则人即可与天地相通，而与天地同
其功用。《本生》篇继续说：

天全则神和矣，目明矣，耳聪矣，鼻臭矣，口敏
矣，三百六十节皆通利矣。若此人者，不言而信，不谋
而当，不虑而得。精通乎天地，神覆乎宇宙。其于物，
无不受也，无不裹也，若天地然。上为天子而不骄，下
为匹夫而不惛（注：惛读忧闷之闷），此谓全德之人。

---

① 《吕氏春秋》卷二《情欲》。
② 《吕氏春秋》卷十三《有始览》。

儒家由人性中理性的扩充而得到与天地相通的精神境界；原始道家，由"致虚极，守静笃"的工夫，以扩充生命中的虚静之德，而得到与天地相通的精神境界。《吕氏春秋》则以养生而得到与天地相通的精神境界。但依然与原始道家的《老子》思想，有一条可以相通的线索。《老子》二十一章，在对道形容中有谓"窈兮冥兮，其中有精，其精甚真"的话。经验界的万物，对道而言，是粗。创造万物的道，老子则拟之为精。此处可借用《庄子·秋水》篇的话作解释。《秋水》篇说："夫精者小之微也。"这意思是说，所谓精，是指比一般之所谓小还要微细的东西，这是勉强对道所作的形容。又说："可以言论者物之粗也，可以意致者物之精也。"这是说人对精的把握的方法。老子将道称为精，将道的作用称为神；庄子继承此一思想，而合称之为精神。但庄子称道为精神，对于人的心亦称之为精神，以见人之心与道是一体相通而无阻隔。[①]"精"的观念，至战国末期而大为流行；虽然各家使用精字神字时，不一定有庄子上指道而下指心的严格意义；但承认在人生命之中也有一种可称为"精"的东西，可以与天地之精相通感，也可以与天下之人相通感，则几乎成为共同的趋向。此一趋向在《吕氏春秋》上得到了发扬，与汉代，尤其是与《淮南子》中的道家及董仲舒以很大的影响。兹略举于下：

---

① 请参阅拙著《中国人性论史·先秦篇》第十二章第四节。

一、圣人察阴阳之宜，辨万物之利，以便生；故精神安乎形，而年寿得长矣。（卷三《尽数》）

二、大喜、大怒、大忧、大恐、大哀，五者接神，则生害矣。大寒、大热、大燥、大湿、大风、大霖、大雾，七者动精，则生害矣。故凡养生，莫若知本……精气之集也，必有入也。集于羽鸟，与为飞扬……集于圣人，与为夐明……流水不腐，户枢不蝼（蠹），动也。形气亦然，形不动则精不流，精不流则气郁。（同上）

三、凡事之本，必先治身。啬其大宝，用其新，弃其陈，腠理遂通。精气日新，邪气尽去，及其天年……昔者先圣王成其身而天下成，治其身而天下治……为天下者不于天下，于身。（卷三《先己》）

四、主道约，君守近。太上反诸己……何谓反诸己也？适耳目，节嗜欲，释智谋，去巧故，而游意乎无穷之次，事心乎自然之途，若此，则无以害其天矣。无以害其天，则知精，知精则知神，知神之谓得一……故知知一，则若天地然。则何事之不胜，何物之不应。（卷三《论人》）

五、何以知天道之圜也？精气一上一下，圜周复杂，无所稽留，故曰天道圜。（卷三《圜道》）

六、日夜思之，事心任精。（卷七《禁塞》）

七、圣人南面而立，以爱利民为心。号令未出，而天下皆延颈举踵矣，则精通乎民也。夫贼害于人，人亦然……神者先告也。身在乎秦，所亲爱在于齐，死而志气不安，精或往来也。德也者万民之宰也……圣人行德乎己，而四荒咸饬乎仁。养由基射兕，中石，石乃饮羽，诚乎兕也。伯乐学相马，所见无非马者，诚乎马也……故君子诚乎此，而谕乎彼；感乎己而发乎人，岂必强说乎哉……神出于忠，而应乎心，两精相得，岂待言哉。（卷九《精通》）

八、故日天无形而万物以成，至精无象而万物以化。（卷十七《君守》）

九、圣王……养其神，修其德而化矣，岂必劳形愁（虑）弊耳目哉……神合乎太一……精通乎鬼神。深微玄妙，而莫见其形。今日南面，百邪自正，而天下皆反其情。黔首毕乐其志，安育其性，而莫为不成。故善为君者矜服性命之情，而百官已治矣。（卷十七《勿躬》）

十、凡君也者处乎静，任德化，以听其要。若此，则形性弥赢，而耳目愈精。百官慎职，而莫敢愉绽。（同上）

十一、故诚有诚，乃合于情。精有精，乃通于天。乃通于天水（五字衍文），木石之性，皆可动也，又况于有血气者乎。故凡说与治之务，莫若诚。（卷十八《具备》）

十二、故曰精而熟之，鬼将告之。非鬼告也，精而熟之也。（卷二十四《博志》）

十三、夫骥骜之气，鸿鹄之志，有谕乎人心者，诚也。人亦然，诚有之，则神应乎人矣，言岂足以谕之哉。（卷二十六《士容》）

上面所引材料中的精字、神字，虽含义不能如《老子》、《庄子》中的确定；但就（五）及（八）说，天道之所以为圜，是因精气之一上一下，是天有此精。天之精虽不可见，但万物实因此精的活动而生育成长。就其余各项来看，是人生命之内，亦有此精此神，或合称为精神。就（一）的"精神安乎形"的话来看，是精神亦可不安于人之形体。此生命内之精或神，高注有时以魂魄释之，但就全书看不必如此。似乎可以这样说，天分化自己之精气于各生命之内，以成为各生命之精之神。此精神必由节省嗜欲，并讲求运动等各种养生之道，乃在生命中得以保全而发生作用。此观于（一）（二）（三）（四）（十）等项而可见。以养生的工夫使"形性弥赢"而让精能保存于生命之中，发生作用，此谓"矜服性命之情"（九）。凡《吕氏春秋》中之所谓性命，皆指此种意义而言。精为天所赋予，而为人所得。由养生而保全天所赋予于生命中之精，此即《吕氏春秋》中之所谓"全其生"、"全其天"、"全其德"。其第一效应为人可完成天所赋予之寿命而"年寿得长"。第二效应则生命中之精，本是来自天之精；故此时之生命"若天地然"，而可与天相感通（十一）。既可与天地相感通，则在政治上亦将若天之"无形而万物以成"、"万物以化"。此观于（三）（四）（八）（九）（十）各项而可见。精为万物所同具，故一人之精，即可通于万物。既可通于万物，则可收不言而万物自化之效，此观于（七）（九）（十一）（十三）而可见。在上引材料中，又强调"诚"的观念。它所说的诚，指的是真实爱利人民的精神状态，因诚故精，故后来常将"精诚"连为一词，此乃在养生以外能达到精的一种积极工夫。补出此一积极工夫，《吕氏春秋》这一方面的思想，始有一部分的客观的意义。司马谈《论六家要旨》称述道家"凡人所生者神也，所托者形也……不先定其神，而曰我有以治天下，何由哉"一段话的思想，实由《吕氏春秋》而来。以养生致精而可与天地及天下相通感，这是由战国末期道家发展老子重生贵己的这一部分思想而来。但老子这一部分思想，绝没有进入到这种神秘主义中去。《庄子》的《外篇》、《杂篇》中，虽多敷衍养生之说，但亦未尝由养生以言天人一体。老子的"体道"，亦即是天人一体，必由"致虚极，守静笃"这类的工夫而来。庄子则更将此工夫落实于人的心上而称为"心斋"。所以由《吕氏春秋》所代表的道家思想，乃战国末期与阴阳家相混合以后，一方面是庸俗化，另一方面是神秘化的道家思想。与老庄的原始道家思想，有很大的距离。由养生致精以与天地通应的思想，在当时旁通于神仙方士，在以后发展为道教的炼气炼丹。但这里所提出的诚的观念，却接受了儒家《中庸》、《易传》中的观念；但亦为老庄所应有之义。所以《吕氏春秋》这一方面的思想，以战国末期的道家思想为主，而融合了一小部分儒家的思想。

不论由养生，或由诚，以达到与天地相感通，都是出于人在主观上的努力；也可便宜地称为"自觉的天人通感"。但自战国中期以来，发展出并非出于自觉的天人通感，即是"以类相感"的观念，为《吕氏春秋》所演绎，给两汉思想以莫大的影响。

《易系传》："同声相应，同气相求。"这即是以类相感的观念。《荀子·不苟》篇谓："君子絜其辩（身）而同焉者合矣。善其言，而类焉者应矣。故马鸣而马应之……"因荀子主张天人分途，所以此处不指天人相感而言；但其肯定"同类相感"的原则，并无二致。《吕氏春秋》既强调天人相感相应，又强调灾变与政治是否合乎月令的关系，自必更强调同类相感的观念。卷十三《应同》篇："类固相召。气同则合，声比则应。鼓宫而宫动，鼓角而角动……无不皆类其所生以示人。故以龙致雨，以形逐影。师之所处，必生棘楚。祸福之所自来，众人以为命，安知其所……物之从同，不可为记。"这段话，在卷二十《召类》篇又叙述了一次。全书这类的话很多。《吕氏春秋》应用这种观念，也和《荀子》一样，重在行为所招致的效果。所以《应同》篇继上文之后，接着说："君同则来，异则去。故君虽尊，以白为黑，臣不能听。父虽亲，以黑为白，则子不能从。"但又引"《商箴》云天降灾布祥，并有其职。以言祸福人或召之也"，即是说人以某类的行为，召致天降某类的灾祸，则以类相感的观念，既应用于君主臣民之间，亦用于天人之际。而两汉的灾异思想，主要以同类相感，作解释的根据。这对人自身而言，可以说是不自觉的天人通感。

八、《吕氏春秋》政治思想之一端

《吕氏春秋》的内容，虽包罗宏富，然究以政治问题为主。秦自孝公用商鞅变法以来，以法家的精神法度立国，并且这也是战国中期以后的一般倾向；不过其他六国，没有像秦国行之力而持之久。法家政治，是以臣民为人君的工具，以富强为人君的唯一目标，而以刑罚为达到上述两点的唯一手段的政治。这是经过长期精密构造出来的古典的极权政治。任何极权政治的初期，都有很高的行政效率；但违反人道精神，不能作立国的长治久安之计。秦所以能吞并六国，但又二世而亡，皆可于此求得解答。

吕氏的门客们，在消极方面，便是要扭转这一趋向，改建秦国即将统一天下的政治结构。此一努力，贯彻于全书之中，下面简录若干材料以为例证：

一、强令之笑不乐，强令之哭不悲。强令之为道也，可以成小，而不可以成大……以狸致鼠，以冰致蝇，虽工不能。以茹鱼去蝇，蝇愈至，不可禁，以致之道去之也。桀纣以去之道致之也，罚虽重，刑虽严，何益？……今之世，至寒矣，至热矣，而民无走者，取则行钧也（注：钧，等也。等于暴乱也）。欲为天子，所以示民，不可不异也。（卷二《功名》）

二、当今之世，巧谋并行，诈术递用，攻战不休，亡国辱主愈众，所事者末也。（卷三《先己》）

三、此十圣人六贤者，未有不尊师者也。今尊不至于帝，智不至于圣，而欲无尊师，奚由至哉。（卷四《尊师》）

四、今世之以偃兵疾说者，终身用兵而不自知悖。故说虽强，谈虽辩，文学虽博，犹不见听。（卷七《荡兵》）

五、今天下弥衰，圣王之道废绝。世主多盛其欢乐，大其钟鼓，侈其台榭苑囿，以夺人财。轻用民死，以行其忿……攻无罪之国以索地，诛不辜之民以求利，而欲宗庙之安也，社稷之不危也，不亦难乎？（卷十三《听言》）

六、为天下及国，莫如以德，莫如行义。以德以义，不赏而民劝，不罚而邪止……岂必以严罚厚赏哉。严罚厚赏，此衰世之政也。（卷十九《上德》）

七、故择先王之成法，而法其所以为法。先王之所以为法者何也，先王之所以为法者人也。而己亦人也，故察己则可以知人。（卷十五《察今》）

故治国无法则乱，守法而弗变则悖，悖乱不可以持国。世易时移，变法宜矣。（同上）

八、法也者众之所同也，贤不肖之所以其（疑当作齐）力也。谋出乎不可用，事出乎不可同，此为先王之所舍也。（卷二十五《处方》）

上引材料中，（一）（六）很明显地反对法家政治。再加以全书援引各家学说，广博丰富，独无一言援引当时盛行的法家之言，其用心可以概见。但他们反对法家，并不是反对法，更不是反对变法，而是反对法家的法，完全以统治者的权威、目的为基础，片面地加在人民身上的法。他们要把法的基础，安放在人民与统治者一律平等的"人"的基础之上。统治者自己的生活可以接受的法，乃可加之于人民。法家由法所规定的人民生活状态，与统治者自身的生活状态，完全属于两个本质不同的范畴，这就是（八）所说的"事出乎不可同"，所以他们便加以反对。法家反对文化学术，自然无所谓"师"。（三）要求统治者尊师，并且全书在许多地方尊重学术，这也可以说是对法家的抗辩。古代的由君师合一，到孔子以平民立教，而战国百家各尊其师，吕氏的门客更要求人君能尊师，把师的地位安放在君臣关系之外，以达到君师分立，这是一个了不起的大进步。（二）（四）是针对纵横之士说的。（五）是针对统治者的侈靡风气说的。全书所反复叮咛，由节欲以养生的议论，只要想到秦政后来骄奢淫侈的情形，便可承认它的客观意义。

《吕氏春秋》在政治问题上的积极主张，除了前面已经提到的"与元同气"这一类特别观念外，在政治的基本原则上，是尽量发挥"天下为公"的主张。

一、昔圣王之治天下也必先公。公则天下平矣……凡主之立也生于公……天下者非一人之天下也，天下之天下也。故智而用私，不若愚而用公。（卷一《贵公》）

二、尧有子十人，不与其子而授舜。舜有九子，不与其子而授禹，至公也。庖人调和而弗敢食，故可以为庖……王伯之君亦然。诛暴而不私，以封天下之贤者，故可以为王伯。若使王伯之君，诛暴而私之，则亦不可以为王伯矣。（卷二《去私》）

二、尧舜，贤主也，皆以贤者为后，不肯与其子孙，犹若立官以使之方。今世之人主，皆欲世勿失矣，

而与其子孙，立官不能使之方，以私欲乱之也。（卷三《圜道》）

四、凡君之所以立，出乎众也。立已定而舍（捨）其众，是得其末而失其本。得其末而失其本，不闻安居。（卷四《用众》）

五、故克其国，不及（罪）其民，独诛所诛而已矣，举其秀士而封侯之。（卷七《怀宠》）

六、众封建，非以私贤也，所以便势全威，所以（博利）博义。义博利（博），则无敌。（卷十七《慎势》）

七、古之君民者，仁义以治之，爱利以安之，忠信以导之，务除其灾，思致其福。（卷十九《适威》）

八、凡人之性，爪牙不足以自守卫……然犹足以裁万物，制禽兽……不唯先有其备，而以群聚邪（也）？群之可聚也，相与利之也。利之出于群也，君道立也……故废其非君，而立其行君道者。君道何如？利而物（勿）利章（俞樾：章字衍文）。……为一国长虑，莫如置君也。置君，非以阿君也。置天子，非以阿天子也。置官长，非以阿官长也。德衰世乱，然后天子利天下，国君利国，官长利官。此国所以递兴递废也，乱难之所以时作也。（卷二十《恃君览》）

九、安虽长久，而以私其子孙，弗行也。……辛宽见鲁缪公曰：臣而今而后，始知吾先君周公之不若太公望之封之知……吾君周公封于鲁，无山林溪谷之险，诸侯四面以达，是故地日削，子孙弥杀。辛宽出，南宫括入见……对曰……夫贤者岂欲其子孙之阻山林之险，以长为无道哉。小人哉宽也。（卷二十《长利》）

由上面简录的材料，吕氏的门客，把儒、墨、道三家所蕴含的天下为公的思想，作了强烈的表现。把夏禹以来传子的传统，也敢于加以推翻。《说苑》十四《至公》："秦始皇帝既吞天下，乃召群臣面议曰，古者五帝禅贤，三王世继，孰是？将行之……鲍白令之对曰，天下官，则让贤是也。天下家，则世继是也，故五帝以天下为官，三王以天下为家。秦始皇帝仰天而叹曰，吾德出于五帝，吾将官天下。谁可使代我后者……"此虽系秦政一时矫情之言，要不可谓其非受有《吕氏春秋》的巨大影响。汉群臣请汉文帝立太子，而文帝却虚伪地谦逊一番，也是受了此一巨大影响。天下为公的思想，一直为西汉大儒所继承，到东汉后则已归隐没。《吕氏春秋》中有关政治方面所录之嘉言懿德，实集先秦诸家之精英，不可胜数，此处仅揭其根本义。就它全面的政治思想说，却只能算是它的一端。至于全书中特别重视农业生产，可谓补儒家政治思想之所不足。

九、《吕氏春秋》对汉代学术思想的影响

《吕氏春秋》的初稿成于秦政八年，但其补缀之功，直到秦政统一天下之后。卷十《安死》："以耳目所闻见，齐、荆、燕尝亡矣，宋、中山已亡矣，赵、魏、韩皆亡矣，其皆故国矣。"这分明是秦政二十六年以后所写的。由此可知有的吕氏门客的学术活动，可能与秦代同其终始，甚且一直延至汉初。因此，汉初的思想家，对《吕氏春秋》，有直传或再传的关系。它对汉代思想的影响，实在是至深且巨。《淮南子》及《周官》或称《周礼》的所以成立，都是启发自《吕氏春秋》，这将另有专文论及。其思想及于两汉，尤其是西汉人的著作中的，不可胜数。兹仅就十二纪纪首在汉代发生的影响，略加叙述。

《淮南子》成书于景帝末年，吸收了《吕氏春秋》许多材料，并全录十二纪纪首以为《时则训》，而颇有变更。例如十二纪纪首中的五帝五神，淮南王的门客把它编到《天文训》中而成为五星。《天文训》：

> 何谓五星，东方木也，其帝太皞，其佐句芒……南方火也，其帝炎帝，其佐朱明（高注：旧说云祝融）……中央土也，其帝黄帝，其佐后土……西方金也，其帝少皞，其佐蓐收……北方水也，其帝颛顼，其佐玄冥。

既把十二纪纪首中的五帝五神改编到《天文训》中去了，所以在《时则训》中便把它略去。如以孟春之月为例，《时则训》中增加了"招摇指寅"，"其位东方"，"服八风水，爨其燧火。东宫御女青色，衣青采，鼓琴。其兵矛，其畜羊"，"修除祠位，币祷鬼神"，"牺牲用牝"，"正月官司空"等。也有前后位置移易，并改变文字的。其中最重要者，十二纪《孟春纪》在"候雁北"之下，接着便是"天子居青阳左个，乘鸾辂……衣青衣，服青玉……"而《时则训》则在"候雁北"之下，接着是"天子衣青衣……东宫御女青色……其兵矛，其畜羊"，再接着才是"朝于青阳左个，以出春令"。此一改变，意义重大。盖《吕氏春秋》，不以明堂为发号施令之地。天子发号施令，依然是在朝廷之上。而淮南王的门客，则以明堂为发号施令之地。《时则训》在按照十二纪把十二月叙完之后，再加了一段"五位"的叙述，这是在地理上叙述东、南、中、西、北，五方穷极所到之处。配上五帝五佐，中间各加上"其令曰"的五类政治措施。虽然五政也与五个方位有关连，但十二纪是决定于"与元同气"的"气"，《时则训》则加上"与地同位"。再加上一段四季的孟、仲、季的互相配合的"六合"，目的在说明施政不合时令时所引起的灾异。这与先秦之所谓六合，完全另为一物。例如"孟春与孟秋为合"，"正月（孟春）失政，七月（孟秋）凉风不至"等。再加上"天为绳，地为准，春为规，夏为衡，秋为矩，冬为权"的

"六度"，而极力在政治作用上加以夸张，这都是淮南宾客在十二纪之外所增益上去的。但他们在十二纪中也有所删节。小的文字删节改变不计外，其重大者，例如孟春之月：

> 是月也，以立春。先立春三日，太史谒之天子曰，某日立春，盛德在木（此句被移于"其日甲乙"之下），天子乃斋。

《时则训》将上数句删去，而直述"立春之日"；这说明《吕氏春秋》犹承周代官制之遗风，太史有重要的地位。所以下面又说"乃命太史，守典奉法"。此地位至汉初已经失坠，所以淮南的宾客不再提到他。下面的一段，等于完全删掉了。

> 还（迎春于东郊还），乃赏公卿诸侯大夫于朝。命相布德和令，行庆施惠，下及兆民。庆赐遂行，无有不当（此数句缩为"布德施惠，行庆赏，省徭役"）。乃命太史，守典奉法，司天日月星辰之行，宿离不忒，无失经纪，以初为常。是月也，天子乃以元日祈谷于上帝。乃择元辰，天子亲载耒耜，措之参于保介之御间，率三公九卿诸侯大夫，躬耕帝籍田……（此处省五十四字）王布农事，命田舍东郊。皆修封疆，审端径术。善相丘陵阪险原隰，土地所宜，五谷所殖，以教道民，必躬亲

之。田事既饬，先定准直，农乃不惑。是月也，命乐正
入学习舞。

由《时则训》之所增所省，可以得出如下的三点看法：

一、反映政治风气之变。《时则训》中"服八风水"，
这是淮南重神仙服食的反映。"东宫御女……"是汉代后
宫之盛的反映。删去太史的职位，删去祈谷及籍田之礼，
这是《吕氏春秋》继承了周初重视农业的政制及其有关礼
制，而淮南王安及其宾客们却完全没有这些观念。站在
"史的立场"来说，《吕氏春秋》中所保存的古代的"礼"
及"礼意"，在《淮南子》的《时则训》中已被涤荡无余。

二、就《时则训》中所增益的来看，可以了解淮南宾
客，远较吕氏的门客，好怪异之谈，喜夸张之论，并综括
了《管子》中有关的材料，但缺乏条理贯通的合理精神。

三、周初的统治阶级，因文王与周公的提倡，和农民
农业，非常接近；到了贵族政治烂熟以后，这种意义已渐
渐消失。战国时代，法家们从富强的角度，又注重农业与
农民的问题；但在他们，不过是一种工具的意义。吕氏的
门客，由此一趋向而唤起了对周初的记忆，所以在十二纪
中，特详于农事，详于农政，且其序次皆与实际之要求相
合。全书并终于《上农》、《任地》、《辩土》、《审时》四篇。
但淮南宾客们，与人民的距离较远，所以《淮南子》全书
中，言及农事者不多。

但不论怎样，没有十二纪纪首，便没有《时则训》。甚至可以说没有《吕氏春秋》，便没有《淮南子》。这决不是偶然的、突出的事情，而是《吕氏春秋》在西汉初期所发生重大影响的结果。

就个人而论，受十二纪影响最大者当为董仲舒。他继承了十二纪纪首阴阳五行的观念，并作了极烦琐的发展，此观于《春秋繁露》一书而可见。他的尚德去刑，以春夏为天之德，秋冬为天之刑的观念，也由十二纪发展而来。而《春秋繁露·观德》三十三谓"百礼之贵（贵重者），则编于月，月编于时"，这更是指十二纪纪首而言。《五行对》第三十八"天有五行，木火土金水是也。木生火，火生土，土生金，金生水。水为冬，金为秋，土为季夏，火为夏，木为春。春主生，夏主长，季夏主养，秋主收，冬主藏"，皆本于十二纪纪首。《五行之义》第四十二，《四时之别》第五十五等，莫不如此。要了解汉代学术的特性，便不能不了解董仲舒思想的特性及其在两汉中所占的重要地位。而董仲舒思想的特性，可以说全是由十二纪纪首发展出来的。

汉易学最大的特色，为京房的卦气说。《汉书》卷七十五《京房传》："其说长于灾变。分六十四卦，更直日用事，以风雨寒温为候。"孟康曰：

分卦直日之法，一爻主一日，六十四（四字疑衍）

卦为三百六十日。余四卦震离兑坎，为方伯监司之官。所以用震离兑坎者，是二至二分用事之日；又是四时各专王之气，各卦主时，其占法各以其日观其善恶也。

这里不深入讨论卦气问题，而仅指出《易》十翼中有一部分应用到阴阳的观念时，略带有时间的意味，但无明确的划分，且更未应用到五行的观念。十二纪纪首，把阴阳五行之气，表现到十二个月中间去，于是阴阳运行于时间之中，更为具体而明确。由此再进一步地发展，则是把阴阳运行于时间之中，不仅以月为单位，而系以日为单位。六十四卦，抽出震离兑坎四卦各主一时；其余六十卦三百六十爻，各主一日；这样一来，运行于时间之中的阴阳之气，可以日为单位而加以考察按验，就较之十二纪更为具体而细密。由此以言占验，便更可应接人事的纷繁。把阴阳之气，由表现于十二月，进而表现于三百六十日，这是一条直线上的推演，所以卦气说是受了十二纪的影响所发展出来的。

《礼记》四十九篇，凡不以阴阳五行言礼者，多传自战国中期以前，或出自未受阴阳家影响之儒者，尤其是荀子这一系统的儒者。其以阴阳五行言礼者，则多直接间接受有十二纪纪首的影响。凡此皆应重加覆按，以论定其思想之渊源。而将十二纪纪首录入为《月令》，成为四十九篇之一，十二纪纪首的影响，更为扩大。

《经典释文·序录》引晋司空长史陈邵《周礼论序》谓："戴德删古礼二百四篇为八十五篇，谓之《大戴礼》。圣（戴德之弟）删《大戴礼》为四十九篇，是为《小戴礼》。后汉马融、卢植，考诸家同异，附戴圣篇章，去其繁重，及所叙略，而行于世，即今之《礼记》是也。"《隋书·经籍志》因陈说而更加附益，谓："汉河间献王又得仲尼弟子及后学者所记一百三十一篇献之，时亦无传之者。至刘向考校经籍，检得一百三十篇，向因第而序之。而又得《明堂阴阳记》三十三篇，《孔子三朝记》七篇，《王氏史记》二十一篇，《乐记》二十三篇，凡五种，二百十四篇。戴德删其烦重，合而记之为八十五篇，谓之《大戴记》。而戴圣又删大戴之书为四十六篇，谓之《小戴记》。汉末马融遂传小戴之学，融又足《月令》一篇，《明堂位》一篇，《乐记》一篇，合为四十九篇。又郑玄受业于马融，又为之注。"

按陈邵的说法，在可以看到的两汉有关材料中，只有相反的证明，找不出一条正面的证据。陈寿祺《左海经辨》，对此辨之甚为明晰。至《隋志》则将戴德、戴圣与刘向的时间也弄颠倒了，故其说更为无根。谓今《礼记》中的《月令》、《明堂位》、《乐记》三篇，系由东汉马融所补足，尤系不根之论。《隋志》既认《大戴记》所删取，已有《乐记》二十三篇在内，则小戴删大戴书时，即有现成的《乐记》，何待马融补足。孔颖达《义疏》于

《乐记》曰："按《别录》四十九篇。"《后汉书·桥玄传》："七世祖仁，著《礼记章句》四十九篇。"又郑康成注《礼》，皆于篇题下注明"此于《别录》属……"可见刘向《别录》及桥仁所见者皆为四十九篇。而《汉书·王莽传》上记群臣奏请王莽居摄的奏议中，引有"《礼·明堂记》曰……"即今《礼记·明堂位》十四。所以《月令》、《明堂位》、《乐记》三篇，系由马融所补入之说，绝不可信。

《礼记》的情形，大抵是这样的。《汉书·儒林传》"由是《礼》有大戴、小戴、庆氏之学"，立于学官，此皆指传承后苍的《仪礼》而言，与大小《戴记》无涉，这点清人毛奇龄、何义门辈已言之。大小《戴记》之内容，由先秦以及汉初，既非出于一人，亦非出于一时，或单篇别行，或汇编成帙，并递有增损；大约在宣帝之世，经大小戴各承其传习而各编为一书，此后便成定本。《小戴记》，即今之《礼记》，以卷数言之，则为四十九。以篇题言之，则为四十六。盖《曲礼》、《檀弓》、《杂记》，卷分上下，共为六卷，而篇题实三，故钱大昕《廿二史考异》，以《小戴记》"实止四十六"之言，为不可易。大小《戴记》，因各人所传承之材料不同，故内容各别；然大较与礼有关，故其中相同者亦复不少，其说具见于陈寿祺《左海经辨》。不是大小戴分取《汉志》著录之"《记》百三十一篇"以成八十五篇之《大戴记》及四十六篇之《小戴记》，乃刘向合八十五篇及四十六篇而统著录为"《记》百三十一篇"。至《隋志》，《礼记》百三十一篇出于河间献王，及有谓出自叔孙通，皆系妄说。西汉最先引用《礼记》者可能是始于匡衡的时代，[①] 此后则常称《礼记》。在匡衡以前，汉人文字中只称"礼曰"或"《记》曰"，内容绝大多数都是今日的《礼记》。由此可以了解，小戴所传承的系统，自汉初年，已占绝对优势。而"礼记"一辞，经小戴编定后始渐显著，而更为流行。此一问题，尚有许多须详加讨论的，这里只谈到此处为止。

《吕氏春秋》十二纪纪首，在汉初已极有势力。将十二纪改为《月令》，和其他文献编在一起，乃在戴圣以前。《盐铁论·论菑》第五十四的"大夫曰"中，即引有"《月令》，凉风至"的话，即其明证。编《周书》的人，也编为"《月令》第五十三"，可知这是西汉初年思想界的大趋势。不过经小戴将《礼记》编为定本后，《月令》的地位更提高，所发生的影响亦更大。

关于《月令》的另一重大争论问题，郑康成以为"本《吕氏春秋》十二月纪之首章"；而蔡邕、王肃等，则以为周公所作。后世由此而继续争论下来。按孔颖达从官制等

---

① 《汉书·梅福传》以孔子世为殷后议，引匡衡之言，中有"《礼记》曰：孔子曰，丘殷人也"。

方面，列举四证，以坚持郑康成的说法。①我现时再从思想史上把十二纪纪首的思想脉络弄清楚了，所以对于这种争论，没有重加讨论的必要。我这里只指出两点：第一，蔡邕们所以认定《月令》是周公所作，乃出自推崇《月令》太过的心理。第二，十二纪纪首中所称述的许多礼制，本有历史的根源。例如藉田之礼，为周初所固有，特吕氏门客，按照他们的观念，重新加以安排，所以十二纪纪首中的藉礼，与《国语·周语》中所记者又有出入。

《月令》全抄十二纪纪首，其不同者，正如孔颖达所说，"不过三五字别"。而这些三五字别，其义多以十二纪为长。可以说，《淮南子》的《时则训》，是加了他们自己的意见和其他材料到里面；而《礼记·月令》，则是对十二纪纪首作全面承认的。《月令》在两汉的影响，即是《吕氏春秋》十二纪纪首的影响。

十、《吕氏春秋》对汉代政治的影响

两汉思想家，几乎没有一个人没有受到十二纪纪首——《月令》的影响，这里特别提到它在政治上的影响。但政治上的影响，几乎都是顺着"与元同气"的这一观念下来的。《吕氏春秋》在与元同气的这一神秘外衣里面，

---

① 俱见《礼记正义·月令》第六下的注及疏。

包含有许多政治上的大经大法，却发生影响极少。所以这种影响，可以说是买椟还珠，但这是在专制政体下必然的现象。专制政体与文化思想的关系，都是买椟还珠的关系。

十二纪纪首对政治的影响，是认为政治与天，实际是与阴阳二气，有密切的关连，并且由此而对天发生一种责任感。《汉书》七十四《魏相传》："臣愚以为阴阳者王事之本，群生之命，自古圣贤，未有不由者也。天子之义，必纯取法天地，而观于先圣。高皇帝所述书《天子所服》第八曰：'大谒者臣章，受诏长乐宫，曰：令群臣议天子所服，以安治天下。'相国臣何，御史大夫臣昌，谨与将军臣陵，太子太傅臣通等议，春夏秋冬，天子所服，当法天地之数，中得人和。故自天子王侯有土之君，下及兆民，能法天地，顺四时，以治国家，身无祸殃，年寿永究，是奉宗庙安天下之大礼也，臣请法之。中谒者赵尧举春，李舜举夏，兒宽举秋，贡禹举冬，四人各职一时。大谒者臣章奏，制曰，可。"西汉开国时由廷议所定的服制及定此服制的观念，全出自十二纪纪首。《史记》第五十六《陈丞相世家》，汉文帝问左丞相陈平："君所主者何事？"平答以"宰相者，上佐天子，理阴阳，顺四时，下育万物之宜……"从政治上要去"理阴阳，顺四时"的观念，这也是在《吕氏春秋》十二纪纪首以前不会出现的观念。由此可以推知《周官》论三公之职为"论道经邦，燮理阴阳"的观念，必然是《吕氏春秋》以后，在西汉所发展的观念。

《周官》的春官、夏官、秋官、冬官等名称，也是由十二纪纪首演变而出。

《汉书》七十四《丙吉传》：丙吉继魏相为相，"尝出，逢清道群斗者，死伤横道，吉过之不问。掾史独怪之。吉前行，逢人逐牛，牛喘吐舌，吉止驻，使骑史问逐牛行几里矣……或以讥吉，吉曰：'民斗相杀伤，长安令、京兆尹职，所当禁备逐捕……宰相不亲小事，非所当于道路问也。方春少阳用事，未可大热，恐牛近行用暑故喘，此时气失节，恐有所伤害也。三公典调和阴阳，职所当忧，是以问之。'掾史乃服"。丙吉的观念，与陈平完全相同。若不了解十二纪的思想背景，简直是无法使人理解。

如前所述，十二纪纪首中的明堂，只是天子顺时气居处之宫室，至汉初则看作是天子顺四时十二月以发布与元同气的政令的神圣之地。这种思想，是完全顺着十二纪纪首的观念引申出来的。汉初儒者，遂以建明堂，行十二月之令，作为一个最高的政治理想。这在历史上，在现实上，本都是无根之说，可以听任大家随意构想，所以《汉书·艺文志》在《礼》下收录有《明堂阴阳》三十三篇，《明堂阴阳说》五篇；其中较为合理的，保留在大小《戴记》里面。《淮南子》除《时则训》外，《主术训》、《本经训》、《齐俗训》、《氾论训》、《泰族训》等，都谈到明堂。晁错本是学刑名法术的人，在文帝十五年九月应贤良文学策里，也说："臣闻五帝神圣，其臣莫能及，故自亲事，处于法官之中，明堂之上，动静上配天，下顺地，中得人；故众生之类，亡不覆也；根着之徒，亡不尽也……然后阴阳调，四时节……"① 由此不难推想当时这种风气之盛。

但十二纪纪首在汉代所发生的作用，主要是发生在：第一，是对灾异的解释与对策；第二，是对刑赏的规正与运用。

在前面引用过的魏相奏议中，曾有下面的一段话：

> 臣闻《易》曰：天地以顺动，故日月不过，四时不忒。圣王以顺动，故刑罚清而民服。天地变化，必由阴阳。阴阳之分，以日为纪。日冬夏至，则八分之序立，万物之性成。各有常职，不得相干。东方之神太皞，乘震、执规、司春。南方之神炎帝，乘离、执衡、司夏。西方之神少皞，乘兑、执矩、司秋。北方之神颛顼，乘坎、执权、司冬。中央之神黄帝，乘坤艮，执绳、司下土。兹五帝所司，各有时也。东方之卦，不可以治西方。南方之卦，不可以治北方……臣相伏念陛下恩降甚厚，然而灾气未息，窃恐诏令有未合当时者也。愿陛下选明经通知阴阳者四人，各主一时；时至，明言所职，以和阴阳，天下幸甚。

---

① 《汉书》四十九《晁错传》。

魏相上面的话，根据《淮南子》的《时则训》，并加上了新起的卦气说，两者皆由十二纪纪首演变而出。汉宣帝中兴，魏相、丙吉，号称贤相。他们都以和阴阳、顺时令，为政治的最高原则，且以此作灾异的解说。自此以后，因戴圣编定《礼记》，而《月令》的影响更为增大。《汉书》卷八《宣帝纪》，元康元年三月诏：

> 朕未能章先帝休烈，协宁百姓，承天顺地，调节四时。

《汉书》卷九《元帝纪》初元三年六月《求言诏》：

> ……有司勉之，毋犯四时之禁。丞相御史，举天下明阴阳者三人……

《汉书》卷十《成帝纪》阳朔二年春《顺时令诏》：

> 昔在帝尧，立羲和之官，命以四时之事，令不失其序……明以阴阳为本也。今公卿大夫，或不信阴阳，薄而小之，所奏请多违时政……而欲望阴阳调和，岂不难哉？其务顺四时月令。

《汉书》卷七十五《李寻传·对诏问灾异》：

> ……加以号令不顺四时……夫以喜怒赏罚而不顾时禁，虽有尧舜之心，犹不能致和……故古之王者，尊天地，重阴阳，敬四时，严《月令》。顺之以善政，则和气可以立致……今朝廷忽于时月之令；诸侍中尚书近臣，宜皆令通知《月令》之意；设群下请事，若陛下出令，有缪于时者，当知争之以顺时气。

上面举的例子，实际都说的是施政不合《月令》，则阴阳失和而灾异见，以此作灾异的解释。从成帝的诏书看，当然有许多人并不相信这一套；而以阴阳言灾异，也有并不遵守十二纪纪首的规格的。但顺十二纪的规格以言政治及灾异，在当时成为一股有力的观念，则万无可疑。

十二纪纪首规定春夏阳气当令，应行庆赏宽仁之政，故春夏不行刑，行刑必于阴气当令的秋冬；这种观念，对汉代刑法的运用，发生了更大的影响。而许多对灾异的解释，也是关连到行刑是否合乎时令的。

《汉书》卷七十《陈汤传》，汤上疏：

> 斩郅支首及名王以下，宜县头槀街……事下有司，丞相匡衡……以为……《月令》，春掩骼埋胔之时，宜勿县。

《汉书》卷十《成帝纪》，鸿嘉元年春二月诏曰：

……方春生长时，临遣谏大夫理等，举三辅、三河、弘农冤狱……

《汉书》卷七十五《李寻传·对诏问灾异》：

间者春三月治大狱，时贼阴立逆，恐岁小收。季夏举兵法，时寒气应，恐后有霜雹之灾。秋月行封爵，其月土湿奥，恐后有雷雹之灾。

《汉书》卷七十六《张敞传》：

敞使卒捕掾絮舜有所案验，舜以敞劾奏当免，不肯为敞竟事，私归其家。人或谏舜，舜曰："吾为是公尽力多矣，今五日京兆耳，安能复案事。"敞闻舜语，即部吏收舜系狱。是时冬月未尽数日，案事吏昼夜验治舜，竟致其死事。舜当出死，敞使主簿持教告舜曰："五日京兆竟何如？冬月已尽，延命乎？"乃弃舜市。会立春，行冤狱使者出，舜家载尸并编敞教，自言使者。使者奏敞贼杀不辜，天子薄其罪。

《汉书》卷九十九下《王莽传》：

地皇元年正月乙未，赦天下。下书曰："方出军行师，敢有趋谨犯法者，辄论斩，毋须时，尽岁止。"于是春夏斩人。

从上面简录的材料看，春天应宣泄冤狱；死罪冬月未及行刑的，便不可于次年春夏行刑，此皆原自十二纪纪首。

《月令》的影响，由东汉所继承，至明、章两帝的时代而更为扩大。《后汉书》二十六《侯霸列传》：

> 建武四年，光武征霸与车驾会寿春，拜尚书令。时无故典，朝廷又少旧臣。霸明习故事，收录遗文……每春下宽大之诏，奉四时之令，皆霸所建也。注："《月令》，春布德行庆，施惠下人，故曰宽大。奉四时，谓依《月令》也。"《集解》：惠栋曰"《续志》，立春之日，下宽大书曰，制诏三公，方春东作，敬始慎微，动作从之。罪非殊死，且勿案验，皆须麦秋"。

可知光武初建政权，《月令》已由侯霸而又成为朝廷行政中的故事。

《后汉书》卷十三《隗嚣列传》，移檄告郡国数王莽的罪状中有：

> 冤系无辜，妄族众庶。行炮烙之刑，除顺时之法……

《后汉书》卷二《明帝纪》，明帝于中元二年二月即位，十二月甲寅诏曰：

> 方春戒节，人以耕桑，其敕有司务顺时气，使无烦扰。天下亡命，殊死以下，听得赎论。

又：

> 是岁（永平二年）始迎气于五郊。

又三年正月癸巳《劝农详刑诏》：

> ……夫春者岁之始也。始得其正，则三时有成。比者水旱不节……有司其勉顺时气，劝笃农桑……

《后汉书》卷三十二《樊宏列传》：

> （宏子儵）议刑辟宜须秋月，以顺时气。显宗并从之。

《后汉书》卷四十一《钟离意列传》：

> 意复上疏曰……愿陛下垂圣德，揆万机，诏有司，慎人命，缓刑罚，顺时气……

《后汉书》卷三《章帝纪》建初元年《丙寅诏》曰：

> ……各推精诚，专急人事。罪非殊死，须立秋案验。有司明慎选举，进柔良，退贪猾，顺时令，理冤狱……

又建初五年冬：

> 始行《月令》迎气乐。

又元和元年七月丁未《禁酷刑诏》：

> ……自往者大狱以来，掠考多酷……宜及秋冬理狱，明为其禁。

又元和三年秋七月《庚子诏》曰：

> 《月令》，冬至之后，有顺阳助生之文，而无鞫狱断刑之政。朕咨访儒雅，稽之典籍，以为王者生杀，宜顺时气。其定律无以十一月十二月报囚。

又章和元年：

> 《秋令》，是月养衰老，授几杖，行糜粥饮食。

《后汉书》卷二十六《韦彪列传》：

> 彪以世承二帝吏化之后，多以苛刻为能。又置官选职，不必以才。因盛夏多寒，上疏谏曰：臣闻政化之本，必顺阴阳。伏见立夏以来，当暑而寒，殆以刑罚刻急，郡国不奉时令之所致也……

《后汉书》卷四十六《陈宠列传》：

> 元和二年旱，长水校尉贾宗等上言，以为断狱不尽三冬，故阴气微弱，阳气发泄，招致灾旱……帝以其言下公卿议。宠奏曰……秦为虐政，四时行刑。圣汉初兴，改从简易。萧何草律，季秋论囚，俱避立春之月，而不计天地之正……陛下探幽析微……稽《春秋》之文，当《月令》之意。

《后汉书》卷四《孝和帝纪》永元十五年：

> 有司奏以为夏至（当作孟夏）则微阴起，靡草死，可以决小事。是岁，初令郡国以日北至案薄刑。

《后汉书》卷二十五《鲁恭列传》：

> 初和帝末，下令麦秋得案验薄刑。而州郡好以苛

察为政，因此遂盛夏断狱。恭上疏谏曰：臣伏见诏书，敬若天时，忧念万民，为崇和气。罪非殊死，且勿案验……旧制，至立秋乃行薄刑。自永元十五年以来，改用孟夏，而刺史太守不深维忧民恤事之原，进良退残之化，因以盛夏征召农人，拘对考验，连滞无已……自三月以来，阴寒不暖，物当化变而不被和气。《月令》：孟夏断薄刑，出轻系。行秋令则苦雨数来，五谷不熟……夫断薄刑者，谓其轻罪已正，不欲令久系，故时断之也。臣愚以为今孟夏之制，可从此令。其决狱案考，皆以立秋为断，以顺时节，育成万物，则天地以和，刑罚以清矣。

又：

初肃宗时，断狱皆以冬至之前。自后论者互多驳异。邓太后诏公卿以下会议。恭议奏曰：夫阴阳之气，相扶而行。发动用事，各有时节。若不得其时，则物随而伤。王者虽质文不同，而兹道无变。四时之政，行之若一。《月令》周世所造，而所据皆夏之时也……夫王者之作，因时为法。孝章皇帝，深惟古人之道，助三正之微，定律著令……然从变改以来，年岁不熟……者，率入十一月，得死罪贼，不问曲直，便即格杀。虽有疑罪，不复谳正……易十一月，君子以议狱缓死。可令疑罪，使详其法。大辟之科，尽冬月乃断。其立春在十二月中者，勿以报囚如故事。

《后汉书》卷五《安帝纪》元初四年七月辛丑《霖雨诏》：

> ……又《月令》，仲春养衰老，授几杖，行糜粥。方今按比之时，郡县多不入奉行……甚违诏书养老之意……

又元初六年十二月乙卯《赈贫民养贞妇诏》：

> ……《月令》，仲春养幼小，存诸孤。季春赐贫穷，赈乏绝，省妇使，表贞女，所以顺阳气，崇生长也。

《后汉书》卷七十五《刘焉列传》，张鲁：

> 自在汉中，因其人信行修业，遂增饰之……又依《月令》，春秋禁杀……

由上面简录的资料，可以了解《月令》的影响，东汉大于西汉。《后汉书集解·礼仪志上》第四引"黄山曰：《宋书·礼志》，汉制，太史每岁上其年历，先立春立夏大暑，立秋立冬，常读五时令。皇帝所服，各随五时之色……杜佑《通典》云，读时令，非古制也，自东汉始焉，其后因而沿袭……"司马彪《续汉书》八志中的《仪礼志》及《祭祀志》，由谯周改定蔡邕所立之志而成；而蔡邕的志，是胡广以《月令》作骨干，为东汉所建立的制度。这更可以推见《月令》对东汉影响的既深且巨。而《月令》的意义，在蔡邕手上，更发挥到了极点。他说：

> 《周书》七十一篇，而《月令》第五十三。秦相吕不韦著书，取《月令》为纪号。淮南王安亦取以为第四篇，改名《时则》。故偏见之徒，或云《月令》吕不韦作，或云淮南，皆非也。（《蔡中郎集》）

这是他以《月令》出于周公的根据。《周书序》应出于西汉编集者之手，其中即有"周公制十二月赋政之法，作《月令》"，可见蔡邕的说法，其言有自。蔡邕在《月令问答》中说：

> 问者曰：子何为著《月令说》也？曰：予幼读《记》，以为《月令》体大经问（同），不宜与《记》书杂录并行，而《记》家记之又略。及前儒特为章句者，皆用其意传，非其本旨。又不知《月令》征验，布在诸经；《周官》、《左传》，皆实与《礼记》通；他议横生，纷纷久矣。光和元年，予被谤责，罹重罪，徙朔方……

窃诚思之……审求历象，其要者莫大于《月令》。故遂于忧怖之中，昼夜密勿，昧死成之……

问者曰：子说《月令》，多类《周官》、《左氏》。假无《周官》、《左氏传》，《月令》为无说乎？曰：夫根柢植，则枝叶必相从也。《月令》与《周官》，并为时王政令之记，异文而同体；官名百职，皆《周官》解。《月令》甲子，沈子所谓似《春秋》也。若夫太昊、蓐收、句芒、祝融之属，《左传》造义立说，生名者同，是以用之。

十一、十二纪纪首是古代天的观念演变的结果

《吕氏春秋》十二纪纪首，何以在两汉发生这样大的影响，便不能不稍稍总结一下我国古代对天的观念的演变及其意义。

到西周初年止，天、帝，是我国原始宗教的最高人格神。殷多称帝而少称天，西周初年，称天的频度渐渐增加，而后则多称天而少称帝，但其为人格神的意味并没有两样。可是一方面自周初文王、周公开始，已出现了道德的人文精神，认定人的祸福是决定于人自己的行为，亦即是人自己决定自己的命运，这样一来，便大大减轻了原始宗教的意义与分量。另一方面，中国古代的僧侣阶级，在祭神时只处于助祭的地位，主祭的人是政治领袖的王。所以神的

代表是王而不是僧侣，"天子"一词的出现，正说明了这种情形。这样一来，人民对于神的权威信仰，常和对于王的权威信仰，纠缠在一起。当王的权威失坠的时候，神的权威，也随之失坠。在殷纣的时候，殷民很轻松地把祭神的"牺牷牲"偷了吃掉，[①]不难推知殷王权的动摇，同时即是神权的动摇。西周到了厉、幽时代，也正遇着同样的问题。加以平王东迁，王权扫地，作为人格神的天、帝，便再也抬不起头来；于是春秋时代的贤士大夫，把天看作是在人的上面的道德最高法则。天的运行，本来是有它自己的法则，及在此种法则下发生作用的。如从客观事实的角度去看此一法则，则可称为"自然法则"。但从人的道德价值要求的角度去看此一法则，即可称为"道德的法则"。前者是实，而后者是虚。在天的人格神的地位坠落以后，纯自然法则未确立以前，人与大自然的关系，便会出现此一过渡现象。

孔子把春秋时代外在的道德，转化到自己的生命里面生根；于是在他心目中的天，一方面保持了若干传统的观念；同时又将传统的观念，接上了由自己生命内部所发出的道德精神，而赋予感情以真实感，这便使人读到"畏天命"之类的语言时，仿佛把天的古老的人格神的观念，又复活了若干。但从《论语》的全般语言看，他所把握的，

---

① 见《尚书·微子》。

只是在人现实生命中所蕴藏的道德根苗的实体，天乃由此实体的充实所投射出去的虚位。"仁远乎哉？我欲仁，斯仁至矣"，"为仁由己，而由人乎哉？"这类的话，可为我的说法作证。所以他毕生的努力，都是集中在"人事之所当为"，只在"四时行焉，百物生焉"的经验现象上体验天道，不另在天的问题上去费工夫。因而孔子一方面肯定了天，同时又在人的定位上摆脱了天。顺着这一方向发展，出自子思的《中庸》，说了"天命之谓性，率性之谓道"的两句话，正是既肯定而又同时摆脱的表现。人性是由天所命，这是对天的肯定；性乃在人的生命之中，道由率性而来，道直接出于性，这实际是对天的摆脱。所以全书只言"尽性"、"明诚"，不在天的自身多作纠葛。到了孟子说"尽其心者，知其性也；知其性，则知天矣"的话，事实上便完全从天的观念摆脱出来了。心是实而天是虚，至为明显。孟子的意思，到程明道说出的"心即天也"的话，才完全表达明白了。

孔子、子思、孟子，是从道德主体的体验中，体验出道德主体是在人的生命之内的性、心，而不在天；他们在实际上摆脱了天，但在道德精神的无限性及道德精神中的感情上，仍不知不觉地保持了天对人的虚位。荀子则以知识的立场，承认了天的自然法则及其功用。但天的法则与人并不相干，所以干脆主张"惟圣人不求知天"。此一"天人分途"，取径虽然不同，但在古代儒家对天的关系上，实际也可以说是共同的大倾向。此一大倾向，在《礼记》的《祭义》、《祭法》、《祭统》诸篇中，很明显地说出人对鬼神的关系及祭祀的意义，都是活着的人对鬼神，对被祭祀者的精神与感情的关系和意义。所以大约出现于秦将统一天下或统一天下以后的《大学》一篇，便不再谈到天、天命的问题，使人的道德主体的心，向平面的社会性的天下国家中去展现。

老子，我承认他是孔子的前辈的传统说法。但现行《老子》一书，是他的弟子在战国初期录定并增补的。他提出"道"来代替原始宗教中的人格神，以创造宇宙万物，他更用"无"的观念来描述道的体态。他走的是以形上学来代替宗教的路，这正反映出春秋时代对天的宗教性格消褪后，所开出的对万物根源的另一答案。但他依然保有春秋时代天是最高道德法则的影响，所以道创造人时，便非目的地，把"无"的性格赋予于人，而成为人的虚静之德。人由"致虚极，守静笃"而可以体道，但道与原始宗教性的天，是不相关连的。因此，到了庄子，他所说的天，除有时是自然性格的意味外，只是人的精神境界。

墨子重视天志，但墨子并不是通过巫祝及卜筮以知道天志，而是由经验界的观察以推言天志。他不是由自己的经验乃至当时的经验以证明有鬼，而是假借历史中的鬼故事以证明有鬼。他更没有认定自己是天以及鬼的代表，也没有天或鬼的特别语言。因此，墨子心目中的天，是否系人格神的性格，实是模糊不清；而他本人不是许多人心目中的宗教家，则是可以断言的。人格神的建立，要靠人类的原始感情在原始社会中的长期塑造。我国原始宗教中，天的人格神的性格，既已经垮掉了，而代之以合理的人文主义精神，墨子生于春秋之末，便不可能想到，也不可能做到，恢复天的人格神的地位。

总结上面的说法，我国古代文化的总方向，以"天"的问题为中心，是向非宗教的大指标发展，实际是向对天的摆脱的大指标发展。

但其中蕴藏着另一相反的强力要求。我国自新石器时代的仰韶文化起，便证明是以农业为经济的主干。农业生产的丰凶，与气候有不可分的关系；这在农业生产者看起来，即是与天有不可分的关系。而由道德法则及道德精神对天所作的性格转变后的肯定，即是从信仰上加以摆脱，从价值上加以肯定，使其成为虚位的存在，这不是一般人所能体验到，所能了解到的。即使老子所提出的代替人格神的形而上的道，也不是一般人所能推论到，所能了解到的。已垮掉了的人格神的天，已如前述，不可复活；但由气候而来的与天的关系，又随农业生产而永不能忘怀。正于此时，有一部分人，把本系古代天文家由测候所发展、提升上来的阴阳观念，作为天的性格的新说明，以重建天对人的作用。阴阳具现于四时之中，更把五行配合在一起，使其更与农业的气候关连密切；这较之道德法则、精神，及形而上的无，更能为一般人所容易接受，亦即更容易满足农业社会的广泛要求。原来由追求道德价值根源所肯定的天的道德法则与精神，至此而重新配合到阴阳五行上面去，将使听者感到更为具体，更为生动。到了吕氏的门客，把阴阳之气，亦即是天之所以为天的气，表现于十二个月之中，使人的生活、行为，皆与其相应；这样一来，天简直是随时、随处、随事而与人同在了。这怎能不在学术与政治上，发生主导性的影响呢。但它不是人格神，十二纪纪首中的五帝，都是历史中的人物，虽然是出自传说性的历史。后来想把五帝由历史中的人物，升为天上的人格神，纬书中并加上些奇异名称，以资掀动；但这不是由原始感情所塑造出来的，终是四不像的有名无实的神。所以由阴阳五行所构造的天，不是人格神，不是泛神，不是静态的法则；而是有动力、有秩序、有反应（感通）的气的宇宙法则，及由此所形成的有机体的世界。沉浸、宣扬太久，在社会上有点感觉到这好像是精灵的世界，由此而酝酿出道教。总结上面的叙述，可以了解十二纪纪首的思想，是古代天的观念长期演变所出现的结果。

《月令》在汉代影响之得失，应分两方面加以论断。就学术方面言，阴阳五行之说，假《月令》而大行；以想象代推论，由傅会造证据，将愿望作现实，在学术发展中，加入了经两千年而尚不能完全洗汰澄清的弊害。但就政治方面言，把皇帝的权威、意志，及由这种权威意志所发出的行为，镶进了一个至高无上，而又息息相关的宇宙法则中去，使他担负由宇宙法则而来的不可隐瞒逃避的结果，则皇帝的权威，可以不期然而然地压低，他的行为可以不期然而然地谨慎。这在无可奈何地对专制皇帝的控制上，当然有其重大意义。而《月令》的影响，虽然有许多是落在毫无意义的形式中去；但在解释灾异及援引到刑法上的问题时，总或多或少地导向宽厚而合理的道路上去。在整个一人专制的政体结构之内，这点补救之功，依然是非常难得的了。

最后我要指出的是，汉代以阴阳五行言天道，并非仅出于《吕氏春秋》十二纪的系统。并应指出由阴阳五行思想所引发的流弊——流于极端怪异的流弊，是在西汉成帝时代，开始由强调"原始经学"[①]来加以补救的。这都将另有专文论及。

---

① 五经及《论语》、《孟子》、《孝经》，本无阴阳思想，《易传》中的阴阳思想亦未与五行合流。将经学与阴阳五行相结合，这是西汉儒生的杰作。我把未大量掺入阴阳五行思想的经学，方便称为"原始经学"。

汉初的启蒙思想家——陆贾

一、刘邦统治集团中的文化问题

此处所说的启蒙，是指在文化上启汉室统治集团之蒙而言。先秦诸子百家时代，中国文化在社会上已有很高的成就。当时有养士养客的风气，虽然只有法家、兵家、纵横家这类的人，在现实政治上发生了实际作用；但其他诸子百家，也多以其学术思想，受到时君及贵族的尊敬与供养，最著者如齐之稷下，燕之碣石，及孟尝、平原、信陵、春申四君之类。虽品类复杂，其中真能以学术自见者不多，且亦未能在现实政治上发生实质的影响，可是对政治与社会的开放，及一般人民文化水准的提高，有其积极的意义。陈胜、吴广们以雇农戍卒的地位，受一位卜者的暗示，即假狐鬼起兵称王，为推翻暴秦开路，这是真正中国历史上的农民起义，所以司马迁在《史记·自序》中，比之于汤武革命，孔子作《春秋》，给以最高的历史评价。这种很突出的事件，假定不想到诸子百家所给与于当时政治社会以开放的影响，便无从加以解释。所以中国历史上统治集团自身的文化启蒙运动，应推始于周公；[1]而社会上的文化启蒙运动，只能确定始于孔子。因此，在这里所用的"启蒙"两字，首须限定其适用的范围。

秦用了若干游士，但未尝养士，所以荀卿以秦为无儒。可是出身商人阶级的吕不韦，早在中原渐染了诸子百家的风教，一旦在秦当政，便吸收了食客三千人，并集结他们思想的精华，写成《吕氏春秋》一书，将之作为统治即将完成的大一统天下的宝典。其十二纪纪首，给了汉代政治学术以颇大的影响。吕氏在政治上失败后，此书仍继续修补。所以由吕不韦引入关中的知识分子，在始皇三十四年焚书，三十五年坑儒以前，仍有积极的活动。[2]焚书坑儒后，先秦诸子百家的学术活动，在社会上受到了抑制。但广义的儒生，在社会上已形成特出的生活形态，暂时潜伏而未尝绝迹。陈涉起兵后，这些潜伏的儒生，也成为亡秦的一种力量。[3]

---

[1]　请参阅拙著《中国人性论史·先秦篇》第二章《周初宗教中人文精神的跃动》。

[2]　《吕氏春秋·孟冬纪·安死》篇："以耳目所闻见，齐、荆、燕尝亡矣，宋、中山已亡矣，赵、魏、韩已亡矣，其皆故国矣。"此乃吕氏死后此书尚有人加以修补之显证。而在大狱之后，修补之人，必须得到秦政的同意，乃有此可能。《礼记》中的许多篇章，亦可能出于秦统一天下之后。

[3]　《史记·儒林列传》"陈涉之王也，而鲁诸儒持孔氏之礼器往归陈王"，即其一例。

《史记·卢绾列传》："卢绾者，丰人也，与高祖同里……及高祖、卢绾壮，俱学书。"这里是指学识字写字而言。因为他能识字写字，所以出身自耕农的家庭，[①] 能"及壮，试为吏，为泗水亭长"。[②] 因为他个人有特异的感受力，[③] 及出生地的丰沛乃东西交通要道，易于扩充见闻，形成他在打天下中所显出的突出的才智。但以他的粗野豪放的性格，[④] 看不起诗书上的知识，厌恶以诗书为业的儒生。而这种知识与儒生，在攻城野战中，也确无甚用处。攻城野战所需要的智勇，来自各人的材质及兵家之教，诗书实无能为役。他对当时儒生的归附，常用粗野的态度加以拒绝。《史记·郦生列传》，"骑士曰：沛公不好儒。诸客冠儒冠来者，沛公辄解其冠，溲溺其中。

---

① 《史记·高祖本纪》："高祖为亭长时，常告归之田，吕后与两子居田中耨。"则其为自耕农家庭可知。

② 《史记·高祖本纪》。

③ 《留侯世家》："良数以《太公兵法》说沛公，沛公善之，常用其策。良为他人言皆不省。良曰'沛公殆天授'。故遂从之。"由此可见其感受力之强。

④ 《史记·高祖本纪》："为泗水亭长，廷中吏无所不狎侮。""沛中豪杰吏闻令有重客，皆往贺。萧何为主吏，主进，令诸大夫曰：'进不满千钱，坐之堂下。'高祖为亭长，素易诸吏，乃绐为谒曰：'贺万钱。'实不持一钱……萧何曰：'刘季固多大言，少成事。'高祖因狎侮诸客，竟坐上坐，无所诎。"又"高祖大朝诸侯群臣，置酒未央前殿，高祖奉卮起为太上皇寿曰：始大人常以臣无赖不能治产业，不如仲力……"此皆可见刘邦之性格。

与人言，常大骂。未可以儒生说也"。又"郦生踵军门上谒……使者入通，沛公方洗，问使者曰：'何如人也？'使者对曰：'状貌类大儒，衣儒衣，冠侧注。'沛公曰：'为我谢之，言我方以天下为事，未暇见儒人也。'"《叔孙通列传》："叔孙通儒服，汉王憎之。乃变其服，服短衣，楚制，汉王喜。"这都可以表现出他厌恶儒生的情形。《陈丞相世家》，陈平答汉王"天下纷纷，何时定乎"之问谓，"项王为人，恭敬爱人，士之廉节好礼者多归之。至于行功爵邑，重之（吝惜之意），士亦以此不附。今大王慢而少礼，士廉节者不来。然大王能饶人以爵邑，士之顽钝嗜利无耻者亦多归汉……然大王恣侮人，不能得廉节之士"。在陈平的话中，可以看出当时浮在社会上面的活动分子，分别归向刘、项两大集团的情形。但不应忽略了陈平在这段话的前面所讲的一段话："项王不能信人，其所任爱，非诸项即妻之昆弟，虽有奇士不能用。"廉节之士虽未必有益于取天下，最低限度，项羽并不是因用廉节之士而致败。

《史记·高祖本纪》，刘邦问："吾所以有天下者何？项氏之所以失天下者何？高起、王陵对曰：陛下慢而侮人，项羽仁而爱人。然陛下使人攻城略地，所降下者因以与之，与天下同利也。项羽妒贤嫉能，有功者害之，贤者疑之，战胜而不予人功，得地而不予人利，此所以失天下也。高祖曰：公知其一，未知其二。夫运筹策帷帐之中，决胜于千里之外，吾不如子房。镇国家，抚百姓，给馈饟，不绝粮道，吾不如萧何。连百万之军，战必胜，攻必取，吾不如韩信。此三者，皆人杰也。吾能用之，此吾所以取天下也。项羽有一范增而不能用，此其所以为我擒也。"必把高起、王陵及刘邦所说的两种因素合在一起，对当时成败之数，才把握得完全。而高起、王陵所说的因素，首由韩信在汉中向刘邦提出，自后张良、陈平、郦食其等，都顺着这条路线设谋划策，且为能用韩信、彭越、英布等的张本，可知分享富贵，是当时共起亡秦的普遍心理。三杰中，以张良、韩信的文化水准最高。张良曾语刘邦以《太公兵法》。《汉书·艺文志·兵书略》："汉兴，张良、韩信序次兵法，凡百八十二家。删取要用，定著三十五家，诸吕用事而盗取之。"是他两人对兵书曾做过一番整理工作。而《汉志·兵权谋》十三家中有"韩信三篇"，是韩信且有著述。张良、韩信，是中国历史上伟大的谋略家与军事家，但他们皆无预于诗书这一系统的文化。

在刘邦诛戮功臣以后，形成汉室政治骨干的实际是丰沛子弟。在丰沛子弟中，要算"以文无害（通律令）为沛主吏掾"的萧何的文化水准最高。凭他这一文化水准，对汉室也作了重要的贡献。即是刘邦入咸阳"何独先入收秦丞相御史律令图书藏之"。[1]汉统一天下后，"萧

①《史记·萧相国世家》。

何次律令，韩信申军法，张苍为章程，叔孙通定礼仪"，①
这都是支持统治的重要工作，但也无预于诗书这一系统
的文化。其他重要的丰沛人物，则"舞阳侯樊哙者沛人
也，以屠狗为事"，"汝阴侯夏侯婴，沛人也，为沛厩司
御"，"颍阴侯灌婴者，睢阳贩缯者也"。②睢阳与丰沛为
邻郡，"周昌者沛人也，其从兄曰周苛，秦时皆为泗水卒
史"，"任敖者故沛狱吏"，"申丞相屠嘉者，梁人，以材
官蹶张从高帝击项籍"，③"蒯成侯缫者，沛人也，姓周氏，
常为高祖参乘"。④司马迁总结此时朝廷的人事情形说：
"自汉兴至孝文二十余年，会天下初定，将相公卿皆军
吏。"⑤由此可知当时统治集团中是没有什么文化气氛的。
从这种地方，可以了解陆贾对此一集团在文化上所作的
启蒙的意义。

---

① 《史记·自序》及《汉书·高祖纪》。
② 以上皆见于《史记·樊郦滕灌列传》。
③ 以上皆见于《史记·张丞相列传》。
④ 《史记·傅靳蒯成列传》。
⑤ 《史记·张丞相列传》。

二、《新语》①的问题

《史记》将郦生（食其）与陆贾同传，因为当时都目为"辩士"。但郦食其急于以功名自见，行径也正如他自称"而公高阳酒徒也"。虽"好读书"，而不屑为儒生，他是苏秦型的人物。所以为刘邦下陈留后，即"号郦食其为广野君"，得到刘邦的重视。陆贾则似乎并不急于以功名自见，列传说他"以客从高祖定天下，名为有口辩士，居左右，常使诸侯"。在"中国初定"，他奉诏拜尉佗为南越王以前，依然是宾客的地位；即在拜尉佗为南越王后，也不过"拜贾为太中大夫"。这是郎中令（后改称光禄勋）下面的"秩比千石"的官职。通过列传所记，他一生从容暇豫、微赴事机，有点在羿之彀中而能游于羿之彀外的识度。所以吕氏擅政的死结，终赖他使平、勃交欢始得解开，而他只若行其所无事，他的官位也始终是太中大夫。他这种从容暇豫，不急急于功名，也不矫情以干誉的态度，大概是得力于道家知足不辱之教。所以能以卑位而与刘邦相亲近，也能泯其智辩而"游汉廷公卿间，名声藉甚"。但

① 《新语》用《龙溪精舍丛书》唐晏校本。然唐晏校未参用《群书治要》，实为可异。而唐氏经学固陋，其说多无可取。其序述《新语》流传，竟不知黄东发、王应麟皆见此书，而谬谓"殆亡于靖康之乱"，"亡于南，存于北"，尤可谓俭于见闻。

对汉廷文化启蒙之功，更有重大的意义。《史记·陆贾列传》说：

> 陆生时时前说称诗书。高帝骂之曰："乃公居马上而得之，安事诗书。"陆生曰："居马上得之，宁可以马上治之乎？且汤武逆取而顺守之，文武并用，长久之术也。昔者吴王夫差、智伯，极武而亡；秦任刑法不变，卒灭赵氏。乡使秦已并天下，行仁义，法先圣，陛下安得而有之。"高帝不怿而有惭色，乃谓陆生曰："试为我著秦所以失天下，吾所以得之者何？及古成败之国。"陆生乃粗述存亡之征，凡著十二篇。每奏一篇，高帝未尝不称善，左右呼万岁，号其书曰《新语》。

《汉志》儒家录有陆贾二十三篇，当系《新语》十二篇外，尚有其他著作。宋王应麟《汉志考证》谓《新语》仅存七篇，这只因他所看到的是一种残缺的本子，并不是《新语》此时已佚去五篇；所以年长王氏十岁的黄东发[①]在他的《黄氏日抄》中所看到的《新语》便是十二篇，与现行本相同。《汉志·六艺略·春秋》下录有《楚汉春秋》九篇，班固注明"陆贾所记"，史公著《史记》时为重要资料之一。此书大约亡于南宋。

---

① 黄东发生于宋宁宗嘉定六年（一二一三年），王应麟生于宋宁宗嘉定十六年（一二二三年）。

《四库提要》，举三事以为《新语》"殆后人依托，非贾原本"。所举三事：一、"《汉书·司马迁传》称迁取《战国策》、《楚汉春秋》、陆贾《新语》作《史记》……惟是书（《新语》）之文，悉不见于《史记》"。二、"王充《论衡·本性》篇引陆贾曰……今本亦无其文"。三、"又《穀梁传》至武帝时始出，而《道基》篇末，乃引《穀梁传》曰，时代大相牴牾"。严可均《铁桥漫稿·新语叙》，胡适《陆贾新语考》，[①]皆逐项驳斥。其中以余嘉锡《四库提要辨证》，最为详密。综计诸人之说：一、《汉书·司马迁传》并没有说迁作史时曾援引《新语》。二、《汉志》著陆贾二十三篇，而《论衡》所引"陆贾曰"，并未说是引自《新语》，则其所引者不见于《新语》，本不足怪。三、《汉书·儒林传》："汉兴，高祖过鲁，申公以弟子从师（浮丘伯）入见于鲁南宫。……申公卒以《诗》、《春秋》授，而瑕丘江公尽能传之。""瑕丘江公受《穀梁春秋》及《诗》于鲁申公。"可见瑕丘江公自申公受《穀梁春秋》，而申公实出于浮丘伯；陆贾与浮丘伯的年辈略同，其传习《穀梁》，更不足异。无所谓时代尤相牴牾的问题。《穀梁》在传承中有所遗失，《新语》所引"《穀梁传》曰"之语，不见于今《穀梁传》，不足为异。余嘉锡更引《新语·辨惑》篇述夹谷之会，《至德》篇言鲁庄公"以三时兴筑作之役"，

---

① 此文编入《胡适文存》第三卷，页五八九至五九一。

汉初的启蒙思想家——陆贾 | 101

《明诫》篇"圣人察物，无所遗失"等，证明皆出于《穀梁》，与《公羊传》无涉。我现在更引《至德》第八下面的一段话，以证明陆贾言《春秋》之义，确本于《穀梁》。

昔晋厉、齐庄、楚灵、宋襄，秉大国之权，杖众民之威，军师横出，陵轹诸侯，外骄敌国，内克（刻）百姓。邻国之雠结于外，臣下之怨积于内，而欲建金石之功（统）终传（两字皆误，当作"继"）不绝之世，岂不难哉。故宋襄死于泓水（水字衍文）之战，三君弑于臣子（子字衍文）之手，皆轻用师而尚武力，以至于斯。故《春秋》重而书之，嗟叹而伤之。[①]

按鲁禧公二十二年宋、楚泓之战，《公羊传》称赞宋襄公为"有君而无臣，以为虽文王之战，亦不能过此也"。《左传》则仅述子鱼责襄公的"君未知战"，未用"君子曰"加以谴责。仅《穀梁传》述襄公"众败而身伤焉，七月而死"，接着加以评论说："倍则攻，敌则战，少则守。人之所以为人者，言也。人而不能言，何以为人。言之所以为言者，信也，言而不信，何以为言？信之所以为信者道也，信而不道，何以为道（道似当作信）？道之贵者时，其行势也。"由襄公之不识时势，而上推及"何以为人"，这可

---

① 以上皆据《四部丛刊·群书治要》校改。

谓嗟叹而伤之。陆贾所说的《春秋》之义,其出于《穀梁》更无可疑。这和书中将"五经"、"六艺"并称,或者"经艺"并称,①述春秋之事则引《左氏》,述《春秋》之义,则引《穀梁》,及两引《孝经》等,在经学史上都有很大的启发性。

《新语》十二篇,本为陆贾适应刘邦的文化水准所编的教材。陆贾为了引起刘邦的兴趣,而他又是能作赋的人,②所以便出之以韵语,而于用韵过于牵强的地方,便改为不用韵的散文,这是可以推想得到的。但最困难的问题是,因此书今日可以看到的版本,字句讹夺太多,把原来有韵的,讹夺为没有韵。例如《无为》第四,现行本"事

---

① 《道基》第一:"于是后圣乃定五经、明六艺。""故圣人防乱以经艺。"《述事》第二:"校修五经之本末。"《怀虑》第九"极经艺之深","表定六艺云"。按以"经"字尊重其语言文字的,当始于道家、墨家,故《荀子·解蔽》篇引有"故道经曰"。而据马王堆第三墓帛书,《老子》在汉初已称《德经》《道经》。《墨子》一书,则有经上经下。儒家六经之名,最早见于《庄子·天运》篇。《天运》篇当成于战国末期。《礼记·经解》篇无六经之名,有六经之实。将六经称为六艺,除《新语》外,当首先见于《史记》之《孔子世家》、《伯夷列传》等。五经一名,除《新语》外,当首先见于《史记·乐书》。六经、六艺、五经,文献上皆单举而未尝并列。仅《新语》五经六艺两名并列,且为两名之最早出现。以意推之,以礼乐为主,则称六艺。去乐而以《诗》《书》为主,则称五经。由此可知乐原无文字,本可不称经。所谓《乐经》亡失之说,乃因经艺两名既互相混淆,而五经一名,由五经博士之出现,遂成定称。汉儒泥于混淆后六经之名,乃为此想象之辞。
② 《汉志·诗赋略》有"陆贾赋三篇"。

逾烦，天下逾乱。法逾滋，而奸逾炽"，意义可通，而无韵。但《群书治要》本这四句是"事逾烦，下逾乱。法逾众，奸逾纵"，是上两句以烦乱为韵，下两句以众纵为韵甚明。则原书用韵之情形，必较现行本为更多。并且若按《群书治要》所摘录之《新语》各条以与现行诸本相校，则现行诸本之文义不明不通或缺失者，《群书治要》本皆明白可通，且未曾缺失。唐晏以明刻子汇本、范氏天一阁本与《汉魏丛书》本相校，被胡适称为善本。实则天一阁本、《四部丛刊》之弘治本及《汉魏丛书》本，皆出一源，几无可资校正；唐晏惟由子汇本校补数字，而又未加注明。胡适谓第五篇"邑土单于疆"，《汉魏丛书》本"改彊（强）为疆；于第六篇改删许多字，又添上许多字，更失本来面目了"。按《辨惑》第五以鲁定公不能用孔子，以致"权归于三家，邑土单于疆"。单同殚，邑土单于疆者，定公（公室）所有之邑土，尽（单）疆域之所有，皆被三家分掉；是此字当作"疆"，不应作彊（强），《汉魏丛书》本不误。而《慎微》第六自"齐夫用人若彼"至"不操其柄者"二百二十八字，应为《辨惑》第五"邑土单于疆"句下之文，弘治本及《汉魏丛书》本皆误入于《慎微》第六之中，此为唐校的一大贡献。但《慎微》第六，我将弘治本及《汉魏丛书》本详校一过，无一字之不同，不知胡氏何以致误？胡氏谓"其（《新语》）思想近于荀卿、韩非"，尤为不可解。

三、五经六艺的真实意义

《新语》是通俗教育的性质。它成立的真正根据，是陆贾所身历的现实政治兴亡的经验教训；此与书生闭户著书，自抒由书本而来的心得，或解决书本上的问题者大不相同。他在本书中所提出的结论，是面对着秦汉兴亡，亲自观察反省所得出的结论。换言之，他是以政治上的具体利害为出发点，而不是以道理上的应当不应当为出发点。

因为他是启蒙一个在文化上毫无基础常识的皇帝，所以他在《道基》第一中首先从"传曰：天生万物，以地养之，圣人成之；功德参合，而道术生焉"，说到"张日月，列星辰"等等，以描述"天地相承，气感相应"的天地生物养物的情形。接着便说："于是先圣乃仰观天文，俯察地理，图画乾坤，以定人道，民始开悟，知有父子之亲，君臣之义，夫妇之别，长幼之序。于是百官立，王道乃生。"以见王道出于人道，人道又由仰观俯察所领悟的天道而来。这样便把天、地、人的功用与关连，简单描画出来了。他从天地人的关连说起，是为了能给刘邦一个粗浅而完整的宇宙观。再接着便进入历史的叙述，由神农"教民食五谷"，而黄帝的"上栋下宇，以避风雨"，后稷的"辟土殖谷，以用养民，种桑麻，致丝枲，以蔽形体"；更由禹平治水土，"然后人民得去高险，处平土"；而奚仲制车船"以代人力。铄金镂木，分苞烧殖，以备器械"，这是人类为求生存在物质条件上的进化历程。在物质条件进化历程中及物质条件具备后，因人民"好利恶难，避劳就逸，于是皋陶乃立狱制罪，悬赏设罚，异是非，明好恶，检奸邪，消佚乱"，这是叙述政治的所以成立。再说"民知畏法，而无礼义，于是中圣乃设辟雍庠序之教，以正上下之仪，明父子之礼、君臣之义，使强不凌弱，众不暴寡；弃贪鄙之心，兴清洁之行"，这是说明政治中为什么除刑罚外，更需要教育。他更接着说："礼义不行，纲纪不立，后世衰废，于是后圣乃定五经，明六艺，承天统地，穷本察微，原情立本，以绪人伦……以匡衰乱。"可见五经六艺，乃在政衰教乱后，要由此以维系人伦于不坠。从神农叙到后圣，使刘邦能把握到整个历史演进的历程，给他一个粗浅而完整的历史观。在此进演历程中，先解决基本物质生活，再进而有维持生活秩序的统治工具——刑罚，再进而有辟雍庠序的教化。把辟雍庠序的教化，视为历史进化的最重大里程碑，因为人的价值由此而得逐步发现、实现；人与人的正常伦理关系，由此而始得建立、稳定。历史进到这一步，才敞开了人类不断前进的道路与保证。陆贾更说明后圣——孔子的"定五经，明六艺"，是为了挽救人类的命运。司马迁作《史记》，不仅吸收了陆贾所著的《楚汉春秋》的材料；他在《十二诸侯年表序》中，以孔子"次《春秋》"，乃继幽厉败坏之后，"制义法，王道备，人事浃"，其观点或即本于《新语》。陆贾在《道基》篇中说"故圣人防乱以经艺"，经艺何以能防乱？因为经义的内容是"治情性，显仁义"；治情性，使每个人能从"好利恶难，避劳就逸"，由此所形成人与人相搏相食的混乱中摆脱出来，以显现人生真价的仁义。稍加疏解地说，人必须在群体生活中始能生存、进步。群体生活，中国即称之为人伦。陆贾所说的人道，很明显地指的即是人伦。维系人伦的原则，中国便称为伦理。政治必须立基于人伦、伦理之上，以现代语言说，政治必以合理的社会组织为基础。而人伦、伦理必建立于仁义之上。仁的浅显解释，是相互间的同情、爱护。义的浅显解释，是告诉人以什么是应当负责去做的，什么是应当自制而不去做的共同行为标准。有时把"礼义"连为一词，礼是把义在生活中加以具体化的行为形式。打天下，是以智勇去打倒敌人，征服人民。这是人与人以智勇互搏的非常时期的变态生活，是绝不能持久的。敌人打倒了，人民被征服了，统治者与被统治者之间，应由压制的关系，改变为在合理基础上彼此可以互相承认、互相信赖的关系；即是说，要有五伦中的君臣（加上民）之义，政权才能安定下来。而君臣之义，不是孤立突出可以成立的，必须在包括整个社会的其他四伦中运转。也即是说，政治与社会是不可分的。在没有同情、爱护之心的政治、社会里面，在没有自制与负责的共同标准的政治社会里面，在人与人相接，没有一种合理的行为形式的政治社会里面，必定成为人与人相搏相噬的政治与社会；人类的危机，孰大于此。陆贾说马上可以得天下，不可以治天下，要求以诗书，即是以仁义，作方向的转换，这是他发心立言的真正根据。所以他在《道基》第一中说：

> 齐桓公尚德以霸，秦二世尚刑而亡。故虐行则怨积，德布则功兴。百姓以德附，骨肉以仁亲。夫妇以义合，朋友以义信。君臣以义序，百官以义承。曾闵以仁成大孝，伯姬以义建至贞。守国者以仁坚固，佐君者以义不倾。君以仁治，臣以义平。乡党以仁恂恂，朝廷以义便便……阳气以仁生，阴节以义降。《鹿鸣》以仁求其群，《关雎》以义鸣其雄。《春秋》以仁义贬绝，《诗》以仁义存仁。乾坤以仁和合，八卦以义相承。《书》以仁叙九族，君臣以义制忠。《礼》以仁尽节，《乐》以礼升降。仁者道之纪，义者圣之学。学之者明，失之者昏，背之者亡……

《诗》、《书》，五经六艺，都是活的而不是死的。他虽然把人道、王道与天道扣上关系，这只是顺当时一般学术风气而言。实际因五经六艺以言道，都是浅显易行之道。所以他说"故设道者易见晓，所以通凡人之心，而达不能之行。道者人之所行也。夫大道履之而行，则无不能，故谓之道"（《慎微》第六），没有一点形上的或神秘的意味，这是他理智清明，极为难得的地方。也只有这种浅显易行之道，才可发生切于身、切于今的意义。他在《术事》第二开首便说"善言古者合之于今，能述远者考之于近。故说事者上陈五帝之功，而思之于身。下列桀纣之败，而戒之于己"，"道近不必出于久远，取其至要而有成"，"故制事者因其则，服药者因其良。书不必起仲尼之门，药不必出扁鹊之方。善可以为法，因世而权行"。对统治者而言，五经六艺是经验的积累，智慧的扩充。而时有古今，政治、社会、人生的形态及所因应的问题有变化，但成败兴亡的最后决定，必以是否在仁义的轨迹上运行为断，则是无间于古今远近的。所以对于五经六艺之教，是要"思之于身"、"达之于心"而断之于事，绝非在章句诂训上落脚。此一治学的方向，尔后一直贯通于西汉经学大流之中。至五经博士出现后，博士们为了能专利固位，凭空制造出古今文的纠纷，并以繁辞琐义自掩其固陋，而此一大方向，乃受到扰乱，经学遂成为统治者装饰之具。

在《辅政》第三中，除强调"是以圣人居高处上，则以仁义为巢"外，并强调"乘危履倾，则以圣贤为杖"。他的真正意思是说仁义之政，必赖圣贤之臣而始能实现。并且所用者是否系圣贤之臣，为人君是否居仁由义的见证。这是由政治的大原则、大方向，而落实到知人用人的问题上面。《辨惑》第五，是说圣贤之人，是"正其行而不苟合于世"，常为众邪所不容。人君要用人得当，须能明辨是非。要能明辨是非，须能不为众邪所误。所以郑重地说：
"或不能明辨是非者，众邪误之也。"对知人用人的重要性，
书中反复叮咛，这是政治中最实际的问题。他在最后一篇
的《思务》第十二，以下面一段作结：

> 自人君至于庶人，未有不法圣道（五经六艺之道）
> 而能贤者也。《易》曰："丰其屋，蔀其家，窥其户，阒
> 其无人。"无人者非无人也，言无圣贤以治之也。故仁
> 人在位而仁人来，义士在朝而义士至。是以墨子之门多
> 勇士，仲尼之门多道德。文王之朝多贤良，秦王之庭多
> 不详（祥）。故善者必有所主而至，恶者必有所因而来。
> 夫善恶不空作，祸福不滥生；唯心之所向，志之所行而
> 已。①

四、秦亡的教训及儒道结合等问题

上面是陆贾凭五经六艺在政治上所提出的大原则，也
可以说是他的积极性的主张。他想以此大原则统一当时的
政教，巩固大一统的帝国。所以他在《怀虑》第九说："故
圣人执一政以绳百姓，持一概以等万民，所以同一治而明
一统也。"但他是一个常识家，而不是一个专门学者；他的

---

① 此段诸书本皆讹脱不可读，此据《群书治要》本。

积极性的主张，不是和一般思想家那样，由自己的思想所导出，出自自己思想的要求，而主要是从秦何以会亡得这样快的事实，反省出来的。秦亡的事实，是他亲闻亲见的事实。他所说的秦何以亡的原因，是得自亲闻亲见所归纳出的原因；而不是光有一套仁义的理想框套，再把秦亡的事实，纳入在自己理想框套中去，加以剪裁，判断出来的结论。所以他陈义不高不深，而特含有真实意义，能给刘邦以感动的原因在此。像刘邦这种才气卓越的人，不是空言腐论所能掀动的。他所说的秦亡的原因：

（一）秦二世尚刑而亡。（《道基》第一）

（二）秦以刑罚为巢，故有覆巢破卵之患。以赵高、李斯为杖，故有倾仆跌伤之过。（《辅政》第三）

（三）秦始王设刑罚，为车裂之诛，筑长城以备胡越。蒙恬讨乱于外，李斯治法于内。事逾烦，下逾乱；法逾众，奸逾纵。秦非不欲治也，然失之者，举措太众，而用刑太极故也。[①]（《无为》第四）

（四）秦始王骄奢靡丽，好作高台榭，广宫室，则天下豪富莫不仿之……以乱制度。（同上）

（五）秦二世之时，赵高驾鹿而从行。王曰："丞相何以驾鹿？"高曰："马也。"于是乃问群臣，臣半言

---

① 此段据《群书治要》本。

鹿，半言马。当此时，秦王不敢相信其直目，而从邪臣之言。[1]（《辨惑》第五）

由上面所录五项来看，秦行的"唯刑主义"，再加之以骄奢繁役，使百姓不能生活下去，卒以此亡国，这是陆贾亲闻亲见的结论。西汉像样点的儒生，无不反秦反法，一方面是站在人民要求生存的立场，一方面也是站在统治者政治上的利害立场。因为"唯刑主义"，君臣民的关系，还原为简单的相压与被压的关系。臣民因完全处于被动地位而剥夺其人格，因而泯没了他们的仁义之心，唯有凭原始求生欲望的才智以趋利避害，没有真正的人伦关系，亦即是没有有机体的社会结构，仅凭刑的一条线把臣民穿贯起来，以悬挂在大一统专制的皇权手上，此线一断即土崩瓦解。而其势非断不可，刘邦便是在这种情形下崛起的，所以不以陆贾之言为迂阔之论。

秦之亡，与外戚无关，但陆贾已看出由刘邦"好美姬"[2]的性格，及皇权结构的自身必酿成外戚之祸。所以在《慎微》第六说："夫建功于天下者，必先备于闺门之内。"西汉虽侥幸未亡于吕雉之手，但卒亡于王氏，而外戚的祸害，卒与两千年的皇权专制相终始，陆贾的智慧，真可谓

---

[1]　此段从《群书治要》本。
[2]　《史记·项羽本纪》范增语。

照耀千古。因当时方士神仙的风气很盛，而秦始皇为了求不死之药，也成为消耗国力原因之一，所以陆贾在此书中再三破除此种迷信。并强调"安危之效，吉凶之符，一出于身。存亡之道，成败之事，一起于行……夫持天地之政，操四海之纲，屈伸不可以失法，动作不可以离度。谬误出口，则乱及万里之外。何况刑无罪于狱，而诛无罪于市哉。故世衰道失，非天之所为也，乃国君者有以取之"。所以他虽也提到灾异，认为"治道失于下，则天文变于上"，^①但他说到灾异的分量很轻，不似由董仲舒起，以灾异为言政的主要手段。并且在《怀虑》第九说："世人不学诗书，行仁义□圣人之道，极经艺之深，乃论不验之语，学不然之事，图天地之形，说灾变之异，弃先王之法，异圣人之意，惑学者之心，移众人之志，指天画地，是非世事；动人以邪变，惊人以奇怪，听之者若神，观之者如异，然犹不可以济于厄而度其身，或触罪□□法，不免于辜戮。"这种理智清明的情形，与后来宣、元、成时代的学风，也成为一显明的对照。

因为陆贾所把握的是活的五经六艺，而其目的是在解决现实上的问题，所以他把儒家的仁义与道家无为之教，结合在一起，开两汉儒道并行互用的学风。在《无为》第四，一开始便说"夫道莫大于无为"，这是来自《老子》。

① 以上皆见《明诫》第十一，并皆据《群书治要》本。

接着说"行莫大于谨敬",这合于《论语》仲弓所说的"居敬而行简"。承秦代严刑峻罚之后,加之以五年的逐鹿战争,老子无为之教,自然符应于社会生养休息的要求。下面《至德》第八的一段话,正是把儒道两家思想在政治上作非常合理的融合。

> 夫欲建国强威,辟地服远者,必得之于民。欲建功兴誉,垂名烈,流荣华者,必取之于身……天地之性,万物之类,怀德者众归之,恃刑者民畏之。归之则附其侧,畏之则去其域。故设刑者不厌轻,为德者不厌重。行罚不患薄,布赏不患厚。所以亲近而致远也。夫刑重者则心烦,事众者则身劳。心烦者则刑罚纵横而无所立,身劳者则百端回邪而无所就。是以君子之为治也,混然无事,寂然无声,官府若无吏,亭落若无民。同里不讼于巷,老幼不愁于庭。近者无所议,远者无所听。邮驿无夜行之卒,乡闾无夜召之征。犬不夜吠,鸡不夜鸣。老者甘味于堂下(下疑当作上),壮者耕耘于田。在朝者忠于君,在家者孝于亲。于是赏善罚恶而润泽之,兴辟雍庠序而教诲之,然后贤愚异议,廉鄙异科,长幼异节,上下有差,强弱相扶,小大相怀,尊卑相承,雁行相随,不言而诚,不怒而行。岂恃坚甲利

兵，深牢刻法，朝夕切切而后行哉。①

在上面所描述的至德之治中，反映出当时人民社会的要求，而其中所含的思想，儒道两家，皆可发现其互相接合之点。这比盖公向曹参所进言的黄老之教，②圆融而实际得多了。这里我顺便指出，汉初黄老法家的结合，乃是先有继承秦代的唯刑主义，再参上若干黄老的清净无为，以适应当时社会的要求，这只能算是现实政治上的一种结合，而不是真正来自思想上的结合。西汉政治思想的大势，由陆贾、贾谊、《淮南子》中的刘安及其宾客、董仲舒的《春秋繁露》、《盐铁论》中的贤良文学，以及扬雄，都是儒道两家思想的结合，当然其中有分量轻重的不同。尤其是以道家的态度立身处世，以儒家的用心言政治言社会，更是由陆贾开其端的两汉知识分子的特色。

五、陆贾启蒙的影响

由秦政所完成的大一统帝国，以法家的"唯刑主义"为运转的工具。从始皇诸刻石的内容看，虽强调"作制明法"（《泰山刻石》）、"端平法度"（《琅琊台刻石》）；但其

---

① 此段参校《群书治要》本。
② 见《史记·曹相国世家》。

目的仍在要求有一个和平、生产而合于人伦要求的社会。因此，也不能不强调"以明人事，合同父子。圣智仁义，显白道理"（《琅琊台刻石》），"端直敦忠，事业有常"（同上）。这即说明在法令刑罚的后面，必须有更根本的要求。这种要求不能全靠法令刑罚的禁制，而须人民有向善之心，这便有赖于辟雍庠序之教；此在当时诸子百家中，只能选择到以孔子为中心所形成的教材。陆贾是面对着皇帝首先提出此一问题，为汉代逐渐实现的由政府举办学校教育的先声，其意义自为深远。而站在统治者的立场，要"端平法度"（《琅琊台刻石》）以为"万物之纪"（同上），亦必以"圣智仁义"为前提。此"圣智仁义"前提的建立，事实上统治者的自身也必有赖于《诗》、《书》之教。尤其是西汉知识分子的尊经，是要对大一统的帝国，提供一种政治社会的共同轨辙，使皇权专制能在此种共同轨辙上运行；汉代经学的真实意义，有如近代的宪法；这一点将另作详细讨论。而其端，实自陆贾发之。萧何次法令，只是把秦代的法令，重新加以肯定。一经肯定后，便难加以改变。惠帝四年（前一九一年）除挟书律，与陆贾的启蒙，不能说没有关系。

就刘邦个人而论，我相信也发生了若干直接影响。史公所说的"号其书曰《新语》"，这是刘邦为他所取的名称。因为陆贾的话，为刘邦开启了一个新天地，所以他特别感到很新鲜，由此可知他当时是有真实的感受。《汉志·诸子略·儒家》录有"高祖十三篇"，班固注谓："高祖与大臣述古语及诏策也。"因为刘邦的大臣多鄙野无文，他受陆贾的影响，觉得前言往行之可贵，便向他的大臣讲些他认为有意义的故事，左右加以纪录，因此成篇，这是很合情理的。诏策之语，未必皆合儒家，但刘向父子，既未以之直承《六艺略》中《尚书》之后，转而列入儒家，其中亦多少含有儒家的意味。此十三篇虽亡，但其绪余犹可考见。《汉书·高纪下》，五年五月《罢兵赐复诏》："民前或相聚保山泽，不书名数。天下已定，令各归其县，复故爵田宅。吏以文法教训辩告，勿笞辱。民以饥饿自卖为人奴婢者，皆免为庶人。"《汉书·刑法志》七年《疑狱诏》，规定疑狱处理的程序，以免"有罪者久而不论，无罪者久系不决"之弊。《汉书·高纪下》十一年二月《求贤诏》："盖闻王者莫高于周文，伯者莫高于齐桓，皆待贤人而成名。"此皆与陆贾的尚宽、慎刑、求贤之意相合。尤其是《求贤诏》中所标举的周文、齐桓，其为受陆贾《新语》的影响，更为明显。《古文苑》卷第十录有汉高祖手敕太子五条中有谓："吾遭乱世，当秦禁学，自喜谓读书无益。洎践祚以来，时方省书，乃使人知作者之意。追思昔所行，多不是。"则他不仅肯自己读书，且读书而能切身反省，这也分明得力于陆贾之教。又"尧舜不以天下与子而与他人，此非为不惜天下，但子不中立耳"，这反映出战国末期盛行的天下为公的思想。又勉太子"每上疏，宜自书，勿使人也"，又教太子见"萧、曹、张、陈诸公侯"，"皆拜"，这皆流露出勖学知礼之意。《汉书·高纪下》十二年"十一月，行自淮南，过鲁，以太牢祀孔子"，此为帝王祀孔子之始。若非因陆贾而真有所感发，对孔子存有真诚的敬意，他不会做这种前无所承的虚应故事。

陆贾《新语》在刘邦的全部政治意识与政治行为中所能发生真实的影响，当然比重是很轻的。在两千年大一统的皇权专制政治史中，儒家真正的作用，更是如此。但在此种皇权专制的黑暗中，能浮出若干人生存在的价值观念，能在人伦生活里面由仁义发生若干相濡以沫的作用，能在层层压制之下，能代替人民发出疾苦的呼声，这对于我们民族生命的延续，文化的维持，依然有很重大的意义。在这种地方，我们应给陆贾以相应的评价。

补记：陆贾反对秦的唯刑主义，不重视刑法，但并不是不重视"法度"。所以《怀虑》十九说："故事不本于法度，道不本于天地，可言而不可行也。"仁义须通过法度而实现。《论语·尧曰》章："谨权量，慎法度。"西汉思想家，常承先秦儒家，将礼与法或法度并称。

一九七五年十二月二十五日

贾谊思想的再发现

　　《汉书·贾谊传》中所录的《治安策》，在西汉政治思想史上，有显赫的地位。惟历来言贾生者，因《新书》之难读，或怀疑其非真而加以唾弃。或虽认为真，并曾作若干文字上的校勘工作，但亦少深入探究其内容，于是亦仅据《治安策》以言贾生的政治思想。《治安策》是为了解决当时的现实政治问题而发的，在对应现实政治问题的后面，贾生更有种伟大的政治理想及奇特的政制构造，由巩固皇权专制，而解消皇权专制，则几乎无人提到。至于贾生融贯儒道两家思想，以组成一奇玮的哲学系统，则埋没了两千余年；因而对贾生在思想上的创发性，及秦汉之际的思想特性，亦同被埋没。本文除由时代背景以把握《治安策》的意义外，更由《新书》之再批判（内容出于贾生，但编定者则系贾生后人），对贾生政治的根源思想及其哲学思想，亦加以阐述，使这一颗彗星的光芒，仍能照射出来，以补思想史上的大缺憾。我在标题上用"再发现"三字，或非夸诞之辞。

一九七五年三月八日

一、时代背景及《贾谊传》

刘邦在五年（纪前二〇二年）击灭项羽，即皇帝位。到十二年（前一九五年）四月死时，异姓诸侯王除无足轻重的长沙王吴芮外，皆已被诛灭，代之以同姓的诸侯王，作为控制大一统天下的基干。惠帝在位七年（前一九四至前一八八年），实由吕后专政。惠帝死，吕后正式专政八年（前一八七至前一八〇年），经过刘氏、吕氏的斗争，卒由八年七月吕后之死，周勃、陈平、刘章合力诛吕禄、吕产及诸吕，迎立代王恒即帝位，是为文帝，重新奠定了刘氏政权的基础。

从刘邦五年到文帝即位，凡二十三年。虽朝廷扰攘不安，但他们执行了"与民休息"的一贯政策，社会经济，由战争破坏中恢复得很快。惠帝四年春举孝弟力田，建立了汉代社会政策的大方向。同年除挟书禁，也为文化敞开了自由活动的大门。在此种背景下，承先秦诸子的学术遗风，以最大的热情与广博的学识，欲为此大一统的皇权专制政治，提出长治久安之策的，当首推贾谊。①

---

① 汪中《述学·内篇》卷三《贾谊新书序》附年表，以谊生于高祖七年（前二〇〇年），卒于文帝十二年（前一六八年），以合本传死时"年三十三矣"之数。王耕心《贾子年谱》同。

《史记》将贾谊与屈原同传，主要是侧重在"自屈原沉汨罗后百有余年，汉有贾生，为长沙王太傅，过湘水，投书以吊屈原"，所以在列传中特载其《吊屈原赋》及《鵩鸟赋》。盖不仅如冯班所说的史公是"伤其遇，并重词赋"，并且汉赋历景帝及武帝初期而极盛，卒以楚词系统的赋为主流，而楚词系统的汉赋，实由贾谊开其端，启其钥，在文学史上的意义特为重大。史公的着眼点，或侧重在贾生乃处于汉代文学的创辟的重要地位。班固本《史记》之列传以写《贾谊传》，既录其两赋，更大量选录了与当时政治有关的言论，此即一般所称的《治安策》，而贾谊在汉代政治思想上的意味，由此更为显著。《汉书》卷四十八《贾谊传》：

　　贾谊，洛阳人也。年十八，以能诵诗书属文，称于郡中。河南守吴公闻其秀才，召置门下，甚幸爱。文帝初立，闻河南守吴公治平为天下第一，故与李斯同邑，而尝学事焉，征以为廷尉。廷尉乃言谊年少，颇通诸家之书，文帝召以为博士。是时谊年二十余，最为少。每诏令议下，诸老先生未能言，谊为之对，人人各如其意所出，诸生于是以为能。文帝说（悦）之，超迁岁中至太中大夫。谊以为汉兴二十余年，天下和洽，宜改正朔，易服色，法（正）制度，定官名，兴礼乐。乃草具其仪法，色上黄，数用五，为官名，悉更秦之法。[①]帝谦让未皇（暇）也。然诸法令所更定，及列侯就国，其说皆谊发之。于是天子议以谊任公卿之位，绛、灌、东阳侯、冯敬之属尽害之，乃毁谊曰："洛阳之人，年少初学，专欲擅权，纷乱诸事。"于是天子后亦疏之，不用其议，以谊为长沙王太傅。谊既以适（谪）去，意不自得。及度湘水，为赋以吊屈原。

上因感鬼神而问鬼神之本，谊具道所以然之故。至夜半，文帝前席。既罢曰："吾久不见贾生，自以为过之。今不及也。"乃拜谊为梁怀王太傅。怀王，上少子，爱而好书，故令谊傅之，数问以得失。是时匈奴强，侵边。天下初定，制度疏阔，诸侯王僭儗，地过古制。淮南、济北王，皆为逆诛。谊数上疏陈政事，多所欲匡建。其大略曰……

梁王胜坠马死，谊自伤为傅无状，常哭泣，后岁余亦死。贾生之死，年三十三矣。……孝武初立，举贾生之孙二人至郡守。贾嘉最好学，世其家。

赞曰：刘向称贾谊言三代与秦治乱之意，其论甚美，通达国体。虽古之伊、管，未能远过也。使时见用，功化必盛。为庸臣所限，深可悼痛。追观孝文玄默

---

① 《汉书》此句作"悉更奏之"。王念孙以"奏秦相似而误，又脱法字耳"，故改从《史记》。

躬行，以移风俗。谊之所陈，略施行矣。及欲改定制度，以汉为土德，色尚黄，数用五；及欲试属国，施五饵三表，以系单于，其术固以疏矣。谊以天年早终，虽不至公卿，未为不遇也。凡所著述五十八篇，掇其切于世事者著于传云。

按贾谊两傅藩王，而意义不同。梁怀王为文帝爱子，且系褒封大国，贾谊傅之，有实质之意义，且与朝廷之声气未断。异姓之长沙王吴氏，得国仅二万五千户，尚不及三万户之列侯；其存在，乃崇德报功之点缀性质，在政治上不关痛痒，因而太傅亦属虚名。故谊由太中大夫迁为长沙王太傅，是事实上的贬谪。并非仅如周寿昌所谓"以其去天子侧而官王国"，故称之为"适（谪）去"。

二、《新书》的问题

这里对他所著的五十八篇，即是今日我们可以看到的《新书》，①提出来略加讨论，这是研究贾生思想的基本工作。

《新书》缺《问孝》及《礼容语上》二篇，实存五十六篇。因文字讹夺、简牍错乱的情形，与陆贾的《新

---

① 用龙谿精舍校刊卢文弨校本，再参考俞樾《诸子平议》，陶鸿庆《读诸子札记》有关《新语》之部分，及刘申叔《贾子新书斠补》。间亦参以鄙见。

语》相似，很少人能耐心与本传中文字对勘细读，遂引起许多不负责任的怀疑、臆说。如：

《崇文总目》卷三："《贾子》十九卷，汉贾谊撰。本七十二篇，刘向删定为五十八篇。隋唐皆九卷，今别本或为十卷。"按《汉书》本传只言五十八篇，《汉书·艺文志》亦只列"贾谊五十八篇"；所谓"本七十二篇"之说，毫无根据。而《隋唐志》皆作十卷，更无所谓"皆九卷"之事。不知《崇文总目》何以讹误至此。

陈振孙《书录解题》卷九："《贾子》十一卷，汉长沙王太傅洛阳贾谊撰……今书首载《过秦论》，末为《吊湘赋》，余皆录《汉书》语。且节略谊本传于第十一卷中。其非《汉书》所有者辄浅驳，不足观，决非谊本书也。"

姚姬传《惜抱轩文集》五《辨贾谊新书》谓："贾生书不传久矣。世所有云《新书》者，妄人伪为者耳。班氏所载贾生之文，条理通贯，其辞甚伟。及为伪作者，分晰不复成文，而以陋辞连侧其间，是诚由妄人之谬，非传写之误也……"

卢文弨《抱经堂文集》卷十《书校本贾谊新书后》："《新书》非贾生所自为也。乃习于贾生者萃其言以成此书耳。犹夫《管子》、《晏子》，非管、晏之所自为。然其规模节目之间，要非无所本而能凭空撰造者。篇中有'怀王问于贾君'之语，谊岂以贾君自称也哉……《修政语》称引黄帝、颛顼、喾、尧、舜之辞，非后人所能伪撰。《容经》、《道德说》等篇，辞义典雅，魏晋人决不能为……其去贾生之世，不大相辽绝可知也……"

《四库提要》卷九十一：《新书》十卷，"然今本仅五十六篇。又《问孝》一篇，有录无书，实五十五篇（按实五十六篇），又陈振孙《书录解题》称首载《过秦论》，末为《吊湘赋》……今本末无《吊湘赋》，亦无附录之十一卷，且并非南宋时本矣（按卢校所据之建本、潭本皆南宋本，且与今本同）。其书多取谊本传所载之文，割裂其章段，颠倒其次序，而加以标题，殊瞀乱无条理……其书不全真，亦不全伪……"

陈振孙、姚姬传以溢出于《汉书》本传者皆伪。卢文弨在校勘上用了很大的工夫，但以其书比之于《管子》、《晏子》，"非贾生所自为"。《四库提要》，貌为调停之论，实与陈振孙之意见无大出入。上引诸人所提出的问题，我以为余嘉锡在其所著《四库提要辨证》卷十"《新书》十卷"项下，已作了适当的解答。余氏首在版本上驳正"《提要》未见宋本，又不考之《玉海》，执陈振孙一家之言，以今本为非宋人所见，误矣"。次引"师古曰，谊上疏言可为长叹息者六，今此只三而止，盖史家直取其切要者耳"，认为"凡载于《汉书》者，乃从五十八篇之中撷其精华"，力破《提要》谓"《新书》为取本传所载，割裂其章段，颠倒其次序"之说，并"试取《汉书》与《新书》对照，其间斧凿之痕，有显然可见者"，列举例证颇详，同时责"卢文弨以校勘名家。然其校此书……凡遇其所不解，辄诋为不成文理，任意删削"，引俞樾《新书平议》讥其"是读《汉书》，非治《贾子》"，为"深中其（卢）病"。又据刘申叔《左盦集》卷七《贾子新书斠补序》，证明"今本即唐人所见，特传写有脱误，其证甚多"。更以"古人之书，书于竹简，贯以韦若丝，则为篇。书于缣帛，可以卷舒，则为卷。简太多，则韦丝易绝。卷太大，则不便卷舒，故古书篇卷无太长者，而篇尤短于卷。其常所诵读，则又断篇而为章，以便精熟易记。故汉人五经诸子，皆有章句之学……贾谊之书，何为独不可分为若干篇乎"。上面的说法，皆可以成立。惟谓《过秦》三篇，"亦贾生所上之书，且为以后诸篇之纲领"，则未必如此。余说近六千字，可知其用力之勤。现以余氏之说为基础，再补充若干意见。

现在的《新书》五十八篇的内容，全出于贾谊。不仅刘申叔《贾子新书斠补序》中，列举《北堂书钞》、《艺文类聚》、《初学记》、《群书治要》、《意林》、《稽瑞》、《白帖御览》所引《新书》，以校今本，除小有异同外，所得佚文不过三条，刘氏以为此三条即今本诸篇中脱文；而《白帖》以上，皆唐时书，今本即唐人所见。且我发现《新语》卷五《傅职》的内容，为《大戴记·保傅》篇的一部分，不见于《汉书》本传。但梁刘昭注司马彪《续汉书》中之《百官志》，在"太傅上公一人"条下引自

"贾生曰，天子不逾于先圣之德"起，至"此少保之责也"止，皆见于《傅职》篇，仅文字稍有裁省。由此可以证知《大戴记》系取自《新书》，而非《新书》取自《大戴记》。更可证明《汉书》本传未载，而为《新书》所有者之出于贾生。尤其是《新书》中未见于本传中的部分，其思想之领域，广阔而富有创造性，绝未受有董仲舒及五经博士成立以后，思想向阴阳五行的格套演进的影响。此不仅书中所引《青史》、黄帝、颛顼、帝喾、帝尧、帝舜、大禹、汤、鬻子、尚父（太公）、王子旦（周公）诸文，皆非后人所得而伪。其所言礼及《容经》，皆为佚礼之余。且《傅职》篇言教太子之内容，举有《春秋》、《礼》、《诗》、《乐》、《语》、①《故志》、《任术》、《训典》等八项，非五经博士成立以后的教学规模。本传中虽谓贾谊主张"色尚黄，数用五"，受有《吕氏春秋》之影响；但战国中期以后，五行之说，愈演愈盛，经过董仲舒，而影响到文化社会的各方面，建立了不可动摇的地位。《新书》中，仅偶言及阴阳，而未尝言及五行。且卷八《六术》篇由"德有六理"而突出"六"的特殊意义，认为"艺之所以六者，法六法而体六行故也。故曰，六则备矣。六者非独为六艺本也，他事亦皆以六为度。声音之道，以六为度"，"人之戚属，以六为法"，"度数之

---

① 此"语"疑系指《国语》而言。《新书》中引有《国语》。

道，以六为法"，"事之以六为度者不可胜数也"。在数上除三、九、五外，特重视六，这只能说是贾生前无所承、后无所继的特殊思想，非汉中期以后所能出现的，所以也沉埋两千多年而无人道及。尤其是自第六卷起，思想的深度，不仅超出于本传所选用之文字，且在政治及哲学上，自成一奇玮的系统，在两汉思想中，实占一特殊之地位。

《新书》的内容，应分为三部分。一部分是他主动写的，有如《过秦》三篇；① 一部分是向文帝上书言事的，如《汉书》本传中所选录者是。而自卷六起，则多系为梁王太傅时教告问答之辞。章太炎《春秋左传读·叙录》谓："贾生引用左氏内外传极多，而其中《道术》篇、《六术》篇、《道德说》篇，正是训故之学，有得于正名为政之学者也。"实际，这只是对梁王所用的教材，许多地方不能不作训故性的解释，与正名为政之学无关。所以自第六卷以下，多以"诸侯"、"世子"为对象。

---

① 《汉书》三十一《陈胜传》赞"昔贾生之过秦也"注，应劭曰："贾生书有《过秦》二篇，言秦之过，此第一篇也。"按应劭仅称二篇，诸本亦只作上下篇。惟宋潭州本作上中下三篇，与《史记·秦始皇本纪》赞《索隐》谓：贾谊《过秦论》，以孝公以下为上篇，秦兼并诸侯三十余郡为下篇，则"秦灭周祀，并海内"为中篇；与三篇之数合。应劭所谓二篇者，二当为三之误。汪中《述学·内篇》卷三《贾谊新书序》谓"《过秦》三篇，本书题下无论字……《吴志·阚稜传》始目为论；左思、昭明太子，并沿其文误也"。

《新书》的内容，虽全出于贾谊；但他三十三岁便死了，将其编成五十八篇，并冠以《新书》的书名，并非出于贾氏自己，可能是出自"至孝昭时列为九卿"①的他的孙贾嘉或者是出自他的曾孙贾捐之手。《崇文总目》谓"本七十二篇，刘向删定为五十八篇"，七十二篇既无据，则刘向删定之说亦无据。史公著书，最重述作。凡他知其人有述作，而勒为一书的，在传记中无不加以纪录。《史记·贾生列传》中，已说"贾生数上疏，言诸侯或连数郡，非古之制，可稍削之，文帝不听"，但未提及著书五十八篇。《汉书·陈胜传》赞"昔贾生之《过秦》曰"，是已有"过秦"之名。但《史记·秦始皇本纪》赞"善乎贾生推言之也"，《陈涉世家》赞"吾闻贾生之称曰"，可知当史公著书时，尚无"过秦"之名，亦可知此时尚未编定为一书。其书既由他的后人所编定，则"篇中有怀王（梁怀王）问于贾君之语"（《先醒》篇），卢文弨不必怀疑其"谊岂以贾君自称也哉"。②至《汉书·艺文志》仅称"贾谊五十八篇"而未出《新书》之名，不足证明《新书》一名在刘氏校书时尚未成立，因《汉志》中只称篇数而不称书名的其例不少。

　　《汉书》本传删取《新书》的痕迹，除余嘉锡氏所举

---

① 《史记·贾谊列传》未有此语，虽为后人所加，要必有所本。
② 卢文弨《抱经堂文集》卷十《书校本贾谊新书后》。

外，尚随处可见。试举一例如下：

《新书·数宁》：

> 进言者皆曰，天下已安矣，臣独曰未安。或者曰，天下已治矣，臣独曰未治，恐逆意触死罪。虽然，诚不安，诚不治，故不敢顾身，敢不昧死以闻。夫曰天下安且治者，非至愚无知，固谀者耳。皆非事实，知治乱之体者也……陛下何不一令以数日之间，令臣得熟数之于前，因陈治安之策，陛下试择焉，何甚伤哉。

《汉书》：

> 进言者皆曰，天下已安已治矣，臣独以为未也。曰安且治者，非愚则谀，皆非事实，知治乱之体者也……陛下何不一令臣得熟数之于前，试详择焉。

《新书》多出的文字，很明显的不是后人所能加上去的。姚姬传不知奏议之文，首须尽其委曲，而斥"其文辞卑陋"。卢文弨对《新书》上段文字谓"篇中多为后人取《汉书》之文而敷衍之，至多冗长……至如'陛下何不一令臣得熟数之于前'句内，又嵌'令以数日之间'六字，于'令臣'之上；又'陛下试择焉'下，又赘'何甚伤哉'四字，皆不成文理，去之"。卢氏全未理会班固"其大略曰"的"大略"的意义，又后人何不在文义上敷衍，却在文字的格式语气上敷衍？贾谊所陈的有"可为痛惜（哭）者一，可为流涕者二，可为长太息者六"，还有教养太子等问题；所陈者非一事，所指者非一端，若无"数日之间"，岂能如后世得纸笔之便，一次上万言书吗？"以数日之间"，正切合当时进言的事实，而卢氏谓为不成文理，何以固陋至此。

我的看法，《新书》卷五以前，错简特为严重；凡《汉书》本传已录其大略者，应依本传的次序，将《新书》重新编定；其因讹夺而语意不通者一仍其旧，则或者可以恢复《新书》一部分的大概面貌。至卷六以后，有的残缺不全，无可勘对，乃无可奈何之事。卢氏于语意全不可通者便谓系后人加入，岂有后人加入而会有语意全不可通之事？

三、贾谊的思想领域

关于贾生的思想领域，也应当先在此处略加考查。

史公《自序》言汉初思想大势谓："自曹参荐盖公言黄老，而贾生、晁错明申、商，公孙弘以儒显。"《汉书·晁错传》谓"错学申商刑名于轵张恢先所"，而《艺文志》亦列晁错三十一篇于法家，则晁错的明申、商，是没有问题的。贾生五十八篇，《汉志》分明列入儒家，所以梁玉绳以史公将贾生与晁错并称为"似未当"。推史公之意，殆就两人皆主张削弱诸侯王的共同点言之。盖削弱诸侯王以加强中央集权与国家的统一，儒法各家大体相同；但儒家有"亲亲"的观念，不似贾、晁两人主张的激烈。贾、晁两人对此问题的态度，同出于法家精神，可无疑义。《治安策》[①]"屠牛坦一朝解十二牛，而芒刃不顿者，所排击剥割，皆众理解也。至于髋髀之所，非斤则斧。夫仁义恩厚，人主之芒刃也。权势法制，人主之斤斧也。今诸侯王，皆众髋髀也。释斤斧之用而欲婴以芒刃，臣以为不缺则折"，这分明是出自法家精神。儒家不轻言"权势"，姚姬传在《贾生明申商论》（《惜抱轩文集》卷一）中谓"斤斧以取譬耳，岂刑戮谓哉，此不足为生病"，此乃姚氏自己对上下文义的误解。《治安策》又谓"若夫庆赏以劝善，刑罚以惩恶，先王执此之政，坚如金石。行此之令，信如四时。据此之公而无私，如天地耳，岂顾不用哉"。庆赏刑罚，此法家之所谓二柄，[②]即亦法的骨干，贾谊加以完全的肯定，并吸取其用法的公而无私的精髓。但贾谊在此处认为"法者禁于

---

① 此后征引，凡本传《治安策》中所有者，皆本《治安策》。其凡未注明出处的，皆用的是《治安策》。若《治安策》的文字意义不全，或为本传所未录者，则用《新书》。此处所引者，在《新书》为《制不定》篇，语气较《治安策》为完足，而《治安策》于义亦为无损。

② 《韩非子·二柄》第七，专论此事。

已然之后"，又以"刑罚积而民怨背"，得不到政治社会的谐和团结，所以他便由法而通到"禁于将然之前"的礼，以期"绝恶于未萌，而起教于微眇，使民日迁善远罪而不自知"，这便由法家通向儒家。不过在贾氏所强调的礼中，也含有浓厚的法家意味。而在探求人生根源的地方，亦即在与文帝所谈的"鬼神之本义"的地方，则通向老子；在境遇挫折，自加排解的地方，则通向庄子。① 在提倡节俭，重视礼而事实上并不大重视乐的地方，则吸收了墨子思想。《新书》中引用了不少《孟子》、《荀子》的语句，而在教化上重"渐"重"积"，在言礼时，把礼应用到经济生活方面，则受《荀子》的影响为更大。在主张"色上黄，数用五"，受了《吕氏春秋》的影响。其他《发子》、《粥子》等不一而足，正如《史记·贾生列传》中吴公所说"颇通诸子百家之书"。而作为他的诸子百家的绾带的，当是《管子》。因《管子》一书，本由汇集折衷儒道法三家思想以为其骨干，更广罗战国时期许多角度不同的思想，以形成一部"政治丛书"的性质。通过《史记·文帝本纪》以了解文帝思想的背景，其由《管子》以绾带儒法道三家者颇为明显，或即系受贾生的影响。但贾生所吸收的诸子百家，非仅供繁征博引以供加强自己论点之资。最难得的是由斟酌取舍

① 贾谊的《鹏鸟赋》，很明显地吸收了庄子的思想。

而融会贯通，以形成他的政治思想、哲学思想上的独特体系，这在后面将详加疏导。

儒家典籍，在贾生思想中，当然占最重要的地位。《汉书·儒林传》"汉兴，北平侯张苍，及梁太傅贾谊，京兆尹张敞，太中大夫刘公子，皆修《春秋左氏传》，谊为《左氏传训诂》"，是他对《左氏传》曾下过一番工夫。但《经典释文·序录》谓："左丘明作传以授曾申，申传卫人吴起……卿（虞卿）传同郡荀卿名况，况传武威张苍，苍传洛阳贾谊……"这种说法，则大有问题。《儒林传》未言张苍与贾谊，有传受关系，而《释文》则凭空加上传受关系。盖五经博士成立以后，为便于统制及专利，特重师承家法；一若不经传受，即无入学之方。不知在此以前，以上推战国之末，学者只要能通阅文字，便可自由修业，学无常师，没有师承家法的拘束。后人常以五经博士出现以后的师承家法的情形，加在以前的经学传承上去，每经都安放一条直线单传的系统，一若每代只有一人传习，这都是出于傅会而非常不合理的。《左氏》未得立博士，故《汉书·儒林传》的叙述，尚反映出一点自由修业，无所谓师传的情形。到了陆德明写《经典释文》时，便按照其他经传的情形，也为它加上一个直线单传的系统。殊不知《左氏》在战国末期，已成为很通行的典籍，《韩非子》中亦已引用。①贾生之习《左氏》，不必传自张苍，且亦无缘传自张苍。张苍于高帝六年封为北平侯，迁为计相。萧何为相国，苍以列侯居相府，后改为淮南王相。据《汉书·百官公卿表》，吕后八年，迁张苍为御史大夫，文帝四年为丞相。贾谊籍洛阳，生于高帝七年；十八岁河南郡守吴公召置门下，时为高后五年。文帝元年召河南郡守为廷尉，因吴公荐，召为博士，这年超迁太中大夫，时谊年二十二岁，也是他开始由洛阳到长安之年，以何因缘，而得张苍传授《左氏》？②且张苍"推五德之运，以为汉当水德之时，尚黑如故"，③"鲁人公孙臣上书，陈终始传五德事，言方今土德时……当改正朔服色制度。天子下其事，与丞相（张苍）议。丞相推以为今水德始明，正十月，上黑色。以为其（公孙臣）言非是，请罢之"。④按贾谊有关此一问题的看法，与公孙臣相同，与张苍相异；若贾谊为张苍弟子，何得有此歧异？若贾生习《左氏》，乃传自张苍，则他该通六艺及诸子百家，又传自何人？贾生年少时即具有

---

① 学生书局《中国书目季刊》第八卷第二期有郑良树君《论左传君子曰，非后人所附益》一文中谓《韩非子·说难》四篇引有《左传·桓公十七年》郑昭公将以高渠称为卿一段中的"君子谓"及公子达的话。《晏子春秋·内篇杂下》第二十一，则引有《左传·昭公三年》景公欲更晏子之宅一段中的"君子曰"，其言甚确。亦可见《左传》在战国中期后已流行。

② 以上请参阅《史记·张丞相列传》，及《汉书·百官公卿表》。

③ 《史记·张丞相列传》。

④ 《史记·文帝本纪》。

广博知识，一方面是来自他个人的禀赋与努力，也得力于他出生地的洛阳。自周公营建洛邑以来，几近千年，乃文物中心之地，这在了解时局及追求知识上，当然有很大的方便。研究汉代经学史，应首先打破五经博士出现以后所伪造的传承历史。当然，这并非说一切习六艺的人皆无所传承；但我借此指出，并非必有师承家法不可。尤以先秦时代之直线单传系统，十九出于傅会、伪造。

《新书》引《左氏》，[①] 他的深通《左氏》自不待论。但《左氏》外，更深于《礼》及《诗》与《易》。他虽统称六艺，如《六术》篇："是以先王为天下设教，因人所有，以之为训，道人之情，以之为真。是故内法六法，外体六行，以与《书》、《诗》、《易》、《春秋》、《礼》、《乐》六者之术，以为大义，谓之六艺。"但他与陆贾一样，没有引用到《书》，而他对《书》的内容，只从字义上加以陈述；如《道德说》篇"是故著之竹帛谓之书，书者此之著也"。我推测，秦政焚书，以对《书》的影响最大。汉初伏生以其残篇"教于齐鲁之间"，[②] 晁错尚未奉诏受读，所以贾生仅知有其名而未尝读其书，此亦经学史上有趣的问题。

---

① 《审微》篇晋文公请隧，及卫叔于奚请曲县繁缨。《春秋》篇卫懿公喜鹤，及《礼容语下》篇鲁叔孙昭聘于宋。虽其中文字偶有异同，盖一出于篇简繁重，仅凭记忆而引，一则在引用时带有一种解说性质。此皆汉人引书常例。

② 见《史记·儒林列传》。

《新书》中引用《诗》与《易》，皆妥帖而不泛。《礼》篇释《诗》的《驺虞》，释《易》之"亢龙"、"潜龙"，皆可存古义。《史记·日者列传》，"宋忠为中大夫，贾谊为博士，同日俱出洗沐，相从论议，诵《易》先王圣人之道术"，此亦可证谊对《易》特别有兴趣。《无蓄》篇引了"《王制》曰，国无九年之蓄，谓之不足……"的一段，这是最早征引《王制》的。卢植谓"汉文帝令博士诸生作此篇"。[①]博士诸生杂采有关传记以成此篇，将以作统治的法式，贾生或曾参与其事，其征引以加强自己的意见，并不足异。至《大戴记·礼察》篇之出于贾生，已有《治安策》可以证明。《保傅》篇乃采用《新书》中之《保傅》、《胎教》、《容经》等而成，有刘昭注可以证明。且贾生本为太子而立教，而《大戴记》将太子改为天子，在文意上实多舛戾。但由此可知贾生所发生影响之大。

四、贾谊由秦所得的历史教训（附贾山）

　　贾谊对经传诸子百家的热烈追求，首先是要为出现不过二十多年的大一统的专制政治形态，迫切地找出一条长治久安的道路。他的这一思考，是从秦政建立了此种政治型态后，何以便二世而亡的这一切近的历史教训

---

① 《礼记注疏·王制》第五下引。

开其端，并且这也是他对诸子百家在思想上选择的标准。因此，他对秦的批评，是了解他的政治主张，把握他的政治思想的起点。《过秦下》："是以君子为国，观之上古，验之当世，参之人事，察盛衰之理，审权势之宜，去就有序，变化因时，故旷日长久而社稷安矣。"《治安策》说："夏为天子，十有余世，而殷受之。殷为天子，二十余世，而周受之。周为天子，三十余世，而秦受之。秦为天子，二世而亡。人性不甚相远也。何三代之君，有道之长，而秦无道之暴也。""秦世之所以亟绝者，其辙迹可见也。然而不避，是后车又将覆也。"这已说得很清楚。

但贾生《过秦》（言秦之过），并非对秦采取抹煞的态度。第一，他承认法家对秦统一天下的功效。《过秦上》："秦孝公据崤函之固，拥雍州之地。君臣固守，以窥周室……商君佐之，内立法度，务耕织，修守战之备，外连横而斗诸侯，于是秦人拱手而取西河之外。"第二，他承认秦统一天下，是时代的要求，有重大的意义。《过秦中》："秦灭周祀，并海内，兼诸侯，南面称帝，以四向养。天下之士，斐然向风，若是者何也？曰，近古之无王者久矣……是以诸侯力政，强凌弱，众暴寡，兵革不休，士民罢弊。今秦南面而王天下，是上有天子也。即元元之民，冀得安其性命，莫不虚心而仰上。当此之时，专威定功，安定之本，在于此矣。"第三，他认秦政死后，秦无必亡之理。《过秦中》：“向使二世有庸主之行，而任忠贤，臣主一心，而忧海内之患……轻赋少事，以佐百姓之急，约法省刑，以持其后……即四海之内，欢然皆自安乐其处，惟恐有变；虽有狡猾之民，无离上之心，则不轨之臣无以饰其智，而暴乱之奸弭矣。”《过秦下》且认为：“借使子婴有庸主之材，而仅得中佐，山东虽乱，三秦之地，可全而有；宗庙之祀，宜未绝也。”在贾生上面的文字中，实际含有承认在历史中的正当地位的意义。按邹衍五德运转的安排，五行之德，以相克而递嬗。周以火德王，水克火，秦代周，所以秦是水德。土克水，汉代秦，所以汉应是土德。贾生主张“色尚黄，数用五”，即认为汉应是土德。在认汉是土德的后面，承认了秦是水德，担当了五德运转中的一德，是历史的正统。张苍主张汉是水德，这是以汉直承周的火德，不承认秦在历史上分担了正统的一个阶段。因为贾生虽过秦而未尝抹杀秦，所以引起了东汉明帝的批评。[1] 在这一态度后面，对秦政政治上的设施，也当承认其若干价值。

现在进一步看他对秦的政治，作了些什么批评，并认为可作汉的鉴戒的是些什么。《过秦上》结尾的“仁义不施，而攻守之势异也”的两句话，可说是他所作的总的批评。但这两句话的意思，在《过秦中》才把它说清楚。《过

---

[1] 可参阅《史记·秦始皇本纪》后的附录，及班固典引。

秦中》有下面一段话：

秦王怀贪鄙之心，行自奋之志，不信功臣，不亲
士民；废王道，立私权，禁文书而酷刑法，先诈力而后
仁义，以暴虐为天下始。夫并兼者高诈力，安定者贵顺
权，此言取与守不同术也。秦离战国而王天下，其道不
易，其政不改，是其所以取之守之者异（"异"上疑有
"无"字）也。孤独而有之，故其亡可立而待。

他认为秦亡之速，是因为他以攻天下取天下之术，为守天
下、治天下之具，此与陆贾的看法是完全相同的。更具体
地说：

（一）商君遗礼义，弃仁恩，并心于进取。行之
二年，秦俗日坏。故秦人家富子壮则出分，家贫子
壮则出赘。借父耰锄，虑有德色。母取箕帚，立而谇
语。抱哺其子，与公并倨。妇姑不相悦，则反唇而相
稽。其慈子嗜利，[①] 不同禽兽者无几耳。然并心而赴时，
犹日蹙六国，兼天下。功成求得矣，终不知反廉愧之
节，仁义之厚；信并兼之法，遂进取之业。天下大败，

---

① 《汉书》本传《治安策》，此段系取自《新书·时变》篇。《时变》篇作"其
慈子耆利而轻简父母也"，本传删去"而轻简父母也"六字，语意不完。

众掩寡，智欺愚，勇威怯，壮陵衰，其乱至矣。(《治安策》)

（二）秦灭四维（礼义廉耻）而不张，故君臣乖乱，六亲殃戮，奸人并起，万民离叛。凡十三岁，社稷为虚。(同上)

（三）夫三代之所以长久者，以其辅翼太子有此具（按指《新书·保傅》篇而言）也，及秦而不然。其俗非贵辞让也，所上者告讦也。固非贵礼义也，所上者刑罚也。使赵高傅胡亥而教之狱，所习者非斩劓人，则夷人之三族也。故胡亥今日即位而明日射人。忠谏者谓之诽谤，深计者谓之妖言，其视杀人若艾草菅然。岂惟胡亥之性恶哉，彼其所以道之者非其理故也。(同上)

（四）汤武置天下于仁义礼乐而德泽洽……累子孙数十世，此天下所共闻也。秦王置天下于法令刑罚，德泽无一有，而怨毒盈于世，下憎恶之如仇雠。祸既及身，子孙诛绝，此天下之所共见也。(同上)

（五）二世……重之以无道，坏宗庙与民更始，作阿房宫，繁刑严诛，吏治深刻，赏罚不当，赋敛无度，天下多事，吏不能纪。百姓困穷，而主弗收恤。然后奸伪并起，而上下相遁。蒙罪者众，刑僇相望于道，而天下苦之。自君卿以下，至于众庶，人怀自危之心，亲处危苦之实，咸不安其位，故易动也。(《过秦中》)

（六）当此时也，世非无深虑知化之士也。然所以不敢尽忠拂过者，秦俗多忌讳之禁。忠言未卒于口，而身为戮没矣。故使天下之士，倾耳而听，重足而立，拑口而不言……故秦之盛也，繁法严刑而天下震。及其衰也，百姓怨望而海内畔矣。（《过秦下》）

从陆贾起，认为稳固的政权，必立基于人与人能互信互助的合理的社会。而合理的社会，不是靠刑罚的威压，要靠仁义之政及礼义的教养。（一）所说的是商鞅的法治，收到了一时富强之功，但破坏了人与人的内在关连，因而破坏了合理的社会构造。（二）是切就人伦关系而言，与（一）的根本意义相同。（三）言胡亥的失德，主要因为始皇教之不以其道。《史记·秦始皇本纪》："赵高故尝教胡亥书及狱律令法事，胡亥私幸之。"与此相应。《李斯列传》赵高向胡亥建议"严法而刻刑，令有罪者相坐诛，至收族，灭大臣而远骨肉，贫者富之，贱者贵之，尽除去先帝之故臣，更置陛下之所亲信者近之……陛下则高枕肆志宠乐矣，计莫出于此。二世然高之言，乃更为法律。于是群臣诸公子有罪，辄下高，令鞫治之"。"法令诛罚日益刻深，群臣人人自危，欲畔者众。又作阿房之宫，治直驰道，赋敛益重，戍徭无已。于是楚戍卒陈胜、吴广等乃作乱……兵至鸿门而却。李斯数欲请间谏，二世不许。而二世责问李斯曰：'吾有私议而有所闻于韩子也……'李斯恐惧，重爵禄，不知所出，乃阿二世，意欲求容，以书对曰……"书的内容是根据申韩之说，"特严督责之术，使群臣百姓救过不给，何变之敢图"。李斯总结地说："虽申韩复生，不能加也。书奏，二世悦。于是行督责益严……刑者相半于道，而死人日成积于市。"这都与（三）（四）（五）所说的情形相应。《史记·秦始皇本纪》载赵高使其婿咸阳令阎乐，将吏卒千余人攻二世斋居的望夷宫，"郎中令与乐俱入，射上幄坐帏。二世怒，召左右，左右皆惶扰不斗。旁有宦者一人，侍不敢去。二世入内，谓曰：'公何不蚤告我？乃至于此！'宦者曰：'臣不敢言，故得全。使臣蚤言，皆已诛，安得至今。'"推此可以例当时一般的情况，与（六）所说的情况相合。而并《秦始皇本纪》及《李斯列传》以观，则赵高之以法家亡秦，乃历史中的铁案。申商韩的本意并不如此，而其反文化、反教养，使人仅成为相压相伺的狡智动物的结果必至于此。

这里顺便提到年龄可能长于贾谊，但向文帝进言，则约略与贾谊相先后的贾山。因为西汉较好的知识分子，莫不反秦反法；而陆贾、贾谊、贾山三人，皆出于历史成败兴亡的经验教训，非出于学术思想的是非得失，所以说得非常真实恳到。贾山因为"讼淮南王无大罪，宜急令反国"，与文帝的用心不合，所以并未如贾谊样得到文帝的重视。本传只记他"尝给事颍阴侯为骑"，更无其他名位。

班氏父子，仅以他的《至言》①而为他立传，由此可知他们对此文的重视，也由此可知良史的用心。《汉书》五十《贾山传》：

> 贾山，颍川人也。祖父祛，故魏王时博士弟子也。山受学祛，涉猎书记，不能为醇儒。尝给事颍阴侯为骑，孝文时言治乱之道，借秦为喻，名曰《至言》。

《至言》中最主要的用心，在希望天子能养士以自闻其过失。亦即是"开道而求谏，和颜色而受之"，"得士而敬之"，"用之有礼义"，以使至高无上，威严过于雷霆的皇帝，能了解人民的疾苦，"用民之力，不过三日；什一而籍，君有余财，民有余力"。他的这种意见，主要是来自秦二世而亡的经验教训。他对秦所以亡的原因，认为是"赋敛重数，百姓任罢。赭衣半道，群盗满山"。"劳罢者不得休息，饥寒者不得衣食，亡罪而死刑者无所告诉。人与之为怨，家与之为仇。""秦皇帝计其功德，度其后嗣，世世无穷。然身死才数月耳，天下四面而攻之，宗庙灭绝矣。秦皇帝居灭绝之中，而不自知者何也，天下莫敢告也。其所以莫敢告者何也，亡养老之义，无辅弼之臣，亡进谏

---

① 王先谦以"至之为言极也"释《至言》，本不算错。但《至言》中谓"言切直，则不用而身危。不切直，则不可以明道"。故所谓《至言》者，即切直之言。

之士；纵恣行诛，退诽谤之人，杀直谏之士，是以道谀偷合苟容。比其德，则贤于尧舜；课其功，则贤于汤武。天下已溃而莫之告也。""天下已溃而莫之告"，是法家之治的必然结果。

五、贾谊政治思想中的现实性与理想性

（一）现实政治问题

贾谊对当时政治的积极主张，是针对"是时匈奴强，侵边。天下初定，制度疏阔，诸侯王僭拟，地过古制，淮南、济北王皆为逆诛"（本传），而"陈治安之策"（本传）的。当时，对匈奴委曲求全的态度，虽然使贾生感到"可为流涕"；但他揣情度势，并未曾主张对外用兵，而是要以"耀蝉之术振之"。所谓"耀蝉之术"，是童子以火光照蝉，使蝉因受到火光的炫耀而不能飞动，以便加以捕获，其具体内容即是《新书》卷四《匈奴》篇中所述的"三表"、"五饵"。概括地说，即是要以物质声色的诱惑以弱化匈奴，分化匈奴。班固认为"其术固已疏矣"，未加采录。本传采录的重点，是放在如何解决"制度疏阔，诸侯王僭拟"的问题，这在当时的确是内政上的一个严重问题。贾生所提出的对策，可用"莫若众建诸侯而少其力"一句话加以包括。因为高祖所封的同姓诸侯王的疆域太大，其制度规模，与朝廷相去无几，随时有分裂叛变之虞。惩秦

不分封子弟，以致陷于孤立无援之失，贾生并没有主张根本废除这种过时的封建制度，而只是主张将一国改为数国，且在制度上加以各种限制，以扩大中央的集权，巩固天下的统一。贾生所以一下子受到文帝的重视，其根本原因在此。此一政策，经晁错、主父偃的继续主张，历文、景、武三世而卒得实现。而后的诸侯王，只等于一种剥削的大地主，与列侯无异。到晋武帝复行分封诸侯王制度，卒有八王之乱。所以贾生的这种主张，虽然不算彻底，但实有政治上的现实意义。

在贾生心目中的政治形态，是定于一尊的大一统的皇权专制的政治形态。皇帝是政治结构的顶尖，又是政治的中心。为了使皇帝有绝对统治的能力，贾生便提出政治的"阶级"①观念，以巩固并神化皇帝的地位。《阶级》篇说："天子如堂，群臣如陛，众庶如地，此其辟也。故陛九级，上廉远地，则堂高。陛无级，廉近地，则堂卑。高者难攀，卑者易陵，理势然也。故古者圣王，制为等列。内有公卿大夫士，外有公侯伯子男。然后有官师小吏，延及庶人，等级分明，而天子加焉，故其尊不可度也……君之宠臣虽或有过，刑戮不加其身，尊君之势也……今日王侯三公之贵，皆天子所改容而礼之者也……令与众庶徒隶同黥劓髡刖笞骂弃市之法，然则堂下不无陛乎？"汉初杀戮大臣，

---

① 《新书》卷二有《阶级》篇。

令其先受五种残酷刑法，可谓惨绝人寰。贾生不从刑法的本身立论，而援封建时代"礼不及庶人，刑不至君子（大夫）"以主张刑法的阶级性，则其建议的出发点，在尊君而不在刑法自身的得失，是可以想见的。

（二）理想的政制

但贾谊的尊君，毕竟与法家大大的不同。法家的君主，是孤头特出，除了法以外，不受任何人的制约的。而法的最高创制权、使用权，都操在皇帝手上，简帛上的黑字，又怎能要求有强大统治权的皇帝来加以信守呢？贾生心目中以皇帝为中心的政治结构，却是为皇帝分担权力，并给皇帝以政治规范、政治制约的政治结构；在此种结构中，皇帝的地位虽很尊，但权力的行使，是出于集体的意志与能力，而不是出于皇帝的孤独意志。《新书·官人》篇，这是把战国时期如何能合理行使政权的各种想法，加以组织而作集约的系统的表现。《官人》篇说："王者官人有六等，一曰师，二曰友，三曰大臣，四曰左右，五曰侍御，六曰厮役。"此六等，不是爵位上的等级，而是随才能品格而来的所能尽的责任上的等级。"知足以为源泉，行足以为表仪"的人"谓之师"。"知足以为砻砺，行足以为辅助，仁足以访议，明于进贤，敢于退不肖"，"谓之友"。"知足以谋国事，行足以为民率，仁足以合上下之欢。国有法，则退而守之……职之所在，君不得以阿私托者大臣也。""修身正行，不怍于乡曲。道语谈说，不悠（怍）于朝廷，知能不困于事业……能举君之失过，不难以死持之者，左右也。不贪于财，不淫于色，事君不敢有二心……虽不能正谏，以其死持之，憔悴有忧色者……侍御也。柔色伛偻，唯谀之行，唯言之听，以睢盱之间 ① 事君者，厮役也。"师与友，虽没有直接统治权，但因师的人格上的地位在人君之上，所以说"取师之礼，黜位而朝之"。友则与人君处于平等的地位，所以"取友之礼，以身先焉"。统治权在皇帝一人手上，而行使统治权的意志，则出于师友，这实际是人君与师友的共同统治，甚至可以说人君是处于虚位，以持政治之统；而实际代人君来统治的，是品德才能在人君之上的师或友。在以前的儒生及贾谊，认为这才是理想的统治方式。所以说"故与师为国者帝，与友为国者王"，"取大臣之礼，皮币先焉"，"与大臣为国者霸"，"取左右之礼，使使者先焉"，"与左右为国者强"，"取侍御之礼，以令至焉"，"与侍御为国者若存若亡"，"取厮役之礼，以令召矣"，"与厮役为国者亡可立待也"。由此可知人君地位之尊，是大一统的政体的要求。而人君在政治结构之内，以自卑而尊臣的程度，为其政治隆污的标志。大臣虽不及师友能代人君统治，但除才能品格外，并守其职所应遵循的法，人君不得以私意干犯，这便是人君

---

① 　此处指窥伺人君之喜怒而言。

的意志，只能通过法表现出来，所以是法治而不是人君的人治。左右并能举君的过失，侍御也要以人主之过失为忧，决不逢君之恶。则人君的过失，也受到消极的限定。因此，贾生为了巩固天下的统一，而把皇帝推尊得至高无上，但在他的官制中，却从道德、政治原则、才能、法制等方面，把政权安放在集体的有机体中去运行，决不许人君以个人的意志随意加以干犯。在贾生心目中，当时人君与人臣的关系，实际只不过是主人与厮役的关系。在这种地方，便表现出他在现实政治中的突破性。

在《辅佐》篇中，他更从职位及职掌上把握这大一统的政权，使其合理地具体化。《辅佐》篇文字既有残缺，又有讹误，今日只能通其大意。他把朝廷的政治结构，分为上、中、下三层，而把"大相"安置于三层之上。大相是"上承大义而启治道。总百官之要，以调天下之宜。正身行，广教化，修礼乐以美风俗，兼领而和一之，以合治安。故天下失宜，国家不治，则大相之任（责）也"。大相下面的三层结构是：由"大拂""上执正听"，[①]他的责任是"秉义立诚，以翼上志。直议正辞，以持上行。批天下之患，匡诸侯之过。令或郁而不通，臣或鳌而不义，大拂之任也"。由"大辅""中执政要"，他的责任是"闻善则

---

① 《汉魏丛书》本、《四部丛刊》明正德长沙刊本皆作"上执政职"，与"中执政职"重复，此依卢校。

以献，知善则以献。明号令，正法则，颁度量，论贤良，次官职，以时顺修，①使百官敬率其业。故经业不衷，贤不肖失序，大辅之任也"。"道行"、"调谇"、"典方"、"奉常"、"祧师"等"下执事职"，分管各种重要职务；其共同之点，是这些主官，皆具备与其职务相称的道德水准，使其职务在合理的目的上运行。同时，在其职务直接间接与人君有关时，皆负有匡正的责任。"大相"实际是代人君负统治之责，大相以次的上、中、下三层的各官职，皆对其官职所应遵守的原则负责，皆应使人君承受这些原则，而不准越出于这些原则之外。这样一来，贾谊虽视皇帝为至高无上，只是为了巩固天下的统一，与加强政治的秩序及效能。而以皇帝为代表的政治结构，却是集天下贤德之人的共同统治，皇帝反垂拱无为，实际是一种"虚君"的制度。这便把皇权专制，在实质上加以解消了。

另一值得注意的是，贾谊所提出的官名，除了"大相"与汉代所承袭秦制中的相国约略相似、奉常完全相同外，其他官名则完全不同。以意推之，他整理了先秦诸子百家中理想性的官制，或提出自己对官制的要求，构建一种新的政治构造，所以他所用的官名与时制完全不同，以表示与当时的政治构造，是完全不同的性格和内容。因汉所承的秦制，大部分是用来表现并维护皇帝的绝对身份，而非

---

① 原作"以时巡循"。此从俞校。

出自客观政治治理上的需要。①贾谊为了突出自己的政治理想，所以把当时的官制摒弃而不用，其中实含有对当时政治结构加以贬斥的意味。《孟子·告子下》"入则无法家拂士，出则无敌国外患者，国恒亡"，此处的"拂士"，当为"大拂"之所本。王莽政制中有四辅，又系本于贾谊的大辅。此外则未能详考。

（三）在人民上立基，发挥人民在知人用人上的积极功能

贾谊心目中的理想官制，是以道德为基础，这便须落实在人的问题上。知人用人，当然是人君最重要的责任。但贾谊虽重视人君知人用人的能力，可是觉得人君主观的能力是不大可靠的，便凸出人民在知人用人上的积极功用，以树立知人用人的客观标准，这是非常突出的观点。其所以能提出这种突出的观点，则是由继承儒家对人民的信赖，政治的一切是为了人民的大统，直接由孟子"国人用之"、"国人杀之"的观念所发展出来的。《大政》上篇：

> 闻之于政也，民无不为本也。国以为本，君以为本，吏以为本。故国以民为安危，君以民为威侮，吏以民为贵贱，此之谓民无不为本也。闻之于政也，民无不

① 请参阅拙著《周秦汉政治社会结构之研究》中《汉代一人专制政治下的官制演变》。

为命也。国以为命，君以为命，吏以为命。故国以民为存亡，君以民为盲明，吏以民为贤不肖。此之谓民无不为命也。闻之于政也，民无不为功也。故国以为功，君以为功，吏以为功。国以民为兴坏，君以民为弱强，吏以民为能不能。此之谓民无不为功也。闻之于政也，民无不为力也。故国以为力，君以为力，吏以为力。故夫战之胜也，民欲胜也。攻之得也，民欲得也。守之存也，民欲存也。故率民而守，而民不欲存，则莫能以存矣。故率民而攻，民不欲得，则莫能以得矣。故率民而战，民不欲胜，则莫能以胜矣……故夫蔷与福也，非降在天也，必在士民也。呜呼，戒之戒之。夫士民之志，不可不要也。呜呼，戒之戒之……天有常福，必与有德。天有常蔷，必与夺民时。故夫民者，至贱而不可简也，至愚而不可欺也。故自古至于今，与民为仇者，有迟有速，而民必胜之。……故纣自谓天王也，桀自谓天子也。已灭之后，民以相骂也。以此观之，则位不足以为尊，而号不足以为荣矣。故君子之贵也，士民贵之，故谓之贵也。故君子之富也，士民乐之，故谓之富也……夫民者，万世之本也，不可欺。凡居于上位者，简士苦民者是谓愚，敬士安民者是谓智。夫愚智者士民命之也。故夫民者大族也，民不可不畏也。故夫民者多力而不可敌也。呜呼，戒之哉。与民为敌者，民必胜之。君能为善，则吏必能为善矣。吏能为善，则民必能为善矣。故民之不善也，吏之罪也。吏之不善也，君之过也。呜呼，戒之戒之。故夫士民者，率之以道，然后士民道也。率之以义，然后士民义也。率之以忠，然后士民忠也。率之以信，然后士民信也。

因为贾谊是以民为本、以民为命、以民为功、以民为力，一切过失都由君与吏负责，决不能诿之于民。他的政治思想，完全立基于人民之上，而直接治理人民的是"吏"；因此，人君用人，是从吏开始。朝廷的卿相，都是从吏中选择出来的。而吏的贤否，是由人民对他的爱戴与否来决定，并使人民参与对吏的选举。《大政》下篇：

夫士者，弗敬则弗至，民者，弗爱则弗附。故欲求士必至，民必附，惟恭与敬，忠与信，古今无易矣……故有不能求士之君，而无不可得之士。有不能治民之吏，而无不可治之民。故君明而吏贤矣，吏贤而民治矣。故见其民而知其吏，见其吏而知其君矣。故君功见于选吏，吏功见于治民……王者有易政而无易国，有易吏而无易民……故民之治乱在于吏，国之安危在于政。是以明君之于政也，慎之于吏也，选之然后国兴也。故君能为善，则吏必能为善矣。吏能为善，则民必能为善矣……夫民者贤不肖之材，贤不肖皆具焉。故贤人得焉，不肖者伏焉，技能输焉，忠信饰焉，故民者，积愚也。故夫民者，虽愚也，明上选吏焉，必使民与焉，故士民誉之，则明上察之，见归而举之。故士民苦之，明上察之，见非而去之。故王者取吏不妄，必使民唱，然后和之。故夫民者，吏之程也。察吏于民，然后随之。夫民至卑也，使之取吏焉，必取其爱焉。故十人爱之有归，则十人之吏也。百人爱之有归，则百人之吏也。千人爱之有归，则千人之吏也。万人爱之有归，则万人之吏也。故万人之吏也，选卿相焉。

以人民是否爱戴来判断吏的贤否，究系判断于已用之后，由效果来决定。在未用之前，贾谊则以家庭社会的伦理为选择的标准。因为家庭社会的伦理，是道德的实践；而事君治民，则是此种实践的扩充。《大政》下篇：

事君之道，不过于事父。故不肖者之事父也，不可以事君。事长之道，不过于事兄，故不肖者之事兄也，不可以事长。使下之道，不过于使弟，故不肖者之使弟也，不可以使下。交接之道，不过于为身，故不肖者之为身也，不可以接友。慈民之道，不过于爱其子，故不肖者之爱其子，不可以慈民。居官之道，不过于居家。故不肖者之于家也，不可以居官。夫道者行之于父，则行之于君矣。行之于兄，则行之于长矣。行之于弟，则行之于下矣。行之于身，则行之于友矣。行之于子，则行之于民矣。行之于家，则行之于官矣。故士则未仕而能以试矣。

贾谊的官制、选吏上的理想，在政治现实中自然不会实现。但在上述的理想中，也未尝不能看出西汉乡举里选的朦胧面影。

六、政治思想中礼的思想的突出

（一）礼的时代意义

贾谊的政治理想，表现在他所创意的政治结构之中。为实现此种政治结构，并作合理的运行，更需要建立上下共同遵循的轨范，以形成共同的精神纽带，这即是他所突出的儒家所说的礼。而居于决定地位的还是人君，贾生便首先要求人君以礼范围自己，更根据礼来推动整个政治机构。但贾谊想到，已经做了皇帝的人君，很难达到他所要求的理想状态，他便把希望寄托在太子的教养上，并且从怀胎的时候便教养起。而教养的内容当然是礼。合理的政治，须建立在健全的社会制度之上，所以移风易俗，使社会进入到合理的状态，也正是政治的最高目的。移风易俗的手段依然是礼。政治的最基本要求，在解决人民的物质生活。这在贾谊，认为首需在消费上应有合理的限制，以达到节约的目的。而限制的依据还是礼。在贾谊心目中，礼是人的行为规范，是政治结构中、社会结构中的精神纽带及组织原理。而在经济中则又为对一般人民生活的保证，及对特殊利益者的一种限制。儒家礼的内容，到荀子已经有了很大的发展；^①贾谊所突出的礼的思想，又是受荀子的礼的思想，而继续向前发展的。面对着大一统的帝国，而要赋予以运行的轨迹，使其能巩固、治安；并且要在皇权专制政治之下，建立人与人的合理关系，使每个人能过着有秩序而又有谐和的生活，以贾谊为代表的西汉儒生，便只有集结整理儒家由战国中期以来的礼的思想，以作为法治的根据，及教化的手段与目标。真正的法治，只有在礼的政治、社会的精神纽带中，才可运行而不匮。大小《戴记》的成立，淮南门客特长于言法言礼，司马迁著《史记》而特立《礼书》、《乐书》，都是在此一背景之下，约百年之间儒生所追求的合理的政治社会的大方向。经武帝而把秦所立官制中合理的部分，逐渐加以变质，一人专制，已经僵化为集体封建压迫剥削的工具，与儒生所追求的方向，日离日远，已无理想旋回的余地，于是礼的思想，只成为皇权专制下的装饰仪节及典籍上的问题，已无复西汉初年在现实要求中生长出来的生命。

《礼》篇可以说是贾谊的礼的思想的总论。兹节录于下：

———————

① 　请参阅拙文《荀子政治思想的解析》一文，收入《学术与政治之间》。

昔周文王使太公望傅太子发，太子发嗜鲍鱼而太公弗与，曰："礼，鲍鱼不登于俎。岂有非礼而可以养太子哉？"寻常之室无奥剽（恐当作阼）之位，则父子不别。六尺之舆，无左右之义，则君臣不明。寻常之室，六尺之舆，处无礼即上下踳逆，父子悖乱，而况其大者乎。道德仁义，非礼不成。教训正俗，非礼不备。分争辩讼，非礼不决。君臣上下，父子兄弟，非礼不定。宦学事师，非礼不亲。班朝治军，莅官行法，非礼威严不行。祷祠祭祀，供给鬼神，非礼不诚不庄。是以君子恭敬撙节退让以明礼。礼者所以固国家，定社稷，使君无失其民者也。主主，臣臣，礼之正也。威德在君，礼之分也。尊卑小大，强弱有位，礼之数也。礼，天子爱天下。诸侯爱境内，大夫爱官属，士庶各爱其家。失爱不仁，过爱不义。礼者所以守尊卑之经，强弱之称者也……君仁臣忠，父慈子孝，兄爱弟敬，夫和妻柔，姑慈妇听，礼之至也。君仁则不厉，臣忠则不二，父慈则教，子孝则协，兄爱则友，弟敬则顺，夫和则义，妻柔则正，姑慈则从，妇听则婉，礼之质也……礼者所以节义而没不还。[①] 故飨饮之礼，先爵于卑贱，而后贵者始羞。殽膳下浃，而乐人始奏。觞不下遍，君不尝羞。殽

---

① 俞校："还乃逮字之误。《小尔雅·广诂》，没，无也。方言曰，逮，及也。没不逮者，无不及。故下所言皆逮下之事。"

不下浃，上不举乐。故礼者，所以恤下也……国无九年之蓄，谓之不足。无六年之蓄，谓之急。无三年之蓄，国非其国也。民三年耕，必余一年之食，九年而余三年之食，三十岁相通而余十年之积。虽有凶旱水溢，民无饥馑。然后天子备味而食，日举以乐。诸侯食珍，不失钟鼓之县，可使乐也。乐也者上下同之。故礼，国有饥人，人主不飧。国有冻人，人主不裘。报囚之日，人主不举乐。岁凶谷不登，台扉不涂，榭彻于侯，马不食谷，驰道不除，食减膳，飨祭有阙，故礼者自行之义，养民之道也。受计之礼，主所亲拜者二，闻生民之数则拜之。闻登谷则拜之。《诗》曰："君子乐胥，受天之祜。"胥者相也，祜，大福也。夫忧民之忧者民必忧其忧，乐民之乐者民亦乐其乐。与士民若此者，受天之福矣。礼，圣王之于禽兽也，见其生，不忍见其死；闻其声，不尝其肉。隐弗忍也，故远庖厨，仁之至也。不合围，不掩群，不射宿，不涸泽。豺不祭兽，不田猎，獭不祭鱼，不设网罟，鹰隼不鸷，睉而不逮……取之有时，用之有节，则物莫不多……圣主所在，鱼鳖禽兽，犹得其所，况于人民乎？故仁人行其礼，则天下安而万理得矣。

在上面的文字中，可以了解，所谓礼，是对各种地位的人，承认其适当的存在，而不可对之加以凌越侵犯；要求对他人尽其所应尽的义务，而不可片面地自私。由此以建立相对的伦理关系，亦即是建立人与人的合理关系。在政治上言，礼乃范围在上者合理运用其权力，以实现其爱民之心，此即所谓"礼者自行之义，养民之道也"。而由"仁义道德，非礼不成"，到"是以君子恭敬撙节退让以明礼"的一段，与《礼记·曲礼上》中的一段全同，由两方此段上下相关的文字看，是《曲礼》取之于贾生的。

（二）礼在生活上的实现——容

不仅规定行为的合理内容，合理的内容必表现为合理的生活形式。尤其是至高无上的皇帝，一举一动，更应合乎此种合理的生活形式，此《容经》篇的所以成立。《容经》一开始是：

> 志有四兴。朝廷之志，渊然清以严；祭祀之志，愉然思以和；军旅之志，怫然愠然精以厉；丧纪之志，漻然漼然忧以湫。四志形中，四色发外，维如。[①] 志，色之经也。容有四起。朝廷之容，师师然，翼翼然，整以敬；祭祀之容，遂遂然，粥粥然，敬以婉；军旅之容，滀然肃然，固以猛；丧纪之容，怮然慑然，若不还。容

---

① 陶校："愚按，卢校云，下有缺文……今按，如疑妃字之误。妃读为配。《广雅·释诂》：配，当也。色与志合，而内外相当，故曰'维配'。"

经也。视有四则，朝廷之视，端沆（流）平衡；祭祀之
视，视如有将；军旅之视，固植虎张；丧纪之视，下沆
垂纲。视经也。言有四术。言敬以固，朝廷之言也；文
言有序，祭祀之言也；屏气折声，军旅之言也；言若不
足，丧纪之言也。言经也。

容是容貌，是全身姿态的整体表现。色是表现在面部的神
情，是容的一部分，但是最与内心相应的一部分。贾谊认
为色由志而来，由志而决定（"志，色之经也"），欲正其
容，应先正其志，这是由内向外的自然流露。但因正其容，
也可以反射于内在之志，使志亦可因之而正，这是由外向
内的强制作用；礼的最大意义，即在于这种强制作用，这
也是礼在生活上的落实。在贾谊的教育思想中，首先便
是这些礼的实践。贾谊在上引的容经、视经、言经之后，
接着提出了"立容"、"行容"、"趋容"、"跰（盘）旋之
容"、"跪容"、"拜容"、"伏容"、"坐车之容"、"立车之
容"、"武容"、"兵车之容"。在"立容"中又分"经立"、
"卑立"，在"坐容"中又分"经坐"、"共（恭）坐"、"肃
坐"。在规定了这些生活规范后，接着说："古者年九岁入
就小学，蹑（践履）小节焉，业小道焉。束发就大学，蹑
大节焉，业大道焉。是以邪放非辟，无因入之焉。"可以
说，贾谊的教育思想，是通过礼以达到人格教育的目的。

尤其是居于政治领导地位的人君，更应把他溶解在礼

的规范之中，使其由生理的生命的存在，进而为理性化的生命的存在。由礼所陶铸的这种崇高人格，会发生精神力量，给贾谊的政治理想的实现以保证。所以《容经》篇特别强调下面的一些话：

> 古者圣王居有法则，动有文章，位执戒辅，鸣玉以行。鸣玉者佩玉也……故诗曰："和鸾雝雝，万福攸同。"言动以纪度，则万福之所聚也。故曰：明君在位可畏，施舍可爱，进退可度，周旋可则，容貌可观，作事可法，德行可象，声气可乐，动作有文，言语有章，以承其上，以接其等，以临其下，以畜其民。故为之上者敬而信之，等者亲而重之，下者畏而爱之，民者肃而乐之。是以上下和协而士民顺一，故能综摄其国，以藩卫天子而行义足法。夫有威而可畏谓之威，有仪而可象谓之文。

上面的材料，我推测，是在当梁王太傅时所整理出来，以作教材之用的。所以他所说的人君，是指诸侯的意味特重。

（三）对太子的教育

贾谊更注意到皇位继承人的问题，这是皇权专制中最无法解决的问题。开创之主，一面或出身低级社会，或有机会与社会接触；另一面，总经过了某种形式、性质的斗争，受到若干锻炼，因而具备有若干才智或较为坚实的性格。继承之主，则生于深宫之中，长于妇寺之手，环境使其骄奢淫佚，昏惰无知，无法让他们为人民着想。皇权专制中的黑暗残酷，多是在这种情形下出现的。贾谊为汉室想到这一点，因而提出对太子的教育问题，这正是他卓越的地方。《治安策》中说："天下之命，悬于太子。太子之善，在于早谕教与选左右。夫心未滥而先谕教，则化易成也。关于道术智谊之指，则教之力也。若其服习积贯，则左右而已……太子正而天下定矣。"他由此而把他的教育理想与制度陈叙了出来。

他对太子的教育，可分为四个阶段。因受荀子教育思想的深刻影响，特注重环境与生活习惯在教育上的重大意义。他说："古之王者，太子乃生，固举以礼，使士负之；有司齐肃端冕，见之南郊，见于天也。过阙则下，过庙则趋，孝子之道也。故自为赤子，而教固已行矣。"这是教育的第一个阶段。接着他以"太公为太保，周公为太傅，召公为太师"，三人教导成王为例，把三公三少的官职，说成都是教导太子的官职；而"少保、少傅、少师，是与太子燕者也"，即是与太子共起居生活的。更"选天下之端士，孝悌博闻，有道术者，以卫翼之，使与太子居处出入。故太子乃生而见正事，闻正言，行正道，左右前后皆正人也。夫习与正人居之，不能毋正，犹生长于齐，不能不齐言也"，这是教育的第二阶段。以上两个阶段，皆在未正式入学以前，由环境薰习之力的教育。"及太子少长知妃色，则入于学"；此处贾谊之所谓学，乃指东学、西学、南学、北学、太学等五学而言，这是综合性的，又带有理想性的学制，其中以太学的地位为最高。"帝入太学，承师问道，退习而考于太傅……"是他以三公等仍在太学中负责，这是教育的第三阶段。"及太子既冠成人，免于保傅之严，则有记过之史，彻膳之宰……大夫进谋，士传民语"等由官吏而来的教育，这是教育的第四阶段。教育的内容，应包括《礼》篇、《容经》篇所说的严格规范，更扼要的是通过"三代之礼"，以达到"明有孝"、"明有度"、"明有仁"的目的。贾谊并进一步追到太子未生之前的胎教。《新书·胎教》篇引有"《青史氏之记》曰"，从"王后有身"起，王后便一直生活在适当的礼法之中，以便塑造胎儿的良好性格。妊妇的生活，对胎儿的生理，应当有影响，但对性格的形成，是否有影响？似乎是值得研究的问题。

（四）礼的社会意义

现在谈到贾谊政治思想中对风俗的问题。所谓风俗，指的是社会的动态。也可以说，社会由风俗而见，所以风俗即是社会。政治必植基于社会之上，有安定巩固的社会，才有安定巩固的政治。而安定巩固的社会，乃由人与人的合理关系而来。贾谊指出秦代刑法之治，告讦之风，把人与人互信互助的社会关系变成为"众掩寡，智欺愚，勇威怯，壮凌衰"的互相窥伺压诈的社会关系，这当然可以说是"其乱至矣"。政权的基础，建立在这种混乱而没有团结力，也因而没有真正的向心力的社会之上，贾谊认为这是秦二世而亡的重大原因之一。可是"曩之为秦者，今转而为汉矣。然其遗风余俗，犹尚未改。今世以侈靡相竞，而上无制度，弃礼义，捐廉耻日甚，可谓月异而岁不同矣。逐利不（否）耳，虑非顾行也。今其甚者杀父兄矣。盗者掇寝户之帘，攘两庙大器，白昼大都之中，剽吏而夺之金。矫伪者出几十万石粟，赋六百余万钱，乘传而行郡国，此其亡行义之尤至者也"。在贾谊心目中，这种风俗所反映出的社会，是危殆不安的社会。从贾谊上面的陈述中，汉初风俗的败坏，不仅是来自秦的"遗风余俗"，也反映出曹参所遵守的盖公清净无为，使社会得以生息休养之教，有其成功的一面，也有其因纵弛而来的增加风俗败坏的一面。贾谊认为风俗败坏，是政治的根本问题，须作一番"移风易俗"的努力。但移风易俗，便不能仅靠刑法，而有赖于以礼为教。因为"礼者禁于将然之前，而法者禁于已然之后。是故法之所用易见，而礼之所为生难知也"。若夫庆赏以劝善，刑罚以惩恶，先王执此之政，坚于金石，行此之令，信于四时；据此之公无私，如天地耳，岂顾不用哉。然而"礼云礼云者，贵绝恶于未萌，而起教于微眇，使民日迁善远罪而不自知也"。"移风易俗，使天下回心而向道，类非俗吏之所能为也。俗吏之所务，在于刀笔筐箧，而不知大礼……夫立君臣，等上下，使父子有礼，六亲有纪，此非天之所为，人之所设也。夫人之所设，不为不立，不植则僵，不修则坏。《管子》曰：'礼义廉耻，是谓四维。四维不张，国乃灭亡。'是管子愚人也则可，管子而稍知治体，则是岂可不为寒心哉。"贾谊要把礼与法结合在一起，而《管子》一书，实即礼与法结合在一起的桥梁。若借用"体用"的观念，贾谊的政治思想，是以礼为体、以法为用；以礼建立人与人的合理关系，以法去掉实现礼的障碍，并发挥以礼为政、以礼为教的效能。礼须通过教育，对太子的礼教而言，贾谊提出了"五学"的构想，至武帝而有太学之设。对社会的礼教而言，便成为推动社会教育的要求，在景帝时，已有郡学的出现。[①] 由贾谊所代表的理想，也未尝不发生若干实际上的影响。

（五）礼与经济问题

荀子把礼应用在经济方面，贾谊也继承了礼的这一方面的意义。《荀子·礼论》：

礼起于何也？曰人生而有欲。欲而不得，则不能无

---

① 《汉书·循吏传·文翁》："景帝末为蜀郡守"，"修起学官于成都市中"。学官即学馆，此为郡县立学之最早纪录。

求。求而无度量分界，则不能不争。争则乱，乱则穷。先王恶其乱也，故制礼义以分之，以养人之欲，给人之求，使欲必不穷乎物，物必不屈于欲，两者相持而长，是礼之所起也。故礼者养也……君子既得其养，又好其别。曷谓别？曰贵贱有等，长幼有差，贫富轻重，皆有称者也。

荀子把政治上的阶级制度，推用到经济的分配上面，以求事与能相称，养与事相称的"皆有称"的标准。贾谊所处的时代，使他考虑到荀子所提出的原则。《史记·平准书》：

汉兴，接秦之弊，丈夫从军旅，老弱转粮饷，作业剧而财匮。自天子不能具钧驷，而将相或乘牛车，齐民无藏盖……而不轨逐利之民，蓄积余业以稽市物，物踊腾，粜米至石万钱，马一匹则百金。天下既平，高祖乃令贾人不得衣丝乘车，重租税以困辱之。孝惠、高后时，为天下初定，复弛商贾之律。然市井之子孙，亦不得仕宦为吏。

文帝于西纪前一七九年即位时，天下疮痍渐复，但由惠、吕对商人的让步，可知在长期战争中，以屯积居奇的方法，获得大量财富的商人阶级，有了更进一步的发展。地主阶级，也蓄积了财富。贾谊所要求的政治社会的构造，是以天子为顶点的"别贵贱，明尊卑"的构造。因为贾谊认为只有这种构造，才能使政治社会安定巩固。但是"人之情不异，面目状貌同类；贵贱之别，非人人天根著于形容也。所持以别贵贱明尊卑者，等级势力，衣服号令也……天理（性）则同，人事无别，然则所谓臣主者，非有相临之具，尊卑之经也……君臣同伦，异等同服，则上恶能不眩于其下"（《等齐》篇）。别贵贱明尊卑之礼，本是由封建中的身份制度所定出来的。身份在出生时即被决定，当身份制度为人所承认时，礼只是把大家所承认的事实，用形式表达出来，此时礼的意义，只是附丽于身份制度而存在。及经春秋战国长期的历史演进，不仅平民可以为将相，刘邦且以平民而为天子，由出生而来的身份制度及对此制度的观念，已扫然无存；在贾谊心目中，此时的尊卑贵贱的等级秩序，更要靠人为的礼来加以制造，来加以维持；此时礼的意义，或且较典型的封建时代，更为重要。由衣服所表现的等级，贾谊认为更有普遍而特别的意义。《服疑》篇：

衣服疑者，是谓争先；泽厚疑者，是谓争赏；权力疑者，是谓争强；等级无限，是谓争尊……是以等级分明，则下不得疑。权力绝尤，则臣无冀志……制服之道，取至适至和以子民，至美至神进之帝。奇服文章，以等上下而差贵贱。是以高下异，则名号异，则权力异，则事势异，则旗章异，则符瑞异，则礼宠异，则秩禄异，则冠履异，则衣带异，则环佩异，则车马异，则妻妾异，则泽厚异，则宫室异，则床席异，则器皿异，则饮食异，则祭祀异，则死丧异。故高则此品周高，下则此品周下……贵贱有级，服位有等。等级既设，各处其检，人循其度。擅退则让（责），上循（僭）则诛。建法以习之，设官以牧之。是以天下见其服而知贵贱，望其章而知其势。使人定其心，各著其目，故众多而天下不眩，传远而天下识祇。卑尊已著，上下已分，则人伦法矣。

但实际的情形则是：

今民卖僮者，为之绣衣丝履，偏诸缘，内之闲中。是古天子后服，所以庙而不宴者也，而庶人得衣婢妾。白縠之表，薄纨之里，緁以偏诸，美者黼绣，是古天子之服。今富人大贾，嘉会召客者以被墙。古者以奉一帝一后而节适。今庶人屋壁得为帝服，倡优下贱，得为后饰……此臣所谓舛也。

富人大贾，以经济的力量，把贾谊所希望的等级秩序冲毁了，他认为这是政治危机之一，所以要以礼来加以分别、限制。

上述的奢靡的情形，对经济也发生直接影响。《治安策》在上述的一段话的后面，接着说：

夫百人作之，不能衣一人，欲天下无寒，胡可得也。一人耕之，十人聚而食之，欲天下亡饥，不可得也。饥寒切于民之肌肤，欲其亡为奸邪，不可得也。国已屈矣，盗贼直须时耳。然而献计者曰：毋动为大耳。夫俗至大不敬也，至亡等也，至冒上也，进计者犹曰毋为，可为长太息者此也。

贾谊欲兴礼教，概括了上述的各种内容。但仅凭礼制以压制经济生活中的自然倾向，是没有多大意义，也没有太大效果的。

但贾谊在经济方面有积极性的主张，依然是与礼关连在一起的。《瑰玮》篇说：

天下有瑰政于此，予民而民愈贫，衣民而民愈寒，使民乐而民愈苦，使民知而民愈不知避县网，甚可瑰也。今有玮术于此，夺民而民益富，不衣民而民益暖，苦民而民益乐，使民愈愚而民愈知不罹县网。陛下无意少听其数与。

以下历述"以末予民，民大贫；以本予民，民大富"，"以文绣衣而民愈寒，以布帛裷民，民必暖而有余布帛之饶矣"，"今殴民而归之农，皆著于本，则天下各食于力；末技游食之民，转而缘南亩，则民安性劝业，而无悬愁之心，无苟得之志，行恭俭蓄积，而人乐其所矣"，"今去淫侈之俗，行节俭之术，使车舆有度，衣服器械各有制数。制度已定，故君臣绝尤，而上下分明矣……故淫侈不得生，知巧诈谋无为起，奸邪盗贼自为止，则民离罪远矣。知巧计不起，所谓愚。故曰使民愚而民愈知，不罹县网"。

贾谊对于货币的意见，这里应顺便提到。《汉书·食货志下》："汉兴，以为秦钱重难用，更令民铸荚钱"，"孝文五年，为钱益多而轻，乃更铸四铢钱，其文为半两。除盗铸令，使民放铸。贾谊谏曰……"综合贾谊的意见有三：一、民自铸钱，必"淆杂为巧"以图利，"虽黥罪日报，其势不止"，这是"县法以诱民，使入陷阱"。二、郡县钱的轻重不同，势必"市肆异用，钱文大乱"，即是引起币制的混乱。三、"今农事弃捐，而采铜者日蕃"，影响到农业生产。他提出的"博祸可除，而七福可致"的对策，主要是"上收铜勿令布"，"上挟铜积以御轻重"，并尽量发挥铜的运用，"以作兵器，以假贵臣，多少有制"，"以临万货，以调盈虚，以收奇羡"，并"制吾弃材以与匈奴，争逐其民"。如此，则可收"黥罪不积"，"伪钱不蕃"，"采铜铸作者反于耕田"，"货物必平"，"用别贵贱"，"官富实而末民困"，"则敌必怀矣"等效果。最重要的，他提出了当时"法钱不立"的"法钱"的观念，为统一币制的张本。他的此一意见，未为文帝所接受；直到武帝元鼎二年[①]"于是悉禁郡国毋铸钱，专令上林三官铸。钱既多，而令天下非三官钱不得行。诸郡国前所铸钱皆销废之，输入其铜三官，而民之铸钱益少，计其费，不能相当"。三官钱等于贾谊所说的"法钱"，而天下将铜输入于三官，也几于贾谊铜由朝廷专有之意。汉初数十年币制的扰攘，至此始得到解决，不能不服贾谊的卓见。

七、贾谊的哲学思想

（一）道与术

《新书》中有三篇很特殊的文字，对儒道两家思想加以结合，甚至是将儒道法三家思想加以结合，以形成由形上到形下的哲学系统，表现出贾谊在思想上的创意，这似乎是前无所承，而后无所继的。这即是卷八的《道术》、《六术》、《道德说》三篇，值得特别提出来，以补汉初思想史上的一段空白。陶鸿庆《读新书札记》在《道术》篇下谓"下文纪贾君语，皆称对曰，当是作傅时与王问答之词，当与《先醒》篇相次，或此篇之首有脱文也"。按与梁怀王相问答者非仅此一篇；而《新书》中，除《过秦》、

---

① 《汉书补注》王先谦谓："此禁令当在元鼎四年。"此从《通鉴》。

《治安策》，及《食货志》中所摘录者外，虽无问答语气，亦系为太傅时之教材，这在前面已经提过。因为三篇文字中的思想，是后无所承，所以文字的讹夺，更难得到正确的校正。以下只能略述其大意。

《道术》篇是就人君以道应接事物的效用而言的。"曰：数闻道之名矣，未知其事也。请问道者何谓也？""闻道之名"，是指闻道的抽象概念，及其形上的性格。"未知其实"，是指未知道落实在人生政治上之实。此处之所谓道，当然指的是道家所说的道。道术连词，始见于《庄子·天下》篇。《说文》二下行部："术，邑中道也。"又辵部："道，所行道也。"是两字的本义相同，引申之义也可以相同，所以《天下》篇之所谓道术，是一种复词。但贾谊"对曰：道者所从接物也。其本者谓之虚，其末者谓之术。虚者言其精微也，平素而无设储也。术也者，所从制物也，动静之数也。凡此皆道也"。是贾谊将道分解为虚与术，而以虚为本，以术为末。虚乃道在人心中的本来面貌，术乃道在人生中所发生的具体作用。若使用后来的体用两词，则就道体现于人心而言，虚是体而术是用。道以虚为体，心以虚为体，这当然是道家思想。但站在道家的立场，是用消解在体之中，亦即消解在虚之中，而不要求有什么用，有什么术。法家则以虚为术之所藏的深渊，为运用术的枢纽。而所谓术，指的是以赏罚为骨干，由申不害所发展出来的法术之术。贾谊接受了道家之所谓道，所谓虚，接受了法家以虚为人君运用统治之术的枢纽；但在术的具体化中，却在儒家思想上落脚。但其中也包含了若干法家思想。《道术》篇：

> 曰：请问虚之接物何如？对曰：镜仪（正）而居，无执不臧（藏），美恶毕至，各得其当。衡虚无私，平静而处；轻重毕悬，各得其所。明主者南面而正，清虚而静，令名自宣，命物自定；如鉴之应，如衡之称。有釁（勉）和之，有端随之，物鞠其极，而以当施之，此虚之接物也。曰：请问术之接物何如？对曰：人主仁而境内和矣，故其士民莫弗亲也。人主义而境内理矣，故其士民莫弗顺也。人主有礼而境内肃矣，故其士民莫弗敬也。人主有信而境内贞矣，故其士民莫弗信也。人主公而境内服矣，故其士民莫弗戴也。人主法而境内轨矣，故其士民莫弗辅也。举贤则民化善，使能则官职治。英俊在位，则主尊。羽翼胜任则民显，操德而固则威立，教顺而必则令行。周听则不蔽，稽验则不惶，明好恶则民心化，密事端则人主神。术者，接物之队（隧，通道也）。凡权重者必谨于事，令行者必谨于言，则过败鲜矣。此术之接物之道者也。其为原无屈，其应变无极，故圣人尊之。

按以镜喻虚静之心的作用，始于《庄子》。①《韩非子·主道》篇："故虚静以待令（"令"衍文），令名自命也，令事自定也。虚则知实之情，静则知动者正。有言者自为名，有事者自为形。形名参同，君乃无事焉，归之其情。"贾谊言虚之接事一段，融合道法两家思想，并由此可知法家如何能援道家以为其法术之根据。至谈到术的接物，则仁、义、礼、信，举贤使能，是儒家思想；"稽验"、"密事端"，是法家思想。"公"、"法"是儒法的共同要求；"操德而固"，"教顺而必"，是儒法的混合。贾谊这种将儒道法三家思想加以统一的构造，是反映西汉初年思想的大势，及当时政治社会的要求，不能以"内在的关连"，或纯逻辑推理的角度去加以批评。儒家思想的根据，由《孟子》的"仁义礼智根于心"（《尽心》）所奠定；所以儒家之以仁义礼知的四端言心，仁义等由四端所流出、所扩充，不应以虚静言心。由此可知贾谊的思想，是立基于道家，而非立基于儒家。但《荀子》以"心知"言儒家"礼义之统"，而心的所以能知，由其本性的"虚壹而静"，②这已是道家思想的转用。宋儒朱元晦以"虚灵不昧"言心，明儒王阳明曾谓"无善无恶心之体"，也实系以虚为心之体。

---

① 《庄子·应帝王》："尽其所受乎天，而无见得，亦虚而已。至人之心若镜，不将不迎，应而不藏，故能胜物而不伤。"《天道》："圣人之心静乎！天地之鉴也，万物之镜也。"

② 见《荀子·解蔽》篇。

由此可知，道家所体悟出的虚静之心，可以通向艺术、道德、认识等等，成为四通八达之地，而法家除了太信任严刑峻罚，以致流于反人生反文化的黑暗面外，他们所把握到的提高政治效率等手段，也正可补儒家的不足。并且在"公"、"法"的观点上，两家间未始不可以架上一道桥梁。则贾谊把三家思想，以取长去短的方式，构造成一个统一体，这不仅表现了他的野心，也在把握整个时代的动脉中表现出他天才的创意。其中并没有实质上的矛盾。

　　《道术》篇接着说："夫道之详，不可胜述也。曰，请问品善之体何如？对曰……"这是说道的详备的作用，不仅表现在上述的由仁义一直到"密事端"等十六端，而实包含了人间世的一切价值。他借此一问，更将慈、孝、忠、惠、友、悌、恭、敬、贞、信、端、平、清、廉、公、正、度、恕、慈、①洁、德、行、退、让、仁、义、和、调、宽、裕、温、良、轨、道、俭、节、慎、戒、知、慧、礼、仪、顺、比、僴（通娴）、辩、察、威、严、任、节、勇、敢、诚、必等五十五品列出，而各加以扼要的解释，并总结之以"凡此品也，善之体（实体）也，所谓道也"。他把道家的道，从虚静落实于一切人生价值之上。而在"术之接物"的一段中所陈述的价值，皆是就政治上着眼的。此段

---

① 前一慈字指父对子而言，此一慈字系就"恻隐怜人"而言。前者为儒家之所谓慈，后者乃《老子》之所谓慈。

所陈述的价值，则首重在建立人与人的合理关系，如父慈子孝等五伦的关系，即亦是要建立一种合理的社会。其次则是人生的修养，要求每一个人合乎这里所提出的标准。个人的修养与合理的社会，本是不能分开的。此外，五十五个品目，是长期发展出来的观念，贾生在此处加以综合，纳入于道的观念之内，使其成为一种完善的系统。其所作解释，也可视为先秦的训诂。

（二）从道的创生到六艺

《六术》篇与《道德说》篇，是贾谊融合儒道法三家思想，将《老子》的"道生之，德畜之"的创生历程，再加入《韩非子·解老》篇所提出的理的观念，再接上儒家天命之谓性的基本思想，一直落实到六艺之上，以组成由道家之道到儒家的六艺的大系统，使道的创生历程，得到更大的充实；使道的形上性格，很坚确地落实于现实世界的人生价值之上。这更表现了贾生思想的创造性。《六术》篇说得简单，似乎只陈述一种概略的格架，所以先略加疏导。

德有六理。何谓六理，道德性神明命，此六者德之理也。六理无不生也，已生而六理存乎所生之内。是以阴阳天地人，尽以六理为内度。内度成业，故谓之六法。六法藏内，变沭（流）而外遂。外遂六术，故谓之六行。是以阴阳各有六月之节，而天地有六合之事，人有仁义礼智圣之行，行和则乐，与乐则六，此之谓六行。阴阳天地之动也，不失六行，故能合六法。人谨修六行，则亦可以合六法矣。然而人虽有六行，微细难识，唯先王能审之。凡人弗能自至，是故必待先王之教，乃知所从事。是以先王为天下设教，因人所有，以之为训。道（导）人之情，以之为真。是故内法六法，外体六行，以与（兴）《书》、《诗》、《易》、《春秋》、《礼》、《乐》六者之术，以为大义，谓之六艺。令人缘之以自修，修成则得六行矣。六行不（不字疑衍）正，反合六法。艺之所以六者，法六法而体六行故也，故曰六则备矣。

贾谊之所谓道德，皆指《老子》创造天地万物之道德而言。《老子》五十一章"道生之，德畜之"，道生万物，由其变动不居而有所凝聚（畜），道的本身即凝聚于万物之内而为万物所得。"德者得也"，[①] 故即称之为德，德与道是同质的。《庄子·外篇》的《天运》篇"顺之以天理"，是理的观念，首由道家提出。《韩非子·解老》篇："道者万物之所然也，万物之所稽也。理者成物之文也。道者万物之所以成也"；"凡理者，方圆，短长，粗靡，坚脆之分也。故理定而后可得道也。故定理有存亡，有死生，有盛衰"；

---

① 《老子》三十八章王弼注。

"短长大小方圆坚脆轻重白黑之谓理，理定而物易割也"。韩非之所谓理，乃"物之有形者"的文理、条理。贾谊之所谓理，乃指德的内涵而言，与韩非所说的，在层次上及内容上皆不相同。但他把理的观念，导入于道家的道德观念之中，可能受有韩非的影响。

道是未分化而周流不息之"一"。道创生万物，便分化凝聚而为"德"。贾谊之所谓理，据《道德说》篇，乃条理之理，对道之"混成"状态而言。[①]"德有六理"，是说德的自身，含有"道、德、性、神、明、命"等六理。六理是德自身的条理。统体言之称为德，条理言之则称为理。此处之理与德，是等同的。道凝聚分化而为德，德中仍有道。德可条理为六理，六理中仍有德，否则失掉了它的本性。所以六理中仍有道德在里面，六理的内容，在《道德说》篇中有详细说明，此处从略。"六理无不生也"，即是六理会创生一切。已生而六理即存乎所生之内，这等于朱元晦所说的"盖合而言之，万物统体一太极也（皆由太极所创生）。分而言之，则万物各具一太极也"。[②]这是中国儒道两家的最基本的观点，这样便赋予了每一被生的人与物以完全自足的价值，此即"是以阴阳天地人，尽以六理为内度"的意思。《说文》三下又部"度，法制也"，此处度与法同

---

① 《老子》二十五章："有物混成，先天地生。"
② 朱子《太极图说解》。

义；特以别于下文的"六法"，故称为度。"内度"，是指存于生命之内的法度，即下文的所谓"六法内藏"。此句实际是对六理在阴阳天地人中的作用而言。度与理的性质、层次，完全是相同的。庄子有时把道与天等同起来，老子则道是"先天地生"，天地亦系道所创生。贾谊此处以阴阳天地，也为德所创生，而不以人为阴阳天地所创生，盖本于老子。而把人与阴阳天地并列，则人与阴阳天地是同质的，是平等的。"内度成业，故谓之六法"，"成业"，是指内度可以成为事业；因其可成为事业，而非仅潜存于生命内之理，所以又称之为六法。此处之所谓"六法"，依然是六理的另一名称。在贾谊，以法的观念，可与事业连结起来，易为人所了解，所以此处又以六法解释六理。"六法藏内，变流而外遂。外遂六术，故谓之六行。"《广韵》"遂，达也，进也，成也"；"外遂"，乃外达而有成之意。外遂则为六术，此六术皆表现于人的行为，"故谓之六行"，六行也是对术的解释。六术六行，是六理六法向行为上的落实，亦即是由内在之德，向客观世界的落实。阴阳的六行，表现为六月之节，天地则表现为六合之事，而人六行的内容是"仁义礼智圣"，再加上"乐"。此时以仁义礼智信为五常的观念，似乎尚未形成。五常的观念形成、流行后，而贾谊所提出的六行之说，遂被埋没。"人谨修六行，则亦可以合六法矣"，即是合于道德创生时所赋予于人的价值。由"然而人虽有六行，细微难识，唯先王能审之"，到"艺之所以六者，法六法而体六行故也"一段，是说明《书》、《诗》、《易》、《春秋》、《礼》、《乐》六艺之所以成立及其意义。这样，贾谊便把道家形上学的格架，装入了儒家的内容，以组成新的哲学系统。其中最有意义的是先王"因人之所有，以之为训。道（导）人之情，以为之真"。这与《中庸》"天命之谓性，率性之谓道，修道之谓教"的基本意义是相同的。贾谊时代，五行说已流行。但还是停留在具体（五种实用材料）与抽象（五种基本元素）之间，未为贾谊所接受。但数字的神秘意味，可能在春秋时代已经开始了；贾谊不把此一意味的数字安放在"五"上，而安放在"六"上，所以他便说"六则备矣"。后面接着举出许多以六冠称的事物，作"六则备矣"的证明。对六的数字特加以重视，因五行说的五，大为流行，也未为后人所继承。

贾谊的这一从形上到形下的儒道融合的哲学系统，试简表于下：

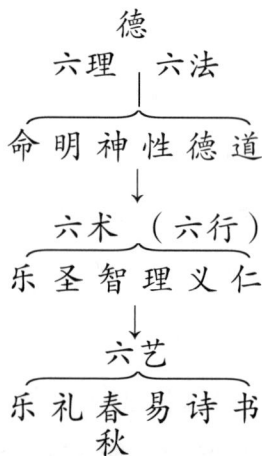

德

六理　六法
↓
命　明　神　性　德　道
↓
六术　（六行）
乐　圣　智　理　义　仁
↓
六艺
乐　礼　春　易　诗　书
　　　　秋

（三）《道德说》篇疏释

《道德说》篇①对《六术》篇的思想架构，有较详细的说明。开始说：

> 德有六理。何谓六理？曰：道、德、性、神、明、命，此六者德之理也。诸生者，皆生于（刘校："生于"二字疑衍）德之所生。而能人象德者独玉也。写德体六理，尽见于玉也。各有状，是故以玉效德之六理。

六理本难为状，因而也难以形容。但贾生由玉可以象德，而认为德之理有状，即可加以形容。下面是他对六德的状所作的形容、陈述。

> 道："泽者鉴也，谓之道。""鉴生空窍而通之以道"，"道者无形，平和而神。道物（刘校：'物'衍文）有载物者，毕以顺理和（刘校：'和'衍文）适行。故物有清而泽。泽者鉴也，鉴以（因）道之（而）神。模贯物形，通达空窍，奉一出入为先，故谓之鉴。鉴者所以能见也，见者目也，道德于物精微而为目。是故物之始形也，先分而为目。目成也，形乃从。是以人及有因

---

① 此篇《汉魏丛书》本文字错落不可读，此以《四部丛刊》明正德长沙本为底本。

之在气，莫精于目。目清而润泽若濡，无毳秽杂焉，故能见也。由此观之，目足以明道德之润泽矣，故曰泽者鉴也。生空窍通之以道。"

按道为德之本，则德之六理，实即道之六理。但贾生之意，道既凝而为德以生物，德自身可条理为六理，道与德在六理中仍有其最直接的表现。此最直接的表现，是较"为德之本"的道，较"为生之本"的德，落实于所生之物的生命中的表现。此时的道，比较凝定而具体，而有其状（各有状）。道的本性是虚，老子、庄子，以道落实于人生命之内，也是虚；由虚生明，庄子即以镜作喻，此在前面已经疏释过的。《道术》篇中，也是如此。但贾生在此篇中，要把落实于人生命中之虚，说得较为具体，于是以"泽"、"鉴"来形容。他所说的泽，与庄子所说的"清"同义。清、鉴，都是形容"惟道集虚"[①]的虚。顺着这条线索，贾生所说的便都可大概了解了。但儒家到了孟子，道家到了庄子，把由天命之性，道赋之德，都呈显于人生命内之心；而贾生则认为是呈显于人之目，并以为在人的形成过程中，是先有目而后有其他的形，这可能是由《庄子》以镜为喻而直接想到"见"，由"见"以言"知"的缘故，这也是前无所承而后无所继的特见。

---

① 《庄子·人间世》。

德："腒如窃膏之理，谓之德。""德生理，通之以德之毕离状。""德者离无而之有，故润；则腒然浊而始形矣，故六理发焉。六理所以为变而生也，所生有理，然则（刘校：'然则'与'然后'同义）物得润以生，故谓润德。德者变及物理之所出也，未（俞校：'未'当作'夫'）变者道之颂（容）也。道冰（凝）而为德，神载于德，德者道之泽也。道虽神，必载于德，而颂（容）乃有所因以发动变化而为变。变及诸生之理，皆道之化也。各有条理，以载于德，德受道之化而发之各不同状。德润，故曰如膏谓之德。德生理，通之以六德之毕离状。"

此段言由道而德的创生历程，至有意义。道是无，道是变（变化）。道的体段不是无，则不能生万有。道的功用不是变，则万有何以能生？德"离无而之有"，但并非成形之有；实际，道在变化中凝定而为德，这只是通往有（之有），对道之无而言，则德是有；对道之变化无形而言，则德是凝定而有形；但对现象界之万物而言，则德仍是无，仍是无形。因此，德是将形而未形，在有形与无形之间，虚与实之间的存在；贾生使用"腒如窃膏"，用"润"，用"腒然浊"来形容此种存在的状态。《说文》四下肉部："腒，北方谓鸟腊曰腒。"《说文句读》："《膳夫》、《内则》注，皆曰干雉。"大约干雉之肉很精细，此处用作形容词。

《尔雅·释鸟》"桑扈窃脂"，此处之"窃膏"即"窃脂"。《广雅·释言》："窃，浅也。"《周礼·大司徒》"其植物宜膏物"，司农注："谓杨柳之属，理致，且白如膏。"则所谓窃膏者，乃指浅白色之膏而言。《庄子·人间世》"虚室生白"，德是在虚与实之间，故以浅白色之膏形容之。《广雅·释诂一》："润，湿也。"《释诂二》："润，渍也。"老庄以"清"形容道。《说文》十一上："清，朖也，澄水之貌。"段《注》："朖者明也。澄而后明，故云澄水之貌。"润与浊，较"清"为有形质，德较道向下落实一步，所以贾生便以"润"以"浊"形容德。同时，他在"德润，故曰如膏谓之德"的语言中，也把"恩德"的意味含在里面。《易传》"天地之大德曰生"，此德本有"作用"与"恩德"二义。这种形容本没有太大意义，但由此亦可了解，中国思维方法的特性，本有将抽象的东西，化为具象具体的东西去加以把握的倾向。德对道而言是"始形"，无形即无条理可言，始形乃有条理，所以说"腜然浊而始形矣，故六理发焉"。道以变化创生天地万物，但必通过凝聚之德，在德的凝聚点上变化，这种变化始是创生的变化。否则变化于空虚旷荡之中，"不载于德"，与创生一无关涉。所以说德之六理，是"所以为变而生也"。德之理，即成为被创生的诸物之理，此即所谓"所生有理"。然道与德只是一事，道与德之分，乃生化历程中之分；极其究，德之理，即是道之理，所以说"诸生之理，皆道之化也"。道化而为德，亦即"由无之有"，有即有条理，所以说"各有条理以载于德，德受道之化而发之各不同状"。因各不同状，故可分为六理。六理是德之条理，故六理即是六德。但此篇两处有"通之以六德之毕离状"，终不可解。卢文弨谓"旧本华讹毕"，并引《周礼·形方氏》"无有华离之地"为证，义亦不可通，故不如仍依旧本以俟考究。或依"理离状也"之文，而可释为理乃分化（离）之状。所谓"毕离状"者，指六理皆分化之状。创生则必分化于六理之中，而六理又必分化于万物之中。

性："湛而润厚而胶，谓之性"，"性生气而通之以晓"。"性者，道德造物，物有形，而道德之神，专而为一气，明其润益厚矣。浊而胶相连在物之中为物（性），莫（性）生气，（气）皆集焉，[①] 故谓之性。性，神气之所会也。性立，则神气晓晓然发而通行于外矣，与外物之感相应，故曰润厚而胶谓之性。性生气，通之以晓。"

德较道为凝集，故贾生以"润"以"窃膏"形容之。性较德更为凝集，凝聚到"专而为一气"，故贾生以"润厚而胶"形容之。润厚而胶者，润加厚如胶之状态，"浊而胶"的意义亦与此同。"性生气"的语法，有如"德生理"的语

① 此句疑当作"浊而相连在物之中为性（原误作物），性（原误作莫）生气。气（原漏气字）皆集焉，故谓之性"。

法；德生理，实际德即是理。性生气，实际性即是气，而非由性来生气。性何以是气，因为"道德之神，专而为一气"，专与抟通，即是抟集而为一气，以进入于"物之中"。因为不是如此，道德生物，道德的自身，却浮游于物形之外，而不能具体化于物形之中，以为物形作主。气是无形而有质的，可以与形相连在一起。但此气是道德之神（精微）所抟集，气中有神，所以说"性，神气之所会"。无气则神无所附丽，无神则气只是冥冥之质，没有理性。神与气会而为性，性立（显）则精神气质，得以清朗条畅（晓晓然），由潜伏状态中发动，以通达于客观世界，与客观之世界相应，以成就人生的一切。在贾生这一思想中，已组入了气的概念，但他不以为气生形，把形与气连在一起；而是把气与性连在一起，气与形，有一距离，这在与西汉后来言气，以气贯通上下成为无所不包的系统，是有很大的区别的。或者贾生所说的气，指的是精气或精，这便更容易了解了。因为认气中有所谓精气或简称为精，是生命中所凝聚的道，而由心所乘载，这是战国末期一直到西汉的两百多年间所流行的思想。

神："康若泺流谓之神。""神生变而通之以化。""神者道德神气发于性也。康若乐流，不可物效也，变化无所不为。物理及诸变之起，皆神之所化也，故曰康若乐流，谓之神。神（依陶校）生变，通之以化。"

此言由性所发出的精神状态。诸本"康若泝流",惟建本作"康若乐流"。按泝乃齐鲁间水名,于此无义,当从建本作乐,即音乐之乐。《诗·宾之初筵》"酌彼康爵"笺"虚也"。《尔雅·释诂》:"康,安也;康,静也。""康若乐流",是说精神的活动,既虚且静,有如音乐的流动,而不可以实物验。性是道德凝聚于人形体之内,而为神与气之所会,此在孟子、庄子,则称之为心。神即是庄子所说的"精神","精"指的是心,"神"指的是心的作用,贾生则以神为性的作用。人之理、物之理,由精神而表现,由精神而判定。精神的活动,是自由变化的,所以说"物理及诸变之起,皆神之所化也"。

> 明:"光辉谓之明。明生识而通之以知。""明者神气在内则无光而为知。明则有辉于外矣。外内通一,则为得失事理是非,皆职于知。故曰光辉谓之明。明生识,通之以知。"

此段是说明德有可以使认识、判断等得以成立的"明"的作用。实际,这依然应通过贾生所说的性的作用,而为上述"神"的作用中的一种。但贾生把它(明)与神并列地提出,这可能是因为他特别重视目(见前),重视知的关系。德有明的作用,当本于庄子。《庄子·德充符》"鉴明则尘垢不止",《应帝王》"至人之用心若镜",《天道》"水静犹明，而况精神"，都以心具有"明"的基本作用。贾生说"神气在内，则无光而为知"，应当说，神气本有明的本性，但未与外物相接时，则明的本性，潜伏而不显。明由神气与外物相接而见，由明以成知识，所以说"外内通一，则为得失事理是非，皆职于知"。贾生将识与知分而为二，似乎以识为识见，为有意义的判断；而以知为认知，由明的认知作用而产生识见，所以说"明生识，通之以知"。

> 命："礊（石声）乎坚哉谓之命。""命生形而通之以定。""命者物皆得道德之施以生，则泽润性气以明，乃形体之位分数度，各有极量指奏（节奏）矣。此皆所受其（于）道德，非以嗜欲取舍然也。其受此具也，礊然有定矣，不可得辞也，故曰命。命者不得毋生。生则有形，形而道德性形（衍文）神明命，因载于物形。故礊坚谓之命，命生形，通之以定。"

贾生是顺着由道的无形而一步一步地向下落实凝定，以言创生的历程的。在此一历程中，道之"泽"、德之"膏"、性之"胶"、神之"乐流"、明之"光辉"，他们的状都是不太确定的；不太确定的东西，贾生认为不能直接生形，只有"性气神明，及形体之分位数度，各有极量指奏"，而不能由人的好恶（嗜欲）加以取舍的命，这是最确定而不可移易的性格，才可以生物之形，这是"命生形，而通之以定"的意义。物有形，而道德创生某物之功用，始告完成；而德之六理，即全具备于物形，而人遂为理性动物。

上面德的六理，皆为创生所必需之条件与性格。贾生又认为德"有德有道有仁有义有忠有密"的六美。德有此六美，便与人的行为、价值，有不可分的关系。人成形以后，具备了德的六理，也便具备了德的六美，以成就人的行为。德何以有六美？"物（人）所道（由）始谓之道，所得以生谓之德。德之有也，以道为本，故曰道者德之本也。德生物，又养物……行仁也。仁行出于德，故曰仁者德之出也。德生理，理立而有宜适之谓义。义者理也，故曰义者德之理也……德之过物也忠厚，故曰忠者德之厚也。德之忠厚也，信固而不易，此德之常也，故曰信者德之固（疑当作常）也。德生于道而有理，守理则合于道，与道理密而弗离也，故能畜物养物，物莫不仰恃德，此德之高，故曰密者德之高也。道而勿失，则有道矣，得而守之，则有德矣。行有（疑当作而）无休，则行成矣。"这里值得注意的是，此篇所说德的六美，实等于《六术》篇的六行；惟《六术》篇以仁义礼智圣及乐（音洛）为六行，而此处则以道德仁义忠密为六义，且导入密的观念；由此可以推测，这一体系，尚在贾生构造之中，并未完全成为定案。

《六术》篇以六艺为对六行的阐述教道，本篇也是一样。本篇对六艺与德有六美的关系，有更详细的说明：

六理六美，德之所以生阴阳天地人与万物也。固为生者法也，故曰道。此之谓道德，此之谓德行，此之谓行，所谓行此者德也。是故著此竹帛谓之《书》，《书》者此之著者也，《诗》者此之志者也，《易》者此之占者也，《春秋》者此之记者也，《礼》者此之体者也，《乐》者此之乐者也。……《书》者著德之理于竹帛，而陈之令人观焉，以著所从事，故曰《书》者此之著者也。《诗》者志德之理而明其指，今人缘之以自成也，故曰《诗》者此之志者也。《易》者察人之循（原作精，此从俞校）德之理与弗（否），循而占其吉凶，故曰《易》者此之占者也。《春秋》者，守往事之合德之理之（疑衍文）与不，合而纪其成败以为来事法，故曰，《春秋》者此之纪者也。《礼》者体德理而为之节文，成人事，故曰《礼》者此之体者也。《乐》者，《诗》、《书》、《易》、《春秋》、《礼》五者之道备，则合于德矣。合则欢然大乐矣，故曰《乐》者此之乐者也。

他更对六艺成立之原因说"德之理尽施于人。其在人也，内而难见，是以先王举德之颂（容）而为辞语以明其理，陈之天下，令人观焉，垂之后世，辩议以审察之以转相告。是故弟子随师而问受，博学以达其知，而明其辞以立其诚。故曰博学辩议，为此辞者也"。

　　《礼记·聘义》有"子曰，昔君子比德于玉焉"一段话，贾生在此篇中也夹入"以玉效德之六理"的说法，无重大意义，从略。

假定贾生的系统，不将道德列为德的六理，也不将道德列为德的六美；而德之理，德之美，不必拘于六的观点，不一定要凑足六的数字，只顺着老子形上学的格架，转换为儒家的内容，以立足于六艺之上，则其系统将更为明白显著。其所以特别重视六的观念，而必配足六的数字，可能是因为立足于六艺之上，由六艺之六而向上推，向下衍的。但不论如何，他把道家的道与德的形上格架，加以详密化，一步一步地向下落实；在落实的过程中，将道家的虚、静、明，将儒家的仁、义、礼、智，都融到里面去，以完成天、地、人与万物的创造，以建立六艺与形上的密切关连；由此而所呈现出的宇宙、人生、学问的庄严形相，实不愧为一位大思想家、大哲学家在哲学上的伟大成就。

《淮南子》与刘安的时代 ①

一、问题的起点

　　吕不韦在秦将统一天下之际，集其门下宾客，综合检别当时流行的各家思想，弥纶成一特殊系统，以撰集《吕氏春秋》，将作为秦统治大一统天下的宝典，这实表现了思想史上最大的野心。虽其自身终饮鸩以死，而秦之所以统治天下者，实与《吕氏春秋》的思想，背道而驰；但其所及于汉代影响之大，我既已写成《〈吕氏春秋〉及其对

---

① 此书若依刘安本人的意思，便应称"鸿烈"，应称"刘氏之书"（俱见《要略》），或"淮南鸿烈"（见高诱注序）。依本传，应称《内篇》;依《汉书·艺文志》，应称为"淮南内二十一篇"，或简称"淮南内篇"。《隋书·经籍志》称为"淮南子"，盖随诸子之例，遂成此书通名，今用之。又世界书局印行庄逵吉校本的《淮南子注》，全书通计页数，征引本文时即以此书为底本。校注参考诸家之说，则除杨树达的《淮南子证闻》外，皆出于刘文典的《淮南鸿烈集解》。又本书许注高注的纠葛，请参阅余嘉锡《四库提要辨证》卷十四《淮南子》二十一卷条下。本文中仅称"注"者，皆指高注。

汉代学术与政治的影响》专文，加以阐述。其受吕不韦野心的暗示，规抚《吕氏春秋》的规模，以同一方式，抱同一目的，把汉初思想，作另一次大结集的，则为刘安及其宾客所集体著作的《淮南子》，这也可算得思想史上的伟迹。①《淮南子》中，全取《吕氏春秋》的十二纪纪首，略加损益，以成为第五篇的《时则训》。②《览冥训》则敷衍《吕氏春秋》之《精谕》、《召类》诸篇之旨。而《吕氏春秋·应同》篇"黄帝曰，芒芒昧昧，因天之威，与元同气"

① 刘安与吕不韦不同之点，在于吕不韦有识量，但不一定有典籍上的知识，而刘安自身则有很高的文学修养。所以吕不韦只是提出写《吕氏春秋》的要求，而不必一定参加了实际的著书工作。刘安可能本人也参加了一部分实际工作。

② 《苏魏公（颂）文集》卷六十六校《淮南子题序》谓高诱注《淮南》，"每篇之下，皆曰训"，其意以训乃注之别称。刘文典《淮南鸿烈集解·原道训》下引姚范云："疑训字高诱自名其注解，非《淮南》篇名所有，即诱序中所云'深思先师之训'也。《要略》无训字。"按高诱《淮南注序》，"比方其事，为之注解"。又《吕氏春秋注序》自称"作《淮南孝经解》"，是高氏自定名为《淮南注解》（苏颂引作"高题卷首，皆谓之鸿烈解经"，多一"经"字，此缘不通句读而误），断无在每篇下另加一"训"字之理，古今注书家皆无此例。且自《诠言训》以下，皆系许慎注，除《要略》外，何以亦皆有训字？而《四部丛刊》所印影钞北宋本，各卷下皆有"太尉祭酒臣许慎记上"，虽系讹误，要可知此本与许注关系之密切，亦皆有训字。而高诱注《吕氏春秋》，乃在注《淮南》之后，注《吕氏春秋》序中亦有"故复依先师旧训"之语，何以《吕氏春秋》各篇，皆未加训字？故各篇训字，乃《淮南》所固有。意者书成进于天子，希望即真能成为"刘氏之书"，故加一训字，与训诰之诰同义。《要略》乃全书序目，故无训字。

的几句重要话，即见于《泰族训》。其他刺取《吕氏春秋》的材料以成文者，其分量仅次于《老子》、《庄子》。但《要略》历序"太公之谋"以迄"商鞅之法"等著作，却未一言及《吕氏春秋》，这可能是出于当时"反秦"空气的避忌。这与汉儒引《吕氏春秋》者多不著《吕氏春秋》之名，是同一情形。

从《要略》叙述"太公之谋"以下各家思想发生的原因和目的看，刘安及其宾客们认为他们都是出于政治现实的要求，解决政治现实的问题。至于他说到自己所著的"刘氏之书"，则是：

> 观天地之象，通古今之事。权事而立制，度形（形势）而施宜。原道之心，合三王之风，以储与扈冶。玄眇之中，精摇（注：楚人谓精进为精摇）靡（注：靡，小也）览。弃其畛挈（界），斟其淑静；以统天下，理万物；应变化，通殊类；非循一迹之路，守一隅之旨，拘系牵连之物，而不与世推移也（按上文"非"字，直贯到此句）。故置之寻常而不塞，布之天下而不窕。（页三七六至三七七）

按《氾论训》"百家殊业，皆以为治"。（页二一三），这与《要略》所述各家思想发生的原因及目的相合。上引的一段话，正说明他们的二十篇，较之他人的著作，在内容上更为博大精深，所以用在政治上的效果，较其他各家，更可肆应无穷，永恒不变。但这段叙述，抽象笼统，不似叙述其他各家，都扣紧住现实问题，因之使人有难以捉摸之感。然则在这段话的后面，有没有更具体的时代背景？《要略》中另一段话是："诚通乎二十篇之论，睹凡得要，以通九野，径十门，外天地，捭山川，其于逍遥一世之间，宰匠万物之形，亦优游矣。若然者，挟日月而不姚，润万物而不耗……可以游矣。"（页三七四）这段话与前引的一段话，并不完全相同；前一段话说的是理想的政治，而这一段话却说的是理想的人生。若说前一段话说得抽象笼统，则这一段话说得有些夸诞、诡谲。在这种夸诞诡谲的语言后面，他们有没有真实的要求？为了解答上述的两个问题，便不能不先从产生此一部大书的时代背景作一番探索。

二、时代背景

（一）政治背景

谈到他们的政治背景，首先要了解刘安的家世及其置境。据《汉书》四十四《淮南衡山济北王传》，刘安的父亲淮南厉王刘长，是高祖八年（西纪前一九九年）自将击韩王信，由赵经过，赵王张敖献美人得幸，因而怀妊所生的。九年（前一九八年）因赵相贯高等于前一年欲谋害高祖未成被发觉，把赵王一起逮捕，系之于河内狱，美人也在内，大概刘长即在监狱内出世。美人的弟弟赵兼托因辟阳侯审食其转告高祖，高祖不理，美人恚恨自杀，高祖乃嘱吕后收养下来，当时刘长还在襁褓之中，他算是高祖最小的儿子。高祖十一年（前一九六年）击灭黥布，便封刘长为淮南王，时只有二岁左右。

文帝即位时（前一七九年），刘长年十九岁。此时高祖剩下的儿子只有文帝与刘长兄弟两人，所以刘长自以为与文帝最亲，常称文帝为"大兄"。但他"有材力，力扛鼎"，而又骄恣任性，便引起了文帝的猜忌。在六年（前一七四年）诬以谋反，废徙蜀，在道中绝食而死，刘长此时应当是二十五岁。刘长死后，文帝心里有点抱愧，问爰盎应当怎样办？爰盎曰："独斩丞相御史以谢天下乃可。"爰盎当着文帝面前敢讲这种话，而文帝不以为侮，可知当时大家知道这是一个冤狱。由上面简单的叙述，可以了解刘安在帝室中，是两世（高祖、文帝）含冤的一系。刘安弟兄们长大了，当然也会知道得清楚。

据本传，刘长有子四人，刘安居长；八年（前一七二年）皆封侯，刘安此时年约八岁。[①] 由此推算，他当生于文帝元年。十六年（前一六四年）封刘安为淮南王，刘安此时约十六岁。景帝三年（前一五四年），吴、楚七国

---

① 本传谓"王（厉王刘长）有子四人，年皆七八岁"。盖非一母所生，故年齿相差甚少；而刘安居长，故假定为八岁。

反，四年（前一五三年）七国皆破灭，刘安时年二十七岁。《汉书》本传说："吴、楚七国反，吴使者至淮南，淮南王欲发兵应之。"若果有此事，便没有安然度过景帝时代的可能，这是后来武帝陷害他的方法之一。武帝即位，刘安入朝献所作《淮南内篇》（即现称之《淮南子》），并奉命为《离骚传》，时田蚡为太尉，当在建元元、二年之间（前一四〇至前一三九年），刘安此时年约为四十至四十一岁。《汉书》本传谓："淮南王安为人好书，鼓琴，不喜弋猎狗马驰骋。亦欲以自行阴德，拊循百姓，流名誉，招致宾客方术之士数千人。作为《内书》二十一篇，①《外书》甚众。又有《中篇》八卷，言神仙黄白之术，亦二十余万言。时武帝方好文艺，以安属为诸父，博辩善为文辞，甚尊重之……初安入朝，献所作《内篇》，新出，上爱重之。"这段话，正是写在七国平定以后，及武帝即位，刘安入朝的中间，由此可知刘安招致宾客，大事著作，正在他二十七岁到四十岁之间的这段年龄里面。治《淮南子》颇有成绩的日本学者金谷治氏，在其《淮南子之研究》的第二节中，认为"把'《内篇》新出'，马上与今日的二十篇的成立连结在一起，不太适切。今本应看作一直到淮南王之卒年（前一二一年），逐次书写，最后由《要略》所统一的，

---

① 连同《要略》言之，则为二十一篇。《要略》系全书序目，性质与前二十篇不同；故不连同《要略》言之，则为二十篇。

要妥当些"。①这样一来，不仅使"献所作《内篇》"的明确语句，失掉了着落。且不了解刘安此书的目的，是为统治天下的"刘氏"而作，故自称为"刘氏之书"（《要略》），他是希望皇帝能采用施行的，所以当武帝初即位，而《内篇》又新出，便赶在武帝即位后的第一次朝见时献上。一经献上，便成定篇。

又本传"招致宾客方术之士数千人"一语，是把宾客与方术之士加以分别的。《汉书》卷四十五《伍被传》，"是时淮南王安好学术，折节下士，招致英隽以百数，被为冠首"；这以百数的英隽，应当是属于《淮南王传》所说的"宾客"里面。这以百数的英隽，虽然未必每个人都能著书，但著《内书》二十一篇的，应当是属于宾客中的若干人，或即如高诱《淮南注解叙》中所说的"遂与苏飞、李尚、左吴、田由、雷被、毛被、伍被、晋昌等八人，及诸儒大山、小山之徒"所作。苏飞等属于道家，故下句特标"诸儒"以相分别。我所要说明的是：方术之士，没有参与这《内篇》二十一篇的著作。可能在《内篇》二十一篇完成后，亦即是在他们一整套的政治理想表达完成后，才由方术之士，继续写《外书》、《中篇》。《汉书》卷三十六《刘向传》："上（宣帝）复兴神仙方术之事，而淮南有《枕

---

① 见日本学术振兴会出版的金谷治著《秦汉思想史》页四五九。在此文以前，金谷治氏刊行有《老庄的世界》单行本。

中鸿宝苑秘书》，书言神仙使鬼物为金之术，及邹衍《重道延命方》，世人莫见；而更生（刘向）父德，武帝时治淮南狱，得其书；更生幼而读诵，以为奇，献之。"这正是出自方术之士，或即是《刘安传》所说的"《中篇》八卷"。而《史记·龟策列传》中的《万毕石朱方》，《隋书·经籍志》中的《淮南万毕术》、《淮南变化术》各一卷，应即《刘安传》所说的"外书甚众"之遗。正因为这类著作，乃《内篇》二十一篇完成以后，由方术之士所纂著，所以才到淮南狱事起后，为参与治狱的刘德所得，一直到宣帝时由刘向献之宣帝。

建元六年（前一三五年）闽越复反，武帝遣两将诛闽越，刘安上书谏。"上（武帝）嘉淮南之意，美将卒之功，乃令严助谕意风指于南越。"武帝又使严助谕意于刘安，说明他自己的远见与盛烈；"于是王（刘安）谢曰'虽汤伐桀，文王伐崇，诚不过此。臣安妄以愚意狂言，陛下不忍加诛，使使者临诏臣安以所不闻，臣不胜幸'"。[①]刘安此时年四十六岁。按刘安之谏，殆欲借此向武帝表示忠悃之忱；武帝使严助谕意，盖欲使刘安了解自己的伟大以相压服。由本传看，武帝此时已加深对刘安的刻忌。

元朔二年（前一二七年）春，武帝从主父偃言，诏诸侯得分国邑封子弟为列侯，以削弱诸侯王，赐淮南王几杖

---

① 以上皆见《汉书》六十四《严助传》。

不朝以安其心。刘安此时五十四岁。

元朔五年（前一二四年），刘安的太子刘迁，因与雷被比剑有隙，雷被赴长安"上书自明"，以致"逮淮南太子"，"削二县"，这是朝廷对刘安进一步的构陷。我的推测，雷被可能事先是由朝廷授意的。刘安此时五十七岁。

元朔五年，公孙弘为丞相。元朔六年（前一二三年），严正上书谓淮南王孙建，为太子迁所疾害，"今建在，征问，具知淮南王阴事"。公孙弘揣摩武帝意旨，"深探其狱"；至次年元狩元年（前一二二年），卒以刘安"有诈伪心，以乱天下，营惑百姓……当伏法"。于是刘安自杀，时年五十九岁。"列侯、二千石、豪桀数千人，皆以罪轻重受诛。"[①]《汉书·五行志下》则说"坐死者数万人"。

汉初的政治形势，是刘邦以大封异姓诸侯王，而战胜项羽，取得天下。在即帝位的同一年内，即开始剪除异姓诸侯王而代之以同姓诸侯王，以安定天下。从文帝起，开始了对同姓诸侯王的防闲，贾谊、晁错诸人，都先后提出实行削除诸侯王以便达到中央集权的目的，且不惜出之以制造冤狱的手段。到了景帝，更进一步实行此一政策，因而有七国之变，其亲弟梁孝王亦几乎不免。刘安与景帝为

---

① 淮南冤狱，具见于拙著《周秦汉政治社会结构之研究》中《汉代专制政治下的封建问题》一文。

堂兄弟，且因刘安是两世含冤，早为朝廷所侧目。^①景帝
削平七国后，岂能一日忘刘安兄弟？而刘安的惴惴疑惧，
自亦为情理之常。同时，汉初士人承战国余习，遨游于诸
侯王间，下焉者博衣食，上焉者显材能，尤为朝廷所深恶。
随对诸侯王的疑忌压迫倾覆，势必影响摧残到这一批游士
的自身。尤以淮南宾客之盛，更成为朝廷欲得而甘心的大
目标。^②因此可以了解，淮南王刘安及其宾客，乃在此种
危机深迫的感觉中而同著此书。这便提供了在《淮南子》
的浮夸瑰玮的语言中，了解他们另一真正用心所在的线索。

司马迁将刘安应武帝之命所叙《离骚传》采入《屈原
列传》中，后人被班固《离骚序》仅引"《国风》好色而不
淫，《小雅》怨诽而不乱，若《离骚》者，可谓兼之。蝉蜕
浊秽之中，浮游尘埃之外，皭然泥而不滓；推此志，虽与
日月争光可也"数语，遂以为史公所采于刘安者仅此五十
字，实则《离骚序》所引，乃经过了班氏的删节；友人刘
殿爵教授指出，《屈原列传》中实由称"屈平"与称"屈原"
两种材料所构成，其说甚谛。我以为史公以"屈原者名平"
一语，绾合两种材料，此后一直至"王之不明，岂足福哉"
止，皆用"屈平"之名，乃史公采自刘安，而略加补缀的。

<hr>

① 《汉书》四十八《贾谊传》，文帝封淮南厉王长之四子为列侯时，贾谊援
白公为父报仇事以谏，言之激切，此事当为朝廷及刘安所习知。
② 拙文《汉代专制政治下的封建问题》一文，对此言之较详，可以参阅。

如我上面的看法可以成立，则刘安的《离骚传》，是借屈原之冤，以明自己之志。其叙述中所流露出的"信而见疑，忠而被谤"的烦冤悲愤之情，不仅是表白屈原，亦实际是表明他自己。这正是把他处境的困惑，及心理的危机感，向一位新即位的青年皇帝的投诉。这一投诉，也收到相当效果，使他的王位，安定了十余年之久。他的这种迫切心情，不能不以某种形式反映在《淮南子》的书里面去。

《淮南子·俶真训》极力铺陈"神无所掩，心无所载；通洞条达，恬漠无事；无所凝滞，虚寂以待。势力不能诱也，辩者不能说也，声色不能淫也，美者不能滥也，智者不能动也，勇者不能恐也"的真人之道（页三〇）。能通于真人之道，则"神经于骊山太行而不能难，入于四海九江而不能濡"（页三一），即是可以达到庄子的逍遥游的境界。但最后的一段文章，突然与前面所夸张的恰恰相反：

> 非有其世，孰能济焉？有其人，不遇其时，身犹不能脱，又况无道乎？……夫忧患之来撄人心也，非直蜂虿之螫毒……而欲静漠虚无，奈之何哉？……人神易浊而难清，犹盆水之类也，况一世而挠滑之，曷得须臾平乎？古者至德之世，贾便其肆，农乐其业，大夫安其职，而处士修其道……何则？世之主有欲利天下之心，

是以人得自乐其间……逮至夏桀、殷纣，燀生人，辜谏者……当此之时，岂独无圣人哉？然而不能通其道者，不遇其世。夫鸟飞千仞之上，兽走丛薄之中，祸犹及之，又况编户齐民乎？由此观之，体道者不专在于我，亦有系于世矣……故世治则愚者不能独乱，世乱则智者不能独治。身蹈于浊世之中，而责道之不行也，是犹两绊骐骥，而求其致千里也……今缯缴机而在上，网罟张而在下，虽欲翱翔，其势焉得？故《诗》云："采采卷耳，不盈倾筐；嗟我怀人，寘彼周行。"以言慕远世也。（页三一至三三）

上面的话，等于把此篇前面所发挥的庄生之指，斥之为梦想。"今缯缴机而在上，网罟张而在下"，把他们所受的由朝廷而来的压迫，所感的由形势而来的危机，完全透露出来了。他们所以作这种"骂题"的透露，一方面是出于难以抑制的内心苦闷，一方面也可能是鼓励刘安不能不抱有政治野心。《人间训》通篇强调死生祸福得失成败之无常，而深叹"夫人伪之相欺也，非直禽兽之诈计也"（页三二九）；他们认为只有勘破了人与人的关系连禽兽之不如，才可"有以倾侧偃仰世俗之间，而无伤乎谗贼螫毒者也"（《要略》页三七二）。这种对人生的迷惘惴栗窥伺的情形，也正是随危机感而来的无可奈何的反映，也说明虚无主义形成的真正根源。

上面的两大危机感，一是出自刘安的自身，一是来自他的宾客们的感受。首先应把握这两点来了解《淮南子》一书的具体的、时代的意义。

（二）学术背景

西汉初年，道家思想，在朝廷与社会，有极大的势力。《淮南子》一书，高叙说"其旨近《老子》"，这可以说是受了当时一般思想趋向的影响。但《淮南子》中的道家思想，与当时流行的道家思想，有一个很大的界域。汉初所承继的战国中期以后的道家思想，乃属于"黄老"并称的这一系。这一系假托黄帝以著书的风气之盛，只要看《汉书·艺文志》中，以黄帝冠书名的，有二十种之多，[①] 即可一目了然。从二十种书名以窥其内容，可称为方技之士的大合奏。将伪托的黄帝，傅会到老子上面去，而黄老并称，即是把权谋术数乃至许多方技迷信，掺进道家思想中去，

[①] 《汉书·艺文志》:道家有《黄帝四经》四篇，《黄帝铭》六篇，《黄帝君臣》十篇，《杂黄帝》五十八篇;阴阳家有《黄帝泰素》二十篇;小说家有《黄帝说》四十篇；阴阳有《黄帝》十六篇；天文有《黄帝杂子气》三十三篇;历谱有《黄帝五家历》三十三卷;五行有《黄帝阴阳》二十五卷，《黄帝诸子论阴阳》二十五卷;杂占有《黄帝长柳占梦》十一卷;医经有《黄帝内经》十八卷；经方有《泰始黄帝扁鹊俞拊方》二十三卷，《神农黄帝食禁》七卷；房中有《黄帝三王养阳方》二十卷；神仙有《黄帝杂子步引》十二卷，《黄帝岐伯按摩》十卷，《黄帝杂子芝菌》十八卷，《黄帝杂子十九家方》二十一卷。以上凡以黄帝为书名者，计二十种。

这是原始道家思想的变形。但自战国末期以至西汉初年，这是道家中最有势力的一系。所以《史记·外戚世家》："帝及太子诸窦，不得不读《黄帝》、《老子》。"《老子韩非列传》："申子之学，本于黄老。""韩非者……喜刑名法术之学，而其归本于黄老。"《孟子荀卿列传》："慎到赵人；田骈、接子，齐人，环渊楚人，皆学黄老道德之术。"《乐毅列传》："乐臣（巨）公，善修黄帝、老子之言。"《田叔列传》："叔喜剑，学黄老术于乐巨公所。"《日者列传》："夫司马季主者，游学长安，通《易经》，术黄帝、老子。"但《淮南子》中，不仅未将黄帝与老子并称对举；且除在《泰族训》一引《吕氏春秋》所引的"黄帝曰"以外，全书中援黄帝以伸张政治理想的，仅一二见。在本书中，由黄帝所代表的政治理想，还不及伏羲所代表的分量。《览冥训》在"昔者黄帝治天下，而力牧太山稽佐之"一段，已极力敷陈其治道之隆。但接着说"然犹未及虑戏之效也"，即其明证。大概门客中精通易学的人，占有相当的势力，而他们又是以八卦及六十四卦皆出于伏羲的。由他们之不重视黄帝，这即说明从事《淮南子》这一集体著作中的道家，他们所抱的道家思想，与"黄老"这一系的道家思想，实系分门别户，另成一派。

江瑔《读子卮言》谓"以老庄并称，实起于魏、晋以后"，固系不确。蒋锡昌《老子校诂》后附《老庄并称之始考》引《汉书·王贡两龚鲍传》，"蜀有严君平……依老子、严周（师古注：即庄周）之指，著书十余万言"之语，以此"为汉代老庄并称之始"，亦系错误。不仅《淮南子·要略》"考验乎老庄之要"，为老庄并称之始；且在书中引用《庄子》一书之多，[①]及发挥庄子思想之宏，古今未见其比。至传刘安有《庄子略要》及《庄子后解》两书，[②]今虽不可得见，亦不难由此可知刘安及其宾客在思想上与庄子契合之深，成为《淮南子》在西汉思想中的突出地位。

另一值得注意的学术背景，是《淮南子》成书的时代，儒家思想，在朝廷还没有得势；但从《史记·儒林列传》看，作为焚书以后的反弹作用，在社会上已经有强大的势力。同时，这是五经博士尚未成立，由五经博士而来的家法、专经等观念尚未出现的时代。也是阴阳五行，对儒家的掺杂不深的时代。这是一个对学术的评断，一委之于各

①　将杨树达《淮南子证闻》一书及王叔岷《淮南子与庄子》一文所举出之称引庄子材料，加以综合，则现行《庄子》三十三篇，被《淮南子》反复称引者达二十八篇之多。计《逍遥游》《齐物论》《人间世》《德充符》、《大宗师》《应帝王》《骈拇》《马蹄》《胠箧》《在宥》《天地》《天道》、《天运》《刻意》《缮性》《秋水》《至乐》《达生》《山水》《田子方》、《知北游》《庚桑楚》《徐无鬼》《则阳》《外物》《让王》《盗跖》《列御寇》。据周骏富《淮南子与庄子之关系》一文，可补入《寓言》《天下》篇。其所未及者，仅《内篇》之《养生主》、《杂篇》之《说剑》《渔父》三篇而已。但《精神训》"以不同形相嬗"的思想，可能来自《养生主》的"薪尽火传"的思想，则《淮南》未及者仅《说剑》《渔父》两篇。

②　《文选》谢灵运《行旅》诗注，许询《杂诗》注，齐竟陵王《行状》注，皆数引淮南王《庄子略要》。张景阳《七命》注，引有淮南王《庄子后解》。

人的自由，而没有受到朝廷的直接间接影响的时代。因此，《淮南子》一书，不仅采撷鸿博，为后来其他汉代著作所未有，^①由此可约略窥知当时学术流行的概略状况。且儒家思想，在《淮南子》一书中所占地位，深入地看，并不次于道家。除大量引用了《诗》、《易》之外，《礼》、《乐》、《春秋》皆为其征引所及，且多发挥六经的微言大义。《春秋传》遍及《公羊》、《穀梁》，更大量援引《左氏》。所以杨树达在《淮南子证闻》中说"《淮南书》在汉初，已属称引左氏所记事，知刘歆伪撰之说为诬辞矣"。又《泰族训》："《关雎》兴于鸟，而君子美之，为其雌雄之不乖也。《鹿鸣》兴于兽，君子大之，取其见食而相呼也。"乃确取自《毛传》，^②由此可确证《后汉书·儒林列传》谓"马融作《毛诗传》"之谬。所以若用心考校，亦未始不可由《淮南子》以窥五经博士未立以前，宏通精要的西汉经学的本来面貌。可以这样地说，形成《淮南子》思想的另一骨干的儒家思想、经学思想，乃未受五经博士制度拘束，未受阴阳五行掺杂的儒家思想、经学思想。

① 《淮南子》除大量引用了《老子》、《庄子》、《吕氏春秋》外，尚引用了《论语》、《墨子》、《子思子》、《公孙尼子》、《孟子》、《荀子》、《商君书》、《列子》、《尸子》、《管子》、《慎子》、《孙子》、《韩非子》、《晏子春秋》、《战国策》，《礼记》中引有《檀弓》、《王制》、《乐记》、《中庸》、《经解》，及《尚书大传》、《楚辞·天问》等。

② 《毛诗正义·关雎》毛传："兴也。关关和声也。雎鸠……鸟挚而有别。"《鹿鸣》毛传："兴也……鹿得萍呦呦然鸣而相呼。"

《淮南子》的另一特色，是他们在文字表现上所用的非常繁缛的形式，使读者望而生畏，甚至是生厌。大概他们自己也感到此一问题，所以在《要略》中曾郑重提出加以解释。

　　惧为（衍文）人之惛惛然弗能知也，故多为之辞，博为之说。（页三六九）

　　其言有小有巨，有微有粗。指奏卷异，各有为语。今专言道，则无不在焉。然而能得本知末者，其唯圣人也。今学者无圣人之才，而不为详说，则终身颠顿乎混溟之中，而不知觉窾乎昭明之术矣。（页三七四）

　　夫道论至深，故多为之辞，以抒其情。万物至众，故博为之说，以通其意。辞虽坛卷（曲折）连漫，绞纷远缓，所以洮汰（注：润也）涤荡至意，使之无凝竭底滞，卷握而不散也。（同上）

上面都是就他们所处理的特殊对象——道与事——在表现上所要达到的目的，以说明他们所用的表现的形式，我以为这只说明了问题的一方面。另一方面，我以为是受了当时辞赋盛行的影响；他们不知不觉地，把作辞赋的手法用到著书上面。

　　汉高起丰沛，特贵楚声。而自贾谊以来，屈原的遭遇及《离骚》的文体，给汉初文人以莫大感召，酿成新兴的汉赋的文学风潮，倾动朝野。淮南宾客从事著作之时，也是汉赋尚未遭到朝廷政治干扰而滋衍鼎盛之时，自刘安起，及其他许多宾客，也都沉浸在此一风潮之中，有了不少作品。《汉书·艺文志·诗赋略》在以《屈原赋》为首的这一类中，有《淮南王赋》八十二篇，《淮南王群臣赋》四十四篇。《汉书补注》引王应麟曰："淮南王安招致宾客，客有八公之徒，分造词赋，以类相从，或称大山，或称小山，如《诗》之有大、小《雅》。"由此可见淮南宾客中作赋风气之盛。"赋之为言铺也"，即是以尽量铺陈的文体，发抒作者的感情，或表现作者的才智。《淮南子》中，不仅许多地方用了韵；并且全书的表现方式，也有似于刘彦和说汉赋是"极声貌以穷文"，而刘彦和"遂使繁华损枝，膏腴害骨"的对赋的流弊的批评，也未尝不可用在《淮南子》身上。[①] 甚至他们所用的奇字异文，也只有《子虚赋》这类的大赋中才可与其比拟。但我们不可因此忘记了《淮南子》中，也有许多圆浑深厚的散文。

以上简单陈述了《淮南子》的时代背景——政治、学术的背景，以约略刊定它在思想史的位置。

---

① 俱见《文心雕龙·诠赋》篇。

三、思想的分野

（一）在研究方法上新角度的提出

《淮南子》各篇的要旨及全书的结构，在《要略》中有反复的说明。通过这一说明，可以了解这是一部有计划、有系统的著作：

> 夫作为书论者，所以纪纲道德，经纬人事，上考之天，下揆之地，中通诸理……故言道而不言事，则无以与世浮沉；言事而不言道，则无以与化游息。（页三六九）

上面几句话，是全书的总纲领。将天地人并列，或以天地人为三才，[①]而要由人去参赞贯通，这是战国中期以来，相当流行的思想。而"形而上者谓之道，形而下者谓之器"，亦《易·系传》所明言。所以用另一语言来表达他们著书的总纲领，是要贯通天地人，是要融澈形上形下。他们认为只有这样，才可作为刘氏统治大一统天下的宝典。篇中除分别陈述了各篇的要旨以外，并说：

> 故言道（《原道训》）而不明终始（《俶真训》），则

---

① 《易·系辞下》两称"兼三才而两之"；所谓三才，即指天道、地道、人道。

不知所仿依。言终始而不明天地（《天文训》《地形训》）四时（《时则训》），则不知所避讳。言天地四时而不引譬援类（《览冥训》），则不知精微。言至精而不原人之神气（《精神训》），则不知养生之机。原人情而不知大圣之德（《本经训》），则不知五行之差。言帝道而不言君事（《主术训》），则不知小大之衰（差等）。言君事而不为称喻（《缪称训》），则不知动静之宜。言称喻而不言俗变（《齐俗训》），则不知合同大旨。已言俗变而不言往事（《道应训》），则不知道德之应。知道德而不知世曲（《氾论训》），则无以耦万方。知氾论而不知诠言（《诠言训》），则无以从容。通书文而不知兵指（《兵略训》），则无以应卒已。知大略而不知譬喻（《说山训》、《说林训》），则无以明事。知公（疑应作天）道而不知人间（《人间训》），则无以应祸福。知人间而不知修务（《修务训》），则无以使学者劝力。欲强省其辞，览总其要，弗曲行区入，则不足以穷道德之意（《泰族训》）。（页三七三）

从上面这一段话中，可以了解他们认为二十篇的本文，是缺一不可的。至于他们何以要本末精粗，说得这样完备呢？他们说：

夫五音之数，不过宫商角徵羽。然而五弦之琴，不可鼓也，必有细大驾和，而后可以成曲。今画龙首，观者不知其何兽也。具其形，则不疑矣。今谓之道则多，谓之物则少。谓之术则博，谓之事则浅。推之以论（由道至事，以论推衍推明之），则无可言者（则没有偏于多、少、博、浅之可批评）。（页三七四）

他们虽在《要略》中说明了各篇的要领及各篇相互间之关连，以表明全书的系统结构，但因书中儒、道两家思想的平流竞进，甚至有的是矛盾对立，不可能构成一个像《要略》所说的严密系统。而且写《要略》的人，是偏于道家思想方面的人，他实在消纳不下儒家思想。所以有的说得笼统，有的说得牵强，有的则他们并没有认真说出。因此，研究此书的人，若专倚赖《要略》作探索的导引，依然会堕入迷魂阵中，不易确切地把握到什么。所以我想换一个角度，从全书中思想分野的角度，来探索全书的结构，乃至接触这一群思想家的若干生态，看出他们有血有肉的思想活动。哪怕只能收到百分之一二的效果。

全书捃摭广博，然道家思想，究居于优势。而老庄同为道家，有的是互相发挥，有的是自分畛域。道家之外，则儒家思想，有的则起而与道家抗衡，有的则儒道又想互相融合，有的以道家而想融合儒家及其他诸家，有的则以儒家为主而想融合道家及其他诸家。故由思想分野以言《淮南子》的结构，则似可在错综复杂中清理出一条线索。

（二）老庄思想的分野

儒道的抵抗，很容易看清楚。但老庄是同中有异，要区分老庄的同中有异，则相当的困难。因为庄子本是从老子发展下来的，所以他们有共同的主题，有共同的结论，有的是庄子解释老子的，于是一篇之中，常感到老庄是混而难分。并且《淮南子》中的道家们，可能认为老庄本是一体。所以《道应训》只有一处引用《庄子》，其余皆引用《老子》，但《要略》还是笼统地说："考验乎老庄之术。"（页三七一）

但为了摆清思想的线索，应当把握各篇中的主线、重点，以推断当时着手写某篇的宾客，到底是偏向于老子或偏向于庄子。可用的方法是：

第一，将引用《老》、《庄》两书的语言来比较其分量。但《老子》只有五千余言，而《庄子》则有十余万言。所以这一方法，并不容易接触到思想的内容。

第二，从理想性人物的名称着眼。《老子》一书的理想性人物的名称只称"圣人"。《庄子》则除继续使用"圣人"一词外，在《逍遥游》特创用"至人"、"神人"两词，[①]《大宗师》又特创用"真人"[②]一词。《淮南子·原道训》

---

① 《逍遥游》："故曰至人无己，神人无功，圣人无名。"
② 《大宗师》"且有真人，而后有真知"以下，共用真人一词者凡八。

称圣人者六，称至人者一；所以这一篇在阐述道的功用创造，及政治上的贵柔贵后等地方，主要是发挥《老子》之义，此外则多出自《庄子》。①《俶真训》则九称圣人，五称真人，一称至人。但有的地方，却把真人的地位，安放在圣人之上。如"圣人之所以骇天下者，真人未尝过焉。贤人之所以矫世俗者，圣人未尝观焉"（页二七）。而篇名即标为《俶真训》，可知本篇除言道之创造情形，系出于《老子》外，②其余多出于《庄子》。古人用名词不太严格，其中有的圣人与真人可以互换。《精神训》两称真人，两称至人，而未尝一称圣人，则这篇主要的思想是出自《庄子》，且多衍《大宗师》之义。《本经训》内容系由道家归结于儒家，其道家思想的部分，言圣人、真人、至人者各一，与其他因素配合，实亦以庄子思想为主。至《齐俗训》实系《庄子·齐物论》的多方面的发挥，更另有深意。

第三，凡是描写道的体段、功用及创造历程的，多系《老子》思想的推演。凡强调精神、心性等的修养、功效等的，多系《庄子》思想的发挥。因精神一词，乃最先出现于《庄子》；而《老子》的道德，至《庄子》始在人的心上落实、生根。《老子》无性字，《庄子》内七篇似亦无

---

① 杨树达《淮南子证闻》谓"此篇全衍《老子》之旨"，未确。
② 开始"有始者"一段，虽出自《庄子·齐物论》；然《齐物论》此段，实衍《老子》"有生于无"之义。

性字，《庄子·外篇》乃出现很多性字。心性是内而形骸是外，凡内外对举，重内而轻外，亦皆出于《庄子》。

第四，凡以政治问题为主的道家思想多出于《老子》，以人生问题为主的道家思想多出自《庄子》。《庄子》亦承《老子》无为之旨以言政治，但《老子》以无为言政治，比较平实。而《庄子》则比较浪漫而带神秘性，这在《淮南子》中可将两者作很清楚的比较。《老子》之道，亦落实在人生问题之上。但《老子》对人生问题，多仅从消极方面落脚，这以"后"、"柔"、"弱"、"畏"等观念作代表。庄子则转而从积极方面去追求，以达到精神的大自由、大解放——亦即是所谓"逍遥游"、"天游"。《淮南子》追到人生问题时，完全承受了庄子的这一人生态度。

第五，"常"是老子的基本观念之一，"化"是庄子的基本观念之一。《天下》篇"芴漠无形，变化无常。死与生与，天地并与……古之道术，有在于是者，庄周闻其风而说之"，正说明了庄子思想的特性。《大宗师》"化则无常也"，可说是对老子"常"的思想的超克。例如老子说"后其身而身先"，是以"后"为比较近于"常"。但《大宗师》说"不知就先，不知就后"，此即对老子在先后中作选择的超克。《淮南子》中属于道家思想范围的，凡着重变化的，皆出于《庄子》。如《要略》"《俶真》者穷逐终始之化，嬴坪有无之精，离别万物之变……观至德之统，知变化之纪"云云，即其显证。其他各篇中，凡言及"变"、

"变化"、"终始"、"生死"等，亦皆出自《庄子》。终始、生死，是具体的变化现象。

由上面老庄思想分野的分析，可知《淮南子》中，《庄子》思想确较《老子》思想更占到优势。其原因或可举出三点。

第一，《庄子》一书，从另一方面讲，实系一部伟大而浪漫的文学作品。《天下》篇说"以卮言为曼衍，以重言为真，以寓言为广……其书虽瑰玮，而连犿（宛转貌）无伤也。其辞虽参差，而諔诡可观"，正说明了这一点。此一文学作品，对刘安时代流行的作赋的表现方式，实含有启发、润泽、充实的作用。刘安及其宾客，多是对赋有偏好，甚至也是作赋的能手，便自自然然地陶醉在《庄子》这一伟大文学作品之中，用上了他许多奇诡的辞汇，并力追《庄子》表现的想象能力。

第二，我在《两汉知识分子对专制政治的压力感》一文①中已指出，西汉距战国不远，汉初知识分子，一旦进入到大一统的专制政体以后，感到与战国的游士们两相比较，他们的活动，受到了莫大的限制，于是向往自由的心情，也特为迫切。何况淮南宾客，因处境之危，被压迫之感愈甚，因而在精神上要求解放的希望，较当时一般知识分子更甚。在典籍中，代表这种精神解放而

---

① 此已收入拙著《周秦汉政治社会结构之研究》中。

获得精神自由的思想，只有《庄子》。这便使他们觉得《庄子》是他们的代言人，而发生了特别亲切的感觉。游、天游、逍遥游，都是《庄子》对精神解放、精神自由的形容，所以在《淮南子》中，出现了不少来自《庄子》的相同观念。例如：

> 执道要之柄，而游于无穷之地。(《原道训》页三)
>
> 循天者与道游者也。(同上页七)
>
> 逍遥于广泽之中，而仿佯于山峡之旁。(同上页一六)
>
> 古之真人，立于天地之本，中至优游。(同上页二一)
>
> 是故圣人，内修道术，而不外饰仁义；不知耳目之宜，而游于精神之和。若然者，下揆三泉，上寻九天，横廓六合，撢贯万物，此圣人之游也。(同上页二六)
>
> 心有所至，而神喟然在之。反之于虚，则消铄灭息，此圣人之游也。(《俶真训》页三〇)
>
> 浮游逍遥，道鬼神，登九天，朝帝于灵门。(《览冥训》页九五)
>
> 所谓真人者，性合于道也……体本抱神，以游于天地之樊。芒然仿佯于尘垢之外，而消摇于无事之业。(《精神训》页一〇三)

以死生为一化，以万物为一方（注：类也），同精于太清之本，而游于忽区之劳。（同上页一〇四）

终始若环，莫得其伦……是真人之所游也。[①]（同上页一〇五）

若夫至人，量腹而食，度形而衣，容身而游……处大廓之宇，游无极之野。（同上页一一一）

古之人，同气于天地，与一世而优游。（《本经训》页一一五）

道德定于天下而民纯朴，则目不营于色，耳不淫于声，坐俳而歌谣，被发而浮游。（同上页一一六）

夫随一隅之迹，而不知因天地以游，惑莫大焉。（《说林训》页二八九）

以上所略举的皆发挥《庄子·逍遥游》之义，以寄托其在压迫与危机感下对精神自由的祈向。《要略》：“故言道而不言事，则无以与世浮沉。言事而不言道，则无以与化游息。”（页三六九）此两句话，乃对全书宗旨，作总括性的陈述。“浮沉”、“游息”，皆《庄子》一书的态度。当然他没有把儒家总括到里面去。

第三，他们的政治愿望，不敢从正面表达出来，于是除尽量发挥“无为”的思想外，更夸大《庄子·齐物论》

---

① 原文作“是故作真人之所游”，此依俞樾校。

中的一部分思想，而强调各地礼俗不同，但皆有同等的价值，不必劳心用力去加以统一，借以表达他们地方分权的愿望。西汉建国，自叔孙通制朝仪，贾谊倡治安之策以来，其意皆在定一尊、明一统，完成中央的集权政治。集权之最大障碍在分封的诸侯王。《汉书》四十八《贾谊传》："天下初定，制度疏阔，诸侯王僭儗，地过古制。……谊数上疏陈政事，多所欲匡建。"贾谊等重言礼制的主要用心之一，即在以礼制裁抑当时诸侯王，以达到彻底统一与集权的目的。自此以后，遂成为中央政府（朝廷）的一贯政策。刘安在这种以裁抑诸侯王集中权力为目的的礼制思想压迫之下，发出了隐微而强烈的反抗。《齐俗训》说：

> 夫礼者所以别尊卑，异贵贱。义者，所以合君臣、父子、兄弟、夫妇、朋友之际也。今世之为礼者，恭敬而忮；为义者，布施而德。君臣以相非，骨肉以生怨，则失礼义之本也，故构而多责。（页一六九）

上面的话，分明对自贾谊以来，皆缘礼以离间君臣骨肉，实即离间朝廷与诸侯王的关系，所提出的抗议。又说"世之明事者多离道德之本，曰礼义足以治天下，此未可与言术也"。表面上他们是站在道家的立场，重道德而轻礼义；实际他们所反对的是由朝廷所制定的，以达到彻底统一与集权的礼义。

《淮南子》与刘安的时代 | 219

他们又对于当时朝廷所倡导的作为天下统一标准的礼，提出各地之俗以相抵抗。他们说：

故行齐于俗，可随也。事周于能，易为也。（页一七〇）

乃至天地之所覆载，日月之所照诟，使各便其性，安其居，处其宜，为其能……各用之于所适，施之于其所宜，即万物一齐（平等）而无由相过……物无贵贱，因其所贵而贵之，物莫不贵也。因其所贱而贱之，物莫不贱也。（页一七一）

故胡人弹骨，越人契臂……所由各异，其于信一也。三苗髽首，羌人括领，中国冠笄，越人劗发，其于服一也。帝颛顼之法，妇人不辟男子于路者，拂于四达之衢。今之国都，男女切蹄，肩摩于道，其于俗一也。故四夷之礼不同，皆尊其主而爱其亲，敬其兄，猃狁之俗相反，皆慈其子而严其上……岂必邹鲁之礼之谓礼乎。（页一七四至一七五）

礼乐相诡，服制相反；然而皆不失亲疏之恩，上下之伦。今握一君之法籍，以非传代之俗，譬由胶柱而调瑟也。（页一七六）

《齐俗训》表面看，只是从多方面发挥《齐物论》的"因是"①的意义，实则是要由承认各地方之俗的价值平等，而无须由朝廷所制之礼来加以统一，以保持诸侯王在所封之国内，有自由活动之可能，亦即有独立存在之可能。这实即对当时要以礼制来削弱诸侯王的反抗，这种性质的反抗，在全书的各篇中，都有流露。

（三）儒道思想的分野

当刘安及其宾客们，驰骋于观念的世界时，自然进入到老庄的分野。当他们面对着现实世界时，便不知不觉地进入到儒家的分野。例如《本经训》强调"太清之始也"及"至人之始也"的浪漫型的政治形态，认为"道德之不足为"，"仁义之不足行"，"礼义之不足修"。但现实上是怎样呢？他们说：

> 今至人生乱世之中，含德怀道，拘无穷之智，钳口寝说，遂不言而死者众矣。然天下莫知贵其不言也。（页一一九）

停留在观念世界中，他们觉得自己是"至人"，是"真人"，神通非常广大。但一进入到现实世界，立即发现自己只是

---

① "因是"是因物之所自以为是者，亦随而承认其为是。此乃《齐物论》的重要论点之一。

孤芳自赏，自我陶醉；观念中的"体太一"、"牢笼天地"、
"含吐阴阳"，在现实上不过是个可怜虫。要有一条路可走，
便依然归结到：

> 故兵者所以讨暴，非所以为暴也。乐者所以致和，
> 非所以为淫也。丧者所以尽哀，非所以为伪也。故事亲
> 有道矣，而爱为务。朝廷有容矣，而敬为上。处丧有礼
> 矣，而哀为主。用兵有术矣，而义为本。本立而道行，
> 本伤而道废。（页一二四至一二五）

上面的话，岂不是在政治的现实上，依然落到儒家思想之
上吗？这不仅《本经训》一篇是如此。这对于中国思想史
在历史中的意义，应当有最大的启发性。

　　但刘安的宾客中，应分为两大类。第一类是高诱序中
所说的"苏飞、李尚、左吴、田由、雷被、毛被、伍被、
晋昌等八人"，是以道家思想为主，而又挟有纵横家之术，
这是《淮南子》中老庄思想分野的人物。此外则属于儒家
分野，有如高序所说的"诸儒大山、小山之徒"。这里顺
便谈谈大山、小山的问题。按高序语气，大山、小山，分
明系诸儒中的两个人名，"山"或其姓（晋有山涛）而名
则遗漏。王逸注《楚辞》，在《招隐士》下谓"《招隐士》
者，淮南小山之所作也"，此亦应系人名。乃中谓"自八
公之徒，著作篇章，分造辞赋，以类相从，故或称小山，

或称大山，其义犹《诗》有《大雅》、《小雅》也"。这样一来，变成为辞赋分类的名称，于是"小山之所作也"，等于是说"《小雅》之作所作也"，复成何意义。《文选注》引王逸上面的话以为"《序》曰"，而将此数语删去，极可见其用心之密。乃自朱子《楚辞集注》以下，皆信"犹《诗》有《大雅》、《小雅》"之谬说，可谓习而不察。

就《淮南子》一书略加考查，其中遍及六经、三传，尤以引《诗》在二十九次以上，为最多。《氾论训》"王道缺而诗作"，殆用三家之说，[①]与前引以兴说《关雎》、《鹿鸣》之属于《毛诗》系统者不同。其次是引《易》在十次以上，又引孔子说《易》者一，自说《易》者一。刘向《别录》："所校雠中《易传·淮南九师道训》，除重复定著二十篇。淮南王聘善为《易》者九人，从之采获，故中书著曰《淮南九师言》。"今《汉书·艺文志》，录有《淮南道训》二篇，其余早已亡佚，《淮南子》中所用者乃其一鳞半爪。遍引三传，而长于说《春秋》大义。如《主术训》："春秋二百四十二年，亡国五十二，弑君三十六；采善，钽丑，以成王道，论亦博矣。然而围于匡，颜色不变，弦歌不辍，临死亡之地，犯患难之危，据义行理而志不慑，分亦明矣。然为鲁司寇，听狱必为断。作为《春秋》，

---

① 《史记·十二诸侯年表》序："周道缺，诗人本之衽席，《关雎》作。仁义陵迟，《鹿鸣》刺焉。"《困学纪闻》三："疑是三家之说。"

不道鬼神，不敢专己。"（页一五〇）又如《氾论训》："周室废，礼义坏，而《春秋》作。《诗》、《春秋》，学之美者也。"（页二一三）由此可知诸儒中有人对《春秋》研究之深。两引《尚书大传》，可知今文《尚书》承自伏生。而《说林训》"君子之居民上，若以腐索御奔马"，疑出自孔安国以今文校读孔氏壁中古文，多出二十四篇中的《五子之歌》。[①] 书中指名称引孔子者多于老子、庄子，称引《论语》者亦不一而足。《修务训》论学多出于荀子。子思、孟子，为荀子所排斥。[②] 但书中儒家思想，实属于《中庸》、《子思子》、《易传》及《孟子》的系统。由此一简单陈述，不难想见在刘安宾客中，实有一儒学的强大阵容，特当时为老庄学者的气势所压，而后又因淮南冤狱，姓名亦因之泯灭不彰。但儒家阵营，对老庄思想抗争之迹，则是历历可数的。

上述的抗争，首先表现在对仁义礼乐的态度上面。《老子》三十八章"故失道而后德，失德而后仁，失仁而后义，失义而后礼。夫礼者忠信之薄而乱之首"的一段话，为《庄子》及其以后的道家所反复承述传播。《淮南子》中凡属于老庄思想分野的，言及仁义礼乐，其论点皆不出此一

---

① 伪古文《五子之歌》虽伪，但其中"予临兆民，懔乎若朽索之御六马"，此语或采自古文《五子之歌》的剩语。

② 见《荀子·非十二子》篇。

范围。如《俶真训》："是故道散而为德，德溢而为仁义，仁义立而道德废矣。"（页二六）《本经训》："是故仁义礼乐者，可以救败，而非通治之至也。""是故知神明，然后知道德之不足为也。知道德，然后知仁义之不足行也。知仁义，然后知礼乐之不足修也。"（页一一六）全书中这一类的话很多，都是站在老庄思想的分野来说的。他们由此与儒家挈长较短，认为儒家不能从根本上解决人生、政治上的问题。《精神训》："今夫儒者，不本其所以欲，而禁其所欲；不原其所以乐，而闭其所乐；是犹决江河之源，而障之以手也。"（页一一〇）"故儒者非能使人弗欲，而能止之。非能使人勿乐，而能禁之。夫使天下畏刑而不敢盗，岂若能使无有盗心哉？"（页一一一）"达至道"的至人，才能从根本上解决此一问题。但《泰族训》特强调以礼化民成俗的重大意义（见后）。而《淮南子》中特色之一，为善于言礼。这便都是属于儒家思想的分野。道家之所以贬下礼乐，认为这不是出于人性之本然。所以《齐俗训》说："衣服礼俗者，非人之性也。"（页一七二）道家不仅以礼乐为在人性之外，亦以仁义为在人性之外。所以《俶真训》说："孔、墨弟子，皆以仁义之术教导于世；然而不免于僝身，犹不能行也，又况所教乎？是何则？其道外也。夫以末求返于本，许由不能行也，又况齐民乎？诚达于性命之情，而仁义固附矣。"（页三〇）这是以性命为本，以仁义为末，分性命与仁义为二物，所以孔、墨仁义之教，是"以末求返于本"，为齐民所不能接受。此意在《庄子》发挥得特多。但《主术训》谓："凡人之性，莫贵于仁，莫急于智。"（页一五一）《泰族训》谓："人之性有仁义之资。"（页三五一）这分明是儒家性善思想的传承。《主术训》谓："国之所以存者，仁义是也。人之所以生者，行善是也。"（页一五二）《氾论训》谓："故仁以为经，义以为纪，此万世不更者也。"（页二一四）这分明是属于儒家思想的分野。

儒道两家思想的分野，又表现在对"学"的态度与内容上面。《老子》"绝学无忧"（二十章），"为学日益，为道日损"（四十八章）。① 《庄子》以后，属于道家思想分野的，皆演《老子》上述几句话的意旨。《淮南子》中的道家，亦不例外。《俶真训》："是故圣人之学也，欲以返性于初，而游心于虚也。达人之学也，欲以通性于辽廓，而觉于寂漠也。若夫俗世之学也则不然，擢（许注：擢，引也）德搷（注：缩也）性，内愁五脏，外劳耳目，乃始招蛣振缱物之毫芒（按此句乃就追求外物之知识而言），摇消掉捎（按当为招摇、炫惑之意）仁义礼乐，暴（按当为表暴之意）行越（按当为夸耀之意）智于天下，此我所羞而不为也。"（页二九）此处将学分为三等，前两等属于道家之学，第三等之学，实即指儒家之所谓学而言。而儒家之所谓学，

① 众人因学而过其性。圣人以不学为学，恢复众人因学所过之性。

道家认为乃起于衰微之世。在上引的一段话前面，另有一段谓："周室衰而王道废，儒墨乃始列道而议，分徒而讼（注：争是非也）。于是博学以疑（疑读曰拟，王引之说）圣，华诬以胁众。弦歌鼓舞，缘饰《诗》、《书》，以买名誉于天下……是故百姓曼衍于淫荒之陂，而失其大宗之本。"（页二八）《精神训》："藏《诗》、《书》，而修文学，不知至论之旨，则拊盆叩瓴之徒也。"（页一〇八）"衰世凑（注：趋也）学，不知原心反本，直雕琢其性，矫拂其情，以与世交。故目虽欲之，禁之以度。心虽乐之，节之以礼……钳阴阳之和，而迫性命之情，故终身为悲人。"（页一一〇）更举出例证来说："夫颜回、季路、子夏、冉伯牛，孔子之通学也。然颜渊夭死，季路菹于卫，子夏失明，冉伯牛为厉。此皆迫性拂情，而不得其和也。"（页一一〇）书中这类的观点，还见于《本经训》等篇，不待遍举。

但《淮南子》中，对学的问题，有与上完全相反的态度。《说山训》："通于学者若车轴，转毂之中，不运于己，与之致千里，终而复始，转无穷之源。不通于学者若迷惑，告之以东西南北，所居聆聆（注：犹了了），背而不得，不知凡要。"（页二八〇）此以"善假于物"①说明

---

① 篇中不仅引《荀子·劝学》篇"木直中绳，𫐓以为轮，其曲中规"等语。且以"服习积贯之所致"，"淹浸渍渐靡使然也"，说明学的功用，皆本于《荀子》。"淹浸渍"皆释"渐"的意义。

学的重要。《修务训》一篇，乃站在儒家立场全面对道家思想加以反击，而在学的问题上，多发挥《荀子·劝学》之旨，[①] 对道家反学的态度，提出正面的批评。《修务训》："世俗衰废，而非学者多。（他们所以非学，因为认为）人性各有修短……此自然者不可损益。吾以为不然……故其（马）形之为马，马不可化；其可驾御，教之所为也。马，聋虫也（注：无知也），而可以通气志，犹待教而成，又况人乎？"（页三三五）道家以为儒家提倡学，但学而不行，且会流于邪僻。《修务》篇的作者辩解说："且子有弑父者，然而天下莫疏其子，何也？爱父者众也。儒有邪僻者，而先王之道不废，何也？其行之者多也。今以为学者之有过而非学者，则是以一饱（疑当作噎）之故，绝谷不食……惑也。"（页三三六）作者似将人性分为三品，上者不必学，下者不能学，学乃为绝对多数的中品的人而设。所以说，"夫上不及尧舜，下不及商均……此教训之所谕也"（同上）。《修务训》的作者认为道家的非学，乃因其立论走向两个极端。"所谓言者，齐于众而同于俗（以大多数人为准）。今不称九天之顶，则言黄泉之底，是两末之端议，何可以公（平）论乎？"这是对道家的极深刻而恰当的批评。道家的圣人、至人、真人，都不是历史上的

① 《荀子·劝学》篇"君子生非异也，善假于物也"，即由学以获取前人经验之意。

人物；而在圣人、至人、真人下的人民，则都是蒙昧的原始性的人民，他们不仅在论学时是从实际上游离了上去；道家主张人只要顺性的自然，即可得到完满的人生。《修务训》的作者则指出："欲弃学而循性，是谓犹释船而欲履水也。"（页三三七）作者认为有的禽兽，"爪牙虽利，筋骨虽强，不免制于人者，知不能相通，才力不能相一也。各有其自然之势，无禀受于外，故力竭功沮"（页三三八）。历史上偶然出现了苍颉造书，容成造历，胡曹为衣，后稷耕稼，仪狄造酒，奚仲造车等不世出的特殊人物，但"周室以后，无六子之贤，而皆修其业；当世之人，无一人之才（无其中某一人之才），而知其六贤之道者何？教顺（训）施（延）续，而知能流通。由此观之，学不可已，明矣"（页三三九）。老庄崇顺自然，《修务训》中则强调"名可强（勉强）立"，"功可强成"，"自强而成功"（页三四〇），正是针锋相对的争论。儒者重视学，所以儒家之所谓道，乃在经验上建立根基，与道家离开经验的空论，成一显明的对照。所以《修务训》的作者说："通于物者不可惊以怪。喻于道者不可动以奇。察于辞者不可耀以名。审于形者不可遁以状（注：遁，欺也；状，貌也）。世俗之人，多尊古而贱今，故为道者必托之于神农、黄帝而后能入说。乱世暗主，高远其所从来，因而贵之……此见是非之分不明。"（页三四二）而他们的所谓学，乃是"有符于中，则贵是，而同今古"（页三四三），学的方针是"贵是",贵于求得知识，而不在于学所读的《诗》、《书》的本身。《诗》、《书》不过是一种工具，所以说"诵《诗》、《书》者，期于通道略（注：达）物（注：事），而不期于《洪范》、《商颂》"（页三四三至三四四）。这便与后来的经生之业大异其趣。

《修务训》下面的一段话，我觉得有很大的意义：

　　且夫精神，滑淖纤微，倏忽变化，与物推移，云蒸风行，在所设施（按此数语乃言精神之自身，是微眇变化，不易把握，须凭借其他事物而始能作有意义的展现）。君子有能精摇摩监（按此乃振奋之意），砥砺其才，自试神明（杨校：当依《说苑·建本》篇作"自诚其神明"，按乃把精神的功用，完全实现出来），览物之博，通物之壅，观始卒之端，见无外之境（许注："所观以远。"按"以"当作"者"），以逍遥仿佯于尘埃（按：世俗之意，许注以窈冥为注，失之）之外，超然独立，卓然离世，此圣人之所以游心若此。而不能闲居静思（杨校：据《说苑·建本》篇，此句上，当有"然晚世之人"五字），鼓琴读书，追观上古及贤大夫，学问讲辩，日以自娱，苏（杨校：当作疏）援（杨校：当作远）世事，分白黑利害，筹策得失，以观祸福……（上"不能"二字，直贯至此。）如此者（指分白黑利害

等）人才之所能逮；然而莫能至焉者，偷慢懈惰，多不暇日（于学）之故。（页三三九至三四〇）

按道家以学问知识，扰乱精神，使精神得不到自由解放。《修务训》的作者针对此点，认为仅守住精神的自身，只陷于迷离惝恍，并非真得到解放。欲得到真的自由解放，还须凭借知识以通事物终始远近之情。这便把《精神训》的论点，完全推翻了，而接近于古希腊爱智的意味。[①]

儒道思想最大的分野，则系表现在政治问题上面。《淮南子》中，凡属于道家思想分野的，自《原道训》起，无不强调老子的无为而治。写《修务训》的儒者，则从正面加以反驳。

> 或曰：无为者，寂然无声，漠然不动，引之不来，推之不往。如此者，乃得道之像（法）。吾以为不然。尝试问之矣，若夫神农、尧、舜、禹、汤，可谓圣人乎？有论者必不能废。以五圣观之，则莫得无为明矣。（页三三一）

以下历述五圣如何为人民求生存而勤劳的事迹，而结之以"此五圣者，天下之盛主，劳形尽虑，为民兴利除害

---

① 被译为哲学的 philosophy，乃由希腊原语之爱与智两字合成；爱乃喜悦之意，爱智即是以知识为喜悦，人在喜悦中也有精神解放的感觉。

而不懈"。（页三三二）因认为历史中的圣人，都是勤劳有为的，于是儒、道两家所谓圣人的形像性格，也完全不同。

故圣人不以人滑天，不以欲乱情。不谋而当，不言而信，不虑而得，不为而成。精通于灵府，与造化者为人。（《原道训》页七）

是故圣人内修其本，而不外饰其末。保其精神，偃其智故，漠然无为而无不为也。（同上页八）

是故圣人守清道而抱雌节，因循应变，常后而不先。柔弱以静，舒安以定。（同上页十）

上面是道家心目中的圣人。因为他们有个基本认定是"万物固以（已）自然，圣人又何事焉"（页六），所以只是体道修德以"自得"，以求"全其身"。[①] "自得则天下亦得我矣"（页一五），所谓"得我"，是指天下的人也能自得其我。所以接着说"吾与天下相得，则常相有己"。因圣人的自得，天下之人亦自得，圣人与天下之人，互能全其身（"相有己"），还有什么政治问题呢？

但《修务训》中的圣人，则与上面完全不同。

[①] 《原道训》盛称圣人由修养而"自得"之义。而谓"所谓自得者，全其身者也。全其身，则与道为一矣"（页一五）。

夫圣人者，不耻身之贱，而愧道之不行。不忧命之短，而忧百姓之穷……（述禹、汤的情形）圣人忧民如此其明也；而称以无为，岂不悖哉？（页三三二）

孔子无黔突，墨子无暖席。是以圣人不高山（不以山为高而不越），不广河（不以河为广而不渡），蒙耻辱以干世主，非以贪禄慕位，欲事（从事于）起天下利（此句依杨校），而除万民之害。盖闻传书曰，神农憔悴，尧瘦癯，舜黴黑，禹胼胝。由此观之，则圣人之忧劳百姓甚矣。故自天子以下至于庶人，四胑（肢）不动，思虑不用，事治求澹（赡）者，未之闻也。（同上页三三三）

上面对道家圣人无为的说法，可谓反驳得有声有色。但道家可以反问：儒家并不是不讲无为，《论语》"子曰，无为而治者，其舜也欤"（《卫灵公》），即其明证。所以《修务训》的作者，便对名同而实不同的儒家之所谓无为，与道家之所谓无为，加以检别。他说：

若吾所谓无为者，私志不得入公道，嗜欲不得枉正术，循理而举事，因资（凭借条件）而立权。自然之势，而曲故（许注：巧诈）不得容者。事成而身弗伐，

功立而名弗有。非谓其感而不应，攻而不动者。（页三三三）

由上面所述的两个思想分野的互相抗拒的情形，正可反映出当时学术界的大势。书中除儒、道两家思想外，刘安及其宾客，更采用了法家之长，且将其融入于儒、道两家思想之中，而去其严刑重罚之短，在书中也占相当重要地位，这在后面另有叙述。书中常将孔、墨并称或儒、墨并称，而其反对三年之丧，及提倡节俭薄葬，或系受墨家思想的影响，但和称引其他各家说法一样，在书中不是体系性的存在，所以便都从略。

四、道家的天、人、性、命

自子贡说出"夫子之文章，可得而闻（按了解之意）也。夫子之言性与天道，不可得而闻也"[1]以后，这是原始宗教的权威坠落以后，在学术中所出现的重大问题。并且这也是儒、道、墨三家，后来又加上阴阳家的共同问题。学术中的重大问题，只要一经提出，后来的人便会不断努力提出解答。自《中庸》、《易传》以迄《吕氏春秋》，都对此一问题提出过解答。西汉学术的大方向，从某一方面

---

① 《论语·公冶长》。

说，可以看作是天人性命之学，此当另有论列。而《淮南子》一书，可以说是站在道家思想的立场来解答天人性命的问题。但应先加说明的是，这里"天人性命"的标题，只是为了语言的方便。所谓天，是把道也包括在里面的。并且由老子所提出之道，乃位置在天的上面，所以下面先由老子的道谈起。

（一）对道的描述

天生蒸民，天生万物，这是中国古老的传统观念。"道，所行道也。"[①]引申为合理的行为，合理的行为原则，亦即所谓"顺理而不失之谓道"。[②]道的原义，固然是经验的。引申之道，由行为而见，所以是抽象的，同时也是经验的。但把道赋与以超经验的性格，以"无"表达其特征，并推置在天的上位，将传统的天生万物的功用，改归到道的名下，这的确是老子的创意，为老子以前所未有。《老子》一书，除"天地不仁，以万物为刍狗"（五章），略含有传统的创生意味外，其余不仅天地并称时，只是一种至高至大的客体存在；即使四十七章的"不窥牖，见天道"，七十三章的"天之道，不争而善胜"，七十七章的"天之道，其犹张弓与"，"天之道，损有余而补不足"，八十一

---

① 《说文》二下。
② 《管子·君臣》。

章的"天之道，利而不害"，虽都表现了善的倾向，可为人所取法，但依然与人有很大的距离，而为一客体的存在，并且绝没有创生的意味。"王乃天，天乃道"（十六章），"人法地，地法天，天法道，道法自然"（二十五章），分明是道在天的上位，同为道所创生。

老子创造了道的观念以代替传统的天，并赋与以"无"的特性。但"无"不仅易被一般人误会为"没有"，且亦不易为一般人所把握；于是在《老子》一书中，有几个地方，描写了道的体段，如四章、十四章、二十一章、二十五章、三十四章皆是。兹引十四、二十一、二十五三章如下：

视之不见名曰夷，听之不闻名曰希，搏（抟）之不得名曰微。此三者不可致诘（此乃超经验的"无"，故不可致诘），故混而为一（按"混"对"分"而言。凡经验界中的有，皆是分，皆是多。这是无，所以它是混而不可分的一）。其上不皦，其下不昧（按上下就空间之变动言，不受空间变动之影响），绳绳（此就时间之继续言）不可名（无终无始，故不可名）。复归于无物（创生万物，而其自身复归于无物，无物即是无），是谓无状之状，无物（象）之象，是谓惚恍（此三句言"无"并不是没有）。迎之不见其首，随之不见其后（此二句说明道乃一无限的存在）……（十四章）

……道之为物，惟恍惟惚（似有似无之貌，故即称之为无）……惚兮恍兮，其中有物。窈兮冥兮，其中有精，其精甚真，其中有信（此力言道是一个超越的存在。自经验界言之，故称之为无。但它是一种存在，所以"无"绝非等于没有）……（二十一章）

　　有物混成（非由他物分化而成，故曰混成），先天地生。寂兮寥兮（是无），独立（道是第一因，所以是独立）不改（因为是第一因，不受其他因的影响，故不改，不改即是常），周行而不殆（他是无限的，所以他的运行无所不到，且绝无险阻），可以为天下母（天下万物皆为其所生，故可为天下母）……（二十五章）

老子对道的体段的描写，略可分为三点。一、道是无，但不是没有。二、道是无限的存在。三、道是在因果系列之上的独立而永恒的存在。

　　庄子虽然继承了老子的道的观念，但就内七篇看，他似乎把老子的道与天的分量，倒转了过来。《逍遥游》便没有出现一个道字。《齐物论》"道恶乎隐而有真伪"，"道恶乎往而不存"，"道通为一"，及《大宗师》"人相忘乎道术"这类的说法，是形上形下，混同在一起的说法，减轻了老子之道的超越的性格。甚至隐没了老子之道的"常"的性格。内七篇中，以《大宗师》下面的一段话，是直承老子对道的体段的描述：

夫道，有情①有信，无为无形。可传而不可受，可得而不可见。自本自根（不以他物为本为根，而是自本自根），未有天地，自古以固存。神鬼神帝（鬼帝由道而神），生天生地。在太极之先而不为高，在六极之下而不为深（此二句言其在空间上的无限）。先天地生而不为久，长于上古而不为老（此二句言在时间上的无限）……

上面一段话，可以说是由上引《老子》几章的话加以精简而成。《淮南子》对道的描述，则是：

　　夫道者覆天载地，廓（注：张也）四方，柝（注：开也）八极。高不可际（注：至也），深不可测。包裹天地，禀（注：给也）授无形（注：万物之未形者皆生于道）。原流泉渤（注：涌也），冲而徐盈。混混滑滑，浊而徐清。故植之而塞于天地，横之而弥于四海，施之无穷而无所朝夕。舒之幎（注：覆也）于六合，卷之不盈于一握。约而能张，幽而能明；弱而能强，柔而能刚。横四维而含阴阳，纮（注：纲也）宇宙而章三光。甚淖而滒，甚纤而微。山以之高，渊以之深。兽以之

---

① 按此句是简述《老子》二十一章，"窈兮冥兮，其中有精，其精甚真，其中有信"数句；若如此，则"有情"之情，似应作"精"，因形近而误。

走，鸟以之飞。日月以之明，星历以之行。麟以之游，凤以之翔。（《原道训》页一）

上面是《原道训》开首的一段话，作者用力描述了老子之所谓道的体段与功用。但与老、庄的描述相比较，不难发现，老庄在描述中有严格的推理作用。例如老子既认为道是先天地生，则道之出现，只能是"混成"；庄子对此混成作进一步的解释，便说出"自本自根"四个字。又如"独立而不改"，因为是独立的，才能不改。并且他们对道的描述，皆为道所不可少的属性。例如假定在周行中会遇到危殆，则必有为道所不能及之处，道的存在与功用便不是无限的。《原道训》的作者，则只能作罗列式的铺陈，繁缛而重复；多一句少一句，对道的属性无所损益，无关痛痒。在这种地方，他们实际是以作赋的文学手法，代替了哲学的思维，这是老子思想中形而上学的堕退。

再者，我们应注意的是，老庄对道的描述，是动态的描述；而《原道训》的作者，则可以说是近于静态的描述。因为在老庄心目中，道与创生是不可分的。《原道训》的作者，当然在这一点上继承了老庄的思想。但如后所述，他们在创生过程中，介入了而且加重了气的因素和作用。道并不是气，于是道的创生作用，不知不觉地减轻，而道自身也不知不觉地由动态转为近于静态的存在。

（二）道的功用——创生

老子对道的创生的描述，有下列各章：

> 谷神（喻道）不死，是谓玄牝（喻道的创生作用）。玄牝之门，是谓天地根（天地由玄牝之门而出，所以是天地之根）。绵绵（创生力是永恒继续的）若存（即若有若无，形容创生力是非常柔弱的），用之不勤（若发挥创生作用而有勤劳之时，则创生作用将会停止，所以用之不勤）。（六章）

> 反者道之动（道动而创生万有，而其自身复反于无，所以它才能永恒存在），弱者道之用（道创生万物时的作用若不是非常柔弱，则万物不会感到是自然而生）。天下万物生于有（万物皆以形相嬗，如人皆生自父母），有生于无（无即是道。有之所以成为有，则是由道所生）。（四十章）

> 道生之，德畜之，物形之，势成之……（五十一章）

万物皆直接自道而生，而道的创生作用，亦无时而停息。庄子喜谈死生问题，对道的创生作用，只在《大宗师》中创用"造化"、"造物"两个名词，[1] 很少作直接有力的描述。

---

[1] 《庄子·大宗师》："伟哉造化，又将奚以汝为，将奚以汝适？""夫造化者必以为不祥之人"，"彼方与造物者为人"。

《淮南子》在这一方面倒描述了不少。《俶真训》：

> 有始者，有未始有"有始者"，有未始有夫"未始有有始者"。有有者，有无者，有未始有"有无者"，有未始有夫"未始有有无者"（以上本《庄子·齐物论》而文字稍有出入）。所谓有始者，繁愤未发，萌兆牙蘖，未有形埒垠堮；无无蠕蠕，将欲生兴，而未成物类。有未始有有始者，天气始下，地气始上，阴阳错合，相与优游竞畅于宇宙之间，被德含和，缤纷茏苁，欲与物接而未能兆朕。有未始有夫未始有有始者，天含和而未降，地怀气而未扬。虚无寂寞，萧条霄霏，无有仿佛，气遂而大通冥冥者也。有有者，言万物掺落，根茎枝叶，青葱苓茏，崔（萑）菶（扈）炫煌（注：采色貌也），蠉飞蠕动，蚑行哙息，可切（注：摩也）循（注：顺也）把握而有数量。有无者，视之不见其形，听之不闻其声，扪之不可得也，望之不可极也。储与扈冶（注：襃大意也），浩浩瀚瀚，不可隐仪揆度，而通光耀者。有未始有有无者，包裹天地，陶冶万物，大通混冥；深闳广大，不可为外；析毫剖芒，不可为内；无环堵之宇，而生有无之根。有未始有夫未始有有无者，天地未剖，阴阳未判，四时未分，万物未生，汪（杨校：《通俗文》云，水亭曰汪）然平静，寂然清澄，莫见其形。（页一九至二十）

按《俶真训》开始所引《庄子·齐物论》的几句话，在庄子的本意，不过力言时间与空间，无可执著，以见人不仅不应囿于是非之见，即无是无非，亦不应变成一种主张而加以坚持。其所列时间空间上之层次，本无具体之内容。且自"未有始"及"无"以上，本属于纯抽象的形上概念，亦不应有具体的内容。但淮南宾客中的道家们，不惯于纯抽象的思考，必将由老子所建立的形上概念，在具体事物上作想象性的描述，使其成为非抽象非具体的奇特状态；在这种地方，可以看出他们的笨拙。例如时间上的有始者，与空间上的有有者，在庄子本是同一层次。但因以具体物填充形上的观念，本是作不通的，于是他们把"有始者"说成是"将欲生兴而未成物类"，把"有有者"说成是"可切循把握而有数量"。在创生过程中，把"有"看成较"始"是前进了一大步；这是只靠想象的安排，而不凭思维的推理所容易犯的错误；从存在的立场去看形上学，可以说，只是观念的游戏。但若从思维法则的立场去看形上学，则西方形上学，或担当了为科学开路的工作。汉人不长于抽象思维，这是思想上的一种堕退。

前引《俶真训》的一段话，只算他们描述了创生历程中各阶段的现象。《天文训》下面的话，才算是他们从正面谈到了创生的问题：

天坠（地）未形，冯冯翼翼，洞洞漏漏（注：冯翼洞漏，无形之貌），故曰太昭。[1] 道始于虚霸（按太昭即是虚霸）。虚霸生宇宙，宇宙生气，气生汉垠。清阳者薄靡而为天，重浊者凝滞而为地。清妙之合专易，重浊之凝竭难，故天先成而地后定。天地之袭（注：合也）精（注：气也）为阴阳，阴阳之专精为四时，四时之散精为万物。积阳之热气生火，火气之精者为日。积阴之寒气为水，水气之精者为月，日月之淫为精者为星辰。天受日月星辰，地受水潦尘埃。（页三五）

按老子以道为创生的原力动，本是一种创说。创生的历程，他只说"道生一，一生二，二生三，三生万物"及"道生之，德畜之，物形之，势成之"。道、德、一、二、三，都是抽象的，不易为一般人所把握。但创生问题提出后，战国时期，便出现各种说法，大约属于道家系统的，则追溯到天地以前；而属儒家系统的，皆以天地为创生的起点。自战国中期，阴阳之说盛行后，便出现以气说明创生的历程。《天文训》的作者，因属于道家系统，所以在气以前，想

---

[1] 《淮南鸿烈集解》此处引王引之云"书传无言天地未形，名曰太昭者。冯翼洞漏，亦非昭明之貌，太昭当作太始。《易·乾凿度》曰太始者形之始也"云云。按《淮南子》的作者，极力制造新词，而对"无形之貌"，加上太昭的新名词，以表示无形不等于黑暗（黑暗也是无形的），这正流露出他们的基本愿望。而太昭与"形"，尚有一段距离，故此处太昭决非太始之误。清人的思考能力，较汉人更差，王引之在《经义述闻》中，每因此而妄立曲说，与其父的《读书杂志》的缜密谨严，相去甚远。

象有个宇宙，宇宙以前，想象有个虚霩、太昭，而把道安放在虚霩、太昭的位置，而说"道始于虚霩"，即是把道与虚霩等同了起来，此一创生的格架是：

（道）

虚霩 → 宇宙 → 气 → 天地 → 阴阳 → 四时 → 万物

老子的道，生天生地，也同时生万物，万物都禀受道之一体以为自己之德。所以老子的道虽然是无，但毕竟与人以亲切的感觉。但《天文训》中的道与万物，中间隔了五个阶段，此时的道，只是虚霩，说不上"其中有精"，"其中有信"，很难赋予人以德，与人是非常疏远的。

《天文训》的创生说是把人列进"万物"之中，没有显出人的特殊地位。《精神训》下面的一段话，则是想要显出人的特殊地位而想象出来的：

古未有天地之时，惟像无形。[①] 窈窈冥冥，芒芠漠闵，澒濛鸿洞，莫知其门。有二神混生，经天营地……

----

① 对"惟像"的解释是：高注："惟，思也。念天地未成形之时……"俞樾谓："惟乃惘字之误……惘像即罔象也。《文选·思玄赋》：'俶泊飘淟，沛以罔象兮。'"杨树达《淮南子证闻》："《楚辞·天问》……冯翼惟像，何以识之，为淮南此文所本，俞不详考，凭臆改字，殊为疏谬。"按杨说是。

于是乃别为阴阳，离为八极；刚柔相成，万物乃形。烦（注：乱也）气为虫，精气为人。是故精神天之有也，而骨骸者地之有也。（页九九）

按"有二神混生"，高注以"阴阳之神"释之；在此处的分位，应当指的是道；道是无对之一，"有二神混生"的意思，是已有阴阳二气，但尚未剖判，或者可称为元气。而"烦气为虫，精气为人"的这一想象，却给后来从创生论上人与物之分以很大影响。

　　总之，老庄以道言创生，是出自思维的推理，是纯抽象的形而上学的性格，其自身含有严格的合理性。但中国一般人的心态，不安心于纯思维的抽象思考，常喜欢把具体物夹杂到里面去，①尤其是在论创生时，把气夹杂到里面去；仅就气而言，气也是抽象的；但气对道而言，则气是具体的；气在四时中表现，则更是具体的；以具体的东西谈形而上的问题，便只有出之于想象，便不能不夹杂，不能不矛盾。不过有一点应特加注意的是，邹衍的五行新说出现以后，主要受影响的是儒家而不是道家。所以刘安及其宾客们，虽录入《吕氏春秋》的十二纪纪首以为《时则训》，但全书言五行的，除"节四时而调五行"一语，恐系出自五行新说以外，《精神训》之言"五遁"，其所指者

① 详见拙译《中国人之思维方法》。

皆五种实用材料（见页一二一）。《泰族训》所说的五行，仍根据《左传》的"水火金木土谷"（页三五三）。在《淮南子》一书中谈到创生过程时，尚未将五行加在里面，此犹表现其出自道家的特色。同时《原道训》："夫无形者物之大祖也……其子为光，其孙为水，皆生于无形乎？"（页一〇至一一）这是说由道（无形）生光，由光生水。此一想象的创生过程，与前所述者并不相同，但值得特别提出。总之由《淮南子》所提出的创生的格套，直至宋周敦颐由《易传》加入五行的《太极图》出，乃始将汉人的这种夹杂、矛盾的情形加以解决，这在思想史上是长期衍变中很大的进步；乃明末以来，许多人说《太极图》是出于道士，抑何固陋可笑。

（三）天与人

老子强调道，但庄子强调天。《荀子·解蔽》篇说庄子"蔽于天而不知人"，但站在庄子的立场，是为了人而始强调天的。在天与人的观念上，刘安及其宾客们，一方面完全接受了庄子的观念，另一方面也补入了当时流行的观念。《精神训》下面的话，因有的与董仲舒的《春秋繁露》的话极相近似，而两方著书的年代约略相同，在思想与政治的观点上又并不同，所以我推测这是当时流行的说法，而为庄子时代所没有的。

故头之圆也象天，足之方也象地。天有四时五行九解（注：一说，八方中央，故曰九解）三百六十日（此从王念孙校），人亦有四支五脏九窍三百六十节（此从王校）。天有风雨寒暑，人亦有取与喜怒。故胆为云，肺为气，肝为风，肾为雨，脾为雷，以与天地相参也，而心为之主。（《精神训》，页一〇〇）

因为人的身体构造，是与天地相参，所以便可说"天地宇宙，一人之身也"（卷八，页一一五）；可以说"遭急迫难，精通于天"（卷六，页八九），可以说"人主之情，上通于天"（卷三，页三六），即是人可以与天相通的。不仅人可与天相通，并且天的作用，须通过人而实现；例如说"天地之和合，阴阳之陶化万物，皆乘人气者也"（卷八，页一一五）。这实际是由以天为中心的天人关系，转到以人为中心的天人关系，这是比较突出的思想。这都可以说是当时流行的思想。但淮南宾客中的道家们，在天人关系上，更发挥了庄子的思想。《庄子·逍遥游》所出现的七个天字，都指的是自然性的天，无特殊意义。《齐物论》的"天籁"、"而照之于天"、"天钧"、"天府"、"天倪"，都有特殊意义，但未明显地与人相对举。《养生主》："天与？其人与？"开始将人与天对举，而秦失责老聃"是遁天倍情"，已说明人应顺天之自然而生。《人间世》出现三个"与天为徒"，说明了人生涉世所应采取的态度。《德充符》

的"吾以夫子为天地"的天，乃"天无不覆"的一般所谓之天。"眇乎小哉，所以属人也；謷乎大哉，独成其天"，这是以属于人的"形"是眇乎小，而"独成其天"的"全德"之人为謷乎其大。至此而天人对举的意义，说得比较显明。《大宗师》一开始便说："知天之所为，知人之所为者，至矣。"接着便指出一般的所谓知，并不能把天与人分别得清楚，必有待于真人"而后有真知"。真人之所以有真知，"是知之能登假（至）于道者也若此"；而真人之实，是"不以心（按指心知之心）捐道，不以人助天"。万事万物，千变万化，皆由道出，而道自身不变。不以心捐道，则心与道合，即是"游于物之所不得遁（道乃物之所不得遁）而皆存（而视万物为平等的存在）"。道是一（无分别），心也是一。"故其好之也一（其有所好，是出于心之一），其弗好之也一。其一也一（在变化中不自失其一，固然是一），其不一也一（因应变化之不一，依然是出于一）。其一（自守其一），与天为徒（此时人与天合而与天为徒）；其不一（其因应变化）与人为徒（乃顺随世俗，不特出于众人之上）。天与人不相胜也（内存于己者是天，外应于物者是人，天人得到自然的谐和，故曰不相胜），是之谓真人。"天与人得到自然的谐和，此时的意境是"鱼相忘乎江湖，人相忘乎道术"。"与天为徒"，又称为"入于寥天一"，人的精神，乃进入于寥廓之天，进入于寥廓之一。庄子之所谓天，大概有两层意义。一层是指生来便是如此的自然，此即《骈拇》、《马蹄》诸篇之所谓性；此时的与天为徒，即是全性。另一层指的即是"为天下母"的道，此时的与天为徒，即是体道；此一层的天，稍有客体的意味，而体道有由主体以合客体的意味。"入于寥天一"的"入"字，便是表现这种意味。性是道的分化，全性即是保全分化于我主体内的道。主体内的道，与客体的道，在本质上，是一而非二，所以全性即是体道。理想中的太古之民，固然是全性，但此种无自觉的全性，并不即等于体道。由全性而体道，必须通过一段自觉的工夫，所以《大宗师》便由南伯子葵和女偊的问答以说明"见独"的工夫。《庄子》中的天人关系，大概是如此。

《淮南子·原道训》下面的话，是顺着庄子所说的天人关系而加以敷衍的：

> 故达于道者，不以人易天。(《原道训》页四)
>
> 是故达于道者反于清净，究于物者终于无为。以恬养性，以漠处神，则入于天门。所谓天者，纯粹朴素，质直皓白，未始有与杂糅者也。所谓人者，偶眦(互视)智故，曲巧诈伪，所以俯仰于世人，而与俗交者也。故牛歧蹄而戴角，马被髦而全足者，天也。络马之口、穿牛之鼻者，人也。循天者，与道游者也。随人者，与俗交者也……曲士不可与语至道，拘于俗，束于教也。故圣人不以人滑天，不以欲乱情。(同上页六至七)

上面的"入于天门"，系属于庄子的第二层次之天；自"所谓天者"以下，则偏于庄子第一层次之天；所以高注"不以人易天"，谓"天，性也……一说曰，天，身也"。"一说曰"，可能系引许慎之说。而注"不以人滑天"谓"天，身也。不以人事滑乱其身也"。高氏之注，一方面大概是由《原道训》中特别强调贵身之义所引起的误解，同时也可能系由此处所言之天，偏属于第一层次而来之误解。

由上所述，当时一般的天人关系，及出自《庄子》的天人关系，在性格上大有出入，但《淮南子》一书中，经常是混杂在一起而不自觉。

（四）身与天下

《老子》及《庄子·内篇》所强调之德，乃由道所分化而来。由此可以引申出两种意义。一种意义是人能把握到自己的德，则自己生命的本身，即圆满自足，而无待于外，由此而引申出贵身的思想。同时德乃天下之人所同具，由此而引申出由全德贵身，即可以兼善天下的思想。《老子》"故贵以（此）身为天下，若可寄天下。爱以（此）身为天下，若可托天下"（十三章）。《庄子·逍遥游》中藐姑射山的神人是"孰弊弊焉以天下为事"，"孰肯以物为事"，但依然"使物不疵疠而年谷熟"，"将旁礴（广被之意）万物以为一世蕲乎乱"，这说的都是只贵自己的身，全自己的德，并不去治天下，却收到天下大治的效果。《在宥》篇："故贵以身于为天下，则可以托天下。爱以身于为天下，则可以寄天下。故君子苟能无解其五藏（不分解为仁义礼智信），无擢其聪明。尸居而龙见，渊默而雷声，神动而天随。从容无为，而万物炊累焉（万物自然成熟），吾又何暇治天下哉？"更是上述思想最明显的表现。儒家以修身为治国平天下之本，这是合理的。老庄由贵身而清净无为，即可使天下隆于三代，这便带有一厢情愿的神秘思想。这种神秘思想，为《淮南子》中的道家所继承：

> 天下之要，不在于彼而在于我，不在于人而在于我身；身得则万物备矣……夫天下亦吾有也，吾亦天下之有也。天下之与我，岂有间哉？夫有天下者，岂必摄权持势，操杀生之柄，而以行其号令邪？吾所谓有天下者，非谓此也，自得而已。自得，则天下亦得我矣。吾与天下相得，则常相有己，又焉有不得容其间者乎？所谓自得者，全其身者也。全其身，则与道为一矣。（《原道训》页一五）
>
> 故所理者远（天下），则所在者迩（身）；所治者大（天下），则所守者小（身）。（《主术训》页一二七）

以上是说明身与天下，本为一体；所以能自得，则天下亦因我之自得而亦各得其得。

夫天地运而相通，万物总而为一（道）。能知一
　（道），则无一（物）之不知也。不能知一（道），则无
　一（物）之能知也。（《精神训》页一〇一至一〇二）

上面是说万物皆出自道，道是万物的总根源；所以能知道
（一），则无一物之不知。而"全身"即是知道，即能知万
物。因万物都共一个总根源，所以又可以互相感通。只要
"块然保真，抱德推诚，天下从之，如响之应声，景之像
形，其所修者本（身）也"。[①]下面一段话，似乎对全身的
内容说得更具体：

　　故心不忧乐，德之至也。通而不变，静之至也。嗜
　欲不载，虚之至也。无所好憎，平之至也。不与物散，
　粹之至也。能此五者，则通于神明。[②]通于神明者，得
　其内者也。是故以中制外，百事不废。中能得之，则外
　能收（据王校当作牧）之……大道坦坦，去身不远。求
　之近者，往而复反；感则能应，迫则能动（此二句依王
　校）……能存之此，其德不亏。万物纷糅，与之转化；
　以听天下，若背风而驰（注：疾而易也）。（《原道训》
　页一二）

---

① 《主术训》卷九页一二九。
② 《庄子》及《淮南子》中之所谓"神明"，似皆指道之属性或作用而言，
　亦即指道而言。

在上述的观点中，还有另一个大前提是"万物固以自然，圣人又何事焉"；[1] 统治者能全其身，全其德，不以自己的嗜欲扰乱人民的自然，则不言治天下而天下可以自治。但在政治上，身与天下的关系，以《诠言训》下面的话较为平实。可是这段话，已经是儒道思想的混合。其中"未闻枉己而能正人者也"，盖出自孟子的"枉己者未有能直人者也"（《滕文公下》）。

> 詹何曰：未尝闻身治而国乱者也，未尝闻身乱而国治者也。矩不正，不可以为方；规不正，不可以为圆。身者事之规矩也，未闻枉己而能正人者也。原天命，治心术，理好憎，适情性，则治道通矣。原天命，则不惑祸福；治心术，则不妄喜怒；理好憎，则不贪无用；适情性，则欲不过节……凡此四者，弗求于外，弗假于人，反己而得矣……安民之本，在于足用；足用之本，在于勿夺时；勿夺时之本，在于省事；省事之本，在于节欲；节欲之本，在于反性；反性之本，在于去载，去载则虚，虚则平；平者道之素也，虚者道之舍也……故广成子曰：慎守而内，周闭而外，多知为败；毋视毋听，抱神以静，形将自正。不得知

己而能知彼者，未之有也。(《诠言训》页二三六至二三七)

儒家的"自天子以至于庶人，壹是皆以修身为本"(《大学》)，不仅修身内容，与道家不同，且儒家由本到齐家治国平天下之末，必须有扩充的工夫。但《淮南子》中的道家，认为只要自得，便一切问题都解决了。他们所以说得这样轻松，一面是作为无为而治的张本；一面实际是伸张庄子"外天下"、"外物"①的说法，亦即是《要略》所说的为了"贱物（按天下富贵贫贱等皆是物）而贵身"，"外物而反情"(页三六九)。所以要为《原道训》清理出一条有关的理路，则除首段描写道的情态与功能，及次段体道以行无为之治外，其余的部分，大体是：治天下在于能自得，自得在于自得其心，自得其心则形神志气各居其宜；形神志气之中，又以神为主；养神以和其气，平其形；养神、和气、平形，是自得的内容；能自得，即可以偶万物之化，应百事之变，不言治天下而天下治。所以下面对自得的内容，略作进一步的考查。

---

① 《庄子·大宗师》："参日而后能外天下。已外天下矣，吾又守之，七日而后能外物。"

（五）性与命

《淮南子》中所用的"性"字，少数与"生"同义；所谓性，即指的是生命。如《精神训》："是故五色乱目，使目不明；五声哗耳，使耳不聪；五味乱口，使口爽伤；趣舍滑心，使行飞扬；此四者，天下之所养性也，然皆人累也。"（页一〇一）又"养性之具不加厚，而增之以任重之忧"（页一〇六）。这里的"性"字皆等于"生"字。但绝大多数的"性"字，同于《老子》及《庄子》内七篇中之所谓德，《庄子·外篇》之所谓性。即是分得道之一体以为每一生命中之德，以为每一生命中之性；此处的"性"字，同于今日之所谓"本质"。德是分得道之一体，故德可直通于道，德即冥合于道，最后德则即是道。《庄子·外篇》多用"性"字以代替《内篇》的"德"字，以意推之，大概因为此德乃具存于人的生命之中，成为每一生命所固有的本质，用早已出现的"性"字更为适当。因此可以了解，只称为"德"，是没有具体生命的限制；称为"性"，这便指明它（性）是被乘载于人的具体生命之中，凭具体生命以实现，但同时也就受到具体生命的牵连或限制。不过性之自身是可以直通于道，冥合于道，而与道为一体，这是与德相同的。

《淮南子》受《庄子》的影响，更多用"性命"一词；将性与命连为"性命"一词，始见于《庄子·外篇·骈拇》"彼正正者不失其性命之情"。《淮南子》中，也和《庄子》

一样，将性与命对举时则有分别。如《俶真训》："古之圣人，其和愉宁静，性也；其志得道行，命也。是故性遭命而后能行，命得性而后能明。"（页三三）《缪称训》："性者所受于天也；命者所遭于时也。"（页一六二）前一说法的命，虽有命运之意，但依然是理性的；不过较具存于生命之中的性的理性，更为抽象，所以才说"命得性而后能明"。这两句话说得很精。后一说法，则偏重在"命运"的意味上，命的理性不显，这是当时流俗的观点，此一观点实占有很大的优势。但站在学术立场上，应采用前一观点。《淮南子》中将性与命连称为"性命"时，性命即指的是作为所受于天而为人所固有的性，这是理性的存在。

性与道的关系，仅从形式上说，亦即是仅从格架上说，儒道两家完全是一致的，即是都认定性由道出，等于道派在生命中的代表。因此，性善说是儒家的正统，也是道家的正统；尽管道家中没有人像孟子那样，正式举出"性善"的大旗。儒道两家在性论上的不同，在于对道的内容的认定不同。儒家以仁义为道，《淮南子》中的儒家思想占有相当重要的地位，尤其是子思这一系统。所以《主术训》中说："凡人之性，莫贵于仁，莫急于智。"（页一五一）这实际是禀承《中庸》的观点。儒家重视学，重视教，所以《泰族训》说："入学庠序，以修人伦；此皆人之所有于性，而圣人之所匠成也。故无其性，不可教训；有其性，无其养，不能遵道……人之性有仁义之资，非圣人为之法度而教导之，则不可使向方……"（页三五一）上面这段话，是把孟子的性善及荀子的劝学，加以折衷的。而《修务训》："且夫身正性善……不待学问而合于道者，尧、舜、文王也。沉湎耽荒，不可教以道，不可喻以德，严父弗能正，贤师不能化者，丹朱、商均也……夫上不及尧舜，下不及商均……此教训之所谕也。"（页三三六）这里实际已将性分为上、中、下三品，教乃以中品为对象，这与董仲舒的性论非常接近，可知此乃当时儒家性论的通说。但这不是《淮南子》中性的主体，《淮南子》中性论的主体是道家。

道家的道是"无"。"无"落实一步则为虚静，因而由道所赋予于人之性，也是虚、是静。《原道训》"人生而静，天之性也"（页四），这是引《乐记》的话；而《乐记》的这一段话，可能是受了道家的影响。孔子说"仁者静"（《论语·雍也》），所以仅就静的这点来说，儒道未尝不可以相通；《乐记》指点出音乐的最高境界是静，所以便不妨援道家的思想以静言性。此处又被《淮南子》的道家把《乐记》的这段话援引过来。《俶真训》："水之性真清，而土汩之；人性安静，而嗜欲乱之……夫唯易且静，形（见）物之性也。"（页二九）又"古之圣人，其和愉宁静，性也"（页三三），《人间训》"清静恬愉，人之性也"（页三〇五），都是这种意思。但正如《原道训》所引的《乐记》上的话："人生而静，天之性也；感而后动，性之害也。物至而神应，知之动也。知与物接，而好憎生焉。好憎成形，而知诱于外，不能反己，而天理灭矣。"（页四）性不能不与外物（声色富贵等）相接，与物相接而不能不有好憎，好憎即扰乱了性的虚静，因而迷失了性，即是迷失了道。这里"而天理灭矣"的几句话，是《乐记》的作者顺着儒家的理路来说的。《原道训》下面的几句话，更切合于《淮南子》中的道家的理路："夫性命者与形俱出其宗（注：本也。按即道）。形备而性命成，性命成而好憎生焉。"（页一六）按此处"与形俱出其宗"的"其"字，应作"于宗"解。[①]性命与形俱出于道，[②]形体完备而性命成于形体之中。当形体未成时，只可谓道而不可谓性。因性命乃成于形体之中，即不能不受形体之影响或限制，而有由个体之私所发生的好憎。好憎与静相反，顺着好憎发展下去，便与性日离日远，亦即与道日离日远。人想超越祸福、权势、死生等一切变化，获得精神的自由，并自由得以使天下之人皆相得，即不能不由体道而与道为一体。而体道之实，即是把由好憎而流放于外的性，恢复它（性）内在于生命之初的原有地位，所以"反诸性"是体道的真实内容。《原道训》："……称至德高行，虽不肖者知慕之。说之者

①　裴学海《古书虚字集释》卷五页三八六，"其犹于也"。
②　《庄子·德充符》："庄子曰，道与之貌，天与之形。"此处之道与天，以互见成文。是形亦出于道。

众，而用之者鲜……所以然者何也，不能反诸性也。"（页一四）《俶真训》："是故圣人之学也，欲以反性于初，而游心于虚也。达人之学也，欲以通性于辽廓，而觉于寂寞也。"（页二九）《齐俗训》："夫纵欲而失性，动未尝正也。以治身则危，以治国则乱，以入军则破。是故不闻道者无以反性。"（页一七三）又："故圣人体道反性，不化（返于性即合于道，道是常而性亦是常，所以不迁流变化）以待化（万事万物，随时皆在变化之中），则几于免矣。"（页一八一）《俶真训》："外从其风，内守其性。"（页二三）性是内，是中，而物是外。《原道训》："通于神明者，得其内者也"（页一二），"得其内"，即是反其性。《淮南子》一书，许多地方，强调内（中）外之分，重视内而轻视外，主张"以中制外"（页一二），"以内乐外"（页一四），都是指反其性或心而言。人的最高境界是"真人"，《精神训》说："所谓真人者，性合于道也。"（页一〇三）性合于道，即是反其性；因此，凡书中所描写的真人的情态、功用、神通，皆可以说是反其性的效验。反其性的工夫，书中说得很多，可用《俶真训》下面的一段话作代表：

静漠恬澹，所以养性也。和愉虚无，所以养德也。外不滑（乱）内，则性得其宜。性不动（扰）和，则德安其位。养生（按据上文当作"性"）以经世，抱德以终年，可谓能体道矣。（页三一）

五、精、神、精神、心

现在更进一步对《淮南子》中的道家们所说的心，及其相关的精、神、精神等问题，略加爬梳、清理。

性在人的形体之内，较之"民受天地之中以生，所谓命也"[①]的命，较之老子"道生之，德畜之"的德，固然是向下落实了一步。但此生命本质之性，在生命内究指的是什么？仍属抽象的性格。儒家至孟子，道家至庄子，乃始确切指出，性由心而见，德由心而见。心是生命的一部分，是人可以确切把握到的。把生命中的心指点出来，于是对生命中之理性，乃可由人在一念之间加以把握，此乃中国文化发展的大方向。自此以后，凡谈到自身的问题，必把关键落在人的心上。荀子主张性恶，但必认定心能知道，否则他的思想便无立足之地。但阴阳五行之说所给儒家的影响，远超过给予道家的影响。于是两汉儒生，对人性问题，多绕到阴阳五行上去求解释，反不如《淮南子》中的道家，直承庄子，将道落实于性，将性落实于心，实下开宋明理学心学的格局。《诠言训》谓"能原其心者，必不亏其性；能全其性者，必不惑于道"（页二四二），此与孟子的"尽其心者，知其性者也；知其性，则知天矣"（《孟

---

① 见《左传·成公十三年》周刘子之言。

子·尽心》章）的理路是相同的。所不同的是除了道或天的内容有别外，孟子及宋儒的话，多系由工夫体验而出，所以说得比较深切著明；而《淮南子》中的道家，则多由语言闻见的演绎而出，所以说来有时比较枝蔓夹杂。当然其中也可能是通过一种"追体验"的工夫。尤其是使人看来，他们把性与心，摆在一个平面上，成为平列的关系。但他们实际还是由性落实到心，重点是放在心上面。

（一）精

为了要把《淮南子》中的心的问题弄清楚，首先须把精、神、精神三个连带的观念弄清楚。

精和神，都是《老子》中所分别提出的观念。《老子》的"其中有精"，只是说明道的存在的情况，神则除一般意义外，用作道的功能的形容，《庄子》内七篇也大体是如此。到了《外篇·天道》"水静犹明，而况精神"，《刻意》"精神四达并流，无所不及"，而始将"精"字"神"字合为"精神"一词，所指者实系人的心，及心的作用。《内篇·德充符》："今子外乎子之神，劳乎子之精，倚树而吟……天选子之形，子以坚白鸣。"这里的神与精，也是就人的心而言。心是道在人生命中的屯驻地，也可说心即是道，所以庄子既将道落实于人之心上，故有时即以老子对道所称的精与神转而称人的心。他的后学，即将精与神连为"精神"一词以作心的名称。

在战国末期，阴阳五行之说盛行；而阴阳五行都是气，于是形成了"气的宇宙观"，由气的宇宙观而又形成"气的人生观"。老庄所用的精字，此时也渐与之发生关连；精可以说是一种特殊纯一的气，流贯于天地及人的形体之中，并成为天与人及人与人、人与物，互相感通的桥梁。此一意味，在《吕氏春秋》中表现得很明显，[①] 也被《淮南子》中的道家继承了下来。《精神训》说："烦气为虫，精气为人。"（页九九）此分明把气分为烦气与精气。又"是故血气者人之华也，而五藏者人之精也"（页一八），此亦可指气之精者而言。《本经训》谓："天爱其精……天之精，日月星辰雷电风雨也。"（页三〇）此当亦指气之精者而言。高诱在《精神训》下注谓"精者人之气，神者人之守也"，盖以人既为天之精气所生，所以人之气即是精，而可以说"精者人之气"。其实，就《淮南子》而言，人之气并不都是精。并且《本经训》谓："精泄于目，则其视明；在于耳，则其听聪；留于口，则其言当；集于心，则其虑通。"（页一二一）这里值得注意的是，目耳口心皆由气而成，而精则在目耳口心之气的上一层次，所以精与心为二物。"同精于太清之本，而游于忽区之旁。有精而不使，有神而不行；契大浑之朴，而立至清之中。"（页一〇

---

① 请参阅拙文《〈吕氏春秋〉及其对汉代学术与政治的影响》中"七、《吕氏春秋》中的天人思想"。

四）又"若此人者，抱素守精，蝉蜕蛇解，游于太清"（页一〇七）。所谓太清、大浑之朴，即是创造万物之道。人之精可以冥合于道，这便不应以气之精作解释。因为不能说"气之精者即是道"，道是远在气的上层的。这精应当是与道为同质的东西，可以说与《老子》所用的"精"字含义极为接近。

下面所用的"精"字，则由感应方面加以描述。《览冥训》："夫瞽师庶女，位贱尚（典）菜，权轻飞羽。然而专精厉意，委务积神，上通九天，激厉至精。"（页八九）又："夫全性保真，不亏其身；遭急迫难，精通于天，若乃未始出其宗者，何为而不成？"（同上）《主术训》："刑罚不足以移风，杀戮不足以禁奸，惟神化为贵。至精为神。夫疾呼不过闻百步，志之所在，逾以千里……故至精之像，弗招而自来，不麾而自往；窈窈冥冥，不知为之者谁。"（页一二九）又："故至精之所动，若春气之生，秋气之杀也。虽驰传鹜置，不若此其亟。故君人者，其犹射者乎？于此毫末，于彼寻（八尺）常（丈六尺）矣，故慎所以感之也。夫荣启期一弹，而孔子三日乐，感于和。邹忌一挥，而威王终夕悲，感于忧……县法设赏而不能移风易俗者，其诚心弗施也……至精入人深矣……孔子学鼓琴于师襄，而谕文王之志，见微以知明矣……汤之时，七年旱，以身祷于桑林之际，而四海之云凑，千里之雨至。抱质效诚，感动天地。"（页一三〇）《说山训》："老母行歌而动申喜，精之至也。"（页二七一）上面这些"精"字，实指的心志完全集中于一点，而无半丝半毫杂念夹杂在里面的精神状态，亦即《中庸》、《易传》之所谓诚；大抵道家喜用"精"字，儒家喜用"诚"字。《泰族训》"故精诚感于内，形气动于天"（页三四七），而《泰族训》中，常把精诚两词互用。大概可以这样说，"精"字作名词用，则系通于内外的某种神秘性的存在；切就人身而作形容词用，则系一种精神状态。此种精神状态，乃由神秘性的存在而来；而此神秘性的存在，若摆脱"气"的纠缠，实即是老子"其中有精"的精，即是道。落实于人的身上，即是德、是性、是心。

《览冥训》："昔雍门子以哭见于孟尝君，已而陈词通意；抚心发声，孟尝君为之增欷歍唈，流涕狼戾而不可止。精神形于内，而外谕哀于人心，此不传之道。"（页九〇）下面又引了些故事，以说明"物类之相应，玄妙深微"（同上）。是此处"精神"一词，即等于全篇及上引一段中所用的"精"字，因而精可以说即是精神。《俶真训》："何况怀瑰玮之道，忘肝胆，遗耳目，独浮游无方之外……而和以天地者乎？若然者，偃其聪明，而抱其太素，以利害为尘垢，以死生为昼夜……则至德，天地之精也。"（页二二）至德是天地之精，则至德亦即是精之在人者。而前面所描述的至德，即是"反性"、"原心"的精神状态。所以至德即是性，即是心；就心的纯粹专一而言，即是精。

我们可以暂时得到这样的结论：《老子》、《庄子》内七篇之所谓精，指的是道。《庄子·外篇》中，有时则以精说明心的存在状态。战国中期以后之所谓精，是贯通于天人物我之间的气之精。《淮南子》中的道家们，接受了战国中期以后的气之精的观念，但又不知不觉地落实于庄子所谓精神这一观念之上。如后所述，精神实际指的是人的心及心的作用，则《淮南子》中的所谓精，有的说的是精气之精；而在人身上落实下来，则指的是纯一无二的心，及心的感通作用。《原道训》"精通于灵府"（页七）亦即是《俶真训》所说的"是故圣人托其神于灵府"（页二五），亦即是说心通于灵府。《览冥训》中所强调的"精通于天"（页八九），实即等于说心通于天。此词涵义在《淮南子》一书中的游移，乃来自他们只出之于传承、想象，而缺乏体验之功的原故。

（二）神、精神

现在对"神"的观念试加以考查。《淮南子》中所用的"神"字，作形容词用时，是指微妙不测的作用。例如《精神训》："精神盛而气不散则理，理则均，均则通，通则神，神则以视无不见，以听无不闻也。"（页一〇〇）又"魂魄处其宅，而精神守其根，死生无变于己，故曰至神"（页一〇三）皆是。但作名词用时，所谓神即指的是人的精神。《原道训》"神失守也"，注："精神失其所守。"（页一七）又"形闭中距，则神无由入矣"。注："神，精神也"
（页一八），这都是对的。我更要进一步指出，《淮南子》
所说的神，实际指的即是人的心。《诠言训》："故神制，
则行从，形胜则神穷。"（页二四九）《原道训》："夫心者
五藏之主也，所以制使四支，流行血气，驰骋于是非之境，
而出入于百事之门户者也。"（页一四）《原道训》所说的
心的作用，与《诠言训》所说的"神制则形从"，全无二
致。但《淮南子》的作者，只承认心与神有密切关系，并
未明说神即是心；并且神似乎可离心而独在，这便值得研
究了。《俶真训》："虽有炎火洪水弥靡于天，神无亏缺于
胸臆之中矣。"（页二九）这是说明神乃存在于人的胸臆之
中。又谓"心有所至，而神喟然在之"（页三〇），这表明
了神随心的活动而活动，这都可以说明神即心之作用。但
《精神训》："故心者形之主也，神者心之宝也。"（页一〇
三）这说明神与心有密切关系，但不能说神即是心。《精
神训》"且人有戒（注：戒或作革，改也）形而无损于心"，
注："心喻神，神不损伤也。"（页一〇五）高诱在二者之
间用一"喻"字，这说明他也意识到二者并不是等同的关
系。又说"夫癫者趋（杨校：趋当读志趣或趣向之趣）不
变，狂者形不亏。神将有所远徙，孰暇知其所为？故形有
摩（注：灭犹死也）而神未尝化（注：化犹死也）者，以
不化应化，千变万抮（同纱：相缠结之意）而未始有极。
化者复归于无形也，不化者与天地俱生也。夫木之死也，

青青去之也，夫使木生者岂木也？犹充形者之非形也。故生生者未尝死也，其所生则死矣。化物者未尝化也，其所化则化矣"。（页一〇五）上面这段话分明说神可离形而独存；心乃形的一部分，无形即无心，如何可说神即是心呢？如前所说，老庄以精说明道的存在，以神说明道的作用；道分化其一体以为人的德，人的性，则精与神进入于人的生命之中，而为人的精、人的神；精与神乃人与天地万物所共有，人即凭此而与天地万物相感通。人死，此精此神，复回归到道的本位，此即所谓"终则反本未生之时，而与化（造化）为一体"（页一〇九）。所以《庄子·养生主》在收尾时强调"指穷于为（其）薪，火传也，不知其尽也"，此处即以火喻神。但精在人生命之中，必由心的存在而始存在，神必由心的作用而始有其作用；精与神，必由人之心而见。若去掉上面神秘的意味，即可说他们之所谓精与神，实即是指人的心而言。但心的自身既是形之一体，且与其他形体相连，便生而有好憎，"夫喜怒者道之邪也，忧悲者德之失也。好憎者心之过也，嗜欲者性之累也"。（《原道训》页一二）于是心的作用，并非即是神的作用。必通过一种工夫，"执玄德于心，而化驰若神"（同上页七），此时心的作用，才是神的作用。《淮南子》中的道家，有时要把神与心，保持一点距离，乃是以神表现未为好憎嗜欲所杂的心的作用，亦即是"心斋"的心的作用。《人间训》："发一端，散无竟；周八极，总一筅，谓之心。"（页三〇五）这里所形容的心，当然可以称之为神。由孟子下来的明道、象山、阳明这一系统，是认为本心呈现，即是道，即是天，心与道与天不二。《淮南子》中的道家，在工夫与观念上还没有这样澄澈下来，而只感到神与心密切相连，没有心或心为欲所汩没，神即离开人的生命而他去，亦即是在生命中没有神。但在他们以形、神、气，说明人的完整生命时，神即是精神，即是人的心，而到处出现的"养神"，即等于孟子之所谓"养心"，这是绝无可疑的。并且《原道训》说"彻于心术之论（判断），则嗜欲好憎外矣"（页一五），这是说，贯彻于心的自身的判断，即可从嗜欲好恶中解脱出来，这便完全说明了心的自身是与道为一体。《览冥训》"精神形于内，而外谕哀于人心"（页九〇），《精神训》"孔窍者精神之户牖也"（页一〇一），"精神内守形骸而不外越"（同上），这都说明精神是在人生命之内，实即是人之心。但称精神和称神一样，偏指向心的作用、心的活动。精神与神，在《淮南子》中许多地方是可以互用的，并且可以说神是精神的简称。把《淮南子》中切就人自身所说的精、神、精神三个名词，弄清楚了即是庄子"心斋"之心，也即是孟子所说的"本心"（当然心的内涵不同），《淮南子》中这一方面错综复杂的叙述，便容易加以清理了。

（三）心及形、神、气的生命的统一

《淮南子》中的道家们，非常强调心的主宰性；虽然将心与形对举，但明确地可以看出心是形体中的一部分，不过是较为突出的一部分。《原道训》："夫心者五藏之主也，所以制使四支，流行血气，驰骋于是非之境，而出入于百事之门户者也。是故不得于心，而有经（治理）天下之气，是犹无耳而欲调钟鼓，无目而欲喜文章也，亦必不胜其任矣。"（页一四至一五）《精神训》："故头之圆也象天，足之方也象地……以与天地相参也，而心为之主。是故耳目者日月也，血气者风雨也……日月失其行，薄蚀无光；风雨非其时，毁折生灾……夫天地之道，至纮以大，尚犹节其章光，爱其神明；人之耳目，曷能久熏（孙诒让：熏当作勤）劳而不息乎？精神何能久驰骋而不既（注：既，尽也）乎？"（页一〇〇）按此处之精神，直承"而心为之主"，当然指的是心的作用。心既为形之主，心对形能发挥统率的作用，则生命自然进入理想的状态。所以《精神训》接着说："五藏能属于心而无乖，则敚志胜而行不僻矣。敚志胜而行不僻，则精神盛而气不散矣。精神盛而气不散则理，理则均，① 均则通，通则神。"（页一〇〇）这是自庄子以下，重视心者的通义。

---

① 按《诗经·皇皇者华》"六辔既均"，《传》"调也"，调即调和。此处"均"字亦应作"调"字解释，非平均之均。

但孟子为显示心的地位，特称心为"大体"，而贬称耳目等官能为"小体"。不过他在"养气"章中，强调了"持其志，勿暴其气"，亦即是重视了生理综合作用的气。庄子则为了显示"德"，实际即是为了显示心，将德与形对举，强调亏于形者并不等于亏于德，甚且有助于"全德"之人，此观于《德充符》一篇即可明了。《淮南子》中在某一程度上，继承了此一思想，所以在《精神训》中不给"养形之人"（见页一〇五）以评价，一面为否定当时流行的神仙家的意义，同时也是庄子思想的必然归趋。但作为《淮南子》中的道家们的特色，是把人的生命，分成为形、神、气三部分，认为有相互的影响，实际是承认了形与心有平等的价值，这可能是受了《吕氏春秋》重生贵生的影响，而加以折衷的。他们所说的形，指的五官百体；所谓神，即是精神，即是心的作用，也即是心。所谓气，他们有时称为"志气"、"气志"、"血气"，而以"血气"最为恰当；切就人身而言，志气、气志是指气在活动时，总有志在其中指使，故二者并称，实则以气为主。而"气"是"血气"的简称，系由呼吸之气，引申而为生命中所发出的综合性的力量，或者可称为生命力，或者同于俗语中的所谓"有劲"、"没有劲"的"劲"。心虽为形之主，但形、神、气应各得其位，这才可称为"全其身"。"全其身则与道为一矣。"（《原道训》页一五）无形中便否定了庄子以"形亏"为"德全"

之符验的极端思想。试略引有关的材料如下：

①是故得道者，穷而不慑，达而不荣……不以贵为安，不以贱为危。形神气志，各居其宜，以随天地所为。夫形者生之舍也，气者生之充也，神者生之制也。一失位，则三①者伤矣。是故圣人使人各处其位，守其职，而不得相干也。故夫形者（按"者"字疑衍）非其所安也（按"也"字疑衍）而处之，则废。气不当其所充而用之则泄。神非其所宜而行之则昧。此三者不可不慎守也……今人之所以眭然能视，营然能听，形体能抗，而百节可屈伸，察能分白黑，视美丑，而知能别同异，明是非者何也？气为之充而神为之使也……今夫狂者之不能（俞校：当作"能不"）避水火之难，而越沟渎之险者，岂无形神气志哉？然而用之异也。失其所守之位，而离其外内之舍……形神相失也。（《原道训》页一七至一八）

②故以神为主者，形从而利；以形为制者，神从而害。（同上页一八）

③夫精神气志者，静而日充者以壮，躁而日耗者以老（俞校：两句中之两者字皆衍文）。是故圣人将养其

---

① 据王念孙校，三当作二。按一失位，可以伤及其他二者，而失位之一，亦未尝不伤，故仍当作"三"。

神，和弱其气，平夷其形，而与道浮沉俯仰。（同上页一八）

④是故形伤于寒暑燥湿之虐者，形苑（注：枯病也）而神壮（伤）。[1]神伤乎喜怒思虑之患者，神尽而形有余……是故伤死者其鬼娆，时既（注：尽也）者其神漠，是皆不得形神俱没也。（《俶真训》页二一）

⑤是故血气者人之华也，而五藏者人之精也。夫血气能专于五藏而不外越，则胸腹充而嗜欲省矣。胸腹充而嗜欲省，则耳目清，听视达矣。耳目清，听视达，谓之明。五藏能属于心而无乖，则勃志胜而行不僻矣……（见前引）通则神，神则以视无不见，以听无不闻也，以为无不成也。是故忧患不能入也，而邪气不能袭。（《精神训》页一〇〇）

⑥夫孔窍者精神之户牖也。而气志者，五藏之使候也。耳目淫于声色之乐，则五藏摇动而不定矣。五藏摇动而不定，则血气滔荡而不休矣。血气滔荡而不休，则精神驰骋于外而不守矣。精神驰骋于外而不守，则祸福之至虽如邱山，无由识之矣。使耳目精明玄达而无诱慕，气志虚静恬愉而省嗜欲，五藏定宁充盈而不泄，精神内守形骸而不外越，则望于往世之前，而视于来事之

---

[1] 高注"壮,伤也"。按朱骏声《说文通训定声》"壮"字下谓假借为戕,《易·大壮》马注："伤也。"《姤》"女壮"虞注："伤也。"

后，犹未足为也，岂直祸福之间哉？……故曰嗜欲者使人之气越，而好憎者使人之心劳。弗疾去，则志气日耗。（同上页一〇一）

⑦故心者，形之主也；而神者，心之宝也。形劳而不休则蹶，精用而不已则竭。是故圣人贵而尊之，不敢越也……魂魄（气）处其宅（按指形），而精神守其根（按指精神所自来的道），死生无变于己，故曰至神。（同上页一〇三）

⑧故至人之治也，心与神处，形与性调；静而体德，动而理通……（《本经训》页一一七）

按上引资料中的①，是说明形、神、气三大因素在整个生命中有各自的功能，及其相互的影响，而要求三者"各居其位"，以免因某一因素失其位而伤及其他二因素；而失位的因素，固已先受到了损伤。位大别为"外"与"内"，形之位在外，神之位在内，气贯通于二者之间。若神外驰，气外泄，则神与气失其应处之位，形亦因之失去其功能。②的神主而形从，这是功能上的得其位，亦即内外各得其位，故"利"。形制而神从，是功能上失其位，亦即内外失其位，故"害"。③是为使三者能各居其位所须要的工夫。④是特从坏的方面说明形神的相互影响。⑤是从好的方面说明形、神、气三者间的相互影响。而在相互影响中，特强调心的主宰性。⑥则特别强调由外（耳目）对内的一层一层的影响。⑦的"魂魄守其宅",是气不外泄。"精神守其根",是精神与道相冥。这是"各居其位"的极致,也是各居其位的目的。⑧的"心与神处",是说明心不受好憎等的干扰而能发挥其本来的作用。"形与性调",是说明因神主而形从,以达到形神合一;神即是性,形神合一,则即形即性,而成为"全身"、"自得"之人,故能无为而治。

《淮南子》中的道家,特别强调精神的意义,除了在政治上作为无为而治的一种根据外,切就人生而言,在消极方面是为了避祸。这只要看他们在字句之间,不断提到祸福的问题,便可明白《人间训》一篇,反复于祸福利害的无常,即反映他们对此问题所感的迫切。把精神及气志安顿于形骸之内,而不使其外驰,这是最消极的不向外追求的人生态度,自然可以少撄世网。实际上,这是一种逃避的人生观。在积极方面,是想由此而求得精神的自由解放。在现实上,他们也和庄子一样,知道没有得到自由解放的可能,于是他们只好把庄子所说的精神意境,重新而且加强地展现一次。这是一种虚幻的人生观。而他们既不甘心像庄子样,"曳尾乎泥中",却想沾溉由皇帝分下来的一份权势;又生当大一统的一人专制之下,朝廷的猜嫌压迫,一天一天地加严,终于像他们所预感的,出现了一个集体的大悲剧。我们可以从这种地方,看出在他们繁复而夸张的语言中,所透出的历史的真实意义。还有,他们认为心，心的作用的神、精神，可以通过一种工夫，与形而上的道相融结；但他们把心、神，与形、气，紧密地关连在一起，便可了解他们所说的心，不是形而上的性质。神只是心的作用，突破他们语言上的形而上的气氛，神也不是形而上的存在。

六、道家政治理想实现的可能性及思想上的融会贯通

《淮南子》一书，是以精神的解放，与政治的理想，两相配合，形成全书的两大骨干。《氾论训》谓"百家殊业而皆务于治"（页二一三），他们援百家以述作，当然也是"务于治"。《汉书·艺文志》说道家是"君人南面之术"，正说明西汉道家的特性，所以政治更是他们的主要问题。道家们的政治理想，当然是无为而治。但《淮南子》中道家们的无为而治，与西汉初年由盖公所进言于曹参者并不相同；《史记·曹相国世家》所记曹参的作为，及盖公的"治道贵清静而民自定"，只是在原有政治体制之下，少管事，不扰民，而未曾涉及政治的基本问题；黄老之术，所以能在政治中形成一时风气的原因在此。但《淮南子》中所说的无为而治，乃是彻底于老庄思想，涉及整个政治基本问题的无为而治。这大概有两点原因。第一个原因，只有彻底的无为而治，则淮南王国始可免于朝廷的猜嫌控

制，有真正存在的可能与意义。第二，关涉到他们对当时政治的基本了解。由这种了解，激起对现实政治的基本否定。书中有许多说到上古的政治如何的好，后世的政治如何的坏；上古与后世的对比，多成为他们表达思想的格套，没有特定的意义。但有的却是反映他们对当时政治的了解的，如：

①夫峭法刻诛者，非霸王之业也。箠策烦用者，非致远之术也。（《原道训》页五）

②至夏桀之时，主暗晦而不明，道澜漫而不修，弃捐五帝之恩刑，推蹶三王之法籍……仁君处位而不安，大夫隐道而不言；群臣准上意而怀当，疏骨肉而自容。邪人参耦比周而阴谋，居君臣父子之间，而竞载骄主而像（注：犹随也）其意，乱人以成其事，是故君臣乖而不亲，骨肉疏而不附。（《览冥训》页九六）

③晚世之时，七国异族，诸侯制法；各殊习俗，纵横间之，举兵而相角……所谓兼国有地者，伏尸数十万，破车以千百数……故世至于枕人头，食人肉，菹人肝，饮人血，甘之于（如）刍豢。故自三代以后者，天下未尝得安其情性。（同上页九七）

④今若夫申、韩、商鞅之为治也，持拔其根，芜弃其本……凿五刑，为刻削；乃弃道德之本，而争于锥

刀之末；斩艾百姓，殚尽太半，而忻忻然常自以为治。（同上页九八）

⑤末世之政，田渔重税，关市急征，泽梁毕禁；网罟无所布，耒耜无以设，民力竭于徭役，财用殚于会赋。居者无食，行者无粮；老者不养，死者不葬；赘妻鬻子，以给上求，犹弗能澹（赡）。愚夫蠢妇，皆有流连（逃亡之意）之心，凄怆之志。（《本经训》页一二三）

⑥衰世则不然。一日而有天下之富，处人主之势，则竭百姓之力，以奉耳目之欲，志专在于宫室……珍怪，是故贫民糟糠不接于口……百姓黎民，憔悴于天下，是故使天下不安其性。（《主术训》页一三八至一三九）

⑦夫民之为生也，一人蹠耒而耕，不过十亩。中田之获，卒岁之收，不过亩四石。妻子老弱，仰而食之。时有涔旱灾害之患，有（又）以给上之征赋车马兵革之费。由此观之，则人之生悯矣。（同上页一四六）

⑧乱国则不然。言与行相悖，情与貌相反。礼饰以烦，乐优以淫，崇死以害生，久丧以招行。是以风俗浊于世，而诽誉萌于朝。（《齐俗训》页一七六）

⑨乱世则不然。为行者相揭以高，为礼者相矜以伪。车舆极于雕琢，器用逐于刻镂。（同上页一八五）

⑩骨肉相爱，谗贼间之，而父子相危。（《说林训》页二九〇）

汉代实际是继承了秦代法家的以刑法立国；所以两汉的思想家，无不反秦，无不反法家，上面的①④所指者在此。⑥指明了当时政权的性格，完全是建立于享受与剥削基础之上。汉至景帝，朝廷已趋于奢靡虚伪；而平民在田赋之外，有口算（人头税）过更及地方官吏各种剥削，奢靡与穷困并行，这是上面⑤⑦⑧所针对的问题。而朝廷对诸侯王的猜嫌构陷，更使刘安及其宾客有切肤之痛，这是由上面的②⑩所痛切指摘的。②骂的是夏桀，但称引到"三王"，其为指桑骂槐，至为明显。③所说的是战国，当然也包涵秦汉之际的中原逐鹿的情形。"故自三代以后者，天下未尝得安其情也"的话，当然是在当时政治情势之上落脚。由此可以了解，汉初黄老之士，对现实政治是采取妥协的态度，较儒生更为妥协。此观于辕固生与黄生在景帝前的争论，①即可见其一端。而刘安宾客中的老庄之徒，对现实政治，是采取彻底批判，甚至是否定的态度；则他们彻底于无为的政治思想，不能与当时的黄老同科，是有一定的背景的。

其次，自老子提出无为而无不为的政治理想后，在

———————

① 见《史记·儒林列传》。

现实上如何而始有其实现的可能，自庄子及其后学，提出"不得已"三字以作转语①起，许多人提出了各种各样的说法，其中最重要的是慎到的"因"、"因循"的观念。刘安及其宾客中的道家们，在强调无为而治的理想中，综合了老子以后的这类的说法，并在《主术训》中组成一个系统；在此一系统中，因逼于实现的可能性问题，而层层向下落实，遂不能不走向对各种思想加以融合贯通的路。尤其是全书中皆反申、韩，而此篇特取法家之"法"而转换其精神，以与《论语·尧曰》篇"谨权量，审法度"之法相通，最为难得。《主术训》在《淮南子》一书中，实系由道家们精心刻意所撰述的巨制。《要略》对此篇反轻轻带过，我以为因为所讲的是皇帝统治天下之术，他们为了避嫌疑而不便加以特别宣扬。下面即以《主术训》为骨干，略述他们的政治思想。由庄子系统下来的过分浪漫浮夸之言，一概略过。

（一）政权的基本性格问题

首先主要说明的是："家天下"虽为统治者的共同心

①《庄子·人间世》："一宅（宅于一）而寓于不得已，则几矣。"又"托于不得已以养中"。《刻意》："迫而后动，不得已而后起。"《庚桑楚》："动以不得已之谓德。""有为也欲当，则缘于不得已。不得已之类，圣人之道。"完全无为，是不可能的，所以提出"不得已而后为"，这是不夹杂主动的最低限度的为，所以我说是为"无为"下转语。

理，刘邦直以天下为私人产业。但西汉的思想家们，无不秉承先秦儒、道、墨三家"天下为公"的共同理想，以作为政治的最高准绳。刘安的宾客们，在这一点上，是完全相同的。但因刘安是汉家统治的一支，便把话说得曲折些。如：

①尧之有天下也，非贪万民之富，而安人主之位也；以为百姓力征，强凌弱，众暴寡；于是尧乃身服节俭之行，而明相爱之仁，以和辑之。是故茅茨不剪，采椽不斲，大路不画，越席不缘，太羹不和，粢食不毇（注：细也）。巡狩行教，勤劳天下，周流五岳，岂其奉养不足乐哉？举天下而（俞校：此四字当删）以为社稷，非有利焉。年衰志悯（注：忧也），举天下而传之舜，犹却行而脱躧也。（《主术训》页一三八）

②夫（人主）至于攘天下，害百姓，肆一人之邪，而长海内之祸，此大伦之所不取也。所为立君者，以禁暴讨乱也。今乘万民之力，而反为残贼，是为虎傅翼，曷为弗除。（《兵略训》页二五二）

③且古之立帝王者，非以奉养其欲也。圣人践位者，非以逸乐其身也。为天下强掩弱，众暴寡，诈欺愚，勇侵怯，怀智而不以相教，积财而不以相分，故立天子以齐一之（按齐一乃平均平等之意）……所以衣寒食饥，养老弱而息劳倦也。（《修务训》页三三二）

他们没有直接说出天下为公，却转一个弯说，天子只不过是为天下辛勤服务，而绝不是以天下为私人享受的工具，所以很容易让出去。上面①③的意思是如此。在这话的后面，依然是主张天下为公的。至于②的意思，与①③的意思是一贯的，而与孟子论汤武的放伐，是完全相同的。这是法家与当时的黄老所不敢想到的问题。由此可以了解，他们心目中的政权的基本性格，只不过是为了解决人民生存问题的工具。政权的基本性格问题不加以解决，则任何政治理想，皆飘浮而不能生根。所以我首先把他们对政权基本性格的规定，标举出来。

（二）贵后与神化

《主术训》一开始说："人主之术，处无为之事，而行不言之教，清静而不动，一度而不摇，因循而任下，责成而不劳。"（页一二七）这几句是全篇的纲领。

关于无为而无不为的问题，《原道训》有下面的一段话：

是故圣人内修其本，而不外饰其末。保其精神，偃其智故，漠然无为而无不为也，澹然无治也（"也"字疑衍）而无不治也。所谓无为者，不先物为也。所谓无

不为者，因物之所为。所谓无治者，不易自然也。所谓
无不治者，因物之相然也。（页八）

上面的话，实际只是两个意思：一是"不先物为"；一是
"不易自然"。后面接着发挥"柔"与"弱"的意义，及
"贵后"的意义。他们说"柔弱者道之要也"（页一一）；
实际柔与弱，是消解主观意志的主动性、积极性，这是
"不先物为"的前提条件。而他们的所以贵后，是认为：
"先唱者穷之路也，后动者达之原也"；"先者难为知，而
后者易为攻也"；"先者隤陷，则后者以谋；先者败绩，则
后者违之。由此观之，先者则后者之弓矢质的也"（以上
皆见页九）。又说："所谓后者，非谓其底滞而不发，凝结
而不流；贵其周于数而合于时也。"（同上）这种以心理上
的窥伺，利害上的比较，解释无为而无不为的可能性，虽
在《老子》中可见其端绪，但无疑的，这是由战国的策士
所发展出来的。不先物为，而为于物自为之后，固然是为。
周于数而合于时的为，则更是为。所以由"贵后"来解释
无为，这已经对无为下了转语。何以下此转语？因为必如
此而无为之治始有实现的可能性。

　　《主术训》在纲领之后，强调"刑罚不足以移风，杀
戮不足以禁奸，唯神化为贵"（页一二九）的"神化"。何
谓神化？"至精为神"（同上），由至精的感通作用，而得
到无教化之迹而有不知其然的化育的效果。"故至精之所

动，若春气之生，秋气之杀也。"（页一三〇）至精由何而来？是来自"块然保真，抱德推诚；天下从之，如响之应声，景（影）之像形，其所修者本也"（页一二九）。"修本"，亦即《俶真训》所强调的"自得"。他们认为："古圣王至精形于内，而好憎忘于外，出言以副情，发号以明旨；陈之以礼乐，风之以歌谣；业贯万世而不壅，横局四方而不穷；禽兽昆虫，与之陶化；又况于执法施令乎？"（页一三〇）已如前述，由至精而能感通，这是战国末期所流行的观念；由至精而神化，神化则不须有所施为，此乃提供无为而无不为的新的根据、条件，也是一种新的解释。但"出言"、"发号"，"礼乐"、"歌谣"，这实已把儒家思想融合到里面去了。因为必如此而始能加强"神化"的可能性，亦即加强无为而无不为的可能性。

（三）无为与法治

上面神化的说法，在现实上太渺茫了。于是《主术训》的作者接着只好以"法"来说明无为而无不为的可能性。从《史记·老子申韩列传》看，法家言法，而"本于道德（指《老子》）之意"，当始于慎到，韩非则本之以言"主道"。① 汉承秦代法家的精神、制度，而缘饰以黄老之言；在实际政治上，好像出现道、法两家互相结托之局。《主

---

① 《韩非子》有《主道》第五。

术训》中之言法，似乎是这种背景的反映。但法家言法，对臣民的威吓性，大于法的客观性。《主术训》则完全消去其威吓性，仅注重法的客观性；以客观性代替统治者的主观意志，因而使无为而无不为的政治理想，在现实上有其实现的可能，且与儒家思想连上了一条通道。《主术训》有下面一段话：

> 衡之于左右，无私轻重，故可以为平。绳之于内外，无私曲直，故可以为正；人主之于用法，勿私好憎，故可以为命①……奸不能枉，谗不能乱；德（恩德）无所立，怨无所藏；是任术而释②人心者也，故为治者不与焉。（页一三二）

按"平"、"正"，是法自身所要求的标准，这是客观的。用法的态度，也必须是客观的，然后能保持法的平与正。在另一处更明白地说："是故明主之治，国有诛者而主无怒焉。朝有赏者而君无与焉。诛者不怨君，罪之所当也。赏者不德上，功之所致也。民知诛赏之来，皆在身也，故务功修业，不受赣于君，是故朝廷芜而无迹，田野辟而无

---

① 按：此"命"字，乃天命之命。对人为而言，法完全由客观的标准所决定，未掺杂丝毫人为的好憎，使受法者有如禀受天命之感。

② 按："释"与"怿"通，乐也，悦也。

草。故太上，下知有之。"（页一三三）所谓"下知有之"，①
也是无为。又说：

> 今夫权衡规矩，一定而不易……常一而不邪，方
> （广）行而不流；一日刑（定）之，万世传之，而以无
> 为为之。（页一三一）

此数语是说因法是客观的，所以在时间上也是可以久用而
不息的。任法，便可以无为；而无为，又是保证法的客观
性、安定性的必需条件。

《主术训》的作者，不仅发展了法家之法的客观性的
方面，并且在法的起源与运用上，提出了惊人的见解。他
们说：

> 古之置有司也，所以禁民，使不得自恣也。其立
> 君也，所以剬有司，使无专行也。法籍礼义者，所以
> 禁君，使无擅断也。人莫得自恣，则道胜；道胜而理达
> 矣，故反于无为。无为者非谓其凝滞而不动也，以其
> 言莫从己出也……法生于义，义生于众适，众适合于人

① 《老子》："太上，下知有之。"其意为最理想的政治，下民只知有人君，
并不感人君与自己有何关涉。因系无为而治之故。《主术训》此处引用
此语，亦系此意。乃高注谓："言太上之世，下知之人，皆能有此术。"
可谓大谬。

心；此治之要也……法者非天堕，非地生，发于人间，而反以自正……所立于下者，不废于上；所禁于民者，不行于身。所谓亡国，非无君也，无法也。变（乱）法者，非无法也，有法者而不用（不用于自身），与无法等。是故人主之立法，先自为检式仪表，故令行于天下。孔子曰："其身正，不令而行；其身不正，虽令不从。"故禁胜于身，则令行于民矣。（页一四一）

上面这段话，含有四个重要意义。第一，以法乃起于众人共同的利益，共同的要求（"众适"），这是过去的法家所未曾说出的最根本问题。第二，认为法首在于"禁君"，即是首在于限制控制人君的行动，不使人君高出于法之外；这一点，战国法家尊君太过，他们只要求人君不干扰法，绝不敢正面提出法首在限制人君。上述两点，皆富有现代法治的意义。按照这两点意义来说，他们的政治结构，应当是这样的：

人民的共同利益 → 法 → 人君 → 有司 → 人民

第三，他们把法与礼义结合起来，即是法与道德意识结合起来，由道德的主体性主动性，调和了法的强制性被动性。这种立根于文化上的法的观念，更为魏晋法家所未有，这里便可看出道、法、儒，在此处得到了自然的融合；

所以引孔子的话，非常恰当。第四，很明显地把老子的无为的思想，暗中作了某种程度的转换，即是以"法治"为无为，"以其言莫从己出"而系从法出为无为。此乃由田骈、慎到所发展出来的，恐为老子所未能印可。何以有此一转换？因为必如此而无为乃有实现之可能性。

（四）因与用众

《淮南子》一书，发展了慎到的"因"的思想。今日所能看到的《慎子》，有《因循》篇。《因循》篇说："天道因则大，化则细（原注：化使从我）。因也者，因人之情也。人莫不自为也；化而使之为我，则莫可得而用矣……故用人之自为，不用人之为我，则莫不可得而用矣。此之谓因。"这几句话在现代仍有其重大的意义。《论语》孔子答子张问政："因民之所利而利之，斯不亦惠而不费乎？"（《子张》）可见"因"的观念，在政治上，是儒道法三家所同。《淮南子》自《原道训》起，在政治问题上，几乎都是以"因"的观念为骨干。而《泰族训》"故因则大，化则细矣"（页三五〇），分明出于《慎子》。《原道训》"是故天下之事，不可为也，因其自然而推之"（页三），这是概括性的说法。而《主术训》则将因的观念，与韩非"人主以一国目视，故视莫明焉；以一国耳听，故听莫聪焉"[①]

---

① 见《韩非·定法》第四十三。

的话，结合起来，而发展出"用众"的观念：

> 而君人者，不下庙堂之上，而知四海之外者，因物以识物，因人以知人也。故积力之所举，则无不胜也。众智之所为，则无不成也……故千人之群无绝梁，万人之聚无废功。（页一三二）

> 夫人主之听治也，清明而不暗，虚心而弱志，是故群臣辐凑并进，无愚智贤不肖，莫不尽其能。于是乃始陈其礼，建以为基。是乘众势以为车，御众智以为马，虽幽野险涂，则无由惑矣。（页一三三）

> 夫乘众人之智，则无不任也；用众人之力，则无不胜也。千钧之重，乌获不能举也。众人相一，则百人有余力矣。是故任一人之力者，则乌获不足恃；乘众人之制者，则天下不足有也。（页一三四）

能因众人的智力而用之，则人君可以无为而治。这也是对无为而无不为的实现的可能性所提出的办法。但应注意到，由用众而达到无为，则无为已由老庄的纯消极的内容，转换而为积极的内容。

（五）势与君臣关系

为了再加强无为而治的可能性，《主术训》的作者，在君臣关系上，接受了法家的"权势"的观念。势是一种特殊有利的形势，由这种特殊有利的形势之自身，即可以发生力量，故势与力，可连为一词而称为"势力"。这本是兵家在争地形之利上所使用的名词，慎到则援引之以言政治。《慎子·威德》篇："尧为匹夫，不能使其邻家。至南面而王，则令行禁止。由此观之，贤不足以服不肖，而势位足以屈贤矣。"此一思想，为尔后法家所继承，且因此而特别强调尊君思想，意欲由此而加强人君之势，即是加强人君对法的推行力量。《主术训》之所以再三强调此一观念，也是为了说明无为而治的可能性。因为"得势之利者，所持甚小，其存甚大，所守甚约，所制甚广"（页一四四）；而人君由权力所形成的势，自然可以发生力量，所以人君是可以无为的。

君臣关系，是政治结构的骨干。《主术训》的作者，在君臣关系上，兼容了儒法两家思想。并且提出君臣异道，以作无为而治的补充，即以加强实现无为而无不为的可能性。

权势者人主之车舆，爵禄者人臣之辔衔也。是故人主处权势之要，而持爵禄之柄；审缓急之度，而适取予之节，是以天下尽力而不倦。夫臣主之相与也，非有父子之厚，骨肉之亲也，而竭力殊死，不辞其躯者，何也？势有使之然也……是故臣不得其所欲于君者，君亦不能得其所求于臣也。君臣之施者，相报之势也……是

> 故君不能赏无功之臣，臣亦不能死无德之君，君德不下
> 流于民，而欲用之，如鞭蹄马矣。（页一三七至一三八）

在上面这段话中，君以势挟持他的臣效力，这是出自法家思想。他们之所以接受这一思想，还是为了加强前面所说的"势"的作用；从全篇全书看，他们并不是真正接受法家君臣互相窥伺、互相劫持的思想。而上面一段话中所流露出的君臣民之间，乃系双方"相对"的关系，而非片面"绝对"的关系，这是出自儒家思想。

《主术训》的作者，更强调了君臣异道。他们说：

> 主道圆者，运转而无端，化育如神，虚无因循，常
> 后而不先也。臣道方者，①论是而处当，为事先倡，守职
> 分明以立成功也。是故君臣异道则治，同道则乱。各得
> 其宜，处其当，则上下有以相使也。（页一三四）
> 君人者，释所守而与臣下争，则有司以无为持位，
> 守职者以从君取容；是以人臣藏智而弗用，反以事转任
> 其上矣……君人者，不任能而好自为之，则智日困而自
> 负其责也。（页一四三）

君臣异道，人君无为而人臣有为；并且人君若有为，反而

---

① 原文"臣道圆者，运转而无方，论是而处当……"此依王念孙校改。

使人臣无为。人君无为而后能使人臣有为，一人无为而能使众人有为，无为而无不为的实现问题，当然可得到解决了。

（六）用人与知人

但我们应注意到，若如上所述，君臣异道，君无为而臣有为，实际不知不觉地已由老庄所说的无为摆脱出来了。老庄的无为，是把整个政治机能消解到最低限度，以让"民自富"、"自正"；君无为，臣同样无为。而人民的自富自正，也是最低限度的自富自正，所以必要求人民无知无欲。这里所说的君臣异道，是由君的无为以促成人臣的有为，则此君实"大有为"之君，这便接上了儒家的道路。老子"不尚贤，使民不争"（三章）。法家不尚贤，以使其一切决定于法。儒家则非常重视知人善任；而《主术训》的作者，既然要求人臣有为，便亦不能不重视知人善任。他们说：

> 是故人主之一举，不可不慎也。所任者得其人，则国家治，上下和，群臣亲，百姓附。所任非其人，则国家危，上下乖，群臣怨，百姓乱……故人主诚正，则直士任事，而奸人伏愿矣。（页一三五）

以上是说任人的重要性。

是故有大略者不可责以捷巧，有小智者不可任以大功。人有其才，物有其形。有任一而太重，或任百而尚轻。是故审毫厘之计者，必遗天下之大数；不失小物之选者，惑于大数之举。（页一三九）

使言之而是，虽在褐夫刍荛，犹不可弃也。使言之而非也，虽在卿相人君，揄策于庙堂之上，未必可用。是非之所在，不可以贵贱尊卑论也……暗主则不然。所爱习亲近者，虽邪枉不正，不能见也。疏远卑贱者，竭力尽忠，不能知也。有言者穷之以辞，有谏者诛之以罪，如此而欲照海内，存万方，是犹塞耳而听清浊，掩目而视青黄也，其离聪明则亦远矣。（页一四〇）

以上言知人之方；知人与知言是不可分的。

故古之为车也，漆者不画，凿者不斲；工无二伎，士不兼官。各守其职，不得相奸（注：乱也）。人得其宜，物得其安。是以器械不苦，而职事不嫚。夫责少者易偿，职寡者易守，任轻者易权。上操约省之分，下效易为之功，是以君臣弥久而不相厌。（页一三二）

是故圣人举事也，岂能拂道理之数，诡自然之性；以曲为直，以屈为伸哉？未尝不因其资而用之也……聋者可令嚼（嚼）筋，而不可使有闻也。瘖者可使守圄，而不可使通语（依王校）也。形有所不周，而能有所不容也。是故有一形者处一位，有一能者服一事……毋小大修短，各得其宜；则天下一齐（平等），无以相过也。圣人兼而用之，故无弃才。（页一三五）

　　言事者必究于法，而为行者必治于官。上操其名，以责其实；臣守其业，以效其功。言不得过其实，行不得逾其法；群臣辐凑，莫敢专君。事不在法律中，而可以便国佐治，必参五（伍）行之。阴考以观其归，并用周听以察其化。不偏一曲，不党一事，是以中立而遍，运照海内。群臣公正，莫敢为邪。百官述职，务致其公迹也。（页一三六）

以上论用人及考校的方法，考校方法是接受法家的，但与儒家不相乖迕。

（七）君道——儒道法三家的融合

　　不论守法用人，在封建及专制时代，皆决定于人君自身的条件。故中国过去言政治，最后必归于君道。而《主术训》中所言的君道，实融合道家而归于儒家，或融合儒、道、法以为言。

　　①无为者道之宗。故得道之宗，应物无穷。任人之才，难以至治。（页一三一）

②清静无为，则天与之时。廉俭守节，则地生之财。处愚称德，则圣人为之谋，是故下者万物归之，虚者天下遗之。（页一三三）

③人主贵正而尚忠。忠正在上位，执正营事……谗佞奸邪而欲犯主者，譬犹雀之见鹯，而鼠之遇狸也，亦必无余命矣……故人主诚正，则直士任事，而奸人伏愿矣。人主不正，则邪人得志，忠者隐蔽矣。（页一三五）

④人主之居也，如日月之明也，天下之所同侧目而视，侧耳而听，延颈举踵而望也。是故非澹薄无以明德，非宁静无以致远，非宽大无以兼覆，非慈厚无以怀众，非平正无以制断。（页一三九）

⑤喜怒形于心者，欲见于外，则守职者离正而阿上，有司枉法而从风。赏不当功，诛不应罪，上下离心，而君臣相怨也……是故人君者，无为而有守也，有为（依王校当作立）而无好也。有为则谗生，有好则谀起。（页一四三）

⑥精神劳则越，耳目淫则竭。故有道之主，灭想去意，清虚以待。不伐（依王校当作代）之言，不夺之事；循名责实，官使自司；[①]任而弗诏，责而勿教。（页一四四）

⑦人主租敛于民也，必先计岁收，量民积聚，知

---

① 原文"使有司"，依王校改。

饥（依王校当作饶）馑有余不足之数，然后取车舆衣食供养其欲……故古之君人者，其惨怛于民也，国有饥者食不重味，民有寒者而（疑衍）冬不被裘。岁登民丰，乃始县钟鼓，陈干戚，君臣上下，同心而乐之，国无哀人。（页一四五至一四六）

⑧食者民之本也，民者国之本也，国者君之本也。是故人君者，上因天时，下尽地财，中用人力。是以群生遂长，五谷蕃殖。教民养育六畜，以时种树，务修田畴，滋植桑麻，肥硗高下，各因其宜；邱陵阪险，不生五谷者，以树竹木……先王之所以应时修备，富国利民，实旷来远者，其道备矣。非能目见而足行之也，欲利之也。欲利之也不忘于心，则官自备矣。（页一四七至一四八）

⑨凡人之论，心欲小而志欲大，智欲圆而行欲方，能欲多而事欲鲜……故心小者禁于微也，志大者无不怀也……古者天子听朝，公卿正谏，博士诵诗，瞽箴师诵，庶人传语，史书其过，宰彻其膳。犹以为未足也，故尧置敢谏之鼓，舜立诽谤之木，汤有司直之人，武王立戒慎之鞀（《群书治要》鞀作铭）。过若毫厘而既已备之也……由此观之，则圣人之心小矣。（页一四八至一四九）

上面所说的人君的条件，与《原道训》、《俶真训》、《本经训》、《精神训》中所说的圣人、至人、真人，远为平实而具体。且一篇之中，大体上说，由道家而法家，由法家而儒家，在融和上各取其长；在发展上，不知不觉地以儒家为归结；站在他们的立场，这不是随意拼凑，而是在追求无为而无不为的实现的可能性中，便由道家接上法家。但他们厌恨法家的严酷及"为统治而统治"的政治动机，所以尽挟法家之长，以归结于儒家。在"为人民而政治"的这一点上，儒道两家相同；所以在政治的基本态度上，两家并无冲突。同时，政治上一切问题的解决，最后不能不追到权力发源地的统治者的心，这在两家也并无异致。但道家要求政治理想的实现，便不得不一步一步地落实下来，由用众任官纳谏等以至以人民生活为主的经济政策，都提出了。政治问题具体而合理地解决，并不排斥老庄的虚静之心，但这并非仅由虚静之心所能担负。于是《主术训》便不得不由以虚静为主体之心，转进到以仁智或仁义为主体之心；若不能把握他们用心之所在，及其发展的纲维，恐怕会抹煞此篇的系统性，及他们所下的一番苦心了。《主术训》在上引的最后一段以后，盛推孔子"智过于苌宏，勇服于孟贲"，但"专行教道，以成素王"的能多而事鲜。且阐明孔子作《春秋》"不道鬼神，不敢专己"（页一五〇）的智多而守约。自此以下，弘扬仁智及仁义的人文精神，以作全篇的归结。

遍知万物而不知人道，不可谓智。遍爱群生而不爱人类，不可谓仁。仁者爱其类也，智者不可惑也。仁者虽在断割（按以义断制之意）之中，其所（杨校"所"字疑衍）不忍之色可见也。智者虽烦难之事，其不暗之效可见也。内恕反情，心之所欲（杨校疑作"心所不欲"，按杨校是）其不加诸人。由近知远，由己知人，此仁智之所合而行也。小有教而大有存也，小有诛而大有宁也。唯恻隐推而行之，此智者之所独断也。故仁知有时（依王校增"有时"二字）错，有时合。合者为正，错者为权，其义一也。（页一五〇）

　　凡人之性，莫贵于仁，莫急于智。仁以为质，智以行之。两者为本，而加之以勇力辩慧捷疾劬录巧敏迟（王校当作犀）利聪明省察，尽众益也。身材未修（按此句疑当在"而加之以众美"句之上），伎艺曲备，而无仁智以为表干，而加之以众美，则益其损。（页一五一）

　　国之所以存者仁义是也，人之所以生者行善是也。国无义，虽大必亡；人无善志，虽勇必伤。（页一五二）

　　士处卑隐欲上达，必先反诸己。上达有道，名誉不起，而（则）不能上达矣。取誉有道，不信于友，不能得誉。信于友有道，事亲不说，不信于友。说亲有道，修身不诚，不能事亲矣。诚身有道，心不专一，不能专

诚（王校专诚应作诚身）。道在易而求之难，验在近而求之远，故弗得也。（页一五二）

按《论语》、《中庸》，以"仁智"并称，至《孟子》而"仁义"、"礼义"并称。最后所引的全篇结语，盖合取之于《孟子》。[①]由此可知《主术训》作者的儒家思想，应出自子思、孟子的系统。

七、由儒家所作的全书的总结——《泰族训》的研究

因为《泰族训》在全书中的特殊地位，所以应略加研究。刘文典《淮南鸿烈集解》以"此篇叙目，无'因以题篇'字，乃许慎注本"，大概是不错的。许慎的叙目谓"泰言古今之道，万物之指，族于一理，明其所谓也，故曰《泰族》"。《集解》引"曾国藩云：族，聚也。群道众妙之所聚萃也。泰族者，聚而又聚者也"。曾氏除于"泰"字另作解释外，实与许氏无大分别。按《书·泰誓》疏"泰者大之极也"；《尧典》"方命圮族"，《传》："族，类

---

① 按"士处卑隐欲上达"一段，实出自《中庸》"在下位不获乎上"一段。此段又分见于《孟子》，仅有少数文字异同。但"道在易求之难"二语，实出自《孟子》"道在迩而求诸远，事在易而求诸难"（《离娄上》），故《主术训》此段应系采自《孟子》。

也。"故"泰族"应释为最大的一类。《淮南子》每篇为一类，共二十类，《泰族训》乃二十类中之一。但其他各篇，各以其主要内容标类；而所谓"泰族"，乃说明此乃二十类中最大的一类；若以今语表达，这是全书的总结。所以《要略》说：

> 泰族者，横八极，致高崇；上明三光，下和水土，经古今之道，治伦理之序，总万方之指，而归之一本；以经纬治道，纪纲王事。乃原心术，理性情，以馆清平之灵，澄彻神明之精，以与天和相婴薄；所以览五帝三王，怀天气，抱天心；执中含和，德形于内，以著凝天地，发起阴阳；序四时，正流方，绥之斯宁，推之斯行，乃以陶冶万物，游化群生；唱而和，动而随；四海之内，一心同归。故景星见，祥风至，黄龙下，凤巢列树，麟止郊野。德不内形，而行其法籍，专用制度，神祇弗应，福祥不归，四海不宾，兆民弗化。故德形于内，治之大本。此鸿烈之泰族也。（页三七二至三七三）

由上面这段夸张的叙述中，可以了解此篇地位的重要，及内容的丰富。许注"凡二十篇，总谓之鸿烈"，是鸿烈乃全书之名。"此鸿烈之泰族也"，应释为"这是全书的总结"。《要略》后面的几句话，也正是指《泰族训》而言。

欲强省其辞，览总其要，弗曲行区入，则不足以穷
道德之意。（页三七三）

把前面十九篇的要旨，总结于此一篇之内，故谓"省其
辞"，"总其要"。欲达此目的，故须"曲行"，曲行于各篇
之中，区（分别）入于各篇之内，以采撮其精要，这正是
作总结的方法。若不如此，即是若没有此一总结，则显得
有些枝蔓、分歧，"不足以穷道德之意"。这也分明说《泰
族》即是全书的总结。

但写这一总结的人，却落在一位或一位以上的了不起
的儒生手上，使全书中的老庄思想，在儒道两家的边际思
想上脱胎换骨，都总结到儒家思想方面；而所谓"穷道德
之意"的道德，不是以虚无虚静为体的道德，却成为以仁
义为体的道德。于是在全书内容的结构上，显得是以老庄
思想开其端，且似乎是全书思想的主流，却以儒家思想竟
其尾；无形中表示，道家思想，应归结于儒家思想之上。
而本篇中的儒家思想，却是以《易传》为中心的大综合；
这是由立五经博士而来的派系化以前的儒家思想，及经董
仲舒神秘化以前的儒家思想，特别值得研究的原因在此。

（一）边际思想转换之一——法天

我之所谓边际思想，是指两家对某一问题，既互相毗
连，而又各有分界的思想。《泰族训》的作者，与《修务

训》的作者不同;《修务训》的作者站在儒家的立场,干脆对道家思想加以反击。《泰族训》的作者是在作总结,便不应把道家公然抹煞,只好在两家的边际思想上弄手脚。"体道"、"法天",是儒道两家的第一个边际思想;《泰族训》首先便提出:"天设日月,列星辰,调阴阳,张四时……其生物也,莫见其所养而物长;其杀物也,莫见其所丧而物亡,此之谓神明。"(页三四七)但道家之所谓道,所谓天,皆系形而上的性格;道与天的生万物,皆只说到"无为而无不为"的纯抽象观念为止。孔子则只以"四时行焉,百物生焉"(《论语·阳货》)言天道,即是他只从人可以经验得到的地方言天道,不在形而上的境域中去摸索。《泰族训》一开首的几句话,也正是从人可以经验得到的现象上把握天道,而天生杀万物,不见生杀万物之形,他不用"无为而无不为"的抽象语言去解释,只以"阴阳之气相动也"(页三四七),及"天地四时,非生万物也。神明接,阴阳和而万物生之"(页三五〇);与"寒暑燥湿,以类相从;声响疾除,以音相应也"(页三四七)等作解释;这分明是出自《易·乾·文言》"同声相应,同类相求;水流湿,火就燥……则各从其类也"的思想。所以他便引《易·中孚》九二"鸣鹤在阴,其子和之"(页三四七)的话作印证。而《泰族训》的作者的"大生小,多生少,天之道也","故化生于外,非生于内也"(皆见页三四九)的说法,这分明是和道家有生于无、由无生有的说法，作很显明的对照。所以他们心目中的法天之人，是"故大人者，与天地合德，日月合明，鬼神合灵，与四时合信"（页三四八）；这正是《乾·文言》"夫大人者，与天地合其德，与日月合其明，与四时合其序，与鬼神合其吉凶"的借用。

（二）边际思想转换之二——神化

由"体道"、"法天"而在政治上发生"神化"的效果，这是偏向于道家而为《易传》所含有的思想，所以这也是儒道两家的边际思想。《易·系辞上》："子曰，君子居其室，出其言善，则千里之外应之，况其迩者乎？居其室，出其言不善，则千里之外违之，况其迩者乎？……言行，君子之所以动天地也，可不慎乎？"又"默而成之，不言而信，存乎德行"；《礼记·表记》："子言之，归乎？君子隐而显，不矜而庄，不厉而威，不言而信。"这都可以解释为"神化"的思想。所以《泰族训》自"天设日月"开始，一直到"故摅道以被民，而民弗从者，诚心弗施也"（页三五〇）为止的一大段，可以说都是以"神化"为中心所展开的议论。道家神化的第一根据是体道之人，不扰乱物性，让物（实际是人民）可以各顺其自然而天下治。但《泰族训》的作者说："故圣人怀天气，抱天心；执中含和，不下庙堂而衍（流衍于）四海，变习易俗，民化而迁善，若性诸己，能以神化也。"（页三四八）这几句话中，应特别注意"变习易俗"四字，这是《泰族训》中的中心论点之一，而为《齐俗训》及所有老庄思想中所不应有的思想。

神化的第二根据，是由体道的工夫而"致精"，致个人之精，以与天下万物之精相通相感，这更是儒道两家的边际思想。《泰族训》的作者，在这些地方，正面接受了道家的若干观点。他们说"今夫道者（按指有道之人），藏精于内，栖神于心，静漠恬淡，讼（注：容也）缪（注：静也）胸中，邪气无所留滞……百脉九窍，莫不顺比，其所居神者得其位也"（页三四九）。这是《俶真训》、《精神训》中所反复的思想。但我们应当承认"藏精于内，栖神于心"，实同于孟子的所谓"存其心，养其性"（《尽心》章），也即是理学家所说的"心要在腔子里"。由道家所提出的静漠恬淡，乃存其心中荡涤"邪气"后所应有的境界。此一境界之自身，可以使人得到精神解放的感觉；也可以通向艺术，使人由对自然的直观、统觉而得到美的感觉；也可以通向道德，使内蕴的良知良能，得以当下呈现。可以说"静漠恬淡之心"，乃价值上四通八达之地；程子"每见人静坐，便叹其善学"，绝非偶然。道家乃安顿于静漠恬淡心境自身之上，有点近于宋儒所说的"玩弄光景"。但《泰族训》的作者，则直接转到"诚"的观念上去。他们说："故圣人养心莫善于诚，至诚而能动化矣。"（页三四九）又说："圣主在上，廓然无形，寂然无声，官府若无事，朝廷若无人……四海之内，莫不仰上之德，象（法）主之指；夷狄之国，重译而至；非户辩而家说之也，推其诚心，施之天下而已矣。"（同上）诚是《中庸》、《易传》及《孟子》所强调的观念。在人格的修养上说，这是由《论语》上的"主忠信"（《学而》）而来，"尽己之谓忠；如实之谓信"（《论语》"为人谋而不忠乎"朱注）。一切言行，皆以忠信为主，这便是诚。所以《论语集注》在"主忠信"下引"程子曰：人道惟在忠信。不诚则无物……若无忠信，岂复有物乎"？在政治上说，是由《论语》上的"为政以德"（《为政》）而来。"为政以德，譬如北辰，居其所而众星拱之"，即是另一处所说的"其身正，不令而行；其身不正，虽令不从"（《子路》）。所以德教便是身教，统治者以自己有德的生活行为，作人民的榜样，由此所发生的教化作用，这即是德教。一个统治者，在人民面前，由起心动念到语言行为，无半丝半毫虚伪；"施诸己而不愿，亦勿施于人"；"推己及人"，"视人如己"；这便是德教、身教；做到极点，便是诚。朱熹注谓"为政以德，则天下归之"，又引"程子曰：为政以德，然后无为"。由此可知上面所引的"圣主在上"的一段话，与道家所说的"无为"正同，但其线索却是来自《论语》、《中庸》、《易传》的儒家思想。所以他们接着引用了太王居邠，狄人攻之；秦穆公为野人食骏马肉，及宓子治亶父，孔子为鲁司寇，道不拾遗的四个故事，加以结论说："夫矢之所以射远贯牢者，弩力也。其所以中的剖微者正（依王校，当作人）心也。赏善罚暴者，政令也。其所以能行者精诚也。故弩虽强，不能独中；令虽明，不能独行。必自（刘文典校，当作有）精气（按由上下文考之，'气'当作'诚'）所以与之施道。故摅道（治道）以被民，而民弗从，诚心弗施也。"（页三五〇）在这段话中，并没有否定"政令"，并没有否定"摅道以治民"，这便很明显地在此一边际思想中，依然转回到儒家。

（三）边际思想转换之三——以"因"说明礼的起源

"因"的观念，前面已经说过，这是慎到们为了说明无为而无不为的实现的可能性所提出的观念。尔后卫晋法家承继了慎到的法与势的观念，但丢掉了因的观念，却成为尔后道家思想中的重要观念。孔子曾说"因民之所利而利之"（见前），孔子的话，远在慎到们之前，甚至可说慎到们是发展了孔子的这一思想，由此应当承认"因"也是儒道两家的边际思想。但道家说："所谓无不为者，因物之所为。所谓无治者，不易自然也；所谓无不治者，因物之相然也。"（《原道训》页八）但《泰族训》的作者，在这一边际思想上，便作了有意义的转换。他们说，"夫物有以自然，而后人事有治也"（页三五〇）。上一句与道家完全相同，而下一句则为道家所不许。这两句的意思是说，正因为物有其自然，政治才可因物之自然以为治。具体地说，他们由此一基本观念，发展出以"因"来说明礼的起源及礼的意义。《淮南子》的道家们，把道与法结合在一起；儒家不否定法的意义，但他们认为法必待礼而后行（见后）。而他们对于礼的起源，善用了"因"的观念。他们说：

> 埏埴而为器，窬木而为舟，铄铁而为刃，铸金而为钟，因其可也。驾马服牛，令鸡司夜，令狗守门，因其然也。民有好色之性，故有大婚之礼。有饮食之性，故有大飨之谊。有喜乐之性，故有钟鼓管弦之音。有悲哀之性，故有衰绖哭踊之节。故先王之制法（按乃"礼"字之误）也，因民之所好而为之节文者也。因其好色而制婚姻之礼，故男女有别。因其喜音而正雅颂之声，故风俗不流。因其宁家室，乐妻子，教之以顺，故父子有亲。因其喜朋友而教之以悌，故长幼有序……入学庠序，以修人伦。此皆人之所有于性，而圣人之所匠成也。故无其性，不可教训。有其性无其养，不能遵道……故因其性，则天下听从；拂其性，则法县而不用。（页三五〇至三五一）

按上面这段话有两点值得注意。第一，"因人之性"，乃儒道两家所同；但道家不能承认"圣人之所匠成"的"匠成"，故他们反对或轻视礼的意义。第二，礼本是起于周初的封建制度。但礼的自身，原有两重意义，一是维持封建中的阶级性，一是融和封建中的阶级性；没有后一重意义，便不成其为礼。孔子强调"人而不仁，如礼何；人而不仁，如乐何"（《论语·八佾》），把仁融入到礼中去，使仁成为判断礼的价值的决定因素，这是发展融和原有封建阶级性的一面。因民之性以制礼作乐的思想，大概在战国中期以后才发展出来的。此一思想的重要性，在于把礼起源于适应封建政治要求的历史根据完全淘汰，而认定适应人性的倾向、要求，才是礼的起源，才是礼的意义，这便使礼从原来的封建统治的束缚中完全突破了出来，使其成为集体社会中所共同需要的行为规范。今人一听到礼的名词，便指说这是维持封建制度的东西，这是因为没有了解礼在封建制度中的两重意义，更不知道礼在发展中完全摆脱了封建制度以后的意义。任何社会，必须有维持集体生活的秩序；秩序必给各个人的自由以某种程度的限制，此即构成礼的两大因素的"节文"中的"节"，节即是节制。这是消极的一面。但礼不仅是节，而且是"文"，文是以文饰表现某行为的意义，即是给某行为以支持、鼓励，这是积极的一面。"节文"的制定，皆因人性所固有的倾向；礼的实现，即是人性的展开；此时的秩序与自由，皆出于人性所固有，自然没有对立的感觉。由此也可以了解"性善"思想的重大意义。但人性表现在生活的要求形态上，必定受时间空间的影响。礼一旦成为"法籍"后，是固定的条文。而人性表现在生活的要求、形态上，因时间空间的影响而必定有所改变。异时异俗的礼的固定条文，便与人性发生矛盾。迂儒不承认此一矛盾，而依然要执异时异俗的礼以绳尺天下，于是本系因应人性以制定的东西，变成了反抗人性的东西，使社会生活，失掉了应有的调节而陷于空虚、混乱。《淮南子》一书中，长于言法，尤长于言礼（包括乐）。他们反对迂儒所言的礼，反对虚伪的礼，反对为统治阶级特权阶级所特享的礼，而特着重随时随俗，因人性的倾向、要求所制的上下、内外如一的礼。他们在《齐俗训》中强调了礼乐不能离乎俗的意义；他们在《氾论训》中，强调了礼乐的适时改制的意义。《氾论训》说："先王之制，不宜则废之。末世之事，善则著之。是故礼乐未始有常也。故圣人制礼乐，而不制于礼乐……故圣人法与时变，礼与俗化。"（页二一三）全书随处言及礼乐，而以《氾论训》、《泰族训》中所言者尤为精要。

（四）边际思想转换之四——由无为到简、大

道家强调无为，《泰族训》中则特发挥简、大的意义，这是较之无为落实一层的意义。这也是由道家转向儒家的一条通路。孔子已称道"简"，[①]《易传》更发挥了简易的意

---

① 《论语·雍也》："仲弓问子桑伯子，子曰：可也，简。"

义。[①]但《泰族训》的作者，则更配上一个"大"的观念，以防对简的误解。并且能大始能简。《泰族训》：

> 治大者道不可以小，地广者制不可以狭，位高者事不可以烦，民众者教不可以苛。夫事碎，难治也；法烦，难行也；求多，难澹也。寸而度之，至丈必差；铢而称之，至石必过……故大较，易为智；曲辩，难为慧……故功不厌约，事不厌省，求不厌寡……孔子曰：小辩破言，小利破义，小艺破道，小见不达，必简。（页三五四至三五五）

上面的"约"、"省"、"寡"，都是简的分解的说法。

（五）由老庄的道转向儒家的经

《泰族训》全篇数引《易》、《诗》，以为论证，并对六经作过全面性的评价：

> 故《易》之失也卦，《书》之失也敷，《乐》之失也淫，《诗》之失也辟（邪），《礼》之失也责，《春秋》之失也刺。（页三五二）

---

① 《易·系辞上》："乾以易知，坤以简能……易简而天下之理得矣。""易简之善配至德。"《系辞下》："夫乾确然示人易矣；夫坤隤然示人简矣。"

又：

> 六艺异科而皆同道。温惠柔良者，《诗》之风也。
> 淳庞敦厚者，《书》之教也。清明条达者，《易》之义也。
> 恭俭尊（撙）让者，《礼》之为也。宽裕简易者，《乐》
> 之化也。刺几辩义者，《春秋》之靡（渐靡之靡）也。故
> 《易》之失鬼，《乐》之失淫，《诗》之失愚，《书》之失
> 拘，《礼》之失忮，《春秋》之失訾，六者圣人兼用而财
> （裁）制之。（页三五三）

上面一段话，盖出于《礼记》的《经解》，而文字互有异
同。最值得注意的是，道家把他们所建立的形而上的道，
推尊得至高无上；而《泰族训》的作者，则把六经推尊得
至高无上，实际是要以儒家的六经，代替道家之道的地位，
这便把全书道家的地位，完全转到儒家手上了。

> 夫观六艺之广崇，穷道德之渊深，达乎无上，至乎
> 无下，运乎无极，翔乎无形；广于四海，崇于泰山，富
> 于江河；旷然而通，昭然而明；天地之间，无所系戾；
> 其（六艺）所以监观，岂不大哉。（页三六三）

按全篇未言及老庄之所谓道德，而上面一段话，主要是在
说明学问可以开通心智的效验；所以"穷道德之渊深"一

句的道德，乃指六艺中的道德而言。《泰族训》中的话多说得平实，尤以对六经的评价，说得更平实；何以这段话却仿庄子学派的口气，说得很夸张呢？已如前所说，为了要把道家之道的地位转到六经身上。

（六）礼与移风易俗

现在再把《泰族训》全篇的结构作概略的说明，借以明了这批儒家思想的系统。

由开首的"天设日月"（页三四七）起，至"诚心弗施也"（页三五〇）止，说明天道生育万物是神化；圣人法天，也是神化，而神化是出于圣人的精诚。这是政治的主观条件，也是政治的基点。此系合《中庸》的"至诚而不动者，未之有也"，及《大学》的"壹是皆以修身为本"以为言。

由"天地四时，生万物也"（页三五〇）起，至"此治之纲纪也"（页三五二）止，说明因民之性以制礼，实为政治的纲纪。因为父子君臣夫妇长幼朋友的合理关系，皆由礼而始能成立。这种家庭、政治、社会的基本关系建立起来了，"乃裂地而州之，分职而治之，筑城而居之，割宅而异之，分财而衣食之，立大学而教诲之，夙兴夜寐而劳力之"（页三五一至三五二），此即他们所说的"此治之纲纪也"。

由"夫物未尝有张而不弛，成而不毁者也"（页三五三）起，至"无道以行之，法虽众，足以乱矣"（页三五六）止，包含几种意思。（1）认为政治上无不弊的设施，因而主张"事穷而更为，法弊而改制"，"以调天地之气，顺万物之宜"。（页三五二至三五三）这是主张因时而制礼。（2）认为"天不一时，地不一利，人不一事，是以绪业不得不多端，趋行不得不殊方"（页三五三）；不可"守一隅而遗万方，取一物而弃其余"（页三五四）。这是反映汉代大一统的帝国，应当包容万方殊俗以制礼，反对当时以朝廷为基准的"道一风同"的想法。（3）强调大与简，而不可任烦苛之法。这实际还是说明礼的意义与运用的要点。

他们为什么这样重视礼？因为他们认为人民只能在善良的风俗中过着谐和合理的生活；而政治的根基，必植基于善良风俗之中。所以政治的基本任务及最高目的，乃在于能移风易俗。《诗大序》"美教化，移风俗"，《礼记·乐记》"移风易俗，莫善于乐"，《管子·法法》"变易风俗"，《荀子·王制》"美风俗"，《新语·道基》"正风俗，通文雅"，《新书·辅佐》"文修礼乐以正风俗"。这是战国中期以后发展出来的政治共同理想，《泰族训》的作者特别强调了这一政治理想。从"治身，太上养神，其次养形。治国，太上养化，其次正法"（页三五六）起，到"察其党与，而贤不肖可论也"（页三五九）止，是说明风俗为政治的根本，而善良风俗的形成，有待于礼义之化，及任用得人以立之仪表。这里，应先将"风俗"一词，略加解释。

《汉书·地理志》："凡民禀五常之性，而有刚柔缓急音声不同，系水土之风气，故谓之风。好恶取舍，动静无常，随君上之情欲，故谓之俗。"《周礼·夏官·合方氏》注"风俗所高尚"疏："风谓政教所施……俗谓民所承袭。"二者皆将风与俗对举。《地理志》以风为来自地理的影响，俗为来自政治的影响。《周礼疏》则以风为来自政治的影响，俗为来自传承的影响。地理与政治，对风俗的形成皆有影响，固不待论；但以此来解释风俗，有点近于牵附而非其本义。《庄子·则阳》："丘里者，合十姓百名而以为风俗也；合异以为同，合同以为异。"这几句话，说明风俗是由十姓百名而成，即是在集体生活中所形成的。"合异以为同"，是说在集体生活中，有一个共同倾向。"合同以为异"，是说在共同倾向中又分为各人的具体生活情态。这便对风俗描写得相当的真切。《说文》八上："俗，习也。"习是行为的反复，由反复而成为惯性，即是成为不知不觉而自然会如此的生活行为。《礼记·曲礼》"入国而问俗"注："俗谓常所行与所恶也。""常所行"，即是习惯性的行为，与《说文》之义相合。换言之，所谓俗，是在集体生活中所养成，所承认的一种共同倾向，及在此共同倾向下的习惯性的生活、行为，故一称为习俗。只要是人的行为，必定有一种意识的，或不意识的价值判断。习俗一经形成后，便成为价值判断的标准；合于习俗，即合于此集体生活的价值标准，而得相安相助。否则必与此集体中的多数分子发生摩擦而被排斥。由此可知习俗对集体生活中的组成分子，会发生一种制约的力量。这种力量在未遇到反拨时，是看不见、摸不着的，有如风。古人便常把可以感受，或发生无形的影响力的东西，称之为风；风与俗连在一起，应作这样的去理解。人生活在善良的集体生活惯性中，便不必矜心着意，自然随着善良的集体生活惯性而活动，一切行为便都成为善良的，而不感到有丝毫的强制压力；这样一来，每一个人都成为有意义的生存，社会当然成为健全而和谐的社会。《泰族训》说到这种情形是"民交让，争处卑；委利，争取寡；力事，争就劳；日化上迁善而不知其所以然，此治之上也"（页三五六）。若风俗坏，则社会混乱，政治也必崩溃。《泰族训》继续说：

> 诚决其善志，防其邪心，启其善道，塞其奸路，与同出一道（在上者与人民同出于礼义）……而风俗可美也……所以贵圣人者，非贵随罪而鉴（判）刑也，贵其知乱之所由起也。若不修其风俗，而纵之淫辟，乃随之以刑，绳之以法，法虽残贼，天下弗能禁也。禹以夏王，桀以夏亡……非法度不存也，纪纲不张，风俗坏也……故法虽在，必待圣而后治。（页二五六至二五七）
>
> 民无廉耻，不可治也。非修礼义，廉耻不立。民不知礼义，法弗能正也，非崇善废丑，不向礼义。无

法，不可以为治也。不知礼义，不可以行法……亲贤而进之，贱不肖而退之……民孰不从？古者法设而不犯，刑错而不用，非可刑而不刑也。百工维时，庶绩咸熙，礼义修而任贤德也……由本（用得其人）流末（由用人所树立之善良标准，流布于社会），以重（朝廷）制轻（社会），上倡而民和，上动而下随……背贪鄙而向义理；其于化民也，若风之摇草木，无之（往）而不靡（顺）。今使愚教知，使不肖临贤，虽严刑罚，民不从也。（页三五七至三五八）

上面的话，可分两点来稍加疏释。第一点是风俗的好坏，以有无廉耻之心为断。礼义即所以培养、保持社会廉耻之心。廉耻之心，固为人性所固有，但食色之性，亦为人性所固有；顺着食色之性而不加节文，则人性的这一面，必淹没了廉耻之心的另一面。礼的节文，是一方面满足食色的要求，另一方面又节制文饰食色的要求，使人以逾节不文为耻。礼与法不同之点有二：其一，法是强制性的，礼是渍渐性的。其二，法施用于特殊的行为，礼则弥纶于全面的生活。法的作用是消极的，礼的作用是积极的。《礼记·经解》说礼的作用很精到："故礼之教化也微（无强制性，无迫促感），其止邪于未形，使人日从善远罪而不自知也。"《泰族训》的作者并不是抹煞法的意义，但认为法用在无廉耻的社会，有如我们今日的社会，是没有效用的。

第二点是《泰族训》认为礼义乃具体实现于人的生活行为之上。所以礼义的标准，必通过人而始显。古代政治对社会的影响力，远较现代自由社会为大。在上者的用人，有两重作用：一重意义是为推行政令；一重意义是对社会指示趋向，树立标准。后一重意义更为重大。在上者所用得人，便是向社会指示了礼义的方向，树立了礼义的标准，也就鼓励保证了礼义对社会的教化作用，使风俗向好的方向发展，否则发生相反的作用。子夏为孔子"举直错诸枉，能使枉者直"的话举证说："富哉言乎！舜有天下，选于众，举皋陶，不仁者远矣。汤有天下，选于众，举伊尹，不仁者远矣。""不仁者远"，即是移风易俗。

（七）君子小人之辨

《泰族训》由"夫圣人之屈者以求伸也"（页三五九）起，到"言以信义为准绳也"（页三六〇）止，乃言君子小人之辨。要能用人，必先能知人，此段乃言知人之方法。尤以针对当时士大夫冒滥无耻的情形，这种君子小人之辨，更为重要。他们说：

> 当今之世，丑必托善以自为解，邪必蒙正以自为辟（避）。游不论国，仕不择官，行不辟污，曰：伊尹之道也。分别争财，亲戚兄弟构怨，骨肉相贼，曰：周公之

义也……此使君子小人，纷然淆乱，莫知其是非者也。（页三五九）

他们所提出的方法，归纳为两点：一是圣人有时而行权，但权必归于正。小人可以作伪，但作伪只能限于一时。于是他们提出"观行者于其终也"（页三五九）的方法，即是观察一个人的最后归趋。另一是人因环境、个性等的不同，行为亦随之千差万别；但在千差万别中，毕竟须归向一个大的价值标准，归向不归向此大的价值标准，乃判断君子小人的准绳。他们认为知能不是判断君子小人的价值标准，他们所提出的价值标准是善，是仁义。他们说"不归善者不为君子"（页三五九），而"善行归乎仁义"（页三六〇）。并举出田子方、段干木、李克，是"异行而归于善者（按当漏一也字）"（页三六〇）。举出张仪、苏秦，是"异行而归于丑者也"（同上）。他们说：

虽有知能，必以仁义为之本……圣人一以仁义为之准绳。中之者谓之君子，弗中者谓之小人。君子虽死亡，其名不灭；小人虽得势，其罪不除。（页三六〇）

《主术训》"遍爱群生而不爱人类，不可谓仁"（页一五〇），这是以爱人类为仁。《缪称训》："仁者积恩之见证也。义者比（附）于人心，而合于众适者也。"（页一五三）《齐俗训》："义者循理而行其宜也。"（页一七六）由他们对仁义所下的定义，可知仁义不是空泛的名词。

（八）以"自得"为本

《泰族训》由"欲成霸王之业者，必得胜者也"（页三六〇）起，到"行可夺之道，而非篡弑之行，无益于持天下矣"（页三六二）止，说明欲成霸王之业，"必得人心"；并强调失人心，即不应有天下之义，而"能得人心者，必自得者也"（页三六〇）。因为"心者身之本也，身者国之本也。未有得己而失人者也，未有失己而得人者也"（同上）。这是总结了前面所引的道家以"自得"为"得天下"的主张，却把儒家融合在一起。道家自得的思想，在格套上，也可与《大学》由诚意、正心，而修身、齐家、治国、平天下相通，但在心的把握上有所不同。"直行性命之情，而制度可以为万民仪"（页三六一）；上一句可通儒道两家，下一句则为儒家所独有。而他们在这一段中，强调了"故桀纣不为王，汤武不为放"（页三六一）；又说"行可夺之道，而非篡弑之行，无益于持天下矣"（页三六二），这都是当时黄老的学者们所不敢言的。同时，在大一统专制政权之下，政治问题，进到最后，必定落在人君身上，因为这是一切权力的根源。所以他们谈"自得"，实际是谈君道。

（九）学问的重视及学问的方向

由"凡人之所以生者衣与食也"（页三六二）起，至"可谓知略矣"（页三六四）止，是通政治社会以为言，强调学问的重要，及学问的大方向。礼义有待于学问之教，人才有待于学问之养，人文、世运，有待于学问的扶持推进。重视学问与不重视学问，是儒道两家的大分水岭，而法家则干脆反对学问。由儒家所写的《修务训》，大力提倡学问，《泰族训》的作者当然也特别重视学问。他们说：

> 凡人之所以生者，衣与食也。今囚之冥室之中，虽养之以刍豢，衣之以绮绣，不能乐也。以目之无见，耳之无闻，穿隙穴，见雨零，则快然叹之。况开户发牖，从冥冥见炤炤乎？……夫言者所以通己于人也；闻者所以通人于己也。瘖者不言，聋者不闻。既瘖且聋，人道不通。故有瘖聋之病者，虽破家求医，不顾其费。岂独形骸有瘖聋哉，心志亦有之。夫指之拘也，莫不事申也；心之塞也，莫之务通也，不明于类也。（页三六二至三六三）

上面这段话，表明了他们对学问的迫切感。又说：

> 人之所知者浅，而物变无穷。曩不知而今知之，非知益多也，问学之所加也……人莫不知学之有益于

己也，然而不能者，嬉戏害人也。人皆多以无用害有用，故智不博而日不足……以弋猎博奕之日诵《诗》读《书》，闻识必博矣。故不学之与学也，犹瘖聋之比于人也。（页三六三至页三六四）

至于学问的大方向，他们说：

凡学者能明于天人之分，通于治乱之本；澄心清意以存之，见其终始，可谓知略矣。（页三六四）

他们所说的学问的方向，规模宏大，而"澄心清意以存之，见其终始"二语，意义深远。这里所显出的大山、小山乃至九家《易》的儒生面目，较董仲舒为纯为实，无阴阳五行之庞杂。较之《儒林传》中的人物为通而不滞，大而不拘。乾嘉以来的所谓汉学家，何足以窥见于万一？可惜因《淮南》的冤狱而一起埋没了，这是学术史上的大损失。

（十）对当时政治的批评

《泰族训》由"天之所为，禽兽草木。人之所为，礼节制度"（页三六四）起，至最后的"故仁莫大于爱人，知莫大于知人。二者不立，虽察慧捷巧，劬禄（卢文弨校，禄当作录）疾力，不免于乱也"（页三六八）止，因汉代以法为治的本质，至景帝而益显，所以特别强调"治之所以为本者仁义也，所以为末者法度也"（页三六四），而要求先本而后末，这是对于当时政治实况的严厉批评。他们说：

> 故仁义者治之本也。今不知事修其本，而务治其末（法），是释其根而灌其枝也。且法之生也，以辅仁义。今重法而弃义，是贵其冠履而忘其头足也。故仁义为厚基者也；不益其厚而张其广者毁，不广其基而增其高者覆。嬴政（秦始皇）不增其德而累其高，故灭。智伯不行仁义而务广地，故亡其国。（页三六四）

这一段中还批评了当时音乐之不本于《雅》、《颂》，乃作为本末倒置的一事例。批评了商鞅之立法，可谓"天下之善者也"，然卒以亡秦，是因为"察于刀笔之迹，而不知治乱之本"（页三六六）。礼有时而"费"而"烦"，但所以"防淫"，是小失而大得。商鞅之法，便于举奸，然而伤和睦之心，小利而大害。故事有"利于小而害于大，得于此而亡于彼者"，愚者常"惑于小利而忘其大害"（以上皆页三六七）。故政治必以仁义、仁知为本。这都是针对当时的政治实态以立论的。

八、结论

《淮南子》一书，是当时思想的一大集结；但不可误信司马谈《论六家要旨》，说道家是"因阴阳之大顺，采儒墨之善，撮名法之要；与时迁移，应物变化，立俗施事，无所不宜"的话，以为此一大集结，乃来自道家思想的本身。司马谈上面的一段话，勉强可应用到《主术训》上面；而《主术训》的展开，实逐渐不得不离开了道家的思想立场。司马谈的话，不仅不能应用在《修务训》、《泰族训》上面，且不能应用到书中许多很明显地以儒家立场的发言上面。《淮南子》一书对当时思想的大集结，乃来自刘安宾客中的包罗宏富，而又皆有平等发言的机会。当然其中是以儒道两家为主。我的推测，《要略》的全书叙目，是由一位道家执笔；《要略》中主要表现了道家的想法，是以道家的立场去贯通全书的，对于儒家的立场，多含混带过去。因此，从《要略》不能把握到全书的精神、脉络。由儒家写了《泰族训》的全书总结，再由道家写《要略》的全书叙目，推想，这是刘安当时调和于二者之间的妥协的办法。所以，《淮南子》中所大集结的当时思想，乃是来自当时抱有不同思想的宾客，在平等自由中，平流竞进，集体著作的结果，绝非是出自道家一家的思想性格或企图。他们有意识地要作这一大集结。不仅《说山训》、《说林训》，把当时流行的格言嘉话一起收录，是"箴言集"的性格，或可称为"寸金集"的性格。所以在这些篇章里，不必追寻他的整然不乱的系统。甚至《缪称训》、《氾论训》、《诠言训》、《人间训》，都带有箴言集的性格，反映了当时广泛的文化水平，及社会性的人生观念、价值观念。通过这部书，可以了解在五经博士未成立以前的汉初思想的比较完整的面目。惜我不能推扩我对此书的研究面，提出本书每一方面的宝藏来加以讨论，这有待于继续有人肯做这一工作。尤其是其中的《兵略训》，除了极少部分的神秘思想外，实总结了古代的军事思想，一直到现在还有它的精深意义，而未为人所注意。我希望能以此篇为基础，将来能写一篇"中国古代军事思想发展史"的文章。

我所以说上面的话，在表明我这篇文章对《淮南子》的研究，只能算是开其端，尚未竟其尾。不过我毫不掩饰地说，我对此书，断续地花费了不少时间，做了三次的资料整理。但一直到我拿起笔来写这篇文章时，我还是抱着一副厌恶的心理。当我在写的过程中，渐渐发现了那一批以大悲剧收场的宾客们活动的面影，不知不觉地以感激之情，代替了原来的厌恶心理，而在结束这篇文章时，不免感到有一番怅惘。深入到古人的世界以读通一部书，真是太困难了。

先秦儒家思想的转折及天的哲学的完成
——董仲舒《春秋繁露》①的研究

一、董氏思想与大一统专制政治之成熟

先秦儒家与其他诸子百家不同之一，在于儒家思想，始终系环绕六艺而展开。②六艺中，《春秋》为孔子所作，自孟子起，已承认对孔子思想的把握，实居于重要地位。③但董仲舒出，由其公羊春秋学对《春秋》的解释，发生了一大转折，影响到西汉其他经学在解释上的转折，乃至影响到先秦儒家思想在发展中全面的转折，在思想史上的意义特为重大。而此一转折，与董氏天的哲学系统是密切相关的。

---

① 本文以《四部备要》卢文弨所校《春秋繁露》为底本，再参以《皇清经解续编》凌曙《春秋繁露》注本，及苏舆《春秋繁露义证》本。

② 按《墨子》言《诗》、《书》而反礼乐。且其后学亦离《诗》、《书》而成"别墨"。其他诸子百家，皆仅偶及六艺，不似儒家以六艺为基本教材。

③ 按《孟子》："孔子惧，作《春秋》，《春秋》，天子之事也"（《滕文公下》）；"王者之迹熄而《诗》亡，《诗》亡然后《春秋》作"（《离娄下》）；两处言《春秋》，其义皆甚闳深。

把阴阳由日影的明与暗的两面，进而视为气的两种不同性格，并将此两种不同性格之气，视为由天所发生的基本作用；再进一步，认为天地即系由此性格不同之阴阳二气所构成，这是长期演进的结果。大约在春秋中期，始其见端绪于周室主管天象之史；至战国中期，已成为一种确定的学说，而开始向诸子百家中流布；但《中庸》、《孟子》乃至《庄子》的内七篇，尚未受此影响。① 五行由国计民生所实用的五种材料，演变而为宇宙间的五种基本元素，且与阴阳二气关连在一起，只能追溯到邹衍。② 到了《吕氏春秋》，则把五行配入到四时中去，更配上他们认为与四时相应的政令与思想，第一次建立了以阴阳五行为依据的宇宙、人生、政治的特殊构造。此一特殊构造，给汉代思想家们以重大的影响。尤其是董仲舒所受的影响最为深刻，他由此而把阴阳四时五行的气，认定是天的具体内容，伸向学术、政治、人生的每一个角落，完成了天的哲学大系统，以形成汉代思想的特性。可以说，在董仲舒以前，汉初思想，大概上是传承先秦思想的格局，不易举出它作为"汉代思

────────────

① 详见拙文《阴阳五行及其有关文献的研究》，收入《中国人性论史·先秦篇》附录。惟《易传》尚无天地乃由阴阳二气所构成之思想。以天地为阴阳二气所构成，始明见于《淮南子》中的《天文训》。此一观念之形成，恐迟至秦、汉之际。附此说明。
② 详见拙文《阴阳五行及其有关文献的研究》。

想"的特性。汉代思想的特性，是由董仲舒所塑造的。《汉书·五行志叙》说"汉兴，承秦灭学之后，景武之世，董仲舒治《公羊春秋》，始推阴阳为儒者宗"，盖得其实。正因为如此，所以儒家思想发展到董仲舒，在许多地方变了形；在许多地方，可以把董氏以前与董氏的新说及受董氏新说影响的继起之说，划一个大分水岭。而两千余年，阴阳五行之说，深入于社会，成了广大的流俗人生哲学，[①]皆可追溯到董仲舒的思想上去。他是有意识地发展《吕氏春秋》十二纪纪首，以建立无所不包的哲学系统的，并把他所传承的《公羊春秋》乃至《尚书》的《洪范》组入此一系统中去，以促成儒家思想的转折。

他的这一意图，与大一统专制政治的趋于成熟，有密切关系。他一方面是在思想上、观念上，肯定此一体制的合理性。同时，又想给此一体制以新的内容、新的理想，这便构成他的天的哲学大系统的现实意义。这里应特别指出的，董氏肯定了大一统的专制政体，并不等于他肯定了"家天下"。相反的，他赞成禅让和征诛的两种政权转移的方式，即是他依然守住"天下为公"的政治理想。不过他前一努力，适应了专制政治自身的要求，当然会收到很大的效果。而他后一努力，不曾了解实际

----

① 医、卜、命、相，无不以阴阳五行为依据，为解说。

上是与前一努力不能相容的，所以必然是落空的。他对专制政治，感到有两大问题，希望加以转化。第一，他维护专制之主的至尊无上的地位；但由至尊无上的地位所发出的喜怒哀乐，运转着整个统治机构所及于天下的影响太大。可以说，大一统专制皇帝的喜怒哀乐，成为最高政治权力的"权源"。他大概也感到儒道两家，想由个人的人格修养来端正或解消这种权源之地，几乎是不可能的，于是只好把它纳入到天的哲学中去，加上形上性的客观法式，希望由此以把权源纳入正轨。第二，作为大一统专制统治的重大工具，在董氏时代，几乎也可以说是唯一的工具，是继承秦代的刑法。此种刑法之酷，臣民受害之烈，只要一读《汉书·刑法志》及《酷吏传》，稍有人心的人，无不怵目惊心。班固在《刑法志》中作总结性的叙述说："今郡国被刑而死者，岁以万数，天下狱二千余所，其冤死者多少相覆，狱不减一人，此和气所以未洽也。原狱刑所以蕃若此者，礼教不立，刑法不明，民多贫穷，豪桀务私，奸不辄得，狱豻不平之所致也。"董氏当时痛心疾首于这些情形，希望把政治的方向，改途易辙，尚德而不尚刑。但如何能扭转此由人民血肉所形成的专制机构，也只有希望拿到"天"的下面去加以解决。可以说，近代对统治者权力的限制，求之于宪法；而董氏则只有求之于天，这是形成他的天的哲学的真实背景。但结果，专制政治的自身，只能为专制而专制，必彻底否定他由天的哲学所表现的理想，使他成为第一个受了专制政治的大欺骗，而自身在客观上也成了助成专制政治的历史中的罪人；实则他的动机、目的，乃至他的品格，绝不是如此。所以这是思想史上很难处理的一位大思想家。[①]

二、董仲舒的生平、人格及社会性

《汉书》卷五十六《董仲舒传》：

> 董仲舒，广川人[②]也。少治《春秋》，孝景时为博士；下帷讲诵，弟子传（转）以见次相授业，或莫见其面；盖三年不窥园，其精如此。进退容止，非礼不行，

---

① 胡适《淮南王书》手稿影印本序中谈他"写成油印的《中古思想史长编》，共有七章"，"第八章是董仲舒，我改写了几次，始终不能满意，后来就搁下了"，由此也可知他感到处理的困难。他死后，胡适纪念馆印行他的遗稿，其第四种为《中国中古思想小史》，内页三五至四二，略述董氏之说，态度较之他写《王充的论衡》一文时的口气，要落实得多。

② 《汉书补注》引齐召南"今直隶枣强县"。按在今河北省冀县东南。

学士皆师尊之。武帝即位，举贤良文学之士，前后百数，而仲舒以贤良对策焉。①

又：

> 对既毕，天子以仲舒为江都相……仲舒治国，以《春秋》灾异之变，推阴阳所以错行。故求雨，闭诸阳，纵诸阴，其止雨反是……中废为中大夫。先是辽阳高庙、长陵高园殿灾。仲舒居家，推说其意，中（内也，藏之意）稿未上；主父偃候仲舒，私见，嫉之，窃其书而奏焉。上召视诸儒，仲舒弟子吕步舒，不知其师

---

① 董仲舒对策之年，《通鉴》载于建元元年（前一四〇年），《汉书·武帝纪》载于元光元年（前一三四年），齐召南以为在建元五年（前一三六年），王先谦则以元光元年之说为是。具见本传补注。苏舆《仲舒年表》，坚持建元元年之说，其论证有二：（一）《史记》本传"今上即位，为江都相"，"是为相在建元元年，对策即于其时审矣"。按史公上文"即位"一辞乃泛说。并非确指"即位之年"，此不足为坚证。（二）苏氏以"建元六年辽东高庙灾，生（董）且下吏。若如《武纪》，在对策前（元光元年之前一年为建元六年），则名尚未显，主父偃何自嫉之"？按言灾异者，除应诏廷对、上书者外，皆就过去所发生之灾异，作阴阳五行之解释。此在《汉书·五行志》所记甚明。董生言高庙灾，非廷对或上书，而系私人著作中援引及此；则言高庙灾之年，必远在高庙灾之后。所以《汉书》本传对此事是"先是辽东高庙……殿灾"，"先是"两字，表意甚明，无可怀疑。《汉书·武帝纪》于元光元年，记武帝策问之文，甚为明备；不以此为断定董生对策之年的基准，而另作摸索，将皆流于穿凿。苏氏《春秋繁露义证》一书，用力勤而识解不足，多此类。

书，以为大愚，于是下仲舒吏，当死，诏赦之，仲舒遂不敢复言灾异。仲舒为人廉直……而弘（公孙弘）希世用事，位至公卿。仲舒以弘为从谀，弘嫉之；胶西王，亦上兄也，尤纵恣，数害吏二千石，弘乃言于上曰，独董仲舒可使相胶西王……仲舒恐久获罪，病免。凡相两国，辄事骄王，正身以率下，数上疏谏争；教令国中，所居而治。及去位归居，终不问家产业，以修学著书为事。仲舒在家，朝廷如有大议，使使者及廷尉张汤就其家，问之，其对皆有明法。自武帝初立，魏其、武安侯为相，而隆儒矣。及仲舒对策，推明孔氏，抑黜百家，立学校之官，州郡举茂材孝廉，皆自仲舒发之。年老，以寿终于家。[①]家徙茂陵……仲舒所著，皆明经术之意，及上疏条教，凡百二十三篇，而说《春秋》事得失，《闻举》（恐亦系篇名）、《玉杯》、《蕃（繁）露》、《清明》、《竹林》之属，复数十篇，十余万言，皆传于后世。

班氏的叙述，除对策一事外，实本于《史记·儒林列传》中之《董仲舒列传》，而稍有补缀。然在《史记·董传》中

[①] 苏舆《春秋繁露义证》卷首有《董子年表》，推定仲舒生于文帝初年之乙丑（前一七六），卒于武帝太初元年丁丑（前一〇四年），凡七十三岁。杨树达《汉书窥管》卷六则以"仲舒之卒当在元狩五、六年及元鼎元年间（前一一八至前一一六）也"。

"废为中大夫"句下，删"居舍，著灾异之记"一句；又在"以修学著书为事"句下删"故汉兴至于五世之间，惟董仲舒名为明于《春秋》；其传，公羊氏也"数句，对仲舒学术之发展及传承，反不及《史记》所记者明白。但班氏之所以如此，从《董仲舒传》赞的"仲舒遭汉承秦灭学之后，六经离析；下帷发愤，潜心大业，令后学有所统一，为群儒首"的话看，他认仲舒完成了儒学的综合统贯，不应仅视为专经之儒。换言之，班氏心目中，仲舒建立了儒家的哲学大系，这代表了许多汉儒的观点。同时，为了把握董氏的思想，也应当先提醒一句，董仲舒是一位严肃方正的人。他在汉代学术上的崇高地位，和他的崇高人格有密切的关系，不可轻易加上"骗子"的徽号。[①] 他两事骄王，对骄王在政治上的慢上而掊克人民的情形，必有深刻的印象，这也影响他对政治结构的全盘看法。为了解董仲舒当时的心境与志趣，对他留下的《士不遇赋》，应略加考查：

> ……生不丁三代之隆盛兮，而丁三季之末俗。末俗以辩诈而期通兮，贞士耿介而自束。虽日三省予吾身兮，繇（犹）怀进退之维谷。彼实繁之有徒兮，指其白以为黑……鬼神不能正人事之变戾兮，圣贤亦不能开愚

---

① 胡适在《王充的论衡》一文中说"汉代是一个骗子时代"，董氏应当是骗子头儿了。

夫之违惑。……殷汤有卞随与务光兮，周武有伯夷与叔齐……使彼圣贤其犹周遑兮，矧举世而同迷。若伍员与屈原兮，固亦无所复顾。亦不能同彼数子兮，将远游而终古……嗟天下之偕违兮，怅无与之偕返。孰若反身于素业兮，莫随世而轮转。虽矫情而获百利兮，复（终）不如正心而归一善……（《古文苑聚》卷三）

《春秋繁露·天道施》第八十二"是故至诚遗物而不与变（卢疑"变"字或上或下，尚有一字），躬宽无争而不以（衍文）与俗推。众强弗能入，蜩蜕瘰秽之中，含得命施之理，与万物迁徙而不自失者，圣人之心也"，可与上赋互相印证。由此可以了解：（一）他的人格，与同时的严助、朱买臣、吾丘寿王、主父偃们纵横之士，属于两个形态。且亦不愿当隐士，或如伍员、屈原的一往不返，这是儒家对世运的担当精神。（二）他对当时这批纵横之士的指白为黑，深恶痛绝，而又觉无可奈何；这便可能促成他把现世间一切价值问题，都和天连在一起，使大家感到这些价值标准，弥纶于上天下地之间，无可逃避，而成为他创造他的天的哲学的重要动机之一。

当然我们也应考虑到董氏的社会性问题，也即是今人所说的阶级性问题。董氏可以"三年不窥园"，"终不问家产"，应当属于一个官僚加地主的阶级。但对他的一套哲学，不论赞成与否，从他所提倡的社会政策看，我们无法说他是代表地主阶级利益的；同时也不能说他在学问上的发愤，便忘掉了生产上的实际问题。《汉书·食货志》曾说他劝武帝使关中民种麦谓：

> 《春秋》他谷不书，至于麦禾不成则书之……今关中俗不好种麦，是岁失《春秋》之所重，而损生民之具也。愿陛下幸诏大司农，使关中民益种宿麦，令勿后时。

上面的话，也可了解，他对经的解释、推重，都是和现实问题关连在一起。又汉初经文、景的休养生息及不平等的赋役与爵位制度，至景帝时代，更助成了豪商大贾及以政治势力、商业资本兼并土地的大地主阶级，成为严重的政治社会问题。董仲舒针对此一情形，向汉武帝提出了初步的土地政策，以保障平民的生活。他说：

> 古者税民不过什一，其求易供。使民不过三日，其力易足……至秦则不然。用商鞅之法，改帝王之制，除井田，民得买卖，富者田连仟伯，贫者无立锥之地。又颛川泽之利，管山林之饶。荒淫越制，逾侈以相高；邑有人君之尊，里有公侯之富，小民安得不困。又加月为更卒，已复为正；一岁屯戍，一岁力役，三十倍于古。田租口赋、盐铁之利，二十倍于古。或耕豪民之田，见

（现）税什五。故贫民常衣牛马之衣，而食犬彘之食。重以贪暴之吏，刑戮妄加，民愁无聊，亡逃山林，转为盗贼。赭衣半道，断狱岁以千万数。汉兴，循而未改。古井田法虽难卒（猝）行，宜少近古，限民名田，以澹（赡）不足，塞并兼之路。盐铁皆归于民。去奴婢，除专杀之威。薄赋敛，省繇役，以宽民力，然后可善治也。（《汉书·食货志》）

秦时的土地问题，没有仲舒此处所说的严重，他此处所说的，除了"赭衣半道"以外，都是武帝时的情形，他只用"汉兴，循而未改"一句点出，这是语言的技巧。土地制度，及与土地制度有连带关系的奴隶问题，才是政治社会的最基本问题。形成他政治伦理中心的"仁"的观念，不是泛泛地说好听的话，而是在上面这种具体问题上提出的。他在这里所代表的是"贫民"，是"奴婢"。他在《诣丞相公孙弘记室书》中说："仁者所以理人伦也，故圣王以为治首……方今关东五谷咸贵，家有饥饿，其死伤者半，盗贼并起，发亡不止，良民被害，为圣主忧忤；皆由仲舒等典职防禁无素，当先坐。仲舒至愚，以为扶衰止奸，本在吏耳。宜考察天下领民之吏，留心署置，以明消灭邪枉之迹，使百姓各安其产业……谨奉《春秋署置术》，再拜君侯足下。"（《古文苑》）这大概是他为胶东相时上给公孙弘的，正反映出当时人民的疾苦与吏治的杂乱。《汉书·匈奴传》赞引仲舒论御匈奴，主张"与之厚利"，"与盟于天"，"质其爱子"，以息征伐之劳，立论近于迂阔；但他的用心是欲"使边城守境之民，父兄缓带，稚子咽哺，胡马不窥于长城，而羽檄不行于中国"。总之，他的起心动念，都是为人民着想，这是了解他的一大关键。

另有两事，与董氏之生平有关，应略述如下：

首先，上引《汉书》本传仲舒因言辽东高庙、长陵高园殿灾，为主父偃所窃奏，因而下仲舒吏，当死，诏赦之的故事，含着两个问题。第一，言灾异已成当时风气，何以主父偃私下看到了而"嫉之"？第二，他的学生吕步舒何以"以为大愚"，而仲舒下吏（狱吏）罪重至"当死"？幸而仲舒的"推论其意"，还保存在《五行志》里。兹节录如下：

> 武帝建元六年六月丁酉，辽东高庙灾；四月壬子，高园便殿火，董仲舒对曰 ［参阅附注⑨。（编者注：现为页三二九页下注。）］……故定公二年五月两观灾……至桓公二年五月，桓宫、釐宫灾……故四年六月，亳社灾……天皆燔其不当立者，以示鲁，欲其去乱臣而用圣人也……今高庙不当居辽东，高园殿不当居陵旁，于礼亦不当立……至于陛下时，天乃灾之者，殆亦其时可也。昔秦受亡周之敝，而亡（无）以化之。汉受亡秦之敝，又亡（无）以化之。夫继二

敝之后，承其下流，兼受其猥，难治甚矣。又多兄弟亲戚骨肉之连，骄扬奢侈，恣睢者众，所谓重难之时也。……故天灾若语陛下，当今之世，虽敝而重难，非以太平至公，不能治也。视亲戚贵属在诸侯远正（远于正道）最甚者，忍而诛之。……视近臣在国中处旁仄及贵而不正者，忍而诛之，如吾燔高园殿乃可云耳……

在这里，我们可以找出言灾异的基本构造及其意义。必先在现实上对某些问题认为不合理，一遇着灾异，便将两者加以傅会。不合理的现实，与灾异之间，并没有什么必然性的关连。但相信某种观念、学说而达到极端时，便会不知不觉地把所相信的观念、思想，去解释一切问题，尤其是解释在自己心里存积了很久，而自以为是严重、巨大的问题。董仲舒是一个态度严肃型的人，对于他所说的天意表现而为灾异，是经过了一番苦心经营创造，而深信不疑的。汉高祖令诸侯王皆立太上皇庙，他死后，各地为他立"太祖庙"，景帝又令各地为文帝立太宗庙。据《汉书》七十三《韦玄成传》："凡祖宗庙在郡国六十八（郡国数），合百六十七所（庙数）……一岁祠，上食二万四千四百五十五，用卫士四万五千一百二十九人，祝宰乐人万二千一百四十七人。养牺牲卒不在数中。"这种情形，仲舒当然认为太不合理，所以想到辽东的高庙和高园便殿的火灾，觉得这正是"皆燔其不当立"的天意。但这是早已存在的事情，天意为什么在武帝时表现出来呢？于是他便把此事和他"强干弱枝"的要求，及疾恶佞幸的心理结合起来，认定天是在警告武帝，要武帝对"骄扬奢侈"的诸侯，及近臣"处旁侧，及贵而不正者"，加以诛戮。主父偃当时正是"近臣"，"处旁侧"，所以他看了引起嫉恨。因为牵涉到皇帝的祖庙，所以主父可以告密，而仲舒因之犯了死罪。因"高庙灾"和仲舒所说的诸侯近臣等，实在关连得太勉强，且认为祖庙烧得很好，所以吕步舒认为大愚。而仲舒方正的人品，尊君的思想，及强干弱枝的主张，都可使武帝加以赦免。

仲舒上面的话，伏下一大惨剧。《五行志》在上引一段话后，接着叙述发觉淮南王安、衡山王赐谋反伏辜的事（元狩元年、前一二二），"上（武帝）思仲舒前言，使仲舒弟子吕步舒持斧钺治淮南狱，以《春秋》义断于外，不请；既还奏事，上皆是之"。据《淮南王传》，是狱所牵引"列侯、二千石、豪桀数千人，皆以罪轻重受诛"，《五行志》则谓"坐死者数万人"。此时仲舒或尚家居未死。上次残酷的大屠杀，在思想上的原因有二。《公羊春秋》，特重视追及一个人的行为动机的隐微之地。此即"《春秋》推见至隐"，这在《春秋繁露》的第一部分，表现得很清楚。《公羊》所强调的"人臣无将，将而诛"的"将"，即指的是动机。个人立身行己在动机的隐微之地，下一番反省澄汰的工夫，当然是好的。但在政治上，也要追及到动机隐微之地，以此为判罪的原则，则社会上可死者必众，冤死者亦必众。此其一。其次，此次的杀戮，据仲舒高庙灾的推论，乃由《春秋》及天意所预先要求、决定的，吕步舒在精神上得到这种至高无上的观念、思想的支持，又可从动机上作"推见至隐"的发挥，二者皆即所谓"依《春秋》义"，所以便可忍于大量的屠杀。由马国翰所辑仲舒《春秋决事》七条推之，其《春秋》义皆偏向宽厚，而毫无刻削之意。然思想之分际偶偏，具体之条文不著，其遗害之酷，即至于此，此圣人所以贵中庸之道。

其次，《汉书》七十五《眭宏（孟）传》因"大石自立，僵柳复起"，"即说曰，先师董仲舒有言，'虽有继体守文之君，不害圣人之受命'。汉家尧后，有传国之运。汉帝宜谁？差天下求索贤人，禅以帝位；而退自封百里，如殷周二王后，以承顺天命。"眭弘因此伏诛。但董氏的此一思想，赖其再传弟子眭弘而得表白于世。他在维护大一统的专制政体的内心，认定此一政体，是应当在天下为公的大原则下运行的。所以他对人君所提出的要求，都是出自很严肃的心理。这也是了解董氏思想的一个要点。

三、董氏的著作及《春秋繁露》成立的情形

董仲舒的著作，据本传，应分为两部分。"明经术之意及上疏条教，凡百二十三篇"，这是第一部分。"说《春秋》事得失，《闻举》、《玉杯》、《繁露》、《清明》、《竹林》之属，复数十篇，十余万言"，是第二部分。而第一部分亦可再分为两部分，"明经术之意"是一部分；"上疏条教"又是一部分，两者合为"百二十三篇"。《汉书·艺文志·春秋》下录有《公羊董仲舒治狱》十六篇，或即《后汉书·应劭列传》所说的"董仲舒作《春秋决狱》二百三十二事"。此书未见于本传。《隋书·经籍志》：《春秋决事》十卷，董仲舒撰。《旧唐书·经籍志》：法家《春秋决狱》十卷，董仲舒撰。《新唐书·艺文志》同。宋《崇文总目》：《春秋决事比》十卷，董仲舒撰。此书，已不见于陈振孙《书录解题》，王应麟《汉书艺文志考证》谓"仲舒《春秋决狱》，今不可见"，盖南宋已亡佚。《宋史·艺文志》及明焦竑《国史经籍志》皆有《春秋决事》十卷，董仲舒撰。盖徒沿袭书名，未见实物。现有马国翰《辑佚》辑存七条，王谟《汉魏遗书钞》辑存六条。又儒家录有董仲舒百二十三篇，应即本传的百二十三篇。然本传中所说的"说《春秋》事得失，《闻举》、《玉杯》……复数十篇"，在《艺文志》中皆不可见。《艺文志》出于刘歆的《七略》，是刘歆所能看到的董仲舒的著作，与本传所说的互有出入。

由此可以推知，董氏著作，生前并不曾整理成一部书的形式，因而不曾赋予以统辖全书的名称。古人著作，多有系由后人整理成书的。

《隋书·经籍志》"《春秋繁露》十七卷，董仲舒撰"；此为《汉志》所未有，所以王应麟即以此为《汉志》百二十三篇之旧，而姚振宗《汉书艺文志拾补》则以为"恐非是"。《崇文总目》所记与《隋志》同。原释："其书尽八十二篇，义引宏博，非出近世。然其间篇第亡舛，无以是正。又即用《玉杯》、《竹林》题篇，疑后人取而附着云。"按《崇文总目》的编者，亦以此书即《汉志》的百二十三篇，所以说"篇第亡舛"。又《欧阳文忠公（修）文集》卷七十三《书春秋繁露后》："《汉书》董仲舒所著书百余篇，第云《清明》、《竹林》、《玉杯》、《繁露》之书，盖略举其篇名。今其书才四十篇，然多错乱重复。又有民间应募献书者献三（原注：一作二）十余篇；其间数篇在八十篇外，乃知董生之书，流散而不全矣。方俟校勘，而余得罪夷陵。秀才田文初以此本示余，不暇读。明年春，得假之许州，以舟下南郡，独卧阅此，遂志之……"欧阳修所记，他依然是以《春秋繁露》即《汉志》的百二十三篇；而他在馆中所见及田文初所示，到底有多少篇，并没有记述清楚。但他知道此书原有"八十篇"，与《崇文总目》八十二篇本应相去不远。

楼钥《攻愧集》卷七十七《跋春秋繁露》："《春秋繁

露》得四本……始得写本于里中……舛误至多……开禧三年，今编修胡君仲方榘宰萍乡，得罗氏《兰堂本》，刻之县庠，考证颇备……然止于三十七篇，终不合《崇文总目》及《欧阳文忠公》所藏八十二篇之数……闻婺女潘同年叔度景宪，多收异书，属其子弟访之，始得此本，果有八十二篇……喜不可言。以校印本，各取所长，悉加改定。"这便为今日所能看到的《春秋繁露》奠定了基础。但楼本并未普遍流传。《四库全书》叙述此书明刻本情形后说："盖海内藏书之家，不见完本，三四百年于兹矣。今以《永乐大典》所存楼钥本，详校其异于他本者，凡补一千一百余字，删一百十余字，改定一千八百二十余字，神明焕然，顿还旧观。"这算是为本书做了一次复原工作。现时以卢文弨校本为最善；凡八十二篇，内阙文第三十九、第四十、第五十四，实存七十九篇。与王应麟《汉书艺文志考证》董仲舒为一百二十三篇条下《七录隋唐志》"《春秋繁露》十七卷，今八十二篇，始《楚庄王》，终《天道施》，三篇缺"者全合。此七十九篇中，有字数过少者，当亦系残缺之余。

现时可以看到仲舒的言论著作，《春秋繁露》外，计《汉书》本传、《贤良对策》、《食货志》所记前引两端、《匈奴传》一端、《春秋决狱》辑佚共十三条。《汉书·五行志》中"董仲舒曰"者一；"董仲舒以为"者三十四；"皆从仲舒说也"者二；"董仲舒指略同"者七；"董仲舒说略同"者二；"董仲舒、刘向以为"者三十；"仲舒、刘歆以为"者一。凡董仲舒专言灾异的约七十七事。《艺文类聚》三十《士不遇赋》，此亦见《古文苑》；又《古文苑》有《雨雹对》，《诣丞相公孙弘记室书》，《续汉书·礼仪志》中注引《奏江都王求雨》。《周礼·宗伯太祝》注引《救日视祝》。《抱朴子·内篇·论仙》引董仲舒所撰《李少君家录》。这些散见的言论、著作，可能包括在本传中所录著书之内。我推测《春秋繁露》十七卷，是在东汉明德马后以后，[①]《西京杂记》成书以前，有人删繁辑要，重新编定而成。《西京杂记》"董仲舒梦蛟龙入怀，乃作《春秋繁露》词"，是葛洪成此书时，《春秋繁露》之名早已出现。

再就《春秋繁露》一书内容，略加分析。

《史记·十二诸侯年表》谓"上大夫董仲舒推《春秋》义，颇著文焉"，《汉书》本传谓"仲舒所著，皆明经术之意"，这都指的是董氏的《春秋》学。《春秋繁露》自《楚庄王》第一到《俞序》第十七，都是以《公羊传》发明《春秋》之义，正相当于上引《史》、《汉》所指称的部分。《灵枢经》"脉之所注曰俞"，准此，文义之所注，亦即文义之所归结，亦可称为俞。所以"俞序"即是"总序"之意；《俞序》第十七，乃是仲舒发明《春秋》之义的这一

---

① 王应麟《汉书艺文志考证》"董仲舒百二十三篇"条下："后汉明德马后，尤善董仲舒书。"

方面的总序。《符瑞》第十六"有非力之所能致而自至者，西狩获麟，受命之符是也"，这正是孔子作《春秋》的终结。接着便是《俞序》第十七。《俞序》第十七谓：

> 仲尼之作《春秋》也，上探正天端，王公之位，万民之所欲。下明得失，起贤才，以待后圣。故引史记，理往事，正是非，序王公，史记十二公之间，皆衰世之事，故门人惑；孔子曰：吾因其行事而加乎王心焉；以为见之空言，不如行事博深切明。

以下更历引子贡、闵子、公肩子、子夏、世子、池子等发明《春秋》大义之言；这很显明地，在《俞序》以前各篇，乃分述《春秋》之义，而《俞序》则系述孔子作《春秋》之用心及其效果。其中的次序、篇名，或由编者，或因传承，而有所讹失；例如《三代改制质文》第二十三，《爵国》第二十八，《仁义法》第二十九，《必仁且智》第三十，《观德》第三十三，《奉本》第三十四等，皆专言《春秋》，应列入于《俞序》第十七之前。但大体上说，这二十三篇，皆以发明《春秋》大义为主，其论断的标准，一归之于《春秋》。仅偶尔提及阴阳；[①] 仅在《十指》第十二"木生火，火为夏"，间接提到五行；这构成《春秋繁露》的第一部分，是董氏的《春秋》学。

自《离合根》第十八起，至《治水五行》第六十一，凡四十四篇，内除言《春秋》者五篇（见上文），论人性者二篇，[②] 阙文三篇，剩下的共三十四篇；再加上《顺命》第七十，[③]《循天之道》第七十七，《天地之行》第七十八，《威德所生》第七十九，《如天之为》第八十，《天地阴阳》第八十一，《天道施》第八十二等六篇，总共四十一篇，皆以天道的阴阳四时五行，作一切问题的解释、判断的依据，而仅偶及于《春秋》，这是董氏所建立的天的哲学，而成为《春秋繁露》中的第二部分。在这第二部分中，又可显然分成两类。一类是以阴阳四时为主的，一类是以五行为主的，前一类占了他思想中的绝对优势。《郊语》第六十五，[④]《郊义》第六十六，《四祭》第六十八，《郊祀》第六十九，《郊事对》第七十一，《祭义》第七十六，

---

① 《楚庄王》第一："有知其阳阳而阴阴。"《精华》第五，以阴阳释"大旱雩祭而请雨，大水鸣鼓而攻社"。《十指》第十二："木生火，火为夏；则阴阳四时之理，相受而次矣。"《三代改制质文》第二十三："明此，通天地阴阳四时日月星辰山川人伦。"

② 《深察名号》第三十五，《实性》第三十六，其中涉及《春秋》与阴阳观念，而皆不重要。

③ 《顺命》第七十只言天，言天命；但在性质上，应属于此一部分。

④ 此篇卢校本仅残存一百十四字，此处用《四部丛刊》缩印武英殿聚珍本。

凡六篇，乃由尊天而推及郊天及一般祭祀之礼，与当时朝廷的礼制有关。《执贽》第七十二，乃礼之一端。《山川颂》第七十三，是董氏因山川起兴的杂文，这便构成《春秋繁露》全书的第三部分。分析全书，实由三部分构成，而以第一第二两部分为主。前一部分最高之准据为"古"，为"经"，为"圣人"；而后一部分最高之准据为"阴阳"为"四时"，而以五行作补充。两部分内容不相冲突，皆由天所统摄。我以为编定此书的人，以"春秋"一词概括第一部分的内容，以"繁露"一词概括第二部分的内容。故总称之为《春秋繁露》。至《闻举》、《玉杯》、《蕃露》、《清明》、《竹林》等名称的含义，无从查考。本传中《闻举》、《清明》二名没有下落，而《玉英》、《精华》两篇名，又为本传所无，则因本传既非遍举，而现时所见者又非全书。《繁露》一名，《周书·王会解》："天子南面立，绖无（疑而字之误）繁露。注云，冕之所垂也。"《博物志》："牛亨问崔豹，冕旒以繁露者何？答曰，缀玉而下垂如繁露也。"盖"繁露"一词，乃指董氏所作的许多篇章的内容，实即帝王之术，故即以"繁露"作象征。南宋《馆阁书目》谓："冕之所垂，有联贯之象，《春秋》属辞比事，仲舒立名，或取诸此。"我觉得这太迂远而不切附。

四、《春秋繁露》的真伪问题

最先认《春秋繁露》为伪而影响最大的是宋程大昌的《春秋繁露书后》。《书后》说：

> 《繁露》十七卷，绍兴间董某所进。臣观其书，辞意浅薄……臣固疑非董氏本书。又班固记其说《春秋》凡数十篇，《玉杯》、《繁露》、《清明》、《竹林》各为之名，似非一书。今董某进本，通以《繁露》冠书，而《玉杯》、《清明》（按十七卷八十二篇中并无《清明》篇，此亦程氏粗疏之一例）、《竹林》，特各居其篇之一，愈见其可疑。他日读《太平寰宇记》及杜佑《通典》，颇见所引《繁露》语言，顾今书无之……（下引两书所引各语）……臣然后敢言今书之非本真也。

程氏过了几年，又题谓读《太平御览》，引古《繁露》语特多。"《御览》太平兴国间编辑，此时《繁露》之书尚存，今遂逸不传，可叹也已。"按程氏以此书为伪之论证有三。（一）"辞意浅薄"；（二）以《繁露》为书名，以《玉杯》等为篇名之愈见其可疑；（三）《太平寰宇记》、《通典》、《太平御览》三书所引《春秋繁露》，皆此书所无。说此书的辞意有些奇特，是可以的；说此书的辞意浅薄，这只证明程氏的粗疏无识。程氏以编辑《太平御览》时此书的真本尚存。此真本之名为《春秋繁露》，早见于《隋书·经籍志》，程氏又何以不因书名而认为可疑？而《太平御览》成于太平兴国八年（西纪九八三年），至绍兴间（西纪一一三一至一一六二年）的董某进书，相隔约一六〇年左右；依程氏之意，此书乃伪造于北宋，谁能找出在北宋理学及史学鼎盛时代，在周敦颐的《太极图说》及邵雍的《皇极经世》的创立时代，会出现像《春秋繁露》这种内容的著作？且作伪者为什么偏用上为当时一般人所不能接受的篇名？至程氏所指为《太平寰宇记》等三书所引，为现《春秋繁露》所无的地方，前引楼钥《攻愧集》卷七十七，《跋春秋繁露》中已指出："后见尚书程公跋语，亦以篇名为疑；又以《通典》、《太平御览》、《太平寰宇记》所引《繁露》之书，今书皆无之，遂以为非董氏本书……开禧三年，今编修胡君仲方絜宰萍乡，得罗氏兰堂本，刻之县庠，考证颇备，凡程公所引三书之言，皆在书中，则知程公所见者未广，遂谓为小说者非也。然止于三十七篇。"综上所述，程氏的论证，可谓全无立足之地。

黄震在《黄氏读书日抄》中谓："愚按今书（《春秋繁露》）惟对胶西王越大夫之问，辞约义精，而具在本传。余多烦猥，甚至于理不驯者有之。如云'宋襄公由其道而败，《春秋》贵之'，襄公岂由其道者耶……如以王正月之王为文王，恐《春秋》无此意。"按以自己思想之尺度，衡断古人思想之得失，固为缺乏历史意识；更由此以衡断古典之真伪，尤为荒谬不伦。董氏所传者为《公羊》。《春秋》鲁僖公二十二年"冬十有一月己巳朔，宋公及楚人战于泓，宋师败绩"，《公羊传》："偏战者日尔，此其言朔何？《春秋》辞繁而不杀者正也。何正尔？……故君子大其不鼓不成列，临大事而不忘大礼，有君而无臣，以为虽文王之战，亦不过此也。"又《春秋》隐公"元年春王正月"，《公羊传》："元年者何，君之始年也。春者何？岁之始也。王者孰谓？谓文王也。"由此可见黄氏所疑为伪者，适足以证其为真。其他论点，皆属此一类型，不必一一辩驳。

友人戴君仁教授，在其《董仲舒研究》一文中，提出另一论点，以证明《春秋繁露》之伪，即董氏的《贤良三策》，仅言阴阳而未尝言五行，乃《春秋繁露》大言其五行。但戴先生忽略了一点，《贤良三策》，主要言任德而不任刑；《春秋繁露》中，凡以德与刑对举的，皆只言阴阳而不言五行。言阴阳而不言五行之篇数，绝对多于言五行之篇数。《盐铁论·论灾》第五十四："文学曰：始江都相董生推言阴阳，四时相继。父生之，子养之；母成之，子藏之。"此处文学所引，正见于《春秋繁露·五行对》第三十八。可以说，不言五行，便不成其为董仲舒了。日人田中麻纱巳有《对春秋繁露五行诸篇的一考察》一文，以《春秋繁露》主要言五行的共有九篇。其中

《五行对》第三十八，《五行之义》第四十二，《五行相生》第五十八，《五行相胜》第五十九，共四篇，是以相生相胜说五行，是属于董仲舒的。《五行顺逆》第六十，《治水五行》第六十一，《治乱五行》第六十二，《五行变救》第六十三，《五行五事》第六十四，共五篇，"不是用相生相胜说论述的，与前四篇不同"，所以"难认为与董仲舒有关连"。按《五行顺逆》第六十，是将五行配入四时，而将土配于"夏中"。木火土金水的顺序，分明是相生的顺序。《治水五行》第六十一，是以冬至为准，用日数（不用四时）说明五行各当令用事七十二日，由木而火而土而金而水，各说明其特性。五行的顺序，依然是相生的顺序。《治乱五行》第六十二是说五行若不顺着相生相胜的运行顺序而互相干犯，则会产生灾祸；这必然是以五行相生相胜为基底，始能定出其是否相干犯，否则无所谓相干犯。《五行变救》第六十三，是说明"五行变至，当救之以德"。此处所提出的五行之变，乃源于政治，而非来自自身运行上相生相胜有何乖舛，与上篇不同，当然不涉及相生相胜的问题；但排列出的五行顺序，依然是相生的顺序。《五行五事》第六十四，这是以《洪范》的"一、五行：一曰水，二曰火，三曰木，四曰金，五曰土"和"二、五事：一曰貌，二曰言，三曰视，四曰听，五曰思"，互相配合以言休咎的。《洪范》的水火木金土的顺序，既不是相生，也不是相胜；因《洪范》五行的本来意义，指的是五种实用材料，[①] 根本没有相生相胜的问题。但董仲舒的时代，[②] 既已把实用材料的五行混入到五气的五行中间去，则他必须套上相生相胜的运行格套，使其成为一有机体。所以《五行五事》第六十四中的五事的顺序，与《洪范》相同，而五行的顺序，却与《洪范》不同。《洪范》的顺序是水火木金土，而董氏此处的顺序是木金火水土，这正是五行相胜的顺序。由此可知田中麻纱巳的说法，毫无根据。

自程大昌以后，即使是相信《春秋繁露》的，也不敢作全面的肯定。《四库提要》："今观其文，虽未必全出仲舒，然中多根极理要之言，非后人所能依托也。"既非后人所能依托，则所谓未必全出仲舒，又何所指？此书之第一部分，如后所述。决非后人所能依傍。其第二部分出于董氏的最大证据，乃在《春秋繁露》中的五行，虽已经是气；但如后所述，五行之气，尚未与阴阳之气，融合为一体。融合阴阳五行为一体，视五行为阴阳的分化，大约成于汉宣帝时代前后；《汉书·五行志》，即以"五行"同时代表阴阳。所以《春秋繁露》中阴阳五行的关系，仍在演进之中，这是决不能推后或推前的。

---

① 详见拙文《阴阳五行及其有关文献的研究》。
② 此非出自仲舒一人的创意，夏侯始昌们也做了这一工作，而内容有出入，所以我用"时代"两字，而不归之于某一人。

它代表了中国学术上的一大转折点，成为汉代及董氏学术的特性。这是衡断《春秋繁露》一书真伪问题的最重大的眼目。而许多人对它的怀疑，主要是不能从中国思想史的全面来把握其特点，因而认为董仲舒不应有这些杂七杂八的特点。宋人包括朱元晦在内，[①] 都跳不出自己时代乃至个人的圈子，把不合脾胃的东西，化为真伪的问题。此外，《贤良三策》，乃由全书中拔萃而成。《史记·自序》所引董生撮要之言，亦约略皆可覆按。[②]《古文苑》董仲舒《郊事对》，在《春秋繁露》为七十一；《古文苑》董仲舒《山川颂》，在《春秋繁露》为《山川颂》第七十三；《续汉书·礼仪志》注补董仲舒《请雨祝》"昊天生五谷以养人。今五谷病旱恐不成（漏一"实"字），敬进清酒膊脯，再拜请雨，雨幸大澍"，见《春秋繁露·求雨》第七十四中，这都可证明今日所能看到的

---

① 朱元晦在汉儒中甚推董仲舒。但《伪书通考》引《朱子语录》："尤延之以书（《春秋繁露》）为伪，某看来，不似董子书。"

② 如《史记·自序》引董氏之言："子曰，我欲载之空言，不如见之于行事之深切著明也。"《俞序》第十七："孔子曰：吾因其行事而加乎王心焉。以为见之空言，不如行事博深切明。"《自序》："故有国者不可以不知《春秋》。前有谗而弗见，后有贼而不知。"《俞序》第十七："故卫子夏言：有国家者不可不学《春秋》。不学《春秋》，则无以见前后旁侧之危。"《自序》："《春秋》辩是非，故长于治人。"《玉杯》第二："《春秋》正是非，故长于治人。"《自序》："《春秋》之中，弑君三十六，亡国五十二，诸侯奔走不得保其社稷者不可胜数。察其所以，皆失其本矣。"《盟会要》第十一："患乃至于弑君三十一（六），亡国五十二，细恶不绝之所致也。"

《春秋繁露》，只有残缺，并无杂伪。

五、董氏的《春秋》学之一

（一）董氏《公羊春秋》的传承问题

董氏是"为儒者宗"的儒家，讨论他的学术渊源时，首先应注意到他的《春秋》公羊学；虽然在《春秋繁露》一书中，遍引了《诗》、《书》、《礼》、《易》、《论语》、《孟子》、《孝经》等儒家典籍，并且引用得与原义很恰当，所以《汉书·儒林传·瑕丘江公传》中说："仲舒通五经，能持论。"但他的立足还是《春秋》公羊学。不过有两点首须加以澄清。清凌曙《春秋繁露注》序：

> ……广川董生，下帷讲诵，实治《公羊》。维时古学未出，《左氏》不传《春秋》，《公羊》为全孔经，而仲舒独得其精义……盖自西狩获麟，为汉制法，……据百国之宝书，乃九月而经立，于是以《春秋》属商，商乃传与公羊高，高传与其子平，平传与其子地，地传与其子敢，敢传与其子寿。自高至寿，五叶相承，师法不坠。寿乃一传而为胡毋生，再传而为董仲舒。

按凌氏之言，多据纬书，其讹误不必辩。但他以董生为胡毋①的弟子，则不可不辩。按两汉有关资料，决无胡毋以《公羊》传仲舒之事。《史记·儒林列传》："董仲舒，广川人也，以治《春秋》，孝景时为博士。""故汉兴至于五世之间，唯董仲舒名为明于《春秋》。"又"胡毋生，齐人也。孝景时为博士，以老归教授。齐之言《春秋》者，多受胡毋生，公孙弘亦颇受焉"。按《儒林列传》，对五经的传授，皆有简单纪录，而司马迁又亲闻《公羊春秋》义于仲舒；②"公孙弘亦颇受焉"，"亦颇"云者，是曾稍稍受于胡毋生，但非正式弟子，史公尚记了出来，岂有仲舒是胡毋生的正式弟子，而不加记录之理？公孙弘因为是齐菑川国薛县人，所以当胡毋生老归教授于齐时，"年四十余，乃学《春秋》杂说"③的公孙弘，有"亦颇受"的机会。董仲舒是赵人，又与胡毋生同时为博士，此时无相师之理。胡毋生因年老回乡，而仲舒应仍在长安，更无相师之事。《史记·儒林列传》中叙述了仲舒弟子中有成就的人，而未及胡毋生的后学，这说明仲舒的弟子较胡毋生为盛。

《汉书·儒林传》对经学传授情形的叙述，较《史记》为详。《儒林传》中的《胡毋生传》："胡毋生，字子都，

① 胡毋，或书作母者误。胡毋生之"生"，乃"先生"之生，非名毋生。他是姓胡名毋字子都。
② 《史记·自序》："上大夫壶遂曰：昔孔子何为而作《春秋》哉？太史公曰：余闻董生曰……"
③ "公孙弘亦颇受焉"，必在景帝时始有可能。

齐人也。治《公羊春秋》，为景帝博士，与董仲舒同业，仲舒著书称其德。年老归教于齐，齐之言《春秋》者宗事之，公孙弘亦颇受焉。"与董仲舒同业"，即是同治《公羊春秋》，其无师承关系，更为明显。胡毋生在景帝时已老归，则其年龄必较仲舒为年长。"仲舒著书称其德"，这只是对前辈学者的推重，决非弟子对先生的口气。

此外所有两汉有关仲舒及《公羊传》的材料，决无胡毋生以《公羊》传董仲舒的痕迹。《春秋公羊传注疏》中的徐彦疏引有一段颇成问题的"戴宏序云"：

> 子夏传与公羊高，高传与其子平，平传与其子地，地传与其子敢，敢传与其子寿。至汉景帝时，寿乃共弟子齐人胡毋子都著于竹帛，与董仲舒皆见于图谶是也。

按《后汉书》六十四《吴祐列传》："祐以光禄四行迁胶东侯相。时济北戴宏父为县丞，宏年十六，从在丞舍。祐每行园，常闻讽诵之音，奇而厚之，亦与为友，卒成儒宗。"吴祐以九十八岁卒于梁冀当权的末期，则戴宏当为安帝、顺帝间人。戴宏说"与董仲舒皆见于图谶"，盖指《春秋纬说题辞》"传我书者公羊高也"及王充《论衡》之《实知》篇、《案书》篇所引"董仲舒，乱我书"之谶。①

---

① 请参阅商务印书馆黄晖《论衡校释》页一〇六三至一〇六四黄注。按此谶当出于东汉光武之末年。

是戴宏将仲舒与公羊高并称，决无仲舒系胡毋生的弟子之意。徐彦疏又引郑康成"《六艺论》云：治《公羊》者胡毋生、董仲舒"，亦系二人平列，决非师弟传受。何休作《春秋公羊经传解诂》，未尝及仲舒只字。[①]在其自序中有谓"往者略依胡毋生《条例》，多得其正"。由此语只可推知胡毋生曾著有《公羊条例》，颇为何休所依据，并未说到《公羊》的传授问题。乃徐彦在此句下"解云，[②]胡毋生本虽以《公羊经传》传授董氏，犹自别作《条例》，故何取之以通《公羊》也"。这便把董生说成是胡毋生的弟子。《五经正义》中徐彦的此一无根谬说，辗转成为定论。此乃须澄清的第一点。

（二）《公羊传》成立的情形

其次，与上一错误有密切关系而亟应澄清的第二点是：徐彦疏所引戴宏《序》谓《公羊传》系"汉景帝时，寿（公羊寿）与其弟子齐人胡毋子都著于竹帛"的问题。即是说《公羊传》在公羊寿、胡毋生以前，都是口传，到他们两人才把口传的写出来著于竹帛。所以《四库全书总目·春秋公羊传注疏》二十八卷下谓："汉公羊

① 何休《解诂》中受有董生影响，而不及一字，盖另有原因，见后。
② 徐彦自称为"解"，而未尝自称为"疏"。今称"徐彦疏"云者，此疏字乃后人所加，或即为唐人所加。一般谓徐彦为唐人，但亦有以为系六朝人的。详见陈立《公羊义疏解题》下。

寿传。"此一说法的间接影响是：若董仲舒不是胡毋生的弟子，则其口传或竹帛上的传授，将从何而来？按《史记·儒林列传》："孔氏有《古文尚书》，而安国以今文读之，因以起其家。"把口传的《公羊传》"著之于竹帛"，较以《尚书》的今文读古文，远为困难而重要，何以《史记》的《儒林列传》及《汉书》的《儒林传》皆未一言？且《汉书·儒林传》"秦时禁书，伏生壁藏之；其后大兵起，流亡。汉定，伏生求其书，亡数十篇，独得二十九篇，即以教于齐鲁之间"。按"伏生故为秦博士"，文帝时，"年九十余"，较公羊寿、胡毋早一辈乃至两辈。《汉石经》所刻《今文尚书》，计一万八千六百五十字；连其所亡失者合计之，当不出四万字。伏生不能口传已经亡失之《尚书》，而只能根据残存之篇简二十九篇，教授于齐鲁之间。则《春秋经》一万六千五百七十二字，《公羊传》二万七千五百八十三字，合共四万四千一百五十五字，仅由公羊一家，靠口头上单传，这可以说是不可能之事。戴宏之言，我认为系误解《汉书·艺文志·六艺略》中的《春秋辑略》（叙要）而来。《春秋辑略》有谓：

……仲尼思存前圣之业……以鲁周公之国，礼文备物，史官有法，故与左丘明观其《史记》，据行事，仍人道，因兴以立功，就败以成罚，假日月以定历数，借朝聘以正礼乐。有所褒讳贬损，不可书见，口授弟子。

弟子退而异言，丘明恐弟子各安其意，以失其真，故论本事而作传，明夫子不以空言说经也。《春秋》所贬损大人，当世君臣，有威权势力，其事实皆形于传（按指左丘明所作之传），是以隐其书（按亦指《左氏传》）而不宣，所以免时难也。及末世口说流行，故有《公羊》、《穀梁》、《邹》、《夹》之传。四家之中，《公羊》、《穀梁》立于学官。邹氏无师，夹氏未有书。

上面的话，皆出于刘歆之手。[①] 刘歆《让太常博士书》，主要是为出于孔壁的《逸礼》三十九篇，《书》十六篇及《春秋左氏传》争立于学官的机会。"歆由是忤执政大臣，为众儒所讪。"[②] 所以他在《春秋辑略》中，特别伸张《春秋左氏》，抑压《公羊》、《穀梁》。这中间最大的错误是他不知道《左氏传》一直流传很广，被战国末期以来的著作，多所征引；而以为只是出自孔壁，所以他才说出"是以隐其书而不宣"，由此引起后人许多误解和臆说。他主要的意思是说左丘明参与了孔子作《春秋》的工作，而孔子作《春秋》的褒贬大义，皆系根据事实；"其事实皆形（见）

---

① 《汉书·艺文志》叙："会向（刘向）卒，哀帝复使向子侍中奉车都尉歆卒父业，歆于是总群书而奏其《七略》。故有《辑略》，有《六艺略》，有《诸子略》，有《诗赋略》，有《兵书略》，有《术数略》，有《方技略》，今删其要，以备篇籍。"
② 《汉书》三十六《楚元王传》后《刘歆传》。

于传"，亦即《春秋》的微言大义，皆由左氏所记的事实而见，这才是有凭有据的。"及末世口说流行"的"末世"，指的是五经博士以后的汉代。所谓"口说"，是指离开事实根据，只凭自己的口头解说，亦即是上文所谓"以空言说经"。《左氏》的材料是采自史官竹帛的纪录，这不是由口说而来。《公》、《穀》只重解释与论断，这便只有"口说"。"流行"是指因立于学官而能普遍流布。大家离开历史的具体事实，而只凭口头空说孔子的微言大义，是如何如何，势必"各安其意"，违失了孔子作《春秋》的本意；这是对"《公羊》、《穀梁》、《邹》、《夹》之传"的批评。刘歆的本文，应终于"四家之中，《公羊》、《穀梁》立于学官"。"邹氏无师，夹氏未有书"，这是班固加上去说明他当时的情形的。王先谦在"夹氏无书"下谓"口头流传，未著竹帛也"。但前面分明录有"《邹氏传》十一卷"，"《夹氏传》十一卷"，指的是什么？班氏在"《夹氏传》十一卷"下注谓"有录无书"，是说当他清理时，已经只有目录，而书已亡失。但《后汉书·范升列传》谓"《春秋》之家有邹、夹。如今《左氏》得置博士，邹、夹氏并复求立"。若邹氏无师，夹氏无书，则为《左氏》置博士，邹、夹何缘亦得要求立博士？所以班氏这两句话，亦只反映出他个人的闻见，并非事实。邹、夹之亡，乃在东汉中期以后。戴宏大概是误解了刘歆"口说流行"四字的意义，凭空造出《公羊传》"至汉景帝时，寿乃共弟子齐人胡毋子都著于竹帛"的故事，他忽略了"口说"并不等于"口传"。《论语》都是"口说"的，但《论语》所以能流传下来，还是靠了把口说的著之于竹帛。戴宏的这一谬说，竟被后人广泛接受，成为定论。隐公二年"纪子伯、莒子盟于密"，《公羊传》"纪子伯者何？无闻焉耳"。按同年"九月纪履缗来逆女"，《公羊传》"纪履缗者何？纪大夫也……"《左传》"履缗"作"裂繻"，"纪子伯"作"纪子帛"，所以杜预注谓"子帛，裂繻字也"。《公羊传》的"无闻焉耳"，或者是说不知道纪子伯是何等人，或者是说不知道孔子何以书之为"纪子伯"；不论如何，传只就此"纪子伯"三字而言"无闻焉耳"。乃何休注谓："言无闻者，《春秋》有改周受命之制，孔子畏时远害；又知秦将燔《诗》、《书》，其说口授相传；而汉公羊、胡毋生等乃始记于竹帛，故有所失也。"说孔子预知秦将燔《诗》、《书》，当然是滥言。说孔子畏时远害，故其说口授，但孔子死后七十余年之间，天下局势大变，其所"畏之时"，已不复存在，为什么他的弟子不可著之于竹帛？且《汉书·儒林传》，乐于记述经学的传承。独于《公羊》无只字述及胡毋及董仲舒以前之传承。《公羊传》自武帝时起，为朝、野的显学；若在胡毋以前有传承可述，刘向、刘歆父子及班氏父子，岂有不知之理？今日之《公羊传》之非出于公羊高，《四库全书总目提要》已经指出，但它又凭空造出"知《传》确为寿撰"的纠葛。我的推测，戴宏所说的，由子夏（卜商）下来的五代传承，只是出于因《公羊》、《左传》在东汉初的互相争胜，《公羊》家为提高自己的地位，私自造出来，以见其直接出于孔门的嫡系单传。《史记·孔子世家》由孔子至孔安国，凡十三代。史公曾从安国学古文，则其年事当略后于胡毋生，而谓从子夏传经的公羊氏，到了与胡毋同年辈的公羊寿仅五世，这是可能的吗？《公羊》全书称"子沈子曰"者二，[①] 称"鲁子曰"者六，称"子司马子曰"者一，称"子北宫子曰"者一，称"子女子曰"者一，称"高子曰"者一，除"子公羊子"以外，尚有六人参加了此一系统的《春秋》解释，这便否定了公羊氏一家嫡系单传之说。且据《史记·仲尼弟子列传》，子夏小孔子四十四岁，曾子小孔子四十六岁。子夏晚年因丧子失明，为曾子所责，则曾子可能后死于子夏。昭公十九年冬葬许悼公，许悼公因世子止进药而药杀；《公羊传》谓"止进药而药杀，则曷为加弑焉耳？讥子道之不尽也，其讥子道之不尽也奈何？曰：乐正子春之视疾也……"按乐正子春乃曾子的弟子。若公羊高系子夏传《春秋》的弟子，应与乐正子春为同时。今《公羊传》记有乐正子春事亲的故事，则子夏传《春秋》于弟子公羊高的说法，自然不能成立。但《传》中记有不少的委曲尽致的故事乃至琐事，如闵公二年记齐桓公使高子："桓公使高子将南阳之甲，立

---

① 鲁桓六年及鲁宣五年。

僖公而城鲁，或曰：自鹿门至于争门者是也。或曰：自争门至于吏门者是也。鲁人至今以为美谈曰：犹望高子也。"这不是距孔子作《春秋》的时间太久所能记录的。且传中所言之礼，保有浓厚的宗法礼制中亲亲的意义。① 而从《传》的内容看，不仅推尊齐桓、晋文，且亦盛推楚庄。②至孟子言《春秋》，而耻言齐桓、晋文，后遂成为儒家传统。则此传之成立，合理的推测，应当是孔门中属于齐国这一系统③ 的第三代弟子，就口耳相传的加以整理，记录了下来，有如《论语》成立有《齐论》、《鲁论》的情形一样。先有了这样著于竹帛的"原传"，在传承中又有若干人对"原传"作解释上的补充，被最后写定的人，和"原传"抄在一起，这便是汉初《公羊传》的共同祖本。"子公羊子"乃作补充解释者之一。补充解释有两种形式。一种形式是和原有的《传》组织在一起。例如庄公三年"秋，纪季以酅入于齐"，《传》："纪季者何？纪侯之弟也。何

---

① 《左氏》所言之礼，多出自贤士大夫之口；礼之内容与范围，已较周初以宗法为中心的封建礼制，大有发展。《公羊传》言礼，则多由传者引用封建礼制以衡断是非，其内容较春秋贤士大夫所言之礼为狭。

② 《春秋繁露》以"楚庄王"为篇名第一，虽未必出于董生原著的次第；但董生之推重楚庄，则实本于《公羊传》。

③ 隐五年《公羊传》"登来之也"注："登读言得来（衍文），得来之者，齐人语也。"桓五年《传》"曷为以二日卒之怴也"注："怴者狂也，齐人语。"桓六年《传》"化我也"注："行过无礼谓之化，齐人语。"成公二年《传》"踊于棓而窥客"注："凡无高下有绝加蹑板棓，齐人语。"

以不名？贤也。何贤乎纪季？服罪也。其服罪奈何？鲁子曰：请后五庙，以存姑姊妹。""原传"应当只到"服罪也"为止。鲁子对服罪的情形，作补充解释；因年代较早，便被传承者组入于原传之内。另一形式，则并未组入于"原传"之内，而止于"原传"的后面加上一句两句，这是在时代上较后的形式。"子公羊子"的两条，都是属于此种形式。如桓公六年"九月丁卯子同生"，《传》："子同生者孰谓？谓庄公也。何言乎子同生？喜有正也。未有言喜有正者，此其言喜有正何？久无正也。子公羊子曰：其诸以病桓与？"按"原传"分明到"久无正也"已完。"子公羊子曰"，乃在"原传"之后，加以推测的别解。其为在传承中所附加上去的至为明显。又宣公五年"冬齐高固及子叔姬来"《传》："何言乎高固之来？言叔姬之来，不言高固之来，则不可。子公羊子曰：其诸为其双双而俱至者与？"按高固在这年秋九月到鲁国来迎子叔姬结婚；冬，夫妇两人一齐来到鲁国。详《传》之意，叔姬已嫁而返鲁，则必与丈夫同行，否则是发生了特殊问题，所以说"不言高固之来则不可"，"原传"应至此为止。"子公羊子"的话，也明显地是在传承中所附加上去的。尤其值得注意的是，出于子公羊子的两条，口气完全相同，且并不含有重大意义；我们可以推测，在传承中可以考见的七个人中，子公羊子不是重要的人物，且可能是在时间上为最迟的人物；但就七个人所附益的语言考查，应当都与"原传"之成立时间相去不太久。把他们七个人附加的话，与"原传"写定在一起，也应当是出于他们的后学之手。就全《传》内容看，没有称为《公羊传》的理由。其所以称为《公羊传》，或汉初所传的，是出于子公羊子后学之手，这只能算是偶然的称呼。因为所谓《公羊传》，是早经写定，而传习者亦非一人，所以胡毋与董仲舒，可以同治《公羊》而不相师。司马迁说"故汉兴至于五世之间，唯董仲舒名为明于《春秋》，其传公羊氏也"，[①]由此可以推知仲舒与胡毋，虽同为博士，但胡毋仅为传经之儒，在内容上无所发明。《公羊》由仲舒之力而得立于学官，因胡毋年事较长，即以胡毋手上的写本为学官的定本。仲舒所习的传虽与胡毋相同，但是根据凌注知道《春秋繁露》对经的解释，有的为今日可以看到的《公羊传》所无，[②]此犹可谓为出自仲舒所增益。但《俞序》十七：

> 子贡、闵子、公肩子，言其（《春秋》）切而为国家资也。
> 故卫子夏言，有国家者不可不学《春秋》，不学《春秋》，则无以见前后旁侧之危……

---

① 《史记·儒林列传》。
② 《春秋繁露》凌注，将《春秋》经文及《公羊传》文皆详细注出。其仅引《经》文，未引《传》文者，即系《春秋繁露》详传之所略。

故世子曰，[①] 功及子孙，光辉百世，圣人之德，莫美于恕。故予先言，《春秋》详己而略人……

故曾子、子石，[②] 盛美齐侯，安诸侯，尊天子。

故子夏言《春秋》重人。诸讥皆本此。

故子池言，鲁庄筑台，丹楹刻桷。晋厉之刑刻意者，皆不得以寿终。

上引孔门弟子论《春秋》之言，皆为《公羊传》所无。由此可以推知，仲舒所承受者，较胡毋所传之《公羊传》为博。且由此可以推知，孔子晚年作《春秋》，为当时及门弟子所共闻。更可证明《孝经钩命决》"孔子在庶，德无所施，功无所就，志在《春秋》，行在《孝经》。以《春秋》属商（子夏），《孝经》属参（曾子）"说法的谬妄。纬书这类谬说的出现，我推测是《公羊》家受了董氏的影响，为了应付对刘歆们提倡《左氏传》的攻势所伪造出来的。其动机，与说孔子作《春秋》是为汉制法相同，只是传《公羊》系统的人为了保持自己的利益所捏造出来的。

---

① 卢校注："《汉书·艺文志》有《世子》二十一篇，名硕。七十子之弟子。此所引即其人也。"

② 《史记·仲尼弟子列传》："公孙龙字子石，少孔子五十三岁。"

（三）《公羊传》的本来面目

假定我们以正常的心理，通过正常的文字理解，去阅读《公羊传》，便可发现下列各种问题：

一、从思想内容上看，这是一部谨严质实的书，绝无何休所说的"其中多非常异义可怪之论"，亦无三科九旨之说。非常异义可怪之论，是何休因缘纬书所想象出来的。所以他在自著的《解诂序》中，一开始便引纬书的谬说。而他在《序》中"往者略依胡毋生条例"的话也非常可疑。胡毋生若"自别作条例"，何以《汉志》及《儒林传》毫无痕迹。至于纬书又是因董氏的《春秋》学所傅会出来的，这在后面还要提到。

二、孔子作《春秋》，意在借批评二百四十二年的历史事实，以立是非的标准，而非建立一门史学，这是毫无可疑的。从《公羊传》的原典看，孔子的褒贬，是否由孔子的"书法"而见？很值得讨论。但褒贬的内容，是出于孔门，与孔子有密切关系，则不应当有问题。在褒贬中，反映出了两个时代正在更替中的矛盾。此处只简单说一句，有的褒贬，是立足于宗法礼制之上。但另一方面，已突出了宗法的礼制以言礼。例如隐公三年"夏四月辛卯，尹氏卒"。《传》："尹氏者何？天子之大夫也。其称尹氏何？贬。曷为贬？世卿非礼也。"又桓公九年《传》："《春秋》有讥父老子代从政者。"这分明反映出对以宗法为中心的封建贵族政治的批评，而要求推向一个政治上更有自由活动机会的时代。换言之，这是由《春秋》进入战国的过渡期的合理要求。

三、《公羊传》除了把周王称为"天王"以外，没有出现一个宗教性或哲学性的"天"字，这便说明它说的都是人道；而人道与天道，并没有直接的关连。周王之所以称"天王"，或者是"天子"与"王"的合称，或者表明王者受命于天，或者是为了与当时"中国"范围以外所称的王，如楚、吴、越皆称王，相区别，总之没有特殊的意义。隐公"元年春王正月"《传》："元年者何？君之始年也。春者何？岁之始也。王者孰谓？谓文王①也。曷为先言王而后言正月？王（多作"之"字读）正月也。何言乎王正月？大（重视）一统也。"这都是很平实的历史性的解释，此外别无深义。

四、《公羊传》中，不仅绝无五行观念，且仅在庄公二十五年六月《传》"日食则曷为鼓，用牲于社？求乎阴之道也"，有一个"阴"字外，全书没有出现一个"阴阳"的名词。即是阴阳的思想还未曾介入。

五、全《传》对日食三十六，星变五，皆不言灾异，其明言灾明言异的五十一处以上，有两处对灾异作了界说。文公二年"自十有二月不雨，至于秋七月"《传》：

① 按以文王为受命之王，乃周人的传统说法，所以文王乃周室第一代之王。"谓文王也"，乃溯周受命之初而言，并非有特别意义。

"何以书？记异也。大旱以灾书。此亦旱也，曷为以异书？大旱之日短而云灾，故以灾书。此不雨之日长而无灾，故以异书也。"对于此处而言，是因为拘于孔子不曾书"日干"或"大旱"而作了曲解。岂有七个整月不下雨而不成灾之理。但由此可知凡只说"记异也"的，只说明这是一种异常现象，对人而言，并不成灾。凡说"记灾也"的，才说明某一现象对人发生了灾害。定公元年"冬十月霣霜杀菽"《传》"异大于灾也"的说法，与全书将灾与异分述的情形矛盾。且灾应大于异，所以这也是一时的曲说。以灾异为与君的失德有关，而天是以灾异警诫人君，这是古老的思想。《诗经》上幽厉时代的诗，便可很明显地看出。但全《传》所记五十多次的灾与异中，仅僖公十五年"己卯晦，震夷伯之庙"《传》："……其称夷伯者何？大之也。曷为大之？天戒之，故大之也。何以书？记异也。"把异说是"天戒之"。仅宣公十五年"冬蝝生"《传》"未有言蝝生者。此其言生何？蝝生不书，此何以书？幸之也。幸之者何？犹曰受之云尔。受之云尔者何？上变古易常，应是而有天灾，则宜于此焉变矣"，把灾说是由人君的行为而来。此处之所谓"古"与"常"，是指"古者十一而藉"；"变古易常"，是指这年的"初税亩"，什而取二，把人民的负担一下子加了一倍。此外皆未尝言灾异是出于天戒，或由人君行为所招致。由此可知，孔门不凭灾异以言人事，即是不假天道以言人道。

把上面所述的概略的情形弄清楚了，然后可以把握董仲舒《春秋》学的特性。

（四）董氏《春秋》学的方法问题

仲舒的"明于《春秋》"，从《春秋繁露》的第一部分看，对《公羊传》中所述孔子作《春秋》的大义及重要的褒贬原则，都有发挥。这里只着眼他不同于一般传经之儒的两大特性：第一个特性是通过《公羊》来建立当时已经成熟的大一统专制的理论根据；第二特性是他要把《公羊》成为他天的哲学的构成的因素。孔门的政治思想，大体上说，他们是要求天下一统，要求上下有合理的等差，以作为上下相维的秩序；但并不要求由中央过分集权而来的专制，更没有想到个人专制的问题。《公羊传》中所表现的天王的王权，一方面是受到礼的保障，同时也受到礼的限制。最显明的例子是凡天王向诸侯有很轻微的需求，必受到讥评而不加许可。① 对于上下等差的情形也是一样。换言之，大一统的专制政体，乃孔门及《公羊传》的作者

① 例如隐公三年"秋武氏子来求赙"《传》："武氏子来求赙，何以书？讥。何讥尔？丧事无求赙，非礼也。盖通于下。"何注："云尔者，嫌天子财多，不当求。下财少，不可求。"

们所未曾想到。以《公羊传》作大一统专制政治的理论根据，这如何而可能？其次，《公羊传》中看不出有意志之天在里面发生作用；甚至如前所述，里面根本没有出现特别有意义的天字。仲舒的哲学，是名副其实的天的哲学。把《公羊传》作为构成他的哲学系统的一部分，这又如何而可能？仲舒的性格，是方正而严肃的性格。在他突破上述两大难关以形成他的《春秋》学的特色时，我们便不能不注意他所使用的方法。《精华》第五：

> 难晋事者曰：《春秋》之法，未逾年之君称子，盖人心之正也。至里克杀（当作弑）奚齐，避此正辞而称君之子，何也？曰：所闻，《诗》无达诂，《易》无达占，《春秋》无达辞，[1] 从变从义，而一以奉人（天）。[2]

---

[1] 按《诗泛历枢》、《说苑·奉使》篇、《困学纪闻》，均曾引此三语。而后两者皆有出入。《使奉》篇作"《诗》无通故，《易》无通吉，《春秋》无通义"；"通"、"达"、"故"、"诂"，可以互训；"吉"乃占之误；以"通义"易"达辞"，不妥；义由辞而见，辞所以表义；"无达辞"，是说同一义，可以用不同的辞作表现；而同一辞，也可以表现不同之义。"通辞"、"通义"，在层次上不同，所以这种改易是不妥的。《困学纪闻》引作"易无达吉"，吉乃为占之误。《诗》无达诂，《春秋》无达例"；以"例"易辞，这是以后来的观念改易以前的观念。董氏只言"辞"而未言"例"。辞是由文字所构成的一句话，例是归纳许多同类的话而得出概括性的条理，同时即以某一句话为规范，概括其他相当的话，这是由辞以了解《春秋》的进一步的发展。

[2] 卢校"人当作天"者是。凌注本无人字，盖误失。

按《诗》所用的比兴，是感情的象征，它常表现为一种气氛、情调，它的内容只能感受而不易确指。所以孔门便能以《诗》作人生各方面启发之用，①更增加了象征的意味。所以若诂字不局限于文字本身的训诂，而扩大为由文字所表达的意境，则《诗》无达诂的话，是可以成立的。至于《易》的卦、爻的自身，即是象征的性质；其或吉或凶的占，实由许多机缘所决定，尤其是主观作用所占的因素特别重大，所以可说是无"达占"。但据《公羊》以言《春秋》，则情形与《诗》和《易》不同。《公羊传》是认为孔子由辞以见褒贬，所以用辞是很严格的。《公羊传》除了对孔子的书法严加分析、界定以外，并不断对主要之辞加以训释，实与《尔雅》相通。所以仲舒在《精华》第五说："《春秋》慎辞，谨于名伦等物者也。"且他由此而强调了正名之义。若谓《春秋》无达辞，则孔子由辞以定褒贬的基础动摇了。但仲舒却说"《春秋》无达辞"，在《竹林》第三又说"《春秋》无通辞，从变而移"。我以为由史文纪录之辞以定褒

---

① 《论语》："兴于《诗》。"

贬之说，本未可尽信；① 仲舒无达辞、无通辞之言，盖将救以书法言褒贬之穷。而更重要的则是他要突破文字的藩篱，以达到其借古以喻今，由史以言天的目的。又如桓十一年"九月宋人执郑祭仲"《传》："祭仲者何？郑相也。何以不名？贤也。何贤乎祭仲？以为知权也。"《论语》"可与立，未可与权"，孔子是重视权；《公羊传》此处言权，乃由此而来。但《传》对权的运用，界限得非常严格。"权者何？权者反于经然后有善者也。权之所设，舍死亡无所设。行权有道，自贬损以行权，不害人以行权。杀人以自生，亡人以自存，君子不为也。"全《传》言权者仅此。但《春秋繁露·竹林》第三："《春秋》之道，固有常有变。变用于变，常用于常，各止其科，不相妨也。""故说《春秋》者，无以平定之常义，疑变故之大则。"《玉英》第四："《春秋》有经礼，有变礼。为如（而）安性平心者经礼也。至有于性虽不安，于心虽不平，于道无以易之，此变礼也。""明乎经变之事，然

① 孟子说孔子作《春秋》是"其文则史，其义则丘窃取之矣"，按"文"即"辞"。可知孔子所纪录之辞，一本于史；其褒贬之义，则孔子自加判断，而讲授之于其门弟子，因而成为"褒贬之辞"。昭公十二年《公羊传》"其词，则丘有罪焉耳"，褒贬之辞，应与纪录之辞，相关而不相混，此乃褒贬之辞。但口头上一传再传之后，遂以记录之词，即视为褒贬之词，成为传世的《公羊传》的形式，故遂有拘滞而难通之弊。或孟子所述者乃得孔子立言之实；而《公羊传》既以孔子之褒贬，即见于孔子纪录之词，故不称"其义"而称"其词"。

后知轻重之分，可与适权矣。"\"夫权虽反经，亦必在可以然之域。不在可以然之域，故虽死亡终弗为也。"\"《春秋》固有常义，又有应变。"《王道》第六：\"此（鲁隐之代桓而立等）皆执权存国，行正世之义，守惓惓之心，《春秋》嘉气义焉。"把《公羊传》和仲舒的话稍作比较，即可发现（一）仲舒常将常与变（权）对举，变的观念，在仲舒的思想中，远较《公羊传》的作者为重。（二）把仲舒\"必在可以然之域\"，和《公羊传》\"舍死亡无所设\"的话两相比较，仲舒对于行权的范围，远较《公羊传》为宽。这与\"《春秋》无达辞"的话，关连在一起看，也是为了突破原有文义的限制，以便加入新的内容，以适应他所把握的时代要求及他个人思想的要求而设定的。再从他所提出的学习《春秋》的方法，更可了解他对《春秋》的处理，完全是作一种哲学性的处理，与经生的处理经文，大异其趣。

（一）\"是故论《春秋》者，合而通之，缘而求之，五（伍）其比，偶其类，览其绪，屠（去）其赘。(《玉杯》第二)

（二）《春秋》赴问数百，应问数千，同留经中，翻援比类，以获其端；卒无妄言，而得应于《传》者。(同上)

（三）由是观之，见其指者不任其辞，不任其辞，然后可与适道矣。（《竹林》第三）

（四）《春秋》记天下之得失，而见所以然之故，甚幽而明，无传而著，不可不察也。泰山之为大，弗察弗见，而况微眇者乎？按《春秋》而适往事；穷其端而视其故，得志之君子，有喜之人，不可不慎也。（同上）

（五）《经》曰：宋督弑其君与夷。《传》言庄公冯杀之，不可及于经。何也？曰：非不可及于经，其及之端眇，不足以类钩之，故难知也。（《玉英》第四）

（六）《春秋》之书事，时诡其实，以有避也……然则说《春秋》者，入则诡辞随其委曲而后得之。（同上）

（七）今《春秋》之为学也，道往而明来者也。然而其辞，体天之微，故难知也。弗能察，寂若无。能察之，无物不在。是故为《春秋》者，得一端而多连之，见一空（孔）而博贯之，则天下尽矣。（《精华》第五）

（八）《春秋》至意有二端。不本二端之所从起，亦未可论灾异也。小大微著之分也。夫览求微细于无端之处，诚知小之将为大也，微之将为著也。"（《二端》第十五）

在上引八点方法中，（一）（二）两项所述，皆在经验法则范围之内，对治思想史而言，在今日仍有其意义。（三）的见其指者不任其辞，即是发现了作者心志的根本指向，此时乃应当是深入于其"辞";但说"不任其辞",完全不受辞的限制,则已易于作主观的驰骋。(四)"而况微眇者乎"。(五)"其及之端眇,不足以类钩之"。(七)的"然而其辞,体天之微",(八)的"览求微细于无端之处",这便不是以典籍为依据所采用的方法。仲舒却强调权变的观念而把古与今连上,强调微、微眇的观念,把史与天连上。这不仅是把《公羊传》当作构成自己哲学的一种材料,而是把《公羊传》当作是进入到自己哲学系统中的一块踏脚石。由文字以求事故之端,由端而进入于文义所不及的微眇,由微眇而接上了天志,再由天志以贯通所有的人伦道德,由此以构成自己的哲学系统,此时的《公羊传》反成为刍狗了。仲舒说"矫枉者不过其正弗能直",[①]实则矫枉过正,乃表明仲舒个人的性格。此一性格,在他的思想形成及语言表达上,亦必发生相当的影响。但仲舒是一个性情方正的人,他并没有抹煞《公羊传》的原有意义,这便形成他思想上的若干夹杂、矛盾。由此而附带了解另一问题,即是清代以《公羊》为中心的今文学者,若由他们所援据的经典以考校他们的解释,而加以知识的客观性的要求,几乎皆可斥其为妄诞。此一妄诞,至廖平的《古今

---

① 见《春秋繁露》卷一《玉杯》第二论《春秋》书"晋赵盾弑其君"事。据宣六年《左氏传》,书赵盾弑其君者乃晋史;孔子因晋史之书法以为文,绝无仲舒所谓"重累责之,以矫枉世而直之"之意。

学考》而达到了极点。但经学中较有时代性有思想性的人物，竟多由此出；这实是承仲舒之风，在他们不能不援据经典以作进身之阶的时代中，当他们伸张《公羊》学的同时，便解脱掉《公羊》学以驰骋自己的胸臆。所以对于这些人的著作，要分两途来加以处理。毕竟此种方式，容易引起思想上的混乱。康有为著《春秋董氏学》，仅就《春秋繁露》，作一繁琐而不精确的分类抄录工作；偶而加一点意见，有如在"权势"后所加的七十个字（卷六下页一三），简直是莫明其妙的话。所以这种方法是求知的大忌。

六、董氏的《春秋》学之二

（一）大纲

《盟会要》第十，《正贯》第十一，《十指》第十二，是总论《春秋》大义的三篇文字，似皆有残缺不全之处。现在先将这三篇内容，稍加条理，以把握仲舒《春秋》学的大纲。再就其特殊的地方，且与其他有关的加以综贯。《盟会要》第十：

> 至意虽难喻，盖圣人贵除天下之患。贵除天下之患，故《春秋》重而书天下之患遍矣，以为本于见天下之所以致患。其意欲以除天下之患，何谓哉？天下者

（者疑当作若）无患，然后性可善。性可善，然后清廉之化流。清廉之化流，然后王道举，礼乐兴，其心在此矣……患乃至于弑君三十六，亡国五十二，细恶不绝之所致也。辞已逾矣（按此句上下，疑有缺文），故曰立义以明尊卑之分。强干弱枝，以明大小之职。别嫌疑之行，以明正世之意。采摭托意，以矫失礼。善无小而不举，恶无小而不去，以纯其美。别贤不肖，以明其尊。亲近以来远，因其国而容天下。名伦等物，不失其理。公心以是非，赏善诛恶，而王道洽。始于除患正一（一疑当作正）而万物备。故曰：大矣哉其号（按指《春秋》之号），两言而管天下，此之谓也。

《正贯》第十一：

《春秋》，大义之所本耶。六者之科，六者之指之谓也。然后援天端，布流（众）物，而贯通其理，则事变散其辞矣（此句似有缺文）。故志得失之所从生，而后差贵贱之所始矣。论罪源深浅，定法诛，然后绝属（续）之分别矣。立义定尊卑之序，而后君臣之职明矣。载天下之贤方，[①]表谦义之所在，则见复正焉耳。幽隐不相

① 苏舆《义证》“贤方犹贤法”，以法释方。按《周礼·哲蔟氏》“以方书十日之号”注“版也”。《中庸》：“布在方策。”此处“载天下之贤方”者，乃记载天下之贤者于方版之上，以备进用之意。

逾，而近之则密矣；[1]而后万变之应无穷者，故可施其用于人而不悖其伦矣……

《十指》第十二：

　　《春秋》二百四十二年之文，天下之大，事变之博，无不有也。虽然，大略之要有十指；十指者，事之所系也，王化之所由得流也。举事变见有重焉，一指也。见事变之所（所以）至者，一指也。因其所以至者而治之，一指也。强干弱枝，大本小末，一指也。别嫌疑，异同类，一指也。论贤才之义，别所长之能，一指也。亲近来远，同民所欲，一指也。承周文而反之质，一指也。木生火，火为夏，天之端，一指也。切讥刺之所罚，考变异之所加，天之端，一指也。举事变见有重焉，则百姓安矣。见事变之所（所以）至者，则得失审矣。因其所以至而治之，则事之本正矣。强干弱枝，大本小末，则君臣之分明矣。别嫌疑，异同类，则是非著矣。论贤才之义，别所长之能，则百官序矣。承周文而反之质，则化所务立矣。亲近来远，同民所欲，则仁恩达矣。木生火，火为夏，则阴阳四时之理，相受而次（序）矣。

---

[1] 按苏舆《义证》对此二句之解释"逾疑作谕。言幽隐之与显明，不相谕也。而圣人智究天人，亦可引而近之，以致其密"。疑不相应。"幽隐"似指远方之国而言，"而近之则密矣"即"来远"之意。

切讥刺之所罚，考变异之所加，则天所欲为行矣。统此而举之，仁往而义来，德泽广大，衍溢于四海，阴阳和调，万物靡不得其理矣。说《春秋》者凡用是矣。此其法也。

最值得注意的是仲舒所用的指字。《竹林》第三"辞不能及，皆在于指"，由此可知他所说的指，是由文字所表达的意义，以指向文字所不能表达的意义；由文字所表达的意义，大概不出于《公羊传》的范围。文字所不能表达的"指"，则突破了《公羊传》的范围，而为仲舒所独得，这便形成他的《春秋》学的特色。也是我在此处所要陈述的重点。现在先把上面所引的略加合并整理如下：

（一）《盟会要》："盖圣人者，贵除天下之患。贵除天下之患，故《春秋》重而书天下之患遍矣，以为本于见天下之所以患……患乃至于弑君三十六，亡国五十二，细恶不绝之所致也。"

《正贯》："故志得失之所从生，而后差贵贱之所始矣。"

《十指》："举事变见有重焉，一指也。见事变之所（所以）至者，一指也。因其所以至者而治之，一指也。"

（二）《盟会要》："立义以明尊卑之分；强干弱枝，以明大小之职。"

《正贯》："立义定尊卑之序，而后君臣之职明矣。"

《十指》："强干弱枝，大本小末，一指也。"

（三）《盟会要》："别嫌疑之行，以明正世之义。采撮托意，以矫失礼。善无小而不举，恶无小而不去，以纯其美。"

《正贯》："论罪源深浅，定法诛，然后绝属（续）之分别矣。"

《十指》："别嫌疑，异同类，一指也。"

（四）《盟会要》："别贤不肖，以明其尊。"

《正贯》："载天下之贤方，表谦义之所在，则见复正焉耳。"

《十指》："论贤才之义，别所能之长，一指也。"

（五）《盟会要》："亲近以来远，因其国而容天下。"

《正贯》："幽隐不相逾，而近之则密矣。"

《十指》："亲近来远，同民所欲，一指也。"

（六）《盟会要》："名伦等物，不失其理。"

（七）《十指》："承周文而反之质，一指也。"

（八）《盟会要》："大矣哉其号，两言（《春秋》）而管天下。"

《正贯》："然后援天端，布流物，而贯通其理，则事变散其辞矣。"

《十指》："木生火，火为夏，天之端，一指也。切讥刺之所罚，考变异之所加，天之端，一指也。"

以下再就上列大纲，略加分析。

（二）细恶及等差问题

按（一）项《盟会要》之所谓"患"，《正贯》之所谓"得失"，《十指》之所谓"事变"，是一个意义。孔子作《春秋》"贵除天下之患"，是没有问题的。"举事变见有重焉"，主要是指"弑君"、"亡国"而言。此项最重要的是《十指》篇所说的"见事变之所以至"。事变之所以至的解答，即是"细恶不绝之所致"。所以仲舒认为孔子作《春秋》，非常重视细恶。《王道》第六说："故弑君三十二（当作六），亡国五十二，细恶不绝之所致也。""诛恶而不得遗细大"，《春秋》记纤芥之失，反之王道"。但据隐十年《公羊传》，"《春秋》录内而略外。于外，大恶书，小恶不书。于内，大恶讳，小恶书"。内是指鲁国。孔子居于鲁国作《春秋》，对大恶若明言之而加以贬斥，则孔子的安全会发生问题；若放置不问，则是非无所寄托，所以便用讳①的方法。小恶对鲁君臣的刺激性不大，所以便记录下来。通过《公羊传》以了解《春秋》，并没有仲舒所说的大祸患是来自小恶，所以便不放过小恶的意思。至庄三十二年《公羊传》"君亲无将，将而诛焉"，此语又见于昭元年《公羊传》。"将"是意念之动，"将而诛焉"是说臣子动了意念要弑君亲，虽未成事实，也必加以诛戮。这

---

① 按讳即是认为"这是见不得人的事"，所以也是贬的一种方式。

两句话在汉代的政治冤狱中，①发生了很大的作用，由此可见其流弊之大，但动念要弑君亲，究不可谓为《春秋》在政治上是主张要绝小恶的。最好把（一）项与（三）项"别嫌疑之行"，合在一起看；而仲舒在《度制》第二十七，有如下的说明：

> 凡百乱之源，皆出嫌疑纤微，以渐寝稍长，至于大。圣人章其疑者，别其微者，不得嫌（苏：不使有几微之嫌），以蚤防之。圣人之道，众堤防之类也。谓之度制，谓之礼节。故贵贱有等，衣服有制。

上文中的"纤微"，即是"小恶"，这与（一）项中"故志得失之所从生，而后差贵贱之所始矣"连起来看，仲舒之所谓嫌疑小恶，主要是指尊卑贵贱的等差，稍有所逾越乃至偶有所逾越而言。他曾说"未有贵贱无差，能全其位者也"（《王道》第六）。仲舒对于这类的"嫌疑纤微"，既是看得这样严重，于是我们便可得出一个思想的线索，他为什么要援天道来建立一套绝对性的伦理观念，以巩固一人专制的统治地位。

　　但是通过《公羊传》以了解《春秋》，与仲舒的观念，便有相当大的出入。昭二十年夏"曹公孙会自鄸出奔

---

① 请参阅拙著《周秦汉政治社会结构之研究》中《汉代专制政治下的封建问题》。

宋"《公羊传》："君子之善善也长，恶恶也短。恶恶止其身，善善及子孙。"又谓"《春秋》为贤者讳"。把这些话合在一起看，可以了解《春秋》之恶恶是从宽，而贤者有小恶也不加计较的。这与《论语》孔子所说的"躬自厚而薄责于人"（《卫灵公》），而在政治上应"赦小过"（《子路》）的精神是相符合的。但仲舒也并没有抹煞此种精神，所以他在《俞序》第十七说："上奢侈，刑又急，皆不内恕，求备于人，故次以《春秋》缘人情，赦小过；而《传》明之曰，君子辞也。孔子明得失，见成败，疾时世之不仁，失王道之体，故因行事，赦小过。《传》明之曰，君子辞也。"按"君子"是指孔子；"君子辞也"，是说此乃孔子对此事宽恕之辞。此处所说的孔子的精神，与仲舒（一）（三）的精神，不能说没有矛盾。

（二）项与（一）（三）项有连带关系，反映出仲舒对当时政治的观点。汉初继剪灭异姓诸侯王之后，大封同姓诸侯王；这些同姓诸侯王的存在，成为汉初政治上的一个大问题。贾谊《长治久安策》中，即主张强干弱枝，以完成中央集权的政治体制。晁错继之，遂有七国之变。董仲舒在此问题上，与贾谊、晁错完全相同，而以礼制严上下之等，也是与强干弱枝相因而来的要求，仲舒在这一点上，也承袭了贾谊的观点。他更要从《春秋》上找出理论的根据。按《春秋》"大一统"（隐元年《公羊传》），实际是主张明天子诸侯大夫之职，因而主张天子、诸侯、大夫分职，即大夫不可僭诸侯之职，诸侯不可僭天子之职。是主张分权的一统，而非主张集权的一统。所以凡是天子所封的诸侯，都希望能保存下来；甚至已经灭亡了的，也希望能"兴灭继绝"。"王者无外"（隐元年，桓八年《传》），"有天子存，则诸侯不得专地"（桓元年《传》），诸侯"不敢胜天子"（庄六年《传》），"不与诸侯专封"（僖十三年，襄元年，昭公十三年《传》），"王者无敌，莫敢当也"（成元年《传》），"不与（诸侯）伐天子"（昭二十三年《传》），通过《公羊传》以了解《春秋》，或者可以说由周室王纲解纽的情形而能推出强干弱枝的要求；但孔子作《春秋》心目中的一统形态，绝不是贾谊、晁错、董仲舒们所要求的一统的形态。这里只想客观地说明一个思想的演变，而不作是非得失的评论。

（三）君、臣、民的关系

此处应顺着强干弱枝、大本小末的要求，对仲舒所提出的君、臣、民的相互关系，略加考查。

君臣父子夫妇相互间的绝对关系，在《春秋繁露》的第二部分表现得最为强烈。第一部分既是依孔子的《春秋》以立言，而孔子心目中的伦理，尤其是君臣的关系，乃是相对的关系，所以仲舒对此，也不能不加以接受；但把尊卑贵贱，和价值的判断，连接在一起的绝对性的观念，在这一部分已见其端倪，《玉杯》第二谓"父不父，则子不子；君不君，则臣不臣耳"，此乃据《论语》"君君，臣臣；父父，子子"（《颜渊》）而承认相互间的相对关系。但《精华》第五：

> 大雩者何？旱祭也。难者曰："大旱，雩祭而请雨；大水，鸣鼓而攻社。天地之所为，阴阳之所起也。或请焉，或怒焉者何？"曰："大旱者阳灭阴也。阳灭阴者，尊压卑也，固其义也。虽太甚，拜请之而矣，无敢有加也。大水者阴灭阳也。阴灭阳者，卑胜尊也；日食亦然，皆下犯上，以贱伤贵者，逆节也。故鸣鼓而攻之，朱丝而胁之，为其不义也。"

以尊压卑为义，以贱伤贵为逆节，不仅《春秋经》无此意，即《公羊传》亦无此意；这完全出于仲舒将尊卑贵贱，与价值判断连在一起，而将相对的关系加以绝对化。但他下面接着说："是故胁严社而不为不敬灵，出天王而不为不尊上，辞父母之命而不为不承亲，绝母之属而不为不孝慈，义矣夫。"则又以在下之臣子，有时以不服从在上之君父为义；此则又回到君臣父子相互间乃相对性的观念。

仲舒最成问题的是《玉杯》第二，对君民的关系说"《春秋》之法，以人（臣民）随君，以君随天……故屈民而伸君，屈君而伸天，《春秋》之大义也"的几句话。以臣民随君，在政治上臣民由君所统率，语意尚无大害。至于"屈民而伸君",民的地位本是屈,君的地位本是伸;所以以孔子为中心的儒家,在政治上涉及君民关系时,无不是采取某种形式,以表现某种程度的抑君而伸民的方向。同时,仲舒说:"且《春秋》之法,凶年不修旧,意在无苦民尔。苦民尚恶之,况伤民乎?伤民尚痛之,况杀民乎?故曰凶年修旧则讥,造邑则讳。是害民之小者,恶之小也。害民之大者,恶之大也。"(《竹林》第三)又对宣十五年楚司马子反促楚庄王解宋之围一事谓"专政则轻君,擅名则不臣,而《春秋》大之,奚由哉?曰,为其有惨怛之恩,不忍饿一国之民,使之相食;推恩者远之而大,为仁者自然而美。今子反出己之心,矜宋之民,无计其间,故大之也"(同上),这分明是说救民的意义,远在守臣节之上。又说"五帝三皇之治天下,不敢有君民之心;什一而税;教以爱,使以忠,敬长老,亲亲而尊之,不夺民时,使民不过岁三日"(《王道》第六),这完全没有屈民的意思。仲舒又说"王者民之所往,君者不失其群者也。故能使万民往之而得天下之群者,无敌于天下"(《灭国上》第七),这分明以民的是否归向为统治者得以存在的基本条件。并且他在《尧舜不擅移汤武不专杀》第二十五分明说:"且天之生民,非为王也;而天立王,以为民也。故其德足以安乐民者天予之。其恶足以贼害民者,天夺之。""有道伐无道,此天理也,所从来久矣,宁能至汤、武而然耶?"以此肯定"儒者以汤、武为至贤大圣"的观念,则其站在人民的立场以衡定政治价值的得失，实贯通于整个仲舒思想之中，贯通于《春秋繁露》全书之中，至为明显。由此以推论仲舒之意，盖欲把君压抑（屈）于天之下，亦即是压抑于他所传承的儒家政治理想之下，使君能奉承以仁为心的天心，[①]而行爱民之实。在他所承认的大一统专制皇帝之下，为了要使他的"屈君而伸天"的主张得到皇帝的承认，便先说出"屈民而伸君"一句；这一句，或许也如史公在《孟荀列传》中说邹衍的大九州及五德终始等说法，乃"牛鼎之意"，即是先迎合统治者的心理，再进而说出自己的真正主张。所以站在仲舒的立场，"屈民而伸君"一句是虚，是陪衬；而"屈君而伸天"一句才是实，是主体。至于统治者及后世小儒，恰恰把它倒转过来，以致发生无穷的弊害，这是仲舒始料所不及的。对于仲舒整个思想，都应从这一角度去了解。

（四）项是儒家"举贤才"、"选贤举能"的通义。但汉高平定天下后，多以功臣外戚及其子弟形成由中央到地方官吏的骨干，所以仲舒对此儒家通义特加强调。《精华》第五"以所任贤，谓之主尊国安。所任非其人，谓之主卑国微。万世必然，无所疑也……故吾按《春秋》而观成败，乃切悁悁于前世之兴亡也"。《立元神》第十九："天积众精以自刚，圣人积众贤以自强。"《考功名》第二十一："天

---

① 《俞序》第十七："霸王之道，皆本于仁。仁，天心；故次以天心。"

道积众精以为光，圣人积众善以为功。"都是这种意思。

（五）的亲近来远，是指当时的中国与四夷的关系来说的，这在后面将特别谈到。

（六）的"名伦等物，不失其理"，是发展《春秋》中的正名思想，后面也还要谈到。

（四）受命、改制、质文问题

（七）项的"承周文而反之质"，这应与孔子作《春秋》的时间，"改制"及"绌夏亲周故宋王鲁"等思想关连在一起来了解，这里最表现了仲舒《春秋》学的特色，而为后来许多傅会之说所自出。《符瑞》第十六：

> 有非力之所能致而自至者，西狩获麟，受命之符是也。然后托乎春秋正与不正之间，而明改制之义，统乎天子，而加忧于天下之忧也。

按"受命"，是受承天命而为王。上文是说哀公"十有四年春，西狩获麟"，乃是孔子受命的符瑞。孔子既已受命，则在实质上，天已赋予孔子以王者的权力；天既赋予孔子以王者的权力，便应当改制以正前代之不正，最重要的便是"承周文而反之质"。首先，从《论语》"凤鸟不至，河不出图，吾已矣夫"（《子罕》）看，孔子是有符瑞思想的，因为这是古老的传统观念。但仲舒上面的说法，绝非《公羊传》的本意。"西狩获麟"《传》：

> 何以书，记异也。何异尔？非中国之兽也。然则孰狩之？薪采者也。薪采者则微者也，曷为以狩言之？大之也。曷为大之？为获麟大之也。曷为为获麟大之？麟者仁兽也，有王者则至，无王者则不至。有以告者曰："有麕而角者。"孔子曰："孰为来哉！孰为来哉！"反袂拭面涕沾袍。颜渊死，子曰："噫！天丧予！"子路死，子曰："噫！天祝（注：断也）予！"西狩获麟，子曰："吾道穷矣。"《春秋》何以始乎隐？祖之所逮闻也。所见异辞，所闻异辞，所传闻异辞。何于终乎哀十四年，曰备矣。君子曷为《春秋》？拨乱世反诸正，莫近诸《春秋》。则未知其为是与？其诸君子乐道尧舜之道与？末不亦乐乎尧舜之知君子也。制《春秋》之义以俟后圣。以君子之为，亦有乐乎此也。

从《传》文看，孔子是以麟至为王者之瑞，也可以推出"麟是为己而至"之意。但麟至而为人所获，已经死掉了，便象征孔子无法享此符瑞，这比"凤鸟不至，河不出图"，更为严重，所以"反袂拭面涕沾袍"而叹"吾道穷矣"，比"吾已矣夫"更为伤痛。这里绝没有仲舒所说的孔子自以为是"受命之符也"的意思。由孔子"吾道穷矣"之叹，则以孔子作《春秋》，因获麟而绝笔，较之谓孔子作《春秋》，因获麟而起笔，远为合理。"子疾病，子路使门人为臣"，孔子尚责子路为"行诈"。因获麟而孔子自以为受命，更是诬诞之谈。

依仲舒的说法，孔子既经受命，即以《春秋》当新王；以《春秋》"当新王"，则《春秋》便应当改制，因为"王者必改制"以"应天"（《楚庄王》第一）。《玉杯》第二："是故孔子立新王之道。"[①]《三代改制质文》第二十三："故《春秋》应天作新王之事，时正黑统，王鲁；尚黑，绌夏亲周故宋。""《春秋》上黜夏，下存周，以《春秋》当新王。""《春秋》作新王之事，变周之制，当正黑统。而殷周为王者之后，绌夏改号禹谓之帝，录其后以小国，故曰绌夏存周，以《春秋》当新王。"周爵五等，《春秋》三等。"《春秋》何三等？曰，王者以（之）制，一商一夏，一质一文。商质者主天，夏文者主地。《春秋》者主人，故三等也。"上面的话，除孔子因获麟而受命，已指出全出自仲舒之诬诞外，还有新王的问题、改制的问题、文质的问题，略加解析如下：

"以《春秋》当新王"，若仅就孔子作《春秋》，制义法，以示后王有所准绳法式，这是可以成立的。但仲舒之

---

① 苏舆《义证》对此句解释为"犹云为后王立义耳"，盖不以仲舒之孔子受命作《春秋》以当新王之说为然，故在注中为仲舒求得解脱，有失仲舒本旨。

所谓"新王"，固然不是像汉的《公羊》博士们为了巩固自己地位而说《春秋》是为汉立法，也不是泛指为后王立法，而实是以孔子即是新王；孔子作《春秋》，即是孔子把新王之法，表现在他所作的《春秋》里面。但孔子毕竟是一个平民，抽象地说孔子是"素王"，固未尝不可。可是《春秋》二百四十二年的纪录，都是历史事实；在具体的历史事实中，如何能安置一位抽象的素王呢？仲舒于是把鲁国当作是新王的化身，而出现"王鲁"的说法；"王鲁"，是说孔子在《春秋》中赋予鲁国以王的地位。而鲁国之王，并不是鲁君而是孔子自己。在《春秋》中既然是"王鲁"，则置周于何地？于是由三代改制的观念中，导出"绌夏故宋亲周"①的观念。此种观念之形成，实袭用了宗法制度中的庙制。此种由受命而新王而王鲁，由王鲁而"绌夏故宋（商）亲周"的一套，在《公羊传》中是毫无根据的。

改制一词，可能即由仲舒所创造。但若以"改制"即是改革礼制，则在历史事实与孔子思想中，是可以导出来的观念。孔子对历史发展的看法是"殷因于夏礼，所损益，

---

① 仲舒说"亲周"，何休注《公羊》则改为"新周"；殆因宣十六年"夏，成周宣谢灾"，《传》有"新周"一辞。但此处之新周，仅指"成周"而言，与何休之所谓新周，意义全别。而由仲舒思想之系统言，既有"新王"、"王鲁"之观念，则与周之关系，只能说"亲"而不能说新。何休既袭用仲舒王鲁之说，即不应易"亲周"为"新周"。

可知也。周因于殷礼，所损益，可知也"（《论语·为政》）。孔子的话，经近二十年来西周地下资料的证明，是符合历史事实的。既在继承之中，有所损益，其所损所益，即可称为改制。但这不同于仲舒所说的改制。《楚庄王》第一，"今所谓新王必改制者，非改其道，非变其理；受命于天，易姓更王，非继前王而王也。若一因前制，修故业，而无有所改，是与继前王而王者无以别。受命之君，天之所大显也……今天大显已，物袭所代而率与同，则不显不明，非天志。故必徙居处，更称号（更朝代之称号），改正朔，易服色者，无他焉，不敢不顺天志而明自显也"。改制的具体情形，具见于《三代改制质文》第二十三。但此篇文字颇有讹夺。其要点有三：一、以建子（以十一月为正月）建丑（以十二月为正月）建寅（以十三月为正月）为三正。夏、商、周三种历法的正月，有建子、建丑、建寅之不同，故谓之三正，即是三种时间不同的正月。二、以子、丑、寅，为天地人，故谓建子为天统，建丑为地统，建寅为人统，于是三正亦称"三统"。又将赤白黑配上子丑寅的三正、三统，故建子的天统亦称赤统，建丑的地统亦称白统，建寅的人统亦称黑统。"易服色"的服色，是各随赤白黑三统之色。夏建寅，为人统黑统。殷建丑，为地统白统。周建子，为天统赤统。三、再将质文配到三统的更选中去，而认为"一商一夏，一质一文。商质者主天，夏文者主地，《春秋》者主人，故三等也"。按三代建正不同，当系事实。

但《尚书·甘誓》之所谓"三正"，是否即系此处之所谓三正，至为可疑。而《周书》（即所谓《逸周书》）卷六《周月解》，有质文三统之说，此篇乃出于阴阳说盛行之后，可能系战国末期之作，为董仲舒所本。但《周月解》无天地人之说，是其即以三正为三统。谓"夏数得天"，乃谓夏正得天时之正，与仲舒说夏建寅为人统之说不同，更未配入赤白黑的颜色。天地人为三统，可能即始于仲舒。而配以赤白黑三色成为赤统白统黑统，则可确断为仲舒渗糅了五德终始的创说。汉初改制的主张，皆本邹衍的五德（五行之德）终始。五德终始，由《吕氏春秋》之《应同》篇，犹可窥其概略。《应同》篇以黄帝是"土气胜，故色尚黄"，禹是"木气胜，故其色尚青"，汤是"金气胜，故其色尚白"，文王是"火气胜，故其色尚赤"。"代火者必将水……水气胜，故其色尚黑。"仲舒援《春秋》之"春王正月"的正月以言历史的递嬗，故将三正与天地人、赤白黑之三统结合起来，自不得假五德终始的五德以立论。但三统中，三色与朝代的配合，乃来自五德终始的五德之色，则至为明显。总结地说，由《公羊》以了解《春秋》，可断言仲舒的改制思想，为《春秋》所无。三正有历史之依据，而未为《春秋》所明言，亦为《春秋》所不必言。至由三正所孳生出之天地人及黑白赤的三统，断为《春秋》所不许。

既认定孔子受命而作《春秋》，改制以应新王，则由邹衍所提出的文质互救的观念，①已见用于《周书》的《周月解》，仲舒亦必组入到他的改制思想中，由此而伸张他的政治社会思想。《玉杯》第二，"礼之所重者在其志……志为质，物为文。文著于质，质不居文，文安施质，质文两备，然后其礼成……俱不能备，而偏行之，宁有质而无文。虽弗予能礼，尚眇（稍）善之……有文无质，非直不与，乃眇恶之……然则《春秋》之序道也，先质而后文，右志而左物。故曰礼云礼云，玉帛云乎哉……引而后之，亦宜曰丧云丧云，衣服云乎哉。是故孔子立新王之道，明其贵志以反和，见其好诚以灭伪，其有继周之弊，故若此也"。汉到了文景时代，政治因封建侯王的僭侈，社会因商业资本及地主的发达，生活豪侈，成为风气；尤以厚葬之风，消耗生人之资，至巨且大。至武帝而朝廷为其首倡，仲舒欲以"质"的观念加以补救，这是很有意义的。但他一定要把质文互救的观念，组入到他的三统中去，并且说这是出于《春秋》，便牵附而诬诞了。三统有三，而质文只有二，以二配三，如何能配得上？就《三代改制质文》篇看，已说汤"受命而王，时正白统"，又说"《春秋》应天作新王之事，时正黑统王鲁"；黑统的"历正日

---

① 《汉书》六十四下《严安传》："以故丞相史上书曰，臣闻邹衍曰，政教文质者，所以云救也。当时则用，过则舍之，有易则易也。"此当为以质文递变言世运之始。

月朔于营室，斗建寅"，是夏为黑统；《春秋》正黑统，乃承夏之统。但谈到质文时，又说"王者之制，一商一夏，一质一文。商质者主天，夏文者主地，《春秋》者主人"。则"承周文而反之质"，《春秋》又应当是承商质之统。所以发生这种混乱矛盾的情形，因为孔子曾明白主张"行夏之时"（《论语·卫灵公》），夏时是建寅，仲舒将其列入人统黑统。因此不得不以孔子作新王之事，亦系建寅，亦列入人统黑统。但"汉承周文之弊"，是一个已经决定了的前提。质与文递嬗，周既是文，周前之商不能不是质；商前之夏，又不能不是文。于是在质文的问题上，孔子作新王之事，又不得不弃夏而承商。仲舒要综合许多因素以组成一个思想系统，只好忍受这种混乱。至于从孔子"如用之，则吾从先进"（《论语·先进》）之言推之，他虽然主张"文质彬彬，然后君子"（《论语·雍也》），但二者不可得兼时，则"宁有质而无文"的话，是可以成立的。但孔子是在"周文"中求其质，所以《公羊传》中所言之礼，皆是周礼。孔子是以仁为礼之质，绝不曾主张机械地质文递嬗，回到商的质统中去。大概仲舒也觉得这种机械的质文递嬗之说，过于勉强；而在《贤良策问》中，武帝已指出"殷人执五刑以督奸，伤肌肤以惩恶"，把所谓"殷质"的内容揭穿了，与自己的尚德而不尚刑的主张不合，所以在《贤良对策》的第二策中，仅说"夏上忠，殷上敬，周上文"，而主张"今继大乱之后，若宜稍损周之文致，用夏之忠者"，这是一个很大的合理的修正。

（五）向天的哲学中的升进

（八）项"援天端"，这更表现了仲舒《春秋学》的特色。他一定要把立足于历史，立足于具体的人事的《春秋》及《公羊传》，拉入到他的天的哲学系统中去，在笃实明白的文字中，赋予以一份神秘的色彩。《重政》第十三中说，"夫义出于经，经传，大本也"；顺着经传的文字以求孔子作《春秋》之义，这是一条正路。但他在《精华》第五中谓，"然而体天之微，故难知也"；这是说《春秋》是体天之微，所记历史的事实，都是为了体现天的微意的，此在《公羊传》中找不出这种内容，于是他通过两条线索以求达到他的预定目的。一条线索是夸大"元"的观念，一条线索是加强灾异的观念。把元与灾异，视为"《春秋》之至意有二端"（《二端》第十五），由此二端，而把历史、人事，与天连结在一起。

《春秋》一开始是"元年春，王正月"。《公羊传》："元年者何？君之始年也。春者何？岁之始也。"按夏曰岁，商曰祀，周曰年。《书·洛诰》"称秩元祀"，《书·酒诰》："惟元祀"，此乃周初因商的称呼而未改。《曶鼎》："唯王元年六月既望乙亥。"《舀鼎》："唯王元年六月既望乙亥。"《龙敦》："唯元年既望丁亥。"《师酉敦》："唯王元年正月。"《师兑敦》："唯元年五月初吉丁亥。"《师虎敦》："唯元年六月既望甲戌。"《师虎敦》："唯王元年正月初吉丁亥。"
《蔡殷》："唯元年既望丁亥。"此时周已改祀称年，而称君即位之年为元祀元年，乃商周史臣记载之常例，绝无书即位之年为一年之事。《竹书纪年》乃魏之史书，今日由辑校所得，亦无不书即位之年为元年。由此可知孔子仅依商周史臣的常例而书元年，《公羊传》释元年为始年，简明切当，实更无其他剩义。而《邾公牼钟》："唯王正月初吉辰在乙亥。"《邾公华钟》："唯王正月初吉乙亥。"《郘钟》："唯王正月初吉丁亥。"《楚王颟钟》："唯王正月初吉丁亥。"《录伯威敦》："唯王正月，辰在庚寅。"《龋敦》："唯王正月辰在甲午。"《陈逆簠》："唯王正月初吉丁亥。"《公孙班镈》："唯王正月辰在丁亥。"《丑尊》："唯王正月初吉丁亥。"《季姬匜》："唯王正月初吉丁亥。"《晋邦盦》："唯王正月初吉丁亥。"《楚赢匜》："唯王正月初吉庚午。"《夆叔匜》："唯王正月初吉丁亥。"金文虽有不少仅书"唯正月"而未加王字的，但书"王正月"亦周史官纪时之常例；孔子亦只本此常例而书"王正月"，不可能有其他非常异义存于其中。但仲舒谓：

（一）《春秋》之序辞也，置王于春正之间，非曰（原注：犹言岂非）上奉天施而下正人，然后可以为王也云尔。（《竹林》第三）

（二）谓一元者，大始也。知元年志者，^①大人之所重，小人之所轻。（《玉英》第四）

（三）《春秋》何贵乎元而言之，言本正也。道，王道也。王者人之始也，王正则元气和顺……（《王道》第六）

（四）唯圣人能属万物于一，而系之元也。终（原注："终"一作"故"者是）不及本所从来而承之，不能遂其功。是以《春秋》变一谓之元。元犹原也，其义以随天地终始也。故人唯有终始也，而生不（苏舆：不疑作死）必应四时之变。故元者为万物之本，而人之元在焉。安在乎？乃在乎天地之前。故人虽生天气及奉天气者，不得与天元本天元命而共违其所为也（按此句语义不明），故春正月者，承天地（地字疑衍）之所为也，继天之所为而终之也；其道相与共功持业，安容言乃天地之元。天地之元，奚为于此恶（卢注读曰乌）施于人，大其贯承意之理矣。（《重政》第十三）

（五）是故《春秋》之道，以元之深，正天之端。以天之端，正王之政。以王之政，正诸侯之位，五者俱正而化大行。（《二端》第十五）

（六）《春秋》曰王正月。《传》曰：王者孰谓？谓文王也。曷为先言王而后言正月，王正月也。何以谓之

---

① 卢云，钱疑志字衍者是。苏舆"志字当有，犹言知立元之意也"，嫌迂曲。

王正月？曰，王者必受命而后王。王者必改正朔，易服色，制礼乐，一统于天下；所以明易姓，非继仁（人），通以已受之于天也。王者受命而王，制此月（正月）以应变（应易姓受命之变），故作科以奉天地，故谓之王正月也。（《三代改制质文》第二十三）

（七）其谓统三正者？曰正者正也，统致其气，万物皆应而正。统正，其余皆正；凡岁之要，在正月也。法正之道，正本而末应，正内而外应，动作举措，靡不变化随从，可谓法正也。（同上）

按在董仲舒以前，也有把《春秋》之元与《诗》之《关雎》并称的；但这只是慎之于始的意思，没有其他特别意义。《易·乾》"元"《九家注》："元者气之始也。"这是由阴阳二气上推，而认为应有阴阳未分，为阴阳所自出的气，即称为元气。《易·系辞》"立天之道，曰阴与阳"，天道即是阴阳；阴阳所自出的元气，其层次自然在天道之上。仲舒与《九家注》的作者约略同时，上引《九家注》的话，不是他们的私言，而是当时学术上的公言，所以《鹖冠子·王铁》篇也说"天始于元"。在仲舒心目中元年的元，实际是视为元气之元。所以才有（五）"是故《春秋》之道，以元之深，正天之端"的话。《说文》十二上"援，引也"，乃引而上之意；仲舒认定《春秋》的元字即是元气，即是天之所自始的"端"；不说"一年"而说"元年"，是孔子在《春秋》中所说的王道，上援引到天之端，元是王道的最后根源，所以（四）说"元犹原也"。阴阳出于元而归于元，《春秋》把握到元以立义，所以（四）说"其义（《春秋》之义）以随天地终始也"。（四）又说"唯圣人能属万物于一，而系之元也"，即是圣人能把万物都连结到一个共同的根源的"一"上，由此一的根源，以立王道之本，自然可以收到"元气和顺，风雨时，景星见，黄龙下"（《王道》第六）的效果。所以《春秋》要"援天端"之元以立根源性之义。

按照仲舒的意思，天之端来自元，天之功用表现为四时；而春是四时之始，这是天向人及万物的施为。隐元年《公羊传》，"何言乎王正月？大一统也"；《公羊传》的原意，孔子书"王正月"，表明鲁系奉周王的正朔，乃重视（大）一统的意思。但（六）说"何以谓之王正月？曰王者必受命而后王……制此月（正月）以应变，故作科以奉天地，故谓之王正月也"；仲舒的意思是把"王正月"解释为由受命之王"改正朔"而来的正月，因此，"王正月"乃是属于受命之王的正月。春则为天之所施，正月为春之首，岁之始，但又系由受命之王所改定，所以正月便有上承天而下属于王的双重意义。而此月名为正月，据（七）说"正者正也"，此月得其正，则就天而言，"统致其气，万物皆应而正"。就王而言，则"正本而末应，正内而外应，动作举措，靡不变化随从"，所以（七）说"凡岁之要在正月也"。（一）对《春秋》"春王正月"四字的解释是"置王于春正之间，非曰（岂非）上奉天施而下正人，然后可以为王也云尔"；春是"天之施"，春字安放在王字的上面，这即说明王应上奉天之施，此亦即《玉杯》第二所说的"以君随天"，"屈君而伸天"。把"正者正也"的正月安放在王的下面，这即说明王者要由正月之正，以自正其本，由自正其本"而下正人"。仲舒在《贤良对策》的第一策中，有一段话说得更清楚："臣谨按《春秋》之文，求王道之端，得之于正。正次王，王次春，春者天之所为也，正者王之所为也。其意曰，上承天之所为，而下以正其所为，正王道之端云尔。"

由上可知仲舒不仅对"元年"之元的解释，为《公羊传》所无；他对"春王正月"的解释，亦为《公羊传》所未有。通过他对"元"与"春王正月"的特殊解释，而把《春秋》组入到他的天的哲学大系统中去了。

其次，仲舒除了上述以元为天端外，还通过灾异的一条线索，把《春秋》与他的天的哲学大系统连结起来。已如前述，认灾异为天意的表现，是古老的传统。但通过《公羊传》以了解《春秋》，可以说把由灾异以见天意的古老传统，减轻得微乎其微。且除宣十五年"冬蝝生"《传》"上变古易常，应是而有天灾，则宜于此焉变矣"外，未有言灾异系某具体政治问题的反应的。《春秋繁露》的第一部分——《春秋》学的部分，虽仅在《王道》第六及

《二端》第十五，说到灾异；但《二端》第十五说："《春秋》至意有二端……是故《春秋》之道，以元之深，正天之端；以天之端，正王之政；以王之政，正诸侯之位；五者俱正而化大行。然书日蚀星陨有蜮山崩地震……《春秋》异之……虽甚末，亦一端，孔子以此效之，吾所以贵微重始是也。因恶夫推灾异之象于前，然后图安危祸乱于后者，非《春秋》之所甚贵也，① 然而《春秋》举之（灾异）以为一端者，亦欲其省天谴而畏天威……岂非贵微重始，慎终推效者哉？"详玩上文，盖以灾异为仅次于"元"之一端；元在天之上，故由元以正天之所自来之端。灾异乃天之所发，故由灾异以探知天对政治反应之端。这二端皆以天为中心，于是仲舒认为《春秋》通过二端而与天紧密连结在一起；天通过《春秋》而将自己的意志，在历史中显现，在现实政治中显现。由元之一端而盛言改制的重大意义，由灾异的一端与五行相结合而盛言《春秋》中天人感应的实例，其详具见于《汉书·五行志》中所录的"董仲舒以为"各条。

由上所述，可知仲舒的《春秋》学，实对儒家思想的发展，加上了一层特殊的转折。并且这种转折，得到当

---

① 按此二句之意，在说明《春秋》之所甚贵者乃在"以元之深，正天之端"数句，因为那是从根源上解决政治问题。故以由灾异图安危，为非《春秋》所甚贵。

时学术界的广大承认，此即《汉书·五行志》序论所说的"董仲舒治《公羊春秋》，始推阴阳为儒者宗"，更通过纬书及《白虎通德论》中的大量吸收而成为一般的通说。何休注《公羊》，多采用董说而不出董氏之名，盖即以"通说"的性质视之，不必出于有意的攘窃。问题是在仲舒何以要加上这一层转折？我的推测，第一，仲舒由受《吕氏春秋》十二纪纪首的影响，先形成了一个天的哲学构造在心里；而这一哲学构造，他认定是万事万物最高的真理，最后的根据。由孔子所作的《春秋》，必定与他冥符默契；只是这种"微"、"端"、"至意"，未被一般人所察识，他便从"微"从"端"的地方深入进去，而将孔子的"至意"显发出来。第二，在仲舒心目中，孔子作《春秋》，是为后王立法，现实上即是为汉立法。[①] 用现代的语言来表达，他要使《春秋》成为大一统专制帝国的宪章。此宪章要至高无上的皇帝来遵守，便必须把此宪章的地位，安在皇帝的上面，只好说孔子作《春秋》，是含有未曾由语言所明白表达出来的至意，即是天意。此至意、天意，即隐藏在"元"、"正月"等几个字中间，由他推衍出来。于是《春秋》中的大义，不是出于孔子而是出于天，甚至是出于在

---

① 《公羊传》隐元年疏引《演孔图》："丘揽史记，援引古图；推集天变，为汉帝制法，陈叙图录。"又"丘水精治法，为赤（汉）制功"。此以孔子作《春秋》，乃为汉立说所自出，然实系推法之演仲舒之意。

天之前的"先天而天弗违","天且弗违,而况于人乎?而况于鬼神乎"①的"元"。这样,他便可由要求"以君从天","屈君而从天",转到实际上是从孔子的《春秋》之教。第三,然则孔子所作的《春秋》,何以见得是代表天意?这便不得不傅会出另一种说法,即是孔子乃由获麟受命而作《春秋》的,所以《春秋》即可代天立教。同时,在仲舒绝对性的伦理关系中,孔子为什么以平民身份,能立新王之法,且可以"贬天子,退诸侯,讨大夫"呢?因为孔子已代周受命而自成一统,这便与一般臣民讥弹朝廷的情形不同。而他援《春秋》之义以献替时政,也是本圣意天意来讲话,并非出于臣子之私。但不论仲舒的用心如何,纬书怪诞之说,我发现是由仲舒所引发出来的,对先秦理性主义、合理主义应有的发展,加上了一层阻滞。例如仲舒在《三代改制质文》第二十三中,以商为白统,于是《春秋演孔图》便有"夏民不康,天果命汤,白虎戏朝,白云入房","天命于汤,白云入房","白云金精,入汤房也"②等怪说。仲舒以孔子受命为黑统,《春秋演孔图》便有"孔子母颜氏徵在,游大泽之陂,睡梦黑帝使请己往;梦交语曰:'汝乳,必于空桑之中。'觉则若感,生丘于空桑,故

---

① 此虽借用《易·乾·文言》之文,实与仲舒说元"乃在天地之前"的用意相通。

② 据日人安居香山中村璋八所辑《纬书集成·春秋》上。

云玄圣"等怪说。①我的推测，谶语是自古有之，而缘经以为纬书，则其端发自仲舒。而夏侯始昌的《洪范五行传》，京房之《易》，翼奉之《诗》，皆系由仲舒所引发；纬书更各由此异说滋演而生，遂大盛于哀平之际。故先秦经学，实至仲舒而一大歪曲；儒家思想，亦至仲舒而一大转折；许多中国思维之方式，常在合理中混入不合理的因素，以致自律性的演进，停滞不前，仲舒实是一关键性人物。"董仲舒，乱我书"之谶，②殆出于某一经生痛仲舒对《春秋》之曲说，一旦成为官学，影响太大，无可奈何，故亦聊造一谶以泄愤。

七、董氏《春秋》学之三

但是，《公羊传》中许多平实而有意义的思想，仲舒也皆加以承继和发挥，兹特举两义：

（一）华夷之辨

仲舒特提出"王者爱及四夷"（《仁义法》）的理想，发挥《春秋》由种族的华夷之辨，进而为文化的华夷之

---

① 《纬书集成·春秋》上。
② 见王充《论衡·实知》篇及《案书》篇。王充对此谶在《实知》篇中力辟其妄，而在《案书》篇中又谓"盖孔子言也"，王氏每多此矛盾之论。

辨；且进而以人民生存之基本要求，泯除华夷之辨。就今日可以看到的古代史料，以黄河流域为中心，在文化传承上成一统绪，渐渐形成西周时代之所谓"中国"、①"华夏"②的观念；因不断与周围或间杂的外族，作过长期生存竞争；尤其是周室经厉幽之乱，平王东迁，在齐桓霸业未成以前，中国更受到异族的迫害；孔子作《春秋》，对于种族的自保，当然视为最重大的责任。《公羊传》"不与（许）夷狄之执中国"（隐七年、僖二十一年），"不与夷狄之获中国"（庄十年），庄公"追戎于济西"，"大其未至而预防之"（庄十八年），以狄灭邢灭卫为齐桓公讳，盖深以此为大耻（僖二年），以攘夷狄为王者之事（僖四年），"内其国而外诸夏；内诸夏而外夷狄（成五年），"不与夷狄之主中国"（昭二十三年、哀十三年），这都表示得非常坚决。仲舒在这种地方，当然承继了下来。但庄三十年"齐人伐山戎"《传》，"此齐侯也，其称人何？贬。曷为贬？子司马子曰：盖已操之为己蹙（迫）矣"，这便表示不应迫害到夷狄的生存。宣十二年"邲之战"《传》："不与晋而与楚子为礼也。"宣十五年"夏五月，宋人及楚人平"《传》："外平不书。此何以书？大其平乎己也。"因为楚司马子反哀宋之"易子而食之，析骸

① 《诗·大雅·桑柔》："哀恫中国。"
② 《书·武成》："华夏蛮貊。"《左传·定公十年》："夷不乱华。"

而炊之"，促成楚王与宋言和（平）。昭二十三年"戊辰，吴败顿胡、沈、蔡、陈、许之师于鸡父"《传》，既"不与夷狄之主中国"，同时斥"中国亦新夷狄"。定公四年"冬十有一月庚午，蔡侯以吴子及楚人战于伯莒，楚师败绩"《传》："吴何以称子？夷狄也而忧中国。""庚辰，吴人入楚"《传》："吴人何以不称子？反（反而为）夷狄也……盖妻楚王之母也。"上面已清楚地说明，《春秋》华夷之辨，已突破了种族的限制，进而为文化的华夷之辨，而文化的真实内容，即在人类基本生存的权利。仲舒在这一点上，作了突出的发挥。《竹林》第三："《春秋》之常辞也，不予夷狄而予中国为礼。至邲之战，偏然反之何也？曰，《春秋》无通辞，从变而移。今晋变而为夷狄，楚变而为君子，故移其辞以从其事。夫庄王之舍郑，有可贵之美，晋人不知善而欲击之；所救已解，如（而）挑与之战，此无善善之心，而轻救民之意也。是以贱之，而不使得与贤者为礼。"对楚司马子反促楚庄王解宋围一事谓："司马子反，为其君使，废君命，与敌情，从其（宋华元）所请与宋平，是内专政而外擅名也。专政则轻君，擅名则不臣，而《春秋》大之，奚由哉？曰，为其有惨怛之恩，不忍饿一国之民，使之相食。推恩者远之而大，为仁者自然而美。今子反出己之心，矜宋之民，无计（计较）其间，故大之也。"这是站在人民生存的立场，不仅超越了华夷之辨，也超越了君臣之防。又成三年"郑伐许"，《公羊》无传。但仲舒伸之曰："郑伐许，奚恶于郑，而夷狄之也？曰，卫侯速卒，郑师侵之，是伐丧也。郑与诸侯盟于蜀，以（已）盟而归诸侯，于是伐许，是叛盟也。伐丧无义，叛盟无信。无信无义，故大恶之。"这是以文化来定华夷的分水岭，而所谓信、义，实际是人与人、国与国，相互间的合理生存关系，不是什么抽象空泛的理论。汉承秦大一统之后，当时疆域，已远超过了《春秋》时代的所谓华夏；在中国范围之内，种族上包括了许多以前所谓夷狄在内，但事实上只有地方性而不复有种族性的问题，由《春秋》所表现的这种伟大精神，实成为镕铸各种族为一体的一股精神力量；仲舒加以提倡，对武帝北攘匈奴，南服南越，开疆拓土，但对于归附者率与以优渥的处理，不能说没有发生影响。而中国之所谓民族主义，不同于西方与军国主义帝国主义相通的民族主义，其根源在此。

（二）复仇与名节

《春秋》中的另一思想，复仇的思想，经仲舒加以提倡扩大，不仅形成尔后对复仇与以特别评价的风气，且对促成东汉名节有重大的关系。

庄四年"纪侯大去其国"《传》："大去者何？灭也。孰灭之？齐灭之。曷为不言齐灭之？为襄公讳也。《春秋》为贤者讳。何贤乎襄公？复仇也。何仇耳？远祖也。

哀公亨（煮杀）乎周，纪侯谮之……远祖者几世乎？九世矣。九世犹可以复仇乎？虽百世可也。家亦可乎？曰，不可。国何以可？国君一体也。曷为葬之？灭其可灭，葬其可葬……"这是有名的齐襄公复九世之仇的故事。对此事之解释，《左氏》与《穀梁》，皆不同于《公羊》；孔子是否有此思想，尤为可疑。意者田氏篡齐后，反映姜齐遗黎一时愤慨的心情，殆同三户亡秦的谶语。在这段文字中，把国仇与家仇分开，并又把复仇与报复分开，这是经过深思熟虑后所写出来的。又定公四年吴阖庐伐楚一役，《传》"父不受诛（言诛不以罪），子复仇可也"；许伍子胥之复仇，太史公为伍子胥立传，当本于此。仲舒于齐襄灭纪一事，在《灭国下》第八谓："纪侯之所以灭者，乃九世之仇也。一旦之言，危百世之嗣，故曰大去。"而在《玉英》第四谓："纪侯曰'齐将复仇'。纪侯自知力不加而志距之，故谓其弟曰'我宗庙之主，不可以不死也。汝以酅往服罪于齐，请以立五庙，使我先君岁时有所依归'。率一国之众，以卫九世之主；襄公逐之不去，求之弗予，上下同心而俱死之，故谓之大去。《春秋》贤死义，且得众心也，故为讳灭以为之讳，见其贤之也，见其中（合）仁义也。"按《公羊传》之意，重在齐襄公之复仇；而仲舒之意，则重在纪君之死义，仲舒补足了《公羊传》所欠缺的一面。而仲舒说"《春秋》之义，臣不讨贼，非臣也；子不复仇，非子也"(《王道》第六），他并没有忽视复仇的意义。但他的重点，则似乎是放在"死义"的一方面。这在他对成二年齐晋鞌之战，齐君将为晋郤克虏获时，齐逢丑父伪为齐君，因而使齐君得以逃亡一事，表现得最清楚。《竹林》第三："逢丑父杀其身以生其君，何以不得为知权？丑父欺晋，祭仲许（诈）宋（桓公十一年事），俱枉正以存其君，然……祭仲见贤，而丑父犹见非，何也？曰：是非难别者在此……夫去位而避兄弟者，君子之所甚贵。获虏逃遁者，君子之所甚贱。祭仲措其君于人所甚贵，以生其君，故《春秋》以为知权而贤之。丑父措其君于人所甚贱，以生其君，《春秋》以为不知权而简之。其俱枉正以存君相似也，其使君荣之与使君辱不同理……夫冒大辱以生，其情无乐，故圣人不为也，而众人疑焉。《春秋》以为人之不知义而疑也，故示之以义曰：国灭，君死之，正也。正也者，正于天之为人性命也。天之为人性命，使行仁义而羞可耻。非若鸟兽然，苟为生，苟为利而已。是故《春秋》推天施而顺人理，以为至尊不可生于至辱大羞；已反国复在位矣，而《春秋》犹有不君之辞，况其溺然方获而虏耶？于义也非君定矣……大义宜言于顷公曰：君慢而怒诸侯，是失礼大矣。今被大辱而弗能死，是无耻也。而复重罪。请俱死无辱宗庙，无羞社稷……故君子生以辱，不如死以荣，正是之谓也……天施之在人者，使人有廉耻。有廉耻者不生于大辱……曾子曰：辱若可避，避之可也。及其不可避，君子视死如归。"按《公羊传》只于"秋七月，齐侯使国佐如师。己酉，及国佐盟于袁娄"谓"君不使乎大夫。此其行使乎大夫何？佚获也"。何休注"佚获者，已获而逃亡也"；是《公羊传》对齐顷公流露有轻贬之意，仲舒却从"佚获"两字，发出上面一大段十分严肃的理论，这正是名节之士的精神依据。将上一思想，加以推扩，则有《精华》第五下面的几句话："大水者阴灭阳也……故鸣鼓而攻之，朱丝而胁之，为其不义也；此亦《春秋》之不畏强御也。故变天地之位，正阴阳之序，直行其道，而不忘其难，义之至也。是故胁严社而不为不敬灵，出天王而不为不尊上，辞父之命而不为不承亲，绝母之属而不为不孝慈，义矣夫。"又《王道》第六"鲁隐之代桓立，祭仲之出忽立突，仇牧孔父荀息之死节，公子目夷不与楚国，此皆执权存国，行正世之义，守惓惓之心，《春秋》嘉气义焉"，这都是激励名节的话。当然从思想上追索东汉冒险犯难的名节之士的思想上来源，除董仲舒外，更应重视韩婴的《韩诗外传》。据《汉书·儒林传》，韩婴"孝文时为博士"，"武帝时，婴尝与董仲舒论于上前；其人精悍，处事分明，仲舒不能难也"，是其年辈较仲舒为长，而犹可以相及。从《外传》看，有阴阳思想而绝无五行思想。东汉时习《诗》者，以《韩诗》为最盛，①其卷一即多述砥砺名节之传记故事，又多为刘向《新序》、《说苑》所转述；此对东汉士人重名节之风气，亦必发生巨大影响。韩婴此一思想，可能导源于曾子，②故卷一开始即引"曾子曰"。而董仲舒此一思想，表面上导源于《春秋》，实则恐亦源于曾子，故前所录者即引有曾子之言。

（三）正名思想

除上述二点外，便是由仲舒所发展出的正名思想。孔子本有正名的主张；他整理鲁史记以为《春秋》，在文字上自必力求精确。如庄公七年"夏四月辛卯夜，恒星不见，夜中，星霣如雨"《传》："不修《春秋》曰，雨星不及地尺而复。君子（孔子）修之曰，星霣如雨。"孔子所修的辞句，当然较鲁史所记的正确简当。加以《公羊传》的作者们，既相信孔子将其赏罚之意，寓于书法之中，所以《公

---

① 余据《隶释》略记其习《诗》而记明某家者，计:《从事武梁碑》"治《韩诗》"。《中常侍韩君之碑》"治《韩诗》"。《山阳太守祝睦后碑》"修《韩诗》"。《车骑将军冯绲碑》"治……《韩诗》"。《郎中马江碑》"通《韩诗经》"。《广汉属国都尉丁鲂碑》"治《易》《韩诗》"，得六人。《司隶校尉鲁峻碑》"治《鲁诗》"。《执金吾丞武荣碑》"治《鲁诗》"。得二人。其中无一言治《毛诗》者，此处数字，或有遗漏，然大致如此。

② 《论语·泰伯》："曾子曰，可以寄百里之命，可以托六尺之孤，临大节，而不可夺也。君子人与? 君子人也。"孟子亦特言曾子之勇，其他类似之言论亦多。

羊传》中，在文字上做了许多精密的训释工作，这也可以说是文字上的正名工作。僖"十有六年春王正月戊申朔霣石于宋，五。是月，六鹢退飞过宋都"《传》："曷为先言霣而后言石，霣石记闻；闻其磌然，视之则石，察之则五。曷为先言六而后言鹢，六鹢退飞，记见也；视之则六，察之则鹢，徐而察之则退飞。"由文字记录的顺序，反映出闻与见发现时的顺序，这当然是很精密的纪录。这是很有名的例子。《深察名号》第三十五："名生于真。非其真，弗以为名。名者圣人之所以真万物也。""《春秋》辨物之理，以正其名，名物如其真，不失秋毫之末。故名霣石，则后其五；言退鹢，则先其六；圣人之谨于正名如此。"按五石六鹢之辞，是以一句话中的用字、结构、描述的三者为其内容；这与一般以一个名词、动词、状词为对象所说的正名，似乎有点分别。一句话的正名，则"名物如其真，不失秋毫之末"，是可以成立的。如以名词等的单词复词为正名的对象，则名的本身，只能如荀子在《正名》篇中所说的"约定俗成"，而不可能如仲舒所说的"名者圣人之所以真万物也"，而必赖若干语言加以说明、充足、界定。但仲舒忽略就"一句话"而言正名，和就一个单词复词而言正名的分别，于是常就一个单词复词的自身以言其"物之真"；于是有的可以成立，有的已近于勉强，而更多的则牵强附会，迷失了正常的解释。如他在《深察名号》篇中以天之子释"天子"一词，是可以成立的。以

"宜谨视所候奉之天子"释诸侯，是把"侯"释为伺候之侯，这就说不通了；以"善大于匹夫之义"释大夫，以大夫之夫为匹夫，简直不成话说了。更说"王号之大意其中有五科，皇科、方科、匡科、黄科、往科"；君号也有五科，"元科、原科、权科、温科、群科"，沾到一点边，顺着声音，随意连想枝蔓，完全走到与正名相反的方向。他说"性之名非生欤"，这在训诂上是不错的。但要以此作断定当时性论之是非，而不考虑到这是要从具体之人的观察体验而得，开清代阮元一派以字义言思想的先河，①形成治思想史的一大障蔽。由此可知《春秋繁露》中的训诂，不是寻常的训诂，不宜轻于援引的。

更糟的是，仲舒把正名的问题，也要组入到他的天的哲学大系统里面去。他在《深察名号》第三十五一开首说："治天下之端，在审辨大；辨大之端，在深察名号。名（疑漏一"号"字）者大理之首章也。录其首章之意，以窥其中之事，则是非可知，顺逆自著，其几通于天矣。是非之正，取之逆顺。逆顺之正，取之名号。名号之正，取之天地。天地为名号之大义也。古之圣人，谪而效天地谓之号。鸣而命施谓之名……名号异声而同本，皆鸣号而达天意者也……名则圣人所发天意，不可不深观也……是故事各顺于名。名各顺于天。天人之际，合而为一。"这把名还原

---

① 如《揅经室一集》卷十《性命古训》，即其一例。

到原始社会中的咒语上去了。

（四）仁义法

仲舒发挥《春秋》仁义之旨，而参以己意，用心恳笃，切近政治人生，欲有以救其偏弊，即在现在，仍富于极大启发性，而又未尝违反先秦儒家本义的，莫要于《仁义法》第二十九。但在他的整个思想中，发生影响最小，甚至不曾发生影响的，也是这一篇。孔子作《春秋》，是非二百四十二年之事，当然有一个大标准，这即是义。"然则《春秋》，义之大者也"（《楚庄王》第一），就是说的这个大标准。史公在《史记·太史公自序》中说《春秋》制"义法"，义就是法，是用以绳尺历史中的人物与行为的，这一点，董仲舒当然知道得很清楚，而且在他的思想中也到处都用上。《公羊传》主要是把礼凸显到前面，义是礼的内容，礼是义的形式；[①] 所以礼与义之间，有时可以等同起来。《公羊传》没有把仁凸显出来；但既重视人民，则礼义必以仁为基底，不言仁而仁行乎礼义之中。仲舒则特别把《春秋》中的"仁"凸显出来，《俞序》第十七"霸王之道，皆本于仁"，即是这种意思。但人是很狡猾的动物，他可以不反对仁义，却可将仁义绕一个圈子，以加强自私自利的目的。即是以义去绳尺他人，抑压他人，而自

---

① 《论语·卫灵公》："义以为质，礼以行之。"

身则站在绳尺的上面，以抬高自己；尤其是知识分子，对于自己所恶者则用上义，对于自己所好者则用上仁。在仁义其名之下，成一私欲的裹胁，私欲更因仁义之名而得悍然自肆。至于统治阶级、特殊阶级，更是必然地拿着义去要求人民、剥夺人民，成为对贫贱者的精神与物质的枷锁。而由个体扩大出来，放射出来的佞幸集团、特殊阶级，都得到特别的恩宠，特别的利益，并通过仁义之名去加以保障。这在各种专制之下，是必然的、命定的现象。董仲舒虽然要把大一统的专制加以合理化，把皇帝捧得至高无上，但他的基本用心，却是想在这种崇高、伟大政治结构之下，实现他以人民为主体的理想政治。所以他便针对着一般知识分子，尤其是针对着统治集团，提出《仁义法》这一篇庄严的理论。他说：

《春秋》之所治，人与我也。所以治人与我者，仁与义也。以仁安人，以义正我。故仁之为言人也。义之为言我也。言名以别矣。仁之于人，义之于我者，不可不察也。众人不察，乃反以仁自裕，而以义设人，诡其处而逆其理，鲜不乱矣。是故人莫欲乱，而大抵常乱，凡以暗于人我之分，而不省仁义之所在也。是故《春秋》为仁义法，仁之法在爱人不在爱我。义之法在正我不在正人。我不自正，虽能正人，弗予为义。人不被其爱，虽厚自爱，不予为仁……故王者爱及四夷，霸者爱其诸侯，安者爱其封内，危者爱其旁侧，亡者爱其独身。独身者，虽立天子诸侯之位，一夫之人耳，无臣民之用矣。如此者，莫之亡而自亡也。《春秋》不言伐梁者而言梁亡，盖爱独及其身者也。故曰，仁者爱人，不在爱我，此其法也。义云者，非谓正人，谓正我。虽有乱世枉上，莫不欲正人，奚谓义？昔者楚灵王讨陈蔡之贼，齐桓公执袁涛涂之罪，非不能正人也。然《春秋》弗予，不得为义者，我不正也……故曰，义在正我，不在正人，此其法也。夫我无之，求诸人。有之而诽诸人（诽本亦作非，下同），人之所不能受也。其理逆矣，何可谓义？义者谓宜在我者，宜在我者而后可以称义。故言义者合我与宜，以为一言。以此操之，义之为言我也……君子求仁义之别，以纪人我之间，然后辨乎内外之分，而著于顺逆之处也。是故内治反理以正身，据礼以劝福；外治推恩以广施，宽制以容众。孔子谓冉子曰：治民者先富之而后加教。语樊迟曰：治身者先难后获。以此之谓治身之与治民，所先后者不同焉矣。《诗》云：饮之食之，教之诲之。先饮食而后教诲，谓治人也。又曰：坎坎伐辐，彼君子兮，不素餐兮。先其事，后其食，谓治身也。《春秋》刺上之过，而矜下之苦，小恶，在外弗举；在我，书而诽之。凡此六者，以仁治人，义治我，躬自厚而薄责于外，此之谓也。且论己见之，而人不察。曰：君子攻其恶，不攻人之恶。不攻人

之恶，非仁之宽欤？自攻其恶，非义之全欤？此谓之仁
造人，义造我，何以异乎？故自称其恶谓之情，称人之
恶谓之贼。求诸己谓之厚，求诸人谓之薄。自责以备谓
之明，责人以备谓之惑。是故以自治之节治人，是居上
不宽也。以治人之度自治，是为礼不敬也。为礼不敬，
则伤行而民弗尊。居上不宽，则伤厚而民弗亲，弗亲则
弗信……

仲舒上面所说的，皆合于孔门言仁义的本旨；而其立言之
用心，系以当时的统治者为对象，也至为显明。假定统治
者真能以仁爱人，以义正我；对人民先富而后教，这在今
天，还有深远的意义。而他在《必仁且智》第三十里说：
"何谓仁？仁者惛怛爱人，谨翕不争，好恶敦伦（按伦指
人类之类而言；好恶皆所以加厚于人类之爱，而非逞一己
之私），无伤恶之心，无隐忌之志，无嫉妒之气，无感愁
之欲，无险诐之事，无违辟（僻）之行；故其心舒，其志
平，其气和，其欲节，其事易（坦易），其行道。故能平
易和理而无争也。如此者谓之仁。"这都是从他内心体验
所说出的，与孔门言仁，亦深相契合。他的"仁人者，正
其道，不谋其利。修其理，不急其功"（《对胶西王越大夫
不得为仁》第三十二。《汉书》本传作"正其谊，不谋其
利，明其道，不计其功"，按"不急其功"，于义为长），
这正是他的人格的表现。他对政治经济的恳切要求，都在

先秦儒家思想的转折及天的哲学的完成

这种地方得到解答。但这却和他的天的哲学系统，毫不相干。可是他这一方面的意义，后来的人，了解得太少。而他的真正精神，反而被他迁拙神怪的天的哲学所遮掩了。

八、董氏的天的哲学之一

（一）天的哲学是《吕氏春秋》十二纪纪首的发展

现在谈到《春秋繁露》第二部分的天的哲学的问题。

古代天由宗教的意义，演变而为道德价值的意义，[①]或自然的意义，这都不足以构成天的哲学。因为这只是由感情、传统而来的"虚说"，点到为止，没有人在这种地方认真地求证验，也没有人在这种地方认真地要求由贯通而来的体系。到了董仲舒，才在天的地方，追求实证的意义，有如四时、灾异。更以天贯通一切，构成一个庞大的体系。他这不是直承古代天的观念发展下来的，而是直承《吕氏春秋》十二纪纪首的格套、内容，发展下来的。《吕氏春秋》最高的政治理想是"盖闻古之清世，是法天地"（《序意》）。他们虽然把"天地"连词，但地只有陪衬的意义，实际则只是法天，天由四时之运行而见。四时由气候不同，

---

① 按春秋时代，在进步的贵族间，天已由宗教的意义演变而为礼的根源的意义，此为儒家所承，而成为道德的最高根据。这当然是价值的意义。墨子以兼爱为天志，是价值的意义，即老子的虚静、虚无，依然是价值的意义。

春主生，夏主长，秋主收，冬主藏；春夏是阳，秋冬是阴；吕氏的宾客们，便按照这种阴阳四时的变化，再把五行硬配到里面去，以定礼制及政令，使与之相应，这便是《吕氏春秋·应同》篇中所说的"与元同气"。四时虽春夏主生主长，秋冬主收藏，但必先有生与长，然后才有收与藏。所以吕氏的宾客们，实际是把天的功能重点，放在"生"与"长"的上面。政治上的布德施惠，庆赏教化，都配在春夏；实际政治设施的重点，也是放在德惠教化方面。董氏的天的哲学，便是由此发展下来的。

（二）天的构造

仲舒对于天自身存在的构造，有如下述：

（一）何谓天之端？曰，天有十端，十端而止已。天为一端，地为一端，阴为一端，阳为一端。火为一端，金为一端，木为一端，水为一端，土为一端，[①]人为一端，凡十端，而毕天之数也。（《官制象天》第二十四）

（二）天有五行，一曰木，二曰火，三曰土，四曰金，五曰水。木，五行之始也；水，五行之终也。

---

① 按仲舒此处系以五行相克之顺序排列，故"火为一端"下应为"水为一端，土为一端，木为一端，金为一端"。此传写中偶误。

土，五行之中也；此其天次之序也。(《五行之义》第四十二)

（三）天地之气，合而为一；分为阴阳，判为四时，列为五行。行者行也；其行不同，故谓之五行。五行者五官也，比相生而间相胜也。(《五行相生》第五十八)

（四）天地阴阳木火土金水九，与人而十者，天之数毕也。故数者至十而止，书者以十为终，皆取之此。圣人何其贵者，起于天，至于人而毕，毕之外谓之物。物者投所贵之端，而不在其中，以此见人之超然万物之上，而最为天下贵也。(《天地阴阳》第八十一)

上引四项，（一）（四）两项相同；（二）项可视为（三）项的简化。根据（三），气乃天的构造的基本因素。气在阴阳未分时是合而为一，亦称为元气。元气分为阴阳，阴阳分为四时。五行当亦系由阴阳二气分化而来。但细加研究，如后所述，董氏只以阴阳运行于四时之中，亦犹运行于东西南北的方位之中。阴阳只分化而为太阴少阴太阳少阳。五行之气，似未包括于阴阳二气之内，只是由天派到四时中，帮着阴阳之气去推动四时运转的。这一点，后面还要谈到。所以仲舒的气，并不是严格地由分化所形成的系统。他说"天有十端"，所谓"端"，可能应作"本"

字解释；①所谓天有十端，是说天由十个基本因素所构成。十端似乎是平列的性质。（一）（四）之所以把人列进去凑足"十端"，一是为了显出人不同于物的高贵地位，一是仲舒因人是十月而成，便看重"十"的数字；于是说《春秋》有十指，这里也说天有十端。

（三）天的性格

其次，我们应当了解仲舒所说的天的性格。一般地说，对天的性格的规定，一是转述传统的说法：传统对人的精神是一种力量，而容易使人作无反省的信服。一是出于个人价值观的投射；即是将个人的价值观，不知不觉地投射到天上面去，以为天的性格本来是如此。另一是出自主观的要求；自己要求如此，认定天即是如此。三者常混在一起，而其中有轻重之不同。仲舒对天的性格的认定，出于他主观的要求为多。兹将有关的资料略抄如下：

（一）仁，天心；故次以天心。（《俞序》第十七）

（二）天高其位而下其施，藏其形而见其光。高其位，所以为尊也。下其施，所以为仁也。藏其形，所以为神；见其光，所以为明。故位尊而施仁，藏神而见光

---

① 《礼记·礼器》"居天下之大端矣"，注："本也。"

者，天之行也。故为人主者法天之行……（《离合根》第十八）

（三）天积众精以自刚，圣人积众贤以自强。天序日月星辰以自光，圣人序爵禄以自明。（《立元神》第十九）

（四）天道积众精以为光，圣人积众善以为功。（《考功名》第二十一）

（五）仁之美者在于天。天，仁也。天覆育万物，既化而生之，有（又）养而成之；事功无已，终而复始；凡举归之以奉人。察于天之意，无穷极之仁也。人之受命于天也，取仁于天而仁也。（《王道通三》第四十四）

（六）天之常道，相反之物也，不得两起，故谓之一。一而不二者，天之行也。（《天道无二》第五十一）

上面所录的材料，（一）与（五）内容相同；（三）与（四）内容相同；（二）的内容比较概括，此皆系把对人君的要求，投射到天的上面，以增加这种要求的力量；（六）是为他的阴阳不并行，故刑德不并立的主张立根据。而他最重要的意思，当然是表现在（一）与（五）上面。（二）则正是作为大一统的皇帝的象征。

但"天"是统一的存在，天自身的实现，必分解为阴阳、四时、五行；所以要进一步把握天的性格，必须把握仲舒所说的阴阳四时五行的性格。《如天之为》第八十说"是故明阴阳入出实虚之处，所以观天之志。辨五行之本末顺逆小大广狭，所以观天道也"。此即说明天志天道，皆由阴阳四时五行运行的情形而见。

《王道通三》第四十四："恶之属尽为阴，善之属尽为阳；阳为德，阴为刑，刑反德而顺于德，亦权之类也……是故天以阴为权，以阳为经。阳出而南，阴出而北；经用于盛，权用于末。以此见天之显经隐权，前德而后刑也。"又说："阳气暖，而阴气寒；阳气予而阴气夺，阳气仁而阴气戾，阳气宽而阴气急，阳气爱而阴气恶，阳气生而阴气杀。"（同上）上面的话，是仲舒对阴阳、对天道的基本规定。阴阳思想，起源、发展于黄河流域；而其原始意义，乃山之北为阴，山之南为阳。山之北，为日光所不易及，故寒而暗；山之南为日光所照，故暖而明；因此，便自然形成好阳而恶阴的情绪。加以在发展中把阴阳配入到四时中去，阴运行于秋冬，而阳运行于春夏；再把它配入到方位中去，阴得令于西北，阳得令于东南；这都可以加强好阳而恶阴的情绪。所以大约在战国中期以后出现的《易传》，便流露有重阳抑阴的倾向。这套观念，由黄河流域扩展到长江流域，还可以有效，因为这一带依然是四季分明，寒燠异致。移向珠江流域，便失掉现实上的意义。因为这一带多半是"四时皆是夏，一雨便成秋"，不完全具备四时的节候。但在发展中已经把阴阳观念加以形而上化了，同时也即赋予它以普遍的意义，所以两千多年来，便没有人追问它在现实应用上所受的限制。不过，人在情绪上对阴阳有所好恶的感受，和阴阳的形而上的地位，根本是矛盾的。《易·系传》"一阴一阳之谓道"，又"立（显著）天之道，曰阴与阳"；阴阳各为天道的一面，对它们便不应有好恶轻重之分，尤不应有善恶之分。所以《易·系传》及《说卦》赋予阴阳以形而上的性格时，皆无善恶之分，[①]也无贬阴崇阳之意，阴阳系处于平等的地位。仲舒所言的阴阳，当然是形而上的性格；但以善恶说明阴阳的性格，是天道阳的一面是善，而阴的一面是恶，即是天道有善的一面，又有恶的一面，这便形成天道自身的矛盾，亦即表示对天道的不可信任。但他是以天道为一切价值的最高准绳及最后根据的；为了解决此一矛盾，所以他便提出天是以阳为经、以阴为权的说法来加以补救，并由此而演出对阴阳运行的许多特殊解释。我得最先指出，仲舒所赋予阴阳的性格，与战国中期以后，以《易传》为中心的阴阳思想，有了很大的出入。他之所以如此，大概是因为在现实政治上，他要求贬刑而尚德，以转换当时专制政治的残酷性格，想为此要求在天道上得一根据，只好以善恶分

[①] 《易·系辞下》"阳一君而二民，君子之道也。阴二君而一民，小人之道也"；此乃以卦中之君臣失位而言君子小人之道，非就阴阳之本身而言君子小人之道。

天道的阴阳，以阳经而阴权，表现天是重德而不重刑的天志。此种阴阳善恶的观念，假定只应用在尚德而不尚刑的政治主张上，虽然近于牵附，亦无大流弊。但仲舒既认定阳善而阴恶，即认为阳贵而阴贱，阳尊而阴卑；由此以应用在人伦关系上，将先秦儒家相对性的伦理关系，转变为绝对性的伦理关系，其弊害便不可胜言了。

孔子即以四时言天道，[①]《易传》言四时重于言阴阳；《系辞上》谓乾坤"广大配天地，变通配四时，阴阳之义配日月，易简之义配至德"，这里很明显地没有把阴阳与四时相配。《易传》中更无五行的观念，五行与四时，更两不相干。至《吕氏春秋》十二纪纪首，始以四时为中心，将阴阳五行四方，配合成一个完整的有机体；仲舒即直承此以言阴阳五行四时四方，形成更紧密的构造；天道天志，即表现在此构造之中，试看下面的材料：

（一）是故阳气以正月始出于地，生育长养于上，至其功必（毕）成也而积十月……故阳气出于东北，入于西北；发于孟春，毕于孟冬，而物莫不应；是阳始出，物亦始出；阳方盛，物亦方盛；阳初衰，物亦初衰；物随阳而出入，数随阳而终始；三王之正，随阳

---

① 《论语·阳货》："子曰，天何言哉？四时行焉，百物生焉，天何言哉？"

而更起。以此见之，贵阳而贱阴也。(《阳尊阴卑》第四十三)

（二）金木水火，各奉其所主，以从阴阳，相与一力而并功。其实非独阴阳也，然而阴阳因之以起。助其所主。故少阳因木而起，助春之生也。太阳因火而起，助夏之养也。少阴因金而起，助秋之成也。太阴因水而起，助冬之藏也。(《天辨在人》第四十六)

（三）是故阴阳之行，终各六月，远近同度，而所在异处。阴之行，春居东方，秋居西方，夏居空右，冬居空左，夏居空下，冬居空上，此阴之常处也。阳之行，夏①居上，冬居下，此阳之常处也。阴终岁四移而阳常居实，非亲阳而疏阴，任德而远刑与？天之志，常置阴空处，稍取之以为助。故刑者德之辅也，阴者阳之助也，阳者岁之主也。(同上)

（四）阳气始出东北而南行，就其位也。西转而北入，藏其休也。阴气始出东南而北行，亦就其位也。西转而南入，屏其伏也。是故阳以南方为位，以北方为休。阴以北方为位，以南方为伏。阳至其位而大暑热，阴至其位而大寒冻。阳至其休而入化于地，阴至其伏而避德于下。是故夏出长于上，冬入化于下者阳也。夏入守虚地于下，冬出守虚位于上者阴也。阳出实入实，阴

---

① 原作"春居上"，依陶鸿庆《董子春秋繁露札记》校改。

出空入空，天之任阳不任阴，好德不好刑如是也。(《阴阳位》第四十七)

（五）天之道，终而复始。故北方者，天之所终始也，阴阳之所合别也。冬至之后，阴俯而西入，阳仰而东出；出入之处，常相反也。多少调和之适，常相顺也。有多而无溢，有少而无绝。春夏阳多而阴少，秋冬阳少而阴多。多少无常，未尝不分而相散也，以出入相损益，以多少相溉济也……春秋之中，阴阳之气，俱相并也。中春以生，中秋以杀。由此见之，天之所起其气积；天之所废其气随（陶鸿庆：随读为堕）。故至春，少阳东出就木，与之俱生；至夏，太阳南出就火，与之俱暖；此非各就其类而与之相起与？……至于秋时，少阴兴而不得以秋从金，从金而伤火功。虽不得以从金，亦以秋出于东方，俯其处而适其事，以成岁功，此非权与？阴之行，因常居虚而不得居实，至于冬而止于空虚，太阳（当作太阴）乃得北就其类而与水起寒。是故天之道，有伦有经有权。《阴阳终始》第四十八）

（六）天道大数：相反之物也不得俱出，阴阳是也。春出阳而入阴，秋出阴而入阳。夏右阳而左阴，冬右阴而左阳……是故春俱南，秋俱北，而不同道。夏交于前，冬交于后，而不同理……天之道，初薄大冬，阴阳各从一方来，而移于后。阴由东方来西，阳由西方来东，至于中冬之月，相遇北方，合而为一，谓之日至。

别而相去，阴适右，阳适左。适左者其道顺，适右者其道逆。逆气左上，顺气右下，故上暖而下寒；以此见天之冬，右阴而左阳也，上所右而下所左也。冬月尽而阴阳俱南还……至于中春之月，阳在正东，阴在正西，谓之春分。春分者，阴阳相半也，故昼夜均而寒暑平。阴日损而随阳，阳日益而鸿，故为暖热。而得大夏之月，相遇南方，合而为一，谓之日至。别而相去，阳适右，阴适左；适左由下，适右由上，上暑而下寒，以此见天之夏，右阳而左阴也。上其所右，下其所左，夏月尽而阴阳俱北还……至于中秋之月，阳在正西，阴在正东，谓之秋分。秋分者阴阳相半也，故昼夜均而寒暑平。阳日损而随阴，阴日益而鸿。故至于季秋而始霜，至于孟冬而始寒，小雪而物咸成，大雪而物毕藏，天地之功终矣。（《阴阳出入上下》第五十）

（七）自正月至于十月而天之功毕……故从中春至于秋，气温柔和调。及季秋九月，阴乃始多于阳，天于是时出溧下霜。出溧下霜，而天降物固已皆成矣……十月而悉毕。故案其迹，数其实，清溧之日少少耳。功已毕成之后，阴乃大出。天之成功也，少阴与，而太阴不与……功已毕成之后，物未复生之前，太阴之所当出也。（《暖燠孰多》第五十二）

（八）天有五行，木火土金水是也。木生火，火生土，土生金，金生水。水为冬，金为秋，土为季夏，火

为夏，木为春。春主生，夏主长，季夏主养，秋主收，冬主藏。（《五行对》第三十八）

（九）土者火之子也，五行莫贵于土。土之于四时，无所命者，不与火分功名。木名春，火名夏，金名秋，水名冬。忠臣之义，孝子之行，取之土，土者五行最贵者也。（同上）

（十）天有五行。一曰木，二曰火，三曰土，四曰金，五曰水。木，五行之始也。水，五行之终也。土，五行之中也。此其天次之序也。木生火，火生土，土生金，金生水，水生木。此其父子也……常因其父以使其子，天之道也。是故木已生而火养之，金已死而水藏之。火乐木而养以阳，水克金而丧以阴，土之事天竭其忠。故五行者，乃孝子忠臣之行也……是故木居东方而主春气，火居南方而主夏气，金居西方而主秋气，水居北方而主冬气。是故木主生而金主杀，火主暑而水主寒……土居中央，为之天润。土者天之股肱也，其德茂美，不可名以一时之事；故五行而四时者，土兼之也。金木水火虽各职，不因土方（依陶鸿庆："方"应在上句"职"字下）不立……土者五行之主也。五行之主，土气也……是故圣人之行，莫贵于忠，土德之谓也。人官之大者不名所职，相其是矣。天官之大者不名所生，土是矣。（《五行之义》第四十二）

阴阳与五行，对四时四方之配合及作用，皆本于《吕氏春秋》十二纪纪首。阴阳在方位中运行的次序，如（七）所述，恐系先有此格架，由仲舒所完成。这只表现阴阳思想的发展，亦不足以表现仲舒的阴阳五行的特色。在上引材料中可以表现他的特色的应为下述各点：

1. 按先秦仅有阴阳的观念，而未见将阴阳分为太阴少阴，太阳少阳。《素问·四气调神大论》篇有“逆春气则少阳不生……逆夏气则太阳不长……逆秋气则太阴不收……逆冬气则少阴不藏”。若以《素问》为战国末期之书，则将阴阳分而为四，在仲舒前已出现。但将阴阳分而为四之目的，显然是为了与四时相配合；《素问》系就人的生理上说的，在发展上，应当是由四时的转用；而就《素问》的内容①看，及从文字看，不能早于西汉之末；所以将阴阳分而为四，以与春夏秋冬相配合，可能即出于仲舒。后人更援引以释《易传》，实则《易传》中并无此思想。②

2. 据（三）的“阴阳之行，终各六月”，（五）的“春夏阳多而阴少，秋冬阳少而阴多”，及（六）的“春分者阴阳相半也”，“秋分者阴阳相半也”之说，则阴阳是对等

---

① 如《阴阳应象大论》第五，言阴阳之各种作用，极为圆到，乃由整理已成熟之阴阳观念而来。而其文从字顺，或竟出于东汉时期。

② 《易传》之“两仪生四象”，乃指春夏秋冬之四季而言。宋人注《易》，每于此援太阴少阴太阳少阳以为解，实误。

的运行，是相当合理的。但（一）的阳"发于孟春，毕于孟冬"，等于在十二个月中，阳占了十个月。这是与（七）的"清溧之日少少耳"相应。（三）"阴终岁四移而阳常居实"，（四）"阳出实入实，阴出空入空"，这与《顺命》第七十"独阴不生，独阳不生"的观念是矛盾的。（五）"故春，少阳东出就木"，"至夏，太阳南出就火"，"至于秋，少阴兴而不得以秋从金"；是秋与五行中金的关系，与春夏在五行中与木火的关系全不相同，盖"就木"、"就火"，都助长了阳的作用；若秋少阴出而就金，便助长了阴，所以就不为仲舒所允许。这与（二）的"少阴因金而起"的说法是矛盾的。

3. 五行说虽承用《吕氏春秋》十二纪纪首，但十二纪纪首对五行的作用到底是什么，没有说出来。而仲舒则在（二）中把五行对阴阳的作用说得很清楚，如"少阳因木而起"者是，这是向前的一种发展。同时，五行中的土，十二纪纪首把它安放在季夏之末，等于只挂一个虚名，仲舒则不仅在（八）中说"土为季夏"，给了它一个实在的地盘；并且（八）的"夏主长，季夏主养"，把"长"与"养"分开，实即把火与土的功用也分开，这已是仲舒建立的新说法。而在（十）中说"土者天之股肱也……故五行而四时者土兼之也。金木水火虽各职方，不因土不立……土者五行之主也"的说法，是土在四季中都发生作用，与（八）的"土为季夏"的说法相冲突，但与（九）的"土者五行最贵者也"的意思相贯通，这更是仲舒在五行中所提出的新说。

4.然则仲舒何以认定土为最贵呢？原来仲舒在（十）中把五行相生的关系，认为是父子的关系。木是火之父，木所生者使火长之，即是父做的事情，皆使子去完成，这即是（十）中所说的"常因其父以使其子，天之道也"。由此而说"故五行者，乃孝子忠臣之行也"。但四时有四，而五行有五，所以土无法专主一时，《吕氏春秋》的作者只好把它勉强安放在季夏之后。仲舒在（九）中对此加以解释说，这是土"不与火分功名"。即是为子者只为父尽义务，却不享丝毫权利，推之于人臣对人君也是一样的；所以由土所表现出的忠与孝，较其他四行为更纯更笃，堪为臣子的最高模范，于是在（十）他便认定"忠臣之义，孝子之行，取之土"，由此而认定"土者最贵者也"。又在（十）中认为土所尽的义务，是无穷无尽的，为其他四行所不及。这并不是来自它的特殊性能，而是来自它无限的忠。所以又说"是故圣人之行，莫贵于忠，土德之谓也"。

上述的特点，不外来自两端：一是因为阳善而阴恶，要证明天是任阳而不任阴。二是为了要建立他的绝对性的伦理，便只好把以前无法作合理安排的五行中的土，与以特别崇高的地位。在他全部结构中所表现出的矛盾冲突，这说明他的主观要求，不容许他对阴阳五行，作比较合理性的推演和配合。我们在这种地方，可以理解他为了建立一套适合于他主观要求的形而上的哲学系统，遇到了许多无法克服的困难。也可以感到他的穷探力索，所受到客观性的法式的限制。阴阳五行的观念，一经形成后，其自身便成为一种客观性的法式。

在前面所提出的仲舒以"气"所形成的天的结构，在他手上，完成了格套，但在内容上似乎尚未完成。按《五行相生》第五十九"天地之气，合而为一，分为阴阳，判为四时，列为五行"的说法，四时五行都是气，则四时五行之气，即应皆分属于阴阳，为阴阳所分化。但（三）"故少阳因木而起，助春之生也"这类的说法，是少阳太阳、少阴太阴，与五行中的木火金水为二物；而五行之气，乃是与阴阳平列之气，不是由阴阳所分化之气。如此，则气之为体不纯，而气之作用亦缺乏统贯性。仲舒何以留有此溏漏？盖木火土金水在《尚书·洪范》上，本是具体的东西，至邹衍而始将其抽象化。仲舒开始将邹衍所抽象化的五行，应用到《洪范》之上，把抽象与具象的东西，夹杂在一起，于是不知不觉地在五行之"气"中，还是含着木火等具体的形质，而只好与纯抽象的阴阳之气，平列起来，使人感到阴阳与五行，是两种平行之气。他对阴阳与四时的关系，也有这种情形，因为四时观念，本是早在抽象的阴阳观念以前所成立，而被人视为四种具体事物，有如就地之形质而言四方一样。所以在《春秋繁露》中，言阴阳与言五行，各列篇章，而阴阳重在言德刑，五行重在言官职；二者的同异，是很分明的。班固《白虎通》，大量受承了董仲舒的思想，《五行》篇中说"火者阳也，尊，故上。水者阴也，卑，故下。木者少阳，金者少阴……五行所以二阳三阴（土亦阴）何？土尊，尊者配天。金木水火，阴阳自偶"，这才把五行纳入于阴阳统贯之内，以五行为阴阳分化的五种形态，在传承中补了仲舒所留下的漏漏。所以《白虎通》便只有《五行》篇，而不另立阴阳篇。因为言五行即是言阴阳，而较言阴阳更为详备。《汉书》中不以阴阳名志，而称为《五行志》，也是同样的情形。这种演进之迹，在思想史的把握上非常重要，但一直被人忽略了。

（四）董氏的《洪范》五行的问题

这里应顺便说到的是：我在《阴阳五行及其有关文献》一文中，曾说明《尚书大传》乃出于伏生后学之手；其中有的是传承伏生，有的则是由他的后学所附益。尤以《洪范》中所说的五行，乃五种实用资材，伏生并未受邹衍及《吕氏春秋》十二纪纪首中五行新说的影响，所以在《大传》卷三《洪范》下说"水火者百姓之所饮食也。金木者百姓之所兴作也。土者万物之所资生也。是为人用"。这正是伏生的遗说，与同卷三保持得很完整的《洪范五行传》的性质，完全不同。《洪范五行传》盖出于夏侯始昌，为伏生所不及知。①这里更应补充说，将《洪范》中的实用性的五行，杂糅入邹衍系统下的五行新说以言灾异，盖始于仲舒，夏侯始昌乃承其风而另创新意。《五行五事》第六十四，以貌言视听思的五事，配木金火水土的五行，而对由五事之过失所引起的五行的灾害，其立说未远离《吕氏春秋》的十二纪纪首，亦尚保留有一点《洪范》的原来面貌。如："王者与臣无礼，貌不肃敬，则木不曲直，而夏多暴风。风者木之气也，其音角也。故应之以暴风。"按"则木不曲直"，来自《洪范》的"木曰曲直"；"其音角也"，来自十二纪纪首的"其音角"。惟"木不曲直，而夏多暴风"，是仲舒自己想出来的。《汉书·五行志》："孝武时，夏侯始昌通五经，善推《五行传》，以传族子夏侯胜。"又夏侯胜谏昌邑王数出微行事，霍光召问，"胜上《洪范五行传》曰……"又《汉书·儒林传》："从始昌受《尚书》及《洪范五行传》说灾异。"赵翼《廿二史札记》卷二"汉儒言灾异"条谓"伏生亦未尝言《洪范》灾异"，以"胜所引《洪范五行传》，盖即始昌所作"，"其后刘向又推衍之成十一篇"之说，甚为确当。以《尚书大传》作于伏生，盖始于《经典释文》；而王先谦《汉书补

① 请参阅拙著《中国人性论史·先秦篇》页五七六至五七九。（编者注：见九州出版社《全集》版之《中国思想史论集续篇》，页六四至六六；九州《中国人性论史·先秦篇》大字本，页六二八至六三二。）

注·五行志》"经曰"下引"王鸣盛曰:《志》先引《经》,是《尚书鸿范》文;次引《传》,是伏生《洪范五行传》",以《洪范五行传》出于伏生,可谓大谬。夏侯胜以前,绝无以《洪范五行》言灾异及言当时政治之事,亦可为《洪范五行传》出于伏生三传弟子夏侯始昌,而不出于伏生的间接有力证明。夏侯始昌的《洪范五行传》,受了仲舒《五行五事》篇的影响而另出新意,自成系统。由《汉书·五行志》来看《洪范五行传》,是由两部分所构成的。其中有一部分与《洪范》有关连,另一部分则与《洪范》几乎没有关连。《五行志》上所引的《五行传》,五行与五事未配合在一起;其中只提到五行,而未提到五事;虽改窜了《洪范》,但文字上与《洪范》还有点关连。如"《传》曰:田猎不宿,饮食不享,出入不节,夺民农时及有奸谋,则木不曲直"。至于陈寿祺所辑《尚书大传》卷三《洪范五行传》开始的一段,不见于《汉书·五行志》。

> 维王元祀,帝令大禹步于上帝,维时洪祀六沴,用咎于下,是用知不畏,而神之怒。若六沴作见,若是共御,帝用不差,神则不怒……禹乃共辟厥德,受命休令,爰用五事,建用王极。

上面这段话,与《洪范》开始"惟十有三祀,王访于箕子",及箕子述"天乃锡禹《洪范》九畴,彝伦攸叙"的情形，全不相符，可以说是一段怪话。《汉书·五行志》中之上、中之下及下之上共三卷，所录的《洪范五行传》与《五行志》上所录的不同，是以五事为主而配上了五行；略与前引仲舒对于"貌不肃敬"的说法相比较，不仅对灾异说得特为烦琐离奇，而且与《洪范》及十二纪纪首几乎完全脱离了关系。如：

> 一曰貌，貌之不恭，是谓不肃，厥咎狂，厥罚常雨，厥极恶。时则有服妖，时则有龟孽，时则有鸡祸，时则有下体生于上之痾，时则有青眚青祥，维金沴木。

并且仲舒的《五行五事》第六十四，虽出于傅会，但其中依然有合理的内容。例如他说"夫五事者，人之所受命于天也，而王者所修而治民也。故王者为民，治则不可以不明，准绳不可以不正。王者貌曰恭，恭者敬也。言曰从，从者可从。视曰明，明者知贤不肖者分明黑白也。听曰聪，聪者能闻事而审其意也。思曰容，容者言无不容"。即是仲舒是在神秘的外衣里面，总有合理的内容。而上引以五事为主的《洪范五行传》，里面找不出一句合理的话。但他以貌配木，以言配金，以视配火，以听配水，以思（心）配土，则与仲舒完全相同，可知他是受了仲舒的影响。这与纬书是受仲舒的影响，而内容更不合理，是同样的情形。

九、董氏的天的哲学之二——方法问题

仲舒上述的天的性格，即所谓天道，究系如何建立起来，又如何证明"天人一也"，由此以贯彻于政治人生之上，这便关涉到他所用的方法问题；兹将这一方面的材料简录于下，以便加以考察。

（一）求天数之微，莫若于人……以此观天之数，人之形，官之制，相参相得也。（《官制象天》第二十四）

（二）夫目不视，弗见；心弗论，不得；虽有天下之至味，弗嚼弗知其旨也；虽有圣人之至道，弗论，不知其义也。（《仁义法》第二十九）

（三）欲合诸天之所以成物者，少霜而多露也。其内自省以是，而外显不可以不时……故义不义者，时之合类也，而喜怒乃寒暑之别气也。（《天容》第四十五）

（四）天亦有喜怒之气，哀乐之心，与人相副；以类合之，天人一也……故为人主之道，莫明于在身之与天同者而用之……（《阴阳义》第四十九）

（五）庆赏刑罚，与春夏秋冬，以类相应也，如合符……天有四时，王有四政。四政若四时，通类也。天人所同有也。（《四时之副》第五十五）

（六）乍视乍瞑，副昼夜也。乍刚乍柔，副冬夏也。乍哀乍乐，副阴阳也。心有计虑，副度数也。行有伦理，副天地也。此皆暗肤着身，与人俱生，比而偶之弇合。于其可数也副数，不可数者副类；皆当同而副天，一也。是故陈其有形，以著其无形者；拘其可数，以著其不可数者，以此言道之，亦宜以类相应；犹其形也，以数相中也。（《人副天数》第五十六）

（七）故气同则会，声比则应，其验皦然也。试调琴瑟而错之，鼓其宫，则他宫应之，鼓其商，则他商应之；五音比而自鸣；非有神，其数然也。美事召美类，恶事召恶类；类之相应而起也，如马鸣则马应之，牛鸣则牛应之……物各以类相召也。（《同类相动》第五十七）

（八）故阳益阳，而阴益阴。阳阴之气，固可以类相损益也。天有阴阳，人亦有阴阳。天地之阴气起，而人之阴气应之而起。人之阴气起，天地之阴气亦宜应之而起……非独阴阳之气，可以类进退也；虽不祥祸福所从生，亦由是也。无非己先起之，而物以类应之而动者也。故聪明神圣，内视反听……（同上）

（九）典礼之官，常嫌疑莫能昭昭明其当也。今切以为其当与不当，可内反于心而定也。尧谓舜曰，天之历数在尔躬，言察身以知天也。（《郊祭》第六十七）

（十）天无所言，而意以物。物不与群物同时而生

死者，必深察之，是天之所以告人也。(《天地之行》第七十八)

（十一）推物之类，以易见难者，其情可得。治乱之气，邪正之风，是骰天地之化者也。生于化而反骰化，与运连也。(《如天之为》第八十)

（十二）天道施，地道化，人道义。圣人见端而知本，精之至也。得一而应万，类之治也。(《天道施》第八十二)

董氏的天的哲学是一个大综合；他所用的方法，也是一个大综合。更略加分析如下：

第一，（二）的"目不视弗见，心弗论（判断）不得"，这是认知的基点，也是使用各种方法的共同基础。这也可以说是合理的基础，问题是在"见"与"论"的关连是否密切。

第二，"以类相推"的"类推"方法，在中国大概应用得很早：《论语》孔子说"温故而知新"，可能是指类推的能力而言。又说"举一隅，不以三隅反，则不复也"，是指缺乏类推能力而言。荀子更发挥了类推的意义。类推的效果，在于类的建立是否真确。董氏非常重视类，他立论的大前提是"天人同类"。而天人同类其重点乃安放在由人而推之于天，认为人是如此，天也是如此。（一）的"求天之微，莫若于人"，（六）的"故陈其有形，以著其无形者；拘其可数，以著其不可数者"，（十一）的"推物之类，以易见难者，其情可得"都是说的以人推天；人是如此，天也是如此。由此而得出（四）的"天人一也"，（五）的"天人所同有也"。同时也有时由天类推到人。既然"天人一也"，天人是同类，便进一步强调（四）的"以类合之"，（五）的"以类相应"，（七）的"类之相应而起"，（八）的"可以类相损益"。董氏言类的重点，不在于"类推"，而在于"类感"，由此以言"天人相与之际，甚可畏也"，[①] 而将人与天连在一起。这是汉代言灾异的总根据。

第三，由类感以言灾异，犹是天与人的消极的关系。董氏既认定天人是同类，更有一积极的意义，即是要求（四）的"莫明于在身之与天同者而用之"，以要求天道在政治人生上的实践，这便可以把天贯通到政治人生的各方面。

第四，在董氏的方法中，提出"数"的观念，以补助类的观念。（六）的"于其可数也副数"，即是认为若两者在数字上相同，则两者更为同类，更可以相感。《人副天数》第五十六，即是以人的身体各部分的数字，与天可以数得出来的数字，有如时，月、日等数相合，以证明人是副于天，而是"天人一也"的；董氏觉得这样便把天人的

---

① 见《汉书·董仲舒传·贤良三策》的第一策。

关系，扣得更紧。大概到战国中期前后，我们先民对于数，尤其是数中的乘法，发生一种神秘的感觉，《周易》由此而在卦爻上加上"六"、"九"两个符号。[①] 由《周易》的流行，而更增数的神秘性，认为数是天道的一种表现，这一点完全由董氏所继承。

第五，由类及由数以建立"天人一也"的观念，不论是由人推向天，或由天推向人，都是（六）的"陈其有形以著其无形"，"拘其可数以著其不可数"，在"有"与"无"之间，没有逻辑中的含蕴关系，而只能出之以想象。简言之，董氏以及两汉思想家所说的天人关系，都是通过想象所建立起来的。这种想象，不是具体与具体的连结，而是一端是"有"，另一端是"无"，通过想象把有形与无形，把人与天要在客观上连结起来，这中间便没有知识的意义。所以他们都具备了哲学系统的形式，但缺乏合理的知识内容去支持此一形式。所以不仅是董氏，汉人的这类的哲学系统，不能受合理主义的考验。

第六，虽然是如此，但董氏的重点，是由人推向天，

---

① 《皇清经解续编》卷百三十二惠栋《易例》（二）《九六义》"古文《易》上下本无初九初六及用九用六之文……说者谓初九初六，则汉人所加。然夫子十翼，于《坤传》曰（按即所谓《小象》）'六二之动'；《大有传》曰'大有初九'；则初九，初六，用九，用六之名，夫子时已有之，当不始于汉也。"按十翼不出于孔子而系出于孔门后学，殆已成定论。故以九、六作阳爻阴爻之符号，当在战国中期前后。

正如（九）所说的"察身以知天"。察身能不能知天，固然是一个问题；但在此一前提之下，董氏的基本立足点，依然是人而不是天。因为他的基本立足点依然是人而不是天，人是具体而真实的；所以在他的哲学系统中，依然是以具体而真实的事物作基础。西方由推理所建立的形而上学，在理论形式上，远较董氏的系统为纯净；但他们完全是观念游戏的戏论，而董氏则在戏论中有其真实性。例如他说"祸福所从生"，"无非己先起之，而物以类应之而动者也"（八）；物是否以类相应，是另一问题；但祸福是由己先起之，即是祸福由人自己负责，这是真实而合理的。并且最后的判断，还是（三）的"其内自省以是，而外显不可以不时"，及（九）的"内反于心而定"，此时便解脱了天人关系的纠缠，而回到（二）的合理基础之上。因此，在董氏的庞杂牵附的哲学系统中，可以使合理的与不合理的并存，也正是来自他在方法上合理与不合理并存的缘故。

十、董氏的天的哲学之三——天人关系

（一）天人一也

人为天所生，因而圆颅方趾象天地，这是很古老的传统。董仲舒继承此一传统，而特加以具体化、详密化，他以为这便加强了"天人一也"的说服力量。《观德》第

三十三：“天地者万物之本，先祖之所出也。”《顺命》第七十：“天者万物之祖，万物非天不生。”这都是泛说。下面节录若干具体的材料。

（一）求天数之微，莫若于人。人之身有四肢，每肢有三节，三四十二，十二节相持而形体立矣。天有四时，每时有三月，三四十二，十二月相受而岁终矣。（《官制象天》第二十四）

（二）为生（苏：为生者父母）不能为人，为人者天也，人之人①本于天，天亦人之曾祖父也，此人之所以乃上类天也。人之形体，化天数而成。人之血气，化天志而仁。②人之德行，化天理而义。人之好恶，化天之暖清。人之喜怒，化天之寒暑。人之受命，化天之四时。人生有喜怒哀乐之答，春夏秋冬之类也。喜，春之答也。怒，秋之答也。乐，夏之答也。哀，冬之答也。天之副在乎人，人之情性有由天者矣。（《为人者天》第四十一）

（三）天之大数毕于十③……是故阳气以正月始出于

① 按此句卢谓疑当作“人之为人”似不妥，其意乃谓“人所生之人”。
② 本意是说人之血气由阴阳而来。但重阳而抑阴，此乃天志之仁。所谓“化天志”者，血气虽禀阴阳之气，但对阴阳的态度，一本于天志，故谓“化天志而仁”。
③ 原文“天之大数毕于十旬”，刘师培以“旬”为衍文者是。

地，生育长养于上，至其功必（毕）成也而积十月。人亦十月而生，合于天数也。是故天道十月而成，人亦十月而成，合于天道也。"（《阳尊阴卑》第四十三）

（四）夫喜怒哀乐之发，与清暖寒暑，其实一贯也。喜气为暖而当春，怒气为清而当秋，乐气为太阳而当夏，哀气为太阴而当冬，四气者天与人所同有也，非人所能畜也，故可节而不可止也。节之而顺，止之而乱。人生于天，而取化于天。喜气取诸春，乐气取诸夏，怒气取诸秋，哀气取诸冬，四气之心也。四肢之答各有处如四时，寒暑不可移若肢体。肢体移易其处谓之壬人，寒暑移易其处谓之败岁。（同上）

（五）春，爱志也。夏，乐志也。秋，严志也。冬，哀志也。故爱而有严，乐而有哀，四时之则也。喜怒之祸，哀乐之义，不独在人，亦在于天。而春夏之阳，秋冬之阴，不独在天，亦在于人。人无春气，何以博爱而容众。人无秋气，何以立严而成功。人无夏气，何以盛养而乐生。人无冬气，何以哀死而恤丧。天无喜气，亦何以暖而春生育。天无怒气，亦何以清而秋杀就。天无乐气，亦何以疏（通也）阳而夏养长。天无哀气，亦何以激阴而冬闭藏。故曰：天乃有喜怒哀乐之行，人亦有春秋冬夏之气者，合类之谓也。匹夫虽贱，而可以见德刑之用矣。（《天辨在人》第四十六）

（六）天亦有喜怒之气，哀乐之心，与人相副。以类合之，天人一也。（《阴阳义》第四十九）

（七）故常一而不灭，[①]天之道。事无大小，物无难易，反天之道无成者……一手画方，一手画圆莫能成……是故古之人，物（卢：疑物当作象）而书文，心止于一中者谓之忠，持二中者谓之患。患，人之中不一者也。（《天道无二》第五十一）

（八）天德施，地德化，人德义。天气上，地气下，人气在其间……天地之精，所以生物者，莫贵于人。人受命乎天也，故超然有倚（卢："疑当从下文作'高物'两字"）。物疢疾莫能为仁义，唯人独能为仁义。物疢疾莫能偶天也，唯人独能偶天地。人有三百六十节，偶天之数也。形体骨肉，偶地之厚也。上有耳目聪明，日月之象也。体有空窍理脉，川谷之象也。心有哀乐喜怒，神气之类也。观人之体，一何高物之甚而类于天也。物旁折，取天之阴阳以生活耳，而人乃烂然有其文理……故所取天地少者旁折之，所取天地多者正当之。此见人之绝于物而参天地。是故人之首妾（卢："当作坴，纤粉切，坟起之意"）而员，象天容地。发象星辰也。耳

---

① 按此文上言"阴阳相反之物也，故或出或入"；阳出则阴入，故此时是一于阳；"阴出则阳入"，故此时是一于阴。一于阳之时，阴虽入而隐伏不见，但并非灭绝。一于阴时亦然，故谓"常一而不灭"。

目炫炫，象日月也。鼻口呼吸，象风气也。胸中达知，象神明也。腹饱实虚，象百物也……天地之符，阴阳之副，常设于身，身犹天也。数与之相参，故命与之相连也。天以终岁之数成人之身，故小节三百六十六，副日数也。大节十二分，副月数也。内有五藏，副五行数也。外有四肢，副四时数也。乍视乍瞑，副昼夜也。乍刚乍柔，副冬夏也。(《人副天数》第五十六)

（九）天地阴阳木火土金水九，与人而十者，天之数毕也……人下长万物，上参天地；故其治乱之故，动静顺逆之气，乃损益阴阳之化，而摇动四海之内。(《天地阴阳》第八十一)

在上面的材料中，可以得出五个特点：

第一，董氏为了证明（六）的"人生于天而取化于天"，对"天副之在人者"，说得非常具体而详尽，不使稍有遗漏，有如（一）（二）（四）（五）等，以得出（七）的"身犹天也"的结论。人的形体可以数计的，便使之与天之数相应，如（一）及（九）的"小节三百六十六"等，这即是（八）所谓"于其可数也副数（副于天之数）"。以喜怒哀乐比春秋冬夏等，这都是（七）所说的"不数者副类比"。他所以如此，是要把人镶在整个天的构造中，以确立人的不可动摇的地位，及不可逃避的责任。这些说法，现在看来近于儿戏，但董氏却是以非常严肃的态度说出来的。而在方法上，表面上是由天推到人，实际还是由人推到天的意味重。

第二，《中庸》"天命之谓性"，及孟子的人禽之辨，皆在道德上立论。而董氏的"命与之（天）相连"及"人之绝（超绝）于物而参天地"，则除在道德上立足外，更在人的形体上，人的生理上立论。若傅会一点说，这一指向，或可与现代从科学的生理研究以解答人自身的问题，有连结之点。

第三，董氏以前的天，与人总会保持一个相当距离，这在人格神的天固然是如此；即在道德法则性的天，也是如此。人在道德的根源上是由天而来，是与天同质的，因而也可以说是平等的。但人的形气，毕竟与天有一距离，因而受形气之拘的道德，在实现上，除了圣人外，亦必与"纯亦不已"的天道天德有一不能几及的距离，而有赖人的永恒追寻。但董氏从形体生理上，把人说成与天是完全一致，这便把天与人的距离去掉了。此或为董氏自己所不自觉的特征，而意义却非常重大。把董氏个人的突出情绪，及由天所庄严的人生，实际上加以褪色了。

第四，因为第二的特征，便产生此处所说的特征。董氏所说的天，虽然有"天志"、"天心"；同时通过灾异等，显示对人君不德的警告，而人君应由灾异以见天心。并且在《郊祭》第六十七中说"天者百神之大君也"，在《祭义》第七十六中说"祭之为言际也与！祭然后能见不见。

见不见之见者，然后知天命鬼神"；则董氏所说的天，似乎回到古代宗教的人格神上面去了。我相信董氏常常会有宗教神的影像，往来于他的心目之中。但他的天的实体是气，气表现而为阴阳四时五行；认真地思考一下，把气当作人格神来看待，是非常困难的事。因此，他在更多的地方，以很大的比重，从天到人，只当作是一个大的"有机体的构造"，而是可以互相影响的。因为如此，他才可以讲（四）的"哀乐之义，不独在人，亦在于天"；及（八）的"故其治乱之故，动静顺逆之气，乃损害阴阳之化，而动摇四海之内"的这一类的话。这类的话，是天人平等的话。并且（八）这类的话，是互相影响，互相决定，而由人决定天的意义更重。这是董氏及他以后言灾异的理论基本构造。这固然和周以前由天以言祸福的大不相同，因为周以前，人的祸福，完全是由帝、天的人格神所决定，而人完全处于被决定的地位。即使由周初开始，帝、天的人格神对人的祸福，退居于监督的地位，把决定权让给各人自己的行为；但人类行为的好坏，只由人类自己领受应有的结果，断不能影响到人格神的自身。凡是宗教中的最高人格神，他只能影响人，绝不可受人的影响，否则便会由神座上倒了下来。但董氏的天，是与人互相影响的，天人居于平等的地位，于是董氏（八）的"天地阴阳木火土金水九，与人而十"的构造，乃是一个大有机体的构造。（七）的"天气上，地气下，人气在其间"，同样表明是一有机体的构造，这是以阴阳言天道的必然结果。在此一有机体构造中，天人感应，成为由想象所建立起来的平列的因果法则。而把董氏以宗教虔诚之心来说"道之大原出于天"，要求人君当天父的孝子的愿望，在实质上打了折扣。灾异之说，只在极短极小的范围内发生一点效果；此后此外，便完全变成虚文，毕竟不能发挥宗教的力量，其原因在此。可以说董氏以气为基底的天的构造，与他建立天的哲学的宗教情绪，是含有很大的矛盾，而他未尝自觉。他之所以如此，乃在加强人的责任，尤其是要加强人君的责任。所以他在《贤良对策》的第一策中强调："故治乱废兴在于己，非天降命不可得及"；"刑罚不中，则生邪气。邪气积于下，怨恶畜于上，上下不和，则阴阳缪戾而妖孽生矣，此灾异所缘而生也"。这样，所言者虽是表现天心的灾异，而实质所讲的是人君行为的过失，这样才把灾异能紧紧地扣住人君身上。其矛盾处，乃在由人间"邪气"之所积而成灾异，则所谓"天心"云者，亦是由"邪气"所积而见，则天心是被动的气体，没有真正超越而纯一的天心了。

第五，按照（八）的"天之数毕于十"的构造中，言天人的关系，五行也应居于重要的地位。但在上引的材料中，除了（七）中有"内有五藏，副五行数也"一语外，其他多就阴阳尤其是多就四时以立言；而四时的性格，及人与之相应的性情，全本于《吕氏春秋》的十二纪纪首，此外几乎没有提到五行；这在思想的发展上，也有特别的意义。因为十二纪纪首，虽然把五行配到四时四方加中央里面去了，但除"盛德在木"这类的一句话外，看不出五行有太大的作用。董氏虽对五行观念有了很大的发展，但他既承十二纪纪首以言政治及天人关系，重点完全落在四时上面。四时是少阳太阳、少阴太阴；而如前所述，五行虽然是气，可是并没有融入到阴阳二气中，这便不能不把五行放在一边。所以（八）的"天地阴阳木火土金水九"没有提到四时，固然含有凑足十的数字的用心；但阴阳可以代表四时而不能代表五行，也是一个重大原因。这与后来言天人关系时，五行必居于重要地位，可作一明显的对照。

（二）天与心性

作为人的本质的心、性，董氏的重点是放在性上面。

董氏重视心，这是先秦儒、道两家自孟、庄以后的通义。但对心的内容的认定，则受其天的哲学的影响。《通国身》第二十二"气之清者为精……治身者以积精为宝……身以心为本……精积于其本，则血气相承受……血气相承受则形体无所苦……故治身者务执虚静以致精……能致精，则合明而寿"。这段话，是承战国末期道家养生之说来说心的。《身之养重于义》第三十一，则是站在儒家的立场来谈养心的："天之生人也，使人之生义与利。利以养其体，义以养其心。心不得义不能乐，体不得利不能安。义者心之养也；利者体之养也。体莫贵于心，故养莫重于义。"这里应注意到董氏此处所说的"义以养其心"，虽然是站在儒家的立场，但他既不同于孟子，也不同于荀子。孟子是从道德的立场去把握心，而义由心出，为心所固有。所以孟子只说"养心莫善于寡欲"，站在孟子的立场，只要能寡欲，则心固有之义便会呈现，流露出来。因此，他只说"礼义之悦我心"而不说"义以养心"。义以养心，是义与心为二，孟子认为这是"义外"，是"由外烁我者也"。荀子则从认知能力的方面去把握心，而"虚一而静"的认知本体，为心所固有。所以孟子的心，在道德上有其主宰性。而荀子的心，在认知方面，也有其主宰性。董氏的心，没有从认知的方面显出来，也没有从道德方面显出来，较之孟、荀，都缺乏主宰的力量。何以会如此？这是受他的天的哲学的影响。在他的天的哲学中，两有阴阳之气，阴恶而阳善；"人受命乎天"（《人副天数》第五十六），即承受了阴阳之气于天。虽然承受了阳之善，也承受了阴之恶。于是心的作用是"柱①众恶于内，弗使

---

① 卢文弨谓："柱《说文》作椟，如甚切，弱貌。盖恶强则肆见于外，故欲由驯之使无暴也。"刘师培以为"柱当作任，训当，犹言捍御众恶也"。苏舆引"俞云，柱疑袵"。又云："今按袵者衣襟也。襟有禁御之义……《释名·释丧制》，小要又谓之袵，袵，任也，任制际会，使不解也……柱众恶于内，弗使得发于外，正取任制之义。"按苏说与刘说同，似可从。

得发于外者心也。故心之为名栚也。人之受气，苟无恶者，心何栚哉。吾以心之名，得人之诚。人之诚，有贪有仁。仁贪之气，两在于心"。所以要靠心去栚。由此可知董氏所认定的心的作用，只在"任制"众恶于内，自然在道德与知识两方面，都缺乏积极的主宰的意义，这和他对人性的看法也有关系。

董仲舒的人性论，是通过三个途径所建立起来的。三个途径，经董氏把它交织在一起。第一个途径是通过由他所夸张的《春秋》的正名思想，所以他正面所提出的人性论，便安放在《深察名号》篇第三十五里面，再继之以《实性》第三十六。他在《深察名号》篇中说"今世暗于性，言之者不同；胡不试反性之名。性之名非生与？如其生之自然之资，谓之性。性者质也。诘性之质，于善之名，能中之与？既不能中矣，而尚谓之质善，何哉？性之名不得离质。离质如毛（如毛之细），则非性矣"。按性字从生，是表示生而即有的本能，亦即此处之"如其生之自然之资"；若扣紧此点以作判断，则以告子的性无善无不善，最为合理。但仲舒在此处，只在由性字的正名，实即由性字的训诂，以否定性善之说，不同于告子的判断。因为董氏认为性是既有善，又有恶的。上引"故心之为言栚也"，是以心栚声近作心的训诂，这在他是由正名以得其义。又说"民之号取之瞑也。使性而已善，则何故以瞑为号……效天所为，为之取号，故谓之民。民之为言，固犹瞑也。

随其名号以入其理，则得之矣"。这是以声同义同作民的正名，再由民的正名，以否定性善之说，更是出于牵强附会。所以由文字上的正名，实即由文字的训诂，以解答有思想性的重大问题，都是先有了主观的成见，再在训诂上作傅会的。这是最坏的方法。

第二个途径，是通过他的天的哲学。他说："天两有阴阳之施，身亦有贪仁之性。天有阴阳（刘师培：阳，衍文）禁，身有情欲柜，与天道一也。是以阴之情不得干春夏，而月之魄常压于日光，乍全乍伤。天之禁阴如此，安得不损其欲而辍其情以应天？"（《深察名号》）又："天地之所生谓之性情，性情相与为一瞑，[①]情亦性也（此性指"生而即有"言，意谓情亦生而即有）。谓性已善，奈其情何。故圣人莫谓性善，累其名也……身之有性情也，若天之有阴阳也。言人之质而无其情，犹言天之阳而无其阴也。穷论者无时受也。"（同上）按在董氏以前的儒家，性内而情外，性向外发为情。性情虽有内外之不同，但在性格上是相同的。所以若主张性善，则情亦善。若认为性恶，则情亦恶。《庄子·德充符》有"惠子谓庄子曰：人故无情乎？庄子曰：然"的一段问答，则系将情与德（即《外

---

① 按上文"民之为言瞑也"，此处之"性情相与为一瞑"，或系指性情二字之音，合在一起，近于瞑。或指此处瞑字系承上文"民之为言瞑也"而言，实即指的是民。

篇》之所谓性）相对立，已有性善情恶之意。至董氏则显然将性与情分开，认为性善而情恶；此一分别对后来言性的，发生了很大的影响。董氏这种性与情的分别，虽然来自他的阳善而阴恶的天的哲学，但性情与阴阳的关系，只是"比拟性质"的关系，绝不曾说性由阳生，情由阴生，但《孝经钩命诀》谓"情生于阴，欲以时念也。性生于阳，日以就理也。阳气者仁，阴气者贪，故情有利欲，性有仁也"。《孝经援神契》："性生于阳，以理执情。情生于阴，以系念。"此乃由董氏之说而更向前发展一步，此亦为纬书多受董氏思想影响之一证。《白虎通·情性》篇："性者阳之施，情者阴之化也。"乃《孝经纬》之说，得到官式的承认。许氏《说文》十下："情，人之阴气，有欲者。""性，人之阳气，性善者也。"将阴阳纳入于人生命之内以言情性，则其说更推进一步，而其发端皆始于董氏。

第三个途径，是出于对政治的要求。自战国中期以来，儒家言治道之隆，期于能移风易俗，此意在西汉特为盛行。董氏则更进一步指出移风易俗之根源在于民性之善，而民性之善，乃来自良好的政治环境。《盟会要》第十："天下者无患，然后性可善。性可善，然后清廉之化流。清廉之化流，然后王道举，礼乐兴。"《正贯》第十一："故明于性情，乃可与论为政。"《天地阴阳》第八十一："世治而民和，志平而气正，则天地之化精，而万物之美起。世乱而民乖，志僻而气逆，则天地之化伤，气生灾害起（卢：

气上疑脱一字）。”这几句话虽然主要是说治化所及于天地之影响，但亦说明了治乱与民性的关系。因此，董氏把性善性恶的问题，一方面视为若阴阳之所固有，一方面又视为可由政治治乱所左右；领导政治的王，对民性之善恶，负有很大的责任。所以他在《深察名号》中强调："性如茧如卵。卵待覆而为雏，茧待缲而为丝，性待教而为善。此之谓真天。天生民，性有善质而未能善，于是为之立王以养之，此天意也。民受未能善之性于天，而退受成性之教于王。王承天意以成民之性为任者也。今案其真质而谓民性已善者，是失天意而去王任也。万民之性苟已善，则王者受命，尚何任也……今万民之性，待外教然后能善，善当与教，不当与性。"在过去，人性的展出受政治的影响，有如今日受社会环境的影响相同；由此以加强政治领导者的责任，这是可以站得住脚的。他在《贤良三策》中，特别强调学校教育的重要性，皆由此而来。但由性向外展出的情形，以推论性的内存在的性格，便不十分妥当。

在上述三个途径中，都加入有董氏个人的体验及对社会的观察在里面，所以即使在不合理中，依然含有合理的根据，并非全系戏论。由上述三个途径所建立的人性论，有一个总的目的，即是否定孟子的性善说。但严格加以分析，问题是相当夹杂的。

从积极方面把握董氏的性论，应当从两端着手。

第一，董氏对性的基本认定，是善的而不是恶的。《玉杯》第二："人受命于天，有善善恶恶之性。"《竹林》第三："正也者，正于天之为人性命也。天之为人性命，使行仁义而羞可耻。非若鸟兽然，苟为生，苟为利也。"《玉英》第四："凡人之性，莫不善义。然而不能义者，利败之也。"这都是立基于性善以为言，与孟子性善之说，并无大差异。顺着董氏性善而情恶的理路，若认定性是内而情是外，则性善的前提可以保持不变。但他站在"如其生之自然之资谓之性"的立场，便说"情亦性也"。于是性与而情，是并列并存的关系，而不能如后儒分作内外先后来看待。因此董氏虽将性与情分而为二，而在用辞为一，于是他因"情亦性"，而不得不变动他的性善的前提，这是第一个夹杂。他又说：

> 故性比于禾，善比于米。米出禾中，而禾未可全为米也。善出性中，而性未可全为善也。（《深察名号》第三十五）

上面的话，又见于《实性》第三十六；这与前引的卵雏茧丝之喻，在董氏认为是性质相同的比喻。但严格地说，"禾未可全为米"，"性未可全为善"，这是说禾中除米以外尚有与米相对的非米；性中除善以外，尚有与善相对的非善。但就"茧有丝而茧非丝也，卵有雏而卵非雏也"（《深察名号》第三十五），及"禾虽出米，而禾未可谓米也，性虽出善，而性未可谓善也。米与善，人之继天而成于外也"（《实性》第三十六）的话来分析，茧与丝，卵与雏，性与善，只是工夫上的成长的问题。卵非雏，只是工夫未到，不可谓卵中含有与雏相对的异质成分。"性未可谓善"，也只是工夫未到，不可谓性中含有与善相对的异质成分。所以这与"性未可全为善"的内涵，并非完全相同。董氏自己未必做过这种分析，而只是当做相同的命题；然则他到底是侧重在"性未可全为善"，而把情包括在性之内呢？抑是侧重在"性未可谓善"，并未认性中含有与善相对的异质分子呢？从全文看，董氏是略过这种夹杂而侧重后一说法的意义。所以他说："或曰，性有善端；心有善质，尚安非善。"（《深察名号》第三十五）在这一假设的"或曰"中，他承认了性有善端，心有善质。又说"性有善端，动之爱父母，善于禽兽，则谓之善。此孟子之善"。孟子以四端言性善，[①] 也是说性有善端，董氏和孟子在这种地方，并无不同；而董氏由天的阴恶阳善的哲学以言"人亦有贪仁之性"，并以情与性相对而言性，皆不应存在。但董氏却转一个弯以回护自己"性未可全为善"的主张，认定孟子所说的善于禽兽之善，即是善端之善，不能算善，而必须以圣人之所谓善才算是善。以圣人之所谓善才算是善，当然可以说"性未可谓善"。他继承上引的一段话说：

---

① 见《孟子·公孙丑上》"人皆有不忍人之心"章。

循三纲五纪，通八端（未详）之理，忠信而博爱，敦厚而好礼，乃可谓善，此圣人之善也……非善于禽兽则谓之善也。使动其端善于禽兽则（即）可谓之善，善奚为弗见也？夫善于禽兽而不得名善，犹知于草木而不得名知……圣人以为无王之世，不教之名，民莫能当善。善之难当如此，而谓万民之性皆能当之，过矣。质于禽兽之性，则万民之性善矣。质于人道之善，则民性弗及也……孟子下质于禽兽之所为，故曰性已善。吾上质于圣人之所善，故谓性未善。（《深察名号》第三十五）

孟子立言之主旨，在启发人之自觉自信，所以就四端以言性善。就四端以言性善，并非如董氏所说的"性已善"，而是说"性是善"。因性是善，则一切之善，皆由此扩充而出。孟子并不是忽视政治，尤其是经济对人性展现的影响；他再三强调"若夫民苟无恒产，斯无恒心"，而主张行王政"以制民之产"。① 但人性的善端，纵然因政治经济的压迫而受阻抑，其善的根苗终不可得而泯灭，否则人类的社会生活不可能建立起来。董氏立言的主旨，则在强调王者对人性所负的责任，要由此以实现他的建立学校教化

---

① 见《孟子·梁惠王上》"齐宣王问曰，齐桓、晋文之事，可得闻乎"章，及《滕文公上》"滕文公问为国"章。

的理想，此在《贤良对策》中曾再三强调这一点，于是他在这里便说"性未可谓为善"，善有赖于王者之教。因为"性者天质之朴也，善者王教之化也。无其质（善端），则王教不能化。无其王教，则质朴不能善（圣人之所谓善）"（《实性》第三十六）。人性的善端，是怎样也不能否定的。这样一来，在性论起基的地方，他与孟子并无分别，他的由天的哲学而来的"贪仁之性"的说法也自行否定了。

第二，董氏在《实性》第三十六中，除强调上述的"性虽出善，而性未可谓善"的论点以外，更提出"圣人之性，不可以名性。斗筲之性，又不可以名性，名性者中民之性。中民之性，如茧如卵，卵待覆二十日而后能为雏，茧待缲以涫汤而后能为丝，性待渐于教训而后能为善"。在上述一段话中，除了他继续强调教化的功用外，实际是把性分为上中下三等。上等之性不待教，下等之性虽教无益。中等之性，有善之端，须待教而成。若摆脱由正名以论性，由天的哲学以论性，董氏性论的归趋，与《淮南子》中儒家的性论没有很大的出入，这可能是当时儒家一般的看法。

（三）天与伦理

在董氏天的哲学下的伦理构造，除了在"天之性格"一节中，引有《五行对》第三十八言"忠臣之义，孝子之行，取之士"，及《五行之义》第四十二言五行乃父子关系外，兹更略引有关资料如下：

（一）天出至明，众知类也，其伏无不照也。地出至晦，星日为不敢暗。君臣父子夫妇之道取之此。(《观德》第三十三)

（二）勤劳在地，名一归于天……故下事上，如地事天也，可谓大忠矣。(《五行对》第三十八)

（三）丈夫虽贱皆为阳，妇人虽贵皆为阴。阴之中，亦相为阴，阳之中，亦相为阳。诸在上者皆为其下阳，诸在下者各为其上阴。阴犹沉也，何名何有（言阴无名无有），皆并于一阳（阴将自己之名及其所有，皆归并于阳），昌力而辞功……上善而下恶。恶者受之，善者不受。(《阳尊阴卑》第四十三)

（四）是故春秋君不名恶，臣不名善。善皆归于君，恶皆归于臣。臣之义比于地，故为人臣者，视地之事天也。为人子者，视土之事火也。虽居中央，亦岁七十二日之王，传于火，以调和长养，然而弗名者，皆并功于火，火得以盛，不敢与父分功美，孝之至也。是故孝子之行，忠臣之义，皆法于地也。(《王道通三》第四十四)

（五）凡物必有合……阴者阳之合，妻者夫之合，子者父之合，臣者君之合。物莫无合，而合各有阴阳。阳兼于阴，阴兼于阳。夫兼于妻，妻兼于夫。父兼于子，子兼于父。君兼于臣，臣兼于君。君臣父子夫妇之义，皆取诸阴阳之道。君为阳，臣为阴。父为阳，子为阴。夫为阳，妻为阴。阴道无所独行，其（阴）始也不得专起。其终也不得分功，有所兼之义。是故臣兼功于君，子兼功于父，妻兼功于夫，阴兼功于阳，地兼功于天。（《基义》第五十三）

（六）是故仁义制度之数，尽取之天。天为君而覆露之，地为臣而持载之。阳为夫而生之，阴为妇而助之。春为父而生之，夏为子而养之，秋为死而棺之，冬为痛而丧之，王道之三纲可求于天。（同上）

（七）父者子之天也，天者父之天也……万物非天不生。独阴不生，独阳不生，阴阳与天地参，然后生。故曰父之子也可尊，母之子也可卑。尊者取尊号，卑者取卑号。故德侔天地者，皇天右而子之，号称天子。其次有五等之爵以尊之，皆以国邑为号。其无德于天地之间者，州国人民。（《顺命》第七十）

（八）天子受命于天，诸侯受命于天子。子受命于父，臣妾受命于君，妻受命于夫。诸所受命者，其尊皆天也，虽谓受命于天亦可。（同上）

由上面的材料，可以了解董氏把人伦的关系，都配入到天地阴阳五行中去，将先秦儒家相对性的伦理，转变为绝对性的伦理；甚至如（八）中以爵位代表德，卑视"州国人民"为"无德于天地之间"，这是他在文化上所遗留的无可原谅的巨大毒害，这是与董氏的初心完全相反的。在董氏以前，不论在内容上、在名词上，绝无三纲之说。只有董氏，在《深察名号》第三十五及《基义》第五十三，闻始提出"三纲"一词；据（六）所谓三纲，是指君臣夫妇父子各尽其分而言，并非指的"君为臣纲，父为子纲，夫为妻纲"。"君为臣纲，夫为妻纲"之说，出于纬书《含文嘉》，此又为纬书多演绎自董氏之一证。《含文嘉》之说，被《白虎通》所采用，遂成为后儒所奉的天经地义。覆按《白虎通·三纲六纪》篇的内容，人伦间尚保持先秦儒家相对义务之意义，在过去的社会结构中，仍有团结而非相压制的意义，较之董氏以阳贵阴贱，阳善阴恶来配入人伦关系的新说为胜。而在现实上说，人群相处，为了建立秩序，必有人为之纲，有人为之纪；纲纪之说，又何可废弃？但后世的暴君顽父恶夫，对臣子妻之压制，皆援三纲之说以自固自饰，且成为维护专制体制，封建制度的护符，而其端实自仲舒发之。立言之不可不慎，学术趋向之不可或偏，矫枉之不可过正，中庸之道之所以为人道之坦途，皆应于此得其启发。

（四）天与养生

《吕氏春秋》中的道家思想，特致力于养生；而秦汉之际，方技之徒，神仙之说，尤以养生为修练之事。仲舒受时代风气及战国末期道家的影响，亦重视养生，前面已经提到。但他养生之说，虽取自道家，但亦套在他的天的哲学里以作其根据，反转来又给后来道教言养生者以影响。

《循天之道》第七十七全篇，及《天地之行》第七十八①的前一段，都是言养生之道。归纳他的要旨，乃在循天的中和之道以养气。而气的突出表现为男女性交，故须按阴阳之合以节男女之欲。气来自饮食，故须由五行生克之理以选择适于养气的食物。《循天之道》第七十七一开始便说："循天之道，以养其身，谓之道也。"天之道是什么呢？"天有两和，以成二中……北方之中，用合阴（阳合于阴）而物始动于下；南方之中，用合阳（阴合于阳）而养始美于上。其动于下者，不得东方之和不能生，中春是也。其养于上者，不得西方之和不能成，中秋是也"，这是以北方（冬）南方（夏）为天之"二中"，东方（春）西方（秋）为天之二和；阳气合阴气于北方之中，向东移动而与东方阴阳之和相合，物由动于下而生。东方之和以中春为准，阴气合阳气于南方之中，向西移动，而与西方阴阳之和相合，物由养于上而成熟。西方之和，以中秋为准。接着说"中者天地之所终始也，而和者天地之所生也。夫德莫大于和，而道莫正于中……能以中和养其身者，其寿极命"。这应算是他的养生的总论。他又说：

———

① 凌曙注本将此段移归《循天之道》第七十七。

"故养生之大者乃在爱气。气从神而成，神从意而出。心之所之谓意。""意劳者神扰，神扰者气少，气少者难久矣。故君子闲欲止恶以平意，平意以静神，静神以养气。气多而治，则养身之大者得矣。"他所说的"神扰者气扰"，指情绪及居处而言。因为他认为"泰实则气不通，泰虚则气不足。热胜则气□，寒胜则气□，泰劳则气不入，泰佚则气宛（卢：宛读为郁，下同）；怒则气高，喜则气散，爱则气狂，惧则气慑。凡此十者气之害也，而皆生于不中和。故君子怒则反中（反于中）而自悦以和，喜则反中而收之以正，忧则反中而舒之以意，惧则反中而实之以精，夫中和之不可不反如此"。使情绪保持中和的状态，是养气养生之要，这是可以成立的。但与董氏所说的由北东南西的方位，冬春夏秋的季节，以言阴阳运行的中和，不仅毫无关系；而阴阳运行中和的一套说法，显然是为了给人的中和精神状态以天的根据所建立起来的。

大概董氏认为男女的房事，乃气的突出表现，与养气有密切关系，所以在《循天之道》七十七中，特提出加以说明。他说："男女之法，法阴与阳。阳气起于北方，至南方而盛，盛极而合乎阴。阴气起乎中夏，至中冬而盛，盛极而合乎阳。不盛不合。是故十（当作六）月而壹俱盛，终岁而再合。"男女之事，以此为法，"使男子不坚牝不家室，阴（女）不极盛不相接"。"天地之阴阳当男女，人之男女当阴阳"，"向秋冬而阴来，向春夏而阴去。是故古之人，霜降而迎女，冰泮而杀（减少）内（房事）……天地之气，不致盛满，不交阴阳。是故君子爱气而游（卢：游上当有谨字）于房，以体天也。气不伤于以盛通，而伤于不时天并（苏：按并即屏字，言为天所屏弃）……君子治身不敢违天。是故新牡十日（钱：当作六日）而一游于房。中年者倍。新牡始衰者倍，中年中衰者倍。始衰大衰者，以月当新牡之日（六月行房一次），而上与天地同节矣。此其大略也"。汉室自朝廷以至诸侯王及一般权贵，在男女关系上的荒淫无度，由《廿二史札记》卷三"汉诸王荒乱"条，可见一斑。董氏两相骄王，对各种荒淫情形，当然耳熟能详，所以他把此一问题安放在他的天的哲学中去加以补救。

《天地之行》第七十八的前一段，董氏是就食物以言养生的。他说"是故春袭葛，夏居密阴，秋避杀风，冬避重漯（卢：疑是湿），就其和也。衣欲常漂（疑当作溧），食欲常饥，体欲常劳，而无长佚居多也"。这是就一般的生理养生而言，是有经验上的根据的。但他接着便套入五行厌胜（克）中去求服食的根据了。"凡天地之物，乘以（于）其泰而生，厌于其胜而死。四时之变是也。故冬之水气，东加于春而木生，乘其泰也。春之生，西至金而死，厌于胜也。生于木（春）者至金（秋）而死（金克木）。生于金（秋）者至火（夏）而死（火克金）……饮食臭味，每至一时，亦有所胜，有所不胜之理，不可不察也。四时不同气，气各有所宜。宜之所在，其物代美，而荼以夏成，此可以见冬夏之所宜服矣。冬水气也，荠甘味也。乘于水气而美者，甘胜寒也……夏火气也，荼苦味也。乘于火气而成者，苦胜暑也。天无所言，而意以物。物不与群物同时而生死者，必深察之，是天之所以告人也。故荠成告之甘，荼成告之苦也……是故当百物大生之时，群物皆生，而此物独死；可（可上作有其字读）食者，告其味之便于人也；其不食者告杀秽除害之不待秋也。当物之大枯之时，群物皆死，如（而）此物独生，其可食者益食之……其不可食，益畜之……君子察物之异以求天意，大可见矣。"在这段话中，是以一部分经验为基础，而附以五行压胜之说。此一说法，也常被医者药性的说明所采用。但他在此处，没有提药物问题，在事实上还是比较平实的。

十一、天与政治

董氏的天的哲学，实际是为支持他的政治思想而建立的。政治的统治者是人，被统治者也是人。所以上面所说的天与人的关系，在政治问题中，也成为基本的因素，但政治是人与人的关系中很突出的部分。下面略述董氏把政治问题拿到他的天的哲学中所作的处理。

（一）圣人、君道

圣人是理想性的君主。而"圣人不则天地不王"（《奉本》第三十四），"圣人视天而行"（《天容》第四十五），"圣人之道，同诸天地"（《基义》第五十三），"圣人副天之所以为政"（《四时之副》第五十五），"行天德者谓之圣人"（《威德所生》第七十九）。可见圣人与天是不可分的。

在天与君主的关系上，董氏首先强调了"君权神授"说。"人之得天得众者，莫如受命之天子"（《奉本》第三十四），"受命之君，天意之所予也；故号为天子者，宜视天如父，事天以孝道也"（《深察名号》第三十五），"故德侔天地者，皇天右而子之，号称天子"（《顺命》第七十），这都是君权神授说。而人主在政治中的地位，由下面的话，即可了解其居于决定性的绝对权威性的地位。"海内之心，悬于天子。"（《奉本》第三十四）"君者民之心也，民者君之体也。""天地人主一也。"（《为人者天》第四十一）"人主立于生杀之位，与天共持变化之势。"（《王道通三》第四十四）"一国之君，其犹一体之心也。隐居深宫，若心之藏于胸。至贵无与敌，若心之神无与双也。"（《天地之行》第七十八）"为人主者，居至德之位，操杀生之势，以变化民。民之从主也，如草木之应四时也。"（《威德所生》第七十九）上面的说法，也可以算作是大一统专制下的君权的反映。因为董氏把君权提得这样高，于是他不知不觉地，接受了一部分战国末期的道家思想及法家思想，将人君加以神秘化。《立元神》第十九：
"君人者国之证（征）也，不可先倡，感而后应。""故为
人君者谨本详始，敬小慎微。志如死灰，形如委木，安精
养神，寂寞无为；休形无见影，掩声无出响。虚心下士，
观来察往。"《保位权》第二十："为人君者，居无为之位，
行不言之教。寂然而无声，静而无形。执一无端，为国源
泉。"这是道家而实已通向于法家的思想。《立元神》第
十九："为人君者，其要贵神。神者不可得而视也，不可
得而听也。是故视而不见其形，听而不闻其声。声之不闻，
故莫得其响。不见其形，故莫得其影，莫得其影，则无以
曲直也。莫得其响，则无以清浊也。无以曲直，则其功不
可得而败。无以清浊，则其名不可得而度。"这便是法家由
尊君而将君权神秘化之实。但在神秘化的后面，必须赖威
权加以支持。所以《保位权》第二十说："国之所以为国者
德也，君之所以为君者威也。故德不可共，威不可分。德
共则失恩，威分则失权。失权则君贱，失威则民散。"这更
是与儒家君道相反的法家面目。董氏所以有此夹杂，来自
他把人君的权威提得太高。人君既有这样高的权威，谁能
对他加以控御而纳之于正轨呢？这种控御人主的力量，在
地上是找不出来的，于是董氏只好想出由君权神授，而要
求人主知天法天，把人主的行为，纳入于他所主张的与天
道相配合的君道之中。《如天之为》第八十：

夫王者不可以不知天……天意难见也，其道难理；故明阳阴入出实虚之处，所以观天之志。辨五行之本末顺逆小大广狭，所以观天道也。天志入（钱学源云：天志入，当是天志仁），其道也义。为人主者，予夺生杀，各当其义，若四时。列官置吏，必以其能，若五行。好仁恶戾，任德远刑，若阴阳，此之谓配天。

上面一段话，可以说是人主法天的总纲领。不过由阴阳五行的动向以知天，只是知天的一个方面。此外董氏更提出另一面的知天方法是"为人主也，道莫明，省身之天，如天出之也。使其出也，若天之出四时，而必忠其受也"（《为人者天》第四十一）。"为人主之道，莫明于在身之与天同者而用之，使喜怒必当义乃出，如寒暑之必当其时乃发也。使德之厚于刑也，如阳之多于阴也"（《阴阳义》第四十九）。下面的话，都是要求人主法天以成君道的。

（一）天地之数，不能独以寒暑成岁，必有春夏秋冬。圣人之道，不能独以威势成政，必有教化。故曰：先之以博爱，教以仁也。难得者君子不贵，教以义也。虽天子必有尊也，教以孝也。必有先也，教以弟也。此威势不足独恃，而教化之功，不亦大乎？（《为人者天》第四十一）

（二）明王正喜以当春，正怒以当秋，正乐以当夏，正哀以当冬，上下法此以取天之道。是故春喜夏乐，秋忧冬悲，悲死而乐生，以夏养春，以冬丧秋，大人之志也。是故先爱而后严，乐生而哀终，天之当（常）也；而人资诸天，大德而小刑也。是故人主近天之所近，远天之所远；大天之所大，小天之所小。是故天数右阳而不右阴，务德而不务刑。刑之不可任以成世也，犹阴不可任以成岁也。为政而任刑，谓之逆天，非王道也。（《阳尊阴卑》第四十三）

（三）古之造文者，三画而连其中，谓之王。三画者天地人也，而连其中者通其道也。取天地与人之中以为贯而参通之，非王者孰能当是？故王者惟天之施。施（疑当作法）其时而成之，法出命而循之诸人，法其数而以起事，治其道而以出法，治其志而归之于仁。仁之美者在于天，天仁也……人之受命于天，取仁于天而仁也……天常以爱利为意，以养长为事，春夏秋冬，皆其用也。王者亦常以爱利天下为意，以安乐一世为事，好恶喜怒而备用也……天出此物（暖清寒暑）者时，则岁美，不时则岁恶。人主出此四者义，则世治，不义则世乱。是故治世与美岁同数，乱世与恶岁同数，以此见人理之副天道也。（《王道通三》第四十四）

（四）是故天以阴为权，以阳为经……经用于盛，权由于末。以此见天之显经隐权，前德而后刑也……是故人主之大守，在于谨藏而禁内，使好恶喜怒，必当义

乃出……如春夏秋冬之未尝过也，可谓参天矣。深藏此四者而勿使妄发，可谓天矣。（同上）

（五）天之道，春暖以生，夏暑以养，秋清以杀，冬寒以藏；暖暑清寒，异气而同功，皆天之所以成岁也。圣人副天之所行以为政，故以庆副暖而当春，以赏副暑而当夏，以罚副清而当秋，以刑副寒而当冬。庆赏刑罚，异事而同功，皆王者之所以成德也。庆赏刑罚，与春夏秋冬，以类相应也，如合符。故曰：王者配天，谓其道。天有四时，王有四政，通类也，天人所同有也。（《四时之副》第五十五）

上述以阴阳言任德而不任刑，以四时言喜怒哀乐，必当于义乃发，使四政皆得其当。而其总的归结则在于仁，在于教化；此意又见于《天容》第四十五，《天辨在人》第四十六，《阴阳位》第四十七，《阴阳终始》第四十八，《阴阳义》第四十九，《天道无二》第五十一，《暖燠孰多》第五十二，《基义》第五十三，《威德所生》第七十九，《如天之为》第八十。叮咛反复，这是仲舒的主要政治思想。

（二）五行与官制

在上述主要政治思想中，除了《五行顺逆》第六十，言各行政令所宜，及失宜失德而引起灾变外，没有用上五行的观念。五行的观念，只用到列官置吏方面。《如天之为》第八十："列官置吏，必以其能，若五行。"《五行相生》第五十八，正为适应五行而建立五官的：

东方者木，农之本，司农，尚仁。进经术之士，道之以帝王之路……下知地形肥硗美恶。立事生则因地之宜，召公是也。亲入南亩之中，观民垦草发淄（菑），耕种五谷，积蓄有余，家给人足，仓库充实，司马食谷。司马，本朝也。本朝者火也，故曰木生火。

南方者火也，本朝司马尚智。进贤圣之士……至忠厚仁，辅翼其君，周公是也……天下既宁，以安君官者司营也。司营者土也，故曰火生土。

中央者土，君官也，司营尚信。卑身贱体……以厉主意……执绳而制四方，至忠厚信，以事其君，拔义割恩，太公是也……威武强御以成大理者司徒也。司徒者金也，故曰土生金。

西方者金，大理司徒也，司徒尚义。臣死君而众人死父……至廉而威，质直刚毅，子骨（胥）是也……伐有罪，讨不义……寇贼不发，邑无狱讼，则亲安。执法者司寇也，司寇者水也，故曰金生水。

北方者水，执法司寇也，司寇尚礼。君臣有位，长幼有序……据法听讼，无有所阿，孔子是也。为鲁司寇，断狱屯屯（卢：疑即肫肫），与众共之，不敢自专，是死者不恨，生者不怨，百工维时，以成器械。器械既成，以给司农，司农者田官也。田官者木，故曰水生木。

在《五行相胜》第五十九中，又用五行相克的观念，说明表征木的司农失职，则由表征金的"司徒诛之"。表征火的司马失职，则由表征水的司寇诛之。表征土的司营失职，照"木胜土"的观念，应由表征木的司农诛之；但董氏也觉得司农尚仁，司营又是"君之官"，所以只引楚灵王在乾豁被弑的故事，而结之以"故曰木胜土"，并没有明说司农诛之。表征金的司徒失职，由表征火的司马诛之。表征水的司寇失职，则由表征土的司营诛之。以五行配五官，牵强到荒谬的程度。而五官之说，或出自《管子》。《管子·幼官》第八"善习五官"，《五行》第四十一："然后具五官于六府也。""然后作立五行以正天时，五官以正人位。"此外在其他典籍中，似乎没有出现过五官的官制。惟《管子·五行》第四十一所说的五官，一是"春者土司也，夏者司徒也，秋者司马也，冬者李（狱官）"，而未见中央。另一则木是士师，火是行人，土是司徒，金是祝宗、司马，水则无之，大概水是司马，盖简策错乱之故。

董氏在《官制象天》第二十四，演《礼记·王制》[1]

① 《郊事对》第七十一董氏引有"王制曰……"

王者制官，三公九卿二十七大夫八十一元士之说，而多方与天之三月为一时，四时十二月而成岁的数字，以牵强的方法互相副合，由此而证明"以此见天之数，人之形，官之制，相参相得也"；《王制》所提出的官制，本是文帝时的博士们，由数字乘法的神秘化而来，本无现实的意义。再经董氏与"天数"相副合，这只可视作数字游戏，与上述的以五官配五行，同样没有一点意义。《爵国》第二十八，言五等之爵，言军制，言井田制度，在古代史的研究上，有参考的价值。但他依然要说："故治天下如视诸掌上，其数何法以然？曰天子分左右五等，三百六十三人，法天一岁之数，五时色之象也。通佐，十上卿与下卿，而二百四十人，天庭之象也……"便把中间所含的历史意义大大地扰乱了。惟与官制密切相关的《考功名》第二十一，没有与天相副合，所以在他陈述的原则上显得深切笃实；在他所陈述的方法上，或反映了当时，或影响到后来的考绩制度。

十二、余论——《贤良三策》

董氏的著作，在西汉所发生的巨大影响有三：第一是他对《公羊传》的特殊见解，一转手而出现了许多有关的纬书，宏扬扩大，在何休《解诂》以前，殆已成为《公羊传》的定论；一直流传到近代治《公羊》学的人，都未发现与《公羊传》本义天壤悬隔。而《公羊》学又是曾经盛极一时的今文学派的支柱。此一影响，对仲舒而言，虽然是间接的，但确是真实而巨大的。第二是因他言阴阳灾异，经刘向、刘歆父子而形成《汉书》的《五行志》，成为而后史学中非常怪特的一部分，使不经之谈历二千年而不绝。第三，因为他把阴阳五行的思想，牵附到《春秋》与《洪范》中去，以构成他的天的哲学中的一部分，由此以言天人感应与灾异，便引发出眭孟、夏侯始昌、夏侯胜、京房、翼奉、李寻这一批人，各附其所学以组成奇特的天人灾异之说，这是经学发展的一大转折。《汉书·眭两夏侯京翼李传》赞谓：

> 幽赞神明，通合天人之道者，莫著乎《易》、《春秋》。然子贡犹云："夫子之文章，可得而闻；夫子之言性与天道，不可得而闻已矣。"汉兴，推阴阳言灾异者，孝武时有董仲舒、夏侯始昌。昭宣则眭孟、夏侯胜，元成则京房、翼奉、刘向、谷永，哀平则李寻、田终术。此其纳说时君著明者也。察其所言，仿佛一端；假经设义，依托象类，或不免乎亿则屡中。仲舒下吏，夏侯囚执，眭孟诛戮，李寻流放，此学者之大戒也。京房区区，不量浅深，危言刺讥，构怨强臣，罪辜不旋踵，亦不密以失身，悲夫！

由上面的话，可以了解：（一）"假经设义"以言灾异，仲舒实为首倡；所以才说他是"始推阴阳为儒者宗"（《汉书·五行志》），"为群儒首"（《汉书·董仲舒传》赞）。眭孟是他的再传弟子，固不待说，夏侯始昌们当然也是闻风兴起的。（二）班固修《汉书》，虽列有《五行志》，但在上引赞语中，已露出仲舒所建立的天的哲学，在方法上，在征验上，在结果上，至西汉之末，已不复为学术界所完全信服。仲舒在历史中所直接发生的深远影响，并不来自他的规模庞大的著作；而系来自《汉书》本传所录的三篇《贤良对策》，亦即后人所称的天人三策。所以在这里应稍稍提到。

仲舒的《贤良对策》，系应册问所提出的，故不能不受册问所提问题的限制。但大体上说，它是《春秋繁露》的拔萃，或者可以说是一种"浓缩"本。在《春秋繁露》中，许多地方，是以构成他的奇特的哲学体系为主，使读者不容易接受，反而掩没了他许多宝贵的思想内容。《贤良对策》则以现实政治问题为主，他的天的哲学，在力求简括中反退居于不太重要的地位，反容易为人所接受。

第一策的要点：（一）应"勉强"以实行"所繇适于治之路"的道，而道的具体内容是"仁义礼乐"。并指出作乐的功效乃来自天下洽和，而天下洽和的原因，乃在勉强实行仁义礼乐之教。这是针对武帝征聚俗乐，扩充乐府的情形来说的。（二）强调"故治乱废兴在于己，非天降命不可得及"；并指出"受命之符"，"皆积善累德之效"。更指出"废德教而任刑罚，刑罚不中，则生邪气；邪气积于下，怨恶畜于上，上下不和，则阴阳缪戾而妖孽生矣，此灾异所缘而起也"。其目的在加强武帝自身的责任，不可推向天命，这可视为仲舒言灾异的本旨。（三）言人性之寿夭仁鄙，主要来自政治。"故尧舜行德则民仁寿，桀纣行暴则民鄙夭"。更应用他的天的哲学而说"以见天之任德不任刑"，由此指出"今废先王德教之官，而独任执法之吏治民"，"而欲德教之被四海，故难成也"。在这段话中，指出了当时政治上的真正问题，和他针对此问题的政治主张。三策中一切议论，都是环绕此一主张而展开的。（四）承上文而言"德教"之内容，一在"为人君者正心以正朝廷；正朝廷以正百官，正百官以正万民，正万民以正四方"，必如此而始可招致祥瑞。另一则强调应以教化防奸，而所谓教化，乃在"立大学以教于国，设庠序以化于邑，渐民以仁，摩民以义，节民以礼，故其刑罚甚轻而禁不犯者，教化行而习俗美也"。按"大学"一辞，始见于《吕氏春秋》卷四《尊师》篇之"天子入太学祭先圣"；《礼记》中《大学》一篇，亦应成立于此一时代前后，继见于贾谊及贾山。这是自孔子以来，重视教育的具体发展。仲舒在对策中正式提出，卒由理想而成为现实，在中国教育史上有重大意义。（五）仲舒提出了"更化"的要求以贯彻他的政治主张。"更化"与"改制"完全不同，改制没有政治上的实质意义，"更化"则是要把汉所继承秦代以刑为治的政治方向与内容，完全改变过来，而"修饰"、"仁义礼智信"、"五常之道"，亦即是他要把大一统专制政治的方向与内容，加以彻底的转换。在他主张的后面，对汉代现实政治，实作了根本的批评甚至是否定，由此可以看出仲舒的人格与气概。而"五常"一词，恐怕是在此处第一次出现，给而后思想史以很大的影响。

第二策的要点：（一）"臣闻尧受命，盖以天下为忧，而未以位为乐也"。接着指出尧、舜、禹、文王，皆由"务求贤圣"以致治。此乃反驳策问中"盖闻虞舜之时，游于岩郎（廊）之上，垂拱无为而天下太平"的一段话。（二）"臣闻圣王之治天下也，少则习之学，长则材诸位；爵禄以长其德，刑罚以威其恶，故民晓于礼义而耻犯其上。武王行大谊，诛残贼；周公作礼乐以文之。至于成康之世，囹圄空虚四十余年，此亦教化之渐，而仁义之流。""至秦则不然，师申商之法，行韩非之说"，结果"是以刑者甚众，死者相望，而奸不息"。他认为武帝凭借甚厚，"然而功不加于百姓者"，只是没有"因用所闻，设诚于内而致之"；意思是说，闻古人之治道而不诚意实行，便没有意义。仲舒说武帝也是"尧舜之用心"，但未获尧舜的效果，是因为吏治所用非贤。吏治何以所用非贤，是因为平日不注重养士，士是官吏的来源。"夫不养士而欲求贤，譬犹不琢玉而求文采也。故养士之大者莫大乎太学，太学者贤士之所关也，教化之本源也……臣愿陛下兴太学，置明师，以养天下之士。"再接着指出"郡守县令，民之师帅"，乃用非其人，以致"暴虐百姓，与奸为市"。朝廷纵有良法美意，到地方上完全变了质。何以用非其人，是因为储备长吏的"郎中中郎吏"（按属于光禄勋，一面供宿卫，一面作为人才的储备所）多来自"二千石子弟选郎吏，又以富訾，未必贤也"，这与养士是反其道而行。他主张改革吏治的结构，即以太学养士，又使"诸列侯郡守二千石，各择其吏民之贤者，岁贡各二人，以给宿卫（按即上述的光禄勋中的'郎吏'），且以观大臣之能。所贡贤者有赏，所贡不肖者有罚"，如此"则天下之士，可得而官使也"。再改正考绩的方法，"毋以日月为功，实试贤能为上；量才而授官，录德而定位，则廉耻殊路，贤不肖异处矣"。此段话的重大意义有三：一是对于统治阶层的预备军，主张以学校所养之士，代替勋阀豪富子弟；二是以乡举里选的"贡士"，打破统治结构中勋阀集团的固定势力，进一步向天下平民开放政权；三是考绩中的重视实际效能。

第三策的要点：（一）重申他以仁为内容的天的哲学，而认为"圣人法天而立道，亦溥爱而无私。布德施仁以厚之，设谊立礼以导之……古者修教训之官，务以德善化民……今世废而不修，亡以化民，民以故弃行谊而死财利，是以犯法而罪多……以此见古之不可不用也"。"天令之谓命，非圣人不行。质朴之谓性，性非教化不成。人欲之谓情，情非度制不节。是故王者上谨于承天意，以顺命也。下务以教化民，以成性也。正法度之宜，别上下之序，以防欲也。修此三者，而大本举矣。"接着说明人之所以"超然异于群生"，是因为有伦理，知仁义，所以是可以教化的。但必须"以渐而至"，不能求急效。按仲舒之所谓天与古，都有被限定的思想内容，不应当作空泛的了解。

（二）强调"道之大原出于天。天不变，道亦不变"。"故王者有改制之名，亡变道之实"，"道者万世无弊，弊者道之失也。先王之道，必有偏而不起之处，故政有眊而不行，举其偏者以补其弊而已"。"今汉继大乱之后，若宜少损周之文致，用夏之忠者。"按若以道为政治的大原则、大方向，此原则、方向，即在政治以人民为主体，只教、养而不压迫，则"道不变"的话，是可以成立的。而在实行时，因时因俗，"举偏"补弊，依然是一种进步的历史观，与孔子的历史观，大体相合，所以他在这段话中，便引《论语》"孔子曰：殷因于夏礼，所损益，可知也。周因于殷礼，所损益，可知也。其或继周者，虽百世，可知也"的话作证明。但孔子的话，似乎重在"损益"，而仲舒的话，重在"无变道之实"。总之，这绝不是一般所说的复古主义。（三）仲舒认为"迹之古"、"返之于天"之实，在于禁止当时统治阶级，凭借权位以取得经济上的特殊利益，剥削人民的情形，使"利可均布而民可家足"。仲舒的天与古，至此而更有切实的内容。即是以均调的原则，解决人民的生活问题。他说："夫天亦有所分予。予之齿者去其角……是所受大者不得取小也。古之所予禄者不食于力……与天同意者也……身宠而戴高位，家温而食厚禄；因乘富贵之资力，以与民争利于下，民安能如之哉？是故众其奴婢，多其牛羊，广其田宅，博其产业，畜其积委，务此而亡已，以迫蹴民，民日削月朘，寝以大穷。富者奢侈羡溢，贫者穷极愁苦……此刑罚之所以蕃，而奸邪不可胜者也。故受禄之家，食禄而已，不与民争业，然后利可均布，而民可家足。此上天之理，而亦太古之道；天子之所宜法以为制，大夫之所当法以为行也。"按汉由侯王制而有造成政治分裂的危险，这是文帝以来所努力克服的。由列侯制所造成的经济特权的严酷剥削情形，纵然不是得到鼓励，也是得到放任。上文中的"大夫"，实指的是这批列侯及朝廷公卿而言。仲舒这种意思，详见于《春秋繁露·度制》第二十七。但《度制》二十七有一段比较更概括性的话，比《对策》中说得更周衍。

孔子曰：不患贫，而患不均。故有所积重，则有所空虚矣。大富则骄，大贫则忧。忧则为盗，骄则为暴，此众人之情也。圣者……制人道而差上下也，使富者足以示贵而不至于骄，贫者足以养生而不至于忧；以此为度而调均之，是以财不匮而上下相安，故易治也。今世弃其度制而各从其欲……则富者愈贪利而不肯为义，贫者日犯禁而不可得止，是世之所以难治也。

仲舒在《爵国》第二十八中，更强调了井田制的理想，这都说到了政治中的最根本问题。（四）仲舒说："《春秋》大一统者，天地之常经，古今之通谊也。今师异道，人异论，百家殊方，指意不同，是以上无以持一统。法制数变，下不知所守。臣愚以为诸不在六艺之科，孔子之术者，皆绝其道，勿使并进。邪辟之说灭息，然后统纪可一，而法度可明，民知所从矣。"上面这段话，实佚出于册问之外。亦为《春秋繁露》中所未见。但从《士不遇赋》对当时纵横之士嫉恶之深，可知仲舒平日蕴蓄此意甚久，特假此机会正式提出，遂成为学术史上一大公案。按仲舒此一建议的出发点，是为了保证大一统的完整与效率，要求作为政治指针的学术思想，有一个统一的内容与方向。而在今日可以看到的诸子百家中，也只有"六艺之科，孔子之术"，可以在政治上担当此种责任；因为这代表了人道主义的大方向，且含容性较大而流弊较少。加以仲舒所说的"勿使并进"，并不是勿使流通，勿使研究，而是指朝廷不为其立博士。因为汉承秦后，朝廷所立的博士，可以称为"杂学博士"；秦、汉方士盛行，所以博士中也杂有这一类的人。仲舒的建议，只是在"六艺之科，孔子之术"的范围内立博士，换言之，将杂学博士变为"经学博士"或"儒学博士"。仅从政治着眼，也不算有大的差错。且由《汉书·艺文志》看，西汉时学术流通的情形颇为宏富，对学术的态度也颇为公允，并未受建元五年立五经博士的影响。而魏、晋玄言，六朝佛学，皆凌驾儒家而上之。今人对我国学术不发达的原因，不归之于专制政治而一归之于仲舒，尤非事理之平。然仲舒此议，有很大的流弊，则无可讳言。第一，统治者绝不因独尊孔氏而即实行孔子之教，徒授以由权势把持学术、歪曲学术的途辙；开宋、明、清制义八股之先河；使孔子之教，因受到政治权势的利用、歪曲，而腐滥殆尽。第二，在专制时代，政治力量，压倒一切。得立为博士的，借朝廷之力，假"师法"之名，以凌压未得立博士之部门；同为六艺，亦妨妒排挤，无所不至，借以保持其独占的地位与利益；于是在博士之狭隘范围内，亦少真诚从事学术研究之人，学术反因此而更空虚败坏。所以概略言之，立五经博士以后的博士，其水准反不如未立五经博士以前的博士。通观古今中外，学术与现实政治，必有一相当距离，使其能在社会上生根，学术乃有发展可言，政治乃能真得学术之益。所以仲舒一时的用心过当，终于是贻害无穷的。

扬雄论究

一、《汉书·扬雄传》及其若干问题

扬雄一生的学术活动，可以代表西汉学术风气演变的三大阶段。由文帝经景帝到武帝中期，学术风气的主流是辞赋。这是扬雄"少而好赋"的阶段。由景末武初的董仲舒开其端，到武帝中期以后迄于宣、元而极盛的学术风气主流是傅会经义，以阴阳术数讲天人性命的合一。这是扬雄中年后草《玄》的阶段。从成帝时起，开始有人对由术数所讲的天人性命之学发生怀疑，渐渐要回到五经的本来面目，以下开东汉注重五经文字本身了解的训诂学，并出现了以桓谭为先河的一批理智清明的思想家，此在西汉末期，虽未能成为学术风气的主流，但实开始了一个新的阶段。扬雄末年的《法言》，担当了开辟此新阶段的责任。而他以余力所成的《輶轩使者绝代语释别国方言》(简称《方言》)，给清代及现代语言学以莫大影响，成为三百年来的显学。假定讲汉代思想史而不及扬雄，我觉得便没有掌握到两汉思想演变的大关键。

《汉书》八十七上、下的《扬雄传》，在"赞曰"以前，都是采用扬雄的《自序》；这是了解扬雄的基本材料，特简录于后。[①]并应将班固及后人所加上去的若干问题，首先加以澄清。

扬雄字子云，蜀郡成都人也。其先出自有周伯侨者，以支庶初食采于晋之扬，[②]因氏焉，不知伯侨周何别也。扬在河汾之间。周衰而扬氏或称侯，号曰扬侯。会晋六卿争权，韩、魏、赵兴，而范、中行、知伯弊。当是时，逼扬侯，扬侯逃于楚巫山，因家焉。楚汉之兴也，扬氏溯江上，处巴江州。而扬季官至庐江太守。汉元鼎间，避仇复溯江上，处岷山之阳曰郫，有田一廛，有宅一区，世世以农桑为业。自季至雄，五世而传一子，故雄无他扬于蜀。

雄少而好学，不为章句，训诂通而已，博览无所不

① 采用王先谦《汉书补注》本兼参用香港中华书局一九七○年印行的标点校勘本。以下简称中华本。又本文所用《太玄》，系据《四部备要》司马光集注本，参以《四部丛刊》缩印明万玉堂翻宋本。《法言》用汪荣宝《义疏》本。

② 《补注》本作"杨"，宋景祐本及殿本作"扬"。中华本依此将下文注原作"杨"者并校改，本文从中华本。

见。为人简易佚荡，口吃不能剧谈，默而好深沉之思，清静无为，少耆欲，不汲汲于富贵，不戚戚于贫贱，不修廉隅以徼名当世。家产不过十金，乏无儋石之储，晏如也。自有大度，非圣哲之书不好也；非其意，虽富贵不事也。顾尝好辞赋。

先是时，蜀有司马相如，作赋甚弘丽都雅，雄心壮之，每作赋，常拟之以为式。又怪屈原文过相如，至不容，作《离骚》，自投江而死，悲其文，读之未尝不流涕也。以为君子得时则大行，不得时则龙蛇；遇不遇命也，何必湛身哉。乃作书，往往摭《离骚》文而反之，自岷山投诸江流以吊屈原，名曰《反离骚》。又旁《离骚》作重一篇，名曰《广骚》；又旁《惜诵》以下至《怀沙》一卷，名曰《畔牢愁》。《畔牢愁》、《广骚》文多不载，独载《反离骚》，其辞曰……

孝成帝时，客有荐雄文似相如者，上方郊祠甘泉泰畤，汾阴后土，以求继嗣，召雄待诏承明之庭。正月（元延二年），从上甘泉，还奏《甘泉赋》以风（讽），其辞曰……

甘泉本因秦离宫，既奢泰，而武帝复增通天、高光、迎风……游观屈奇瑰玮……且其为已久矣，非成帝所造，欲谏则非时，欲默则不能已，故遂推而隆之，乃上比于帝室紫宫，若曰此非人力之所能，党（倘）鬼神可也……赋成奏之，天子异焉。其三月，将祭后土，上乃率群臣……迹殷周之墟，眇然以思唐虞之风。雄以为临川美鱼不如归而结网，还，上《河东赋》以劝，其辞曰……

其十二月羽猎，雄从……文王围百里，民以为小；齐宣王围四十里，民以为大；裕民之与夺民也。武帝广开上林……周袤数百里。穿昆明池象滇河……非尧、舜、成汤、文王三驱之意也。又恐后世复兴前好，不折衷以泉台，故聊因《校猎》以讽。其辞曰……

明年（元延三年），上将大夸胡人以多禽兽，秋，命右扶风发民入南山，西自褒斜，东至弘农，南驱汉中，张罗罔置罘，捕熊罴豪猪虎豹狖玃狐兔麋鹿，载以槛车，输长杨射熊馆。以罔为周陆，纵禽兽其中，令胡人手搏之，自取其获，上亲临观焉。是时，农民不得收敛。雄从至射熊馆，还，上《长杨赋》，聊因笔墨之成文章，故借翰林以为主人，子墨为客卿以风。其辞曰……

哀帝时，丁、傅、董贤用事，诸附离之者或起家至二千石。时雄方草《太玄》，有以自守，泊如也。或嘲雄以玄尚白，而雄解之，号曰《解嘲》。其辞曰……

雄以为赋者，将以风（讽）也，必推类而言，极丽靡之辞，闳侈巨衍，竟于使人不能加也。既乃归之于正，然览者已过矣。往时武帝好神仙，相如上《大人赋》，欲以风，帝反缥缥有陵云之志。繇是言之，赋劝而不止，明矣。又颇似俳优淳于髡、优孟之徒，非法度所存，贤人君子诗赋之正也，于是辍不复为。而大潭思浑天……（《太玄》本于浑天）……《玄》文多，故不著；观之者难知，学之者难成，客有难《玄》大深，众人之不好也，雄解之，号曰《解难》。其辞曰……

雄见诸子各以其知舛驰，太氐诋訾圣人，即为怪迂，析辩诡辞，以挠世事，虽小辩，终破大道而或（惑）众，使溺于所闻而不自知其非也。及太史公记六国，历楚汉，讫麟止，不与圣人同是非，颇谬于经，故人时有问雄者，常用法应之，撰以为十三卷，象《论语》，号曰《法言》。《法言》文多不著，独著其目……（按即《法言》卷十三之《法言序》。）

赞曰：雄之《自序》云尔。初，雄年四十余，自蜀来至游京师，大司马车骑将军王音奇其文雅，召以为门下史，荐雄待诏。岁余，奏《羽猎赋》，除为郎，给事黄门，与王莽、刘歆并。哀帝之初，又与董贤同官。当成、哀、平间，莽、贤皆为三公，权倾人主，所荐莫不拔擢，而雄三世不徙官。及莽篡位，谈说之士用符命称功德获封爵者甚众，雄复不侯，以耆老久次转为大夫，恬于势利乃如是，实好古而乐道，其意欲求文章成名于后世。以为经莫大于《易》，故作《太玄》。传莫大于《论语》，作《法言》。史篇莫善于《仓颉》，作《训纂》；箴莫善于《虞箴》，作《州箴》；赋莫深于《离骚》，反而广之；辞莫丽于相如，作四赋；皆斟酌其本，相与放依而驰骋云。用心于内，不求于外，故时人皆智（忽）之，唯刘歆及范逡敬焉，而桓谭以为绝伦。王莽时，刘歆、甄丰皆为上公，莽既以符命自立，即位之后，欲绝其原以神前事，而丰子寻、歆子棻复献之。莽诛丰父子，投棻四夷，辞所连及，便收不请。时雄校书天禄阁上，治狱使者来，欲收雄，雄恐不能自免，乃从阁上自投下，几死。莽闻之曰："雄素不与事，何故在此？"间请问其故，乃刘棻尝从雄学作奇字，雄不知情，有诏勿问。然京师为之语曰："惟寂寞，自投阁；爰清静，作符命。"

雄以病免，复召为大夫。家素贫，耆酒，人希至其门。时有好事者载酒肴从游学，而巨鹿侯芭常从雄居，受其《太玄》、《法言》焉。刘歆亦尝观之，谓雄曰："空自苦！今学者有禄利，然尚不能明《易》，又如《玄》何？吾恐后人用覆酱瓿也。"雄笑而不应。年七十一，天凤五年卒，侯芭为起坟，丧之三年。时大司空王邑、纳言严尤闻雄死，谓桓谭曰："子尝称扬雄书，岂能传于后世乎？"谭曰："必传。顾君与谭不及见也。凡人贱近而贵远，亲见扬子云禄位容貌不能动人，故轻其书。昔老聃著虚无之言两篇，薄仁义，非礼学，然后世好之者尚以为过于五经，自汉文景之君及司马迁皆有是言。今扬子之书，文义至深，而论不诡于圣人，若使遭遇时君，更阅贤知，为所称善，则必度越诸子矣。"诸儒或讥以为雄非圣人而作经，犹春秋吴楚之君僭号称王，盖诛绝之罪也。自雄之没至今四十余年，其《法言》大行，而《玄》终不显，然篇籍具存。

扬雄《答刘歆书》，其中有可补《自序》之不足的，简录于下：

> ……又敕以《殊言》（即《方言》）十五卷，君何由知之……雄少不师章句，亦于五经之训所不解。尝闻先代輶轩之使，奏籍之书，皆藏于周秦之室。及其破也，遗弃无见之者。独蜀人有严君平，临邛林闾翁孺者，深好训诂，犹见輶轩之使所奏言。翁孺与雄外家牵连之亲，又君平过误，有以私遇少而与雄也。君平财有千言耳，翁孺梗概之法略有。翁孺往数岁死……而雄始能草文。先作《县邸铭》，《玉佴颂》，《阶闼铭》，及《成都城四隅铭》。蜀人有杨庄者，为郎，诵之于成帝，成帝好之，以为似相如，雄遂以此得外见①……雄为郎之岁，自奏少不得学，而心好沉博绝丽之文。愿不受三岁之奉（俸），且休脱直事之繇，得肆心广意，以自克就。有诏可不夺奉，令尚书赐笔墨钱六万，得观书于石室。

---

① 《文选·甘泉赋》注"见"字上无"外"字。

如是后一岁，作《绣补灵节龙骨》之铭，诗三章，成帝好之，遂得尽意。故天下上计孝廉及内郡卫卒会者，雄常把三寸弱翰，赍油素四尺，以问其异语，归即以铅摘次之于椠，二十七岁于今矣……少而不以行立于乡里，长而不以功显于县官，著训于帝籍。但言词博览翰墨为事，诚欲崇而就之，不可以遗，不可以怠……（《全汉文》卷五十二）

本传中的第一个问题是扬雄的扬字，到底是从手还是从木？这应当是很早存在的问题，经段玉裁、王念孙、朱骏声[①]诸人，从考证的立场，皆主张应从木以后，今人汪荣宝的《法言义疏》及杨树达的《汉书窥管》，皆用"杨"而不用"扬"，似乎已得到了一个结论。事实上并非如此。

按段、王、朱三家的考证，皆从扬雄的世系着眼，认为扬雄自述的世系，皆作"杨"而不作"扬"，则扬雄本人之姓，亦应承其世系作"杨"，而不应作"扬"。但我应首先指出，从世系上考查，并不能为段、王诸人之说作证。古"扬"、"杨"常通用，这是大家所承认的。但《古籀补》仅收《石鼓》及《古钵文》各一从木的"杨"字，

---

① 段王两氏之说见《补注》。朱氏《说文通训定声》"扬"字下谓："又为'杨'之误字。《汉书·扬雄传》，字从手，说者谓子云好奇，特自标异。按雄《反骚》自序世系，当即《左传》杨食我之后。三国杨德祖云，修家子云，老不晓事，则其氏从木可知。"

《古籀补补》仅收《古匋》一个从木的"杨"字。而《古籀补》收有二十四个从手的"扬"字，《古籀补补》收有五个从手的"扬"字，《金文编》收有六十三个从手的"扬"字，殷墟文字中亦收有两个。① 由此可以推知，从手的"扬"字，较从木的"杨"字为早出。并且在西周时代，"扬"字实更有势力。以从木的"杨"字为姓，至西汉而始大行，可能在古典上本为从手的"扬"字，被人于不经意中改为从木的"杨"字。《左传·襄公二十九年》："虞郭焦滑霍扬韩卫，皆姬姓也。"阮元《校记》："诸本作'扬'。《石经》初刻杨，后改从才。段玉裁云：初刻作杨是也。"按所谓《石经》，指唐《开成石经》而言。唐《石经校文叙例》："《石经》……有随刻随改，及磨改字迹，文谊并佳者，盖唐玄度覆定。""杨"与"扬"，在上引一句中，没有训释上的问题，唐玄度们若无根据，何以会把已刻为"杨"改为"扬"？段玉裁又以何为根据，认初刻为是？又昭二十八年"晋杀祁盈及杨食我"《校记》谓"《石经》'杨'字木旁模糊"，殆因勒改之故。毛谊父《六经正误》谓"'扬'字作'杨'误"。以上例推之，毛说亦必可信。而《正义》引五年《传》"谓伯石为杨石"，"在铜鞮杨氏之间"，据《校记》，宋本"杨"皆作"扬"。由此应该可以了解，段玉裁们据扬雄所自述世系，谓在典

---

① 此暂用《说文解字诂林》"杨"、"扬"两字下所征引。

籍上皆作"杨"而非作"扬",因而推论扬雄之姓,应是"杨"而不是"扬",①都不能成立。

再从有关的文献中略作考查。日本京都帝国大学文学部《景旧钞本》(据判断为晚唐之钞本)本《汉书·扬雄传》残卷末,日本静嘉堂宋刊《太平御览》,四部丛刊中宋绍兴本《温国文正司马集》卷七十四《辨杨》。元刊本《风俗通义序》,明刊本《直讲李先生文集》卷二十九《吊杨子》,明刻本《西京杂记》卷三杨子云条,明钞本《华阳国志》卷十杨雄,《四库备要》明刻本《集注太玄》,陈本礼《太玄阐秘外篇》引晋范望《解赞》等皆从木作"杨"。

经赵万里、杨明照判断为中唐草书的《文心雕龙》残卷《辨骚》第五,《诠赋》第八,《铭箴》第十一,《诔碑》第十二,《哀吊》第十三,《杂文》第十四,扬雄之扬皆从手。今日可以看到最早的北宋景祐(一〇三四至一〇三七)本《汉书》,胡刻宋淳熙本重雕《文选》,中华书局影印宋理宗端平乙未朱熹孙刻《楚辞集注》、《楚辞后语》卷第二,扬雄或扬子云之扬,皆从手。《四部丛刊》影印宋刊本《六臣注文选》,宋刊本《资治通鉴》卷三十八,石砚斋翻宋治平监本《扬子法言》,元刊本《元丰类稿》卷三十六《答王深甫论扬雄书》,元刊本朱文公校《昌黎先生集》卷之十一《读荀子》,"扬"字皆从手。

----

① 皆见《补注》引王念孙转引段玉裁之说。

目录书自《汉书·艺文志》以下扬雄之扬皆从手。此亦犹正史编年史中提及扬雄时，其姓皆从手，是一样的情形。亦有一书中从手从木互见的。《四部丛刊》影印明通津草堂刻本《论衡·命禄》篇之扬子云从手，《超奇》篇则从木。缩印明刊本《文心雕龙·诠赋》第八"王杨骋其势"从木。此外称及"扬雄"的，则皆从手。

台湾国立图书馆明代成化年江西藩府覆刊宋咸淳六年导江黎民本《朱子语类》一三七卷，问"扬雄"条"扬"字从手，立之问扬子条，"杨"字又似从木。日本三都发行书肆摹刻明万历本《朱子语类》卷一百三十七"扬雄"、"扬子云"皆从木，但卷一百三十九称"班扬"之扬又从手。盖写刻者，不知班扬是指班固、扬雄，所以保留从手之扬，而写刻到扬子云，则以为并无从手之扬姓，遂改成从木之杨姓。明刊本《文心雕龙》的情形，正与此相反。他知道扬雄的扬从手，但并不知道"王扬"即是王褒与扬雄，所以又从木。此事极富于启发性。

上面只就手头材料稍一清理，可知自唐以来，子云之姓，从木从手，早已纷歧不一，而以从手的占绝对优势。若谓"扬"、"杨"本可通用，故子云之姓，有"杨"、"扬"歧出互用的情形，则何以其他以"杨"为姓的人，从未歧出为从手之扬？所以从木从手，必作一是一非的判断，而不应采融通，实即混淆之论。

由金文加以考查，在西周乃至在东周前期，从手的

"扬"字绝对占优势，但春秋末期以后，正式出现以杨为姓，则除间或有"阳"姓外，皆为从木之杨，至汉而尤著；殆早为社会所共许。段玉裁谓："贡父所见雄《自序》，必是唐以后伪作。"盖段氏之意，雄姓从手，出于宋刘贡父所见的扬雄《自序》。此《自序》，雄之姓从手，所以大家把本是从木的"杨"字亦改为从手的"扬"字，而段氏断定此《自序》是假的。按段氏对所谓"唐以后伪作"，盖指《自序》的写本而言。若刘贡父所看到的扬雄《自序》写本是唐以后人所伪造的，但伪造者将姓氏上本是最通行的从木的"杨"字，改为在姓氏上最不通行的从手的"扬"字，这是很可怪异的情形。更由此而推测钞本与版本中"杨"、"扬"互见的情形，还是由最通行的从木的杨姓，讹为极少见的从手的扬姓？或是由极少见的从手的扬姓，讹为最通行的从木的杨姓？哪一种的可能最大呢？常识判断，将不经见的扬姓，顺手改为耳濡目染的从木的杨姓的可能性要大得多。雄若不自署其姓为从手之扬，他人不得改从木之杨为从手之扬。陈本礼《太玄阐秘外编》引明郭子章《汉扬雄墓记》："予入郫，进诸生……间扬裔，曰……郫无后扬子者。予曰：扬子五世独传一子，宜不蕃。今海内亦鲜扬姓者，微独郫也。"由此可知郫县之杨姓及天下之杨姓，皆不与扬雄同姓，则子云之姓为从手之扬而非从木之杨，更可断定。段又谓"《广韵》'扬'字注不言姓，'杨'字注则云姓"。但同属十阳之"汤"、"方"，注亦皆未言姓，由此而可推论世不应有汤姓方姓吗？我的推测是，追溯到受氏之祖，应为扬而非杨。杨姓成立大盛以后，应为杨而非扬。扬雄在汉，本姓从木之杨。因"汉元鼎间，避仇复溯江上处岷山之阳曰郫"时，始改从木之杨为从手之扬。盖汉代复仇寻仇的风气特盛。因避仇而改姓，而改姓的方式，多采用由原字稍加变更，或采字异音同的方式，这是中国社会中极常见的事情。何况又与子云世系之本为从手之扬相合。改杨为扬，乃出自其五世祖杨季的晚年。因避仇改姓的关系，所以不便与郫县的其他杨姓通族，扬雄便写上"故雄无它扬于蜀"。段王诸人皆忽视本传中"避仇"的意义，以致自相纠扰。雄既承其五世祖改杨为扬，后人便不必代他再改过来。因为他未改姓以前本是姓杨，所以杨修不妨称"吾家子云"。并且因门第观念，傅会名人，从无严格的限制。而王念孙所看到的《郑固碑》中所称"君之孟子，有杨乌（扬雄之子）之才"。汉碑用字最不严格，此观《隶释》所收各碑，即可证明，不必能为王氏之说作证。《说文解字》十二上"扬，飞举也"，扬雄号子云，或亦出于"飞举"之义。

　　本传中的另一问题是扬雄到长安的时间年龄问题。在谈论此一问题时，应先把握一个定石，即是传赞中所说的"年七十一，天凤五年（西纪十八年）卒"。由此上推，雄生于宣帝甘露元年（西纪前五十三年），这是无可怀疑的。问题是发生在本传赞中下面的几句话。"初雄年四十余，自蜀来至游京师，大司马车骑将军王音奇其文雅，召以为门下史，荐雄待诏，岁余，奏《羽猎赋》，除为郎，给事黄门。"王音为大司马车骑将军，为阳朔三年己亥（西纪前二十二年），雄年三十二岁。永始二年丙午（西纪前十五年）王音死，雄年三十九岁。元延二年庚戌（西纪前十一年）雄年四十三，奏《甘泉赋》、《羽猎赋》。若扬雄游京师时先为大司马车骑将军王音的门下史，则雄到长安应在雄年三十二到三十九岁之间，不得言"雄年四十余，自蜀来至游京师"。《资治通鉴考异》卷一在"扬雄待诏"注谓"时（雄待诏奏赋之时）王音卒已久，盖王根也"。司马光的意思，王音死后，王根接着当大司马车骑将军，所以便将王音改为王根，以孚合"雄年四十余自蜀来至游京师"的说法。《补注》引周寿昌谓："案古四字作三，传写时由三字误加一画。应正作三十余始合。"此是将"年四十余"改为年三十余，以符合曾为王音门下史的说法。由上面两种改动，可以证明一点，即是班固说法的自身，含有无法调和的矛盾。今人董作宾《方言学家扬雄年谱》[①]即定雄游京师为三十二岁，这是根据周寿昌的说法。但董氏何以能断定是三十二岁，而不是从三十二岁到三十九岁

---

① 此文刊出于中山大学语言历史研究所周刊第八十五至八十七期合刊。按扬雄即使是三十余游京师，董氏何以能断定即在王音任大司马车骑将军之始年？谱中将扬雄草《太玄》，作《解嘲》、《解难》，定为扬雄五十二岁，亦此类。

中的任何一岁呢？上面的问题实际只归结到一点，即是大家到底是相信扬雄自己的话呢？还是相信班固含有矛盾的话？扬雄自己说："孝成帝时，客有荐雄文似相如者，上方郊祠甘泉泰畤，汾阴后土，以求继嗣，召雄待诏承明之庭。"据他《答刘歆书》，此处所说的"客"，即是"蜀人有杨庄者为郎"的杨庄。自武帝以来，皇帝有重要的巡游祭祀，辄命辞臣作赋颂以将其事。因为成帝正准备郊祠甘泉，所以杨庄择在此一时机推荐。也因为这种时机的需要，所以一推荐便召待诏承明之庭。且《自序》在叙述客有荐雄一句下，紧接着"上方郊祀……"一句，"方"字对时间性表示得非常清楚。《资治通鉴》卷三十二元延"二年春正月上行幸甘泉郊泰畤，三月行幸河东祠后土"。三年"上将大夸胡人以多禽兽……"与自传"正月从上甘泉……其三月将祭后土……明年上将大夸胡人以多禽兽"之时间正合。故待诏承明之庭，不能早于延元元年，时年四十二岁，此时王音已死去三年。杨庄是直接向成帝推荐的，若杨庄的推荐未生效，扬雄便无缘到京师。若生效，何以不直接与朝廷发生关系，却转到王音门下。若在王音门下当了几年门下史，则他在此期间做了些什么？何以《自序》中了无痕迹？扬雄对王氏一家素无恶感，而在作《自序》及《答刘歆书》时，正王莽快要当皇帝的时候，若他出自王音或王根之门，他何嫌何忌，不肯说出，却要借重于一个杨庄呢？由此可以断言，班固这一事实的记载，乃是由讹传而来的误记。

第三个问题是《自序》止于何处的问题。颜师古在"赞曰：雄之《自序》云尔"下注谓"自《法言》目之前，皆是雄本《自序》之文"，《法言》目录，终于"赞曰"前的"孝莫大于宁亲……撰《孝至》第十三"，颜注的原意，应当与班氏的原意相同。乃汪荣宝在《法言义疏》一"法言"下谓：

> 《汉书·艺文志》，"扬雄所序三十八篇"入儒家。班自注云"《太玄》十九，《法言》十三，《乐》四，《箴》二"，则《法言》在汉世乃与《太玄》、《乐》、《箴》同为一书，初不别出单行。此子云所自为诠次以成一家之言者，故谓之"扬雄所序"，序者次也。其《自序》一篇，当在此三十八篇之末，为扬书之总序。《汉书·扬雄列传》，即全录此序为之……惟传末"《法言》文多不著，独著其目"以下云云，乃班氏所增益。故颜师古注云："自《法言》目之前，皆是雄本《自序》之文也。"盖《自序》既为扬书三十八篇之总序，则《法言》十三，即在本书。何有更著其目于序末之理……

按序与叙通，《诗·卫风·氓》序"序其事以讽焉"疏："故叙此自悔之事。"《国语·晋语》"纪言以叙之"注："叙，述也。"由此可知《汉书·艺文志》的"扬雄所序三十八篇",是说扬雄所述三十八篇,此乃班氏总括扬雄著述之辞,亦如上文"刘向所序六十七篇"一样。刘向六十七篇包括《新序》、《说苑》、《世说》、《列女传颂》图（班氏原注）",断非由刘向自己序次为一书,"初不别出单行"。则汪氏对"扬雄所序三十八篇"之解释,乃出于虚构。且观于本传赞"自雄之没,至今四十余年,其《法言》大行,而《玄》终不显,然篇籍具存"之语,《法言》、《太玄》及《乐》、《箴》之非"同为一书",至为显然。更由此而知扬氏本传,乃扬雄三十八篇"总序"之说,完全无成立之余地。若如汪氏之说,《自序》乃扬雄为三十八篇所作的总序,则《自序》中自述其著作,首为辞赋,何以不在此三十八篇之内?而三十八篇中的《乐》四、《箴》二,在总序中又无一言齿及?本传中扬雄所自录著述,分三大部门。一为辞赋,既述其作赋之由,又录入《甘泉》、《河东》、《校猎》、《长杨》四赋。二为《太玄》,既录《解嘲》以著其"默然独守吾《太玄》"之由,又简述《太玄》的基本构造,更录《解难》一文以解答"客有难《玄》大深,众人之不好"。三为《法言》,因"文多不著"而"独著其目",乃与叙辞赋、《太玄》部分之分量相称,由此可知此必为扬雄《自序》所固有。汪氏之说,可谓徒增纠葛。

二、扬雄的时代

汉宣帝追摹武帝，《汉书》五十八《公孙弘卜式兒宽传》赞，即以宣帝得人之盛，与武帝相比，而谓"亦其次也"。

宣帝起自微庶，在吏治方面的成就，似过于武帝。但西汉政治的风气及国运，到他的儿子元帝，开始为之一变。《汉书》卷九《元帝纪》说他：

> 八岁，立为太子。壮大，仁柔好儒。见宣帝所用多文法吏，以刑名绳下，大臣杨恽、盖宽饶等坐刺讥辞语为罪而诛，尝侍燕从容言："陛下持刑太深，宜用儒生。"宣帝作色曰："汉家自有制度，本以霸王杂之，奈何纯任德教，用周政乎！且俗儒不达时宜，好是古非今，使人眩于名实，不知所守，何足委任！"乃叹曰："乱我家者，太子也！"

班彪作《元帝纪》赞，[1] 谓元帝："少而好儒。及即位，征用儒生，委之以政，贡（禹）、薛（宣）、韦（贤、玄成）、匡（衡）迭为宰相。而上牵制文义，优游不断，孝宣之业衰焉。"西汉用人，至元帝而儒生取得进用的优势。

---

[1] 应劭曰："《元成帝纪》，皆班固父彪所作。"

乃国运之衰，亦始于元帝。但班彪不愿把此责任加之于儒生，而加之于元帝的"优游不断"。

扬雄生于宣帝甘露元年，到元帝即位的初元元年为五岁，成帝即位的建始元年为二十二岁，到成帝死的绥和二年为四十七岁。可以说，成帝在位二十五年中，他正经历着由青年时代而完成他的壮年时代。他四十二岁应召到京师，四十三岁献赋为郎，地位虽很低，但他对朝廷的各种情形，有耳闻目见的机会。所以他的学问的基础及人格的形成，都可说是在成帝时代奠定的，这是与他最亲切的时代背景。

就成帝本人说，《汉书》卷十班彪的《成帝纪》赞，说得相当公道：

> 臣（班彪）之姑充后宫为婕妤，父子昆弟侍帷幄，数为臣言，成帝善修容仪，升车正立，不内顾，不疾言，不亲指。临朝渊嘿，尊严若神，可谓穆穆天子之容者矣。博览古今，容受直辞，公卿称职，奏议可述。遭世承平，上下和睦。然湛于酒色，赵氏乱内，外家擅朝，言之可为於邑（颜注：短气貌）。建始以来，王氏始执国命。哀、平短祚，莽遂篡位。盖其威福所由来者渐矣！

由上面的话，可知西汉之亡，实酿成于成帝。但从历史看，比成帝远为荒唐而未尝亡国的，实在也不少。尤其是成帝所用的宰相，多为一时儒林之选，但终无救于西汉之亡，于是班固在《匡张孔马传》（卷八十一）赞中谓：

> 自孝武兴学，公孙弘以儒相。其后蔡义、韦贤、玄成、匡衡、张禹、翟方进、孔光、平当、马宫及当子晏，咸以儒宗居宰相位，服儒衣冠，传先王语，其酝藉可也。然皆持禄保位，被阿谀之讥。彼以古人之迹见绳，乌能胜其任乎？

班固之意，上面这些"儒宗"，没有尽到扶倾救亡的责任，这当然也说到了一个侧面。鲍宣曾以谏大夫上书中有谓"朝臣亡有大儒骨鲠、白首耆艾、魁垒之士，论议通古今，喟然动众心，忧国如饥渴者"。[①]扬雄《解嘲》中说："故当其有事也，非萧、曹、子房、平、勃、樊、霍则不能安；当其亡事也，章句之徒相与坐而守之，亦亡所患。故世乱，则圣哲驰骛而不足；世治，则庸夫高枕而有余。"正是反映这一侧面。但成帝时代，实权操在大司马手上，宰相徒拥虚名，这一点也应该考虑到。

可是这些儒宗里面，乃至没有被列入里面的刘向、周堪、张猛、贡禹、师丹、李寻、鲍宣、杜钦、谷永之徒，

---

① 《汉书》卷七十二《鲍宣传》。

言论风骨，求之异代，盖百千年而难遇其一二。而在西汉末季，却一时并出。若不绳以过高之论，实亦无愧于得人之盛；然终无救于西汉之亡，这是很不易解释的。王船山对此，有三点可以反映比较深刻的看法。他说："元帝诏四科举士，即以此第郎官之殿最。一曰质朴，二曰敦厚，三曰逊让，四曰有行。盖孱主佞臣，惩萧（望之）周（堪）张（猛）刘（向）之骨鲠，而以柔惰销天下之气节也。"①在元帝这一套四科举士的技巧下，能使社会由沉滞而麻木而腐烂，扬雄所当的正是郎官，对于这一套"以柔惰销天下之气"的手法，当然不屑以作伪或降志的方式去参与竞争的行列。他在《解嘲》中下面的一段话，正是反映此一情势的。

当今县令不请士，郡守不迎贜，群卿不揖客，将相不俯眉；言奇者见疑，行殊者得辟（罪）。是以欲谈者宛（卷）舌而固（同）声，欲行者拟足而投迹。乡（向）使上世之士处乎今世，策非甲科，行非孝廉，举非方正，独可抗疏时道是非，高得待诏，下触闻饼，又安得毂紫？

船山又提出第二个问题："成、哀之世，汉岂复有君

① 《读通鉴论》卷四。

臣哉，妇人而已矣。"①自武帝剥夺宰相职权，由大司马主政。成帝时代，赵飞燕、赵合德姊妹们在宫廷内的荒淫残毒，所谓"燕啄皇孙，知汉室之将尽"，这是大家都知道的。他一即位，便以王凤为大司马大将军领尚书事，王凤专政十一年。凤死，以王音为大司马车骑将军，王音死后是王根，王根死后是王莽，这都是元帝皇后即所谓"元后"的一家。哀帝即位，外戚的另一支傅喜、丁明为大司马，最后加入一个娈童董贤。哀帝一死，王太后立即以王莽为大司马领尚书事。汉室政治权力的核心，始终握在"妇人"的手上。当时为丞相或居高位的儒臣，实同于"妇人"政权的傀儡。自刘向起，大家穷力尽气以争得失的，主要都是环绕着这种"妇人"问题，此外便无所谓国家大政，也不能有国家大政。明堂辟雍，虚文缘饰，这真是儿戏之局。此时，天下表面太平，但有如一个庞大的躯体，缺少真正的骨干去加以支持。

船山更提出第三个问题，可以说是思想问题。他说：

> 以全盛无缺之天下，未浃岁而迁，何其速也。上有暗主而未即亡，故桓、灵相踵而不绝。下有权奸而未即亡，故曹操终于魏王……唯至于天下之风俗波流簧鼓而不可遏，国家之势，乃如大堤之决，不终旦溃以无余。

---

① 《读通鉴论》卷五。

故莽之篡，如是其速者，合天下奉之以篡……莽之初起，人即仰之矣。折于丁、傅，而讼之者满公车矣……夫失天下之人心者，成哀之淫悖为之，而蛊天下之风俗者不在此。宣、元之季，士大夫以鄙夫之心，挟儒术以饰其贪顽；故莽自以为周公，则周公矣；自以为舜，则舜矣。周公矣，舜矣，无惑乎其相鹜如狂而戴之也……而且经术之变，溢为五行灾祥之说。阳九百六之数，易姓受命之符，甘忠可虽死而言传，天下翕然信天命而废人事；乃至走传王母之筹，而禁不能止。故莽可以白雉黄龙哀章铜匮惑天下，而愚民畏天以媚莽，则刘向实为之俑，而京房、李寻，益导之以浸灌人心，使疾化于妖也……故龚胜、邴汉、梅福之贞，而无能以死卫社稷，非畏祸也，畏公议之以悖道违天加己也……古之圣人，绝地天通以立经世之大法，而后儒称天称鬼以疑天下。虽有世主以矫之使正，而人气迷于恍惚有无之中以自乱……汉之伪儒，诡其文而昧其真，其淫于异端也，巫史也，其效亦既章章矣……[①]

船山上面的话，意义深远，但说得有点偏激，应稍加条理。

船山所说的由学术而来的风俗，是由两条线索所形成

---

① 《读通鉴论》卷五。

的。第一条线索是孔子天下为公的思想，[①] 经战国而更为明朗，在《吕氏春秋》中得到大力的提倡，所以《说苑·至公》篇载博士鲍令白对秦始皇亦谓"天下官则让贤"。西汉大思想家，殆无不秉承此义。辕固生伸张汤武的放伐，董仲舒、司马迁，亦无不以家天下为下德。《汉书》卷七十七《盖宽饶传》："宽饶奏封事曰：方今圣道寝废，儒术不行……又引韩氏《易传》言五帝官天下，三王家天下，家以传子，官以传贤。若四时之运，功成者去。不得其人，则不居其位。"盖宽饶位居九卿，而竟援韩婴之说，讽令宣帝退位让贤，卒以此"自刭北阙下"，此与睦弘援董仲舒之说，要求"求索贤人，禅以帝位"，卒以此被诛[②] 的情形，先后同符。由此不难窥见此种思想影响的深至。王莽早先既被认为是儒家思想的代表人物，则汉室德衰，由王莽取而代之，乃儒家"天下为公"的理想之实现。

另一线索，则是船山所说"经术之变，溢为五行灾祥之说"，将天下为公的理想，组入于阴阳消息、五行生克的庞大有机体的构造中，将理想化为由天道运行而来的定命论，更以灾祥符瑞，为此定命论的证验，于是王莽取汉而代之，乃天命使然，无可反抗。

---

① 《论语》中孔子以尧舜为最高的政治理想人物，同时称泰伯三以天下让，且以他的学生雍也可使南面，这都是出自天下为公的要求。

② 《汉书》七十五《睢弘传》。

上面两条线索，交混在一起，便形成"合天下奉之以篡"之局。这里不是论汉室兴亡的问题，此问题是我们所不关心的。而只在指出，由东汉所开始形成的君臣间的凝固的关系，由宋儒所强调的君臣大义的关系，在西汉知识分子中，是相当的稀薄。扬雄生于此一大的时代背景之中，自然影响到他对现实政治的态度。朱元晦在他的《纲目》里面写下"莽大夫扬雄死"以为诛责，后人又断断为扬雄争辩，[①] 都是大可不必的。

　　但扬雄对王莽的关系则相当复杂。在王莽未篡汉以前是一种态度，对王莽篡汉以后另是一种态度。《法言·孝至》篇："周公以来，未有汉公之懿也，勤劳则过于阿衡。"如后所述，《法言》中有许多批评王莽的话，而在不得不称颂一两句以求自全时，他也只能称颂王莽为安汉公的时代。《剧秦美新》，当作于投阁之后，意在免死而已。《孝至》篇另有一段有意义的话："汉兴二百一十载而中天，其庶矣乎。辟雍以本之，学校以教之，礼乐以容之，舆服以表之，服其井刑、勉（免）人役，唐（大）矣夫。"按刘邦以己亥年二月即皇帝位，时为西纪前二〇二年。至孺子婴初始元年，为西纪八年，西汉至是为二百一十年。王

---

① 　例如《丹铅录》："孙明复曰：扬子云《太玄》非准《易》……盖疾莽而作也。"清人陈本礼著《太玄阐秘》的主旨便在说明"子云作《玄》，义在刺莽"（《例言》一），"以抒忠愤"（《自序》）。

莽于元始元年（西纪一年），赐号安汉公。是年"天下女徒已论（判罪），归家（使之归家）顾山钱月三百（但每月出三百钱代入山伐薪）"，又"秋九月赦天下徒"，又四年"妇女非身犯法及男子年八十以上，七岁以下，家非坐不道，诏所名捕，他比无得系"，殆即此处之所谓"勉人役"。元始二年"安汉公四辅三公卿大夫吏民为相困乏献其田宅者二百三十人，以口赋贫民"，颜师古曰"计口而给其田宅"。又"起官寺市里，徙贫民，县次给食，至徙所，赐田宅什器，假与犁牛种食。又起五里于长安城中，宅二百区，以居贫民"。"冬中二千石举治狱平一人"（以上皆见《汉书·平帝纪》）。殆即所谓"服其井刑"。"三年夏安汉公奏车服制度吏民养生送终嫁娶奴婢田宅器械之品，立官稷及学官"，四年"安汉公奏立明堂辟雍"（同上），殆即此处之所谓"辟雍以本之……舆服以表之"。扬雄此处所述，皆王莽在平帝时代的设施，雄视此为汉室之"中天"，即视为汉室极盛之时，是他此时不以为王莽会有篡汉的阴谋。王莽于元始五年（西纪五年）五月加九锡。《五百》篇："彤弓卢矢，不为有矣。"彤弓卢矢，乃九锡中用以象征权力的物品之一，扬雄说"不为有矣"，是说这些东西并没有什么意义，很明显的，是对加九锡的一种批评。由此可以推知，他无为汉死节之义，亦无为汉引避之心；但对王莽之篡，在心理上并非以为当然，而对王莽篡位后的各种作法，尤使雄大为失望。这是他和刘歆们很大的区别。在班固的传赞中也已说得清清楚楚，"恬于势利乃若是"，这是扬雄出污泥而不染的人格的表现，朱元晦实不足以知之。

三、扬雄的人生形态

两汉特出的知识分子特性之一，是道德感的政治性，或者也可以说是政治性的道德感，非常强烈。这些人物的形态，可以概略地称为"道德的政治形态"，或称为"政治的道德形态"。扬雄在这一大倾向中，却主要是以好奇好异之心，投下他整个生命去追求知识。他当然也谈到政治问题、道德问题，但他都是以知识人的态度去谈，有点近于冷眼旁观，而不将自己介入地去谈。所以他是一个"知识型"的人生形态，近于西方所谓"智者"形态的人物。这在两汉是非常突出的形态。《法言·问明》篇"或问人何尚？曰尚智"，这正是他自己性格及趣向的表明。这是了解他的基点。

扬雄上述人生形态的形成，有思想上与现实生活上的重大因素。道家思想，在两汉始终是思想中有力的一支，不过它的内容相当复杂。在西汉的前期，似偏在清净无为的政治方面。西汉的后期，似偏在恬淡养性知足不辱的方面。《汉书》卷三十六《楚元王传》"德字路叔，（少）修黄老术"，又"德常持老子知足之计"。刘德是刘向的父亲，据《汉书·艺文志》，向著有《说老子》四篇，是刘向亦曾治《老子》。《汉书》卷七十一《疏广传》："广谓受曰：吾闻知足不辱，知止不殆，功遂身退，天之道也。"《汉书》七十二《王贡两龚鲍传》叙："……其后（商山四皓之后）谷口有郑子真，蜀有严君平，皆修身自保，非其服弗服，非其食弗食……君平卜筮于成都市……各因势导之以善……裁日阅数人，得百钱足自养，则闭肆下帘而授《老子》。博览无不通，依老子、严周之指，著书十余万言。扬雄少时从游学……及雄著书称此二人。其论曰：'……蜀严湛冥，不作苟见，不治苟得，久幽而不改其操，虽随（随侯之珠）和（和氏之璧）何以加诸？举兹以旃，不亦宝乎！'"由此可以了解子云受严君平影响之深，亦即受《老子》思想影响之深。他除推重郑子真、严君平外，更推重四皓及蜀人李仲元。[①] 他论人的微尚，正是他的性格之所存。他自述"清静无为，少耆欲；不汲汲于富贵，不戚戚于贫贱，不修廉隅以徼名当世"。他作《反离骚》以吊屈原的动机是"以为君子得时则大行，不得时则龙蛇，遇不遇命也，何必湛身哉"。这正是他说李仲元"不夷不惠，可否之间"的态度，也是他一生中基本的人生态度。他在五十一岁前后所作的《解嘲》中说："攫拿者亡，默

---

① 《高士传》谓："李弘字仲元，蜀人也。成都里中化之，班白不负担，男女不错行。"《华阳国志·蜀都士女》赞："仲元抑抑，邦家仪形。"

默者存；位极者宗危，自守者身全。是故知玄知默，守道之极。爱清爱静，游神之庭。惟寂惟寞，守德之宅。"又说"故为可为于可为之时则从，为不可为于不可为之时则凶"，这都是他所说的李仲元"不夷不惠，可否之间"的人生态度。他生当汉室由盛而衰，由衰而快要改朝换代的时候，对祸福存亡之机，特别敏感。《太玄赋》开始两句是"观大《易》之损益兮，览老氏之倚伏"，这是他草《玄》的根本动机。他纵然不是淡泊成性，他的这种祸福损益倚伏的敏感，自然加强他对现实政治的疏离态度。

再加上他的黄门郎的四百石的职位，地位虽甚低微，但有机会耳闻目睹最高政治活动的朝廷实况。他在《法言·五百》第八中说："昔者齐鲁有大臣，史失其名。曰：何如其大也？曰：叔孙通欲制君臣之仪，征先生于齐鲁，所不能致者二人。曰：若是，则仲尼之开迹诸侯也非邪？曰：仲尼开迹，将以自用也。如委己而从人，虽有规矩准绳，焉得而用之。"他把不肯参加叔孙通制朝仪的鲁两生称为大臣，则他把叔孙通所制的朝仪，及由这一套庄严威武的朝仪所烘托出的皇帝和以皇帝为中心的政治活动，看作一钱不值，是可以断定的。而成帝的荒淫，哀帝的变态，都是他可以深切感受到的。至于"官天下"的观念，他断无加以拒绝之理。这些因素，和他由《老子》而来的人生态度组织在一起，更加强他对政治的旁观冷漠。

既是如此，他何以不像郑子真、严君平们一样，当一个闾巷或山林的隐士，而要当一个久次不迁的仪卫队中的执戟之臣？这就逼回到他的基本人生形态的问题。如上所述，他是知识型的人生形态；他的《老子》之教，他的时代背景的感触，使他可以疏离现实政治，但并不能疏离他的求知欲望。相反的，他对政治的疏离，正为了便于追求知识的目的。也可以说，对政治的疏离，是一个真知识人所必须具备的条件。从《老子》的根本精神来说，求学求知，为体道者所不许。但汉人皆截取道家之一体以为修养及处世的资具，所以他们的道家思想，可以与其他思想及生活，并行而不悖；不可以宋明理学家对儒、道两家辨析于微茫之际，不容稍有夹杂，来看两汉人接受道家思想者的情形。扬雄甘为执戟之臣，只是为了追求知识的便利。京师不仅为名利角逐之场，亦为视听之枢机，知识之所汇聚。在《答刘歆书》中说："雄为郎之岁，自奏少不得学，而心好沉博绝丽之文。愿不受三岁之奉（俸），且休脱直事之繇（役），得肆心广意，以自克就。有诏可不夺奉，令尚书赐笔墨钱六万，得观书于石室。"这即可为上说作证。而在同书中述叙他著《法言》的经过是"故天下上计孝廉，及内郡卫卒会者，雄常把三寸弱翰，赍油素四尺，以问其异语，归即以铅摘次之于椠，二十七岁于今矣。而语言或交错相反，方覆论思，详悉集之"，这种对资料点滴的收集，反复地考查辩证，积二十七年之久而无所间断，正反映出一个知识人追求知识的情态。

另外有两件事，也可反映出他求知的热忱。《北堂书钞》未改本一百三十桓谭《新论》："扬子云好天文，问之于黄门作浑天老工曰：'我少能作其事，但随尺寸法度，殊不晓达其意，然稍稍益愈。至今七十，乃甫适知已。又老且死矣。今我儿子爱学作之，亦当复年如我，乃晓知已，又且复死焉。'其言可悲可笑也。"桓谭认为可悲可笑，但实刻画出了"为知识而知识"的老死不悔的一个求知者的心情。《汉书·叙传》："家（班氏之家）有赐书，内足于财。好古之士，自远方至。父党扬子云以下，莫不造焉。"这反映出扬雄不慕荣利，但决不放过求知的凭借。

　　他并不是不要做官，只是听其自然，不把做官及作为做官手段的名誉，当作追求的目的。他献赋是为了做官，可是他所献的赋里面，所含的政治意味，较之司马相如《子虚赋》中所含的政治意义，可以说轻微得太多了。他更不会写司马相如那种政治意味深切的《哀二世赋》乃至感情郁勃的《长门赋》。他在《自序》中对自己的赋所作的政治性的解释，乃是事后为自己装点门面的解释。当时政治的问题很多，由元帝经成帝到哀帝，出现了不少的痛陈时政的好奏章，但扬雄除写了《谏勿许单于朝》（见《汉书·匈奴传》）一疏外，再没有涉及现实政治问题。而主张允许单于入朝，这是最轻松而决不会引起自己麻烦的言论。汉廷对他既无知遇，他对汉廷亦无感情；汉亡莽兴，他虽因此而看出了王莽过去的一套虚言诳语，是一个"大佞人"，心理有受骗的感觉，但不会因此而引起"臣节"的责任感，这是可以断言的。《剧秦美新》之作，虽出于不得已，但在他，依然是可以忍受的事情。《文心雕龙·封禅》篇谓《剧秦美新》是"诡言遁辞，故兼包神怪"，这真反映出扬雄写此文欲逃避而不得之苦心。以久次而迁为大夫，是出自王莽，并且由《剧秦美新》的"诸吏中散大夫臣雄稽首再拜"的话看，他并不是普通的大夫，而是加官①的大夫，即是王莽特别加以尊重可以直接与王莽接触的大夫。假定王莽做皇帝后的作法，不是如此的乖张怪诞，使雄过于失望，则他之参与王莽的政治，在他也认为是当然的。但王莽的所作所为，使他除了献《剧秦美新》一文，及奉命写《元后诔词》外，并未作诸吏散骑的活动，而依然是校书天禄阁，依然是贯彻他的求知活动，后人对"莽大夫"的纷纭，对扬雄来说，是全不相干的。

知识型的性格，在近代以前②的知识活动中，常表现为好奇、好胜、好深、好博。子云的特性，首先是表现在好奇方面。不仅由辑佚所能看到的《蜀王本纪》，完全是神话的纂集，这是出于好奇的兴味，他的"尝好辞赋"，"心好沉博绝丽之文"，因而作《蜀都赋》、《县邸铭》、《玉

---

① 据《汉书·百官公卿表上》，诸吏散骑，皆加官。"诸吏得举法，散骑并乘舆车。"

② 近代以科学为主的知识活动，常趋向分工，趋向专门化。但近代以前，则常以全知全能为目标。

佴铭》、《阶闼铭》及《成都城四隅铭》，出于好奇好胜的要求，大过于文学心灵的活动。文学心灵的活动，应表现在人生的要求方面，所以像《反离骚》、《逐贫赋》这类作品，可视为子云由文学心灵活动而来的作品。像《蜀都赋》这类搜奇斗异，只能说是出于好奇而又加上好胜的心理。以二十七年的时间纂辑《方言》，没有好奇心的驱使，几乎是不可能的。冒时人讥笑而草《太玄》，这也是好奇好深心理的合作。桓谭知音，曾为王莽典乐大夫，谓"扬子云才大而不晓音"。① 以桓谭对子云的推服，此言当极可信，但他偏偏著有《琴清音》一卷。就《汉书·扬雄传》赞所述，子云著作的情形是"以为经莫大于《易》故作《太玄》……辞莫丽于相如，作四赋"，这并不是他的才力不够，必须依傍模仿；而是要在各类著作之中，选定居于第一位的目标，与古人相角逐。这正是好奇、好博、好胜的综合表现。

四、扬雄的辞赋

西汉文学，以辞赋为代表。辞赋盛于景帝及汉武初年。但以元狩元年（西纪前一二二年）淮南之狱为一断限，则已呈衰竭。"宣帝时修武帝故事，讲论六艺群书，博尽

---

① 见《全后汉文》卷十五。

奇异之好。征能为楚辞，九江被公，召见诵读。益召高材刘向、张子侨、华龙、柳褒等，待诏金马门。"① 又"上（宣帝）令褒与张子侨等并待诏，数从褒（王褒）等放猎，所幸宫馆，辄为歌颂，第其高下，以差赐帛。议者多以为淫靡不急。上曰：不有博奕者乎，为之犹贤乎己。辞赋大者与古诗同义，小者辩丽可喜。辟（譬）如女工有绮縠，音乐有郑卫，今世俗犹皆以此虞（娱）说（悦）耳目，辞赋比之，尚有仁义风谕，鸟兽草木多闻之观，贤于倡优博奕远矣"。② 这可以说是辞赋再度被朝廷重视的时代。上述诸人中，《汉书·艺文志》录有光禄大夫张子侨赋三篇（亡），刘向赋三十六篇（残），王褒赋十六篇（残），汉中都尉丞华龙赋二篇（亡）；除刘向以学术显外，辞赋的成就，不能与景武辞赋盛时相比拟。盖汉武时，辞人多罹惨祸。而五经博士、贤良方正、士人已有固定进身之阶。诸侯王的地方统治势力，又荡然无存；公卿列侯，亦不敢养士；辞赋失掉了活动的天地。元、成时代，除《汉志》上录有"萧望之赋四篇"外，殆成绝响。所以子云作赋，已不关时代的风气，也不关政治的出身，而真是出于他个人由好奇心而来的嗜好。他到京师后，向成帝所献四赋，乃是仿武、宣时代的例行故事，非全为自己谋进身之阶。从

---

① 《汉书》六十四下《王褒传》。
② 同上。

这点说，他应算是一个真正的文学爱好者。上为西汉辞赋的殿军，下启东汉辞赋的先路。① 因此，不论对他的辞赋作何评价，但从文学史上看，应占一重要地位。他在《法言·吾子》篇中，虽谓"壮夫不为"，但在《自序》中录有《反离骚》，献成帝四赋及《解嘲》、《解难》诸作，占了《自序》四分之三的位置，由此可知，这些作品，他到了晚年，依然是非常珍视的。

《汉书·艺文志·诗赋略》在"陆（陆贾）赋之属"中录"扬雄赋十二篇"。王应麟《汉书艺文志考证》："本传：赋莫深于《离骚》。反而广之（原注：又《旁惜诵》以下至《怀沙》一卷，名曰《畔牢愁》），辞莫丽于相如，作四赋（原注：《甘泉》、《河东》、《校猎》、《长杨》）。《志》云：入扬雄八篇。盖《七略》所略（取）止四赋也。《古文苑》有《太玄》、《蜀都》、《逐贫赋》。《文选注》有《核灵赋》"。按王氏之意，刘歆所录止《甘泉》等四赋，班固所入八篇，应为《反离骚》、《广骚》、《畔牢愁》及《太玄》、《蜀都》、《逐贫》、《核灵》等赋。然王氏仅指出七赋，

---

① 东汉辞赋，当首推班固、张衡。不仅两人皆特推重扬雄，且班氏的《两都赋》，张氏的《三都赋》及《思玄赋》，皆直接受有扬氏的影响。

于是后人有补入《都酒赋》①的，究亦无所据。盖雄所作者不止十二篇，而班氏所增入的八篇，早已不能完全确指。

我在《西汉文学论略》中曾谓汉赋形式，可分为两个系列：一为新体诗的赋，一为《楚辞》体的赋。汉赋内容，亦可分为两条路线，一是炫耀自己才智的赋，一是发抒怀抱感情的赋。并说一个人，可以同有两种形式内容不同的赋，扬雄也正是如此。两种不同系列的形式，在发展中可以互相渗和。两条不同路线的内容，则始终不可得而混。扬雄追模司马相如的赋，正是新体诗的炫耀自己才智的赋。而由读《离骚》，"未尝不流涕"所引出的赋，正是楚辞体的发抒自己怀抱感情的赋。他的《蜀都》、《甘泉》、《河东》、《校猎》、《长杨》等赋，是属于前者，这是"必推类而言，极丽靡之辞，闳侈巨衍，竞于使人不能加也"的赋；这种赋的特色，只能看到作者的才智活动，但没有才智后面的生命感情。今日可以看到的《反离骚》，是属于后者，这是在"未尝不流涕"的心情下所写出的；他只是写出在运命压抑下的真实感受，里面所表现的不是"使人不能加也"的才智，而是作者的生命感情的实感。他作赋的动机，应当是来自《离骚》所给予他的感动。《吾子》篇："或问

---

① 《全汉文》卷五十二《酒赋》下："案《汉书》题作《酒箴》，《御览》引《汉书》作《酒赋》，《北堂书钞》作《都酒赋》，都酒者酒器名也，验文当目《都酒》为长。"按子云嗜酒，观其文意，聊赋此以为滑稽，序谓"汉孝成皇帝好酒，雄作酒赋以讽之"，乃后人以意妄指。

屈原智乎？曰，如玉如莹，爰变丹青；如其智，如其智。"
即是他在屈原的作品（丹青）中，发现了如玉如莹的屈原
人格，这可谓真能了解屈原。由屈原而转向相如，是由文
学心灵转向知性的活动。

在以辞赋得名，与扬雄时代较近，也与他同为蜀人的，
还有王褒。但在今日可以看到的扬雄著作中，几乎没有提
到王褒的名字。他之所以独推重相如，我的推测，不仅是
作品的高下问题，也有人格的感应问题在里面。司马相
如"少时读书，学击剑……慕蔺相如之为人也，更名相如。
以訾（赀）为郎事孝景帝为武骑常侍"。因喜欢梁孝王的
宾客邹阳、枚乘们，便"因病免，客游梁"，真可谓倜傥
不羁之士。为中郎将失官后"常称疾闲居，不慕官爵"，[①]
也表现他人品的高洁。王褒在"既为刺史作颂，又作其
传"[②]中，自比于"蚕蚕"；而在《僮约》及《责虬髯奴辞》
中，则狠戾苛刻，以奴仆的痛苦，为自己的快乐。两人品
格高下，也成为扬雄仰慕相如而屏弃王褒的一个因素。

本传："蜀有司马相如，作赋甚宏丽温雅，雄心壮之，
每作赋常拟之以为式。"《西京杂记》："子云曰：长卿赋不
似人间来，其神化所至耶。"宏丽与温雅，在文体上是常
不能并存的。宏丽而能温雅，则其赋由挥洒而来，酝藉而

---

① 皆见《汉书》五十七上下《司马相如传》。
② 即《文选》所收的《四子讲德论》。

出，无丝毫斤斧之迹，非秉才至大，积学至深，不能得此成就。"神化之所至"，扬雄可谓深于知相如。又《艺文类聚》五十六桓子《新论》曰："余素好文，见子云工为赋，欲从之学。子云曰：能读千赋，则善为之矣。"此可反映出扬雄少时学赋用力之勤。又"余（桓谭）少时见扬子云丽文高论，不量年少，猥欲建及；常作小赋，用（因）精思大剧，而立感动发病。子云亦言，成帝上甘泉，诏使作赋，为之卒暴，倦卧，梦其五藏出地，及觉，大少气，病一岁"。由此可知他作赋时用力之苦。

扬雄的文学活动，给刘彦和以莫大影响。如《文心雕龙·诠赋》篇："此扬子所以追悔于雕虫，贻诮于雾縠者也。"《杂文》篇："然讽一劝百，势不自反；子云所谓先骋郑卫之音，曲终而奏雅者也。"《神思》篇："相如含笔而腐毫，扬雄辍翰而惊梦。"《知音》篇："自称心好沉博绝丽之文，其事[①]浮浅，亦可知矣。"《程器》篇："相如窃妻而受金，扬雄嗜酒而少算。"[②]扬雄有关文学的言论，皆成为彦和论文的准绳。扬雄与文学生活有关的断片，彦和心目中皆为文坛的掌故。扬雄的各种作品，《文心雕龙》中无不论到。我认为最能了解扬雄文学的，古今无如彦和。

---

① 杨明照谓事字下疑夺"不"字者是。
② 杨明照引桓谭《新论》扬雄归丧两子于蜀"不能以义割恩，自令多费，而致困贫"。所谓少算者指此。

所以下面略引彦和之说，以作了解扬雄的导引。因扬雄是追迹相如的，凡是同时提到相如的，也录在一起，以便比较。

《文心雕龙·体性》篇："长卿傲诞，故理侈而词溢。子云沉寂，故志隐而味深。"《时序》篇："子云锐思于千首。"《才略》篇："相如好书，师范屈宋，洞入夸艳，致名辞宗。然覆取精意，理不胜辞。故扬子以为文丽用寡者长卿，诚哉是言也……子云属意，辞人最深。观其涯度深远，搜选诡丽；而竭才以钻思，故能理赡而辞坚矣。"又："然自卿（长卿）渊（子渊，王褒字）已前，多俊才而不课学。雄（扬）向（刘）以后，颇引书以助文。此取与之大际，其分不可乱者也。"这都是概括的评论。《诠赋》篇："相如《上林》，繁类以成艳……子云《甘泉》，构深玮之风。"《铭箴》篇："至扬雄稽古，始范《虞箴》，作《卿尹》、《州牧》二十五篇。及崔（骃、瑗）胡（广）补缀，总称百篇 ①……信所谓追清风于前古，攀辛甲于后代者也。"《诔碑》篇："扬雄诔元后，文实烦秽；沙麓撮其要，而挚疑成篇，② 安有累德述尊，而阔略四句乎。"《哀吊》篇：

① 见《后汉书·胡广列传》。
② 黄叔琳注谓此句有脱误。李详《补注》引《札迻》云："此谓扬雄作元后诔，汉书《元后传》仅举扬四句（'沙林鹿之灵'上下四句）……挚当即虞挚……撰《文章流别》，遂疑全篇只此四句。故彦和难以累德述尊，必不如此阔略也。文无脱误。"

"自贾谊浮湘，发愤吊屈，体同而事核，辞清而理哀，盖首出之作也。及相如之吊二世，全为赋体。桓谭以为其言恻怆，读者叹息。及平（卒）章要切，断而能悲也。扬雄吊屈，思积功寡，意深文略。故辞韵沉腴。"《杂文》篇："扬雄覃思文阆（阁），业深综述。碎文璅语，肇（绍）为《连珠》，其辞虽小，而明润矣。""扬雄《解嘲》，杂以谐谑，回环自释，颇亦为工。"《封禅》篇："观相如《封禅》，蔚为首唱。尔其表权舆，序皇王，炳元符（天符），镜鸿业，驱前古于当今之下，腾休明于列圣之上，歌之以祯瑞，赞之以介邱，绝笔兹文，固维新之作也……及扬雄《剧秦》……影写长卿。诡言遁辞，故兼包神怪。然骨掣靡密，辞贯圆通，自称极思，无遗力矣。"《书记》篇："子云之答刘歆，志气盘桓，各含殊采。"以上是刘彦和对扬雄各类文章的评论。在上述评论中，看可不可以抽出扬雄文学方面的特性。

彦和上面所说扬雄的"沉寂"、"锐思"、"意深"、"覃思"、"极思"，都说出了扬雄在创作时的基本精神状态。这种基本精神状态，扬雄在《自序》中已说过"默而好深沉之思"；班固也早已经提到，《汉书·叙传》说扬雄是"渊哉若人，实好斯文。初似相如，献赋黄门。辍而覃思，草《法》纂《玄》"。在《宾戏》中说："扬雄覃思，《法言》、《太玄》。"这都说明真正知识型的人物，也必然是思考型的人物。他以覃思、极思而"草《法》纂《玄》"；也同样以这种基本精神状态而作赋及其他文学作品，若将相如和扬雄两人加以比较，两人在创造的历程中，相如是"含笔而腐毫"，子云是"辍翰而惊梦"，动笔得很迟，进展得很慢，这是相同的。同时，我在《西汉文学论略》中曾指出，相如的句型，非常富于变化；子云在《甘泉》等赋的句型，也是非常富于变化。但我假定，相如的创作，是以天才的想象为主；而子云的创作，则是以学力的思索为主。在文学创作过程中，既不能是纯想象力的发挥，也不能是纯思索力的运用。常常是在想象中有思索，在思索中有想象。所以，中国常以一个"思"字加以统摄。但在想象与思索中，也可以分别出轻重之不同。想象多半是由感情或兴会的鼓荡，而思索则常是探奇搜密的钻研。浪漫主义是想象多于思索，而自然主义则常是思索多于想象。试将相如的《子虚》、《上林》，与子云题材略为相近的《校猎》、《长杨》，略加比较，则前者的规模阔大，而后者的结构谨严。前者散文的成分多于骈文，而后者的骈文成分多于散文。前者的文字疏朗跌宕，而后者的文字紧密坚实。盖天才的想象，在空间中拓展，有如天马行空；而学力的思索，在事物上揣摸，有如玉人琢玉。所以一个是壮阔，一个是精深。相如在酝酿成熟以后，尽挥斥八荒之能；而子云在覃思极虑之余，以绵密的安排，穷尽搜镂刻之巧。若以画品相比配，则相如之赋为纵逸，而子云之赋为精能。相如夸诞的性格，因其气势之勃盛，神采的飞扬，皆凸显于文字之中。子云沉寂的性格，使他常气凝而神郁，传中四赋，反不如《反骚》、《解嘲》，有他自己的生命在文字中跃动。王弇州《艺苑卮言》"《子虚》、《上林》，材极富，辞极丽，运笔极古雅，精神极流动，意极高，所以不可及。子云有其笔。却不得其精神流动处"，可谓知言。至于在摹写景物上，两人异曲同工。但相如在《子虚》、《上林》中，对女人皆有一段出色的描写；而子云则对女人每避而不肯着笔，甚至在《校猎赋》中说出"鞭洛水之宓妃"的话，此或因子云针对成帝的沉迷女色，不肯扬波激流。或亦因相如对女人的兴趣特隆，而子云对女人也冲怀泊志，不愿多费笔墨。同时，在赋中讽谏的意义，子云实不如相如，这在前面已经提到。而在《校猎赋》中由"于兹乎鸿生巨儒"到"太古之觐东岳，禅梁基，舍此世也，其谁与哉！上犹谦让而未俞（允）也"一段，实流露出他鄙视当时偷合苟容的儒学之臣的心境。王安石《临川先生文集》卷三十二有诗谓："儒者陵彝此道穷，千秋只有一扬雄。当时荐口终虚语，赋似相如却未工。""未工"二字，若指他学相如，而不及相如，或系平情之论。这也可以说是思索型的人，在文学创作上的限制。但卷三十四又有诗谓"千古雄文造圣真，渺然幽思入无伦"，则荆公亦未尝不为之折服，所以毕竟是未可轻议的。

扬雄是以覃思极思的态度作赋，这是他在四十三岁以前的主要学术活动。本传自述"辍不复为"的原因有二：

一是"赋劝而不止"，失了讽谏的本义；二是"又颇似俳优淳于髡、优孟之徒"，有损人格的尊严。加以此时，赋的风潮已经衰退；而把思索用在作赋的一面，也不适合思索本性的要求，形成精力的浪费。《法言·吾子》篇："或问吾子少而好赋，曰然。童子雕虫篆刻，俄而曰：壮夫不为也。"这里更反映出他对作赋的反省。但他所悔而不为的，乃是作给皇帝看的这一类的赋，并不是悔自抒怀抱的赋；所以他以后还写了《解嘲》、《解难》、《太玄赋》。从他"诗人之赋丽以则，辞人之赋丽以淫"（《法言·吾子》篇）的话看，他由反省而加以否定的是"淫"而不是丽。文学是他基本嗜好之一，一直到暮年，他也不曾轻视文学的意义。《法言·问神》篇："言不能达其心，书不能达其言，难矣哉……通诸人之嚍嚍（乖违）者莫如言，弥纶天下之事，记久明远，著古昔之啙啙，传千里忞忞者莫如书。故言，心声也；书，心画也。声画形，君子小人见矣。声画者，君子小人之所以动情乎！"这段话是说明语言文字的重要性。其要求通于《论语》的"辞达而已矣"。《吾子》篇："或问君子尚辞乎？曰：君子事之为尚。事胜辞则伉（枯涸之意），辞胜事则赋，事辞称则经。足言足容，德之藻矣。"这是要求内容与形式能保持平衡。也通于《论语》的"文质彬彬，然后君子"。又："圣人虎别，其文炳也。君子豹别，其文蔚也。辩人狸别，其文萃也。狸变则豹，豹变则虎。"又《寡见》篇："或曰：良玉不雕，美言不文，何谓也？曰：玉不雕，玙璠不作器。言不文，典谟不作经。"这都表示对文辞艺术性的重视。《吾子》篇："或曰：女有色，书亦有色乎？曰：有。女恶华丹之乱窈窕也，书恶淫辞之淈（乱）法度也。"这都说明经过作赋的反省后，对文学的平实见解。

扬雄的《州箴》、《官箴》，皆意在借各州中的历史兴亡之迹，各官典守之常，以尽讽谏之义；较之四赋，文字典实而富有政治意义。其中的光禄勋，一面是供警卫传达，同时也是为了储备人才。扬雄在这里长期供职，情态既熟，感喟自深；所以《光禄勋箴》有一段话，把当时龙蛇混杂的情形，作深刻的反映。"郎虽执戟，谒者参差。殿中成市，或室内鼓鼙。忘其廊庙，而聚其逋逃。四方多罪，载号载呶。内不可不著，外不可不清……"扬雄杂在这样一个逋逃薮中二十多年，对汉室的命运，早经看透了。

五、扬雄的《太玄》

（一）草《玄》的动机

扬雄献四赋，是他四十三岁及四十四岁时代，也即是成帝的元延二年（纪前十年）、三年（纪前九年）。再过两年多一点，成帝于绥和二年（纪前七年）三月死去。本传："哀帝时，丁傅、董贤用事，诸附离之者，或起家至二千石。时雄方草《太玄》，有以自守，泊如也。"由此可以了解，他献《长杨赋》以后的主要学术活动，是集中在《太玄》上面。这代表了他的知识型的性格的基本活动。而草《玄》的动机，有消极的一面，也有积极的一面。扬雄在草《玄》的过程中，写了三篇文章，以自宽自解。《解嘲》和《太玄赋》的内容，都说明他深受老子思想的影响，惕于人生祸福之无常，借用心于《玄》，以免向外驰骛而得祸。所以他的草《玄》，在动机上，实在是隐于《玄》。他对祸福无常的观念如此深刻，除了来自他的冷观专制之朝，并无客观是非标准以外，在思想上也受了严遵（君平）的影响。《全汉文》卷四十二录有严遵《座右铭》谓："夫疾行不能遁影，大音不能掩响。默然托荫，则影响无因。常体卑弱，则祸患无萌。口舌者祸福之门，灭身之斧。言语者天命之属，形骸之部。出失则患入，言失则亡身……"由上，可知严遵是非常注意祸福问题的。扬雄则进一步指出祸福常相倚而生，尤其是福中有祸，所以不应和世人一样地去追求福，而应常安处于无福无祸之地。闭门草《玄》，正是自处于无祸无福之地，有符于老子之教。因此，从消极方面说，草《玄》可算是他"自守"的一种方法，是他精神的一种寄托。《解嘲》说："且吾闻之也，炎炎者灭，隆隆者绝。观雷观火，为盈为实。天收其声，地藏其热。高明之家，鬼瞰其室。攫拿者亡，默默者存。位极者宗危，自守者身全。是故知玄知默，守道之极。爰清爰静，游神之廷。惟寂惟寞，守德之宅。"这里所说的道德，都是指老子的所谓道德而言，同时，他也表明，他并不是反对建功立业，但他所处的时代，与过去许多英杰不同，不容许他去建功立业。所以便以"吾诚不能与此数公者（萧何诸人）并，故默然独守吾《太玄》"二句作结。

在《古文苑》卷四所录《太玄赋》中，上述思想表达得更清楚。《太玄赋》：

> 观《大易》之损益兮，览老氏之倚伏。省忧喜之共门兮，察吉凶之同域……若飘风不终朝兮，骤雨不终日……自夫物有盛衰兮，况人事之所极。奚贪婪于富贵兮，迄丧躬而危族。丰盈祸所栖兮，名誉怨所集……圣作典以济时兮，驱蒸民而入甲（章樵注：谓纳诸法令之中）。张仁义以为纲兮，怀忠贞以矫俗。指尊选以诱世兮，疾身没而名灭。岂若师由（许由）聃兮，执玄静于中谷……乱曰：甘饵含毒，难数尝兮。麟而可羁，近犬羊兮。鸾凤高翔，戾青云兮。不挂网罗，固足珍兮。斯（李斯）错（晁错）位极，离大戮兮。屈子慕清，葬鱼腹兮。伯姬（宋伯姬）曜名（火灾时待傅姆不至，被火焚死），焚厥身兮。孤竹二子，饿首山兮。断迹属娄（伍子胥），何足称兮。辟斯数子，智若渊兮。我异于此，执《太玄》兮。荡然肆志，不拘挛兮。

《易·损卦·象传》："损益盈虚，与时偕行。"《老子》五十八章："祸兮福之所倚，福兮祸之所伏。"扬雄此处把《易》与《老子》说在一起，实则二者精神完全不同。《损卦·象》曰"君子以惩忿窒欲"，《益卦·象》曰"君子以见善则迁，有过则改"。当损益盛衰之际，在道德上站稳一个立足点，这是儒家的精神。因祸福无常，互相倚伏，便采以柔退为趋避之方，这是老子的态度。扬雄在作《太玄》的动机上，显然是以老子的态度为出发点，并形成《太玄》构造的骨干。但他和老子不同之点是，他之所以趋避于祸福之际，是因为要由此而放手追求知识。所以在《法言·问明》篇："辰（时）乎辰！曷来之迟，去之迅也。"又"君子谨于言，慎于好，亟于时"，是确切的说明。在他最后著《法言》时，有意从道家转回到儒家，其中《问明》篇，特珍重于进退出处之际，多发挥孔子"用之则行，舍之则藏"（《论语》）之义，亦可反映出扬雄托身于末世朝廷的微禄，依然有深迫的危机意识。以上是他草《玄》的消极的动机。

《解难》是因为"客有难《玄》大深，众人之不好"而作。《解难》与《太玄赋》不同，《太玄赋》是从祸福趋避的消极方面说明草《玄》的动机；而《解难》则在表示他在积极方面所追求的"驰骋于有无之际，而陶冶大炉，旁薄群生"，"发而为闳言崇议，幽微之途，盖难与览者同也"，此乃"势不得已"，而希望有如"师旷之调钟，俟知之在后"。仅有消极的动机，则他不必草《玄》。《太玄》的成立，更有他知识上的积极动机。

（二）西汉思想大势及卦气说的出现

要从积极方面说明扬雄草《玄》的意义，首先应了解西汉思想发展的大脉络。由曹参援盖公以言治道，迄于文景，朝廷上是黄老与法家相结合的时代。在社会上，当然也有道家和法家思想的各别流行。儒家则于焚坑之余，忙于先秦绪余的整理，及典籍的辑缀。陆贾、贾山、贾谊之徒，开以儒术言政治之端；而景帝时淮南王安的宾客中，已有水准很高的儒家思想集团。河间献王，则更有意于搜集儒家典籍，倡导儒家礼乐之治。但这两个庞大的地方文化集团，终由朝廷所消灭和压抑。此外，邹衍五德运转之说，在文帝时，表现为张苍、贾谊、公孙臣等汉德应属土或应属水之争；文帝虽未曾因此改制，但公孙臣因此得进用为博士，这当然也反映出当时思想上的一支势力。更重要的是，由长期测候经验所积累的天文学，在春秋战国时，已发展到很高的程度。此重要学问部门，因太史的专管，且不受现实政治的影响，一直传承发展，在汉初学术中，当然居于有力的地位。此观于武帝改历以前所用的四分历，实继承先秦之旧；且到改历以后，依然保持它的崇高地位，故东汉卒有恢复使用之举，而可得到明确证明。淮南王刘安及其宾客们，曾经努力把西汉初年流行的学术，组成一个庞大的系统，这即是今日可以看到的《淮南子》。但这是由拼凑而成的系统，全书缺乏内在的关连，因而全书也缺乏贯通的线索。他们中的道家，曾努力以《原道训》的道，《俶真训》的真，作为贯通的纲维；但不仅不能被其中的儒家集团所接受，对其中的天文地形的融结力也不强。及董仲舒发展《吕氏春秋》十二纪纪首的思想，以阴阳在四时四方中的运转言天道，并将此天道贯通于人生政治社会全面活动之中，以建立天人贯通的庞大思想体系，并将《公羊春秋》加以特别解释，组入于此思想体系之中。又主张推明孔氏，屈折百家，设五经博士，而西汉思想为之一变。第一，自武帝中期以后，学术活动，以五经为骨干，此与武帝以前各家平流竞进的情形，大异其趣。第二，儒生以阴阳五行之说，各傅会一经，[①]以言天人合一，并由此而言灾异及政治问题。第三，作为天道内容的阴阳，更作方技性的推演，其含融更广，其立说更趋庞杂。第四，以天象及律历为天道的具体表现，并即视为儒家所言天道的具体内容。《汉书》七十五《翼奉传》："奉奏封事曰：臣闻之于师曰，天地设位，悬日月，布星辰，分阴阳，定四时，列五行，以示圣人，名之曰道。圣人见道然后知王治之象，故画州土，建君臣，立律历，陈成败，以视贤者，名之曰经。贤者见经，然后知人道之务，则《诗》、《书》、

① 可参阅《汉书》七十五《眭两夏侯京翼李传》赞。

《易》、《春秋》、《礼》、《乐》是也。"翼奉这段话，实可概括由董仲舒发展到元帝时代的主要而共同的观点。

在傅会的五经中，以《易》居于最有利的地位，《书》只能傅会《洪范》。翼奉的"《诗》有五际"，难得确解，即可知其傅会的不易。《春秋》只能傅会灾异，惟有《易》，卦爻自身，本是象征的符号，而其起原是凭"神以知来"，由天道以言人事。许多地方是直接谈到天道与人事关连的。在上述的新的学术风气中，以京房的卦气说最为成功，所以影响也最大，不是没有理由的。扬雄的《太玄》，是卦气说的发展。

《汉书》七十五《京房传》："京房字君明，东郡顿丘人也。治《易》，事梁人焦延寿。延寿字赣。赣贫贱，以好学得幸梁王，王共（供）其资用，令极意学。既成，为郡史，察举补小黄令，以候司（伺）先知，奸邪盗贼不得发。爱养吏民，化行县中……卒于小黄。赣常曰：'得我道以亡身者，必京生也。'其说长于灾变。分六十四卦，更直用事，以风雨寒温为候，各有占验，房用之。尤精好钟律，知音声。"《汉书》八十八《儒林传》："孟喜字长卿……父号孟卿，善为《礼》、《春秋》……以《礼经》多，《春秋》烦杂，乃使喜从田王孙受《易》。喜好自称誉，得《易》家候阴阳灾变书，诈言师田生且死时，枕喜膝，独传喜，诸儒以此耀之。同时梁丘贺疏通证明之曰：'田生绝于施雠手中，时喜归东海，安得此事？'又蜀人赵宾好小数书。后为《易》，饰《易》文……云受孟喜，喜为名之。后宾死，莫能持其说，喜因不肯仞（认）……"又："京房受《易》梁人焦延寿。延寿云：尝从孟喜问《易》。会喜死，房以为延寿《易》即孟氏学。翟牧、白生不肯，皆曰非也。至成帝时，刘向校书，考《易》说，以为诸《易》家说，皆祖田何、杨叔、丁将军，大谊略同。唯京氏为异党。焦延寿独得隐士之说，托之孟氏，不与相同。"

《新唐书》卷二十七上《历志》载僧一行"卦议曰，十二月卦出于孟氏章句，其说《易》本于气，而后以人事明之。京氏又以卦爻配期之日"。今日可以考见孟《易》之内容者仅此。若一行之说可信，则京氏所得于焦延寿者乃"候司先知"之术，所得于孟氏者为"十二月卦"，即以十二月之卦，表现一年中阴阳的消长。京氏更由此加以发展，以卦爻配一年三百六十五又四分之一日，这便成为汉易中最有特色，也最有影响力的卦气说。

所谓十二月卦，亦即十二月消息卦，虞仲翔注《易·系辞》"变通配四时"谓"变通趣时者，谓十二月消息也。泰、大壮、夬，配春。乾、姤、遁，配夏。否、观、剥，配秋。坤、复、临，配冬。谓十二月消息相变通，而周于四时也"。又干宝注《乾》六爻曰："阳在初九，十一月之时，自复来也（按复卦即配十一月，下类推）。初九甲子（原注：纳甲），乾天正之位，而乾元所始也。阳在九二，十二月之时，自临来也。阳在九三，正月之时，自泰来也。阳在九四，二月之时，自大壮来也。阳在九五，三月之时，自夬来也。阳在上九，四月之时也（原注：四月于消息为乾）。"又注坤六爻曰："阴气在初，五月之时，自姤来也。阴气在二，六月之时，自遁来也。阴气在三，七月之时，自否来也。阴气在四，八月之时，自观来也。阴气在五，九月之时，自剥来也。阴在上六，十月之时也（原注：十月于消息为坤）。"[1] 阳由阴生为息，阴由阳生为消。以十二卦配十二月，表现阴阳之气，在一年十二月中运转消息的情形。以图表之于下：

复	䷗	子	十一月
临	䷒	丑	十二月
泰	䷊	寅	正月
大壮	䷡	卯	二月
夬	䷪	辰	三月
乾	䷀	巳	四月
姤	䷫	午	五月
遁	䷠	未	六月
否	䷋	申	七月
观	䷓	酉	八月
剥	䷖	戌	九月

---

[1] 参阅《皇清经解续编》卷一百二十八惠栋《易例》二，十二"消息"条。

坤　☷亥　十月

　　董仲舒承《吕氏春秋》十二纪纪首，以少阳、太阳、少阴、太阴，配一年的四时，尚未与《易》发生关连。至孟喜则从六十四卦中选出由《复》到《坤》的十二卦，配入于一年十二月之中，于是每一月皆可表现阴阳运转之迹，这较仲舒为更进一步。但此十二卦以外，其他五十二卦，是否亦能表现此种意义？最低限度，今日无法明了。只有京房进一步所成立的卦气说，成为"汉易"的主流。

　　四时十二月是天道运转的表现。但由长期积累，以三百六十五又四分之一日为一周的四分历，这才真正是天道极完整而精密的表现。《易》是表现天道，京氏便以为《易》应进一步与四分历取得一致。于是便由以卦配月，进而为以爻配日的卦气说。但六十四卦有三百八十四爻，如何配得好？他便先提出坎离震兑为四正卦，以配四时及四方。又以坎当冬至，离当夏至，震当春分，兑当秋分。此四卦有二十四爻，以当一年的二十四气。剩下的六十卦，每月配五卦，每卦六爻，主六日七分。四分历以八十分为一日，所谓六日七分，是说每卦主六日又八十分之七日$\left(6\frac{7}{80}\right)$，每爻主一日多一点点。六十卦，三百六十爻，主三百六十五日又四分之一日。卦气，据郑康成的解释是指阳气而言，这是受董仲舒尊阳绌阴的影响。阳气始于冬至子时，京氏以中孚卦当之，故卦气起于中孚。[①]京氏依然保持孟氏的十二消息卦；不过，此十二消息卦，既各主一月，同时又兼主六日七分，而此十二卦的七十二爻，又主一年的七十二候。京氏认为这样，便使卦与历合，亦即是卦与天道合，由此以言人事的吉凶休咎。

《易》有六十四卦，何以特以十二卦当十二月？《易》始于乾坤，终于未济；卦气始于中孚，终于颐。结构不同，乃来自意理的不同。所以梁丘贺否定孟喜于田王孙死时所独传之秘，而孟喜的弟子翟牧、白生不肯承认京房所承受的焦延寿《易》（实则还加上卦气新说），不肯承认焦氏《易》即是孟氏《易》。而刘向校书，明指出京氏不同于孟氏，因而不属于田何、杨叔、丁将军的系统。京氏《易》对《周易》来说，是一种搅乱。而以卦附历，无当于测候之实，更是一种搅乱。卦自卦，历自历，离之双美，合之两伤。然董仲舒言天人之合一谓"于其可数也副数"，[②]意思是说天以数而表现，如四时十二月三百六十六日；[③]人也以数而表现，如四肢，大节十二，小节三百六十六等。天

---

① 请参阅《皇清经解续编》卷一百三十九惠栋《易汉学》一《卦气图说》。《皇清经解》卷一于一百二十六焦循《易略图·论卦气六日七分》上第八及下第九。《皇清经解》卷一千二百三十八张惠言《易义别录·周易京氏》。惟惠氏将卦气说归之于孟喜则非是。

② 见《春秋繁露·人副天数》第五十六。

③ 此依董氏所述概略之数。

与人，在数上的相合，即可证明天人是合一的。天文经长期的测候，把结果纪录在浑天仪上，以数字表其度数，以度数表星象运行的位置，使浑天仪的运转，与天象相应。更由此以制历，定出季节及日数，使农业社会的生活秩序得以建立起来，这是非常有意义的。在天文上本是把数字用作表记天体的符号。大约到了战国时期有人转而认定数字即是天体自身的表现。更将自然性格的天体，与传统的天命及天道的价值观念，混而为一，于是再一转而将数字也误认为是价值实体的表现，认为由数字即可表现价值，即可通向天道的价值感应，乃至与之为一体。数的神秘性，尤以数中乘法的神秘性，即由此而来。易本来用的是

--、一两种不同符号（此两种不同的符号，一直在春秋时代，还未被称为阴与阳），开始在以三为基数（三画），进而以六为基数（六画），参互变化，由八卦成为六十四卦，三百八十四爻，所构造起来的。大约到了战国中期前后，开始把两种不同的符号称为阴与阳，更以六的数字表征阴，以九的数字表征阳。而上述参互变化的历程，也可以说是一种数字乘积的活动。但《易》的成立，原是认定在这些符号后面，有神的存在或天的存在，天借此参互变化以表示自己的意志，指示人以吉凶祸福的。因此，这批符号，也可说是天道的符号，并不是天的自身。既早有人把价值系统的符号，与自然物系统的符号，混而不分，于是京房把由卦所表现的天道的数字，与由历所表现的天道的数字，

附合起来，以成为天道的统一系统，由此以加强易的说明性，这比董氏所作的天与人在数上的附合，更有说服力。

（三）《太玄》的思想线索

僧一行所述"《易》本于气"的孟氏《易》的观念，经京房将卦爻与历的日数相附合后，虽然《易》所本之气，固然表明得更为精密，但数的观念，也因此而特别凸出。于是，《汉书·律历志》便说："自伏羲画八卦，由数起。"这实际是一种新说。《律历志》是抄刘歆的《三统历》，刘歆说八卦由数起，等于说《易》由数起，这是由京氏《易》的一种演进。《三统历》及《太玄》，皆成立于此一演进之上。

扬雄作《太玄》以准《易》，据本传赞"诸儒或讥以为雄非圣人而作经，犹春秋吴楚之君，僭号称王，盖诛绝之罪也"的话来看，在当时已受到批评，于是后人有的为他辩解，说他并不是拟《易》的。[①] 其实，传赞中的所谓"诸儒"，乃当时博士系统中迂腐之儒，扬雄从不把他们看在眼下。而作《玄》以准《易》，在扬雄认为是理所当然，无所谓僭不僭的问题。《法言·问神》篇："或曰：经可

---

① 如《丹铅总录》引"孙明复曰：扬子云《太玄》非准《易》。乃明天人始终之理，君臣上下之分，盖疾莽而作也。桓谭曰：是书也，可以《大易》准。班固曰：经莫大于《易》，故作《太玄》。使子云被僭经之名，二子之过也"。

损益与？曰：《易》始八卦，而文王六十四，其益可知也。《诗》、《书》、《礼》、《春秋》，或因或作，而成于仲尼，其益可知也。故夫道非天然，应时而造者，损益可知也。"这分明是暗示他的《太玄》乃"应时而造"以益《易》的。又"书不书，非经也。言不经，非言也。言书不经，多多赘矣"（同上），这分明是说明他的著作，乃以经为准的。又"或曰：述而不作，《玄》何以作。曰：其事则述，其书则作"（同上）。这分明是以作者自居而不愧。扬雄的作《玄》以准《易》，这是不能，也不必为他辩解。他所定的"首"（在《易》称为卦，在《玄》则称为"首"）名，皆由卦名稍加变化而来，如"中"首本于《中孚卦》，"周"首本于《复卦》之类，[①] 即其明证。但他所准的《易》，正如焦循在《易略图·论卦气》，《六日七分》下第九所说："《太玄》所准者卦气也，非《易》也。"即他所准的不是由《易传》所传述的《易》。并且卦气说，提出了《坎》、《离》、《震》、《兑》四正（辟）卦，实际只有六十卦发生作用。扬雄以首准卦，便也只准六十卦，将四正卦弃之不顾。卦气说是以"历"为天道的准绳，再将卦去附合。《太玄》也正是如此。本传自述作《玄》要旨谓："于是辍不复为（不再

---

① 宋李觏《直讲李先生文集》卷四《删定易图论》五"《太玄》所以准《易》者也，起于冬至。其首曰中……于《易·中孚》……其次曰周，于《易》则复……"稍后邵雍有《准易图》。王荐有《玄图发微·太玄拟卦图》，皆可参证。

作赋），而大覃思浑天……其用自元推，一昼一夜，阴阳数度，律历之纪，九九大运，与天终始。”正说的是作《玄》乃以历为准据。所以八十一首的次序，即是卦气说的六十卦的次序。卦气说起于《中孚》，终于《颐》，《太玄》起于“中”，终于“养”。其中有以一首准《易》一卦的，有以二首准《易》一卦的。[①] 不过，卦气说所准据的是四分历，而《太玄》所准据的是太初历。两历最显著不同之点，在于四分历以八十分为一日之数，太初历则以八十一分为一日之数。他的八十一首，如后所述，是由数推演而来，又恰与太初历以八十一分为一日之数相合，于此可见其用心的巧密。

但扬子云的《太玄》，有的地方有较卦气说为合理，有的地方是卦气说的发展，有的地方则加上了扬子云思想的特色。

所谓较卦气说为合理的是：卦气说以《易》去准历，既变乱了《易》原有的结构，且与历结合得非常牵强，例如四正卦十二辟卦的特别提出，只是为了凑数，毫无道理可言。因为在作《易》的过程中，本是与历无关的。扬雄则另外创造一套符号系统，另外形成一套数的演算系

[①] 宋李觏《直讲李先生文集》卷四《删定易图论》五“《太玄》所以准《易》者也，起于冬至。其首曰中……于《易·中孚》……其次曰周，于《易》则复……”稍后邵雍有《准易图》。王荐有《玄图发微·太玄拟卦图》，皆可参证。

统；而成为他创构动机与准据的，一开始便是以浑天、太初历为蓝图，如是《玄》对《易》而言，只是增益了原有的《易》，并没有破坏原有的《易》。而《玄》与历的结合，较《易》与历的结合，远为自然。

所谓有的地方是卦气说的发展，乃指的是自刘安及其宾客和董仲舒们起，西汉学术的趋向，都在努力组成贯通天人、包含万类的哲学（或者说是思想）系统。卦气说乃在此一大趋向下的产物之一。《太玄》虽准卦气说而作，但较卦气说所能包涵得更广，例如将音律《洪范》等也包括在里面。

所谓有的地方加上了扬子云思想的特色，指的是就今日可以看到的卦气说，除了"风雨寒温为候"，以言休咎外，没有"思想性"，或思想性不明显。扬雄则在赞词（等于《易》的爻辞）中，吸收《洪范》五事的"一曰思"，因而将思与福、祸并列，以为占验的骨干。更以道家之玄（实即道家之道），为《太玄》得以形成之主体，将其与儒家之仁义，结合在一起。《法言·问道》篇："老子之言道德，吾有取焉耳。及捶提仁义，绝灭礼学，吾无取焉耳。"又《问神》篇："或曰，《玄》，何为？曰为仁义。"本传也说"拟之以道德仁义礼智"。扬雄有取于老子的言道德，首先他是挹取老子道德观念中的一部分以为自己人生处世的立足点，这在前面已经提到。而最重要的是以老子的道德观念，即是所谓"玄之又玄"（《老子》一章）的玄，为贯通天人的基本原理。《太玄》乃所以表现此一原理，或者他认为《太玄》是玄自身的展现。用另一名言表达，可以说他的《太玄》是以老子的道德为体，以儒家的仁义为用所建立起来的。这样的体与用是否连结得上，乃另一问题，但这种道儒两家思想的结合，也表明西汉思想的一个倾向。而据严君平《道德指归说目》谓《老子》的"下经为门，上经为户。智者见其经效，则通乎天地之数，阴阳之纪，夫妇之配，父子之亲，君臣之义，万物敷矣"。[①] 是严君平已有把《老子》与历数及儒家伦理，统合成一个系统的企图，这也未始不是《太玄》的一个影子。以下对《玄》的构造略加解释。

（四）《太玄》的构造

《晋书·天文志》上："古言天者有三家，一曰盖天，二曰宣夜，三曰浑天，汉灵帝时蔡邕于朔方上书言，宣夜之学，绝无师法。《周髀》术数具存，考验天状，多所违失。"扬雄所涉及的为盖天浑天。《晋书·天文志》二记有桓谭谓扬子云"因众儒之说天，以为天如盖转，常左旋，日月星辰，随而东西。图画形体行度，参以四时历数昏昼夜，欲为世人立纪律，以垂法后嗣"，因桓谭的论难而"立坏无所作"的故事。由此故事推测，他开始

---

① 见《全汉文》卷四十二。

所作的，可能是以盖天为根据的。《隋书·天文志》一，及《开元占经》二，记有扬子云难盖天八事。《法言·重黎》篇下面的一段话，更说明扬氏在此方面的态度："或问浑天，曰：下阂营之，鲜于妄人度之，耿中丞象之，几乎几乎，莫之能违也。请问盖天，曰：盖哉盖哉，应难未几也。"这里不牵涉到浑天盖天的得失问题，而只在指出他认为浑天较盖天更合于天象的真实。大约四分历与太初历，都用的是浑天。他所以不用四分历而用太初历，因为太初历乃当时所用之历。且太初历因落下阂把音乐的律组入到里面去了，这更适合于包罗万有的"体系哲学"的要求。

《汉书》二十一上《律历志》："至武帝元封七年，汉兴百二岁矣。大中大夫公孙卿、壶遂，太史令司马迁等言历纪坏废，宜改正朔……遂诏卿、遂、迁，与侍郎尊，大典星射姓等议造汉历……已得太初本星度新正，姓等奏不能为算。愿募治历者更造密度，各自增减，以造汉太初历。乃选治历邓平……及与民间治历者凡二十余人；方士唐都，巴郡落下阂与焉。都分天部，而阂运算转历。其法以律起历。曰：律容一龠，积八十一寸，则一日之分也……乃诏迁用邓平（及落下阂）所造八十一分律历。"按前文有"五声之本，生于黄钟之律，九寸为宫"。《补注》引"朱载堉《律吕精义》云：淮南、太史公所谓黄钟长九寸者，以九分为寸，九寸乃八十一分也，《汉志》

以十分为寸，九寸乃九十分也。"又引"蔡沈《律吕新书》云：大要律书用相生分数。相生之法，以黄钟为八十一分"。所谓"相生"，即今日之所谓乘法。大约自战国中期以来，以相生之数，为道或天地生化万物的历程，所以特别赋予以神秘的意味。黄钟律的八十一分，与历本无关系，亦即是天文与音乐，本无关系。史公虽参与了改历的工作，但他并不赞成落下闳的渗杂。所以《史记》之《律书》与《历书》，分而为二，虽然此两书已有后人的渗杂，非史公原书之旧，但其不以音乐之律合岁时之历，则甚为显然。而《史记·历书》所记者为四分历，并非新改的太初历，这是史公的卓识。落下闳把四分历的八十分为一日之数，改为以八十一分为一日之数，不是出于实测推算的结果，而是出于要把音律组入在一起的牵强附会，对历而言，不仅毫无意义，且是一种扰乱。其所以如此，原因有二。一则乃承董仲舒之风，将岁时之历赋予以哲学的意味，尽可能地组成一个大的系统。音律自先秦以来，尤其是自《荀子》、《吕氏春秋》以来，在教化功用上占了很重要的地位。能将乐律组入到历中去，在他及当时一般知识分子心目中，这便增加了新历的意义。刘歆的《三统历》，是顺此趋向所完成的时历与哲学，测候与理想的更进一步的大综合系统，《太玄》则为顺此一趋向的另一形式的综合。刘歆和扬雄所努力作的，本应算是同一性质的工作。《三统历》即将

《易》附合于历中。刘歆所以讥《太玄》为"吾恐后人用覆酱瓿也"，不仅因《太玄》之难解，实亦对用心同，方向同，但在思辨与形式上却不相同的扬雄，多少含有妒意。二则他们以历为天道的直接表现，黄钟的八十一分，由九九相乘而得，即是以生数而得，与天道的生化功能相应。《太玄》的构成，主要用的是生数。九九八十一的黄钟律，与扬雄用的数式相合。

《易》的基本符号━、╍，《玄》的基本符号是━、╍、╍╍。但《易》之两基本符号，乃各象征固定之物，━象征阳，╍象征阴，通六十四卦而其义不变。但《玄》的三基本符号，仅是为了便于错综变化，并不固定象征某一物。在首辞、测辞中皆无甚意义。这是《太玄》因要以他的符号含宏万有，反而在使用时一无着落的最大弱点。《老子》："道生一，一生二，二生三，三生万物。"在扬雄看来，道本身即含有"三"，《玄》是道，所以《玄》本身即含有三。上述三个基本符号，由上而下（《易》系由下向上数），是《玄》所含的天、地、人。《易》重三画为六画而为一卦，玄则四画（或称四重）而为一首。由三个基本符号，又加上一画为四画以成一首，也犹《易》由两个基本符号再加上一画，以变化成为八卦，是相同的，只是为了增加变化的缘故。《易》由两个基本符号再加上一画，才可变化成为八卦。再由三画加上一倍成为六画，才可变化成为六十四卦。《玄》由三个基本符号再加上一画，以成一首，因为较《易》多了一个符号，便可变化成为八十一首，以与太初历的八十一分的日数相准。我推测，这是基本的原因。至于说加的一画是表示天地人上面的《玄》，这是附加上去的理由。但扬子云又另出心裁，说这由上而下的四画，是表征方、州、部、家的。方是方伯，州是九州，部是郡县，家是家族。这便把政治社会的划分，也组入到里面去了。于是这四画，一方面是《玄》及《玄》所含的天地人，同时又是方、州、部、家。但天地人也好，方、州、部、家也好，在首的运用时，都无实质的意义。八十一首，本是由四画的符号反复变化而来，但扬雄一定要由三的数字的推演来达到八十一首的与日分相合的数字，才认为可以表现《玄》的功用。如前所说《玄》的本身是含有三的。方、州、部、家的方，既由《玄》而出，则由《玄》而出之方，便应为三方。而一方含有三州，三方便应为九州。每州含有三部，九州便应有二十七部。每部含有三家，二十七部，便应有八十一家。以家为起点，八十一家便成为八十一首。以与八十一分为日数相符，亦即是与历的日数相符。

　　《太玄》的"赞"，等于《易》的爻。《易》每卦六画，一画一爻，所以每卦六爻。准此，则《太玄》每首应为四赞。但这样便首先脱离了三的生数。三的生数（自乘数）是九，此即所谓"分为三，极于九"，于是每首不得不有九赞，始与玄的三的生数相合。而由四画为一首所表现的方、州、部、家，实际没有作用。司马光《说玄》谓：
"玄首四重者非卦也，数也。故《易》卦六爻，爻皆有
辞。《玄》首四重，而别为九赞以系其下。然则首与赞分
道而行，不相因者也。"① 即指此而言。八十一首，每首九
赞，所以《玄》有七二九赞，一赞为昼，一赞为夜，二赞
合为一日，七百二十九赞，当为三百六十四日半，以合一
岁的日数。但一岁的日数为三百六十五又四分之一日，赞
的日数，对一年之日数而言，尚差四分之三日，于是扬雄
在七百二十九赞外，另设"踦"、"赢"二赞以补足之。但
"踦"、"赢"二赞共为一日，若加上踦赢二赞的一日，则
较一年的日数，又多出四分之一日，四岁即多出一日。所
以苏洵说："率四岁而加之，千载之后，吾恐大冬之为大
夏也。"② 历之日数，由测候而得，或多或小，一决于测候
之实。《太玄》之数，由三数之推演而得，与历本不相干。
而必欲强之以与历相合，扬雄在此等处构思虽巧，仍不能
逃苏氏之所讥。且踦、赢二赞，实来自三数推演之外，这
正说明欲通过数以合二物为一物，在形式上也有不能突破
的难局。

　　同时应指出由三数的推衍以求人事与天道相合，最明
显的是文帝时由博士编造的王制中所定的官制，三公、九

---

① 司马光《太玄经集注·玄首》引陆绩语。此语最为重要。
② 《嘉祐集》卷第七《太玄论》上。

卿、二十七大夫、八十一元士的官制，即由三的生数的神化而来，这必曾给扬雄以启发。由三的生数而来的九赞的九，在《太玄》的实际应用上有更大的意义。《玄》所含的是天地人，九赞便分别表征为天的始、中、终，地之下、中、上，人的思、福、祸，合而为九。在以人为中心而加以实用时，九赞之九，便可成为思内思中思外，福小福中福大，祸生祸中祸极，又合而为九。首辞说明阴阳二气之消长。首从"中"到"应"，共四十一首属阳；从首"迎"到"养"，共四十首属阴。首赞的奇数为昼为阳，赞的偶数为夜为阴。《玄测》谓："阳推五福以类升，阴幽六极以类降。"司马光谓："凡《玄》之赞辞，昼夜相间。昼辞多吉，夜辞多凶。又以所逢之首及思福祸述其休咎，此《玄》之大旨也。"[①]奇偶不是以一首为单元计算，而是由第一首顺次计算下去的。阳是善是福，阴是恶是祸。五行配入九赞中是一六为水，二七为火，三八为木，四九为金，五十为土。《太玄》没有十数，"说者以为土君象也，水火木金四者是当先后于土者也"。[②]

扬雄的用心是认为《玄》起于三，由"生"，即由三数的推演，说明《玄》的生化作用，以与历相合。更由此以定行为的准则，并测出休咎。扬雄认为数是来自律，《玄

---

①　司马光《太玄总例》九赞。
②　司马光《太玄经集注》卷一中首上九注。

摘》所说"日月往来，一寒一暑。律则成物，历则编时，律历交通，圣人以谋"者，盖指此。但这与仁义实在关连不上，而扬雄却说他的作《玄》是"为仁义"，这又怎样解释呢？因为天、地、人皆出于玄。《玄图》说："夫玄也者，天道也，地道也，人道也。兼三道而天名之，君臣父子夫妇之道。"是人道为玄所固有，亦即仁义为玄所固有，这是扬雄以儒合老，在他认为是补老子之所不足的地方。又谓"昼夜相丞（指赞之一昼一夜而言），①夫妇系也。终始相生，父子继也。日月合离，君臣义也。孟季有序（指四时），长幼际也。两两相阖（指赞的奇偶），朋友会也"。这是说在《太玄》中所展出的天道的运行现象，同时即反映出人道，由此可见天人本是合一的。所以在《玄告》中说："故善言天地者以人事，善言人事（者）以天地。"且《汉书·律历志》第一上"数者一十百千万也。所以算数事物，顺性命之理也"。以数的合理性，可以顺性命之理，这不是刘歆一人的思想，而实代表当时若干学者的共同观念。扬雄的《太玄》，在他认为是天、地、人通过数，而将不能把握的玄，成为能把握的玄，这是以数顺玄之理，顺天地人之理，也即是顺性命之理。所以《玄摘》说："仰以观乎象，俯以视乎情，察性知命，原始见终。"天之象，人之情，皆以数表见于《太玄》之中。观象观情，即是察

---

① 《玄图》："图象玄形，赞载成功。"

性知命。性命之理即是仁义。不过如实地说，草《玄》的精神，当然不是反对仁义的精神，而是远于仁义的精神。《太玄》的产生，正来自扬雄的知性的要求，表现扬雄的知性活动，所以他真正所契入的不一定是仁义，而是知性。《玄告》："天以不见为玄，地以不形为玄，人以心腹为玄。天奥西北，郁化精也。地奥黄泉，隐魄荣也。人奥思虑，含至精也。"司马光注谓："九赞之事，三极之道也。天奥西北，则化精冥于混沌无端。地奥黄泉，则信无不在乎中，万物精气藏焉……玄象如此，而人将造之，非遗物离人，精思超诣，则不能入。"所以扬雄只是以"思"作为人的征表，作为玄的作用。仁义之于《玄》，实际是扬雄为了求儒道的结合而硬加上去的。即使是如此，这只表示草《玄》的人的知性活动所建立的一套符号系统，并不是说《玄》的自身含有什么理性的实体，也等于《玄》的自身，不会含有仁义一样。一切都是作者自己的主观硬加上去的。

从《汉书·律历志》看，汉初以四分历为基干，尚有黄帝、颛顼、夏、殷、周及鲁历，可知由先秦以迄汉初，历是一门显学。黄帝、颛顼、夏、殷、周五历，虽出伪托，但当为战国末期以迄汉初人所造。惟鲁历杜预《释例》谓："今世所谓鲁历，不与《春秋》相符，殆好事者为之，非真也。"按鲁有独立性的历，乃由董仲舒亲周王鲁的孔子改制新说而来，其出现当在武、宣之际。而武帝募治历者，在朝廷以外，尚有民间治历者二十余人，更可知这一专门知识流传之广。但在儒道思想盛行，政治压倒一切的学术风气之下，这些人只被视之为"伎"，[①]在学术上没有什么地位。落下闳援律入历，而使六艺中的《乐》与历发生关系；京房援《易》附历，而使汉武以后，视为"六艺之原"的《易》与历连在一起。扬雄更加上道家思想及《尚书·洪范》。刘歆的三统历，更集综贯的大成。其好处是把历在学术中的地位提高了，于是东汉有成就的知识分子，很少不兼治历的。知识分子与历远隔，盖在科举制度盛行之后。在学术上有成就的知识分子也兼治历，因文化水准的关系，在历的推进上，总有某方面的成就。即如为人所诟病的三统历，经近人研究，认为"以实地观测为基础，详细记述五星现象的历法，始于三统历。中国历不仅止于气朔的推步，实广包日月食、五星等的现象、运行，可以说是具有'天体历'的内容，也是天体历好的开端"。并且由他们观测所得的会合周期的数值，"得到可与今日的精密值作充分比较的结果"。[②]即其一例。但从另一方面说，也阻扰了律、历等正常的发展。因认为"历生于律"，便不能不把本是调音审度的律，赋予以神秘的意

① 《法言·君子》篇"通天地而不通人曰伎"，此即含有轻蔑之意。
② 见于日本能田忠亮、薮内清共著的《汉书律历志研究》第七十六页。是书出版于昭和二十二年（一九四七）。能田忠亮博士在当时是天文历算研究室主任。

义，失去它正常的作用。《晋书》卷十六《律历志》上：
"汉章帝元和元年（西纪八十七年），待诏候钟律殷彤上
言，官无晓六十律以准调音。故待诏严崇，具以准法教子
男宣。愿召宣补学官主调乐器。诏曰……声微妙，独非莫
知，独是莫晓……试宣十二律，其二中，其四不中，其六
不知何律。宣遂罢。自此律家莫能为准。"一直扰攘到晋
泰始十年（西纪二七四年）荀勖、张华们，从御府里清出
铜竹律二十五具，"视其铭题尺寸，是笛律也"。换言之，
神秘化了的律吕观念，不可能在现实音乐中得到证明，反
而阻扰了现实音乐应有的进展。从《礼记·乐记》看，中
国音乐，曾达到那样高的成就，汉以后却剧归绝歇，常要
靠胡乐燕乐来加以填补，其主要原因在此。又《唐书》卷
二十五《历志》："至汉造历，始以八十一分为统母（按指
《太初历》），其数起于黄钟之龠，盖其法一本于律矣。其
后刘歆又以《春秋易象》推合其数，盖傅会说也。至唐一
行，始专用大衍之策，则历术又本于《易》矣。盖历起于
数，数者自然之用也，其用无穷而无所不通（因数是纯抽
象的），以之于律于历，皆可以合也。然其要在于候天地
之气，以知四时寒暑，而仰察天日月星之行运，以相参合
而已。"这段话的意思，在说明律与《易》，实皆与历不相
干，全靠抽象的数以相附合，对三者都是干扰。后人认僧
一行的大衍历相当精密，只是不应拉上《易》的"大衍之
数五十"的这一套。但落下闳、刘歆、僧一行们，都是以

历为基石，再以律、《易》附合。所以在律、《易》方面是假知识，但在历上，依然有真知识。而扬雄另创一套符号数式，把它看成是玄的展现，而将儒、道、律、《易》、历组成一个大系统，这只表现当时学术的风气，及他的知识型的性格，向未知世界的热心探求。但在知识上是全盘落空的。但从思想史上看，西方许多人在哲学上的成就，不能受今日知识的考验，一直到近代的莱布尼兹、斯宾诺塞、黑格尔等。但他们求知的精神及其运思的方式，哲学史家不能不承认他们在思想史上的地位。准此，尽管《太玄》这一大系统，在知识上是虚假的，但它运思的既精且密，不是西方许多形而上学家中的本体论者所能企及。所以不应因其知识的虚假性，而否定扬雄此一辛勤工作在思想史上的意义。桓谭称其不仅为"西道孔子，亦为东道孔子"。[①] 张衡称其"竭己精思"与五经"相似"。[②] 在宋代思想中，又再发生巨大影响，[③] 不是偶然的。

---

① 《全后汉文》卷十四引《意林》。
② 皆见《与崔援书》。
③ 宋代学风是一个"穷理"的学风。穷理的自然倾向，总是想在感官所及的后面，找出事物的根据。所以《太玄》在宋代发生的影响最大，司马光、邵雍，是其中最著的。

（五）董仲舒以下之所谓"数"，与古希腊毕达哥拉斯学派之所谓"数"的异同问题

当我开始接触到卦气说及其以后的发展时，首先想到的是由董仲舒起之所谓数的一连贯发展，与古希腊毕达哥拉斯（Pythagoreas，约纪前五三二／前五三一年至前四九七／前四九六年）数论派，有没有相同之点。经过一番考查后，觉得将数加以神化的方向，虽然相同，稍稍进入到具体内容时，便会发现相同的地方太少。从背景方面说，毕达哥拉斯的主要活动，是相信轮回，禁止肉食，生活戒律很严的宗教活动。这是受了古埃及和印度宗教的影响，到了纪元二世纪出现新毕达哥拉斯学派时，已经把毕氏升到神格的地位。这种宗教精神，不能不影响到他对数的观念。京房们虽然讲灾异，扬雄、刘歆们虽然讲休咎，但他们没有宗教的组织、生活乃至精神。第二，毕氏是希腊人"学问地数学"的创始者，也是最初谈到"德"的人。中国则在西汉时代，已出现了《周髀》、《九章》、《许商算术》等书，对数的了解，已积有长期的经验。而在周初已经把"德"的问题，当做政治人生中的重大问题，形成中国学问的大传统。两者在背景上的不同是很明显的。再就数的自身来说，第一，毕氏们以数为万物的本质，将数的要素安放在质料的种类之中。因为他们认为数是内存的东西，存在是由数所成立、所形成的。中国对于数与万物的关系，是由

《左传》鲁僖公十五年晋韩简所说的"物生而后有象，象而后有滋，滋而后有数"的观念所代表。这很明显地认定物先数后，物非由数所生。到了董仲舒以下逮扬雄们，只进一步认为天地及万物会表现而为数，故通过数可以把握天道及万物的活动。但天地万物的本质，在他们看来是阴阳五行之气，是由气所形成的。因此数只是外部的呈现，是气运行的秩序，并不是内存的。第二，毕氏们虽然思考到地球与"对地星"的问题，他们只是作为"世界形象"去加以把握，与京房们以历为依归，完全不同。他们虽由音乐悟入数学，以音乐的调和为数的调和，以数的调和为宇宙万物的调和，这与落下闳们以黄钟律的八十一分傅会为一日的日数，也完全不同。东汉四分历的恢复，便把八十一分的日数改回八十分的日数，依然律与历没有关系。第三，他们以"四数"、"十数"有特殊的意义，有四数的誓辞，称十为"圣的十数"。中国虽也重视十，但在先秦时代已开始最重视"三"及三的生数。他们以"数的系列顺序"象征造物的阶段顺序，中国则以生数（乘法）为造物生化的历程。第四，他们提出有限与无限，奇数与偶数，一与多，右与左，男性与女性，静与动，直线与曲线，光与暗，善与恶，正方形与长方形等十个对立观念。其中夹着一个善与恶的伦理观念，相互间没有一贯的统一原理，可能是随便地、偶然地凑足他们的"圣的十数"。但由京房们起，数皆准历而成为一个完整的系统。第五，他们以平方数为正义，中国则以阳为善。阳是气而不是数。[1]

冯友兰的《中国哲学史》第三章的"（二）所谓象数之学"的注中简略叙述了毕达哥拉斯派之后，作下结论说"中国之象数之学，与希腊哲学中毕达哥拉斯派之学说，颇多相同处。吾人试一比较，即见其相同处之多，令人惊异。《易·系辞》曰：易有太极，是生两仪。毕氏学派亦以为一生二。试观毕氏学派所说有限无限等之十项分对，则可见有限即中国《易》学所谓之阳，无限即中国《易》学所谓之阴……"（页五五一）。冯氏还不知道《易》的太极，有时可称为一，如《老子》的"一生二"的一，但此时之所谓一，乃指道或气，尚未分化之状态而言，并不同于数字观念中一二三四之一。太极生两仪之两，指的是天地或阴阳，与毕氏学派所说一生二，乃纯抽象的数的观念，两者真是天壤悬隔。有限无限是数量，阴阳是两种性格不同之气。可以用有限无限去说明阴阳存在的状态，但不能以此说明阴阳存在之自身。中国《易》学中，在什么地方可以说阳是有限而阴是无限？像冯氏对两方思想缺乏起码理解能力所写的一部书，当时竟被捧为名著，冯氏亦因而

---

[1] 以上主要根据日译 Friedrich üeberweg《大哲学史·古代篇》上第十三节页一五三至一八一，并参考日译 Karl Vorländer（一八六〇至一九二八）《西洋哲学史》第七版，第一卷第一章第三节页三四至四四。

被视为中国哲学的代表人物，他自己且以正统自居而不疑，于此真可以想见近代中国学术的堕落。

六、扬雄的《法言》

（一）《法言》的文体与构成

如前所述，扬雄主要的著作活动，可分三大阶段。四十四岁以前是辞赋，四十四岁以后到五十七八岁之间是《太玄》。而写《法言》的时间，可能开始于他五十八岁前后，即平帝元治元年（西纪一年）前后；应完成于新莽始建国二年（西纪十年），他投阁之前，即在他六十四岁以前。经过投阁以后，大概即以校书为他避祸并消磨岁月的方法。但一直到天凤五年（西纪十八年）他死去以前，还不断在修补。因为如后所述，《法言》中有许多话是讽刺王莽当真皇帝以后的情形的。从辞赋到《太玄》，这是他的思想向前的伸展。从《太玄》到《法言》，则不表示思想的直线伸展，而是表现思想的大反省。此一反省只有经过对王莽的大希望转而为对王莽的大失望，才能引发的。《孝至》篇："周公以来，未有汉公之懿也。"这是为了避祸所作的掩饰之辞。不能因此便轻率判定《法言》是完成于王莽居摄（居摄元年，西纪六年）之前。我写此文的初稿，便是作此轻率判断的。不过，他在投阁以后，便没有更积极的学术活动，这也是事实，所以他的《自序》便终于《法言·序目》。

《法言》由《学行》第一、《吾子》第二、《修身》第三、《问道》第四、《问神》第五、《问明》第六、《寡见》第七、《五百》第八、《先知》第九、《重黎》第十、《渊骞》第十一、《君子》第十二、《孝至》第十三等十三篇构成，另有《序目》以述各篇大旨。惟《序目》的文字因力求简括，反晦涩而亦未能达到概括的目的。班固在传赞中谓"传莫大于《论语》，作《法言》"，《法言》是拟《论语》而作的。从全书的文体看，他是力追《论语》的文体，也和《太玄》力追《易》的经与传的文体一样。但《论语》除极少数文句外，皆温润圆满，明白晓畅，这是短章散文中的极品，或者可称之为神品。所以今日只应当用白话作讲疏，不少人用白话译本文，真是佛头着粪的蠢事。扬雄中年后虽自悔作赋，但在作赋时对文句所用的功力既深，所以在写《太玄》写《法言》时，虽然力图摆脱赋体的铺排繁缛，但用奇字、造新句，不使稍近庸俗的文学家习性，依然发生主导的作用。因此，《法言》字句的结构长短，尽管与《论语》极为近似，但奇崛奥衍的文体，与《论语》的文体，实形成两个不同的对极。若说《论语》的语言，与人以"圆"的感觉，《法言》的语言，却与人以"锐角"的感觉。《法言》在著成后大行，至韩昌黎而提出与《荀子》相提并论，①奠定《法言》在思想史的地位。而韩文的用字造句，也受了《法言》相当大的影响，似乎没有人注意到。

《法言》实由两大部分所构成。一部分是拟《论语》，另一部分则在用心上是拟《春秋》。虽然前一部分文字的分量远超过后一部分，但为了真正了解他的思想，以及后一部分所给予班氏父子所作《汉书》的巨大影响，决不应把它忽略过。很遗憾的是，后一部分，却从来没有人检别出来。在两汉任何一部思想性的著作中，找不出一部像《法言》这样以大量篇幅来品评人物的。他是力追孔子。孔子的思想人格，不仅表现在《论语》上，更表现在《春秋》上。孔子作《春秋》，以褒贬为万世立人极，好胜的扬雄，断没有不向往之理。但"《春秋》，天子之事也"，②他的这一野心，只能用间接的方式表达出来，当时及后人便被他瞒过了。

他自述作《法言》的动机，实际有二。由"雄见诸子各以其知舛驰"到"使溺于所闻而不自知其非也"的这段话，好像说的是先秦的情形，其实主要是针对他所面对的思想形势。由董仲舒所引发的许多方技谶纬、怪诞不经之说，有如《汉志》中所录《诸子略》中的《阴阳家》，《兵

---

① 《韩昌黎文集》卷十一《读荀》："孟氏醇乎醇者也。"荀与扬大醇而小疵。
② 见《孟子·滕文公下》。

书略》中的《兵阴阳》，《数术略》中的《天文》（主要以星象占吉凶）、《五行蓍龟》、《杂占》，《方技略》中的《房中》、《神仙》等，给思想文化以极大的扰乱。但他们几乎皆依附各种传说性的古人以及孔子以自重。不过当时王莽诸人，正欲凭谶纬符瑞以取天下，故《法言》在消极方面，以扼要钩玄的方式，破除了不少的怪迂之说。在积极方面，阐扬了他所把握得到的以孔子为中心的思想。这便构成《法言》的第一部分。接着他说："及太史公记六国，历楚汉，记（讫）麟止，不与圣人同是非，颇谬于经。"这是说史公所作《史记》，对历史人物的是非，不合于孔子所作《春秋》的褒贬，"颇谬于经"的"经"，是指《春秋》而言。由此一动机所写出的，是属于《法言》的第二部分。

《法言》中的观点有无价值，是另一问题。但首先应指出的是，他的观点皆是出于他的认识所及，而不是像许多西汉人的著作，多来自展转抄袭，这在西汉的著作体裁中，也有划时代的意义。《法言》所涉及的范围颇广，但大体上，都表现出他的个性与学术的特色。下面顺着足以表现他的特色之点，略加陈述。

（二）《法言》思想的骨干及对五经博士系统的严厉批评

扬雄在《自序》中说"故人时有问雄者，常用法应之"，因此便称为《法言》。从全书看，他之所谓法，是以孔子五经为中心所树立的做人与立言的标准。这是《法言》

一书的大纲维。可以说，这是顺着董仲舒推明孔氏、罢黜百家，立五经博士的大方向而来的。但他的贡献是把当时傅会到孔子及五经上面的许多驳杂的东西，都澄汰干净了。要在混乱的时代中，建中立极。《学行》篇："仰圣人，而知众说之小也。"《吾子》篇："舍五经而济乎道者末矣……委大圣而好乎诸子者，恶睹其识道也。""好书而不要诸仲尼，书肆也。好说而不要诸仲尼，说铃也。""万物纷错，则悬诸天。众言淆乱，则折诸圣。或曰：恶睹乎圣而折诸？曰：在则人，亡则书，其统一也。"《问神》篇："大哉天地之为万物郭，五经之为众说郛。"《寡见》篇："说天者莫辩乎《易》，说事者莫辩乎《书》，说体者莫辩乎《礼》，说志者莫辩乎《诗》，说理者莫辩乎《春秋》。舍斯辩，亦小矣。"全书中这类的语句甚多。

扬雄在孔门弟子中，特推重颜渊，强调孔颜的关系，并特提出颜渊的乐处，这在两汉是非常特出的。

　　或问世言铸金，金可铸与？曰：吾闻觌君子者问铸人，不问铸金。或曰：人可铸与？曰：孔子铸颜渊矣……（《学行》篇）

　　晞（希望成为）骥之马，亦骥之乘也。晞颜之人，亦颜之徒。或曰：颜徒易乎？曰：晞之则是。曰（疑衍文）昔颜尝晞夫子矣……（同上）

　　或曰：使我纡朱（绶）怀金（印），其乐不可量也。

曰：纡朱怀金者之乐也外。或曰：请问屡空之乐？曰：颜不孔，虽得天下不足以为乐。然亦有苦乎？曰：颜苦孔之卓之至也。或人瞿然曰：兹苦也，只其所以乐也与。（同上）

全书言颜渊者约十二次以上，且特设《渊骞》一章。孔颜并称，在不确定的意味上，殆始于庄子。在确定的意味上，殆始于扬雄。为学须以孔颜为鹄的，亦即以圣人为鹄的，也始于扬雄。这给宋理学家周敦颐以相当大的影响。①

其次，就西汉初期思想的大势说，荀子的影响，实大于孟子。赵岐《孟子题辞》谓孝文时"欲广游学之路，《论语》、《孝经》、《孟子》、《尔雅》皆置博士"。恐未可尽信。拔《孟子》于诸子之上，以为不异于孔子的，也是始于扬雄。韩愈说"因扬书而孟氏益尊"，② 这是可信的。

---

① 《太玄》以"思"代表人的特性，并由思与其他条件配合而言吉凶。周敦颐《通书·思》第九"故思者圣功之本而吉凶之机也"，疑受有《太玄》影响。又《通书·志学》第一："圣希天，贤希圣，士希贤。"又"志伊尹之所志，学颜子之所学"，此处之"希"字，即《法言》之"晞"字，其受《法言》影响，至为明显。《近思录》卷二引程明道谓："昔受学于周茂叔，每令寻颜子、仲尼乐处，所乐何事。"当亦由《法言》所启发。朱元晦以君臣之义，责扬雄甚苛，但在《语类》中论及扬雄时则每多恕辞。

② 《韩昌黎文集》卷十一《读荀》。

古者杨墨塞路，孟子辞而辟之，廓（空如也，与塞相对）如也……窃自比于孟子。（《吾子》篇）

或问勇，曰轲也。曰：何轲也？曰：轲也者孟轲也。若荆轲，君子盗诸。请问孟轲之勇，曰：勇于义而果于德。不以贫富贵贱死生动其心，于勇也其庶乎。（《渊骞》篇）

或问孟子知言之要，知德之奥。曰：非苟知之，亦允蹈之。或曰：子小诸子，《孟子》非诸子乎？曰：诸子者以其知异于孔子也。孟子异乎不异。（《君子》篇）

他之所以称孟子为勇，而自比于孟子，这反映出《法言》中实含有强烈的时代批评性。而当时的博士系统，正是他所批评的对象之一。孔子、颜渊、孟子及五经，这是扬雄在写《法言》时思想的骨干。这似乎与博士系统的学风无异。但在两点上他与博士系统划清了界线。一是他主张先博而后约，并主张有所创造。博士系统的人，对五经尚不能该通，更墨守师说，所以是固步自封。另一点是他要在孔子、五经中求得人生立足之地，而博士系统的人，只是为了利禄。《学行》篇说："书与经同，而世不尚，治之可乎？曰：可。或人哑尔笑曰：须（奚）以发策决科？曰：大人之学也为道，小人之学也为利。子为道乎？为利乎？或曰：耕不获，猎不飨，耕猎乎？曰：耕道而得道，猎德而得德，是获飨已。吾不睹参辰之相比也。是以君子贵迁善。迁善者圣人之徒与！百川学海而至于海，丘陵学山而不至于山，是故恶夫画也。"当时学者以五经博士为师，即以五经为发策决科的标准，于是五经以外的诸子，渐少人研究，这正是当时因博士的学术专利以致学术日趋固陋的情形。此处的"书"与"经"相对而称，书乃指五经以外之书，实即指的是诸子之书。扬雄为破当时博士系统固陋之弊，及他们以利禄为求学动机之可羞，故在此处特加点出。他在《吾子》篇说："多闻则守之以约，多见则守之以卓。寡闻则无约也，寡见则无卓也。"也是这种意思。但扬雄之意，诸子是星辰，五经、孔子之言是日月。治学应由诸子而归宿到孔子，归宿到五经。只要精进不已，自然归宿到此。此即所谓"百川学海而至于海"。

《寡见》篇的一段话，也是针对当时博士系统的情形而加以针砭的。

> 或问：司马子长有言曰，五经不如《老子》之约也，当年不能极其变，终身不能究其业（按此误以司马谈《论六家要旨》之言为司马迁之言）。曰：若是，则周公愸，孔子贼。古之学，耕且养（按当为读），三年通一（艺）。今之学也，非独为之华藻也，又从而绣其鞶帨，恶在《老》不《老》也。或曰：学者之说可约耶？曰：可约，解科。

因五经博士知识活动之范围狭隘，而又获独占的地位，便只好在狭隘范围之内，玩弄语言魔术，以自欺欺人。在性质上与后世科举制度下的八股并无分别。《汉书·艺文志·六艺略》谓："说五字之文（按当指《尧典》"若稽古帝尧"五字），至于二三万言，后进弥以驰逐。"桓谭《新论》谓"秦近（延）君能说《尧典》篇目，两字之说，至十余万言。但说'曰若稽古'，三万言"，此即扬雄所谓"绣其鞶帨"。博士垄断五经，五经大义反为之隐晦，故扬雄主张对这些博士系统下的一堆语言魔术，加以省约。李轨以"但当得其义旨，不失其科条"，释"解科"两字，恐不妥当。"解科"与前引"发策决科"的"决科"相对。汉廷试士，将题目书之于策，此即所谓"策问"。被试者取策应答，此即所谓"发策"。科是甲乙的等第，决科是指由应答的情形以决定其等第。此处之所谓"解科"，殆指免除以博士们所绣的帨鞶作为决定考试的等第而言。换言之，扬雄一面尊崇五经，一面要求把五经从固陋贪鄙的博士系统中解放出来，有如马丁路德，要求把《新旧约》的解释权，由教庭的垄断中解脱出来一样。

由上可知，扬雄的推崇孔子、五经，一方面固然是来自董仲舒以后的学术大势，同时也批判了由仲舒所引发的绕环五经的迂怪之说，也批判了博士系统中的固陋贪鄙之习，及缴绕汗漫的语言魔术（解释）。他的推崇孔子、五经，实出自他在时代的冲激中，体验出孔子与五经对人类生存所发生的维护的巨大作用。《吾子》篇：

> 震风陵（暴）雨，然后知夏屋之为帡幪也。虐政虐
> 世，然后知圣人之为郛郭也。

《学行》篇："孔子，习周公者也；颜渊，习孔子者
也。"圣人与五经不可分，所以上引一段话中之所谓"圣
人"，指的是周公、孔子。周、孔之言，一方面为生民捍
御暴政，同时指示人生社会以方向，因而与人生社会以安
顿归宿。虐政虐世，即使参与到统治集团之内的人，尚且
在相伺相噬的机栝之中；生民的精神与肉体，更被置于刀
砧之上。圣人的人格及由人格所流露出的温厚中正的语言，
自然成为黑暗中的光明，刀剑下的衽席。扬雄这几句话的
意味，实在是太真切深远了。这是在两千多年的历史中可
以得到证明的。

（三）《法言》中对孔子把握的限制

扬雄在《法言》中，完全摆脱了《太玄》的格套，不
把阴阳五行及律历的数式，夹杂到《法言》中的圣人和五
经上面来，这是来自他对典籍的客观而忠实的态度，及在
激荡时代中所作的深切反省。在激荡的时代中，还要坚持
一套游离于现实之上的"玄"，这只证明学者"个人兴趣"
的极端自私。扬雄的这种态度，较之董仲舒以下的许多经

学家远为理智清明而有时代感觉。但因他建立太玄这种形而上的系统，不知不觉地会从形上的观点去了解孔子、了解圣人，不能从中庸之道的庸言庸行中去把握孔子的伟大，甚至有时想把孔子定位在形上的地位，以表现孔子、圣人的伟大。于是他所描述的孔子，多少使人感到空廓而缺乏生命实感。《中庸》赞诵孔子是"仲尼祖述尧舜，宪章文武，上律（法）天时，下袭水土。辟（譬）如天地之无不持载，无不覆帱，辟如四时之错行，如日月之代明……"以圣人比天地只是"辟如"的说法，实则圣人并不是天地。又"大哉圣人之道，洋洋乎发育万物，峻极于天"，这说的是圣人与天地万物为一体的精神，无所不至，所以便可上而峻极于天。"峻极于天"一语的根据，依然圣人是圣人，天是天。而圣人实际的内容，乃在"故君子尊德性而道问学，致广大而尽精微，极高明而道中庸，温故而知新，敦厚以崇礼"。是来自学问、工夫，对生命之光辉充实。在极力颂赞孔子的《法言》中，缺少这种把工夫落实于生活生命之上的叙述。《问道》篇："……或问众人，曰：富贵生。贤者？曰：义。圣人？曰：神……观乎天地，则见圣人。由于礼义，入自人门。由于独智，入自圣门。"《问神》篇：圣人存神索至，成天下之大顺，致天下之大利，和天下之大际，使之无间也。""或问圣人之经，不易使易知与。曰：不可。天俄而可度，则其覆物也浅矣。地俄而可测，则其载物也薄矣……"《问明》篇："聪明其至矣乎。不聪，实无耳也。不明，实无目也。敢问天聪明？曰眩眩（幽远貌）乎惟天为聪，惟天为明……"《五百》篇："圣人有以拟天地而参诸身乎？""圣人之言远如天，贤人之言近于地。""或问圣人占天乎？曰：占天地。若此则史也何异？曰：史以天占人，圣人以人占天。"《君子》篇："或曰：圣人之道若天。天则有常矣。奚圣人之多变也。曰：圣人固多变……圣人之书、言、行，天也。天其少变乎？""通天地人曰儒。通天地而不通人曰伎。""圣人之材，天地也……"从《论语》看，孔子有时感到天的存在，感到自己与天的关连，但这都是感情上的真感。《易传》中所引的"子曰"，总是把古人由占筮所显示的祸福，转到人的行为上加以解释。《论语》中引用了《易》恒卦的"不恒其德，或呈之羞"的爻辞，但没有孔子从事于蓍龟的痕迹。他说过"四时行焉，百物生焉"的极常识的话。但看不出他曾以人去占天，更看不出"占天地"，更看不出拟天地而参诸身。孔子也没有把"通天地人"作为儒者的要求。扬雄草《太玄》，认为这是"占天地"，认为这是通"天地人"，而不能了解这只是假"占"假"通"。便把自己的"存神索至"，把自己以《太玄》"通天地人"的工作，套到圣人身上去。圣人也只是"由于礼义"，无所谓"由于独智"。圣人立言，只是求"言忠信"、"辞达而已矣"。在圣人语言中的无穷意味，乃来自人我同在的伟大人格中流露出来，便透入到每一个正常人生命生活中的真实里去，决非如扬雄所说的不可使易知。例如孔子说："言忠信，行笃敬，虽蛮貊之邦行矣，言不忠信，行不笃敬，虽州里，行乎哉。"体会到这几句话的人，会把个人和社会整个生活动态，及由这些动态所发生的因果循环，用作这几句话的证验，而感到它的意境是如此的深远无穷，而不是"圣人之言远如天"的空话。扬雄之推崇孔子，是出于他的诚意。但他是背负着《太玄》的形上学架子，不知不觉地加在孔子的身上去，结果，只成为外在的摸索，而不能透入到孔子的生命人格里面去。凡是这种形态的学者，可以了解西方哲学，很难接近孔子、了解孔子。

正因为如此，扬雄虽然从《论语》文字中提出了颜渊的突出地位，但颜渊之所以为颜渊，他并没有真正了解。颜渊对于他，只是抽象的存在。这和上面所说的关连在一起，是更值得注意的问题。

《修身》篇："或问仁义礼智信之用？曰：仁，宅也。义，路也。礼，服也。智，烛也。信，符也。处宅，由路，正服，明烛，执符，君子不动，动斯得矣。"这是由《孟子》"仁，人之安宅也，义，人之正路也"（《离娄上》）的话，敷演而来。《问道》篇："道德仁义礼譬诸身乎。夫道以导之，德以得之，仁以人之，义以宜之，礼以体之，天也。合则浑，离则散，一人而兼统四体者其身全乎。"按扬雄虽道德仁义礼智信并陈，这只是承袭儒家的通义。但他对于道，因夹缠着老子之所谓道的观念，而又知道老子之所谓道，不同于儒家之所谓道，所以便把道加以空洞化。《问道》篇："或问道。曰：道也者，通也，无不通也。或曰：可以适它与？曰：适尧舜文王者为正道，非尧舜文王者为它道。君子正而不它。"又"或问道。曰：道若涂若川，车航混混（往来不绝之意），不舍昼夜。或曰：焉得直道而由诸？曰：途虽曲，而通诸夏，则由诸。川虽曲，而通诸海，则由诸。或曰：事虽曲，而通诸圣，则由诸乎！"由他上面的话，可知"道"并没有确定的内涵，而可将善恶混在一起，这或来自《易》泰、否两卦的"君子道长，小人道消"，"小人道长，君子道消"。韩愈《原道》"由是而之焉之谓道"，"道与德为虚位"，盖由此而来。但这固不同于老子之所谓道，也不同于孔子之所谓道，因为两者都有确定的内涵。而儒家之所谓道，或系仁义之总称，或以为系仁义之所自出。《中庸》"率性之谓道"，包括了智仁勇及人伦关系。孔子"朝闻道，夕死可矣"，决非扬雄所说的空洞之道。

至于仁义礼智信，扬氏真有所得的是智，这在后面还要提到。其次，凡是从外面可加以规定的，扬氏便说得相当恰当，所以他对礼的意义，虽无特别发挥，但陈述得相当恰当。而他把握得最浅的是仁，因为仁是一种精神状态，要由内心体验而出，而不是由外面可加以规定的。他在政治方面提到仁时，因为有客观的事实作对比，有时也说得深切。但就立身行己上，有的干脆不提，有的则说些不相干的话，这与《论语》、《中庸》、《孟子》上的情形成一个显明的对照。他在《修身》篇开宗明义说："修身以为弓，矫思（强力地思）以为矢，立义以为的，奠（定）而后发，发必中矣。"与孔子所说的"君子无终食之间违仁"（《论语·里仁》）及"依于仁"（《论语·述而》），大异其趣。但他这几句话的可贵，在于是他说出了自己体悟所到的真话。《君子》篇：或问君子之柔刚，曰：君子于仁也柔，于义也刚"，这大概是从《易·说卦》"是以立天之道，曰阴与阳。立地之道，曰柔与刚。立人之道，曰仁与义"来的。但以柔说明仁，与孔子的"刚毅木讷近仁"（《论语·子路》），天壤悬隔了。《君子》篇又说："……自爱，仁之至也。"这流露出他是一个恬淡自爱的人，这种意思为仁的精神所含有，但何足以言"仁之至"。正因为扬氏没有真正把握到仁，而颜渊之所以为颜渊，正在"其心三月不违仁"，① 所以他并不能真正了解颜渊。这要到宋代二程才能指点出来。

---

① 《论语》中所说的仁，不仅是说"爱人"，最重要的是"无私的无限向上的精神"，"爱人"在此处始有其根据。此意宋儒也有的参悟未透，请参阅拙著《中国人性论史·先秦篇》第四章页六九至七一及页九〇至一〇〇。（编者注：现为九州出版社《全集》版页六三至六五及页八二至九二，大字本页七五至七八及页九九至一一〇。）

（四）《法言》中的人性论及其教育思想

扬雄推尊孟子，但在心性的根源之地，却全未受孟子由心善以言性善的影响，而另创为新说。因此，其论学多本于荀子而远于孟子。

《修身》篇："人之性也善恶混。修其善，则为善人。修其恶，则为恶人。气也者，所以适善恶之马也与。"按"善恶混"，指善恶同在，其说盖综合孟子性善、荀子性恶之论，直承董仲舒"人之诚，有贪有仁。仁贪之气，两在于身。天有阴阳之施，身亦有贪仁之性，与天道一也"[①]的说法。但仲舒认为天道是任阳而抑阴，阴的作用，远不如阳的作用大，所以究其极，董氏实际还是主张性善的。扬雄则知孔子未尝言阴阳，故在言性上斥阴阳观念而不用，亦不受董氏任阳而抑阴的影响，故断言之曰"善恶混"。又董仲舒谓"身之有性情也，若天之有阴阳也"，[②]是董氏以情属阴而性属阳，情恶而性善。扬雄《学行》篇："鸟兽，触其情者也……人而不学，虽无忧，如禽何！"又《修身》篇："……天下有三门，由于情欲，入自禽门……"是扬氏亦以情为恶。扬氏若顺着董氏的理路，则既以情为恶，即应以性为善，而不应言"善恶混"。或者扬氏也如董氏样，就生而即有的本能言情，情亦可谓之性，故"人

---

① 见《春秋繁露·深察名号》篇。
② 同上。

之性也善恶混"的"人之性"，实已把情包括在里面。而单就恶的一面言，又不得不将情别出于性之外。在上引的一段话中，"气也者，所以适善恶之马也与"？这里之所谓气，盖就人由生理各部分所发生的综合力量而言，有如《孟子》志与气相对而称之气。① 扬雄认为性中的善与恶，都是潜存状态。由潜存状态转而为一念的动机，再将一念的动机加以实现，便须靠人由生命所发出的力量——气。气的本身是无所谓善恶的，只是像一匹马那样，载着善念或恶念向前走。但问题乃在善恶同在的性，是由什么东西来作善或恶的选择呢？董仲舒是要靠政治上的教化，扬氏则说是要由学由师。但怎样能决定并选择学与师，而肯对之勉力与信服呢？这是扬雄的性论所不能解答的，也即是他的性论的弱点。

孟子以仁义礼知之端，为心的实体。荀子则以"虚一而静"的心，可以"知道"，将以此救性恶说之穷。扬雄则以由心所发的作用以言心。《问神》篇："或问神（神妙不测）。曰：心。请问之。曰：潜天而天，潜地而地。天地神明，不测者也。心之潜之，犹将测之，况于人乎，况于事伦乎？敢问潜心于圣，曰：昔者仲尼潜心于文王矣，达之。颜渊亦潜心于仲尼矣，未达一间耳。神在所潜而

---

① 见《孟子·公孙丑上》。请参阅拙文《孟子知言养气章试释》，收入《中国思想史论集》。

已。"按以"精"言心的实体，以"神"言心的作用，因而出现"精神"一词，盖始于庄子。扬雄对庄子毫无契合，但他冥思作赋，极意草《玄》，对自己"认识心"的活动，确有一番体认。这里所描述的心，实反映出他草《玄》时的精神状态。但心的此种状态的本身，只能说明心的探索认知的能力，并无善恶可言。所以尽管扬氏在治道上说"四海为远，治之在心"（《孝至》篇）；在友道上说"朋而不心，面朋也，友而不心，面友也"（《学行》篇）；在文字表现上说"故言，心声也；书，心画也"（《问神》篇），都体认到心在各方面所发出的决定性的作用，但他依然不能说出像《荀子·解蔽》篇中所说的心的主宰性的程度。这样一来，人对于自己生命的价值，在生命的自身，没有可以信赖的依据，于是人要能站起来，很难由自身的自觉，而特须外力的塑造，这样便形成扬氏的教育思想。

《法言》第一篇是《学行》，这与《论语》以"学而时习之"为首章，《荀子》以《劝学》篇为第一篇，用意相同，表示他对学的特别重视。《学行》篇，一开始是"学，行之上也。言之，次也。教人，又其次也。咸无焉，为众人"。这里所说，好像是儒家的通义。但当时的博士，是学术的中心。博士的经常业务是教授"弟子员"。扬雄有许多话，是针对当时博士们说的。"教人又其次也"，含有贬低当时博士在学术上垄断的意味。又"天之道，不在仲尼乎？仲尼驾说（已死之意）者也，①不在兹儒乎？如将复驾其所说（意谓使仲尼之道再显于世），则莫若使诸儒金口而木舌”，这里的“诸儒”，也是指博士而言。“金口而木舌”，即《论语》“天将以夫子为木铎”的木铎，意即应使博士们不要“务碎义逃难，便辞巧说”（《汉志·六艺略》），而应言孔子之所言。又说“师者人之模范也。模不模，范不范，为不少矣”。这都是针砭当时博士教授的情形。在谈到扬雄的教育思想时，先把他对当时垄断教育学术的博士系统的能力与学问所作的批评揭举出来，对五经博士成立以后在学术与教育上的了解，应当有相当的意义。

下面的话，是扬氏所说的教育的功用：

（一）或曰：学无益也，如质何？曰：未之思矣。夫有刀者砥诸，有玉者错诸。不砥不错，焉攸用（何所用）？砥而错诸，质在其中矣。否则辍。（《学行》篇）

（二）螟蛉之子殪（隐翳），而逢蜾蠃，祝之曰：类我类我，久则肖之矣。速哉七十子之肖仲尼也。（同上）

（三）或问世言铸金（按指方士炼金之术），金可铸与？曰：吾闻觌君子者问铸人，不问铸金。或曰：人可铸与？曰：孔子铸颜渊矣……（同上）

---

① 汪荣宝《义疏》：“《说文》：驾，车在轭中。《方言》：税，舍车也。经传多以说为之……驾说也者，犹言既没。”

（四）学者所以修性也。视听言貌思，性所有也。学则正，否则邪。（同上）

（五）师哉师哉，桐（侗）子（未成年之人）之命也。务学不如务求师。师者人之模范也。模不模，范不范，为不少矣。（同上）

（六）一哄之市，不胜异意焉。一卷之书，不胜异说焉。一哄之市，必立之平。一卷之书，必立之师。（同上）

按（四）正与"善恶混"的性论相符应。（二）（三）所说的"类我"、"铸人"，完全是由外力对一个人的改造，当然这里不含有强迫的意思。因不能凭借自身觉悟之力，决择之功，则仅"务学"不能端正学的方向，及学的途径，所以便说务学不如务求师。并且在当时，学是靠典籍，而师则是有知识有意志力的具体的人。教育既是对人的改造，便须要外在的力量。由典籍所发生的力量，当然不及由具体的人所发生的力量。上面的说法，皆系由《荀子》的"化性而起伪（人为的努力）"（《性恶》篇）及"莫要得师"（《修身》篇）而出。

至于为学的方法，也大体上来自《荀子》。

（一）学以治之，思以精之，朋友以磨之，名誉以崇之，不倦以终之，可谓好学也已矣。（《学行》篇）

（二）孔子习周公者也，颜渊习孔子者也……
（同上）

（三）习乎习。以习非之胜是，况习是之胜非乎。
於戏！学者审其是而已矣。或曰：焉知是而习之？
曰：视日月而知众星之蔑也。仰圣人而知众说之小也。
（同上）

（四）或问进。曰：水也。或曰：为其不舍昼夜
与？曰：有是哉，满而后渐者其水乎……（同上）

（五）有教立道，无止，仲尼。有学术业，无止，
颜渊……（同上）

（二）（三）的所谓"习"，实同于《荀子》之所谓
"积"。但（四）之所谓"渐"，不同于《荀子》之所谓
"渐"，《荀子》之所谓"渐"（《劝学》篇），实同于扬雄
之所谓习。扬雄言学的功效及所言治学之方，虽来自《荀
子》，然《荀子》之言，在规模与意境上，远较扬雄为深
远广大，此亦两汉学术不及先秦之一端。但从下面的材料，
则可见扬雄一生治学的积极精神，老而不倦。这在对扬雄
的了解上，也是相当重要的。

（一）天下之通道五，所以行之一，曰勉。（《孝
至》篇）

（二）或曰：孔子之道，不可小与？曰：小则败圣，

如何！曰：若是则何为去（去鲁）乎？曰：爱日（爱惜光阴）。曰：爱日而去，何也。曰：由群婢（齐人送女乐）之故也。不听正谏而不用，噫者（疑衍文），吾于观庸邪，无为饱食安坐而厌观也。由此观之，夫子之日亦爱矣。或曰：君子爱日乎？曰：君子仕则欲行其义，居则欲彰其道。事不厌，教不倦，焉得日（何得有暇日）。（《五百》篇）

（三）辰乎辰！[①] 曷来之迟而去之速也。（《问明》篇）

（四）君子谨于言，慎于好，亟于时。（同上）

（五）或曰：子于天下则谁与？曰：与夫进者乎！……（《君子》篇）

（五）智性是扬雄真正的立足点，及其对当时迷妄的批评

扬雄承述儒家仁义礼智信之通义，然其真正有得者乃在"智"的这一方面，因为他一生的努力，都可以说是智性的活动。试看下面的材料：

（一）学以治之，思以精之……（《学行》篇）

（二）视听言貌思，性所有也……（《学行》篇）

---

① 按此"辰"字不仅指时间，实含有为学的良好时机之意。

（三）修身以为弓，矫思以为矢……（《修身》篇）

（四）智也者知也。夫智，用不用，益不益，则不赘亏矣。（《问道》篇）

（五）或问明，曰微。或曰：微何如其明也？曰：微而见之，明其悖乎。（《问明》篇）

（六）聪明其至矣乎。不聪，是无耳也。不明，是无目也……（同上）

（七）或问：小每知之，可谓师乎？曰：是何师与？是何师与？天下小事为不少矣，每知之，是谓师乎？师之贵也，知大知也。小知之师，亦贱矣。（同上）

（八）或问人何尚，曰尚智……（同上）

（九）吾寡见人之好假者也。迩文之视，迩言之听，假则偭焉。（《寡见》篇）

（六）与（八）说出他自己是真正以智为安心立命之地。（六）的"聪明"即是智的实际活动。由"聪明"更进一步便是"思"，所以（一）（二）（三）所说的思，也是智的活动。（四）的意义最为深切，但历来注解家未能把它解释清楚。"智者知也"，知是对智的对象的理解。智所不及的客观世界，对于人而言，都是一团浑沌。实际则是生命自身在此一方面的一团浑沌。在此浑沌中，不能把握客观世界，不能在主体与客体之间架一道确切连结的桥梁，于是客观与人的主体，成为不相干的存在，主体的自身也不能确定自己存在的位置。人在此一阶段的存在，是因浑沌而飘浮窘缩的存在。所以人的进步，必首先表现在知的方面。因智是把本为人所不知的东西，变为被人所知的东西，于是可发生一种功效，即是把本来不为人所用的东西，变成为人所用的东西；把本来无益于人的东西，变成于人有益的东西，此即（四）所说的"用不用"，"益不益"。虽然扬氏此处所说的用与益，并不一定是就物质上的生活而言，但他的这一说法，推到人的物质生活上以说明智的功效，依然是很有意义的。（五）（七）（九）说明智所追求的目标是"微"是"大"，是"假"（远），这说明了西汉学术所追求的目标，乃天人性命的贯通一体，亦即是以天人合一为智所追求的最高目标。扬雄的草《玄》，就他来说，即是实现此一目标。用现在语言来说，他们智的活动对象是哲学而不是科学，尽管里面也概括了一部分科学的内容（如历）。这样，扬雄的重智，毕竟不能对中国古代的科学有所贡献。

虽然如此，但因扬雄有"智"的自觉，所以他和董仲舒这一系列的人相较，他的智性活动，较为纯净而少夹杂。他在方法上，把握到非常符合理智活动的要求。他说："幽必有验乎明，远必有验乎近。大必有验乎小，微必有验乎著。无验而言之谓妄。君子妄乎？不妄。"（《问神》篇）科学的目的，本是要把不可视、不可量的东西，变成为可视可量的东西，这样才能不断地进步。以证验将幽明大小远近连接起来，虽智的活动对象不同，也未尝没有这种意味。从扬雄的立场来说，他的《太玄》，以符号、数式，把天道的运行表达出来，并落实在人事的善恶吉凶之上，正是他上面所说的一段话的实现。假定《太玄》的目的，不在善恶吉凶上落脚，则在他的形而上系统中，也会含有科学的意味。这一点，似乎未尝不可以用到董仲舒、京房、刘歆他们整个的努力上。但他们把追求存在的真实，与追求价值的真实混淆在一起，便使他们整个的企图都落空了。现代科学史家，以"巨视"与"精视"，作为古代与近代科学努力方向不同的分别。所以西汉人要把握到天道，把握到宇宙，在时代上说，并不为过。同时就《太玄》、《三统历》来说，除"历"的部分是真实的知识以外，其他的都是假知识。但假知识是通过一套理智的活动所建立起来的，这也可以说是通过合理主义的活动所建立起来的，便也和西方形而上学样，假知识并不等于迷信。相反的，扬雄以他的理智精神、合理精神，批评了自战国末期以来，至董仲舒以后而大盛的一批夸大乃至迷信的说法，这似乎是很少人注意到的。下面简录点这类的材料。

（一）或问尧将让天下于许由，由耻，有诸？曰：好大者为之也。顾由无求于世而已矣……（《问明》篇）

（二）或问五百岁而圣人出，有诸？曰：尧、舜、禹，君臣也，而并。文、武、周公，父子也，而处。

汤、孔子数百岁而生。因往以推来，虽千一，不可知也。（《五百》篇）

（三）或问星有甘石，曰：在德不在星。德隆则晷（测）星。星隆则晷德。（同上）

（四）象龙之致雨也难矣哉。曰：龙乎龙乎？（《先知》篇）

（五）或问黄帝终始，曰：托也。昔者姒氏（禹）治水土，而巫步多禹。扁鹊，卢人也，而医多卢。夫欲雠（售）伪者必假真。禹乎！卢乎！终始乎！（《重黎》篇）

（六）或问赵世多神，何也？曰：神怪茫茫，若存若亡，圣人曼（无不）云。（同上）

（七）樗里子之智也，使知国如葬，[①] 则吾将以疾为蓍龟。（《渊骞》篇）

（八）或问人言仙者，有诸乎？吁！吾闻伏羲、神农没，黄帝、尧、舜殂落而死，文王毕（葬于毕），孔子鲁城之北，独子爱其死乎？非人之所及也……或曰：世无仙，则焉得斯语。曰：语乎者非嚣嚣也与？惟嚣嚣能使无为有……（《君子》篇）

---

① 《史记》卷七十一《樗里子甘茂列传》："樗里子名疾……秦人号曰智囊……昭王七年，樗里子卒，葬于渭南章台之东，曰，后百岁，是当有天子之宫夹我墓……至汉兴，长乐宫在其东，未央宫在其西。"

（九）或问寿可益乎？曰德。曰：回、牛之行，德矣，曷寿之不益也？曰：德故尔。如回之残，牛之贼也，焉得尔。曰：残贼或寿（残贼之人，有时而寿）。曰：彼妄也。君子不妄。（同上）

（十）有生者必有死，有始者必有终，自然之道也。（同上）

（一）"好大者为之也"一语，可以解释许多被夸大了的传说。孟子和董仲舒，都是扬雄所敬重的人。（二）是驳孟子"五百年必有王者出"之说。（四）是驳董仲舒以土龙致雨之事。（三）驳先秦以来所流行的占星术。（五）不仅驳流行甚盛的五德终始之说，且驳了巫医中的假附。（六）所驳斥的赵世多神，实即驳斥王莽为了企图篡汉所提倡的符瑞谶纬之说。（七）中的故事，乃《史记》所记录。他了解《史记》中所录的，必有根据，不便正面加以否定，故特减轻其意义。在扬氏上述的批评中，充满了合理主义的精神，受他的影响最大的桓谭、张衡也是如此。王充则有此一倾向，而学养不足，故不足与此三人相伦比。

（六）学术性的人物批评

上面概略叙述了扬雄的思想轮廓。这里看他在《法言》中的人物批评。《法言》中的人物批评，可分为两部分，一部分是站在学术性的立场所作的批评，另一部分是站在政治的立场所作的批评。在前一部分的批评中，即是他所作的"小诸子"的批评。而他在《渊骞》篇中提出了批评的标准。他说："妄誉，仁之贼也。妄毁，义之贼也。贼仁近乡原。贼义近乡讪。"此一标准，他认为是贯通于两种批评之中。

扬雄立孔子为宗极，把孟荀提到诸子之上，这在前面已经说到。他从严君平所受的影响是老子，他写《反离骚》、《逐贫赋》、《解嘲》等作品时的思想底子是老子，他的《太玄》的最高根据是"玄"，亦即是老子。但他在《法言》中，却对老子，作了一番有所取舍的批评。

（一）老子之言道德，吾有取焉耳。及搥提仁义，绝灭礼乐，吾无取焉耳。（《问道》篇）

（二）圣人之治天下也，碍（凝）诸以礼乐。无则禽，异则貉。吾见诸子之小礼乐也，不见圣人之小礼乐也……（同上）

（三）或问无为。曰奚为哉！在昔虞夏袭尧之爵，行尧之道，法度彰，礼乐著，垂拱而视天下民之阜也，无为矣。绍桀之后，篡纣之余，法度废，礼乐亏，安坐而视天下民之死，无为乎？（同上）

（四）或问太古涂（塞）民耳目，惟其见也，闻也。见则难蔽，闻则难塞。曰：天之肇降生民，使其目见耳

闻，是以视之礼，听之乐。如视不礼，听不乐，虽有民，焉得而涂诸。（同上）

（五）或问新敝。曰：新则袭之，敝则益损之。（同上）

（六）惠以厚下，民忘其死。忠以卫上，君念其赏。自后者人先之，自下者人高之，诚哉是言也。（《寡见》篇）

（七）天道劳功（劳而有功）。或问劳功？曰：日一日劳，考载曰功。或曰：君逸臣劳，何天之劳？曰：于事则逸，于道则劳。（《孝至》篇）

（一）（二）（三）（四）（七），都是从实际政治上批评老子无为思想、愚民思想的有所不足，亦即是不合实际。（七）驳老子天道君道的主张，尤为深切。（五）是反驳《老子》十五章"夫唯不盈，故能蔽（敝）不新成"的，也是就政治上说。（六）的重点在"惠以厚下"一句，这是对专制之主，翘然高出于人民之上，对人民作无限要求而说的。上面的批评，都非常平实。尤其我注意到他对老子的批评，不曾把老子和其他诸子关连在一起，这与下面将诸子作连带的提出，是扬雄实际也把老子提高到诸子之上。

在其他诸子的批评中，有时把庄周与韩非并称，颇为奇特。"或问，人有倚孔子之墙，弦郑卫之声，诵韩庄之书，则引诸门乎？曰：在夷貉，则引之；倚门墙则麾之……"（《修身》篇）这里是将"韩"、"庄"并称。"庄周、申、韩，不乖寡圣人，而渐诸篇，则颜氏之子，闵氏之孙，其如台。"（《问道》篇）这里又是庄周、申、韩并称。不过应注意到，当他把申、韩与庄周并称时，则对申、韩多恕辞。单独称到申、韩时，乃切就现实政治而言，则非常严正深刻。这将另作论述。当他说"或曰：人有齐生死，同贫富，等贵贱，何如？曰：作此者其有惧乎。信死生齐，贫富同，贵贱等，则吾以圣人为嚣嚣"（《君子》篇）。说庄子"其有惧"，则他亦未尝不知庄子。又"或曰：庄周有取乎？曰：少欲。邹衍有取乎？曰：自持。（归于仁义）。至周，罔君臣之义，衍无知于天地之间。虽邻不觌也"（《问道》篇）。"或问邹庄有取乎？曰：德则取，愆则否。何谓德愆？曰：言天地人，经，德也。否，愆也。愆语君子不出诸口"（《问神》篇）。此处批评庄周罔君臣之义，对于庄周思想来说，是全不相干的。批评邹衍无知于天地之间，是认为衍所谈的天及大九州说，于"经"无据，而《太玄》所言的天、地、人，乃以《易》为准。不过，由现在看来，《太玄》虽由数式推演而出，邹氏则多来自想象，其在知识上的不能成立，是没有两样的。至于他说"庄杨荡而不法，墨晏俭而寡礼，申韩险而无化，邹衍迂（阔）而不信"，则相当的平实。但由《汉书·艺文志》所著录的邹衍著作及由邹衍所流演出来的著作看，邹衍之说，在西汉学术中，发生很大的影响，这种影响都是不好的。扬雄对邹氏无所假借的批评，是表示对此一影响的抗拒。

（七）哲学家与史学家对跖之一例

《重黎》、《渊骞》两篇，则意在准《春秋》以补正《史记》的缺失，这可以说是他的"史观"。要评价他的史观，先看他对司马迁的评价。

（一）或曰：淮南，太史公者，其多知与！曷其杂也。曰：杂乎？杂。人病以多知为杂。惟圣人为不杂。（《问神》篇）

（二）或问：司马子长有言曰，五经不如《老子》之约也。当年不能极其变，终身不能究其业。曰：若是，则周公惑，孔子贼……（《寡见》篇）

（三）或问《周官》，曰立事。《左氏》，曰品藻。太史迁，曰实录。（《重黎》篇）

（四）淮南说之用，不如太史公之用也。太史公，圣人将有取焉。淮南，鲜取焉耳。必也儒乎。乍出乍入，淮南也。文丽用寡，长卿也。多爱不忍，子长也。仲尼多爱，爱义也。子长多爱，爱奇也。（《君子》篇）

有一件很奇怪的事情，是《史记·自序》史公所录

《论六家要旨》，分明说是出于司马迁的父亲司马谈，但扬雄却认定是代表司马迁的思想。班彪受此影响，用到《司马迁传》赞中去，这是没有讨论的价值。（三）说《史记》是实录，是说《史记》所记录的都有文献及事实的根据。由此可知崔适夸张何休《公羊解诂》的谬说，著《史记探原》，真是妄诞之尤。这里值得讨论的是：扬雄将淮南与史公并称，因为在西汉时代，《淮南子》与《史记》，实为最庞大的著作，不是其他著作可以比拟。扬氏在《法言》中没有特别提到其他西汉人的著作而只特别提到《淮南》、《史记》，这说明他对此两著作的重视。他虽称赞"董仲舒之才之邵（美）也"（《修身》篇），但对董氏的学术，只说"灾异，董相、夏侯胜、京房"（《渊骞》篇）。在互相比较之下，更显得扬氏在评断西汉学术时的巨眼。但这并不说明他真正了解两人的著作。

扬氏把《淮南子》的价值，安放在《史记》的下位，这是适当的。但说圣人对《淮南》"鲜取焉耳"，只能就《淮南子》中道家的思想，尤其是其中庄子的思想而言。但其中儒家思想之纯之大，以及言法言礼之精且深，正不能因其"乍出乍入"而圣人无所取。至于（一）（四）以"杂"以"好奇"批评史公，正说明一个赋有哲学家的性格的人，无法对一位伟大的史学家，作相应的了解。

哲学家的特点，尤其是形上学者的型态，虽然要把各种事物、观念，组成一个大系统，自己坐在大系统的顶尖上，以满足学术上权力意志的要求；但当他们将各种事物、观念加以组织时，实际是拿自己的观念作一根直线，同时又作一副刀斧，把各种事物、观念，作毫不留情的"斧削"，以熔入到自己的直线中去。凡不能熔入的都斧削掉了，并加以贬斥。因此，形上学家所建立的系统，常常是客观世界的萎缩，是形上学家自己观念直线的肿大。这在显发某种理念的意义，及理性操运的历程，使它自然融入于历史文化巨流之中，有其适当的价值。但以此来谈具体的历史，必定遗弃或歪曲具体的历史，而代替以自己肿大了的直线。所以在黑格尔哲学的堂皇建筑中，最没有意义的是他的历史哲学。实际是受黑格尔的影响而将历史中的某一因素扩大而成什么史观或什么历史哲学的，其解释历史的某一部分之功，终不能抵阻扰乱客观探求历史真实之过。

历史是由人的具体生活积累而成。人的具体生活，由原始阶段进入到文化阶段，生活的形态，由简单而日趋复杂；有合理的一面，有不合理的一面；有既非合理，也非不合理的一面，更多的是合理与不合理混在一起的一面。而所谓合理，不合理，也分化为各种各样的情态，不可以一端论，不能以一格拘。所以"杂"与"好奇"，正是一个伟大史学家能与具体历史相应的心态与能力。司马迁继孔子的《春秋》著史，以孔子为西周幽厉后的历史运命所寄，此种基本精神，贯通于全书。从此一角度说，《史记》

乃一有统贯之著作，不能谓之杂。但史公所把握的孔子，是活的，富有创动性，富有社会性的孔子，与扬雄所把握者已大异其趣。所以史公在资料上，既"考信于六艺"，但犹贯穿百家之言。对古代传说及当时口语，亦不轻加放弃。虽尊重孔子及六经，但凡有著作之人物，几无不为之立传或附传，几无不言及其著作。在人物上，既有准《春秋》以褒贬之意，但又承认各种形态之人物，而都与以适当的评价。《史记》中附载着有许多小人物小故事，因而可以反映社会之某一面，乃至可以暴露事实之真相，非其感触之敏，兴趣之广且高，决不能及此。从这些角度看，可以说史公是杂，史公是好奇。但史公的杂，正如一个伟大文学作品样，复杂中有统一，统一中有复杂。他的好奇，乃感人之所不能感，见人之所不能见，了解旁人之所不能了解，也正是史公所以是一位伟大史学家的条件。哲学家常看不起史学家，因为他们只看得起历史中的某一点，而看不起历史中的全面。

扬雄是一个思索型的人。中年以后草《玄》，走上形上学哲学之路。他既不足以了解史公，则他在《重黎》、《渊骞》两篇中所表现的"史观"，乃是以在他手中硬化了的孔子作为一条贯通历史人物的史观。这并不是完全没有意义，但多数表现他所把握的历史，是生硬的历史，不能像司马迁这样接触到活生生的历史生命。

（八）扬雄对历史的了解及对历史人物的批评

历史批评的后面，必潜伏有对自己所处的时代的批评，或实际即是指向自己的时代。这种批评，不仅是政治性的，同时也反映出他对历史的了解。但在扬雄的处境中，他所作的批评不能不出之以特别的隐密。《重黎》篇一开始是："或问南正重司天，北正黎司地，今何僚也？曰：近羲近和。孰重孰黎？曰：羲近重，和近黎。"汪疏："自平帝元始以来，即有羲和之官，始终皆刘歆为之，乃太史之长，主管律历。至莽始建国元年，更定百官，改大司农曰羲和，则与前刘歆所任之羲和，名同实异。由大司农更名之羲和，在天凤中又更名为纳言。更将羲和分为羲仲、羲叔、和仲、和叔之官，分属四府。"王莽好纷更而流于混乱，大率类此。扬雄此条，可能是借历史上黎与重本来职掌是近羲近和，加以指出，以讽刺王莽官制之乱。否则没有方法可以了解此条的意义。在当时借古以立官制的风气下，扬雄便只好由古的陈述以达到他批评王莽的目的。

五德终始之说，成为历史递嬗的哲学解释。汉自文帝时起，纷扰近两百年。所以重黎一条之后，便是"或问黄帝终始。曰，托也"一条，以澄清对历史了解的障碍。接着是"或问浑天"一条，表明他赞成浑天，反对盖天的主张。他认为"历"是人所能确切把握到的天道，这是形成历史的骨干，所以也在这里郑重加以提出。此后则进入历史人物的批评。

《史记·越王勾践世家》，史公谓"范蠡三迁，皆有荣名，名垂后世"。并特为伍子胥立传，大其为父复仇之义。说他是"弃小义，雪大耻，名垂于后世"，"隐忍以就功名，非烈丈夫孰能致此哉"。扬雄在"或问子胥、种、蠡孰贤"一条，讥子胥"破郢入楚"之所作所为，"皆不由德"；对文种、范蠡，先"不强谏而山栖，俾其君讪社稷之灵而童仆，又终弊吴，贤皆不足邵（美）也"。这些批评，都是针对史公的观点而发的。史公之美子胥，实据《公羊春秋》以立言，扬氏似未受《公羊春秋》的影响。

史公为陈涉（胜）立世家，在事实的叙述中，亦未尝讳言其短。但谓"陈胜虽已死，其所置遣诸侯王将相竟亡秦，由涉首事也"。不没其首事之功。且在《自序》中谓"桀纣失其道而汤武作，周失其道而《春秋》作。秦失其政而陈胜发迹……"是史公以陈胜揭竿而起的历史意义，可比之于汤武及孔子之作《春秋》，此种卓识巨眼，真越度千古。乃扬雄针对史公而在"或问陈胜、吴广"条，而斥之"曰乱"。

"或问六国并（并存），其已久矣，一病一瘳，迄始皇，三载而咸（皆属秦）；时激，地保，人事乎？"一条，始皇以二十六年并天下，此云"三载而咸"，俞樾以为王莽居摄三年而即真，"然则所谓始皇三载者，其文则指始皇，其意则在新莽……其旨微，其言曲矣"。俞氏之说，较汪疏"疑三载乃三十载之误，举成数言，故曰三十载"之说为可信。因另一条扬氏分明言"嬴政二十六载天下擅秦"，无所谓举成数之说。

"或问秦伯列为侯卫，卒吞天下，赧曾无以制乎"条，扬雄推原周亡秦兴之故，在秦"文宣灵宗，兴鄜密上下（作鄜畤、密畤、上下畤）事四帝，而天王不匡，反致文武胙"。此实本于史公《六国年表序》。《序》谓："太史公读《秦记》，至犬戎败幽王，东周徙洛邑，秦襄公始封为诸侯，作西畤，用事上帝，僭端见矣……今秦杂戎翟之俗，先暴戾，后仁义，位在藩臣，而胪于郊祀；君子惧焉。"这段话在史公只是因事发端，而归结于"盖若天所助焉"。以见在政治上秦无可以得天下之理，这是对秦历世所用的权变诈力，彻底加以否定。扬雄执此一端以论周秦兴亡之故，无多大意义。

"或问嬴政二十六载，天下擅秦"条，以"天"与"人"论六国、秦、楚（项羽）、汉兴亡之故。他所说的天，是指"周建子弟"，以封建而得延长国阼。"六国蚩蚩，为嬴弱姬。""故天下擅秦。"秦"罢侯置守"，而项氏暴强，改宰侯王，"故天下擅楚。""有汉创业山南，发迹三秦，追项山东，故天下擅汉，天也。"他的所谓"人"是"兼才、尚权、（右计）、左数（不离计数之中），动谨于时，人也"。而归结于"天不人不因，人不天不成"，似乎说得很圆到。但史公在《史记》中之所谓天，乃指不能以行为因果法则作合理解释的情势而言，实同于一般所说的命运，乃至近于今日所谓"历史的偶然"。扬氏以"制度"为天，实不可解。更重要的是：历代兴亡的因素，是相当的错综复杂。而在错综复杂的因素中，又有最主要的因素。史公既把许多错综复杂的因素，条理于各本纪及世家中，以事实作客观而具体的说明。复引贾谊《过秦论》以作总的解释；贾生此论所表现的识量宏大深远，远非扬氏所及。史公复于项羽之亡，断之以"自矜功伐，奋其私智，而不师古"。于汉之兴，特著刘邦"此三人（张良、萧何、韩信）皆人杰也。吾能用之，此吾所以取天下也。项羽有一范增而不能用，此其所以为我擒也"（《史记·高祖本纪》）之语，以显其主要的因素。扬雄则将复杂的因素，加以简单化，这是离开活的历史以论史。但他在"人"的因素上，没有摆出儒家的一套准绳，这一方面说明他对汉之所以兴，未尝加以夸大粉饰。且可能暗示莽之所以能篡汉，并不是来自他所标榜的儒家理想，那不过是用来骗人的。实际上不过是"兼才尚权，右计左数"等因素而已。

"或问楚败垓下"条，以"汉屈（尽）群策，群策屈群力；楚憝（悖）群才而自屈其力"，论楚汉兴亡，与史公意不相出入。"或问秦楚既为天典命矣"条，以"秦楚强倪震扑，胎（怠）藉（弃）三正，播其虐于黎苗，子弟且欲丧之，况于民乎，况于鬼神乎"，以答复"兴废何速乎"之问，俞以为"此论秦楚而秦楚无子弟欲丧之事……

盖为王莽发也。莽子宇非莽隔绝卫氏……莽执宇送狱饮药死。其后皇孙公崇、公宗，坐自画容貌，被天子衣冠自杀……事在天凤五年，亦扬子所及见也。然则所谓子弟且欲丧之，殆以是而发乎"。我觉得此说可以成立。

"或问义帝初矫（立）……设秦得人如何？曰：人无为秦也。丧其灵（威灵）久矣"条，汪疏以为此乃针对史公引贾谊《过秦论》"借使子婴有庸主之材，而仅得中佐，山东虽乱，三秦之地，可全而有"而说的。班固《典引》谓"复责小子云，秦地可全，所谓不通时变者矣"，盖本扬氏以立说。扬氏此处的看法，是可以成立的。

史公写黥布、淮阴侯两列传，充满了尊敬与同情之心。并在《萧相国世家》赞中，暗示韩信、彭越、黥布之功，实远在萧何之上。但扬氏在"韩信、黥布，皆剑立南面称孤"一条，以"无乃勿（昏乱）乎"加以抹煞。并谓其"忠不终而躬逆"。此昧于史实，缺乏史公所富有的历史的良心。《汉书》三十四《韩彭英卢吴传》赞谓："吴芮、彭越、黥布、臧荼、卢绾与两韩信，皆徼一时之权，以诈力成功……卒谋叛逆，终于灭亡。"将他们的才智、功勋、冤屈，一概置之不论，这是受了扬雄的影响。

对淳于越（谏始皇不分封功臣子弟）、茅焦（谏始皇使亲迎其母）、蔡生（《汉书》作韩生，说项羽都咸阳）、郦食其、蒯通各人的批评，皆迂腐而无关宏旨。责李斯以"焉用忠"，这是对的。但不如史公引李斯"人之贤不肖，譬如鼠矣"的小故事，写出足以概括李斯一生的基本性格。至于他称赞霍光"始元之初，拥少帝之微，摧燕（燕王旦）上官之锋，处废兴之分，堂堂乎忠，难矣哉"，这分明是针对王莽而发。

"或问冯唐面文帝"一条，谓文帝能用颇牧，因而称道文帝的"罪不孥，宫不女，馆不新，陵不坟"。这与史公的态度，是大抵相同的。

"或问交，曰仁"一条，论及张耳、陈馀及窦婴、灌夫的交谊问题，无深意。《学行》篇谓"频频（比周）之党，甚于鸰斯，亦贼夫粮食而已矣。朋而不心，面朋也。友而不心，面友也"。由此可以推知扬雄友道上的遭遇，甚为难言，故特有感于张、陈、窦、灌之事。史公在《史记》中，对友道也不断发出深重的感喟。

"或问季布，忍（忍辱为奴）焉可为也。曰：能者为之，明哲不为也……明哲不终项仕。如终项仕，焉用避"条，是针对《史记·季布列传》赞而加以贬抑的。《季布列传》赞，以季布为项将而"以勇闻于楚……可谓壮士。然被刑戮为人奴而不死……彼必自负其材，故受辱而不羞，欲有所用其未足也，故终为汉名将"。在这一点上，史公以自己的用心去原季布的用心，实能得其神髓。而季布之所以为季布，乃在其"终为汉名将"，而扬雄竟以不应避死责之，实为迂阔。"或问贤，曰：为人所不能"条，以颜渊、黔娄、四皓、韦玄为贤人，这是就能安贫及不汩没于权势这一点来说的。此与《问神》篇赞叹"谷口郑子真，不屈其志，而耕乎岩石之下"；及《问明》篇赞叹"楚两龚之絜，其清矣乎。蜀庄（严遵）沉冥……久幽而不改其节"，同样反映出扬氏居昏乱之朝，欲隐而未能果决的心理。同条以蔺相如之屈于廉颇，栾布之不倍彭越，朱家之不以救人为德，直不疑之不校同舍误疑其盗金，韩安国之阴往长安释景帝对梁孝王之疑忌，皆称许其为"长者"。及"或问臣自得""自失"条，论石庆、金日磾、张安世、丙吉为自得（自己谨厚获知于主），以李广利、田广明、韩延寿、赵广汉为自失，议论未尝不当，然皆无关鸿巨。

"杨王孙倮葬以矫世"，谓"矫世以礼"而不应以倮，此系以儒家尺度衡断道家人物。

《渊骞》篇主要系评论个人，兹选其主要者加以叙述。"或问渊骞之徒，恶乎在"条，实本史公《伯夷列传》之意。"或问信陵、平原、孟尝、春申益乎"条，斥他们为"奸臣窃国命"，此乃暗于当时历史背景。史公以"好客"、"养士"为中心，反映当时游士的风气，并附带叙出其中的若干特出人物，远有历史意义。

"周之顺赧"条，认为"周也羊，秦也狼……羊狼一也"；此一观点，甚有意义。侵暴他人是罪恶，自己孱弱以诱人的侵暴，也是罪恶。

"鲁仲连荡（荡）而不制"条及"或问邹阳"条，对两人的批评，与史公在《鲁仲连邹阳列传》中的观点不相出入，而史公特言之亲切。

"或问吕不韦"条，责不韦为"穿窬之雄"，与史公在《吕不韦列传》赞中"孔子之所谓闻者，其吕子乎"之言，大异其趣。而史公的评断，远较扬雄为深切。

"秦将白起不仁"条，以不仁责白起，未尝不当。史公则在《白起列传》中从"料敌合变，出奇无穷，声震天下"的方面去把握白起。

"或问要离非义者与"条，以"实蛛蝥之靡（为）也"评要离，以"实壮士之靡也"评聂政，以"实刺客之靡也"评荆轲，皆斥其"焉可谓之义也"。要离事见《吕氏春秋·忠廉》篇及《吴越春秋·阖闾内传》；聂政、荆轲，则见于《史记·刺客列传》。要离请吴王戮其妻子以求见信于王子庆忌，然后从而刺之江中，太不近人情。与专诸之养母，及聂政之护姊，绝不相侔。史公未将其收入《刺客列传》，恐不一定是出于遗漏。史公在《刺客列传》赞中谓："自曹沫至荆轲五人，其义或成或不成，然其立意较（明白）然，不欺其志，名垂后世，岂妄也哉。"扬雄的话，当然是针对史公而发。

"或问仪（张仪）秦（苏秦）"条，斥仪秦为"诈人"，并以一在"解乱"，一在"富贵"，为子贡与仪秦的分别，都很得当。但史公在《张仪列传》赞中既斥"此两人真倾危之士哉"，同时"列其（苏秦）行事，次其时序，毋令独擅恶声焉"。在贬斥中亦赋予以同情。

"美行园公绮里"条，以"美行"评四皓，以"言辞"评娄敬、陆贾。以"执正"评王陵、申屠嘉，以"折节"评周昌、汲黯，以"守儒"评辕固、申公，以灾异评董仲舒、夏侯胜、京房，皆不失为平实。

"或问萧曹"条，评到了萧何、曹参、滕公、灌婴、樊哙、郦商、叔孙通、爰盎、晁错及酷吏、货殖、循吏、游侠、佞幸。其中有值得特别注意的是："叔孙通，曰椠人也。"李轨释以"见事敏疾"。或释作"简牍之人"。或以椠当为锄，锐进之意，因叔孙急于作礼乐。（皆见汪疏所引）汪氏则以椠读为憸，憸险之人。皆无据。按《说文》六上"椠，牍朴也"。段《注》"椠谓书版之素，未书者也"。叔孙通杂采秦仪以制汉仪，与古礼乖异，扬氏以叔孙实不知礼。则所谓椠人者，叔孙通在秦时虽"待诏博士"，又为汉太常，实乃未读书之人，犹椠本以作书而尚未书。

"晁错，曰愚"，盖他为太子家令时，"太子家号曰智囊"，卒被斩东市，故扬氏特以"愚"目之，以其不知进退存亡之义。

"货殖，曰蚊。"这是对《史记·货殖列传》中的人物所作的批评。认他们有如蚊一样，吸他人之血以自饱。此乃反驳史公《货殖列传》之观点。史公《货殖列传》之观点，最能剖视社会现实，兼把握经济发展之法则与其重要性。这是在西方，要一直到十七、八世纪才能出现的思想，真可谓千古卓识。而扬氏以"蚊"的一面抹煞货殖人物的全部作用。班固受此影响，在《汉书·货殖传》中，强调由政治力量所加于社会生活的等差，阻遏经济自由发展之趋向，谓货殖中人"运其筹策，上争王者之利，下锢齐民之业，皆陷不轨奢僭之恶"。并责史公"述货殖，则崇势利而羞贫贱"。完全没有了解史公真意所在。把史公突出进步的思想加以阻遏了。

在"货殖，曰蚊"一句下是"曰：血国三千，使将（采）疏（疏）饮水，褐博，没齿无愁也（耶）？"俞云："《汉书·王莽传》，始建国四年，授诸侯茅土，诸侯之员千有八百，附城（附庸）之数亦如之，是合诸侯与附城凡三千六百国。血国（吮血之国）三千，依莽制言之，举成数耳。扬子此文，盖亦有讥焉。是时图籍未定，未授国邑，且令受俸都内，月钱数千，诸侯皆困乏……今天下建国三千，彼得国者亦将血之以自肥也。乃使之将疏饮水褐博，没齿无愁邪？"如俞说可信，则扬雄因货殖对社会之剥削，而感叹及王莽妄行封建所能引起的政治对社会的剥削，此又不能不佩服扬氏的卓识。惜乎班氏没有理解扬氏这一方面的意义。

"游侠，曰，窃国灵也。"此乃反驳史公《游侠列传》中的观点。在史公心目中，游侠是救人缓急，为人打不平的社会势力。在专制政治下，"以中材而涉乱世之末流，其遇害何可胜道"，"而布衣之徒，设取予然诺，千里诵义，为死不顾世，此亦有所长，非苟而已也，故士穷窘而得委命，此岂非人之所谓贤豪间者邪"。史公把侵凌孤弱，役贫自快的暴豪之徒，与游侠划清界线。"余悲世俗不察其（游侠）意，而猥以朱家、郭解等，令与暴豪之徒，同类而共笑之也。"史公在政治力量以外，尚承认应有经济与游侠的社会势力。扬雄则只知有政治力量，而忽视社会势力，故以游侠为窃国威福之柄（灵）。班固受此影响，在《汉书·游侠传》中，大倡"民服事其上，而下无觊觎"的政治等级命定论，认为"郭解之伦，以匹夫之细，窃杀生之权，其罪已不容于诛矣"。并责史公为"退处士而进奸雄"，这都是发挥扬雄的义旨。

"或问近世社稷之臣"条，历举张良、陈平、周勃、霍光四人之所长，而谓"终之以礼乐，则可谓社稷之臣矣"，此盖不认汉有社稷之臣。评董仲舒是"欲为而不可得"，评公孙弘是"容（苟且求容）而已"，尚属平实。

"或问近世名卿"条，举张释之、隽不疑、尹翁归、王尊等之一节以当之，此皆无关鸿巨。至以卫青、霍去病为名将，则系未读通史公《卫青霍去病列传》之故。二千年中，竟无人真能读通此传。

"世称东方生之盛也，言不纯师，行不纯表。其流风遗书，蔑如也"条，主要是反驳褚少孙《补史记滑稽列传》所录《东方朔传》的。史公《滑稽列传》，对淳于髡这班人能以智术口才，自抒其志于统治者之前，颇为欣赏，所以传赞中说"岂不伟哉"。史公用的"伟"字，只有把一般士大夫在统治者面前的卑躬折节，与淳于髡们的伸眉肆志，两相比较，才可以领略得到。但《滑稽列传》中没有收东方朔。《索隐》引仲长统、桓谭对此曾加以非难之言。但史公未传东方朔，恐系另有为今日所不能明确判定的原因，决非出自轻视。大约东方朔的生前，尤其是在其死后，盛为人所称道，所以在褚少孙"复作故事滑稽之语六章"中，以记东方朔者最为出色。中有一段是：

朔行殿中，郎谓之曰：人皆以先生为狂。朔曰：如朔等所谓避世于朝廷间者也。古之人，乃避世于深山中。时坐席中，酒酣据地歌曰：陆沉于俗，避世金马门。宫殿中可以避世全身，何必深山之中，蒿芦之下。

扬雄针对上述东方朔的话，极力不许其为"朝隐"。在上条中贬斥了东方朔之言行著作后，接着说：

或曰隐者也。曰：昔之隐者吾闻其语矣，又闻其行矣（按此乃不承认东方朔是隐者）。或曰：隐道多端，曰固也。圣言圣行，不逢其时，圣人隐也。贤言贤行，不逢其时，贤人隐也。谈言谈行而不逢其时，谈者隐也……或问东方生，名过实者何也？曰：应谐不穷，正谏秽德。应谐似优，不穷似哲，正谏似直，秽德（不修细行）似隐。请问名（应以何名称之）？曰诙达恶比，曰非夷尚容，^①依隐玩世，其滑稽之雄乎！或问柳下惠非朝隐者与？曰君子谓之不恭。^②古者高饿显，下禄隐。

上面的话，主要是说东方朔不配称为隐者。万一算是朝隐禄隐，也是为古人所卑视（"下"）的。从东方朔《诫子书》中"明者处世，莫尚于中"，"圣人之道，一龙一蛇"等话来看，东方朔处世的态度及其处境，与扬雄并不相远。而扬雄的《解嘲》，实仿自东方朔的《客难》。扬雄何以特对东方朔作此酷评，实不可解。可能的解释是因为他自己是"口吃不能剧谈，默而好深湛之思"。所以特别不喜欢东方朔这种型态的人。或者因为"朔上书陈农战强国之计……其言专商鞅、韩非之语也"，^③与扬雄的老、儒思想，大相刺谬，而又负有盛名，故特加以贬责。扬雄对东方朔的态度，在《汉书·东方朔传》中已有所改正。如说"朔虽诙笑，然时观察颜色，直言切谏，上常用之。自公卿在位，朔皆敖（傲）弄无所为屈"。但依然受了扬雄很大的影响。因为扬雄说东方朔不配称为隐者，所以前引褚少孙《补传》中的一段重要材料，班氏弃而不录。褚氏"仕元成之间"，时

---

① 东方朔《诫子书》中有"首阳为拙"，故谓之"非夷"；"柳惠为工"，故谓之为"尚容"。

② 《孟子·公孙丑上》："伯夷隘，柳下惠不恭。隘与不恭，君子不由也。"

③ 《汉书》六十五《东方朔传》。

代较与东方朔为接近。他由"好读外家传语"所得的材料，不能谓为无据。而班氏更详录扬雄上条的话，以为《东方朔传》赞，仅在文字上，稍有异同增减。他自己在赞的前后所加的几句话，亦皆为贬抑之辞。更由此可证明扬雄的观点，对《汉书》作者所发生的巨大影响。扬、班既皆以东方朔为"其滑稽之雄乎"，史公则以"伟"字赞《滑稽列传》中诸人，亦必以"伟"字评东方朔。此亦《史》、《汉》观点不同的一端。

大概子云对他三世不迁的以执戟为务之郎，有深刻的屈辱感；所以除在他《自序》中，提到"待诏承明之庭"外，却无一字提到他自己的官职，班固只好在传赞中补出。由这种屈辱感的反射，在以评论人物为主的《渊骞》篇，由"或曰渊骞之徒恶乎在"开一篇之端，以"不屈其意，不累其身……不夷不惠，可否之间也"的蜀人李仲元，为一篇之殿，盖所以寄其微尚。同时，他对其他势利可以淡泊，但对名誉则看得很重，在上引一条中说"高饿显"，是尊贵穷饿而名显的。"或问渊骞之徒恶乎在，曰寝（湮没不彰）。"此盖以"渊骞之徒"自居，而深悲身名之不显。又"或曰，渊骞曷不寝？曰，攀龙鳞，附凤翼……如其寝，如其寝"。此即史公在《伯夷列传》中所感叹的"伯夷、叔齐虽贤，得夫子而名益彰。颜渊虽好学，附骥尾而行益显。岩穴之士，趣舍有时，若此类，名堙灭而不称，悲夫"一段话的意思。于是他在"或问子蜀人也"条中，为李仲元着实宣扬了一番，说他是"世之师也"。本条凡二百四十三字，殆《法言》中字数最多的一条，由此可见扬氏郑重叮咛之意。但观《高士传》及《华阳国志·蜀郡士女》赞所记，仲元乃一矫情不识大体之人，不足副子云所称。班氏《汉书》未曾提及，可知班氏于受影响之中，仍有裁断之力。

形而上性格的扬氏，他似乎不是从具体生活及社会生活的曲折中去把握历史；所以概括地说，他对历史的事象与人物所给与的评价，对历史变革期所给与的评价，较史公为狭为少。

七、扬雄的政治思想

两汉知识分子的一切活动，无不归结到政治问题之上，这是因为由政治暴流而来的对一切人的巨大冲激压力，始终无法使其得到"安澜"的途径；尤其是自大一统的专制政治成立后，政治的压力对任何人来说，皆无所逃于天地之间。西汉知识分子对此特为敏感。扬雄是最重视人生祸福的人，也是对政治较为疏离的人。他以草《玄》来逃避政治，但《太玄》中依然反映出他对当时政治问题的批评。兹以八十一首中的第四首"☰闲"为例。因为我以为这完全是反映哀帝时的政治问题的。哀帝即位（纪前六年），防嫌王氏权势太甚，令王根就国，免王况为庶人，旋罢王莽大司马使就国，宠信董贤，卒用为大司马。然此时王莽之姑王元后，虽外为敛抑，而自成帝以来，培养王氏外戚势力，已根深蒂固，实虎视眈眈，随时要夺回权力。所以哀帝一死，王元后立刻召王莽主丧事，逼董贤自杀，王莽再以大司马领尚书事主政。

扬氏设"礥"（音贤，艰险之意）"闲"两首，皆所以准《易》的屯卦的。闲，《说文》十二上，"阑也"。王筠《说文句读》"养牛马圈也。引申其义为防闲"。由"养牛马圈"之本义，亦应引申为禁闭保护等义。"闲首"兼用此两引申义。下面的解释，略去象数这一方面的说法。

闲，阳气闲（禁闭）于阴，礥然物咸见闲。

按上即所谓首辞，犹《易》之卦辞。阳气闲于阴，言皇权被夺于外戚，即被夺于王氏。形势艰险，一切都受到外戚权力的拘附。盖自成帝以来，即是如此。

初一，蛇伏于泥，无雄有雌，终莫受施。

按此即所谓赞辞，犹《易》之爻辞。王元后在幕后主政，外戚专权，皇帝失了真正的统治权，犹龙变为伏于泥中之蛇，此时只有王元后而无皇帝，故"无雄有雌"。王氏极力收买人心，但纲纪大坏，故天下终莫受其施。以上乃说哀帝即位时之大势。

测曰：蛇伏于泥，君不君也。

《测辞》犹《易》之《小象》。

次二，闲（保护）其藏，固珍宝。
测曰：闲其藏，中心渊也。

按上乃指哀帝即位后，王元后"诏王莽就第，避帝（哀帝）外家"（《王莽传》）而言。

次三，关无键，舍（捨）金管（钥匙）。
测曰：关无键，盗入门也。

按上乃指当时丞相虚设，以大司马主政而言。大司马属于皇帝的内朝，人选势须落入于外戚之手。

次四，拔我锐轫，小得利，小征。
测曰：拔我锐轫，贵以信也。
次五，碬而闲而，拔我奸而，非石如石，厉（凶）。
测曰：碬、闲、如石，其敌坚也。

按上乃指防闲王氏，而用外戚丁傅，又宠用董贤，以贤为大司马卫将军，直同儿戏。王氏并非难去。但哀帝的措施如此，便使本不是石的却变成如石之坚了。

次六，闲黄垓（音雉，五堵城也）；席（藉）金第（床版）。

测曰：闲黄垓，以德固也。

按上所说的似指王太后所凭借之固。

次七，跙跙（音疽，行不正）闲于籧篨（传舍），或寝之庐。

测曰：跙跙之闲，恶在舍也。

按上乃指哀帝以不正之方法欲防闲王氏于外，而王元后实得而纳之室内。

次八，赤臭播（布）关，大君不闲，克国乘（取袭）家。

测曰：赤臭播关，恐入室也。

按赤臭指董贤。哀帝建平二年（西纪前五年）"待诏夏贺良等言赤精子之谶。汉家历运中衰，当再受命，宜改元易号"。《补注》引齐召南曰："谶字始见于此……赤精子之说，亦起于此。"而哀帝因宠贤，至欲传之以位，故扬氏斥之为赤臭。元寿元年（西纪前二年）十二月，以董贤为大司马卫将军，时贤二十二岁，以这种"赤臭"部署（播）在巩卫朝廷的职位（关）上，大君当然不能得其防闲，以招致国为所胜（克），家为所取（乘）之祸。

　　上九，闲门以终虚。
　　测曰：闲门以终虚，终不可实也。

　　按《汉书·哀帝纪》赞谓哀帝"睹孝成世禄去王室，权柄外移，是故临朝屡诛大臣，欲强主威，以则武宣"，是其欲防闲于门。但因举措乖方，反促成王莽篡汉之势，岂非欲闲于门而终归于虚吗？

　　《太玄》中当然还有许多反映当时政治现实与扬氏的政治见解。但过去的人，都认为只是刺莽而不会刺汉，以表白扬氏对汉室之忠。据《自序》，他草《玄》正当哀帝丁傅、董贤用事之时，其中纵有刺莽之意的，但更主要的是以成哀时为对象。并且在扬雄，可能只谈政治的是非，而没有忠于汉或不忠于汉的问题。

　　《太玄》系草于丁傅、董贤用事之时，而《法言》则应当是着笔于王莽得势之日，写成于王莽篡汉之后。当朝代兴替之际，对汉室，可在回顾中作较完整的反省；对新室，则在递变的适应中，也可作较深切的展望。此二者皆可令扬雄谈到政治的根本问题。同时在《法言》中讥刺汉室的很少，因为这已成为过去。讥刺王莽的反较多，因为这是他面对的现实。《法言》中讥刺王莽的部分前面已略曾提到。下面只提到《法言》中比较根本的政治观点。

儒家在政治思想上有一个大传统，政治是为了现实而具体活着的大多数人民。法家的法，在两汉中依然保持有系统的传承。但两汉较好的知识分子，没有不反对法家的。这不是抽象的思想斗争，当时也很少有人对法家思想作全面的检讨。而只是秦国早杂西戎之俗，风俗比较野蛮，建国第二代的文公"法初有三族之罪"。在中原杀人殉葬，早经绝迹的时代中，《史记·秦本纪》便纪录有两次大规模杀人殉葬的事。一是秦武公卒，"从死者六十六人"，这约略当于鲁庄公十六年。秦缪公卒"从死者百七十七人"，秦之良臣奄息等三人，亦在从死之列，时为鲁文公六年。秦孝公用商鞅变法，将战时战场所用的法，作为平时治民之法，积累至始皇而愈酷愈烈。汉代政治，不曾接受法家之所长，[1]只承法家刑罚的酷烈，给人民以莫大的灾祸。汉儒的反秦反法，皆针对此一现实而言。王莽打着当时居于思想主导地位的儒家以篡汉，但其性格的残酷与躁妄，人民所受的残害，如水益深。扬雄面对此种现实，所以他的

①　法家在历史中的最大贡献，为破除身份制的贵族封建的残余。

政治思想，首先表现在反法家方面。《问道》篇："申韩之术，不仁之至矣。若何牛羊之用人也！若牛羊用人，则狐狸蝼蟥，不脙腊也与。[①]或曰：刀不利，笔不铦，而独加诸砥，不亦可乎？曰：人砥，则秦尚矣。"按法家思想最大的毒害，不是以国家富强为具体人民的工具，而是以具体人民为国家富强的工具，与二十世纪的纳粹、法西斯同途合辙。扬雄亲见人民所罹的荼毒，有如三十年代西方许多人士所历纳粹、法西斯的惨酷，是同样的心境。所以他才说出了这样深悲巨痛的话。此与第二次世界大战后反纳粹、反法西斯，全无二致。法家及法西斯的借口，认为不如是，政治便没有效能，不能达到国家的崇高目的，所以只好严刑峻罚去加以砥砺，或人"刀不利"之问，即是这种意思。扬雄的答复是，把人拿到磨刀石上去磨（人砥），则秦国正是这样做，你去尊重秦好了。因为西汉人都是反秦的。《五百》篇说申韩"险而无化"的话，也说得很深刻。《法言》中提到申韩凡有七条，最有意义的是上面所引的。《五百》篇："周之人多行（有好的品行），秦之人多病（瑕疵）。行，有（同右，尊重之意）之也。病，曼（同慢，轻慢之意）之也。周之士也贵，秦之士也贱。周之士也肆，秦之士也拘（多拘忌）。"这虽不是对申韩思想

---

① 俞樾："寻扬子之意，直以申韩之法，则人死者多，尸相枕藉，狐狸蝼蟥，得餍食其肉，如人遇腊（八月之节）腊，有酒食醉饱之乐。"

而言，但与申韩思想有密切关系。这种由实际生活体验所说出的话，真是意义深远。

《法言》中有的话，是反映当时现实的。《先知》篇："或问民所勤（苦），曰民有三勤……政善而吏恶，一勤也。吏善而政恶，二勤也。政吏骈（并）恶，三勤也。禽兽食人之食，土木衣人之帛，谷（农）人不足于昼，丝人（织妇）不足于夜，之谓恶政。"《先知》篇："法无限，则庶人田侯田，处侯宅，食侯食，服侯服，人亦多不足矣。"《汉书》卷七十二《贡禹传》："元帝初即位，征禹为谏大夫……禹奏言……今大夫僭诸侯，诸侯僭天子，天子过天道，其日久矣……方今齐三服官，作工各数千人，一岁费数巨万。蜀广汉主金银器，岁各用五百万，三工官费五千万。东西织室亦然……今民大饥而死，又不葬，为犬猪所食，人至相食，而厩马食粟，苦其大肥……诸侯妻妾，或至数百人。豪富吏民，畜歌者至数十人。"扬雄上面所说的，正指由朝廷豪侈所引起的政治社会问题。汉代列侯，是政治中最大的封建结构，是社会中专凭特殊身份的残酷剥削者。在扬雄"田侯田，处侯宅"的几句话中，似乎认为豪富的庶人不可作这种享受，"侯"则是应当的，未免有些奇怪了。

《先知》篇："或苦乱，曰纲纪……大作纲，小作纪。如纲不纲，纪不纪，虽有罗网，乌得一目而正诸。"这很明显是指成帝以来的情形说的。《先知》篇："或问政核（实效），曰真伪。真伪（辨别真伪）则政核。如真不真

（自称为真者并不真），伪不伪（指人为伪者并非伪），则政不核。"这分明是指王莽各种作伪的情形说的。《孝至》篇："或问忠言嘉谋，曰：言合稷契之谓忠，谋合皋陶之谓嘉。"这可能是指王莽伪装周公辅成王，而自谓忠言嘉谋来说的。又"尧舜之道皇兮。夏殷周之道将兮。而以延其光兮……尧舜以其让，夏以其功，殷周以其伐"。这分明是揭穿王莽托儒家的政治理想，而实则完全与之相反的情形来说的。又"或问泰和。曰：其在唐虞、成周乎！观书及诗温温乎，其和可知也"。又《先知》篇："甄陶天下者其在和乎？"这是针对王莽篡汉后的乖戾阴毒，弄得当时危迫不安的情形说的。若了解他说话的背景，便可了解《法言》中这一类的话，并非迂阔之谈。

扬雄论政，在原则上重礼乐，并重法度，尊二帝三王，更重随时因革。

（一）允治天下不待礼文与五教，[①] 则吾以黄帝尧舜疣赘。（《问道》篇）

（二）或问八荒之礼，礼也乐也，孰是？曰：殷（隆）之以中国。或曰孰为中国？曰：五政（即五教）

[①] 《汉书·百官公卿表》云："离作司徒，敷五教。"应劭注："五教：父义、母慈、兄友、弟恭、子孝也。"

之所加，七赋（李轨注：五谷桑麻）之所养，中于天地者为中国。过此而往者人也哉。（同上）

（三）圣人之治天下也，碍（凝）之以礼乐。无则禽，异则貉……（同上）

（四）川有防，器有范，见礼教之至也。（《五百》篇）

（五）吾见玄驹（蚁）之步，雉之晨雊也，化其可以已哉。（《先知》篇）

（六）或曰：太上无法而治，法非所以为治也。曰：鸿荒之世，圣人恶之。是以法始于伏羲而成乎尧。匪伏匪尧，礼义哨哨（犹哓哓），圣人不取也。（《问道》篇）

（七）或曰：因秦之法，清而行之，亦可以致平乎？曰譬诸琴瑟，郑卫调，俾夔因之，亦不可以致箫韶矣。（《寡见》篇）

（八）秦之有司，负（背）秦之法度。秦之法度，负圣人之法度……（同上）

（九）为国不迪（蹈）其法，而望其效，譬诸算乎。（《先知》篇）

（十）或问道，有因无因乎？曰：可则因，否则革。（《问道》篇）

（十一）为政日新。或人敢问日新？曰：使之利其仁，乐其义，厉之以名，引之以美，使之陶陶然，之谓日新。（《先知》篇）

（十二）或曰：以往圣人之法治将来，譬犹胶柱而调瑟，有诸？曰：有之。曰：圣君少而庸君多，如独守仲尼之道，是漆也。曰：圣人之法，未尝不关盛衰焉。昔者尧有天下，举大纲，命舜禹。夏殷周属其子，不胶者卓矣。唐虞象刑惟明，夏后肉辟三千，不胶者卓矣。尧亲九族，协和万国。汤武桓桓，征伐四克，由是言之，不胶者卓矣。礼乐征伐，自天子所出。春秋之时，齐晋实与（孔子实嘉许齐桓、晋文），不胶者卓矣。（《先知》篇）

按由（一）到（四），都是强调礼乐在政治中的重大意义，（五）则在点出人民之可以教化，而礼乐的功用便在于教化。（二）承认中国以外的八荒也有礼乐，但应以中国的礼乐为准绳，加以调饰，这是反映当时"四夷宾服"的中国在世界中的崇高地位，但与《淮南子·齐俗训》中，以中国与外夷之礼俗，在价值上是平等的思想，可作强烈的对照。因两者在此问题上的思想不同，故刘安谏伐南越，而扬雄则美汉的恢宏疆宇。（六）和（九）特别提法的重要性，道家好言"太上"，扬雄特指出所谓"太上"，只不过是"鸿荒之世"，而"鸿荒之世，圣人恶之"，其中含有进化及重视文化的意义。无法而空言礼义（礼义哨哨），为圣人所不取，这是很落实的说法。但这里我们应当注意的是，扬雄的所谓法，主要是就政治制度及政治纲纪而言，故又称法度（八）。这是由《论语·尧曰》章"谨权量，审法从"而来。与"律令"之法并不相同，亦即与仅就刑罚以言法，并不相同。所以提到律令时，他总是出之以贬抑的态度。如《先知》篇："或曰：君子不可不学律令。曰：君子为国，张其纲纪，谨其教化。导之以仁，则下不相贼。莅之以廉，则下不相盗。临之以正，则下不相诈。修之以礼文，则下多德让。此君子所当学也。如有犯法，则有司在。"此处所说的纲纪、教化，即扬氏之所谓法。又"载使子草律，曰吾不如弘恭"。这也是反映出律不是扬氏的所谓法。

（十）的"或问道"的道是指包括法在内的治道。治道所以适应人民的要求。人民的要求，随时随地而变，并非一律，所以治道必须有所因，也要有所革。这是本于孔子的因革损益的历史观。[①]《太玄·玄莹》下面的话，说得更清楚。

> 夫道有因有循，有革有化（变化）。因而循之，与道神之。革而化之，与时宜之。故因而能革，天道乃得。革而能因，天道乃驯（顺）。夫物不因不生，不革不成。故知因而不知革，物失其则。知革而不知因，物

---

① 《论语·为政》："子张问十世，可知也？子曰：殷因于夏礼，所损益，可知也。周因于殷礼，所损益，可知也。其或继周者，虽百世，可知也。"

失其均。革之匪时，物失其基。因之匪理，物丧其纪。因革乎因革，国家之矩范也，矩范之动，成败之效也。

　　扬氏处朝代交替之际，而王莽又是主张"矫枉者过其正"的人，[①] 所以对权衡于因革之际，特致其郑重。（十一）的"为政日新"，乃指因革得宜，切合人民的现实需要而言。把仁义当作一个抽象的理想，要人民削足适屦地去适合此理想，则人民必以仁礼为害为苦，政治亦必停滞枯萎。仁义即是人民需要的实现，此外无所谓仁义。如此，人民乃以仁为己之利，以义为己之乐。再赏罚得当，而激励之以名，文之以礼乐，而引之以美，使百姓欢欣鼓舞（陶陶然），大家感到"日月光华"，而不是阴风苦雨，这才算是政治的日新。杨氏的话，乃针对着王莽专政以后的阴霾气象而言。

　　（十二）是完全针对王莽的情形说的。王莽与刘歆们根据自己的想法，杂糅若干古礼、古传说及汉制，以编造出一部《周官》，说这是周公致太平之书，以此为最高根据，照本宣科地大事改革；一方面是革而不因，另一方面对周官而言，又是胶柱鼓瑟，弄得天下大乱，使今日读《王莽传》的人，怀疑他在发神经病。而在他自己，则认

───────────

① 《汉书》卷九十九上《王莽传》："莽又令太后下诏曰：……故国奢视之以俭，矫枉者过其正。"

为他是在实现政治最高理想。扬雄当时并不知道《周官》是王莽、刘歆们所玩弄的一套假把戏，而只指出"不胶者卓矣"。

《先知》篇："或问何以治国？曰立政。曰：何以立政？曰：政之本，身也，身立则政立矣。"《孝至》篇："或问大，曰小。问远，曰迩。未达。曰：天下为大，治之在道，不亦小乎！四海为远，治之在心，不亦迩乎！"政治要由统治者的生活（身）思想（心）处立根基，这是直承《大学》的系统。《先知》篇："或问为政有几（要），曰：思（为民所思）敦（为民所厌）……或问何思（民何所思）何敦（民何所厌）？曰：老人老，孤人孤，病者养，死者葬，男子亩（男子能安于田亩），妇人桑（妇人能安于蚕桑），之谓思。若污人老，屈人孤，病者独，死者逋（弃），田亩荒，杼柚空，之谓敦。"此处之所谓"思敦"，即《大学》之所谓"民之所好好之，民之所恶恶之"的好恶，扬雄只是变一个说法。以人民的好恶决定政治的方面，这是千载不磨之论。

《孝至》篇："君子者务在殷（富）民阜财，明道信义。"要殷民阜财，便必须改革田制和税制。所以他在《先知》篇"什一（十分取一），天下之中正也。多则桀，寡则貉"。又"井田之田，田也。肉刑之刑，刑也。田也者与，众田之。刑也者，与众弃之"。这都反映出当时土地兼并，人民受到各方面剥削的事实。

在中国的疆域问题上，扬雄一方面主张保持汉武以来的成就，另一方面反对无限制的扩张，及减少人民因此所受的牺牲，但决不许"蛮夷猾夏"。《孝至》篇："汉德其可谓允怀矣。黄支（在日南之南）之南，大夏之西，东鞮（会稽海外之国）北女（不详），来贡其珍。[1]汉德其可谓允怀矣。世鲜焉。"这是对中国成为当时世界中心的赞美。又"芒芒圣德，远人咸慕，上也。武义璜璜（同洸洸，武也），兵征四方，次也。宗夷猾[2]（乱）夏，蠢迪（妯，动也），王人，屈国丧师，无次也"。哀帝建平四年（西纪前二年）匈奴单于上书请朝，公卿以虚费府帑，可且勿许。单于使辞去，扬雄上书谏，以为"夫百年劳之，一日失之，费十而爱一，臣窃为国不安也"。"惟陛下稍留意于未乱未战，以遏边萌之祸。"乃从扬雄言许之。《孝至》篇："或曰，讻讻北狄，被我纯缋，带我金犀，珍膳宁（当作曼，美也）馤（言赏赐之盛），不亦享（俞：厚字之误）乎？曰：昔在高文武，实为兵主（为用兵之主要对象）。今稽首来臣，称为北蕃，是为宗庙之神，社稷之灵也。可不享（厚）？"即指此而言。又《孝至》篇："龙堆以西，大漠

---

① 哀帝元寿二年（西纪前一年）正月，匈奴单于，乌孙大昆弥皆来朝。时西域五十国，佩汉印绶者三百七十六人。平帝元始二年（西纪二年），黄支国献犀牛。

② 《注疏》引曾广钧云："《魏英乂夫人碑》书蛮作宗，与宗形近。此文本作宗夷，传写误作宗耳。"

以北，鸟夷兽夷，郡劳王师，汉家不为也。""朱崖之绝，
捐之之力也。①否则介鳞易我衣裳（衣裳之民）。"不劳民
以事边远，这是汉代儒生的共同见解。然朱崖之叛，及以
后来东汉河西诸羌的扰攘，主要是来自地方政治的残暴。
贾捐之、扬雄未探及此一问题之本源，只以罢郡为得计，
非立国之道。此将另有论述。

---

① 《汉书·贾捐之传》："元帝初元元年，珠厓又反，发兵击之。诸县更叛，
连年不定。上与有司议大发兴军，捐之建议以为不当击……遂下诏罢珠
厓郡。"扬雄盖指此事而言。

王充论考

一、引言

　　一个人的思想的形成，常决定于四大因素。一为其本人的气质，二为其学问的传承与其功夫的深浅，三为其时代的背景，四为其生平的遭遇。此四大因素对各思想家的影响力，有或多或少的不同；而四大因素之中，又互相影响，不可作孤立的单纯的断定。气质可以影响一个人治学的方向；而学问亦可变化一个人对气质控御的效能，这是可以得到一般的承认的。处于同一时代，受到同一遭遇，因气质与学问功力的不同，各人的感受、认取、心境，亦因之而各异。反之，时代及遭遇，对于人的气质的熏陶，与学问的取向，同样可以发生很大的影响，这也应当可以得到一般的承认。

　　切就王充而论，他个人的遭遇，对于他表现在《论衡》中的思想所发生的影响之大，在中国古今思想家中，实少见其比。此点后面还要特别提到。尤其是两汉思想家的共同特性，是对现实政治的特别关心。所以在各家著作中，论政都占有重要的地位。就《论衡》来说，不仅论政的比例占得少。并且在内容上，除了以他自己的遭遇为中心，反映了一部分地方政治问题外，对于当时的全般政治的根源问题，根本没有触到。在政治方面，他还有《备乏》、《禁酒》、《政务》三书，没有传下来；但就《论衡》中的《对作》、《自纪》两篇所陈述的三书内容，实属政治上的枝叶问题，其意义恐亦微不足道。且《论衡》中以极大的分量，从事于歌功颂德，这在古今值得称为思想家中，实系最特出的现象。我的解释，除了他过分力求表现的气质以外，和他身处乡曲，沉沦下僚，没有机会接触到政治的中心，因而也没有接触到时代的大问题，有不可分的关系。人情上，凡在追求想象中，不仅没有得到，并且也没有实际接触到的事物，便自然是容易加以美化的事物。所以王充在政治方面写下了繁复而异乎寻常的歌功颂德的文章，不必是他的品格上的问题，而实际是由他的遭遇限制了他展望时代的眼界。这种限制，也影响到他思想的其他方面。例如《论衡》中，许多是争其所不必争的文章；他以最大的自信力所开陈的意见，事实上许多直可称为乡曲之见。因为他个人的遭遇，对他的思想发生了这样大的作用，所以对《后汉书·王充列传》中错误的考正，便不仅是故事性的考正，而且是了解他的思想的一个关键。

二、《后汉书·王充列传》中的问题

王充的生平,《论衡》中有他自己写的《自纪》篇,作了有系统的陈述。他在《自纪》篇中说:"年渐七十,时可悬舆……乃作养性之书凡十六篇……命以不延,吁嗟悲哉。"从这段话看,在《自纪》篇写成以后,王充没有其他重要的活动。再参稽《论衡》全书,凡直接间接关涉到他自己的生平时,亦无不与《自纪》篇所记的相符合。王充的性格,颇好夸矜矫饰,所以《自纪》篇中虽自称"充性恬澹,不贪富贵";但从全书看,他是一个非常重视名位的人,对于与名位有关的自己行迹,都记录了下来。他一生最高的名位,要算在他六十一岁左右,当了郡刺史的治中,即是郡守的幕僚,他自以为"材小任大,职在刺割",等于郡守的总文案。由此我们可以推定,在他一生中如若有更大意义的经历,他是不会遗漏的。

《后汉书》卷四十九《王充列传》,略采《自纪》篇,而又杂录谢承、袁崧《后汉书》以成文。其中为《自纪》篇所无,且显相抵连者,均牵涉到他的思想的形成的问题。今人好言王充,而未尝讨论其列传中之不实之处,故特先加以辨证。兹录列传原文于下:

王充字仲任,会稽上虞人也(《自纪》篇:建武三年充生)。其先自魏郡元城徙焉。充少孤,乡里称孝。

后到京师，受业太学，师事扶风班彪。好博览而不守章句。家贫无书，常游洛阳市肆，阅所卖书，一见辄能诵忆，遂博通众流百家之言。后归乡里，屏居教授。在郡为功曹，以数谏争不合去。充好论说，始若诡异，终有理实。以为俗儒守文，多失其真。乃闭门潜思，绝庆吊之礼。户牖墙壁，各著刀笔。著《论衡》八十五篇，二十余万言，释物类同异，正时俗嫌疑。刺史董勤，辟为从事，转治中，自免还家。友人同郡谢夷吾，上书荐充才学。肃宗特诏公车征，病不行。年渐七十，心力衰耗，乃造性书十六篇。裁节嗜欲，颐神自守。永元中，病卒于家。

以下把有问题的地方，逐一加以考查。

（一）乡里称孝的问题

按"充少孤，乡里称孝"，惠栋等已引《自纪》篇证为不可信。我这里只特别指出，王充在《自纪》篇中所以诋及其祖与父，乃因为在王充思想中，根本没有孝的观念。孝的观念的形成，乃出于对父母生我的感恩报德之念。但王充在《物势》篇中说："夫天地合气，人偶自生也。夫妇合气，子则自生也，非当时欲得生子，情欲动而合，合而生矣。"他在这里所说的，固系事实；但把父母生子完全作一种纯事实的判断，当然从这里产生不出孝的观念。

他自己没有孝的观念，如何会有"乡里称孝"的事情。且如后所述，王充晚年因受到乡里的谴责而避难他乡，所以他正是"大不理于众口"的人，更不会有乡里称孝的声誉。"户牖墙壁，各著刀笔"，亦为情理所无。

（二）受业太学师事班彪的问题

近人黄晖《论衡校释》附编二，附有《王充年谱》。把王充受业太学，师事班彪，著记于光武建武三十年，时充二十八岁。胡适则在《年谱》光武建武二十年，王充十八岁下附记谓"王充在太学，约在此时；可能还更早。受业于班彪，也约在此时"。王充在《自纪》篇所述的学历如下：

六岁教书，恭愿仁顺；礼教具备，矜庄寂宁，有巨人之志。父未尝笞，母未尝非，闾里未尝让（责让）。八岁出于书馆。书馆小童，百人以上，皆以过失袒责，或以书丑得鞭。充书日进，又无过失。手书既成，辞（请）师受《论语》、《尚书》，日讽千字。经明德就，谢师而专门，援笔而众奇。所读文书，亦日博多。才高而不苟作，口辩而不好谈论。非其人，终日不言。其论说始若诡于众；极听其终，众乃是之。以笔著文，亦如此焉。

从王充矜夸的口气中，假定他曾受业太学，岂有不加叙述之理。

班彪乃当时的"通儒上才"，[①] 若王充曾出其门下，何以在《自纪》篇说自己"未尝履墨涂，出儒门"呢？《论衡》一书，大约有九处提到班氏父子；其中特别提到班彪的如：

《超奇》篇：班叔皮续《太史公书》，百篇以上，义浃理备，观读之者以为甲，而太史公乙。

《佚文》篇：班叔皮续《太史公书》，载乡里人，以为恶戒。

《案书》篇：孔子生周，始其本；仲舒在汉，终其末。班叔皮续《太史公书》，盖其义也。

《对作》篇：《太史公书》，刘子政序，班叔皮传，可谓述矣。

从上面的文字看，他把班彪的地位是看得很高的；但没有丝毫师生的意味在里面。至于他提到班固时，则欣羡之情，真有云泥分隔之恨。如《别通》篇："是以兰台之史，班固贾逵杨终傅毅之徒，名香文美，委积不绌。"又如《案书》篇："今尚书郎班固，兰台令杨终、傅毅之徒，虽无篇章，赋颂记奏，文辞斐炳，赋象屈原、贾生，奏象唐林、谷永；比以观好，其美一也。"乃谢承及司马彪《后

---

① 《后汉书》四十上《班彪列传》赞语。

汉书》谓："班固年十三，王充见之，拊其背谓彪曰，此儿必记汉事。"①极傅会荒唐之能事。

再从班彪方面说，王充受业太学，师事班彪，必须班彪与太学有关系。按《汉书·叙传》班固对其父的叙述是"河西大将军窦融嘉其美德，访问焉。举茂材为徐令，以病去官。后数应三公之召，仕不为禄，所如不合"。可知他的一生，与太学并无关系。《后汉书》四十上《班彪列传》，对其随窦融入洛的行迹，叙述较详。兹录要如下：

> 及融（窦融）征还京师（建武十三年），光武问曰："所上章奏，谁与参之？"融对曰："皆从事班彪所为。"帝雅闻彪材，因召入见，举司隶茂材，拜徐令，以病免。后数应三公之命，辄去。彪复辟司徒玉况府（按建武二十三年王况为司徒）。

> 后察司徒廉（孝廉），为望都长，吏民爱之。建武三十年，年五十二，卒官。

按望都在河北省。胡适所以反对黄晖把王充入太学师事班彪，系在建武三十年下，乃因他发现了班彪是年死于望都长的官所。若王充此时入太学受业，不可能看得到班彪，

---

① 《后汉书·班固列传》注引谢承书；《北堂书抄》引司马彪书，并同。又《意林》引《抱朴子》，意亦相近。

所以便改系在建武二十年下。殊不知在班彪入洛后的行迹中，根本与太学无缘；并且传中详细记录了班彪从事著作的情形，而未提到私人讲学的情形。在《后汉书》中，是把私人讲学当作一个人的重要行迹而常加以记录的。

王充既未尝到京师，则传中所有这段有关的记录皆不可信。至于说"后归乡里，屏居教授"，这在《论衡》全书中皆无痕迹可寻，且有强力的反证。王充在《书解》篇中，以"著作者为文儒"的文儒自居，认为文儒高出于说经的世儒。他假设"或曰，文儒不若世儒。世儒说圣人之经……故在官常位……门徒聚众，招会千里……文儒为华淫之说，于世无补，故无常官。弟子门徒，不见一人……答曰不然……文儒之业，卓绝不循……业虽不讲，门虽无人，书文奇伟，世人亦传"。这不是很清楚说他不曾"屏居教授"吗？

（三）谢夷吾推荐的问题

列传中说"友人同郡谢夷吾上书荐充才学"，亦绝不可信。

谢夷吾，《后汉书》卷八十二上列于《方术列传》中。据传，他是会稽山阴人。第五伦于建武二十九年为会稽太守，[①]而夷吾由郡吏擢为督邮。是时与地，皆可与王充相接。

---

① 见《后汉书》三十一《第五伦列传》。

但谓因谢夷吾之荐而"肃宗特诏公车征，病不行"，这便大有问题了。现在先就《自纪》篇，把他仕进的情形录下：

> 在县，位至掾功曹。在都尉府，位亦掾功曹。在太守，为列掾五官功曹行事。入州为从事。

上面是总的叙述。但就下面的话看，他的仕进并不顺畅。

> 见污伤，不肯自明。位不进，亦不怀恨……得官不欣，失位不恨。
>
> 俗材因其微过，蜚条陷之，然终不自明，亦不非怨与人……不鬻智以干禄，不辞爵以吊名……遭十羊胜，谓之无伤。
>
> 充性恪澹，不贪富贵。为上所知，拔擢越次，不慕高官。不为上所知，贬黜抑屈，不恚下位。比为县吏，无所择避。
>
> 充仕数不耦，而徒著书自纪。

从上面的文字看，他是犯过"微过"，而被人污伤，因而在仕途上是几经波折的。他在文字上表现得很恬淡通达，好像不在是非得失上计较；但就《论衡》全书看，却恰恰相反，可以说是隐痛在心，随处流露，这是了解他思想形成的一大关键，在后面还要提到。《自纪》篇：

> 充以元和三年徙家辟，诣扬州部郡丹阳、九江、庐江。后入为治中，材小任大，职在刺割。笔札之思，历年寝废。章和二年，罢州家居。年渐七十，时可悬舆。

据《案书》篇："建初孟年，中州颇歉，颍川、汝南民流四散。圣主忧怀，诏书数至。《论衡》之人，奏记郡守，宜禁奢侈，以备困乏。言不纳用，退题记笔，名曰《备乏》。酒縻五谷，生起盗贼……奏记郡守禁民酒。退题记草，名曰《禁酒》。"《后汉书》三《章帝本纪》，章帝于永平十八年八月即皇帝位。是岁"京师及三州大旱，诏勿收兖豫徐州田租"。明年改元为建初元年，两次诏书恤农救乏。王充上文所指者正系此事。是王充在明帝之末，章帝之初，五十岁前后（建初元年五十岁）"在太守府为列掾五官功曹行事"，向太守陈述了备乏禁酒的意见，未见采用，退而作《备乏》、《禁酒》两篇。接着大概就被人"蜚条陷之"，不为太守所容，黜居乡里。《自纪》篇下面的一段话，正说的是黜居乡里的一段情形。

> 俗性贪进忽退，收成弃败。充升擢在位之时，众人蚁附。废退穷居，旧故叛去。志俗人之寡恩，故闲居作

《讥俗》、《节义》十二篇。冀俗人观书而自觉。故直露其文，集以俗言。

充既疾俗情，作《讥俗》之书；又闵人君①之政，徒欲治之，不得其宜，不晓其务；愁精苦思，不睹所趋，故作《政务》之书。又伤伪书俗文，多不诚实，故为《论衡》之书。

可知王充黜退乡居的十年左右时间，他写了《讥俗》、《政务》两书，而《论衡》虽属稿于明帝永平之时，但成书实亦在此数年中事。尤其歌功颂德的无聊作品，皆成篇于此十年之内。②他既以浅俗之文，讥弹了他的乡里，必引起强烈的反击，使他在故乡住不下，所以在他六十岁（元和三年）的时候，便不得不徙家避难。又因为他以太守为对象，写了《政务》之书，所以在避难中又有机会参与扬州刺史的幕僚工作。一直到他六十二岁的章和二年，罢州家居。

---

① 两汉时，太守与其僚属，亦以君臣相称。此处之所谓人君，及《论衡》中涉及时事而称君者，皆指太守而言。又《论衡》书中对"将"之责望特重，此"将"不仅指都尉，亦指国相及太守，《程材》篇称东海相宗叔犀，陈留太守陈子瑀为"两将"，此其明证。又与《第五伦传》互证，更可明了。《自纪》篇不为"利害见将"，正指都尉及太守言之。乃黄晖释为"将犹从也。言不为利害动"，大谬。光武已废都尉，惟边郡尚加保存，故会稽尚有都尉府。

② 《论衡》各篇成书年代，可参考黄晖《论衡校释》附编二《王充年谱》章帝元和二年项下，黄氏所考定。

我们可以推定，从"在县位至掾功曹"的"位至"两字看，他开始的职位，当然比掾功曹低得多。他由县掾功曹而至都尉府掾功曹，而至太守府的五官功曹行事，这是由走入仕途，到五十一二岁时的官历；在这段官历中，断无因谢夷吾之荐，被征召而因病不起的事。由六十岁到六十二岁，避难徙家，充扬州刺史幕僚，此时若有征召，在情理上也无"病不行"的可能。肃宗（章帝）卒于章和二年二月壬辰，是他在六十二岁时，已没有被肃宗征召的可能。六十二岁以后，更不待说。并且六十二岁罢州家居以后，一直到他"年渐七十"写《自纪》篇时，他还慨叹于他的"仕路隔绝，志穷无如，事有然否，身有利害。头白齿落，日月逾迈。俦伦弥索，鲜所恃赖"。说明他是上进无门，并且也没有朋友；更可证明由六十岁以迄他之死，决无因荐被召的事。他在这段期间，"虽惧终徂，愚犹沛沛"，健康的情况良好，无"病"可言。而以他的性格，假定真正被召，就是死在路上也是甘心的。只有从五十一二岁，到六十岁这段时间，是因谗罢仕家居的这段时间，值得考虑。现在看他在这段时间情形如何。

如上所述，王充在五十一、二岁以后，废黜家居，正是他大事著作之时。据黄晖考定，《状留》、《效力》等篇，是章帝时所作。《状留》篇有：

世人怪其仕宦不进，官爵卑细……（及）长吏妒贤，不能容善，不被钳赭之诛幸矣，焉敢望官位升举，道理之早成也？

这是他沉滞幕僚时所作。《效力》篇：

> 文儒之知，有似于此。文章滂沛，不遭有力之将，援引荐举，亦将弃遗于衡门之下，固安得升陟圣主之庭，论说政务之事乎。

从"遗弃于衡门之下"一语观之，此篇是作于废黜家居的时候。《超奇》篇是同一时期前后的作品，里面说：

> 诏书每下，文义（按当作"章"字之讹）经传四科。诏书斐然，郁郁好文之明验也。上书不核实，著书无义指；万岁之声，征拜之恩，何从发哉……群诸瞽言之徒，言事粗陋……不蒙涛沙之谪幸矣；焉蒙征拜为郎中之宠乎。

《须颂》篇把他在这时期所写的歌功颂德的文章的动机与目的略有说明。

> 汉家功德，颇可观见。今上（章帝）即命，未有褒

载。《论衡》之人，为此毕精，故有《齐世》、《宣汉》、《恢国》、《验符》。

国德溢炽，莫有宣褒。使圣国大汉，有庸庸之名。咎在俗儒不实论也。

圣者垂日月之明，处在中州（中州指洛阳，当时的京师。此二句指皇帝而言）。隐于百里（此句有脱字），遥闻传授；不实形耀，不实难论（此四句就王充自己不能直接依日月之明而言）。得诏书到，计吏至，乃闻圣政。是以褒功失丘山之积，颂德遗膏腴之美。使至台阁之下，蹈班贾之迹，论功德之实，不失毫厘之微……道立国表，路出其下。望国表者昭然知路。汉德明著，莫立邦表之言，故浩广之德，未光于世也。

他这样迫切地想见知于朝延的目的，是认为他到了朝廷以后，能更进一步地歌功颂德。而受知于朝廷以后想做的官，乃是俸禄一百石的兰台令史的芝麻绿豆大的官。所以上文的台阁二字，乃兰台二字之误。他在《别通》篇说：

或曰：通人之官，兰台令史，[①]职校书定字，比夫

_____

① 《汉官仪》"兰台令史六人，秩百石，掌书核奏"，按书者乃钞写。职掌钞写核奏之文。

太史太祝，①职在文官……是以兰台令史班固、贾逵、杨
终、傅毅之徒……无大用于世。曰：此不继（然）……
令史虽微，典国道藏。通人所由进。犹博士之官，儒生
所由兴也。

他在这段时间，写了古今无出其右的歌功颂德的文章。甚
至他在《讲说》篇中再三以"凤凰骐骥难知"，而斥以凤
凰等为祥瑞的虚伪，这是他原来的观点。但在最后却反转
来说"案永平（明帝年号）以来，迄于章和（章帝改元之
年号，不及两年而崩），甘露常降，故知众瑞皆是，而凤
凰骐骥皆真也"。他何以这样的无聊呢？无非想由此而得
到朝廷的知遇。在这段时间，岂有因荐被召而病不行之
理？且当时荐士，只有两条途径。一是朝廷的三公九卿及
分位略同的命官。二是本州本郡本县的长吏。谢夷吾既未
跻身朝列，亦未莅长乡邦，他是没有资格推荐王充的。

三、王充的遭遇与思想的关连

因王充不理于乡邦之口，晚年避难他徙，所以时间一
久，乡里对其平生便不知其详。但得蔡邕的宣扬，到东汉

---

① 按太史、太祝，秩六百石，兰台令史何能与之相比。盖王充僻居下郡，
不明当时政制，故尔妄言。

末期，声名鹊起，乡邦又引以为荣。加以当时喜缘饰先贤以为地方光宠的风气盛行，于是把汉人认为有面子的事情，涂饰到王充身上去，这便是《后汉书·王充列传》将他加以美化的许多错误之所由来。把上述美化的伪装揭穿了，还原他为一个矜才负气的乡曲之士，对他思想的了解，是一个大的帮助。乡曲之士，要突破乡曲之见以形成超越扩大的精神境界，有待于人格的特殊修养，及学问上特殊的成就；但王充并非其人。王充这一类型的乡曲之士的特点，他所能反映的只是他所能接触到的乡曲的环境。因为他的矜才负气的关系，便首先将自己的才与气，和乡曲的环境对立起来，以建立他个人的思维世界。在他的思维世界中，对无现实权势的学术问题，每有过分的自信，而其实，许多都是辽东之豕。对有现实权势的政治问题，则又有过分的自卑，而朝廷便成为他毕生梦想的天国。这种过分的自信与自卑，结合在一起，形成他的内心深刻的矛盾，便不能不运用他自身的才气，来加以解除；在这种解除的说法中，取得自我精神的保护。这便是《论衡》一开始的《逢遇》、《累害》、《命禄》、《幸偶》、《命义》等诸篇所以成立的根源。由此而推演上去，便成为他一套特殊的唯气论的自然宇宙观与人生观。[①]胡适氏在他所写的《王充的论衡》

---

① 从王充对天的成因是气或体的争论，他有时把气与形体分为二，而与战国末期以来，以气生形、气贯彻于形之中的观念不同。

一文中，不曾从根源地、全面地去把握王充的思想，而只采用摭摘片断字句的方法，以建立自己的论点。对于他所完全不了解的两汉思想，轻轻加上"骗子"两字；而对于性格与他有些相近的王充，轻轻加上"科学"两字。这恐怕不是以科学精神治思想史的态度。下面试就王充的遭遇对他的思想的关连，举若干例证。

（一）命运论的形成

《自纪》篇"充仕数不耦"，"涉世落魄，仕数黜斥"，"俗性贪进忽退，收成弃败"，又"俗材因其微过，蜚条陷之"。所以《逢遇》篇便说：

> 今俗人既不能定遇不遇之论，又就遇而誉之，因不遇而毁之。各据见效，案成事，不能量操审才能也。

《累害》篇：

> 夫乡里有三累，朝廷有三害。累出于乡里，害发于朝廷。古今才洪行淑之人，遇多此矣。
>
> 夫不原士之操行有三累，仕宦有三害。身完全者谓之洁，被毁谤者谓之辱，官升进者谓之善，位废退者谓之恶。完全升进，幸也，而称之；毁谤废退，不遇也，而訾之。用心若此，必为三累三害也。

夫采玉者破石拔玉。进士者弃恶取善。夫如是，累害之人，负世以行；指击之者，从何往哉。

《命禄》篇：

> 仕宦不贵，治产不富……伐薪逢虎之类也。
> 故贵贱在命，不在智愚，贫富在禄，不在顽慧。

《幸偶》篇：

> 物善恶同，遭为人用，其不幸偶，犹可伤痛。况含精气之徒乎。

《命义》篇：

> 故人之在世，有吉凶之命，有盛衰之禄，重以遭遇幸偶之逢。获从生死而卒其善恶之行，得其胸中之志，希矣。

本来关于人的行为与结果，偶然的因素很大。偶然的因素，不是人自身可以把握得了的。尤其是在封建与专制的政治社会结构之中，权势常挟不合理的事情以强加于各种各样的人的身上，贫贱富贵，更不易由行为与结果的因果关系来加以解释；所以在春秋时代，便已出现命运之命的观念。接着便有骨相学的兴起。至秦大一统的专制政治成立，一般人更成为被动的存在，这些观念，便更为发展。但像王充这样，为了保护自己，而将此种观念发展成为一个理论的系统，以为尔后命相学奠基础，在思想家里面，却是非常之少的。

（二）对谗佞的痛恨

对佞人谗人的痛恨，这是应当的。但王充在这一点上不是作原则性的论述，而依然不出于他自身遭遇的直接反映。如《答佞》篇：

> 问曰：佞人好毁人，有诸？曰：佞人不毁人。如毁人，是谗人也。何则？佞人求利，故不毁人……妒人共事，然后危人。其危人也，非毁之；而其害人也，非泊之。誉而危之，故人不知；厚而害之，故人不疑。
>
> 假令甲有高行奇知，名声显闻，将恐人君召问，扶而胜己；欲故废不言（佞人欲借故废之，但不言于口，黄释误），常腾誉之。荐之者众，将议欲用，问佞人；佞人必对曰：甲贤而宜召也。何则？甲意不欲留县，前闻其语矣。声望欲入府，在郡则望欲入州。志高则操与人异，望远则意不顾近。屈而用之，其心不满；不则卧病。贱而命之则伤贤；不则损威……自耐下之，用之可

也。自度不能下之，用之不便。夫用之不两相益，舍之不两相损。人君（按汉郡守与僚属间称君臣，故《论衡》中凡论时事而称人君，皆指郡守或都尉。黄不知此义，以为当作"将"，非是）畏其志，信佞人之言，遂置不用。

上面的话，可以推知王充在县，曾经有人想推荐他，而为妒嫉者以巧言所阻，因而须次甚久，几经周折，乃能入郡尉府。又如《言毒》篇，说明"天下万物，含太阳气而生者，皆有毒螫。毒螫渥者在虫则为蝮、蛇、蜂、虿……"接着便说：

> 其在人也为小人。故小人之口，为祸天下。小人皆怀毒气。阳地小人，毒尤酷烈。故南越之人，祝誓辄效。
>
> 毒螫之生，皆同一气，发动虽异，内为一类。故人梦见火，占为口舌；梦见蝮蛇，亦口舌。火为口舌之象。口舌见于蝮蛇，同类共本，所禀一气也。
>
> 辩口之毒，为害尤酷。何以明之，孔子见阳虎，白汗交流……故君子不畏虎，独畏谗夫之口；谗夫之口，为毒大矣。

因为他是在会稽本郡曾受到"俗材因其微过，蜚条陷之"；

会稽，古之南越，气候较中原为炎热，便由此构出"含太阳气而生者皆为毒螫"，"阳地小人，毒尤酷烈"的一套理论。在他这套理论中，否定了阳善阴恶的汉儒的通说，同时也充满了许多社会迷信。

（三）儒生文吏之争

当时地方政府的僚属，由两种人构成。一是儒生，一是文吏。王充以儒生进用，在簿书乃至政治实务上，大概不及同僚的文吏，他便写下《程才》、《量知》、《谢短》、《效力》等篇，以与文吏较长挈短。《程才》篇说：

> 论者多谓儒生不及彼文吏；见文吏便利，而儒生陆落（按迂阔貌），则诋訾儒生以为浅短，称誉文吏，谓之深长，是不知儒生，亦不知文吏也。
>
> 儒生有阙，俗共短之；文吏有过，俗不敢訾；归非于儒生，付是于文吏也。夫儒生材非下于文吏也，又非所习之业，非所当为也。然世俗共短之者，见将（郡将）不好用也。将之不好用之著，事多己不能理，须文吏以领之也。

《量知》篇：

> 文吏儒生，皆为掾吏，并典一曹。将（郡将）知之

者，知文吏儒生笔同；而儒生胸中之藏，尚多奇余。不知之者，以为皆吏，浅深多少同一量；失实甚矣。

《谢短》篇：

《程才》、《量知》，言儒生文吏之材，不能相过。以儒生修大道，以文吏晓簿书。道胜于事，故谓儒生颇愈文吏也。

儒生与文吏在地方政治中的对立，也算各地方政治中的一个问题；本来也可以提出来谈谈的。但王充却把"道"与"事"相对立地来谈，而且谈得这样的叮咛繁复，还是为了自己的进身出路的问题。

他在《谢短》、《效力》两篇后，接着是《别通》、《超奇》两篇，辩解他既是儒生，为什么不能以经学名家呢？因为他瞧不起专经之儒，而自己是通儒；并且他是能从事著作的超奇之儒；希望能"蒙征拜为郎中之宠"。接着是《状留》篇，一开始便感慨地说：

论贤儒之才，既超程矣（按即指他自己而言）。世人怪其仕宦不进，官爵卑细，以贤才退在俗吏之后，信不怪也。

夫贤儒所怀，其犹水中大石，在地金铁也。其进不若俗吏速者，长吏力劣，不能用也。

　　贤儒俗吏，并在世俗，有类于此。遇暗长吏，转移俗吏，超在贤儒之上；贤儒处下，受驰走之使。

　　像王充这种乡曲之士，对问题不从客观的把握上出发，而只从自己遭遇的反映上出发。因此，占《论衡》很大分量的这类文章，实际不是由客观的分析综合以构成原则性的理论，而只是为了辩解自己、伸张自己，所编造出的理由。我们要衡论他的学术，不仅应把这一部分划出于学术范围之外，而且应时时记着他的这一态度，影响到他的全部思想。他为了伸张自己，不惜在《定贤》篇中，把当时一切衡定人品的标准，完全推翻，而只归于"立言"之上；因为他除了立言这件事以外，一切都与当时论人的标准不合。正因为他没有进过太学，并与京师不能通声气的关系，所以当时学术上最大的五经同异的问题，[①]他都没有触到。而《正说》篇中所述的经学情形，亦多未可为典要。他标榜"疾虚妄"，当时最大的虚妄是图谶；他为了想得到朝廷的青睐，只驳了有关孔子的两条纬书，而对图谶反以符瑞相傅会。他所疾的虚妄，除《论死》、《订鬼》、《薄葬》数篇，有学术价值外，其他多系世俗迷信，及书传中之神

---

① 《后汉书》三，建初四年，章帝诏诸儒："会白虎观，讲议五经同异。"

话乃至文学上常有的夸饰，辩之固然可以表示他很注意这些问题；但不辩的人，并非即可证明在理知上是相信这一套。先把王充的"人"弄清楚了，再进而论其学术。

四、王充学术思想的特点

以下略论王充在学术思想上的特点。

（一）重知识不重伦理道德

王充所追求的学术趋向有二：一为"疾虚妄"，[①] 一为求博通。这两者皆出自求知的精神。两汉思想家，多以人伦道德为出发点，由人伦道德的要求以构成知识系统。王充则以追求知识为出发点，顺着知识的要求而轻视人伦道德。可以说，王充在"自我保护"时，常常提到人伦道德；但在他的人格中，在他的著作中，人伦道德的观念，实际是很薄弱的。换言之，在王充的心目中，并没有真正的人伦道德的问题。要指出王充思想的特性，首先应当把握到这一点。自孔子以来，没有不重知识的；但都是以知识为达到人伦道德的手段，所以最后总是归宿于人伦道德，连特别重视知识的荀子也不例外。我们就王充的平生以细读他的著作，在两汉思想中，确是一个例外。他有点近于扬

---

① 《佚文》篇："《论衡》篇以十数，亦一言也，曰疾虚妄。"

雄；但求学的机缘及个人的才力，则远为不逮。《谢短》篇下面的一段话，最值得注意。

> 夫儒生之业，五经也。南面为师，旦夕讲授章句，滑（熟）习义理，究备于五经可也。五经之后，秦汉之事，无不（不字衍文）能知者，短也。夫知古不知今，谓之陆沉；然则儒生所谓陆沉者也。五经之前，至于天地始开，帝王初立者，主者为谁，儒生又不知也。夫知今不知古，谓之盲瞽。五经比于上古，犹为今也。徒能说经，不晓上古，然则儒生所谓盲瞽者也。

按王充上面的一段话，是把五经当作代表在古与今之间的一段历史知识来看，亦即是把经当作史来看。经与史的分别，本来不在典籍的自身，而在读者所取的角度，及对它所提出的要求。从历史知识的角度去看五经，以得到历史知识为目的去读五经，则五经本来就是历史资料。但五经经孔子的整理，经孔门的传承，其目的不是在讲历史知识，而是在讲文武之道，在建立政治、社会、人生之道。换言之，是出于人伦道德的要求，而不是出于历史知识的要求。两汉经学，不管在内容上杂入了许多驳杂的东西，但在精神上，乃是五经得以成立的原始精神的高度发挥。尤其是汉宣以后，以迄王充的时代，经过许多儒生的努力，渐渐把五经成为规范朝廷政治行为的大经大法。例如东汉外戚之盛，始于章帝。第五伦以后族过盛，上疏谏争，认为"不应经义"。① 等于现代人说不合宪法。此种例子甚多。王充心目中的五经，实际只代表一段历史知识。这可以说明两点：第一点是在王充的精神中，伦理道德的根器至为稀薄；但追求知识的欲望则极为热烈。第二点，这正是他不曾入过太学，不曾沾染到博士系统的学风，② 所以能不为所囿限，而可自由活动的结果。所以他瞧不起当时之所谓师法。例如《谢短》篇："夫总问儒生以古今之义，儒生不能知，斯则坐守师法，不颇博览之咎也。"

（二）否定行为与结果的因果关系

因重视伦理道德，必重视行为。在汉代，伦理道德中的最大问题，为大一统的专制政治中的皇帝的行为问题。当时流行的天人感应之说，主要是说由皇帝的行为而与天发生感应，终于得到或吉或凶，为祸为福的结果。在骨子里面，依然是由统治者的行为所招致的结果；这中间只加上由天的意志而来的灾异，以作为凶或祸的结果的预报，让人臣有讲话的机会，让人君有改变行为的时间。这种出于人伦道德对行为善恶的要求，无所谓科学不科学。若谓天人感应之说不可信，由政治行为以决定政治结果，这是

① 见《后汉书》四十一《第五伦列传》。
② 博士系统的流弊，以刘歆《让太常博士书》，言之最为深切。

政治、社会中的真实，而不能不加以肯定。但因王充只有知识的要求，没有人伦道德的要求，便不仅把汉儒控制皇帝已发生相当效果的感应说推翻，连由行为善恶所招致的吉凶祸福的因果关系亦加以推翻了。

《偶会》篇：

推此以论，人君治道功化，可复言也。命当贵，时适平。期当乱，禄遭衰。治乱成败之时，与人兴衰吉凶适相遭遇。

世谓韩信、张良辅助汉王，故秦灭汉兴，高祖得王。夫高祖命当自王，信、良之辈时当自兴，两相遭遇，若故相求。

这便把人君主动求贤任能的要求取消了。

《异虚》篇：

故人之生死，在于命之夭寿，不在行之善恶。国之存亡，在期之长短，不在于政之得失。

《答佞》篇：

……仪（张仪）秦（苏秦）排难之人也。处扰攘之世，行揣摩之术，当此时，稷、契不能与之争计，禹、皋陶不能与之比效。若夫阴阳调和，风雨时适，五谷丰熟，盗贼衰息，人举廉让，家行道德之功，命禄贵美，术数所致。非道德之所成也。

《治期》篇：

> 孔子曰：道之将行也与？命也。道之将废也与？命也。由此言之，教之行废，国之安危，皆在命时，非人力也。

> 人皆知富饶居安乐者命禄厚，而不知国安治化行者皆历数吉也。故世治非贤圣之功，衰乱非无道之致。国当衰乱，贤圣不能盛；时当治，恶人不能乱。世之治乱，在时不在政。国之安危，在数不在教。贤不贤之君，明不明之政，无能损益。

他上面的说法，把推动政治社会向善去恶的行为动机与要求，一起推翻了。表面看，这是出于他的命相哲学；但其命相哲学之所以会这样的推类至尽，正由在他的精神中缺乏人伦道德的真实感。但他在《非韩》、《答佞》、《程材》、《谢短》、《效力》等篇中，有时又特别强调道德操行的重要，这说明他之所以能强自树立，还有赖于在这种时代文化中有所感受；但此种感受，乃在他与僚属中的文吏相对立，吃了文吏的亏，而须要加以抵抗、辩护时，才显了出来，这可以说不是从根本中来。

（三）反博士的学术系统

自汉武成立五经博士，并设立博士弟子员后，"专经"成为朝廷的官学，"师法"又成为官学的护身符；在专经与师法两大口号交织之下，自然形成当时最有势力的博士学术系统，及以章句为主的学术风气。但卓荦特出之士，多不以博士系统的学风为然，要求在学术中得到更大的自由天地，以扩大知识的范围。他们都尊经尊孔；但他们对经的态度，是主张通而不主张专，是主张义理而瞧不起章句；主张理性的判断，而轻视师法的传承。更重要的是，他们在经学之外，同时也重视先秦诸子，给先秦诸子以重要的地位。他们在人事的传承及主张上，不一定成一个学派；但在反博士系统而主张学术开放的这一共同点上，我们不妨称之为自由学派。研究两汉学术的重点，应当放在这一自由学派上面。但乾嘉以来，以迄王国维们，却都放在博士系统上面，乾嘉学术之固陋，其根本原因在此。属于自由学派的人，当然受到博士系统通过朝廷政治势力的压迫，因而有许多人会泯没不彰，或不愿以学术自见。但在今日还可以看到的有如扬雄、刘歆、桓谭们，都是自由学派中的杰出人物，此当另有专论。王充在学术的成就上，在人品的规模气象上，都不能与扬雄们相比；但因为他没有沾上博士系统的边，且因为他是知性型的人物，在学问上主要以追求知识为主，则自然走上贵博贵通而轻视专经师法的一条路；因之，他应当算是草莽中的自由学派。在这一点上，我们应当肯定他在学术史上的地位。

王充《论衡》中之所谓儒生，范围颇广："法律之家，亦为儒生。"（《谢短》篇）但若仅就学术问题而言，则多指博士系统下的儒生而言。他在《谢短》篇中，已讥儒生为陆沉，为盲瞽。他代为儒生之言曰："上古久远，其事暗昧，故经不载而师不说也。"即系指出儒生为经与师所封闭。又谓："儒生不能都晓高下，欲各别说其经（按即指专经而言）；经事义类，乃以不知为贵也？事不晓，不以为短。"此言儒生的专经，也不能通其义类，把书上的章句和问题隔绝起来，遂不自知其短。接着向儒生提出五经本身的各种常识的问题以考验儒生，而嗤笑其不能知；遂总结以"夫总问儒生以古今之义，儒生不能知；别名（各）以其经事问之，又不能晓；斯则坐守师法，不颇博览之咎也"，"夫儒生不览古今，何（所）知不过守信经文，滑（熟）习章句，解剥之错，分明乖异"。按当时博士系统的学问的病根不仅在不博览，但王充总算提出了许多病根中的一个重要病根。

他在《别通》篇中，更把儒生与通人作相对的论述。他说：

夫富人不如儒生，儒生不如通人。章句之儒，不览古今，论事不实。

所谓"章句之儒"，指的即是博士系统的儒生。通由博而来，他当然反对博士们的专经之业。他说：

或以说一经为是，何须博览？夫孔子之门，讲习五经，五经皆习，庶几之才也。颜渊曰：博我以文……颜渊之曰博也，岂徒一经哉？不能博五经，又不能博众事，守信一学，不好广视，无温故知新之明，而有守愚不览之暗，其谓一经是者其宜也。

下面的话，都是特别为治学应由博而通来说的：

故血脉不通，人以甚病。夫不通，恶事也。故其病变致不善……是故良医服（用也）百病之方，治百人之疾。大才怀百家之言，故能知百族之乱。（《别通》篇）

倮虫三百，人为之长。天地之性人为贵，贵其识知。今闭暗脂塞，无所欲好，与三百倮虫何以异？……诸夏之人，所以贵于夷狄者，以其通仁义之文，知古今之学也。如徒作（任）其胸中之知以取衣食，经历年月，白首没齿，终无晓知，夷狄之次也。（同上）

世儒易为，故世人学之多，非事可析第，故官廷设其位。文儒之业，卓绝不循；人寡其书，业虽不讲，门虽无人，书文奇伟，世人亦传。彼虚说，此实篇；折累二者，孰者为贤？（《解书》篇）

王充在《超奇》篇中，把当时的读书人分为四等；在四等中，以博士系统的儒生为最下：

> 故夫能说一经者为儒生；博览古今者为通人；采掇传书，以上书奏记者为文人；能精思著文，连结篇章者为鸿儒。故儒生过俗人，通人胜儒生，文人逾通人，鸿儒超文人。故夫鸿儒，所谓超而又超者也。以超之奇，退与儒生相料……其相过远矣。

在上面的话中，很显然地他是以鸿儒自居，由鸿儒以卑视博士系统的儒生。他这种衡断，虽然主观的意味很重，但在客观上，也可以成立。而鸿儒虽超过通人两等，但鸿儒必由通人而来，是可断言的。

他在《书解》篇中，却称儒生为世儒，称鸿儒为文儒。在二者对比中，也表现出卑视博士系统之业。"著作者为文儒，说经者为世儒。或曰：文儒不如世儒。世儒说圣人之经，解贤之传……故在官常位，位最尊者为博士；门徒聚众，招会千里，身虽死亡，学传于后……文儒为华淫之说，于世无补，故无常官；弟子门徒，不见一人。身死之后，莫有绍传……答曰：不然……"

王充主张博，则求知的范围，必由五经而推及诸子。他以能著作为鸿儒，从事于著作者为诸子。所以从这两点上，他必推重诸子。《超奇》篇把谷永、唐子高推许在博士儒生之上；把司马迁、刘向，推许在谷永、唐子高之上；把陆贾、董仲舒推许在司马迁、刘向之上；又把阳成子长的《乐经》，扬雄的《太玄经》，推许在陆贾、董仲舒之上；因为陆贾和董仲舒的著作，"浅露易见"，而《乐经》、《太玄经》是"极睿冥之深"。总之，这些人都在"诸子"之列。他于是下评断说：

孔子作《春秋》以示王意，然则孔子之《春秋》，素王之业也。诸子之传书，素相之事也。观《春秋》以见王意，读诸子以睹相指。

他在《书解》篇，伸张诸子之意，更为明显：

或曰：古今作书者非一，各穿凿失经之实，违圣之质；故谓之蕞残，比之玉屑。故曰蕞残满车，不成为道；玉屑满车，不成为宝……答曰……俱贤所为，何以独为经传是，他书记非……他书与书（传）相违，更造端绪，故谓之非……若此者题是于五经；使言非五经，虽是不见听……今五经遭亡秦之奢侈，触李斯之横议，燔烧禁防。伏生之休（徒），抱经深藏。汉兴，收五经，经书缺灭而不明，篇章弃散而不具；晁错之辈，各以私意分析文字，师徒相因相授，不知何者为是……秦虽无道，不燔诸子。诸子尺书，文篇具在，可观读以正说，可采掇以示后人。后人复作，犹前人之造也。夫俱鸿而知，皆传记所称，文义与经相薄（近也），何以独谓文书失经之实。由此言之，经缺而不完，书（诸子之书）无佚本；折累二者，孰与蕞残？《易》据事象，《诗》采民以为篇，《乐》须不（民）欢，《礼》待民平；四经有据，篇章乃成。《尚书》、《春秋》，采掇史记。史记与书无异。以民事一意，六经之作皆有据。由此言之，书（诸子之书）亦为本（因出自民间），经亦为末。末失事实，本得道质。折累二者，孰为玉屑。知屋漏者在宇下，知政失者在草野，知经误者在诸子。诸子尺书，文明实是。说章句者终不求解明，师师相传。初为章句者，非通览之人也。

上面的话，实在把诸子推而置于六经之上；而以六经皆出于"民事"的要求，故"以民事一意"，在当时不仅是石破天惊的说法，并且在这种说法中，也表现出他的特识。而这种特识，只有身在草莽的人始可以发出的。

五、王充在学问上的目的

既已了解王充的学术特点，是在由博由通以追求知识，则为学精神态度的崇疑、重证，以知性的判断，代替偶像权威，并由此以立真破妄，此皆顺理成章之事。《问孔》篇：

> 世儒学者，好信师而是古，以为贤圣所言皆无非；精书讲习，不知难问。夫贤圣下笔造文，用意详审，尚未可谓尽得实。况仓卒吐言，安能皆是？不能皆是，时人不知难；或是，而意沉难见，时人不知问。案圣贤之言，上下多相违；其文，前后多相伐者；世之学者不能知也。

这段话，很明显地表明他不为圣贤的偶像所蒙混，而必须凭知性的要求以追问到底，这是很难得的。

《佚文》篇：

> 《诗》三百，一言以蔽之，曰思无邪。《论衡》篇以十数，亦一言也，曰疾虚妄。

《对作》篇：

是故《论衡》之作也，起众书并失实，虚妄之言胜真美也。虚妄之语不黜，则华文不见息。华文放流，则实事不见用。故《论衡》者所以铨轻重之言，立真伪之平，其本皆起人间有非，故尽思极心，以讥世俗……若夫《九虚》、《三增》，《论死》、《订鬼》，世俗所久惑，人所不能觉也……冀悟迷惑之心，使知虚妄之分。实虚之分定，而华伪之文灭。华伪之文灭，则纯诚之化，日以孳矣。

　　今《论衡》就世俗之书，订其真伪，辩其实虚。

　　况《论衡》细说微论，解释世俗之疑，辩照是非之理……俗传蔽惑，伪书放流……浮妄虚伪，没夺正是。心渍涌，笔手扰，安能不论。

上面的话，已可说明王充学术活动的积极目的，是在疾虚妄，求真实，因而写下了《九虚》、《三增》之类的文章。这类的文章，应当代表他在学术上的正面的成就。但我首先应指出的是，疾虚妄，求真实，是正常学术活动中的共同目的。历史上许多殉教的人，今日认为他所信的是迷信，但在他本人则认为是绝对的真实。眭孟、京房等所言的术数，今人皆可谓其为虚伪，但他们以生命殉其所信，在他们自己皆认为是绝对的真实。岂能如胡适样，一口骂尽他们是骗子。并且知识上的真实，道德上的真实，文学艺术上的真实，其对象、界域，各有不同；不可以知识上的真实，否定道德文学艺术上的真实。王充和一般人不同之点，在于他人的疾虚妄，求真实，不一定像王充样的，强烈标举出来，而只在表出自己所信的一面。尤其是，有疾虚妄求真实的目的，不一定便能得到疾虚妄求真实的结果。结果如何，关系于所用的方法；而方法的效率，又关系于学问造诣的程度。亦即是对问题的理解能力。方法可以限定理解能力，理解能力又可以限定方法运用的效能。后面是先对王充在学问上的理解能力作例证性的考查。

六、王充的理解能力问题

要查考王充的理解能力，首先我们注意到的，在王充的生命中，完全缺乏艺术感、幽默感；不仅文献中凡稍带有艺术气氛的陈述，他都不能感受，有如《语增》、《儒增》、《艺增》诸篇中所争辩的问题，皆属于这一类。并且稍带偶然性的，幽默性的纪录，他也全不理解。例如《问孔》篇对《论语》"子之武城，闻弦歌之声"的故事，提出了问难；但他全没有注意到孔子"杀鸡焉用牛刀"的话，是在"莞尔而笑曰"的情形下所说的，是在欢欣中带点幽默的话。《论衡》中此类例不少。

对一般的理解能力，他也不算高明，试以《问孔》篇为例。他问难孔子以"无违"答孟懿子问孝为不明确，这是他不理解孔子教诲弟子，特重启发；贵介子弟，常轻问而轻忘。孔子希望以一听不甚了解的"无违"两字，激起他的发问，以加深他的印象。但他终于不问，所以孔子只好转而告诉樊迟。我的推测，樊迟与孟懿子为同门，是可以将孔子的话转告的。

王充更以孔子"父母唯其疾之忧"答孟武伯问孝，答得比较明白，反以此来论难答孟懿子之是非，并推测是因为"懿子权尊，不敢直言"；他全不了解孔子因材施教之意。季康子的权，比列于门人之列的孟懿子尊得多了，但孔子对季康子问盗的答复是"苟子之不欲，虽赏之不窃"，这算不算直言呢？这种问难，可以说近于胡闹了。

王充对《论语》"贫与贱，是人之所恶也，不以其道得之，不去也"，而大发议论说："夫言不以其道得富贵，不居可也。不以其道得贫贱，如何？……去贫贱何之？"他完全不理解：若是一个人不勤不俭，无学无才，因此而既贫且贱，这是理当贫贱，这是自己招致的贫贱，便应由勤俭及努力学问等以去掉得到贫贱的原因。若在自身无致贫贱之理，即是"不以其道得之"；"不去也"，是不作非分之想，而安于贫贱。王充费了很大气力与文字来问难，这说明了什么呢？

对"公冶长，可妻也。虽在缧绁之中，非其罪也"的事，以为"孔子不妻贤，妻冤"；因为孔子之称公冶长"有非辜之言，无行能之文；审不贤，孔子妻子，非也"，而加以非难。按"可妻也"三字，当然已把可妻的条件包括在里面。"虽在缧绁之中"二句，乃解除社会的误解。有普通理解力的人，对此不应引起非难。

对"子谓子贡曰：汝与回孰愈"的故事，而非难"孔子出言，欲何趣哉"；又谓孔子曾直言颜渊之贤，此处不当以子贡激之。殊不知《论语》称子贡方人，"子曰，赐也贤乎哉，夫我则不暇"，孔子盖以方人者常忽于自知；此处特在闲谈中与子贡以激励，而又嘉子贡之能自知；于此亦可见孔门师弟平日相与之乐，值得非难吗？

对"宰我昼寝"，孔子责以"朽木不可雕也；粪土之墙不可污也"的故事，而引"人之不仁，疾之已甚，乱也"的话，及"《春秋》之义，采毫毛之善，贬纤介之恶"的话，加以非难。把师弟间的关系，把师对弟子的要求，当作一般人的关系，当作对一般人的要求。更谓"人之昼寝，要足以毁行？毁行之人，昼夜不卧"，来作为对孔子的反驳；却对孔子"发愤忘食"，"学如不及，犹恐失之"的为学精神，及以此精神期望于门弟子的教育意义，全无理解。又谓"且论人之法，取其行，则弃其言，取其言，则弃其行"，以为宰予作辩；对孔子要求言行一致的教义，也全无理解。胡适氏在这一条上面批道"此章责孔子最有理"，这真有点令我惘然了。

对孔子许令尹子文以忠而不许以仁，而谓"孔子谓忠非仁，是谓父母非二亲，配匹非夫妇也"，王充不能了解孔子之所谓仁，并不足责；但他应当想到孔子除许颜渊"三月不违仁"以外，不许其他高弟以仁；自己也说"若圣与仁，则吾岂敢"，由这些地方稍知有所启发，稍知有所用心，何至冒然出此无知之语。

对孔子叹息颜回的"不幸短命死矣"，而认为"言颜渊短命，则宜言伯牛恶命。言伯牛无命，则宜言颜渊无命"，像这类胡闹的话，触目皆是。兹再引胡适氏批为"此间甚有理"的一条稍加考查，以作结束。

"子贡问政，子曰：足食足兵，民信之矣。曰：必不得已而去，于斯三者何先？曰：去兵。曰：必不得已而去，于斯二者何先？曰：去食。自古皆有死，民无信不立"这一段话，古来本多误解；我曾写一专文解释。王充说"夫去信，存食，虽不欲信，信自生矣。去食存信，虽欲为信，信不立矣"；在他上面的话中，除"信自生矣"一句，于事为不通外，的确在他所有问孔诸条中，是比较合理的一条。但他已引有"子适卫，冉有仆"的故事，知道孔子本是主张先富后教的；他却不能由此作文义的反省，由反省以导出正确的解释。首先孔子所说的"足兵"，是就政府而言，因为人民没有兵；由此可以推知"民信之矣"的"之"字，必就政府身上说，即是"人民信任政府"，才可讲得通顺。这两句既都是就政府身上说，即可推定"足食"也是就政府身上说。去兵是去政府之兵，去食乃去政府之食，即是停止征收赋税；则"民无信不立"，乃说的是人民不信任他的政府，则政府站不起来；岂不是文字与义理皆很条畅了吗？

由上面王充对孔子所提出的问题，可以断定他的理解能力是相当的低，而且持论则甚悍；并且他始终没有把握到学术上的重要问题。他的《刺孟》篇所表现的内容，还不及《问孔》篇；因为他未尝不承认孔子的地位，所以对孔子所用的心，应较孟子为多。

七、王充所运用的方法问题

现在要考查其疾虚妄所运用的方法问题，略条分如下：

1.《对作》篇：论则考之以心，效之以事。

按这两句话，应当是他所运用的方法的总纲。考之以心，是心知的合理思考、判断。若傅会一点地说，这是合理主义的意义。效之以事，是客观事物的证验；若傅会一点地说，这是经验主义的意义。把二者合在一起来运用，这可以说是基础相当巩固的方法论。

2.《薄葬》篇：事莫明如有效，论莫定于有证。

《自然》篇：道家论自然，不知引物事以验其言行。

这是发挥"效之以事"的论点，是绝对正确的。但王充应用起来，常把耳目直接所及的现象，拿来解释本非耳目所能及的问题，有如《说日》篇的采证方法，这便反而阻塞了进一步去追求真实之路。古希腊的自然学，出于冥想，因而启发了科学的发展；他们是用冥想，以由耳目所及，追问耳目所不及的。其次，耳目所及的现成现象，不一定是真确的现象；必须由设定的条件进行实验，才能通向科学之路。经验哲学之父的培根，因自己把火鸡装进冰雪，以试验气温与物体腐烂的关系，因而感冒致死，他才是开近代科学之门。这本来不应以此责之于近两千年前的王充，但近人却要把王充捧成科学家，所以不能不稍加分析。

3.《薄葬》篇：夫论不留精澄意，苟以外效立事是非，信闻见于外，不诠订于内，是用耳目论，不以心意议也。夫以耳目论，则以虚象为言。虚象效，则以实事为非。是故论是非者，不徒耳目，必开心意。墨议不以心而原物，苟信闻见，则虽效验章明，犹为失实，失实之议难以教……此墨术之所以不传也。

按上面这段话，是发挥"考之以心"的。在这段话中，便发现了王充在方法上的便宜主义，而使他所运用的方法发生破绽。当心知的主观判断与经验事实发生矛盾时，若无法前进一步去求解决，则还是依据主观判断以否定客观事实呢？还是依据客观事实以改变主观判断呢？这是科学精神与非科学精神的大分水岭。站在王充的立场，应当属于后者。但王充处理的问题，是反驳墨家明鬼；墨家明鬼的根据，是举出杜伯这类的鬼故事。杜伯这类的鬼故事，正是由耳闻目见而来，换言之，是由耳目而来的经验事实。王充对这种耳闻目见的鬼故事，不从这究竟是偶然的，不确定的，其本身即不能再诉之于经验证明去着想；而遽谓"虽效验章明，犹为失实"，这是他不能坚持经验法则，在方法的运用上，表示了一个不应有的歪曲。

4.《语增》篇：凡天下之事，不可增损。考察前后，效验自列。自列则是非之实，有所定矣。

按由呈现在面前的客观经验，以作考察判断，可适用于自然现象。用在政治社会问题方面，便感到不完全。应用到历史问题上面去，更感到无能为力。王充所提出的"考察前后"，即是在行为与结果的因果系列中，加以推演，以推定某历史问题之真伪。这是"效之以事"的方法，向历史方面的转用。这是正确的方法。但历史的因果系列，不同于自然的因果系列。自然的因果单纯，容易认定何者是因，何者是果。历史则有远因、近因、直接之因、间接之因、附加之因、疑似之因、横入而偶然之因；所以确定某果是出于某因，乃极困难之事。但是王充把历史问题都单纯化了，所以对此一方法，运用得并不高明。例如《语增》篇驳世称纣力能缩铁伸钩，及武王伐纣，兵不血刃两事的自相矛盾，而谓"今称纣力，则武德贬；誉武王，则纣力少；索铁不血刃，不得两立"。这是很合于逻辑中的矛盾律的论法。但他忘记了，纣与武王之战，不是个人对个人的对打。又如《实知》篇斥"孔子将死，遗谶书曰：不知何一男子，自谓秦始皇；上我之堂，踞我之床，颠倒我衣裳，至沙丘而亡"，为不可信，这判断是绝对正确的；但他论证的方法是"案始皇本事，始皇不至鲁，安得上孔子之堂……乎"；但始皇曾封泰山、禅梁父，何以能断定他"不至鲁"？我所以提出来，用意不在挑剔王充，而只想提醒处理与历史有关的问题时，方法虽然对了，但运用起来却非易事。

5.《实知》篇：凡圣人之见祸福也，亦揆端推类，原始见终。""放象事以见祸，推原往事以处来事。

按直接"效之以"由耳闻目见的"事"，这不仅在当时没有特别闻见工具的发明，而受到很大的限制；且在王充所讨论批评的许多对象中，不是可以诉之于直接经验的。于是只好采用间接采证的类推方法，即是"效之以"间接之"事"。上面引的几句话中，除"原始见终"，用的是由始以推演其终的演绎方法以外，都可用"推类"两字加以概括。这是汉代讲灾异的人所通常运用的方法，也是《论衡》中用得最多的方法。于是这里便发现一个奇妙的现象，对同一灾异问题，正反两面，都用的是同一的方法；这并不是由于哪一方面用得高明或不高明，而是由于此一方法的自身，因不能建立确定的大前提，因而也不能建立确实的推理关系；换言之，方法的本身即是混乱的。《论衡》中许多牵强附会的论证，多由此而来。

6.《雷虚》篇：人以雷为天之怒，推人道以论之，虚妄之言也。

按推人道以论天道，这是类推法的具体应用；也是汉人所普遍使用的方法。但一般由人道以论天道，多由两点立论：（一）人之性乃由天所命，故人之性与天为同类，因而由性德以推天道。（二）天与人同为阴阳五行之气，故人之气与天为同类，因而可由人之气的活动以推论同为一气的关连感应。但王充的性格，总是要把较为抽象的东西，换为更具体的东西；于是由人道以推论天道，乃是从人的形体以推论天道；仅就人的形体说，何以能看出是与天同类呢？不能说明人的形体与天是同类，于是结果变为异类间的推论，即是在不同的大前提下的推论。所以王充应用起来，便觉得幼稚可笑了。例如《雷虚》篇"审隆隆者天怒乎？怒用口……口之怒气安能杀人？人为雷所杀，询其身体，若燔灼之状也。如天用口怒，口怒生火乎？……天之怒与人无异，人怒声，近人则声疾，远之则声微。今天声近，其体远，非怒之实也"。他在《自然》篇中分明说："何以知天之自然也，以天之无口目也。"天的形体无口目，而人则有，如何能用人的怒用口，以推论天用口怒的情形？又说："且夫天地相与，夫妇也，其即民父母也。子有过，父笞之致死，而母不哭乎？今天怒杀人，地宜哭之。能闻天之怒，不闻地之哭。如地不能哭，则天亦不能怒。"又如《自然》篇："春观物之生，秋观其成，天地为之乎，物自然也。如谓天地为之，为之宜用手，天地安得万万千千手乎？"我们可以承认王充的结论是正确的；但这是没有方法作基础的结论，是由事实直感而来的结论。他所运用的方法，反而没有他的论敌的健全。论敌的感应说的不可信，乃是大前提中的实质问题，而不是大前提下的推演问题。凡不由正确方法所得的结论，结论虽对，只是偶然性的对，不能称之为出于科学。胡适在这种地方大大恭维王充的科学，我不能了解。

因为王充在方法的运用上，有时是混乱拙劣；再加上他的理解能力，并不高明，所以他不能贯彻知性的要求，反而经常笼罩在各种偶像之下，不能自拔。政治对他是最大的偶像。为了此一偶像，积极方面，因"颂汉"而不惜承认当代所出现的祥瑞的真实性；又写《顺鼓》、《明雩》两篇，"为汉应变"，①公开违反他全盘的论点。消极方面，为了解释自己的何以不遇，而建立一套命相哲学的观念上的大偶像。他并不能了解扬雄的《太玄》，但扬雄在他心目中是一个偶像，便给《太玄》以很高的地位。尤其是董仲舒在他的心目中，更是居于偶像的地位，他在《超奇》篇说："文王之文在孔子，孔子之文在仲舒。"所以特写《乱龙》篇，为仲舒"设土龙以招雨"的迷信作辩护。董氏的思想，有极合理的，有半合理的，有全不合理的，他所辩护的，恰是全不合理的。章太炎斥董仲舒为"神人大巫"，而谓王充是"汉得一人焉，足以振耻"，②而不知此"一人"正是屈伏于大巫之下的一人。对古人典籍，不深究其实，而自足于依稀想象之辩，瞀说横流，诚非无故。王充自谓"《论衡》者论之平也"，各人皆有其是，有其非，是还他一个是，非还他一个非；而不为任何偶像所屈，此之谓"论之平"，这是理性主义的态度。王充站在理性主义的面前，实在有点"色厉而内荏"了。

---

① 见《讲瑞》篇。
② 见章氏《检论》卷一。

八、王充疾虚妄的效率问题

现在再进一步考查王充疾虚妄的效率。首先引起我注意的是，疾虚妄即是破除迷信。越地本为迷信特浓之地；而当时以行动破除迷信者为第五伦。据《后汉书》四十一本传，第五伦以建武二十九年为会稽太守，王充时二十七岁。至永平五年"坐法征"，时王充三十六岁；应当是王充在县任吏职之年。《论衡》书中反复对郡将①的责难，第五伦当然也包括在内。第五伦不仅是东汉有数的贤太守，而且他破除迷信的情形是：

> 会稽俗多淫祀，好卜筮，民尝以牛祭神，百姓财产以之困匮。置其自食牛肉而不以荐祠者，发病且死，先为牛鸣；前后郡将莫敢禁。伦到官，移书属县，晓告百姓。其巫祝有依托鬼神，诈怖愚民，皆案论之。有妄屠牛者吏辄行罚。民初颇恐惧，或祝诅妄言。伦案之愈急，后此遂绝，百姓以安。

第五伦的作风，应与王充为同调；但《论衡》书中，未尝片字提及，可知他是一个彻底的"自我中心"论者，如此

---

① 请参阅注四（编者注：现为页六三三注①。），实将太守包括在内。

而欲论之平，是不容易的。

综计王充的疾虚妄，有的是疾其可不必疾，这在前面已约略提到。兹再略作考查如下：

《书虚》篇主要是辩延陵季子呼披裘而薪者拾路上遗金等故事之虚。《变虚》篇主要辩宋景公荧惑守心的故事之虚。《感虚》篇辩尧时十日并出，尧射去其九等故事之虚。《福虚》篇是辩楚惠王食寒菹而得蛭，因遂吞之等故事之虚。《祸虚》篇是辩曾子责子夏因丧子而丧明等故事之虚。以上皆系辩典籍中之虚。上面的这些故事，有的是出于传说傅会，有的则完全是神话。传说故事中的性质，不可一概而论。本是历史的真实，如齐桓公有姑姊妹七人不嫁的故事，王充以桓公功业之盛而遽断其虚，实际是以他当时的家族及社会观念去看齐桓公时的家族及社会的观念。桓公虽也同姓不婚，但没有东汉时的严格，所以他对于齐桓公的故事的否定是轻率的。其次，本是事实，但在传说中把偶然的因素，强调为必然的因素。其次是本有一部分事实，在流传中逐渐傅会上些虚构的东西。还有传的是毫无事实，只是适应人们好奇的要求，尤其是适应感情上的要求，由想象而造作出来的。这便是神话。这类东西，流传于典籍之中，尤其是流传于先秦诸子及《韩诗外传》、《淮南子》、《新序》、《说苑》之中，并不是大家辩伪的能力不及王充，也不是他们存心好伪。而都是把某一故事作某种意义的象征，作某种感情的象征，而加以使用，以为加强某种意义、感情之用。庄子并且随手创造神话。他们对这类故事，不是在历史事实上去认取真实的，实际都是在某种意义感情上认取真实。所以各民族的神话，不因科学的兴起而归于消灭。王充是道德感情、艺术感情很稀少的一个人；他便只在象征物的本身去着眼，而完全不从被象征的东西上去着眼，并由象征物的破坏，以破坏被象征的东西；这不仅在学术史上并不代表什么特别意义，并且王充的这种态度，只能使历史中的"人的世界"，趋于干枯寂寞。

《道虚》一篇，系辩斥神仙家的神话。《龙虚》、《雷虚》等篇，是辩斥民间的迷信。在历史中，对这类迷信的辩难，是表示合理主义的伸张，当然有其意义。但我国文化，自周初以来，一直是走着以合理主义消解原始宗教，以道德理性主义弥补宗教所留下之空缺的道路。两汉虽阴阳五行之说大行，对这一套虚伪的宇宙架构，王充并不曾突破。而王充所突破的，只要顺着中国文化中合理主义之流以看问题时，都很容易突破。最重要的是要看王充在消极的"破"以后，如何作积极的"立"，这才是衡量他的成就的尺度，这即是他对问题所提出的解答。下面对这点略加考查：

（一）《书虚》篇辩"舜葬于苍梧，象为之耕；禹葬于会稽，鸟为之田"为虚。他所作的解答是"苍梧多象之地，会稽众鸟所居……象自蹈土，鸟自食草；土蹶草尽，若耕田状。坏靡泥易，人随种之；世俗则谓为舜禹田"。

（二）又辩"孔子当泗水之（而）葬，泗水为之却流"之为虚。他的解释为"是盖水偶自却流。江河之流，有回复之处……则泗水却流，不为神怪也"。

（三）《变虚》篇中他对宋景公时荧惑守心，景公不从子韦之言，而徙三舍，景公增年二十一的解说是"或时星当自去，子韦以为验，实动离舍，世增言之。既空增三舍之数，又虚生二十一年之寿也"。

（四）《感虚》篇对"仓颉作书，天雨粟"的解释是"夫云出于丘山，降散则为雨矣。人见其从上而堕，则谓之天雨水也……夫谷之雨，犹彼云布之，亦从地起，因与疾风俱飘集于地。人见其从天落也，则谓之天雨谷"。

（五）《福虚》篇对楚惠王食寒菹而得蛭，因遂吞之，是夕蛭自后出，心疾亦愈的解释是"或时惠王吞蛭，蛭偶自出……腹中热也，初吞，蛭犹未死……蛭动作，故腹中痛。须臾蛭死腹中，痛亦止。蛭之性食血，惠王心腹之积殆积血也，故食血之虫死，而积血之病愈"。

（六）《雷虚》篇对雷的解释是："实说，雷者太阳之激气也。何以明之。正月阳动，故正月始雷……盛夏之时，太阳用事，阴气乘之。阴阳分事（争），则相校轸；校轸则激射，激射为毒，中人辄死……何以验之，试以一汁水灌冶铸之火，气激襄裂，若雷之音矣。或近之，必灼人体。天地为炉火矣，阳气为火猛矣，云而为水多矣。分争激射，安得不迅？中伤人身，安得不死？”

“何以验之，雷者火也。以人中雷而死……中头则须发烧燋……临其尸，上闻火气，一验也。道术之家，以为（衍文）雷烧石色赤；投于井中，石燋井寒，激声大鸣，若雷之状，二验也。人伤于寒……腹中素温。温寒分争，激气雷鸣，三验也。当雷之时，雷光时见大（火）……四验也。当雷之击时，或燔人室屋，及地草木，五验也。”

（七）《论死》篇对枯骨在野，时鸣呼有声的解释是“人死口喉腐败，舌不复动，何能成言。然而枯骨时呻鸣者，人骨自有能呻鸣者焉，或以为秋（妖）也”。

（八）《纪妖》篇对各带神话性之故事，皆以妖作解说。

（九）《订鬼》篇对鬼的解释是：

①凡天地之间有鬼，非人死精神为之也，皆人思念存想之所致也。致之何由，由于疾病；人病则忧惧，忧惧则鬼出。

②一曰：人之见鬼，目光卧乱也……

③一曰：鬼者人所得病之气也……

④一曰：鬼者老物精也。

⑤一曰：鬼者本生于人。时不成人，变化而去。天地之性，本有此化，非道术之家所能论辩。

⑥一曰：鬼者甲乙之神也。甲乙者天地之别气也，其形象人。人病且死，甲乙之神至矣。

⑦一曰：鬼者物也，与人无异。天地之间有鬼之物，常在四边之外，时往来中国，与人杂则（厕），凶恶之类也。故人病且死者乃见之。

⑧一曰：人且吉凶，妖祥先见。人之且死见百怪；鬼在百怪之中。

（十）王充又以"鬼之见也，人之怪也"；王充很相信妖。他在《订鬼》篇中对妖的解释是"天地之气为妖者，太阳之气也"。

妖的情形是"妖或施其毒，不见其体。或见其形，不施其毒，或由其声，不成其言。或明其言，不短其音"。然则妖何以是太阳气为之？王充的解释是"太阳之气，天气也。天能生人之体，故能象人之容。夫人所以生者，阴阳气也。阴气生为骨肉，阳气生为精神……太阳之气，盛而无阴，故徒能为象，不能为形。无骨肉，有精气。故一见恍惚，辄复灭亡也"。将上面所引诸例，略加分析，可得出下列各结论：

一、由（一）至（五），王充虽以书传所记者为虚，但亦承认虚必由某种"实"而来；他的解释都是由文字记载之虚，而求其所以致此虚之实。此一意义，用另一语言表示，即是承认伪中有真。而他便是要在伪中求真。此一态度，不仅是非常合理，而且在研究传说性的历史时，是非常必要的。古史辨派的先生们，生于王充将近两千年之后，尚不能了解到此。

二、但王充所用以虚中求实的方法，则多出于想象。想象可以作虚中求实的启发，而并不能作为求实的判断的根据。所以在他的想象中，有的近于情理，如（二）（三）（四）；有的则不近于情理，如（一）（五）等。凭想象作判断，多是出于方法运用上的放恣，王充尚不能反省到此种程度。

三、（六）对雷的解释，是把当时流行的阴阳运行于十二月之中的思想，和他耳目所直接得到的现象，结合起来所作的解释。这也是他所说的"考之以心，效之以事"互相结合的范例。因此，这应当算在他所作的各种解释中是最好的解释。但他由耳目所直接得到的现象，并不是从被解释的事物的自身得来，而是由他所认为类似于被解释的事物，再转用到被解释的事物上去。这是他用得最多的方法。但类似终是类似，科学绝不能从类似的转用中得出结果。何况王充在此处以外，常常把并非类似的东西看作类似的东西，问题便更严重了。但在他这类的解说中，可以看出他对于耳目所能直接得到的现象，很肯留心加以观察，这应当是很有意义的。

四、在（九）对鬼的解释中，①②两项皆相当的合理；但由⑦⑧⑨看来，他不信鬼而信妖，遂至连他的无鬼论也不能坚持下去，这便从此一迷信圈，跳入彼一迷信圈，构成王充人格与思想的矛盾与混乱。至于（十），妖出于太阳之气所作的进一步的解释，乃是以虚幻事物（妖）为基础所作的想象，更难有学术上的意义。

九、王充的天道观

汉代学术上所要解决的问题，就其统宗而言，在现实上是要解决大一统的专制下的各种政治问题。在其理念上，则系要解决天人性命的问题。这是遥承子贡所不得而闻的性与天道，汉儒却要求能够得而闻。并且此一问题，自邹衍阴阳五行之说扩展以后，一直是顺着阴阳五行这条线索以求得各自的解答；所以我可以用"唯气论"这个名词来概括他们这一方面的学术方向。王充的理念，或者称为王充的哲学，更明确表现出唯气论的特性。但他不同于汉代一般唯气论者的，乃在于：（一）一般唯气论者是以气来贯通天人，由此而以人知天。王充则以气隔断天人关系，而认为天人不能互知。（二）汉人言气，逐渐将阴阳五行组成一个系统，以阴阳五行为气。并且多以阳为善，以阴为恶。但王充间或继承了阴阳的观念；但他对阳的看法并不太友好，他以为妖，毒物的"毒"，小人之口，都由受太阳之气而来，所以他实际想用"元气"代替阴阳之气；并且在天地生物的历程中，排除五行的观念。（三）一般唯气论者虽然认为气凝结而为形体；但凝结为形体以后，气仍贯注于形体之中，发生独立性的作用。但王充则以气既凝结而成形体，气的作用，即由形体而见。因此，他实际由唯气论落实而为"唯形论"；在这一点上，他与荀子的"非相"，恰恰站在相反的立场。（四）一般的唯气论，虽早有命运的观念，并且可以早推到《论语》、《孟子》中之所谓命，[①] 但谈到性与命时，依然是守住《中庸》"天命之谓性"的构造，命乃"命令"之意。所以由天所命令于人的成为人之性，在顺序上，应当是命先而性后。而天命之命是理性的，命运之命是盲目的。但王充之所谓命，完全说的是命运之命；命与性，是属于两种不同的性格，而是在男女性交受胎时，同时所决定的。因此，他援引古典上的命字时，多有语意上的转换。由王充著作的心理动机言，应先由他的遭遇而命而性而天道。所以《论衡》开始几篇都是谈命运。现在把他这一方面的思想排成一个系统，依然按着天人性命的顺序，从他的天道观说起。

（一）天是气抑是体？

因为王充的性格，喜欢把一切问题，从具体方面去把握，而不喜欢从抽象方面去把握，所以他对天的自身，提出了到底是气还是体的问题，而偏向于天是体。他之所谓体，乃有形体，有坚度的体质之体。他在《谈天》篇说：

---

① 我在《中国人性论史·先秦篇》中，对《论语》之所谓命与天命的不同性格，用归纳的方法，已解释得清清楚楚。

"且夫天者气邪？体邪？如气乎，云烟无异。"《变虚》篇说"使天体乎，耳高不能闻人言。使天气乎，气若云烟，安能听人辞"。这好像他对于天到底是体是气，尚未决定。但在《谈天》篇中又肯定地说："儒者曰：天，气也。……如实论之，天体，非气也。"《变虚》篇中也肯定地说："夫天，体也，与地无异。"在《道虚》篇更肯定地说："天之与地，皆体也。地无下，则天无上矣。"《祀义》篇说："夫天者体也，与地同。"

他这种说法，本身有许多困难，使他不容易坚持下去，所以有时游移其词，有时又引一般流行的"清轻者上浮而为天，重浊者下沉而为地"的说法。但他何以要偏向于天是体的看法？因为第一，当时流行的唯气论，主张"同类通气，性相感动"（《偶会》篇）。他反对这种感动说，所以他对于上说的答复是"若夫事物相遭，吉凶同时，偶适相值，非气感也"。他不否定灾异及妖祥等等的真实性，而只反对这是由气感而来，天是体而不是气，他觉得便把"气感"说的根子拔掉了。第二，是为了人是体，天也是体；但天的体显然与人的体不同，由此以说明人有欲而天无欲，所以人有为而天无为、自然，且由此以说明天与人不能相知（见下）。

（二）天道自然

王充对天自身的性格，亦即是所谓"天之道"，可用

"自然无为"四字加以概括。

《初禀》篇：自然无为，天之道也。

《寒温》篇：夫天道自然，自然无为……使应政事，是有为，非自然也。

《谴告》篇：夫天道，自然也，无为。如谴告人，是有为，非自然也。黄老之家，论说天道，得其实矣。

在《自然》篇，更集中这一论点，并列明其根据。

何以知天之自然也？以天无口目也。案有为者口目之类也。口欲食而目欲视，有嗜欲于内，发出于外，口目求之，得以为利欲之为也。今无口目之欲，于物无所求索，夫何为乎？何以知天无口目也？以地知之。地以土为体，土本无口目。天地，夫妇也；地本无口目，亦知天无口目也。使天体乎？宜与地同。使天气乎？气若云烟；云烟之属，安得口目。

此皆自然也（按指河出图，洛出书，张良遇黄石公授《太公书》等）。夫天安得以笔墨而与图书乎？天道自然，故图书自成。晋唐叔虞、鲁成季友生，文在其手……宋仲子生，有文在其手……三者在母之时，文字成矣；而谓天为文字，在母之时，天使神持锥墨笔刻其上乎？自然之化，固难疑知；外若有为，内实自然……黄石授书，亦汉且兴之象也。妖气为鬼，鬼象人形，自然之道，非或为之也。

春观万物之生，秋观其成，天地为之乎？物自然也。如为天地为之，为之宜用手乎？天地安得万万千千手，并为万万千千物乎？诸物在天地之间也，犹子在母腹中也；母怀子气，十月而生……自然成腹中乎？母为之也？偶人千万，不名为人者，何也？鼻口耳目，非性自然也。

夫寒温、谴告、变动、招致，四疑皆已论矣（指《论衡》有此四篇皆已辨其为虚）。谴告于天道尤诡，故重论之（按《自然》篇上文重论谴告之事）。论之所以论别也（者），说合于人事，不入于道意。从道不随事，虽违儒家之说，合黄老之义也。

（三）天生物的情形

天是形体，天之道（性格）是自然无为，但王充并不否定天生万物，天生万物，依然是由天之施气。不过一般以阴阳二气为生物之气。王充亦偶然说到阴阳二气，如前所引《订鬼》篇。《说日》篇："天地并气，故能生物。"这是他所说的当时一般的观念。但他则以为生物仅由天施气于地，地只是以土承受天的气，并不是以阴气承受天的阳气，所以他认为天生一般之物的气是"元气"，而生圣人的气是"和气"。他之所谓元气，他在《物势》篇中，亦称为"一行之气";换言之,只是"一样气",而没有两样以上的。不能作阴阳未分以前之气去理会。他有时说"天地合气",只是说天合气于地,而不是说天地阴阳之气相合。

《幸偶》篇:俱禀元气,或独为人,或为禽兽。

《无形》篇:人禀元气于天,各受寿夭之命,以立长短之形。

《论死》篇:人未生,在元气之中。既死复归元气。

《四讳》篇:夫妇之乳(按犹生)子也,子含元气而出。元气,天地之精微也。人含气,在腹肠之内;其生十月而产。其一元气也,正月与二月何殊?五月与六月何异?而谓之凶也?

《齐世》篇:夫天地气和,即生圣人。

他既不喜欢用阴阳二气以言生物,当然更反对把五行之气掺杂到生物的功能里面。但他并不是否定五行之气,而只是把五行之气,限定在人的身体里面,更不承认五行相胜相生之说,五行以相胜相生而运行。不承认其相胜相生的作用,即否定了五行的"行",完全失去了言五行的意义。

《物势》篇:或曰:五行之气,天生万物。以万物含五行之气,更相贼害。曰:天自当以一行之气生万物，令之相亲爱；不当令五行之气，反使相贼害也。或曰：欲为之用，故令相贼害。贼害相成也。故天用五行之气生万物……不相贼害，不成为用。曰：天生万物，欲令相为用，不得不相贼害也？则生虎狼蝮蛇及蜂虿之虫，皆贼害人，天又欲使人为之用邪？且一人之身，含五行之气，故一人之行，有五常之操。五常，五行之道也。五藏在内，五行气俱……一人之身，胸怀五藏，自相贼也？

天生物的情形，完全是自然无为。他承认人禀天之元气以生，这只是最早的人。以后的人，不复直禀天之气，这是一个很新的说法。虽然，他有时不曾坚持此种说法。

《奇怪》篇：天地，夫妇也。天施气于地以生物。人转相生；精微为圣，皆因父气，不更禀取。

《感虚》篇：天主施气，地主生物。有叶实可啄食者，皆地所生，非天所为也。

《物势》篇：儒者论曰：天地故生人。此言妄也。夫天地合气，人偶自生也。犹夫妇合气，子则自生也……且夫妇不故生子，以知天地不故生人也。然则人生于天地也，犹鱼之于渊，虮虱之于人也。因气而生，种类相产。万物生天地之间，皆一实也。

《自然》篇：天地合气，万物自生。犹夫妇合气，子自生矣……或说以为天生五谷以食人，生丝麻以衣人，此谓天为人作农夫桑女之徒也，不合自然。

天者普施气。万物之中，谷愈饥而丝麻救寒，故人食谷衣丝麻也。夫天之不故生五谷丝以衣食人，由（犹）其有灾变不欲以谴告人也。

天之动行也，施气也。体动，气以出，物乃生矣。由（犹）人动气（按当作"体"）也；体动气乃出，子亦生也。夫人之施气也，非欲以生子，气施而子自生矣。天动不欲以生物，而物自生；此则自然也。施气不欲为物，而物自为；此则无为也。儒家说夫妇之道，取法于天地。知夫妇法天地，不知推夫妇之道，以论天地之性，可谓惑矣。夫天覆于上，地偃于下，下气蒸上，上气降下，万物自生其中间矣。当其生也，天不须复与也。由（犹）子在母怀中，父不能知也。物自生，子自成，天地父母，何与知哉。

（四）天人不相知

王充以天之生物，乃出于自然无为，其目的在于说明天之自身，只由形体的运动而施气，施气并不是以生物为目的，物乃在施气之下偶然自生，天并不知道，更无所要求于它所生的物；所以天所生之物，与天毫不相干；而物既生之后，人与天的地位既悬隔，人之体又与天之体全不相同，由此而导出天人不相知，天人不相感，以彻底否定汉代所流行的灾异说。

《感虚》篇：夫天去人，非徒层台之高也。汤虽自责，（天）安能自知而与之雨乎？

《雷虚》篇：人在天地之间，物也。物亦物也。物之饮食，天不能知；人之饮食，天独知之？

天神之处，犹王者之居也……王者与人相远，不知人之阴恶。天神在四宫之内，何能见人暗过？王者闻人过，以人知。天知人恶，亦宜因鬼。使天闻过于鬼神，则其诛之宜使鬼神。如使鬼神，则天怒，鬼神也，非天也。

《明雩》篇：人不能以行感天，天亦不随行而应人。

《商（适）虫》篇：天道自然，吉凶俱会。

《指瑞》篇：或言天使之（指骐麟凤凰）所为也。夫巨大之天，使细小之物，音语不通，情指不达，何能使物？物亦不为天使。

（五）王充之天道观与老子之天道观

按王充的自然无为的天道观，他在《自然》篇一开始便说是“依道家论之”。在王充的思想里面，是把道家安放在儒家之上，把老子、文子，安放在孔子、颜渊之上。但若以老子所说的天道，即是王充所说的天道，便是莫大的误解。第一，在春秋以前所说的“天生蒸民”的天，是宗教性格的天。此种起源甚早的宗教性格的天，至春秋时代，已演变而成为道德法则性格的天。道德法则性格的天，可以满足人间道德根据的要求，但不一定能解答天如何能创造万物的要求。老子的道，首先是代替原始宗教来解答道或天是如何来创造万物的。我在《文学与自然》一文中，曾指出老子之所谓自然，有四种意义。[①]第一个意义是说明道的形成，是自本自根，自己如此，是宇宙万物的第一因，以此来正定道的创造地位。第二个意义是说明道创造万物，"但生而不有，为而不恃，长而不宰"（五十一章），使万物不感到是被创造的，而是自己如此的。但老子虽未明说道创造万物的必然性，不过他对道的创造作用所作的描述，如"用之不勤"，"独立而不改，周行而不殆"，"逝曰反"等的描述，既保证了道的永恒创造的性格，因而也保证了道的永恒创造的作用。孔子是从"四时行焉，百物生焉"来体会天道；老子实际是以"用之不勤"等的永恒创造来体认道。换言之，道与创造是不可分的，创造对道而言，是必然的。他所说的自然无为，实际是为了成就万物而自然无为。到了庄子，便常常以"天"的地位代替老子里面"道"的地位；而他的重点，已由天转到人；但天的基本性能，与老子并无所异。可是王充所说的天的生物，只是一种偶然。他所说的自然无为，乃是天自己照顾自己，

---

① 此在《自然》篇中，已表白得很清楚。

有如夫妇交媾时只是为了自己满足自己的情欲一样，这是掷弃万物的自然、偶然。他常以夫妇交媾比天地合气，但他从来不继续推比下去，夫妇的交媾只为了满足一时的情欲，可是由交媾而怀了孩子以至生下孩子，此时夫妇对怀妊及生下的孩子，在正常情形之下，都是百般爱护的；则天对它所生的万物又将如何呢？

第二，老子的道乃至天，虽然没有人格神的意志，但它的性格却是最高理性的存在，是至善纯美的存在；因而也是人世的善与美的最后根据，最高准绳。老子对它的形容，"惚兮恍兮，其中有象。恍兮惚兮，其中有物。窈兮冥兮，其中有精，其精甚真，其中有信"（二十一章）。"信"指的是可信赖的秩序，与《中庸》"诚者天之道也"同义。《庄子》中对天的纯美至善的形容，更为突出。在此种描述的后面，当然是以人能体认、把握到天道为其根据。但王充所描述的天道，及天道的自然无为，却完全是混沌幽暗的东西。他绝对不感到道家之所谓道或天，与普通一般的人，是属于两个层次不同的存在。人只有通过一种工夫的努力而始能"体道"，始能"与天为徒"。他经常把天扯下来与人相比，但实际天并赶不上人；因为人还有心思，还可以凭学问求博通，而天则只是既无耳目口鼻，又无心思才智的混沌物。我始终认为人对形上的把握，实际是由人的精神所投射出去的价值判断。站在这一观点来说，王充的精神状态，和老子等道家人物的精神状态，真是天壤悬隔。

第三，老子的道或天的创生万物、创生人，虽不是出之于意志，但它创生人乃至万物时，即把自己的至善纯美的性格，分化于各人各物的生命之中，而成为人及物之德之性①，这便成为人与物的共同依据、保证；规定了人类前进的大方向。并且道或天虽对自己所创生的东西"生而不宰"，一任其自然。但道或天的性格，既已成为创生物的德、的性，亦即成为人与物的本质，则人与物的本质，也自然要求向道或天的回归。所以老子说："夫物芸芸，各复归其根。归根曰静，是曰复命。"（十六章）又说："道之尊，德之贵，夫莫之命，而常自然。"（五十一章）更由此而推进一步，则人的吉凶祸福，虽不是出于道或天的监视、执行；但合于道或天之道的则吉则得福，背反于道或天之道的则凶则得祸，因为这是在最高理法之内的适应不适应的问题，这也是很自然的，所以在《老子》一书，在许多地方都就人的吉凶祸福以言天道，以言天道对于人世的要求。例如"不窥牖，见天道"（四十七章），是以天道为可见。"天将救之，以慈卫之"（六十七章）。"勇于敢则杀，勇于不敢则活。此两者或利或害。天之所恶，孰知其故？"（七十三章）"天之道，不争而善胜……""天网恢恢，疏而不漏"（同上）。"天之道，其犹张弓与，高者抑

① 《老子》及《庄子·内篇》之所谓德，即《庄子·外篇》《杂篇》之所谓性。

之，下者举之，不足者补之。天之道，损有余而补不足"
（七十七章）。"天道无亲，常与善人"（七十九章）。"天之
道，利而不害"（八十一章）。虽然不是人格神的意志，却
是最高法理的自然要求。因此，道家的天人性命关系，是
天人一贯的关系。从这一点说，也可以推演出天人的感应。
若不考虑到具体内容而仅考虑到这种天人关系的格架，则
儒道两家，可以说是相同的。但在王充，虽偶然也说"形、
气、性，天也"（《无形》篇）；但他心目中的天，只是一
种混沌而不可为人生依据之天，所以他所说的命，只是一
种不可知的盲目的命运之命。并且只有"原人"才直接禀
天之气以生，此后的人，并不直接禀天之气，而只是在父
母合气时禀父母之气以生，于是人的性与命，乃禀受于父
母合气之时（见后）；所以天人性命的关系，是分成两截，
缺乏贯通统一的分割性的关系。他以此为依据而彻底地否
定天人感应的观念。

　　综上所述，王充虽依附于道家，但他的不了解道家，
对老子的庸俗化，和他的不了解儒家，对孔子的庸俗化，
完全是一样。

（六）王充天道观的目的

　　王充假托于道家的自然无为所建立的天道观，主要是
为了否定当时流行的感应说。汉代的天人感应说，亦即是
灾异说，主要不是对一般人而言，而是在政治上对皇帝而

言。自元帝起，灾异增强了对皇帝的压力。以中国幅员之大，可以随时都有灾异。灾异一出现，做皇帝的人，最低限度，在表面上便要诚惶诚恐一番，人臣便借此大讲皇帝一顿，有如刘向、谷永之徒。可以看出灾异说把皇帝的精神压得透不过气来。尽管成帝想办法转嫁到三公身上，而他的荒谬行为，并不因此而真有所改变；但在气氛上，灾异说的压力并无所改变。光武以图谶代灾异，所以灾异说的影响，在东汉的分量，不及西汉元帝及其以后的严重；但其对皇帝行为的约束性，依然相当存在的。皇帝、朝廷，是王充精神中的理想国，是他千方百计所追求的。一旦由他的自然的天道观，把感应灾异之说打倒了，而一切归于不可知，亦无可奈何的命运，这对于皇帝，对于朝廷，的确是精神上的一大解放，同时在政治上也是他的一大贡献。《自然》篇以"谴告于天道尤诡"①数语作结，正说明他建立此种天道观的目的之所在。当然如前所说，里面也含有对他自己怀才不遇的解释因素在里面。

但他并不是根本否定灾异，也不是否定灾异说者所举出的不德之行的事实，而只是，认为灾异与行为之间，没有感应的关系，他把这种关系说成是"适偶"，即是适逢其会的偶然巧合。他以为这种为皇帝解除精神威胁，或可成为他进身朝列的凭借。

① 参阅《老子》一书所谓"天之道"。

十、牵涉到的科学与迷信的问题

胡适氏在《王充的论衡》一文中，把汉代学术分为"灾异符瑞的迷信"，亦即是儒教的迷信的系统及以实测效验为主的天文学的科学系统；而认为王充"著书的时候，正当四分历与太初历争论最烈的时期。他（王充）又是很佩服贾逵的人，又是很留心天文学上的问题，故不能不受当时天文学方法的影响（原注：如《说日》篇可为证）。依我看来，王充的哲学，只是当时的科学精神应用到人生问题上去"。这真是一种奇特的看法。

首先，我国天文学的成立，出于测候。测候是对天象所作的直接观察与推算。直接观察，是一切科学的起点。王充的《说日》篇中，完全不是以测候为出发点，而系以"夜举火者，光不灭焉"，"北方之阴，不蔽星光"等说法，类推到日象上面去，以辨正当时用阴阳观念对日象所作的解释。而他所建立的类推，实际是在不同类的基础上相推，这是最不科学的方法。所以凡是提到王充的天文学知识的人，可以说没有人不承认他在当时已经是非常落伍的浮说。①王充在天文问题上，已不能表现一点科学精神，从何转用到人生问题上面去。

其次，贾逵是比较过太初、四分二历的；而《论衡》中曾将贾逵与班固等并称过两次。说得比较详细的是《别通》篇。《别通》篇中曾说过"是以兰台之史，班固、贾逵、杨终、傅毅之徒，名香文美，委积不绁"的话。这是由于对兰台令史的欣羡，因而把当过兰台令史一职的人说出，所以贾逵也被提到。但我曾把《论衡》中被王充所推重的西汉到东汉初的人物，作过概略的统计。提到陆贾的约十三次，提到贾谊的一次，提到淮南王安约五次，晁错约一次，董仲舒约二十二次，严夫子约一次，司马相如约四次，司马迁约二十三次，谷永约八次，刘向约十次，刘歆约二次，扬雄约十八次，桓谭约十一次，班氏父子共约十次，唐子高约七次，丁伯玉约一次，周长生约三次，成阳子长约一次，杨终约四次，傅毅约二次，吴君高约二次。②其中每一个人在王充心目中的分量，皆较贾逵为重。而他推崇备至的董仲舒、谷永、刘向，皆可谓为灾异说的

---

① 黄晖《论衡校释》附编三引《晋书·天文志》对王充之论，驳之甚详。又引有贺道养《浑天记》，卢肇海《湖赋·前序》、《后序》等皆加以驳斥。又王充最佩服桓君山，《后序》谓"桓君山攻之已破，此不复云"。由其方法之幼稚，其结论固不足言也。

② 上面统计数字，恐有遗漏。故实际数字，或当较此处所列者为多，但决不会较此为少。

建立、发扬者。其他诸人，把贾逵也包括在里面，亦无一人认为国家的安危、个人的祸福，与政治及行为没有关系；这都是胡适所谓"迷信的儒教"。王充对这些迷信的儒教的人物，推重之如彼；而胡适却摈斥之如此，并把王充与这些人之间，代王充造成一道鸿沟。在《论衡》中，把贾逵夹在班固、杨终、傅毅中间提过两次，胡适认王充"是很佩服贾逵的人"，由此而王充便从贾逵身上得到了当时天文学的科学精神，以转用到人生问题上。这完全是胡氏颠倒王充本人的所轻所重，在自己主观中所虚构出的事实。

凡是属于事实判断的，皆属于科学知识范围之事。凡属于价值判断的，皆属于道德、艺术范围之事。价值判断，当然亦以事实现象为基础。但对事实作如何认定而赋予以何等价值，实皆出于判断者自身道德、艺术精神的要求。从正面肯定道德艺术，固然是价值判断；从正面反对道德艺术，不管他以何为借口，依然是价值判断。因为站在纯科学的立场，对价值问题，是无从肯定，也无从否定的。对于天的问题，只由注意"天象"所得的结论，这都是事实判断，这即是中国很早所开始的天文日历之学；虽然有时夹杂有价值判断在里面，尤以汉代的太初历三统历为甚；但这只是混入的性质，其本身依然是属于事实判断。由"天象"而转到"天道"，即转入到天之所以为天之道，由此所得的结论，虽千差万殊，都是价值判断，都是出于判断者由自己的精神状态对天所作的要请。古代对天帝的信赖，是价值判断。西周幽厉时代诗人对天的诅咒，是由失望而来的价值判断。春秋时代以礼为天之经、地之义，是价值判断。孔子以"四时行焉，百物生焉"证明"天何言哉"；以"天何言哉"说明"余欲无言"的意义，是价值判断。老子的自然无为，是加上形上学的解释所作的价值判断。荀子"惟圣人不求知天"，这倒可以说是科学的态度。他把价值判断安放在"圣人由积伪而生礼义"的上面。汉儒以董仲舒为中心的"天道之大者在阴阳"，由阴阳以贯通天人性命，由此以言天人相与的感应，及作为感应表现的灾异，是价值判断。《论衡》中的《谈天》、《说日》两篇，是事实判断。但他以自然无为为中心的天道观，表面上看，是反当日的道德价值判断；但在反道德价值判断企图下所作的判断，依然是价值判断而不是事实判断。等于现代否定一切的虚无主义所作的纯否定的判断，依然是一种价值判断而不是事实判断，是同样的道理。天人感应的价值判断，是出于对大一统的专制政治的皇帝所提出的要请。换言之，这是出于政治伦理道德所提出的要请。他们这种天道观，虽发生许多流弊；当时救这种流弊，乃在反而求之于经义，王充也有这一点意思。①但大体上，若将感应说与王充反感应说两者加以比较，则一为有根蒂之人生，一为漂浮之人生。一为有方向之政治社会，一为混沌之政治社会。一为有机体之统一世界，一为无机体之分割世界。一为对人伦道德的严重的责任感，一为对人伦道德的幽暗的虚无感。一为要求对专制政治之控御，一为要求对专制政治之放恣。《汉书·艺文志·数术略》"历谱"下有谓"患出于小人而强欲知天道者，坏大以为小，削远以为近，是以道术破碎而难知也"。这几句话，好像恰恰是批评王充天道观所用的"非类相推"的情形一样，这倒是一件奇怪的事情。在这种地方，不可轻易安上科学与迷信的帽子。

十一、王充的命运观

（一）天命与命运的发展与演变

因王充的幽暗混沌的天道观，形成漂浮的人生、政治、社会观，于是他势必将人生、政治、社会，一举而投入于机械而又偶然的不可测度的命运里去，剥夺了人一切的主

---

① 《谴告》篇："六经之文，圣人之语，动言天者，欲化无道，惧愚者，言非独吾心，亦天意也。及其言天，犹以人心，非谓上天苍苍之体也。"按自成帝时，以经义正术数之失，乃大儒中之通义。当另有专文加以阐明。

体性，一听此机械而又偶然的命运的宰割。此即《论衡》一开始所最强调的"命"。

西周及其以前之所谓命，都是与统治权有关的天命。到了春秋时代，扩大而为"民受天地之衷以生，所谓命也"①的一般人的命；即是天所命于人的不仅是王者的政权，更进而成为一般人民道德根据的命；这是天命观念划时代的大发展。"天地之衷"所命于人的，在孔子，在子思的《中庸》，便称之为"性"，在老子、在《庄子·内篇》便称之为德。这是在一般人生的道德要求上所新建立起来的天人关系，这可以说是道德自主性的觉醒。

在上述的道德自主性的觉醒中，人也发现道德的自主性对人的现实生活而言，并没有全盘的主宰能力；如贫贱、富贵、寿夭等，既不是人力所能控制，也不是当时的人智所能解释，冥冥中仿佛有一股不可抗拒的力量在发生支配作用，这便在春秋时代出现了命运之命的观念，作为人力所能自主与不能自主之间的一条分界线。这两种性格完全不同的命，在《论语》中将前者称为"天命"，将后者仅称为"命"。《中庸》则只言天命，不言命运。在孟子则将前者称为"天"，将后者称为"命"，也间或有将两者混淆的。《老子》书中，无命运的观念。《庄子》一书，则极少数地方，将天与命混淆了；但就全书看，他和孟子相同，

---

① 《左传·成公十三年》："刘子曰：吾闻之，民受天地之衷以生，所谓命也。"

将前者称为天，将后者称为命。只有在《外篇》、《杂篇》中出现的"性命"一词，与《易传》中"尽性以至于命"的"性命"观念符合，即是此处的性与命的关系，乃"天命之谓性"的关系。《墨子》一书，将前者称为"天志"，将后者称为"命"。此后命运的命，更普及于社会大众之间；而性命之命，乃成为汉代学术所追求的大标志。

（二）王充命运论的特色

王充之所谓命，乃完全继承、接受命运之命的观念，亦即是与作为人生本质之"性"全不相干的观念。但因为他把人生的主体性，政治的主动性，完全取消了，而一凭命运的命来加以解决、解释，这便形成他的命运论特色。

他首先把命与性划定界域。《命禄》篇："故夫临事智愚，操行清浊，性与才也。仕宦贵贱，治产贫富，命与时也"，"夫性与命异，或性善而命凶，或性恶而命吉"。《命义》篇："操行善恶者性也。祸福吉凶者命也。"

其次，他对命的内容作了详细的规定。《命禄》篇："凡人遇偶及遭累害，皆由命也。有生死禄夭之命，亦有贫贱富贵之命。"命与天的关系，他有时混而为一，有时又分而为二。《命禄》篇："孔子曰（按此误以子夏之言为孔子之言）：死生有命，富贵在天……孔子圣人……称言命者，有命，审也。"此处分明是命与天是一，所以他又说："命则不可勉，时则不可力，知者归之于天。"《命义》篇："死生者无象在天，以性为主。禀得坚强之性，则气渥厚而体坚强，坚强则寿命长……故言有命，命则性也。至于富贵所禀，犹性所禀之气，得众星之精。众星在天，天有其象。得富贵象则富贵，得贫贱象则贫贱。故曰在天……天施气而众星布精，天所施气，众星之气在其中矣。"这段话里面，把性与命混而为一，把命与天又分而为二。《论衡》中经常出现这种混乱的情形。但如后所说，他此处所说的性，是指初生时的生的状态而言。他所说的天的性格，实同于命的性格。而命与性，同样决定于父母合气时的气，所以"天"与"命"的关系，在王充，则天是虚拟而没有实质意义的东西。所以在了解上，可把王充在这种地方（与命性相对称时）的天，根本划入括弧中去。他在这里所以特地把天凸显出来，实际是要把星相学中的"星"包含在命中去；这是他理论上一时的歧出，可以置之不论。我们只顺着他根本的意义去疏导。

《命义》篇谓："故国命胜人命，寿命胜禄命。"他提出国命的观念，压盖在人命之上，政治行为的意义与主动性，完全被他取消了，传统的"君相造命"的话，完全被他否定了，于是命对人的决定性也就是更完全了。

为了使命的观念能对现实人生，发挥更大的解释能力，便须把命的观念更细分下来，以适应现实的各种情况。《命义》篇说："人有命、有禄，有遭遇、有幸偶。命者，贫贱富贵也。禄者，盛衰兴废也。""遭者，遭非常之变。"'遇者，遇其主而用也。'"偶也（者）谓事君有偶也。"'故夫遭遇幸偶，或与命禄并，或与命禄离。'"按此处之所谓"禄"，亦即《逢遇》篇之所谓"时"。人的命应当是统一的；但人的一生，却有各种盛衰的变化，特赖时或禄的观念加以弥缝。遭、遇、幸、偶四个观念，虽内涵的吉凶祸福，各不相同，但在"偶然"、"突然"的意义上，则完全一致。因这些都是"后验"的（事后应验）；既是后验的，于是预定的命，又不易为人所预知，而时常感到是突然偶然的变化。所以王充又提出这四个观念来加以补救。在"与命禄并"或"离"之间，便可以产生许多便宜的说法。

王充为了贯彻命运对人生的支配力量，便反对当时流行的三命之说，特别反对三命中的"随命"之说。《命义》篇：

传曰：说命有三。一曰正命，二曰随命，三曰遭命。正命谓本禀之自得吉也……随命者，戮力操行而吉福至，纵情施欲而凶祸到，故曰随命。遭命者，行善得恶，非所冀望。逢遭于外，而得凶祸，故曰遭命。

按随命之说，乃在命运的观念中保持人的若干自主性，也是对人生前途所提供的保证。但这一说法，不能为王充所允许。他说：

使命吉之人，虽不行善，未必无福。凶命之人，虽勉操行，未必无祸。孟子曰："求之有道，得之有命。"性善乃能求之，命善乃能得之。性善命凶，求之不能得也……言随命，则无遭命。言遭命则无随命。儒者三命之说，意何所定？

于是他另规定三命的内容，是"正命者至百而死。随命者五十而死。遭命者初禀气时遭凶恶也"。这可以说是完全没有意义的说法。

（三）命之由气而形而骨的实现

然则命由何而形成？由何而见？从王充所提出的答复，更可以看出他的唯气论的特色。

《命义》篇：人禀气而生，含气而长，得贵则贵，得贱则贱。

《初禀》篇：人之性命，本富贵者，初禀自然之气；养育长大，富贵之命效矣。

这说得很清楚，命是由禀气而成。而所谓禀气，乃决定于生时所禀的气。

《幸偶》篇：俱禀元气，或独为人，或为禽兽。并为人，或贵或贱，或贫或富……非天禀施（黄晖以为当作"施气"是也），有左右也，人物受性有厚薄也。

《初禀》篇：命谓初生禀得而生也。

按王充以生为性，故所谓"受性"，实即是"受生"。

《初禀》篇说："命谓初所禀得而生也。人生受性，则受命矣。性命俱禀，同时并得；非先禀性，后乃受命也。"

所谓生时所禀之气，乃指父母交媾时而言。所以《命义》篇说："凡人受命，在父母施气之时，已得吉凶矣。"换言之，受胎之时，即受命之时，胎乃人的形体；气成为人之形体，故命即表现为人的形体，特别表现在形体中的骨相。命运决定论，一变而为人之骨相决定论。

《命禄》篇：夫命富之人筋力自强。命贵之人，才智自高。

《气寿》篇：强寿弱夭，谓禀气渥薄也。人之禀气，或充实而坚强，或虚劣而软弱。充实坚强其年寿。虚劣软弱，失弃其身。禀寿夭之命，以气多少为主性也。

《命义》篇："且命在初生，骨表著见……富贵贫贱，皆初禀之时，不在长大之后。

《无形》篇：人禀气于天，各受寿夭之命，以立长短之形……器形已定，不可小大。人体已定，不可减增。用气为性，性成命定。体气与形骸相抱，生死与期节相须。形不可变化，命不可减加。……人禀气于天，气成而形立；则（形）命相须，以至终死。

《骨相》篇：人曰命难知，命甚易知。知之何用（由），用之骨体。人命禀于天，则有表候（见）于体……骨法之谓也。非徒富贵贫贱有骨体也，而操行清浊亦有法理。贵贱贫富，命也。操行清浊，性也。非徒命有骨法，性亦有骨法。相或在内或在外。或在形体，或在声气。

《初禀》篇：文王在母身之中已受命也。王者一受命，内以为性，外以为体。

按由《荀子》的《非相》篇，可知骨相之术，在先秦已甚发达。西汉亦甚为流行。由命而落实于人的骨相，这在命理的子平术未出现以前，乃谈命运之术的必然归趋。王充的思想，正代表了此一归趋。兹将王充的这些繁复的说法试表列于下：

表一

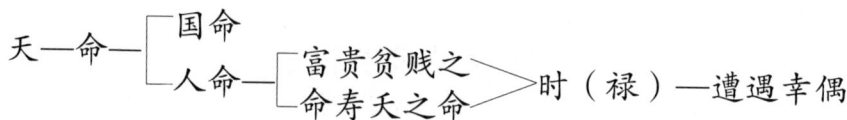

表二

天施气→父母合气—受气—{厚/薄}—性—{善（厚）/恶（薄）}
命—{寿（厚）夭（薄）/富贵（厚）贫贱（薄）}＞形体—骨法

（四）王充命运论的缺口

在王充的唯气论的命运论中，还有两个特异的观念。一是求的观念。

> 《命禄》篇：天命难知，人不耐（能）审。虽有厚命，犹不自信，故必求之也……有求而不得者矣，未必不求而得之者也。精学不求贵，贵自至矣。力作不求富，富自至矣。

按顺着王充的命运论，则《异虚》篇所谓"故人之死生，在于命之夭寿，不在行之善恶。国之存亡，在期之长短，不在于政之得失"；这是他自然的结论。而且就《骨相》篇说，要能知命，在于审视各人的骨法，骨法是不能改变的。由他上述的结论，可以引出一个结论来，即是人应当完全过着安命的生活。但他在《命禄》篇又提出一"求"字来；求必有求的线索，于是他把与命运完全切断了的行为，又重新搭上一条线，以为求命的线索；这固然是他思想的矛盾，也可以说是他的思想的缺口。因为有了这一点缺口，才不至把人生完全闷死在命运的乾坤袋里，而王充本人，依然表现出十分积极性的人生。

但是上面由"求"的观念，将行为与命运搭上一条线，在王充全部思想中，是点缀性的，是非常薄弱的一条线。就一般人生而言，生活总希望能避祸而得福。避祸得福的途径，当然是凭自己的行为。人的行为是自己可以把握住的。在自己的行为上立基，而将不可知之命，置之于无足轻重之列，这才是《论语》上所谓"不知命，无以为君子也"的知命，由此而"居易以俟命"，"修身以俟之"，把命置于不足重轻，对人生不能发生干扰的作用。所以人生的主体性，依然是把握在自己手上，而形成坚定不移的人生态度。王充既非常动心于祸福利害，而又对行为失去信心，乃完全委任之于命运；命运并不能真正确定于骨相，而只能验之于事后。在未验之前，人生是茫然的。即在既验之后，人生也只是感到突然的。于是在王充的命运论中，第二个特异之点是逢遇幸偶的观念。所以论命的第一篇是《逢遇》，第二篇是《累害》，第五篇是《幸偶》，第十篇是《偶会》。他实际所感受的人生，都是偶然性的人生。他所强调的自然，也是偶然的性格。"偶然"的观念，贯通于他整个思想之中。例如：

《逢遇》篇：处尊居显，未必贤，遇也。位卑在下，未必愚，不遇也。不求自至，不作自成，是名为遇。

《幸偶》篇：凡人操行有贤有愚。及遭祸福，有幸有不幸。举事有是非。及触赏罚，有偶有不偶。

《命禄》篇：故人之在世，有吉凶之命，有盛衰之禄，重以遭遇幸偶之逢……

《指瑞》篇：物生为瑞，人生为圣。同时俱然，时其长大，相逢遇矣……其实相遇，非相为出也。

王充虽然在《命禄》篇说"凡人遇偶及遭累害，皆由命也"。但究不如《命义》篇所说的"故夫遭遇幸偶，或与命禄并，或与命禄离"二语之为确当。把生命完全安放在命运里面的人生，实即把生命安放在偶然里面的人生，也即是一种漂泊无根的人生，这是命运论自身的否定。

十二、王充的人性论

（一）唯气的人性论

王充人性论的构成格架，由前面的表二可以约略了解，与命的构成格架，完全相同，即是将唯气论贯彻到人的形体骨法之上。在命运论上，以禀气的多少说明命的有吉有凶；在人性论上，以禀气的厚薄，说明性的有善有恶；并且都可以从形体骨法上看出来的。《命禄》篇说："夫物不求而自生，则人亦有不求贵而贵者矣。人情有不教而自善者，有教而终不善者矣。夫性犹命也。"此处之所谓"性犹命也"，是就性对善恶的决定性，等于命对贵贱贫富的决定性一样而言。其所以有同样的决定性，正因为性的形成，同为唯气论的格架。

《命义》篇：性命在本。故礼有胎教之法……贤不肖在此时矣。受气时，母不谨慎，心妄虑邪，则子长大狂悖不善，形体丑恶。

《无形》篇：用气为性，性成命定。

《率性》篇：禀气有厚泊，故性有善恶也……人受五常，含五脏，皆具于身。禀之泊少，故其操行不及善人，犹（酒）或厚或泊也……人之善恶，共一元气。气有少多，故性有贤愚。

《骨相》篇：非徒富贵贫贱有骨体也；而操行清浊亦有法理……非徒命有骨法，性亦有骨法。

《自然》篇：至德纯渥之人，禀天气多，故能则天自然无为。禀气薄少，不遵道德（按此指道家之道德），不似天地，故曰不肖。

按王充的基本意思只是性命之气，受自父母合气之时。受气多者性善而命吉，受气少者性恶而命凶。故就一般的情形而言，天并非直接施气于人，人亦非直接受气于天。但特出之人，则直接受气于天。《命义》篇，在建立了他自己的三命说以后，更谓"亦有三性，有正有随有遭。正者禀五常之性也，随者随父母之性（也），遭者遭得恶物，象之故也"。他这里所谓随父母之性，盖因受父母之气。由此可知"禀五常之性"，即上引《自然》篇之所谓"禀天气多"。这对于禀气厚薄，决定性之善恶的说法，在他的理论中，是一种歧出。又前引他提到古人重胎教的地方，以母的念虑，影响于子女的善恶，这在他的理论中，也是一种歧出。所以有这种歧出，一方面原于王充思想本来很驳杂；同时也是因为唯气论对人性的解释太单纯化了，难于顺着一条直线作解释的缘故。宋儒周敦颐、二程、朱元晦，皆受有汉儒唯气论的影响；而朱元晦特显出理气二元论，从某一角度看，这是汉儒唯气论的合理的发展，也解除了王充不自觉地所遭遇到的难题。

（二）人性论上的折衷态度及宿命论的突破

《本性》篇是王充对前人的性论，作有系统的批评，并把自己的性论，作有系统的陈述的一篇文字；也是《论衡》中较平实、较有意义的一篇文字。他对各家性论，在批评中并不一概加以抹煞，而认为"亦有所缘"；即系承认各人所根据的事实，而认定其局部的妥当性，这是很合于批评原则的。他最后的结论是：

实者人性有善有恶，犹人才有高有下也……谓性无善恶，是谓人才无高下也。禀性受命，同一实也。命有贵贱，性有善恶。谓性无善恶，是谓人命无贵贱也。凡州田土之性，善恶不均，故有黄赤黑之分，上中下之差……人禀天地之性，怀五常之气，或仁或义，性术乖也。动作趋翔，或重或轻，性识诡也。面色或白或黑，身形或长或短，至老极死，不可变易，天性然也……余固以孟轲言人性善者，中人以上者也。孙卿言人性恶者，中人以下者也。扬雄言人性善恶混者，中人也。若反经合道，则可以为教。尽性之理则未也。

王充将人性分为上中下，可能为韩愈《原性》将性分为三品之所本，也实是西汉思想家的通说。在《本性》篇中虽反驳了董仲舒性生于阳，情生于阴，故性善而情恶的说法。但在王充的人性论中，实受了董氏重大的影响。《本性》篇一开始"情性者人治之本，礼乐所由生也"的一段话，虽似儒家通说，然在董氏《天人三策》中，阐发得最为深切。又《论衡》中的《率性》篇一开始说：

论人之性，定有善有恶。其善者固自善矣；其恶者固可教告率勉，使之为善。凡人君父审观臣子之性，善则养育劝率，无令近恶。恶则辅保禁防，令渐于善。善渐于恶，恶化于善，成为性行。

由此而反复阐述教化之功，并结之以"由此言之，（善恶）亦在于教，不独在性也"。我以为这也是受了董氏的重大影响。王充的性论，按照其形成的格架看，善恶也和命的吉凶一样，是宿定而不可移易的。但在正面论到人性时，除中人之性可善可恶，固须教化而成以外，并在《率性》篇中为性恶也开出一条自立之路，这在他全盘的思想中，固然显得突出而不调和。但正赖有此一突出，使我们可以承认他的思想家的地位。

两汉思想史 三

大字本

徐复观 —— 著

九州出版社
JIUZHOUPRESS

目 录

中国思想史工作中的考据问题　代序 / 1

《韩诗外传》的研究 / 1

　　一、中国思想表达的另一方式 / 1

　　二、韩婴及诗教与诗传的问题 / 7

　　三、由《韩诗传》考查各家《诗》说的根源 / 12

　　四、《韩诗传》所关涉到的其他典籍 / 22

　　五、《韩诗传》中的基本思想及其与诸家的关涉 / 26

　　六、《韩诗传》中特出的问题 / 37

刘向《新序》、《说苑》的研究 / 55

　　一、刘向的家世、时代与生平 / 55

　　二、《新序》、《说苑》的问题 / 71

三、《新序》、《说苑》与《韩诗传》/ 78

四、与其他典籍之关连 / 89

五、刘向的政治思想 / 105

六、以士为中心的各种问题 / 118

《盐铁论》中的政治社会文化问题 / 130

一、背景 / 130

二、辩论的历程、态度及所反映出的社会地位 / 139

三、盐铁专卖政策的形成 / 148

四、两方的政治原则问题 / 154

五、现实上的利害比较 / 161

六、边疆政策的歧见 / 175

七、辩论中所反映出的社会问题 / 191

八、文化背景问题 / 212

原　史——由宗教通向人文的史学的成立 / 237

一、有关字形正误 / 237

二、由史的原始职务以释史字的原形原义 / 241

三、史职由宗教向人文的演进 / 246

四、宗教精神与人文精神的交织与交融 / 255

五、古代史官的特出人物 / 261

六、孔子的学问与史的关系 / 271

七、孔子修《春秋》的意义 / 276

八、孔子学问的性格及对史学的贡献 / 290

九、《春秋左氏传》若干纠葛的澄清 / 294

十、左氏"以史传经"的重大意义与成就 / 305

十一、从史学观点评估《左氏传》/ 312

十二、左氏晚年作《国语》,乃所以补《左氏传》所受
的限制 / 329

论《史记》/ 332

一、前言 / 332

二、《太史公行年考》的补正 / 335

三、史公的家世、时代与思想 / 342

四、史公的史学精神及其作史的目的 / 353

五、《史记》构造之一——本纪、世家 / 372

六、《史记》构造之二——表 / 385

七、《史记》构造之三——书及其中的存缺问题 / 396

八、《史记》构造之四——列传中的若干问题 / 426

九、《史记》构造之五——立传的选择 / 435

十、《史记》构造之六——表现方法上的若干特点 / 456

读《〈论史记〉驳议》——敬答施之勉先生 / 482

《史》、《汉》比较研究之一例 / 500

　　一、问题的回顾 / 500

　　二、班氏父子的家世、思想及其著书的目的 / 516

　　三、班氏父子对《史记》的批评 / 523

　　四、《汉书》之成立历程 / 530

　　五、《史》、《汉》比较之一——纪 / 534

　　六、《史》、《汉》比较之二——表 / 548

　　七、《史》、《汉》比较之三——书、志 / 557

　　八、《史》、《汉》比较之四——传 / 577

　　九、《史》、《汉》比较之五——文字的比较 / 592

《史记》札记 / 604

　　摘抄例言 / 604

　　卷一　五帝本纪 / 605

　　卷二　夏本纪 / 609

　　卷三　殷本纪 / 610

　　卷四　周本纪 / 610

　　卷五　秦本纪 / 611

　　卷六　秦始皇本纪 / 612

　　卷七　项羽本纪 / 613

　　卷八　高祖本纪 / 634

　　卷九　吕后本纪 / 637

卷十　孝文本纪 / 638

卷十一　孝景本纪 / 639

卷十三　三代世表 / 639

卷十四　十二诸侯年表 / 640

卷十五　六国年表 / 644

卷十六　秦楚之际月表 / 646

卷十七　汉兴以来诸侯王年表 / 647

卷十八　高祖功臣侯者年表 / 648

卷十九　惠景间侯者年表 / 650

卷二十　建元以来侯者年表 / 650

卷二十一　建元已来王子侯者年表 / 651

卷二十三　礼书 / 651

卷二十四　乐书 / 654

卷二十五　律书 / 657

卷二十八　封禅书 / 658

卷二十九　河渠书 / 668

卷三十　平准书 / 668

卷三十一　吴太伯世家 / 677

卷三十三　鲁周公世家 / 677

卷三十四　燕召公世家 / 677

卷三十五　管蔡世家 / 678

卷三十六　陈杞世家 / 679

卷三十八　宋微子世家 / 679

卷三十九　晋世家 / 681

卷四十　楚世家 / 682

卷四十一　越王句践世家 / 682

卷四十三　赵世家 / 683

卷四十七　孔子世家 / 683

卷四十八　陈涉世家 / 686

卷四十九　外戚世家 / 689

卷五十　楚元王世家 / 691

卷五十一　荆燕世家 / 692

卷五十二　齐悼惠王世家 / 692

卷五十三　萧相国世家 / 693

卷五十四　曹相国世家 / 698

卷五十五　留侯世家 / 700

卷五十六　陈丞相世家 / 703

卷六十一　伯夷列传 / 704

卷六十二　管晏列传 / 708

卷六十三　老子韩非列传 / 711

卷六十四　司马穰苴列传 / 712

卷六十五　孙子吴起列传 / 713

卷七十三　白起王翦列传 / 713

卷七十四　孟子荀卿列传 / 714

卷七十六　平原君虞卿列传 / 714

卷八十一廉颇蔺相如列传 / 714

卷八十三　鲁仲连邹阳列传 / 716

卷八十四　屈原贾生列传 / 716

卷八十六　刺客列传 / 717

卷八十七　李斯列传 / 718

卷九十三　韩信卢绾列传 / 720

卷九十五　樊郦滕灌列传 / 720

卷九十六　张丞相列传 / 721

卷九十七　郦生陆贾列传 / 722

卷九十八　傅靳蒯成列传 / 724

卷九十九　刘敬叔孙通列传 / 724

卷一百　季布栾布列传 / 725

卷一百一　袁盎晁错列传 / 726

卷一百二　张释之冯唐列传 / 726

卷一百三　万石张叔列传 / 727

卷一百四　田叔列传 / 729

卷一百五　扁鹊仓公列传 / 730

卷一百七　魏其武安侯列传 / 730

卷一百八　韩长孺列传 / 732

卷一百九　李将军列传 / 733

卷一百十　匈奴列传 / 735

卷一百十一　卫将军骠骑列传 / 736

卷一百二十五　佞幸列传 / 739

卷一百二十七　日者列传 / 739

卷一百二十八　龟策列传 / 740

卷一百二十九　货殖列传 / 740

中国思想史工作中的考据问题　代序

一

　　兹当《两汉思想史》卷三刊行之际，对自己年来在思想史中所下的考据工夫，应作一解说，因为有朋友曾向我提到此一问题。

　　我以迟暮之年，开始学术工作，主要是为了抗拒这一时代中许多知识分子过分为了一己名利之私，不惜对中国数千年文化，实质上采取自暴自弃的态度，因而感愤兴起的。我既无现实权势，也无学术地位，只有站在学术的坚强立足点上说出我的意见，才能支持我良心上的要求，接受历史时间的考验。考据不是以态度对态度，而是以证据对证据。这是取得坚强立足点的第一步，也是脱出"此亦一是非，彼亦一是非"的混乱之局的第一步。

　　一谈到考据，大家会立刻联想到乾嘉学派。以考据为专门之学，的确是出自乾嘉学派。但他们在以汉学打宋学的自设陷阱中，不仅不了解宋学，且亦不了解汉学。更糟的是，他们因反宋学太过，结果反对了学术中的思想，既失掉考据应有的指归，也失掉考据历程中重要的凭借，使考据成为发挥主观意气的工具。这在本书附录上的《"清代汉学"衡论》中已有较详实的陈述。其中在训诂校勘上卓有成就的，又都恔钉零碎，距离思想的层次很远。此种风气，为现代学人所传承，更向古典真伪问题上发展，应当是好现象。但发生影响最大的"古史辨"派，卤莽灭裂，更从文献上增加了中国传统学问的困扰。要从这种困扰中解脱出来，重新奠定学术工作起步的基础，只能出之以更谨慎更精密的考据，破除他们肤浅粗疏甚至是虚伪的考据。否则他们会斥抱有不同意见的人是"游谈无根"，因而加以抹煞、讪笑。

乾嘉学派，一直到今天还是一股有力的风气。我留心到，治中国哲学的人，因为不曾在考据上用过一番工夫，遇到考据上已经提出的问题，必然会顺随时风众势，作自己立说的缘饰。例如熊师十力，以推倒一时豪杰的气概，在中国学问上自辟新境。但他瞧不起乾嘉学派，而在骨子里又佩服乾嘉学派，所以他从来不从正面撄此派之锋，而在历史上文献上常提出悬空的想象以作自己立论的根据，成为他著作中最显著的病累。其他因乘风借势，而颠倒中国思想发展之绪的，何可胜数。所以我从《中国人性论史·先秦篇》起，考据工作，首先指向古典真伪问题之上。

二

关于两汉思想，现时一般的说法：陆贾的《新语》、贾谊的《新书》、董仲舒的《春秋繁露》，都是不可信赖的文献；《说苑》则系成书于刘向之前，并非刘向所著。诸如此类，我若不自己下一番考据工夫，要便是把这些著作，从两汉思想中，武断地加以剔除；要便是不考虑异同之见，我行我素地加以阐述。这都不是真正负责的态度。自己下过一番工夫后，凡是他人在证据上可以成立的便心安理得地接受，用不着立异；凡是他人在证据上不能成立的，便心安理得地抛弃，无所谓权威。我每一篇文章中，几乎都作了这种程度不同的努力。对较有关键性的一词一语、一事一物，亦必探索其来源，较量其时代。未曾无批判地接受过传统的说法，也未曾无批判地否定过时人的说法。在证据的打擂台上所得出的结论，这才是可资信赖的结论。若由后起的坚强证据将已得出的结论推翻，这是学术上的进步，我由衷地期待这种进步。

三

在治思想史中言考据，必然地向另外三个层面扩展。一是知人论世的层面。思想史的工作，是把古人的思想，向今人后人，作一种解释的工作。我深深体悟到，解释和解释者的人格，常密切相关，这在当前的中国，表现得最为突出，不必一一举例。由此可以断言，古人的思想，必然与古人的品格、个性、家世、遭遇等，有密切关系。我更深深体悟到，在二十余年的工作中，证明了克罗齐（Croce，一八六六至一九五二年）"只有现代史"的说法。没有五十年代台湾反中国文化的压力，没有六十年代大陆反孔反儒的压力，我可能便找不到了解古人思想的钥匙，甚至我不会作这种艰辛的尝试。江青辈以《盐铁论》为儒法斗争的样板，郭沫若、冯友兰也加入在里面，由厚诬贤良文学以厚诬孔子、儒家，我便在他们的声势煊赫中，写了《〈盐铁论〉中的政治社会文化问题》，彻底解答了此一公案。这是最突出的例子。由此可以断言，古人思想的形成，必然与古人所遭遇的时代有密切关系。上面两种关系，总是纠缠在一起。把这种关系考据清楚，是解释工作的第一步。我每篇文章中，都走了这样的第一步，却走得并不够。

其次，是在历史中探求思想发展演变之迹的层面。不仅思想的内容，都由发展演变而来；内容表现的方式，有时也有发展演变之迹可考。只有能把握到这种发展演变，才能尽到思想史之所谓"史"的责任，才能为每种思想作出公平正确的"定位"。我每篇文章中，在这方面的努力，是非常显然的。这是一种考据，也是考据中的一种重要方法。

第三是以归纳方法从全书中抽出结论的层面。在此一层面中，首先须细读全书，这便把训诂、校勘、版本等问题概括在里面。我不信任没有细读全书所作的抽样工作，更痛恨断章取义、信口雌黄的时代风气。仔细读完一部书，加以条理，加以分析，加以摘抄，加以前后贯通、左右比较，尚且不一定能把握得周到、真切，则随便抽几句话来作演绎的前提，尽量演绎下去，这只能表现个人思辨之功，大概不能算是为学术做了奠基工作。我最多的工夫，常常是花费在这一层面上，这是古人所易，却为今人所难的。虽然如此，我的著作，便可全资信赖吗？决不敢这样讲。所以我总是希望读者能由我的文章引起亲读原典的兴趣。但要得到可信赖的结论，我所提出的考据工作总是值得参考的。

《韩诗外传》的研究

一、中国思想表达的另一方式

由先秦以及西汉，思想家表达自己的思想，概略言之，有两种方式。一种方式，或者可以说是属于《论语》、《老子》的系统。把自己的思想，主要用自己的语言表达出来，赋予概念性的说明。这是最常见的诸子百家所用的方式。另一种方式，或者可以说是属于《春秋》的系统。把自己的思想，主要用古人的言行表达出来；通过古人的言行，作自己思想得以成立的根据。这是诸子百家用作表达的一种特殊方式。

孔子作《春秋》的意义，可以说至孟子而大明。《孟子·滕文公下》："世衰道微，邪说暴行有作。臣弑其君者有之，子弑其父者有之。孔子惧，作《春秋》。《春秋》，天子之事也。是故孔子曰，知我者其惟《春秋》乎？罪我者其惟《春秋》乎？"孔子行褒贬于二百四十二年历史之中，代替礼废乐坏后的周天子的赏罚，想以此来建立人类行为的大标准，所以说"《春秋》，天子之事也"。这是就孔子担当人类历史命运的大纲维来说的。《离娄下》："孟子曰，王者之迹息而《诗》亡；《诗》亡然后《春秋》作。晋之《乘》，楚之《梼杌》，鲁之《春秋》，一也。其事则齐桓晋文，其文则史。孔子曰，其义，则丘窃取之矣。"这是就孔子把自己的思想（义），具体化于历史判断之中，使一般人能易于领受来说的。孟子的两段话，其意义本互相通贯，但后者更扩散而给诸子百家以广大的影响。

董仲舒《春秋繁露·俞序》第十七："仲尼之作《春秋》也……引史记，理往事，正是非，序王公。史记十二公之间，皆衰世之事，故门人惑。孔子曰，吾因其行事，而加乎王心焉。以为见之空言，不如行事博深切明。"司马迁《史记·自序》对此加以引述说："余闻董生曰，周道衰废……孔子知言之不用，道之不行也，是非二百四十二年之中，以为天下仪表。贬天子，退诸侯，讨大夫，以达王事而已矣。子曰，我欲载之空言，不如见之于行事之深切著明也。"载之"空言"，是把自己的思想，诉之于概念性、抽象性的语言。用近代的术语，这是哲学家的语言。"见之于行事"，是把自己的思想，通过具体的前言往行的重现，使读者由此种重现以反省其意义与是非得失。用近代术语说，这是史学家的语言。哲学家的语言，是把自己的思想，凭抽象的概念，构成一种理论，直接加之于读者的身上；读者须通过自己的思考能力，始可与哲学家的理论相应。而相应以后，由理论落实到行为上，还有一段距离。历史家的语言，则是凭具体的历史故事，以说向具体的人。此时读者不是直接听取作者的理论，而是具体的人与具体的人直接接触，读者可凭直感而不须凭思考之力，即可加以领受。并且，此时的领受，是由"历史人"的言行，直接与"现存人"的言行，两相照应，对读者可当下发生直接作用。也可以说，这是由古人行为的成效以显示人类行为的规范，不须要有很高的文化水准，便可以领受得到的。一部伟大的小说所发生的社会性的影响，必大于一部伟大的哲学著作；因为哲学著作是"空言"，而小说则诉之于小说家所塑造的具象化的人物的"行事"。由此可以了解董氏所说的孔子用《春秋》这一方式所显示的意义。卡西勒（E. Cassirer，一八七四年七月二八日至一九四五年五月十三日）在他所著的《人论》（*An Essay on Man*）第十章《历史》，以下面的一段话作结：

　　没有历史，我们便看不出在此有机体的进化中的根本的连结。

　　艺术与历史，为我们探求人性的最有力的工具。若没有这两种知识的源泉，我们对于人会知道什么呢？……我们可以作心理学的实验，或搜集统计的事实。然而由这些客观方法所得的人间像，常常是无力的，没有色彩的；我们仅能看出"平均的"人间，作日常实际活动及社会交涉的人间。在历史及艺术的伟大业绩里面，我们才能在习惯性的人间的假面背后，看出真正的人格的人间之姿……诗不是模写单纯的自然，历史不是死的事实或事件的故事。历史与诗，同样是我们了解自己的研究方法，为了作成人的世界所不可缺少的工具。①

两千多年后卡西勒所说的话，可以与两千多年前董氏所说的孔子作《春秋》的意义，互相印证。

孔子以作《春秋》的方式，表达他对人类的理想、要求以后，到战国中期以后的诸子百家，发生了重大影响。《史记·十二诸侯年表》序：

是以孔子明王道，干七十余君，莫能用，故西观周室，论史记旧闻，兴于鲁而次《春秋》。上起隐，下至哀之获麟，约其文辞，去其烦重，以制义法，王道备，人事浃。七十子之徒，口受其传指，为有所刺讥褒讳挹损之文辞，不可以书见也。鲁君子左丘明，惧弟子人人异端，各安其意，失其真，故因孔子史记，具论其语，成《左氏春秋》。铎椒为楚威王傅，为王不能尽观《春秋》，采取成败，卒四十章，为《铎氏微》。赵孝成

---

① 日本宫城音弥日译本页二九二至二九三，岩波书店出版。

王时，其相虞卿，上采《春秋》，下观近世，亦著八篇，为《虞氏春秋》。吕不韦者，秦庄襄王相，亦上观尚古，删拾《春秋》，集六国时事，以为八览、六论、十二纪，为《吕氏春秋》。及如荀卿、孟子、公孙固、韩非之徒，各往往捃摭《春秋》之文以著书，不可胜纪。

孔子据鲁史记以作《春秋》，因年月首尾完具，除"取其义"外，更有史学的重大意义。上述诸人"捃摭《春秋》之文以著书"，乃偏在"取其义"的方面，不一定有史学的意义。《孟子》采用此种方式不多；《荀子》采用此一方式的比率，则较《孟子》为重。尤其是疑成于荀卿弟子之手的《大略》、《宥坐》等六篇，更为《韩诗外传》所承继。

　以抽象性的语言表达思想，其语言可以概括的范围较大，其中的夹杂性较少，因而富有条贯性与明确性。所谓"理论"、"原理"、"原则"，即由此种语言所构成。所以即使以《春秋》的方式表达思想，亦不能排除抽象性的语言。《公羊传》、《穀梁传》，即是借助于此种语言以释明"行事"所含的意义。《韩非子》在《解老》篇以前，抽象性的语言重于故事。自《喻老》篇起，则故事重于抽象性的语言。《说林》上、下，则全由故事所构成。而《内储》、《外储》，则有计划地以简单的抽象语言，提挈后面的故事；以后面的故事，证明前面抽象的语言。大约成书与《韩非子》相先后的《晏子春秋》，则主要由晏子的故事以构成全书的结构。《吕氏春秋》十二纪，除纪首外，每纪安排有四篇文章；这四篇文章的前两篇，以理论的陈述为主，而以历史故事，为理论的证明。但在第三、第四篇，则历史故事的成分比重加大。八览、六论，则几乎是以历史故事为主。一个人，想把自己的体验与观察构成理论，必须经过抽象思辨的历程，始能用语言表达出来。但由周初所开始的人文精神，认为人的行为决定一切，所以偏重在行为实践上用心，不向抽象思辨方面去发展。古典中，凡是言与行对举时，总是重行而压低言在人生中的意味，这在《论语》中最为明显。所以在以抽象言语表达思想时，也不像希腊系统的哲人样，穷思辨之所至，以构成理论的格局。但此种格局愈高大愈深邃，其离具体的人生、社会也愈远。中国在这方面，有如《荀子》、《吕氏春秋》等，则使抽象语言与具体事例，取得均衡的地位，而不让其偏向抽象思辨的方面发展。《韩非子·解老》篇，以抽象的语言解释《老子》的思想内容；《喻老》篇，则以具体的事例晓喻《老子》思想的功用。《淮南子》多以抽象而又带有描绘性的语言阐明《老子》之所谓道，但在《道应训》中则以具体的事例陈述道的应验，这恐受有韩非的影响。所有这些以故事为主的著作体裁，与起于南北朝时代的汇书的性质不同，汇书只是按类抄录，以为写文章时铺辞摘藻之资，在抄录的后面，没有思想性的活动。而先秦的这种体裁，乃是想加强思想在现实上的功用性与通俗性，尤其是想加强对统治集团的说服力。西汉著作，除扬雄的《太玄》、《法言》①外，几无一不受此种体裁的影响，其中最为突出的则是韩婴的《韩诗外传》。②而刘向的《新序》、《说苑》、《列女传》，则又是承《韩诗外传》之风而兴起的。

二、韩婴及诗教与诗传的问题

《汉书·儒林传》：

> 韩婴，燕人也。孝文时为博士，景帝时至常山太傅。婴推诗人之意而作内、外《传》数万言。其语颇与齐、鲁间殊，然归一也。淮南贲生受之。燕、赵间言《诗》由韩生。韩生亦以《易》授人，推《易》意而为之传。燕、赵间好《诗》，故其《易》微，唯韩氏自传之。武帝时，婴常与董仲舒论于上前，其人精悍，处事分明，仲舒不能难也。后其孙商为博士。孝宣时涿郡韩生其后也，以《易》征，待诏殿中，曰，所受《易》，即先太傅所传也。尝受《韩诗》，不如韩氏《易》深，太傅故专传之。司隶校尉盖宽饶，本受《易》于孟喜；

---

① 《法言》中所陈述的许多故事，乃扬氏表现他对历史的看法，其用意与由事以明理者不同。

② 本文用《畿辅丛书》新安周廷寀校注本。

见涿韩生说《易》而好之，即更从受焉。

赵子，河内人也。事燕韩生，授同郡蔡谊。谊至丞相，自有传。谊授同郡食子公与王吉。吉为昌邑中尉，自有传。食生为博士，授泰山栗丰。吉授淄川长孙顺。顺为博士，丰部刺史。由是《韩诗》有王、食、长孙之学。丰授山阳张就，顺授东海发福，皆至大官，徒众尤盛。

《汉书·艺文志·六艺略·易》下录有《韩氏》二篇（亡）。《诗》下录有《韩故》三十六卷（亡），《韩内传》四卷（亡），《韩外传》六卷，《韩说》四十一卷（亡）。按班氏《序》，谓："汉兴，鲁申公为《诗》训故，而齐辕固、燕韩生皆为之传，或取《春秋》，采杂说，咸非其本义。与不得已，鲁最为近之。"据此，则韩婴所著者仅有内、外《传》。《韩故》、《韩说》，殆皆其孙韩商为博士时所集录。韩婴在文帝时为博士，鲁申公与楚元王之子郢，在吕后时同事浮丘伯；而辕固生在景帝时为博士，是韩的年辈，在鲁申公齐辕固生之上，而与荀卿弟子浮丘伯的年辈相先后。他在《外传》中共引用《荀子》凡五十四次，其深受荀子影响，可无疑问。即《外传》表达的形式，除继承《春秋》以事明义的传统外，更将所述之事与《诗》结合起来，而成为事与诗的结合，实即史与诗互相证成的特殊形式，亦由《荀子》发展而来。由春秋贤士大夫的赋诗言志，以及由《论语》所见之诗教，可以了解所谓"兴于诗"①的兴，乃由《诗》所蕴蓄之感情的感发，而将《诗》由原有的意味，引申成为象征性的意味。象征的意味，是由原有的意味，扩散浮升而成为另一精神境界。此时《诗》的意味，便较原有的意味为广为高为灵活，可自由进入到领受者的精神领域，而与其当下的情景相应。尽管当下的情景与《诗》中的情景，有很大的距离。此时《诗》已突破了字句训诂的拘束，反射出领受者的心情，以代替了由训诂而来的意味。试就《论语》孔子许子贡、子夏可与言《诗》的地方加以体悟，②应即可以了然于人受到《诗》的感发的同时，《诗》即成为象征意味之诗的所谓"诗教"。此时的象征意味与原有的意味的关联，成为若有若无的状态，甚至与之不甚相干。

历史的特性，是一个人，一件事，绝不会再度呈现。由此可以了解，孔子作《春秋》以为百世法，此时《春秋》中人物的言行，亦必破除其特定的时间空间与具体人物个性的限制，而把其中所蕴含的人的本质与事的基义，呈现

① 《论语·泰伯》。

② 《论语》"子贡曰：'贫而无谄，富而无骄，何如？'曰：'可也，未若贫而乐，富而好礼者也。'子贡曰：'《诗》云，如切如磋，如琢如磨，其斯之谓与？'子曰：'赐也始可与言《诗》已矣，告诸往，而知来者。'"（《学而》）"子夏问曰：'巧笑倩兮，美目盼兮，素以为绚兮，何谓也？'子曰：'绘事后素。'曰：'礼后乎？'子曰：'起予者，商也。始可与言《诗》已矣。'"（《八佾》）

出来，使其保有某种的普遍性、妥当性。于是历史上具体的人与事，此时亦成为此普遍性与妥当性的一种象征。此虽较诗的象征为质实，但在领受者的精神领域中，都是以其象征的意味而发生作用，则是一致的。这样便开了由荀子到《韩诗外传》的诗与史相结合的表现方式。

《荀子·劝学》篇第一的头三段，皆引《诗》作结；第四段则以《诗》作结时，在诗后加一句"此之谓也"。此后大体上成为荀子引《诗》的格式。《修身》篇用此格式者三，《不苟》篇三引《诗》，其中用上述格式者二。此后各篇，或多或少，率有此种引《诗》的格式。此格式的意义，认为他所说的道理及所引的故事，皆为他所引的两句或四句《诗》所涵摄，此时诗的意味的象征化，自不待论。到了《韩诗外传》，未引《诗》作结者仅二十八处；[①]而此二十八处，可推定为文字的残缺。其引《诗》作结时，也多援用荀子所用的格式。西汉附丽于经之所谓传，皆所以发明经的微言大义。由此可以了解，《韩诗外传》，乃韩婴以前言往行的故事，发明《诗》的微言大义之书。此时《诗》与故事的结合，皆是象征层次上的结合。《左传·襄公二十八年》卢蒲癸谓"赋诗断章"，郑康成谓诗有正义，有旁义。断章，旁义，以今语表达，即是诗的象征的意义。

---

① 梁章钜《退庵笔记》："今本非唐宋之旧，书中未引诗词者凡二十八处。又……凡五条今本所无，则阙文脱简，均所不免。"

《汉志》谓"咸非其本义"，韩氏乃直承孔门"诗教"，并不否定其本义，但不仅在本义上说诗，使诗发挥更大的教育意义。《汉志》带批评性的话，对韩氏乃至对齐辕固生而言，实没有什么意义。因为鲁申公未为诗作传，而仅为之作故训，则就诗的文义以言诗，所以"惟鲁为近之"；这都是由用心的不同，而立言因之异体，无关于三家的得失。

问题是，在《汉志》的《韩诗内传》四卷，《隋书·经籍志》已未见著录；而《汉志》上的《外传》六卷，在《隋志》则成为十卷；虽流传唐宋间，字句不免有残缺，但今日仍能看到十卷的面貌。而《内传》四卷亡佚，早成定论。于是自王应麟起，不少人作了辑佚的工作。但近人杨树达氏，则以为《内传》已附合于《外传》，并未曾亡佚。他在所著《汉书窥管·艺文志》第十中谓"愚谓《内传》四卷，实在今本《外传》之中。《班志》《内传》四卷，《外传》六卷，其合数恰与今本十卷相合。今本《外传》第五卷首章为'子夏问曰，《关雎》何以为国风始'云云，此实为原本《外传》首卷之首章。盖内、外《传》同是依经推演之词，故后为人合并，而犹留此痕迹耳。《隋志》有《外传》十卷而无《内传》，知其合并在隋以前矣。近人辑《韩诗》者皆以训诂之文为《内传》，意谓内、外《传》当有别，不知彼乃《韩故》之文，非《内传》文也"。按《韩非子》之《内储说》、《外储说》，及《晏子春秋》之

《内篇》、《外篇》，在性质与形式上，并无分别。以意推之，或者先成的部分，称之为内；补写的部分，便称之为外。所谓内外者，不过仅指写成的先后次序而言。据《儒林传》"婴推诗人之意而作内、外《传》数万言"的话加以推测，《韩诗》内、外《传》，在性质上完全相同。且就今日十卷的字数合计，约五万字左右，也与"数万言"者相合。前四卷共引《荀子》者三十一，后六卷共引《荀子》者二十三。或者可由此推证他在先写前四卷时，受《荀子》的影响较大；而补写后六卷时，因学问的增益，受《荀子》的影响较小。综合地看，杨氏谓《内传》在隋以前合并于《外传》之中的说法，是可以成立的。惟他以卷五首言《关雎》，以作此是原《外传》首卷之证，则不必如此拘泥；盖卷一乃首引《召南·采蘩》；而全书引《诗》，并未按《诗》的先后次序。内、外《传》合并后，应正名为《韩诗传》；编《隋志》的人，只援用未合并以前《汉志》名称之一，遂引起不少误解。本文后面，即概称为《韩诗传》。

三、由《韩诗传》考查各家《诗》说的根源

皮锡瑞《经学通论》二"论《诗》有正义有旁义，即古义亦未可尽信"条："《史记》载三家，以申培、辕固、韩婴为初祖；而三家传自何人，授受已不能详。三家所以

各成一家，异同亦无可考。"按镂板盛行以后，同一典籍，在版本上尚有异同。由此可以推知，在先秦以逮汉初，典籍因传抄的分布流传，而文字上有所出入，有如帛书《老子》甲本乙本的情形，乃意料中事。至于训诂上的不一致，即五经博士成立以后，同说一经，博士间亦不能无异说。所以三家《诗》在传本上文字训诂的小有异同，决不能成为分门立户，各成一家的根据。皮氏论《诗经》，主要在说明三家《诗》皆有《诗序》，而《诗序》"同出一原"，其论证皆可成立。惟其用意则在联合三家为同一阵线，以加强对《毛诗》的贬抑，则出自清代今文家的成见陋见，此处不必辩难。这里所要首先指出的是，在《韩诗传》中，韩氏也有就诗的本义以言诗义的。以象征意义言诗，各家可以不同；就本义以言诗，鲁、齐、韩、毛四家，并无可以分门立户的畛域。《韩诗传》卷一：

> 传曰，夫行露之人许嫁矣，然而未往也。见一物不具，一礼不备，守节贞理，守死不往，君子以为得妇道之宜，故举而传之，扬而歌之，以绝无道之求，防污道之行乎。《诗》曰，虽速我讼，亦不尔从。

按此处对《召南·行露》诗的解释，与刘向《列女传》四"召南申女"条，文字有详略之不同（《韩传》略而《列女传》详），但内容则完全一致。而韩氏此处先用"传曰"，以见此种解释，系本于先已存在的诗传。此诗传刘向尚能看到，所以抄录得较韩氏为详细。《列女传》："召南申女者，申人之女也。既许嫁于酆，夫家礼不备而欲迎之……夫家轻礼违制，不可以行，遂不肯往，夫家讼之于理，致之于狱，女终以一物不具，一礼不备，守节持义，必死不往，而作诗曰……君子以为得妇道之仪，故举而扬之，传而法之，以绝无礼之求，防淫欲之行焉。又曰'虽速我讼，亦不女从'，此之谓也"。此处的"召南申女"，不可能是刘向随意加上去的，当为韩氏所引的"传曰"所固有；特韩氏引用时加以删节，此乃汉人引书常例。一般人认为刘向习《鲁诗》。《鲁诗》之名，起于申公；申公年辈后于韩氏；且《鲁诗》有"故"而无传，乃《儒林传》所明言，《艺文志》所录者可以互证。是刘向所习的《鲁诗》，与《韩传》乃同一来源。因此，我推测，先秦本有一叙述《诗》本事并发挥其大义之"传"，为汉初诸家所共同祖述，而不应强分属于某一家。《毛诗·小序》："《行露》，召伯听讼也。衰乱之俗微，贞信之教兴，强暴之男，不能侵陵贞女也。"《小序》以此诗为"召伯听讼"，盖承顺上面《甘棠》一诗而言；《毛传》更因此认为"此殷之末世，周之盛德，当文王与纣之时"，这是都不可信的。但对诗内容的解释，与韩氏所引"传曰"，则并无不同。意者《诗序》与三家所本者，亦为同一根源；毛公在此同一根源上作了删节修润的工作，以成今日所能看到的《诗序》。推《诗序》之所自来，一定说是出于子夏，本可启后人之疑。但在战国中期前后，孔门后学，集录孔门言《诗》者以为传，有如传《礼》、传《易》的情形，而为三家及《毛诗》所共同祖述，应当是合理的。王先谦《诗三家义集疏》，对三家《诗》既妄分门户，引刘向所著《新序》、《说苑》、《列女传》及其他文字引用及《诗》的，以属于《鲁诗》；又展转迂曲附会，以立《齐诗》，使与《韩诗》并立。一若其上更无共同的根据，实不可信。又《召南·甘棠》：

> 昔者周道之盛，邵伯在朝，有司请营邵以居。邵伯曰，嗟，以吾一身而劳百姓，此非吾先君文王之志也。于是出而就蒸庶于阡陌陇亩之间，而听断焉。邵伯暴处远野，庐于树下，百姓大悦，耕桑者倍力以劝。于是岁大稔，民给家足。其后在位者骄奢，不恤元元，税赋繁数，百姓困乏，耕桑失时，于是诗人见召伯之所休息树下，美而歌之。诗曰"蔽芾甘棠，勿剪勿伐，召伯所茇"，此之谓也。（卷一）

按此诗王先谦所谓"鲁说"、"齐说"，因征引者使用之便利，与《韩传》仅有文字之不同，内容则完全一致。《毛诗序》："《甘棠》，美召伯也。召伯之教，明于南国。"《毛传》："召伯，姬姓，名奭，食采于召，作上公，为二伯。后封于燕。此美其为伯之功，故言伯云。"郑《笺》："召伯听男女之讼，不重烦劳百姓，止舍小棠之下，而听断焉。国人被其德，说其化，思其人，敬其树。"把序、传、笺合在一起，与《韩传》所述者并无二致。并由此可以了解删定原始的《诗传》以成《诗序》的人，在文字上力求简括，并非另有所本。所以周廷寀《校注》，亦谓《毛传》"与韩传义同"。又，《鄘·载驰》：①

高子问于孟子曰，夫嫁娶者非己所自亲也，卫女何以得编于《诗》也？孟子曰，有卫女之志则可，无卫女之志则怠……夫道二，常之谓经，变之谓权。怀其常道而挟其变权，乃得为贤。夫卫女行中孝，虑中圣，权如之何。《诗》曰，既不我嘉，不能旋返。视尔不臧，我思不远。（卷二）

王先谦引《列女传》卷三："许穆夫人者，卫懿公之女，许穆公之夫人也。初许求之，齐亦求之，懿公将与许。女因其傅母而言曰：'古者诸侯之有女子也，所以苞苴玩弄，系援于大国也。言今者许小而远，齐大而近……如使边境有寇戎之事，维是四方之故，赴告大国，妾在不犹愈乎。今舍近而就远，离大而附小，一旦有车驰之难，孰可与虑

---

① 按周廷寀引"《毛诗序》云，《柏舟》，共姜自誓也……则韩与《毛诗》同义也"；又谓"此卫女不知是《诗》何篇，所引载驰，不可谓即指此"，实大误。

社稷？'卫侯不听，而嫁之于许。其后狄人攻卫，大破之，而许不能救……许夫人驰驱而吊唁卫侯，因疾之而作诗云……"《韩传》之所谓"非己所自亲也"，而许卫女能行权，正指卫女主张嫁齐而言。王氏所引齐说，与《韩传》、《列女传》同。《毛诗序》："《载驰》，许穆夫人作也。闵其宗国颠覆，自伤不能救也。卫懿公为狄人所灭，国人分散，露于漕邑。许夫人闵卫之亡，伤许之小，力不能救，思归唁其兄，又义不得，故赋是诗也。"《韩传》重在知权，故就卫女在选嫁时为卫国利害计所作之主张以立言。《诗序》则欲切就诗之内容，故仅述卫为狄所灭时许夫人吊唁卫侯之心境，而略其选嫁时之一段。《列女传》则将故事作比较完整之抄录。要皆同出一源，可无疑问。又：

　　子夏读诗已毕，夫子问曰，尔亦可言于诗矣。子夏对曰，诗之于事也，昭昭乎若日月之光明，燎燎乎如星辰之错行。上有尧舜之道，下有三王之义。弟子有所受于夫子者，志之于心①不敢忘。虽居蓬户之中，弹琴以咏先王之风，有人亦乐之，无人亦乐之，亦可发愤忘食矣。诗曰，衡门之下，可以栖迟。泌之洋洋，可以乐饥。夫子造然变容曰，嘻，吾子始可以言诗已矣。然子以（已）见其表，未见其里。颜渊曰，其表已见，其里

---

① "有所受……"十一字依赵怀玉校本补。

又何有哉？孔子曰，窥其门，不入其中，安知其奥藏之所在乎？然藏又非难也。丘尝悉心尽志，已（以）入其中，前有高岸，后有深谷，泠泠然如此，既立而已矣。不能见其里，未谓精微者也。（卷二）

上一段，《孔丛子·论书》第二及《尚书大传》，皆谓孔子与子夏所言者乃读《书》（《尚书》）的情形；《韩传》除文字有异同外，多出"《诗》曰"、"颜渊曰"数句。就内容言，虽言《书》言《诗》，皆无不可；但就子夏自述其因有所得而生命升华的状态言，则以言《诗》为切。盖各有传承，并非《韩诗》袭《孔丛子》而加以窜改。《尚书大传》成书，乃出自伏生的后学，更在《韩传》之后。由此一故事及下面所录之故事，也未尝不可谓《韩诗》系出于子夏，与《毛诗》自谓出于子夏者正合。此亦可作四家同出一源之证。

　　子夏问曰，《关雎》何以为国风始也？孔子曰，《关雎》至矣乎。夫《关雎》之人，仰则天，俯则地。幽幽冥冥，德之所藏。纷纷沸沸，道之所行。虽（如）神龙变化，斐斐文章，大哉《关雎》之道也，万物之所系，群生之所悬命也。河洛出《书》《图》，麟凤翔乎郊。不由《关雎》之至（道），则《关雎》之事，将奚由至矣哉。夫六经之策，皆归论汲汲，盖取之乎《关雎》。《关睢》之事大矣哉。冯冯翊翊，自东自西，自南自北，无思不服；子其勉强之，思服之。天地之间，生民之属，王道之原，不外乎此矣。子夏喟然叹曰，大哉《关睢》，乃天地之基也。《诗》曰，钟鼓乐之。（卷五）

按此处所述，乃由表至里，尽其精微的诗教之一例。由男女真而且正的感情，结合而为夫妇，这是由个人构成家庭社会的基点。在此一基点上，有琴瑟钟鼓之乐，由此而呈现出真正"人的社会"，便是天地位、万物育的气象。"王道"乃实现"人道"，使人能过着个体与群体得到谐和向上的生活的政治。《关睢》为王化之原，正在此等处领取。《毛诗序》"《关睢》，后妃之德也，风之始也，所以风天下而正夫妇也，故用之乡人焉，用之邦国焉（按此言其义通于上下，故歌亦通于上下）"，"故正得失，动天地，感鬼神，莫近于诗。先王以是经夫妇，成孝敬，厚人伦，美教化，移风俗"，"然则《关睢》、《麟趾》之化，王者之风……《周南》、《召南》，正始之道，王化之基。是以《关睢》乐得淑女以配君子，忧在进贤，不淫其色，哀窈窕，思贤才，而无伤善之心焉，是《关睢》之义也"。《毛诗序》与《韩传》，在内容上完全是一致的。至《史记·十二诸侯年表》序"周道缺，诗人本之衽席，《关睢》作"，《儒林列传》序谓"周室衰而《关睢》作"，扬雄《法言·至孝》篇"周康之时，颂声作乎下，《关睢》作乎上，习治也"，《后汉书·皇后纪》序"康王晚朝，《关雎》作讽"，《杨赐列传》"康王一朝晏起，《关雎》见机而作"，历来注者皆谓此为出自《鲁诗》，实亦无确据。谓《关雎》为因康王晏起而作，乃就作诗时的本事以言；而《毛诗》、《韩传》，则意在发挥诗的本义。本事起于康王之晏起；本义则发于孔子及其门人。诗人追咏《关雎》之德，亦以《关雎》之德，乃王道之原，康王应以此为法。故两者之不同，乃在所指谓的重点不同，对《关雎》的重大意义并无二致。王先谦引为齐说的"孔子论诗，以《关雎》为始……此纲纪之首，王教之端也"云云，与《韩传》、《毛诗》亦相符合。又：

> 诗曰，恺悌君子，民之父母。君子为民父母何如？曰，君子者貌恭而行肆，身俭而施博，故不肖者不能逮也。……笃爱而不夺，厚施而不伐。见人有善，欣然乐之。见人不善，愓然掩之……授衣以最，授食以多。法下易由，事寡易为，是以中立而为人父母也……（卷六）

按上所引者，乃《大雅·洞酌》诗的两句。《毛传》"乐以强教之，易以悦安之，民皆有父之尊，有母之亲"，此乃以"乐""易"两字释"岂（恺）弟（悌）"，即顺"岂弟"两字以释其义。《韩传》则推广君子之道（即君道）以言之，基本的意义是一致的。又：

> ……若申伯、仲山甫，可谓救世矣。昔者周德大衰，道废于厉。申伯、仲山甫辅相宣王，拨乱世反之正，天下略振，宗庙复兴。申伯、仲山甫，乃并顺天下，匡救邪失，喻德教，举遗士，海内翕然向风，故百姓勃然咏宣王之德。诗曰，周邦咸喜，戎有良翰；又曰，邦国若否，仲山甫明之。既明且哲，以保其身。夙夜匪懈，以事一人。如是可谓救世矣（卷八）。

按上引两诗，一为《大雅》的《崧高》，一为《大雅》的《烝民》。《崧高诗序》："崧高，尹吉甫美宣王也。天下复平，能建国亲诸侯，褒赏申伯焉。"《烝民诗序》："烝民，尹吉甫美宣王也。任贤使能，周室中兴焉。"《诗序》谓此两诗为尹吉甫所作，《韩传》则谓"故百姓勃然咏宣王之德"，似有不同。然可解释为尹吉甫因百姓勃然咏宣王之德，乃总百姓之意而作此两诗；而其所以咏宣王之德，乃因宣王褒赏申伯、仲山甫有救世之功。《韩传》探其本，《诗序》述其成。《诗序》、《韩传》，在基本上仍是一致的。另一问题是，就全传八引《商颂·长发》"汤降不迟，圣敬日跻"之句的叮咛郑重的情形来观察，说韩婴主张《商颂》是歌颂宋襄公的诗，是很难令人置信的。

四、《韩诗传》所关涉到的其他典籍

在这里，顺便谈到《韩诗传》中引用到与经学史有关的其他典籍。《汉书·儒林传》："韩婴推《易》意而为之传，《韩诗》不如《韩氏易》深。"《汉志·易》下著有"《韩氏》二篇"，班固注"名婴"。早亡。马国翰《周易子夏传·辑佚序》谓："王俭《七志》引刘向《七略》云，《易传》子夏，韩氏婴也。荀勖《中经簿》云，《子夏传》四卷，或云丁宽所作。张璠云，或馯臂子弓所作，薛虞记……盖此书自馯臂传之，至丁宽韩婴得而修之，载入己书中……诸儒所指伪《子夏传》，乃此十卷后出之本（按指《国史志》、《中兴书目》所著录的十卷），非二卷残出之本也。"于是他所辑的《周易子夏传》、《丁氏传》、《韩氏传》，内容完全相同，殆全出傅会。《韩氏易传》的情形，以《诗传》的情形推之，盖仍在引申《易》的大义，以表达自己的思想。而班氏谓《易传》较《诗传》为深，是《易传》更能代表韩婴的根本思想。《汉书》七十七《盖宽饶传》："是时上（宣帝）方用刑法，信任中尚书宦官。宽饶奏封事曰：'方今圣道浸废，儒术不行。以刑余为周召，以法律为《诗》、《书》。'又引《韩氏易传》言：'五帝官天下，三王家天下；家以传子，官以传贤。若四时之运，功成者去。不得其人，则不居其位。'"由此可知《韩氏易传》之深，乃在于《易传》中发挥了战国末期盛行于儒家中的天下为公的思想。其《易传》所以传习者少的真正原因在此。

《韩诗传》中大约有八次引用到《易》。卷三述"周公践天子之位七年"中各种虚己下士的情形，接着并告诫伯禽说：

> 吾于天下亦不轻矣。然一沐三握发，一饭三吐哺，犹恐失天下之士。吾闻德行宽裕，守之以恭者荣。土地广大，守之以俭者安。禄位尊盛，守之以卑者贵。人众兵强，守之以畏者胜。聪明睿智，守之以愚者善。博闻强记，守之以浅者智。夫此六者皆谦德也。夫贵为天子，富有四海，由此德也。不谦而失天下亡其身者桀纣是也。可不慎欤。故《易》有一道，大足以守天下，中足以守其国家，近足以守其身，谦之谓也。夫天道亏盈而益谦，地道变盈而流谦，鬼神害盈而福谦，人道恶盈而好谦。是以衣成则必缺衽，宫成则必缺隅，屋成则必加拙，示不成者，天道然也。《易》曰，谦亨，君子有终吉。《诗》曰，汤降不迟，圣敬日跻。戒之哉，其无以鲁国骄士也。（卷三）

上面这段话是发挥《谦卦》大义的。卷八"孔子曰，《易》先《同人》，后《大有》，承之以《谦》，不亦可乎……五帝既没，三王既衰，能行谦德者其惟周公乎"一段，内容与上面所引者略同。又：

> 《易》曰，困于石，据于蒺藜。入于其宫，不见其妻，凶。此言困而不见据贤人者也。昔者秦穆公困于殽，疾据五羖大夫、蹇叔、公孙支，而小霸。晋文公困于骊氏，疾据咎犯、赵衰、介子推而遂为君。越王勾践困于会稽，疾据范蠡、大夫种，而霸南国。齐桓公困于长勺，疾据管仲、宁戚、隰朋，而匡天下。此皆困而知疾据贤人者也。夫困而不知疾据贤人而不亡者，未尝有之也。《诗》曰，人之云亡，邦国殄瘁，无善人之谓也。（卷六）

上引三段，虽皆引诗作结，而列入《诗传》，但也未尝不可由此以窥见他的《易传》的情形。我推测，这三段，可能是他的《易传》、《诗传》都有的。至于他特别援周公以强调《谦卦》的意义，应当是和他充任太傅，教导骄王有关系。他引周公之言中，加"夫天道亏盈而益谦"数语，出于《谦》之《象传》。引孔子之言中《易》先《同人》，后《大有》数语，取自《序卦》；其皆非出自周公、孔子，固甚明显。然此两故事，必已见于先秦典籍，韩氏乃得而引之。故不仅由此可以推论《象传》成篇甚早，即《序卦》亦必成篇于战国中期以后，末期以前，乃得援引傅会，以为孔子之言。故凡谓《说卦》、《序卦》成于汉初者皆妄。

卷二"孔子曰，口欲味，心欲佚，教之以仁……《易》曰，艮其限，列其夤，厉薰心；《诗》曰，吁嗟女兮，无与士耽。皆防邪禁佚，调和心志"，卷八"齐崔杼弑庄公，荆蒯芮使晋而反"一段，引"《诗》曰，夙夜匪懈，以事一人"以美荆蒯芮的"守节死义"，引"《易》曰，不恒其德，或承之羞"，以叹荆之仆夫为荆而死，又与卷八"官怠于有成，病加于小愈，祸生于懈怠，孝衰于妻子。察此四者，慎终如始。《易》曰，小狐汔济，濡其尾。《诗》曰，靡不有初，鲜克有终"的一段合在一起看，可证明韩氏乃融贯《诗》、《易》之义以期达到教育的目的。而韩氏所言《易》义，皆与《易传》相符合，毫无以象数卦气言《易》的痕迹，由此可以窥见汉初易学的本来面貌。

其次值得我们注意的是：《韩诗传》中两引《左传》，[①]两引《公羊》，[②]两引《穀梁》。[③]至文字上的出入，因竹简繁重，不便检阅，乃汉人引书常例。由此可知《春秋》三传，在汉初皆自由传习，毫无家法的限制。

---

① 卷三"楚庄王寝疾，卜之曰，河为祟"条，见《左传·哀公六年》；惟"庄王"作"昭王"；而《韩传》引"孔子曰"，切合楚庄王；《左传》引孔子曰则切合楚昭王。又"传曰，宋大水，鲁人吊之曰，天降淫雨"条，见《左传·庄公十一年》。惟《韩传》"孔子闻之曰"，《左传》作"臧文仲曰"。
② 卷二"楚庄王围宋，有七日之粮"条，见宣公十五年《公羊传》。卷六"楚庄王伐郑"条，见宣公十二年《公羊传》。
③ 卷八"一谷不升谓之嗛"条，见襄公二十四年《穀梁传》。"梁山崩"条，见成公五年《穀梁传》。

此外，《书》则一引《盘庚》，一引《无逸》；《礼记》则两引《檀弓》（卷一"鲁公甫文伯死"及卷七"正直者顺道而行"条），二引《学记》（卷三"剑虽利，不厉不断"条，及"凡学之道"条），一引《孔子闲居》（卷五"天有四时，春夏秋冬"条），一引《表记》（卷十"君子温俭以求于仁"条）；《大戴记》一引《本命》篇（卷一"传曰，天地有合"条），一引《礼察》篇（卷三"传曰，丧祭之礼废"条。此条又见于《礼记经解》）。由此可知大戴、小戴所集结成书的，皆传承有自。全书中引《论语》、《老子》、《孟子》者更不一而足。且亦引及《庄子·天道》篇轮扁问读书的故事。惟《天道》篇作"桓公读书于堂上"，此作"楚成王读书于殿上"。其所援引在时间上最后者为卷六"问者曰，古之谓知道者曰先生，何也"一条，乃贾谊《新书·先醒》篇"怀王问于贾君"之文。盖两人同为文帝时博士，贾生的著作先于韩婴，而年岁则当少于韩婴。由此亦可反映出贾生在当时之影响。

五、《韩诗传》中的基本思想及其与诸家的关涉

现在想通过这部《诗传》来把握韩婴的思想。

首先我们应注意到他大量征引了《荀子》的材料，甚至其著书体裁，亦由《荀子》发展而来，即可了解他受荀子影响之深。《荀子》的第一篇是《劝学》，而学的骨干是

礼。所以在《诗传》中也特别强调了学与礼，但这是与时代要求密切关联在一起的。

荀子的强调学，一方面是由封建制度解体后，大量平民可以自由进入到士大夫阶层，而学则是他们进入的正当途径。汉初大一统的局面，此一要求更为加强。《诗传》卷五引《荀子·王制》篇"虽庶民之子孙也，积文学，正身行，能礼仪，则归之士大夫"，正反映此一方面的要求。另一方面，则是针对统治阶级而言的。统治阶级多囿于眼前利害，且易陷于行为的纵恣；他们便希望由学以通古今成败之端，由学以知修己治人之道。《诗传》卷五引《荀子·大略》篇"哀公问于子夏曰，必学然后可以安国保民乎？子夏曰，不学而能安国保民者，未之有也"一段，正反映出此另一方面的要求。尤其是汉承秦灭学之后，此种黑暗时代的反弹，社会人民中的优秀分子，向学的心理更为迫切；申公"退居家教"，"弟子自远方至，受业者千余人"，[①] 即其一例。但韩婴虽受荀子的影响很大，而在他自己，则是要由融合儒门孟、荀两大派以上合于孔子的。《诗传》卷四引《荀子·非十二子》篇，韩氏去子思、孟子，将《荀子》的"此十二子者"，改为"此十子者"，并将《荀子》的仲尼、子弓并称，去子弓而仅称仲尼；这都足以表现他在思想上的自主性。且全传六引《孟子》，两引

----

① 《汉书·儒林传》。

孟子之母教。卷四"孟子曰：仁，人心也；义，人路也……故学问之道无他焉，求其放心而已"则是他接受了孟子以心善言性善的主张。所以卷六："子曰，不知命，无以为君子，言天之所生，皆有仁义礼智顺善之心。不知天之所以命生，则无仁义礼智顺善之心，谓之小人。故曰，不知命，无以为君子……"这很明显地以善为天之所命。因此，《韩诗传》中专言学者大约共有十四条，引自《荀子》者仅两条；有六条引自孔子，有一条引自孔门弟子闵子，一条引自孔门弟子冉有，两条出自《学记》。卷二"玉不琢，不成器。人不学，不成行"条，卷四"南苗亦狩（异兽）之鞞，犹犬羊也……夫习之于人也，微而著，深而固"条，皆不知所出，盖皆言学之通义；而他的强调"习"，实本于《论语》的"学而时习之"的"习"。荀子因主张性恶，所以学是为了"化性而起伪"，这中间便多勉强迫促之意。韩婴承性善之说，所以仅取荀子"凡治气养心之术，莫径由礼，莫优得师，莫慎一好"（卷二）。《诗传》中有由学以忘忧忘贫之意，绝无以学为利禄之媒之念，亦未尝取荀子化性起伪之义。卷六"子曰，不学而好思，虽知，不广矣。学而慢其身，虽学，不尊矣。不以诚立，虽立，不久矣。诚未著而好言，虽言，不信矣。美材也而不闻君子之道，隐小物以害大物者，灾必及身矣。《诗》曰，其何能淑，载胥及溺"。这段话，笃实广大，真足以代表孔子言学教人的精神。

经战国两百年的大混乱，至荀子时代而达到了顶点。此时要求从混乱的顶点中脱出，则必须对政治人生社会重新赋予以能作合理运行的大方向，这是荀子特别重视礼的真正背景与意义。汉承秦后，刘邦起自草莽，虽大一统的格局尚能保持，但除一套严刑峻罚的法令外，如何重建合理的人伦关系，使上下之间，使个人与群体之间，能相安共进，以巩固此大一统的天下，实为当时迫切的问题。所以在武帝中期以前，有良心而又有远见的知识分子，无不特别重视礼及法度重建问题。对人生社会而言，则为礼；对政治而言，则礼要求成为政治结构运行中的法度。《论语》上的"礼让为国"，及"谨权量，审法度"，[①]是礼在政治上的精神与形式的具体表现。所以荀子言礼，已包含法度的法在里面；西汉儒生言礼，也是包含法度以为言。他们的重视礼，盖出于奠定大一统天下于长治久安的实际要求，不应仅以儒家礼的学统，亦即荀卿的学统来加以解释。韩婴则把礼与诗结合起来，《诗》被引用得最多的，消极方面，五引《相鼠》之诗，积极方面，八引《长发》之颂。[②]而《诗传》言礼，当然多引荀卿之言。其中一个有趣味的问题是，韩婴以礼

---

① 上句《论语·里仁》；下句《论语·尧曰》。
② 《诗·鄘风·相鼠》序："刺无礼也。"中有"人而无仪，不死何为"，"人而无礼，胡不遄死"。《商颂·长发》："帝命不违，至于汤齐。汤降不迟，圣敬日跻。"盖韩氏以敬言礼。

来作孔子、老子政治理想的注脚。卷四"君子（子字衍文）者以礼分施，均遍而不偏。臣以礼事君，忠顺而不解（懈）；父宽惠而有礼，子敬爱而致恭。兄慈爱而见友，弟敬诎而不慢。夫临照而有别，妻柔顺而听从……偏立则乱，具（俱）立则治。请问兼能之奈何？曰，审礼"，这是抄自《荀子·君道》篇的。荀子的意思是说明只有"审礼"才可建立人伦间对等义务的合理关系，使政治人生社会，能在谐和中向前向上发展。韩婴抄了这段话，却以之作为《论语·公冶长》孔子自言其志的解释，而说"若是，则老者安之，少者怀之，朋友信之"。孔子只说明了自己的志；韩婴则认为要达成孔子之志，必须通过礼。

韩婴对孔子的了解，或可以卷五下面的一段话为代表："孔子抱圣人之心，彷徨乎道德之域，逍遥乎无形之乡，倚天理，观人情，明终始，知得失。故兴仁义，厌势力，以持养之。于时周室微，王道绝，诸侯力政，强劫弱，众暴寡，百姓靡安，莫之纪纲，礼义废坏，人伦不理；于是孔子自东自西，自南自北，匍匐救之。"

韩婴也和汉初其他思想家一样，以儒家思想为主，却在处世上，也受到道家的若干影响。《诗传》卷一引："传曰，喜名者必多怨，好与者必多辱。唯灭迹于人，能随天地自然，为能胜理而无爱名……"以此发挥《诗》"不忮不求，何用不臧"之义，固可与儒家相通，但与道家更为接近。又"传曰，水浊则鱼喝，令苛则民乱……故吴起峭刑而车裂，商鞅峻法而支解"的一条，是反法家的；但于引《诗》之后，以"故惟其无为，能长生久视而无累于物矣"作结。这在他的心目中，不仅儒家与法家不能并存，道家与法家也是不能并存的。卷三引"故老子曰，后其身而身先，外其身而身存，非以其无私乎，故能成其私"之言，以发挥《诗》"思无邪"之义。卷五"福生于无为，而患生于多欲"条，是受有道家影响。又"哀公问于子夏"条，承认"仲尼学乎老聃"。卷七"昔者司城子罕相宋"条引"故老子曰，鱼不可脱于渊，国之利器，不可以示人"。卷九"贤士不以耻食"条，全引老子有关知足不辱之各种说法。但第一，他对老子有批评。如卷四"诈伪不可长，空虚不可守"条，"空虚不可守"当然是对老子思想的批评。第二，他以儒家的观点，补充、解释老子的思想。老子"不出户而知天下，不窥牖而见天道"的话，他引用了三次，有两次作了补充、解释。卷三"昔者不出户而知天下，不窥牖而见天道，非目能视乎千里之前，非耳能闻乎千里之外，以己之情量之也。己恶饥寒焉，则知天下之欲衣食也……"这是以儒家"絜矩之道"为老子之言作解释，解释得非常合理，但与老子此说的根据是相去很远的。卷五："夫百姓内不乏食，外不患寒，则可御教以礼义矣。《诗》曰：'蒸畀祖妣，以洽百礼。'百礼洽，则百意遂。百意遂，则阴阳调……如是而天道得矣。是以不出户而知天下，不窥牖而见天道……"这是以老子所菲薄之礼，来为老子的两句话找出如何而有其可能的根据。上面这两点，都与荀子有密切关系，[①]亦可由此了解礼在韩婴思想中的贯通性。以礼立身行己，其归结必证验于人伦之上，亦即必证验于人与人相互间的合理关系之上，否则会流于怪诞、空谈。这是作为儒家大统的最基本标志。

此处更提出《诗传》卷四下面的一段话稍加疏释，因为这是韩氏的微言所在。

《韶》用干戚，非至乐也。舜兼二女，非达礼也。封黄帝之子十九人，非法义也。往田号泣，非尽命也。以人观之则是也，以法量之则未也。《礼》曰，礼仪三百，威仪三千。《诗》曰，静恭尔位，正直是与。神之听之，式谷以女。

上面这段话中，主要是对传说中的黄帝与舜的批评。对黄帝的批评，是反对将政权视为家庭产业，由家长作任意的分配，这是彻底的天下为公的精神的表现，对当时皇权专

---

① 《荀子·不苟》篇："操五寸之矩，尽天下之方。"《非相》篇："圣人者，以己度者也。"此乃《大学》"此之谓絜矩之道"之所本，亦即《韩诗传》此处之所本。而《荀子》重礼原因之一，以为礼可以通类尽伦，以一知万，为《韩诗传》此处所本。

制之局，作了完全的否定，里面含有许多丰富的政治思想内容，在大环境压迫之下，仅在此处灵光一现。但与盖宽饶所引《韩氏易》的话互相印证，可断定这是韩氏在政治上的最根本的思想。对舜的批评有三点。《韶》而用干戚，则其中有诛伐之意，故认为非至乐。此乃以孔子谓《韶》为尽美尽善之言，不尽恰当。其余两点，均见于《孟子·万章上》万章与孟子的问答。"往田号泣，非尽命也"，或者是觉得舜在力田时而思念父母就可以了；思念父母而至于每天号泣，未免太过而不安于在父母面前的遭遇。"达礼"，是可通行于一切人之礼。韩婴证定一夫一妻，乃人人可行之达礼；而舜兼尧的二女，与一夫一妻的要求不合的。这当然是针对当时盛行的妻妾动辄百十人的风气所下的针砭。人的动机，是主观的，而法是客观的。他所说的"以人观之则是也"，是说黄帝和舜的行为，在他们的主观动机上，是无可厚非的。但以客观性的法去衡量，便不见得是合理。综括上下文加以了解，此处之法，即是礼在政治上的具体化，实际也就是礼。再由"达礼"一词推测，法的客观性，乃成立于社会大众都应当承认、都能够实行的条件之上，亦即卷五所说的"义简而备，礼易而法，去情不远，故民之从命也速"。这便须摆脱带有特殊性的主观动机的限制，以统一于大众可以共同承认的礼法之上。这一条，不论在政治思想的内容上，及仅就礼的意义上，都是很突出的见解。

荀子长于言礼，但对仁的体悟不深。韩婴由荀子而兼摄孟子以上契孔子，所以《诗传》中除重言礼外，也重言仁，而最有特色的是卷一中下面的一段话：

> 仁道有四，磏（廉）为下。有圣仁者，有智仁者，有德仁者，有磏仁者。上知天，能用其时；下知地，能用其财；中知人，能安乐之，是圣仁者也。上亦知天，能用其时，下知地，能用其财，中知人，能使人肆之，是智仁也。宽而容众，百姓信之。道所以至，弗辱以时，是德仁者也。廉洁直方……非其民不使，非其食弗尝，疾乱世而轻死，弗顾弟兄。以法度之，比于不祥，是磏仁者也……磏仁虽下，然圣人不废者，匡民隐括，有在是中者也。

按韩氏由仁的效用的大小及有无而分为四等。以旧式语言表达，则体用该备者为圣仁。以今日语言表达，则能发挥科学效用以达到安人的实效者为圣仁。这也是对仁而提出客观的要求与标准，在各种言仁的语言中，我觉得韩氏之言，有其特定的意义。

政治是诸子百家讨论的主题，而儒家则是站在人民的立场来衡量此一主题，韩婴自不例外。《诗传》中不止一次地引用到《韩非子》内、外《储说》中的材料，是他研究过法家思想。但除前引卷一中严厉批评法家以外，卷五下面的一段话，则是反秦的。

> 天设其高，而日月成明。地设其厚，而山陵成名。上设其道而百事得序。自周衰坏以来，王道废而不起，礼义绝而不继。秦之时，非礼义，弃《诗》《书》，略古昔，大灭圣道，专为苟妄；以贪利为俗，以告猎（讦）为化，而天下大乱……

西汉知识分子，在政治上不反法反秦，便是完全脱离了人民而以佞幸残暴自甘，这是评断历史人物的大标志。韩氏当然不能离开此一大标识。此外，对君道臣道、仁民爱物、知人纳谏等儒家的政治思想，《诗传》中都有所发挥，这里只录下面几段话，作他的政治思想的代表；其余的则加以略过，以后只讨论比较有特色的问题。

> 太平之时，民行役者不逾时，男女不失时以偶，孝子不失时以养，外无旷夫，内无怨女；上无不慈之父，下无不孝之子。父子相成，夫妇相保；天下和平，国家安宁。人事备乎下，天道应乎上……万民育生，各得其所，而制国用。故国有所安，地有所主。圣人刳木为舟，剡木为楫，以通四方之物，使泽人足乎木，山人足乎鱼，余衍之财有所流。故丰膏不独乐，硗确不独苦，虽遭凶年饥岁，禹、汤之水旱，而民无冻饿之色。故生

不乏用，死不转尸，夫是之谓乐。诗曰，于铄王师，遵养时晦。（卷三）

古者八家而井田，方里为一井；广三百步，长三百步为一里。其田九百亩。广一步，长百步为一亩。广百步，长百步为百亩。八家为邻，家得百亩，余夫各得二十五亩，家为公田十亩；余二十亩共为庐舍，各得二亩半。八家相保，出入更守，疾病相忧，患难相救，有无相贷，饮食相召，嫁娶相谋，渔猎分得，仁恩施行，是以其民和亲而相好。诗曰，中田有庐，疆场有瓜。今或不然，令民相伍，有罪相伺，有刑相举，使构造怨仇，而民相残，伤和睦之心，贼仁恩，害士（上）化，所和者寡，欲败者多，于仁道泯焉。诗曰，其何能淑，载胥及溺。（卷四）

齐桓公问于管仲曰，王者何贵? 曰，贵天。桓公仰而视天。管仲曰，所谓天，非苍莽之天也。王者以百姓为天，百姓与之则安，辅之则强，非之则危，倍之则亡。诗曰，民之无良，相怨一方。民皆居一方而怨其上，不亡者未之有也。（同上）

总结地说一句，他所传承的是以民为主，个体与群体互相尊重谐和的政治思想。

六、《韩诗传》中特出的问题

（1）士的问题的突出

第一个特出的问题，是士的立身处世的立足点的问题；通过《诗传》，韩氏要求以节义为士的立身处世的立足点。

第二个特出的问题，是站在士的立场，身与禄孰重的问题，君与亲孰重的问题，也是忠与孝孰重的问题。通过《诗传》所提出的答案，则是亲重于君，忠次于孝。而身与禄孰重的答案，应联系到君与亲孰重的问题上来作判断。

第三个特出的问题是，《诗传》中较过去任何一部书，更多提出了妇女的问题，其影响也值得重视。

上面前两个问题，有一个共同的背景，即是士的生活贫困所及于士的德行与人格的巨大压力与抗拒。

由农耕之士、武士，演变而为半农半武半下级政治工作分子之士，更演变而为完全脱离生产，成为政治预备军及知识的担当者的士，士自身存在的意义与存在的根据、能力，在现实上便成为严重的问题。老子、孔子的时代，正是封建贵族政治开始解体，有的贵族已经没落，有的平民中的优秀分子，开始向上争取社会政治中的地位；此时的士，恰成为下落与上升的连结点。孔门弟子的成分，有贵族，有没落的贵族，有由社会各种职业而来的平民，正是此一时代上升与下落的情形的综合反映。在《论语》中，对士的职业与形态而言，有"执鞭之士"，有"避人之士"，有"避世之士"。①孔子及其门人则对士提出了新的要求与警惕。"子曰，士志于道，而耻恶衣恶食者，未足与议也"（《里仁》）。"子曰，士而怀居，不足以为士矣"（《宪问》）。"子曰，志士仁人，无求生以害仁，有杀身以成仁"（《卫灵公》）。"曾子曰，士不可以不弘毅，任重而道远。仁以为己任，不亦重乎。死而后已，不亦远乎"（《泰伯》）。"子张曰，士见危受命，见得思义。祭思敬，丧思哀，其可已矣"（《子张》）。还有"子张问，士何如斯可谓之达矣？子曰……夫达也者，质直而好义，察言而观色，虑以下人……"（《颜渊》）"子贡问曰，何如斯可谓之士矣？子曰，行己有耻。使于四方，不辱君命，可谓士矣。曰，敢问其次？曰，宗族称孝焉，乡党称弟焉。曰，敢问其次？曰，言必信，行必果，硁硁然，小人哉，②抑亦可以为次矣。曰，今之从政者何如？曰，噫！斗筲之人，何足算也"（《子路》）。把上面的材料稍加综合，孔子不许无才德的从政之人可称为士，则孔子所要求于士的，是突破个人生活的要求，建立自己的人格，担当各层次的救世责任。这是孔子对历史新演变出的士，站在教育与救世的立场所赋予的新内容、新形象。

---

① 分见《论语·述而》及《微子》两章。
② 按此处之小人，乃指识量之狭小而言。

因此，这不是社会阶层中的士，而是人格世界中的士。孔子即是这种士中的圣人。但以杖荷蓧的丈人，在子路面前责以"四体不勤，五谷不分，孰为夫子"（《论语·微子》）时，子路虽有"欲絜其身，而乱大伦。君子之仕也，行其义也"的大道理，可是当时子路面对此一丈人，也自然"拱而立"地流露出敬意。同时"游于艺"，"何其多能也"，并且在学问上由多闻多见立基的孔子，绝不是四体不勤、五谷不分的人。但丈人对由生产浮离出来了的一般之所谓士，站在社会立场上提出了一个根本问题，而为孔子、子路所不能不承认，也是一个重要的事实。

到了战国中期，脱离了生产的士的数量更大为增加。此时各种学团辈出，寄食于国君贵族，有如齐的稷下，燕的碣石；而孟尝、平原、信陵、春申四君等，亦各养客数千人。因士的大量出现及各学团的成立，把古代文化发展到高度，对政治社会结构的变化，也发生了很大的功用。但站在社会的立场，士本身所含的问题，当更为严重。这在《孟子》一书中有清楚的反映。"彭更问曰，后车数十乘，从者数百人，以传食于诸侯，不以泰乎？"使彭更觉得"泰"的，正是孟子所领导的士的一个集团。《孟子》中两称"士庶人"，[①] 又"孟子曰，在国曰市井之臣，在野曰草莽

---

① 《孟子·梁惠王上》："士庶人曰，何以利吾身。"《离娄上》："士庶人不仁，不保四体。"

之臣，皆谓庶人"（《万章下》），则是士包括在"庶人"一词的范围之内。但又谓"以士之招招庶人，庶人岂敢往哉"（《万章》），则是士的地位与庶人很接近而又有点分别。这分别大概只在一般的庶人没有做官的机会，而士则保有做官的机会。孟子又说"士之仕也，犹农夫之耕也"（《滕文公下》）。这便反映出士实际是以仕为常业。士在社会上得以自由产生，而可仕的职位则有限；且选用之权，乃属于统治阶层，而士只能被动地处于待选的地位，则未被选用之士，在社会上实际成为无业游民、寄生阶级，乃势所必至。于是士自身的栖栖遑遑，及社会对之投以怀疑的眼光，也是事所必至的。所以公孙丑情难得已地援诗"不素餐兮"之义而问"君子之不耕而食何也"（《尽心上》）。上面引用到的彭更也干脆说"士无事而食，不可也"。而王子垫也向孟子发出"士何事"的质问（《尽心上》）。孟子于此，仅以"为仁义"，"尚志"于仁义，①作士的无事而食的正当理由；孟子的话，若由社会上讲出来，可以有文化上的意义，但由士自身讲出来，总觉得歉然有所不足。尤其是孟子对"其徒数十人，皆衣褐，捆屦织席以为食"的许行，斥其为

---

① 孟子对彭更的答复是"于此有人焉，入则孝，出则弟，守先王之道，以待后之学者，而不得食于子，子何尊梓匠轮舆而轻为仁义者哉"。对公孙丑的答复是"君子居是国也，其君用之则安富尊荣；其子弟从之则孝悌忠信。不素餐兮，孰大于是"。对王子垫的答复是"尚志……仁义而已矣"。

"从许子之道，相率而为伪者也，恶能治国家"！把许行所倡导的士在历史沉沦中要由自力求生的奋起的意义抹杀掉，是万分可惜的。于是法家们以自己本是士的立场，在政治上却彻底反对士的存在，连自食其力的隐士也不容许，这便牵涉到他们愚民弱民的基本用心，形成历史文化上的反动。但在反映出士的大量出现后所酿成的严重危机上，法家的态度，也不是完全没有历史上的意义。

（2）"士节"的强调

脱离了生产后的士，除了在社会功能上有得有失，并且得少而失多以外，士的自身也必然经常处于窘境之中：一是生活问题，一是人格问题。两个问题，都密切关联在一起。当孔子说"士志于道，而耻恶衣恶食者，未足与议也"，及孟子说"志士不忘在沟壑，勇士不忘丧其元"[1]这一类的话时，已深切反映出士的生活与人格上的冲突。绝大多数的士，不可能像孔子所要求的为了人格而甘心于恶衣恶食的生活困苦；于是由发冢以至鸡鸣狗盗，士成为社会上人格最有问题者的存在，这对士所担当的文化责任，完全发生反作用；而士的中间，当然也会引起若干人的反省，要在生活贫困中作人格的抗拒。韩氏《诗传》，便集

---

[1] 此二语，一见于《滕文公下》"陈代曰"章；再见于《万章下》"万章曰，敢问不见诸侯何义也"章。

结了这类的故事，形成对"士节"的要求，亦即是对所谓"节义"或"名节"的要求。兹节录若干材料如下：

（一）王子比干杀身以成其忠，柳下惠杀身以成其信，伯夷、叔齐杀身以成其廉。此三子者，皆天下之通士也，岂不爱其身哉？为夫义之不立，名之不显，则士耻之，故杀身以遂其行。由是观之，卑贱贫穷，非士之耻也。天下举忠而士不与焉，举信而士不与焉，举廉而士不与焉。三者存乎身，名传于后世，与日月并而不息，天不能杀，地不能生（亡），当桀纣之世，不之能污也。然则非恶生而乐死也，恶富贵，好贫贱也。由其理，尊贵及己而仕也，不辞也。孔子曰，富而可求，虽执鞭之士，吾亦为之。富而不可求，从吾所好。故厄穷而不悯，劳辱而不苟，然后能有致也。《诗》曰，我心匪石，不可转也。我心匪席，不可卷也。此之谓也。（卷一）

（二）传曰，不仁之至忽其亲，不忠之至倍其君，不信之至欺其友。此三者，圣王之所杀而不赦也。（同上）

（三）原宪居鲁，环堵之室，茨以蒿莱……上漏下湿，匡坐而弦歌。子贡乘肥马，衣轻裘……而往见之，原宪楮冠黎杖而应门，正冠则缨绝，振襟则肘见，纳履则踵决。子贡曰，先生何病也？原宪仰而应之曰，宪闻之，无财之谓贫，学而不能行之谓病。宪贫也，非病也。若夫希世而行，比周而友，学以为人，教以为己，仁义之匿，车马之饰，衣裘之丽，宪不忍为之也。子贡逡巡，面有惭色，不辞而去。原宪乃徐步曳杖，歌《商颂》而反，声沦（盈）于天地，如出金石；天子不得而臣也，诸侯不得而友也。故养身者忘家，养志者忘身。身且不爱，孰能忝之……（引诗与上同）（同上）

（四）传曰（按《荀子·哀公》篇）所谓士者，虽不能尽备乎道术，必有由也。虽不能尽乎美著（善），必有处也。言不务多，务审所行而已。行既已尊之，言既已由之，若肌肤性命之不可易也……（引上诗）（同上）

（五）荆伐陈，陈西门坏，因其降民使修之。孔子过而不式。子贡执辔而问曰，礼，过三人则下，二人则式。今陈之修门者众矣，夫子不为式，何也？孔子曰，国亡而弗知，不智也；知而不争，非忠也；亡而不死，非勇也。修门者虽众，不能行一于此，吾故弗式也……（同上）

按此上五条皆引《柏舟》之诗。

（六）传曰，聪者自闻，明者自见。聪明则仁义著而廉耻分矣……故智者不为非其事，廉者不求非其

有，是以害远而名彰也。诗云，不忮不求，何用不臧。（同上）

按此处前后共有三条，皆引《邶风·雄雉》此二句。

（七）申徒狄非其世，将自投于河。崔嘉闻而止之曰……今为濡足之故，不救溺人，可乎？申徒狄曰不然。……亡国残家，非无圣智也，不用故也。遂抱石而沉于河。君子闻之曰，廉矣，如仁何……（同上）

（八）鲍焦衣弊肤见，挈畚持蔬，遇子贡于道。子贡曰，吾子何以至于此也？鲍焦曰，天下之遗德教者众矣，吾何以不至于此也……子贡曰……非其世而持其蔬，诗曰，溥天之下，莫非王土，此谁有之哉。鲍焦曰，於戏，吾闻贤者重进而轻退，廉者易愧而轻死，于是弃其蔬而立槁于洛水之上。君子闻之曰，廉夫！刚哉。夫山锐则不高，水径则不深，行磏者德不厚，志与天地拟者其为人不祥，鲍焦可谓不祥矣……（同上）

（九）子路曰，士不能勤苦，不能轻死亡，不能恬贫穷，而曰我行义，吾不信也……（卷二）

（十）宋燕相齐见逐，罢归之舍，召门尉陈饶等二十六人曰，诸大夫有能与我赴诸侯者乎？陈饶等皆伏而不对。宋燕曰，悲乎哉，何士大夫易得而难用也？饶曰……且夫财者君之所轻也，死者士之所重也。君不能

行君之所轻，而欲使士致其所重，譬犹铅刀蓄之，而干将用之，不亦难乎……（卷七）

（十一）贤士不以耻食，不以辱得……（卷九）

除上面所录的以外，卷二有"楚昭王有士曰石奢"的故事，因其父犯罪而自己"刎颈而死乎廷"，君子叹其"贞夫！法哉！石先生乎"。卷二又有"晋文侯使李离为大理"的故事，因过听杀人，不受文侯之宽赦，"不能以虚自诬，遂伏剑而死"，君子叹其为"忠矣乎"。又有"子路与巫马期薪于韫丘之下"的故事，子路被巫马期引夫子"勇士不忘丧其元，志士仁人不忘在沟壑"的话所感动。卷六有子夏与公孙悁论勇的故事，而谓"所贵为士者，上摄万乘，下不敢敖乎匹夫"。卷七有"孔子困于陈蔡之间"的故事，以"夫学非为通也，为困而不忧，穷而志不衰"教告子路。又有"齐崔杼弑庄公，荆蒯芮使晋而反"，"驱车而入死其事"，其仆亦"结辔自刎于车上"的故事，君子叹"荆蒯芮可谓守节死义矣；仆夫则无为死也，犹饮食而遇毒也"。卷九有"田子方之魏，魏太子从车百乘而迎之郊，太子再拜谒田子方，田子方不下车，太子不说"的故事，田子方因谓"贫贱可以骄人"，"安往而不得贫贱乎"的话。又有"戴晋生敝衣冠而往见梁王"的故事，而说出雉的"乐其志"与"不得其志"两种神情。

试将前录十一条加以条理：（一）是韩婴对此问题的

总的看法。忠、信、廉，是士节的节的实质内容。（二）所提出的亲、君、友三种士节实践的对象，大体上概括了东汉节义的对象。而士节的成就，必须突破贫穷困辱，乃至生死等问题，与（九）的子路的话，正互相印证。此中最现实的是贫穷的问题。要突破贫穷问题，消极方面须如（六）的不忮不求；在这一点上，韩婴接上了老子的态度。积极方面，须有"不可转"、"不可卷"之心；且能如原宪样的有所乐。如（十一）样的有所耻。（四）是说士的立身，总要有一个立足点；此立足点应即视为一己之性命，守死不渝。此一观点，对东汉的名节，有最大的解释力。（七）（八）不奖励过当之行，矫激之行。卷五"朝廷之士为禄，故入而不出。山林之士为名，故往而不返。入而亦能出，往而亦能返，通移有常，圣也"。这段话，是韩婴认为是士的合理的出处态度。（十一）则说明士可以不计生死，但并非盲目地为他人而死。东汉名节之士的规范，在这里大概已经标指出来了。

（3）养亲及君亲间的矛盾

成就士节的共同条件，是要能安贫贱而轻富贵。但有一个例外，这便是养亲的问题。为了养亲，可以暂时贬抑自己的志节。这里含有身、亲、君三者相互间的孰轻孰重的问题。《诗传》对此，则是亲重于身，身重于君。所以建立这种分别，还是来自生活贫穷的现实背景。卷一的第一条故事，即说明了这点。

> 曾子仕于莒，得粟三秉。方是之时，曾子重其禄而轻其身。亲没之后，齐迎以相，楚迎以令尹，晋迎以上卿。方是之时，曾子重其身而轻其禄。怀其宝而迷其邦者，不可与语仁。窘其身而约其亲者，不可与语孝。任重道远者，不择地而息。家贫亲老者，不择官而仕。故君子矫（跻，草履也）裼趋时，当务为急。传云，不逢时而仕，任事而敦其虑，为之使，而不入其谋，贫焉故也。诗曰，夙夜在公，实命不同。

所谓"重其禄"，因此时之禄，是为了养亲的。"重其禄，而轻其身"，等于说重其亲而轻自身的志节。所谓"轻其禄"，因此时之禄，已无亲可养，只代表人君所给与于自己的报酬。"重其身而轻其禄"，等于说"重自身的志节而轻君之禄"。轻君之禄，即是不能因君而贬抑自己的志节。"传云"数语的"贫焉故也"，是说因贫而不能养亲，此时只好把自身的志节放在一旁，"不择官而仕"。这种仕，非为行其道，但在职业本位上，还是"任事而敦其虑"的。

此一故事，应由卷七所述的加以补充：

> 曾子曰，往而不可还者亲也，至而不可加者年也。是故孝子欲养而亲不待也；故吾尝事齐为吏，禄不过钟

釜，尚犹欣欣而喜者，乐其逮亲也。既没之后，吾尝南游于楚，得尊官焉……犹北乡而泣涕者，非为贱也，悲不逮吾亲也。故家贫亲老，不择官而仕。若夫信（伸）其志，约其亲者，非孝也。

卷一"枯鱼衔索"条谓"贤士欲成其名，二亲不待。家贫亲老，不择官而仕"。卷七"齐宣王谓田过……君与亲孰重"条，田过答以"凡事君，以为亲也"。卷九"孔子行，闻哭声甚悲"条，皋鱼答孔子"何哭之悲也"之问，谓："树欲静而风不止，子欲养而亲不待也。往而不可得见者亲也。"卷十"传曰，卞庄子好勇，母无恙时，三战而三北"条，"及母死三年，鲁兴师，卞庄子……见于将军曰，前犹与母处，是以战而北也，辱吾身。今母没矣，请塞责"。皆与前引曾子的故事相合。

现在所要追问的是，这种观念的形成，首先是来自孔子把周初封建政治中的孝的意义，扩及于社会，以适应新出现的平民家族①团结的需要。于是孝成为各种道德实践的基点，以至演变而使孝居于各种道德的首位。其次，还是来自脱离了生产关系之士，生活经常陷于贫困。但因孝的观念的要求，觉得自己为了名节可以抗拒贫穷，但父母

---

① 古代只贵族有姓有氏，平民则有名而无姓氏。自春秋末期起，平民开始有姓，有姓而后有族。详见拙著《两汉思想史》卷一中《中国姓氏的演变与社会形式的形成》一文。

的晚年也随自己过贫穷生活，感到于心不安，便产生出贬抑自己以禄养亲的观念。同时，在此观念的后面，实隐藏着当昏乱之世，对政治实在非常的厌离，而在生活上又有时不能不沾染的无可奈何的心情在里面。但是，上述观念，当与人君发生关涉，而把"君臣之义"浮出在意识上，君亲之间，又不能两全时，便不能不发生冲突矛盾，而使人生更陷于窘境。卷一：

> 楚白公之难，有庄善者，辞其母，将死君。其母曰，弃母而死君，可乎？曰，闻事君者，内其禄而外其身。今之所以养母者，君之禄也，请往死之。比至朝，三废车中。其仆曰，子惧，何不反也。曰，惧，吾私也。死君，吾公也。吾闻君子不以私害公。遂死之。君子闻之曰，好义哉，必济已夫……

上一故事，很显明地反映出权衡于君亲之间的窘境。卷六下面的故事，反映此种窘境，更为深刻。

> 田常弑简公，乃盟于国人曰，不盟者死及家。石他曰，古之事君者，死其君之事。舍君以全亲，非忠也；舍亲以死君之事，非孝也。他则不能。然不盟，是杀吾亲也；从人而盟，是背吾君也。呜呼，生乱世，不得正行，劫乎暴人，不得全义，悲夫。乃进盟以免父母，退

伏剑以死其君。闻之者曰，君子哉，安之，命矣。《诗》曰，人亦有言，进退维谷。石先生之谓也。

奇怪的是，士由生活的穷困所引起的这些严重问题，却没有引起回向生产方面的反省，没有引起由知识分子去从事生产，因而引起生产技术进步的反省，而只在一条政治的独木桥上，以极少数人的人格去抗拒政治权力的巨轮，真是螳臂当车，知识分子的悲剧，历史的悲剧，大概在这里可以看出它的根源了。但不应因此而否认螳螂的勇气，及一勺清泉所给与于污流在对比上的意义。同时，只要想到，这是两千年前的社会所出现的情形，便也不觉得奇怪了。但以后历史的演变，因科举制度的出现而更加剧了士对生产劳动的游离，更加剧了士对势利的依附，更加剧了士的人格上的破产，以致卑污下流，连自己最基本的认知能力也放弃了；这是士的沉沦，也是历史的沉沦。

（4）妇女地位的被重视

《诗经》中，除了许多男女怨慕的诗篇以外，已不止一次地提到妇女与政治兴亡的关系。《春秋》中，也有不少贤或不肖的妇女的纪录。战国时代，是一个封建政治解体，大一统的专制尚未建立起来的过渡时代；因此，也是比较开放的时代。在此一比较开放，而又是平民开始得到姓氏，因而也取得确固的家族地位的时代，妇女的地位，有相对的提高。成立于战国中期前后的《易传》，已反映出此一情势。《咸卦·象传》"咸，感也。柔上而刚下。二气感应以相与，止而说，男下女，是以亨利贞，取女吉也"。《家人卦·象传》"家人，女正位乎内，男正位乎外。男女正，天地之大义也。家人有严君焉，父母之谓也。父父子子，兄兄弟弟，夫夫妇妇，而家道正。正家而天下定矣"。男女只有内外的分工，绝没尊卑的异分。汉初吕后的政治权力，与后世女祸不同之点，在于她并非全凭床第的恩宠而来，殆亦与战国时代男女平等的观念有关系。但她的凶悍之性，几亡汉室，西汉初年的统治阶层及知识分子，无不引以为大戒。他们特别强调《关雎》之诗，各家皆发挥女德对政治影响之巨，其原因在此。韩婴在上述各种背景之下，《诗传》中特注意到妇女在社会、人生中的意义，而集结了有关的材料。

已经引用到《诗传》卷一的"传曰，夫行露之人许嫁矣，然而未往也"条，这里说明韩氏肯定了妇人的贞节观念。接着是"孔子南游适楚，至于阿谷之隧，有处子佩瑱而浣者"，孔子三遣子贡借"乞一饮"，"借子以调其音"，及拟赠"缔绤五两"，"以观其语"的故事，此故事似乎是孔子故意使子贡去挑逗浣衣的处女，以试其是否知礼，很不近人情，所以《孔丛子·儒服》篇谓"阿谷之言，起于近世"。此故事的出现，乃为最后所引的"诗曰，南有乔木，不可休思。汉有游女，不可求思（《周南·汉广》），此之谓也"作证明。其用意一如上引的《行露》之诗一样，所以表彰妇女的贞节。妇女的贞节，有三种意义。第一种意义，所以维护妇女自身的人格尊严，以见不是可任男人随意玩弄。第二种意义，是安定社会的秩序。淫奔成风，必然影响社会正常的生活。这本是男女双方面的责任，所以"义夫"、"贞妇"，是两个并行的观念，而事实上责任比较偏重在女方，这是历史条件的限制与偏差。第三是维护一个家庭的继续存在。假定一个家庭中的丈夫，三四十岁死去，剩下的父母已老，子女尚幼，此时若妻子改嫁以去，此家庭很可能因之瓦解消灭。妻子如肯养老抚幼，守节不嫁，此家庭便可延续下来；而此种妇女意志的坚强，生活的辛苦，确是高出常人一等。因此，儒家对贞妇节妇加以鼓励，而汉代自文帝即位，赐女子百户牛酒起，至宣帝，在其社会政策中，特加入对贞女节妇的恩典，自有其重大意义，不应仅因后世流于虚伪残酷的少数特例而完全向黑暗面去加以解释。

卷一"鲁公甫文伯死"，其母因其"不足于士而有余于妇人"，因之不哭的故事；卷九"孟子少时诵，其母方织，孟子辍然中止"，"其母引刀裂其织，以此戒之"，并"买东家豚肉以食之，明不欺也"的故事；及"孟子妻独居踞，孟子入户视之"，欲去妻，孟母责以"乃汝无礼也"，于是孟子自责不敢去妻的故事，这都是伸张母教的重要。中国古代，与古希腊相反，母亲在家庭中一直保有崇高的地位；而母教对子女影响之大，是不必多加说明的。卷二"鲁监门之女婴"，"闻卫世子不肖"，而忧其"男弟三人"将因此及于战祸，与《列女传》鲁漆室女故事略同，所以表彰少女富于"连带感"的远见，因家事而忧及国事。卷八"齐景公使人为弓，三年乃成"，"不穿三札，景公怒，将杀弓人"，弓人之妻往见景公，告以此弓选材之精，及"射之之道"，遂穿七札，而其夫得救的故事，乃所以表见妇女之贤能。卷九"秦攻魏，破之"，魏公子之乳母背千金之赏，挟公子逃泽中，秦军射之，以身蔽公子，"着十二矢"，"秦王闻之，飨以太牢"的故事，所以表彰妇女之义。又"孔子出游少源之野"，有妇人因亡其蓍簪而哭的故事，乃嘉妇人"非伤亡簪也，盖不忘故也"之意。卷二楚狂接舆因其妻之言而却楚王请"治河南之聘"的故事，及卷九"楚庄王使使赍百金聘北郭先生"，北郭先生听其妇的意见"遂不应聘"的故事，所以嘉许妇人以贫自甘的高节。没有这样的妇人，士要完成自己的高节，便更困难了。刘向根据上面的故事，加以扩充，以写成《列女传》。范蔚宗的《后汉书》，则增设《列女传》，使妇女在历史中取得一确定的地位。此在今日看来，似有所不足。但若嵌入在世界史中，作比较性的了解，则不能不惊叹范氏卓越的社会眼光，历史眼光。而其端实启自《诗经》中的若干诗人；韩氏《诗传》，因得而发扬称道，这应当可以说是他的特点之一。

附刘向世系表

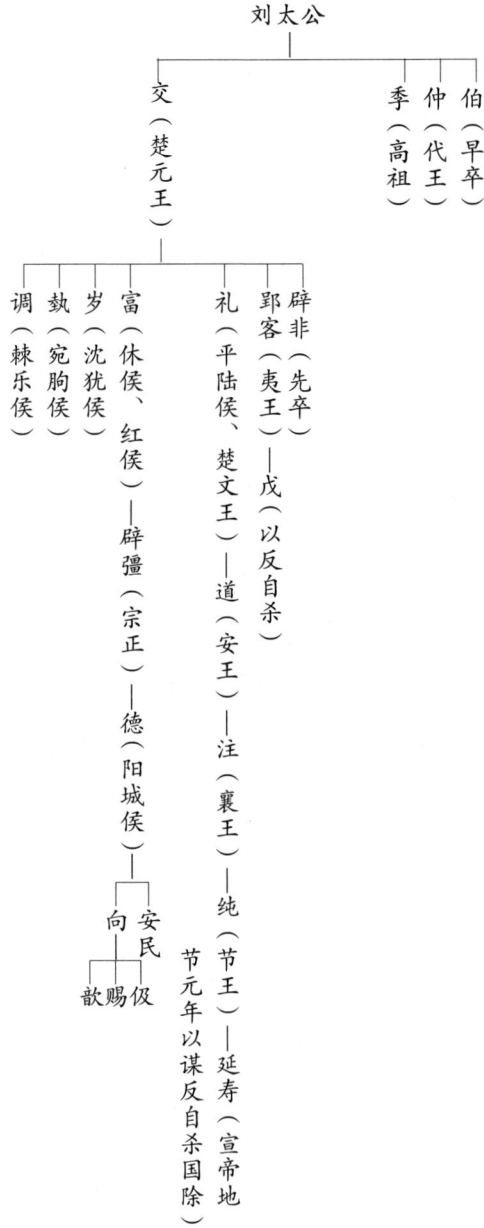

刘太公
├ 交（楚元王）
├ 季（高祖）
├ 仲（代王）
└ 伯（早卒）

交（楚元王）
├ 调（棘乐侯）
├ 埶（宛朐侯）
├ 岁（沈犹侯）
├ 富（休侯、红侯）—辟彊（宗正）—德（阳城侯）
│　　　　　　　　　　　　　　　　　　├ 向—歆赐佋
│　　　　　　　　　　　　　　　　　　└ 安民
├ 礼（平陆侯、楚文王）—道（安王）—注（襄王）—纯（节王）—延寿（宣帝地节元年以谋反自杀国除）
├ 郢客（夷王）—戊（以反自杀）
└ 辟非（先卒）

刘向《新序》、《说苑》的研究

一、刘向的家世、时代与生平

《汉书》三十六《楚元王传》：

> 楚元王交，字游。高祖同父少弟也。好书，多材艺。少时尝与鲁穆生、白生、申公，俱受《诗》于浮丘伯。伯者，孙卿门人也。及秦焚书，各别去。……汉六年，既废楚王信（韩信），分其地为二国，立贾（刘贾）为荆王，交为楚王……元王既至楚，以穆生、白生、申公为中大夫。高后时，浮丘伯在长安，元王遣子郢客与申公俱卒业。文帝时，闻申公为《诗》最精，以为博士。元王好《诗》，诸子皆读《诗》。申公始为《诗》

传，① 号《鲁诗》。元王亦次之《诗》传，号曰《元王诗》，世或有之。

由此可知刘交在刘邦的家庭中，要算是最有文化教养的一人。刘交死后，其子郢客嗣，是为夷王。郢客死，子戊嗣。在景帝三年与吴王濞同反，兵败自杀；景帝乃立元王交之子刘礼为楚王（文王），奉元王祀；再五传至延寿，以欲倚附武帝子广陵王胥谋立为天子的嫌疑，于宣帝地节元年自杀，国除。这里应特别指出的是，由高祖六年（前二〇一年），到地节元年（前六十九年），凡一百三十二年之间，这一王国，经过了两次叛乱的大罪。楚王戊谋叛自杀后，景帝依然立刘交之子、刘戊之叔父刘礼为王，由此可知因刘交在文化上的声望，得到了皇室的重视。又传：

---

① 据《汉书·艺文志·六艺略》"汉兴，鲁申公为《诗》训故，而齐辕固、燕韩生，皆为之传"。《儒林传》"申公独以《诗经》为训故以教，亡传。疑者则阙弗传"。故《艺文志·诗》下仅录有"鲁故二十五卷"。由此可知，申公实只有《诗》训故而未尝为之作传。故此处之"申公始为《诗》传"之"传"，或为"故"字之讹。传所以发挥大义。"毛诗传"，乃"毛诗故训传"之简称，《毛诗》既有故训，又有传，如《大序》者是。后人因不知"毛诗传"系简称，见《毛诗》有故训，遂以为传乃与故训同义，引起许多纠葛，特于此加以澄清。

文帝尊宠元王，子生，爵^①比皇子。景帝即位，以亲亲封元王宠子五人。子礼为平陆侯，富为休侯，岁为沈犹侯，埶为宛朐侯，调为棘乐侯。

按元王的长子辟非先卒。由次子郢客嗣王位，合计起来，他共有七个儿子。当刘戊与吴通谋时，元王的第四个儿子休侯刘富使人谏王，"王曰：'季父不吾与，我起（起兵），先取季父矣。'休侯惧，乃与母太夫人奔京师"。及戊因反自杀，"富等皆坐免侯，削属籍。后闻其数谏戊，乃更封为红侯。太夫人与窦太后有亲，惩山东之寇，求留京师，诏许之。富子辟彊等四人……辟彊字少卿，亦好读诗，能属文。武帝时以宗室子随二千石论议，冠诸宗室。清净少欲，常以书自娱，不肯仕"。霍光秉政，"拜辟彊为光禄大夫，守长乐卫尉，时年已八十矣，徙为宗正，数月卒"。据《公卿表》，这是始元二年（前八十五年）的事。刘辟彊是楚元王刘交之孙，是刘向的祖父。

　　辟彊的儿子刘德"字路叔"，当登用辟彊时，正"待诏丞相府，年三十余"，"修黄老术，有智略。少时数言事，召见甘泉宫，武帝谓之千里驹"。元凤元年（前八十年）德以太中大夫迁宗正，"常持《老子》知足之计。妻死，大将

---

① 《汉书补注》引刘奉世疑爵字衍。又引李慈铭曰："爵犹秩也。此特其礼秩比皇子耳，非封爵也。"按当以刘说为是。

军光欲以女妻之，德不敢取，畏盛满也"。侍御史承霍光指"劾德诽谤，诏狱，免为庶人，屏居山田。光闻而恨之，复白召德守青州刺史，岁余，复为宗正（元凤三年，前七十八年）"。《公卿表》谓"二十二年薨"，则当是死于宣帝的五凤二年（前五十六年）。因曾参与立宣帝的事，地节四年（前六十六年）封为阳城侯。"德宽厚好施生……家产过百万，则以振昆弟宾客饮食。曰：'富，民之怨也。'"他的长子安国，次子更生，即刘向。他死前，因向坐铸伪黄金当伏法，德"上书讼罪"，被"赐谥缪侯"。

综计刘向的家世，一面是宗室懿亲，得到封王封侯及仕进上的优厚凭借。同时，因两次叛逆的打击，也常在避嫌远祸、居安思危之中。在学术上与《诗》有长久的渊源；又因处于宗室的猜嫌地位，及当时窦太后提倡黄老，所以与道家思想，也有深远密切的关系。这都给刘向在政治与文化的活动上以深远的影响。

又《楚元王传》：

向字子政，本名更生。年十二，以父德任为辇郎。既冠，以行修饬擢为谏大夫。是时，宣帝循武帝故事，招选名儒俊才，置左右。更生以通达能属文辞，与王褒、张子侨等并进对，献赋颂凡数十篇。上复兴神仙方术之事，而淮南有《枕中鸿宝苑秘书》，书言神仙使鬼物为金之术，及邹衍重道延命方，世人莫见。而更生父德，武帝时治淮南狱，得其书，[①] 更生幼而读诵，以为奇，献之，言黄金可成。上令典尚方铸作事，费甚多，方不验。上乃下更生吏，吏劾更生铸伪黄金，系当死。更生兄阳城侯安民，上书入国户半，赎更生罪。上亦奇其材，得逾冬减死论。会初立《穀梁春秋》，征更生受《穀梁》，讲论五经于石渠，复拜为郎中，给事黄门，迁谏大夫、给事中。

以上是刘向早年在宣帝时代的活动。按宣帝即位改元为本始元年（前七十三年），霍光死于地节二年（前六十八年）。霍氏以谋反族诛，为地节四年（前六十六年）。霍氏族诛后，他才有"循武帝故事"的完全权力。次年的元康元年（前六十五年）秋八月，"诏博举吏民，厥身修正，通文学，明于先王之术，宣究其意者"，此乃其发端。若依钱大昕刘向生于昭帝元凤二年（前七十九年）之说，向此时年十四。而为谏大夫当为神爵三年（前五十九年）。若依叶德辉向生于昭帝元凤四年（前七十七年）之说，向此时年十二，而为谏大夫当为五凤元年（前五十七年）。据传，向既冠（年二十）为谏大夫，接着以能属文并进对，献赋

---

① 《补注》引刘奉世曰："淮南事元朔六年，是时德甫数岁。传误纪。"按刘德两为宗正，第二次居官二十二年之久。淮南狱所没收之有关资料，必保管于宗正。刘德因修黄老术，因而涉猎及主管中所没收之淮南著作，刘向亦得预闻，乃情理中事。班氏之误纪，殆因此而来。

颂凡数十篇。再接着才"典尚方铸作事，费甚多而方不验，系当死"。其父刘德临死前为其"上书讼罪"，是五凤二年（前五十六年）。若刘向在五凤元年为谏大夫，次年（五凤二年）即因铸金不验犯法，一年之间，容纳不了上面许多转折。所以我和钱宾四先生一样，认为钱大昕所推之刘向生年为不误。① 黄龙元年（前四十九年）宣帝死时，向年三十。甘露三年（前五十一年）与诸家讲论五经异同于石渠，因而得立《梁丘易》、《夏侯尚书》、《穀梁春秋》博士时，向年二十八。在此十年中，虽有散骑的加官，但尚未真正介入政治问题，主要是发挥少年好奇的心理，并在文学上求表现。在经学上除其世传的《诗》学外，加上了《穀梁春秋》。而《艺文志·诸子略·道家》中有"刘向《说老子》四篇"，当系向三十岁前后所作。道家为刘氏家学之一，而就《新序》、《说苑》看，刘向所受道家思想的影响，愈老而愈薄，故此书当成于早年。又：

> 元帝初即位（初元元年，前四十八年），太傅望之（萧望之）为前将军，少傅周堪为诸吏光禄大夫，皆领尚书事，甚见尊任。更生年少于望之、堪，然二人重之，荐更生宗室忠直、明经有行，擢为散骑宗正给事中，与

---

① 见钱穆先生所著《刘向歆父子年谱》。一九五八年港版页一至二。我与钱先生之取证不同，而结论则一致。又钱先生此著，主要为拓清康有为《新学伪经考》之谬说而发。其立论之明快坚实，大有功于经学史。

侍中金敞拾遗于左右。四人同心辅政，患苦外戚许、史在位放纵，而中书宦官弘恭、石显弄权。望之、堪、更生议，欲白罢退之，未白而语泄，遂为许、史、恭、显所谮诉，堪、更生下狱，及望之皆免官……其春地震……上感悟，下诏赐望之爵关内侯，奉朝请。秋，征堪、向，欲以为谏大夫，恭、显白皆为中郎。冬地复震。时恭、显、许、史子弟侍中诸曹，皆侧目于望之等，更生惧焉，乃使其外亲上变事，言……地动殆为恭等，臣愚以为宜退恭、显，以彰蔽善之罚。进望之等，以通贤者之路……书奏，恭、显疑其更生所为，白请考奸诈，辞果服，遂逮更生系狱……坐免为庶人……望之自杀。

宣帝临死时以史高为大司马车骑将军，萧望之为前将军光禄勋，周堪为光禄大夫，皆受遗诏辅政。望之、周堪援引刘向、金敞，四人同心协力，与史高成对立之局。接着是刘向下狱，望之免官；接着望之赐爵关内侯，周堪、刘向为中郎；再接着刘向免为庶人，望之自杀；这些剧烈变化，都是在元帝即位的次年——初元二年（前四十七年）一年中所发生的。这便使刘向接触到专制政治中的一个最基本问题，即是宦官外戚的问题。由此一问题，又引出由专制所形成的统治者的心理状态的问题。为了解决此种问题，刘向又遇着他自身理论上难以克服的破局，即是灾异说自身的破局。

《汉书》九十三《佞幸传》：

> 石显字君房，济南人；弘恭，沛人也。皆少坐法腐刑，为中黄门，以选为中尚书。宣帝时，任中尚书官。恭明习法令故事，善为请奏，能称其职。恭为令（中尚书令），显为仆射。元帝即位数年，恭死，显代为中书令。是时，元帝被疾，不亲政事，方隆好于音乐，以显久典事，中人无外党，精专可信任，遂委以政。事无小大，因显白决；贵幸倾朝，百僚皆敬事显。显为人巧慧习事，能探得人主微旨。内深贼，持诡辩以中伤人，忤恨睚眦，辄被以危法。初元中，前将军萧望之，及光禄大夫周堪、宗正刘更生，皆给事中。望之领尚书事，知显专权邪辟，建白：以为尚书百官之本，国家枢机，宜以通明公正处之。武帝游宴后庭，故用宦官，非古制也。宜罢中书宦官，应古不近刑人。元帝不听，由是大与显忤，后皆害焉。

宰相制度，本质上是将以平衡一人专制，与专制难以相容的制度。汉代专制政治演进的过程，也可以说是宰相制度破坏的过程；此到武帝而完成了此一破坏工作。宰相不能实际过问政治，政治便逐渐落在主管文书档案的尚书手上。由尚书直达皇帝，必须有帮助皇帝处理之人。皇帝主要生活于后庭，能在后庭行走的只有宦官，于是朝廷的尚书所经手的公文，最后送到皇帝手上时，皇帝因太忙或老病或年幼，只有由被指定的宦官帮着处理，乃至代为处理，此即"中尚书"出现的原因。宣帝以曾皇孙，实际是以平民而登帝位，更不信任外朝，此弘恭、石显之所以得势。其生母王夫人，生宣帝几个月后，随着卫太子的事变而同时被杀。他年幼得祖母史良娣（卫太子之妻）之兄史恭的抚养，有感恩及为祖母抱屈的深厚感情。许广汉女平君，以微时故剑，得立为后，立三年而被霍光之妻所谋杀，这在宣帝也都是难言的隐痛。汉代的社会政策中，由宣帝即位的本始元年起，经常有赐"女子百户牛酒"，我以为与上述的情形有关系。所以武帝惩吕后之祸，闲防外戚特严，[①]宣帝追摹武帝，但对史、许两家，恩宠优渥。即位时史恭已死，乃封史恭子史高、史曾、史玄及高子丹皆为侯；史高至大司马大将军，宣帝死时，为受遗诏辅政者之一。封许皇后的父亲许广汉为平恩侯，位特进。广汉的两弟许舜、许延寿亦皆封侯，更以延寿为大司马车骑将军辅政；这都是元帝的外祖父。所以元帝即位后，形成政治动力的是与他生活在一起的宦官及这批外戚。萧望之们，实质上是处于"客卿"的地位。这是专制政治中所必然出现的局面，也即是刘向自关涉到政治后，所全力要加以改变而卒无可

---

① 武帝晚年欲立钩弋夫人之子为太子，即后之昭帝，乃先杀钩弋夫人以预为之防。事见《史记·外戚世家》褚先生补传。

奈何的局面。所以成帝即位，石显虽被"徙归故郡"，但王氏又代之而起。

其次，元帝的"中人无外党，精专可信"的心理，是皇权专制下所必然形成的心理，因此，这可以说是凡当皇帝的人的共同心理。而元帝又有种特殊情形。《汉书》卷九《元帝纪》赞："元帝多材艺，善史书，[1] 鼓琴瑟，吹洞箫，自度曲，被歌声，分刌节度，穷极幼眇（要妙）。少而好儒，及即位，征用儒生，委之以政，贡（贡禹）、薛（薛广德）、韦（韦贤）、匡（匡衡），迭为宰相。而上牵制文义，优游不断，孝宣之业衰焉。然宽弘尽下，出于恭俭，号令温雅，有古之风烈。"西汉到了元帝，儒者在政治上的分量，的确比以前加重。但西汉儒生，与其他出身的政治活动者，假定他们都是属于品德良好的这一类的人，也有两个大的区分点。第一个区分点，儒生必定把人民的要求安放在第一位；而其他出身的政治活动家，则在这一点上较为含糊。第二个区分点，儒生有一套把现实政治向理论上推进的原则，因此，他们的政治主张，常倾向于改革的这一方向。尽管他们表达得有时不够明显。其他出身的政治活动家，没有这种原则，因此，他们多表现在现实的利

---

[1] 应劭以"周宣王太史史籀所作大篆"释"史书"，本来是不错的。《补注》引钱大昕谓，指的是当时流行的隶书。不知此乃其材艺之一，即今日所谓艺术活动之一，并非为了应用。故凡特纪某人善史书者，皆应如应劭所释。

害比较，及处理的技术。像弘恭、石显这种人，则有一套"档案"性的知识及处理的技术；而他们的动力，又说不上是现实政治上的利害比较，而仅是个人利害上的比较。元帝的性格，是"风流才子"的性格。他的"少而好儒"，乃来自当时儒家已在社会上成为文化中的主流的风气；儒家对他的影响，止限定在"出于恭俭"这一点上。他的性格本可以走上荒淫的路上去，但他并未曾如此，这是儒家思想所给予他的制约。当时政治的实权，实际已落在以大司马大将军为中心的内朝之臣的手上，宰相名位高而无实权。他初即位时，形成萧望之、周堪、金敞、刘向四位儒生同心辅政之局。因为望之是前将军，而周堪有"诸吏"的加官，刘向有"散骑"的加官，金敞则系"侍中"的加官，加入到了内朝的行列，[①] 能与皇帝亲近，取得帮皇帝处理政务的关系。但此时内朝，本以宦官弘恭、石显及外戚的大司马车骑将军史高、左将军史丹、大司马车骑将军许延寿及延寿的中子大司马车骑将军许嘉为主体。这一批人的子

① 内朝外朝之分，以属于宰相系统的正常官职，亦即是普通所谓之"朝廷"为外朝。直属于皇帝，不在宰相系统的为"内朝"。内朝事实上之存在甚早，至武帝而始造成内朝在事实上取代外朝实权之局，霍光即正式将内朝与外朝对举。官制中主持军政军权的太尉，属宰相系统，这是朝廷的正常官制。武帝废太尉而设将军，并以大司马"冠将军之号"，所以凡是大司马及各将军，皆直属于皇帝，皆属于内朝。武帝更设"加官"制度，即是在本职以外，更给以另外的头衔，使属于宰相系统的，可进入到内朝，直属于皇帝。故不论地位如何，一经加官，其身份便特为贵重。

弟，充斥内朝，根深蒂固；恭、显有"文案"才，①而心性贼险；史、许集团则系一批无知识的纨绔子弟。萧、周、刘等参入到这样一个政治核心的集团，其不能相容，乃是必然之事。元帝处在此一斗争中，尊敬萧、刘诸儒生之心，终不敌在生活上与他融成一体的宦官外戚们的谗间。加以他是一个苟安现实的人，内心实厌恶萧、刘们突破现状的要求，但表面上又不愿断然拒绝；于是始而模棱两可，终而偏向宦戚的一边。纪赞所谓"优游不断"，乃指他处理内廷人事斗争中的心理状态而言。所谓"牵制文义"的"文义"，乃指石显们所"明习法令故事"而言。他不愿有杀师傅之名，也知"萧太傅素刚，安肯就吏"，但依然听石显"诎之于牢狱"的处置，使望之"饮鸩自杀"。闻望之自杀，又"却食为之涕泣，哀恸左右"，②而显等安然无恙。望之死后，再起用周堪及堪弟子张猛。但终于"堪希得见，常因显白事，事决显口，会堪疾瘖，不能言而卒。显诬谮猛，令自杀于公车"。③向被免为庶人后，上封事中谓"今贤不肖浑淆，白黑不分，邪正杂揉，忠谗并进"，这反映出了当时政治上的真实；而此一真实，与皇权专制的共性及元帝的特性是不可分的。

---

① 满清幕府中实际处理日常公文的称为文案。此借用。
② 见《汉书》七十八《萧望之传》。
③ 见《汉书》三十六《刘向传》。

另一是萧望之、刘向们以灾异说作为推动政治的武器，是完全无效的。《萧望之传》，"地节三年夏，京师雨雹，望之因是上疏愿赐清闲之宴，口陈灾异之意"，他由此受知于宣帝。但弘恭、石显们为什么不可以此反射到刘向这批人身上呢？《向传》"冬地复震"，向使其"外亲上变事"，一面谓"不为三独夫（匹夫）动（指望之、周堪、刘向）"，另一面谓"地动殆为恭等"。但"是岁夏寒，日青无光，恭、显及许、史皆言堪（周堪）、猛（张猛）用事之咎"。在经验世界之上，建立一种由灾异以见意的天意，这种天意，在解释上本来是可以有很大的出入的。要凭此以衡断现实问题上的是非，根本是董仲舒以下的无可奈何的迂愚之举。在成帝时代，一群儒生以灾异压垮了许皇后，间接捧起了赵飞燕，这是最坏的例子之一。但刘向一生，似乎未能跳出自己所划的圈套。

刘向自元帝的元初二年（前四十七年）冬免为庶人后，一直到成帝建始元年（前三十二年）起用时，中间废弃了十五年之久。永光四年，周堪以扼于石显而卒，张猛自杀，"更生伤之，乃著《疾谗》、《摘要》、《救危》及《世颂》，凡八篇，依兴古事，悼己及同类也"。"依兴古事"，乃刘向著书的体例。此后所著的《新序》、《说苑》、《列女传》，皆系依兴古事。按《艺文志·诗赋略》，有刘向赋三十三篇。其中有踵屈原之《九歌》、《九章》及宋玉之《九辩》而作《九叹》，盖自伤其遭遇与屈原相同，悼屈原，实所

以自悼。更"哀屈、宋诸赋,定名《楚辞》",为总集之祖,应当都是此一废弃期间的产物。又本传:

> 成帝即位,显等伏辜,更生乃复进用,更名向。向以故九卿召拜为中郎,使领护三辅都水。数奏封事,迁光禄大夫。是时帝元舅阳平侯王凤为大将军秉政,倚太后专国权;兄弟七人,皆封为列侯。时数有大异,向以为外戚贵盛,凤兄弟用事之咎。而上方精于《诗》、《书》,观古文,诏向领校中五经秘书;[①]向见《尚书·洪范》,箕子为武王陈五行阴阳休咎之应。向乃集合上古以来,历春秋六国至秦、汉符瑞灾异之记,推迹行事,连传祸福,著其占验,比类相从,各有条目,凡十一篇,号曰《洪范五行传论》,奏之。天子心知向忠精,故为凤兄弟起此论也,然终不能夺王氏权。久之,营起昌陵,数年不成,复还归延陵,制度泰侈,向上疏谏曰……书奏,上甚感向言,而不能从其计。向睹俗弥奢侈,而赵、卫之属起微贱,逾礼制。向以为王教由内及外,自近者始。故采取《诗》、《书》所载贤妃贞妇,兴国显家,可法则,及孽嬖乱亡者,序次为《列女传》,凡八篇,以戒天子。及采传记行事,著《新序》、《说

---

① 按《成帝纪》河平三年,光禄大夫刘向校中秘书。谒者陈农使求遗书于天下。向年此时五十四。

苑》，凡五十篇，奏之。数上疏言得失，陈法戒。书数十上，以助观览……向雅奇陈汤知谋，与相亲友，独谓汤曰，灾异如此，而外家日盛，其渐必危刘氏。吾……历事三主，上以我先帝旧臣，每进见，常加优礼，吾而不言，孰当言者？向遂上封事极谏曰……书奏，天子召见向，叹息悲伤其意，谓曰，君且休矣，吾将思之。以向为中垒校尉。向为人简易无威仪，廉靖乐道，不交接世俗，专积（精）思于经术。昼诵书传，夜观星宿，或不寐达旦。元延中，星孛东井，蜀岷山崩，雍（壅）江，向恶此异，语在《五行志》，怀不能已，复上奏，其辞曰……上辄入之（召入），然终不能用也。向每召见，数言公族者国之枝叶。枝叶落，则本根无所庇荫。方今同姓疏远，母党专政，禄去公室，权在外家，非所以强汉宗，卑私门，保守社稷，安固后事也。向自见得信于上，故常显讼宗室，讥刺王氏及在位大臣；其言多痛切，发于至诚。上数欲用向为九卿，辄不（衍文）为王氏居位者及丞相御史所持（挟持），故终不迁。居列大夫官，前后三十余年。年七十二卒，[①] 卒后十三岁而王氏代汉。

按刘向在元帝时扼于石显。成帝即位，石显被斥逐以死，

---

① 钱《谱》刘向卒记于绥和元年（前八年）。

所以他得再起。但他在元帝时的政治问题，是弘恭、石显及外戚许、史之属。成帝时，政治权力则由王太后一家取而代之，遂成为刘向后半生的最大政治问题。成帝上制于母后，而自己又"湛于酒色，赵氏乱内"，便无法不使"外家擅朝"，[①] 所以刘向扶枝叶以固根本的企图，又完全落空。但他能三十余年"居列大夫官"，依然是成帝保全之力。他开始以中郎（秩比六百石）迁光禄大夫。光禄大夫虽秩比二千石，但在官制中乃居于可上可下的地位。宣、元以后，愈为清要。周堪为光禄勋，秩中二千石，乃九卿之位。及受遗诏辅政，改为光禄大夫；其地位尊崇亲近可知。[②] 此时成帝"诏向领校中五经秘书"，则以清要之官，领职责以外，与现实政治疏离之事。最后由光禄大夫迁中垒校尉，秩二千石，掌北军垒门内，外掌西域，而校书如故，与政治的枢机相去更远。这种职掌上的特殊安排，及迁徙上的由近而远，不是出于成帝对他的尊信，乃是出于成帝怕他当政治之冲，难免于元帝时萧望之、张猛们之祸。而刘向终以校书之故，在中国学术史中取得一特殊不朽的地位；则一时现实政治上的沉沦，就个人而言，常是塞翁失马，安知非福的。

---

① 《汉书》十《成帝纪》赞。
② 请参阅陈树镛《汉官答问》卷二，页七。

二、《新序》、《说苑》的问题

刘向在学术上最大的贡献，在他的校雠中秘书。此已有不少人作过专题研究；这里只以《新序》、《说苑》为对象，探索他的思想及关涉到的若干经学史上的问题。

前引《刘向传》，对《列女传》则言"序次"，序次云者，编定其次序之谓。所以《列女传》，刘向只是根据材料，分类编定其次序；除"颂"外，向未加意见。《新序》、《说苑》则言"著"，与《疾谗》等八篇之言"著"者同。《疾谗》等八篇是"依兴古事"，而《新序》、《说苑》是"采传记行事"，这是直接受到韩婴《诗传》的影响；但在传记行事之外，必加入有他自己的意见，甚至是以自己的意见为主导地去采传记行事，始可谓之著。《新序》、《说苑》是"著"而不是"序次"，《汉书》本传是说得很明白的。至于《汉志·诸子略·儒家》中"刘向所序六十七篇"的所序，指的是刘向把自己几种著作，以篇为单位，编（序）在一起而言。与"扬雄所序三十八篇"的意思相同。乃今人竟据此认为《新序》、《说苑》仅是刘向所"编辑"的，而以"曰撰曰著者非"；①且在今日几成为定论。然则扬雄所序三十八篇中，据班固注"《太玄》十九，《法言》十三，《乐》四，《箴》二"，《太玄》、《法言》，也是编辑

---

① 见张心澂著《伪书通考》页六三八"心澂按"。

而不是撰著的吗？这是应首先加以澄清的问题。

此问题应始于黄震的《黄氏日钞》的一段文字。"《说苑》者，刘向之所校雠，去其复重与凡已见《新序》者，而定为二十卷，名《说苑》"。沈钦韩《汉书疏证》卷二十七："此二书旧本有之，向重为订正，非创自其手也。"余嘉锡氏《四库提要辨证》卷十《新序》十卷一条，亦踵其说而有所发挥。大家所根据者，为宋本《说苑》有如下的叙录：

> 护左都水使者光禄大夫臣向言，所校中书说苑杂事，及臣向书，民间书，诬[①]校雠。其事类众多，章句相溷，或上下谬乱，难分别次序。除去与《新序》复重者。其余者，浅薄不中义理，别集以为百家后，令以类相从，一一条别篇目，更以造新事，十万言以上，凡二十篇，七百八十四章，号曰《新苑》，皆可观，臣向昧死。

《初学记》二十四引《风俗通》："苑，蕴也，言薪蒸所蕴积也。"上面的叙录，文字似有讹缺，但仍可分三部分来了解。第一应了解"所校中书说苑杂事"的"说苑"，乃

---

① 按卢文弨《群书拾补》"说苑"条"案《论语》曰，焉可诬也。《汉书·薛宣传》作可忓。苏林曰，忓，同也，兼也。晋灼曰忓音诬。疑此诬与忓同义"。

刘向对许多积聚在一起的一堆零星言论所加的统一称呼，并非先有"说苑"一书。也如刘向对许多积聚在一起的零星故事，而统称之为"杂事"，并非早有"杂事"一书，是同样的情形。正因为说苑杂事，仅指中秘所藏的一堆材料，并非如其他诸子百家之勒为一书，所以又可加入自己及民间所藏的这类材料，而至"事类众多"；不似已勒为一书者之有一定范围。第二是刘向说他对这一堆材料的整理。刘向先已从这一堆材料中，撰为《新序》一书。所以整理的第一步是"除去与《新序》复重者"。第二步是把"浅薄不中义理者，别集以为百家后"。[①] 所谓"别集以为百家后"者，是把这些不中义理的材料，也不轻易抛弃，另外编在一起（"别集"），以列于百家之后。[②]《汉志·小说家》末有百家百三十九篇，可能便是收录的这批被淘汰的材料。这里应注意的是，刘向校雠已勒成一书的诸子百家时，是把来路不同的篇简，收集在一起，除掉其中复重的，并互补残缺，加以校雠，编次写定。如《晏子叙录》"所校中书《晏子》十一篇，臣向谨与长社尉臣参校雠太史书五篇，臣向书一篇，参书一十三篇，凡中外书三十三篇，为八百三十八章，除复重二十二篇，六百三十八章，

---

① 章宗源《隋书经籍志考证》，以"后当为复"，属下句读，大误。

② "其余者浅薄不中义理"一句中之"余者"两句，似应加在"令以类相从"句的"令"字之上，而为"余者令以类相从"。

定著八篇，二百一十五章。外书无有三十六章，中书无有七十二章，中外皆有以相定。中书以天为芳……如此类者多，谨颇略笺，皆已定，以杀青，可缮写。"《晏子春秋》也是由二百一十五个故事所组成，但是已于战国末期，勒为一书，故其"复重"皆为一书自身之"复重"。而"说苑杂事"，仅刘向对一堆材料所加的统称，并非先有此书，所以没有一书自身复重的问题，而只是与他所著的《新序》相校，把已经采用过的除掉。第三，是他说的著《说苑》的情形。"余者令以类相从，一一条别篇目，更以造新事。"这是说把《新序》里已经采用过的，及浅薄不合义理的除掉，剩下的材料（余者），则以类相从地分配到拟定的篇题中去，再加上新的材料，即汉代的材料，勒为十万言以上的《新苑》一书，可供皇帝的观览。

把上面的叙录弄清楚了，更把"依兴古事"以著书，乃战国中期以后，受孔子作《春秋》之影响，成为表达思想之另一方式[①]的情形弄清楚了，便不应误解到《新序》、《说苑》"旧本有之"。更重要的是：《新序》三十卷，到北宋而只剩十卷，其全貌虽不可见；但如《杂事一》、《杂事二》，开始的一段，系融铸许多故事以表达一个中心思想，这实际已是一篇的总论。更就《说苑》二十卷而言，其篇题由《君道》而至《反质》，反映出刘向的时代，并组成一

---

① 详具见于拙文《〈韩诗外传〉之研究》的第一节。

个思想系统，此已可见其经营构造的苦心。且除《君道》外，其余十九篇，篇首皆有刘向所写的总论性的一段文章，以贯穿全篇；篇中也和韩婴《诗传》一样的，加入了许多自己的议论，此非有计划的著书而何？《君道》篇之所以缺少篇首的总论，我推测，这是他对成帝说话的技巧；君道应如何？只让历史讲话，不把自己的话摆在当头，致贬损了皇帝的自尊心。但收尾两段的意思，是刘向固根本、抑外戚的奏疏的提要。总言之，每一篇皆有由刘氏所遭遇的时代问题而来的特别用心，而二十篇又构成一个思想系统。过去的人，没有就两书内容下过切实的功夫，对其精神脉络略无理解，所以认为不是刘氏所自著。至余嘉锡氏以《新序》、《说苑》与刘向校理《战国策》的情形相比，《战国策》中，有刘氏自己的片言只字吗？《本传》、《汉志》，曾言《战国策》是刘向自著的吗？

至于《说苑》叙录"号曰新苑"，不必如张宗源所说的"新苑疑新说苑，夺说字"。以陆贾之《新语》，贾谊之《新书》，及刘氏成书在先的《新序》推之，可能刘向本自定名为新苑；至班氏写《刘向传》时，改称或误称为说苑，而新苑之名，反因之泯没。

两书成书的年代，马总《意林》："《七略别录》曰，《新序》三十卷，河平四年都水使者谏议大夫刘向上言。"王应麟《汉书艺文志考证》："《新序》总一百八十三章，阳朔元年二月癸卯上。"按河平四年（前二五）为成帝即位后之第八年，其次年即为阳朔元年（前二四），两说相去甚近，刘向于此时上《新序》，有其可能。但向为谏大夫，为宣帝甘露三年（前五十一年）；而光禄勋中之谏大夫、议郎为二职，谏议大夫之名，始于后汉。《新序》原三十卷，亦不应仅总一百八十三章。所以马总《意林》所引之《七略别录》，实不可信。① 但所言上《新序》之时间（河平四年），应出入不远。至王应麟《汉志考证》"说苑"条下"鸿嘉四年（前一七）三月己亥上"，此时上距阳朔元年为七年，上距河平四年为八年；则于此时上《说苑》，亦颇为可信。

《新序》在《唐书·艺文志》尚著录三十卷，至《崇文总目》则已著录为十卷；《全汉文》辑了五十二条佚文，其中多断章零句。且有吴汉一条，并非出于《新序》。而现存十卷中各篇，有的恐亦非全文。其亡佚者当在三分之二以上。《说苑》卷数虽全，亦有亡佚，② 但无损于其完整性。《新序》与《说苑》的分别，约有三端。一为《新序》"杂事"共有五篇，未按内容性质标题；盖《韩诗传》全

① 诸书所引《七略别录》多不足轻信。如《文选》注引《七略》谓扬雄"甘泉赋，永始三年正月上"。永始三年无行幸甘泉之事，扬雄何缘上赋。
② 严可均《铁桥漫稿·书〈说苑〉后》略谓"卢抱经《群书拾补》所载宋本有刘向叙一首，叙言二十篇七八四章。今本《君道》至《反质》凡六三九章。《群书拾补》有佚文二十四事，当是二十四章，都计六六三章，视向少一二四章，非完书也。"

未标题，《新序》则大部分标题，《说苑》则全部标题。①
由此可见此种体裁演进之迹。二为刘向在《说苑》中之思
想性，较《新序》为强；孔子之地位，更为突出。三为
《新序》卷十之《善谋下》，全录汉事；而《说苑》虽录
有汉事共约十七条，但无通篇全录汉事者。至《新序》与
《说苑》之偶有重复，乃删除未净，或因材料之出处不同
而小有异同，故两者并录，②所以"除去与《新序》重复者"
之言为可信。

又《史通·杂说下》谓刘向"自造《洪范五行》及
《新序》、《说苑》、《列女》、《神仙》诸传，而皆广陈虚事，
多构伪辞。非其识不周而才不足，盖世人多可欺故也"。
《四库提要·新序》十卷下引叶大庆《考古质疑》，摘其谬
误，谓"皆切中其实"。按刘知几《史通》多意气武断之
谈。《新序》、《说苑》，刘向写成后，皆上之成帝，以当谏
书，③岂有存心欺世之理。严可均谓"向所类事，与《左传》
及诸子，间或时代牴牾，或一事而两说三说兼存，《韩非
子》亦如此。良由所见异词，所闻异词，所传闻异词，不

---

① 《说苑》中之《丛谈》、《杂言》两篇，亦皆有其特定之内容，形成全篇
之统一性。

② 例如《新序·杂事一》之"楚共王有疾"条，与《说苑·君道》篇"楚
文王有疾"条，内容全同，而一称共王，一称文王，盖分见中之小有出入。

③ 谭献《复堂日记》卷六，"《新序》以著述当谏书，皆与封事相发明"，
其言甚确。

必同李斯之法，别黑白而定一尊。浅学之徒，少见多怪；谓某事与某书违异，某人与某人不相值。生二千载后，而欲画一二千载以前之事，甚非多闻阙疑之意"。① 我以为刘向所录者皆系先秦旧录，间或加入汉代言行，决非出自臆造。观其"删去其浅薄不中义理者"之言，可知其取舍之标准，在义理不在真伪，此与作史不同。今人若能就《韩非子》、《吕氏春秋》、《韩诗传》、《淮南子》及《新序》、《说苑》等书所引各故事，以矜慎之心，较其同异，判其讹伪，勒成专书，以补史书之所遗缺，这是很有意义的事情，但此无关于《新序》、《说苑》两书自身之得失，本文则将此类问题，置之于讨论范围之外。下面所提出的，是站在学术思想上，考查刘向所涉及之问题。

三、《新序》、《说苑》与《韩诗传》

首先我想对《新序》、《说苑》与《韩诗传》的关系，要得到一个明确的印象。将《新序》、《说苑》与《韩诗传》互相对照的结果，有的故事之内容相同，引诗相同，仅文字稍有出入，即视为与《韩诗传》相同。此外有的内容大体相同。此即视为故事录自《韩传》而注明缺诗。有的内容在文字上出入颇大，且亦缺诗的，则或因《韩传》文字

① 见严氏《铁桥漫稿》卷八《书〈说苑〉后》。

之本有残缺；或因《韩传》抄录时较略，而刘向较详；即可推知韩婴所本者，亦为刘向所见。此外还有须待继续查证的。

《新序》与《韩诗传》完全相同的计卷一共二条，卷四共四条，卷五共六条，卷六共二条，卷七共六条，卷八共二条。缺诗者卷一有二条，卷五有一条。文字出入颇大而又缺诗者，卷一有三条，卷五有二条，卷六有一条，卷七有三条，卷八有一条。待继续查证的，卷一有三条，卷二有五条，卷三有一条，卷六有一条，卷七有三条，卷九有一条。卷十全引汉事，与《韩传》无涉。《韩诗传》卷九"楚有善相人者"条，与《新序》卷五"楚人有善相人"条，两故事仅文字稍有出入；但《韩传》引"《诗》曰，彼己之子，邦之彦兮"，意在称美相者能启发楚庄王之求贤用贤。《新序》则引"《诗》曰，济济多士，文王以宁"，则意在称美楚庄王之能求贤用贤。此乃两人意有所偏重，不关于诗在传承上之异同。《新序》有的在抄录《韩传》后，更多出一段；如卷六"齐景公饮酒而乐"条，与《韩传》卷九"齐景公纵酒"条，仅文字小有出入，引诗亦同，但《新序》在"《诗》曰，人而无礼，胡不遄死"之后，多出"故礼不可去也"以下"公曰"七十五字，乃补足此一故事；此补足之故事，似见于《韩传》他处。其他亦有多出之一段，常为刘向发挥此故事之意义。卷五"田饶事鲁哀公"条；见于《韩传》卷二"伊尹去夏入殷"

条,《新序》除节去开首三句外,将《韩传》引诗的"适彼乐国"改引"适彼乐土",后更增"《春秋》曰,少长于君,则君轻之,此之谓也";此盖补证田饶"以其所从来近也"之言。凡此类者,皆无关于《韩传》、《新序》间之异同。又有在《韩传》开始有"传曰"两字,《新序》卷七有两处加以删去;此种情形,在《说苑》更为习见。又《新序》卷五"君子曰,天子居阒阙之中"条,实来自《韩传》卷五"传曰,天子居广厦之下"条,但《新序》改"传曰"为"君子曰";凡此或系韩婴著传时,尚得见原典,故以"传曰"两字著其出自先秦,至刘向时则原典已不可见,故将"传曰"两字去掉,或系出自刘向著书之惯例;其确实原因,今日无由断定。又《韩传》卷二"楚昭王有士曰石奢"条的结语为"石先生之谓也",《新序》卷七全引此条,惟将"石先生"改为"石子";而《说苑》则将《诗传》中之"先生"皆改为"生",由此可以推知"先生"一词,流行于西汉初年,景、武以后,则不甚流行,或称"子",或简称"生"。

《说苑》卷一与《韩传》相同者一条。故事同而缺诗者三条。故事中文字之出入颇大而又缺诗者两条。其"周公践天子之位,布德施惠,远而愈明,十二牧方三人"条,实本于《韩传》卷六"王者必立牧方二人"条。后文的"以人告乎天子"的情形,皆泛说,不应有《说苑》之开首三句。且就周初言,周公、召公为二伯,"伯"相当于此处之所谓"牧方"，亦当为二人而非三人。而《说苑》"十二牧方三人"，意谓十二州之牧方，此承《尧典》而误。而《韩传》引"《诗》曰，邦国若否，仲山甫明之。此之谓也"；刘向既以此事属之周公，即不能引美仲山甫之诗，故改引"《诗》曰，柔远能迩，以定我王。此之谓矣"，此不关于《诗》之家法、门户。

《说苑》卷二有两条故事与《韩传》大体相同而缺诗。卷三有三条与《韩传》相同。又"子路曰，负重道远者不择地而休……枯鱼衔索，几何不蠹……"此盖合《韩传》之两条以为一条，而缺《韩传》所引之诗。卷四与《韩传》同者一条，故事同而缺《韩传》所引之诗者两条。另有"齐崔杼杀庄公"条，实即本于《韩传》卷八"齐崔杼弑庄公"条。而刘向对韩婴之观点作了修改。兹略录两者于下，借作比较。

《韩传》：

> 齐崔杼弑庄公，荆蒯芮使晋而反。其仆曰，君之无道也，四邻诸侯莫不闻也。以夫子而死之，不亦难乎？荆蒯芮曰，善哉而言也。早言，我能谏。谏而不用，我能去。今既不谏，又不去，吾闻之，食其食，死其事。吾既食乱君之食，又安得治君而死之。遂驱车而入，死其事。仆曰，人有乱君，犹必死之。我有治长，可无死乎？乃结辔自刎于车上。君子闻之，曰，荆蒯芮可谓守

节死义矣。仆夫则无为死也，犹饮食而遇毒也。诗曰，夙夜匪懈，以事一人，荆先生之谓也。《易》曰，不恒其德，或承之羞，仆夫之谓也。

《说苑》：

> 齐崔杼杀庄公，刑蒯聩使晋而反。其仆曰，崔杼弑庄公，子将奚如？刑蒯聩曰，驱之，将入死而报君。其仆曰，君之无道也（按以下与《韩传》同，故略去）……君子闻之，曰，刑蒯聩可谓守节死义矣。死者人之所难也。仆夫之死也，虽未能合义，然亦有志士之意矣。《诗》云，夙夜匪懈，以事一人。刑生之谓也。孟子曰，勇士不忘丧其元。仆夫之谓也。

按将两者加以比较，出入之点有三。一、《韩传》称“荆蒯芮”，《说苑》称“邢蒯聩”；荆邢形近，芮聩音近，皆易为混误，今难断其孰是孰非。二、《说苑》多“其仆曰……将入死而报君”数句，对故事之线索较为明白。三、刘向很显然修正了韩婴对仆夫之观点，而韩所引《易》曰，实对仆夫的一种贬辞，故刘向改引“孟子曰”以赞美之。总之，此条应可断定出于《韩传》。

卷五与《韩传》相同者一条。其“武王克殷，召太公而问曰”条，与《韩传》卷三之“武王伐纣，至于邢邱，楯折为三"条内，太公、周公之言，大约相同；但《传》详而《说苑》略。此在《说苑》为特例。因两者有异同时，多《传》略而《说苑》详。且叙者乃伐纣及克殷两阶段之事。《说苑》以伐纣的事混为克殷之事。此一重要史料，《韩传》记录较详。《韩传》引"牧野洋洋"及"胜殷遏刘"两诗，《说苑》皆未录。

卷六"晋文公亡时，绚叔狐从"条，盖出于《韩传》卷三"传曰，晋文公尝出亡，反国"条，引诗亦同；但《韩传》文字似有残缺。"楚庄王赐群臣酒"条，见于《韩传》卷七。然《韩传》谓"殿上烛灭，有牵王后衣者"，《说苑》则作"乃有人引美人之衣者"，易"王后"为"美人"，且文字亦较详备，缺诗；此盖刘向据《韩传》而加以修饰。另有一条内容与《韩传》同而文字有出入，且缺诗。

卷七有两条同《韩传》，其中"鲁有父子讼者"条，与《韩传》卷三"传曰，鲁有父子讼者"条，文字互有详略。有两条与《韩传》内容同而缺诗。另"孔子谓宓子贱曰，子治单父而众说"条，当本于《韩传》卷八"子贱治单父，其民附。孔子曰，告丘之所以治之者"条。惟韩婴重在"所师者一人"，刘向则将此句删去，侧重在"此地民有贤于不齐者五人，不齐事之"。前又易"不齐时发仓廪，振困穷，补不足"为"不齐父其父，子其子，恤诸孤而哀丧纪"。此或因刘向着眼点之不同而加以改编，或刘向另有所本。《韩传》有诗而《说苑》无诗。

卷八有两条与《韩传》同。"伯牙子鼓琴"一条，本于《韩传》卷九之"伯牙鼓琴"条；特结尾处刘向在"苟非其时"下，增易数语，以加强知贤之重要。两皆缺诗。故此条亦可视为完全相同。另有故事内容大体相同而缺诗者三条。故事内容相同而文字出入颇大，且缺诗者五条。

卷九"景公好弋"条，与《韩传》卷九"齐景公出弋昭华之池"条，故事之内容同，而文字出入颇大，缺诗。按《说苑》当取自《晏子春秋·外篇》第七，《韩传》当另有所出。

卷十"昔成王封周公，周公辞不受，乃封周公子伯禽于鲁"条，实出自《韩传》卷三"成王封伯禽于鲁"条，虽《说苑》此处多出十三字，但后文及引《易》引《诗》皆同。"孔子观于周庙"，与《韩传》卷三"孔子观于周庙"条，皆出于《荀子·宥坐》篇，而文字互有出入。盖韩出自荀，而刘出自韩，韩、刘又各以意发挥"持满"之道，而《韩传》引"《诗》曰，汤降不迟，圣敬日跻"，《说苑》引"《易》曰，不损而益之，故损；自（始）损而终，故益"。《孔子家语·三恕》篇引此故事，与《荀子》原文最接近。"曾子有疾"条，"官怠于宦（《韩传》作有）成，病加于少（《韩传》作小）愈，祸生于懈惰，孝衰于妻子，察此四者，慎终如始。《诗》曰，靡不有初，鲜克有终"，与《韩传》卷八同。惟《韩传》少"曾子有疾"以下共九十二字；又于"《诗》曰"上多"《易》曰，小狐汔济濡其尾"九字；我以为《韩传》有脱失，而"《易》曰"九字，又被刘向删去。所以此条实出自《韩传》。此外故事之内容同而文字有出入，且缺诗者四条。

卷十一"齐景公问子贡曰，子谁师"条，实出于《韩传》卷八"齐景公谓子贡曰，先生何师"条，而此处之文字有删节，又缺诗。

卷十二"赵王遣使者之楚"条，虽文字稍有出入，实出自《韩传》卷七"赵王使人于楚"条。惟《韩传》引《大雅·烝民》之诗"征夫捷捷，每怀靡及"；而《说苑》引《小雅·皇华》之"骁骁征夫，每怀靡及"。盖刘向以《皇华》本为"君遣使臣"（《诗序》）之诗，于此为更切。"魏文侯封太子击于中山"条，与《韩传》卷八"魏文侯有子曰击，次曰诉；诉少而立以嗣，封击中山"条，故事之骨干完全相同，故事中所引的《晨风》、《黍离》的诗，及结尾引《大雅·卷阿》之诗亦同，而文字的出入颇大，且各有长短。尤其是《韩传》引《卷阿》之诗，乃韩所自引；而《说苑》作"太子乃称《诗》曰"。岂此故事，各有所本？这是很难断定的。"越使诸发执一枝梅遗梁王"条，与《韩传》卷八"越王勾践使廉稽献民于荆王"条，内容大部分相同，然各有讹夺。周显王三十五年魏（梁）始称王，是年楚灭越。故越未亡时，魏尚未称王，不得有通使于梁王之事。越未亡时，未尝臣服于楚，亦无"献民"

于荆王之理。意者"献民"乃"献梅"之误，而"梁"王乃"荆"王之误。《说苑》引"诗云：维君子使，媚于天子。若此之谓也"作结，而《韩传》无之，盖在流传中佚去。此条可大体断定出于《韩传》。另有一条与《韩传》大体相同而缺诗，另一条文字颇有出入而缺诗。

卷十三有一条之故事与《韩传》同而文字颇有出入，又缺诗。

卷十五"孔子北游，东上农山"，使子路、子贡、颜渊言志一条，故事之骨干，分见于《韩传》卷七"孔子游于景山之上"条，及卷九"孔子与子贡、子路、颜渊游于戎山之上"条。但从文字看，《说苑》出于《韩传》卷九，而《韩传》卷九此条之文字有讹脱，"戎山"亦疑系"农山"之误。且卷七之此条引诗作结，《韩传》卷九及《说苑》皆缺诗。《孔子家语·致思》篇"孔子北游于农山"条，殆取自《说苑》而加以修饰，故文义较为合理。另有两条故事与《韩传》同而文字有出入，且缺诗。

卷十七有五条与《韩传》同。有两条之故事与《韩传》同而缺诗。有一条之故事与《韩传》同而文字有出入，且缺诗。

卷十八有两条与《韩传》同。

卷十九有一条与《韩传》同。有一条之故事同而缺诗，有一条之故事同而文字有出入，且缺诗。

卷二十"魏文侯御廪灾"条，与《韩传》卷十"晋平公之时，藏宝之台烧"条，故事之意义相同，而人物及详略（《传》详而此略）不同，且缺诗，殆各有所本。

由上面的粗略统计，《新序》较《说苑》，吸收《韩传》者为多。若《新序》之三十卷未残，则《韩传》几全为两书所吸收。由此可以断言《新序》、《说苑》之作，盖承《韩传》之统绪而有所发展。其非先秦本有《新序》、《说苑》之书，更为明显。

一般认为刘向是《鲁诗》世家，所以刘向有关《诗》的说法，是代表《鲁诗》的说法。此虽出于推测，但在学术传授的实际情况中，并非不合理。不过由上面的陈述，刘向实际引用了大量的《韩传》及《韩传》中所引用的"《诗》曰"；至于有些引用了《韩传》而节去其"《诗》曰"，这是因为《韩传》本是为传《诗》而作，《新序》、《说苑》则并非专为传诗而作，所以对诗的采用与否，有较大的自由，并非出于传承中门户的不同。因此可以证明，《齐诗》、《鲁诗》、《韩诗》，仅是由传承上的地与人的不同而来的称呼，不是对诗内容解释上的分门别户的称呼；他们本出一源，在内容上没有门户，于是刘向不感到他家传的《鲁诗》和他大量采用的《韩诗》，有什么门户，须加以界域。此外，《新序》卷七"卫宣公之子伋也寿也朔也"条，谓："伋，前母子也。寿与朔，后母子也。寿之母与朔谋，欲杀太子伋、而立寿也，使人与伋乘舟于河中，将沉而杀之。寿知不能止也，遂与之同舟，舟人不得杀伋。

方乘舟时，伋傅母恐其死也，闵而作诗，《二子乘舟》之诗是也……"《毛诗序》"《二子乘舟》，思伋、寿也。卫宣公之二子，争相为死，国人伤而思之，作是诗也"。两者所述此诗的本事，完全相同。惟一谓伋之傅母作，一谓国人作，我认为这是《毛序》作了合理的修正。又上面提到《说苑》卷十二，刘改韩氏所引《燕民》之诗为《皇华》之诗，与《毛传》又完全相合。是毛与三家所根据的亦完全相同。至刘氏又谓"寿闵其兄伋之且见害，作忧思之诗，《黍离》之诗是也"，这是不合理的，因为《黍离》属于《王风》而不属于《卫风》，所以《毛序》说是"闵宗周也"，这也是传承中的修正。在传承中而有所修正，这在先秦及汉初，是常见的现象。《说苑》卷五在"《诗》曰，蔽芾甘棠，勿剪勿伐，召伯所茇"下，引"传曰，自陕以东者周公主之。自陕以西者召公主之。召公述职，当桑蚕之时，不欲变民事，故不入邑中，舍于甘棠之下，而听断焉。陕间之人，皆得其所。是故后世思而歌咏之"。此与《韩诗传》卷一"昔者周道之盛"条及《毛诗序》，虽文字有详略异同，而内容则完全一致。在"故后世思而歌咏之"下，接着是"善之故言之。言之不足，故嗟叹之。嗟叹之不足，故歌咏之。夫诗思然后积，积然后满，满然后发"。这段话，试与《毛诗大序》"在心为志，发言为诗。情动于中，而形于言；言之不足，故嗟叹之。嗟叹之不足，故永歌之。永歌之不足，不知手之舞之，足之蹈之也"的一段相对照；又试与王褒《四子讲德论》"传曰，诗人感而后思，思而后积，积而后满，满而后作。言之不足，故嗟叹之。嗟叹之不足，故咏歌之。咏歌之不厌，不知手之舞之，足之蹈之也"的一段相对照，应可断定王褒之"传曰"，《说苑》之"传曰"，与《毛诗大序》，其为同出一源，可无疑义。至其间文字之异同，可以发明汉人用典籍时，有所增删润饰之通例。

四、与其他典籍之关连

《新序》、《说苑》，除大量吸收到了《韩诗传》及《韩诗传》中所引用之《诗》外，刘向自己也引用了大量的《诗》，两书随处可见。我虽没有加以统计，但可说，《诗》是他引用得最多的典籍，我以为这还是受了《韩诗传》的影响。其次，我注意到，《新序》、《说苑》中引用孔子的材料，在比例上超过了《韩诗传》。《新序》引用《论语》者有十一条，《杂事第五》（卷五）"孔子侍坐于季孙"条，正式出有"论语"之名称。《论语》以外，引用孔子的故事或语言的共九条。此九条中《杂事》第四（卷四）"郑人游乡校"条的"仲尼闻是语也曰，以是观之，人谓子产不仁，吾不信也"，全出自襄公三十一年的《左氏传》。《杂事第五》（卷五）"孔子北之山戎氏"条，内容与《礼记·檀弓下》"孔子过泰山侧"条，内容全同；惟《檀弓》之文字较精简，而此处文字较平衍。如《檀弓》"夫子曰，小子识之，苛政猛于虎也"，此处作"孔子顾子贡曰：'弟子记之，夫政之不平而吏苛，乃甚于虎狼矣。'《诗》曰：降丧饥馑，斩伐四国。夫政不平也，斩伐四国，而况二人乎，其不去宜哉。"按汉人引书，虽有在文字上加以敷衍的情形，但不致于凭空加入人名地名的。所以这一条我怀疑是近于故事传承的本来面貌，而《檀弓》则系由一位很有文学素养的编定者加了文字上的雕琢，难怪历来古文家，多从文学上推重《檀弓》在文学上的价值。其他各条，盖皆有所出，或为我一时未能考出，或为今日已难于推考。又引用孔子弟子者二。卷五"鲁哀公问子夏曰"条，及"颜渊侍鲁定公于台，东野毕御马于台下"条，皆见于《韩诗》卷五及卷二。《说苑》引用《论语》十六条。其中《杂言》篇（卷十七）"夫智者何以乐水也"条，及"夫仁者何以乐山也"条，皆出自《韩诗传》卷三，乃对《论语》"智者乐水，仁者乐山"的解释。《修文》篇（卷十九）"孔子曰，可也，简。简者易野也，易野者无礼文也"条，凡二百五十八字，皆释《论语·雍也》章"子曰，雍也可使南面"及"仲弓问子桑伯子，子曰，可也，简……雍之言然。"又卷七《政理》篇"齐之所以不如鲁者，太公之贤不如伯禽"条凡一百四十九字，虽未出孔子或《论语》之名，殆亦释《论语·雍也》"子曰，齐一变至于鲁，鲁一变至于道"之语。引《论语》以外有关孔子言行的一百零一条。而卷十九《修文》篇"孔子曰，无体之礼，敬也"条，盖引自《礼记·孔子闲居》孔子答子夏"何谓三无"之问。孔子以"威仪棣棣，不可选也"，"威仪迟迟"，"威仪翼翼"，言"无体之礼"；而刘向则以"敬也"加以概括。孔子以"夙夜基命宥密"，"气志不违"，"气志既得"，言无声之乐；刘向则以"欢也"加以概括。孔子以"凡民有丧，匍匐救之"，"内恕孔悲"，"施及四国"，言无服之丧；刘向则以"忧也"加以概括。其概括未必能得到孔子的深意，但他大概是为了便于成帝的了解而加以概括的。说到孔子的门人的凡二十四。《善说》篇（卷十一）有三条是子贡答复"孔子何如"、"孔子为人何如"、"仲尼贤乎"的。有一条是子路答仲尼"安得为圣"的。

孔子在刘向心目中的特别地位，更从《新序》、《说苑》中引用《春秋》的分量，可以反映出来。两书中引用《春秋》时代故事的，多出于《左传》，但都不出"春秋"或"传曰"之名。引用春秋时故事，亦有出于《公羊》、《穀梁》两传的。例如《新序》卷四"昔者齐桓公与鲁庄公为柯之盟"条，记曹刿迫桓公返汶阳之田的故事，出于《公羊传·庄公十三年》。而卷九"楚平王杀伍子胥之父，子胥出亡"条，则出于《穀梁传·定公四年》。《说苑》也有这种情形。但我在这里特别对出有"春秋"之名的加以考查。

《新序》七出"春秋"之名。卷五"田饶事鲁哀公而不见察"条，取自《韩诗传》卷二。但引诗后，刘向更加上"《春秋》曰，少长于君，则君轻之，此之谓也"。出自《穀梁传·僖公二年》荀息论宫之奇之语。卷七"尧治天下"条"《春秋》曰，五帝不告誓，信厚也"，出自《穀梁传·庄公二十七年》。"曹公子喜时字子臧，曹宣公子也"条，叙事综合成公十三年、十五年、十六年《左传》，而"《春秋》贤而褒其后"，则出自昭公二十年《公羊传》。"延陵季子者，吴王之子也"条，述季札让国的情形，而结以"君子以其不受国为义，以其不杀为仁。是以《春秋》贤季子而尊贵之也"，是将襄公二十九年《公羊》、《穀梁》两传加以融和的。又"许悼公疾疟饮药毒而死"条，谓许太子止因"痛己之不尝药，未逾年而死，故《春秋》义之"，是出于昭公十九年的《穀梁传》。"鲁宣公者鲁文公之子也"条，谓宣公之同母弟公子肸不受宣公之禄，"《春秋》美而贵之"，是出于宣公十七年《穀梁传》。卷九"楚平王杀子胥之父"条，以子胥劝吴王兴师伐楚，"故《春秋》美而褒之"，出于定公四年《穀梁传》。《新序》在七出"春秋"之名中，五用《穀梁》，一用《公羊》，一用《穀梁》与《公羊》之合义。

《说苑》出"春秋"之名凡二十四。[1] 卷一"晏子没十有七年"条，谓"人君行其私意而不顾其人"，"《春秋》

---

① 本文所得此类统计数字，可能有少数遗漏。

不予能君而夷狄之"，"故曰有君者不可以不学《春秋》"，出于闵公二年《公羊传》。"孔子曰，文王似元年，武王似春王，周公似正月"条，不知所出。《春秋繁露·三代改制质文》篇有"故君子曰，武王其似正月矣"之言；刘向所引者，恐出于纬书，而《春秋》纬书系由董仲舒之说，滋演而出。[①] "孔子曰，夏道不亡，商德不作……周德不亡，《春秋》不作。《春秋》作而后君子知周道亡也"，刘向针对当时王氏柄政，借此以发挥"私门盛而公家毁"之意。而所引孔子之言，恐亦系纬书作者演董仲舒"新周王鲁"之说。卷三"公扈子曰，有国者不可以不学《春秋》……《春秋》，国之鉴也。《春秋》之中，弑君三十六，亡国五十二；诸侯奔走不得保其社稷者甚众。未有不先见而后从之者也"条，亦不知所出，与《春秋繁露·盟会要》第十及《俞序》第十七两篇"故卫子夏言"中一部分的语言近似。卷五"圣人之于天下百姓也"条中，谓孔子历七十二君而"卒不遇，故睹麟而泣，哀道不行，德泽不洽，于是退作《春秋》，明素王之道，以示后人"，其意盖出于哀公十四年《公羊传》。又"周天子使家父、毛伯求金于诸侯，《春秋》讥之"条，事见桓公十五年，三传皆以为讥，惟《穀梁》有"金"字，故可认为系用《穀梁》。又

---

① 详见拙著《两汉思想史》卷二中《先秦儒家思想发展中的转折及天的哲学的完成》一文中"董氏的春秋学之二"。

在同一条中"今隐公贪利而身自渔济上，而行八佾，以此化于国人，国人安得不解（懈）于义"。按隐公五年"公观鱼于棠"，《公羊传》："何以书？讥。何讥尔？远也。公曷为远而观鱼？登来之也。百金之鱼，公张之。登来之者何？美大之之辞也。"刘氏以隐公为贪利，当出于此。刘氏又谓"而行八佾"，此盖指是年经文"九月考仲子之宫，初献六羽"而言。《左氏》不以初献六羽为僭，《公羊》则谓"始僭诸公也"，《穀梁》则谓"始僭乐矣"，但皆谓六羽，而刘氏此谓"行八佾"，此盖根据《春秋繁露·王道》第六"献八佾，讳八言六"之语。卷七《春秋》曰，四民均，则王道兴而百姓宁。所谓四民者，士农工商也"条，尚未能查出其出于何传。卷八"春秋之时，天子微弱"条凡六百零七字，乃综述春秋时代之情势及《春秋》之作用。其中"故传曰，患之起，必自此始也"之传，乃成公二年之《公羊传》。故其推"五始之要"的"五始"，亦出于《公羊》。卷九"《易》曰，王臣蹇蹇，匪躬之故"条结尾处"《春秋》序义，虽俱贤，而曹羁合礼"，未知所出。卷十"楚恭王与晋厉公战于鄢陵之时"条，"羞小耻以构大怨，贪小利以亡大众，《春秋》有其戒，晋先轸是也"，出自僖公三十三年《穀梁传》。卷十二"《春秋》之辞，有相反者四。既曰大夫无遂事，不得擅生事矣。又曰，出境可以安社稷，利国家者，则专之可也"；此出于桓公八年《公羊传》。后面又说"公子结擅生事，《春秋》不非，以为救庄公危也"，出于庄公十九年《公羊传》。结尾的"传曰，《诗》无通故，《易》无通占，《春秋》无通义，此之谓也"，我以为此系转引自《春秋繁露·精华》第五的"所闻《诗》无达诂，《易》无达占，《春秋》无达辞"；以"通"易"达"，以"故"易"诂"，此乃汉人引书通例。惟以"通义"易"达辞"，则在文意上不通顺，或出刘氏一时之疏，或由《说苑》在传承中之误。卷十四"夫子行说七十诸侯……而道不行，退而修《春秋》，采豪毛之善，贬纤介之恶，人事浃，王道备，精和圣制，上通于天而麟至"条，盖融和董仲舒及传董氏《春秋》之学的司马迁的说法而成。《春秋繁露·玉杯》第二"《春秋》论十二世之事，人道浃而王道备"；《王道》第六谓孔子作《春秋》"善无细而不举，恶无细而不去"，"《春秋》纪纤介之失，反之王道"，《史记·十二诸侯年表》序"是以孔子明王道，干七十余君莫能用；故西观周室，论史记旧闻，兴于鲁而次《春秋》……以制义法，王道备，人事浃"。卷十五"《春秋》记国家存亡，以察来世"，此殆本《史记·自序》"述往事，思来者"之通义。又"内治未得，不可以正外"条之"《春秋》先京师而后诸夏，先诸夏而后夷狄"，实本于成公十五年《公羊传》的"《春秋》内其国而外诸夏，内诸夏而外夷狄"，刘氏易"国"为京师，盖国乃诸侯之都，而京师乃天子之都。刘向时中央集权之制已经完成，可谓有京师而无诸侯之国。卷十八"夫水旱，俱天地阴阳所为也"条，全出于《春秋繁露·精华》第五"大雩者旱祭也"一段，而文字稍有增删改易。《精华》第五"此亦《春秋》之不畏强御也。是故胁严社而不为不敬灵，出天王而不为不尊上"，刘氏此处作"故劫严社而不为不惊灵，出天王而不为不尊上"，易"胁"为"劫"，尚可说得通；易"敬灵"为"惊灵"，则于义未尽洽；此系《说苑》在传承之讹误。卷十九"夏，公如齐逆女。何以书，亲迎，礼也"；此出于庄公二十四年《公羊传》。又"《春秋》曰，壬申，公薨于高寝。传曰，高寝者何？正寝也……"一段，盖出于定公十五年《穀梁传》。在此段文字中，混入了"《春秋》曰，天王入于成周。传曰成周者何？东周也"十八字，当系错简。而此处之"传曰"，盖出于昭公二十六年之《公羊传》。"《春秋》曰，正月公狩于郎。传曰，春曰蒐，夏曰苗，秋曰狝，冬月狩"条，"苗者奈何？曰，苗者毛也……春蒐者不杀小麑及孕重者。冬狩皆取之，此苗狝蒐狩之义也。故苗狝蒐狩之礼，简其成事也。"将此段文字前后互校，应订正为"传曰春曰苗，夏曰狝，秋曰蒐，冬曰狩。春苗者奈何？曰苗者毛也……秋蒐者奈何……冬狩皆取之"，后文"夏不田，何也……"此皆出自桓四年《公羊传》。惟《公羊传》无"夏曰狝"之文，仅《春秋繁露·深察名号》第三十五"猎禽兽者号，一曰田（统名为田）。田之散名，春苗秋蒐冬狩夏狝"。《春秋繁露》以"田"为猎禽兽之总名；《说苑》此条下文"其谓之畋（田）

何？圣人举事必反本。五谷者以奉宗庙，养万民也。去禽兽害稼穑者，故以田言之。圣人作名号，而事义可知也"；是刘氏此处亦以田为猎禽兽之总称，此亦为《公羊传》所无。故刘氏此处所用之《公羊》义，系加上了《春秋繁露》的内容。又"生而相与交通"条中之"《春秋》曰，天王使宰咺来归惠公仲子之赗。赗者何"以下之解释，出自隐公元年的《公羊传》。又"《春秋》曰庚戌，天王崩。传曰，天王何以不书葬？"以下的解释，出自隐公三年的《公羊传》。

上述二十四条中，有三条尚未查出，有一条系言《春秋》之通义。出于《公羊》者共十一条，其中入有《春秋繁露》者二条。出于《穀梁》者三条，见于今之《春秋繁露》者六条，其中入有《公羊》者三条。《春秋繁露》此时尚未编成，但董氏之"百二十三篇"中之"说《春秋》事得失"（《汉书·艺文志》儒家）已经流布，而董氏之《春秋》说固出于《公羊》。由此所述情况，可以了解：（一）刘向三传并用，无专经师法之说。（二）刘向虽引用《左氏传》甚多，其中并有"君子"之论断。如《新序》卷一"晋大夫祁奚老"条后"君子谓祁奚能举善矣……祁奚有焉"凡八十字；见襄公三年《左氏传》。即其一例。但凡以"春秋"之名所称之传，皆属于《公羊》、《穀梁》，乃至董仲舒之《春秋》说。由此可知，因《公羊》与《穀梁》先后立于官，设有博士，刘向即以《公羊》、《穀梁》

所传者为能得《春秋》之意。故对两传，极少数称"传曰"，大多数即称《春秋》或"《春秋》曰"。（三）刘向受命习《穀梁传》；《新序》中用《穀梁传》之比例高于《公羊》；而《说苑》用《公羊传》之比例，则远过于《穀梁传》；由此可以推知，刘向晚年，实以《公羊传》优于《穀梁传》。（四）由《说苑》中之用到董仲舒的《春秋》说，亦可证明《春秋繁露》内容之真实性。

至于他对孔子作《春秋》的意义，及对孔子的总评价，可由下面的材料窥见一般：

> 孔子曰，夏道不亡，商德不作。商德不亡，周德不作。周德不亡，《春秋》不作。《春秋》作而后君子知周道亡也。（《说苑》卷一《君道》篇）

此言孔子作《春秋》之原因，与《史记·十二诸侯年表》序之观点略同。

> 圣人之于天下百姓也，其犹赤子乎？饥者则食之，寒者则衣之，将之养之，育之长之，唯恐其不至于大也。……是以孔子历七十二君，冀道之一行，而得施其德，使民生于全育，烝庶安土，万物熙熙，各乐其终。卒不遇，故睹麟而泣，哀道不行，德泽不洽，于是退作《春秋》，明素王之道，以示后人。恩施其惠，未尝辍忘。

是以百王尊之，志士法焉，诵其文章。传今不绝，德及之也。(《说苑》卷五《贵德》)

夫子行说七十诸侯无定处，意欲使天下之民，各得其所，而道不行。退而修《春秋》，采豪毛之善，贬纤介之恶，人事浃，王道备。精和圣制，上通于天而麟至，此天之知夫子也。于是喟然而叹曰，天以至明为不可蔽乎？日何为而食？地以至安为不可危乎？地何为而动？天地而尚有动蔽，是故圣贤说于世而不得行其道，故灾异并作也。夫子曰，不怨天，不尤人，下学而上达，知我者其天乎。(《说苑》卷十四《至公》)

孔子生于乱世，莫之能容也……孔子怀天覆之心，挟仁圣之德，悯时俗之污泥，伤纪纲之废坏，服重历远，周流应聘，乃俟幸施道，以子百姓。而当世诸侯，莫能任用，是以德积而不肆，大道屈而不伸，海内不蒙其化，群生不被其恩。故喟然叹曰，而有用我者，则吾其为东周乎。故孔子行说，非欲私身，运德于一城；将欲舒之于天下，而建之于群生者耳。(同上)

下面对儒的辩护，当然也是以孔子为根据。

今夫辟(闢)地殖谷以养生送死。锐金石，杂草药，以攻疾，各知构屋室以避暑雨，累台榭以避润湿。入知亲其亲，出知尊其君，内有男女之别，外有朋友之际，此圣人之德教，儒者受之传之，以教诲于后世。今夫晚世之恶人，反非儒者曰，何以儒为？如此人者，是非本也（这是非难到人之所以能生存的根本）。譬犹食谷衣丝，而非耕织者也……此言违于情，而行蒙于心者也。如此人者，骨肉不亲也，秀士不友也，此三代之弃民也，人君之所不赦也。故《诗》云：投畀豺虎，豺虎不食。投畀有北，有北不受。投畀有昊。此之谓也。（卷三《建本》）

《新序》、《说苑》中所引其他儒家典籍，计《新序》引《易》者三，引《书》者一，引《孟子》者二，引《荀子》者二。《说苑》引《易》者十八，引《书》者十六，其内出有篇名者有卷二《臣术》篇之"《泰誓》曰，附下而罔上者死，附上而罔下者刑，与闻国政而无益于民者退，在上位而不能进贤者逐"。卷三《建本》篇"河间献王曰……《尚书》五福，以富为始"，出《尚书》之名。又"文公见咎季"条有"《吕刑》云，一人有庆，兆民赖之"。卷十《敬慎》篇"孔子曰，存亡祸福，皆在己而已"条有"太甲曰，天作孽，犹可违；自作孽，不可逭。"引《礼记》者六。[①]卷五《贵德》篇"圣人之于天下百姓也"条，"《礼

---

① 因对《礼记》原典不熟而必有遗漏。

记》曰，上牲损，则用下牲。下牲损，则祭不备物。"① 卷十九《修文》篇两引《乐记》，而未出《乐记》之名。卷二《臣术》篇"《王制》曰，假于鬼神时日卜筮以疑于众者杀也"。自贾谊《新书》起，迄《春秋繁露》、《盐铁论》，凡引《王制》者皆出《王制》之名。卷三《建本》篇"周召公年十九"条，"《中庸》曰，好问近乎智，力行近乎仁，知耻近乎勇"。卷十《敬慎》篇"存亡祸福，其要在身"条"《中庸》曰，莫见乎隐，莫显乎微，故君子能慎其独也"。引《王制》而出《王制》之篇名，引《中庸》而出《中庸》之篇名，以之与引《礼记》中其他各篇而不出其篇名的情形，互相对照，我推测，这是因为《王制》与《中庸》，有单篇独行的关系，所以《汉书·艺文志》有《中庸说》二篇。《说苑》引《孟子》者八，引《荀子》者四。这与《韩诗传》引《荀子》者五十四，成一明显的对照。刘氏有《孙卿书录》，今日《荀子》的三十二篇，乃由他所校定，但其征引《荀子》者反不及《孟子》之多，大约《荀子》到了武帝时代，其影响即大为减低，其原因，我以为是《荀子》主张天人分途，与董仲舒"天人相与"的感应之说相背反；董说大行而《荀子》因之减色了。

儒家以外，《新序》仅卷四"梁大夫有宋就者"条引有"老子曰：报怨以德。此之谓也"。《说苑》则五引《老

---

① 此出于《礼记》何篇，待查。

子》，卷一《君道》篇"司城子罕相宋"条老子曰，鱼不可脱于渊，国之利器，不可以示人"。卷七《政理》篇"鲁国之法"条"故老子曰，见小曰明"。卷十《敬慎》篇三引《老子》。一为"常枞有疾，老子往问焉……张其口而示老子曰：'吾舌存乎？'老子曰：'然。''吾齿存乎？'老子曰：'亡。'常枞曰：'子知之乎？'老子曰，夫舌之存也，岂非以其柔耶？齿之亡也，岂非以其刚耶……"此故事当出于先秦后起道家之依托。一为"韩平子问于叔向曰：'刚与柔孰坚？'对曰：'臣年八十矣，齿再堕而舌尚存。老聃有言曰，天下之至柔，驰逐乎天下之至坚。又曰，人之生也柔弱，其死也刚强。万物草木之生也柔脆，其死也枯槁。因此观之，柔弱者生之徒也，刚强者死之徒也……是以两军相加，而柔者克之。两仇争利，而弱者得焉。《易》曰，天道亏满而益谦，地道变满而流谦，鬼神害满而福谦，人道恶满而好谦。夫怀谦不足之柔弱，而四道者助之，则安往而不得其志乎。'平子曰善。"此故事亦当出于先秦道家者流的依托。又"老子曰，得其所利，必虑其所害。乐其所成，必顾其所败。人为善者天报以福，人为不善者天报以祸也。故曰，祸兮福所倚，福兮祸所伏。戒之慎之，君子不务，何以备之。"这里引老子之言，而自己加以敷衍。卷十六《谈丛》篇"士不以利移，不以患改"条，"所以贵虚无者，得以应变而合时也。"此当系对道家虚无之教，在现实生活上加以解释。卷二十《反质》篇"仲尼问老聃曰，甚矣道之于今难行也……老子曰，夫说者流于听，言者乱于辞。如（知）此二者，则道不可委矣".此当亦系依托之言。《汉书·艺文志》，录有《刘向说老子》四篇，但综观《新序》、《说苑》所采的老子之说，在政治上已无多大意义，而特转重在人生处世的态度，这与汉初言黄老术者大不相同。此一趋向，自西汉中期一直贯彻于东汉。卷十一《善说》篇引有"庄子贫"的故事，与现行《庄子》中所记者稍有出入。而卷三《建本》篇"周召公年十九"条中"今人诚能砥砺其材，自诚其神明，睹物之应，通道之要，观始卒之端，览无外之境，逍遥乎无方之内，彷徉乎尘埃之外，卓然独立，超然绝世，此上圣之所游神也"的几句话，当然是受有庄子思想的影响。而《反质》篇所录杨王孙裸葬的故事，这实系西汉一位突出的道家的故事，为《汉书》六十七《杨王孙传》之所本。

卷二十《反质》篇引了"禽滑厘问于墨子"，墨子历述"古者无文"尚俭的故事。与《墨子》之本旨相合，是否为今《墨子》书中所有，尚待查阅。《新序》引《列子》之故事者一（卷七）。引屈原故事者一，大体取材于《史记·屈原列传》（卷七）。引宋玉者三（卷一、卷五）。录商鞅者一，大体取材于《史记·商君列传》而加以批评（卷九）。录《吕氏春秋》中《尊师》中之一段（卷五），而称之为"吕子曰"，由此可知刘氏对吕不韦之重视。《说苑》录杨子者二（卷七、卷十三），录尹文者一（卷一），录邹子（衍）者一（卷八），录鬼谷子者一（卷十一）。刘向有《管子书录》、《晏子叙录》。今日流行的《管》、《晏》两书，皆由刘氏所校录。他以管子"可以晓合经义"，以晏子为"皆合六经之义"，故两书中所引管、晏子的故事及言论，皆在其他诸子百家之上。引《太公兵法》者一（卷十五），引《司马法》者二（卷十五）。

两书所录汉人、汉事，在刘向认为皆系有教训的意义；在今日，有的可以补《史》、《汉》之缺。《新序》卷二"昔者唐虞崇举九贤"条中谓"秦不用叔孙通，项王不用陈平、韩信，而皆灭"。卷三全录邹阳《上梁孝王书》，这大概与他全录乐毅《报燕王书》，有同样的感慨。卷七录苏武使匈奴守节不屈事，卷十则全录汉事。首由《史记·高祖本纪》及《淮阴侯列传》录刘邦由汉中还定三秦之经过，而结之以"收诸侯兵，讨项王，定帝业，韩信之谋也"。按刘向之先，封于韩信之故地而称为楚王，彼在《九叹》的《愍命》中亦谓"韩信蒙于介胄兮，行夫将而攻城"，从这种地方，可以看出他的"历史的良心"。"孝武皇帝时，大行王恢数言击匈奴之便"条，详叙韩安国与王恢对伐匈奴利弊的反复辩论，可补《史记》之过于简略。若《新序》三十卷具在，则其所录汉事必更多。《说苑》共录汉事十六条；卷五具录路温舒《尚德缓刑书》，用意深切。此外，卷一录了两条河间献王的言论，卷三又录了两条，使一代保有高度儒家教养的名王，尚得留下他以人民为政治主体的言论风采于万一。

五、刘向的政治思想

政治问题，是西汉知识分子思想的主题。以刘向的家世及其遭遇，他的思想是始于政治，终于政治，乃当然之事。

刘向的政治思想，有由其及身遭遇而来的针对现实的一方面；有由其学识恢宏、志行纯洁，因而突破现实限制，所提出的理想性的一面。

（1）针对现实政治的一方面

针对现实的一方面，主要是说人君应任贤纳谏，而不信谗言，尤其是人君能任贤纳谏的主要关键，这正是他在元帝时亲身所得的经验教训。《新序》卷二开始由编聚事类以为议论的约有九百六十七字，即反复申明此义。

昔者，唐虞崇举九贤，布之于位，而海内大康……商汤用伊尹，而文武用太公、闳夭，成王任周召，而海内大治……皆由任贤之功也。无贤臣，虽五帝三王不能以兴……夫失贤者，其祸如彼，用贤者，其福如此。人君莫不求贤以自辅，然而国以乱亡者，所谓贤者不贤也。或使贤者为之，与不肖者议之，使智者图之，与愚者谋之。不肖嫉贤，愚者嫉智，是贤者之所以隔蔽也，所以千载不合者也。或不肖（二字疑衍）用贤，或用贤而不能久也，或久而不能终也；或不肖子废贤父之忠臣，其祸败难一二录也。然其要，在于己不明而听众口。谮愬不行，斯为明也。

接着举了许多例证，而结之以"故非至明，其孰能毋用谗乎"。《说苑》卷一《君道》篇所引故事中，以任贤纳谏，占最大的比例。任贤则须知人，所以他在"当尧之时，舜为司徒"条中谓"是故知人者王道也，知事者臣道也。王道知人，臣道知事"。

他对君臣的关系，假郭隗答燕昭王之问，谓："帝者之臣，其名，臣也；其实，师也。王者之臣，其名，臣也；其实，友也。霸者之臣，其名，臣也；其实，宾也。危国之臣，其名，臣也；其实，虏也。"俘虏即变为奴隶。他之所以要提高人臣的地位，是为了使人君不能把政治专之于一己，而必须公之于有德有才之人。他在《建本》篇"孔子曰，行身有六本"条谓"夫君臣之与百姓，转相为本，如循环无端"，此中即含有人臣与人民皆应随人君一人之意志而转动的意思在里面。在《君道》篇中谓"尊君卑臣者，以势使之也"；其意认为君臣尊卑的来源，乃在便于以势相使，以适应政治上的要求；君臣作为人的存在时，则不能不是平等的。所以《君道》篇"汤问伊尹曰"

条，将人臣分为三公、九卿、大夫、士四等，各配以道、德、仁、义的标准，"凡此四者，明王臣而不臣"。

刘向在《臣道》篇中，首先说明"人臣之行有六正六邪"。"六正"中的"圣臣"，虽带点理想的性质，而"良臣"、"忠臣"、"智臣"、"贞臣"、"直臣"，则皆切合实际上的要求。至于"六邪"中的"具臣"、"谀臣"、"奸臣"、"谗臣"、"贼臣"、"亡国之臣"，乃刘向将当时人臣的情形，由综合而分类所得出的结论，等于是一面照妖镜。

《说苑》除《君道》、《臣术》两篇，专就政治上立论外，尚有卷七的《政理》，卷八的《尊贤》，卷九的《正谏》共三篇，可以看作是针对现实政治所构成的有系统的意见。《政理》篇所说的是政治的一般原则与要求。开始是：

> 政有三品，王者之政化之，霸者之政威之，强者之政胁之。夫此三者各有所施，而化之为贵矣。夫化之不变，而后威之；威之不变，而后胁之；胁之不变，而后刑之。夫至于刑者，则非王者之所得已也。是以圣王先德教而后刑罚，立荣耻而明防禁，崇礼义之节以示之，贱货利之弊以变之。修近理内，政（正）橛机①之礼，壹妃匹之际，则莫不慕义礼之荣，而恶贪乱之耻。其所由致之者，化使然也。

① 卢文弨《群书拾补》："政橛机，谓门内也。"按政字不应连读。

上面这段话中，一方面是反映出西汉儒家的政治思想，重教化而轻刑罚之大流，同时也反映出成帝时代宫廷紊乱之实况。在"齐人甚好觳击相犯以为乐"条中"故曰，禁之以制而身不先行也，民不肯止。故化其心莫若教也"，此处之教为"身教"。此其"化之"的实例。"季孙问于孔子曰，如杀无道以就有道"条，据孔子"焉用杀"之言，而发挥了刑与德的意义。

> 治国有二机，刑、德是也。王者尚其德而希（稀）其刑。霸者刑德并凑。强国先其刑而后德。夫刑德者，德者化之所由兴也，德者养善而进阙者也，刑者惩恶而禁后者也。故德化之崇者至于赏，刑罚之甚者至于诛。夫诛赏者，所以别贤不肖，而列有功与无功也，故诛赏不可以谬。诛赏谬，则善恶乱矣。

在"文王问于吕望，为天下若何"条中，吕望谓"王国富民，霸国富士，仅存之国富大夫，亡道之国富府库，是谓上溢而下漏"。在"武王问于太公曰，治国之道若何"条中，太公答以"治国之道，爱民而已……利之而勿害，成之（而）勿败，生之（而）勿杀；与之（而）勿夺，乐之（而）勿苦，喜之（而）勿怒。……民失其所务，则害之也。农夫失其时，则败之也。有罪者重其罚，则杀之也。重赋敛者则夺之也。多徭役以罢民力，则苦之也。劳而扰之，则怒之也"。又"武王问于太公曰，贤君治国何如"条，太公答以"贤君之治也，其政平，其吏不苛，其赋敛节，其自奉薄。不以私善害公法，赏赐不加于无功，刑罚不施于无罪，不因喜以赏，不因怒以诛。害民者有罪，进贤举过者有赏，后宫不荒，女谒不听，上无淫慝，下不阴害。不幸宫室以费财，不多观游台池以罢民，不雕文刻镂以逞耳目。官无腐蠹之藏，国无流饿之民，此贤君之治国也"。这分明是针对成帝时代的政治情形来说的。在《说苑》中，所引伊尹、太公的材料，有的出于先秦，有的出于汉文帝时的《王制》成篇以后，因为伊尹说到了三公、九卿、二十七大夫、八十一元士的官制，此必出于《王制》无疑。这里的太公，我推测，也是很后出的材料。又"武王问于太公曰：'为国而数更法令者何也？'太公曰：'为国而数更法令者，不法法（不以既定之法为法），以其所善为法者也。故令出而乱，乱则更为法。是以其法令数更也。'"这是儒法两家都可承认的思想。因为只有"法法"而不以统治者主观之所谓善来代替法，政治才会上轨道。"齐侯问于晏子曰，为政何患"条，晏子答以"患善恶之不分。公曰：'何以察之？'曰：'审择左右'"；这很明显地反映出他和萧望之、周堪们在元帝时代的遭遇。"晋侯问于士文伯曰，三月朔，日有蚀之"条，在士文伯的答复中，有谓"政有三而已：一曰因民，二曰择人，三曰从时"，这是很有概括性的说法。

尊贤，乃儒家不同于道家、法家的大传统。《说苑》卷八《尊贤》篇，是特为发挥此一大传统的。此篇一开始便说"人君之欲平治天下，而垂荣名者，必尊贤而下士……此（贤）霸王之船乘也。释父兄与子孙，非疏之也。任庖人（伊尹）、钓屠（吕尚）、仇雠（管仲）、仆虏（百里奚），非阿之也，持社稷、立功名之道，不得不然也"。又"春秋之时"条中有谓"夫智不足以见贤，无可奈何矣。若智能见之，而强不能决，犹豫不用，而大者死亡，小者乱倾，此甚可悲哀也"，"而强不能决"，正说的是元帝的情形。

贤之所以为贤，以能谏诤人君的过失，为其基本条件之一。人君对谏诤的能否接受，即为其能否用贤的决定因素。而贤臣的悲剧，多由谏诤而来。并且在民主政治未出现以前，贤臣的谏诤，实代表了今日的议会与舆论的双重责任，对政治的良否，处于决定性的地位。所以刘向在《说苑》卷九，便特设《正谏》一篇，希望能对人君发生说服性的作用。《正谏》篇一开始便说：

《易》曰：王臣蹇蹇，匪躬之故。人臣之所以蹇蹇为难而谏其君者，非为身也，将欲以匡君之过，矫君之失也。君有过失者，危亡之萌也。见君之过失而不谏，是轻君之危亡也。夫轻君之危亡，忠臣不忍为也。三谏而不用，则去；不去则身亡；身亡者，仁人所不忍为也。

上面这段话，正反映出他在成帝时数上书言事时的心境。

刘向是笼罩政治的各个方面以立言的。刘向认为"存亡祸福，其要在身……不诚不思，而以存身全国者，亦难矣。"此《敬慎》篇之所以成立（卷十）。《善说》篇（卷十一）可以说是《正谏》篇的补充，希望由善说以达到"尊君全身，安国全性"的目的。权谋在皇权专制政治中，有特定的意义。它是政治活动，尤其是在政治斗争中所必定出现的一种手段，因而不知不觉地也认为是政治中必不可少的一种手段。刘邦以权谋取天下，以权谋御臣僚。自此以后，可以说，权谋形成了皇权专制政治中的基本动力，同时即是皇权专制政治中最阴暗残酷的源泉。刘向全面性地言政治，不能忽视这种事实。

汉儒为了通贯《春秋》三传所言的书法，使其前后无滞碍与矛盾，只好设"经"与"权"两观念以济其穷。而在援经、援《春秋》以断时事时，亦盛言经与权以通其变。于是政治上的权谋，有时依托经学上之所谓"权"，以增其气焰，刘向曾参与现实的政治斗争，对于弘恭、石显及其他宵小之徒的阴谋诡计，体验既深，便在《权谋》篇（卷十三）中对于现实政治上的这一最大毒窟，设定公与私、诚与诈的判断标准；并以对人民的利益，作为公与诚的内容，以判断权谋中的孰邪孰正，想由此而将它作根本的转化。这在皇权专制政治的阴霾中，有慧日当空的意义。他一开始说：

圣王之举事，必先谛之于谋虑，而后考之于著龟。白屋之士，皆关其谋；刍荛之役，咸尽其心。故万举而无遗筹失策。传曰，众人之智，可以测天。兼聪独断，惟在一人。此大谋之术也。谋有二端，上谋知命，其次知事。知命者，预见存亡祸福之原，早知盛衰废兴之始，防事之未萌，避难于无形。……彼知事者亦尚矣。见事而知得失成败之分，而究其所终极，故无败业废功。孔子曰，可与适道，未可与权也。夫非知命知事者，孰能行权谋之术。夫权谋有正有邪，君子之权谋正，小人之权谋邪。夫正者其权谋公，故其为百姓尽心也诚。彼邪者好私尚利，故其为百姓也诈。夫诈则乱，诚则平……知命知事而能于权谋者，必察诚诈之原，而以处身焉，则是亦权谋之术也。夫知者举事也，满则虑溢，平则虑险，安则虑危，曲则虑直，由重其豫，惟恐不及，是以百举而不陷也。

　　权谋之流于阴谋诡计，必系出于一二人的隐密策画。刘向要白屋之士、刍荛之言，亦可参加，则一二人的阴与诡无所施其技。权谋常与诈连在一起，但刘向却把它和"诚"连在一起，即是权谋的目的，是否是"为百姓也诚"；如此，则权谋在运用时的术策，也自然受到制约。本篇言权谋而特深论存亡之几，欲使言权谋者指向这一基本问题上去用心，而下面的故事，我觉得也有多方面的意义。

晋太史屠余见晋国之乱，见晋平公之骄而无德义也，以其国法归周。周威公见而问焉曰，天下之国其孰先亡？对曰，晋先亡。威公问其说，对曰，臣不敢直言，示晋公以天妖，日月星辰之行多不当。曰，是何能然。示以人事多不义，百姓多怨，曰，是何伤。示以邻国不服，贤良不与，曰，是何害。是不知所以存，所以亡，故臣曰晋先亡。居三年，晋果亡。威公又见屠余而问焉曰，孰次之？对曰，中山次之。威公问其故，对曰，天生民令有辨。有辨，人之义也，所以异于禽兽麋鹿也，君臣上下所以立也。中山之俗，以昼为夜，以夜继日，男女切踦，固无休息。淫昏康乐，歌讴好悲，其主弗知恶，此亡国之风也。臣故曰中山次之。居二年，中山果亡。威公又见屠余而问曰，孰次之？屠余不对。威公固请，屠余曰，君次之。威公惧，求国之长者，得锜畴、田邑而礼之。又得史理、赵巽以为谏臣，去苛令三十九物，以告屠余。屠余曰，其尚终君之身。臣闻国之兴也，天遗之贤人，与之极谏之士。国之亡也，天与之乱人与善谀者。威公薨，九月不得葬，国乃分而为二，故有道者言，不可不重也。

《指武》篇（卷十五）主要指出：“《司马法》曰，国虽大，好战必亡。天下虽安，忘战必危”，而提出他的“上不玩兵，下不废武”的主张。西汉所行的是“民兵制度”，并由朝廷的太尉，以至郡都尉、县尉、乡游徼、亭长，形成由中央到地方基层组织的军事系统。太尉虽自武帝初年的田蚡以后完全废罢不设，但郡以下的系统完整如故。并于每岁八月，由太守都尉及县令长丞会都试之，即是举行秋操与校阅；这是汉武帝对外作战三十余年的资本。此种全民皆兵的制度，容易因地方政治的败坏而成为有名无实。刘向的"上不玩兵，下不废武"的两句话，是有实际内容的。《修文》篇（卷十九）发挥"礼乐者行化之大者也"，这是西汉政治社会理想的大统，其意义重大，将另文专述。终之以《反质》篇（卷二十），这是针对汉代自武帝时代起，朝廷社会的奢侈浮虚的风习以为言。乃承董仲舒之说而特加发挥，[1]且较董氏之说，远为平实。而"积恩为爱"条中"商者常也，常者质，质主天。夏者大也。大者文也，文主地。故王者一商一夏，再而复者也。正色，三而复者也……故三王术如循环"，这是根据《春秋繁露·三代改制质文》第二十三而说的。

（2）突破现实政治的理想性的一方面

刘向在现实政治问题上，多少挟带着"宗室"的感情。但他并没有陷在这份宗室感情里面。当他讲到政权成立的

---

[1] 按恕（忠）、质（敬）、文三统之说，始于邹衍。董仲舒《春秋繁露·三代改制质文》第二十三，盛衍其说，而主张汉应以质救文之弊。

根本原则时，却突出了儒家在政治上的愿望，即是天下为公的基本愿望。

《新序》卷七《节士》篇一开首是：

> 尧治天下，伯成子高为诸侯焉。尧授舜，舜授禹，伯成子高辞为诸侯而耕。禹往见之，则耕在野。禹趋就下位而问焉曰……及吾在位，子辞诸侯而耕，何故？伯成子高曰，昔尧之治天下，举天下而传之他人，至无欲也；择贤而与之其位，至公也。以至无欲至公之行示天下，故不赏而民劝，不罚而民畏，舜亦犹然。今君赏罚而民欲且多私，是君之所怀者私也。百姓知之，贪争之端自此始矣……

他把天下为公的理想，作为《节士》篇的开端，这反映出了"节士"在政治上的基本立足点，此之谓"大节"；在"私天下"情形下之所谓节，相对的显出其为小节了。

《说苑》卷一《君道》篇在"晏子没十有七年"条，把弦章因直言而得景公赐鱼五十乘，固辞不受的故事，加以发挥：

> 君子曰，弦章之廉，乃晏子之遗行也。夫天之生人也，盖非以为君也。天之立君也，盖非以为位也。夫为人君，行其私欲，而不顾其人（疑失一"民"字），是

不承天意，忘其位之所以宜事也。如此者，《春秋》不予能君，而夷狄之。郑伯恶一人而兼弃其师，故有夷狄不君之辞……

又：

齐人弑其君，鲁襄公援戈而起曰，孰臣而敢杀其君乎？师惧曰，夫齐君治之不能，任之不肖，纵一人之欲，以虐万夫之性，非所以立君也。其身死，自取之也。今君不爱万夫之命，而伤一人之死，奚其过也。其臣已无道矣，其君亦不足惜也。

《说苑》卷三《建本》篇"魏文侯问元年于吴子"条，"君身必正，近臣必选，大夫不兼官，执民柄者不在一族，可谓不权势矣。此皆《春秋》之意，而元年之本也"。他对此故事所重视的是"近臣必选"，分明是有弘恭、石显们的背景。"执民柄者不在一族"，或许是有当时的王氏专政的背景，但这故事的根据仍然是天下为公。

最难得的是，他特立"《至公》"一篇（卷十四），以集结儒家天下为公的愿望。此篇一开始是：

《书》曰，不偏不党，王道荡荡，言至公也。古有行大公者帝尧是也。贵为天子，富有天下，得舜而传之，不私于其子孙也，去天下若遗躧。于天下犹然，况其细于天下乎，非帝尧孰能行之。孔子曰，巍巍乎惟天为大，惟尧则之。《易》曰无首吉，此盖人君之公也。夫以公与天下，其德大矣。推之于此，刑（法）之于彼，万姓之所戴，后世之所则也。彼人臣之公，治官事则不营私家，在公门则不言货利，当公法则不阿亲戚。奉公举贤，则不避仇雠。忠于事君，仁于利下，推之以恕道，行之以不党，伊、吕是也。故显名存于今，是之谓公。《诗》云，周道如砥，其直如矢，君子所履，小人所视。此之谓也。夫公生明，偏生暗，端悫生达，诈伪生塞，诚信生神，夸诞生惑。此六者，君子之所慎也。而禹桀之所以分也。《诗》云，疾威上帝，其命多僻。言不公也。

熊师十力《读经示要》第一讲，拈"九"义以概括六经的精髓及人类最后的归趋。而以《易·乾卦》"用九，见群龙无首吉"，为"至治之隆，无种界，无国界，人各自由，人皆平等，无有操政柄以临于众庶之上者"。与"《象》曰用九，天德不可为首也"，及《文言》曰"乾元用九，天下治也"相合。刘氏此处《易》曰，无首吉，此盖人君之公也"，其意盖以人君能以天下为公，则自以其君位乃为人民担负一分责任，而无君临天下之心。引申刘氏之意，亦未尝不与熊师之意相合。此乃天下为公之极谊，而刘氏能见及此，不可谓非豪杰之士。

《至公》篇多引层次不同之公的故事，下面的一个故事最有意义。

> 秦始皇帝既吞天下，乃召群臣而议曰，古者五帝禅贤，三王世继，孰是？将为之。博士七十人未对。鲍白令之对曰，天下官，则让贤是也；天下家，则世继是也。故五帝以天下为官，三王以天下为家。秦始皇帝仰天而叹曰，吾德出于五帝，吾将官天下，谁可使代我后者……

由此一故事，可知先秦天下为公之说，深入于人心。故《吕氏春秋》在《孟春纪》中亦甚弘此论。

六、以士为中心的各种问题

在直接的政治问题以外，对士的要求，亦有可述的。

首先是对学的重视。《新序·杂事》第五，多录《韩诗传》劝学之言，而加以扩充。兹录为《韩传》所无者的一条以见一般：

> 哀公问于孔子曰，寡人闻之，东益宅不祥，信有之乎？孔子曰，不祥有五，而东益不与焉。夫损人而益

己，身之不祥也。弃老而取幼，家之不祥也。释贤用不肖，国之不祥也。老者不教，幼者不学，俗之不祥也。圣人伏匿，天下之不祥也。故不祥有五，而东益不与焉……

《说苑·建本》篇（卷三）下面的一段材料，更言之深切。

人之幼稚童蒙之时，非求师正本，无以立身全性。夫幼者必愚，愚者妄行。愚者妄行，不能保身。孟子曰，人皆知以食愈饥，莫知以学愈愚。故善材之幼者，必勤于学问以修其性。……夫学者，崇名立身之本也。仪状齐等，而饰貌者好；质性同伦，而学问者智。是故砥砺琢磨非金也，而可以利金。《诗》、《书》辟立非我也，而可以厉心。夫问讯之士，日夜兴起，厉中益知，以分别理。是故处身则全，立身不殆。士苟欲深明博察，以垂荣名，而不好问讯之道，则是伐智本而塞智原也。何以立躯也……水积成川，则蛟龙生焉；土积成山，则豫樟生焉；学积成圣，则富贵尊显至焉。千金之裘，非一狐之皮；台庙之椽，非一木之枝；先王之法，非一士之智也。故曰，讯问者，智之本、思虑者智之道也。《中庸》曰，好问近乎智，力行近乎仁，知耻近乎勇。积小之能大者，其惟仲尼乎？学者所以反情治性尽才者也。亲贤学问，所以长德也；论交合友，所以相致也。诗云，如切如磋，如琢如磨。此之谓也。

在先秦诸子百家中，惟儒家最重视学问。所以《建本》篇中历引孔子、子思、孟子励学之言。而师旷答晋平公"吾年七十，欲学，恐已暮矣"之问，谓，"少而好学，如日出之阳。壮而好学，如日中之光。老而好学，如炳烛之明"，也意味深切。学问的目的，则在能成为一个"成人"。《辨物》篇（卷十八）一开始：

> 颜渊问于仲尼曰，成人之行何若？子曰，成人之行，达乎情性之理，通乎物类之变，知幽明之故，睹游气之源，若此而可谓成人。既知天道，行躬以仁义，饬身以礼乐。夫仁义礼乐，成人之行也。穷神知化，德之盛也。《易》曰，仰以观于天文，俯以察于地理，是故知幽明之故。夫天文地理人情之效存于心，则圣智之府……

要把天文地理人情存于心，然后可以为成人，这正是西汉博士系统以外的儒者治学的规模，所以扬雄《法言》也说"通天、地、人之谓儒"。在此一系统中，知识占有很重要的地位。尽管从现代的立场看，他们所求的知识，多半是不可靠的，这是时代的限制。所以《辨物》篇便列举了当时所认为知识上的重要课题，及由好奇心而来的若干异闻异事。他把价值系统的天道，直接与知识系统的天文，连结在一起。在上引的一条中说："故《易》曰，一阴一阳之谓道。道也者，物之动莫不由道也。是故发于一，成于二，备于三，周于四，行于五。是故玄象著明，莫大于日月。察变之动，莫著于五星。天之五星，运气于五行。其初由发于阴阳，而化极万一千五百二十。①所谓二十八星者……"以下言天文、时历、及地理等等。但我注意到韩婴言学，未尝涉及利禄之途，而刘向则以利禄为诱进之具，我认为此真所谓风气移人，贤者不免。

《韩诗传》的思想中，特别提倡士节，此全为刘向所承受。《新序·节士》第七，《义勇》第八，多录《韩诗传》中这一方面的材料，《节士》录了九条，《义勇》录了六条，而又加以扩充。义勇是节士所以能立节的基本条件。《说苑》则除《立节》篇（卷四）外，更有《复恩》（卷六）一篇，我怀疑自董仲舒本《公羊》以盛张复仇之义以后，复仇成为"士节"的一部分，而报仇之风盛行，甚至可得到刑法上的宽恕。故刘氏特立此篇，以与当时复仇的风气取得均衡发展，以充实士节的内容。此在东汉发生了巨大影响。刘向在《立节》篇一开始便说："士君子之有勇而果于行者，不以立节行谊，而以妄死非名，岂不痛哉。士有杀身以成仁，触害以立义，倚于节理，而不议（议乃迟

---

① 此句疑原作"而化极万、千、百、十"；"一"、"五"、"二"三字皆衍。

疑之意）死地，故能身死名流于来世。非有勇断，孰能行之。"西汉知识分子特征之一，是不轻受侮辱而果决敢死，此处亦可反映出来。对复仇而提出复恩，在当时是一个新观念，所以在此篇开始时，说得更郑重。

孔子曰，德不孤，必有邻。夫施德者贵不德，受恩者尚必报。是故臣劳勤以为君，而不求其赏。君持施以牧下，而无所德。故《易》曰，劳而不怨，有功而不德，厚之至也。君臣相与，以市道接，君悬禄以待之，臣竭力以报之。逮臣有不测之功，则主加之以重赏。如主有超异之恩，则臣必死以复之。孔子曰，北方有兽，其名曰蟨，前足鼠，后足兔。是兽也，甚矣其爱蛩蛩巨虚也。食得甘草，必啮以遗蛩蛩巨虚。蛩蛩巨虚见人将来，必负蟨以走。蟨非性之爱蛩蛩巨虚也，为其假足之故也。二兽者亦非性之爱蟨也，为其得甘草而遗之故也。夫禽兽昆虫犹知比假而相有报也，况于士君子之欲与名利于天下者乎。夫臣不复君之恩，而苟营其私门，祸之原也。君不能报臣之功，而惮刑赏者，亦乱之基也。夫祸乱之原基，由不报恩生矣。

这里刘氏只说到君臣之间，实则此观念弥纶于人与人之各种关系。

在同样砥砺士节的要求中，《韩诗传》对士贫困的问题特别用心。至刘向而对此方面之关注较少，盖汉武以前，由朝廷以至郡县，多用军人任职。至武帝后，政治中容纳了多数士人，其生活情况，或较韩婴时代有所改进。

《说苑》更有《谈丛》（卷十六）、《杂言》（卷十七）两篇，多言一般立身处世之道。《谈丛》共七十四条，仅五条系引用故事，其余可能是当时流行的立身处世的格言，或刘氏陈述自己的经验。一条之中，既有来自道家的消极的一面，也有来自儒家积极的一面，且多为韵语。而其归，常为光明正大的人生态度。例如：

> 无不为者，无不（疑当作"所"）能成也。无不欲者，无不（疑当作"所"）能得也。众正之积，福无不及也；众邪之积，祸无不逮也。力胜贫，谨胜祸，慎胜害，戒胜灾。为善者，天报以德；为不善者，天报以祸。君子得时如水，小人得时如火。谤道己者，心之罪也；尊贤己者，心之力也。心之得，万物不足为也；心之失，独心不能守也。子不孝，非吾子也；交不信，非吾友也。食其口而百节肥，灌其本而枝叶茂。本伤者枝槁，根深者末厚。为善者得道，为恶者失道。恶语不出口，苟言不留耳。务伪不长，喜虚不久。义士不欺心，廉士不妄取。以财为草，以身为宝。慈仁少小，恭敬耆老。犬吠不惊，命曰金城。常避危殆，命曰不悔。富必念贫，壮必念老。年虽幼少，虑之不（疑当作"必"）

早。夫有礼者相为死，无礼者亦相为死。贵不与骄期，骄自来。骄不与亡期，亡自至。跛人日夜愿一起，盲人不忘视。知者始于悟，终于谐；愚者始于乐，终于哀。高山仰止，景行行止，力虽不能，心必务为。慎终如始，常以为戒；战战栗栗，日慎其事。圣人之正，莫如安静；贤者之治，故与众异。

各条率多意味深长的格言；若有人把此篇与《淮南子》中的《说山训》、《说林训》及《太公家训》与今日之所谓"增广贤文"者，作一关连对照的研究，我以为对我国一般的生态度的了解，会很有帮助。

《杂言》篇与《谈丛》篇稍有不同。《谈丛》篇多就一般的立身处世之道而言；《杂言》篇则多就艰危变动之际的立身处世而言。全篇五十三条，孔子或与孔子有关之故事即有三十一条。兹仅录开始的一段话，以见刘向特立此篇之意。

贤人君子者，通乎盛衰之时，明乎成败之端，察乎治乱之纪，审乎人情，知所去就。故虽穷，不处亡国之势；虽贫，不受污君之禄。是以太公年七十而不自达，孙叔敖三去相而不自悔。何则？不强合非其人也。太公一合于周而侯七百岁，孙叔敖一合于楚而封十世。大夫种存亡越而霸，勾践赐死于前。李斯积功于秦，而卒被五刑。尽忠忧君，危身安国，其功一也。或以封侯而不绝，或以赐死而被刑，所慕所由异也。故箕子弃国而佯狂，范蠡去越而易名，智过去君弟而更姓，皆见远识微，而仁能去富势，以避萌生之祸者也。夫暴乱之君，孰能离絷以役其身，而与于患乎哉。故贤者非畏死避害而已也，为杀身无益，而明主之暴也。比干死纣而不能正其行，子胥死吴而不能存其国。二子者强谏而死，适足明主之暴耳。未始有益如秋毫之端也。是以贤人闭其智，塞其能，待得其人然后合，故言无不听，行无见疑，君臣两与，终身无患。今非得其时，又无其人，直私意不能已，闵世之乱，忧主之危，以无赀之身，涉蔽塞之路，经乎谗人之前，造无量之主，犯不测之罪，伤其天性，岂不惑哉。故文信侯李斯，天下所谓贤也。为国计，揣微射隐，所谓无过策也。战胜攻取，所谓无强敌也。积功甚大，势利甚高。贤人不用，谗人用事。自知不用，其仁不能去，制敌积功，不失秋毫。避患去害，不见丘山。积其所欲，以至其所恶，岂不为势利惑哉。《诗》云，人知其一，莫知其他。此之谓也。

刘向在上面这段话中，有由深刻的现实经验而来的感慨在里面，可以说是他早年所作的《九叹》的缩影。

　　刘向的《洪范五行传论》，在《汉书·五行志》中保留了不少，极牵强附会之能事，可以说，完全是非合理主义的。由《说苑·辨物》篇（卷十八）"夫水灾，俱天下阴阳所为也"条看，他对灾异的观点，是直承董仲舒而来。[1]但在他所引的有关灾异故事中，反较董、刘两氏自己所立之说为合理。如《政理》篇（卷七）：

> 晋侯问于士文伯曰，三月朔，日有食之，寡人学惕焉。诗所谓彼日而蚀，于何不臧者，何也？对曰，不善政之谓也。国无政，不用善，则自取谪于日月之灾，故不可不慎也。政有三而已，一曰因民，二曰择人，三曰从时。

灾异之说，以意推之，在原始宗教时代为最盛。后因人文精神的兴起，把祸福与人的行为密切关连在一起，神对人的作用减轻，灾异之说，亦渐为减少；故由《春秋》三传以窥春秋时代贤士大夫及孔门之意，其由宗教向人文的转移，至为明显；此一趋向，至荀子的《天论》而得一总的合理归结。故西汉在景帝以前，言灾异者颇为少见。至董仲舒以灾异盛言天人相与之际，灾异说又因之大盛。刘向们承之，遂泛滥于西汉中期以后的思想中。《新序》、《说苑》，乃因缘古义，故其言灾异者分量最少，且不似《五行传》之汗漫无归。

---

① 此条内容主要来自《春秋繁露·精华》第五，已见前言《春秋》的一节。

又王充《论衡·本性》篇：

> 刘子政曰，性，生而然者也，在于身而不发。情，接于物而然者也，出形于外，则谓之阳；不发者则谓之阴。

此语未见于《新序》、《说苑》；而王充引他人之说，辞意每有所出入。由《说苑·贵德》篇（卷五）下面的一段话，或可窥见刘氏言性之一端。

> 凡人之性，莫不欲善其德。然而不能为善德者，利败之也，故君子羞言利名。言利名尚羞之，况居求利者也？

按《论语》以"德行"二字连词，[①] 故德亦有行义；"欲善其德"，即"欲善其行"。欲善其行，而系出于人性之要求，则刘氏实亦以性为善。从《建本》篇"学者所以反情治性尽才者也"的话来观察，则他承董仲舒的影响，大概认为性善而情恶，所以"反情"即所以治性。

刘氏的道德意识，系以仁居于首位，所以最后把刘氏对仁的把握录两段在下面。

---

① 《论语·先进》："德行，颜渊、闵子骞、冉伯牛、仲弓。"

孔子曰，里仁为美，择不处仁，焉得智。夫仁者必恕然后行。行一不义，杀一无罪，虽以得高官大位，仁者不为也。夫大仁者爱近以及远，及其有所不谐，则亏小仁以就大仁。大仁者恩及四海，小仁者止于妻子。妻子者以其知营利，以妇人之恩抚之，饰其内情，雕画其伪，孰知其非真。虽当时蒙荣，然士君子以为大辱。故共工、驩兜、符里、邓析，其智非无所识也，然而为圣王所诛者，以无德而苟利也。竖刁、易牙，毁体杀子以干利，卒为贼于齐。故人臣不仁，篡弑之乱生；人臣而仁，国治主荣。明主察焉，宗庙大宁。夫人臣犹贵仁，况于人主乎。故桀纣以不仁失天下，汤武以积德有海土，是以圣王贵德而务行之。孟子曰，推恩足以及四海，不推恩不足以保妻子。古人所以大过人者无他焉，善推其所有而已。（卷五《贵德》篇）

积恩为爱，积爱为仁，积仁为灵，灵台之所以为灵者，积仁也。神灵者天地之本，而为万物之始也。是故文王始接民以仁，而天下莫不仁焉。文，德之至也……德不至，则不能文。（卷十九《修文》篇）

"夫仁者必恕然后行"，此释仁与恕之关系，至为精当。而"积仁为灵"之说，亦意义深远。

刘向因校书中秘的关系，能读西汉一般士人所无法读到的书。因为他的家世及其遭际，对政治真相的了解，与对政治的责任感，亦非并时士大夫所易企及。《汉书·艺文志》对诸子百家叙录的态度，率能作持平之论。此恐系刘歆秉承其父的遗教而成。通过《新序》、《说苑》来了解刘向的思想，是在平实的基础、开明的态度上，由诸子百家而归结到儒家，归结到孔子；这是在他对当时现实政治社会所具有的深切笃至的责任感的背景下，所作的理性、良心的抉择，而不关于风气、利禄乃至见闻的限制。在西汉思想史上，应占一坚实的地位。

《盐铁论》①中的政治社会文化问题

一、背景

《汉书》七《昭帝纪》，始元六年（西纪前八十一年）二月："诏有司问郡国所举贤良文学，民所疾苦，议罢盐铁榷酤。"又六十六《车千秋传》："讫昭帝世，国家少事，百姓稍益充实。始元六年，诏郡国举贤良文学士，问以民所疾苦，于是盐铁之议起焉。"传赞：

> 所谓盐铁议者，起始元中，征文学贤良，问以治乱，皆对愿罢郡国盐铁酒榷均输，务本抑末，勿与天下争利，然后教化可兴。御史大夫桑弘羊以为此乃所以安边竟，制四夷，国家大业，不可废也。当时相诘难，颇有其议文。至宣帝时，汝南桓宽次公，治《公羊春秋》，举为郎，至庐江太守丞，博通，善属文。推衍盐铁之

---

① 本文采用世界书局王利器《盐铁论校注》本为底本，再参以诸家校注。

议，增广条目，极其论难，著数万言。亦欲以究治乱，成一家之法焉。其辞曰……

"其辞曰"以下，节录《盐铁论·杂论》第六十之言。《杂论》第六十，盖即桓宽整理《盐铁论》的自序。

这里我们应首先了解此一大争论得以发生的背景。按汉武时代，国力最大的消耗为北伐匈奴。自元光二年（前一三三年）与匈奴绝和亲，经元光六年（前一二九年）、元朔二年（前一二七年）、五年（前一二四年）、六年（前一二三年）、元狩二年（前一二一年）、四年（前一一九年）各战役，匈奴受创北徙，中国亦大为虚耗。这本是对匈奴政策应作一转换的时机，但武帝仍穷兵不已。其中最无意义的，为太初元年（前一○四年）到三年（前一○二年）遣李广利伐大宛求善马，使匈奴得到喘息机会，而中国的虚耗益甚。太初二年（前一○三年）遣赵破奴将二万骑出朔方，败没不还。天汉二年（前九十九年）遣李广利将三万骑出酒泉击匈奴，匈奴围之，司马赵充国溃围得出，别将李陵终以败降。四年（前九十七年）遣李广利将六万骑步兵七万人出朔方，另有将军公孙敖将骑步三万人，韩说将步兵三万，路博德将步兵万余人与李广利会合，与单于战吾余水上，不利引退。征和三年（前九十年）李广利将七万人出五原，另有御史大夫商丘成将二万人出西河，重合侯马通将四万骑出酒泉，与李广利呼应，广利败降匈奴。再过三年（后元二年，前八十七年），武帝便死了。[1] 可以说，武帝前期对匈奴用兵，是有所得而实则不偿所失。[2] 后期对匈奴用兵，则几乎可说是只有所失而并无所得。仅因中国土广民众，在相对消耗之下，匈奴终于不振。但由武帝后期对匈奴用兵的情形，已可反映出武帝之"武"，已成为强弩之末。

与对外的国力消耗并行的，是内部社会政治的惶惶不安。《汉书》六《武帝纪》天汉二年（前九十九年）"泰山、琅邪群盗徐教等阻山攻城，道路不通。遣直指使者暴胜之等衣绣衣杖斧，分部逐捕。刺史郡守以下皆伏诛。"《史记》卷一二二《酷吏列传》，"自温舒（王温舒）等以恶为治，而郡守、都尉、诸侯二千石欲为治者，大抵尽效温舒，而吏民益轻犯法，盗贼滋起。南阳有梅免、白政，楚有殷中、杜少，齐有徐教；燕赵之间有坚卢、范生之属，大群至数千人，擅自号，攻城邑，取库兵，释死罪，缚辱郡太守都尉，杀二千石，为檄告县趣具食。小盗以百数，掠卤乡里者不可胜数也。于是天子……乃使光禄大夫范昆，诸辅都尉及故九卿张德等，衣绣衣，持节，虎符发兵，以兴击。斩首，大部或至万余级；及以法诛通行饮食，坐连诸

---

① 参阅《汉书》六《武帝纪》。
② 参阅《史记·平准书》及《匈奴列传》。

郡，甚者数千人。数岁，乃复得其渠率；散卒失亡，复聚党阻山川者，往往而群居，无可奈何。"可以说，山东郡国的社会已经动摇了。

在以全力扑灭山东群盗的天汉二年，"冬十一月诏关都尉曰：'今豪杰多远交，依东方群盗。其谨察出入者'"。是由山东郡国的动摇，影响到了关中。天汉元年（前一〇〇年）"秋，闭城门大搜"；征和元年（前九十二年）"冬十一月，发三辅骑士大搜上林，闭长安城门索，十一日乃解。"是武帝当时对于肘腋之下的安全也发生了疑问。同年巫蛊事起。征和二年（前九十一年）闰四月："诸邑公主、阳石公主皆坐巫蛊死。夏，行幸甘泉。秋七月，按道侯韩说、使者江充等掘蛊太子宫。壬午，太子与皇后谋斩充，以节发兵与丞相刘屈氂大战长安，死者数万人。"结果，皇后太子皆先后自杀。这一连串惊心动魄的事实，使耽于夸大侈泰的武帝，也不能不发生反省；对他摇摇欲坠的政权，作最后的挽救。因而在征和四年（前八十九年）作了政策的转变。

《汉书》九十六下《西域传》：

> 自武帝初通西域，置校尉，屯田渠犁。是时军旅连出，师行三十二年，海内虚耗。征和中，贰师将军李广利以军降匈奴。上既悔远征伐。而搜粟都尉桑弘羊与丞

相御史[1]奏言，故轮台以东，捷枝、渠犁皆故国，地广，饶水草，有溉田五千顷以上……臣愚以为可遣屯田卒诣故轮台以东，置校尉三人分护……上乃下诏，深陈既往之悔，曰：前有司奏，欲益民赋三十助边用，是重困老弱孤独也。而今又请遣卒田轮台，轮台西于车师千余里……乃者贰师败，军士死略离散，悲痛常在朕心。今请远田轮台，欲起亭隧，是扰劳天下，非所以优民也。今朕不忍闻……当今务在禁苛暴，止擅赋，力本农，修马复令，以补缺，毋乏武备而已……由是不复出军，而封丞相车千秋为富民侯，以明休息，思富养民也。

桑弘羊田轮台之议，实为经营西域要著之一，所以昭帝元凤四年"霍光用桑弘羊前议，以赖丹为校尉将军，田轮台"。[2]而武帝卒不采用，由此可知当时国力的疲敝。再过年余，是后元二年二月，武帝便死于盩厔五柞宫。由此可知武帝已表现出政策转换的开端。霍光在武帝左右几十年，对这种情势，及武帝死前的心境，会感受得很清楚。及领遗诏辅八岁的幼主——昭帝，首要之务，即在如何能稳定经长期军事消耗以致动摇的社会。《汉书》六十《杜延年传》，延年"见国家承武帝奢侈师旅

① 《补注》引徐松曰，《通鉴》系此事征和四年。
② 《资治通鉴》卷二十三。

之后，数为大将军光言，年岁比不登，流民未尽还，宜修孝文时政，示以俭约宽和，顺天心，悦民意，年岁宜应。光纳其言，举贤良，议罢酒榷盐铁，皆自延年发之"。"宜修孝文时政"这句话的真正意思，即是要修改武帝时的政策与作风。《汉书》七《昭帝纪》赞谓"承孝武奢侈余敝，师旅之后，海内虚耗，户口减半。光知时务之要，轻繇薄赋，与民休息。至始元、元凤之间，匈奴和亲，百姓充实，举贤良文学，问民所疾苦，议盐铁而罢榷酤。尊号曰昭，不亦宜乎？"正是具体地反映这种情势。文帝与武帝不同的主要点之一，在于文帝以忍让的态度，息事宁人。武帝则以夸侈的态度，开边黩武。因黩武的关系，便逐渐实施战时经济政策。因实施战时经济政策，不能不使用残酷的刑罚。三者互相因缘的情形，在《史记·平准书》中，作了有机性的陈述。武帝的战时经济政策，以盐铁榷酤，为最有经常性，而又影响社会的幅度最大。要修改财经政策，势必讨论到盐铁的问题。

内外朝之分，实始于霍光。霍光以大将军居内朝主政，但朝廷的官僚结构及政令推行的机能，依然是在外朝而不是内朝。车千秋缘讼戾太子冤事受知于武帝，以高寝郎超升大鸿胪；不数月，遂于征和四年（前八十九年），取宰相封侯。他虽为外朝的领袖，但资望既浅，亦"无他材能学术"，乃是一位有名无实的宰相。桑弘羊"以心计，年十三，侍中"，约略为武帝即位之年。①元鼎二年（前一一五年）"为大司农中丞，管诸会计事，稍稍置均输以通货物"，②参与财经政策的制定与推行。元封元年（前一一〇年）为治粟都尉，领大农，尽代孔仅斡天下盐铁。至天汉元年（前一〇〇年）为大司农，天汉四年（前九十七年）为搜粟都尉，③至后元二年（前八十七年）为御史大夫，参预了受遗诏辅政。他的政治生涯，不仅由武帝即位之年一直到昭帝元凤元年，约六十年之久；且由元鼎二年一直到他之死，掌握财经大权亦三十年。其资望远出车千秋乃至霍光之上，为事实上的外朝领袖人物。要修改桑弘羊三十余年所掌握的财经政策，不是一件容易的事情。霍光接受了杜延年的建议，于始元五年（前八十二年），令三辅太常，举贤良各二人，郡国文学高第各一人；在六年二月，展开了前所未有的以盐铁为中心的大辩论。这是霍光在政策上要假借此次辩论来压倒桑弘羊，亦即是压倒外朝所承袭的武帝的战时财经政策，以便作若干修正转换的一种手段。

其次，霍光为了达到专政的目的，既创出内外朝分权对峙之局，势必进一步削弱外朝以伸张自己的权力。《汉

① 据马元材著《桑弘羊年谱》。
② 《史记·平准书》。
③ 以上皆据马著《桑弘羊年谱》。

书》六十六《车千秋传》载"每公卿朝会，光谓千秋曰，始与君侯俱受先帝遗诏，今光治内，君侯治外，宜有以教督，使光毋负天下。千秋曰，唯将军留意，即天下幸甚。终不肯有所言，光以此重之。"即是车千秋甘以傀儡宰相自居，故得勉强保全性命。形成政权骨干的，一为军事，一为财经。武帝建元二年（前一三九年）省去掌军权的太尉，于元狩四年（前一一九年），初置大司马，"以冠将军之号"，[①] 军权遂直属皇帝，不关丞相。霍光由侍中奉车都尉一跃而为"大司马大将军，受遗诏辅少主"，军权已经在握；但财经大权，虽不能收在内朝手上，他也不甘心继续放任在资深望重的桑弘羊手上。要从桑弘羊手上夺取财经大权，必先打击桑弘羊所凭借的财经政策。由贤良文学在朝廷上公开反映出人民对盐铁政策的反对，即足以使桑弘羊失掉他所挟以自重的政治资本。所以在盐铁争论之后，霍光即以"给事大将军莫府"的杨敞为大司农。杨敞迁御史大夫，霍光又以给事大将军莫府的田延年为大司农，把财经大权，紧紧地掌握在自己的僚属手上，再进一步便是用自己的僚属占据外朝的高位，以完成由他在内朝专政的目的。霍光与上官桀的斗争，本是内朝的权利斗争，无是非可言。而桑弘羊之所以参与到里面去，并不仅是"欲为

---

① 《汉书》十九《百官公卿表》七上。

子弟得官，怨望霍光"，①而是怨望霍光夺取了他数十年手上的财经大权。盐铁之议，也成为霍光夺权的一种手段。

不了解盐铁会议是霍光为了转换政策及夺取财经大权所运用的双重手段，②便不能了解何以会出现此一大规模的辩论，及贤良文学，何以展开对桑弘羊的切直批评，桑弘羊及御史们虽一再加以威胁，却终未因此遭祸。至说霍光想因此而想与地方豪族层提携，已未免失之推论太过；更说贤良文学自身，也可能是这种地方豪族层的出身，③便更违反大夫御史们再三指谪贤良文学们出身贫寒的实情了。

但贤良文学也只是利用此一机会反映出社会多数人民的愿望，及由儒家思想而来的政治主张。说到利用，也是互相利用。所以参与此次有声有色的辩论的六十多个贤良文学中，若非桓宽在《杂论》中因汝南朱子伯的传述而保留有贤良茂陵唐生、文学鲁万生、中山刘子雍、九江祝生等四人的姓氏，便将完全湮没无闻。在皇权专制政治之下，知识分子只有在矛盾对立、相持不下的夹缝中，才有机会反映出一点政治的真实，《盐铁论》的价值正在于此。

---

① 《汉书》六十六《车千秋传》。
② 日本讲谈社《中国历史》之西嶋定生教授所著的《秦汉帝国》页二六五至二七一，特别谈到"论争的政治背景"问题。他似乎太偏重在内外朝的斗争的一面，忽视了政策需要修正的一面。西嶋氏是日本治汉代史极有成就的学者，故特别值得提出。
③ 西嶋定生教授所著《秦汉帝国》页二七一。

至玩弄内廷专制，不学而有术的霍光，决不能容这一批謇谔之士。《汉书》六十八《霍光传》霍山谓"今丞相（魏相）用事，县官（宣帝）信之，尽变易大将军（霍光）时法令……又诸生多窦人子，喜妄说狂言，不避忌讳，大将军常仇之。今陛下好与诸儒生语，人人自使书对事，多言我家者……其言绝痛"。此可反映出这一批贤良文学，在霍光时代的遭遇。而辩论的结果，也只是暂时废除了郡国的榷酤及关内的铁官；此外则一仍桑弘羊之旧。因为霍光取得财经直接控制权后，对于政府收入所在，决不会轻轻放弃的。

二、辩论的历程、态度及所反映出的社会地位

其次的问题是，现在可以看到的《盐铁论》，其性质，到底还是来自当时的纪录，桓宽仅加以整理，抑系桓宽托事立言，"亦欲以究治乱，成一家之法"？班氏在《车千秋传》赞中，说得不够清楚。就《盐铁论》所记的辩论经过的情况，及各人立言的分寸来看，决不是未参与其事的人所能悬拟的。班氏说"当时相诘难，颇有其议文"，意者参与其事的贤良文学，退后有所记录，且记录者亦非一人。日人山田胜美氏在他所译《盐铁论》的前面，有《桓宽与〈盐铁论〉编著》一文。其中指出"当此之时"与"方此之时"的意义完全相同的两句话，但在书中各篇使

用时，发现有秩序的不同。我的推测，这是反映出当时发言者的不同，因而记录也不相同的实况。但当时并未集结成一部完整之书。桓宽有感于汝南朱子伯之言，收集流传的记录，序其次第，饰其语言，增其条目，遂成为今日所看到的形式。所以它的性质是当时的集体意见，而不应视为桓宽一家之言。由书中所述两方辩论的过程，可以证明这一点。

从《本议》第一到《刺权》第九，都是大夫（桑弘羊）与文学间的诘难。《刺复》第十，大夫说"今贤良、文学，臻者六十余人……信往而乖于今，道古而不合于世务，意者不足以知士也。将多饰文诬能，以乱实邪？何贤士之难睹也"；文学反责以"蔽贤妒能，自高其智；訾人之才，足己而不问，卑士而不友，以位尚贤，以禄骄士，而求士之用，亦难矣。"桑弘羊受此反责后，"大夫缪然不言，盖贤良长叹息焉"；于是"御史进曰"，代桑弘羊诘难。《论儒》第十一，系由御史发言。及文学提出"今民陷沟壑，虽欲无濡，岂得已哉"后，"御史默不对"。《忧边》第十二，《园池》第十三，便又由大夫发言。但《园池》第十三以"大夫默然，视其丞相、御史"作结，故《轻重》第十四，《未通》第十五，又由御史发言。《未通》第十五以"御史默不答也"作结，于是由《地广》第十六到《讼贤》第二十二，皆由大夫发言。《遵道》第二十三"大夫曰，御史，御史未应。谓丞相史曰"，这是桑弘羊要御史代为发言；大概他又觉得不应放过丞相史，所以改呼丞相史而问之；于是由《遵道》第二十三到《刺议》第二十六，皆由丞相史发言。及《刺议》以"丞相史默然不对"作结时，于是《利议》第二十七又由大夫发言，责"诸生阘茸无行""若穿窬之盗"，并以秦王的焚坑相威胁。在《国疾》第二十八，文学反讥以"百姓贫陋困穷，而私家累万金"，"今执政患儒贫贱而多言，儒亦忧执事富贵而多患也"。桑弘羊碰了这个钉子，"大夫视文学，悒悒而不言也"。于是丞相史出来打圆场说"大夫言过，而诸生亦如之。诸生不直谢大夫耳"。贤良、文学听了丞相史打圆场的话，"皆离席曰，鄙人固陋，希涉大庭，狂言多不称，以逆执事。"桑弘羊"色少宽，面（背）文学而苏（向）贤良曰……文学皆出山东，希涉大论。子大夫（指贤良）论京师之日久，顾（愿）分明政治得失之事，故所以然者也"。因贤良选自三辅及太常，而文学则选自郡国；汉都长安，故郡国皆可谓之山东。桑弘羊想拆散贤良文学的阵容，意思说文学是乡下人，没有见过世面；贤良则选自三辅及朝廷中的官吏，① 应当可以了解他所掌握的

① 按《汉书》四十九《晁错传》记文帝十五年"诏有司举贤良文学士"，晁错对策称："平阳侯臣窋，汝阴侯臣灶，颍阴侯臣何，廷尉臣宜昌，陇西太守臣昆邪，所选贤良太子家令臣错。"而董仲舒"以贤良对策"时已为博士，公孙弘对贤良策时亦曾为博士，所以在"制曰"中称"子大夫"，是贤良多选自朝廷中的官吏。

朝廷的政策。这样便由贤良担当起发言的责任。未想到贤良的发言更为激切，所以在《散不足》第二十九"大夫曰，吾以贤良为稍愈，乃反其幽明……不顾其患，患至而后默，晚矣"，这是出之以威胁。及贤良以孔墨之道自任，不畏威胁，"大夫"只好"默然"。丞相车千秋，本是不愿得罪霍光的，此时便说"愿闻散不足"，这是要贤良提出具体办法。贤良便提出政治社会上三十二种不合理的现象，总结之以"聚不足"；"聚"是指财富聚积于上，"不足"是指百姓不足于下。这便提到了根本的病根。"丞相曰，治聚不足奈何"，这是接受了贤良的陈述。《救匮》第三十贤良对丞相的答复，牵涉到公卿大夫子孙生活的奢侈及均输盐铁专卖等基本问题，桑弘羊便责以"若疫岁之巫，徒能鼓口耳，何散不足之能治乎"？这里便露出桑弘羊与车千秋之间，亦有相当距离。及贤良说出"不耻为利者满朝市，列田畜者弥郡国。横暴掣顿，大第巨舍之旁，道路且不通，此固难医而不可为工"的话，"大夫勃然作色，默而不应"。《箴石》第三十一是丞相出来打圆场，劝贤良、文学不要"被不逊之名"。从《除狭》第三十二到《备胡》第三十八，皆是大夫与贤良的相对诘难。但《备胡》第三十八以"大夫默然不对"作结，于是《执务》第三十九，成为丞相与贤良的诘难。《能言》第四十，《取下》第四十一，又回到大夫与贤良的诘难。在《取下》第四十一中，贤良痛陈人民疾苦，遂使"公卿愀然，寂若无人，于是遂罢议止词。"其结果是"奏曰，贤良文学，不明县官事，猥以盐铁为不便。请且罢郡国榷酤，关内铁官。奏曰可"。此次的大辩论，至此告一段落。

从《击之》第四十二起，到《论菑》第五十四，则是以边政为中心，大夫与文学间展开的第二次辩论。《刑德》第五十五，则由边政转到刑罚问题，开始是由大夫与文学的对辩。中途"大夫俯仰未应对"，便由御史接着向文学提出辩论。《申韩》第五十六，《周秦》第五十七，都是御史与文学间的辩论。《诏圣》第五十八，开始还是由御史负责。中途"御史默然不对"，大夫便又接上去。《大论》第五十九，又是大夫与文学的辩论。结果是"大夫曰，诺，胶车倏逢雨，请与诸生解"。《盐铁论》的正文，以此收束。第二次辩论，车千秋没有出场。

从他们记录的辩论过程看，是相当的曲折生动。而当车千秋出面时，口气比较温厚，意在调和，这与本传所述他的性格及他对霍光的态度，甚相吻合。由此可以断定，必先有此种记录，桓宽才再加以增删润饰。不要误解了班氏所说的"成一家之法"的话。

我们暂时把他们所讨论的问题放在一边，先看两方对于对方"人身"所采的态度。在讨论问题时，两方不应牵涉到对方的人身问题，除非对方的人身与讨论的问题有密切关系。但不幸，由"大夫"方面，首先失掉了感情控制而牵涉到人身上面去了。

《晁错》第八，大夫引"《春秋》之法，君亲无将，将而必诛"的话，接着暗中以霍光比淮南，衡山；以四方游士、儒墨及晁错，比贤良文学，在辩论中已经是磨刀霍霍了。

《忧边》第十二："大夫曰，诸生……发于畎亩，出于穷巷，不知冰水之寒，若醉而新寤，殊不足与言也。"《论诽》第二十四"丞相史曰……此（言）人本枉，以己为拭，此颜异所以诛黜，而狄山死于匈奴也。处其位而非其朝，生乎世而讪其上，终以被戮而丧其躯，此独谁为负其累而蒙其殃也？"《孝养》第二十五、"丞相史曰……往者陈余背汉，斩于泜水；伍被邪逆，而夷三族。近世主父偃，行不轨而诛灭。吕步舒弄口而见戮……全身在于谨慎，不在于驰语也。"《利议》第二十七、"大夫曰……吴铎以其舌自破，主父偃以其舌自杀……"《散不足》第二十九、"大夫曰……不顾其患，患至而后默，晚矣。"上面这些话，直欲诬贤良文学为叛逆，对其人身要加以毁灭的威胁。

其次，则大夫这一集团，从富贵贫贱阶级的立场，对贤良文学，加以鄙薄非笑，并认为贫贱者没有资格谈国家大事。

《刺权》第九："大夫曰……居编户之列，而望卿相之子孙，是以跂夫之欲及楼季也。无钱而欲千金之宝，不亦虚望哉。"《地广》第十六："大夫曰，……夫禄不过秉握者，不足以言治。家不过儋石者，不足以计事。儒皆贫羸，衣冠不完，安知国家之政，县官之事乎？^①何斗辟造阳也。"《贫富》第十七："大夫曰，……小不能苞大，少不能赡多。未有不能自足而能足人者也……文学不能治内，^②安能理外乎？""……陶朱公以货殖尊当世……原宪，孔伋，当世被饥寒之患。颜回屡空于穷巷。当此之时，迫于窟穴，拘于缊袍。虽欲假财信奸佞，亦不能也。"《毁学》第十八："大夫曰……昔李斯与包丘子^③俱事荀卿。既而李斯入秦，遂取三公……包丘子不免于瓮牖蒿庐，如潦岁之蛙……今内无以养，外无以称，贫贱而好义。虽言仁义，亦不足贵也。""而拘儒布褐不完，糟糠不饱，非甘菽藿而卑广厦，亦不能得已。虽欲吓人，其何已（以）乎？"《褒贤》第十九："大夫曰，伯夷以廉饥，尾生以信死，由小器而亏大体……今举亡而为有，虚而为盈。布衣穿履，深念徐行，若有遗亡；非立功名之士，而亦未免于世俗也。"《论诽》第二十四："丞相史曰……故饭蔬（蔬）粝者不可以言孝，妻子饥寒者不可以言慈，绪业（事业）不修者不可以言理。居斯世，行斯身，而有此三累者，斯亦足以默矣。"《孝养》第二十五："丞相史曰……夫以家人言之，有贤子当路于世者，高堂邃宇，

安车大马……无者褐衣皮冠，穷居陋巷，有旦无暮，食荠
秽荤茹，腜腊而后见肉……夫荠秽乞者所不取，而子以养
亲，虽欲以礼，非其贵也。"

综上所述，大夫们认定贤良文学是贫穷的一批人，所
以没有资格谈国家大事。因为在当时重孝的风气之下，孝
是成为贤良的条件之一，于是说贫穷的人，连孝的资格也
没有。其中还有值得注意的是，站在官僚豪富的阶级立场，
对贤良文学，加以威吓、讥笑的，除了桑弘羊本人以外，
最出力的不是御史而是丞相史。大概这批人看错了政治行
情，以为车千秋不过是一个傀儡宰相；由御史大夫升宰相，
是正规的前途。

桑弘羊在辩论中，既在主题之外，指向对方的人身上
面，然则贤良文学这批贫嬴之徒，对这些官僚豪富集团的
看法，又是怎样呢？

《地广》第十六："文学曰，夫贱不害智，贫不妨
行……公卿积亿万，大夫积千金，士积百金，利己并财以
聚；百姓寒苦，流离于路。儒独何以完其衣冠也？"上面
所说的大夫士的财富，是指当时一般官僚而言。说"公卿
亿万"，当然是指桑弘羊。在《贫富》第十七，一开始，桑
弘羊便为自己的财富作辩护说："余结发束脩。年十三，
幸得宿卫，给事辇毂之下，以至卿大夫之位，获禄受赐，
六十年矣……节俭以居之，奉（俸）禄赏赐，一二筹策之，
积浸以致富成业……运之方寸，转之息耗，取之贵贱之间

耳。"桑弘羊很坦率地承认他的财富，是靠放高利贷及屯积居奇而来。文学当下加以指谪说"因权势以求利者，入不可胜数也。食湖池，管山河，刍荛不能与之争泽，商贾不能与之争利。子贡以布衣致之，而孔子非之；况以势位求之乎"？直指出桑弘羊的财富，主要是凭权势以侵占夺取而来。并表明"君子能修身以假道者，不能枉道而假财也"，以为自己的贫赢作解释。

《毁学》第十八曰："文学曰……今之在位者，见利不虞害，贪得不顾耻。以利易身，以财易死。无仁义之德，而有富贵之禄，若蹈坎阱，食于悬门之下，此李斯之所以伏五刑也"，"今之有司，盗主财而食之于刑法之旁，不知机之是发，又以吓人，其患恶得若泰山之鸥乎？"《褒贤》第十九"文学曰……今有司盗秉国法，进不顾罪。卒然有急，然后车驰入趋，无益于死"。《论诽》第二十四，丞相史既以"生乎世而讪其上，终以被戮而丧其躯"，威胁文学；文学即答以"今子不听正义以辅卿相，又从而顺之。好须臾之说，不计其后，若子之为人吏，宜受上戮，子姑默矣"。《利议》第二十七"文学曰……有司窃周公之位。文学桎梏于旧术，有司桎梏于财利。主父偃以舌自杀，有司以利自困"。

综合贤良、文学的反论，不出二点，一则以贪权势者亦多被显戮，以答复桑弘羊们对他们的威胁。一则以桑弘羊官僚集团的财富，乃来自凭借权势的侵渔，以答复桑弘羊们对他们贫赢的讥讽。像这样的诘难，对政策问题的本身而言，似乎是没有意义的。但一则可由此了解在皇权专制下的政治辩论，常有刀光剑影隐藏在后面，所以辩论常决于势而不是决于理。幸而此次辩论，内朝与外朝，在财经政策上的斗争，尚处于势均力敌的地位，而此问题亦不是权力斗争的决定点，所以在剑拔弩张之余，两方依然暂时平安无事；二则此时的财富，主要集中在官僚集团手上，因而官僚集团的自身，即是豪富阶级；贤良文学则显然来自社会的平民，因而显出豪富与平民两阶级在利害上的尖锐对立。由此种尖锐对立，必然影响到对财经政策所含的社会意义的歧见。

三、盐铁专卖政策的形成

政策争论的基点是"与所举贤良文学语，问民间所疾苦"的民间疾苦，是以"愿罢盐、铁、酒榷、均输，所以进本（农）退末（商），广利农业"[①]为主题而展开的。天汉三年（前九十八年）初榷酒酤，开始实行酒专卖制度。实行了十一年，即始元六年"秋七月，罢榷酤官，令民得

---

① 《盐铁论·本议》第一。

以律占租，^①卖酒升四钱"而告结束。文学说"盖古之均输，所以齐劳逸而便贡输，非以为利而贾万物也"（《本议》第一），是他们并不反对均输制度的自身，而系反对与平准结合在一起的均输。所以酒榷、均输，似乎都不是争论的重点。争论的重点，是盐铁专卖问题。下面将此政策形成的历史，略加叙述。

《史记·平准书》：

> 于是县官大空，而富商大贾，或蹛（贮）财役贫，转毂百数，废（出卖）居（贮积）居邑（置之于邑），封君皆低首仰给。冶铸煮盐，财或累万金，而不佐国家之急。

按《史记·货殖列传》中之富商大贾，皆战国及秦汉间人物。其致富的原因，一为独占盐铁之利，另一为利用战争的特殊情势，屯积居奇。所以《平准书》说"汉兴，接秦之弊……约法省禁。而不轨逐利之民，蓄积余业（资），以稽（屯积）市物，物踊腾粜，……天下已平，高祖乃令贾人不得衣丝乘车，重租税，以困辱之"。但大一统的天下，日用品的制造及货物的流通，皆赖此辈；此辈的活动，成为社会所不能缺少之机能。而贪利为此

---

① 按"以律占租"者，当为根据律令所规定以自报（占）其所应纳之租。律令所规定者，即为下文"卖酒升四钱"也。师古注恐不确。

辈活力的源泉，工于心计为此辈贪利的本领，所以刘邦虽加以困辱，并未真能影响到此一阶层的发展。于是此一阶层便一直成为汉初政治、社会中的矛盾问题。至武帝开边黩武，而现象更为严重。《汉书》二十四《食货志上》曰："贾谊说上（文帝）曰……今背本而趋末食者甚众，是天下之大残也。淫侈之俗，日日以长，是天下之大贼也。"这是文帝即位不久时的情形。"晁错便说上（文帝）曰……而商贾大者积贮倍息，小者坐列贩卖……无农夫之苦，有千百之得；因其富厚，交通王侯，力过吏势……此商人之所以兼并农人，农人所以流亡者也。"按晁错对策为文帝十五年，此时商贾的势力，已更有发展。《平准书》又说：

> 于是以东郭咸阳、孔仅为大司农丞，领盐铁事。[①]桑弘羊以计算用事，侍中。咸阳，齐之大煮盐；孔仅，南阳大冶；皆致生（产）累千金，故郑当时进言之。弘羊，洛阳贾人子，以心计，年十三侍中。故三人言利，事析秋豪矣。
>
> 大农上盐铁丞孔仅、咸阳言，山海，天地之藏也，皆宜属少府。陛下不私，以属大农佐赋。愿募民自给

---

① 《年谱》系元狩三年（前一二〇年）下。

费，^① 因官器作；煮盐，官与牢盆。浮食奇民（不务正业之民），欲擅管山海之货，以致富羡，役利细民；其沮事之议，不可胜听。敢私铸铁器煮盐者，钛左趾，没入其器物。郡不出铁者置小铁官（《集解》：服虔曰，铸故铁），便属所在县。使孔仅、东郭咸阳，乘传举行天下盐铁，作官府。除故盐铁家富者为吏。吏道益杂，不选，多贾人矣。

乃拜式（卜式）为御史大夫（元鼎六年，前一一一年）。式既在位，见郡国多不便县官作盐铁，铁器苦恶，贾（价）贵，或强令民买卖之。而船有算，商者少，物贵，乃因孔仅言船算事，上由是不悦卜式。

元封元年（前一一〇年），卜式贬秩为太子太傅，而桑弘羊为治粟都尉，尽代仅筦（管）天下盐铁。弘羊以诸官各自市，相与争，物故腾跃。而天下赋输，或不偿其僦（运）费。乃请置大农部丞数十人，分部主郡国；各往往县置均输盐铁官，令远方各以其物贵（《汉书》"贵"作如"异"者是）时商贾所转贩者为赋，而相灌输。置平准于京师，都受天下委输。召工官治车诸器，皆仰给大农。大农之诸官，尽笼天下之货物，贵即卖之，贱则买之。如此，富商大贾，无所牟（取）大

---

① 按李剑农《先秦两汉经济史稿》页二四九引此项材料时，在此句下加注谓"官自给费也"。

利，则反本（农耕），而万物不得腾踊；故抑天下物，名曰平准。天子以为然，许之。于是天子北至朔方，东到太山，巡海上，并北边以归。所过赏赐，用帛百余万匹，金钱以巨万计，皆取足大农。①

上面叙述了桑弘羊经济政策的大要。这里有几点须加以说明。

管仲相齐，"通货积财，富国强兵"，②但《管子·海王》篇所言对盐铁的计算，非常纤密，未必即当时施政之实；不过其官山府海，发展鱼、盐、铁的商业价值，殆无可疑。但由后出之《海王》篇"谨正（征）盐策"来看，其重点在于鼓励、流通、征税，而未尝由政府专卖。《轻重》第十四"御史进曰……今大夫各修太公、桓、管之术，统一盐铁，通山川之利而万物殖"。这是援管仲以自重，实则两者之间，恐有很大的差别。《华阳国志》三谓"成都县，本治赤里街。若（张若）徙置少城内城，营广府舍，置盐、铁市官并长丞，修整里阓，市张列肆，与咸阳同制"。此乃在新辟城市中，置盐官铁官市官，以管理盐铁的税收及一般市政，并非官府以盐铁自市。③《史记·太史公自序》

---

① 《汉书·食货志下》自"武帝因文景之畜，忿胡、越之害，即位数年"以下至"亨弘羊，天乃雨"；皆取自《平准书》。

② 《史记·管晏列传》。

③ 孙楷《秦会要》过录此一材料时，因太简，易引起误会。

谓司马昌为秦主铁官，恐亦止于征税，而非专卖。因据《史记·货殖列传》，卓氏被迁至临邛，即铁山鼓铸。程郑，山东迁虏，亦冶铸，富埒卓氏。孔氏（按即孔仅之先）由梁被迁南阳，大鼓铸。此其落落大者。小手工业者当不止此数。则秦未尝专卖，至为明显。《汉书·食货志上》，[①]董仲舒谓商鞅治秦，"颛川泽之利，管山林之饶"，"田赋口赋盐铁之利，二十倍于古"。《盐铁论·非鞅》第七，亦谓"商君相秦"，"外设百倍之利，收山泽之税，国富民强"。秦之税及盐铁，是否始于商鞅，无他材料可资证明。即始于商鞅而为秦始皇所继承，亦仅于收税。并如后所述，商鞅是反对由政府专卖的。所以盐铁专卖，农器专卖，只是始于东郭咸阳、孔仅，以适应战时财政上的要求，与管、商并无关系。

其次，盐及铁器专卖，虽始于孔仅、咸阳，但约略经过了十年，到了桑弘羊手上，有了进一步的发展。因孔仅、咸阳时，主管盐铁专卖的官府，是分属于各郡县，弘羊则使其直属于大司农。且将其形成均输、平准的骨干。即是以盐铁为垄断全国商业活动的骨干。换言之，弘羊把这些战时的财经措施，推进为一个由朝廷所统一的财经机构，而大司农的权力，更大为增强了。

---

① 《校注》引杨树达以为此数语出于《史记·货殖列传》引《周书》，今《周书》无此文。

首先反对此一措施的当为董仲舒。《汉书·食货志》记仲舒向武帝进言的主要内容是"限民名田以澹（赡）不足；塞并兼之路。盐铁皆归于民，去奴婢，除专杀之威；薄赋敛，省繇役，以宽民力"。按杨树达《汉书窥管》卷六，以"仲舒之卒，当在元狩五至六年及元鼎元年间（前一一八年至前一一六年）也"。则实行不久，仲舒已提请废除。其次当为卜式。尤为可异的是，孔仅为创办人之一，而卜式的反对意见，竟凭借孔仅表达出来；卜式、孔仅，皆由此而失宠，则其农器专卖政策之推行并不顺利，不难想见。

四、两方的政治原则问题

所谓政治原则，是指对具体政策的形成与反对，必有其动机和所欲达成的目的。在盐铁争论的后面，也必有这种政治原则的问题。《本议》第一："文学对曰，窃闻治人之道，防淫佚之原，广道德之端，抑末利而开仁义，毋示以利，然后教化可兴，而风俗可移也。""孔子曰，有国有家者，不患寡，而患不均；不患贫，而患不安。故天子不言多少（不为自己言多少，下同），诸侯不言利害，大夫不言得丧。畜仁义以风之，广德行而怀之，是以近者亲附，而远者悦服。""夫导民以德，则民归厚。示民以利，则民俗薄。俗薄则背义以趋利，趋利则百姓交于道而接于市。

老子曰，'贫国若有余'，非多财也，嗜欲众而民躁也。是以王者崇本退末，以礼义防民，欲实菽粟货财。市、商不通无用之货财，工不作无用之器。故商所以通郁滞，工所以备器械，非治国之本务也。""国有沃野之饶而民不足食者，工商盛而本业荒也。有山海之货，而民不足于财者，不务民用而淫巧众也……高帝禁商贾不得仕宦……排困市井，防塞利门，而民犹为非也，况上之为利乎？《传》（《公羊传》）曰，诸侯好利则大夫鄙，大夫鄙则士贪；士贪则庶人盗。是开利孔为民罪梯也。"《力耕》第二："文学曰……是以古者尚力务本而种树繁，躬耕趣时而衣食足……故衣食者民之本，稼穑者民之务也。""理民之道，在于节用尚本，分土井田而已。""故耕不强者无以充虚，织不强者无以掩形。虽有凑会之要，陶宛之术，无所施其巧。自古及今，不施而得报，不劳而有功者，未之有也。"《水旱》第三十六："方今之务，在除饥寒之患，罢盐铁，退权利，分土地，趣本业，尽地力也。寡功节用，则民自富。"

《盐铁论》中在贤良、文学这一方面，不断提到政治原则问题，但都不出上面所引的范围，兹略条理于下：

一、在政治功用上，主张兴教化，要把政府成为一大教育机构；政府的作用，即是教育的作用。"移风俗"，要将社会不良的生活习惯，改变为良好的社会生活习惯，使人民生活在良好社会生活习惯之中，收"徙恶迁善而不自知"的效果，亦即是成为道德与自由，得到谐和统一的效果。这两者是密切关连而不可分，应以此为朝廷政治的大方向。这是自贾山、贾谊、刘安及其宾客以逮董仲舒们所极力标举的政治原则，其为贤良文学诸人所服膺，是不难理解的。

二、在经济方面，主张"崇本退末"，亦即所谓重本（农）抑末（商），重视"强耕"、"强织"。此一政策，实强调于法家，为秦所实行。所以秦《琅邪刻石》"皇帝之功，勤劳本事；上农除末，黔首是富"。从《孟子》的"不违农时，谷不可胜食也。数罟不入洿池，鱼鳖不可胜食也。斧斤以时入山林，材木不可胜用也"（《梁惠王》），"耕者皆欲耕于王之野，商贾皆欲藏于王之市"（同上），"关市讥（考查）而不征，泽梁无禁"（同上）这些话来看，儒家在经济上是重农而并不抑末。但荀子开始表现了一点抑末的思想。汉初儒家，则完全接受了法家的主张，而目的不同。法家自商鞅以来，视商为浮食之民，不易控制，而将生产与战斗连在一起，形成生产与战斗的统一体制。儒家承认工商的正常功用（"通郁滞"，"备器械"）。只是认为工商业者赚钱较农民为容易，对人民的吸引力大。工商业盛则从事农业的减少。不是"充实菽粟货财"之道。且工商业者易流于淫巧，破坏了农村纯朴的风俗和社会的安定。所以在政治上应重视农业（崇本），黜抑工商（退末）。而所引孔子"不患寡而患不均"的话，这是儒家以自耕农为实体的原始的社会主义的基本构造、构想，只有在此种构造构想之上，才能出现以礼乐仁义为教化的移风易俗的社会。这是把生产与教化连结在一起。在经济政策的形成上，儒法有会合之点。在政策的目的上，儒家与道家有会同之处。其中所引"老子曰"，虽为今本所无，但为今本《老子》中的思想所应有，而系传承中的缺失，可无疑义。

三、但贤良、文学此处真正所反对的，不是民间工商业，而是以盐铁均输等重大措施，由朝廷直接经营的工商业；及在朝廷直接经营下与官府勾接的工商业者。"故天子不言多少"，"诸侯好利则大夫鄙"等，盖指此而言。这里面便含有儒家主张藏富于民，法家主张藏富于国之争。这是原则性的争论。在这一争论的后面，更藏着到底国家是人民的工具，抑人民乃国家的工具的大原则性的争论。许多争论，都由此引申出来的。

大夫方面所持的原则，据《本议》第一，大夫曰："匈奴背叛不臣……先帝哀边人之久患，苦为虏所俘获也，故修障塞，饬烽燧，屯戍以备之。边用度不足，故兴盐铁，设酒榷，置均输，蓄货长财，以佐助边费。""古之立国家者，开本末之途，通有无之用。市朝以一其求，致士民，聚万货，农商工师，各得所欲，交易而退。《易》曰：通其变，使民不倦。故工不出，则农用乖；商不出，则宝货绝；农用乏，则谷不殖；宝货绝，则财用匮。故盐铁均输，所以通委财而调缓急。罢之不便。"《力耕》第二："大夫曰……故乃商贾之富，或累万金，追利乘羡之所致也。富国何必用本农，足民何必井田也？"《通有》第三："大夫曰……富在术数，不在劳身。利在势居，不在力耕也。"《复古》第六："大夫曰……令意总一盐铁，非独为利入也。将建本抑末，离朋党，禁淫佚，绝并兼之路也。"《刺权》第九："大夫曰，今夫越之具区，楚之云梦，宋之钜野，齐之孟诸，有国之富而霸王之资也。人君统而守之则强，不禁则亡……今山川海泽之原，非独云梦、孟诸也。鼓铸煮盐，其势必深居幽谷，而人民所罕至。奸猾交通山海之际，恐生大奸，乘利骄溢，散朴滋伪，则人之贵本者寡。"《轻重》第十四："御史曰……夫理国之道，除秽锄豪，然后百姓均平……大夫各运筹策，建国用，笼天下盐铁诸利以排富商大贾；买官赎罪，损有余，补不足，以齐黎民。"

桑弘羊主要是立足于现实的需要，不涉及政治理想。兹略条理于下：

（一）为应付武帝开边的财政需要，亦即是应付战时的财政需要。这有其坚强的立足点。但《复古》第六："文学曰……孝武皇帝攘九夷，平百越，师旅数起，粮食不足，故立田官，置钱，入谷射官，救急赡不给。今陛下（昭帝）继大功之勤，养劳倦之民，此用麇鬻之时……六年于兹，公卿无请减除不急之官，省罢机利之人……今公卿辩议，未有所定，此所谓守小节而遗大体，抱小利而忘大利者也。"由此可知，贤良文学并没有完全否定武帝战时财经政策的意义。但在他们看来，战时已过去，已转入平时的修养生息的时期。此一战时财经措施，与时代的要求不合，故加以反对。所以桑氏一方面继续强调对外边事的重要而引起边疆政策的争论；同时，他不能仅守住此一论点以维护他的财经政策。

（二）以农工商在经济活动中是一种分工作用，而特引管子的话，以见工商更重于农；由此可以导出"富国何必用本农"，"富在术数，不在劳身"的结论，以反对文学崇本退末的主张。这里应当指出，在思想上，桑弘羊实际反对了法家。在现实上，把自由的工商活动，与由中央政府直接经营的工商活动，故意加以混同。所以他引的《易传》、《史记·货殖列传》及《管子》，皆与原意不符。并且盐铁均输在财政上所发生的效果，是由政府取代了工商业者的利润而来，这对工商业者是一种打击。这是他论点中的巨大矛盾。更重要的是，管仲以鼓励工商业致富强，乃是处于春秋各国并立，俨然成为一种国际贸易的局面。在大一统的局面之下，当时工业只成为商业的附庸，而商业乃"土著商业资本"性质，其"术数"必以农民为牺牲。况在国家统制之下，若凭"术数"以谋利，农民所受的打击更大。这是根本问题之所在。文学谓"今天下合为一家，利末恶欲行，淫巧恶欲施"（《轻重》第十四），正反映出各国并立与天下一统的商业意义的变化。而在以农业为社会经济基础情形之下，"富在术数，不在劳身"的理论，既违反了法家思想，在事实上也不能成立。

（三）由经济的控制，以达到加强对人民的控制，这是由以财政收入为目的，转向兼以加强政治控制为目的，于是可把战时措施，作为平时的需要，而主张继续存在的理由。此一理由，在《复古》第六说得更清楚。

> 大夫曰……铁器兵刃，天下之大用也，非众庶所宜事也。往者豪强大家，得管山海之利，采铁石鼓铸，煮海为盐，一家聚众或至千余人，大抵尽收放流人民也。远去乡里，弃坟墓，依倚大家，聚深山穷泽之中，成奸伪之业，遂朋党之权，其轻为非亦大矣……

这站在统治者的立场上，是可以成立的。贤良文学指出的"此非明王所以君国子民之道也"，这便涉及两方的基本政治原则问题。并且《汉书》十《成帝纪》，阳朔三年"夏六月，颍川铁官徒申屠圣等百八十人，杀长吏，盗库兵，自称将军，经历九郡"。永始三年"十二月，山阳铁官徒苏令等二百二十八人攻杀长吏，盗库兵自称将军，经历郡国十九，杀东郡太守，汝南都尉"，则这类的预防，也未免过计了。

（四）盐铁均输，由商人手上，收归国家，桑弘羊认为这不仅是为了增加收入（"非独为利入也"），而是"将建本抑末，离朋党，禁淫侈，绝并兼之路也"。此一理由，有更大的原则性、社会性的意义。这便与贤良文学的主张同符合辙。但桑氏此一说法，与前面（三）的主张，有显著的矛盾，或且近于遁辞。尤其是从实际的结果看，恰恰与之相反。

五、现实上的利害比较

贤良文学所抱的政治原则、理想，不论其得当与否，对现实的大一统的皇权专制政治而言，不会发生真实的作用。所以汉代政治思想，在汉武以前，多偏在原则性建设性方面。昭、宣以后，则多偏在具体性补救性方面。因此，对盐铁争论的了解，无宁应注重在现实利害的比较上。

盐铁政策之利，前引"大夫曰"的话，大概可以概括了。下面更作具体的比较。

（一）大夫：往者郡国诸侯以其方物贡输，往来烦杂，物多苦恶，或不偿其费。故郡国置输官以相给运，而便远方之贡，故曰均输。开委府于京师，以笼货物；贱则买，贵则卖。是以县官不失实，商贾无所贸利，故曰平准。平准则民不失职，均输则民齐劳逸。故平准、均输，所以平万物而便百姓，非开利孔为民罪梯者也。（《本议》第一）

文学：古者之赋税于民也，因其所工，不求所拙……今释其所有，责其所无。百姓贱卖货物以便上求。间者，郡国或令民作布絮；吏恣留难，与之为市。吏之所入，非独济陶之缣，蜀汉之布也，[①]亦民间之所为耳。行奸卖平，[②]农民重苦，女工再税，未见输之均也。县官猥发，阖门擅市，则万物并收。万物并收，则物腾跃；腾跃则商贾侔（牟）利，自市则吏容奸。豪吏富商，积货储物以待其急。轻贾奸吏，收贱以取贵，未见准之平也。（同上）

（二）大夫：贤圣治家非一宝，富国非一道……故善为国者，天下之下，我高；天下之轻，我重；以末易其本，以虚荡（易）其实。今山泽之财，均输之藏，所以御轻重而役诸侯也。汝汉之金，纤微之贡，所以诱外国而钓胡羌之宝也。夫中国一端之缦，得匈奴累金之物，而损敌国之用。是以骡驴骆驼，衔尾入塞；驒騱騵马，尽为我畜。鼲貂狐貉，采旃文罽，充于内府；而璧玉琉璃，咸为国之宝。是则外国之物内流，而利不外泄也。异物内流则国用饶，利不外泄则民用给矣……（《力

---

① 按"齐陶"依洪颐煊改为"齐阿"。陈直依居延汉简知有济陶郡，当为济陶。见陈著《〈盐铁论〉存在问题的新解》。又此两句所指之"缣"、"布"，乃由朝廷直接设厂所生产，故与民间生产者有别。可参阅《汉书》四十九《贡禹传》。

② 《法言·学行》篇"一哄之市，必立之平"。按指官吏评定价格，使得其平。"卖平"者，指收贿赂以评价之高下而言。此为汉时市井流行之术语。故《潜夫论·巫列》篇"以犹人之有奸言卖平以干求者也"。王注欠明白。

耕》第二)

文学：……今骡驴之用，不中牛马之功。鼲貂旃罽，不益锦绨之实。美玉珊瑚，出于昆山，珠玑犀象，出于桂林，此距汉万有余里。计耕桑之功，资材之费，是一物而售百倍其价也。一揖[①]而中万钟之粟也。夫上好珍怪，则淫服下流。贵远方之物，则货财外充。(同上)

(三)文学：三业之起，[②]贵人之家，云行于途，毂击于道；攘公法，申私利；跨山泽，擅官市。非特巨海鱼盐也。执国家之柄，以行海内……威重于六卿，富累于陶(陶朱公)、卫(子贡)。舆服僭于王公，宫室溢于制度，并兼列宅，隔绝闾巷。阁道错连足以游观，凿池曲道足以骋骛……妇女被罗纨，婢妾曳绨纻，子孙连车列骑，田猎出入，毕弋捷健。是以耕者释耒而不勤，百姓冰释而懈怠。何者，已为之而彼取之，僭侈相效，上升而不息，此百姓所以滋伪而罕归本也。(《刺权》第九)

大夫：官尊者禄厚，本美者枝茂……水广者鱼大，父尊者子贵……故夫贵于朝，妻贵于室。富日苟美，古

①　卢文弨谓"揖挹通"，以揖当作挹。但意义仍不显。按揖或指来降者而言。《平准书》"其(元狩二年)秋率数万人之众来降，于是汉发车二万乘迎之；既至，赏赐甚厚。"即其证。
②　此指盐、铁、鱼三者专卖之业而言。

之道也……居编户之列，而望卿相之子孙……不亦虚望哉。（同上）

（四）御史：……夫理国之道，除秽锄豪，然后百姓均平，各安其宇。张廷尉（张汤）论定律令，明法以绳天下，绝并兼之徒，而强不凌弱，众不暴寡。大夫各运筹策，建国用，笼天下盐铁诸利，以排富商，买官赎罪，损有余，补不足，以齐黎民……（《轻重》第十四）

文学今欲损有余，补不足，富者愈富，贫者愈贫矣。（同上）

（五）文学：方今人主，谷之教令，张而不施；食禄多非其人，以妨农，商工市井之利未归于民，民望不塞也。（《相刺》第二十）

（六）大夫：今以近世观之，自以目有所见，耳有所闻，世殊而事异。文、景之际，建元之始（武帝初即位时），民朴而归本，吏廉而自重，殷殷屯屯，人衍而家富。今政非改而教非易也，何世之弥薄而俗之滋衰也。吏即少廉，民即寡耻；刑非诛恶，而奸犹不止。（《国疾》第二十八）

贤良：窃以所闻同里长老之言，往者常民衣服温暖而不靡，器质朴牢而致用……用约而财饶，本修而民富……其后邪臣各以伎艺亏乱至治……残吏萌（蜂）起，扰乱良民。当此之时，百姓不保其首领，豪富莫必其族姓。圣主（武帝）觉焉，乃刑戮充（江充）等，诛灭残贼，以杀（减）死罪之怨，塞天下之责，然（然后）居民肆然复安。然其祸累世不复（除），疮痍至今未息。故百官尚有残贼之政，而强宰尚有强夺之心。大臣擅权而断击，豪猾多党而侵陵。富贵奢侈，贫贱篡杀。女工难成而易弊，车器难就而易败；车不累期，器不终岁。一车千石，一衣十钟。常民文杯画案，机席缉踞……秉耒抱插、躬耕身织者寡，聚（束）要（腰）敛容、傅白黛青者众。无而为有，贫而强夸。文表无里，纨袴枲装。生不养，死厚葬。葬死殚家，遣女满车。富者欲过，贫者欲及；富者空减，贫者称贷。是以民年急而岁促，贫即寡耻，乏即少廉。此所以刑非诛恶，而奸犹不止也。（同上）

（七）大夫：……今县官铸农器，使民务本，不营于末，则无饥寒之累。盐铁何害而罢？（《水旱》第三十六）

贤良：农，天下之大业也。铁器，民之大用也。器用便利，则用力少而得作多……器便与不便，其功相什而倍也。县官鼓铸铁器，大抵多为大器，务应员（形式）程（期限），不给民用，民用钝弊，割草不痛。是以农夫作剧，得获者少，百姓苦之矣。（同上）

大夫：卒徒工匠，以县官日作公事，财用饶，器用备。家人（人民）合会，褊于日而勤于用，铁力不销炼，坚柔不和。故有司请总盐铁，一其用，平其贾，以

便百姓公私……吏明其教，工致其事，则刚柔和，器用便，此则百姓何苦？而农夫何疾？（同上）

贤良：卒徒工匠，故（旧日）民得占租鼓铸煮盐之时，盐与五谷同贾，器和利而中用。今县官作铁器，多苦恶，用费不省，卒徒烦而力作不尽。家人相一，父子戮力，各务为善器，器不善者不集。农事急，挽运衍（散）之阡陌之间，民相与市买，得以财货五谷新弊易货；或时贳民，不弃作业，置田器各得所欲，更繇省约。县官以徒复作，缮治道桥诸发，民便之。今总其原，壹其贾，器多坚硼（不和而易折），善恶无所择；吏数不在，器难得。家人不能多储，多储则镇（锈）生。弃膏腴之日，远市田器，则后良时。盐铁贾贵，百姓不便。贫民或木耕手耨，土耰淡食。铁官卖器不售，或颇赋与（于）民。卒徒作不中呈，时命助之。发征无限，更繇以均剧，故百姓疾苦之。古者千室之邑，百乘之家，陶冶工商，四民之欲，足以相更（互相满足）……百姓各得其便，而上无事焉。（同上）

关于（一）的均输平准的利害争论，在解决当时以实物纳税的困难情形之下，均输自有其重大意义。"便远方之贡"，"则民齐劳逸"，大夫也正就此点以立言。由《货殖列传》看，商人的最大利益，来自屯积居奇，贱买贵卖。此在战时为尤甚。"开委府于京师，以笼货物"，接替了商人的机能与利益，以平定物价，增加国库收入，这较之直接向生产者的农民增加赋税，也较为合理而有效。但桑弘羊进一步把均输与平准结合在一起，于是均输由解决远方贡赋困难的功能，扩大而成为平准令的全国商业网及经济动脉的功能。这便成为社会组织的大变革，政府权力的大扩充；虽然主管的不过是大农中一个平准令，实则可称为历史上的一件突出大事。太史公叙述一代的经济财政，即以"平准"名书，他是把握到了这种在历史中突出的大事。于是对此种政策的是非得失，便不能不追究到此一政权结构的本质，与此一政策的目的。当时的政权结构，是以至高无上的皇权及以维护此一至高无上的皇权为目的所组成的。实际担任行政责任的部门与人数，远不及为了维护皇权尊严神圣所设的部门与人数之多。[①] 再加以诸侯王及列侯的特殊身份制度，由"恩泽侯"的出现，而大量推演，大量的公开剥削，更成为此种政权中的毒瘤。现将这种庞大臃肿的政治结构的机能，一举而伸入于大一统的社会经济动脉之中，能长期正常地发挥均输平准政策的功能吗？尤其是武帝时，由吏道之杂而吏治万分腐败，这是桑弘羊所不能不承认的。以贪污之吏，握国家经济活动生死之权，则文学所痛陈的假公济私之毒，桑弘羊也无法加以否认。

---

① 请参阅拙文《周秦汉政治社会结构之研究》中"汉代一人专制下的官制演变"。

自对日抗战军兴后，许多人有鉴于国民政府财经政策的失败，便不顾历史现实，转而歌颂此一政策；在二十世纪各式社会主义政权所不能不遭遇之困难，却在两千年前桑弘羊政策中发现了地上的天国，一若历史的运行，可不受任何具体条件的限制，而可天马行空，这真是一种错觉。我在抗战时期，也抱有同样的错觉。

政策的目的，决定政策运行的方向。政策运行的方向，决定政策运行中所发生的偏差及补救的方式。假定桑弘羊的政策，是为了多数人民的利益而改变社会的组织，则其运行的方向，必要求与大多数人民的利益相符；其偏差可能使国库陷于贫血状态，乃至权力的运转不太灵活。但桑弘羊的政策，是为解决军费及武帝奢侈费的浩大支出，以大量增加国库收入为目的，则其运行的方向，必走向与增加国库收入的目的相符；其偏差必至置人民疾苦于不顾。以战时的财政措施，原封原样地形成国家平时的体制，其引起人民反感，是可以想象得到的。

了解到上述的两点，然后可以了解由贤良文学所反映的现实。而（一）的文学的批评，正是针对均输扩大为全国经济网以后，由便远方之贡，变为满足平准令的独占商业要求以后，所必然产生的现象。商人由有限量的屯积居奇，尚可使物价腾踊；朝廷以政治权力作无限量的屯积居奇，以平物价为名，以增加库收为实，其操纵物价的能力与压力，必远超过一切大商人。更糟的是，此一政策，可以打击乃至消灭社会性地独立活动的商人；但衙门执商贾之业，在两千年前，衙门的触角，毕竟不能普及于社会，势必产生以向衙门承销为业的商人。此种商人，若不与经手的官吏相勾结，便不能得到竞争中的地位；于是在亦官亦商的情势之下，官商勾结分肥的寄生商人阶级，代替了由社会分工所产生的独立商人阶级。文学所指的"豪吏富商"，正指此而言。大农为了增加国库收入，必须以屯积居奇操纵第一层级的物价。豪吏富商为了增加自己的豪富，又加上第二层级的屯积居奇，以操纵第二层级的物价。物价经过两层级的操纵后，独占性愈强，独占利润，实际是剥削，也因之愈大。被剥削的只是农民。

大夫在（二）所说的是对当时敌国的经济战略，从理论上说，此一战略应当是有利的。但在大夫的话的后面，掩饰着"上好珍怪"的实质。此种好珍怪的实质，在大夫的话里面，也透露了出来。由此一好珍怪的实质，便把大夫所说的经济战的效果，完全倒转过来了，而成为文学口中所说的外国的"一物"，在中国"售百倍其价"；外人来降者（一揖），即费中国"万钟之粟"。并且由此而引起风俗的败坏。这就与上面所说的当时政权的结构有不可分的关系。

文学在（三）所指出的，是由盐、铁、酒三者专卖所暴起的以桑弘羊为首的一批经济官僚及其家族的豪富骄横奢侈的情形；及对社会所发生的离本滋伪的严重后果。这是在当时政治结构下所必然发生的腐败与破坏性的作用。由此也可以了解当时统治阶级骄奢淫佚的实态。这几乎可以说是把生产工具集中在统治者手上的必然结果。香港《大公报》一九七四年十月九日报导了美国《呼声月刊》上一篇文章，指出了苏联"享有特权的官员和经理人员"在生活上可与美国大资本家相比拟的生活情形，和他们所代表的工人阶级生活的困乏，形成了尖锐的对立。因为事实太彰明较著了，而且在只有统治者自身的利益、没有人民大众利害观念的特权阶级桑弘羊看来，以骄奢淫佚，连自己的家族也鸡犬飞升的情形，视为理所当然。这是"为统治者而统治"者的必然心态。在他们看来，这一切都是廉耻范围之外的。这里说明的是在以皇权为中心的政治结构，对经济的强力统制，除了在财政上可以收效一时外，必然成为对人民残酷剥削的工具。而由文学所说的"今则不然"的情形看，汉代的所谓乡举里选，在仕途上只居于点缀的性质。

御史在（五）中所说的"百姓均平"，"绝兼并之徒"，"损有余，补不足"等，与贤良、文学的主张，并无二致。而均输盐铁实行之初，本也有"排富商大贾"的用意与实效。文学此处的答复，不否定御史在此处所提出的目标，而只是指出事实与御史所说的相反。何以会如此，因为如前所述，在此种政策实行之下，产生了豪富官僚集团，及官商互相勾结的新生的豪吏富商的缘故。

文学在（五）中所说的，是在大夫骂贤良、文学是"遭时蒙幸，备数适然耳；殆非明举所谓，固未可与论治也"的。文学则以"文学不中圣主之明举；今之执政，亦未能称盛德也"还骂，而引起"大夫不说（悦），作色，不应也"的情形所说的。对"商工市井之利，未归于民"的责难，不仅是由"藏富于民"的观念而来；与前面指摘的参互地看，市井之利，虽然有的归了国库，但更多地归了统治官僚及亦官亦商的豪吏富商。

大夫在（六）中承认了贤良、文学所陈述的文、景及武帝初年，社会及吏治远较当前良好的事实，向贤良问其"所以然"。综合贤良所答：（1）因残酷之吏，扰乱良民，幸赖武帝晚年悔改；但严酷统治的本质，并未改变。这与《史记·酷吏列传》所述的完全相合。（2）统治阶层及其党羽（豪猾），凭严酷的刑罚，以发挥"强夺""侵陵"的剥削，加深了贫富的对立斗争。（3）因生产工具专卖，减低了器物的实用效率；因货物的垄断居奇，造成了物价的高涨。（4）因统治阶层及其党羽的骄奢淫佚，激成了社会浮靡虚伪的风气。因为贤良是举自三辅及京师各机关中的僚属，所以此处他们所反映出的社会，乃是以长安为中心的都市社会，而不是农村社会。这里特别值得一提的是，贤良很深刻地把握到当时"厚葬"的实质，与孝道无关，仅是由统治集团所倡导的淫侈之风的一部分，而加以严厉的谴责；这与《散不足》第二十九贤良所述当时社会现象之一的厚葬风气加在一起来看，则由贤良文学所代表的儒家思想，与一般的说法相反，是非常反对厚葬的。

（七）中，大夫与贤良，正面展开了"县官铸农器"的利害之争；这是事实问题，不是凭理论可以解答的。综计大夫所说的利：（1）"使民务本，不营于末"。这不仅是空话，并且和他"富国何必本农，足民何必井田也？"（《力耕》第二）的主张是相矛盾；也与《本议》第一文学一开始所陈"是以百姓就本者寡，趋末者众"的现象不符。他所以要说这种自相矛盾而不实的话，乃证明他原来重末轻本的主张，已为贤良文学所绌。（2）由县官造农器，时间充裕，资本充足，器用完备，物美而价廉。若由人民自己合伙（"合会"）①去作，则只能以耕作的空隙去作，故"褊于日"，资本缺乏，故"勤于用"，技术不精，故"坚柔不和"。站在一般大经营与小经营的得失立场而言，大夫的话，应当是合理的。但这里所说的大小经营的得失比较，不是自由竞争中的经营比较，而是一方是独占性的官办工业，一方是竞争性的民营工业，人民对民营的出品，

---

① 据《文物》一九七四年六期黄盛璋《江陵凤凰山汉墓（一九七三年九月中旬到十一月中旬所发现发掘）简牍及其在历史地理研究上的价值》一文，十号墓木牍中二号木牍，是秦仲等十人合股做商贩的契约，"每人贩钱二百"，真可说是合伙小本经营。盖借此以补农业收入之不足。此一发现，对当时社会平民经济活动情况的了解，至有意义。既有合伙经营商业之事，亦必有合伙经营铁器手工业之事。"家人"系汉代常词，指平民而言。"家人合会"，应指平民合伙而言。

可加以选择；对官办的连不买的自由也没有。独占性的官办工业品，二千年以后的苏联，有无比的组织力及极高的技术性，又是无产阶级专政下的社会主义体制，迄今尚不能好好解决人民的日用品的问题；几乎可以说现世界上，一切国营的经济机构，尤其是国营的工业，在效率上没有不否定"能力解放"的预言；然则在二千年前的皇权专制的政治结构之下，"县官铸器"，除了由独占了人民的日用品，而可暂时增加国库收入以外，没有方法可以肯定桑弘羊所构想的理论。

由贤良的答复中，可以了解：（1）在未实行盐铁专卖之时，盐价贱而器具"便利"。更可了解，人民鼓铸煮盐，亦有"占租"的手续，政府并非完全放任或无收入。（2）因县官铸铁器，多做兵器及车船等所用之大器，^①努力做到上级所要求的数目规定；^②以余力再造农器，农器并不足用，所以人民只好用已经钝弊的东西，连草也不易割动。（3）官作的铁器多苦（粗）恶，制器的卒徒不卖力，所以用费并不减省。家庭工业，父子戮力，务求做得好好的，

---

① "大抵多为大器"之"大器"，诸家无注。大器当指煮盐之牢盆及兵器而言。

② "务应员程"，王注引《淮南·说山训》"春至旦，不中员程"，高诱注"呈作不中科员"作解，意义不明。陈直引《汉书·尹翁归传》"豪强有罪，输掌畜官使斫莝，责以员程"，颜注"员数也。计其人及日数为功程"，是为得之，但陈直仅谓"可证员程二字，为西汉人公牍中之习俗语"，则意义犹未明，故此处以"数目的规定"释之。

以立信用。陈直《居延汉简概述》一文中"七、守御器败坏，烽火台守御用器大率残破不全……弩口有镵洞……釜口销漏……"这即是铁官所铸的大器的情形。大器如此，农器可知。（4）由家庭手工业所作出的农器，在农忙时可以直接到田间销售，并且可用各种财货五谷折价，并可以旧的（弊）换新的，有时还可赊欠，又可任意选择，省时便用。县官只要以徒刑人修治道路便好了。现时农器皆出于官（"总其原"），价钱划一，没有好坏的选择。远道去买，主卖的官吏又常常不在，很难买到手。若一次多买存储，铁又会上锈。浪费农忙的时间，以贵价买坏货；于是贫民有的只好不用铁器而"木耕手耨"，不用盐而淡食。还有铁官做的卖不出去时，便硬配销给百姓。卒徒赶不上期限（呈）时，又征发百姓去为他们赶工，增加了百姓力役的负担，百姓当然深以为苦。所以希望恢复"陶冶工商，四民之求足以相更"的自由分工的社会机能。贤良所说的情形，一直在今天，还可提出相同的性质、相同的事例以相比证。以今日交通、技术、组织的进步，社会主义体制下所遇到的困难，推想二千年以前皇权政治结构下所行的目的不同，[①] 而手段却大体一致的政策，则有什么根据可以

---

① 今日社会主义体制，乃惩资本主义下财富集中于少数人手上的流弊，遂收生产手段为国有，以谋求一般人民的福利，亦可谓目的是在"均富于民"。桑弘羊的目的，只在增加国库收入，故从理论上说，两者的目的并不相同。

否定贤良文学，是为大多数人民的痛苦而呼吁呢？

六、边疆政策的歧见

桑弘羊政策的根本出发点是在应付开边用武的军事需要，其他的理由，都是为了应付贤良、文学的论难所缘饰上去的遁辞。所以这里应切就边疆政策来讨论两方的歧见。

刘邦即帝位后的第二年，即《史记·高祖本纪》七年，被匈奴困于平城七日，幸以陈平计得脱后，中国即受到北方骑马民族——匈奴的重大威胁。农耕民族对骑马民族作战，可说先天处于不利的地位。刘敬进和亲之策，虽苟且于一时，但中国因此得休养生息，对刘氏政权的安定，有莫大意义。《汉书·匈奴传》，冒顿侮慢吕后，吕后因急于培植吕氏政权基础，报书至谓"弊邑恐惧"，"弊邑无罪，宜在见赦"。狠于内而辱于外，固然是妇寺常态，然依然是守刘敬以安内为本的遗策。文帝即位后，匈奴侵盗日亟，和亲之约，时断时续。《史记·律书》，文帝报将军陈武书谓，"今匈奴内侵，军吏无功；边民父子，荷兵日久，朕常为动心伤痛，无日忘之"，即可见一般。《汉书·匈奴传》，后元二年（前一六二年），遗匈奴书求和亲，谓"先帝制，长城以北，引弓之国，受命单于；长城之内，冠带之室，朕亦制之"，"朕追念前事，薄物细故，谋臣计失，皆不足以离兄弟之欢"。在此书中兼得知汉室每年"诏吏遗单于秫糵金帛绵絮它物，岁有数"。及匈奴答应继续和亲，遂于同年六月，诏告臣民，谓"间者累年匈奴并暴边境，多杀吏民……故遣使者冠盖相望，结辙于道，以谕朕志于单于。今单于……新与朕俱弃细过，偕之大道，结兄弟之义，以全天下元元之民。和亲以定，始于今年（《汉书·文帝纪》）"。并布告天下，以为"可以久亲"（《汉书·匈奴传》）。由此可知后元二年和亲之约，是经文帝长期努力所达成的；这实系他安定汉室政权的基本政策之一。

文帝当然知道，对付匈奴这种强邻，不是片面乞怜可以侥幸苟免的。所以他在整军经武上，也着实用了一番力量。而从和亲诏中"和亲以定"的口气看，当时的谋臣策士，也必有许多人不以和亲为得计。其中最突出的当数贾谊。他在文帝前六年（前一七四）《陈政事疏》中，以"汉岁致金絮采缯以奉之夷狄"，"是臣下之礼"，而认为"可流涕者此也"。他要求"为属国之官，以主匈奴；行臣之计，请必系单于之颈而制其命"。他的三表五饵之计，未免过分天真，但他这份激昂慷慨的感情，可以反映出当时中国所受匈奴压力的严重。

晁错在文帝时为太子家令，上书言兵事，以"匈奴之长技三，中国之长技五。陛下又兴数十万之众，以诛数万之匈奴；众寡之计，以一击十之术也"，应有战胜的把握。但"帝王之道，出于万全"，只提出"安边境，立功名，在于良将"，和"以蛮夷攻蛮夷"的方法，并不主张直接用大兵征讨。接着他又言守边备塞，务农力本当世急务二事，主张以优渥周到之条件，移民实边。所以又"复言募民徙塞下"。晁氏料敌言兵，虑深务实，皆远出贾谊上。

文帝后元二年与匈奴和亲后，六年（前一五八年）匈奴曾以三万骑入上郡，三万骑入云中；文帝命六将，屯驻由飞狐口、句注（雁门关）一直到细柳（长安西北郊）、霸上，形成强固的纵深防线。景帝在位共十六年，五年（前一五二年）遣公主嫁单于，继承和亲政策。十六年间，北方未见边患。武帝建元六年（前一三五年），匈奴遣使请和亲，王恢主张击之。御史大夫韩安国则以匈奴"迁徙鸟举，难得而制也；得其地不足以为广，有其众不足以为强……汉数千里争利，则人马罢（疲）；虏以全制其敝"，有如"强弩之极矢，不能穿鲁缟"；主张"击之不利，不如和亲"（《史记·韩安国列传》）。当时接受了韩安国的意见。这年淮南王安上书谏用兵南越，言之详明恺切。和亲之得以继续，可能与此有间接关系。对匈奴用兵，始于元光二年（前一三三年）听王恢之计，遣间诱单于入马邑塞，匿三十万大军邀击不获，于是匈奴绝和亲。与匈奴大规模的战争，始于元光六年（前一二九年）。主父偃、严安、徐乐三人皆上书言事，对用兵匈奴，皆表示了强烈的反对意见。匈奴受创益北徙，乃在元狩四年（前一一九年）。自元光六年至此，大规模而带有连续性的战争凡十一年。间歇性的战争，至征和三年（前九十年）告一段落。在此期间的主要活动，转向"断匈奴右臂"的西域。自元光六年至此，对匈奴用兵前后凡三十九年。

《汉书·匈奴传》武帝击匈奴诏："高皇帝遗朕平城之忧，高后时单于书绝悖逆。昔齐襄公复九世之雠，《春秋》大之"。试把他击匈奴的理由，与文帝和亲及许多反对伐匈奴者的理由，略加比较，即可发现主张和亲者是在国家人民的利害比较上着想，而武帝则仅为了刘氏的尊严而要出一口气。前者是以现实的情势为出发点，后者是以历史的恩怨为出发点。当时反对伐匈奴的人，在军事利害及国家得失和历史教训上，大体皆作过切实的比较。而赞成用兵的，自樊哙以逮王恢，多出于一时血气之勇，司马迁的《匈奴列传》赞，描写得很深刻。他说"世俗之言匈奴者，患其徼（求）一时之权（宠），而务谄纳其说（逢迎皇帝的意志），以便偏指（片面的理由），不参彼己（不考查敌我两方情况）；将率（帅）席（凭借）国家广大，气奋（言非真勇）；人主因以决策，是以建功不深。尧虽贤，兴事业不成，得禹而九州宁。且（将）欲兴圣统，唯在择任将相哉"。史公不是完全反对征伐匈奴，但认为伐匈奴的结果是得不偿失。其原因，在缺乏深远周密的庙谋，没有智深勇沉的将帅，而最根本的原因，则因武帝为肆皇权专制之威，由制度与选任上破坏了宰相制度，并不断加以诛戮；而卫青、霍去病，皆以内宠佞幸之资，当国家干城之寄。由此所引起的当时人民的痛苦、社会的破坏、政治的危机，《史记》在《平准书》、《酷吏列传》、《匈奴列传》中都反映了出来。所以《史记》的列传中很少记载当时奏议，惟凡谏伐匈奴这一类的，则都加以记载，以见他的微旨。宣帝实起自平民，因而要强调他是戾太子的孙、武帝的曾孙，所以特推重武帝，许多地方加以模仿。初即位，诏丞相、御史，盛称武帝"北伐匈奴""百蛮率服"，要列侯、二千石、博士，议立庙乐。夏侯胜"独曰，武帝虽有攘四夷，广土斥境之功；然多杀士众，竭民财力，奢泰无度，天下虚耗，百姓流离，物故者过半，蝗虫大起，赤地数千里，或人民相食，畜积至今未复；亡德泽于民，不宜为立庙乐"（《汉书》七十五《夏侯胜传》）。此时上距武帝之死约十四五年，夏侯胜在大庭广众之中，出此反抗诏书之言，卒未因此得祸，其为反映当时事实，可以想见。

但北方乘马民族自楚汉战争以来，形成对中国的巨患，而文、景因顾虑内部诸侯王的问题，对此巨患只求勉强相安，未能作长久之计；至武帝国力充实，由守势转为攻势，也可说是理势所必然。况且有许多重大事情，在当时的评价，及在历史上的评价，常大有出入。因此，贡禹上书言得失疏中，对武帝的批评，似为持平之论。

> 武帝始临天下，尊贤用士，辟地广境数千里。自见功大威行，遂从者欲，用度不足。乃行一切（苟且）之变，使枉法者赎罪，入谷者补吏。是以天下奢侈，官乱

民贫，盗贼并起，亡命者众……奸轨不胜，则取勇猛能操切百姓，以苛暴威服下者，使居大位。故亡义而有财者显于世，欺谩而善书者尊于朝，悖逆而勇猛者贵于官……行虽犬彘，家富势足，目指气使，是为贤耳。故谓居官而致富者为雄杰，处奸而得利者为壮士。兄劝其弟，父勉其子。俗之败坏，乃至如此。（《汉书》七十二《贡禹传》）

汉武开边之功，究不可没；但他出之以泰侈之心，更由此而增加了他的泰侈的生活，以致大量浪费了国家的生命财产，汉代政治社会的败坏，实由汉武所造成，这也是铁的事实。开边与浪费，二者之间没有必然的关系。但当时言利之臣，以逢迎巩固权位，使二者勾连在一起，于是桑弘羊的财经政策，支持了汉武的开边，也助长了汉武的靡侈之心，及成为败坏政治社会的一股巨力。桑弘羊为了保持他以盐铁专卖为中心的财经政策，自然要在边政上得到坚强的立足点。所以对边政的辩难，是《盐铁论》中基本辩论之一。

（一）大夫：匈奴背叛不臣，数为寇暴于边鄙……先帝哀边人之久患……故修障塞，饬烽燧，屯戍以备之。边用度不足，故兴盐、铁，设酒榷，置均输，蓄货长财，以佐助边费。今议者欲罢之，内空府库之藏，外

乏执备之用；使备塞乘城之士，饥寒于边，将何以赡之？罢之不便也。（《本议》第一）

文学：……故善克者不战，善战者不师，善师者不阵……王者行仁政，无敌于天下，恶用费哉。（同上）

大夫：匈奴桀黠，擅恣入塞，犯厉中国……宜诛讨之日久矣。陛下垂大惠，哀元元之未赡，不忍暴士大夫于原野。纵难被坚执锐，有北面复匈奴之志，又欲罢盐铁均输，忧（扰）边用，损武略，无忧边之心，于其义未便也。（同上）

文学：古者贵以德而贱用兵。孔子曰，远人不服，则修文德以来之。既来之，则安之。今废道德而任兵革，兴师而伐之，屯戍以备之，暴兵露师以支久长，转输粮食无已，使边境之士饥寒于外，百姓劳苦于内，立盐、铁，始张利官以给之，非长策也，故以罢之为便也。（同上）

（二）大夫：……先帝计外国之利，料胡、越之兵，兵敌[①]弱而易制，用力少而功大；故因势变以主四夷，地滨山海以属长城；北略河外，开路匈奴之乡，功未卒……有司思师望（太公）之计，遂先帝之业，志在

---

① 王注"兵"当作"以"。若如此，则与上文不相承接。按此"兵"字作动词用，"兵敌"属上句读，意谓"料胡越之兵，以加兵于敌，则敌弱而易制"。"弱"字上似漏"则敌"二字。

绝胡、貉，擒单于。故未遑扣扃之义，而录拘儒之论。（《复古》第六）

文学：……闻文、武受命，伐不义以安诸侯大夫，然未闻弊诸夏以役夷伐狄也……且数战则民劳，久师则兵弊，此百姓所疾苦，而拘儒之所忧也。（同上）

（三）大夫：……故王者之于天下，犹一室之中也，有一人不得其所，则谓之不乐……故少府丞令，请建酒榷以赡边，给战士，拯民于难也……内省衣食以恤在外者，犹未足，今又欲罢诸用，减奉边之费，未可为慈父贤兄也。（《忧边》第十二）

文学：周之季末，天子微弱，诸侯力政，故国君不安，谋臣奔驰。何者？敌国众而社稷危也。今九州同域，天下一统……夫蛮貉之人，不食之地，何足以烦虑而有战国之忧哉……（同上）

（四）御史：……上大夫君与（为）治粟都尉，管领大农事，灸刺稽滞，开利百脉，是以万物流通，而县官富实。当此之时，四方征暴乱，车甲之费，克获之赏，以亿万计，皆赡大司农，此皆扁鹊之力，而盐、铁之福也。（《轻重》第十四）

文学：中国，天地之中，阴阳之际也……今去而侵边，多斥不毛寒苦之地……转仓廪之委，飞府库之财，以给边民，中国困于繇赋，边民苦于戍御；力耕不便，种籴无桑麻之利，仰中国丝絮而后衣之，皮裘蒙毛，曾

不足盖形。夏不失复（复，人居之穴），冬不离窟。父子夫妇，内藏于专室土圂之中，中外空虚。扁鹊何力，而盐铁何福也？（同上）

（五）御史：内郡人众，水泉荐草不能相赡，地势温湿，民蹑耒而耕，负担而行，劳疲而寡功，是以百姓贫苦而衣食不足，老弱负辂于路，而列卿大夫或乘牛车。孝武皇帝平百越以为园圃，却羌胡以为苑囿，是以珍怪异物充于后宫，騊駼駃騠实于外厩；匹夫莫不乘坚良，而民间厌橘柚。由此观之，边郡之利亦饶矣。而曰何福之有？未通于计也。（《未通》第十五）

文学：禹平水土，定九州，四方各以土地所生贡献，足以充宫室，供人主之欲。膏壤万里，山川之利，足以富百姓。不待蛮貊之地、远方之物而用足。闻往者未伐胡、越之时，繇赋省而民富足。温衣饱食，藏新食陈……其后师旅数发，戎马不足，牸牝入阵，故驹犊生于战地，六畜不育于家，五谷不殖于野，民不足于糟糠，何橘柚之所厌？……方今郡国田野有垦而不垦，城廓有宇而不实，边郡何饶之有乎？（同上）

（六）大夫：……缘边之民，处寒苦之地，距强胡之难；烽燧一动，有没身之累。故边民百战，而中国恬卧者，以边郡为蔽扞也……散中国肥饶之余以调边境，边境强则中国安……（《地广》第十六）

文学：……今推胡、越数千里，道路回避，士卒劳罢，故边民有刎颈之祸，而中国有死亡之患，此百姓所以嚣嚣而不默也。夫治国之道，由中及外，自近者始……故群臣论或欲田轮台，明主不许，以为先救近务及时本业也……今中国弊落不忧，务在边境。意者……费力而无功……（同上）

（七）大夫：饰几杖，修樽俎，为宾，非为主也。炫耀奇怪，所以陈四夷，非为民也……故列羽旄，陈戎马以示威武。奇虫珍怪，所以示怀广远（远字疑衍）明德，远国莫不至也。（《崇礼》第三十七）

贤良：王者崇礼施德，上仁义，而贱怪力……今万方绝国之君，奉赞献者怀天子之盛德，而欲观中国之礼仪。故设明堂、辟雍以示之，扬干戚，昭《雅》、《颂》以风之。今乃以玩好不用之器，奇虫不畜之兽，角抵诸戏，炫耀之物陈夸之，殆与周公之待远方殊……中国所鲜，外国贱之……今贵人之所贱，珍人之所饶，非所以厚中国、明盛德也……（同上）

（八）大夫：……今明天子在上，匈奴公为寇，侵扰边境，是仁义犯而蒺藜不采。昔狄人侵太王，匡人畏孔子。故不仁者，仁之贼也。是以县官厉武以讨不义，设机械以备不仁。（《备胡》第三十八）

贤良：匈奴处沙漠之中……如中国之麋鹿耳。好事之臣求其义，责之礼，使中国干戈至今未息，万里设备。此《兔置》之所刺，故小人非公侯腹心干城也。"

（同上）

大夫：天子者天下之父母也。四方之众，其义莫不愿为臣妾……今匈奴未臣，虽无事，欲释备，如之何？（同上）

贤良：……夫用军于外，政败于内……故人主得其道，则遐迩潜行而归之。不得其道，则臣妾为寇，秦王是也。夫文衰则武胜，德盛则备寡。（同上）

大夫：往者，四夷俱强，并为寇虐……今三垂已平，唯北边未定。夫一举则匈奴震惧，中外释备，而何寡也？"（同上）

贤良：古者，君子立仁修义以绥其民……所欲不求而自得。今百姓所以嚣嚣，中外不宁者，咎在匈奴。内无室宇之守，外无田畴之积，随美草甘水而驱牧。匈奴不变业，而中国以骚动矣。风合而云解……击之则散，未可一世而举也。（同上）

大夫：……今不征伐，则暴害不息；不备，则是以黎民委敌也。《春秋》贬诸侯之后，刺不卒戍。行役戍备，自古有之，非独今也。（同上）

贤良：匈奴之地广大，而戎马之足轻利……少发则不足以更适，多发则民不堪其役……古者天子封畿千里，縣役五百里……无过时之师，无逾时之役……今山东之戎马甲士戍边郡者，殊绝辽远，身在胡越，心怀老母……《春秋》动众则书，重民也……君子之用心必若

是。（同上）

（九）大夫：……先帝绝三方之难，抚从（顺）方国，以为蕃蔽，穷极郡国，以讨匈奴。匈奴壤界兽圈，孤弱无与，此困亡之时也……终日逐禽，罢而释之，则非计也……余欲以小举击之，何如？（《击之》第四十二）

文学：异时，县官修轻赋，公用饶，人富给。其后，保胡、越，通四夷，于是兴利害，[①]算车船，以訾助边，赎罪告缗，与人以患矣。甲士死于军旅，中士疲于转漕，仍之以科适（谪），吏征发极矣。夫劳而息之，极而反本，古之道也……。（同上）

大夫：……语曰，见机不遂者陨功。一日违敌，累世为患……功业有绪，恶劳而不卒，犹耕者倦休而困止也……（同上）

文学：……虎兕相据，而蝼蚁得志；两敌相机（抗），而匹夫乘间。……方今为县官计者，莫若偃兵休士，厚币结和亲，修文德而已。若不恤人之急，不计其难弊，所恃以穷无用之地，亡十获一，非文学之所知也。（同上）

---

① 王注引王先谦"害亦当为周之讹"。郭乐山改害为官。按均输平准，以计较货物出入之利害为事，利害犹今日之所谓赢亏，"利与害"，指设均输平准而言，不必改字。

（十）大夫：汉兴以来，修好结和亲，所聘遗单于者甚厚；然……改节而暴害滋甚。先帝睹其可以武折而不可德怀，故广将帅，招奋击，以诛厥罪，功勋粲然……夫偷安者后危，虑近者忧迩……（《结和》第四十三）

文学：往者，匈奴结和亲，诸夷纳贡，而君臣外内相信，无胡、越之患……自是之后，退文任武，苦师劳众，以略无用之地，立郡沙石之间，民不能自守……愚窃见其亡，不见其成。（同上）

大夫：匈奴以虚名市于汉，而实不从，数为蛮、貊所给，不痛之（不以此痛心），何故也？……今有帝名而威不信（伸）长城，反赂遗而尚（长）踞傲，此五帝所不忍，三王所毕怒也。（同上）

文学：……圣人不困其众以兼国，良御不困其马以兼道……夫两主好合，内外交通，天下安宁，世世无患，士民何事，三王何怒焉。（同上）

除上面所录十项外：由《诛秦》第四十四，一直到《论勇》第五十一，都争论到此一问题；但内容大体不超出上面所录的范围。兹略条理之于下。

在（一）项（二）项中，大夫所主张的，是维持由武帝以来所扩建的疆土及边备的设施，其理由在（六）项中已说得很清楚，即是“故边民百战，而中国恬卧者，以边郡为屏蔽也"。这在现实上是坚强的论证。即宣、元时代，匈奴已衰弱屈伏，恢复和亲；但元帝时，呼韩邪单于上书请罢边备塞吏卒，元帝下其议，议者皆以为便；独郎中侯应上书提出恺切详明的十大理由，加以反对；以元帝的优柔寡断，尚诏"勿议罢边塞事"，[①] 由此可知桑弘羊此处所说的是现实上的国家大计。文学们应说明罢盐铁专卖，并不等于是在盐铁上不课税；及当时承武帝侈泰之后，可由节流以资挹注之途甚多，[②] 应提倡在财政上作一重新之筹划。不此之图，却以空疏之论，迂腐之谈，面对国家的边疆大计；像（一）中的"故善克者不战"，"修文德以来之"这类的废话，随处可见。照他们这套腐论，把武帝所开的边，所设的边备，也要废掉。古人所说的话，都面对着某种具体问题，不可随意作万灵丹来引用。孔子面对季氏将伐"社稷之臣"的颛臾所说的话[③] 和他说管仲"九合诸侯，一匡天下，民到于今受其赐"[④] 的话，是在两种不同对象中，孔子采取两种明显不同的判断。孔子断乎不会面对由北方来的强大骑马民族的威胁，而提出文学们的腐朽主张。名为尊孔而实为孔子盛德之累，此即其一例。在（二）中文学们提出"未闻弊诸夏以役夷狄"，"数战则民劳"及（六）

---

① 见《汉书·匈奴传下》。

② 此略见于《汉书·贡禹传》贡禹所陈述。

③ 见《论语·季氏》。

④ 见《论语·宪问》。

中所提"由中及外，由近者始"，都有坚强的理由；但这只能说明当时不应再用兵启衅，不能以此支持撤废边备的理由，而（六）中所陈的"由中及外"的意见，与维持已设的边备，并不是不能相容的。

（三）项大夫主张赡给边卒边民，这是合理的。但他说"内省衣食以恤在外者"，这便说的是假话。因为在《盐铁论》中，贤良文学屡次主张行节约之政，而大夫公开加以反对，且为其豪富集团之豪奢生活，作无理的辩护。文学在此处提出时代不同以立说，较前面所引的迂阔之论，颇为实际，但依然不能构成撤废边备的理由。

（四）项御史歌颂桑弘羊的财经政策，支持了武帝开边的军事行动；文学则歌颂中国之美盛，无取乎"侵边"；而侵边的结果，使中国及边民都受到莫大痛苦；这当然都是事实。

御史在（五）的答复中，则节取《史记·平准书》中称高祖初定天下时，因久经战乱的上下贫困的情形，认定文学所歌颂的中国，本来都是贫困的。因武帝开边而上有"珍怪异物充于后宫"，下则"民间厌橘柚"。这当然是睁着眼说瞎话。文学则就未伐胡越以前及既伐胡越以后的情形，作比较而具体的陈述，这种水准极低的御史，自然辞穷理曲。

大夫在（七）中为御史所提的"珍怪异物充于后宫"，作另一解释，说"炫耀奇物"，是为陈设给四夷看，以增加四夷对中国的惊异，因而增加他们畏威怀德之心。此一奇特心理，不仅流行于汉代统治者之间，并且以后的统治者，也依然保持此一心理而不变。其中最著莫如隋炀帝。贤良对此所作的批评，是非常中肯的。

（八）中大夫强调匈奴对中国的侵暴，及天子是天下父母的责任，因而主张伐胡备胡的重要性。贤良则强调军事地理的艰阻，及乘马民族的特性，所以伐胡未收其利而中国先受其害。两方面的话，都有一部分的理由；但在现实上，两方都把伐胡与备胡混在一起。就当时的实情讲，在武帝长期伐胡之后，中国疲困已极，其不宜于继续用兵，至为明显。但不继续用兵，并不等于弃已收之地，撤徼塞之防，而一任和亲为得计。贤良反对继续用兵，是应当的；但连设备也反对，便堕于书生的空论。

（九）（十）两项，是在第一次大辩论后由大夫再引起的第二次辩论。此次辩论的主题，是大夫认为当时四夷仅匈奴未服，主张"以小举击之"，以收武帝未竟之功。桑弘羊分明知道武帝临死前深悔用兵之失策，而他却又想举兵于天下亟待休息之际，我的推测，他是想由此而加重对他的财经政策的依赖，以巩固他已感到岌岌可危的地位。文学惩武帝用兵对人民所加的痛苦而加以反对，这是事势所当然。《古镜图录》卷中第四页有《汉镜铭》云："秋风起，予志悲，久不见，侍前稀"。《小校经阁金文》卷十五第九页有《汉镜铭》云"道路远，侍前稀；昔同起，予志悲"；又一镜铭云"君有行，妾有忧，行有日，死无期，愿君强饭多勉之，仰天太息长相思"，陈直在西安又见一镜铭云"君行卒，予志悲，久不见，侍前稀"。[①] 思妇之情，至铭之于镜，则当时社会所感受痛苦之广泛深刻，可想而知。而清代中叶，归化城杀虎口地区，曾出单于和亲大方砖十余方，分阴阳两种文。文云"单于和亲，千秋万岁，安乐未央"，当为西汉初中期物。[②] 由此可知贤良文学对边事的意见，实反映了当时大多数人民的愿望与利益。但他们所说的"偃兵休士，厚币结和"及"修文德以来之"这一套，依然是不顾现实的空论。匈奴不敢起侵陵之心，和亲然后有效。所以修边备及在某限度内的整军经武，是和亲所必不可缺少的先行条件，文学们乃并此等条件也要放弃，只成其为迂阔。事实上，霍光主政，既未听桑弘羊攻胡的主张，也未接受文学们撤除边备的谬见；大体上是守住武帝所得到的成果，备胡与和亲并用，终于得到匈奴屈服的效果。

七、辩论中所反映出的社会问题

在前面的叙述中，已经反映出很多的社会问题，这里

---

① 此据陈直《〈盐铁论〉存在问题的新解》《备胡》篇转引。
② 同上，《结和》篇。

更将有关资料稍加条理。首先我们应当注意的：看古代的社会问题，与看近代西方的社会问题，有很大的区别。近代西方的社会，有许多压力团体，不仅可以保有独立性的活动，且可把自己的主张反而强加之于政府，成为政治的基本动力。西方中世纪有强大的教会势力，不仅可与政府抗衡，有时且可取得政治的支配权。但在中国古代，不仅没有社会的压力团体可以影响大一统的皇权专制，即连宗教活动，亦早由政治领导者所垄断，构成统治者权力的一部分。因此，社会是完全在政治控制之下，随政治活动而决定其命运与动向。所以在《盐铁论》中所反映出的社会问题，是与政治问题不可分的。《盐铁论》中所反映出的首先是农民生活问题。

（一）大夫：智者有百人之功，愚者有不更本之事。人君不调，民有相妨之富也。此其所以或储百年之余，或不厌（足）糟糠也。（《错币》第四）

文学：故自食禄之君子，违于义而竞于财，大小相吞，激转相倾；此所以或储百年之余，或无以充虚蔽形也。（同上）

（二）文学：富者买爵贩官，免刑除罪；公用弥多而为者徇私，上下无（兼）求；百姓不堪抚弊而从（巧）法。（《刺复》第十）

（三）文学：今狗马之养，虫兽之食，岂特腐肉秣马之费哉。无用之官，不急之作，服淫侈之变，无功而衣食县官者众，是以上不足而下困乏也……夫男耕女织，天下之大业也……今县官之多张苑囿，公田、池泽，公家有鄣假之名，而利归权家。三辅迫近于山、河，地狭人众，众方并臻，粟米薪菜，不能相赡。公田转假，桑榆菜果不殖，地力不尽。（《园池》第十三）

（四）御史：古者制田百步为亩，民井田而耕，什而籍一……先帝哀怜百姓之愁苦，衣食不足，制田二百四十步而一亩，率三十而税一。堕（惰）民不务田作，饥寒及己，固其理也。（《未通》第十五）

文学：……田虽三十，而以顷亩出税……加之以口赋更繇之役，率一人之作，中分其功，农夫悉其所得，或假贷而益之，是以百姓疾耕力作，而饥寒遂及己也。（同上）

御史：今赖陛下神灵，甲兵不动久矣，然则（而）民不齐出于南亩；以口率被垦田而不足，空仓廪而赈贫乏，侵益日甚，是以愈惰而仰利县官也。为斯君者亦病矣。（同上）

文学：……民非利避上公之事而乐流亡也。往者军阵数起，用度不足，以訾（赀）征赋，常取给见民，[1]

---

[1] 王注本杨树达之说，以"现在之民"释"见民"，这是不错的，但其义未显。"见民"者，乃对隐匿流亡之民而言。

田家又被其劳，故不齐出于南亩也。大抵逋流皆在大家；吏正畏惮，不敢笃责，[1] 刻急细民；细民不堪，流亡远去。中家为之绝（继）出，后亡者为先亡者服事。录民（与"见民"同义）数创于恶吏，故相仿效，去尤甚而就稍愈者多。（同上）

御史：……今陛下哀怜百姓，宽力役之政，二十三始傅，五十六而免。所以辅耆壮而息老艾也，丁者治其田里，老者修其唐（池）园。俭力趋时，无饥寒之患。不治其家而讼县官，亦悖矣。（同上）

文学：……今五十已上至六十，与子孙服挽输，并给繇役，非养老之意也……今或僵尸，弃衰绖而从戎事，非所以子百姓，顺孝悌之心也。（同上）

（五）文学：……公卿积亿万，大夫积千金，士积百金，利己并财以聚，百姓寒苦，流离于路。（《地广》第十六》）

（六）文学：……食禄多非其人，以妨农商工，市井之利，未归于民，民望不塞也。（《相刺》第二十）

（七）贤良：……今吏道壅而不选，富者以财贾（买）官，勇者以死射功，戏车鼎跃（力能举鼎者），咸出补吏。累功积日，或至卿相，垂青绳（绳，绶也），摄银龟，擅杀生之柄，专万民之命。弱者犹使羊将狼

---

① 按"不敢笃责"，乃不敢深责之意，不必改"笃"为"督"。

也，其乱必矣。强者则是予狂夫利剑也，必妄杀生也。是以往者郡国黎民，相乘而不能理，或至锯颈杀不辜而不能正。执纲纪非其道，盖博乱愈甚。（《除狭》第三十二）

（八）大夫：共其地，居是世也，非有灾害疾疫，独以贫穷，非惰则奢也。无奇业旁入，而犹以富给，非俭则力也。今日施惠悦尔（迩），行刑不乐，则是闵无行之人，而养惰奢之民也。（《授时》第三十五）

贤良：三代之盛无乱萌（民），教也。夏商之季世无顺民，俗也。是以王者设庠序，明教化，以防道（导）其民……人争则乱，乱则天下不均。故或贫或富。富则仁生，赡则争止。（同上）

大夫：县官之于百姓，若慈父之于子也；忠焉能无诲乎？爱之而勿劳乎？故春亲耕以劝农，赈贷以赡不足；通沟水，出轻系，使民务时也。蒙恩被泽而至今，犹以贫困，其难与适道若是夫！（同上）

贤良：……今时雨澍泽，种悬而不得播；秋稼零落乎野而不得收。田畴赤地，而停（亭）落（被差役之处）成市。发春而后，悬青幡而策土牛，殆非明主劝耕稼之意，而春令（月令中之春令）之所谓也。（同上）

（九）贤良：……古者，行役不逾时……夫妇不失时……上不苛扰，下不烦劳……赋敛省而农不失时，则百姓足，而流人归其田里。上清静而不欲，则下廉而不贪。若今则繇役极远，尽寒苦之地，危难之处，涉胡、越之域，今兹（年）往而来岁旋……故一人行而乡曲恨，一人死而万人悲……吏不奉法以存抚，倍公任私，各以其权充其嗜欲。（《执务》第三十九）

将上面的材料，稍加条理，首先应当肯定的是引起他们争论的人民，乃是当时社会广大存在的贫民问题及流民问题。而贫民流民，即是农村广大的"贫农"。决不是如冯友兰所说的"桑弘羊等人他们是代表商人利益"，而"贤良文学，他们是代表地主阶级利益"，[①] 因而他们是为了商人利益或地主利益所发生的争辩。冯友兰连桑弘羊的财经政策，是在夺取商人利益，并志在以国营消灭社会商人阶级的这一事实，也毫无所知。他把贤良文学所反复呼号的"糟糠不厌"（足）之民，即认定是地主阶级。更还有人说这是桑弘羊、霍光两方面"是坚持还是改变汉武帝巩固国家统一，加强中央集权制的政治路线的问题"[②] 的争论。桑弘羊是站在当时的所谓外朝，而霍光是站在当时的所谓内朝。他们的斗争，是站在各人所站的政治地位，作私人权力的斗争。仅从政治制度说，桑弘羊所站的外朝，较霍光所站的内朝为合理。因"内朝"即是丑恶到无以复加的宫

---

① 见冯友兰《中国哲学史新编》第二册，页一八七。
② 见上海人民出版社所印行的《盐铁论》前面梁效《读盐铁论》页一。

廷政治。宫廷政治，乃是由中央集权堕落到皇权专制时所必然发生的变态。霍光站在内朝要吃掉外朝，这是要把权集中到宫廷里面，以便他自己实行皇权专制，是非常不合理的。但怎么可以说这是反对中央集权制呢？霍光与桑弘羊们同受武帝的遗诏辅政，而桑弘羊与上官桀勾结燕王旦，要取他们所辅的幼主而代之，这是背叛了武帝，为私人权利而闹分裂。因此，霍光在元凤元年（前八十年）兴起大狱，杀掉上官桀父子及桑弘羊，并迫令燕王旦与长公主自杀，站在他的立场，正是为了巩固武帝所留下的统一。当时中国人民疲困，匈奴亦已削弱北徙，所以他不主张继续出兵伐匈奴；但在他当政时代，未曾让出武帝时代所得的寸土。元凤三年（前七十八年）以范明友为度辽将军，平定辽东、乌桓。始元六年（前八十一年）增设金城郡，以加强对西域的经营。傅介子持使节斩楼兰王亦在此时。桑弘羊轮台屯田之议，未实行于武帝之末年，却行于霍光当政之日。本始二年（前七十二年），以五将军将十五万骑护乌孙兵，击匈奴。汉代经营西域之功，实奠基于霍光当政时代，这可以说他反对国家的统一吗？

广大贫农、流民的存在，是两方所共同承认的。争论的是，政府对他们有无尽到应尽的责任。桑弘羊认为政府已经尽到责任；他们的穷苦，是他们所自取。（一）中是认为人民的贫富乃由人民智愚所决定。（四）中是认为朝廷对人民已够宽大恩厚，但人民"不务田作"，应当饥寒及己。（八）中是认为贫富决定于人民的惰力或俭奢。并认为人民已"蒙恩被泽"而依然贫困，这是活该而不可救药的。由此所推演的结论，政府对广大的贫农、流民问题并无责任，因而在行政中也不必多考虑这一问题。贤良、文学对此问题的看法，恰恰相反。然则哪一方面的看法对呢？下面应作具体的考查。

广大贫农存在的原因，文学们在（一）中指出当时垄断财富的集团，是卿大夫及其以下的官吏，凭借政治权力，"大小相吞，激转相倾"；真正说起来，当时贫富的对立，实即由桑弘羊所代表的官吏豪富集团与平民的对立。在（五）中文学更指出财富分配的概略，"大夫"也曾坦然加以承认。而此一官吏集团，是与社会的富有者连在一起的。自晁错建议民得入粟买爵（此乃二十等爵中之爵），武帝时更增设武功爵的买卖。但此时买爵至五大夫，买武功爵至千夫，始得复除繇役，不能担任官职。及桑弘羊为大司农丞时，"始令吏得入粟补官"。然则这种能入粟的吏，是从什么地方来的呢？只有两个来源：一是"诸买武功爵官首（五级）者试补吏，先除"，后来已买爵至千夫、五大夫的也被除为吏，这批吏本是富有的人；而没有钱的"故吏"，"皆适（罚）令伐棘上林，作昆明池"，此一人事上的新旧代谢，使富有者进入到政治的基层组织；要由此更爬上一层，还是由"输粟"的途径。另一是"除故盐铁家富者为吏"，这种富有的吏，当然有资格"得入粟补官"。

于是由杨可告缗以及盐铁专卖等财经措施，受到打击的富有商人，可摇身一变而进入政治组织之中，由先商而后官的地位，变为外官而里商的地位，形成以权力掠夺财富，迫使自耕农沦为贫农、流民。①《汉书》七十二《贡禹传》贡禹"奏言"中有"豪富吏民"一词，与文学所说的"豪吏富民"同义，正指的是这新兴起的集团。被逼走的流民的生活，大抵过的是雇农或奴隶的生活。（六）中所说的"食禄多非其人，以妨农"。（七）中所说的"今吏道壅而不选，富者以财贾官，勇者以死射功；戏车鼎跃，咸出补吏"；（九）中所说的"倍公任私，各以其权充其嗜欲"，都是就此等情形说的。官商合一的豪富集团与农民的对立，这是当时最严重的政治问题、社会问题。西汉吏道之污，到宣帝而稍有改善，然皇权专制下的统治集团与人民的对立，加深了社会中贫富的对立，也超过了纯社会性的贫富对立，这是了解中国历史的最大关键。而当时的桑弘羊，在"伐胡"的掩护之下，正是皇权专制下的豪富吏民的代言人，乃万无可疑的。

（三）项所提出的是由统治集团的荒淫侈靡生活，消耗了社会正常的生产力，把由告缗所没入的大量奴婢，"分诸苑养狗马禽兽，及与诸官"；再加上以入粟出钱买来的"益杂"的官吏，养了过多的寄生阶层。又因武帝大圈

---

① 以上皆见《史记·平准书》。

民地，扩充苑囿，加上由告缗所没收的土地，"水衡、少府、大农、太仆、各置农官，往往即郡县比（就）没入田田之"；或者临时租与人民；但须由官吏经手，所以称为"转假"。这批经手的官吏，为了掏回他买官除吏时所费的本钱并收回利润，必然会"利归权家"。而人民租苑囿及政府的土地，没有契约上的保障，只能算临时性质，所以"地力不尽"。①

（四）项中更提出了当时税制及繇役制度所造成的农民的贫困与流亡。御史认为古以百步为亩，汉以二百四十步为亩；古者什一而税，汉对农作物三十而税一，以此为对人民的恩高德厚。但改二百四十步为一亩，始于商鞅，②其目的为尽地力，与税之轻重无关。三十而税一，土地愈多，受惠愈大，结果对地主是非常有利的。贫农完全受不到实惠。荀悦谓"官收百一之税，民输大半之赋（佃租）；官家之惠，优于三代；豪强之暴，酷于亡秦"，③正指此而言。但自高祖四年起，恢复秦的"头会"（人头税）以为算赋，据如淳引《汉仪注》"民年十五以上，至五十六，出赋钱，人百二十为一算"。这是以人口计算，不论贫富都要出的。《汉书·贡禹传》，禹谓"古民亡赋算。口钱起

---

① 皆见《史记·平准书》。
② 《玉海》一百七十六引《唐书·突厥传》中杜佑语。又见《御览》七百五十引。
③ 《前汉纪》卷八文帝十三年六月"诏除民租"下荀氏的"论曰"。

武帝征伐四夷，重赋于民。民产子三岁则出口钱，故民重困，至于生子辄杀。宜令儿七岁去齿乃出口钱。"如淳引《汉仪注》"民年七岁至十四，出口赋钱，人二十三。"《汉仪注》谓民年七岁，乃元帝听贡禹之言后所改。按汉代米价，通常为一百钱一石；每亩收成，通常为一石；① 假定一家由三岁到十四岁者为二人，一年共出口钱为四十六钱；由十五到五十六者为二人，一年为二百四十；两合为二百八十六钱，约合三石米之价。再加上藁税，再加上地方官吏在税法以外所派的征调。② 上面的人头税和苛捐杂税，加在自耕农身上，便不能不沦为贫农；加在贫农身上，便不能不逃遁而为流民。

另一是繇役的问题。贤良在（九）所提出的"今则繇役极远"，"今兹（年）往而来岁旋"的情形，只要承认有备边的必要，人民便无法能避免这种痛苦。"古者行役不逾时"，与大一统下的要求，全不相适应。若因此而主张罢去边备，这是贤良文学的迂腐，在前面已经指出。真正的问题，是出自武帝时的财经措施，有钱人可以免去繇役，于是繇役完全落在穷苦人身上。《平准书》"乃募民能入奴婢，得以终身复（免除繇役）"。"兵革数动，民多买复（如

---

① 见陈直《〈盐铁论〉存在问题的新解》"散不足"条下。
② 《后汉书》六十一《左雄传》，左雄谓"乡官部吏，职斯禄薄，车马衣服，一出于民……特选横调，纷纷不绝"。

上募奴婢之类），及五大夫；征发之士益鲜"。钱大昕谓晁错言爵五大夫（二十等爵中之第九级）以上，乃复卒一人。武帝置武功爵，爵千夫（第七级）如五大夫。故五大夫与千夫，皆不在征召之列。有钱的都免除了繇役，于是繇役都落在自耕农（中家）与贫农身上；贫农加上人头税等负担，而顾虑又较少，便首先流亡。贫农流亡了，繇役便一起积集在自耕农身上；自耕农也忍受不了，只好继续流亡。流亡出去后，只好投到"大家"里去当雇农、奴隶，大家以财力勾结地方官吏，使他们不来追捕。借此榨取这些流民的劳动力。而流亡的人数天天增加，流民中便自然形成许多松懈的流亡团体，由资深的流亡者来支配。这便是（四）中贤良所反映出的情形。可以说，社会的结构与秩序，给用兵、侈靡、财经政策、吏治堕废等恶性循环作用完全被破坏了。徐乐便指出这种情形不仅是"瓦解"，而且是"土崩"，[①] 而《疾贪》三十三中，贤良有更具体的陈述。他们说："今小吏禄薄，郡国繇役远至三辅，粟米贵，不足相赡。常居则匮于衣食，有故则卖畜粥业。非徒是也。繇使（吏）相遣，官庭摄追。小计权吏，行施乞贷，长吏侵渔。上府下求之县，县求之乡，乡安取之哉。语曰，货赂下流，犹水之赴下，不竭不止。"

（六）中文学所说的"食禄多非其人"，在（七）中贤

---

① 见《汉书·徐乐传》。

良有具体的陈述。因统治集团的荒淫无度，所以连"戏车鼎跃"之徒也可以补吏，此一资料，在这里才透露出来。"而妨农"，贤良在（八）（九）中陈述了一端。"商人市井之利，未归于民"，这是为当时未能与官府勾搭上的贫困的市民所作的呼吁。（八）中大夫提出了汉代的"劝农"政策，而贤良指出其形式化。

像上面约略所提出的广大贫民问题、流民问题，当然是政治上的最严重、最根本的巨大问题，也即是政治上所应首先解决的问题。但当时的统治者，除了严刑峻罚，以镇压为唯一统治手段以外，对上述问题，何以会熟视无睹？迨来自社会层面的贤良、文学提出来以后，何以一再取抹煞躲闪的态度呢？在《取下》第四十一中，贤良深刻地指出，这完全是来自阶级立场的不同。与广大贫民流民相对立的垄断国家财富的统治者集团，站在豪富吏民的立场，自然视这些广大贫民与流民为当然的现象。此篇从大夫口里所说的话，成为二千年皇权专制下剥削人民的总发言人。"大夫曰，不轨之民，困桡公利，而欲擅山泽。从文学、贤良之意，则利归于下，而县官无可为者。上之所行则非之，上之所言则讥之，专欲损上徇下，亏主而适臣，尚安得上下之义，君臣之礼？而何颂声能作也？"假定政治是"一切为人民"，则损上的特殊利益而徇下的饥寒的要求，是天经地义的。儒家心目中的"上下之义，君臣之礼"，是相互负责任，相对受限制的。在桑弘羊心目中，则变而为压榨与被压榨的护符。贤良引孟子"未有仁而遗其亲，义而后其君"的话，以说明只要人民能丰衣足食，岂有"县官无可为者"之理。统治者与被统治者，应当由"对搏"的关系变为"共利"的关系，这种简单道理，为什么桑弘羊这一集团全无所知？于是贤良在二千年前，进一步发现了阶级性限制认识能力的事实。他们说：

> 卫灵公当隆冬兴众穿池。海春谏曰，天寒百姓冻馁，愿公之罢役也。公曰，天寒哉，我何不寒哉。人之言曰，安者不能恤危，饱者不能食饥。故余梁肉者，难为言隐约。处佚乐者，难为言勤苦。夫高堂邃宇，广厦洞房者，不知专屋狭庐，上漏下湿者之嘀也。系马百驷，货财充内，储陈纳新者，不知有旦无暮，称贷者之急也。广第唐园，良田连比者，不知无运踵之业，窜头宅者之役也。原马被山，牛羊满谷者，不知无孤豚瘠犊者之窭也。高枕谈卧，无叫号者，不知忧私责（债），与吏正（征）戚（赋）者之愁也。被纨蹑韦，搏粱啮肥者，不知短褐之寒，糠粘之苦也。从容房闱之间，垂拱持案食者，不知蹠耒躬耕者之勤也。乘坚驱良，列骑成行者，不知负担步行者之劳也。匡床旃席、侍御满侧者，不知负辂挽船、登高绝流者之难也。衣轻暖、被英裘、处温室、载安车者，不知乘边城、飘胡代、乡清风者之危寒也。妻子好合，子孙保之者，不知老母之憔

悴、匹妇之悲恨也。耳听五音，目视弄优者，不知蒙流矢、距敌方外之死也。东向伏几，振笔如调文者，不知木索之急、棰楚之痛者也。坐旃茵之上，安图籍之言若易然，亦不知步涉者之难也。（《取下》第四十一）

在上面这段话中，把统治者与被统治者在生活上的天壤悬隔，作了具体事实的显明对比；连当时参与争论的统治集团，也"公卿愀然，寂若无人"；而今日尚有人站在桑弘羊所代表的立场，对贤良、文学所说的，大张挞伐，实际就是挞伐由贤良、文学所代表的广大贫民流民；我真不了解，这种人到底是站在什么阶级来讲话。

因为先由社会豪富，继由以皇权专制为中心的贵族封建豪富，再加以由财经政策而来的豪富吏民，取得了绝对支配的地位，所以由豪富阶级生活的侈靡荒淫，必然朽蠹整个社会的风俗。桑弘羊们生活于侈靡荒淫之中，须要以朽蠹的风俗作为他们精神上的营养。但贤良文学，为了广大人民合理生活的要求，以及整个国家的健康前途，在《散不足》第二十九中对此不能不面向制造此种风俗的"务于权利，怠于礼义，故百姓仿效"的"士大夫"（《散不足》第二十九）提出深刻的批评，并要求加以改变。他们把所要求的由奢返俭的合理生活方式称为"古者"；把豪富集团的荒淫生活称为"豪富"；次一级的称为"中者"；而普及于社会各阶层的则称为"民间"，或"世俗"；涉及贫民的则称为"贫者"。还有仅指朝廷而言的。他们所提出的淫侈及迷信的社会生活，共三十一项，其中专指"富者"有八；仅有程度之差，而为"富者"、"中者"所共有的有八；为富、中、贫所共有的有一；指社会普遍现象的有九；指工艺变调的有二；指朝廷所特有的有三。有许多是把豪富与贫苦者作对照性的陈述。例如"今富者连车列骑，骖贰辎轺……夫一马伏枥，当中家六口之食，亡丁男一人之事"，[①] "今猛兽奇虫不可以耕耘，而令当耕耘者养之。百姓或短褐不完，而犬马衣文绣。黎民或糠糟不接，而禽兽食梁肉。""百姓或无斗筲之储，官奴累百金。黎民昏晨不释事，奴婢垂拱遨游也"。[②] 黎民连统治集团的奴隶也赶不上。这一段陈述，是了解汉代政治社会最完整的材料。这里仅把贤良们对丧葬、婚姻、迷信三点的批评提出，以见今人对汉代儒家的谩骂，是如何的诞妄。关于丧葬问题：

① 陈直《〈盐铁论〉存在问题的新解》，根据"居延汉简"证明"汉代人民食粮，普通者每月为大斗一石五斗，或一石八斗。马每月食大斗六石，抵普通者中家四人之月粮。再加以刍菱等等，是一马匹每月之用费，恰相当于中家六口之食粮"。

② 陈直上文又"按辛延年《羽林郎》诗，叙述霍光家奴冯子都之仗势豪华，熟在人口，不须缕述。黄县丁氏藏《汉孙成买地券》略云，'左骏厩官大奴孙成，从洛阳男子张伯始，买所名有广德亭部罗伯田一町，贾钱万五千'云云"。官奴用于买地一部分资钱，即有十五千，总起来说，家产积累，至少百金，与本文均合。

古者瓦棺容尸，木板墍周，足以收形骸、藏发齿而已。及其后，桐棺不衣，采椁不斫。今富者绣墙题凑，中者梓棺椵椁，贫者画荒衣袍，缯囊缇橐。

古者明器有形无实……今厚资多藏，器用如生人。郡国繇吏素桑椟偶车櫊轮，匹夫无貌（绕）领，桐人衣纨绨。

古者不封不树……及其后，则封之；庶人之坟半仞，其高可隐。今富者积土成山，列树成林，台榭连阁，集观增楼。中者祠堂屏阁，垣阙罘罳。

古者邻有丧，舂不相杵……今俗因人之丧，以求酒肉……连笑伎戏。

古者事生尽爱，送死尽哀；故圣人为节制，非虚加之。今生不能尽其爱敬，死以奢侈相高。虽无哀戚之心，而厚葬重币者则称以为孝，显名立于世，光荣著于俗。故黎民相慕效，至于发屋卖业。

所以我前面指出，汉代厚葬，决非出于儒家思想，而系豪富集团侈靡生活的一部分。关于婚姻问题：

古者男女之际尚矣，嫁娶之服，未之以记。及虞、夏之后，盖表布内丝，骨笄象珥，封君夫人，加锦尚褧而已。今富者皮衣朱貉，繁路环珮。中者长裾交袆，璧瑞簪珥。

古者夫妇之好，一男一女而成家室之道。及后，士一妾，大夫二，诸侯有侄娣九女而已。今诸侯百数，卿大夫十数，中者侍御，富者盈室。是以女或旷怨失时，男或放死无匹。

秦始皇后宫数万，死后且以为殉。据《汉书》七十二《贡禹传》，在禹奏言中谓高、文、景三世，"宫女不过十余"。"武帝时，又多取好女至数千人，以填后宫"。武帝死后，"又皆以后宫女置于园陵"，"故使天下承化，取女皆大过度；诸侯妻妾，或至数百人。豪富吏民，畜歌者至数十人。是以内多怨女，外多旷夫"。上面贤良的话，未敢直指天子，但把《史记·平准书》、《盐铁论》与《贡禹传》三者互相参证，可以断言汉代朝廷的荒淫，实始于武帝凭杨可告缗及桑弘羊的财经政策所搜括的大量财富；而社会的侈靡，虽不始于武帝之时，但由桑弘羊财经政策所引生的新兴的"豪富吏民"集团出现而大为泛滥，这是不争的事实。广大的妇女，遂成为荒淫与侈靡风气下的牺牲品。贤良文学，在这里提出了"一男一女而成家室之道"的呼吁。

关于迷信的问题：

古者德行求福，故祭祀而宽（宽弛，与疏同义）；仁义求吉，故卜筮而希（稀）。今世俗宽于行而求于鬼，怠于礼而笃于祭；嫚亲而贵势，至妄而信日，听抽言

（欺骗之言）而幸得，出实物而享虚福。

古者君子夙夜孳孳，思其德；小人晨昏孜孜，思其力。故君子不素餐，小人不空食。世俗饰伪行诈，为民巫祝，以取厘谢；坚额（厚颜）健舌，或以成业致富。故惮事之人，释本（农）相学。是以街巷有巫，闾里有祝。

按由西周初年开始的人文精神，将原始宗教中的迷信，逐渐淘汰；至孔子"务民之义，敬鬼神而远之"，"未知生，焉知死"，"未能事人，焉能事鬼"之教，而道德的理性主义，不断发展，使迷信更无存在的余地。但秦始皇由泰侈之心，"览怪迂，信祸祥，使卢生求羡门高，徐市等入海求不死之药"（本篇贤良之言），而迷信大盛。汉武在这一点上，也继承了始皇，其愚呆迷妄的心理与行为，在《史记·封禅书》中有详细而生动的描写。所以西汉自武帝中年以后，迷信特盛，此与董仲舒的学说或有关连；但最大的推动力，则是来自武帝由泰侈之心而来的迷妄。贤良文学特于此加以批评。凡是了解一点儒家原始精神的，即无不由迷信中突破出来，此亦其一证。

贤良在本篇收尾的地方，把当时政府、社会风俗败坏的情形，加以总结地说：

宫室奢侈，林木之蠹也。器械雕琢，财用之蠹也。

衣服靡丽，布帛之蠹也。狗马食人之食，五谷之蠹也。口腹从恣，鱼肉之蠹也。用费不节，府库之蠹也。漏积不禁，田野之蠹也。丧祭无度，伤生之蠹也。堕成变故伤功，工商上通伤农。故一栲栳用百人之力，一屏风就万人之功，其为害亦多矣。目修于五色，耳营于五音，体极轻薄，口极甘脆，功积于无用，财尽于不急，口腹不可为多。故国病聚不足即政怠，人病聚不足则身危。

贤良所说的都是昭明较著的事实，听者不能不承认。所以丞相便问"治聚不足奈何"？在《救匮》第三十，贤良答丞相的问是"盖桡枉者以直，救文者以质……故民奢，示之以俭；民俭，示之以礼。方今公卿大夫子孙诚能节车舆，适衣服，躬亲节俭，率以敦朴，罢园池，损田宅，内无事乎市列，外无事乎山泽；农夫有所施其功，女工有所粥其业，如是则气脉和平，无聚不足之病矣"。贤良的话，大体上应当是对的。但这触犯到由桑弘羊所代表的基本生活形态；而弘羊的儿子们在当时又最为豪侈，所以引起了他的忿怒，由正面加以谩骂说"贫者语仁，贱者语治"，这是说贤良们所以主张节俭，乃因为自己贫穷的关系；这便把贤良们所反映出的社会病态，完全加以抹煞了。又说"故公孙弘布被，倪宽练袍；衣若仆妾，食若庸夫。淮南逆于内，蛮、夷暴于外，盗贼不为禁，奢侈不为节"，这是说节俭毫无用处。当政的人仅仅节俭，固然不能解决问题，但节俭胜于荒淫豪侈，故荒淫豪侈必反之节俭，这是可以争辩的吗？更说贤良们"若疫岁之巫，徒能鼓口耳，何散不足之能治乎？"这不仅以谩骂对付贤良文学，且侮辱当时的丞相车千秋，把车千秋从正面提出的问题，悍然加以拒绝。所以贤良便痛切指出桑弘羊这一丑恶形相。

> 贤良曰……文、景之际，建元之始（武帝初即位时代），大臣尚有争引守正之义。自此之后，多承意从欲，少敢直言面议而正刺，因公而徇私。故武安丞相讼园田……本朝（朝廷，实指皇帝）一邪，伊、望不能复。故公孙丞相、倪大夫侧身行道……日力不足，无行人子产之继。而葛绎（公孙贺）、彭侯（刘屈氂）之等，[1]隳坏其绪，纰乱其纪，毁其客馆议堂以为马厩妇舍，无养士之礼，而尚骄矜之色，廉耻陵迟而争于利矣。故良田广宅，民无所之。不耻为利者满朝市，列田畜者弥郡国，横暴掣顿，大第巨宅之旁，道路且不通。此固难医而不为工。（《救匮》第三十）

经此截穿后，"大夫"只有"勃然作色，默而不应"了。

---

[1] 按公孙贺、刘屈氂当丞相时，已徒具丞相之名，实权皆在桑弘羊手，此处实指桑弘羊，故用"之等"两字。

八、文化背景问题

最后要谈到此一争论的思想文化背景的问题。对这一问题首先应指出两点。第一，此次的争论，完全是以现实问题为对象；他们立论的根据，是他们所掌握的现实，不是他们由典籍而来的思想文化。在苏联十月革命以前，历史上的统治阶级，有利用典籍上的思想文化以达到现实政治目的之事。一般知识分子，有以某家思想寄托政治的理论，作现实批评准则之事。即使是如此，最后的归结还是现实。断无以典籍上的思想文化为最后根据，为最后目的，而以现实问题作为完成思想文化目的的一种工具之事。在以盐铁专卖为中心的争论中，当然牵涉到思想文化的问题；但在争论所涉及的思想文化，主要只是为了加强自己的立场，及印证自己所把握的现实问题而发生作用。所以他们所运用的思想文化的范围，相当广泛而富有弹性，同一家的典籍思想，两方都可任意引用。这样一来，便减轻了在争论中思想文化的重要性。此与第二国际、第三国际这一传统下来的思想斗争的性质截然不同。《盐铁论》中把争论转到思想文化上去，一是出于桑弘羊在现实问题上的词穷理屈之后，乃转而攻击到贤良、文学这一资格所由来的孔子。一是出于贤良、文学追溯当时刑罚残酷来源的商鞅、韩非。这只能算是此次大争论中的副产品。

第二点是：我们从中国久远的历史看，在统治者与被统治者的语言中，同样援引典籍以作论据时，统治者所援用的典籍，多是出于便宜性的，而被统治者所引用的则多近于原则性的。这一对照，在《盐铁论》中最为明显。御史攻击儒家，始于《论儒》第十一，而桑弘羊开始破口大骂"孔丘"，始于《利议》第二十七。但在同一篇中，他便引用了《论语》的"色厉而内荏"、"言者不必有德"，以伸张自己的论据。在这篇以前及其以后，我约略总计了一下，桑弘羊们大约十六次引用《论语》，七次引用《孟子》；十五次引用《春秋》。此外，《诗》、《书》、《易》、《礼》、《孝经》，他们都援引到，以支持他们的论点。但他们的引用，多出于方便性的。例如《通有》第三，桑弘羊为了反对文学的"漏费（即浪费）节，则民用给"的观点，便引"孔子曰不可，大俭极（逼）下"的话来作他反对的根据，毫不考虑到孔子"与其奢也宁俭"的基本主张，及他此处所引《礼记·杂记》中孔子的话的真正意义。他口里的法家，同样带有便宜的性质（见后）。贤良、文学，是比较原则性地大量引用了《论语》、《孟子》及儒家有关典籍，但五引《老子》，四引《管子》，两引《文子》，对《墨子》、《孙子》引用各一。对于《史记》、《淮南子》，则被两方所共同引用。

总结地说，若是以第三国际传统下的思想斗争去看《盐铁论》中的思想问题，这只证明缺乏历史演变的常识。

郭沫若常以自己创造小说的方法，来处理历史上的问题。他在一九五六年《盐铁论读本》的序中，一方面说"书中关于桑弘羊的言论，我们可以断定必然是根据实录，不会是由桓宽所推衍或增广"，[①]并承认这是"当时的朝廷所召开的一次会议"，但却又断定这"是一部处理历史题材的对话体小说"，"在文体的创造性上也是值得重视的"，"特别值得注意是桓宽创造了人物的典型"，"这可以说是走向戏剧文学的发展"。他在这部"历史小说"中，看出"贤良文学，以儒家思想为武器……桑弘羊和他的下属们基本上是站在法家的立场，议论都从现实出发，有时也很尖锐地批评儒家和孔子。因此，这一次会议，事实上是一场思想上的大斗争"。今日众口同声的《盐铁论》是一场儒法斗争，实由此而来。先秦思想，大致地说，儒、道、墨三家，都是站在人民的立场来谈政治，要求人君为达到人民所要求的目的，为人民服务。在三家中，又以儒家中庸之道近于人情，故影响力特大。只有由商鞅所代表的法家，是站在统治者的立场来谈政治，要求人民为达到人君所要求的目的而牺牲。所以《商君书》都是以"使民之道"

---

① 《汉书》六十六《车千秋传》赞说桓宽"推衍盐铁之议，增广条目"，这是指增加了五十九个标题而言。但郭氏为了自己立说的方便，只引"增广"两字，而将"条目"两字略去，意义因之大不相同。

来贯穿全书的。①郭沫若说贤良、文学是站在"民间的商人和地主阶级的立场","是朝廷与民间的明争";若将"地主"两字改为"农民",郭氏这一点说法是可以成立的。代表"民间"的被统治者的立场,其思想自然接近儒、道、墨三家;而站在朝廷的统治者的立场,也不知不觉地与法家有会心之处。

但法家在思想上能成为一家,且在当时政治上发生了效果,当然有他们合理的一面。第一,他们抑压了残余的由身份制而来的封建贵族。第二,他们强调了法的重要性,并要求法的客观化、稳定化、平等化。这实际是《论语》"谨权量,审法度"思想的发展。第三,他们把政治的运行,归于农战的"一孔",虽未免太偏,但重本抑末,一切以生产为出发点,这可说是立国的大计。第四,他们特强调综核名实,去政治上虚伪之弊。这是孔子"正名"思

---

① 如何教民养民,是儒家论政的主要内容。《商君书·更法》第一,一开始是"孝公平(评议)画(计画),公孙鞅、甘龙、杜挚,三大夫御于君,虑世事之变,讨正法之本,求使民之道";全书所言者皆为如何使用人民的方法。《说民》第五"使民必先行其所恶"。《错法》第九"是以明君之使其臣也"。《战法》第十"故将使民,若乘良马";《画策》第十八"能使民乐战者王","故其制民也,如以高下制水",《弱民》第二十"人主使其民",《外内》第二十二"故轻法不可以使之","故轻治不可以使之";《禁使》第二十四"人主之所以禁(禁非)使(使民)者赏罚也";这都是直接说到"使民"的。由此而要求"民愚"、"民弱","政胜其民","刑九而赏一","劫以刑而殴以赏"等。

想在发展中更落实的应用。汉初政治，由"恩泽侯"的大量出现，恢复了政治中由身份制而来的封建毒害。虽继承了重本抑末的观点，但在税制上摧毁了自耕农；而封建之毒，及黄老之教，亦未能切实要求政治上有综核名实的实效。汉室所继承的只是法家严酷的刑罚制度。但第一，法家的法，把赏也包括在里面。它的运用，是指向以农战为依据的一个标准；在推进农战以外，无所谓罚，更无所谓赏。此即商鞅之所谓"赏壹则爵尊"。①汉代赏赐之乱、刑罚之乱、名分之乱，至武帝而极。所以赏不足以劝善，罚不足以惩恶；与法家用法的目的及预期的效果，完全相反。第二，法家的法，离人主的意志、离执法的官吏而独立；官吏只有在法的明白规定范围之内，能行使自己的职权。一离开法的明白规定，或对法的文字稍有所曲伸，即同在诛戮之列。《商君书·定分》第二十六"法令皆副置，一副天子之殿中……一副禁室中，封以禁印。有擅发禁室印，及入禁室视禁法令，及剟禁一字以上，罪皆死不赦。"但武帝时代执法的情形是怎样呢？《史记·酷吏列传》记杜周为廷尉，"其治大放张汤而善伺候。上所欲挤者因而陷之；上所欲释者，久系待问而微见其冤状。客有让（责）周曰，君为天子决平，不循三尺法，专以人主意指为狱，狱者固如是乎？周曰，三尺安出哉？前主所是著为律，后

---

① 《商君书·立本》第十一。

主所是著为令。当时为是，何古之法？"把法的客观性独立性完全否定了，也即把法的平等性完全否定了。法家是有原则的严酷，桑弘羊所辩护的是无原则的严酷。此处不讨论法家思想的是非得失，而只指出汉代的酷吏政治，是缘法家之名而去法家之实，走向与法家所要求的相反的政治。《商君书·去强》第六："以刑去刑，国治。以刑致刑，国乱。""以刑致刑"，恰是汉武时代用刑的写照。把《史记》的《酷吏列传》与《汉书》的《刑法志》合在一起看，可以了解，由汉武时代这批酷吏所奠定的支持皇权专制的一套刑法，不仅是儒、墨、道三家的罪人，也是法家的罪人，是人民的敌人，其祸延二千余年之久。而这正是支持桑弘羊财经政策的唯一手段，所以他大力加以辩护。

说到桑弘羊个人，更没有代表法家发言的资格。

汉初真正代表法家思想的当首推晁错。《汉书》四十九《晁错传》曰，"学申、商刑名于轵张恢生所"，"为太子舍人门大夫"时，上书欲太子（即后之景帝）"深知术数"。"术数"观念即出于《商君书》。晁错"欲民务农，在于贵粟。贵粟之道，在于使民以粟为赏罚"[①]的主张，出于《商君书·去强》第四的"金生而粟死，粟生而金死"，"按兵而农，粟爵粟任，则国富"；及《说民》第五"富者损之以赏（爵）则贫"；和《靳令》第十三"民有余粮，

---

① 《汉书》二十四《食货志》。

使民以粟出（进）官爵，官爵必以其力，则农不怠"。削除诸侯王，以完成中央集权的统一，此乃当时儒法两家的共同主张，而晁错主张得最为坚决，卒以此受族诛之惨祸。假定桑弘羊真正是法家，此时晁错早死，与他无现实上的利害冲突，应对他表示最大的同情。在晁错略前的贾谊，是以儒用法的人物；在晁错略后的主父偃，是半法半纵横的人物，但都是在促成汉室集权统一上有大贡献的人物。《盐铁论》中，桑弘羊不仅鄙视了贾谊、主父偃，还特别攻击了晁错。《晁错》第八对晁错的批难是：

> 晁错变法易常，不用制度，迫蹵宗室，侵削诸侯，蕃臣不附，骨肉不亲，吴楚积怨，斩错东市，以慰三军之士而谢诸侯。斯亦谁杀之乎？

桑弘羊完全站在既得利益的特权阶级者的立场，只以个人的成功失败为批评的标准；他所援引的法家语言，仅为他所站的特权阶级作辩护，根本没有真实的思想性在里面。他以个人的成功失败，作论人的标准，却没有想到不出一年，而他也被族灭了；不知他临死时作何解释。

对用刑的态度，是当时近儒近法的分水岭。《汉书》六十《杜延年传》谓"光（霍光）持刑罚严，延年辅之以宽"，可知霍光也正是近于法家的人物，应与桑弘羊臭味相同，何以他们之间，又成为生死冤家呢？

桑弘羊说他私人财富的来源是"一二筹策之，积浸以致富成业"，"运之方寸，转之息耗，取之贵贱之间耳"（《贫富》第十七）。对文学批评他"执国家之柄以行海内……威重于六卿，富累于陶、卫（子贡），舆服僭于三公，宫室溢于制度，并兼列宅，隔绝闾巷……中山素女，抚流徵于堂上，鸣鼓《巴俞》作于堂下，妇女被罗纨，婢妾曳绨纻；子孙连车列骑，田猎出入，毕弋捷健……己（人民）为之而彼（官僚）取之，僭侈相效，上升而不息"的情形所作的辩解是"官尊者禄厚，本美者枝茂。故文王德而子孙封，周公相而伯禽富。水广者鱼大，父尊者子贵。《传》曰（《公羊》），'河、海润千里'，盛德及四海，况之（其）妻子乎？故夫贵于朝，妻贵于室。富曰苟美，古之道也。《孟子》曰，'王者与人同，而如彼者，居使然也'"（《刺权》第九）。这是公开为自己由剥夺而来的荒淫生活作辩解，且不惜故意歪曲《论语》、《孟子》、《公羊》等的语意，为自己荒淫生活作护符。利用权势来经营私人工商业，在资本主义体制之下，亦不能为法理所容，何况于法家。《商君书·垦令》第二"无宿（停滞）治，则邪官不及为私利于民"，"禄厚而税多，食口众者，败农者也"；"无得取庸（佣），则大夫家长不建缮。大夫家长不建缮，则农事不伤"，"大臣不荒（荒淫），则国事不稽"。《去强》第四："生虱官者六，曰岁（朱师彻《解诂》"岁谓偷惰岁功"），曰食（"暴弃食物"），曰美（"美衣食"），曰好（"重好玩"），曰志（"有暴慢之志"），曰行（"贪污之行"），六者有朴必削。"在法家的立场，桑弘羊正是所谓"邪臣"、"官虱"，在必诛之列。又《去强》第四："国富而贫（节俭）治，曰重富，重富者强。国贫而富（奢靡）治，曰重贫，重贫者弱。"从《史记·平准书》看，桑弘羊掌握财经大权以后，助长武帝荒淫浪费的情形来看，正是商鞅所说的"国贫而富治"。贤良文学所反复要求的以质救文、以俭救奢之弊，这是西汉所有思想家的共同要求。此一要求不出于法家，但真正的法家必有同样的要求，而桑弘羊因豪奢的生活形态，却始终加以反对。以桑弘羊为法家思想的发言人，这是今日思想界的彻底随落。但他们既发生了儒、法的争论，我们也应加以检讨。首先是关于商鞅的部分：

（一）大夫：昔商君相秦也，内立法度，严峻罚，饬政教，奸伪无所容。外设百倍之利，收山泽之税，国富民强，器械完饰，蓄积有余，是以征敌伐国，攘地斥境，不赋百姓而师以赡，故利用不竭而民不知，地尽西河而民不苦。盐、铁之利，所以佐百姓之急，足军旅之费……百姓何苦尔，而文学何忧也？（《非鞅》第七）

文学：商鞅峭法长利，秦人不聊生……故利蓄而怨积，地广而祸构……今商鞅之册（策）任于内，吴起之兵用于外，行者勤于路，居者匮于室，老母号泣，怨女

叹息，文学虽欲无忧，其可得也？（同上）

（二）大夫：秦任商君，国以富强，其后卒并六国而成帝业……今以赵高之亡秦而非商鞅，犹以崇虎乱殷而非伊尹也。（同上）

文学：……伊尹以尧、舜之道为殷国基，子孙绍位，百代不绝。商鞅以重刑峭法为秦国基，故二世而夺。刑既严峻矣，又作为相坐之法，造诽谤，增肉刑，百姓斋栗，不知所措手足也。赋敛既烦数矣，又外禁山泽之原，内设百倍之利，民无所开说容言，崇利而简义，高力而尚功。非不广壤进地也。然犹人之病水，益水而疾深。知其为秦开帝业，不知其为秦致亡道也……（同上）

（三）大夫：……夫商君起布衣，自魏入秦，期年而相之，革法明教，而秦人大治……世人不能为，是以相与嫉其能而疵其功也。（同上）

文学：今商鞅弃道而用权，废德而任力，峭法盛刑，以虐戾为俗，欺旧交以为功，刑公族以立威，……人与之为怨，家与之为仇……（同上）

此外，《论儒》第十一，《遵道》第二十三，《取下》第四十一，《刑德》第五十五，《申韩》第五十六，《周秦》第五十七，《大论》第五十九，都争论到商鞅的问题，但内容要不出于上面所说的范围。下面再看争论到申韩的问题：

（四）御史：……韩子曰，疾有固（国）者不能明其法势，御其臣下，富国强兵，以制敌御难。惑于愚儒之文词，以疑贤士之谋；谋浮淫之蠹，加之功实之上，而欲国之治，犹释阶而欲登高，无衔橛而御捍（悍）马也。今刑法设备，而民犹犯之，况无法乎？其乱必也。（《刑德》第五十五）

文学：……法势者，治之具也，得贤人而化……今废仁义之术，而任刑名之徒，则吴（太宰嚭主政下之吴）、秦（赵高主政下之秦）之事也。夫为君者法三王，为相者法周公，为术者法孔子，此百世不易之道也。韩非非先王而不遵，舍正令而不从，卒蹈陷阱，身幽囚，客死于秦……斯足以害其身而已。（同上）

（五）御史：待周公而为相，则世无列国。待孔子而后学，则世无儒、墨……善为政者，弊则补之，决则塞之。故吴子以法治楚魏，申商以法强秦、韩也。（《申韩》第五十六）

文学：有国者选众而任贤，学者博览而就善，何必是周公、孔子，故曰法之而已。今商鞅……变乱秦俗，其后政耗乱而不能理，流失而不可复……烦而止之，躁而静之。上下劳扰而乱益滋……（同上）

（六）御史：……大河之始决于瓠子也，涓涓尔。及其卒，泛滥为中国害……故先帝闵悼其灾，亲省河

堤，举禹之功，河流以复，曹、卫以宁……如何勿小补哉。（同上）

文学：河决若瓮口而破千里，况礼决乎……今断狱岁以万计，犯法兹（滋）多，其为灾岂特曹、卫哉。夫知塞宣房而福来，不知塞乱原而天下治也……诚信礼义如宣房，功业已立，垂拱无为。有司何补，法令何塞也？（同上）

（七）御史：犀铫利锄，五谷之利而闲草之害也。明理正法，奸邪之所恶而良民之福也……是以圣人审于是非，察于治乱，故设明法，陈严刑，防非矫邪……法者止奸之禁也。无法势，虽贤人不能以为治……（同上）

文学：法能刑人不能使人廉，能杀人不能使人仁……所贵良吏者，贵其绝恶于未萌，使之不为非，非贵其拘之图圄而刑杀之也。今之所谓良吏者，文察（文指律令而言）则以祸其民，强力（法家贵力）则以厉（害）其下。不本法之所由生，而专己之残心（残贼之心）。文诛假法，以陷不辜、累无罪。以子及父，以弟及兄，一人有罪，州里惊骇，十家奔亡……《诗》云舍彼有罪，既伏（隐蔽）其辜。若此无罪，沦胥以铺，痛伤无罪而累也。非患铫耨之不利，患其舍草而芸苗也。非患无准平，患其舍枉而绳直也。故亲近为过不必诛，是锄不用也。疏远有功不必赏，是苗不养也。故世不患

无法，而患无必行之法也。（同上）

上面可分三点来加以讨论。

第一点，（一）项中桑弘羊以商鞅"外设百倍之利，收山泽之税"，作他的盐铁专卖政策的证明，不仅不能成立，而且足以证明他的政策正与商鞅相反。《商君书·说民》第五"器成于家，而行于官，则事断于家。故王者刑赏断于民心，器用断于家。治明则同，治暗则异。同则行，异则止（阻滞）。行则治，止则乱，治则家断，乱则君断。治国者贵不断。故以十里断者弱，以五里断者强。家断则有余，故曰，日治者王。官断则不足，故曰，夜治（日力不足，故夜治）者强（按强乃弱字之误）。君断则乱，故曰宿治者削。故有道之国，治不听君，民不从官"。由此可知，商鞅主张人民的生产工具乃至一切器用，仅由人君明定法令规格，听由人民自己制造。他何以作此主张？是为了提高生产的效率。这是手工业从统治者垄断手上的大解放。此处之所谓"断"，指的是解决实际问题。人民的生产工具问题，在五里以内之家①得到解决，则切合实际要求，而在时间的运用上亦极经济。由官由君去解决，则难切合实际要求，且旷时费日，无效率可言。人臣根据法而活动，法是客观的，是至高无上的，所以"治不听君"。

---

① 《商君书》以"家"与"五里"互用，盖五里左右，有农工之分工故也。

人民也是根据法的规定而生活，又都是自己解决自己的问题，所以"民不从官"。苏联这些年来为了解决生产效率问题，而缩减统一设计控制的机能，加强各地各厂的职责，由此可见商鞅的智慧。在这种地方，贤良文学的主张，倒与商鞅相接近。而桑弘羊的盐铁专卖政策，把人民生产的工具，完全控制在朝廷的大司农手上；工具的窳劣，人民时间的浪费，是必然的结果。这是为了财政收入而牺牲生产的政策，是名副其实的杀鸡取卵的政策。商鞅治一隅之秦，尚主张"断于家"；假定他治大一统的帝国，必采用与桑弘羊相反的路线，是可以断言的。并且在商鞅的法治之下，不实行盐铁专卖，一样可以解决武帝时代由边疆所引起的财政问题，也是可以断言的，因为那是一个上下一体、既勤且俭而决无浪费的政治。

第二点，桑弘羊以秦成帝业为商鞅之功，文学以赵高亡秦为商鞅之罪的争论。我以为在政治的基本目的上，在人生存在的意义上，在人类进步的大方向上，我们可以否定商鞅的思想与政策。但针对战国时期的政治社会，正由破落的封建结构以进向一种新的大一统的局面而言，则商鞅迅速压制了残余的封建贵族，建立一种以自耕农手工业为基本的生产与战斗合一的体制，在历史上依然有他的进步的意义；而秦的大一统的功业，是由他奠定其基础，自无可疑的。他的死于残存贵族手上，不应像贤良文学样，在一旁拍手称快。但他以严刑峻罚为政治的唯一手段，其必然发生秦代"赭衣半道"的恶果，这从人类进化的大轨迹看，与法西斯纳粹的结果没有两样，也是不能加以否认的。赵高是真正法家的信徒，并以法家思想教胡亥（二世）。他的亡秦，来自他个人过分的政治野心，先害死扶苏、蒙恬，继而族诛李斯，以欺蒙胡亥的方式，夺取实际的统治权。他的行为，正是商鞅、韩非们所要防治的"邪臣"、"虎臣"；所以把他的亡秦写在法家身上，是不公平的。但深一层去了解，由商鞅彻底否定礼、乐、诗、书、善、修、孝、弟、廉、辩，这一线索下来，以至韩非的《五蠹》、《显学》，把人文对人格修养的意义，完全否定掉了，以期达到"民愚"、"民弱"，令下而民无不从的目的，则赵高这种人物的出现，可以说是法家思想的必然结果。实际上，没有上述十项的修养，人民并不一定因此而愚而弱，而系向黑格尔所说的"动物的狡狯"方向去发展。同时，从使人臣能由人君的权术与威吓，成为"机械人"的存在；但人君的权术与威吓，必须建立在商鞅所要求的"立法明分，而不以私害法"（《修权》第十四）的前提之上，才可使权术与威吓，在法的轨迹上运行而始能有效果。"不以私害法"，进一步有如韩非所要求的人君的无为，都须要高度的人文修养。法家在性恶的认定上谈政治，并否定了一切人文修养及人生价值，全靠法术与刑罚的威吓与箝制，以作为达到政治目的的唯一手段，则运用法术与刑罚的无私无为的前提条件，建立不起来，使性恶之恶，凭借法术与刑罚而如虎添翼。君臣上下之间，成为互相窥伺、互相吞噬，以各求得到最原始的权力欲乃至生存欲的世界。法家最大的罪恶与愚蠢，乃在毁坏一切人的人格以用法，而不知有效运用法的前提条件是来自人文修养的人格。近代法西斯纳粹的悲剧，也由此而来。晁错是法家，但看他贤良文学的对策，并没有否定术数后面的人文教养的重大意义。但景帝一面受他的术数之教，同时即含有对他不可信任之心，故用其策而借口灭其族。中国历史上，接受法家思想而保有实质意义，必系有某种人文修养之人，有如诸葛亮、张居正。

第三点，是法家严刑峻罚的问题。这不是理论上的问题，而是一个现实的问题。前面已经说到，在皇权专制下的严刑峻罚，已不是原始法家的严刑峻罚。而张汤以下的酷吏，都是没有法家所设的前提条件下的酷吏。因武帝的将相既不得其人，用兵用财又没有节制，便只好倚赖桑弘羊们的竭泽而渔的财经政策；因此而动摇了社会的结构、基础，便只好尊宠酷吏的残酷镇压的手段，并且恰如商鞅所预料，成"以刑致刑"之局。

文学们并没有否定法的功用。（二）（三）项中文学说"法势者治之具也"。《论菑》第五十四，文学说"故法令者治恶之具也"。并且《刑德》第五十五中文学说，"道德众，人不知所由。法令众，民不知所避。故王者之制法，昭乎如日月，故民不迷。旷乎若大路，故民不惑。"

对法的规定，与商鞅在《商君书》中的规定，完全相同的。但文学们主张在刑罚的后面，更应有以仁义、礼义为内容的教化，亦即教育；而在上者的立身行己，应首先以仁义、礼义为天下倡。文学所骂的商鞅及秦始皇的情形，都是指武帝时代的实情而言。所以（五）项中文学说（今商鞅）如何如何，（六）中御史便拿武帝修复黄河瓠子决口的事来加以答复。文学们对当时法令之失，及由刑罚严酷而来的惨象，到处提到，这是汉代政治上的大问题。《刑德》第五十五"方今律令百有余篇，文章繁，罪名重，郡国用之疑惑，或浅或深，自吏明习者，不知所处，而况愚民乎？律令尘蠹于栈阁，吏不能遍睹，而况于愚民乎？此断狱所以滋众，而民犯禁滋多也"。这与商鞅的"法详则刑繁，法繁（当作简）则刑省"（《说民》第五）；"故天下之吏民，无不知法者"；"故圣人为法，必使明白易知"（《定分》第二十六）的要求，完全相反。《汉书》二十三《刑法志》，宣帝时太守郑宣，上疏主张"删定律令"。元帝初立，以"今律令烦多"，下诏"议律令可蠲除轻减者"。成帝河平中下诏谓"今大辟之刑千有余条，律令繁多，百有余万言"，"议减死刑及可蠲除约省者，令较然易知"。但皆未能做到。这可说是张汤们所遗留下来的癌毒。文学的反对，应当是切合当时的急务。上篇中文学们对当时酷吏们用刑的情形说"深之可以死，轻之可以免，非法禁之意也。法者缘人情而制，非设罪以陷人也"，"今杀人者生，剽攻盗窃者富，故良民内解（懈）怠，辍耕而陨心"（《周秦》第五十七）。御史坚持连坐之法，文学谓这是使"父子相背，兄弟相慢，至于骨肉相残，上下相杀"（同上）。这种最野蛮的连坐法，诛三族，诛九族，一直延续至今，真可谓中国历史中最大的耻辱。文学们在武帝的酷刑乱刑之后，提出"烦而止之，躁而静之"的合理要求，桑弘羊集团也加以彻底反对，由此可知皇权中的特权阶级的残忍成性；不知他在被族诛之际，会不会想到文学们对刑罚的意见。附带说一句，西汉儒家无不反秦，贤良、文学当然也是反秦。但《汉书》四十九《晁错传》在他的对策中，既承认始皇因"地形便，山川利，财用足，民利战"，"故秦能兼并六国，立为天子。当此之时，三王之功不能进焉"。这是站在法家思想的立场所说的话。接着又说："及其末涂之衰也，任不肖而信谗贼；宫室过度，耆欲无罔，民力罢尽，赋敛不节，矜奋自贤，群臣恐谀。骄溢纵恣，不顾患祸。妄赏以随喜意，妄诛以快怒心；法令烦憯，刑罚暴酷，轻绝人命，身自射杀……奸邪之吏，乘其乱法，以成其威。狱官主断，生杀自恣……"晁错的话，应当算是客观的批评，而在不知不觉之中，与武帝中期以后的情形，完全同符合辙。其原因，正因秦否定了人文的人格教养。假定晁错与昭帝时的贤良、文学同时，他以法家思想的立场，不推尊儒术；但对贤良、文学所陈述的现实，也必惨怛呼号，以期当时的人民能吐一口气。

现在看两方对孔子、儒家的争论。桑弘羊喜欢把他对人物的好恶，表现在称呼上。为了支持他继续对匈奴用兵的主张，便把蒙恬拉在一起，而尊之为"蒙公"。[①] 这是历史上很突出的称呼。自先秦以来，"孔子"、"仲尼"，是对这位圣人的通称，桑弘羊自己也是如此。但他恨极了的时候，便直斥之为"孔丘"。[②] 这固然表示了他个人的幼稚，同时也是表示在武帝的政治内层中，根本没有尊孔这一回事。孔子的地位，是从社会上建立起来，统治者再加以利用的。但在前已经指出过，桑弘羊的真正立场是政治上的特权利益，对思想只不过采取便宜主义。所以辩论中也不断援孔子以自重。他们对孔子的批评，约略可分为两端，一是说孔子不能通时代之变，因而自己穷困，在政治上没有实效。二是说孔子言行不孚，不值得尊敬。对一般儒家的批评，一是不事生产，一是学问有害无益。兹将有关材料略录如下：

（一）御史：文学祖述仲尼，称诵其德，以为自古及今，未之有也。然孔子修道鲁、卫之间，教化洙、泗

---

① 《伐功》第四十五"蒙公为秦击走匈奴"，"及其后蒙公死"。《险固》第五十"蒙公筑长城之固"。

② 《利议》第二十七"是孔丘斥逐于鲁君"。《大论》第五十九"孔丘以礼说跖也"。

之上，弟子不为变，当世不为治，鲁国之削滋甚。齐宣王褒儒尊学，孟轲、淳于髡之徒，受上大夫之禄，不任职而论国事……弱燕攻齐，长驱至临淄，湣王逃遁，死于莒而不能救……若此，儒者之安国尊君，未始有效也。（《论儒》第十一）

（二）御史：……故商君以王道说孝公，不用，即以强国之道，卒以就功。邹子以儒术干世主，不用，即以变化始终之论，卒以显名……孟轲守旧术，不知世务，卒困于梁宋。孔子能方不能圆，故饥于黎丘……（同上）

（三）大夫：……善言而不知变，未可谓能说也……坚据古文以应当世，犹辰参之错，胶柱而调瑟，固而难合矣。孔子所以不用于世，而孟轲见贱于诸侯也。（《相刺》第二十）

（四）大夫：……昔鲁穆公之时，公仪为相，子思、子柳为之卿，然北削于齐，以泗为境，南畏楚人，西宾秦国。孟轲居梁，兵折于齐，上将军死，而太子虏；西败于秦，地夺壤削，亡河内、河外。夫仲尼之门，七十子之徒，去父母，捐室家，负荷而随孔子，不耕而学，乱乃愈滋。（同上）

（五）大夫：七十子躬受圣人之术，有名列于孔子之门……宰我秉事，有宠于齐。田常作乱，道不行，身死庭中……子路仕卫，孔悝作乱，不能救君出亡，身菹

于卫。子贡、子皋遁逃，不能死其难……何其厚于己而薄于君哉！（《殊路》第二十一）

（六）大夫：昔徐偃王行义而灭，鲁哀公好儒而削。（《和亲》第四十八）

（七）大夫：往者应少、伯正之属溃梁、楚，昆卢、徐谷之徒乱齐、赵、山东、关内暴徒，保人险阻。当此之时，不任斤斧……有似…孔丘以礼说跖也。（《大论》第五十九）

（八）大夫："文学所称圣知者，孔子也。治鲁不遂，见逐于齐，不用于卫，遇围于匡，困于陈、蔡。夫知时不用犹说，强也；知困而不能已，贪也；不知见欺而往，愚也；困辱不能死，耻也。若此四者，庸民之所不为也，何况君子乎。（同上）

若承认历史中最伟大的思想，是在改变一个时代，使人民能得到进一步的解放，人生能得到更充实的意义，其不能期效于一时，并坚持自己的理想而不为一时利害所屈，则孔孟所以被称为圣人、亚圣，正在桑弘羊们所攻击的这些地方。何况他们的攻击，出之以隐蔽歪曲历史真实的下流方式，在《遵道》第二十三丞相史引"孔子曰，可以共学，未可与权"，以责文学们的"扶绳循刻"，未能如孔子的通权达变；孟子则称孔子为"圣之时"，又批评"执一"，①而桑弘羊们却批评孔孟不通权变，这和孔子分明以因革损益为历史演进的法则，②但许多人说他是复古主义，同样是意存诬蔑。（七）项桑弘羊所说，若站在现在的观点来看，他是以残杀起义的农民来作为自己的勋业。（八）则对孔子全出以诬诳诋毁之辞。文学的答复是："孔子生于乱世，思尧、舜之道，③东西南北，灼头濡足，庶几世主之悟。悠悠者皆是，君暗，大夫妒……非不知穷厄而不见用，痛悼天下之祸，犹慈母之伏死子也。知其不可如何，然恶已。故适齐，景公欺之；适卫，灵公围，阳虎谤之，桓魋害之。夫欺害圣人者，愚惑也；伤毁圣人者，狂狡也，狡惑（衍文）之人，非人也，夫何耻之有。"由此可见这些文学之士，的确接触到孔子救

---

① 《孟子·尽心上》"子莫执中，执中为近之。执中无权，犹执一也。所恶执一者，为其贼道也，举一而废百也"。

② 《论语·为政》"子张问十世，可知也？子曰，殷因于夏礼，所损益，可知也。周因于殷礼，所损益，可知也。其或继周者，虽百世可知也"。意思是说历史的演进，是在继承中必将过时者损去，将新出现的增益。这是进化史观概括性的说法。但朱子《集注》引"马氏曰，所因谓三纲五常；所损益谓文质三统"；根本不了解"马氏"所说，乃孔子以后约三四百年才出现的一些观念。将有意义的话，变成极无意义的话，此乃注释家以自己主观去代替古人原意之恶例。

③ 从《论语·泰伯》章看，孔子以尧舜为政治最高的理想人物，一在其由野蛮进入文明（"焕乎其有文章"），一由其天下为公（"舜禹之有天下也而不与焉"），一由其对人民全无压迫（"荡荡乎，民无能名焉。"）；此与"帝力何有于我哉"同义。

世的精神；他们的尊孔，是真正尊孔，所以敢骂桑弘羊们为"非人"，为无耻。经过文学们的痛骂后，"大夫抚然内惭，四据（疑当作'顾'）而不言。当此之时，顺风承意之士如编，口张而不歙，举舌而不下，暗然而（如）怀重负而见责。大夫曰诺，胶车倏逢雨，请与诸生解"。第二次的大辩论，以桑弘羊认输和解而作结束。

《论儒》第十一，御史责孔子政教皆无实效（略见前）外，更谓"《论语》'亲于其身为不善者，君子不入也'，有是言而行不足从也"；接着举冉求、仲由臣季氏，孔子见南子，以作"行不足从也"之证。《利议》第二十七，因文学骂桑弘羊"有司桎梏于财利"，"今举异材而使臧驺御之，是犹扼骥盐车而责之使疾"。桑弘羊便还骂文学："嘻！诸生阘茸无行，多言而不用，情貌不副，若穿逾（窬）之盗，自古而患之。是孔丘斥逐于鲁君，曾不用于世也。何者，以其首摄（鼠）多端，迂时而不要也。故秦王燔去其术而不行，坑之渭中而不用，乃安得鼓口舌，申颜眉，预前论议，是非国家之事也？"这种威吓的方式，乃来自文学们打到他的痛脚，是由自己行为的罪恶性而来的自卑的反应。

《相刺》第二十桑弘羊责文学们："今儒者释末耜而学不验之语，旷日弥久，而无益于理，往来浮游，不耕而食，不蚕而衣；巧伪良民，以夺农妨政。"这里不管此压榨人民的豪富集团的代言人，有无说这种话的资格；但这的确是从孔子生时的荷蓧丈人起，社会上出现了不工不农的知识分子以后的重大问题。但这是世界性的历史问题，是在历史进步中知识分子所扮演的角色问题；再进一步，是人生存在的究竟意义问题。其中所含的矛盾，要到近代知识内容的变化，社会生活结构的变化，而始能获得解决的问题。我们不能仅从中国长期皇权专制下，利用吸科举制度之毒的知识分子的情形，来否定世界历史演进中知识分子在文化上的功用。

《殊路》第二十一桑弘羊以"至贤保真，伪文莫能增也"，"性有刚柔，形有好恶，圣人能因而不能改"，"良师不能饰戚施"来反对学问。《讼贤》第二十二以"刚者折，柔者卷（捲）。故季由以强梁死，宰我以柔弱杀。使二子不学，未必不得其死"来反对学问，这倒是承继了法家的愚民思想。但焚书坑儒的秦，依然有博士之官，秩止六百石，却可以参预朝廷大议。而汉代从文帝时候起，已召贤良文学之士，对策朝廷。当时社会上的学术风气，由坚苦而光昌，在中国文化史上，应占有伟大的地位。桑弘羊不过要借此以取消此次贤良文学发言的地位与力量，以保护自己的特殊利益。尤其是他为什么过去不向武帝正式提出这种意见？

此外，在思想史上特别值得一提的，是贤良文学大约五次引用《老子》，而桑弘羊方面一次也未尝引用过；这是非常值得思考的一点。两方多次孔孟并称，说明汉初荀子的地位，已由孟子取而代之。在文献的观点上特别值得一提的，是书中两方多次引用到《王制》、《坊记》、《杂记》，文学引用到《中庸》(《繇役》第四十九)，两方都引用到《月令》，并已出现"《月令》"之名(《论灾》第五十四)。是此时《礼记》的基本形态已经存在。又两方皆多次引用《史记》。若史公死于武帝后元甲午，[①]则距始元六年仅六年，而其书已大行；《汉书·司马迁传》赞谓"迁既死后，其书稍出。宣帝时，迁外孙杨恽祖述其书，遂宣布焉"的话，还未能完全符合《史记》流传的真相。

---

① 王国维《太史公年谱》。

原　史
——由宗教通向人文的史学的成立

一、有关字形正误

　　由史字的原形原义，以追求今日一般所谓史的起源及其演变之迹，对于中国古代史学的形成及史学精神的把握，乃至对古代由宗教通向人文的文化发展的把握，可能有其意义。

　　《说文》三下，"史，记事者也。从又持中，中，正也"。"又"是右手，"中正"是记事时的态度。执持中正的态度，由右手来记事，这可以说是许慎对史的了解及对史的要求。但以此作字原的说明，便引起后人不少的疑难；而疑难的集中点，是"从又持中"的"中"，到底是什么意义？下面以王国维的《释史》①为中心，试略加讨论。王氏首先对《说文》的说法，加以反驳。

---

① 《观堂集林》卷六。

案古文中正之中字作□□□□□诸形；而伯仲之仲作中，无作□者。唯篆文始作□。且中正无形之物德，非可手持。然则史所从之中，果何物乎？

接着王氏引吴大澂"史像手执简形"之说，而谓□与简形殊不类。继引江永《周礼疑义举要》，谓"凡官府簿书谓之中"；"又者右手，以手持簿书也"。王氏认为"江氏以中为簿书，较吴氏以中为简者得之。顾簿书何以云中，亦不能得其说"。于是引《仪礼》盛筹之器的中，为立说的基点，中是用以盛射箭时记数的筹码（筹）"考古者简与筹为一物"，"射时舍筹，既为史事……则盛筹之中，盖亦用以盛简"；因而断定"史字从又持中，义为持书之人"。王氏之说，实承江永之说而加以敷衍。

为了彻底了解这一问题，我从吴式棻的《攈古录金文》及郭沫若的《殷契粹编：附考释》（台湾影印本），对有关各字，作了一次比较详细的考查。我首先指出，甲骨文及金文的中字、史字，在字形衍变上，并无大分别。王氏以□与□□等为两字，实则在金文上系一字。最明显的证据，《中伯壶》及《中伯壶盖》的中皆作□；《仲伯亲姬彝》之仲，亦作□，并非如王氏所说的伯仲之仲，仅作中。而金文里常有"入门立中廷"的句型，此中字有时作□，[①]更

---

① 王筠《说文释例》谓"作□者偶见"。

多的则作 🔾🔾，《盂鼎》且作 🔾。也间或有写作的（《虢仲
鬲》），或者可解释为特别加上去的 ≈，乃王廷的一种标志；
但其本字为 中，是决无可疑的。

　　凵 是篆文口字。错误的发生，乃在《说文》通行本
的中字篆作 🔾，与史字 🔾 上之 凵 相混。其实，段（玉裁）
《注》已谓中字不从口；王筠谓"篆当作 中"，[①] 即是说不应
作 🔾。《攈古录金文》卷一之一第六页的所谓"手执中彝"，
"手执中觯"，第八页之所谓"手执中爵"，其所谓中字皆
作 🔾 形，与全书可断为中字之形皆不类。所以"手执中"，
实际乃是契文的史字。朱骏声《说文通训定声》谓中字
"本义为矢著正也"，即是矢著于侯布之正鹄；从字形看，
当为可信。射时盛筹之器亦为中，乃由"矢著正"衍出之
义，因舍筹系以射时矢曾否"著正"为准。由"矢著正"
之"正"，引申而为中央之中，及伯仲之仲，仲在伯与叔
之中，故金文皆作中，更由此而引申出中正之义。

　　"中"由"矢著正"衍为射时盛筹之器；其椭圆形之
🔾，始由射鹄联想而为器形。更由盛筹之器，衍进而为盛
一般简策之器，则当为册字而不是史字的 🔾。《说文》二
下册字篆作 🔾，但我把《攈古录金文》中的册字，约略统
计了一下，字形从椭圆形的 🔾，而在左或在右，留一小
缺口的，约三十三字。两册字平列时，右边的字缺左，左

---

① 见王筠《说文系传校录》。

边的字缺右。不是两册字平列的，绝对多数缺右。椭圆形不缺口的，有十六字。以一直封闭缺口如⊞者三字。其作⊞形者三字。其作《说文》之篆法⊞者五字。椭圆形中只有一直的是盛筭的中字。椭圆形中有由三直到五直，如⊞⊞⊞的是册字。"中""册"两字的椭圆形，完全是相同的。册字的椭圆形所以有的留一个小缺口，我以为是表示一个以上的册，平列在一起时，便于衔接。其所以出现《说文》的篆形，是因为把椭圆形中的五直，将左右两直，写在左右的边线上；便成为⊞形，这在《师酉敦》的册字，看得最清楚，乃是由书写时出一点花头而来的变形。至于⊞，是由这种变形的简写。总言之，册字是由中字演进出来的。其历程是"中"⊞⊞⊞⊞。契文中已出现⊞，由此可知此字成立之早。汉人以"中"作简策用的"治中"的中，我以为本是册字简写的⊞，混而为"中"。

史字又上之形为⊎，此在契文金文篆书里，皆无二致。由史字所滋生的吏字、事字，其所从之中字亦皆作⊎，与⊕字实别为一形。若谓⊎系由刻者书在○形上所加的一点花样，则何以甲文金文中近百的史字，竟不曾发现出一个从○形的，而皆为⊎形。由此可断言史字右手所持者并非与射有关的盛筭之中；凡由盛筭之中所联想出的簿书简策等，殆皆不能成立。这一错误，在许慎对史字的解释里，已表现得很清楚。

为了解决史字的原形原义，我觉得应先从史所职掌的原始职务下手。

二、由史的原始职务以释史字的原形原义

由许慎至王国维，皆以后世史的职务来推释史字的形义。而忽视了史的原始职务，是与"祝"同一性质，本所以事神的，亦即原系从事于宗教活动的。其他各种的"记事"职务，都是关连着宗教，或由宗教衍变而来。

《殷契粹编·附考释》第一片，郭氏谓"'重册用'与'重祝用'为对贞，祝与册有别，祝以辞告，册以策告也。《尚书·洛诰》'作册逸祝册'，乃兼用二者，旧解失之"。郭氏以册与祝有别，是对的。以《洛诰》的"祝册"为"兼用二者"，则因不知演变之迹而误（说见后）。册是盛简策之器，同时即指的是简策。其用途有二：第一，是把告神的话录在简策上以便保藏；其次，是王者重要活动的记录。古代王者的重要活动，亦皆与神有关；故次义亦来自第一义。记录的文字谓之册，主管记录之人亦谓之册；所以册与祝，又皆为官名。契文中，册与祝，常见，第四七八片，及第五一九片，且"册祝"连词。史字较为少见，更没有发现"册史"或"史祝"连词的。册祝连词时，是说明在祭神时，既由册以策告，复由祝以辞告。

殷代与祝同列的"册"，周初则称为"作册"。殷代册与史的关系，我尚没有明确的了解。周初则"作册"即是

史。不过在称谓的演变上，则最早多称作册，再则有的作册与史并称；再则只称史而不复称作册。最可注意的，是《尚书·洛诰》"戊辰，王（成王）在新邑，烝（冬祭）祭、岁。文王骍牛一，武王骍牛一。王命作册逸祝册，惟告周公其后。王宾杀、禋、咸格。王入太室裸。王命周公后，作册逸诰。在十有二月"一段话中的"王命作册逸祝册"及"作册逸诰"的两句话。曾运乾《尚书正读》以"作册"为史官名，此与早期金文中之作册尹、作册䍃互证，当为可信。盖即来自契文中的"册"。《殷契粹编·附考释》由第一一一片"壬申卜尹贞"起，共有二十一个"尹贞"，郭氏释为这是贞人的名字；从㕚的字形看。大概是特长于契写的贞人，因而也是很有名位的贞人，其子孙即以他的名为氏。"作册逸"的"逸"与"佚"通。"作册"即是史，史的名称流行后，遂称为史佚。他是以尹为氏，所以有时又称为尹佚。尹氏在周代，有的是世其官，有的则政治地位不止于史。[①] 上引《洛诰》之所谓"祝册"，说的是将立周公之后于鲁的简策，祝告之于文王、武王。周初仅称一个"册"字时，则不是官名而系指的简策。殷契中虽有史字，如《殷契粹编·附考释》第一〇一片"史重上甲菁屮

---

① 《诗经·节南山》"尹氏大师"，《左传》僖公二十八年"王命尹氏及王子虎、内史叔兴父策命晋侯为侯伯"，及《左传》昭公二十三年"尹氏立王子朝"。二十六年"尹氏、召伯、毛伯以王子朝奔楚"。以上尹氏之地位，则有如后来之所谓三公。

酒"，第二四一片"祖乙史其卿飨卿"，只能看出他与祭祀有关，他的地位似乎不甚显著。但贞人所契刻的是甲骨，而史所书的是册典。《尚书·多士》周公对殷的遗民说："惟尔知，惟殷先人有册有典，殷革夏命。"由此可知，最重大的事情，是记在册典之上。而由西周及春秋时代的情形看，卜与史本是两个系统。史字出现于卜辞之中，乃因某事与史有连带关系，因而附带及之。所以我们不应仅由卜辞中所出现的史字的情形，以推测殷代史的地位与作用。更有异名同实的情形，为我们今日尚无法查考的。赖周初的册典尚有留传，及金文的大量出现，我们才可借以了解古代史之功用及史的地位，是非常重要的。

殷契中的册与祝，皆系祭神时为主祭者对神作祷告的；所以便如前所说，出现了"册祝"的连词。及周初"作册"的官名并而为史，史所继承的基本任务未变，所以此后便常出现"祝史"的连词。《周易·巽卦》为"巽在床下，用史巫，纷若，吉，无咎"。"史巫"连词，当可由周初推及于殷代的情形，已后则少见。最可以显出祝史二者的任务相同的，莫如《左传·昭公二十年》下面的故事。

> 齐侯疥，遂痁……梁丘据与裔款言于公曰……是祝史之罪也……君盍诛祝固、史嚚以辞（解说）宾（来齐问疾之宾）。公说，告晏子；晏子曰，日宋之盟，尾

建问范会之德于赵武。赵武曰，夫子之家事治。言于晋国，竭情无私。其祝史祭祀，陈信不愧。其家事无猜，其祝史不祈……若有德之君，其祝史荐信，无愧心矣……其适遇淫君……其祝史荐信，是言罪也。其盖失数美，是矫诬也。进退无辞，则虚以求媚。是以鬼神不飨其国以祸之……

由此可知祝与史，都是在祭鬼神时为主人讲好话以祈福的，但所用的手段则不相同。《左传·成公五年》，梁山崩，晋侯以传召伯宗。伯宗……问（问于在途所遇的绛之重人）将若之何？曰，山有朽壤而崩，可若何！国主山川，故山崩川竭，君为之不举……祝币（杜注："陈玉帛也。"），史辞（杜注："自罪责也。"竹添光鸿笺："为君作策以自罪责而谢神"）以礼焉"。《左传·昭公十七年》"夏六月甲戌朔，日有食之"，也是"祝用币，史用辞"。这都是遇着灾异时的特别情形，祝通过贿赂以向鬼神讨饶，史则将自责之辞写在册上以向鬼神讨饶。其实，在一般祭祀时，祝仅作口头祷告，不一定要用币。《说文》一上："祝，祭主赞词者。从示从人口。"段《注》："此以三字会意，谓以人口交神也。"史则将祷告之词，先书之于册，当着鬼神面前念出，念完后，宝藏起来以便传之将来。所以《尚书·金縢》"公乃自以为功。为三坛同墠。为坛于南方北面，周公立焉。植璧秉珪，乃告太王、王季、文王，史乃册祝曰，惟尔元孙某……""册祝"是史官把周公欲为武王代死之意，写在简策上（册），念给太王、王季、文王在天之神听（祝），希望得到这三位鬼神的许可。"公归，乃纳册于金縢之匮中"。这即说明了史所以须先将祝辞写在册上的原因。及管、蔡流言，说"公（周公）将不利于孺子"。周公避嫌居东。成王遇着"天大雷电以风"的灾异，"王与大夫尽弁，以启金縢之书，乃得周公所自以为功代武王之说。二公及王，乃问诸史，与百执事。对曰，信。噫，公命我勿敢言"。这便说明了把祝神之册保留起来的意义。由此，我可以对史字的原形原义，加以解释。

史字通行《说文》本篆作 𠭖。契文则作 𠭖；金文中有四种写法，一作 𠭖，与契文全同。一作 𠭖，一作 𠭖，一作 𠭖。按若作 𠭖，则丨与彐不相关连，不能有《说文》之所谓"持中正"的"持"字意义。许氏用一"持"字，则他所看到的史字的篆法，必作 𠭖，或 𠭖，而不应作 𠭖。作 𠭖，乃出自一时写刻的疏忽，或来自摹写之讹。《攈古录金文录》有五件《师酉敦》的铭文；第一件《师酉敦》的史字作 𠭖，其余四件皆作 𠭖。《寰盘》铭文有两个史字，一作 𠭖，一作 𠭖。所录五件《颂敦》铭文，一作 𠭖，余皆作 𠭖 或 𠭖。此例尚多。由此可以断定，史字之原形应作 𠭖 或作 𠭖。从口，与祝之从口同。因史告神之辞，须先写在册上。故从又，又像右手执笔，将笔所写之册，由口告之于神，故右手所执之笔，由手直通向口。

三、史职由宗教向人文的演进

将重要的语言与事情写在简策之上，这在古代，必须是文化水准高的人才能做。史与祝同科，但因史较祝的文化水准高，所以史的职务便不断发展，而史中的人才亦因之毕出。史所写的简策，首先是事神的，在周初大概称为"册"。金文中有奉册之形，有"守册"之文，^①由此可知册的神圣性。其次是王者诏诰臣下的，在周代大概是称为"册命"。《洛诰》"王（成王）宾杀禋咸格，王入太室裸。王命周公后，作册逸诰"。这是说，史（作册）逸把成王封周公后于鲁的事，书之于策，并诰示天下。此处逸所诰者应称为"册命"。《尚书·顾命》"太史秉书，由宾阶陟，御（进）王册命"；此处的册命，是太保代成王（"摄成王"）册命"元子钊"继承王位的。此册命系由"太史秉书"。金文中"王呼史册命"的事屡见。^②祭神的"册"，

① 《攈古录金文》卷之一页四三《奉册匜》"举两手奉册形"，卷之二页六《奉册父癸尊》"奉册形父癸"，又页六四《守册父己爵》"守册父己"。

② 如：《趞尊》"王呼内史册命趞"，《望敦》"王呼史年册命望"，《无专鼎》"王呼史友册命无专"，《师奎父鼎》"王呼内史驹册命师奎父"，《吴彝盖》"王呼史戍册命吴"，《师酉敦》"王呼史柑门册命师酉"，《扬敦》"王呼内史先册命扬"，《虎敦》"王呼内史吴曰，册命虎"，《颂壶》"王呼史虢生册命颂"等皆是。

王者诏诰臣下的"册命"，是史在西周时代的两大基本职务。

现更通过《左氏传》等，对春秋时代史的任务，作全面性的考察。史的第一职务，当然是在祭神时与祝向神祷告。《左传·庄公三十二年》"秋七月，有神降于莘"，据《国语·周语》，惠王听内史过的话，"使太宰忌父帅傅氏及祝史奉牺牲、玉鬯往献焉"。《左氏传》"虢公使祝应宗区史嚚享焉"。闵公二年"狄人囚史华龙滑与礼孔，以逐卫人。二人曰，我太史也，实掌其祭。不先，国不可得也"。昭公十七年"夏六月甲戌朔，日有食之，祝史请所用币"。及昭公二十年"齐侯疥，遂痁"，梁丘据请诛祝固、史嚚以向问疾之宾作解说，意思是认为齐侯之疾病，乃由祝史对神的祷告不得力。《说文》三上"嚚，语声也"。虢史齐史，皆以嚚为名，可知史在向神念册文时，非常重视声调，由此而可以补充史字从口的意义。

史的第二任务是专主管筮的事情。就现代知识的要求来说，筮的起源，亦即是《周易》的起源，还不能十分了解。《易传》虽将"卜筮"、"蓍龟"并称，[①] 然春秋时代，卜与筮，分明是两个系统。据《仪礼》及《左氏传》，[②] 主

---

① 《易·系辞上》，"以卜筮者尚其占"，"成天下之亹亹者莫大乎蓍龟"。
② 本论文一切论证，皆不引《周礼》，以其后出，其中有关材料，真伪相混。

卜者一般皆称为"卜人"或"卜士"。① 其因卜而见名于
《左氏传》者，晋有卜偃，② 秦有卜徒父，③ 梁有卜招父。④ 其
中以卜偃最为突出，余则除卜技外无所表现，不能与史中
之人材相比并。《左传·僖公四年》"初晋献公欲以骊姬为
夫人，卜之不吉，筮之吉，公曰从筮。卜人曰，筮短龟长，
不如从长"。则卜筮系两个系统，甚为明显。且《左传·昭
公元年》郑子产聘晋，问晋侯之疾，叔向问"卜人曰，实
沈台骀为祟，史莫之知，敢问此何神也"。卜人所卜出来
的为祟之神，须问之于史，而史不知，则其为两个系统更
明。《左传·僖公十五年》"初晋献公筮嫁伯姬于秦，遇归
妹之睽，史苏占之曰，不吉"。《左传·僖公二十八年》"晋
侯（文公）有疾，曹伯之竖侯獳货筮史，使曰，以曹为
解"，终得到"复曹伯"的效果。《左传·襄公九年》"穆
姜薨于东宫。始往而筮之，遇艮之八。史曰，是谓艮之随，
随其出也"。《左传·襄公二十五年》崔武子欲妻齐棠公之

---

① 《仪礼·士丧礼》"卜人先奠龟"，"卜人坐作龟兴"，"卜人抱龟燋"，"卜
人彻龟"。《左传·僖公四年》及昭公元年皆有"卜人曰"。昭公三十二年"卜
人谒之曰"。《左传·桓公六年》"卜士负之"。

② 《左传·闵公元年》"卜偃曰，毕万之后必大"，杜注"卜偃，晋掌卜大夫"。
按卜偃在晋，堪入贤士大夫之列。

③ 《左传·僖公十五年》"卜徒父筮之，吉"，杜注"徒父，秦之掌龟卜者。
卜人而用筮，不能通三《易》之占，据其所见杂占而言也"。

④ 《左传·僖公十七年》"惠公（晋）之在梁也，梁伯妻之。梁嬴孕过期，
卜招父与其子卜之"。杜注"卜招父，梁大夫也"。

妻，"武子筮之，遇困之大过，史皆曰吉"。《左传·成公十六年》，晋楚鄢陵之战，"公筮之，史曰吉。其卦遇复"；《国语·晋语》"公子（重耳）亲筮之曰，尚有晋国；得贞屯悔豫，皆八也。筮史占之，皆曰不吉"，以上都是由史主筮的证明。《左传·哀公九年》"晋赵鞅卜救郑，遇水适火，占诸史赵、史墨、史龟"。以史而占龟之兆，这是越卜人而借重于三位名史，不是常制。至《礼记·玉藻》"卜人定龟，史定墨，君定体"，《月令》"命太史衅龟筮，占兆，审卦吉凶"。这大概是春秋以后，卜筮系统，渐混而不分的情形，非原来即是如此。

史的第三任务，为主管天文星历，以推动适时与农业生产有关的措施。《国语·周语》"宣王即位，不籍千亩，虢文公谏曰……古者太史顺时视土。阳瘅愤盈，土气震发。农祥（注：房星也）晨正，日月底于天庙（注：营室也），土乃脉发。先时九日（注：先立春九日），太史告稷曰，自今至于初吉（注：二月朔日也），阳气俱蒸，土膏其动。弗震弗渝，脉其满眚，谷乃不殖"。由此可以推知天文星历，皆是史的职掌。[①]

因史主祭祀占筮及天文星历，与天神地祇人鬼，关系密切，所以他的第四任务，便又成为灾异的解说者。《左

---

① 《吕氏春秋》十二纪纪首对此有相同而更详备之纪述。然乃根据古典而加以作者的增饰，故不引用。

传·庄公三十二年》"秋七月，有神降于莘。惠王问诸内史过曰，是何故也"。《左传·僖公十六年》"春，陨石于宋五，陨星也。六鹢退飞过宋都，风也。周内史叔兴聘于宋，宋襄公问焉，曰，是何祥也，吉凶焉在？"《左传·昭公二十九年》"秋，龙见于绛郊，魏献子问于蔡墨"。《左传·哀公六年》"是岁也，有云如众赤鸟，夹日以飞，三日。楚子使问诸周太史"，皆其明证。

史的第五任务是锡命或策命。《仪礼·觐礼》"天子赐侯氏以车服……诸公奉箧服加命，书于其上，升自西阶东面，太史是右（注：乃居其右）。侯氏升，西面立，太史述命，侯氏降两阶之间，北面再拜稽首，升成拜。太史加书于服上，侯氏受……"这是锡命。《国语·周语》"襄王使邵公过及内史过锡晋惠公命"。这即是锡（赐）之命圭的锡命。《礼记·祭统》"古者明君，爵有德而禄有功，必赐爵禄于太庙，示不敢专也。故祭之日，一献，君降立阼阶之南，南乡。所命北乡。史由君右执策命之"。《左传·僖公二十八年》"王（襄王）命尹氏及王子虎、内史叔兴父策命晋侯为侯伯"。这是天子派到诸侯之国去策命。《左传·襄公三十年》郑"伯有既死，使太史命伯石为卿"。这是诸侯国内的策命。

史的第六任务是掌管氏族的谱系。《左传·襄公十年》"（晋）以偪阳子归……偪阳，妘姓也，使周内史选族嗣，纳诸霍人，礼也"；《国语·鲁语》"故工史书世。宗祝书昭穆"；《晋语》"智果别族于太史为辅氏"。由上面的材料，可以推知形成封建政治骨干的宗法制度中之氏族的谱系，都是由史所记录，因而也参与了这一方面的工作。因为这种原因，周室的内史，也常担任聘使诸侯，以加强宗法中的"亲亲"的责任。《左传·僖公十六年》，"周内史叔兴聘于宋"。《左传·文公元年》春"王使内史叔服来会葬"。即其例证。

就史所记录的内容说，最重要的发展，是由宗教的对象，进而记录到与宗教无直接关系的重要政治活动。这是史由宗教领域，进入到人文世界的重要关键。《礼记·玉藻》"天子……玄端而居，动则左史书之，言则右史书之"。把言与动分属于左右史的各别记录，这是出自汉初儒者，喜作机械性的对称分别，有如"刚日读经，柔日读史"之类，是不能相信的。但史之有左右，而天子的重要言行，皆由史加以记录，则可以相信。所以《左传·庄公二十三年》曹刿谏鲁庄公如齐观社中有"君举必书"的话。执行书的任务的当然是史。《左传·宣公二年》晋太史董狐书"赵盾弑其君"，孔子称其"书法不隐"。《左传·襄公二十五年》"齐崔武子弑齐君，太史书曰，崔杼弑其君"。上面是两个有名的故事。《左传·襄公二十一年》"卫宁惠子疾，召悼子曰，吾得罪于君，悔而无及也，名藏在诸侯之策"。是列国又互相记录。《左传·襄公二十三年》"将盟臧氏。季孙召外史掌恶臣而问盟首焉"。杜注："恶臣，谓奔亡者也。盟首，载书之章首也。"国内逃亡之恶臣，犹为外史所书，则国内供职之臣的重要言行，亦必为内史、太史所书。《左传·襄公二十九年》"晋侯使司马女叔侯来治杞田（注："使鲁归前侵杞田也"），弗尽归也"。晋悼夫人是杞女，对叔侯很愤恨。叔侯在解释中曾说"鲁之于晋也，职贡不乏，玩好时至。公卿大夫，相继于朝。史不绝书"。由此可知列国间朝聘乃至兵戎之事，必为史所书。综上所述，史把国内及国际间的人物与事情，都加以记录了。再加上时历为史所掌管，自然形成深刻的时间观念。将人与事的记录，和时间相结合，这便出现了"百国春秋"，[①]使史学在中国古代，已有了普遍的发展。而春秋时代出色的史官，除自己所记录者外，更具备了丰富的历史知识；对于茫昧的古代某些方面的情形，随时加以口述，如数家珍，即使给他们以现代所流行的"史学专家"的名称，他们当之亦略无愧色。例如《左传·昭公二十九年》，晋史蔡墨答卫献子因"龙见于绛郊"而发出"吾闻之，虫莫知于龙，以其不生得也。谓之知，信乎？"之问，而对豢龙氏的历史，及"五行之官"、"社稷五祀"等，原原本本，一口气作了四百八十一字的陈述；把极复杂的事实，说得有条有理，并引《乾》、《坤》二卦中所述之龙，以证明在古代，龙本是"朝夕见"的东西。其中虽含有传说史

---

① 《墨子·明鬼》篇"吾见百国春秋"。

的特性，但蔡墨从"人实不知，非龙实知"起，全盘作了合理性的处理与合理性的解释。又如《左传·昭公三十二年》晋史墨（即蔡墨）答赵简子"季氏出其君而民服焉……何也"之问，而说出"社稷无常奉，君臣无常位，自古以（已）然。故《诗》曰：高岸为谷，深谷为陵。三后之姓，于今为庶，主所知也"的对历史发展中的重大规律，把握得这样的确实而深刻，这不是沉浸贯通于历史之中，断不能具备这种突破时代的史识。同时，对鲁国的情形及季氏的历史，说来真是了如指掌。由此可以推见当时史官所达到的水准。春秋时代"博物"的贤士大夫，如子产之流，殆皆得力于史官之教。再加以国家的典籍，皆藏于太史氏，[①] 于是可以得到这样的结论：我国古代文化，由宗教转化而为人文的展开，是通过古代史职的展开而展开的。文化的进步，是随史官文化水准的不断提高而进步的。史是中国古代文化的摇篮，是古代文化由宗教走向人文的一道桥梁、一条通路。黄帝之史仓颉造字，不过是一种传说。但史因记录的要求，因而发明文字，这是很自然而合理的。大篆出于宣王太史籀，小篆除李斯、赵高外，有太史令胡毋敬的《博学篇》，文字与古代之史不可分，也是无可怀疑的。史由文字的记录与保管，而得到历史知识，由历史知识而得到人类行为的经验教训，由此以开出有关人文方

---

① 《左传·昭公二年》春"晋侯使韩宣子来聘……观书于太史氏"。

面一切学问，也是很自然而合理的。《汉书·艺文志》，以诸子百家出于王官，乃依稀仿佛之谈。欲为中国学术探本溯源，应当说中国一切学问皆出于史。

这里附带把古代可以考见的史官名称交代一下，通过契文、金文、《尚书》、《左传》、《国语》等可信的材料，殷代已如前所述，史的情形，尚不能完全明了。周代文化的特征，可由史职的发达而加以说明。有天子之史，有诸侯之史，卿大夫或且有私史。[①] 史的名称，有内史，外史，太史，小史，[②] 左史，[③] 右史。[④] 其仅称史者，多为泛称或对太史而言之次一级的史官，亦即《尚书·金縢》之所谓"诸史"。金文之中亦偶有女史、相史的名称。[⑤] 由

---

① 《仪礼·既夕礼》（注：《士丧礼》之下篇）"主人之史请读赗执筭（注：古文筭皆为笺）……读书释筭。公史（注：公史，君之典礼者）自西方东命，命毋哭"。君之史所以称为"公史"，所以检别于"主人之史"，则主人之史，亦可称"私史"。惟此恐系临时设置而非常设。

② 《仪礼·大射》"释获者命小史。小史命获者"。《周书·商誓（哲）》第四十三"王若曰……及太史比小史昔"。

③ 《周书·史记》第六十一"维正月，王在成周，昧爽，召三公。左史戎夫曰……"《左传·襄公十四年》"夏，诸侯之大夫从晋侯伐秦……左史谓魏庄子曰……"《左传·昭公十二年》"王复出，左史倚相趋过"。

④ 《尚书·酒诰》"矧太史友内史友越献臣百宗工"。此友非人名，当与右通。惟据此，则右史以其所居之位而言，并非专名。然既有左史，当有右史。《庚午父乙鼎》"作册友史"，当即"作册右史"，与《师兪敦》之"作册内史"正同。《无专鼎》"王呼……友（右）史册命无专曰……"

⑤ 金文中有《女史鼎》。《鬲攸从鼎》，有"王命相史南……"之文。

《尚书·酒诰》、《立政》、《顾命》所排列之次序，及《周书·商誓（哲）》第四十三、《王会》第五十九中，太史之任务看，周初的太史地位，在内史之上。但由《左氏传》看，则春秋时代，甚至可推及西周中期以后之金文，内史的地位又似在太史之上。殆以内史近王近君，因与权力中心接触之远近而决定实际之地位。秦以内史掌治京师，[①]乃是继承此一倾向，遂脱离了原有史的职掌。

四、宗教精神与人文精神的交织与交融

因为春秋时代，史官带着鬼神与人间两方面的任务，所以对当时政治问题，史依然保持着传统的宗教判断。例如《左传·昭公八年》："冬十一月壬午（楚）灭陈。""晋侯问于史赵曰，陈其遂亡乎？对曰，未也。公曰何故？对曰，陈，颛顼之族也。岁在鹑火，是以卒灭，陈将如之。今在析木之津，犹将复出。且陈氏得政于齐，而后陈卒亡。自幕至于瞽瞍无违命，舜重之以明德，真（遗留）德于遂（奉舜祀之国名），遂世守之。及胡公不淫，故周赐之姓，使祀虞帝。臣闻盛德必百世祀。虞之世数未也。继守将在齐，其兆既存矣。"史赵判断陈不会遂亡，是宗教性的判

---

① 《汉书·百官公卿表》"内史，周官，秦因之，掌治京师。景帝二年，分置左内史、右内史。武帝太初元年，更名京兆尹。左内史更名左冯翊。"

断。但他的根据有二，一是星相学，这是因史主管天文，中国的星相学，可能即是史的副产品。另一是道德的报应说，这是史臣把历史知识及他们的愿望混合在一起所构成的。此在司马迁著《史记》时，仍有很大影响。又《左传·昭公三十二年》："夏，吴伐越。史墨曰，不及四十年，越其有吴乎？越得岁而吴伐之，必受其灾"，这也是以星相学为根据的宗教性的判断。此类判断，我推测，在当时必相当流行，其中也夹有人事观察的因素在里面。史对于自己的判断没有效果的，人情上便未加记载。其因"多言而中"①的，在人情上便记载下来，不应怀疑是写《左氏传》的人追加的。

但最有意义的，是这些史官们，通过他们神人备载、古今备阅的特殊机会，使他们能乘载着宗教，以直接通向人文，这便使中国原始宗教，在文化中失掉了划疆坚守、以与人文相抗拒的固定疆域，把中国文化，推向全面的人文扩展。《左传·桓公二年》春，宋华父督杀孔父而弑殇公，召庄公于郑而立之，以郜大鼎赂鲁桓公。夏四月，取郜大鼎纳于太庙，臧哀伯作了一次极有意义的谏争，把当时宗庙的重大礼节，作了人文修养的解释，说出了"国家之败，由官邪也。官之失德，宠赂章也。郜鼎在庙，章孰甚焉"的一段非常有意义的话。"周内史闻之曰，臧孙达

___

① 这是《左传·昭公十八年》郑子产批评裨灶言天道的一句极有智慧的话。

其有后于鲁乎，君违，不忘谏之以德"。对臧孙达的预言，完全根据政治上的人文因素。《左传·庄公三十二年》"秋七月，有神降于莘……内史过往，闻虢请命，反曰，虢必亡矣。虐而听于神。神居莘六月，虢公使祝应、宗区、史嚚享焉，神赐之土田。史嚚曰，虢其亡乎？吾闻之，国之将兴，听于民；将亡，听于神。神，聪明正直而壹者也，依人而行。虢多凉德，其何土之能得"，认定国的命运，是决定于民，决定于人君之德，而不是决定于神，神是"依人而行"，不是人依神而行。这种对政治的合理思考，不出自祝应，不出自宗区，而出自史嚚，是来自史嚚由历史经验而来的智慧。《左传·僖公十六年》"春陨石于宋五，周内史叔兴聘于宋，宋襄公问焉曰，是何祥也，吉凶安在？对曰，今兹鲁多大丧。明年齐有乱。君将得诸侯而不终。退告人曰，君失问，是阴阳之事也，非吉凶所生也，吉凶由人，吾不敢逆君故也"。他在宋襄公面前所说的预言，乃来自他在政治、人事上的观察，实与陨石于宋五一事无关；只因宋襄公认定他是宗教中人，所以便在宗教的架子里发问，他只好把子日观察所得的，套上宗教的外衣以作答。实则"吉凶由人"，他早已从宗教中转到人的自身上了。既已转到人的自身上，于是他们的精神，不是对鬼神负责，而系对人负责。

不过，从宗教转向人文，只是舍掉宗教中非合理的部分，转向于人文合理基础之上；但宗教精神，则系发自人性不容自已的要求，所以在转化中，不知不觉地织入于人文精神之中，进而与其融为一体，以充实人文精神的力量。于是在中国人文精神中含有宗教精神的特色。

所谓宗教精神，可概举两点。一是鬼神世界的存在，以满足人类永生的要求。但观于《左传·昭公七年》晋赵景子问子产作"伯有犹能为鬼乎"之问，足证当时对鬼神世界的信念，已甚为稀薄。在《左传·襄公二十四年》晋范宣子以范氏由虞唐以迄晋的历史，为范氏的死而不朽，此即以历史代替宗教永生的征验。这是推进史学发展的重大因素。另一则是以神的赏善罚恶，为神对人类前途提供保证的精神；这也可以说是神突破人世间一切阻力，对人类所作的审判。史向人文演进后，其最大任务，即在记录人世重要行为的善恶，昭告于天下后世。他们在实行此一任务时，感到这是将人类行为的善恶，交付史的审判，以代替神的审判。而当时贵族的心理，也是不害怕神的审判，却害怕史的审判。下面所引的故事，只有由此种观点，始能加以解释。《左传·襄公二十一年》：

> 卫宁惠子疾，召悼子曰：吾得罪于君，悔而无及也，名藏在诸侯之策，曰，孙林父、宁殖出其君。君入，则掩之。若能掩之，则吾子也。若不能，犹有鬼神，吾有馁而已，不来食矣。悼子许诺，惠子遂卒。

宁殖（惠子）逐了卫君，使他死后的鬼，宁馁而不食的，不是在鬼神世界中所受的审判，而是"名在诸侯之策"的这种史的审判。所以他嘱咐他儿子（悼子）的，不是为他向鬼神祈祷，而是要迎入卫君以掩盖他"出其君"的行为，因而使诸侯之策得以改写。这是史的审判，代替了神的审判的显例。特出的史官，实际正是以"代天行道"的宗教精神，来执行他们的庄严任务。《左传·宣公二年》：

> 乙丑，赵穿杀灵公，宣子（赵盾）未出山而复。太史书曰，赵盾弑其君，以示于朝。宣子曰不然。对曰，子为正卿，亡不越境，反不讨贼，非子而谁？宣子曰，呜呼，《诗》曰：我之怀矣，自诒伊戚。其我之谓矣。孔子曰，董狐，古之良史也，书法不隐。赵宣子，古之良大夫也，为法受恶。惜也，越境乃免。

在上面的故事中，首先我们应当了解的，董狐那样地写，并不仅是一般所说的"诛心之论"，而是当时已有一种作为记录证据的"书法"，董狐只是"书法不隐"；而赵盾也是"为'法'受恶"。其次应当了解的，这种书法的意义，是在追究问题的根源，以表达问题的真实，使有权势者无所逃避。没有赵盾的背景及赵盾的动机，赵穿便不会弑君。弑晋灵公的是赵穿，而嗾使赵穿动手的是赵盾；最大的证明是逃亡而不出境，以待灵公之死；返朝后又不讨贼，以纵赵穿之恶。司马迁在《史记·封禅书》赞中说"具见其表里",赵穿是表,而赵盾是里。事实的真相,在里而不在表。但在里的真相,经常是与政治权威结合在一起的。董狐这种书法,是把由权威而来的危险置之度外的一种书法。而在此一书法的后面,实有一种"代天行道"的宗教精神来要求他、支持他。赵盾的"自诒伊戚"的"呜呼",乃是来自此一书法的庄严性、审判性。《左传·襄公二十五年》:

> 齐崔杼弑齐庄公,大史书曰,崔杼弑其君。崔子杀之。其弟嗣书,而死者二人。其弟又书,乃舍之。南史氏闻大史尽死,执简以往。闻既书矣,乃还。

在这一故事中,为了要写出"崔杼弑其君"五个字,牺牲了三条人命,还有两个人走向生死的边缘,这不是西方"爱智"的传统所能解释的。因为他们感到站在自己职务上,代替神来做一种庄严的审判,值得投下自己的生命。崔杼为这五个字而杀了无辜的三个史官,因为他也感到这五个字是对他作了绝望的审判。由此可知晋董狐之未被杀,乃是一种侥幸,所以孔子于赞美董狐之后,又赞美赵盾为"古之良大夫"。在中国的文字狱中,以由史学而来的文字狱,最为残酷,亦可由此见其端倪,得到解释。

五、古代史官的特出人物

古代良史的姓名与业绩，多已湮没无闻。这里仅就今日可以知道的，略加撮录。当然有不少遗漏了的。

《吕氏春秋·先识览》："夏太史令终古，出其图法而泣之。夏桀迷惑，暴乱愈甚，太史令终古，乃出奔如商……殷内史向挚，见纣之愈暴乱迷惑也，于是载其图法出亡之周。"此一记载，经过了后人的涂饰，但在基本上是合理的，可能是真实的。《尚书·盘庚》上"迟任有言曰，人惟求旧，器非求旧，惟新"，郑康成云，"迟任，古之贤史。"这是可以考见的殷代良史之一。现在可以知道的周初良史，是前面已经提到的《洛诰》中的"作册逸"，即是后来所称的尹佚、史佚。这是由宗教通向人文的关键性人物。兹先将有关的材料简录在下面：

一、《左传·僖公十五年》十一月秦晋韩之战，秦获晋侯。公子絷认为不如杀之，子桑则认为应当归之，引史佚之言曰，无始祸，无怙乱，无重怒。重怒难任，陵人不祥。乃许晋平。

二、《左传·文公十五年》夏，齐人归公孙敖之丧，其从父兄弟襄仲欲勿哭。惠伯曰……史佚有言曰，兄弟致美，救乏，贺善，吊灾，祭敬，丧哀……襄仲说，帅兄弟以哭之。

三、《左传·宣公十二年》辛未，郑杀仆叔及子服。君子曰，所谓勿怙乱者，谓是类也。

四、《左传·成公四年》秋公至自晋，欲求成于楚而叛晋。季文子曰，不可……史佚之志有之曰，非我族类，其心必异。楚虽大，非吾族也。其肯字我乎。公乃止。

五、《左传·襄公十四年》晋侯问卫故（卫逐其君）于中行献子。对曰，不如因而定之。……史佚有言曰，因重而抚之……君其定卫以待时乎！

六、《左传·昭公元年》（楚）公子干奔晋，从车五乘。叔向使与秦公子（后子）同食（同禄）……使后子与子干齿，辞曰（秦后子）……且臣与羁齿，无乃不可乎？史佚有言曰，非羁何忌。

七、《国语·周语下》"晋羊舌肸（叔向）聘于周，发币于大夫，及单靖公。靖公享之，俭而敬……单之老送叔向，叔向告之曰，异哉。吾闻之曰，一姓不再兴。今周其兴乎？其有单子也。昔史佚有言曰，动莫若敬，居莫若俭，德莫若让，事莫若咨。单子之贶我礼也，皆有焉。

八、《淮南子·道应训》成王问政于尹佚曰，吾何德之行，而民亲其上？对曰，使之时而敬顺之。王曰，其度安至？曰，如临深渊，如履薄冰。王曰，惧哉，王人乎？尹佚曰，天地之间，四海之内，善之则吾畜也。

不善，则吾雠也。昔夏商之臣，反雠桀纣而臣汤武。宿沙之民，皆自攻其君而归神农，此世之所明知也。如何其无惧也。

据（四）的"史佚之志"的话，则史佚有专书，是可以相信的。虽无从断定其为自著或由他人所辑录。《汉书·艺文志》"墨家类"以"尹佚二篇"冠首，大概因墨子明鬼，史佚主鬼神之事；其中当有一部分是有关鬼神的记录。墨子主俭，而史佚亦主俭。但由上面所录材料，他所留给后人的教训，皆与鬼神无关，而系由历史经验所得的各方面的智慧。贾谊《保傅》篇"明堂之位曰……博闻强记，捷给而善对者谓之承；承者承天子之遗志者也；常立于后，是史佚也"。贾氏所引明堂之位，将史佚与周公、太公、召公，并列为"四圣"。此虽系出于战国时代儒家的缘饰，不一定是周初史实，但由此可知史佚在古代文化中的重要地位。

　　史佚之外，尚可提出五人。一是《左传·襄公五年》晋魏武子（绛）所称述的"昔周辛甲之为太史也"的辛甲，杜注："周武太史。"他"命百官官箴王阙"，魏武子所述的"芒芒禹迹，画为九州"的《虞箴》，表现了他的地理知识及历史兴亡的智慧。其次是孔子在《论语》中称引的"周任有言曰，陈力就列，不能者止"的周任，马融谓为"古之良史"，我推测应当是周室之史，所以称为"周任"。《左传·昭公五年》的"仲尼曰"又引有"周任有言曰，为政者不赏私劳，不罚私怨"。《左传·隐公六年》的"君子曰"中也引有"周任有言曰，为国家者见恶如农夫之务去草焉，芟夷蕴崇之，绝其本根，勿使能殖，则善者信矣"。他所说的都是有关政治的大端，当然要算是良史。

又其次是宣王、幽王时代的史伯。《国语·郑语》记郑始封之君桓公在为周室司徒时："问于史伯曰，王室多故，余惧及焉，其何所可以逃死？"在史伯的答复中，对各国的地理形势，各国与周室的政治因缘，及各国国内的政治情形与错综复杂的利害关系，可以说是了如指掌。更由古代历史，以考查各国先世的情形，以推断他们以后的发展。而把褒姒的来源，上推及于夏代，经过如何的曲折，一直到"使至于后"，而断定其"天之生此久矣，其为毒也大矣"；"凡周存亡，不三稔矣"；而劝桓公"寄孥与贿"于虢郐，遂奠定桓公开国的基础。他若不是史，便很难对历史与地理及各国内情，有这样丰富的知识。没有这些丰富的史地知识作基础，便不可能有这样的远见。

再其次是周襄王时代，亦即是鲁僖公时代的内史过及内史兴。《国语·周语》"襄王使邵公过及内史过赐晋惠公命（鲁僖公十一年），吕甥、郤芮相晋侯不敬，晋侯执玉卑，拜不稽首"，内史过在襄王面前引《夏书》及《盘庚》为根据，而推论"晋不亡，其君必无后，且吕郤将不免"。在他这段话中，把祭祀仪节中所含的精、忠、礼、信的意义，及此四者乃"长众使民之道"的原因，说得条理畅达，这正反映出由宗教通向人文的智慧。其五是《周语》所记"襄王使太宰文公及内史兴赐晋文公命"，内史兴因晋文公"逆（迎）王命敬，奉礼（行合于礼），义成（而成之以义）"，而推出"且礼所以观忠信仁义也"；更由忠信仁义以推出分、行、守、节的四种具体内容；由四种具体内容而推出均、报、固、度四种效果。更由此四种效果而推出在政治上的无怨、无匮、不偷、不携（离）的四种成就，[①]层层推出，无不合理。由此可以了解，礼的发展，是通过主管之史，将人文精神及客观需要，不断注入到里面去，使礼的生命，得到合理的成长；再由成长的生命，推演向现实的人文世界的。应从这种地方去把握由春秋以迄西汉，许多贤人君子所说的礼的意义。

但周初从"殷人尚鬼"的文化中转出人文精神的，周公当然比史佚及其他史官更为重要。周公不是史，他的才艺，可以从时代经验而得，不必倚赖历史经验。但他肯定人的祸福是决定于人自己的行为，而不是决定于神，因而强调了"敬德"、"明德"的观念。更明确表示决定政治兴亡的是人民，天的视听，系由人民的视听而见，因而决定

---

① 原文是"忠所以分也（注：心忠则不偏也），仁所以行也，信所以守也，义所以节也。忠分则均，仁行则报，信守则固，义节则度，分均无怨，行报无匮，守固不偷，节度不携……臣入晋境，四者不失。臣故曰，晋侯其能尽礼矣"。

政治的基本任务在于爱民。并将他的父亲文王的伟大宗教精神，①作彻底的道德人文的解释。这在三千年前，宗教还占有支配地位的时代，他自己也是宗教中的人物，②而他的智慧，确乎突出了他所处的时代的限制，这便不可能仅靠时代经验，而必须在历史经验中得到启迪。换言之，假定承认周公在历史文化上是一个创造性的人物，则他的创造动力，是来自于他的丰富历史知识。《大诰》完全是以"宁王遗我大宝龟"，"上帝命"为立言的根据；《康诰》则要康叔"往敷求于殷先哲王，用保乂民"，"别求闻由古先哲王，用康保民"，并谓"我时其惟殷先哲王德，用康乂民作求"。《酒诰》："王曰封，我闻惟曰，在昔殷先哲王迪（道也），畏天显小民，经（行）德秉哲。自成汤咸（延）至于帝乙；成王（成其王功）畏，相（尚）惟御（治）事，厥棐（辅）有恭；不敢自暇自逸，矧曰其敢崇饮。""我闻亦惟曰，在今后嗣王（谓纣）酣身……惟荒腆于酒……辜在商邑，越殷国灭，无罹（附丽）。"《多士》："我闻曰，上帝引逸（牵引之使不至于放逸）。有夏不适（节）逸……厥惟废元命，降致罚。乃命尔先祖成汤革夏，俊民甸四方。自成汤至于帝乙，罔不明德慎祀……在今后嗣王（纣）……

---

① 从周初文献看，对殷的以刑为主的政治，文王实在是转回以仁为主。但从《诗·大雅·文王》一诗的"文王陟降，在帝左右"的诗句看，他的仁，可能是由宗教精神中发出的。

② 从《尚书·金縢》等材料看，周公自身也可以说是宗教性的人物。

罔顾于天显民祇。惟时上帝不保,降若兹大丧。""惟尔知,惟殷先人有册有典,殷革夏命。"《无逸》:"周公曰,呜呼,我闻曰,昔在殷王中宗,严恭寅畏,天命自度,治民祇惧,不敢荒宁。肆中宗之享国,七十有五年。其在祖甲,不义惟王,旧为小人。作其即位,爰知小人之依,能保惠于庶民,不敢侮鳏寡。肆祖甲之享国,三十有三年。自时厥后立王,生则逸。生则逸,不知稼穑之艰难,不闻小人之劳,惟耽乐之从。自时厥后,亦罔或克寿,或十年或七八年,或五六年,或四三年。周公曰,呜呼,厥亦惟我周太王、王季,克自抑畏。文王卑服(作卑下之事),即康功(制器)、田功(种田),徽柔懿恭,怀保小民,惠鲜(斯)鳏寡。自朝至于日中昃,不遑暇食,用咸和万民。文王不敢盘(乐)于游田,以庶邦惟正之供。文王受命惟中身,厥享国五十年。"《君奭》:"公曰君奭,我闻在昔,成汤既受命,时则有若伊尹,格于皇天。在太甲,时则有若保衡。在太戊,时则有若伊陟臣扈,格于上帝。巫咸乂王家。在祖乙,时则有若巫贤。在武丁,时则有若甘盘。率惟兹有陈(久)保乂有殷。故殷礼陟配天,多历年所。"《多方》:"亦惟有夏之民,叨懫日钦,劓割夏邑。天惟时求民主,乃大降显休命于成汤,刑殄有夏","乃惟成汤,克以尔多方简(择),代夏作民主……以至于帝乙,罔不明德慎罚,亦克用劝……今至于尔辟(纣)弗克以尔多方享天之命"，①《立政》亦历言夏、殷用人之得失及文王用人之方。由此可知周公由夏、殷两代所吸收的经验之深刻丰富，成为他开创时代、启迪后世的源泉、动力。推测他曾从史佚及其他良史作过勤勉的学习，是不为过的。

《国语》分为二十卷，记周及其他七国之事，而晋独有九卷；《竹书纪年》，出于战国魏襄王墓，亦即是出自晋国；此非仅因其国大事繁，盖亦因其良史辈出，有良好之记录足据。秦在春秋时代的前期，其地位已极重要；而《国语》独缺秦语。《史记·六国年表》序"秦既得意，烧天下诗书，诸侯史记尤甚，为其有所刺讥也……独有《秦记》，又不载日月，其文略，不具"。今证以一九七五年底在湖北云梦县睡虎地出土的一批秦简中，有起自秦昭王元年至始皇三十年的大事记。在八十九年中，只有昭王五十六年记有"九月"、"正月"；始皇的三年、四年、六年、七年、十一年、十二年、十六年、十八年、二十年、二十七年，每年记有一个月。此外概未记月，当然更未记日。所以史公的话是可信的。其主要内容为极简单的攻战事实，间或有秦王生卒及少数人之死的记载。如：

昭王元年（无记载），二年攻皮氏。三年（无记载），四年攻封陵。五年归蒲反（坂），六年攻新城。七年新

---

① 以上句读，采用曾运乾《尚书正读》。

城陷。八年新城归。九年攻析。十年、十一年、十二年（皆无记载），十三年攻伊关（阙）……

由这种史的记载，秦因杂西戎之俗而文化低落的情形，可以想见。为秦敞开接纳文化之门的是吕不韦的门客。吕不韦贬死后，吕的门客，还继续在秦活动。

晋的良史，除董狐外，今日可以知道的还有史赵、史苏、史墨、史龟。《左传·襄公三十年》："于是鲁使者在晋，归以语诸大夫（论绛县老人称生四百四十有五甲子的年龄事）。季武子曰，晋未可婾也……有史赵、师旷而咨度焉……其朝多君子，其庸可婾乎？勉事之而后可。"《左传·昭公八年》"游吉（子太叔）相郑伯以如晋，亦贺虒祁（新建成宫名）也。史赵见于子太叔曰，甚哉其相蒙也。可吊也，而又贺之"。可见他是由晋君的侈泰以见晋之衰弊。史墨，《左传·昭公二十九年》称蔡墨，《左传·昭公三十二年》、《左传·哀公九年》称史墨，而《左传·哀公二十年》及《国语·晋语》又称史黯。《左传·哀公二十年》"王（吴王夫差）曰，溺人必笑（此时越围吴，吴即将亡），吾将有问也，史黯何以得为君子？（晋楚隆）对曰，黯也进不见恶（杜注：时行则行），退无谤言（杜注：时止则止）。王曰，宜哉"。《论语》"子谓颜渊曰，用之则行，舍之则藏，惟我与尔，有是夫"（《述而》）。由此可知，此在当时是很有修养的人才可以做到。《吕氏春秋·先识览》"晋太史屠黍见晋之乱也，见晋公（出公）之骄而无德义也，以其图法归周。周威公见而问焉，曰，天下之国孰先亡，对曰，晋先亡"，"中山次之"；并历举其"先亡"、"次之"的原因，卒有征验。这可能要算晋国最后的一位良史。

卫之良史，有史狗、史鳅。《左传·襄公二十九年》"吴公子季札……适卫，说蘧瑗、史狗、史鳅、公子荆、公叔发、公子朝。曰，卫多君子，未有患也"。《左传·定公十三年》"初，卫公叔文子朝而请享灵公，退见史鳅而告之。史鳅曰，子必祸矣，子富而君贪……子臣，可以免……戌也骄，其亡乎……骄而不亡者，未之有也"。

楚的良史，今日可以考见的是左史倚相。《左传·昭公十三年》，楚灵王次于乾溪，向右尹子革说左史倚相，"是能读三坟五典，八索九丘"，以极称其博。但左史倚相的情形，以《国语·楚语》下面的记录较为具体。

　　左史倚相廷见申公子亹，子亹不出，左史谤之。举伯以告，子亹怒而出曰，女无亦谓我老耄而舍我，而又谤我。左史倚相曰……昔卫武公年数九十有五矣，犹箴儆于国曰，自卿以下，至于师长士，苟在朝者，无谓我老耄而舍我……于是乎作《懿》戒（韦注：昭谓"懿"《诗·大雅·抑》之篇也）以自儆也……《周书》曰，文王至于日中昃，不遑暇食，惠于小民，唯政之恭。文王犹不敢骄，今子老楚国而欲以自安也……楚其难哉。子亹曰，老之过也，乃骤见左史。

　　王孙圉聘于晋，定公享之，赵简子鸣玉以相，问于王孙圉曰，楚之白珩犹在乎……其为宝也几何矣？曰，未尝为宝。楚之所宝者曰，观射父，能作训辞以行事于诸侯，使无以寡君为口实。又有左史倚相，能道训典以叙百物，以朝夕献善败于寡君，使寡君无忘先王之业。又能上下说于鬼神，顺其欲恶，使神无有怨痛于楚国。

王孙圉对左史倚相的称述，把一位特出之史的博学、智慧，及其传统的宗教任务，都表达出来了。《韩非子·说林下》"越已胜吴，又索卒于荆而攻晋，左史倚相谓荆王曰，夫越破吴，豪士死，锐卒尽，大甲伤。今又索卒以攻晋，示我不病也，不如起师与分吴。荆王曰善，因起师而从越，越……乃割露山之阴五百里，以赂之"。是左史倚相的年寿甚高。

六、孔子的学问与史的关系

　　古代史官的地位的失坠，是来自两方面。一是他们所主管的鬼神，在政治中逐渐减轻原来的分量；二是他们由作册而来的知识，除星历外，已散播于贵族，且进而下逮于平民，失掉了由史而来的知识上的专业性。孔子生于鲁襄公二十二年（西前五五一年），卒于哀公十六年（西前四七九年）。^①这正是各国的良史最活跃的时代。他的学问，是来自两方面。一是以学思并用的方法，^②及"发愤忘食"、^③"学如不及"的精神，^④求之于历史，^⑤求之于时代^⑥的知识的追求。另一是来自他的"君子无终食之间，违仁。造次必于是，颠沛必于是"^⑦的精神，以"主忠信""自讼""内省""克己复礼"的方法，^⑧毕生于道德的实践，终

---

① 孔子生于鲁襄公二十一年或二十二年，颇有争论。此从《史记·孔子世家》。

② 《论语》上言治学之方法颇多，如"多闻阙疑"，"多见阙殆"，"博学于文，约之以礼"等；但以"学而不思则罔，思而不学则殆"（《为政》）两语最为深切而富有概括性。

③ 《论语·述而》"叶公问孔子于子路，子路不对。子闻之曰，子奚不曰，其为人也，发愤忘食，乐以忘忧，不知老之将至云尔"。

④ 《论语·泰伯》"学如不及，犹恐失之"。

⑤ 《论语·述而》"子曰，述而不作；信而好古，窃比于我、老彭"。《中庸》"仲尼祖述尧舜，宪章文武"，即其一例。

⑥ 《论语·述而》"子曰，三人行，必有我师焉"，《学而》"子禽问于子贡曰，夫子之至于是邦也，必闻其政。求之与？抑与之与？子贡曰，夫子温良恭俭让以得之。夫子之求之也，其诸异乎人之求之与"，可解释为求之于时代。

⑦ 《论语·里仁》。

⑧ 《论语》言主忠信者三，主忠信即《中庸》的存诚。《公冶长》"子曰，吾未见能见其过而内自讼者也"。《颜渊》"子曰，内省不疚，夫何忧何惧"。《颜渊》"颜渊问仁，子曰克己复礼为仁"。《论语》言道德实践之精神与方法者甚多，姑举上例以概其余。

于在自己生命之内，发现道德的根源，①以奠定人格尊严、人类互爱互助的基础。他从历史、时代所追求到的知识，因道德的践履，而得到提炼，而进入深醇，而归于博大。例如"克己复礼，仁也"这句话，他本是得自古书上对仁所作的解释，而这种解释，只能算是一种知识，②但他答复颜渊问仁时，说"克己复礼，为（行）仁"，便把解释性的话，转化为践履中的方法，使这句话所含的客观知识，成为他生命中的道德主体的发现与成长，因而可以说出"一日克己复礼，天下归仁焉（天下皆含融于自己仁德之内）。为仁由己，而由仁乎哉"的话。这几句话所表现的道德精神的深醇与博大，不是孔子所引的"古也有志"的话所能比拟的。但我必须指出，他学问的始基，及其所受的启发与充实，乃是来自对历史的追求，亦即是来自他继承了周代良史的业绩，及这些良史们将宗教转化为人文的

---

① 孔子以仁总持道德之各方面。其言"仁远乎哉，我欲仁，斯仁至矣"（《述而》），"为仁由己，而由人乎哉"（《颜渊》），必仁之根源，是在人的生命之内，乃可言之如此。

② 《左传·昭公十二年》，于叙述楚灵王在乾溪受到右尹子革援祭公谋父所作《祈招》之诗的讽谏。"王揖而入，馈不食，寝不寐，数日不能自克，以及于难"后，便引"仲尼曰，古也有志，克己复礼，仁也，信善哉。楚灵王若能如是，岂其辱于乾溪"。

精神，^①则是决无可疑的。孔子曾说"我非生而知之者，好古敏以求之者也"（《论语·述而》），这对他的学问的来源，已经说清楚了。他晚年的修《春秋》，首先应从此一线索去了解。

六经皆史之说，不必始于章实斋。^②我现在再进一步说，孔子所雅言的"诗书执礼"，或如《史记·孔子世家》中所说的孔子"以诗书礼乐教"的诗书礼乐，在春秋中期时代，即已成立。^③其编集成为当时贵族教材，并加以补缀的，只能推测是出于周室太史们之手。所以《诗大序》特谓"国史明乎得失之迹"。龚定盦谓"欲知大道，必先为史"，^④又谓"夫六经者，周史之宗子也"，"诸子也者，周史之小宗也"。^⑤其言虽近于夸，要亦有其根据。

《汉书·艺文志》谓"古有采诗之官"，及"旧说周太

① 通过《易传》中所引的"子曰"都是把《易》中所说的休咎，解释为人自身行为的结果，此其显证。《易传》出于孔子的后学，但《易传》中所引的三十多条"子曰"，则出于孔子无疑。

② 章实斋《文史通义》卷一《原诗上》，"六经皆史也"。但王充《论衡·谢短》篇，已把当时的五经当作历史材料看。所以我在《王充论考》一文中特指出，"以得到历史知识为目的去读五经，则五经本来就是历史资料"。但五经的成立，不在讲历史知识，而"在建立政治、社会、人生之道"；由此一角度看，则是经而非史。

③ 《左传·僖公二十七年》楚围宋，晋将救宋"作三军，谋元帅。赵衰曰，郤縠可。臣亟闻其言矣，说礼乐而敦诗书"。

④ 《定盦续集》卷一《尊史》。

⑤ 同上卷二《古史钩沉论》二。

史掌采列国之风"，①虽皆难尽信；而《国语》谓"正考父校商之名颂于周太师"，诗与乐不可分，太师主乐，②则诗当为太师所专主。但将歌唱之诗，书之简策，且将篇章加以编次，就当时的情形来说，则非史臣莫属。故上述旧说，或出自后人臆度之辞，要亦有其历史上之线索。书与礼之出于史，无待多论。乐不出于史，而与诗与礼不可分；太史主管图书，若乐而记之册典，亦势必与史有密切关系。因此，孔子之所学所教的诗书礼乐，实可以说是来自古代之史。他说"吾犹及史之阙文也，今亡已夫"，③他赞古时史官记录之慎，而叹当时史官记录之疏，必由他熟读古今史官的著作而始能感受得到的。他由此而引发出"多闻阙疑，多见阙殆"，"信而好古"，及"无征不信"④的崇实崇真的治学精神。他说"夏礼吾能言之，杞不足征也。殷礼吾能言之，宋不足征也。文献不足故也。足，则吾能征之矣"（《论语·八佾》）。《礼记·礼运》称孔子谓"我欲观夏道，是故之杞，而不足征也，吾得夏时焉。我欲观殷道，是故之宋，而不足征也，吾得乾坤焉"。这都可反映出他

---

① 此说辗转传述，尚未能考出其最早所出。此引崔述《读风偶识》。彼固不信此说。

② 《论语·八佾》"子语鲁太师乐曰，乐其可知也……"是太师主乐。

③ 《论语·卫灵公》。

④ 《中庸》"子曰，吾说夏礼，杞不足征也。吾学殷礼，有宋存焉。吾学周礼，今用之，吾从周……上焉者虽善无征。无征不信，不信民弗从"。由此可知孔子之重征验。

对文献的重视；文是简册，是直接由史所记；献是贤人，此处则应指的是良史。我们可以说，孔子在知识方面的学问，主要是来自史。史之义，莫大乎通过真实的记录，给人类行为，尤其是给政治人物的行为以史的审判，此乃立人极以主宰世运的具体而普遍深入的方法；所以孔子晚年的修《春秋》，可以说是他以救世为主的学问的必然归趋，不是偶然之事。

七、孔子修《春秋》的意义

《诗·鲁颂·闳宫》"春秋匪懈，享祀不忒"，此处的春秋，乃是一年四季的简称。古史记事，"以事系日，以日系月，以月系时，以时系年"，[1] 以年为记录的单元。于是"春秋"一词，成为古代各国史记之通称，又成为鲁史之专称。[2] 孔子修《春秋》之时间，当在鲁哀公七年自卫

---

[1] 引自杜预《春秋左氏传序》。

[2] 《孟子·离娄下》"晋之《乘》，楚之《梼杌》，鲁之《春秋》，一也"。《乘》与《梼杌》，乃晋楚史之专名。《左传·昭公二年》，晋韩宣子"观书于太史氏，见《易象》与鲁《春秋》"，与《孟子》此处之言相印证，可知"春秋"实为鲁史之专名。《国语·晋语》司马侯对晋悼公说"羊舌肸习于《春秋》"，此当指晋之《乘》而言。《楚语》申叔时论傅太子之法谓"教之以《春秋》"，此当指楚之《梼杌》而言。《墨子·明鬼》篇引周之《春秋》，燕之《春秋》，宋之《春秋》，齐之《春秋》，又谓"吾见百国《春秋》"，《韩非子·备内》又引有"《桃左春秋》"；可知"春秋"又为史之通名。

返鲁以后，①其绝笔为"西狩获麟"之哀公十四年。哀公十五年起，至哀二十七年，《左氏》有传而无经，其事至为明显；《公羊》、《穀梁》，实亦无异辞。《史记·孔子世家》，乃将"因史记作《春秋》"叙于获麟之后，系受董仲舒以获麟为孔子受命之符，作《春秋》乃孔子受命改制之事的说法的影响，②与原《公羊传》无关。但史公亦未全般接受董氏之说。董氏谓孔子作《春秋》是"王鲁"、"亲周"、"故宋"。王鲁是视鲁为王，实则是孔子自视为王；这种说法过于诞妄，所以史公改称"据鲁亲周故殷"；改"王鲁"为"据鲁"，便较为合理了。

概括地说明孔子修《春秋》的用心及其意义的，莫早于《左传·成公十四年》"九月侨如以夫人妇姜氏至自齐，舍族，尊夫人也"下的"故君子曰"的一段话。"故君子曰，春秋之称（竹添光鸿笺："言其属文"），微而显，

---

① 《左氏传》记"鲁人以币召之（孔子）乃归"于鲁哀公十一年。竹添光鸿《左氏会笺》引吴英之说，谓孔子返卫在哀六年，返鲁在哀七年，其言甚明辩有据。竹添氏笺谓叙孔子归鲁于此，乃"因事及事"，即因卫孔文子将攻太叔，"访于仲尼"，孔子答以"甲兵之事，未之闻也"，并"退命驾而行"，"文子遽止之"，"将止，鲁人以币召之乃归"；此乃因十一年"冬，卫太叔疾出奔宋"而追述前事。细读上下文，孔文子之将攻太叔，并非在哀十一年。参以旁证，则吴英之说为可信。当从之，以正《史记》之误。

② 请参阅《春秋繁露·三代改制质文》篇乃拙著《两汉思想史》第二卷《董仲舒〈春秋繁露〉之研究》"六、董氏的春秋学之二""（四）受命、改制、质文问题"。

志（杜注：记也）而晦。婉而成章，尽而不污，惩恶而劝善。非圣人谁能修之"。由"微而显"到"尽而不污"，说的是书法。"惩恶而劝善"，说的是目的。《荀子·大略》篇"《春秋》贤穆公，以为能变也"。又"故《春秋》善胥命"，皆出《公羊传》。是荀子所习者乃《公羊》。但《劝学》篇说"《春秋》之微也"；《儒效》篇说"《春秋》言是其微也"。由此可见"微而显"之"微"，是共同承认的。"志而晦"的"志"，我以为应援《庄子·齐物论》"《春秋》经世，先王之志"的志字作解释。《春秋》系以先王之志，亦即是以政治的理想为归趋，但乃随史实之曲折而见，故谓之"志而晦"。左氏不言"作"而言"修"，孔子本因鲁《春秋》而加以修正，此较孟子之言"作《春秋》"，在语意上更为恰当。

《公羊传》哀公十四年在"西狩获麟，孔子曰，吾道穷矣"后的一段话，也是总论《春秋》的，但给何休注所搅乱了。

《春秋》何以始乎隐？祖之所逮闻也。所见异辞，所闻异辞，所传闻异辞（按此乃说明孔子修《春秋》，在取材上，必为自己见闻之所及。而因材料之时间，与自己的关系，有亲疏远近之不同，故叙述之方法亦各异。此可参阅《史记·匈奴列传》赞）。何以终乎哀十四年？曰，备矣。君子曷为为《春秋》？拨乱世，反诸正，莫近诸《春秋》，则未知其为是与？其诸（解云：其诸，辞也）君子（指孔子）乐道尧舜之道与？末（发声，无义）不亦乐乎尧舜之（"之"作"而"字解）知君子也（按上句言孔子因乐尧舜之道而作《春秋》，下句言后学亦应由乐尧舜之道而始知孔子，《论语》中以尧舜为最高的政治理想人物）。制《春秋》之义，以俟后圣（按此两句乃作传者自称他在传中断制《春秋》之义，以俟后之圣人。必如此解乃可与下句相连），以（因）君子（孔子）之为，亦有乐乎此也（此言因孔子之为《春秋》，也是要以此俟后圣来取法的）。

详《传》之意，孔子因乐尧舜之道（"先王之志"），以尧舜之道为基准，是非于二百四十二年之中，作拨乱反正的凭借，这是孔子作《春秋》的动机与目的。《传》的作者不言"周道"而言尧舜之道，这是深于孔子"公天下"的用心，将历史的理想，由周道更向上提高一层。按《论语》以《尧曰》章作结，《孟子》以"由尧舜至于汤，五百有余岁"一段作结，《荀子》取《尧问》篇作结，由此可以窥见儒家相承的政治上的最高理想。《公羊传》上面的话，是与此最高理想相应的。但《公羊传》

原传，^①成立的时间，与孔子相去不远，上面的话说得相当隐约。《史记·自序》下面的一段话，是司马迁综合董仲舒发挥《公羊传》对孔子作《春秋》所把握的意义，也可以说是上引的一段话的平实化、明确化。

> 上大夫壶遂曰，昔孔子何为而作《春秋》哉？太史公曰，余闻董生曰，周道衰废，孔子为鲁司寇，诸侯害之，大夫壅之。孔子知言之不用，道之不行也，是非二百四十二年之中，以为天下仪表。贬天子，退诸侯，讨大夫，以达王事（"尧舜之道"、"先王之志"）而已矣。子曰，我欲载之空言，不如见之于行事之深切著明也。夫《春秋》上明三王之道，下辨人事之纪，别嫌疑，明是非，定犹豫，善善恶恶，贤贤贱不肖。存亡国，继绝世，补弊起废，王道之大者也。

《榖梁传》成立的时间，我推测是在战国中期以后。隐公五年"初献六羽"下，分引"榖梁子曰"及"尸子曰"，而两人之意见并不相同，则此传非成于榖梁之手，与其非成于尸子之手，道理是相同的。被称为"榖梁传"，也和

---

① 我在《董仲舒〈春秋繁露〉之研究》一文的"（二）《公羊传》的成立情形"，将《公羊传》全般文字加以分析，认为今日的《公羊传》，系由两部分所构成。一为孔门属于齐国系统的第三代弟子所整理的原传；一为战国中期前后由若干人对原传所作的补充、解释。

被称为"公羊传"，同样的不符合事实，而是出于今日不能知道的偶然因素。汉儒对此的一套说法，皆不可信。作此传的人，对春秋的史实，较之《公羊传》，更为疏隔。但他的态度则非常谨慎。所以全传中有"或曰"者十三，"或说"者一，"其一曰"者一，"其一传曰"者一。此即对一事的两种说法，不能断定，乃都加以保留，听任后之读者的自由判断。其中有一事而列两"或曰"的，则表明一事而有三种说法。引有八"传曰"，与《公羊》同者二，[①]与《公羊》有关者二，[②]与《公羊》之关系不明者一，[③]有引

① 庄公三年，《经》："五月葬桓公。"《穀梁》："传曰，改葬也。"《公羊》："此未有言崩者。何以书葬，盖改葬也。"文公十二年，《经》："二月庚子，子叔姬卒。"《穀梁》："其曰子叔姬，贵也。公之母姊妹也。其一传曰，许嫁，以卒之也。"《公羊》"此未适人，何以卒，许嫁矣……其称子何？贵也。"

② 隐公四年，《经》："二月莒人伐杞，取牟娄。"《穀梁》："传曰，言伐言取，所恶也。诸侯相伐取地于是始，故谨而志之也。"《公羊》："牟娄者何，杞之邑也。外取邑不书，此何以书，疾始取邑也。"昭公元年，《经》："晋荀吴帅师败狄于大原"。《穀梁》："传曰，中国曰大原，夷狄曰大卤。号从中国，名从主人。"《公羊》："此大卤也，曷为谓之大原？地物从中国，邑人名从主人。"

③ 成公九年，《经》："九年春王正月，杞伯来逆叔姬之丧以归。"《穀梁》："传曰，夫无逆出妻之丧，而为之也。"《公羊》："杞伯曷为来逆叔姬之丧以归，内辞也，胁而归之也。"疑《穀梁》"而为之也"的"而"字上失一"胁"字，或《左氏传》之"请"字。故此处与《公羊》之关系，不易断定。

"传曰"为《公羊》所无，而解释与《公羊》同者一，^① 有《穀梁》引"传曰"，而《公羊》无传者一，^② 有与《公羊》不同者一。^③ 又定公元年，经："戊辰，公即位。癸亥，公之丧至自乾侯"；《穀梁》："……沈子曰，正棺乎两楹之间，然后即位也。"《公羊》"则曷为以戊辰之日，然后即位，正棺于两楹之间，然后即位。子沈子曰，定君乎国，然后即位"。由此可知《穀梁传》作者，误以《公羊传》之文，为沈子之言。从这些情形看，《穀梁》可能采用了《公羊传》；但《公羊传》以外，尚采用了他传。若承认《穀梁传》中之"传曰"引有《公羊传》及他传，则其未引"传曰"者，即可证明其实另有传承，自成一家。《后汉书》三十六《陈元传》，集解引"惠栋曰，桓谭《新论》云《左氏》传世，遭战国寝藏。后百余年，鲁穀梁赤作春秋，残略多有遗文"。按桓谭谓《左氏传》"遭战国寝藏"，这是错误的。但谓《穀梁传》作于《左氏传》百余年之后，且

---

① 成公十六年,《经》:"十有六年春王正月,雨木冰。"《穀梁》:"雨而木冰也,志异也。传曰,根枝折。"《公羊》:"雨木冰者何,雨而木冰也。何以书?记异也。"无"根枝折"句。

② 襄公三十年,《经》:"天王杀其弟佞夫。"《穀梁》:"传曰,诸侯且不首恶,况于天子乎……"《公羊》无传。

③ 隐公五年,《经》:"五年春,公观鱼于棠。"《穀梁》:"传曰,常事曰视,非常曰观。礼,尊不亲小事,卑不尸大功。鱼,卑者之事也。公观之,非正也。"《公羊》:"何以书? 讥。何讥尔? 远也。公曷为远而观鱼,登来之也。百金之鱼,公张之……"

有残略，则是可信的。《穀梁传》对君臣之分、华夷之辨、男女之防，较《公羊传》更为严峻。柳宗元说"参之《穀梁》，以厉其气"，[①] 他对《穀梁》，有亲切的感受。董仲舒与江公争论《公羊》、《穀梁》短长，结果，《公羊》得立于学官，而《穀梁》当时见绌，直至宣帝时始得立。但董氏所建立的"天的哲学系统"，我现在才知道，实受有《穀梁》的影响。《公羊》未及阴阳，而《穀梁》则四处提到阴阳。[②] 董氏大言阴阳，虽未必由此而来，但与下面的因素连在一起，可以说在这一点上，董氏更接近于《穀梁》。董氏将天与君连在一起，但《公羊》除"天王"一词外，未有将天与王连在一起的。庄三年，经："五月葬桓王。"《穀梁传》中有谓"故曰母之子也可，天之子也可……其曰王者，民之所归往也"。宣十五年，经："王札子杀召伯、毛伯。"《穀梁传》中有谓"为天下主者，天也。继天者，君也"。这分明是把天与君连在一起，而"王者民之归往也"一语，又为董氏所采用。董氏的三代改制是"王鲁，亲周，故宋"；而"故宋"一词，未出现于《公羊》，却出

---

① 《柳河东集》卷第三十四《与韦中立论师道书》。

② 隐公九年，《经》："庚辰大雨雪"；《穀梁传》："……阴阳错行……"；庄公三年，《经》："葬宋庄公"；《穀梁传》："……孤阴不生，独阳不长……"；庄公二十五年，《经》："六月辛未朔，日有食之"；《穀梁传》："……言充其阳也"；定公元年，《经》："九月大雩"；《穀梁传》："……通乎阴阳……"

现于《穀梁》。桓公二年，经："二年春王正月戊申，宋督弑其君与夷"；《传》："或曰，其不称名，盖为祖讳也。孔子故宋也。"襄公"九年春宋灾"《传》："外灾不志。此其志何也，故宋也。"尤其是董仲舒特别重视"正月"之"正"的意义。如他在对策中说"臣谨按《春秋》之文，求王道之端，得之于正。正次王，王次春。春者天之所为也，正者王之所为也。其意曰，上承天之所为，而下以正其所为，正王道之端云耳"。①《公羊》仅对"王正月"解释为"曷言乎王正月，大一统也"。正月由王所颁，统一于王，所以是"大一统"。隐十一年，经："冬十有一月壬辰公薨"；《公羊传》："隐何以无正月，隐将让乎桓，故不有其正月也"；上面都没有董氏"下以正其所为"的含义。惟隐十一年"公薨"的《穀梁传》，"隐十年无正，隐不自正也。元年有正，所以正隐也"。这里倒可以找出董说的根据。由此可以推断董氏亦曾习《穀梁》。《穀梁》出《春秋》之名者约十六次，引"孔子曰"者约七次，皆以申明《春秋》之义，然概括言之者甚少。惟哀公七年"秋，公伐邾。八月己酉入邾，以邾子益来"。《穀梁传》谓"《春秋》有临天下之言焉，有临一国之言焉，有临一家之言焉"的三句话，对孔子因时因事立言之态度，有概括性的解析的意义。其非直属于《春秋》系统而论及《春秋》者，莫早于孟子。

---

① 《汉书》五十六《董仲舒传》。

（一）世衰道微，邪说暴行有作；臣弑其君者有之，子弑其父者有之。孔子惧，作《春秋》。《春秋》，天子之事也。是故孔子曰，知我者其惟《春秋》乎？罪我者其惟《春秋》乎？……昔者禹抑洪水而天下平，周公兼夷狄、驱猛兽而百姓宁，孔子成《春秋》而乱臣贼子惧。（《滕文公下》）

（二）孟子曰，王者之迹息而诗亡，诗亡然后《春秋》作。晋之《乘》，楚之《梼杌》，鲁之《春秋》，一也。其事则齐桓晋文，其文则史。孔子曰，其义则丘窃取之矣。（《离娄下》）

（一）是孟子在历数尧使禹治洪水，周公相武王诛纣伐奄之后所说的，以见孔子作《春秋》以救世的用心及功效，是与禹及周公相同的。所谓"《春秋》，天子之事"，是说孔子通过《春秋》的褒善贬恶，以代替天子的赏罚。所谓"孔子成《春秋》而乱臣贼子惧"，这证以齐太史及晋董狐与后世屡次发生的"史祸"来说，孟子用一个"惧"字，不算过分。（二）是"王者之迹息而诗亡，诗亡然后《春秋》作"两句话中的"诗亡"，及诗亡与作《春秋》究竟有何关系，有许多异说。这里我应首先指出，清代乾嘉学派中的多数人，中专制之毒，已沦肌浃髓。他们对"《春秋》天子之事也"这一类的文句内容，全不敢作正面的了解，由此所生出的曲说，没有参考的价值。所谓"诗亡"，到底是何意义？郑玄《诗谱序》"故孔子录懿王夷王时诗，讫于陈灵公淫乱之事"。陈灵公在鲁宣公十年为夏徵舒所弑，可知诗所录者直至鲁宣公时代。由此可以了解，从作诗以言诗亡，是不容易讲通的。所以不少注释家，援《汉书·艺文志·六艺略》"故古有采诗之官，王者所以观风俗知得失，自考正也"的话，而以为指的是采诗之官亡。《汉志》的说法，决非出于西汉末期；譬如武帝"采诗夜诵"，即是受此一说法的影响。但我感到在战国中期以前的资料中，还没有发现采诗之官的可靠资料。所以有的引范宁《穀梁传序》"列《黍离》于《国风》，齐王德于邦君，所以明其不能复雅"，以作诗亡的解释。但"不能复雅"，只能说诗中的雅亡，雅亡并不等于诗亡；而范氏这几句话，是说明孔子作《春秋》时对周室的态度，盖即"贬天子"之意，被后人误解了他的本意。我认为诗亡是指在政治上的"诗教"之亡。《国语·周语》邵公谏厉王使卫巫监谤谓"是障之也。防民之口，甚于防川……是故为川者决之使导，为民者宣之使言。故天子听政，使公卿至于列士献诗，瞽献曲，史献书，师箴，瞍赋，矇诵，百工谏，庶人传语，近臣尽规，亲戚补察，瞽史教诲，耆艾修之，而后王斟酌焉，是以事行而不悖"。在这段话里，不仅"使公卿至于列士献诗"的一句分量最重，并且此外的"曲"、"箴"、"赋"、"诵"，都与诗有关。由此可知诗在对王者的教育上有其重大意义。《诗大序》说"上以风化下，下以风刺上，主文而谲谏，言之者无罪，闻之者足以戒，故曰风"，又说"国史明乎得失之迹，伤人伦之废，哀刑政之苛，吟咏性情，以风其上，达于事变，而怀其旧俗者也"。此与邵公的话，可以互相参证。因为诗在当时是反映政治社会的舆论与真实，即《王制》所说的"命太师陈诗以观民风"，所以便成为政治上的重大教育工具。此观周公所作诸诗的用意，而更可明了。周室文武的遗风（迹）尚在时，诗还发生政治教育的作用，使王者能知民情而端刑赏。诗教既亡，统治者与被统治者之间，失掉了沟通的桥梁，与风谏的作用，统治者因无所鉴戒而刑赏昏乱，被统治者因无所呼吁而备受荼毒，极其至，乱臣贼子相循，使人类在黑暗中失掉行为的方向；于是孔子作《春秋》，辨别是非，赏罚善恶，以史的审判，标示历史发展的大方向。孔子所说的"其义则丘窃取之矣"的义，指的即是《公羊传》所说的尧舜之道，董仲舒所说的"仁义法"。① 这是他定是非赏罚的大标准。

综上所述，可以断定孔子修《春秋》的动机、目的，不在今日的所谓"史学"，而是发挥古代良史以史的审判代替神的审判的庄严使命。可以说，这是史学以上的使

---

① 《春秋繁露·仁义法》第二十九"春秋之所治，人与我也。所以治人与我者，仁与义也"。

命，所以它是经而不是史。今日可以看到的《春秋》，孟子说得很清楚，"其文则史"，这是鲁史所记的。庄公七年，经："夏四月辛卯夜，恒星不见，夜中星霣如雨"；《公羊传》"不修《春秋》曰，雨星，不及地尺而复。君子修之曰，星霣如雨"。这种字句上的合理修正，当然很有意义，也可能不止此一处；但《春秋》的文字，主要是鲁史之旧，而孔子主要的用心，并不在此，这是没有疑问的。孔子在文字以外，另有"其义"，而"其义"只是口传给他的某些弟子，并未由他亲自笔之于书，也是可以断定的。更由此推之，他的弟子，把他口传的"义"，笔之于书的也决非一人，[①]《穀梁》中的"传曰"，并不与《公羊传》完全相同；而由"其一曰"、"其一传曰"及许多"或曰"的情形推之，则在战国中期后，编定《穀梁传》的人，所见的《春秋传》尚不少。今日所看到的《公羊传》，乃早期整理成书，再由战国中期前后，有人把"子沈子"、"鲁子"、"子公羊子"这些人的话补充进去的。《穀梁》成书更晚，犹夷之辞特多。然则由他们所

---

① 据今日所称的《公羊传》中除有"子公羊子曰"一条外，尚有"子沈子曰"两条，"鲁子曰"三条，"子司马子曰"一条，"子北宫子曰"一条，"子女子曰"一条，"高子曰"一条。而《公羊传》的原文，并非出于上述诸人之手，是可以推定的。《春秋繁露·俞序》第十七更有"故子贡、闵子、公肩子言其（《春秋》）切而为国家资也"。又引有"卫子夏言"，"故世子曰"，故"曾子子石"，"故子池言"。"其一传曰"参阅注五〇（编者注：现为页二八〇注①）。

传之义，到底是否合于孔子的本意？又孔子的本意，是否由"书法"而见？《春秋》的文字，既出于鲁史之旧，则所谓书法，也应分为三部分，一部分是鲁史之旧的书法；另一部分是孔子的书法；再一部分是作传的人由揣测而来的书法。三部分混合在一起，难于辨认；但由此可以得出既不应完全拘守书法，也不应完全否定书法的结论。完全拘守书法，则不论对同一书法，各传的论释不同；且一传之中，亦难免前后自相矛盾。① 但若因此而完全否定书法，则对隐公除元年外无正月，② 桓公除元年外无"王"，③ 又作何解释呢？因为三种书法混在一起，无由辨认，则在今日只好暂时把书法的问题放在一边，仅把握各传由书法所言之义。孔子的书法不可知，则各传由书法所言之义，又如何能判定是出于孔子呢？我以为应由贯通以求其大端大体，由大端大体以与《论语》相

① 庄公二年，《经》："夏，公子庆父帅师伐于徐丘"；《穀梁传》："国而曰伐于徐丘，邾之邑也。其曰伐何也，公子贵矣……病公子所以讥乎公也。其一曰，君在而重之也"。其意见恰恰相反。文十二年，《经》："二月庚子，子叔姬卒"；《穀梁传》："其曰子叔姬，贵也……其一传曰，许嫁以卒之也。"
② 隐公十一年，《经》："冬十有一月壬辰，公薨"；《公羊传》："隐何以无正月，隐将让乎桓，故不有其正月也。"《穀梁传》："隐十年无正，隐不自正也。"两传解释不同，但十年无正，应当是出于孔子的书法。
③ 桓公元年，《经》："元年春王"；《穀梁传》："桓无王。其曰王，何也？谨始也。其曰无王（元年以后，经皆无王字，皆为"春正月"，而不书"春王正月"）何也？桓弟杀兄，臣弑君，天子不能定，诸侯不能救，百姓不能去，以为无王之道，遂可以至焉耳。"

印证。对于枝节性的东西，暂采保留态度。这是我对三传自身作了全面性的考察后，所提出的一种看法。

八、孔子学问的性格及对史学的贡献

孔子把他对人类的要求，不诉之于"概念性"的"空言"，而诉之于历史实践的事实，在人类历史实践事实中去启发人类的理性及人类所应遵循的最根源的"义法"，这便一方面决定了由他所继承的"史"的传统，不让中国文化的发展，走上以思辨为主的西方传统哲学的道路。一方面，把立基于人类历史实践所取得的经验教训，和他由个人的实践发现出生命中的道德主体，两相结合，这便使来自历史实践中的知识，不停留在浅薄无根的经验主义之上；同时又使发自道德主体的智慧，不会成为某种"一超绝待"的精神的光景，或顺着逻辑推演而来的与具体人生社会愈离愈远的思辨哲学。他所成就的，乃是与自己的生命同在，[①] 与万人万世的生活同在 [②] 的中庸之道。以"素隐行怪" [③] 之心来看孔子之道，以乡愿顺世 [④] 之心来看孔子之

---

① 《中庸》"道也者不可须臾离也，可离非道也"，应从这种地方领会。
② 《中庸》"夫妇之愚，可以与知焉"，"夫妇之不肖，可以能行焉"及《易·系辞上》"百姓日用而不知"，皆说的是此种事实。
③ 《中庸》："子曰，素隐行怪，后世有述焉，吾弗为之矣。"
④ 《论语》："子曰，乡愿，德之贼也。"

道，孔道之不明，其原因正难以一二指。

孔子的目的虽然不在后世之所谓史学，但对后世之所谓史学，有了如下的重大贡献。

第一，因为他在史的文字记录上，赋予以人类命运所托的庄严使命，对由文字所记录的事实，自然采取了谨严、客观的态度；并深入到内部去以发现事实所含有的意味。而在记录的文字上，也必然会采取相应的谨严精密的方法；这一点可由孔子崇实崇真、阙疑重证的治学精神，及《公羊》、《穀梁》两传所做文字的训释得到证明。这是史学的最基本的要求。

第二，因他深入于古代史中，发现了因、革、损、益的历史发展的大法则，[①] 因而也向人类提供了把握历史的大纲维，及顺着历史前进的大准则。可惜他的话被注释家注坏了，所以这一点一直没有被人了解，没有引起大家的注意。

第三，因为他的动机、目的，是来自对人类运命的

① 《论语·为政》："子张问十世，可知也？子曰，殷因于夏礼，所损益，可知也。周因于殷礼，所损益，可知也。其或继周者，虽百世，可知也。"由春秋时代言礼的内容来看，孔子此处之所谓礼，是指政治社会的制度及规范而言。前代的礼，仍合于现代需要的，便加以因袭。其不合于现代的，便应损去。其有新要求而为前代所无的，便应增益。这本是对历史发展所提出的最有概括性的法则。乃朱熹《集注》引"马氏曰，所因谓三纲五常，所损益谓文质三统"作解释。殊不知这一套说法，乃在孔子死后数百年才出现的，这是把活句解成死句的显例。

使命感，这一方面使他冒犯着政治的迫害，以探求事实的真相，而不敢有所含糊隐蔽。《春秋》中的"微"，《春秋》中的"讳"，只有在各种专制下的史学家，要以客观求真的动机写"现代的本国史"时，才可以了解、体会得到。孔子告诉他的学生，说那里是"微"，那里是"讳"，即系告诉天下后世，在"微"、"讳"的后面，有不可告人的真实，有不可告人的丑恶。不可告人的丑恶，较之可告人的丑恶，更显示其为丑恶。① 从《春秋》与孔子的时间关系看，孔子所处理的是近代史、现代史。而他的这种由道德而来的大勇气，是写近代史、现代史的人所必不可少的勇气。近代史、现代史，是构成历史的可靠基础。另一方面，主观的价值判断，容易歪曲历史事实。但对人类没有真正关切的心情，也不能进入到历史事实的内层去。"知子莫若父"，主要来自为父者对子有真正关切之情。要摒弃主观而又要有真正的关切，二者之间，似乎是一种矛盾；这种矛盾的克服，要靠来自于他有最高道德责任的感情，这也可以说是"真正史学者的共感"。②

---

① 其中亦有"为贤者讳"、"为亲者讳"的，这一方面是不愿以一事一行之过失而抹煞了"贤者"，损害了"亲者"，但也是不肯因其为贤者亲者而轻轻放过其过失。

② 参阅日译本卡西勒（E. Cassier，一八七四至一九四五年）的《人论》（*Essay on Man*）第十章"历史"页二六九至二七〇，他对兰克（L. Von Ranke，一七九五至一八八六年）史学的解释。

由此可以了解，孔子对人类运命使命感的伟大道德精神，在史学上有克服上述矛盾的重大意义。我们评估一部历史著作的价值，不是仅凭作者治学的方法即能断定的。运用方法的是人，人一定被他的起心动念所左右。标榜纯客观，而对自己的民族国家人民，没有一点真正感情的人，对人类前途，就不会有一点真正的关切。由近数十年的事实，证明了这种人常是只图私利、卖弄资料的反道德的人。谁能相信这种人会保持客观谨严的态度，写出可以信任的历史。所以一个史学者的人格，是他的著作可否信任的第一尺度。

第四，历史是在时间中进行；历史的秩序，是由时间的秩序所规定的。因此，中国古代所出现的"以事系日，以日系月，以月系时，以时系年"，由此以"纪远近，别同异"①的纪年方法，看来简单，实际这是史学的基石。今日所看到由鲁隐公元年到哀公十四年的《春秋》，二百四十二年，再加以左氏所录"旧史之文"二年，②再加左氏所录十一年，共二百五十五年，由史实而得以使时间赖人类生活的内容所充实，由时间而得以使事实有条不紊地呈现；这在世界其他民族古代文化中是无可比拟的。这种记录的方法，是出于鲁史之旧。但经孔子的整理（修）

---

① 杜预《春秋左氏传序》。
② 孔子卒于哀公十六年夏四月己丑，在未卒时，左氏仍录旧史之文以为经。

而更有秩序，且加上"春王正月"以表示天下的统一，同时也表现了时间的统一，这站在史学的立场，已经是非常有意义的了。更重要的是，由孔子的崇高地位，使这段历史的时间与事实的记录，得以保存下来，不至于像周史及各国之史一样，经暴政及世乱而归于泯灭。晋国史臣之记录，虽幸得保存于魏襄王（一谓"安釐王"）之墓中，在晋太康二年偶然发现，然终归残缺不全。由此可知此种记录的保存，是如何的不易。也由此可知因孔子的崇高地位而得到的这种意外收获，站在史学的立场，其价值是无可比拟的。

第五，因孔子修《春秋》而诱导出《左氏传》的成立，在二千四百多年前，我国即出现了这样一部完整的历史宏著，以启开而后史学的兴隆，形成了中国历史文化的支柱。此一功绩，必然与人类命运连结在一起而永垂不朽。

九、《春秋左氏传》若干纠葛的澄清

汉武帝由董仲舒之建议，立五经博士，《春秋》立《公羊》，至宣帝加立《穀梁》后，博士对《左氏传》的全力排摈，乃必然之势。刘歆《移让太常博士书》中有谓"犹欲抱残守缺，挟恐见破之私意，而无从善服义之公心。或怀妒嫉，不考情实，雷同相从，随声是非，抑此三学，以

《尚书》为备,谓《左氏》不传《春秋》,岂不哀哉"。① "抱残守缺",是指拒斥古文《尚书》多出的十六篇及《逸礼》多出的三十九篇而言。"挟恐见破之私意",是指拒斥《春秋左氏传》而言。《公》、《穀》虽有异同,然各可以空言自守。《左氏传》则敷陈事实,"首尾通贯,学者得因是以考其是非",而《公》、《穀》"其事出于闾巷所传说,故多脱漏,甚或鄙俚失真"。② 在左氏所敷陈的事实之前,《公》、《穀》所犯的错误,无遁形之余地。所以博士们提出积极的口号"谓《左氏》不传《春秋》",以逃避由事实所表明的是非同异。消极的办法是"深闭固距而不肯试,猥以不诵绝之"。③ 这完全是无赖的方式。此种无赖的方式,经东汉范升 ④ 之徒,以下迄清代刘逢禄的《左氏春秋考证》,断定《左传》本为《左氏春秋》,与《吕氏春秋》等同一性质,与孔子之《春秋》无关。经刘歆附益改窜后,始称为《左氏春秋传》。甚至说左氏只作《国语》,刘歆取《国语》以为《左氏传》。其出愈后而愈诞愈诬。章太炎著《春秋左传读叙录》,对刘逢禄之说,逐条针锋相对地驳正,虽其中间有辩其可不必辩,或举证稍有问题,但大体上,已足澄清二千年之诬谬。章氏学力之表现,殆无过于此编。章氏

---

① 见《汉书》三十六《刘歆传》。
② 见顾栋高《春秋大事表》,《春秋三传异同表叙》。
③ 俱见刘歆《移让太常博士书》。
④ 见《后汉书·范升传》。

在书中有一段话，可以转用在许多人身上：

> 呜呼，千载运往，游魂已寂。赖此《历谱》，转相
> 证明，[1] 遗文未亡，析符复合。而逢禄守其蓬心，诬污
> 往哲，欲以卷石蔽遮泰山。逢禄复死，今欲起兹朽骸，
> 往反征诘，又不可得。后之君子，庶其无盲。

由章氏已经澄清的许多谬说，此处不复涉及。至康有为的
《新学伪经考》，其诞妄实不足置辩。且钱穆氏的《刘向、
刘歆父子年谱》，亦已辩之有余。下面只提到章氏所未涉
及，或涉及而未及详论的若干问题。《春秋左氏传》成立
的情形，及其直接发生的影响，在《史记·十二诸侯年表》
序，有明确的叙述。

> 是以孔子明王道，干七十余君，莫能用。故西观周
> 室，论史记旧闻，兴于鲁而次《春秋》。上记隐，下至
> 哀之获麟，约其辞文，去其烦重，以制义法，王道备，
> 人事浃。七十子之徒，口授其传指，为有所刺讥襃讳挹
> 损之文辞，不可以书见也。鲁君子左丘明惧弟子人人异
> 端，各安其意，失其真，故因孔子史记，具论其语，成

---

[1] 刘逢禄以汉相张苍之《历谱》五德，"或拊撴及《左氏春秋》，不曰传《左
氏春秋》"。章氏则证明 "《历谱》五德，专释《左氏》，故《表》(《十二
诸侯年表》) 亦特详《左氏》事"。

《左氏春秋》。铎椒为楚威王傅，为王不能尽观《春秋》，采取成败，卒四十章，为《铎氏微》。赵孝成王时，其相虞卿，上采《春秋》，下观近世，亦著八篇，为《虞氏春秋》。吕不韦者，秦庄襄王相，亦上观上古，删拾《春秋》，集六国时事，以为八览、六论、十二纪，为《吕氏春秋》。及如荀卿、孟子、公孙固、韩非之徒，各往往捃摭《春秋》之文以著书，不可胜纪。汉相张苍，《历谱》五德；上大夫董仲舒推《春秋》义，颇著文焉。

太史公曰：儒者断其义；驰说者骋其辞，不务综其终始；历者取其年月；数家隆于神运；谱牒独记世谥，其辞略；欲一观诸要难。于是谱十二诸侯，自共和迄孔子，表见《春秋》、《国语》学者所讥盛衰大指，著于篇，为成学治古文者要删焉。

以下略加解释。凡对《史记》下过一番工夫的人，应可以承认，史公所述史实，如有错误，乃来自他所根据的材料自身的错误，或编写时的偶然疏忽；断不会出之以随意编造的手段。所以他特别强调"疑则传疑"①的态度。他由董仲舒承受《公羊春秋》，但未曾言及《公羊传》成立的情形，因为没有这种材料。上文他说左丘明"因孔子史记，具论其语，成《左氏春秋》"的话，必有确凿的根据。他

---

① 《史记·三代世表》序谓孔子"故疑则传疑，盖其慎也"。

说"鲁君子左丘明"，没有说左丘明是孔子的学生。班固在《汉书·艺文志》"《左氏传》三十卷"下注"左丘明鲁太史"，这是史公以后所出现的一种推测，但这是一种很合理的推测；因为若不是鲁太史，如何能利用得上这样多的材料，并且于《春秋》经所未书者，能知其本为鲁史所有，仅因某种原因而为孔子所不书，这不是一般人所能做到的。但史公则连此种推测也不曾加上去。至"左氏春秋"之与"春秋左氏传"的称名不同，亦犹《史记·儒林列传》及《汉书·儒林传》称"公羊春秋"、"穀梁春秋"，而《汉书·艺文志》则称"公羊传"、"穀梁传"的情形，完全是一样的。刘逢禄们却在此等地方来证明左氏不传《春秋》，真不知从何说起。史公在此处既明言"左丘明"，又言"左氏"，则左氏之为左丘明，更何能有异说；而后人亦于此逞其胸臆，试问，在古代文献中，何处可以发现明确之反证，其分量足以另立一说？简朝亮谓《史记·自序》云，左丘失明，厥有《国语》；盖左丘，氏也。其称左氏，省文也……或称丘明，亦省文也，犹称马迁者，不称司马也……《唐书》称啖助说，以为作《春秋传》者非《论语》之左丘明，《论语》所引者，若古之人老彭也，《集注》从焉，失之矣。左氏长年，其传书孔子卒后事者及知伯焉，亦如子夏逮魏文侯时尔"。①《论语》中孔子称引及其学生，

<hr>

① 见简氏《论语集注补正述疏》"左丘明耻之，丘亦耻之"的述疏。

如"子谓子贱，君子哉若人，尚德哉若人"，而啖助竟以称引老彭为一般之例，以为凡被孔子所称引者，必为古人或先辈，可谓知二五而不知一十。章太炎谓"若夫《左氏》书鲁悼公者，八十之年，未为大耋，何知不亲见夫子"。[①]简、章两氏之言，可互相发明。

汉人常称传为经，如《易传》有时即称为《易》；此种情形，可推及于战国中期前后。所以《史记》中所用之"春秋"一词，有的指经文而言，有的指《公羊传》而言，有的指《左氏传》而言，全视其所引之内容而定。前引《十二诸侯年表》序中"七十子之徒，口授其传指"，这是指《公羊》、《穀梁》诸传而言。但值得注意的是：孔子作《春秋》时，对不便见之文字的旨意，司马迁认为是"七十子之徒"，都曾与闻的；这与《公羊》、《穀梁》的内容，及董仲舒所称述者完全符合，彻底否定了两传的一线单传的虚构历史。序中"上大夫董仲舒推《春秋》义"的《春秋》，指的是《公羊传》；"儒者断其义"，也指的是《公羊传》、《穀梁传》。此外所言的《春秋》，如铎椒的"为王不能尽观《春秋》"，虞卿的"上采《春秋》"，吕不韦的"删拾《春秋》"，荀卿、韩非之徒的"往往捃摭《春秋》之文以著书"，及他自己"表见《春秋》、《国语》，学者所讥盛衰大指著于篇"中的《春秋》，皆指的是《左氏传》。自铎

① 见章氏《春秋左传读叙录》。《章氏丛书》本页二〇。

椒以迄韩非，只采用《左氏传》中的若干故事，以为自己立说的张本，此即所谓"驰说者骋其辞，不务综其终始"。《六国年表》序"余于是因《秦记》踵《春秋》之后，起周元王，表六国时事，讫二世，凡二百七十年……"这里所说的《春秋》，正指的是《左氏传》；因为他是以《六国年表》，紧承于《左氏传》鲁哀二十七年之后。《吴太伯世家》赞"太史公曰……余读《春秋》古文，乃知中国之虞，与荆蛮勾吴兄弟也"；按此指《左传·僖公五年》宫之奇谓"太伯虞仲，太王之昭也"而言。则此处的"《春秋》古文"，亦必指《左氏传》而言。《历书》"周宣王二十六年闰三月，而《春秋》非之"下面，由"先王之正时也"到"事则不悖"一段话，全出于《左传·文王元年》"于是闰三月，非礼也"下面的一段话。而经文对闰三月并无记载。则此处之所谓"《春秋》"，也当然指的是"《左氏传》"。《宋微子世家》"八月庚辰，穆公卒，兄宣公子与夷立，是为殇公。君子闻之曰，宋宣公可谓知人矣"。正引的是隐公三年《左氏传》的"君子曰，宋宣公可谓知人矣"。乃康有为们，竟谓"君子曰"等，皆刘歆所伪造。西汉人引《公羊》、《穀梁》，固称为《春秋》，汉初的《新语》、《韩诗外传》、《新书》等，皆广引《左氏传》，有的亦称为《春秋》。其大量引《左氏传》而不称《春秋》者，经我的考查，仅有刘向的《新序》、《说苑》。《汉书·刘歆传》谓："歆以为左丘明好恶与圣人同，亲见夫子。而公

300　｜　两汉思想史（三）

羊、穀梁，在七十子后。传闻之与亲见之，其详略不同。歆数以难向，向不能非间也。"歆之所以"数以难向"，正因向明习《左氏》，而不以其为传《春秋》。刘向之见，系受当时博士的影响。

　　称《左氏传》为《春秋》，今日可以考见的，当始于韩非。韩非著书，征引所及者，遍及《诗》、《书》及诸子百家的言论与杂记，也特受了孔子作《春秋》的影响。《内储说上》："鲁哀公问于仲尼曰：'《春秋》之记曰，冬十二月霣霜不杀菽（当作草），何为记此？'仲尼对曰：'此言可以杀而不杀也。'"僖公三十三年"陨霜不杀草，李梅实"。《左氏》无传；《公羊传》"何以书，记异也。何异尔，不时也"；这是释"李梅实"的。惟《穀梁传》对"陨霜不杀草"的解释是"未可杀而杀，举重也。可杀而不杀，举轻也"。其意谓陨霜则可以杀；可以杀而不杀，故举草（轻）以言其不当，此与韩非引孔子之言相合。又《外储说左上》"宋襄与楚人战于涿谷上"，其内容实系僖公二十二年宋楚泓之战；末谓"公伤股，三日而死"；按《左氏》及《公羊》，皆没有把宋襄公之死与泓之战直接连记在一起，仅《穀梁》则连在一起；惟《穀梁》谓"七月而死"，与事实相符；韩非谓"三日而死"，或系韩一时误记，或系后人传抄的错误。我怀疑此条韩非系兼取自《左氏》、《穀梁》两传。又《说疑》引"故《周记》曰，无尊妾而卑妻，无孽适子而尊小枝。无尊嬖臣而匹上卿，无尊大臣以拟其主也"数语，与《穀梁·僖公九年》传"葵丘之会……明天子之禁曰，毋雍（壅）泉，无讫籴，勿易树子，勿以妾为妻，毋使妇人与国政"数语相似，疑系同一来源；或竟出自《穀梁》。《穀梁传》对一事之不同解释，常用"一曰"、"或曰"，以并存其义，《韩非子》中亦常用此体；我怀疑韩非曾受有《穀梁传》的影响。而《外储说右上》"子夏曰，《春秋》之记曰，臣杀君，子杀父者以十数矣，皆非一日之积也，有渐而以至矣"；此可信为子夏阐述《春秋》之言。以上皆可证明韩非受《春秋》之影响，而所受影响最大者为《左氏传》。

我将《韩非子》全书引自《左氏传》或出自《左氏传》者约略统计一下，有二十三条之多；[①] 而最值得注意的是：《奸劫弑臣》篇楚王子围"以其冠缨绞王而杀之"一条，引自《左传·昭公元年》传。崔杼弑齐君一条，引自《左传·襄公二十五年》传，毫无可疑之处。韩非对此两条先作总挈的叙述说"故《春秋》记之曰"，这是韩非称《左氏传》为《春秋》的铁证。这也可见史公在《史记》中称《左氏传》为《春秋》，其来有自。而《十二诸侯年表》序中"表见《春秋》、《国语》"的"春秋"指的是《左

---

① 计《十过》四条，《说难》一条，《奸劫弑臣》两条，《喻老》一条，《内储说上》两条，《内储说下》五条，《外储说左上》两条，《外储说右上》一条，《难一》、《难三》各一条，《难四》则有三条。其中有一两条颇有异同，此亦古人引书常事。其详请参阅陈奇猷著《韩非子集释》。

氏传》，证以《年表》的内容，主要取自《左氏传》及《国语》，更有何可疑？其所以兼及《国语》，不仅他认为《国语》系左丘明晚年所著；且系他以"共和行政"，乃周室由盛而衰的大转捩点，所以他的《年表》是自"共和迄孔子"。隐公元年以前，上至共和的材料，为孔子所未记，即为《左氏传》所无，他不能不取《国语》以补《左氏传》之所缺。《韩非子》中，亦引有不少《国语》的材料，但决找不出称《国语》为《春秋》的痕迹。还有《难四》的"郑伯将以高渠弥为卿"条，系引自《左传·桓公十七年》传。其"君子曰，昭公知所恶矣"，即《左氏传》的"君子谓昭公知所恶矣"；由此可以证明《左氏传》中的"君子曰"，为原书所固有，以见康有为认为这是由刘歆所附益进去的说法，是如何的诞妄。

还有若干异说，不似今文家的诞妄，而系来自不以自己的历史意识的自觉，去面对《左氏》这一伟大的历史记载。首先是范宁《春秋穀梁传序》[①]谓"左氏艳而富，其失也巫"。汪中谓"左氏所书，不专人事。其别有五，曰天道，曰鬼神，曰灾祥，曰卜筮，曰梦。其失也巫，其斯之谓欤"，[②]于是汪中援引《左氏传》中的记载，从而释之曰

① 范宁之《穀梁传集解》，远胜于何休之注《公羊》。范宁通达明畅，不为曲说所拘。何休则引谶纬及董氏之说，以乱《公羊》之真，实《公羊》之罪人。此意特于此表明，以俟好学深思之士。
② 见汪中《述学·内篇》二《左氏春秋释疑》。

"左氏之言天道，未尝废人事也"，"左氏之言鬼神，未尝废人事也"，"左氏之言灾祥，未尝废人事"，"左氏之言卜筮，未尝废人事也"，"左氏之言梦，未尝废人事也"。范宁及汪中，似乎皆以为《左氏传》中的言巫，言人事，皆出于左氏一人之撰述；而忘记春秋二四二年之间，正是原始宗教与人文精神，互相交错乃至交替的时代；左氏只是把此一段历史中交错交替的现象，随其在历史上所发生的影响，而判别其轻重，如实地纪录下来；言巫，乃历史人物之言巫；言人事，乃历史人物之言人事，与左氏个人的是非好恶，毫不相干，何缘作此批评，亦何劳作此争辩。

又有以《左氏传》所载预言之不验者，作推定左氏著书年代的根据。[1] 顾亭林谓："昔人所言兴亡祸福之故，不必尽验。左氏但记其信而有征者尔，而亦不尽信也。三良殉死，君子是以知秦之不复东征；至于孝公而天子致伯，诸侯毕贺，其后始皇遂并天下。季札闻齐风以为国未可量，乃不久而篡于陈氏。闻郑风以为其先亡乎，而郑至三家分晋之后始灭于韩。浑罕言姬在列诸侯者，蔡及曹滕其先亡乎，而滕灭于宋王偃，在诸姬为最后。僖公三十一年，狄围卫，卫迁于帝丘，卜曰三百年，而卫至秦二世元年始废，历四百二十一年。是左氏所记之言，亦不尽信也。"[2]

---

[1] 如卫聚贤著《〈左传〉的研究》。
[2] 《日知录》卷四"左氏不必尽信"条。

再加以《左传·宣公三年》王孙满谓"成王定鼎于郏鄏，卜世三十，卜年七百，天所命也"；而周至赧王末年，"合得八百六十七年"。以此反驳刘歆伪造左氏之说，固极为有力。[①] 若谓凡言之不验者，为著者所未及见，则其意谓已验者，即作者所附益，此则断无是理。刘知几谓："寻诸左氏载诸大夫词令，行人应答，其文典而美，其语博而奥；述往古则委曲如存；征近代则循环可复。必料其功厚薄，指意深浅，谅非经营草创，出自一时；琢磨润色，独成一手。斯盖当时国史，已有成文，丘明但编而次之，配经称传而行也。"[②] 斯为能得其实。

十、左氏"以史传经"的重大意义与成就

过去对《左氏传》价值的争论，多集中在它是否系传孔子所作的《春秋》这一点上。此在今日，没有争论的余地。左氏之传《春秋》，可分为四种形式。第一种是以补《春秋》者传《春秋》。如隐公元年传："夏四月，费伯帅师城郎。不书，非公命也"；"秋八月，纪人伐夷，夷不告，故不书。有蜚不为灾，亦不书"；"冬十月庚申，改葬惠公，公弗临，故不书……卫公来会葬，不见公，亦不书"；

---

① 见日狩野直喜博士《君山文》卷一《左氏辨》。
② 刘著《史通》卷十四《申左》。

"郑人以王师虢师伐卫南鄙，请师于邾，邾子使私于公子豫，豫请往，公弗许，遂行。及邾人、郑人盟于翼。不书，非公命也"；"新作南门，不书，亦非公命也"。鲁《春秋》有，而孔子所修之《春秋》没有，左氏采鲁《春秋》以补其缺，盖对孔子所以不采用之故，加以解释。第二种是以书法的解释传《春秋》。如隐公元年十二月"众父卒，公不与小敛，故不书日"。三年经"夏四月辛卯，君氏卒"。传"夏君氏卒，声子也。不赴于诸侯，不反哭于寝，不祔于姑，故不曰薨。不称夫人，故不言葬，不书姓。为公故，曰君氏"。这所释的书法，到底是鲁史相传之旧呢？还是仅指孔子所修的《春秋》呢？我以为是指孔子所因的鲁史之旧。不过对这种旧的书法所含的意义，孔子或左氏有所发明。第三种，是以简捷的判断传《春秋》。隐公元年经"秋七月，天王使宰咺来归惠公仲子之赗"。传"豫凶事，非礼也"。这或者是秉承孔子之意，以为非礼。或系左氏根据他所引的礼的准绳而认为非礼。第四，是以"君子曰"的形式，发表自己的意见。这也是传《春秋》的一种方式。此在《左氏传》中，占重要的地位。[1] 有时也特引孔子的话。上面四种"传《春秋》"的形式，除第一种为《公》、《榖》所无外，余皆为三传所通有。惟左氏论

---

① 《公羊传》的"君子"，是指孔子。《左氏传》的"君子曰"的"君子"，是左氏自称。

"书法"，很少采用一字褒贬之说。说孔子以一字表现褒贬，这是《公》、《穀》最大的特色。左氏所用的四种传经的形式，与《公》、《穀》所用的形式，皆可概称之为"以义传经"。而左氏在四种以义传经之外，更重要的则是"以史传经"。以义传经，是代历史讲话，或者说是孔子代历史讲话。以史传经，则是让历史自己讲话，并把孔子在历史中所抽出的经验教训，还原到具体的历史中，让人知道孔子所讲的根据。例如鲁僖公二十二年经"冬十有一月己巳，宋公及楚人战于泓，宋师败绩"。《公羊》对宋公恭维得"虽文王之战亦不过也"，《穀梁》则骂宋公为"何以为人"。这两个极端，到底谁合于历史真实，谁合于孔子本意？恐怕很难断定。而《左氏传》则只记录"子鱼曰，君未知战"的一段话，使读者可以感到宋公既不是如《公羊》所说的那样好，也不是如《穀梁》所说的那样坏；而是一个志大才疏，有点呆头呆脑的人物。此之谓让历史自己讲话，把都以为是出于孔子的两种极端意见，还原到历史自身中去，使宋襄公保持他的历史本来面目。若用现代语言来诠表，由《公羊》、《穀梁》所代表的，可以成为一种历史哲学，而左氏所兼用的以史传经的方法，则除了含有历史哲学的意味外，更重要的成就，是集古代千百年各国史学之大成的史学。例如一开始的隐公"元年春王正月"，《公羊传》"王者孰谓，谓文王也。曷为先言王而后言正月，王正月也。何言乎王正月，大一统也"。《穀梁传》则谓"虽无事，必举正月，谨始也"。这是将史实加以理论化。《左氏传》则仅加一"周"字，成为"元年春王周正月"，以表明此正月乃"周"所颁之正月。不言大一统的理论，而春秋是以周的正朔，统一之二百四十二年的时间，由此一"周"字而可见。所用的是周正月，这是历史事实，此之谓以史传经。又对隐公不言即位一事，《公羊传》谓："公何以不言即位，成公意也。何成乎公之意，公将平国而反之桓。曷为反之桓，桓幼而贵，隐长而卑。其为尊卑也微，国人莫知。隐长又贤，诸大夫扳隐而立之，隐于是焉而辞立，则未知桓之将必得立也？且如桓立，则恐大夫之不能相幼君也。故凡隐之立，为桓立也。隐长又贤，何以不宜立？立适以长不以贤，立子以贵不以长。桓何以贵，母贵也。母贵则子何以贵，子以母贵，母以子贵。"综《公羊传》之意，对隐之"将平国而反之桓"，是合于当时宗法制度的。《穀梁传》对此谓："何以不言即位，成公志也。焉成之？言君之不取为公也。君之不取为公，何也？将以恶桓也。其恶桓何也？隐将让而桓弑之，则桓恶矣。桓弑而隐让，则隐善矣。善则其不正焉何也？《春秋》贵义而不贵惠，信道而不信邪。孝子扬父之美，不扬父之恶。先君之欲与桓，非正也，邪也。虽然，既胜其邪心以与隐矣，己探先君之邪志而遂以与桓，则是成父之恶也。兄弟，天伦也。为子，受之父；为诸侯，受之君。己废天伦而忘君父，以行小惠，曰小道也。若隐者，可谓轻千乘之国，蹈道则未也。"《公羊》、《穀梁》对隐公的评价不同，显系因为站在两种不同的基础。《公羊传》是站在宗法制度的基础，以为桓公应当立，所以隐公当先立而后让。后起的《穀梁传》已忘记了当时的宗法制度，而只认为想立桓，乃出于"先君之邪志"。《公羊传》写了一四七字，写出了宗法制度的原则，但桓公何以随母而贵，真相仍然不明。《穀梁传》写了二一二字，提出了春秋贵义不贵惠的原则，但何以知道隐公的先君"既胜其邪心以与隐矣"，终古也猜想不透。并且孔子对此事的真正看法，谁能由此两传而得出正确的结论？《左氏传》对此，则仅写上"不言即位，摄也"六个字，这六个字是史实而不是理论。但在经文的前面，写了"惠公元妃孟子。孟子卒，继室以声子，生隐公。宋武公生仲子；仲子生而有文在其手，曰为鲁夫人，故仲子归于我，生桓公而惠公薨，是以隐公立而奉之"的五十八字，由此而隐之为摄，经之所以不言即位，使人得到明白的了解。此之谓以史传经。杜预《春秋左氏传序》[①]谓"左丘明受经于仲尼，以为经者不刊之书也。故传或先经以始事，或后经以终义，或依经以辩理，或错经以合异，随义而发"；其中除"经以终义"，指的是以义传经外，其

---

① 顾栋高在《春秋三传异同表叙》中谓《左氏传》注，以"杜最精密"，此乃平实之论。惜其犹不免存有与二传争胜之心，特强调凡例，反为其所拘滞。而日人竹添光鸿本杜注以作《会笺》，在版本及内容上之贡献亦甚大。我所用的即《汉文大系》之《会笺》本。

余皆说的是以史传经的情形。不仅以史传经，为《公》、《穀》所无，^①并且立足于史所得的判断，与立足于一字褒贬的经所得的判断，也常显出两种不同的性格。例如隐公元年经"夏五月，郑伯克段于鄢"，《公羊传》"克之者何，杀之也。杀之则曷为谓之克，大郑伯之恶也。曷为大郑伯之恶？母欲立，己杀之，如勿与而已矣。段者何？郑伯之弟也。何以不称弟，当国也。其地何？当国也"。《穀梁传》"克者何？能也。何能也？能杀也。何以不言杀？见段之有徒众也。段，郑伯弟也。何以知其为弟也？杀世子母弟目君。以其目君，知其为弟也。段弟也，而弗谓弟；公子也，而弗谓公子，贬之也。段失子弟之道矣。贱段而甚郑伯也。何甚乎郑伯？甚郑伯之处心积虑，成于杀也。于鄢，远也。犹曰取之其母之怀中而杀之云尔，甚之也。然则为郑伯者宜奈何？缓追逸贼，亲亲之道也"。《左氏传》则在对此事之经过，作完整而委曲的叙述后，"书曰，郑伯克段于鄢。段不弟，故不言弟。如二君，故曰克。称郑伯，讥失教也。谓之郑志。不言出奔，难之也"。证以隐公十一年《左氏传》的"庄公曰，寡人有弟，不能和协，使糊其口于四方"，则段之未被杀甚明。这不仅使《公》、《穀》两传对"克"的解释，皆失掉了根据；而在左氏心目中，郑庄公的罪恶，也不如《公》、《穀》两传诛责之甚。

---

① 《公》、《穀》中所叙史实，都是片断的，很少能达到传经的目的。

按诸事实经过的曲折，左氏责庄的失教及郑志，较合于情理之常。通括言之，左氏对人的罪责，多较《公》、《穀》为宽。盖《公》、《穀》只是顺着一种理念推断下去，而左氏则把历史事实放在第一位；历史决不是由某种理念演绎出来的，而是各种因素，在掺互错综中，有许多曲折的。只要承认了许多的曲折，便不容根据某种理念，下一往直前的评断，其评断自然归于平实。董仲舒具有一种伟大人格。但因他的"天的哲学"的理念，远超过了他的历史意识；而《公羊传》自身，亦缺少"历史的意味"，遂使他凭《公羊》以逞臆说，扰乱了学术中所必不可少的求知的规律，纬书由他开其端，而清代反知识的今文学，都是言义而离开历史的必然归结。《穀梁传》则始终停顿在夹杂琐碎的状态中，没有发挥出真正的影响力。以史传经，使读者对经文脱摸索之苦，免臆造之厄。其所表现之价值观念，乃反映出生活在具体历史中的价值观念；少突出的精彩，亦无诞妄的灾祸。仅以"传经"而言，三传或亦可谓得失互见；但《公羊》、《穀梁》两传之得失，必待《左氏传》而明。汉人谓为"不传《春秋》"，固然是诬妄的；将其与《公羊》、《穀梁》两传之传经，视为一类，而与之争先后是非，也是不正确的。因为左氏主要是采用了以史传经的方法，因而发展出今日可以看到的一部伟大的史学著作——《左氏传》，其意义实远在传经之上。传经是阐述孔子一人之言；而著史则是阐发了二四二年的我们民族的集体生命，以构成我们整体文化中的一段生动而具体的形象，这是出自传经，而决非传经所能概括的意义。

十一、从史学观点评估《左氏传》

春秋时代，是各方面都在发生变迁的时代；是封建政治在承转期中，以贵族为中心的文化，由宗教转向人文，新旧交错的时代。又因贵族的没落，在贵族手上的文化，开始下逮于一般社会平民的时代。《左氏传》的最大成就，是在孔子所修《春秋》的提挈之下，把这个时代的各方面的变迁、成就，矛盾、冲突，都以让历史自己讲话的方式，系统地、完整地、曲折地、趣味地表达出来，使生在今日的人，对由西纪前七二二年（鲁隐公元年）到西纪前四八一年（鲁哀公十四年）的这一段古代史，还可以清楚而生动地把握得清清楚楚。这种史学上的成就，可以说是世界性的空前的成就，比传经的问题远为重要。

吕祖谦《左氏传说》，首言"看《左氏》规模"；有谓"看《左传》，须看一代之所以升降，一国之所以盛衰，一君之所以治乱，一人之所以变迁"。接着举出具体的若干例证。吕氏只说"须看"，实则因《左氏传》中写透了一代、一国、一君、一人的变迁，才可如此去看。吕氏对郑伯克段于鄢一事的见解，十分陈腐，但谓"左氏铺叙好处，以十分笔力，写十分人情"，这话可用到《左氏》全书中去，不仅克段于鄢一事是如此。吕氏又说："军制如郑败燕，以三军军其前，潜军军其后（鲁隐公五年），若此之类，人孰不知其为兵制。至于不说兵制，因而见之者，须当看也。如诸侯败郑徒兵（隐公四年），此虽等闲句，而三代兵制大沿革处，可见于此。盖徒兵自此立，而车战自此浸弛也。财赋之显然者，人孰不知其为财赋。至于不说财赋，因而说之者，须当看也。如臧僖伯之谏观鱼（亦鲁隐公五年），此固非论财赋；然所谓鱼鳖鸟兽之肉，不登于俎，皮革齿牙骨角毛羽，不登于器之类，此亦见当时惟正之供；其经常之大者虽归之公上，而其小者常在民间，此所以取之无穷，用之不尽也。"按吕氏的话，应当了解为，《左氏传》实包罗了当时各方面的情形，可以作多方面发掘。顾栋高《春秋大事表》，共列表五十，更附有《春秋舆图》，此为了解当时形势的最方便扼要之书。顾氏虽意在推重孔子之作《春秋》，而实则所以发明左氏。因除《春秋朔闰表》，及《春秋长历拾遗》，与《春秋三传异同》四表，及《春秋阙文表》、《春秋杜注正讹表》外，其余皆可谓出于左氏。没有左氏，顾氏之书，便不能成立。在地理方面，有《列国疆域》、《列国地理犬牙相错》、《列国都邑》、《列国山川》、《列国险要》等表。在政治结构方面，有《列国爵姓及存灭》、《列国姓氏》、《卿大夫世系》等表。在制度方面，有《列国官制》、《刑赏田赋军旅吉凶宾军嘉礼》、《晋中军》、《楚令尹》、《宋执政》、《郑执政》等表。

在政治变迁方面，有《王迹拾遗》、《鲁政下逮》等表。及《齐纪郑许宋曹吞灭表》、《乱贼表》。在国际活动方面，有齐楚、宋楚、晋楚、吴晋、齐晋等《争盟表》。在军事方面，有秦晋、晋楚、吴楚、吴越、齐鲁、鲁邾莒、宋郑等《交兵表》及《兵谋表》。另有《城筑表》，有《四裔表》，有《天文表》、《五行表》。《左传引据诗书易三经表》，《人物表》，终之以《列女表》。由顾氏所列的各表，正可反映出左氏所写的历史面貌的完整性。当然有为顾氏认识所不及的，如里面所包含的平民生活、活动的情形，便为他所遗漏。同时，又有为表的体裁所限制而不能不遗漏的，如二百四十二年间，许多贤士大夫的多彩多姿的言论。这一点，《汉书》多录贤臣奏议，差可与它相比拟；但《汉书》所录者是简牍上写出的文字，而《左氏》所录者绝对多数是当时口头上说出的语言，所以比《汉书》所录的远为生动。而这些语言的内容、风格，不仅与战国时的游士，截然不同；即在春秋的早、中、晚三期中——假定可以划为三期的话，也互相异致；这说明了《左氏》所录的语言，能忠实地反映了说这种语言的人的时代。因为当时史官及若干贤士大夫的博学多闻，常援引历史的线索、故训，以解释他们面对的问题，于是又得到了另一意外的收获，即是对春秋以前茫昧的古史，投入了一道曙光，可以成为后人言古代史的基点。但这一方面，至今还被利用得不够。

然则《左氏传》何以能收到这样的效果，首先当然是受到孔子的求真精神及道德精神的启发，及经孔子所整理出的纲领——《春秋》经的导引。年月日的次序，实际即是历史的秩序。《国语》亦出于左氏，但《国语》缺少了由年月日而来的明显的历史的秩序。其次，当文化因转型期而得到一种新热情、新生命的时候，也常是把它推向最高发展的时候。推论左氏的生平，正当贵族政治加速崩溃，在贵族手上的文化正开始下逮于平民，使其得到新的广大活动的基础，并因而重新赋予以新生命的转型期的时代，作为此时代最高标志的当然是孔子；而左丘明则在此一新时代中，总结了数百年的各国史官的智慧、教养以及他们的业绩，乃能造成此种伟大的结晶。

由《左氏传》中的"君子曰"，我们可以很清楚地了解左氏个人的学养及他在文学上的高度表现能力。兹姑就鲁隐公时代引若干例证如下：

一、隐公元年，郑庄公因颍谷封人颍考叔之言，而与其置于城颍的母姜氏，"遂为母子如初"。"君子曰，颍考叔，纯孝也。爱其母，施及庄公。《诗》曰，孝子不匮，永锡尔类。其是之谓乎"。

二、隐公三年，《左氏传》补述周郑由交质以至"周郑交恶"一事后，"君子曰，信不由中，质无益也。明恕而行，要之以礼，虽无有质，谁能间之？苟有明信，涧溪沼沚之毛，蘋蘩蕴藻之菜，筐筥锜釜之器，潢污行潦之水，可荐于鬼神，可羞于王公。而况君子结二国之信，行之以礼，又焉用质。《风》有《采蘩》、《采蘋》，《雅》有《行苇》、《泂酌》，昭忠信也。"

三、隐公三年，"八月庚辰，宋穆公卒，殇公即位"；"君子曰，宋宣公可谓知人矣。立穆公，其子饗之，命以义夫。《商颂》曰，殷受命咸宜，百禄是荷，其是之谓乎"。

四、隐公六年，郑因过去曾请成于陈，为陈桓公所拒，遂于此年"五月庚申，郑伯侵陈，大获"。"君子曰，善不可失，恶不可长，其陈桓公之谓乎。长恶不悛，从自及也。虽欲救之，其将能乎。《商书》曰，恶之易也，如火之燎于原，不可向迩。其犹可扑灭乎？周任有言（马融《论语注》：周任，古之良史）曰，为国家者，见恶如农夫之务去草焉，芟夷蕴（积）崇（聚）之，绝其本根，勿使能殖，则善者信矣。"

五、隐公十一年郑师入许，郑庄公"使许大夫百里奉许叔以居许东偏"，留待许之复国。"君子谓郑庄公于是乎有礼。礼，经国家，定社稷，序民人，利后嗣者也。许无刑（法）而伐之，服而舍之，度德而处之，量力而行之。相时而动，无累后人。"

我们无法了解左丘明的平生。但由上引五例：第一，可以了解他对当时由《诗》、《书》、《礼》等所代表的文化渐渍之深，运用之熟，所以他在精神上，可以把握他所面对的这段历史，作完整而有深度的处理。第二，他的文字，平易条畅，与宋代以后的散文，相去不远。范宁说是"艳"，韩愈说是"浮夸"，[①] 这是很难令人索解的。他的这种文体，因无所拘滞，所以特别富于表现力。刘知几说"左氏之叙事也，述行师，则簿领盈视，哤聒沸腾。论备火，则区分在目，修饰峻整。言胜捷，则收获都尽；记奔败，则披靡横前；申盟誓，则慷慨有余；称谲诈，则欺诬可见；谈恩惠，则煦如春日；纪严切，则凛若秋霜；叙兴邦，则滋味无量；陈亡国，则凄凉可悯。或腴辞润简牍，或美句入咏歌。跌宕而不群，纵横而自得。若斯才者，殆将工侔造化，思涉鬼神。著述罕闻，古今卓绝"。[②] 刘氏可谓知言。

左丘明因为具备有上面两个基本条件，所以他便有能力将他所把握到的这段历史，完整地表现出来。其最大的成就，我仅举出三点。第一点在于他以行为的因果关系，代替了宗教的预言，由此而使历史从一堆杂乱的材料中，显出它是由有理性的人类生活所遗留下来的大秩序、大方向，可由继起的人类顺着此大秩序、大方向，作继续无穷的演进，并由此而更有力地表达了褒善贬恶的意义。由非当事人用语言来褒善贬恶，即使是出自孔子，其所给予人

---

① 《昌黎先生集》第十二卷《进学解》"《左氏》浮夸"。

② 刘著《史通》卷十六《杂说上·左氏传》。

类的教训，终不及由行为自身的因果关系以证明善与恶在历史中所得的审判，更为深刻有力。第二点，他把构成一个行为之果的许多因素，综合条理起来，使人了解行为的因果关系，不可以由简单化而陷于偏枯的、抽象的、拘滞的某种形态的观念公式，以至脱离了具体的人类生活的实态。第三点，人类生活，在由行为因果关系所表现的意义以外，还有一种可以说是趣味性的，或者可以说是艺术性的生活；这种生活，与行为的成败利害，没有直接关连；但人生常因此而得到充实，历史常因此而得以丰富。著史的人，若将这一面加以忽视，等于遗失了人类生活的一个重要方面，有损于历史中的具体生命。所以伟大的史学家，必然同时秉赋有伟大的艺术心灵，能嗅出历史中这一方面的意味，而将其组入于历史重现之中，增加历史的生气与活力。左丘明便是这样伟大的史学家。后来除司马迁外，再找不出第二人。下面我只举出三个例子加以说明。

中国原始宗教的最大作用，便是通过卜与筮，对人的行为的抉择与其归趋，作预言性的指示。从殷代甲骨文看，殷代的王者，几乎可以说是生存在卜辞的预言中。但就常情推测，好的"贞人"，当他们凭灼痕作预言时，也有意或无意地组入了人事的或人文的因素。此一传统，在春秋时代，还相当流行，并还发生相当作用，所以左氏不能不加以记载。但这是历史事实，而不是左氏处理历史所用的方法。他处理历史所用的方法，主要是把历史中的行为因果关系摆清楚，同时，也即是把行为善恶的结果摆清楚；这不仅达到了"孔子作《春秋》而乱臣贼子惧"的目的，并且把宗教性的预言，转变为行为的责任，以合理性代替了神秘性。而站在史学的立场，由这种因果关系的系列，使人类历史，呈现出一种有机体的构造；使各种史料，在有机体的构造中，得到与本质相符的地位与秩序。隐公四年二月经"戊申，卫州吁弑其君完"，"九月，卫人杀州吁于濮，冬十有二月，卫人立晋"。《左氏传》在隐公三年有下面的一段叙述：

> 卫庄公娶于齐东宫得臣之妹曰庄姜，美而无子，卫人所为赋《硕人》也。又娶于陈曰厉妫，生孝伯，早死。其娣戴妫生桓公，庄姜以为己子。公子州吁，嬖人之子也，有宠而好兵，公弗禁，庄姜恶之。石碏谏曰："臣闻爱子，教之以义方，弗纳于邪。骄奢淫佚，所自邪也。四者之来，宠禄过也。将立州吁，乃定之矣。若犹未也，阶之为祸。夫宠而不骄，骄而能降，降而不憾，憾而能眕（自重）者鲜矣。且夫贱妨贵，少陵长，远间亲，新间旧，小加大，淫破义，所谓六逆也。君义，臣行，父慈，子孝，兄爱，弟敬，所谓六顺也。去顺效逆，所以速祸也。君人者，将祸是务去，而速之，无乃不可乎？"弗听。其子厚，与州吁游，禁之不可。桓公立，乃老（致仕）。

上面这段叙述，即杜预之所谓"先经以始事"。卫州吁弑其君，是在隐公四年，所以经便写在四年。左氏却于隐公四年的前一年，即隐公三年，叙述了上面的一段话，把州吁弑君的背景摆清楚，也即是把弑君之"因"摆清楚；有了这样的因，所以便有四年弑君的果。由四年弑君的果，而可使人视卫庄公不教子以义方所种下之因为大戒。隐公四年《传》在"四年春，卫州吁弑桓公而立"后，有下面的叙述：

公（鲁隐公）与宋公为会，将寻宿之盟。未及期，卫人来告乱。夏，公及宋公遇于清。宋殇公之即位也，公子冯出奔郑，郑人欲纳之。及卫州吁立，将修先君之怨于郑（隐公二年，郑曾伐卫），而求宠于诸侯，以和其民。使告于宋曰："君若伐郑以除君害，君为主，弊邑以赋与陈蔡从，则卫国之愿也。"宋人许之。于是陈蔡方睦于卫，故宋公、陈侯、蔡人、卫人伐郑，围其东门，五日而还。公（鲁隐公）问于众仲（鲁大夫）曰："卫州吁其成乎？"对曰："臣闻以德和民，不闻以乱。以乱，犹治丝而棼之也。夫州吁，阻（恃）兵而安忍。阻兵无众，安忍无亲。众叛亲离，难以济矣。夫兵犹火也，弗戢，将自焚也。夫州吁弑其君而虐用其民，于是乎不务令德，而欲以乱成，必不免矣。"

州吁未能和其民。厚（石碏之子）问定君于石子

（石碏）。石子曰，王觐为可。曰，何以得觐（因弑君自立，未得王命）？曰，陈桓公方有宠于王。陈卫方睦。若朝陈使请，必可得也。厚从州吁如陈。石碏使告于陈曰，卫国褊小，老夫耄矣，无能为也。此二人者，实弑寡君，敢即图之。陈人执之，而请莅于卫。九月，卫人使右宰丑莅，杀州吁于濮。石碏使其宰獳羊肩莅，杀石厚于陈。君子曰，石碏，纯臣也。恶州吁而厚与焉。大义灭亲，其是之谓乎。

卫人逆公子晋于邢。冬十二月，宣公（即晋）即位。书曰，卫人立晋，众也。

隐公三年所叙述者为因，隐四年卫州吁弑君为果。四年春，卫州吁弑君为因，九月卫人使右宰丑莅杀州吁于濮是果。而石碏之子石厚的因果关系也附在里面。这种行为因果关系的自身，即是对行为者所作的审判；较之神的审判，较之圣人的审判，不是更为庄严而深刻吗？但历史的因果关系，不同于科学中的因果法则，不能用抽象、舍象的方法以得出因，也不能由因便能直接推出果。所以弑君者不一定便被杀，须通过人的具体的相关行为而始能决定。众仲向鲁隐公所说的州吁"阻兵而安忍"一段话，说明了此种因果关系中的具体条件；而此一具体条件，又来自隐公三年所叙述的"有宠而好兵"，于是在州吁一人行为中，又自有其因果关系。此乃最显而易见之例。顾栋高谓"看《春秋》，眼光须极远。近者十年数十年，远者通二百四十二年"；[①]并历举事例为证。顾氏虽因受时代限制，颇多迂腐之谈。但他所说的，实际系要求应通贯人与事的因果关系，以把握春秋时代的演变。有十年以内的因果关系，有十年乃至数十年的因果关系。有由个别的因果关系，各时间内的因果关系，汇而为一个时代演变的整体的因果关系；于是历史乃以有机体的构成秩序，复活于吾人之前，此之谓史学的成就。

把许多因素，各按其分位综合在一起，以解答一个历史关键性问题，这里只以鲁僖公二十八年晋楚城濮之战为例。

顾栋高谓："自僖公十七年齐侯小白卒，至二十七年，楚人围宋，公会诸侯盟于宋，首尾十一年，连书凡三十四事，志宋襄嗣伯无功，荆楚暴横莫制，诸夏澜倒汲汲，有左衽之忧，而晋文之出，为刻不可缓也。自僖二十八年春，晋侯侵曹，晋侯伐卫，至二十九年盟于翟泉，两年之中，连书凡二十三事，志晋文之一战而伯……患楚之深，故予晋之亟也。"[②]可知晋楚城濮之战，是春秋时代重大关键问题之一。楚的主角是成得臣（子玉），《左》僖二十三年秋"楚人伐陈"，《传》："楚成得臣帅师伐陈……遂取焦夷城

---

① 见顾氏《读春秋偶笔》。
② 同上。

顿而还。子文以为之功，使为令尹。叔伯曰，子若国何？对曰，吾以靖国也。夫有大功而无贵仕，其人能靖者与有几。”由此叙述，以见子玉在楚之能力与地位。晋的主角是晋文公。在同年“晋公子重耳之及于难也”一段，详述重耳在外流亡的情形，不仅为二十四年秦伯纳重耳（文公）的张本；且由他们君臣在患难中的情形，以表明晋文伯业的人的因素。而其流亡至楚，详述楚成王与重耳的一段问答，并加入“子玉欲杀之”一事，乃所以为城濮之战作伏线。僖公二十七年，《传》在“冬，楚人、陈侯、蔡侯、郑伯、许男围宋”之前，先述“楚子将围宋，使子文治兵于睽，终朝而毕，不戮一人。子玉复治兵于蔿，终日而毕，鞭七人，贯三人耳。国老皆贺子文，子文饮之酒。蔿贾尚幼，后至，不贺。子文问之，对曰，不知所贺。子之传政于子玉，曰以靖国也。靖诸内而败诸外，所获几何……子玉刚而无礼，不可以治民。过三百乘，其不能以入矣。苟入而贺，何后之有”。围宋是城濮之战的序幕，围宋前的“治兵”，是为围宋作准备，也实是为城濮之战作准备。在此一准备中，又加强说明了楚国这一方面的人的因素。

《传》在“冬，楚子围宋”之后，接着叙述“宋公孙固如晋告急。先轸曰，报施救患，取威定霸，于是乎在矣”一段，以说明晋决心救宋，这是一般叙述中应有之义。但难得的是：在这段叙述中，把晋国在城濮之战中所以能得胜的各种因素，先作了集中的叙述。计：

一、战略："狐偃曰，楚始得曹而新婚于卫。若伐曹卫，楚必救之，则齐宋免矣。"直接救宋，道途既远，且处于被动。伐曹卫以致楚师，道近，且转被动为主动。故此一战略之决定，为致胜之重大因素。

二、整军："于是乎蒐于被庐，作三军。"

三、置帅："谋元帅。赵衰曰，郤縠可。臣亟闻其语矣，说礼乐而敦《诗》《书》。《诗》《书》，义之府也。礼乐，德之则也。德义，利之本也。……君其试之。乃使郤縠将中军，郤溱佐之。使狐偃将上军，让狐毛而佐之。命赵衰为卿，让于栾枝、先轸。使栾枝将下军，先轸佐之。荀林父御戎，魏犨为右。"将中军的郤縠的教养，与楚令尹子玉，恰作一显明的对照。可惜的是次年一出兵而郤縠即死，乃超擢先轸代替郤縠的"元帅"的地位。

四、教民："晋侯始入而教其民，二年，欲用之。子犯曰，民未知义，未安其居。于是乎出定襄王，入务利民，民怀生矣，欲用之。子犯曰，民未知信，未宣其用。于是乎伐原以示之信。民易资者，不求丰焉；明征其辞。公曰，可矣乎？子犯曰，民未知礼，未生其共。于是乎大蒐以示之礼，作执秩以正其官，民听不惑，而后用之。出谷戍，释宋围，一战而霸，文之教也。"按晋经骊姬之乱，国内陷于混乱废弛者，二十余年，不经文公君臣的一番教民工作，则军事的、政治的基础不能及楚。左氏在此处特作综合性的叙述，更接触到决定胜负的基本因素。

僖公二十八年春，晋侵曹伐卫，开始了战略上的绪战。在此一绪战中，记录了有关各国随形势转移而向楚向晋的许多曲折，并用闲笔叙述了魏犨、颠颉违命烧了有恩于文公的曹僖负羁之宫，魏犨束胸伤以见文公派来的使者，"距跃三百，曲踊三百"以示勇，因而得以免死的故事。在当时形势上，晋欲成霸业，必全力以求一战。但楚则远涉中原，可战可不战；楚王本意又不欲与晋决战。所以晋国的谋略，首先集中在如何拉拢齐秦共同作战，同时又激怒子玉，隐蔽自己求战之心，转而把衅端转嫁在子玉身上，示内外以系不得已而应战。当宋国向晋求援时，先轸建议"使宋舍我而赂齐、秦，借之告楚（借齐、秦之力，以请求楚释宋）。我执曹君而分曹、卫之田，以赐宋人。楚爱曹、卫，必不许也（必不许齐、秦的请求）。喜赂（齐、秦喜宋人之赂）怒顽（齐、秦怒楚人拒绝释宋的请求），能无战乎（齐、秦能不与楚一战吗）？"用现代的语言表达，这种国际关系的运用，已够巧妙了。及"子玉使宛春告于晋师曰，请复卫侯而封曹，臣亦释宋之围"。子玉的这一请求，正如先轸所说，"楚一言而定三国"，是和平解决问题的合理方案；晋若如子犯之言，径加拒绝，不仅是"弃宋"，且与曹卫结怨太深，会引起诸侯的反感（"谓诸侯何"）。但若答应子玉的要求，则违反了求战的目的。于是先轸建议"私许复卫、曹以携之（使曹、卫在晋的威迫利诱下，携贰于楚），执宛春以怒楚"，卒达到"曹、卫告绝于楚，子玉怒，从晋师"的目的。此一国际关系的玩弄，更可说是狠毒巧妙。左氏了解，在这样大的战役中，由外交手段以求得国际关系对己有利，是求胜的重大因素，所以他对此，作了曲折尽致的叙述。

晋文公流亡在楚时，楚成王对他有恩。而以子玉之才，用楚的声威正盛之众，这两点在晋文公的心理上，不能不形成一种压力，此种心理上的压力，也会影响到他个人的决心，因而影响全军的气势。除了在决战之前，实践"退避三舍"诺言，且以骄子玉外，左氏更叙述晋公"听舆人之诵"而"疑焉"，这是因楚之强盛，遂对战争的结果发生疑惧的心理。"子犯曰，战也！战而捷，必得诸侯。若其不捷，表里山河，必无害也"，把这一方面的心理压力解除了。"公曰，若楚惠何？栾贞子曰，汉阳诸姬，楚实尽之。思小惠而忘大耻，不如战也"，又把另一方面的心理压力解除了。"晋侯梦与楚子搏，楚子伏已而盐其脑，是以惧"；这是惧楚的深层心理的表现。"子犯曰，吉，我得天（我在地上可以望见天），楚伏其罪（楚子面向地，故谓伏其罪），吾且柔之矣"；这是以诡辞解除晋文公藏在深层心理中的压力。决战前，对心理状态作这样详细的描述，在史书中是不易多见的。

晋文公在与楚子玉约定"诘朝（平旦）相见"后，先叙明两方对阵形势。"晋车七百乘，韅靷鞅靽（杜注："言驾乘修备"），晋侯登有莘之墟以观师曰，少长有礼，其可用也。遂伐其木以益其兵。己巳，晋师陈于莘北（城濮），胥臣以下军之佐当陈蔡"。这是晋国一方面对阵的形势。"楚师背郿（丘陵之名，盖险阻之地）而舍"。"子玉以若敖之六卒将中军，曰，今日必无晋矣。子西将左，子上将右"，这是楚国一方面对阵的形势。必先把这种形势摆明，在叙述决战行动时才有条不紊。

决战时："胥臣蒙马以虎皮，先犯陈蔡，陈蔡奔，楚右师溃"，这是采用先攻击敌人弱点，以夺敌人之气而动摇其军心的战术。"狐毛设二旆（大旗）而退之（杜注："使若大将稍却也。"），栾枝使舆曳柴而伪遁，楚师驰之（为晋师所欺，以为晋师退却，故向前追逐），原轸、郤溱以中军公族横击之（因楚师向前追逐，其侧背暴露于晋中军之前，故中军拦腰（横）截击），狐毛、狐偃以上军夹攻子西（楚师因向前追逐而陷入于晋军之包围圈中，故晋上军得与中军夹击），楚左师溃。楚师败绩。子玉收其卒而止（集结若敖之六卒，使其不奔逃），故不败"。上面的叙述，把晋在战场上战术运用的高度艺术性，完全表达出来了。

写一个战役，而能把与战役有关的，由内政以至外交，由人事以至心理，由谋略以至战术战斗等复杂因素，及包含在这些复杂因素中相互间的复杂因果关系，都能尽其曲折，极其条理地表达出来，此即在今日，大概也不是一件易事。

《左氏传》中，记录了许多有兴味，或值得使人感叹的小故事，把死去的历史人物，由这类的小故事，而复活了起来，这是左氏的伟大艺术心灵的表现。这里仅引《左传·襄公三十年》绛县老人的故事以作例证：

二月癸未，晋悼夫人食舆人之城杞者。绛县人或年老矣，无子而往，与于食。有与疑年，使之年（杜注："使言其年"），曰，臣小人也，不知纪年。臣生之岁，正月甲子朔。四百有四十五甲子矣。其季，于今三之一也（六十日一甲子。三之一，是二十日）。吏走问诸朝，师旷曰，鲁叔孙惠伯会郤成子于承匡之岁也（杜注："在文十一年"）。是岁也，狄伐鲁，叔孙庄叔于是乎败狄于咸，获长狄侨如，及虺也，豹也，而皆以名其子。七十三年矣。史赵曰，亥有二首六身，下二如身，是其日数也。士文伯曰，然则二万六千六百有六旬也。

上述的故事，无关于善恶，无与于成败兴亡，而只是这个穷苦孤独的老人，在自己的年龄上，耍点半谜语式的花头，引起了师旷这一班人的好奇心，以自己的博闻强记，为此一老人的年龄问题凑趣，这可说都是艺术性的"不关心的满足"。左丘明的艺术心灵，能与此相印，便生动地记了下来，遂使这位穷苦孤独的老人，在师旷们烘托之下，他的精神面貌，及由他的精神面貌所反映出的当时的平民文化水准，得以照耀千古。

十二、左氏晚年作《国语》，乃所以补《左氏传》所受的限制

最后要略略谈到《国语》的问题。《史记·自序》谓"左丘失明，乃作《国语》"，史公此言，必有所本；后人许多臆说，其立言根据，皆没有推翻史公此言的力量。所谓"失明"，与子夏晚年西河失明之情形相类。是左丘明先作《春秋传》，后作《国语》。《史记》将《春秋》（即《左氏传》）《国语》并称，西汉末称《左氏传》为内传，《国语》为外传；我认为是有道理的。《左氏传》为依《春秋》而作，在取材上不能无所限制，对历史的说明，亦不能无所限制。我认为左氏晚年将他平日所收集的材料，编为《国语》，主要是为了补救这种限制。其次，是补救编定《左传》时之所忽，或尽材料中的详略异同，以增加历史的说明力量及其完整性。也可以说，《国语》是配合《左氏传》而作的。

孔子修《春秋》，起于隐公，这可能是以鲁国为中心，由隐公之摄，及隐公之被弑，纪世变之大。左氏于此，只能在"元年春王正月"前面，补上"惠公元妃孟子"五十八字，以说明"摄也"的背景。但这对历史全局转变的说明，实有所不足。历史全局的转变，乃在平王的

东迁。而平王的东迁，乃来自幽王宠褒姒，废申后，以至申侯与缯、西夷、犬戎将幽王攻杀于骊山之下。而周室的没落，实由厉王的暴虐，及宣王未能真正中兴。左丘明若不说明周室东迁的大变局，即不能使人彻底了解王纲解纽后的春秋时代之所以出现。但这不能在孔子所修的《春秋》上著笔，只好以《国语》补此缺憾。武王之所以能伐纣，从《牧誓》看，是得到了西戎的帮助；而西周之亡，却直接亡在西戎手上。所以《国语·周语》，便从穆王征犬戎，"自是荒服者不至"开始，这里指出了幽王被缯、西夷、犬戎所攻杀的远因。接着便用力叙述"厉王虐，国人谤王"，及厉王说（悦）好利的荣夷公，被国人流于彘等情形。再接着是宣王即位，即不籍千亩，抛弃了周室以农业开基的精神；立鲁武公之少子戏为太子，破坏了周室的宗法制度；及既丧南国之师，而又料兵于大原，"害于政而妨于后嗣"，"及幽王乃废灭"。再接着叙述"幽王二年，西周三川皆震，伯阳父曰，周将亡矣"；"十一年，幽王乃灭，周乃东迁"。这都是在行为因果关系的观念之下，突破《左氏传》所受的《春秋经》的限制所补的重要材料。自"惠王三年"（鲁庄公十九年）以后，进入到春秋时代，有的则补《左氏传》所缺，有的则与《左氏传》的详略乃至异同互见；此始出于不愿轻易放过已经到手的资料，以求记录详备的苦心，实良史尽忠于他所要复活的时代所不容自已的努力。"惠王三年"，记王子颓之乱，分见于《左传》庄公十九年、二十年、二十一年；两者的情节及文字，在基本上是相同的。但《左氏传》则详于事之首尾，而《周语》在郑厉公见虢叔，批评王子颓的一段话中，多"夫出王而代其位，祸孰大焉"数语。"十五年有神降于莘"一段，见于《左传·庄公三十二年》，情节与文字，也是基本上相同的；但内史过答惠王之问，《左传》略而《周语》较详。"襄王使邵公过及内史过赐晋惠公命"，内史过"归以告王"的一段话，及襄王使太宰文公及内史兴赐晋文公命，"内史兴归以告王"的一段话，皆意义深远，又皆为《左氏传》所无，也即是为编定《左氏传》时所忽。此乃所以补《左氏传》之缺失。《国语》全书，均应以此一角度去了解。如管仲佐齐桓致霸的政治设施，略于《左氏传》，而详于《齐语》。郑居中原要冲，终春秋之世，参与了剧烈的国际活动；当宣王封郑桓公之先，桓公"问于史伯曰，王室多故，余惧及焉，其何所可以逃死"，史伯盱衡全局，认为"其济洛河颍之间乎"，这便决定了郑国以后的命运，这是《左氏传》所无法纪录的，左丘明便特在《郑语》中补出。《国语》所记，凡时间在《左氏传》之先者，皆系为《左氏传》补充背景。而各国纪事的终结，决没有超出《左氏传》的终结。再加以文字上的两相对勘，其出于左丘明一人之手，系以《国语》补《左氏传》之不足，不应当有疑问的。此应有专文研究，这里仅提出一个端绪。

论《史记》①

一、前言

史公②所著《史记》在史学中的地位，首先应把它安

---

① 史记乃古代史官记录之通称,司马迁所著《史记》一书中的"史记"一词,皆系此义。司马迁所著书,自称为"太史公书"。袭用史记之通称以作此书之专名,盖系长期演变之结果。西汉多称"太史公书",东汉初或称"太史公记",再简称为"史公记",再简称为"史记",遂成此书之定名。今日所能看到最先的《史记》的名称,为汉《东海庙碑》阴"阙者秦始皇所立,名之秦东门阙,事在《史记》"。此碑为桓帝永寿元年(西元一五五年)所立,由此可以推知在桓帝前称太史公书为史记,已经流行,故作碑者始得沿用。有关此问题之详细考证,具见于《文史哲丛刊》三辑陈直的《太史公书名考》。惟陈氏以"史记:之名称,当以汉《东海庙碑》为最早,恐失之稍泥。又本文以日人泷川资言《史记会注考证》为底本,文中简称"考证"。

② 本文在行文中,称司马迁为"史公",盖"太史公"一词之简称。司马迁在《自序》中以"太史公"称其父,亦以"太史公"自称,此皆由上下文而可以断定。此外全书的"太史公曰",皆其自称。因一"公"字而引起许多奇特的说法。其实,秦汉之际,"公"为自称或称人之口头语。在下者可以公称其上,在上者亦可以公称其下(秦二世称博士诸儒生为公,见《叔孙通列传》;陆贾称其子为公,见《陆贾列传》),此在《史记》本书中,可举之证甚多。故所谓"太史公"之公,乃随俗为称,有如后人之称"太史氏",也如褚少孙的自称"褚先生",并无特别意义。

放在史学史中加以衡量。孔子作《春秋》的用心,《公羊》、《穀梁》两传,皆以"空言"①加以发明,此有思想上的意义,没有史学上的意义。惟《左氏传》则主要以行为之因果关系,作为空言判断的根据,遂成为一部完整的史学著作,即在今日,亦有其史学上的崇高地位,我在《原史》一文中,已详加申述。三传之后,有《铎氏微》、《虞氏春秋》、《吕氏春秋》等,"各往往捃摭《春秋》之文以著书,不可胜数。"②此处之所谓《春秋》,乃指《左氏传》而言。但他们虽选录《左氏传》中的若干故事,以为劝戒之资,其动机则实演《公羊》、《穀梁》的余绪,也没有史学上的意义。开始编辑《战国策》者的动机,既不在于劝戒,也不在于保存此段的历史材料,而意在假助于当时权谋之策,奇谲之辞,以为游说之资;故其内容固然保存了战国这段历史的重要材料,但年月不具,缺少了作为史学的基本条件。"楚汉之际,有好事者录自古帝王公侯卿大夫之世,终乎秦末,号曰《世本》十五篇";③"汉兴,太中大夫陆贾纪录时功,作《楚汉春秋》九篇";④这可称为有志于作史的著作,但其内容远不能与《左氏传》争衡。此外则

---

① 此处"空言"一词,取意于《艺文志·六艺略·春秋》"明夫子不以空言说经也"的意义,即今日之所谓概念性的语言。
② 见《史记·十二诸侯年表》序。
③ 刘知几《史通》卷十二《正史》。
④ 同上。

有《五帝本纪》赞中所提的《五帝德》、《帝系姓》、《三代世表》序及《十二诸侯年表》序中所提到的历、谱、牒，殆出于战国末期以迄秦汉之际，亦皆仅具史学的一端。其师孔子作《春秋》之意，宏左氏作《传》之规，综贯古今，网罗全局，以建立世界迄今尚难与配敌的史学巨制的，这即是司马迁（子长）的《史记》。

然《史记》行世后，正如司马贞《索隐序》所言"比于班书，微为古质，故汉晋名贤，未知见重。"班彪《史论》指疵于前，刘知几《史通》摘瑕于后。其间有特加推重，如郑樵、章实斋之徒，乃在借此以张通史而绌断代，对史公作史之精神面貌，渺不相涉。此书之见重，始自韩愈以下的古文家，至明归震川、清方望溪而特著。然据凌稚隆《史记评林》所录，仅撷拾于字句之间，不由史之内容以领会文之奇茂，既不关系于史，实亦无与于文。方望溪虽以"义法"一词，绾史与文而一之。然其所谓义法，卑陋胶固，不仅无当于史，实亦无当于文。则此书虽以文而见重，然率皆皮傅细节，买椟还珠之类。实则它的"未知见重"，非因其"微为古质"，而实来自其中所蕴蓄的史学精神，与专制政治的要求，大相径庭；所以东汉明帝已斥史公"非谊士也"（见班固《典引》)，后遂指为谤书。中国史学，随专制政治的进展而日以衰落，则此书之不遇，可以说是历史条件使然。千古沉霾，发于一旦，乃今后学者的责任。

二、《太史公行年考》的补正

史公生平，因王国维的《太史公行年考》^①而得到一个明显的轮廓。但其中也有若干问题，应予以澄清。王氏根据《史记·自序》"五年而当太初元年"下张守节《正义》"按迁年四十二岁"，推定史公生于汉景帝中元五年（纪前一四五年）丙申。而以自序"卒（司马谈）三岁而迁为太史令"下司马贞《索隐》引《博物志》"太史令茂陵显武里大夫司马（夺'迁'字）年二十八，三年（元封三年，纪前一〇八年）六月乙卯除六百石"之"年二十八"为年三十八之误。如此，则《索隐》引《博物志》所说史公的年龄，与《正义》所说的正合。王氏又说："三讹为二，乃事之常，三讹为四，则于理为远。"意思说《正义》的年四十二岁的"四"字，不会有错误，所以应以《正义》之说为断。我不太同意王氏的论证方法，但从另一途径探索的结果（见后），认为史公生于景帝中元五年的说法是可以成立的。

郭沫若在《〈太史公行年考〉有问题》^②一文中，增引了十枚汉简，一以证明《博物志》所记的形式，与汉简记

---

① 世界书局定本《观堂集林》卷第十一。
② 见郭沫若《文史论集》。

人姓名年龄爵里的形式，完全符合，故《索隐》所引《博物志》为可信。一以证明"汉人写'二十'作'廿'，写'三十'作'卅'，写'四十'作'卌'；这是殷周以来的老例。如就廿与卅，卅与卌，都仅一笔之差，定不出谁容易，谁不容易来。因此，这第一个证据便完全动摇了。"郭氏此一说法，可以成立（补志：郭说完全不能成立，见《答施之勉先生》一文中）；但只是把有异同的两个材料打成了平手，尚未能转为王氏说法的反证。

《行年考》"三年（元朔）乙卯二十岁"下谓"又案《汉书·儒林传》，司马迁亦从孔安国问故；《孔子世家》但云安国为今皇帝博士，至临淮太守，蚤卒。安国生卬，卬生骧。既云早卒，而又及纪其孙，则安国之卒，当在武帝初叶，以《汉书·兒宽传》考之……则安国为博士，当在元光（前一三四年至前一二九年）元朔（前一二八年至前一二三年）间……时史公年二十左右。其从安国问《古文尚书》，当在此时也"。郭氏承认"王所推定的有关孔安国的年代大抵正确"，但谓王氏把司马迁学古文之年，定在二十左右，却是"自我作故"，而认为"司马迁自己在《史记·自序》里面已经说得很清楚，'年十岁则诵古文'……这又表明王国维提前十年的推算，是没有根据的。"郭氏此说，是把《自序》中"年十岁则诵古文"的话，与《汉书·儒林传》中"而司马迁亦从安国问故"的话，等同了起来。其实，"诵古文"，是指诵读与隶书相对

的古文字。"从安国问故",是从孔安国问以古文字所写的
《尚书》的训诂。两句话的内容全不相同。史公年十岁由
"耕牧河山之阳"而到长安从孔安国问《古文尚书》的训
诂,是不大可能的。《史记·五帝本纪》赞、《十二诸侯年
表》序,及《吴太伯世家》赞中所说的古文,指的是《春
秋左氏传》及《国语》。《封禅书》"又牵拘诗书古文而不
能骋",《自序》"周道废,秦拔去古文",皆指以古文字写
定的典籍,不专指某一书。《仲尼弟子列传》赞"弟子籍
出孔氏古文近是",指的是孔氏有以古文字写的弟子的年
龄籍贯。《儒林列传》"孔氏有《古文尚书》,而安国以今
文读之",则《古文尚书》,乃《史记》所谓古文中的一种。
所以俞正燮谓"《史记》言古文者,犹言古字本",[①] 实为
通达之论。欲读古字本之书,则必先识古字;"年十岁则
诵古文",乃尔后能读古字本的预备工作,而俞氏却谓此
为"学《古文尚书》",则其未达犹隔一间。所以郭氏引此
语以反驳王氏"时史公年二十左右"的推论,是不能成立
的。但这并不是说王氏的此一推论便没有问题。《汉书·儒
林传》"安国为谏大夫,授(以《古文尚书》授)都尉朝,
而司马迁亦从安国问故",这好像是以史公向安国问故,
为安国任谏大夫时事。《汉书·百官公卿表》"武帝元狩
五年(前一一八年),初置谏大夫";若如阎若璩之说,汉

---

① 《史记·十二诸侯年表》序"为成学治古文者要删焉"下,《考证》引俞说。

武"初置此官，即以安国为之，而史公得其问故，即在此年"，①则其年当为二十八岁。又《资治通鉴》卷一八于元朔二年（前一二七年）下"上欲以蓼侯孔臧为御史大夫。臧辞曰，臣世以经学为业，乞为太常，典臣家业。与从弟侍中安国纪纲古训，使永垂来祀。上乃以臧为太常。"孔臧于元朔二年为太常，见于《汉书·百官公卿表》。侍中为加官，博士另赐加官，自武帝为常典。若如《孔子世家》之言，孔安国"为今上博士"而加官为侍中，则孔臧自可以侍中称之。博士六百石，谏大夫八百石，孔安国于元狩五年由博士迁新置设的谏大夫，亦事理之常。由孔臧的话推之，安国在元朔二年以前，已为博士。由《汉书·儒林传》安国为谏大夫的话推之，安国在元狩五年以前仍为博士。据《自序》"二十而南游江淮，上会稽，探禹穴，窥九疑，浮于沅湘，北涉汶泗，讲业齐鲁之都……过梁楚以归，于是迁仕为郎中"，王氏谓"其何自为郎，亦不可考"。现将"仕为郎中"与从安国问故两事连在一起来考查，或有其意义。《史记·儒林列传》公孙弘为宰相，奏请"为博士官置弟子五十人，太常择民年十八已上仪状端正者，补博士弟子"；"其高弟可以为郎中者，太常籍奏"，乃元朔五年夏之事。史公年二十南游江淮，依《行年考》，是在元朔三年。他的这一游历，带有学习研究的意味。假

---

① 见阎氏《古文尚书疏证》第十七。

定他"过梁楚以归"是在元朔五年初，归后即由太常推补博士弟子，从安国问故，正在此时。《汉书·儒林传》的话，乃叙事上的连类而及，并非指史公向安国问故，一定在安国为谏大夫之年。由博士弟子高弟而仕为郎中，这都是最合理的过程。由此而可推知史公从安国问故，当在元朔六年元狩元年间（前一二三年至前一二二年），时年二十三四岁。其仕为郎中，当在元狩二、三年（前一二一年至前一二〇年）间，时年二十五六岁。据《自序》，司马谈死时"执迁手而泣曰"的一段话中，有"余死，汝必为太史"的话，此时的太史非世官，必史公仕为郎中期间，对太史主管的天文星历的研究，卓有成绩，在太常得到定论，司马谈才可说出上面的话。司马谈死于元封元年（前一一〇年），时史公三十六岁；元封三年（前一〇八年），史公为太史令，时年三十八岁。可知史公为郎中，当有十三四年之久。以上是立足于王氏史公生年说法之上，对史公早年生活历程的推论，似更为合理。亦可谓王氏依《正义》以推定史公的生年是可信的。

王氏又谓："又史公于《自序》中述董生语，董生虽至元狩、元鼎间尚存，然已家居，不在京师；则史公见董生，亦当在十七八岁以前。以此二事（从安国问故，及述董生语）证之，知《博物志》之年二十八为太史令，'二'确为'三'之讹也。"是王氏以董生家居，为回到他的故里广川，即今日的河北省枣强县，此则失考之甚。按

《汉书》董氏本传，"先是辽东高庙，长陵高园殿灾，仲舒居家，推说其意。草稿未上；主父偃候仲舒，私见，嫉之，窃其书而奏事焉"，又"仲舒在家，朝廷如有大议，使使者及廷尉张汤就其家而问之"。由此可知仲舒从宦以后，即家居京师而未尝返广川故里，故主父偃及张汤等可候、可问于其家中。董氏死后，即葬于长安，即所谓虾蟆陵者是。董氏为景帝博士时，史公尚未生或尚在孩稚。建元五年对策后，即先后为江都相、胶西相，不在京师，史公无缘与之相接。故史公从董氏受公羊之学，必在董氏家居之后，元狩、元鼎之间，[1]其时史公年在三十岁前后。王氏这种错误的举证，反为其正确结论之累。

又《行年考》将史公《报任少卿（安）书》，系于太始四年（前九十三年），即在任安于征和二年（前九十一年）因受戾太子节下狱以前；而谓"是安于征和二年前曾坐他事；公报安书，自在太始末审矣"。此盖因王氏误解《报任少卿书》语意，将"东从上来"，及"仆薄从上雍"，混为一时之事。按史公报书之语意，史公于太始四年春三月，随武帝行幸泰山，任安与史公书，当在此时前后，任安尚为护北军使者，故得教史公以"慎于接物，推贤进士为务"。但史公稽延未报。报书谓"书辞宜答，会东从上

----

① 苏舆《董子年表》推定董氏卒于武帝太初元年；杨树达《汉书窥管》卷六，推定董氏卒于元狩五、六年及元鼎元年之间。

来，又迫贱事，相见日浅，卒卒无须臾之间，得竭至意"。
这是解释所以稽延未报的原因。盖史公欲在报书中发泄其
平生"愤懑"，势必涉及其遭遇之冤屈，故下笔必迟徊审
慎。接着说"今少卿抱不测之罪，涉旬月，迫季冬；仆又
薄（急迫）从上雍，恐卒然不可为讳，是仆终以不得抒愤
懑以晓左右，则长逝者魂魄私恨无穷，请略陈固陋"。这
是解释他为什么此时才报书的原因。此时（征和二年）任
安正因戾太子事被武帝"以为任安老吏，见兵事起，欲坐
观成败"而被捕下狱，将于季冬行刑。据"涉旬月迫季冬"
之语，是史公的报书，写于征和二年十一月末十二月初左
右。"薄从上雍"，则指征和三年正月，随武帝幸雍而言。
皇帝出巡，事先必有一番准备。拖了两年的时间，才写报
书，所以此段文字结之以"阙然久不报，幸勿过"。书中
层次分明，王氏一时疏忽，至有此误解。

《汉书·司马迁传》在史公《报任安书》后，即题"迁
既死后……"未曾言及其死的时间与年岁，颇与《汉书》
各传，少言及人之生日而多言及人之死时的常例不太相合。
《行年考》叙至"昭帝始元元年（前八十六年）乙未六十
岁"为止，谓"史公卒年，绝不可考"，"然视为与武帝相
终始，当无大误也"。此一谨慎的推测，应当可以成立。

按卫宏《汉官旧仪注》曰，"司马迁作《景帝本纪》，
极言其短，及武帝过。武帝怒而削去之。后坐举李陵，陵
降匈奴，故下迁蚕室。有怨言，下狱死。"王鸣盛力言其

不合事实。然视史公《报任安书》，其有怨言至为明显。而现行《史记》，又无史公所作的《景帝本纪》及《今上本纪》；则史公于征和、后元之间，以怨言的泄露而不得正命以死，其可能性是很大的。[①]

三、史公的家世、时代与思想

要了解史公著史的动机与目的，应先了解他的家世以及时代的背景。

我国古代历史意识的发展，概略地说，先由王朝的历史，发展而为贵族家世的历史。西周时代，一般贵族，似乎还是以他们因特殊机会所赐所造的铜器，作为他们氏族的光荣与统绪继承的标志。但到了春秋时代，既由历史的纪录，代替了神对人间的赏罚，而王室的权力，分散到若干强有力的诸侯；诸侯的权力，到了春秋中叶以后，分散到各国强有力的贵族，于是除各国有各国的史以外，贵族也开始有独立的史的纪录，并以这种纪录为构成他们的地位与光荣的主要因素，[②] 由此而蕃衍为谱牒之学。屈原作

---

① 郭沫若《文史论集》有"关于司马迁之死"一文，虽论证稍嫌疏阔，亦可供参考。

② 《左传·襄公二十四年》晋范宣子向鲁穆叔称述"昔匄之祖，自虞以上为陶唐氏，在夏为御龙氏……晋主夏盟为范氏"，以此为"死而不朽"，即其一端。

《离骚》，一开始便是"帝高阳之苗裔兮，朕皇考曰伯庸"，也是一例。及平民与贵族的地位不断变动，因而姓氏普及于平民，平民把自己的身家，与同姓氏的人们连结在一起而成为一个族，依然要以一族的历史，为族姓的光荣，给生存在族姓中的人们以鼓励。这中间当然免不了仅以传说为根据的附会，但此一风气的形成，可以说是历史意识向社会的扩大。《史记·太史公自序》对于世系的叙述，由"昔在颛顼"到"司马氏世典周史"的一段话，可能是传说的性质。由"惠襄之间，司马氏去周适晋"到"喜生谈，谈为太史公（令）"一段，才是征实性的叙述。这段叙述中，在卫、在赵、在秦的诸司马氏，可以说，有了多方面的发展。但从司马谈"故发愤且卒，而子迁适使反，见父于河洛之间，太史公（迁父谈）执迁手而泣曰，余先，周室之太史也……汝复为太史，则续吾祖矣"的话看，司马谈从自己世系中所得的启发、激励，乃在"司马氏世典周史"，并未尝措意于世系中其他方面的发展。汉代太史，其职只主管"文史星历"，[①] 其中的"文"是天文，[②]"史"是"国有瑞应灾异则记之"[③] 的这一类的记载。太史令的官，

---

① 司马迁《报任安书》"仆之先人，非有剖符丹书之功。文史星历，近乎卜祝之间。"

② 《北堂书钞·设官部》引《汉旧仪》太史令"掌天文星历。凡国家祭祀丧娶之事，奏良日及时节禁忌"。

③ 《太平御览·设官部》引《汉官仪》。

在图书上有作史的便利，但并无作史的责任。由此可知司马谈说"余死，汝必为太史。为太史，无忘吾所欲论著矣"，完全是出于他自己的强烈的历史意识及继承古代史官著史的要求。因此，他对史公的教育，是以作史为目的的教育。作史必须广通古代典籍，所以史公"年十岁，则诵古文"，以作读由古字所书写的古典的工具。曾从孔安国问故，从董仲舒闻《公羊春秋》；这都与作史有密切关系。"二十而南游江淮"，他这次所游的有会稽、禹穴、九疑（与舜有关）、沅湘（与屈原有关）、汶泗、邹峄（观孔子之遗风）、鄱薛彭城、梁楚（与楚汉战争有关），可以说是他父亲司马谈为他所安排的一次富有历史文化、因而加强他的历史意识、启发他的历史体验的旅游。

《太平御览》卷二三五引《汉旧仪》谓："司马迁父谈，世为太史。迁年十三，使乘传行天下，求古诸侯之史记。"《西京杂记》卷六"汉承周史官"一条中，也有上引的一段话，但随即把《史记》说成是司马谈作的，则此说的不足信，不待多论。但亦可由此反映出司马谈对其子教育之重点，系放在史的传统上，才发生这种捕风追影的传说。

司马谈"学天官于唐都、受易于杨何、习道论于黄子"，这都是汉初的显学。更由他的《论六家要旨》，可以推知他不仅曾广读先秦诸子百家之言，并进一步条理其流派，衡论其得失，真可谓继承了先秦学风的宏博之士。司马谈在学术上的成就，即是史公所接受的教育的基础。没有这样的教育基础，在当时大概很不容易产生这样的一位伟大的史学家。

《自序》"七年而太史公遭李陵之祸，幽于缧绁。乃喟然而叹曰，是余之罪也夫，身毁不用矣。退而深惟曰：夫《诗》《书》隐约者，欲遂其志之思也。昔西伯拘羑里，演《周易》……《诗》三百篇，大抵贤圣发愤之所为作也。此人皆意有所郁结，不得通其道也。故述往事，思来者，于是卒述陶唐以来，至于麟止。"自"昔西伯拘羑里"到"故述往事，思来者"一段，史公并取入《报任安书》中，仅稍修改文字，以使其与上下字句相协调，[①]可知史公对此段文字非常重视。而史公乃以"发愤"的心情著书的情形，亦因之彰著。但后人常以遭李陵之祸的个人遭遇，作书中所以含有对时代批评的解释，或斥之为谤书，或又强为之辩，[②]而不知加强史公作史之动机，加深史公对历史之认识，及激发他对人类的责任感，乃在他所处的时代。对自己所处的时代麻木不仁、无所感觉的人，即是不能深入历史、把握历史的人。由这种人所作的史，多为诬妄浅薄，在历史布上或多或少的瘴气的人。史公说"故述往事，思来者"，"述往事"，这是他所作的史。"思来者"，是想到

---

① 《汉书·司马迁传》为避免重复，将《自序》中此段删去，至使《自序》之语意不完。

② 请参阅章实斋《文史通义》卷第三《史德》篇。章氏为史公所作的辩解，尤为中专制之毒太深，鄙陋可笑。

人类将来的命运，这是他作史的动机及他想通过作史以尽到对人类的责任。这种沉郁着万钧之力的三个字，一再从他口里说出来，是能由他个人的遭遇所能说明的吗？

史公所经历的时代，乃是皇权专制政治，向它的特性大步前进，因而在大一统的文物掩饰之下，尽量发挥出它的毒害的时代。

刘邦统一天下后，最紧迫的任务，第一在于树立专制皇帝的尊严，这一点由叔孙通制朝仪，他父亲死了，令诸侯王皆立太上皇庙于国都，[①] 而大体完成了。与第一点同时进行的，是铲除异姓诸侯王，杀戮比较有能力的功臣，而代替以同姓的诸侯王及朴质无能之辈，这一点在他死时也大体完成了。同时，他即皇帝位后，兵罢归家，下宽大之诏，安抚聚保山泽之民，免因饥寒自卖为奴隶者为庶人（五年）；鼓励生育（七年）；抑制商人对农民的剥削（八年）。力求生养休息，这便奠定了汉代大一统专制的基础。由此进入吕后时代，经历了刘吕的权力斗争，但"黎民得离战国之苦，君臣俱欲休息乎无为。故惠帝垂拱，高后女主称制，政不出房户，天下晏然，刑罚罕用，罪人是希，民务稼穑，衣食滋殖。"[②] 文帝则躬行节俭，推行孝悌力田的社会政策。景帝破灭七国，削弱诸侯王，完成中央集权，

---

① 我推测，为太上皇及刘邦死后在郡国立庙等，皆出于叔孙通。
② 《史记》卷九《吕后本纪》赞。

以巩固国家的统一。"劝农桑，益种树"，以提高社会生产。班固谓："汉兴，扫除烦苛，与民休息。至于孝文，加之以恭俭。孝景遵业，五六十载之间，至于移风易俗，黎民醇厚。周云成康，汉言文景，美矣。"① 所以武帝即位（前一四〇年）后，正当国力鼎盛时期。《史记·平准书》说：

> 至今上（武帝）即位数岁，汉兴七十余年之间，国家无事。非遇水旱之灾，民则人给家足。都鄙廪庾皆满，而府库余货财。京师之钱累巨万，贯朽而不可校。太仓之粟，陈陈相因，充溢露积于外，至腐败不可食。众庶街巷有马，阡陌之间成群；而乘字牝者，摈而不得聚会。守闾阎者食梁肉，为吏者长子孙，居官者以为姓号。故人人自爱而重犯法，先行义而后绌耻辱焉。

但到武帝末年的情形则是：

> 武帝虽有攘四夷，广土斥境之功，然多杀士众，竭民财力，奢泰无度，天下虚耗，百姓流离，物故者过半，蝗虫大起，赤地数千里，或人民相食，畜积至今（宣帝初）未复。②

---

① 《汉书》卷五《景帝纪》赞。
② 《汉书》卷七十五《夏侯胜传》。

《汉书·昭帝纪》赞也说"承孝武奢侈余敝，师旅之后，海内虚耗，户口减半。"正说明了武帝一生，是汉室走着由盛而衰的历程，所以宣帝号为"中兴"。此一历程，也正是史公一生所耳闻目见的时代大转变的历程。其机始于元光二年（前一三三年）王恢诱匈奴入马邑之谋，此后对匈奴用兵，凡三十九年之久。成为汉代盛衰转变的大关键。但问题决不只此。武帝顺着专制的特性，完成皇帝直接处理政治的格局，便在实质上彻底破坏了宰相制度，成为以后政治混乱及宦官外戚等祸害的总根源，[①] 形成他晚年由朝政混乱而来的大悲剧。《汉书》卷六十三《武五子传》赞曾沉痛言之，至以秦始皇、秦二世相比。

武帝除了破坏中央政制中的最重要、最合理的部分以外，更因财经政策，破坏了地方政治。此点《史记·平准书》言之颇详。《汉书》卷七十二《贡禹传》，贡禹也说：

> 武帝始临天下，重贤用士，辟地广境数千里。自见功大威行，遂纵嗜欲，用度不足，乃行一切（苟且）之变（按指常法以外之法），使犯法者赎罪，入谷者补吏。是以天下奢侈，官乱民贫，盗贼并起，亡命者众，郡国恐伏其诛，则择便巧吏书习于计簿，能欺上府者，以为

---

① 拙著《两汉思想史》卷一页二二五至二三二（编者注：现为页二四四至二五二）有较详的论述。

右职。奸轨不胜，则取勇猛能操切百姓者，以苛暴威服下者，使居大位。故亡义而有财者显于世，欺谩而善书者尊于朝，悖逆而勇猛者贵于官。

武帝政治的本质，或较秦始皇更为残暴。史公因此特立《酷吏列传》，历述武帝时代的酷吏，一个比一个更下流、更残暴的情形。《汉书》卷二十三《刑法志》说，"及至孝武即位，外事四夷之功，内盛耳目之好。征发烦数，百姓贫耗。穷民犯法，酷吏击断，奸轨不胜。于是招进张汤、赵禹之属，条定法令……律令凡三五九章，大辟四百九条，千八百八十二事，死罪决事比万三千四百七十二事。文书盈于几阁，典者不能遍睹，是以郡国承用者驳（师古曰：不晓其指，用意不同也），或罪同而论异。奸吏因缘为市，所欲活，则傅生议，所欲陷则予死比；议者咸冤伤之。"

上面种种由盛而衰的混乱、残酷、破灭等情形，皆为史公所身历，不能不给史公以巨大冲击，形成了他思想的消极一方面的纲维，加强了他作史的动机，并决定了他作史的"思来者"的宏愿。他所作的史始于黄帝，但作史的精神，乃特注于汉代。不了解他由时代所给于他的冲击，便不能了解他写汉代史时所作的部署，这点在后面还要特别提到。《史记》中史公自言流涕、垂涕者各一，言废书而叹者三。① 像这类由时代冲击而透入于历史中所流的眼泪和叹声，岂仅是个人遭遇所能解释？而后来的文学家，却只当作一种文章腔调去加以领会，便更思隔千里了。

史公的思想，是通过一部《史记》表现出来，后面将随处提出讨论。这里只先简单指出三点。第一点，他把以孔子为中心的文化，与现实的政治，保持相当的距离，而把文化的意义，置于现实政治的上位。他当然非常重视政治，重视政治中的是非得失；但从《十二诸侯年表》序看，他叙述了"厉王以恶闻其过……乱自京师始，而共和行政焉"以后，简单交代了春秋时代的形势，便详述孔子作《春秋》的情形及所及于诸子百家的影响，而结之以"于是谱十二诸侯，自共和讫孔子，表见《春秋》、《国语》学者所讥（察）盛衰大指著于篇，为成学治古文者要删焉"。以孔子作《春秋》，为继王道之统，救政治之穷，使人类

---

① 《史记·乐书》"太史公曰，余每读《虞书》，至于君臣相敕，维是几安。而股肱不良，万事堕坏，未尝不流涕也"，此涕是为武帝的君臣的关系流的。《屈原列传》赞"太史公曰，余读《离骚》、《天问》、《招魂》、《哀郢》，悲其志。适长沙，观屈原所自沉渊，未尝不垂涕，想见其为人"，此涕是伤时感遇而垂的。《十二诸侯年表》序"太史公读《春秋历谱牒》，至周厉王，未尝不废书而叹也"，这是为汉室正当盛衰转捩点而叹。《孟荀列传》序"余读《孟子》书，至梁惠王问何以利吾国，未尝不废书而叹也。"这是针对当时言利之臣而叹的。《儒林列传》序"太史公曰，余读功令，至于广厉学官之路，未尝不废书而叹也"，这是因学术与利禄直接连在一起便会变质而叹的。

不能托命于政治者，乃转而托命于由《春秋》所代表的文化，成为他著史的最高准绳，这是他思想积极方面的大纲维。在他心目中，对文化的信任，远过于对政治的信任。他所了解的现实，使他相信人类的命运，在文化而不在政治，或者说，在以文化所规整的政治。所以《史记》可以说是以文化为骨干之史。

第二点，过去的历史，实由政治所支配，这是史公所无法逃避的现实。所以他的思想，不能不落在政治之上。史公对政治的最基本要求，是天下为公，这种意思，在《五帝本纪》中表现得最清楚。

尧知子丹朱之不肖，不足授天下，于是乃权授舜。授舜则天下得其利，而丹朱病。授丹朱，则天下病，而丹朱得其利。尧曰，终不以天下之病而利一人，而卒授舜以天下。

其次，史公认为君臣的关系，不同于父子，只是相对的关系。这种意思，表现在《微子世家》。"微子曰，父子有骨肉，而臣主以义属。故父有过，子三谏，不听，则随而号之。人臣三谏不听，则其义可以去矣。"《考证》："父子有骨肉云云，亦非微子语，史公推其心事而言之耳。"按此与上引"尧曰"一样，必史公先有此观念，乃得推其心事而言之。

同时，史公反对直接残害人民的刑治，而要求以礼乐陶养人民性情的德治。此点俱见于《礼书》、《乐书》及《循吏列传》序、《酷吏列传》序，后面还要谈到。

第三点，史公思想重要特性之一，表现在他的理智清明之上。他以儒家为主，同时网罗百家，绝无门户之见。但他对于驰骋个人想象力所得的结论，则绝不采信。他的春秋学得力于董仲舒；但从《自序》看，他抎取了董氏思想的精英，但对董氏"三代改制"说中过分流于牵附之谈的，则概不沾染。在《孔子世家》中，对孔子作《春秋》，虽用《公羊传》之说，但将董氏"王鲁"改为"据鲁"，便切合事实得多了。史公著书之年，正邹衍说大行之际，所以在《孟荀列传》中，以对邹衍的思想，叙述特详。但他除在《高祖本纪》赞中，略采三代忠、敬、文三统相救之说以外，对邹氏"深观阴阳消息，而作迂怪之变，终始大圣之篇十余万言"，及大九州之说，既谓其"闳大不经"，又谓"邹衍其言虽不轨，傥亦有牛鼎之意乎"；[①]意思是说邹衍编说的一套大话，大概是有如伊尹负鼎以邀汤，百里奚饭牛以干秦穆公，作为进身之阶，再进之以仁义。其不信任之情，由此可见。史公这种理智清明的头脑，在写《五帝本纪》时发生了很大的作用（见后）。《大宛列传》赞"太史公曰，禹《本纪》言河出昆仑，昆仑其高

① 以上俱见《史记·孟荀列传》。

二千五百余里，日月所相避隐为光明也。其上有醴泉瑶池。今自张骞使大夏之后也，穷河源，恶睹《本纪》所谓昆仑者乎？"这也是他的征实精神之一例。扬雄一面承认史公为"实录"（《重黎》），又讥其"爱奇"（《君子》），虽扬氏亦未足知史公。从神话中透出来，乃有历史可言，这也是史学得以成立的重要条件之一。乃现时有许多研究中国神话的人，不知从神话中去发现历史，却要把历史变成神话，这也算是学术上的倒行逆施。

四、史公的史学精神及其作史的目的

现在再进一步谈史公的史学精神和作史的目的。

史公作史的动机，是来自他的父亲司马谈，这在《自序》中讲得很清楚。但从司马谈《论六家要旨》看，他是以道家"因阴阳之大顺，采儒墨之善，撮名法之要"，集诸家之大成，所以他是立足于道家思想的。他引《鬼谷子》的"圣人不朽"，[①] 可知他很重视"不朽"，而他作史的动机与目的，如前所说，即在求自身及有关者的不朽。被称为西方史家之父的希罗多得（Herodotus，前四八四年

---

① 《汉书》此句"朽"作"巧"；王念孙因谓"《史记》原文盖作巧"，但《索隐》既明指"此出《鬼谷子》，迁引之以成其章，故称故曰也"，则其应作"朽"甚明；乃《汉书》误"朽"为"巧"。

至四二五年左右）捧于史诗神之词即略谓"关于许多人物勋业的记忆，由此书（《希波战史》）而防止其归于泯没。希腊人及异邦人伟大而可惊异的行为，由此书而不致失其光荣的报偿。以此希望而公布此书。"可知通过历史纪录以求不朽，是人类文化达到某种高度时的自然愿望。但史公除了禀承他父亲的此一愿望外，随着他的人格学问的成长，更进一步深受孔子作《春秋》的影响，以孔子作《春秋》的精神、目的，为他自己作史的精神、目的，这大概是在西方史学传统中所没有的精神。《自序》"先人[①]有言，自周公卒，五百岁而有孔子。孔子卒后，至于今五百岁，[②]有能绍明世，正《易传》，继《春秋》，本《诗》、《书》、《礼》、《乐》之际，[③]意在斯乎，意在斯乎，小子何敢让焉"。对这种意思表现得最清楚。

孔子作《春秋》的精神，乃是"贬天子，退诸侯，讨

①　"先人"两字，《索隐》释为"先代贤人"，《正义》释为"司马谈"。按上段述司马谈"夫天下称诵周公"一段，与此段的"先人有言"，意义有浅深之别，故以《索隐》之解释为是。此处史公自述其怀抱，假"先人有言"以出之，与下段言作史之主旨，特假董生之言以出之者正同，此亦微言之一例。

②　"五百岁"一词，《索隐》谓史公"略取于孟子"。由孔子卒至元封元年，三百七十五年；崔适谓此"以祖述之意相比"。按因时代不同，而对历史所采重点亦异。今人特重视数字，史公则特重视由某数字所含之意义；此时数字，乃成为某种意义之象征；所谓五百岁，乃文化绝续转捩点之象数耳。

③　按此"际"字乃交接会通之意。

大夫"①的精神。作《春秋》的目的，乃"以达王事而已矣"的目的。"王事"是王者之事，即孟子所反复阐明的以人民为主体的"王政"。历史所受的最大歪曲，是来自天子诸侯大夫这一套统治的权威；是非的淆乱，人民的痛苦，也是来自天子诸侯大夫这一套统治的权威。没有"贬天子，退诸侯，讨大夫"的精神，则历史的真实不明，是非不辨，人民的痛苦不伸，便不能达到"以达王事"的目的。史公的父亲所说的"废明圣盛德不载，灭功臣世家贤大夫之业不述，堕先人所言，罪莫大焉"。②史公当然也有这份责任感。但通过《史记》一书，不难了解，此种责任，在史公作史的精神与目的中，所占的分量不大。史公对所谓"明圣盛德"、"功臣贤大夫"，也作了一番搜罗、发现、表彰的工夫，但历史的价值，这一方面的人物，所占的比例太小。所以他作史的精神，主要是发挥在"贬天子，退诸侯，讨大夫"的与权威相抗拒之上。他作史的目的，则是要使他的著作成为"礼义之大宗"，标示以人民为主体的"王事"的大方向。《史记》之所以能成为"实录"的原因在

①　《汉书·司马迁传》录此文无"贬天子"三字，而成为"贬诸侯，讨大夫"。盖班固以为天子不可贬，汉室控制诸侯，故诸侯可贬，大夫则更可讨。由此三字之取舍，而司马迁与班固作史精神之差别，最易著见；且此亦儒家思想因专制之压制而堕退的标志，关键诚非浅显。

②　按司马谈此语，乃由"余先，周室之太史也"而来，此乃想继承其先世太史之职。在司马谈当时，太史已无此职守。

此,《史记》之所以有千古不磨的真价的原因也在此。乃章学诚不从这种地方去了解史公,而谓"吾则以为史迁未敢谤主,读之者心自不平耳……而不学无识者流,且谓诽君谤主,不妨尊为文辞之宗焉,大义何由得明,心术何由得正乎"。[1] 以此而言"史德",此真所谓卑贱的奴隶道德,章氏实在没有资格论《史记》。

史公在《报任少卿书》[2] 中说"亦欲以究天人之际,通古今之变,成一家之言"。这是由知识的睿智来表明他作史的目的。上述的贬天子、退诸侯、讨大夫的精神,可以称为道德理性的批判精神。道德理性的批判精神,可以引发知识的睿智;而知识的睿智,又可以支持道德理性的批判精神。所以上面三句话,是很重要的三句话。我应当稍加疏释。

史公受《公羊》于董仲舒,董氏盛宏天人感应之说,于是后人多把史公所说的"亦欲以究天人之际",与董氏的天人感应思想混同了起来。这是一个很大的误解。《史记·孝文本纪》二年"十一月晦,日有食之",孝文下罪己求言之诏,这是以传统的天人感应思想为根据。但通过《史记》以了解史公本人的思想,则他受此种思想的影响

---

① 见《文史通义》卷三《史德》篇。
② 此书《汉书》本传及《文选》所载,文字稍有异同;而班固袭用史公文,好去其虚字(助语词),至史公文字之精神尽失。

甚少。他所说的天，与董氏所强调的天，虽都能给人类以巨大影响；但董氏的天，是理性的，所以天对人的影响，也是合乎理性，因而是可以通过人的理性加以解释的；必如此，始能达到对人君的行为发生教诫的作用。但史公心目中的天所加于人的影响，只是一种神秘之力所加于人的影响，不能以人的理性加以解释，因而天的自身便不一定是理性的，对人的行为，不会作出教诫性的反应。并且站在史公的立场，正因为感到历史中有一种不能用人的理性加以解释的力量给人类历史以巨大影响，他才称之为天。《六国年表》序：

> 秦始小国僻远，诸夏宾（摈）之，比于戎翟。至献公之后，常雄诸侯。论秦之德义，不如鲁卫之暴戾者。量秦之兵，不如三晋之强也。然卒并天下，非必险固便，形势利也，盖若天所助焉。或曰，东方物所始生，西方物之成孰（熟）。夫作事者必于东南，收功实者常于西北，故禹兴于西羌，汤起于亳，周之王也，以丰镐伐殷，秦之帝，用雍州兴，汉之兴，自蜀汉。

照儒家的传统观念，仁义可以王天下，而秦之所谓德义，连鲁卫的暴戾都赶不上，则其不仁不义之至，没有得天下的道理。一般人可归之于险固便，形势利；但史公觉得这也不是可以得天下的充足理由。换言之，秦之并六国而一宇内，不是用人的理性所能解释的，于是只好归之于神秘不可知之天，而谓"盖若天所助焉"。《魏世家》赞"说者皆曰，魏以不用信陵君故，国削弱至于亡。余以为不然。天方令秦平海内，其业未成。魏虽得阿衡之佐，曷益乎"，是史公真以秦并天下，为出于天意。但这与孟子所说的"天与贤，则与贤，天与子，则与子"的天，是显然不同的。孟子是"天不言，以行与事示之而已矣"，这是由人的理性可以理解的。最后，"天下之民从之"即是"天与"，故引《泰誓》的"天视自我民视，天听自我民听"，[1] 以作立说的根据，这更是天的理性化。由理性化之天，可以言天人感应。史公将历史中不能用人类理性所能解释的现象而称之为天，此天即在人类理性范围之外，与人没有可以感应的通路。他在《悲士不遇赋》(《艺文类聚》三十)中有"天道微哉"之语，《文选》张衡《归田赋》注及司马彪《赠山涛诗》注，与陆机《塘上行》注，皆引作"天道悠昧"。这是他对天的基本观点。他的这一观点，在《秦楚之际月表》序中，表现得更委曲而实更确切。他先叙"虞夏之兴，积善累功数十年"；"汤武之王，契后稷修仁义十余世"；"秦起襄公……献孝之后，稍以蚕食六国，百有余年，至始皇，乃能并冠带之伦"；而总结之以"以德若彼，用力如此，盖一统若斯之难也"。上面

---

[1] 见《孟子·万章上》。

这些话，都是烘托出刘邦的"王迹之兴，起于闾巷；合从讨伐，轶于三代"，"故发愤其所为天下雄，安在无土不王"的情形，无法用"德"与"力"的历史事实加以解释，只好说"岂非天哉，岂非天哉"，即分明指明刘邦无得天下之理，而卒能很快地得了天下，只好归到不可用人理性之力加以解释的天上面。这种天，所给予史公的，不是董氏的敬畏，而是一个理智清明的人所不能不迷惘的类似原始森林样的幽暗世界。史公对此一世界的心情，是犹疑而忧郁的心情；所以在上引的相关材料中所用的是"若"、"岂非"、"哉"等犹疑而带忧郁性的文字。至于此段文章夹入的"此乃传之所谓大圣乎"，"非大圣孰能当此受命而帝者乎"，只不过是他认为刘邦无得天下之理的一种掩饰。"大圣"是超过圣人之圣，超过圣人之圣，也是不可理解的，此之谓"微言"。董氏的理性的天，可以言"天人相与之际，甚可畏也"，[①]"相与"即是"感应"，因为天对人的行为的善恶能有所感而应之以祸福，所以是可敬畏的。而史公则只言"天人之际"，没有"相与"两字。《说文》十四下"际，壁会也"，王筠《句读》谓"版筑相交之处也"。《小尔雅·广诂》："际，界也"，按相交之处，即两者相会之处，故际有"会"义，又有"合"义。"墙相交之处，必有缝焉"，以成两者分界之处，故际又有"界"义，亦

---

① 《汉书》五十六《董仲舒传》，董氏对策的第一策。

有"隙"义，①际的"会"与"界"二义，相因而成，用的时候可以互摄，而意各有所重。史公所谓"天人之际"，我认为指的是划分天与人的交界线。史公要穷究历史上的现象，何者是属于天的范围，何者是属于人的范围。天与人的交界线是在什么地方。

上引的秦汉得天下的两个例子，是很突出的例子。下面再引《伯夷列传》的例子，便更富有历史中的社会性的意义。

> 或曰，天道无亲，常与善人。若伯夷、叔齐，可谓善人者非耶？积仁絜行如此而饿死。且七十子之徒，仲尼独荐颜渊为好学。然回也屡空，糟糠不厌，而卒早夭。天之报施善人，其何如哉。盗跖日杀不辜，肝人之肉，暴戾恣睢，聚党数千人，横行天下，竟以寿终，是遵何德哉。此其尤大彰明较著者也。若至近世，操行不轨，专犯忌讳，而终身逸乐富厚，累世不绝。或择地而蹈之，时然后出言，行不由径，非公正不发愤，而遇祸灾者，不可胜数也，余甚惑焉。傥所谓天道，是耶非耶。

在上面的话中，是否定理性的天；最低限度，是怀疑理性

---

① 朱骏声《说文通训定声》"际"下，"凡两墙相合之缝曰际。疑山中两峰相会之岩曰际，与隙略同"。

的天，而自然要归结到非理性的天的上面。广大的社会，实颠倒于此非理性的天的下面。

史公之所谓天，实有同于命运之命。《外戚世家》：

> 人能弘道，无如命何。甚矣，妃匹之爱，君不能得之于臣，父不能得之于子，况卑下乎。既驩合矣，或不能成子姓（按此指吕后以张敖女为孝惠皇后而言）；能成子姓矣，或不能要其终（按此指武帝对后宫生子者无不谴死而言）；岂非命也哉。

又《李将军列传》：

> 初广之从弟李蔡，与广俱事孝文帝……元狩二年中，代公孙弘为丞相。蔡为人在下中，名声出广下甚远。然广不得爵邑，官不过九卿；而蔡为列侯，位至三公。诸广之军吏及士卒，或取封诸侯。广尝与望气王朔燕语曰，自汉击匈奴，而广未尝不在其中；而诸部校尉以下，才能不及中人，然以击胡军功取侯者数十人；而广不为后人。然无尺寸之功以得封邑者，何也？岂吾相不当侯耶？且固命也？

上面的话，虽系出于李广之口。然史公实抱此同一郁抑的心情，特为此未曾封侯者立传。李广之言，实亦史公之言。然则史公作史时，常感到有一种"天人之际"，而欲加以穷究，且对此处常郑重叹息以言之，这到底含有什么意义呢？

我在《原史》一文中，已经指出左氏传《春秋》，特别凸出行为的因果关系，以作成败祸福的解释，并为孔子的褒善贬恶，提供有力的支援。而孔子作《春秋》，在史公看来，主要便在把一般人所看不到的，因而为人所忽略的行为的因果关系，通过谨严而有系统的记录，把它表达出来，使人能在自己行为之先，即应当，也可能，看出自己或他人的这种行为所将要得到的成败祸福的结果，因而不能不早作选择与决定。史公下面的一段话，说的便是这种意思。

　　春秋之中，弑君三十六，亡国五十二，诸侯奔走不得保其社稷者，不可胜数。察其所以，皆失其本也（失掉作为行为规范的礼义）。故《易》曰，失之毫厘（在行为开始时，所失甚小），差以千里（在行为的结果上所差者则甚大）。故曰，臣弑君，子弑父，非一旦一夕之故也，其渐（其所积之因）久矣。

成败祸福，可用行为的因果关系，加以解释的，也即是由人类的理性所能加以把握的，即是史公之所谓"人"。这可以称为历史中的必然性，这是史学得以成立的基本条件。但历史运行，有的并非用行为的因果关系能加以解释，而形成为人类理性照射所不及的幽暗面，即是史公之所谓天。这可以称为历史中的偶然性，这是历史不同于自然科学的特殊性。史公欲究天人之际，即是要把历史的必然性与偶然性划分一个疆界，就是每一个史学者最后的到达点。尽管必然性与偶然性的认定、划分，因各人的观点、识力、时代等的不同而可各有不同；但将自己毕生的生命，投入于历史之流，而要将其加以理解、把握，一定会感到有这种无可奈何的天人的分界。

但史公说出这句话的意思并不止此。

在偶然性的幸与不幸中，人类惯性，必不甘心于偶然性的解释，尤其是在政治上得到特别幸运的人，常会以各种方法，对他的偶然性的幸运，作必然性的解释，这对历史便是一种侮辱、歪曲。例如史公对刘邦的得天下，只不过是"岂非天哉"，他在《高祖本纪》中，对刘邦的个性、品德、才智等，都像写其他列传一样，作了忠实的反映；而他的短处在《本纪》中不便写出时，便在其他传记中写了出来。例如在《本纪》中说他的个性"常有大度"；这是说他不与人计较小节，及在时机未成熟时能包容隐忍而言，是属于他的智略的一面。在《佞幸列传》中说"高祖至暴抗也"，这才是他真正的个性。而"好酒及色"，都不为他隐讳。在赞中只引夏、殷、周的忠、敬、文三统之说，指出"周秦之间，可谓文敝矣。

秦政不改，反酷刑法，岂不谬哉。故汉兴承敝易变，使人不倦，得天统（得夏之忠）矣"，这是指出汉所应遵循的易秦之敝的大政治方向，并暗示汉武奢侈酷烈的政治，恰与此大方向相反。《汉书·高帝纪》，抄自《史记》，但"赞曰"则不用《史记》，以全力证明刘氏世系，乃出自帝尧，"由是推之，汉承尧运，德祚已盛，断蛇著符，旗帜上赤，协于火德，自然之应，得天统矣"。这是要以承帝尧的德祚，来说明刘邦的得天下，有可以解释的必然性，并附会符瑞，以为"自然之应"。这是超越了史公所设定的天人之际所作的解释，势必成为歪曲历史的虚伪解释，这是史公要划出于"人"的范围之外，所不肯说的。而班氏所说的天统，与史公所说的天统，内容上有本质的不同，可不待说明。

更深一层地看，史公之所谓天，更多的指的是大一统的专制皇帝；皇帝的专制权力，经常是一切理性所无法达到之地。一般地不能用行为的因果关系加以解释的偶然性的天，皆是出于政治权势。而顺着权势向上追，追到皇权专制的权源之地，便达到了天人之际的决定点。这是历史黑暗面的总根源。个人专制的权力结构不变，则此一黑暗的总根源，便永远存在，由此根源所发出的各种悲剧，也只好称之为天，称之为命。陈平、周勃诛诸吕后，惩吕后凶狲之祸，因齐王母家驷钩系"恶人"，乃舍齐王而立"太后家薄氏谨良"的代王，是为文帝。^① 武帝欲立昭帝，而先杀钩弋夫人，^② 其防外戚之祸者可谓至矣。但西汉依然亡于外戚。史公在《外戚世家》中指出其原因说"甚哉，妃匹之爱，君不能得之于臣，父不能得之于子，况卑下乎"，专制者床笫之私，即伏朝纲紊乱之祸，不是其他的力量所能为力的，史公只好说"岂非命也哉"。专制政治下仕宦中的升沉荣辱，大多数不是由当事者的行为所能加以解释，只能归结到最高无上的专制皇帝的天。由此可以了解史公的天人之际，实以无限的感慨、无可奈何的心情为其内容。但他有的从正面点出来，有的则出以微言的方式。

再其次，则史公所究的天人之际的天，是幽暗而无凭的，是不可加以信赖的；他由此而转出人的自主精神，及由人的自主精神，补不可信赖之天的缺憾。《伯夷列传》非仅为伯夷、叔齐两人立传，而实为"岩穴之士，趣舍有时若此类（伯夷、颜渊），名湮灭而不称，悲夫"的古往今来的被权势抑压之人立传。这是对不可信赖之天的反抗，实即是对专制权力的反抗。他在"傥所谓天道，是邪非邪"的下面，接着是"子曰，道不同，不相为谋，亦各从其志也。故曰富贵如可求，虽执鞭之士，吾亦为之。如不可求，从吾所好。岁寒，然后知松柏之后凋。举世混浊，

---

① 具见《史记·外戚世家》。
② 见《史记·外戚世家》后的"褚先生曰"所补记。

清士乃见。岂以（因）其（世俗）重若彼（富贵），其（世俗）轻若此（节义；此处应补一句'而易所守'）哉。"他特强调一个"志"字，这是人的道德理性对自己所作的决断，亦即是人的道德理性为人自己作主，而置世俗之所轻重者于不顾的自主精神。这样，便可从偶然性的天，实际是专制下的权势，解脱出来，以"从吾所好"。必如此，而后有人的主体性可言，有人格尊严可言，有人道与历史可言。无人道烛照之光，仅是一团混乱，历史便不能成立。说到这一点，史公的究天人之际，与孔子所说的"不知命，无以为君子也"的意义，是一脉相通的。《论语》上的"天命"与"命"的意义，完全不同，[①] 命是指富贵贫贱等的遭遇而言，这不是人自己所能决定的，亦即是孔子所说的"不可求"的。由学以扩充知识，由仁义以培养人格，这是可以自己作决定的，亦即孔子所说的"所好"，"为仁由己"。"不知命"，便会为了追求富贵、厌恶贫贱而丢掉做人的基本条件，所以孔子便说"无以为君子"。史公究天人之际，把历史中的理性与非理性的，必然的与偶然的，划分一个大界线，他自己由此而从历史现象的混乱中突破出来，看出了历史中"应然"的方向，使其著作，也和《春秋》一样，成为"礼义之大宗"。

---

① 具见拙著《中国人性论史·先秦篇》页八三至八四（编者注：现为九州出版社《全集》版页七六至七七，大字本页九二至九三）。

现在对史公所说的"通古今之变"，略作解释。"通"是通达。通古今之变，即是通达古今的变化。从生存的平面看出去，容易误解我们生存的环境是静态的、不变的。由农业社会四时代序的情形推出去，容易认为我们的历史，是循环的。"循环史观"，在中国思想中占有重要的地位。"循环"依然是不变。只有深入于历史之中，作具体的把握，才能真正发现历史中的古与今，是在变化中运行的。这是历史的实体。通古今之变，是说明史公把握到了这种实体。史公清楚所凸显出的古今的大变化，一为周"厉王以恶闻其过。公卿惧诛而祸作，厉王遂奔于彘，乱自京师始，而共和行政焉"，① 及秦之统一六国，与刘邦之以布衣为天子。

但史公之所谓"通"的意义并不止此。若知道历史现象是在不断的变化，而不知道其变化的根本原因，则人常因不能作合理的解释而为这种变化所眩惑，有如一个小孩子走进迷宫，迷失了自己存在的立足点，同时也就迷失了被认识的对象。史公之所谓通，是要达到"古今以何而变"的程度，这才可谓真正把握到了历史。他在《十二诸侯年表》序中说"于是谱十二诸侯，自共和迄孔子，表见《春秋》（指《左氏传》）《国语》学者所讥（考察）盛衰大指，著于篇，为成学治古文者要删焉。"《六国年表》序中说

---

① 《史记·十二诸侯年表》序。

"余于是因《秦记》，踵《春秋》(按指《左氏传》)之后，起周元王，表六国时事，讫二世，凡二七〇年，著诸所闻兴坏之端。后有君子，以览观焉"，都是这种意思。《自序》"罔（网）罗天下放失旧闻（按指史料的搜集、整理），王迹所兴，原始察终（找出行为的因果关系），见盛（看出其何以盛）观衰（观察其何以衰），论考之行事（凡始终盛衰之变，皆论考之于行事）"，这更说得明白。

不过，变固然是历史的实体，但若在变中发现不出不变的因素，即找不出贯通时间的线索，使时间皆成为片段零碎的，也不能构成历史。尤其是史公作史的目的，是要在古今之变中找出人类前进的大方向，人类行为的大准则；亦即是要认取变中之常道。并且必须通过古今之变中所认取的常道，才可信其为常道；否则容易陷于截取变中的假象，将其误认为不变之常道。例如权谋术数，在变的某一横断面中，未尝不可收一时之效。若将历史局限于此一横断面，便会在此一横断面中把有功效的权谋术数，视为历史之常道。但若能通过古今之变去认取，则不难发现权谋术数在变中所演出的无数悲剧；并且权谋术数，既不能肯定他人，也不能肯定自己，根本不能作人类立足之地，即是不可能成为变中的常道。史公于此，则提"《春秋》以道义"(《自序》)的义，或称礼义，或称仁义，以为人类在变中的立足点，因而即以此为变中的常道。义见于行为的合理形式，即是礼；义后面的精神动力，即是仁。内以克制自己的私欲，外以趋赴大多数人的共同利益；内以肯定个人的人格，外以肯定群体人伦的共同价值，使个人生活于群体利益之中，群体生存于个人精神之内。这在古今之变中，不能不承认它可以作任何人的立足点，它可以在变中端正变的方向，发生救衰起敝、去腐生新的意义。所以在"通古今之变"的后面，即含有"得古今之常"的意思在里面。"通古今之变"是把历史拉长了看。只有把历史拉长了看时，才能了解史公所提出的变中之常道，真可称之为常道，可由此以克服近代思想的历史主义，将一切漂浮化、相对化的危机消除。近代历史主义大师马西勒克（Friedrich Mxinecke，一八六二年至一九五四年）在《历史与现代》一文中，强调"没有坚确的伦理基础所把握的历史，只不过是波浪样的游戏。所以只有良心之声，才可使一切流动的东西，相对的东西，突然地成为形而上的、坚确的，而且是绝对的东西"。他又说："良心，对于单纯的表现性，恣意或非道德的企图等，不断设定严重的制限。不仅如此，更高层次的历史的诸力，有如民族、祖国、国家等，是通过良心之口，向各个人号召……此际，若是个人的意欲与更高层次的共同意欲之间，发生良心上的纠葛，良心是唯一的法庭……原则上较之各个人的福祉，不能不更重视全体的福祉。良心才是人类社会的强力结合剂，同时也是人间真正形而上学的根源点。在良心里，个别的与绝对的相融合，历史的与现在的相融合……结局，历史的一切的永远价值，皆来自行为的人类的良心决断。"①我认为史公在两千年前的到达点，与马氏的到达点，是可以相通的。仁义或礼义，是良心的具体内容。

"成一家之言"，普通只作为史公表明他所作的，不是代表官方的公文书，而是他自己私人的著作，却忽视了这是由史料走向史学的一句关键性的话。作史的第一件事当然是搜集史料。《史记》一书之所以能成立，主要是他得到"紬（读）史记石室金匮之书"，及"百年之间，天下遗闻古事，靡不毕集太史公"的便利；这是他的基本史料。其次，他在旅游交游中亦无不留心史料的问题。这是许多人已经指出过的。但不仅在搜集史料时，须要作者的历史意识、文化意识作导引；在史料拣别及编次上，须要作者的学识及组织能力作决定。尤其重要的是：史学之所以成立，乃成立于活着的人，与死去的人，能在时间上贯通，在生活上连结，以扩充活着的人的生存广度与深度。换言之，史学乃成立于今人对古人的邀请之上。凡为今人所不邀请的古人，虽有史料，亦被遗忘于历史记忆之外。而今人所邀请于古人的，不是史料的自身，而系史料所含的各种意义。这种意义，须由作者来发现。意义发现之浅深与真假邪正之分，不仅关系于作史者的学养，尤关系于作史

---

① 日本创元社《史学丛书》中山治一译《历史主义之成立》页二三至二五。

者的人格。由人格之不同，而有不同的动机；由动机之不同，而有各种不同之角度；由角度之不同，而对史料有不同之着眼点，有不同之选择，有不同之意义之发现。由作者的人格与学养，注入于史料之中而加以构造，然后能使古人重现于今人之前，重现于读者之前，此之谓史学。简言之，史料加上作者的"人的因素"，然后能成为史学。所以凡是值得称为一部史学的著作，必系"一家之言"。官史出而史学衰替的原因，由此可得到解释。史公在《自序》中说"退而深惟曰，夫《诗》《书》隐约者，欲遂其志之思也……《诗》三百篇，大抵贤圣发愤之所为作也。此人皆意有所郁结，不得通其道也。故述往事，思来者，于是卒述陶唐以来，至于麟止，自黄帝始。"从他这段话中，可以了解，因为有"遂其志之思"的动机，有"思来者"的动机，然后才有"自黄帝始"的著作。在此著作中，历史的展现，亦即是他的"志之思"、"思来者"的展现，亦即是他的人格与学养的展现。从著作的根源上说，他的作史，与他所引用的西伯（文王）的演《周易》，孔子的作《春秋》，屈原的著《离骚》，左丘明的有《国语》，孙子的论《兵法》，吕不韦的传《吕览》，韩非的有《说难》、《孤愤》，及诗人的三百篇，并无二致。此其所以"成一家之言"。而他把自己所作之史，便称为"太史公书"（《自序》）。真能"成一家之言"，然后能成为万人之言、万世之言。

五、《史记》构造之一——本纪、世家

史公将史料完成史学的构造，即是十二本纪、十表、八书、三十世家、七十列传。这不仅奠定了两千多年来正史的格局；并由本纪而上承《左氏春秋》，下开《前汉纪》之编年体。[①]由年表而上存谱牒，下开年谱等无数法门；由书而下开三通；由世家而下开族谱并地方志；[②]列传树立后来文学家的传记文学的典型，衣被两千年而不坠。凡此体制，史公殆各有所本，尤以受《左氏传》及《国语》的影响最大。文化上极少有突然创始之例。然将古史各种形式，撮其纲要，有意识地赋予明确的意义；综合地将各种形式构造成一个有机的统一体，在统一体中，各发挥前所未有的功能，这便是在史学上震古铄今

---

① 荀悦《前汉纪序》"其（建安）三年诏给事中秘书监荀悦，抄撰《汉书》，略举其要……悦于是约集旧书，撮序表志，总为帝纪"是《前汉纪》之成立；乃以《汉书》之帝纪为经，再织入志表传之有关材料，其扩大帝纪以为编年体，至为明显。而《汉书》之帝纪，固出于史公之《本纪》。若更推而上之，则《史记》之本纪，可谓由《春秋经》与《左氏传》演绎而出。故亦可谓《左氏传》为编年体之祖。

② 世家一体，普及于平民，即成为族谱。世家成立之另一意义，为承认各国政治的特性。在天下一统的情形下，由承认各国政治之特性，进而可推及承认各地方文化之特性。过去虽无人指出地方志出于世家，然其意实可相通。

的伟大创造。《自序》：

> 略推三代，录秦汉，上记轩辕，下至于兹，著十二本纪，既科条之矣。并时异世，年差不明，作十表。礼乐损益，律历改易，兵权山川鬼神天人之际，承敝通变，作八书。二十八宿环北辰，三十辐共一毂，运行无穷，辅拂股肱之臣配焉。忠信行道，以奉主上，作三十世家。扶（持守）义俶傥（不为世俗所羁绊），不令己失时，立功名于天下，作七十列传。凡百三十篇，五十二万六千五百字，为《太史公书》。

上面是简述了由五种体裁所形成的全书的构造。今人好言史学方法，史学方法，应表现于作史者如何控御历史，安排历史之中。在这种控御、安排下，历史重现的程度，即是史学方法效率的程度。史公以纪、表、书、世家、列传五种体裁控御历史，安排历史，使历史在这五种体裁中，能作突出、关连、完整的重现，所以这五种体裁，即是史公的史学方法的大纲维大创发。次级的方法，都缘此而条理出来的，以下再略申述其意义。

本纪的意义，史公说"既科条之矣"一语，王先谦以"科分条例，大纲已举"释之。按"条"在此处，应为条理之条。科分其朝代而加以条理，条理犹整理。《史记正义》引裴松之《史目》谓："天子称本纪，诸侯曰世家。

本者系其本系，故曰本。纪者理也，统理众事，系之年月，名之曰纪。"兹就本纪内容以综括其意义，可举以三：一是帝王的世系。二是某一时代政令的中心；由此而能提供历史以统一的空间。三是时间的统一与纵贯，由此而可提供历史以流动而一贯的时间。统一的空间，在流动而一贯的时间内活动，这便形成了显明的历史形象。其他的组成部分，也由此而得其纲维、条理。所以这是历史的脊骨，也是一部著作的脊骨。

一般的说法，孔子删《书》断自唐虞，所以不知不觉地以唐虞为信史之所自始；史公也抱持这种观念。但《五帝本纪》，始自黄帝，这是把历史的建筑，向上加高了三层，此乃出于他的历史意识的不容自已的要求，而又受到历史意识的自我抑制，所作的大决断。他和其他的人一样，以唐虞为信史，因为有《尧典》、《舜典》、《皋陶谟》等可据。然唐虞必有所自来，即唐虞以前，亦必有历史。所以若本纪起自尧舜，这是他的历史意识之所不甘。但顺着历史意识的要求，则势必向上追至人类的所自始；后出的盘古神话，①便是由此种要求而产生的。但历史意识，同时要求应有材料的证明，否则会成为"惟初太始，道立于一。

---

① 此神话首见于徐整所著《三五历记》。徐整，三国时吴人，以此推之，此神话或产生于东汉之末。

造分天地，化成万物"①的玄学家的冥想、推想。由《五帝本纪》赞而可了解史公在上述历史意识导引之下，深入于被限定的材料之中，以决定本纪始自黄帝的苦心卓识。赞谓：

> 学者多称五帝尚（久）矣。然《尚书》独载尧以来。而百家言黄帝，其言不雅驯（多为寓言、神话，故不雅不驯），荐绅先生难言之（以上言不能以百家之言为据）。孔子所传宰予问《五帝德》及《帝系姓》，儒者或不传（传习，盖亦以为可疑）。余尝西至空桐（相传黄帝问道于广成子处），北过涿鹿（《正义》：即黄帝、尧、舜之都也），东渐于海，南浮江淮矣。至，长老皆各往往称黄帝、尧、舜之处，风教固殊焉（此言在各地长老的精神中，皆承认黄帝、尧、舜之存在，并发生风俗教化上的影响，故不可轻加以抹煞）。总之，不离古文者近是（《考证》："按古文谓以古文书者，不止《尚书》一经。"此乃言上述各种材料，以可与古文典籍相印证者近真）。予观《春秋》（《左氏传》）《国语》，其发明《五帝德》、《帝系姓》章矣（此言两篇对五帝之叙述，得《左氏传》与《国语》之互相发明而

---

① 此引许氏《说文解字》第一上"一"字下之文；乃战国末期以来，玄学家对宇宙、人类起源之概括说法。

可信），顾弟（但）弗深考（但一般儒者未曾深加考察，故"不传"）。其所表见皆不虚。《书》缺有间矣（《尚书》残缺，对古史留有缺间待补），其轶（五帝之逸事）乃时时见于他说（由他说之可互相发明者，亦可采用以补《尚书》之缺间）。非好学深思，心知其意，固难为浅见寡闻道也。余并论次，择其言尤雅者，故著为本纪书首。

站在史公的立场说，由帝尧起为信史，黄帝、颛顼、帝喾为传说史；传说史可信之程度，自不如信史，所以在《自序》中说："于是卒述陶唐以来，至于麟止，自黄帝始。"他不说"卒述黄帝以来"而只说"卒述陶唐以来"，其对两者可信的程度加以区分，用意至为明白。但浅见寡闻之士，常以浅薄的理智，面向古代传说的资料，轻率加以抹煞。惟"好学深思，心知其意"的人，则知传说的性质，常为真伪杂糅，既不可完全加以肯定，亦不应完全加以否定，而须在广征互证中加以别择。由现时的观点看，《五帝德》、《帝系姓》，乃战国后期有人伪托孔子答宰予之问，而将各种有关传说加以整理而成。但史公则将其与《左传》、《国语》互相参证后，认为可以补《尚书》之缺；这在他所受的时代限制中，对史料鉴定的方法，不能不承认有极大的意义。出现在《左传》、《国语》中的此类传说，与后来的诸子百家，常托寓言以达己意者不同，必有其传承的线索，因而有相当可信的程度，是可以断言的。史公以此为互相发明的基准，这在他已尽到了最大的审慎、决择的能事。他在《五帝本纪》中，除以《五帝德》、《帝系姓》及《尚书》之《尧典》、《舜典》、《皋陶谟》等为骨干外，更采用《左传》者六，采用《国语》者三，采用《孟子》者七，采用《韩非子》及《吕氏春秋》者各二，采用《墨子》、《尸子》、《庄子》、《礼记·檀弓》及《郊特牲》与《战国策》者各一，此外还有为我们今日所无法查考的材料。《自序》所谓"整齐百家杂语"，此即其一例。班彪谓其"斯以勤矣"，[①] 于此可见其勘比缀辑之劳。他把两种以上的材料摆在一起，如为各材料所并有，则采其合理者；如此有而彼无，则使其有无相补。如仅有一种材料可用，而其中有甚不合理者，则裁而去之。本《五帝德》以述黄帝，中间补以《左传》及诸家之说，而将《五帝德》中的"黄帝黼黻衣，大带，黼裳，乘龙，宸云"等举而去之；盖以黼黻大带，为当时所不能有，而乘龙宸云，乃事实上所必无。依《五帝德》以叙颛顼时，则去其"乘龙而至四海"之言；述帝喾时，则去其"春夏乘龙，秋冬乘马，黄黼黻衣"之语。殷周秦三本纪，不废他们始祖诞生的神话，是因为这种神话，是殷、周、秦三氏族所信奉为他们始祖诞生的历史，与

---

① 《汉书·司马迁传》赞中语。而此赞乃出自班彪。

上述各神话之来源不同，性质亦因之不同，故史公处理的方法，亦因之各异。依《尧典》、《舜典》以述尧，而补以《五帝德》"其仁如天"八句，将其中的"黄黼黻衣"一句改为"黄收纯衣"。"四罪而天下咸服"事，为《舜典》与《五帝德》所同有；但史公对此事，则舍《舜典》而用《五帝德》；因《五帝德》在"流共工于幽陵"（《舜典》"陵"作"州"）下，多"以变北狄"；在"放驩兜于崇山"下，多"以变南蛮"；在"迁三苗于三危"下，多"以变西戎"；在"殛鲧于羽山"下，多"以变东夷"；史公盖取其在流放四罪之中，依然有教化四夷之意。而《五帝德》原文为"杀三苗于三危"，史公则改"杀"为"迁"，此"迁"字译《舜典》"窜三苗于三危"之"窜"字；盖史公以三苗为当时之一大族姓，杀一大族姓，为事实之所不应有，所不能有，故改"杀"为"迁"，而"迁"字又本于《舜典》之"窜"，非史公所随意缘附。由上面简述诸例，可知史公在《五帝本纪》上所下的经营构造的工夫。《本纪》中证明黄帝是"代神农氏"而"为天子"的，这便说明了在黄帝前还有许多世纪的存在，后人纷起以补其缺，并不能说完全没有意义。但史公以六艺为可信的真史料，以孔子的话，为最可信赖的话。《左传》、

《国语》，缘《春秋》而见重，故史公即称之为《春秋》。①
其他史料，必以六艺及孔子的话为衡断，此观于《伯夷
列传》而可见。史公虽不信《五帝德》、《帝系姓》，为
真出自孔子，但因其可与《左氏春秋》及《国语》互证，
所以他才舍黄帝以前之各有关传说而断自黄帝，由此可
见他作为一个史学家的谨慎。史公的这种谨慎态度，具
见于《三代世表》赞："孔子因史文次《春秋》，纪元年，
正时日月，盖其详哉。至于序《尚书》则略无年月。或
颇有，然多阙不可录。故疑则传疑，盖其慎也。"《春秋》
桓公五年，《穀梁传》"《春秋》之义，信以传信，疑以传
疑"，此意深为史公遵守。《高祖功臣侯者年表》序"著
其明，疑者阙之。"《晋世家》"自唐叔至靖侯五世，无其
年数。"《楚世家》"其后中微，或在中国，或在蛮夷，弗
能纪其世。"这都是他谨慎的显例。了解史公的谨慎，是
读《史记》的第一要点。

---

① 此点除在《原史》一文中曾详为举证外，但在初次刊出时，尚漏列一证
据，即《史记·六国年表》序中所谓"余于是因《秦记》踵《春秋》之后，
起周元王表六国时事讫二世，凡二百七十年"，此处之所谓《春秋》，亦
指《左氏传》而言。因《十二诸侯年表》终于鲁哀公十八年，即孔子绝
笔后之四年。《左氏传》记周敬王崩于哀公十九年，两者相差一年，《十二
诸侯年表》纪年实以鲁为主，《六国年表》纪年则以周为主，敬王崩后
周元王立，故《六国年表》即始于周元王元年，紧承敬王崩之鲁哀公
十八年；故谓"踵《春秋》之后"。仅《左氏传》记至哀公十八年，故此"春
秋"必指《左氏传》。

史公在所记的黄帝中，除表现出政治制度的萌芽以外，更确定了当时疆域之所至，如"东至于海"，"西至于空桐"，"南至于江"，"北逐荤粥"，"而邑于涿鹿之野"，这便勾勒出了我们民族立国的初步规模。"我们是黄帝的子孙"的一句口头语，今日虽被外来的宗教、主义压下去了，但确是我们表现民族自尊与民族自信的一句话。假定我们在国家的主权与人的精神上能完全站起来，这句话必然会复活的。而这句话的根源，即是来自《五帝本纪》。由此可以了解一位伟大的史学家在民族中的伟大意义。

史公以《秦记》为经，以《左传》、《国语》、《战国策》为纬，以立《秦本纪》，自"秦之先，帝颛顼之苗裔。孙曰女修，女修织，玄鸟陨卵，女修吞之，生子大业"起，至"赵高杀二世，立子婴。子婴立月余，诸侯诛之，遂灭秦"止，首尾完整，与夏殷周之本纪无异。对始皇以前的秦先世之叙述，较其他世家之叙述为详尽，这是因为"秦既得意，烧天下《诗》、《书》，诸侯史记尤甚……而史记独藏周室，以故灭……独有《秦记》，又不载日月"的关系。"而《史记》独藏周室，以故灭"的话，梁玉绳引以为疑；不知独藏周室之史，乃史官所录。梁氏所引者，则为后来的私人著作。史公的话，没有可疑的。《秦本纪》外，另立《始皇本纪》，因时代近、资料多、关键大的原故。自此以后，每帝立一纪，遂成为正史定例，录贾谊的《过秦论》上中两篇以代替自己的"太史公曰"，《陈涉世家》亦是如此；盖以贾生之论，对此一历史大关键，有解释之力，有教训之功，恰如己所欲言。

史公为项羽立本纪，为吕后立本纪的问题，及景、武两帝之存佚问题，并留在后面讨论。

世家所以纪封建制度下的政治形势及各国的世系与政教异同。史公身居中朝，深有感于一人专制的毒害，于是在他心目中的封建制度，实等于今日之所谓地方分权，因而寄予同情。他心目中所要求的统一，乃地方分权下的统一，或可称为联邦制的统一；此观于他的有关言论而可见。自《吕氏春秋》起，以下逮顾亭林等的封建论，实质上，皆系中央集权与地方分权或地方自治之争；也等于儒家后来的言井田，乃要求土地的平均分配，不可以身份制度下之封建及地主下之佃租关系作解释。了解在同一名词下，因时代递嬗，而有脱胎换骨的情形，为治中国思想史的一大要点。

但引起议论的是史公为孔子、陈涉立世家的问题。此一问题，应与萧相国、曹相国、留侯、陈丞相、绛侯周勃五个世家关连在一起来了解。并与为项羽立本纪，关连在一起来了解。汉初封爵，诸侯王有土有民，有略同于朝廷的官制，其地位与周室的封建诸侯相同，所谓"半封建、半郡县"中的半封建，系指此而言。史公立楚元王、荆燕、齐悼、惠王、梁孝王，五宗三王六世家，这是当然的。但萧何、曹参、张良、陈平、周勃，皆系列侯，仅能食封邑的租税，而无专土治民之权，与《高祖功臣侯者年表》中所列之"功臣受封者百有余人"无异；所以萧何等五人之侯，亦同列入此表中。但樊、郦、滕、灌、傅、靳、蒯、成等七人入列传，而萧何等五人入世家，由此可知，史公的本纪、世家、列传，不仅有其客观的标准，同时亦含有历史价值判断的意味在里面。"亡秦"，系历史上的一件大事。而陈胜（涉）以平民揭竿首事，虽六月而亡，但"其所置遣侯王将相，竟亡秦，由涉首事也"（《陈胜世家》）。《自序》谓"桀纣失其道而汤武作，周失其道而《春秋》作，秦失其道而陈涉发迹。诸侯作难，风起云蒸，卒亡秦族。天下之端，自涉发难"，是史公以陈涉的"首事"、"发迹"，比之于汤武革命、孔子作《春秋》，这不是就陈涉个人所作的价值判断，而系就他"首事"在历史中的巨大影响所作出的历史价值判断。因此，便不能不把他的"人"的地位凸出来，以作为这一大变动时代的标志。为项羽立本纪，不仅如张照所说的"特以天下之权之所在，则其人系天下之本，即谓之本纪"；[1] 史公依然是把亡秦之功，归之于项羽；而对羽的才气的突出，在史公心目中，亦有震古铄今之感。所以在赞中先以"吾闻之周生曰，舜目盖重瞳子，又闻项羽亦重瞳子"，以特显出其人在历史中的突出；再则说："夫秦失其政，陈涉首难，豪杰蜂起，相与

---

[1] 此转引自《考证》。

并争，不可胜数。然羽非有尺寸，乘势起陇亩之中，三年遂将五诸侯灭秦，分裂天下而封王侯，政由羽出，号为霸王；位虽不终，近古以来，未尝有也。"史公把他为项羽立本纪的各种意义都说出来了。若像《汉书》样，仅为陈胜、项羽立一合传，则此一过渡时间的真实与意义，不能通过特定的突出的表现方法而显现出来，岂仅"英雄人物太凄凉"而已。但"成王败寇"，乃人情势利之常。刘邦得了天下，他又是先入关受子婴之降的人；汉的臣子，当然要降低项羽的地位，将亡秦之功，归之于刘邦。可是刘邦初起，从项梁，不仅项梁资之以兵，乃得为别将；且秦军之主力为章邯，若无项羽的巨鹿一战，坑秦卒二十余万人，刘邦何能有入关的机会？秦之亡，乃亡于其主力的被歼；入关乃乘虚蹈隙，藉项羽的声威，非秦亡的关键所在。史公以亡秦之功归项羽，正所以显露此一历史的真实。

至史公不为惠帝立本纪而为吕后立本纪，盖一以著历史之真实，一以著吕后之篡夺。班固为惠帝立纪，这在表示帝室的统系上是对的；但他不能不保留《高后纪》。《高后纪》称"高皇后吕氏"，而《史记》则称"吕后"、"吕太后"，以见其政权性质并不属刘氏。《史记·吕后本纪》中所记吕后"断戚夫人手足，去眼煇（熏）耳，饮瘖药，使居厕中，命曰人彘"的一段故事，《汉书》则移入《外戚传》中。而"吕后为人刚毅，佐高祖定天下，所诛大臣，多吕后力"的关键性纪事，则被《汉书》删弃。由此亦可为史公由其历史良心的驱使而深入于历史真实的一例。

史公为孔子立世家，为孔子的弟子立列传；且孔子世家，在材料的缀辑上特为详备，虽其中有若干可议之处，然后来言孔子平生的，必以此为基础，由此可知其用力之勤。赞中说："天下君王，至于贤人，众矣。当时则荣，没则已焉。孔子布衣，传十余世，学者宗之。自天子王侯，中国言六艺者，折中于夫子，可谓至圣矣。"这段话，无法加在当时颇有势力的黄老身上，其他诸子，更不待论。六艺是古代文化的总结。诸子百家所代表者为个人的思想，而孔子则除其伟大的人格与致广大而尽精微的思想外，他又代表了古代整个的历史文化。这在学术文化中，史公认为不应当与其他诸子百家处于等伦的地位，故特列入世家中以凸出之。王安石谓"处之世家，仲尼之道，不从而大；置之列传，仲尼之道，不从而小"[1] 这是站在当时孔子的地位早经确定了的时代所讲的话。站在史公作史的立场，世家、列传，是给人在历史中以客观的地位，将孔子列入列传，这是在文化学术中，对人的"平均化"，不是对历史社会负责的态度。人格的平等，是从基本上说。若将平等误用到将人来加以平均化，这便不足以标示人类向上的方向，而历史的大是大非亦因之不显。

由上所述，便可了解，萧何、曹参、张良、陈平、周

---

[1] 《临川先生文集》卷七十《孔子世家议》。

勃，对汉室政权所发生的作用，亦即是在这段历史中所发生的作用，不是其他百余列侯所能比拟的，史公便感到不应把他们"平均化"于列侯之中。由置入世家而将其特别凸显出来，这才合于此段历史的真实。自《汉书》起，按照各人客观的政治地位以安排于固定的体例之中，整齐划一，使作史者有所遵守，这可以说是对《史记》的一种修正，但也可以说是对史公作史精神的一种遗失。后之作史者，不可能以史公相期，则体例的整齐划一，可减少纷乱之弊；但不可反转去以此责备史公。

六、《史记》构造之二——表

承本纪之后的便是十表。表的功用有四：一为对时间的整理。政治的时间，虽可由本纪加以统一，然事实上，各诸侯皆自有其纪年，所以同时而世次各不相同（"并时异世"），即是在同一时间内，而各依其世次以纪年，于是所纪之年，互相参差，容易引起混乱（"年差不明"），例如周共和元年，在鲁为真公十五年，在齐为武公十年等等，此即所谓"年差不明"。今列为表，立刻可以了解周共和元年是鲁真公的十五年、齐武公的十年，通过表，即可了解实际皆系同一年。二为由表以得人与事及时代之会通，因而在会通中容易把握历史之关连性。刘知几《史通》的《表历》篇，讥《史记》之表为"成其烦费"，"得之不为益，失之不为损。"但在《杂说上》则谓"观太史公之创表也，于帝王则叙其子孙，① 于公侯则纪其年月；列行萦纡以相属，编字戢舂（纂）而相排。虽燕越万里，而于径寸之内，犬牙可接。虽昭穆九代，而于方寸之中，雁行有序。使读者阅文便睹，举目可详，此其所以为快也"。说的正是这种意思。三是在表中撮要举纲，不仅对历史容易作提纲挈领的把握；并且若处理得当，借此可以凸出历史中的重要问题及其精神面貌。这一点，到了清顾栋高撰《春秋大事年表》而发展到了高峰。四是一面权衡轻重，既省叙述之烦，同时又保存历史某一方面的概略面目。自《汉兴以来诸侯王年表》以下，此意最为显著。这些爵位很高的人物，处在历史中有某种意义的，则为之立传。更多的人，实在没有为他们立传的价值；但若将其姓名爵位废兴，一概加以抹煞，则由其重要爵位所反映出的政治面目，亦因之隐晦不彰，所以并为一表，以保留历史上之线索，借得以窥见当时政治人事的概略情形。此种性质之表，盛为后世史官所应用。赵翼《廿二史劄记》卷一有谓："《史记》作十表，仿于周之谱牒，与纪传相为出入。凡列侯将相，三公九卿，功名表著者既为立传；此外大臣无功无过者，

---

① 按刘氏此语，系指《三代世表》而言。《三代世表》仅"叙其子孙"，一是因为"殷以前，诸侯不可得而谱"（《三代世表》序）。二因"年纪不可考"（《自序》）。此乃受材料的限制，非其体例当如此。

传之不胜传，而又不容尽没，则于表载之。作史体裁，莫大于是。"是说明这一方面的意义的。

张文虎谓"史文传写错乱，自昔已然，而诸表尤甚"，[①]今惟论其大端。《三代世表》、《十二诸侯年表》、《六国年表》、《秦楚之际月表》，乃与本纪相配合，所以明历史的统系，兼以发明历史的变化及问题的症结。而《汉兴以来将相名臣年表》，虽以表列"贤相良将"，然其内容自"高皇帝元年"起，逐年撮录政治的大端，及将相的进替与夫"将位"的兴废，实兼《承秦楚之际月表》，以提挈汉初政治的纲维。今日所流行的各种历史年表，皆渊源于此。因本纪始自黄帝，所以《三代世表》也始自黄帝。序谓"余读《牒记》，黄帝以来皆有年数，稽其历谱牒终始五德之传，古文（与古字本典籍相对照）咸不同，乖异，夫子之弗论次其年月，岂虚哉。"按史公所读的《牒记》，当出自邹衍后所杜撰，以张皇"五德终始之传"。史公因其与古文典籍不合，便宁舍弃这种现成的东西，仅"以《五帝系牒》，《尚书集世》"，[②]纪黄帝以来讫共和为"世表"。这也

---

① 《汉兴以来诸侯王年表》第五下《考证》所引。

② 《索隐》"案《大戴礼》有《五帝德》及《帝系》篇：盖太史公取此二篇之牒及《尚书》，集而纪黄帝以来为系（世）表也。"泷川资言则谓"愚按《五帝德系谱（牒）》，古书名，与载记《五帝德》、《帝系姓》自别"。又引"中井积德曰，《尚书集世》，盖书名"。与《索隐》之说不同。按表中所列三代世次，多为《尚书》及《五帝德》及《帝系姓》所无，则似以泷川及中井两氏之说为是。

可见史公对史料采用的谨慎。所以在序中特引《穀梁传》称述孔子作《春秋》的"疑则传疑"的话，由孔子取材的谨慎，以见他自己的谨慎。史公在材料上加以比较后，虽放弃了他所读的《谍记》，而根据《五帝系谍》及《尚书集世》与其他材料，勒成《三代世表》。但所根据的材料，并非皆无可疑的信史；尤其是在周以前。但史公觉得这类材料，既属于可疑，既不能完全认定其为真，亦不能完全认定其为伪。若完全当作是真的则近于诬；若因其可疑而完全加以放弃，则近于悍。诬与悍，都是不慎；所以史公在许多地方都采用了"疑以传疑"的方法，填补历史上的空缺，留待后人的参证，这确实可称为"盖其慎也"。近代疑古派，根本不了解这一重要方法，卤莽灭裂，走上毁灭自己历史之途，全由浅薄不学的原故。

《三代世表》终于周厉王之共和。因共和以前，年不可得而纪。纪年起自共和，故《十二诸侯年表》，即承《三代世表》而起自共和元年，且以明政治权力，由周室而渐下逮五霸，为历史演变的一大关键。然此表取义于孔子的《春秋》，而取材则依左丘明之《春秋传》及其晚年所作之《国语》。孔子作《春秋》，以鲁为主，故即以鲁之纪元为《春秋》之纪元。周处于虚位，而鲁处于实位。表所列者本为十三诸侯，因秉《春秋》主鲁之义，不数鲁而称为十二诸侯，亦犹本《秦记》以列六国年表，《秦记》以秦为主，故七国不数秦而称六国，①周虽然处于虚位，而两表皆始于周朔，亦犹《春秋》之"元年"属于鲁，而"正月"则属于王；孔子以此明天下之统于王，而史公则以此为便于历史时间之条贯。在史公心目中，周厉王以前，生民的命运托于政治。自厉王以后，五霸七雄，强争力战，生民在政治上无所托命，孔子不得已而"次春秋"、"以制义法，王道备，人事浃"，使生民托命于孔子的教化。换言之，史公认为共和以后，天下无政统而只有孔子的教统，所以他的断限是"自共和讫孔子"。而左丘明因"惧弟子人人异端，各安其意，失其真，故因孔子史记，具论其语，成《左氏春秋》"。史公站在史的立场，认为《左氏春秋》是最可信任的。由此可知在《十二诸侯年表》序详述孔子作《春秋》之意义及左丘明作传的因由，是顺理成章的。史公既认为"故《春秋》者礼义之大宗也"（《自序》），所以在《十二诸侯年表》序中便叙述了铎椒、虞卿、吕不韦"及如荀卿、孟子、公孙固、韩非之徒，各往往捃摭《春秋》之文以著书，不可胜纪"，以见《春秋》衣被之广。最后站在史的立场，批评他们没有把握到史的完整性，此即所谓"儒者著其义，驰说者骋其辞，不务综其终始；历人取其年月，数家隆于神运，谱牒独记世谥，其辞略，欲一观诸要难"，以见他的"谱十二诸侯，自共和讫

---

① 此乃采用傅占衡之说，傅说为《考证》所引。

孔子，表见《春秋》、《国语》，学者所讥（考察）盛衰大指，著于篇，为成学治古文者要删焉"。这说明了能通过年表的形式，提纲挈领地以把握历史的完整性。能把握历史的完整性，始能把握由历史所透出的礼义的完整性。历史所透出的礼义，由历史的"盛衰大指"而见，所以表中所录的简单情节，皆是史公所把握的盛衰关键之所在。

《十二诸侯年表》，史公可以运用《左氏传》及《国语》的材料。《六国年表》，则因诸侯"史记"为秦所烧毁；"独有《秦记》，又不载日月，其文略，不具"，这便使史公受到材料的限制。一九七五年十二月在湖北省云梦县城关西部的睡虎地，发掘了一座葬于秦始皇三十年的墓——睡虎地十一号秦墓，发现竹简一千一百多枚，其中有秦昭王元年到始皇三十年的大事记，为史公所说的"又不载日月，其文略，不具"，作了实物的证明。《六国年表》所载列国年世，间有与《竹书纪年》及《孟子》不合的，主要原因，应从这种地方求得了解。同时，汉初自陆贾以下，凡有成就的知识分子，无不从政治的是非得失上反秦，希望为汉代开辟以人民为主体的新政治方向；史公自己也是如此。在此种风气下，遂有《六国年表》序中所说的"学者牵于所闻，见秦在帝位日浅，不察其终始，因举而笑之，不敢道"的情形。但史公对此，断然斥之为"此与以耳食无异，悲夫"。在这种地方，便可看出一位伟大史学家的心灵，与一般道德家乃至哲学家的观点异其趣。道德家、哲学家多先以一固定价值标准去选择历史；而伟大史学家的心灵，则系以历史的自身，为价值的基点，在此一基点上进一步作"兴坏之端"（《六国年表》序）的探求判断。所以在他的心目中，只要是历史，便都值得研究，便都可在其中发现各类型、各层次的价值。因此他便说"然战国之权变，亦有颇可采者，何必上古。秦取天下多暴，然世异变，成功大；传曰，法后王[①]何也？以其近己，而俗变相类，议卑而易行也"，并且历史之流，是不能中断的。在《三代世表》后，必承之以《十二诸侯年表》。在《十二诸侯年表》后，断不能缺乏《六国年表》。

《十二诸侯年表》以鲁为主，但领以周王年号。《六国年表》以秦为主，亦领以周王年号，直至赧王五十九年之死。赧王死后，领格虚列八年，直至始皇元年，始升列于领格。《六国年表》居于领格之周，在政治上固为虚位；秦始皇至二十六年始统一全国，在这以前，秦亦为虚位；史公所以将政治上的虚位列于领格，盖承《三代世表》的黄帝以下，保持历史上的统一时间，不使因政治分立而搅乱了历史时间的流贯。对此不应另作其他附会性的解释。《六国年表》较《十二诸侯年表》里所录的大事记为少，这明显地是来自史料的缺乏。各表中书法，多仿《春秋》。惟《春秋》仅在对鲁的叙述中称"我"，如庄公九年"八月庚

---

① 见《荀子·非相》篇。

申，及齐师战于乾时，我师败绩"；庄公十有九年"冬，齐人、宋人、陈人，伐我北鄙"。对其他各国的叙述，则不用"我"字。但《十二诸侯年表》及《六国年表》，则对各国同类情形的叙述，皆用"我"字。这只有两种解释：一是史公采用了各国史官的记录，保持其各自的立场，但这点不太可能；另一是史公特别采用此种方式，以保持对各国历史意识的均衡，或历史感情的均衡，因而取得平等而客观的处理。

史公本其深厚的历史智慧，感到由秦之亡到汉之兴的这一段时间，实系历史上前所未有的巨大变局。为了突出此一巨大变局在历史中的重要地位，所以不将秦二世三年以后，直入于汉，而特为这段过渡时间另立一表；此过渡时间之政治主体在楚而不在汉，故表不称"秦汉之际"而称"秦楚之际"。为了反映"五年之间，号令三嬗"（序）的蜂起飚发的情形，故不以年为记录的单元，而以月为记录的单元；不称为"年表"而称为"月表"，正可以看出他能以创造之力，表现出他所把握的历史面貌的本领。《月表》序充分凝缩了他对历史发展各特点所作的比较观察，及对此巨大变化所发生的惊异与感叹的深厚感情，遂成为风骨相形、刚柔迭代的散文中的绝唱。

史公所列各表，每表所代表的时代意义，皆在序中作简要的点出。《汉兴以来诸侯王年表》，起高祖元年，终武帝太初四年。从序看，由汉初至太初，朝廷所处之形势凡三变，对诸侯王的政策亦三变。高祖四年封韩信为齐王，封英布为淮南王，张耳为赵王，五年封彭越为梁王，卢绾为燕王，所封者，皆其势足以自立的异姓英杰，此乃用张良之策，[①] 适应当时必须合天下之力，始能灭项的形势，不得不实行大封异姓的政策。其中最关系全局者为齐王韩信，故垓下之战后，高祖除再一次入壁夺军，并将其由稍有基础之齐，徙控制较易之楚外，旋于五年伪游云梦，缚至长安，降为淮阴侯；六年立弟刘交为楚王，子刘肥为齐王，亲属刘贾为荆王，九年立子如意为赵王。十一年翦灭英布及彭越，卢绾被逼逃入匈奴。是年封子长为淮南王，子友为淮阳王，子恒为代王。十二年立子建为燕王，子恢为梁王，并"刑白马盟曰，非刘氏而王者，若（或）无功，上所不置而侯者，天下共诛之"；[②] 此乃适应巩固政权统一之形势，实行杀戮异姓而代之以大封同姓的政策。即序所谓"天下初定，骨肉同姓少，故广强庶孽，以镇抚四海，用承卫天子也"。但自文帝起，已不能无"兄弟二人不相容"[③] 之讧；自贾谊、晁错以下，莫不以削弱诸侯王为急务，至景帝遂有七国之变；此乃适应中央集权之形势，至武帝遂实行"众建诸侯而少其力"的政策。此即序所谓"汉定百

---

① 张良之策，见《项羽本纪》及《留侯世家》。
② 此见《吕后本纪》王陵曰："高帝刑白马盟曰，非刘氏而王，天下共击之。"
③ 《史记·淮南衡山列传》。

年之间，亲属益疏，诸侯或骄奢，忕（《索隐》：音誓，训习）邪臣计谋为淫乱，大者叛逆，小者不轨于法，以危其命，殒身亡国。天子（武帝）观于上古，然后加惠，使诸侯得推恩分子弟国邑"，朝廷由初建基时的"凡十五郡"，至是而"汉郡八九十，形错诸侯间，犬牙相临，秉其阸塞地利，强本干弱枝叶之势也"。由上可知汉以政策适应形势，以形势控制天下之用心，不可谓不密。然西汉自元帝之后，患不在强宗而在外戚，实即在天子权力之自身；史公的历史智慧，在此序中便说出"形势虽强，要之，以仁义为本"的话。由汉代政治形势及政策的演变，可以看出政治法术之所穷，亦即儒家政治思想所以能成为政治的根本思想的原因所在。

《高祖功臣侯者年表》序，在说明汉初所行封建，与古代不同，亦与封诸侯王者不同。古代之封，乃出于在上者"欲固其根本"，而被封者亦"笃于仁义，奉上法"（序）。故能"历时久远，或数千岁"，或"千有余载"。诸侯王之封，出于一时形势之要求，并非作为一种固定的政治制度。汉初封侯，乃作为酬庸报功的一种政治制度，而此种制度，除给少数人以政治上之特殊身份[1]及经济上之特殊剥削利益外，不仅无其他积极意义，且成为专制政治

---

[1] 封侯乃二十等爵之最高爵位，乃在政治上代表一种特殊身份，故拜相者必封侯；霍光援立宣帝，亦先封侯。此皆先变更其身份之意。

中有重大毒性的附赘悬疣；其封废不时，乃必然之势。然在高祖，犹以"有功"为标准。高祖以后，所谓《惠景间侯者年表》，则实已递嬗而为"王子侯"、"外戚恩泽侯"，至东汉更增入宦者侯，此后一直成为专制者发挥权威，颠倒是非，集体剥削的重大工具。《建元以来侯者年表》，乃武帝所以酬开边之臣，似亦以"有功"为标准，所以序谓"以此知功臣受封，侔于祖考矣"。然卫青之子，封于襁褓，这还有什么标准可言。史公在此三表的序中，虽未能剖析此种制度的本身，但亦以或显或隐的方法，触及其本身所含的问题。[①] 至《建元以来王子侯者表》，乃"众建诸侯而少其力"的一时策略。所以史公只说一句"盛哉天子之德，一人有庆，天下赖之"。更无他话可说。

封侯之事同，而表分为四，盖检别封侯之条件不同，即所以反映政治演变大势之情形各异。相、将、御史大夫，为朝廷施政的三大支柱，故史公特立《汉兴以来将相名臣年表》。惟此表缺史公之序。天汉元年以后，迄成帝鸿嘉元年，乃后人所续。梁玉绳谓"以《汉书》校之（后人所补的部分）太多乖迕"。即在天汉以前，亦有残缺；如元

[①] 《惠景间侯者年表》中之侯，实以"恩泽"为主。序谓"当世仁义成功之著者也"，此"仁义"两字，应作"恩泽"了解。《建元以来侯者年表》序所谓"况乃以中国一统，明天子在上，兼文武，席卷四海，内辑亿万之众，岂以晏然不为边境征伐哉"，应与《匈奴列传》赞参阅，乃可得其微旨。

鼎二年，书有御史大夫张"汤有罪自杀"，而孝景二年记有"御史大夫错（晁错）"，未记错之被斩东市，即其一证。又本表对太尉的置或罢，其字皆倒书。孝景元年"置司徒官"亦倒书（梁玉绳以为司徒置于哀帝元寿二年，此时不当有）。丞相及御史大夫之罢、卒，皆倒书于上一格，将军则不书罢、卒；此是否出于残缺舛误，或为史公创例？若为史公创例，其用意何在，盖皆未易推测。[1]张晏谓此表在"十篇缺"之内，由其残缺不全，可断言非史公之旧。

七、《史记》构造之三——书及其中的存缺问题

马端临谓"《诗》、《书》、《春秋》之后，惟太史公号为良史。作为……纪传以述理乱兴衰，八书以述典章经制"。[2]纪、传、表都是以人为主，事附丽于人。八书则以事为主，人附丽于事。人之所以附丽于事，因为某些事，是经长期集体经验积累而成；既成以后，成为政治生活社会生活中的客观性的行为规范，此即马氏之所谓"典章经制"。若仅一事一端，不足以表现其意味与作用，必将积累的许多事加以综合条贯，其意义与作用乃见。因此，这

---

[1]　我曾以此事请教施之勉先生。《大陆杂志》第五十二卷第二期有施先生《释〈史记·汉兴以来将相名臣年表〉倒书例》，即系答我之问的，然亦未敢深信。

[2]　《文献通考·总序》。

类的事，虽然还是由人所造成，并由人在其中推动，但其建立非仅限于某一二突出的人；而建立以后，较之一般的事，有较大的适用范围与持久性，成为历史中某方面的集体生活的维系与反映。这是由把握到历史生活中的整体性，及整体性中的关键所创造出的体制。刘知几谓"志（书）以总括遗漏。逮于天文地理，国典朝章；隐显必该，洪纤靡失，此其所以为长也"。[1] 所谓"隐显必该，洪纤靡失"两语中的"隐显""洪纤"，正说明这是由集结某一方面的集体努力、集体生活所成就的。郑樵谓："江淹有言，修史之难，无出于志。诚以志者宪章之所系，非老于典故者不能为也。"[2] 把握一人一事的对象为易，把握集体生活的对象特难。郑樵谓"志之大原，起于《尔雅》"，[3] 此乃吊诡之言。刘知几谓"班马著史，别裁书志，考其所记，多效礼经"，[4] 可谓近是。但由礼经而加以推扩、条理、检别之功，及对当代大政得失利弊所在，无不举纲引目，以为因革损益张本之识，岂仅"老于典故"者所能措手。其宏裁卓识，真可谓冠绝今古。

在进入到八书的具体讨论之前，必先讨论到《汉书·司马迁传》谓《史记》"十篇缺，有录无书"的问

---

① 《史通》卷二《二体》篇。

② 《通志·总序》。

③ 同上。

④ 《史通》卷三《书志》篇。

题。因为十篇缺中，不仅书居其三，且所谓缺的三书，对史公思想的了解，关系甚大。颜师古注引张晏曰："迁没后，亡《景纪》、《武纪》、《礼书》、《乐书》、《兵书》、《汉兴以来将相年表》、《日者列传》、《三王世家》、《龟策列传》、《傅靳列传》。元成之间，褚先生补缺，作《武帝纪》、《三王世家》、《龟策》、《日者传》，言辞鄙陋，非迁本意也。"这里先说明一点，即张晏谓褚先生所补者仅为四篇。自《正义》误以十篇皆褚先生所补后，每为后人所误承。按《史记·自序》谓"凡百三十篇，五十二万六千五百字，为《太史公书》"，是此书史公及身已经完成。卫宏《汉官旧仪注》谓"太史公作《景帝本纪》，极言其短，及武帝过，武帝怒而削去"，则此二篇因犯忌讳削去而阙，已可明了。其他八篇，是否因同样情形而缺，抑当时单篇流传，其中有的是隐而复显。例如《后汉书》七十六《循吏列传·王景传》"乃赐景《山海经》、《河渠书》、《禹贡图》"，此系永平十二年（西纪六十九年）事，是《史记》在此时尚有单篇流行的情形。这都应作各别的考查、处理，未可概以通例。

现时的《景帝本纪》，张晏没有说是出自褚先生。凌稚隆谓"此纪乃元成间褚先生取《汉书》补之"，不论元成间尚无《汉书》，且亦与《汉书》之《景纪》不类。陈仁锡以为"《景纪》纯用编年体，惟书本事而已，此必太史公本书，非后人所补也"。崔适以为，"《史记》之《本纪》（景帝），有为《汉书》帝纪所未载者，则非取彼以补也，此纪实未亡耳。"①按史公作本纪之体裁，在材料许可范围内，与作列传无异，必叙及帝王之行为生活，此观于始皇、高祖、吕后、孝文各纪而可见。班固作《汉书》，《景纪》以前者抄自《史记》。由《景纪》起，不复涉及帝王个人之行为生活而改为编年体，遂为尔后修史的定法。其用心完全是出于不致因叙及帝王之行为生活而触犯忌讳。所以《史记·景纪》之全为编年体，正证明其非出于史公的原笔。且《自序》以"京师行诛，七国伏辜"，为景帝时的一件大事。《景纪》对此事之叙述仅八十五字，其中人名及官爵已占四十六字，史公不应如此简略。周亚夫以大功下狱而死，尤足见景帝性情之刻忌。《汉书·景纪》对此书为"条侯周亚夫下狱死"，犹保持实录。而《史记·景纪》则称"丞相周亚夫死"，即其下狱而亦讳之。又中二年临江王之死，《史记·景纪》书为"即死中尉府中"，《汉书·景纪》则书为"征诣中尉自杀"；是《史记》对此亦有讳饰。就全盘汉事之叙述而言，《史记》常较《汉书》为直笔，独《景纪》则《汉书》反较《史记》之笔为直，其非出于史公之手，尤属显然。《汉书》因有《百官表》，故不书景帝改官名之事，《史记·景纪》则书之。又《史记·文纪》书后二年后三年，《景纪》亦书中二年中三

---

① 按上皆采自《考证》。

年后二年后三年，《汉书·景纪》则否。由此可知《史记》之《景纪》在先，《汉书》之《景纪》在后，两者并无直接关连。然《史记·景纪》之开首一段，较《汉书·景纪》为直率，其赞亦可断言为出于史公之手。因此不妨这样推测：《史记》在史公死后已开始流行，[①] 有人一面为了避忌时讳，同时又为了保持《史记》的完整性，乃将史公景帝原纪，大加删改，使其成为今日的面目。

《史记·自序》谓"作《今上本纪》，今称《孝武本纪》，张晏谓褚先生补作，当为可信。惟张晏谓褚先生"言辞鄙陋"，后人不加深考，遂以此言为褚之定评，殊为不当。《史记》中凡"褚先生曰"的补充材料，皆委婉有深意，与史公之用心相合。他生年与武帝时代相隔不远；若以编年体补一篇《孝武本纪》，是非常容易的事情。但史公所以触武帝之怒，必是在《景纪》中反映出了景帝刻薄的性格，在《今上本纪》中，反映出了武帝奢侈虚浮的性格。武帝的政治本质、武功的实况，在《平准书》、《酷吏列传》、《匈奴列传》等篇中，皆有技巧而深刻的叙述；惟有《封禅书》，主要是暴露武帝虚浮而愚蠢的性格的。褚氏以现成的《封禅书》为《孝武本纪》，他自己既无大不敬之嫌，而又可借此以表明史公对武帝性格的基本观点，

---

① 《盐铁论·毁学》篇"大夫曰，司马子言，天下穰穰，皆为利往"，是桑弘羊已见《史记》。

及暴露《今上本纪》被削去的真正原因。钱大昕以为"或晋以后，少孙补篇亦亡，乡里妄人，取此以足其数耳"，[①]浅哉钱氏之言史了。

《汉兴以来将相年表》缺史公的序，其残缺及为后人所补者，均甚显然。但由补表者仅补入史公以后的材料，未尝为此表补叙，《景纪》虽经删改，但仍保持"太史公曰"的赞的原有面貌，而褚少孙既节录《封禅书》以为《孝武本纪》，仍以《封禅书》的史公的赞，为《孝武本纪》的赞，不顾其与《自序》中《今上本纪》之序不相合。由此可知，以资料补《史记》者，未尝敢冒为史公之议论。

现在要谈到《礼书》、《乐书》的问题。首先我们应了解，史公在八书中首先建立《礼书》、《乐书》，乃标示他的政治理想；而真的政治理想，必然是由针对现实政治所作的深刻的批评而来。礼乐的意义，由宗教性的神人之际的关系，演变而为封建政治中的君臣上下之际的关系，更演变而为政治社会重要生活的各种关系，更演变而为士人作为人格修养熏陶的工具，其特点，皆在把这些关系、意义，表现为合理的行为形式。这都是由行为的形式，向其内在精神升华的演变。所谓礼的内在精神，或者称为"礼意"，大体是指向"让"、"敬"、及"节"与"文"之"中"，以至各守其责任与权利的合理范围之"分"，以建立人与

---

① 转引自《考证》。

神、人与人、人与事、身与心的合理状态。当孔子说"君子义以为质，礼以行之"①的话时，礼成为实现"事之宜"的行为方式，这是礼从以身份制为骨干的封建政治中完成了它的蜕皮转变的大标志。战国中期，法家之说大行，以军事组织及战场刑罚，转用到一般社会及人民日常生活上面，这即是以严刑峻罚为内容的刑治。人民被统治者残害压迫的情形，因此而更为突出。于是孔子的"道之以政，齐之以刑，民免而无耻。道之以德，齐之以礼，有耻且格"的观点，也随之得到发展，将礼治与刑治对立起来，以礼乐之治，作为儒家政治理想的具体化。此至荀子而有了更明显的表现。汉初思想家，有如贾谊，今日称为《淮南子》中的儒家及董仲舒们，都是继承此一统绪。史公之写《礼书》、《乐书》，正是此一统绪下的产物。先明了此点，便可断定《礼书》、《乐书》，必出自史公本人，非他人所得而补。用后来以记当代仪节掌故为主的礼乐书来看《史记》的《礼书》、《乐书》，便怀疑它不是史公的原璧了。

《礼书》一开始是"太史公曰，洋洋美德乎，宰制万物，役使群众，岂人力也哉"；是说明统治者的权力，并不足以宰制万物，役使群众。宰制只能由万物自己，役使也只能由群众自己。所以他便接着说"余至大行礼官，观三代损益，乃知缘人情而制礼，依人性而作仪……人道经

---

① 《论语·卫灵公》。

纬万端，规矩无所不贯……所以总一海内，而整齐万民也"。"人道经纬万端，规矩无所不贯"，这是说礼的一般作用。"总一海内，整齐万民"，这是说政治上的礼治。而礼是缘人情、依人性，所以礼治即是缘人情依人性的政治，而不是统治者运用自己的力（人力）去控制人民的政治。这是把儒家的民本政治思想，使其能通过礼乐教化，而使其得以具体实现。再接着叙述礼的重要内容，而申其意为"所以防其淫侈，救其雕敝。是以君臣朝廷尊卑贵贱之序，下及黎庶车舆衣服宫室饮食嫁娶丧祭之分，事有宜适，物有节文"。到此为止，他总结了礼在政治社会方面的意义，亦即是为政治社会树立了广大的行为规范。再接着叙述"周衰，礼废乐坏"，仲尼行教化于下，欲稍加补救。"仲尼没后，受业之徒，沈湮而不举，或适齐楚，或入河海，岂不痛哉。"接着以"微言"的方式，叙述了秦汉之所谓礼的本质。"至秦有天下，悉内（收）六国礼仪，采择其善，虽不合圣制，其尊君抑臣，朝廷济济，依古以来（依托古礼传下之形式以行之）。至于高祖，光有四海，叔孙通颇有所增益减损，大抵皆袭秦故。"秦据法家尊君抑臣的思想[1]以制朝仪，叔孙通承之，"自诸侯王以下，莫不振恐肃敬"，使刘邦泰然谓"吾乃今日知为皇帝之贵也"，

---

[1] 司马谈《论六家要旨》，其论法家有谓"若尊主卑臣，明分职，不得相逾越，虽百家弗能改也"。是尊君卑臣，为法家思想特色之一。

可知秦汉之所谓礼，完全成为统治者威压臣民的工具，这与史公前面所说的"缘人情以制礼，依人性以作仪"，相去太远。史公在现实政治威压之下，只轻轻点出"虽不合圣制"一句，然秦汉的朝仪，不足称为礼，其意甚明。再接着叙述文帝"好道家之学"，景帝乐晁错"世务刑名"之言，群臣又皆"养交安禄而已"，皆未尝能改秦礼之弊。"今上（武帝）即位，招致儒术之士，令共定仪，十余年不就"，"乃以太初之元，改正朔，易服色，封泰山，定宗庙百官之仪，以为典常，垂之于后云"，这样便把武帝在礼方面的作为叙述完了。改正朔，易服色，是汉初以来贾谊们的主张。改正朔，是改秦的以十月为岁首，为夏时的以正月为岁首，这是有意义的。但以新修的太初历代替原有的四分历，中间加入了乐律的不相干的因素，这便为史公所不取。易服色，是通过《吕氏春秋》十二纪而受了邹衍的五德运转思想的影响，本无实质意义。但贾谊、董仲舒们是想以此为改变承秦之后的政治方向的象征。秦的以刑为治，至汉武而得到高度的发挥，此观于《酷吏列传》及《汉书·刑法志》而可见；所以改正朔，易服色的实质意义，完全没有了，亦即是礼在这两个仪式中完全失掉了意义。至于武帝"令共定仪，十余年不就"，乃是以封禅为主题的。方士们以封禅为主题所成就的"以为典常，垂之于后"的，具见于《封禅书》。这是统治者的夸诞与愚蠢的大结集，可以说对史公心目中的所谓礼，是最大的嘲笑。史公在此一现实的嘲笑中，要保持礼在政治社会人生上的原有意义，所以接着便抄上荀子的《礼论》及《议兵》篇中的一部分，这一面是在两相对比之下，面对汉代所作的礼的严厉批评；同时也想由此以保持礼的精神，垂法于后世。《礼论》由"礼由人起"抄至"是儒墨之分也"，去一"也"字，直接转入《议兵》篇的"治辨之极也"，衔接得毫无痕迹；抄至"传曰，威厉而不试，刑措而不用"，其以《议兵》篇此段，讽谏武帝的穷兵任刑的用心，至为明显。以后继续抄《礼论》，至《礼论》的"礼岂不至矣哉"，易为"太史公曰，至矣哉"，以提挈前后的文意，并非如泷川资言之所谓"太史公曰四字，后人妄增"。由上面的观点以读《礼书》，结构完整，义严而词婉，这能说不是出于史公之手吗？

若把我上面对《礼书》的观点转用到《乐书》方面，便不能不承认《乐书》同样是出于史公之手。《乐书》一开始就写："太史公曰，余每读《虞书》，[①]至于君臣相敕，维是几安；而肱股不良，万事堕坏，未尝不流涕也。"这若不是针对汉武因骄纵侈泰，蔑视将相的职位，以佞幸

---

① 《虞书》今文《皋陶谟》。

绾兵权，^①用宰相如儿戏，^②屠之如羊豕，^③则所谓"肱股不良，万事堕坏，未尝不流涕也"的"涕"，怎么会流得下来。只有史公身在朝列，尤其晚年为中书令，对上述情形，

---

① 卫青、霍去病，史公出其名于《佞幸列传》中，由此可以推见汉武用将之基本态度。《廿二史劄记》卷二有"武帝三大将皆由女宠"条。

② 《史记·张丞相列传》："及今上时，柏至侯许昌、平棘侯薛泽，武强侯庄青翟、高陵侯赵周等为丞宰。皆以列侯继嗣，娖娖廉谨，为丞相备员而已。无所能发明，功名有著于当世者。"

③ 据《史记·汉兴以来将相名臣年表》，武帝用相，自窦婴至田千秋凡十二人。其中除田蚡、许昌，以外戚得终于位，薛泽罢免，公孙弘以阿谀终于位，石庆以谨厚不问事，在位最久（九年），得卒于位，及田千秋用于巫蛊悔祸之后外，窦婴罢相后弃市，李蔡、庄青翟、赵周自杀。公孙贺、刘屈氂腰斩。且由李蔡至刘屈氂，凡六相，中间除一石庆外，无一得善终。《公孙贺传》"时朝廷多事，督责大臣。自公孙弘后，丞相李蔡、庄青翟、赵周三人，比坐事死。石庆虽以谨得终，然数被谴。初贺引拜为丞相，不受印绶，顿首涕泣曰，臣本边鄙，以鞍马骑射为官，材诚不任宰相。上与左右见贺悲哀，感动下泣曰，扶起丞相。贺不肯起，上乃起去。"即此可见当时任相时之情景。

见之切，感之深，才能流出这种眼泪。这岂是泛论泛说，可由他人来补笔的吗？乐是乐（音洛），容易被统治者利用，以助长其骄泰之心。而武帝承文景积累之后，席丰履厚，其所作所为，皆出以骄泰之心，满足其骄泰之欲，把本应当做的事，也变成为蠹害国家人民的事。所以史公接着说"成王作颂，推己惩艾"的"善守善终"。由此而发挥乐的精神是"沐浴膏泽，而歌咏勤苦"；"凡作乐者所以节乐。君子以谦退为礼，以减省为乐"，这都是针对武帝所下的针砭。更由此以言乐的起源与作用是："博采风俗，协比声律，以补短移化，助流（流布）政教。天子躬于明堂临观。而万民咸荡涤邪秽，斟酌饱满，以饰厥性"；乐由人民方面来，还是用向人民方面去。这都是针对汉代，尤其是针对武帝的叙述。由"治道亏缺而郑音起"，至"二世然之"止，叙述了乐向反面演变的情形，其关键在"秦二世尤以为娱"，视音乐为统治者一人娱乐之具，这便走向"以损减为乐"及"饰民之性"的反面。由"高祖过沛，诗三侯①之章"起，至《天马歌》的"涉流沙兮四夷服"止，叙汉室之乐已完具，而结以"中尉汲黯进曰，凡王者作乐，上以承祖宗，下以化兆民。今陛下得马，诗以为歌，

---

① "兮"、"侯"，皆歌中拖长声调时所发之声。今《老子》中之"兮"字，帛书《老子》中皆作"呵"。按"侯""呵"之声放，"兮"之声敛。意者《楚辞》用"兮"，《楚辞》大行而"侯""呵"皆改作"兮"。

协于宗庙。先帝百姓，岂能知其音耶。上默然不说。丞相公孙弘曰，黯诽谤圣制，当族"。武帝因得神马以为太一所赐而作《太一之歌》，又为求得千里马而两次兴师伐大宛，"欲侯宠姬李氏，拜李广利为贰师将军"。第一次，"发属国六千骑及郡国恶少年数万人攻郁城，郁城大破之，遂引兵而还。""往来二岁，还至敦煌，士不过什一二"；第二次，"赦囚徒材官，益发恶少年及边骑，岁余而出敦煌者六万人，负私从者不与。牛十万，马三万余匹，驴骡橐驼以万数，多赍粮，兵弩甚设，天下骚动，转相奉伐宛。凡五十余校尉"。此次成功了，"取其善马数十匹，中马以下牝牡三千余匹。""军入玉门者万余人，军马千余匹。"[①]即是为了这数十匹善马，牺牲了五万大军，三万匹军马，及十万头牛与驴骡橐驼资粮等无算。因此役而被封侯者二。"军官吏为九卿者三人，诸侯相郡守二千石者百余人，千石以下千余人"，[②]更作歌以为祭告之用。这首歌可以说是由血河泪海所写成的，真可以说到了愚蠢颠狂状态。以此而言乐，岂是史公所能忍受。但身在当朝，只好写出汲黯与公孙弘这样一段委曲深切的故事，以寓其无穷的悲愤。

惟王应麟《困学纪闻·考史》引说斋唐氏之说，已指出得渥洼之马而作歌，在元鼎四年（前一一三年）；李广

---

① 以上皆见《史记·大宛列传》。
② 同上。

利获大宛善马而作歌，为太初四年（前一〇一年）。汲黯卒于元鼎五年（前一一二年），公孙弘卒于元狩二年（前一二一年）。得马作歌时，两人之卒皆已久，而汲黯也未尝为中尉，因此而断言"则此非迁之作明矣"。梁玉绳《史记志疑》对此言之尤详。虽司马光《资治通鉴考异》，以"或者马生渥洼水作歌在元狩三年（前一二〇年），汲黯为右内史（元狩三年罢）而讥之，言当族者非公孙弘也"之说相弥缝；泷川资言则以公孙弘为公孙贺，汲黯当为汲黯之弟汲仁，以牵就此一故事在人物与年月上之差舛。然在考证上皆难使人信服。

　　但若换一角度加以考查，则此问题将可得到不同的解答。《乐书》若为他人补作，则补作者凭空编造此一无实的故事，其用心何在？《史记》十篇之缺，以景、武两本纪的情形推之，殆皆犯有时忌。故补《景帝本纪》者，其避讳乃过于《汉书》之《景纪》。而褚少孙为了保存史公《武纪》原意，只好节抄《封禅书》。则补《乐书》者，何以补此于实无据、于意犯忌的故事？我认为史公在此段以前，皆系叙述事实；叙述事实，必须有所据。此段则系对前面之事实加以总的批评。《自序》说，"《诗》三百篇，大抵贤圣发愤之所为作也"，因为是发愤之作，故多出之以比兴，以济立言之道之穷；这在史公，则是所谓"微言"。微言与比兴之义相通，但求于情理上所应有，不必拘于事实之所本无。汲黯与公孙弘两人之言，在两人之性格上皆为其所应有；而"上默然不说"，亦武帝对汲黯之懿所流露的常情。于是姑构此一情节，亦犹诗人之比兴，以寄托其感愤之意。非史公，孰能对汲黯、武帝、公孙弘三人之性格，有如此深刻的了解，有如此自然的构成，有如此深长深刻的意味呢？

在叙完汉代作乐之违反乐的基本精神与作用后，录《乐记》以标示乐的理想，与《礼书》录《礼论》之用意正同。在录《乐记》至"子贡问乐"，以结一篇之名①后，应直承之以"太史公曰"，与《礼书》之结构亦同。其中夹入韩非《十过》篇师涓、师旷的一段神秘性的鼓琴故事，与史公之思想性格不合；当系太初以后，将乐律加以神化，《史记》的传承者在此种风气之下，所加进去的。

《自序》"非兵不强，非德不昌。黄帝汤武以兴，桀纣二世以崩，可不慎欤。《司马法》所从来尚矣。太公孙吴王子，能绍而明之，切近世，极大变，作《律书》第三"，则《律书》之为兵书无可疑。《尔雅·释诂》："律，法也。"（此即今日之所谓纪律）《易》"师出以律"之律，正用此义。兵书称曰律书，乃标出军旅得以成立之最基本要求，以寓其深意。武帝太初历采用巴郡落下闳之谬说："以律（律吕之律）起历。曰，律容一龠积八十一寸，则一日之分也……乃诏迁用邓平（及落下闳）所造八十一分律历。"

---

① 此处采用泷川资言《考证》之解释。

以律起历，本出于一时附会。汉初所用的四分历，以八十分为一日之数，乃出于实测之推算。黄钟长九寸，以九分为一寸，九寸为八十一分，乃出于制器调音之要求。两者毫不相干。今落下闳等为神秘其新历，以黄钟之八十一分，附会为新历之日数，此对音乐与历而言，皆两无是处，故史公虽参与制历之事，但《史记·历书》仍保留四分历，而不采用新制之太初历，其用心可见。然自以黄钟之八十一分，附会为历的"一日之分"以后，六律的意义，更加神化，以极于刘歆三统历中所言六律的意义，此为史公时所未有，尤为史公所不信。后人不明于此种思想的演变，渐以后起之说，乱前人之意，于是对《律书》多所附会。《司马法》、《孙子》、《吴子》及山东银雀山汉墓竹简中的《孙膑兵法》，皆未发现六律与兵之任何关系。下至《淮南子》中之《兵略训》，体大思精，间夹有极小部分之神秘思想，然亦不及六律与兵之关系。仅今日通行的经一再伪之《六韬》，中有《五音》篇，言"律音之声，可以知三军之消息胜败"，此殆战国末期方士之遗说，属于《汉志·兵书略》"兵阴阳十六家"中的一种附会之谈，然亦不过《六韬》五十七篇中的一篇，以备一说，尚无"六律为万事根本，其于兵械尤所重"这类的怪诞思想。史公对武帝的用将无方，征调无度，深致痛愤，此在《平准书》、《匈奴列传》赞中表现得非常深切。《律书》由"兵者圣人所以讨强暴、平乱世"起，至"太史公曰，文帝时，会天下新去汤火，人民乐业，因其欲然，能不扰乱，故百姓遂安，自年六七十翁，亦未尝至市井；游敖嬉戏，如小儿状，孔子所称有德君子者邪"止，乃史公原文。按《礼书》《乐书》之例，应叙至"今上"的各种军事设施行动以终篇，并且我相信史公已经这样写了的。但其内容必大犯忌讳，较《礼书》《乐书》为尤甚。盖《礼书》《乐书》对"今上"的情形，尚可出以婉曲之笔；把这应用到《律书》方面，便很困难。西汉宣、元时代，神秘思想最为盛行，而这些神秘思想中，以有关律吕的思想更为神秘。于是由今日不能断定的某位人士，把有关大犯时忌的"今上"的叙述去掉，把当时流行的有关律吕的神秘思想，在被保留的一段原文的前后，塞了进来，便成为不伦不类的今日的《律书》的形式。所以《律书》开始由"王者制事立法，物度轨则，一禀于六律"至"同声相从，物之自然，何足怪哉"止的一段；及由"书曰七政二十八宿"以至最后的"钟律调自上古，建律运历，造曰（当作日）度，可据而度也。合符节，通道德，即从斯之谓也"止，全是出于这位人士的补笔。但这位补笔的还有一点良心，因为他所补的后面的一大段，除了保存了"律数""言十二律相互间之比例数"[1]外，实际是说的律与历的密切关系，所以《汉书》便称为《律历志》。但史公认为律与历毫无关系，所

---

① 参阅丘琼荪著《历代乐律志校释》第一分册页一一九。

以只称为《历书》。《历书》中仅在"因诏御史曰"的诏中，转述了落下闳们"今日顺夏至，黄钟为宫，林钟为徵，太簇为商，南吕为羽，姑洗为角。自是以后，气复正，羽声复清"等数语。这叙的是诏书，与史公自己的观点全不相干。而在《历术甲子篇》中，没有杂入一句律吕的观念。补《律书》者为了保持史公《历书》的原有面目，宁愿把律历相关的材料，不伦不类地夹在《律书》里，而不夹在《历书》里，这是他很有分际的地方。

历与天官，皆史公所主管，两者皆有长久的历史。史公特将两者各为一书，对古代这一方面的成就，作了初步的整理，并凸出其意义，使此一"文史星历，近乎卜祝之间，固主上所戏弄，倡优畜之，流俗之所轻也"[①]的业绩，因此而能在历史上占一确定的重要地位，以保持中国科学的古老传统，其识卓，其功伟。古代的占天工作，与占星术连结在一起，《天官书》也是如此。但与《淮南子》中的《天文训》相较，附会之辞较少。惟五纬行度的疾徐，《天文训》似较《天官书》为详，两者应有人作详细的比较研究。

《封禅书》，是史公作史精神最突出的表现。作史莫大乎显露历史之真实。有事的真实，有人的真实。事的真实，存乎兴造的原始动机与实现之历程。及其完成以后，则常

---

① 见太史公《报任安书》。

为假借缘饰之辞所障蔽。人的真实，存乎其直接所流露之心态与知识水准。但政治人物之生活，有公私两面。其政治社会的地位愈高，则由私生活所透露之真，愈为装扮粉饰之公生活之伪所障蔽。于是事有表有里，人也有表有里。事与人的真实，常在里而不在表。且表的材料，常远超过里的材料。假定一位史学家，只停顿在表的材料上，而不能由表的材料以通向里的材料，则他将是一个被权势所玩弄所驱遣，以向世人、向后代，提供历史假象的人；这对史学家自己而言是悲哀，对所发生的影响而言，是罪过。归结起来，这只能算是无赖的宣传家，而不配称为史学家。史公在《封禅书》赞里说"具见其表里"，这句话，是他作史的最大目标，最大成就，特于《封禅书》结集为一个具体的典型，用最高的技巧，将其表达出来。

鬼神祭祀，是中国久远以来的传统宗教，其中当然夹杂有祈福禳祸的浓厚原始迷信在里面。但经周公与孔子的努力，把原始迷信减轻减少。此一努力，可分为两方面。一方面是将祭祀以礼加以限制，加以简化。天子、诸侯、大夫、士、庶人，在祭祀的对象上各有分限；在祭祀的时日、用品方面，也各有分限。另一方面，则将决定祸福之权，由鬼神转到人自身的行为，而将祭祀转化为崇德报功等的道德意义之上。这样才使人神混处的原始精神生活状态，渐进于理智清明的人文世界；这是文化上的一大进步。但秦杂西戎之俗，自立国以来，在祭祀上没有受到周室礼制的影响，还保留很浓厚的迷信成分。加以始皇侈泰之心，醉心于不死之药，鼓励了燕齐一带的方士，面对着浩瀚无涯的东海，发生了许多幻想与谎言，这与出自西戎的神话传统相结合，更增加了以迷信满足大一统皇帝侈泰之心的分量。封禅，是方士各种谎言的最高集结点，也是为了满足大一统皇帝侈泰之心的最高表现形式。历史上最先以封禅夸示功德的是秦始皇，继之者为汉武帝。封禅在祭祀中是突出的大典，秦皇汉武在实行封禅的仪礼中纷纷不决，由此可以窥见他们要由庄严的仪式以装扮出庄严的意义的用心。这是事与人的表。但此种庄严仪式，完全是由迷信所砌成；而所谓庄严的意义，完全是由侈泰愚妄之心所幻化；这是事与人的里。史公有"从巡祭天地诸神名山川而封禅焉。入寿宫，侍祠神语，究观方士祠官之意"的机会，看穿了方士如何玩弄皇帝，皇帝何以甘心受玩弄的把戏；"于是退而论次自古以来，用事于鬼神者，具见其表里。后有君子，得以览焉"。[1] 把事与人的"表里"表达出来了，也即是把掩蔽在庄严仪式后面的由专制、侈泰、愚妄结合在一起的事之里与人之里，表达出来了，使人类得透过由专制权力所散布的虚伪的历史资料以把握历史的真实；由历史的真实以把握人类前进的真正大方向，这才是作为一个史学家的真正责任与贡献。这正是史公作史的志尚所存。

---

[1]　以上皆见《封禅书》赞。

但此不仅需要卓越的智慧，遭逢的机会，更需要与人类大利大害、大是大非同其呼吸，决不为一时权势所夺的人格。这是支持史公具见其表里的基本力量：在《史记》进入汉代的各种叙述中，皆为此一精神所贯彻，特于《封禅书》中表现得最为集中。"至若俎豆珪币之详，献酬之礼"，不过是此历史真实的渣滓，更何足浪费笔墨，所以便委之于"则有司存"了。① 由此可知弥缝颠倒于由专制权力所安排散布的事之表与人之表的资料中，以构成历史的假象；由历史的假象，隐瞒历史的真正经验教训，使人类陷于混乱的泥淖中而永不能自拔，这是以史之名，毁灭史之实，乃历史的罪人，当然也是史公的罪人。

史公为了达到"具见其表里"的目的，运用了几种卓绝的表现技巧。第一种，采用了"反言若正"② 的技巧，以加重"春秋之微"的意味。一开始"自古受命帝王，曷尝不封禅。盖有无其应而用事者也。未有睹符瑞见，而不臻于泰山者也"。以庄严之词，尽调侃之意；全篇义脉，皆由此流出。像武帝这种文化水准的人，看到这几句（假使的话），也会和看到司马相如的《子虚》、《上林》，把本以讽刺求仙的文章，读了却飘飘有凌云之想，而《封禅书》遂得以完璧流传下来。第二种是用暗示的技巧以点出

---

① 以上皆见《封禅书》赞。
② 此语来自《老子》的"正言若反"。

封禅的虚妄。在上述数语后，接着写"虽受命而功不至，至矣而德不洽，洽矣而日有不暇给，是以即事用希……厥旷远者千有余岁，近者数百载，故其仪缺然湮灭，其详不可得而记云"一段，表面看，好像是为封禅何以仪礼之难作解释，实则暗示出此事乃于古无据。第三种用对比相形的技巧，使历史的真伪，在对比相形之下，无所遁形。从《尚书》曰"起，到"禹兴而修社祀，后稷稼穑，故有稷祠，郊社所从来尚矣"止的一大段，简述从舜到周的祭祀的情形，实以与封禅产生的情形相对比，以事实证明封禅本为古代历史所无。以见方士所言，皆出于信口开河的捏造。而在这段叙述中，穿插"太戊修德桑谷死"，"武丁得傅说为相，殷复兴焉，称高宗。有雉登鼎而雊，武丁惧，祖己曰修德，武丁从之，位以永宁"等事，也是以暗示法暗示出人君之祸福，决定于修德与否，而不在于祭祀的多寡，由此以反映出秦皇汉武的颠倒愚妄。第四种则用穷源竟委的技巧，以暴露封禅乃出于两大神话系统的原形。而在这种叙述中，又随处运用"以叙述破除叙述"的技巧，而不诉之于语言的破除，其破除力更为有效。自"周克殷后十四世，世益衰，礼乐废，诸侯恣行，而幽王为犬戎所败，周东徙雒邑，秦襄公攻戎救周，始列为诸侯"，至"而后世皆曰秦缪公上天"止，叙述秦立国所受西戎之俗的迷信影响。在此段叙述中，既先点明"礼乐废，诸侯恣行"，以见秦之"作西畤"等祭祀，皆在"礼乐废"之后，为礼乐所不许。又在述"盖黄帝时尝用事，虽晚周亦郊焉"的方士们捏造故事之后，即以"其语不经见，缙绅者不道"，以点破其虚妄。由西戎来的许多淫祀，虽与封禅无直接关系，但不仅由此可以反映出汉武时各种淫祀的面影，因而表明其来源。且封禅之说，来自燕齐海上方士，伪托而为《管子》一书中的《封禅》篇；[①] 至始皇将两大迷信系统加以统一，由汉武所继承。在实质上，封禅之实行，乃以两大迷信系统为其共同基础，因而封禅乃高据于两大迷信系统之上，统辖了两大迷信系统。故史公在叙述秦的迷信系统后，即叙述"齐桓公既霸……而欲封禅"的故事，而以"秦缪公即位九年"一句，作两段的勾连。在此一故事中，方士们既假管仲之口，肯定"古者封泰山，禅梁父者七十二家"；但又假管仲之口，先谓"皆受命然后得封禅"，以见封禅乃受命的天子之事。更谓封禅不仅须具备各种珍奇之物，且须"物有不召而自至者十有五焉。今凤凰麒麟不来，嘉谷不生，而蓬蒿藜莠茂，鸱枭数至，而欲封禅，毋乃不可乎？于是桓公乃止"，以增加其崇高而神秘的气氛，必如此而秦皇汉武乃为所掀动。此故事出现之真实时间，应叙于秦始皇之前。但史公只在指出其虚妄，而不是为此写考据文章，故姑就其所假托之时间，恰为秦

---

① 《管子》一书，乃累积而成为"丛书"的性质；其中《封禅》篇虽亡，但系出于方士之伪托，前人言之已多。

缪公之九年，①即夹叙于秦缪公九年之后。在此故事叙完后，又回到"是岁（齐桓公会诸侯于葵丘之岁）秦缪公内晋君夷吾……缪公立三十九年而卒"，以破"缪公上天"之妄。封禅之说，方士有托之于孔子后学的，所以接着叙述"其后（秦缪公卒后）百有余年而孔子论述六艺。传略言易姓而王，封泰山，禅于梁父者七十余王矣。其俎豆之礼不章，盖难言之。"所谓"传略言易姓而王"的"传"，有如《易传》、《春秋》三传的传，盖方士附托于传六艺之传以神圣其谎言。史公接着引《论语》的"或问禘之说，孔子曰，不知。知禘之说，其于天下也，视其掌"；孔子连亲自参加过的禘，尚且表示不知，更何有于封禅。接着由"诗云纣在位，文王受命"②到"季氏旅于泰山，仲尼讥之"，系由正面说明周未尝封禅，连旅于泰山，亦为孔子所讥。这也是运用以叙述破除叙述的技巧。再接上"周人之言方怪者自苌弘"一小段，此乃插入另一言方怪的来源，以见封禅实亦言方怪的一种。"而晋人执杀苌弘"，可见言方怪者必

---

① 齐桓公葵丘之会，据《十二诸侯年表》，为鲁僖公之九年，齐桓公之三十五年，秦缪公之九年。

② 历来注家，对"诗云纣在位，文王受命"，多所纠葛。有的谓诗当作书；有的谓本无诗字。实则以文王为受命，乃周初的共同观念，《诗·大雅》的《文王》、《文王有声》，说得非常清楚。此处"诗云纣在位，文王受命"，乃史公对诗的概括性的引用。"政不及泰山"，是史公的话。意思是：诗已明说纣在位时文王已受命，但政不及泰山，以见受命与泰山无关，与封禅无关。

无好下场，以与后面文成、栾大的结果相映带。由"其后百余年，秦灵公作吴阳上畤"起，至"其后百一十五年而秦并天下"，乃叙述西戎这一神话系统的发展。至此为止，秦受燕齐神话系统之影响不大。由"秦始皇既并天下而帝"起，至"此岂所谓无其德而用事者邪"止，说明秦始皇的封禅，是为求仙人不死之药，始在西戎迷信之上，加上燕齐方士的神话。由"三代之君（居），皆在河洛之间"起，至"祝官有秘祝，即有灾祥，辄祝祠，移过于下"止，述始皇除封禅求仙外的其他各种杂祀，此由继承其西戎神话系统而来。至此为止，史公把汉以前，由两个神话系统而来的封禅及杂祀的演进，总算摆清楚了。这和由周初礼制而来的祭祀系统，可作显明的对照。但秦始皇的方士活动的情形，具见于《淮南王列传》中伍被之口，为《封禅书》所略。《封禅书》进入到汉以后，尤其是进入到"今上"的武帝时代，史公对方士的活动，始有更详细的叙述。于是，史公更运用了描写的技巧，加强以叙述代批评的效果。有心理的描写，有情景的描写，二者都是互相附益的。文帝发现新垣平所说"皆诈"以后，"怠于改正朔服色神明之事"。景帝仅命"祠官各以岁时祠如故，无有所兴，至今天子。""今天子初即位，尤敬鬼神之祀"，《封禅书》至此而始进入高潮。对"厚礼置祠之内中"的"女子神君"，则"闻其言，不见其人云"。对"一宫尽骇，以为少君神，数百岁人也"，并"以封禅则不死"，将封禅与不死，结合起来，更说了许多谎言的李少君，则"居久之，李少君病死，天子以为化去不死"。对"以鬼神方见上"，使武帝"自帷中望见""所幸王夫人"，因而封为文成将军的齐人少翁，已发现他先"为帛书以饭牛"，诈言"此牛腹中有奇"，而将其诛死，但"隐之"。天子既诛文成，惜"其方不尽"；又向"故尝与文成将军同师"的栾大诳谓"文成食马肝死耳"。将"敢为大言，居之不疑"的栾大，"拜为五利将军，佩天士将军，地士将军，大通将军印"。"其以二千户封地士将军大为乐通侯，赐列侯甲第，僮千人，乘舆，斥车马帷幄器物，以充其家，又以卫长公主妻之。赍金万斤……天子亲如五利之第。使者存问，供给相属于道……于是天子又刻玉印曰天道将军，使使衣羽衣夜立白茅上。五利将军亦衣羽衣立白茅上受印，以示不臣也。而佩天道者，且为天子道（导）天神也。于是五利常夜祠其家，欲以下神。神未至而百鬼集矣。然颇能使之。其后装治行，东入海求其师云。大见数月，佩六印，贵震天下，而海上燕齐之间，莫不搤掕而自言有禁方，能神仙矣。""而五利将军使，不敢入海，之泰山祠。上使人随验，实无所见，五利妄言见其师，其方尽多不雠，上乃诛五利。""其夏六月中，汾阴巫锦为民祠魏脽后土营旁，见地如钩状，掊视得鼎。"齐人公孙卿有札书，"因所忠奏之，所忠视其书不经……卿因嬖人奏之，上大说，乃召问卿。卿对曰……宝鼎出而与神通，封禅。""此五山，黄帝之所常游与神会，黄帝且战且学仙。患百姓非其道者，乃断斩非鬼神者。百余岁然后得与神通。""天子曰嗟呼，吾诚得如黄帝，吾视去妻子如脱躧耳。""自得宝鼎，上与公卿、诸生议封禅。""天子既闻公孙卿及方士之言，黄帝以上，封禅皆致怪物，与神通。欲放（仿）黄帝以上，接神仙人蓬莱士，高世，比德于九皇。而颇采儒术以文之。群儒既已不能辨明封禅事，而牵拘于《诗》、《书》古文而不能骋。上为封禅祠器示群儒，群儒或曰不与古同……于是上……尽罢诸儒不用。三月遂东幸缑氏，礼登中岳太室。从官在山下，闻若有言万岁云。问上（山上之人），上不言；问下（山下之人），下不言。""齐人之上疏言神怪奇方者以万数，然无验者。乃益发船，令言海中神山者数千人求蓬莱神人。公孙卿持节常先行候名山。至东莱，言夜见大人长数丈，就之则不见，见其迹甚大，类禽兽云。群臣有言，见一老父牵狗，言吾欲见巨公（指天子），已忽不见。上即见大迹，未信。及群臣有言老父，则大以为仙人也。"这样一直被欺得扰攘下去，其中可怜可笑的故事，层出不穷。直到"今上封禅，其后十二岁而还，遍于五岳四渎矣。在方士之候祠神人，入海求蓬莱，终无有验。而公孙卿之候神者，犹以大人之迹为解，无有效，天子益怠厌方士之怪迂语矣。然羁縻不绝，冀遇其真。自此之后，方士言神祠者弥众，然其效可睹也。"在上述的情景与心理互相映带的描写之下，由武帝求不死的侈泰之心，宁愿被欺自欺以自成其愚妄的事与人之"里"，实无遁形之余地。通过《封禅书》以发现武帝之人的真实；由其人之真实以发现其文治武功的真实，则专制体制里所能包裹的东西，应当都可以洞察清楚了。

中国在新石器时代，已证明经济生活，是以农业生产为主体。农业生产，与水利不可分；这是立国的命脉。史公特立《河渠书》，其意义的重大，是显而易见的。《河渠书》内容分为三大部分。一为治河，一为漕运，一为水利。三者在文字中参错互出，以勾划出此方面的三大问题。

史公特重视经济，故立三专篇，将当时经济的全盘问题加以笼罩。以《河渠书》言水之利害，[①]以《平准书》言朝廷的财经政策，以《货殖列传》言社会的经济活动。为达到财经政策的目的，不能不使用严刑峻罚的手段，于是酷吏成为当时政治的骨干，所以《酷吏列传》与《平准书》为不可分。因财经政策的走向统制经济，以至引起社会经济机能的萎缩、混乱，故史公在《货殖列传》中主张自由经济。昭帝始元六年桑弘羊与贤良文学的大辩论，此即由桓宽所编集的《盐铁论》，[②]这都系上述问题的延伸。应与《平准书》作关连性的研究，始能真正了解当时的真实情

① 《河渠书》赞"甚哉水之为利害也"。
② 本人于一九七五年写有《〈盐铁论〉中的政治社会文化问题》的长文，以疏导其内容，反驳当时江青集团有关这一方面的谬论。现收入本书。

形，和史公在经济方面的思想。

货币，是汉初经济活动中极感困扰的问题，武帝时，更发挥了货币对物资的控制作用，所以《平准书》中特重视此一问题。后面由"太史公曰，农工商交易之路通，而龟贝金钱刀布之币兴焉"起，至"事势之流，相激使然，曷足怪焉"止的一段，柯维骐以为"太史公此赞，乃《平准书》之发端耳"，当为可信。

元封元年（前一一○年）"桑弘羊为治粟都尉，领大农""置大农部丞数十人，分部主郡国，各往往置均输盐铁官，令远方各以其物如异时商贾所转贩（贩）者，为赋，而相灌输。置平准于京师，都受天下委输……贵则卖之，贱则买之。如此，富商大贾，亡所牟大利，则反本，而万物不得腾跃。故抑天下之物，名曰平准。"[①] 平准令为大农令（太初元年更名大司农）的属官之一。《淮南子·齐俗训》"今夫为平者准也，为直者绳也。"天下的物价，皆操纵于此属官之手，皆以此属官所定者为物价之准，故即名此属官为平准令。其秩位虽不高（六百石），但平准令之出现，乃武帝财经政策发展之高峰，其机能深入于社会生活结构的每一角落，反映出政府权力的前所未有的膨胀，所以史公对一代财经政策的叙述，即以平准之官名为其书名。

《平准书》首言"自天子不能具钧驷，而将相或乘牛

---

① 《汉书·食货志》。

车，齐民无藏盖"，至"七十余年之间，国家无事，非遇水旱之灾，民则家给人足，都鄙廪庾皆满，而府库余货财"止，叙述长期战乱后的经济凋弊，及由凋弊而经济复兴繁荣的情形，其关键全在"国家无事"四字。而因经济繁荣所酿出的"宗室有土，公卿大夫以下，争于奢侈……物盛而衰，固其变也"。所谓"争于奢侈"，实武帝为之倡；而所谓"变"者，指变无事为多事。故接着叙述"自是之后，严助、朱买臣等招来东瓯，事两越，江淮之间，萧然烦费矣"等一层一层的多事情形，以至"兵连而不解，天下苦其劳；而干戈日滋，行者赍，居者送，中外骚扰以（而）相奉，百姓抏弊以（而）巧法。财赂衰耗而不赡，入物者补官，出货者除罪，选举凌迟，廉耻相冒，武力进用，法严令具，兴利之臣，自此始也"。概括了武帝因席丰履厚而生侈泰之心；因侈泰之心而生穷兵黩武之念；因穷兵黩武而大量消耗国家社会的资材；因大量消耗国家社会的资材而讲求各种特殊的财经措施；因特殊的财经措施而破坏了政治社会的正常结构；因破坏了政治社会的正常结构而民不聊生，引起山东的盗贼蜂起，便不能不倚赖严刑峻罚的酷吏之治、屠杀之政。武帝的侈泰之心不已，多事不已，于是"事势之流，相激使然"，上述情形互相因缘，成为整个的恶性循环，使汉几至于亡国。史公不把武帝的财经政策，作孤立的处理，而系在"相激使然"中的互相因缘的整个恶性循环中加以处理。最后结以卜式的"烹弘羊，天乃雨"，为武帝的财经政策，作一暗示性的深刻评断。前人每称《史记·项羽本纪》，其全书文法，悉汇于此。实则史公在文学上之最高成就，无过于《封禅》、《平准》两书，此真为后人所无法企及的巨制。而其所以有此最高成就，乃来自其良心所赋予于他的卓识与勇气。

八、《史记》构造之四——列传中的若干问题

历史是由人的生活行为造成的，只有人才有历史；历史意识的出现，史学的形成，是人突破其血肉、血统在时空中存在的限制，使人的存在，与历史意识所及的一切人，在时空中连结起来，更由史学家的记录，把这种连结加以确定，加以延绵，加以扩展；于是人在宇宙中的地位，才得以稳定下来。所以人是历史的中心，可不须加以论证的。但因史公特立列传一体，而人在历史中的地位，更为突出、显著。

《索隐》"列传者，谓叙列人臣事迹，令可传于后世，故曰列传"，是司马贞以列为叙列，传为流传。《正义》"其见行迹可序列，故云列传"，张守节的解释，与司马贞无异。按《管晏列传》赞"故次其传"，"次"有编次之义，即将相关材料编定次序以成篇。《仲尼弟子列传》赞"悉取论语弟子问并次为篇"，也是此意。《苏秦列传》赞"吾故列其行事，次其时序"，此处乃列与次互用。《田儋列传》

赞"余因而列焉"，此列字皆应作"编次"解。是列传的列，与序同义。日人中井积德谓"传不一而足，次第成列，故谓之列传"，释"列"为各传的次第成列，当然不甚妥当。

"传"的本义为传递，所以送达急速之事。又由此递彼，皆曰传。《庄子·养生主》"指穷于为薪，火传也"，释文："延也。"[①]是传由本义可引申为流传之义。则所谓列传者，乃"编次成篇，令可流传于后世"之意。至《伯夷列传》的"其传曰"，此乃古书之通称，与列传之传，义似有别。《汉书》去列字而仅称为传，则传有"述"义，[②]班氏殆以"传"字兼"述""传"两义，"述而传之"，以一字为已足。

但列传之"列"字，亦或可另作解释。《史记》"本纪"的"本"，"世家"的"世"，皆与政治地位相关连，并由政治地位形成一定的身份标准。惟列传中的人物，其政治地位，既参差不同，因而无由以身份定标准。按二十等爵，第二十爵为彻侯，彻侯亦称通侯；《汉书·高纪下》《定口赋诏》"令诸侯王通侯"者是。后因避武帝讳，改称列侯；由此可知：彻、通、列三字可以通用。侯有专称通称之别；周的公侯伯子男五等爵中，侯居第三位，此为专称。"诸

---

① 参阅朱骏声《说文通训定声》"传"字下。
② 《礼记·祭统》"传著于钟鼎也"。释文"谓传述"。

"侯"概括五等爵以为言，此为通称。"彻侯"，乃不复别为五等，而通称为侯之义。彻可与列通用，则所谓列传者，乃不复计其身份地位，而通称为传之意。若此说可以成立，则此"列"字为特用之例，不必与上所述"列"为编次之义相溷。而所谓传，即是"述而传"之意。《汉书》"本纪"去"本"字，又不立世家，而班氏又不了解史公"列"字的原意，用辞从简，故仅称"纪"称"传"。陈寿《三国志》从《汉书》；范蔚宗《后汉书》，始复《史记》之旧；六朝人著史亦皆如此，遂成为定例。今日通行本的《汉书》目录，皆标"列传"两字，中华书局编辑部的点校本也不例外，此乃一种疏忽。

由《伯夷列传》第一，至《李将军列传》第四十九，皆按年代先后为次序。在《匈奴列传》第五十与《南越列传》第五十三间，出有《卫将军骠骑列传》及《平津侯主父列传》。在南越、东越、朝鲜、西南夷四《列传》后，出有司马相如、淮南衡山两《列传》。在《循吏列传》第五十九后，出有《汲郑列传》；都看不出他这种次序的意义，便引起许多争论。赵翼谓"《史记》列传次序，盖成一篇即编入一篇"；"其次第皆无意义"；[1] 此不仅不合于《李将军列传》以前之情实，且匈奴等外夷六列传的先后，大体上系按照与汉发生关系，或得到解决之先后为次。匈

---

[1] 见《廿二史劄记》卷一"《史记》编次"条。

奴在高祖时已发生关系，故首《匈奴列传》。南越于文帝时"愿长为藩臣奉贡职"，故次《南越列传》。闽越于建元三年（前一三八年）击东瓯；六年（前一三五年）闽越王弟余善杀王郢以降，故次《东越列传》，东越乃闽越之别称。元朔元年（前一二八年）东夷薉君降，置苍海郡；元封三年（前一〇八年）朝鲜杀其王以降，故《朝鲜列传》又次之。元狩元年（前一二二年）复从事于西南夷；元封二年（前一〇九年），武帝发巴蜀兵击灭劳浸、靡莫，以兵临滇。滇王离难西南夷举国降，以时间计之，当在元封二年以后，故《西南夷列传》又次之。太初元年（前一〇四年）秋，遣贰师将军李广利伐大宛失利，三年（前一〇二年），大宛杀其王以降，故殿以《大宛列传》。其以时间为次序之严如此。然则卫将军以次五列传，侧杂于外夷及《循吏列传》之间，到底是什么意思？史公对并时人物，在此五传以前者仅有魏其武安、韩长儒、李将军三传。每传皆有深意。我试另作一大胆推测：以后五传，或系反对当时对外用兵的政策，或系暴露出选将用兵的真实情形，及由此所引起的内部危机。若其次序不以侧杂出之，再加上《酷吏列传》，则因集中所反映出的对武帝的批评性，更为强烈，史公于此不无顾虑。《魏其武安列传》，乃当时以内宠为背景的政治斗争的典型。伐匈奴是当时第一大事；而武帝用将一决于内宠，故使国家人民蒙受莫大的损失与痛苦。《李将军列传》及《卫将军骠骑列传》，写出武帝用将的两个方面，两传应做对照性的了解。合全中国数十年储蓄的力量从事匈奴，以全国人民的血肉，博内宠的嘲笑，所以史公当时的心情，大有"能言反对伐匈奴者，皆圣人之徒也"之慨。《史记》一书，很少录当时奏议，但凡谏伐匈奴及反对向外黩武之言论，皆为史公所不弃。他为韩长孺（安国）立传，因为他最先反对伐匈奴。"习文法吏事，而又缘饰以儒术"，"尝与公卿约议，至上前，皆倍其约，以顺上旨"，"弘为人意忌，外宽内深。诸尝与弘有郤（隙）者，虽佯与善，阴报其祸。杀主父偃，徙董仲舒于胶西，皆弘之力也"的公孙弘，其人品及事功皆不足为之立传。但他始终是不赞成"罢（疲）敝中国，以奉无用之地"的人；且其生活行为，深自敛抑，所以为他立传。主父偃初上书阙下"所言九事，其八事为律令，一事谏伐匈奴"。史公仅录其谏伐匈奴之言，长凡七千余字，这是他得以与公孙弘合传的主要原因。徐乐上书指出当时"天下诚有土崩之势"，类于亡秦。严安上书力言"穷兵之祸"、"行无穷之欲"、"非所以子民也"、"非所以安边也"、"非所以持久也"；故两人附传于此列传之后。司马相如在文学上的卓越成就，当然为史公所倾心。他虽然赞成通近蜀的邛、筰、冉駹，但卒感悟于蜀长老"通西南夷不为用"之言，欲谏不敢，"乃著书，借以蜀父老为辞，而己诘难之，以风天子。"传赞"太史公曰，《春秋》推见至隐，《易》本隐之以（之、以两字应倒乙）显……相如虽多虚辞滥说，然其要归引之节俭，此与《诗》之讽谏何异"。相如各赋，无不有深刻的讽谏意味，尤以《秦二世赋》及《大人赋》为最。故史公不惜引《春秋》及《易》以相喻。此相如之所以能成为"辞赋宗"，而史公之所以为其立传。史公之识，远过于扬子云"劝百而讽一"之言。而班固竟为子云之言所蔽，① 后世遂无真知司马长卿者。《淮南衡山王列传》，记厉王长及其子淮南王安谋反的各种幼稚行为，盖所以明两代的冤狱，及公孙弘、张汤迎合意旨，牵连之广，杀戮之酷。汲黯直指武帝"内多欲而外施仁义"，数揭公孙弘与张汤的诈伪，反对"天下骚动，罢敝中国，而以事夷狄之人。"他是敢于揭当时疮疤的人，所以武帝"欲诛之以事"。幸而他曾充武帝为太子时的洗马，勉强得以"诸侯相秩居淮阳，七岁而卒。"郑当时之所以入传，因其喜好宾客，且"每朝，候上之间说，未尝不言天下之长者。其推毂士及官属丞史，诚有味其言之也"。汲、郑合传，仅取两家盛衰时宾客之集散情形相同的这一点。

　　《史记》列传，可分为三大类。一为以个人为主体之列传，此为列传的骨干。次为有关政治、社会、文化方面之集体活动之列传，又次为外夷列传。因外夷列传之成立，

---

① 《汉书·司马相如传》及赞，录自《史记》。但在赞中加引"扬雄以为靡丽之赋，劝百而风（讽）一。犹骋郑卫之声，曲终而奏雅，不已戏乎"以作结，而不觉其与前所录史公之言相矛盾。后人又将此数语，羼入史公赞语中。

而使中国史学，在两千年前实已具有世界史的规模。

张晏谓《史记》十篇缺中，"有《日者列传》、《三王世家》、《龟策列传》、《傅靳列传》"。又谓《三王世家》、《龟策列传》、《日者列传》，为褚先生所补。按《三王世家》赞的"太史公曰"，其出于史公甚明；且与《自序》的"三子之王，文辞可观"之言相合。后面的"褚先生曰，臣幸得以文学为侍郎，好览观太史公之列传，传中称三王世家，文辞可观（按此指《自序》及《世家》之赞而言）。求其世家（按此指世家之本文而言），终不能得。窃从长老好故事者取其封策书，编列其事而传之"；正与今《三王世家》"大司马臣去病，昧死再拜，上疏皇帝陛下"以下所列各"上言"与"制曰"相合；则此世家本文之编次，出自褚先生，他自己已说得明白。《武帝本纪》之被毁弃，为褚先生所不敢言；此世家之"终不能得"，则褚先生可以公然言之。此后则补述三王被封之经过及其结果；并对策封三子之文，略加解释；盖史公所谓"文辞可观"，乃指两次之"制曰"，及策文而言。由此可知褚先生所补者，皆界划分明，无混淆之弊。

《傅靳蒯成列传》，柯维骐、崔适、泷川资言皆以为系史公原文，不信其为补作。然史公所作列传，在姓名后皆先述其人的出生地。《伯夷列传》虽系变例，以议论开始，但仍补出"其传曰，伯夷、叔齐，孤竹君之二子也"。《傅靳蒯成列传》，所传者共三人。第一人为"阳陵侯傅宽"，未及其出生地。第二人为"信武侯靳歙",未及其出生地。第三人为"蒯成侯继者沛人也,姓周氏",与其他的列传体例相同。前两传之内容,仅转录当时之记功簿,不能发现任何其他意义。《蒯成侯列传》,特记"上欲自击陈豨,蒯成侯泣曰,始秦攻破天下,未尝自行。今上常自行,是为无人可使者乎。上以为爱我"数语,反映出杀戮功臣以后的人材寥落,及统治集团内心境寂寞的情形,与赞中"蒯成侯周继,操心坚正,身不见疑。上欲有所之,未尝不垂涕,此有伤心者然。可谓笃厚君子矣"的意味深长的话相合。且《樊郦滕灌列传》,四人皆称其姓,此传则傅靳两人称姓,蒯成称爵。在次序上,此传应在《樊郦滕灌列传》之后;现列于《郦生陆贾列传》之后,可谓失其次序。因此,可作这样的推定:此传的傅靳部分已失,而蒯成部分及赞独存。傅靳部分,系褚先生以外之人所补。

《日者列传》,首尾完具。后面的褚先生所补,亦界划分明。而史公实以此传传司马季主,盖以司马季主斥当时的士大夫,为了个人在政治上的出路,"卑疵而前,孅趋而言,相引以势,相导以利,比周宾(摈)正,以求尊誉,以受公奉(俸)"之"皆可为羞";"事私利,枉王法,猎农民,以官为威,以法为机,求利逆暴,譬无异于操白刃劫人者也";"此夫为盗不操矛弧者也,攻而不用弦刃者也"。把专制下官僚集团之实同盗贼的丑恶本质,暴露了出来,有合于史公追求历史真实的本旨;其用心深而取义切，决非他人所能措手。所以张晏谓为褚先生所补，从任何角度看，亦不能成立。

褚先生谓"臣往来长安中，求《龟策列传》不能得；故之太卜官，问掌故文学掌习事者，写取龟策卜者，编于下方"，他未尝冒取史公原有篇幅之地位，至为明显。而今日可以看到的由"太史公曰"起，直到"岂不信哉"为止，乃史公《龟策列传》的叙论，其本传则已遗失，故褚先生特搜集材料，"编于下方"，亦至为明显。其写此叙论的用心，与写《封禅书》略同。后人纷纷之论，皆可谓以浅露窥宏深。

这里我想提出前人所未曾提出过的两个问题。一是《南越列传》赞，皆出之以韵语，了无意义。《朝鲜列传》赞，除末句多一"矣"字外，皆四字一句，亦了无意义，此两赞疑皆非出自史公之手。另一是《自序》叙目中的小序（一般亦仅称之为《自序》），有的是散文，有的是四字一句的韵文。散文者多有意义，韵文则辞句鄙俚而无意义；我怀疑因为有的小序散失了，后人乃仿《汉书》之例以补之。散文的小序，固可信为史公之笔；然其中亦有经后人窜乱的。《项羽本纪》、《高祖本纪》、《黥布列传》、《田儋列传》四小序，皆称项羽为"子羽"。《索隐》谓"籍字子羽"；《正义》谓"子羽，项籍也"。按《项羽本纪》"项籍者下相人也，字羽"，以单名为字，乃古人之常。《本纪》称项羽者四十七，赞称项羽者五；其他的本纪、世家、列传，凡涉及项氏的，无不称羽或籍，无一称"子羽"的。《汉书·高帝纪》有"是月项梁与兄子羽起吴"之语，"兄子羽"，是说项梁之兄的儿子名羽。子羽之名，殆由误读"兄子羽"而来。由此可以推知此小序的窜乱，乃在《汉书》通行之后。

九、《史记》构造之五——立传的选择

史德与史识的最大考验，在于以何种标准决定为何人立传。历史上的人物，尤其是写现代史时的现代人物，可以说是林林总总，既不能全为之立传，也不应全为之立传，势必有所选择，选择必胸有标准。由列传以窥著史者胸中的标准，由著史者胸中的标准以论著者的史德史识，以论所著书的成败得失，这是读史的第一要义。《史记》兼古代史与现代史，每立一传，皆有立一传的深意，亦即有其立传的标准。而积极的标准，必待有一消极的标准始能树立。此消极的标准为何，即首先必须破除势利之见。势利之见不能破除，便会以势利的大小为标准，而人类生存的意义，历史之所以能成为历史的意义，或几于泯绝。司马迁之所以为司马迁，便在他首先能破除此种势利之见，在势利圈以外，发现人的意义，发现历史的意义。《张丞相列传》"自申屠嘉死之后，景帝时开封侯陶青，桃侯刘舍为丞相。及今上时，柏至侯

许昌，平棘侯薛泽，武强侯庄青翟，高陵侯赵周等为丞相。皆以列侯继嗣，娖娖廉谨，为丞相备员而已，无所能发明（犹"建立"）功名有著于当世者"，可说他在这里，集中地表现出他所操持的消极标准。

对人物的积极标准，概括言之，第一，其人在历史的形成中，有何意义；此意义必包括两方面，一为正面的意义，一为反面的意义。其次，是在历史的现实中（与形成有别），可以表现某种时代风气、时代特色，或时代精神。而上面这种标准，是在历史现实的比较中决定，不是由著史者预定的权衡来决定。这是史学家与哲学家的大分界。在上面所引史公的一段话中，并未尝抹煞势利在历史中的作用，由某一方面说，历史是由势利来推动的。但有在历史中发生作用的势利，有不发生作用的势利。在史公心目中，一个创家立业的财主，和只是继承祖业的财主，在社会上，亦即是在历史中，其意义是完全不同的。他不屑为之立传的一批丞相，是"无所能发明功名"的一批人；亦即是既不能在历史的形成中发生作用，也不能在历史的现实中代表点什么，仅凭"丞相"两字，没有为他们立传的价值。

分解言之，形成历史的最大力量是政治，史公已因此而立有本纪、世家；书、表中也表现了这一方面的意义。但深入一层地去看，历史的成立，乃人生价值的展现与延续。可以说，没有人生价值，便没有历史。因此，就一个人来讲，他在历史中的地位，首先是由他的行为所表现的人生价值来决定的。《伯夷列传》中，谓"或择地而蹈之，时然后出言，行不由径，非公正不发愤，而遇灾祸者不可胜数也"，又谓"岩穴之士，趣舍有时，若此类，名湮灭而不称，悲夫"。由此可知，史公最关心的，是人类的行为价值，必须保有历史中的崇高地位。但这种价值是表现在各个方面，也表现为各种层次。历史是生活的现实，有时不能不降格相求。他以《伯夷列传》为首，因为伯夷兄弟的让国，与传说中的薄天下而不为的隐士们的故事结合在一起，代表了超越权势以外的最高人生价值。管晏功业，已分见于《齐太公世家》。但他特为之立传，主要系重视"知己"在人生中的重大意义。在《张耳陈馀列传》赞中谓："然张耳、陈余始居约时，相然信以死，岂顾问哉。及据国争权，卒相灭亡，何乡者相慕用之诚，后相倍之戾也，岂非以利哉。"在《汲郑列传》赞中特记"始翟公为廷尉，宾客阗门。及废，门外可设雀罗。翟公复为廷尉，宾客欲往，翟公乃大署其门曰，一死一生，乃见交情。一贫一富，乃知交态。一贵一贱，交情乃见。汲郑亦云，悲夫。"友谊，是个人伸向社会的人与人相互关系的基础。《史记》一书，凡涉及此的，无不流露珍重慨叹之意。史公之心，殆与西塞罗（Mt. Cicero，前一〇六年至前四十三年）写《友情论》的心情是相通的。为伍子胥立传，乃重视"复仇"在人生中的重大意义。此乃反映当时重视复仇的风气。为鲁仲连、邹阳立传，是有取于仲连的高义不帝秦，不为形势所屈。且有取于他"在布衣之位，荡然肆志，不诎于诸侯，谈说于当世，折卿相之权"（《传》赞）的节概。为邹阳立传，盖同情其狱中上书，深悲士人得知遇之难；而邹阳在辩解中不失抗直不挠之节。他在传中全录狱中所上书，和他在《老子韩非列传》中全录韩非《说难》之文，在《乐毅列传》中，全录蒯通、主父偃们读了"未尝不废书而泣"的《报燕王书》。在《屈原贾生列传》中，既采淮南王安借以自喻的《离骚传》，①更录其《怀沙》之赋；而贾谊则录其《吊屈原》及《鹏鸟》两赋。因为史公对大一统专制下的士人的遭遇，实怀有深悲巨痛，与西汉作《楚辞》系统的辞赋的人完全相同；此不仅反映出士人在历史中置境的艰难，且亦足以作历史发展实况的有力解说。为刺客立传，取其重义轻生，实东汉节义之先导。为游侠立传，因为这种人的重义轻生，不是对个人负责，而是对社会负责，以"布衣"的地位，"设取予然诺，千里诵义，为死不顾世"，使"士穷窘而得委命"，"既已存亡生死矣，而不矜其能，羞伐其德"，这种形态的人，其意义又在刺客之上。在《田儋列传》中，详述田横及其客五百人"自刭"的情形，是因为"田横之高节，宾

---

① 有关《屈原列传》中采用淮南王安所作之传的讨论，具见于拙著《两汉思想史》卷二《淮南子与刘安的时代》一文。

客慕义而从横死，岂非至贤。余因而列焉"，其心境与作《刺客列传》者正同。为季布、栾布立传，以季布的"为气任侠"，而又能"摧刚为柔"，力折樊哙"得十万众横行匈奴中"之妄。附传其弟季心，因其"气盖关中"，"方数千里皆为之死"。所以为栾布立传，以其"奏事彭越头下，祠而哭之"，"不自重其死，虽往古烈士，何以加焉"。所以为袁盎立传，以其"仁心为质，引义慷慨"。为冯唐立传，以其"论将率（帅），有味哉，有味哉"。由上面概略的陈述，可知史公对人物价值的评定，除圣贤型、英雄型、学者型以外，必归于刚直有节之人。人生的形态与意义，是多方面的，借史公自己的话说，"天道恢恢，岂不大哉。谈言微中，亦可以解纷"，于是他特立了《滑稽列传》。他为滑稽立传，是这些人以滑稽的方法，伸展了自己的意志，亦即是在滑稽中伸展出自己的人格，所以史公便在赞中说"岂不亦伟哉"。但专制政治稳定后，凡可称为人才的，皆不易为政治社会所容；而皇帝所要求的，乃在于"长者"型的人物。《田叔列传》："孝文帝既立，召田叔问之曰，公知天下长者乎？"这说明了专制政治，进入到安定时期，专制主所要求的不是人才而是长者；长者以现在的话说，即所谓"老实人"或者称为"忠厚人"。冯唐当文帝面前说："陛下虽得廉颇、李牧，弗能用也"，也正是看透了这一点。此一要求，到元帝以质朴、敦厚、谦逊、有行的四科取士而更具体化。即此一端，也应可以说明中国历史在专制之下，必然陷于停滞的原因。史公写列传，写到汉代开国以后的人物时，已只有一节一端之人，可资选择，我推测，在他的内心，已有荒凉之感。他不会喜欢这种长者型的，但他是在写历史，"长者"已成为这一时代的历史形象之一，于是他便以卓越的描写技巧，写出了《万石张叔列传》及《田叔列传》。此类人虽不足齿数，是以"色媚"、"色幸"事上而完全没有人格可言的人，但既"与上卧起，公卿皆因关说"，并且只要是专制，在政治核心中，便有这一类型人物存在，"虽百世可知也"；于是从人生价值的反面，也只好写出《佞幸列传》。

其次，他非常重视学术文化在历史形成中的意义。凡有著作流传的，即使作为列传的材料非常缺乏，他也以各种形式为其立传。他所宗依的是孔子。但对诸子百家，都给予历史的地位，而不欲其归于泯灭。对汉初为大家所深恨的法家，也是如此。既为孔子立世家，又立《仲尼弟子列传》。在《管晏列传》中特提到管氏的《牧民》、《山高》、《乘马》、《轻重》、《九府》及《晏子春秋》。他在《老子韩非列传》中，为老子、庄子、申不害、韩非立传。史公已用"信以传信，疑以传疑"的方法，写成《老子列传》，[①]

① 对此我曾写《老子其人其书的再检讨》一文，附载于拙著《中国人性论史》之后。（编者注：九州出版社《徐复观全集》整编收入《中国思想史论集续篇》，《中国人性论史·先秦篇》大字本恢复为附录一。）

而今人有谓老子本无其人，有谓著《老子》者为李耳而非老聃，有谓著《老子》者为子华子；直至长沙马王堆汉墓中甲乙本帛书《老子》的发现，应可稍息短视而好立异者之喙。若无史公此传，则纷扰又将如何？"司马穰苴区区为小国行师"，而史公为之立传，是因"齐威王使大夫追论古者《司马兵法》，而附穰苴于其中，因号曰《司马穰苴兵法》"。在赞中特推"《司马兵法》闳廓深远"，以与穰苴相区别。为孙武、吴起及"孙武后世子孙"孙膑立传，因《孙子》十三篇、《吴起兵法》，"世多有之"。而孙膑也是"世传其兵法"的人。史公既明传孙武、孙膑为两人，而今人犹疑其系一人，又谓孙膑本无兵法；直至近年发现了山东银雀山古墓中的竹简，始证实史公所记者为不诬。若无史公之传，三人姓名殆必将湮灭。商鞅是政治上形成的历史重要人物，不因其著书而始为之立传。但在赞中必提到他的《开塞》、《耕战》书。《孟子荀卿列传》，传有孟子、驺忌、驺衍、驺奭、淳于髡、慎到、环渊、接子、田骈、荀卿、公孙龙、剧子、李悝、尸子、长卢、吁子，"自如孟子至于吁子，世多有其书"；而以墨子作结。窥其意，殆欲网罗诸子百家，以纪录其历史的地位。在《乐毅列传》中，特附与乐毅家属并无关系的"乐氏之族有乐瑕公、乐臣（巨）公……乐臣公善修黄帝、老子之言，显闻于齐，称贤师"。赞中又述"乐臣公学黄帝、老子，其本师曰河上丈人，不知其所出。河上丈人教安期生。安期生教毛翕公。毛翕公教乐瑕公。乐瑕公教乐臣公。乐臣公教盖公。盖公教于齐高密胶西，为曹相国师。"借此以存此派的传承。《吕不韦列传》赞谓"孔子之所谓闻者其吕子乎"，称不韦为"吕子"，主要是因为吕不韦"乃使其客人人著所闻，集论以为八览、六论、十二纪，二十余万言。"《扁鹊仓公列传》，所以表彰医学。《儒林列传》，所以纪一代学术的主流。《日者列传》、《龟策列传》，所以保存文化中古老的传统，而另寄以深意。至屈原、贾谊、司马相如诸列传，为重视文学在历史中的意义，更不待论。《十二诸侯年表》序，以孔子作《春秋》为济衰周政治之穷；亦即欲以学术文化，济现实政治之穷。《自序》述著书之意，即隐然以此自任。其重视学术文化在历史中的意义而特提高其地位，乃必然之事。

又其次是人的政治活动，对历史形成的影响。史公所面对的春秋以后的历史，可分为两大阶段。一为由七雄并立，趋向秦的专制统一，这是历史发展的大里程碑。二为陈胜、吴广揭竿发难，豪杰并起亡秦，接着是楚汉之争，终由刘邦得到胜利，继承了秦所建立的大一统规模的专制政体。此种政体，支配了中国历史，垂二千年之久，这更是历史发展的重大关键。史公作史，必首先注重到参与了形成两大历史阶段的突出人物。于是在第一阶段中，他为商君、张仪、樗里子、甘茂、穰侯、白起、王翦、范雎、蔡泽、吕不韦、李斯、蒙恬诸人立传，而统括之以《秦始皇本纪》。其中樗里子"以骨肉重"，其分量不一定值得为他立传，但因"秦人称其智，故颇采焉"；传中并记下了他墓葬的预言，这是出于史公兴趣之广，是史学家的心灵，与艺术家的心灵可以相通的地方。历史的发展是复线的，是破坏与建立互为因缘的。是在抗拒中前进的，在抗拒中更可把握历史的全貌。于是他为苏秦、乐毅、廉颇、蔺相如、田单、鲁仲连诸人立了传。在历史发展中，常有一种特别风气，代表了某一时代的特性或时代精神，为作史者所必不可忽略。战国时代的特性，一为纵横之术，游士可立谈而致卿相，此已分见于苏秦、张仪、范雎、蔡泽、乐毅诸列传中。次为游士之众，养士之风之盛，常为汉初士人所乐道；史公自己，也受此一影响。于是他写了孟尝、平原、魏公子、春申君四列传；且间见于孟子、荀卿、乐毅、吕不韦各列传中。

在第二阶段历史的形成中，史公写了《项羽本纪》，陈涉、萧相国、曹相国、留侯、陈丞相诸世家；张耳、陈余、魏豹、彭越、黥布、淮阴侯、韩王信、卢绾、田儋、樊郦、滕灌、傅靳、蒯成诸列传；郦食其及陆贾，以辩说参与了一份，故有《郦生陆贾列传》（但陆贾之表现主要在统一天下以后），而总持之以《高祖本纪》。上列诸人中，有的是独开局面，有的则不过是依日月之末光，这些不同的分量，史公在各列传中都分别得很清楚。

刘邦统一天下后，一方面以杀戮功臣，实行同姓封建，为安定天下的手段。但这只能算是消极的手段。进一步必须有能得到安定的政策与政治。在政策方面，刘敬与叔孙通，是关键性的人物，所以便写《刘敬叔孙通列传》。而在政治的安定方面，除曹参援盖公黄老之术外，张苍的"明习天下图书计籍"，"又善用算律历"，"汉家言律历者本之张苍"，又"若百工，天下作程品"，这在以政治安定天下上，都是必要的，所以便为之立《张丞相列传》，以纲维其他有一节可取的御史大夫及丞相。吕后临朝听政，几覆刘氏，此系刘邦死后政治上的第一大危机，由此而有《吕后本纪》、《外戚世家》、《绛侯周勃世家》；并分见其事于《陈丞相世家》及《陆贾列传》，此乃历史中破坏与建立的相互斗争之一例。文帝用人，以"长者"为主；而张释之的持法，冯唐的论将，皆此时期之突出人物，故特立《张释之冯唐列传》。突出的贾谊，则早已与屈原合传。由文帝时所酝酿，由景帝时所爆发的七国之变，是汉初的第二大危机，因此而有《袁盎晁错列传》，而将立有大功的周亚夫，附传于《绛侯周勃世家》之中。进入武帝时代，政治斗争更显著地以后宫为背景。斗争的胜负，一决于后宫势力的消长；其在政治上，必然发生反淘汰作用，于是写《魏其武安侯列传》，以作为此种斗争的范例。匈奴问题，是汉初立国以来的大问题，武帝以侈泰之心，用佞幸之将，使国家濒于土崩瓦解，一切恶政酷政，皆由匈奴问题引出。所以如前所述，史公几存有"凡能反对伐匈奴者，皆圣人之徒也"的心理。此事既侧出于刘敬、季布、平津侯、主父各传中，而韩长儒、李将军、卫将军、骠骑列传，皆为此而立；史公自己对此事的总观点，则以微言方式，具见于《匈奴列传》赞。在《匈奴列传》中所列两方胜败伤亡损耗的情形，正应与《卫将军骠骑列传》中所述的情形，作一对比。

中国先秦儒家政治思想，即以"天下"为对象，而不囿于"中国"。孔子作《春秋》，在自己保存上，严夷夏之防；在生存与文化价值上，又视华夷为平等。史公继承了此种精神，特为当时可以把握到的"天下"，而立了匈奴等六列传，以尽历史所能含容之量。

集体活动的列传有九，最重要的为《循吏列传》、《酷吏列传》、《儒林列传》、《游侠列传》、《货殖列传》。与人民直接发生关系的是执法之吏与治民之吏。汉代承用秦法为治，刑法异常严酷，至武帝而愈演愈烈，形成了他这一代的酷吏政治。史公在人民惨怛呼号的巨大声音中，要暴露出"缘饰以儒术"下的政治真实内容，要描写出所谓酷吏政治真正狰狞黑暗的本来面目；要说明这种残暴政治，皆是出于"上以为能"的武帝主动的要求，并指出这种酷吏政治必使正常政治的运行归于荒废，[①] 及其自身之必然堕

① 《酷吏列传》赞"自张汤死后，网密，多诋严，官事浸以耗废。九卿碌碌奉其官，救过不赡，何暇论绳墨之外乎"，正指此而言。

落到人间地狱的境地。① 便以怵愤之心写出了《酷吏列传》。又另写了《循吏列传》，以作对照、启发之资，为人民求生路。史公在《循吏列传》中说："奉职循理，亦可以为治，何必威严哉"，这正是对武帝的反问。《循吏列传》中，叙述了孙叔敖、子产、石奢、李离，而汉代无一人。后人欲以汲黯、郑当时当之，② 然《汉书·循吏传》，亦未列此二人。盖所谓循吏，乃必以人民之心为心，对人民负责之人。汲、郑两人的用心并不在此。《酷吏列传》，始于吕后时的侯封，略及景帝时的晁错，盖酷吏由法家的法术滋演而出。此时的真正酷吏，为郅都、宁成；此外皆武帝时人。史学家最大的良心，莫大于为亿万人民呼冤求救；所以《酷吏列传》的成立，乃史公最大的历史良心的表现。但酷吏中若有一节可取，如郅都、赵禹、张汤之伦，史公亦皆表而出之，正可表现史公这种持平的态度，乃道德精神未尝化为激烈情感，因而保持其平衡与客观，也正是作为一个伟大的史学家所必不可少的条件。

为传习五经的人，创立《儒林列传》，这在奠定中国文化的传承上，有重大的意义。某一民族，没有文化的传

---

① 上赞中谓："至若蜀守冯当暴挫，广汉李贞擅磔人，东郡弥仆锯项。天水骆璧推（椎）咸（以椎击成其罪）河东褚广妄杀。京兆无忌、冯翊殷周蝮鸷。水衡阎奉朴击卖请，何足数哉，何足数哉。"这里史公正透出当时人间地狱的消息。

② 此为泷川资言之说，见《伯夷列传》下。

承，即意味着某一民族生命的断绝，也同时意味着某一民族在人类中所能负的责任的消失。文化传承，必须在许多文化遗产中确定一个主流，使众流因主流的存在而不致成为断潢绝港，可以并流下去。同时，文化是抽象性的；抽象性的东西，是不断在演变的，必须有一定的主要典籍，以求得在演变中的根源性、稳定性。这只要想到希伯来及希腊两大文化系统的传承情形，即可以明了。六艺，或称为五经，不是代表某一人一家的思想，而是古代文化长时期的积累与总结。诗书礼乐，在孔子以前，已成为贵族教养的共同教材。到了孔子，才加以整理，并赋予以新的意味，以下逮于平民。孔子作《春秋》，并对《易》下了很大的工夫。但到战国中期以后，才把《春秋》与《易》，和诗书礼乐组织在一起，而称为"六艺"、"六经"，或"五经"，成为儒家思想在典籍上的根据，这含有两种意义。第一，儒家因孔子而成立，他的精神，是"万物并育而不相害，道并行而不相悖"①的精神，是鼓励自由创发的精神。所以韩非说"儒分为八"。②但因为有一定的典籍作根据，所以不论如何演变、分化，依然可以求出其本来面目，保持其主流的地位。第二，儒家所根据的典籍，是代表中国文化长期发展的历史，既不像宗教教义的经典，含有强烈的排

---

① 见《中庸》"仲尼祖述尧舜"章。
② 见韩非子《显学》篇。

斥性、固执性；也不像希腊的形而上学，含有由过分逻辑推理而来的游离性与逼窄性。六经或五经，是平实切近而富有涵容性，它并不排斥什么；这便与孔子的精神相符契。因此，在典籍上以六经为根据的儒家，作为文化传承中的主流，与其他文化系统比较起来，应可以说是利多于弊的。而此种基础，是由史公的《儒林列传》所奠定的。尔后正史皆守史公此一矩镬，而不敢失，也即说明了中国文化主流，亘二千年而未尝断绝。

史公未为董仲舒立专传，而仅列入《儒林传》中，未言及其"推明孔氏，抑黜百家，立学校之官（指博士），州郡举茂材孝廉皆自仲舒发之"的事；史公对立五经博士的观点，我们不得而知。但由《儒林列传》叙论看，史公对当时文化政策的感情，是相当复杂的。叙论首述孔子"论次诗书，修起礼乐"及"因《史记》作《春秋》，以当王法"的用心，乃在于救世。继述孔子死后，孔门弟子在传承中"为王者师"，尚能抱道自重。再接著叙述儒术绌于战国，六艺缺于暴秦，孔甲积怨发愤于陈王（陈涉），与之俱死。刘邦诛灭项籍，举兵围鲁，鲁中诸儒尚讲习礼乐，以见在暴秦之下，楚汉战争之余，学脉亦未尝断绝。次叙汉历高、吕、文、景，朝廷对儒术的消极态度。武帝因赵绾、王臧之属而始响之，但为窦太后所扼。窦太后崩后，"公孙弘以《春秋》，白衣为天子三公"，奏请"为博士官置弟子五十人"，并按其学业品第加以录用。"自此以来，则公卿大夫吏，斌斌多文学之士"。习儒术者有正式参予政治的途径，这当然是一件大事。王鸣盛谓此篇对武帝君臣，多是颂扬，"可谓不以人废言，恶而知其美。"方望溪则谓"子长序儒林曰，余读功令，至于广厉学官之路，未尝不废书而叹，盖叹儒术自是而变也"。[①] 两人的话，我认为都说到了一面。在以农业经济为基础的大一统专制之下，学术得不到朝廷的承认提倡，便很难有长期生存发展的机会。但学术之权，一旦操在朝廷手上，固然学术可给政治以若干影响，例如汉代有意义的奏议，到元、成而始盛，即其显证。但专制政治，也会给学术以影响，限制其发展的方向、范围，并进而歪曲学术的自身，以"阿世"代替了"救世"的目的。尤其是汉代儒术，是通过叔孙通及公孙弘两人而进入到朝廷的边缘，史公会有种特别感受的。这种复杂的感情，不是能以简洁的语言可加以表达，所以便不知不觉地"废书而叹"了。

《游侠列传》的成立，盖在重视政治以外的社会势力。中国历史中最严重问题之一，乃在政治势力支配了一切，更无其他宗教势力、社会势力，可以稍稍发生制衡作用，使政治只有顺着统治者骄奢横暴的本质去演进。游侠对政治当然没有制衡的分量，但"缓急，人之所时有"；而

---

① 王氏之言，转引自《考证》。方氏之言，见《望溪先生全集》卷二《书儒林传后》。

在专制政治之下，一遇到缓急，连"有道仁人"，尚遭横逆困厄而莫可如何，"况以中材而涉乱世之末流乎"，这在"窃钩者诛，窃国者侯"的情势下，简直是逼得走投无路。"今游侠其行虽不轨于正义，然其言必信，其行必果，已诺必诚，不爱其躯，赴士之阨困"，使"士穷窘而得委命"，这是在铺天盖地的专制政治巨压之下，所挣扎出的一条缝隙，使走投无路的人，在此缝隙中尚得暂时相煦以沫，从这种地方，便可看出"侠客之义，又曷可少哉"。"然儒墨皆排摈不载"，至使"自秦以前，匹夫之侠，湮灭不见，余甚恨之"，所以便为他可得而闻见的汉初匹夫之侠，立此列传，以补儒墨识见之所不及。可以这样地说，游侠是在社会上为厄困之士打不平，而史公则是在史学上为这些被政治诬陷的游侠打不平。这种在政治缝隙中为厄困之士打不平的力量，必为专制者所不容，所以公孙弘竟以"布衣为任侠行权"的罪名，把当时最著名的郭解翁伯族诛了。史公对此，不能不吐出"於戏惜哉"的痛愤之声。班氏父子讥史公为"序游侠，则退处士而进奸雄"，[①]史识的高下，在这种地方，已够判然明白。

史公在《平准书》中叙述了武帝的财经政策所及于社会的巨大破坏作用；在《货殖列传》中叙述了经济地理及社会上私人的经济活动的重大意义，而突出了自由经济，

---

① 见《汉书》六十二《司马迁传》赞。

才是推动经济发展的动力。此种卓识，尤为班氏父子所不能理解，反讥之为"述货殖，则崇势利而羞贱贫"，[1]实以自暴其浅陋。

《货殖列传》的成立及其思想内容，是由当时以统制为聚敛的手段，因而给政治社会以莫大破坏的影响所启发出来的。史公的政治思想本于儒家，主张以礼乐适民之性，节民之欲。此一思想，实以承认人民生活上的物质要求是合理而不可夺的为其根据。没有这一根据，则就政治而言，所谓礼乐仁义，都没有意义。儒家政治思想，必先富而后教的原因在此。史公首先指出国家经济政策之得失，是"故善者因之，其次利道之，其次教诲之，其次整齐之，最下者与之争"，由"因之"到"整齐之"，是由放任到干涉的不同阶段，史公在此各阶段的"善"与"次"差别中，即以放任为国家最好的经济政策，以干涉为国家不良的经济政策。以"与之（民）争"为"最下"，这是痛斥武帝的财经政策而言。其次，叙述人民在分工中追求财富的活动是"人各任其能，竭其力，以得所欲"，这是不需要政府干涉的。"故物贱之征贵，贵之征贱；各劝其业、乐其事，若水之趋下，日夜无休时。不召而自来，不求而民出之"，这几句话是说某处的物价贱，则市场供应减而物价将贵。某处的物价贵，则市场的供应将增而物价将贱；系

① 《司马迁传》赞。

说明由物价的贵贱而自然发生市场上供求调节及物价调节的作用。人民顺应此调节的作用以作经济活动，一出于自然，而不需要政府加以干涉；"岂非道之所符，而自然之验耶"，这是为放任政策所提出的事实根据，同时即是理论基础。又次则述财富对国与家的重大意义。故"天下熙熙，皆为利来；天下壤壤（穰），皆为利往"，乃是社会生活的正常现象。"夫千乘之王，万家之侯，百室之君，尚犹患贫，而况匹夫编户之民乎"，这几句话，深慨叹于当时统治阶级凭其权势以亟亟求利，却以匹夫编户之民的求利为一种罪恶而加以严酷的打击，实系政治上的莫大罪行。"千乘之王"的上面，实更有一穷奢极侈的皇帝，以为之祸首，特避忌而未敢说出，但读者应可心照不宣。由开始的"老子曰"起，到此处为止，实为此列传的绪论。在此绪论中所表现的经济思想，欧洲要到十七世纪才开始出现，以打开由中世进入近代之门。而史公正式提出于两千年前，其史识的卓越，真可谓冠绝今古。

绪论后，首叙汉以前的著名货殖人物。由计然、范蠡、子贡、白圭，以迄猗顿、郭纵、乌氏倮、寡妇清；至秦"徙豪杰诸侯强族于京师"，而突出的货殖人物，始受一大挫折。其中最值得注意的是白圭治生产的理论。他说："吾治生产，犹伊尹、吕尚之谋（言由全局着眼而知所取予），孙吴用兵（言能极权变而有决断）、商鞅行法（强有所守）是也。是故其智不足与权变，勇不足以决断，仁不能以取予，强不能有所守，虽欲学吾术，终不告之矣。"白圭的话，已具备现代大企业家的精神与气概，由此可反映出战国初期我国经济的高度发展。

由"关中自汧雍以东河华"起，到"燕代田畜而事蚕"止，全面地叙述了当时可以掌握得到的经济地理及与经济地理密切关连的民情风俗，其意在反映出社会性的经济活动。接着伸张"富者人之情性，所不学而俱欲也"的事实。意谓此种社会现实，史家不应闭目不睹。再将政治上封侯者之收入，与"素封"① 者相比，以见财富实乃官爵以外的人生社会的一大归趋，一大出路；必须对财富的意义加以肯定。他说"是以无财作力，少有斗智，既饶争时，此其大经也。今治生不待危身取给，则贤人勉焉。是故本富为上，末富次之，奸富为下"。一面说出因财力不同，求富的途径亦不同的一般情况；一面也对由财富来源不同而作上、次、下三等级的价值判断，给社会求财富以正当的目标。又说"若至家贫亲老，妻子软弱，岁时无以祭祀，进醵饮食被服，不足以自通，如此不惭耻，则无所比矣"，"无岩处奇士之行，而长贫贱，好语仁义，亦足羞也"，这是对寄生虫生活的士阶层，揭去虚伪，痛下针砭的说法。接着说"凡编户之民，富相什则卑下之，伯则畏惮之，千

---

① 按无王之名，而有王之实，谓之素王。无封侯之名，而有与封侯者相同之享受，谓之素封。

则役，万则仆，物之理也"，反映出人的社会地位，是由财富所决定；而此种决定，不是凭政治权势，乃是事物自然之理。在此叙述中，岂不反映出前期资本主义的一个社会形态。由"通邑大都，酤，一岁千酿"，到"佗杂业不中什二，则非吾财也"止，概括地叙述了各地以实物经营致富的状况。"请略道当世千里之中，贤人所以富者，令后世得以观择焉"，有如蜀卓氏、程郑、宛孔氏、曹邴氏、刁闲、师史、宣曲任氏、桥姚、无盐氏、诸田氏、韦家栗氏、安陵杜氏等；这些人所以值得称为"贤人"，因为他们"皆非有爵邑奉禄，弄法犯奸而富。尽椎埋去就，与时俯仰，获其赢利；以末致财，用本守之。以武一切，用文持之，①变化有概（法），故足术（述）也。"在这里，我们可以了解，史公之所谓"奸富"，乃指"有爵邑奉禄，弄法犯奸而富"的政治上的直接剥削集团而言。由《盐铁论》贤良文学口里所说出的，我们可以了解，政治上除了原有的直接剥削集团以外，通过桑弘羊的财经政策，更出现了以桑弘羊为首的新兴的豪富集团，遍布于全国的都邑。这都是史公之所谓"奸富"。奸富是杜绝社会一切生机的最大毒素。史公所以给这些"以末致财"、"以武一切"的货殖者以高的评价，除了前面所说的，他把握到了财富，是

---

① 按此处之所谓"以武一切"，乃形容争利（武）不采手段而言；"用文持之"，指前所言"任公家约"之类。

社会发展的重大动力与必然结果，不能不承认它的意义外，在他的内心里，觉得这种由经济而来的社会势力，较之由专制而来的政治势力，更合于人类本性的要求；由它所发生的贫富不均的弊害，实较由专制政治所发生的以人民为鱼肉的弊害为轻。尤其是在与凭借政治势力所形成的庞大的新旧豪富集团的相形之下，更显出"力农畜工虞商贾，为权利以成富"的人，其中虽有本富末富之不同，但较之奸富，还较为合理，在历史上还有推动社会前进的作用。我们应当承认资本主义，较以前的专制封建为进步，这是评断历史发展的大方向。尤其是在史公心目中，单轨运行的社会，总不如多轨运行的社会更为健全，所以他以慷慨的感情，激宕的笔调，写《游侠》、《货殖》两列传，实出自反抗专制政治这一套压迫机器，有为社会留下乃至开辟生机的重大意义在里面。而《货殖列传》，更证明史公的识量，能深入到社会的里层，观察到广面的社会经济活动的实态，提出在复杂中所显出的趋向与规律。例如他引"谚曰，百里不贩樵，千里不贩籴。居之一岁，种之以谷；十岁树之以木；百岁，来之以德。德者人物①之谓也"，叙述了业无贵贱，都可以发大财的实例后，总结之以"此皆诚壹之所致。由是观之，富无经业，则货无常主；能者辐凑，不能者瓦解"。这不是深入于社会经济活动之中，是

---

① 此处之所谓"人物"，当指有才德之子孙而言。

不能说出来的。班氏父子浅陋，贬抑《游侠》、《货殖》两列传，《汉书》尽去史公《货殖列传》的精华，仅撷取人名及简单之事实，以备《货殖传》之一体，尔后史家，遂不复注意到社会经济活动的情形，《货殖列传》，遂在史中绝迹，使此一重大社会生活，不复为史家所记录。此乃意味对社会正常追求财富的活动，采取不屑不洁、不予以评价的态度。其结果使社会聪明才智之士，并力于仕进一途，得意者由贵而富，此实史公所斥为最下的"奸富"。失意者困顿琐尾，在无以自存中过着各种形式的乞食生活。原意在扬学术而抑货殖，将文化与货殖分途；结果，使奸富与末富因缘为利，阻滞社会经济正常发展的坦途，软弱知识分子自立自强的志气，其关系于民族生存发展者实为巨大。

十、《史记》构造之六——表现方法上的若干特点

以下将史公在写列传（包括若干世家）中所用表现手法的若干特点，稍为提出，其中有的是可以看出史学与文学的会归点的。

史公作列传的第一大义，具见于《伯夷列传》。他为材料不足，且材料又多属可疑的伯夷立传，有两重意义。一因孔子之言，而可确定有伯夷、叔齐让国之人之事；而此让国的高节，在战国时代，作为士人在政治污浊中励志

奋起的标志，更出现卞随和务光等的寓言。史公深洞当时
宫廷斗争及曲学阿世等丑态，所以《自序》说"末世争利，
维彼奔义，让国饿死，天下称之"。为了矫世励俗，所以
特列为人伦首选，此其一。其次，由伯夷叔齐的"积仁絜
行如此而饿死"，及"回（颜渊）也屡空，糟糠不厌（足），
而卒早夭"的情形看，可知"天道无亲，常与善人"的待
望，常常是落空的。但伯夷、叔齐、颜渊，因"得夫子
（孔子）而名益彰"，"附骥尾而行益显"。他三人虽困阨于
当时，卒赖孔子而得流传于后世。君子立身处世，可视富
贵如浮云，不为举世混浊所动，而自甘贫贱；但"没世而
名不称"，虽君子亦不能无所恨。没世之名，乃人道不致
终穷，善恶终可大白的表现；这是君子通过自己之名所
不能自已的对人类前途的希望。可是"闾巷之人，欲砥
行立名者，非附青云之士（此处指孔子），恶能施于后世
哉"，则因天道的难凭，圣人的不世出，由没世之名以寄
托人类前途的希望，亦渺不可得；则人类在权势支配一
切的"举世混浊"中，究竟走向甚么地方去呢？史公的
奋起作传，盖所以救天道之穷，继圣人之志。《伯夷列传》
由"或曰，天道无亲，常与善人"起，到最后止，他所
要说的都是这种意思。《伯夷列传》乃史公标明他写列传
的大义所在，亦可视为各列传的总序论；后人纷纷之论，
诚无与于史公微旨。《汉书·王贡龚鲍传》的叙论，及由
《后汉书》所开始的《逸民列传》，都是由《伯夷列传》

所引发出来的。但后来流于形式，更未能将《伯夷列传》的大义，流贯于有关各传之中。

由上面的大义流贯下来的，他的第一特点，乃是在政治的成王败寇、赏荣诛辱的巨大势利浪潮中，以巧妙的手法，透出历史的真实，展现历史的良心。这在后人尚论古人时，尚不可多得，在他则贯彻在"本朝"的势力圈子里面，无所畏怖。因此，他所写的"当代史"，是"真实的当代史"，即扬子云之所谓"实录"。但两千年来，竟没有人能读懂。这便掩蔽了血缘专制政治下的罪恶，蒙混了历史正常发展的方向。汉代政权出现的前提条件是亡秦。他破例为项羽立本纪，为陈涉立世家，把亡秦之功，不归之于刘邦而归之于陈、项两人，这是历史的真实，但此一历史真实，在汉臣的歌功颂德中，已经淹没了。

史公突破这类的歌颂，用破例的特笔，把此一真实显现出来，这便是来自他的历史的良心。刘邦把天下彻底家产化，更以阴狡狠毒的手段杀戮韩信、英布、彭越，而亲定萧何功第一；史公在刘邦所封一百四十三人的列侯中，特把萧何、张良、曹参、陈平、周勃数人，列为世家；这是在一大批平庸中所作的选择。但他在《萧相国世家》中，述萧何不断用心于释刘邦之疑，以图免诛戮之祸，所费的笔墨，超过述萧何的功烈。而在赞中谓："萧相国何，于秦时为刀笔吏，碌碌未有奇节。及汉兴，依日月之末光。何谨守管籥，因民之疾奉（秦）法，顺流与之更始。淮阴黥布等皆以（已）诛灭，而何之勋烂焉，位冠群臣，声施后世，与闳夭、散宜生等争烈矣。"这里说出了若没有韩信、黥布，刘邦便不能得天下。韩信、黥布之功，实远在萧何之上。他两人被诛灭后，才轮到"何之勋烂焉"，在《萧相国世家》中记"列侯毕已受封，及奏位次，皆曰，平阳侯曹参，身被七十创，攻城略地，功最多，宜第一"。在《曹相国世家》中，亦录曹参战功甚多。但史公在赞中却说："曹相国参，攻城野战之功，所以能多若此者，以与淮阴侯俱。及信已灭，而列侯成功，唯独参擅其名。"事实上，曹参诸人，只能算是一种战将。战将的成功失败，决定于统帅的指挥。韩信乃当时最伟大的战略家，或且是中国历史中最伟大的战略家。一般人，只留心到他的背水阵等等，而忽视了他在指挥垓下之战中，利用项羽的中央突破作战的战略，先诱其入彀，因而使项军受到四面包围的歼灭性的打击，这在世界军事史上，也应当有极崇高的地位。曹参这种战将，只有在他指挥之下，才可发挥其勇不顾身的能力。《淮阴列传》赞中谓："假令韩信学道谦让，不伐己功，不矜其能，则庶几哉（则庶几可免于难），于汉家勋，可以比周、召、太公之徒，后世血食矣。不务出此，而天下已集，乃谋叛逆，夷灭宗族，不亦宜乎。"在这短短一段文字中，第一，表明信之取祸，乃在不能"学道谦让"，此观于"信尝过樊将军哙，哙跪拜送迎，言称臣，曰，大王乃肯临臣。信出门笑曰，生乃与哙等为伍"

而可见。但他的夷灭宗族，乃谓其"谋叛逆"。史公以"天下已集"的微言，断言淮阴无谋叛之事。萧何必在淮阴、黥布诛灭之后，而其勋始烂然，但极其至，也不过与周的第二流人才闳夭、散宜生比烈。对淮阴侯的品第，则系与周的第一流人才周、召、太公并肩比美。在《樊郦滕灌列传》赞中谓："吾适丰沛，问其遗老，观故萧、曹、樊哙、滕公之家及其素，异哉所闻。方其鼓刀屠狗卖缯之时，岂自知附骥之尾，垂名汉廷，德流子孙哉。"所谓"异哉所闻"，是这些特别煊赫于汉廷的功臣，世俗及其子孙，必附会出他们微时的许多与众不同的故事。及史公亲自访问了他们的故乡遗老后，才知道他们未富贵之前，只不过是庸碌无奇之辈。而他们成就功名的基本条件，乃是"附骥之尾"，不是他们自己在微贱时所能料及的。但在《淮阴侯列传》赞中谓"吾如淮阴，淮阴人为余言，韩信虽为布衣时，其志与众异。其母死，贫无以葬，然乃行营高敞地，令其旁可置万家。余视其母冢，良然"。这说明了韩信在贫贱中，已因其抱有雄才伟略，相信自己必自致于青云之上。这便与樊、郦、滕、灌们，作出非常显明的对照。而他的悲惨结局，完全出自他太信赖了刘邦的推食解衣，太相信了"汉王之不危己"。这是历史上以良心对阴毒者的最大教训；也是中国历史上首出的蒙功诛良的最大冤狱。史公身为汉臣，但在由政治势力所形成的许多诬枉材料中，发挥了他的最大的历史良心，暴露了政治势力所掩蔽下的最大历史真实。史公并非对被刘邦诛戮的人，都寄以同情；在《韩信（应称"韩王信"）卢绾列传》赞中谓"韩信、卢绾，非素积德累善之世，徼一时权变，以诈力成功。遭汉初定，故得列地称孤"，以此与对淮阴、黥布、彭越的评价互相对照，益信史公笔下的公平允当，而非对汉室存有私人恩怨于其间，所以值得称为历史的良心。此一历史的良心，贯注于《史记》全书之中，随处可见。为未曾封侯的李广立列传，也是一个比较突出的例子。

第二，是从一个小的具体故事，把握人的个性；由其人的个性以解释其人的一生行为，于是在这里提供了个性潜力的自我展现的范例。这是最高的史学成就，也是最高的文学成就。但作史与写小说不同。写小说可由作者凭想象之力，塑造出人物的个性，而作史则必凭真实的材料。人的个性能集中表现于一个小故事中的机会不多；即使有这种情形，但这种材料，只能在偶然中流传下来，所以史家能够得以运用的材料，会受到很大的限制。不过史公一接触到这种材料，便立刻能抓住它的意义而不肯放松。这种灵敏的感觉，或者是伟大史学家的心灵与伟大文学家的心灵可以互通的地方。兹举数例如下：

《李斯列传》："李斯者，楚上蔡人也。年少时为郡（乡）小吏，见吏舍厕中，鼠食不絜（洁），近人犬，数惊恐之。斯入仓，观仓中鼠食积粟，居大庑之下，不见人犬之忧。于是李斯乃叹曰，人之贤不肖，譬如鼠矣，在所自处耳。"李斯的意思是认为人的自身，无所谓贤不肖，贤不肖乃决定于所处地位之高下。在他的这一"叹"中，实际是否定了人格的意味，他此后之所为及其结果，乃其人格不能负担其知识，以至背弃其知识的展现；此种展现，在处于自身利害关键之地位时，更为明显。

《叔孙通列传》："叔孙通者薛人也。秦时以文学征，待诏博士数岁。陈胜起山东，使者以闻。二世召博士诸儒生问曰，楚戍卒攻蕲入陈，于公如何？博士诸生三十余人前曰……愿陛下急发兵击之。二世怒，作色。叔孙通前曰，诸生言皆非也。夫天下合为一家……安敢有反者。此特群盗鼠窃狗盗耳，何足置齿牙间。郡守尉今捕论，何足忧。二世喜曰善。尽问诸生，诸生或言反，或言盗。于是二世令御史案诸生言反者下吏，非所宜言。诸言盗者皆罢之。乃赐叔孙通帛二十匹，衣一袭，拜为博士。叔孙通已出宫反舍，诸生曰，先生何言之谀也。通曰，公不知也，我几不脱于虎口，乃亡去之薛。"刘邦统一天下后，鲁两生对叔孙通的批评也是"公所事者且十主，皆面谀以得亲贵"，与秦诸生之言正合，可知"谀"乃叔孙通的个性。所谓谀，指的是投人所好，即今日之所谓"投机"。史公以"进退与时变化"来形容，"时"乃指权力意志或明或暗的要求。"与时变化"，正是"谀"的具体内容。他因汉王憎儒服而"服短衣"，是出自此种个性；"专言诸故群盗壮士进之"，是出自此种个性。"高帝悉去秦苛仪，法为简易。群臣饮酒争功，醉或妄呼，拔剑击柱，高帝患之。叔孙通知上益厌之也，说上曰……臣愿征鲁诸生与臣弟子共起朝仪……臣愿颇采古礼与秦仪杂就之"，更是此一个性的发挥。他笑不肯应征的鲁两生曰"若真鄙儒也，不知时变"，也是此一个性的自然流露。第一次实行他所制朝仪时，"自诸侯王以下，莫不振恐肃敬"，实行后，"于是高皇帝曰：'吾乃今日知为皇帝之贵也'"，这是由他的个性发挥所得的结果。"古礼"是封建时期的礼。时过境迁，古礼的规定，当然不能完全合于秦汉大一统的时代。但封建时代的君臣源于血统，所以"同姓大国则曰伯父，其异性则曰伯舅。同姓小邦则曰叔父，其异姓小邦则曰叔舅"。[①]血统政治的本质是非常不合理的。不过他们因此而把君臣关系，当作亲属关系来处理，所以由此所定出的礼，一面固然要定尊卑贵贱之分，但同时也要通尊卑贵贱之情。君臣之间，尚不至太相悬隔。"大夫见于国君，君若劳（慰劳）之则还辟（避），再拜稽首。君若迎拜，则还辟（避），不敢答拜。""大夫见于国君，国君拜其辱。"[②]郑康成曾谓古者君臣之道，通于朋友，[③]是有根据的。秦仪是根据法家尊君抑臣所定出来的，是要以人臣的卑微，显出人君的至高无上

---

① 见《仪礼·觐礼》。
② 《礼记·曲礼》下。
③ 见陈兰甫所录《汉儒通义》。

所定出来的。由人君地位与人臣的悬绝，不仅更加深了人君地位与人民的悬绝，且也加强了官吏地位与人民的悬绝。这是政治发展方向的一大关键。当刘邦"法为简易"，引致群臣拔剑击柱的时候，假使叔孙通能取古礼之意，定君臣在差等中而仍可互通情意之仪，以举君臣一体之实，刘邦也未必不可以接受，因为他此时对此一问题，还是一张白纸。但叔孙通若这样做，便不能迎合"吾乃今日知为皇帝之贵也"的潜意识的要求，也不能得到"乃拜叔孙通为太常，赐金五百斤"的酬报。投机是出卖自己的良心与知识，其目的当然在取得现实的利益。由叔孙通所定的朝仪，在使皇权专制，取得了更明确的形式；使皇权对臣民的压迫，在此形式下取得"非礼之礼"的地位，因而成为此后无法改易的死结，这在中国政治史中是头一件大事。刘邦的父亲及刘邦死后，令诸侯王及郡国广为之立庙，并规定把死人的"衣冠月出游之"，这一套为了达到将统治者加以神化以至近于无耻的仪节，当然也是出于此位投机大家之手。汉儒不屑言叔孙通为汉所制之礼，扬雄至称不应征的鲁两生为"大臣"，[①]斥叔孙通为"椠（惉）人"。[②]由此亦可窥见汉代儒者对此事的评价。历代知识分子中，必以

---

① 扬雄《法言·五百》篇"昔者齐鲁有大臣，史失其名。曰：'何如其大也？'曰：叔孙通欲制君臣之仪，征先生于齐鲁，所不能致者二人……"

② 《法言·渊骞》篇"或问……叔孙通，曰，椠（惉）人也"。

叔孙通型的知识分子为当时得令。但叔孙通"皆以五百斤金赐诸生",这却是后起的叔孙通们所无法做到的。

《酷吏列传》:"张汤者杜人也。其父为长安丞,出,汤为儿守舍。还,而鼠盗肉。其父怒,笞汤。汤掘窟得盗鼠及余肉,劾(控告)鼠掠治,传爰书(爰书似为纪录之口供),讯鞫论(判决)报(应得之罪),并取鼠与肉,具狱磔堂下。其父见之,视其文辞,如老狱吏,大惊,遂使书狱。"张汤之成为酷吏,可以说都是由此一故事所表现出的个性的延展。

第三,则是掌握具体的关键性材料,以显露人物精神面貌的特性。每一个人的生活历程,多是曲折而繁复的。若一一作具体的叙述,不仅笔墨不胜其繁,且其人的真正精神面貌的特性,反因过繁而混杂隐晦。若为求简化而做抽象性的概括,则易使人物因一般化而失其真实感的存在。史公为人立传,如前所述,必有所以为其立传之故。他在取材时,常掌握所以为其立传的具体的关键性材料,以形成一篇的骨干,不仅可收以简御繁,以约得要之效,且其人的精神面目的特性,反能因之益显。张良所以成为张良,以其"运筹帷幄之中,决胜千里之外",故《留侯世家》,即以此为骨干而展开的。《世家》中谓"所与上从容言天下事甚众,非天下所以存亡,故不著"。史公于此,说出了他选材的要领,可推此以了解各列传的构成。史学的义法,文学的义法,莫大乎此。至于在一个列传中,将有关人物，以穿插、映带、提点等技巧，将其组织为全传有机体的一部分，使文章的内涵丰富，而枝干分明。在一篇中由问题发展之阶段，以形成文字之段落时，常以一两语总结上文，同时即开启下文，使上下的段落，勾连密切，断而不断，文章的结构，在条畅疏朗进行中，自然融为一体，决无松懈间隙可乘。并且常以简洁的语句，反映当时的大局，在大局的反映中，解释个人的行为；也常在叙述个人的行为中，以一两句提点的方法，反映出当时的大局。凡此三点，亦为史公表现技巧的特色，在《项羽本纪》中特为显著。

第四，则是以微言侧笔，暴露人与事的真实。《司马相如列传》赞"《春秋》推见至隐，《易》本隐之以（当作"以之"）显"，《春秋》何以要推见至隐，因至隐之所在，即历史真实之所在，亦即对历史作解释的关键之所在。由此不难了解，与推见至隐的同时，即为冒犯权势者的忌讳，势必引起灾祸与阻挠。《匈奴列传》赞"孔氏著《春秋》，隐、桓之间则章，至定、哀之际则微。为其切（近）当世之文（记录），而罔褒（而多诬枉的谀词），忌讳之词也（欲突破诬枉的谀词以推见至隐，则必为冒犯忌讳之词，故不得不出之以微言）"。① 所谓微言，即《自序》所谓"诗书隐约者"的隐约之言，与彰明较著之言相反。汉武伐匈

---

① 按此数语，过去注解皆误，故在括弧内重作注释。

奴，财穷民困，使天下几于土崩瓦解。究其原因，一为恃
中国之大，决策轻率。一为以佞幸充将帅，以弁髦视宰相，
而一任残酷之吏，朘削之徒以为治。史公《匈奴列传》赞
即以微言透出此问题的真实。

> 世俗之言匈奴者，患其徼（希求）一时之权（权
> 宠），而务谄纳其说，以便（迎合）偏指（武帝片面的
> 想法），不参彼己〔不参究彼（匈奴）己（汉）之实情〕。
> 将率（帅）席（凭借）中国广大，气奋（凭借中国广大
> 而气奋，言非出于真勇），人主因以决策，是以建功不
> 深。尧虽贤，兴事业不成，得禹而九州宁。且欲兴圣
> 统，唯在择任将相哉，唯在择任将相哉。

以上凡八十二字，在婉曲掩抑的笔调中，把问题完全透
露出来了，此即微言的范例。前面我所说的凭历史良
心，叹息韩、彭诸人的被诛，及冷视萧、曹诸人功烈人
品的真价，无不出以微言之笔。《平准书》最末一段在叙
述于是弘羊"赐爵左庶长，黄金再百斤焉"之后，接着
是"是岁小旱，上令百官求雨"，而以卜式的"亨（烹）
弘羊，天乃雨"六个字，作全篇的总结，此乃假卜式的
六个字，作评断武帝财经政策的微言。全书此类的微言，
随处间出。《自序》因答上大夫壶遂"夫子所论，欲以何
明"之问，而谓"余所谓述故事，整齐其世传，非所谓

作也。而君比之于《春秋》，谬矣"的几句话，而使"余闻董生曰"以下，所发挥的孔子作《春秋》的大义，皆变成为他从事著作的微言。一般的微言，多出以含蓄酝藉之笔；然亦有本于痛愤之情，出以激昂之笔的，依然是史公的微言。《十二诸侯年表》序"太史公读《春秋历谱牒》，至周厉王，未尝不废书而叹也，曰，师挚见之矣。纣为象箸而箕子唏；周道缺，诗人本之衽席，《关雎》作。仁义陵迟，《鹿鸣》刺焉"。这种对历史变动的叹息，实系对武帝奢靡逾度，女宠越制[①]的微言。《高祖功臣侯者年表》序"至太初，百年之间，见侯五（高祖所封而现仍存在者仅五侯），余皆坐法陨命亡国耗（消失）矣，罔（网）亦稍密矣"，此系对"父祖累百战之功而得国，子孙负一朝之过而失侯"的微言。《乐书》"太史公曰，余每读《虞书》，至于君臣相敕（戒敕之意），维是几安。而股肱不良，万事堕坏，未尝不流涕也。"这是对武帝的骄奢淫佚，将相皆不得其人的微言。《外戚世家序》由"人能弘道，无如命何。甚哉妃匹之爱，君不能得之于臣，父不能得之于子，况卑下乎？"至"岂非命也哉。孔子罕言命，盖难言之也。"此一段乃对自吕后以来，外戚为政治中毒瘤之一，与专制政体不可分的微言；此微

---

① 西汉由俭入奢，始于景帝，而大盛于武帝；此点可参阅《汉书》七十二《贡禹传》。

言遂概括了中国两千多年的历史。《孟荀列传》序"太史公曰，余读《孟子》书，至梁惠王问何以利吾国，未尝不废书而叹也"；此乃对武帝专用言利之臣的微言。《儒林列传》序"太史公曰，余读功令，至于广厉（励）学官之路，未尝不废书而叹也"；此乃对学术被诱于利禄而将被歪曲变质的微言。以此处所已举者推而求之，全书尚随处可以发现。

我之所谓侧笔，意谓一篇传记之形成，必有某人一连贯之重要行事，以形成一篇的主要纲维，也就是形成一篇的主文。侧笔则是轶出于主文之外所穿插的小故事，所以侧笔系对主文而言。史公则常用这种侧笔，以暴露人与事的真实，乃至假此以拆主文的台，使主文成为带有滑稽意味的表现。因为构成主文的材料，常是其人其事的"表"的材料。《萧相国世家》序"高祖以吏繇咸阳，吏皆送奉钱三，何独以五"，以与后文的"乃益封何二千户，以帝尝繇咸阳时，何送我独赢奉钱二也"相呼应。又叙汉三年，萧何用鲍生计，"遣子孙昆弟能胜兵者悉诣军所"，以与后文高祖问诸将谓"且诸君独以身随我，多者两三人。今萧何举宗数十人皆随我，功不可忘也"相呼应，则所谓"萧何功最盛"，"至于萧何发踪指示，功人也"，及关内侯鄂君以萧何为"万世之功"等等，在上述两侧笔对照之下，其意义便不能不动摇了。但萧何以丞相拜为相国，恩宠达到高峰时，即一叙"召平谓相国曰，祸自此始矣"，再叙

"客有说相国曰，君灭族不久矣"。于是当了相国以后的萧何，在政治上更无一事可纪，惟栖遑于救祸免死之术，卒以"因为民请曰，长安地狭，上林中多空弃地，愿令民得入田……上大怒曰，相国多受贾人财物，乃为请吾苑。乃下相国廷尉械系之。"后虽因王卫尉"陛下何疑宰相之浅也"之言，把萧何赦出，得保首领以终；然以开国的相国地位，仅有避祸、受祸、免祸的故事足述，且成了此篇中主文的后半部，此乃对高祖性格及其诛赏的一大侧笔，使"仁而爱人"，"常有大度"（《高祖本纪》）的赞词，都成了废话。在《世家》序"何置田宅，必居穷处；为家不治垣屋。曰，后世贤，师吾俭；不贤，毋为势家所夺"。这便足显出高祖说"相国多受贾人财物"的话，是出于无赖的话，这是侧笔中的侧笔。

《留侯世家》，言张良病者凡六。由此可知张良自追随刘邦以来，即是一个长期抱病之人。但史公在赞中却说"余以为其人，计魁梧奇伟"，则把正文中六个病字完全否定了，而暗示出张良的病，乃早看透刘邦狠毒成性，预作防患全身之谋。此谋若仅出于成功之后，未必为刘邦所信。由此可知张良见几之早，虑患之深；不经史公以此侧笔点醒，千古将真以张良为一病夫。赞在此句之后，接着说"至见其图，状貌如妇人好女"，乃谦退敛抑的形容，并非病夫的形容。

《陆贾列传》中附传平原君朱建，内容乃纪录朱建与辟阳侯审食其的关系；而下面一段，乃此附传得以成立的主要原因。

> 辟阳侯幸吕太后，人或毁辟阳侯于孝惠帝，孝惠帝大怒，下吏，欲诛之。吕太后惭，不可以言……平原君……乃求见孝惠幸臣闳孺，说之曰，君所以得幸帝，天下莫不闻。今辟阳侯幸太后而下吏，道路皆言君谮，欲杀之。今日辟阳侯诛，旦日太后含怒，亦诛君。何不为辟阳侯言于帝……于是闳孺大恐，从其计，言帝，果出辟阳侯。

我们试想，"辟阳侯行不正"，"大臣多害辟阳侯行，欲遂诛之"。平原君为了报答母死，辟阳侯送了百金丧礼的恩德，特以诡辞救其出狱，这种事值得称道而为其立附传吗？但无此附传，则被西汉士大夫所痛恨不齿的吕后的丑德秽行的真实，将以何法明白宣布于天下后世。所以上面的叙述，实系《吕后本纪》的一大侧笔。

《卫将军列传》："大将军既还，赐千金。是时王夫人方幸于上。甯乘说大将军曰，将军所以功未甚多，身食万户，三子皆为侯者，徒以皇后故也。今王夫人幸，而宗族未富贵，愿将军奉所赐千金，为王夫人亲寿。大将军乃以五百金寿。天子闻之，问大将军，大将军以实言；上乃拜甯乘为东海都尉。"有了这一段侧笔，则前面所叙的"天子曰，大将军青，躬率戎士，师大捷，获匈奴王十有余人"
这类的话，皆成滑稽的表演。由此可知，用侧笔所暴露出
的真实，岂不较通过语言所作的评断，更为有力吗？

微言、侧笔，是在不得已的情形下所使用的方法。在
可以作明白叙述判断时，史公决不放弃这种责任。如《卫
将军骠骑列传》"诸宿将所将士马兵，亦不如骠骑，骠骑
所将常选（《索隐》：常选择取精兵）。""然少（指霍去病）
而侍中，贵（骄贵）不省士（不恤士卒）。其从军，天子
为遣太官，赍数十乘。既还，重车（辎重之车）余弃梁肉，
而士有饥者。其在塞外，卒乏粮，或不能自振，而骠骑尚
穿域（划定鞠戏之界域）蹋鞠；或多此类。大将军为人，
仁善退让，以和柔自媚于上。然天下未有称也。"上面是
史公对卫、霍两人所作的正面的评价，未尝有一点含糊。
《佞幸列传》赞"太史公曰，甚哉爱憎之时，弥子瑕之行，
足以观后人佞幸矣。虽百世可知也"。对这类人物的评断，
也未尝有一点含糊。这是作史的正法，例不胜举。

第五，史公所传的人物，都是历史中具体的人物，
而不是思想中抽象的人物。所谓思想中抽象的人物，是
把人物拿在自己思想中不知不觉地加以抽象化、单纯化，
善则全善，恶则全恶，以合于自己思想上的要求或假定。
这在无形中，使历史人物，成为架空的人物，而历史也
因之成为架空的历史。所谓历史中具体的人物，其性格
行为，都受到现实生活中的限制，具备了人的优点，也

具备了人的弱点；善恶的比重各不相同，但总是善中有恶，也可能恶中有善。并且具体的人物生活，除了道德、功利、荣辱等等以外，还有感情及与现实利害无关的生活情调情趣，亦即生活的艺术性和趣味等。史学家最大的任务，应当在材料许可范围之内，把人的各方面表达出来，这才是符合于历史具体人物生活的实态。但这关系于史学家的德量的涵养，及艺术性的感受能力。史公为项羽立本纪，但没有夸张他的才气及掩盖他的各种弱点。为陈涉立世家，也没有掩盖他由雇农出身的朴素及他的不少弱点。《仲尼弟子列传》赞："太史公曰，学者多称七十子之徒，誉者或过其实，毁者或损其真。钧之未睹厥容貌（犹真象）则（而）论言。弟子籍出孔氏古文，近是。余以弟子名姓文字，悉取论语弟子问并次为篇；疑者阙焉。"在上面的文字中，一面可以看出他取材的谨慎，同时也可看到他态度的持平。《苏秦列传》赞"太史公曰，苏秦兄弟三人，皆游说诸侯以显名，其术长于权变；而苏秦被反间以死，天下共笑之，讳学其术。然世言苏秦多异。异时事有类之者，皆附之苏秦。夫苏秦起闾阎，连六国从亲，此其智有过人者。吾故列其行事，次其时序，毋令独蒙恶声焉"。《刺客列传》赞"世言荆轲，其称太子丹之命，'天雨粟，马生角也'，太过。又言荆轲伤秦王，皆非也"。此皆史公自言其持平、征实之意。而其所以能持平、征实，是来自他把历史中的人物，作具体的人物来处理。

这一立足点，实贯注于他的全部传记之中。

有的事情，与现实中的利害得失，并无直接关连，而只是反映出个人生活，乃至社会生活中的感情、情调，此即我所谓历史人物的艺术性。但历史人物的自身，常在生活的某种状态下，于不知不觉中流露出某种生活感情、情调，无所谓艺术性不艺术性，必待伟大的史学家、文学家，能以自己的艺术心灵去加以发现、把握，并表而出之，而始成其为艺术性。这与一般艺术家发现美的对象的情形，并没有大分别。因为有这种发现、把握、表出，而得以显出人生某一方向的真际，使历史世界，更能表现出是充实的"人的世界"。《项羽本纪》记项羽在垓下被围后，"项王则夜起饮帐中，有美人名虞，常幸从；骏马名骓，常骑之。于是项王乃悲歌慷慨，自为诗曰，力拔山兮气盖世，时不利兮骓不逝。骓不逝兮可奈何，虞兮虞兮奈若何。歌数阕，美人和之，项王泣数行下，左右皆泣，莫能仰视。于是项王乃上马骑，麾下壮士骑从者八百余人。"由史公这一叙述，而项羽悲歌慷慨的神情，与美人名马，互相映照的悲剧气氛，使后人还可以感触得到。

《高祖本纪》："未央宫成，高祖大朝诸侯群臣，置酒未央前殿，高祖奉玉卮，起为太上皇寿曰，始大人常以臣无赖，不能治产业，不如仲力。今某之业所就，孰与仲多。殿上群臣皆呼万岁，大笑为乐。"这一小故事，把刘邦潜意识中在家庭的挫折感与报复感，流露了出来，这岂非把由宫殿、诸侯群臣，及由叔孙朝仪所妆饰的伟大无比的皇帝形象，一起拆穿，露出了与一般天真小儿无异的真实形象，使刘邦成为更具体存在的刘邦吗？十二年十月，刘邦已击破黥布军，他心目中所畏惧的强敌，至此已屠戮略尽，"还归过沛，留；置酒沛宫，悉召故人父老子弟纵酒。发沛中儿，得百二十人，教之歌。酒酣，高祖击筑，自为歌诗曰，大风起兮云飞扬，威加海内兮归故乡，安得猛士兮守四方。令儿皆和习之。高祖乃起舞，慷慨伤怀，泣数行下。谓沛父兄曰，游子悲（颜师古注，顾念也）故乡。吾虽都关中，万岁后，吾魂魄犹乐思沛。且朕自沛公以诛暴逆，遂有天下，其以沛为朕汤沐邑，复（免縣役）其民，世世无有所与。沛父兄诸母故人，日乐饮极欢，道旧故，为笑乐十余日。高祖欲去，沛父兄固请留高祖，高祖曰，吾人众多，父兄不能给。乃去。"在这段故事中，刘邦岂不是与沛的诸父兄诸母更以真性情、真面貌相见相接，而呈现出一片"人的世界"吗？项羽在失败时的"悲歌慷慨，泣数行下"，是容易了解的。刘邦在志得意满之余，却也是"慷慨伤怀，泣数行下"，这是一个枭雄人物，将政敌完全消灭后，心目中更无值得措意之人，所引起的一片苍凉寂寞的心情的流露。此一故事所含的艺术意味，或且超过了项羽的故事。

《陆贾列传》："孝惠帝时，吕太后用事，欲王诸吕，畏大臣有口者；陆生自度不能争之，乃病免家居。以好畤田地善，可以家焉。有五男，乃出所使越得橐中装，卖千金，分其子，子二百金，令为生产。陆生常安车驷马，从歌舞鼓琴瑟侍者十人，宝剑直（值）百金。谓其子曰，与汝约，过汝，汝给吾人马酒食，极欲（最多）十日而更。所死家，得宝剑车骑侍从者。一岁中，往来过他客，率不过再三过。数见不鲜，无久愿（打扰）公为也。"陆贾以"辩士"而入传。上面的故事，与陆氏的功名才智，了无关涉。但经史公加以记录，不仅保留了陆氏真实的生活面貌，令读者如见其人，且在历史上保留了此一从容淡远的生活典型，增加了人生内容的丰富。

有的并不如上面所引的故事，具有较完整的艺术意味，而只是出于史公将他的艺术心灵所把握到的片断，随意点染出来，以增加历史及其文章中的情调风趣，使历史成为更生动、更有风趣的历史，使他表现历史的文章，成为更生动更有风趣的文章，这也是艺术性表现的一端。《陈涉世家》，在叙述了陈涉六个月的剧烈活动，终为其御庄贾杀以降秦，及当时豪杰，乘时并起亡秦的情形以后，再接着叙述两件轶事，以作陈涉所以速亡的解释。其一是："陈胜王凡六月。已为王，王陈。其故人尝与佣耕者闻之，之陈，扣宫门曰，吾欲见涉。宫门令欲缚之，自辩数，乃置，不肯为通。陈王出，遮道而呼涉。陈王闻之，乃召见，载与俱归。入宫，见殿屋帷帐，客曰夥颐（好多啦）！涉之为王沈沈者。"①史公记此一语，此农民之朴拙，及陈涉为王之气派，皆跃然纸上；所以此一语之纪录，即有莫大之艺术性。《萧相国世家》，在"拜何相国，益封五千户，令卒五百人，一都尉为相国卫。诸君皆贺，召平独吊"后，接着"召平者，故秦东陵侯。秦破，为布衣，贫，种瓜于长安城东，瓜美，故世俗谓之东陵瓜，从召平以为名也"，盖史公对召平在陵谷变迁之后，种瓜而瓜美的一事，感到兴趣，故顺笔带出，此事遂在以后诗文中成为意味深长的典故。《张丞相（张苍）列传》"苍以客从攻南阳，苍坐法当斩，解衣伏质，身长大肥白如瓠。时王陵见而怪其美士，乃言沛公，赦勿斩，遂从西入武关。""初，张苍父长不满五尺。及生苍，苍长八尺余，为侯丞相。苍子复长。及孙类长六尺余，坐法失侯。苍之免相后，老，口中无齿，食乳，女子为乳母。妻妾以百数，尝孕者不复幸。苍年百余岁而卒。"盖史公对张苍的身型、老年的生活形态，及其相关的相术与养生的传说，感到兴趣，故闲笔及此，特对相术与养生的传说，引而不发，使读者更易把握到张苍的具体存在。在同列传中附传周昌。"昌为人强力敢直言，自萧、曹等皆卑下之。昌尝燕时奏事，高帝方拥戚姬。昌

① 《集解》引"应邵曰，沈沈，宫室深邃貌。音长含反"。《索隐》引"刘伯庄以沈沈犹谈谈……犹俗云'谈谈汉，是"。《考证》"沈与耽、覃声近义同，大也，深也"。按沈沈不必切近宫殿言，殆即"很神气"、"很威风"之意。

还走，高帝逐得，骑周昌项，问曰，我何如主也？昌仰曰，陛下即桀纣之主也；于是上笑之。然尤惮周昌。"＂及帝欲废太子……而周昌廷争之强。上问其说，昌为人口吃，又盛怒曰，臣口不能言，然臣期期知其不可。陛下虽欲废太子，臣期期不奉诏。上欣然而笑。"在此一叙述中，刘邦的傲慢不拘细节，周昌的强直不屈，以及君臣间的亲切关系，都反映了出来。而"期期"之词，亦成为口吃者的美谈。《万石列传》叙石奋之子石庆为太仆的情形。"御出，上问车中几马，庆以策数马毕，举手曰，六马。"此一描述，便把石庆敬谨无他长的情形描活了；使这种无事功、无学问的人物，恰如其分地保持了他的历史的存在。通过此种描写，而将这种平淡的细节，也赋予艺术性的生命。

以上各端，皆是举例的性质。

第六，史公怀有道德的因果报应观念。我在《原史》一文中，曾指出中国古代，是通过史官而将宗教过渡到人文。但在人文中，亦即在史学中，依然保持有宗教的因素，最主要的是代替神对人间，特别是对统治者，作善恶最后的审判，以树立政治、社会、人生行为的义法。这种意思，史公在《十二诸侯年表》序及《自序》中已说得很清楚，这也是他的历史良心的文化上的根源。但在战国末期，似乎流行一种道德的因果报应的观念，史公受其影响，而成为史学中的宗教精神的另一形态。并为尔后佛教进入中国，因其轮回报应之说而风靡一时，开了先路。

《白起王翦列传》："武安君（白起）引剑将自刭，曰，我何罪于天，而至此哉。良久曰，我固当死。长平之战，赵卒降者数十万人，我诈而尽阬之，是足以死。遂自杀。""或曰，王离，秦之名将也。今将强秦之兵，攻新造之赵，举之必矣。客曰不然。夫为将三世者必败，必败者何也，必其所杀伐多矣，其后受其不祥。今王离已三世将矣。居无何，项羽救赵击秦军，果虏王离"。白起与客之言，正是当时流行的因果报应观念的反映。《陈丞相世家》："始陈平曰，我多阴谋，是道家之所禁。吾世即废，亦已矣，终不能复起，以吾多阴祸也。"陈平之侯，传到曾孙陈何"坐略人妻弃市国除"。史公在引陈平之言后，继之以"然其后曾孙掌，以卫氏亲贵戚，愿得续封陈氏，然终不得"。史公记此，盖所以证实陈平的预言，这即说明史公接受了此种观念。所以《项羽本纪》赞"太史公曰，吾闻之周生曰，舜目盖重瞳子，又闻项羽亦重瞳子，羽岂其苗裔耶，何兴之暴也"，这并不是宕虚之笔，而实有其思想的背景。下面引若干例证。惟不限于列传。

《燕召公世家》赞："太史公曰，召公奭可谓仁矣。甘棠且思之，况其人乎。燕北迫蛮貉，内措齐晋，崎岖强国之间，最为弱小，几灭者数矣。然社稷血食者八九百岁，于姬姓独后亡，岂非召公之烈耶。"《陈杞世家》赞："太史公曰，舜之德可谓至矣。禅位于夏，而后世血食者历三代。及楚灭陈，而田常得政于齐，卒为建国，百世不绝，苗裔兹兹，有土者不乏焉。"《韩世家》赞："太史公曰，韩厥之感晋景公，绍赵之孤子武，以成程婴公孙杵臼之义，此天下之阴德也。韩氏之功于晋，未睹其大者也。然与赵魏终为诸侯十余世，宜乎哉。"《蒙恬列传》："蒙恬喟然太息曰，我何罪于天，无过而死乎？良久徐曰，恬罪固当死矣。起临洮，属之辽东，城堑万余里，此其中不能无绝地脉哉。此乃恬之罪也，乃吞药自杀。"此反映出当时另一种迷信，为后世言堪舆风水术者之祖。但史公在赞中加以反驳，依然拉回到道德的因果报应的观念上。"太史公曰，吾适北边，自直道归，行观蒙恬所为秦筑长城亭障，堑山堙谷，通直道，固轻百姓力矣。夫秦之初灭诸侯，天下之心未定，痍伤者未瘳，而恬为名将，不以此时强谏，振百姓之急，养老存孤，务修众庶之和；而阿意兴功，此其兄弟遇诛，不亦宜乎？何乃罪地脉哉？"《黥布列传》"太史公曰，英布者，其先岂《春秋》所见楚灭英六，皋陶之后哉。身被刑法，何其拔兴之暴也"。《东越列传》赞："太史公曰，越还蛮夷，其先岂尝有大功德于民哉，何其久也。历数代常为君王，勾践一称伯……盖禹之余烈也。"《西南夷列传》赞："楚之先，岂有天禄哉……秦灭诸侯，唯楚苗裔尚有滇王。汉诛西南夷，国多灭矣，唯滇复为宠王。"

从上面的材料看，史公似乎真相信道德的因果报应。但这里有两个值得注意的问题。第一，上面材料中最后一人是陈平。自陈平以后，再没有此种资料、此种论点。因此种论点，实以对道德理性的信任为其根据。在血缘专制情形之下，人的吉凶祸福，完全不能用道德理性来加以解释，于是此论点不能不归于破灭。只好靠后来佛教"三世"轮回之说来加以弥补，影响以后二千年的社会。第二，承认道德的因果报应，便不能不承认在这后面有一个赏善罚恶的可资信任的天。但史公所能提出为此作证的，在历史中只居极端的少数，而且有的是出于史公由希望而来的推论。史公在历史中所遇到的绝对多数，尤其是摆在他眼面前的全般政治社会现象，都在为他的这一观念作反证；于是他落在现实上，不能不写出《伯夷列传》中的感叹，以作史来与无凭的天道作抗争。这是人文精神中所保留的宗教性不能不受到的限制。

读《〈论史记〉驳议》——敬答施之勉先生

　　当我读到施之勉先生《〈论史记〉驳议》的第一个感想是：施先生以八十多岁的高龄，还肯读我长约八万字的《论史记》的拙文，并赐与指正，这种老而益壮，不崖岸自高的治学精神，使人佩服。第二个感想是：我年来认为学术上的认真讨论，是推动学术前进的重要方法之一，我自己便得到这种好处。学术是天下的公器，讨论中的得失，与个人的荣辱无关；在讨论中引起双方的反省，对问题的澄清，有很大的帮助。例如台北故宫所藏黄大痴两山水长卷，经过前后两年多的热烈讨论后，终于把三百多年的大骗案，完全拆穿了，若不是来自四面八方的压力，我便没有机会彻底解决此一问题。所以我对参加讨论的先生们，是诚心的感佩。又如我的《扬雄论究》初稿刊出后，施先生不同意我对扬雄到长安时年四十二岁的说法。经过施先生这一反对，我便把有关材料，重新排比一次，使自己的说法说得能更清楚明白。施先生此次的批评，是由司马迁的生年开始；我接受王国维之史公生于景帝中元五年（西元前一四五年）的说法而有所补正。施先生则认史公是生于汉武帝建元六年（西元前一三五年）；两说相差十年。为了以后的讨论容易条理，先依王氏的《太史公行年考》，加上我的补正，简列于下（凡未加"补正"两字或括弧者，皆王氏原文）。

汉景帝中元五年（西元前一四五年）丙申，公生，一岁。

武帝元朔三年（前一二六年）乙卯，二十岁，案二十而南游江淮……又案《汉书·儒林传》，司马迁亦从孔安国问故……安国为博士，当在元光（前一三四年至前一二九年）元朔（前一二八年至前一二三年）间……时史公年二十左右；其从安国问《古文尚书》，当在此时也。又史公于《自序》中述董生语（按应改为"于《自序》中有余闻之董生曰"。盖"述董生语"，不意味着他见到了董生。）。董生虽至元狩（前一二二年至一一七年）、元朔（前一二八年至前一二三年）间尚存（按应为"虽至元朔、元狩间"），然已家居，不在京师。则史公见董生，亦当在十七八以前……

又王氏于元鼎元年（前一一六年）乙丑，三十岁下谓"案《自序》云；于是迁任为郎中，其年无考。大抵在元朔、元鼎间。其何自为郎，亦不可考"。

"补正"：元朔五年（前一二四年）丁巳，二十二岁。是年公孙弘奏请为博士置弟子五十人。公南游江淮归，由太常选为博士弟子，从孔安国问《古文尚书》，当在元朔六年、元狩元年（前一二三至前一二二年）间，时史公年二十三四岁。

"补正"：元狩二年或三年（前一二一至前一二〇年）己未，年二十五岁。史公以博士弟子"高弟"由太常"籍奏"为郎中。此当为元狩二、三年间事，时年二十五六岁。姑系于此。

"补正"：元鼎元年（前一一六年）乙丑，三十岁。史公向董生问《公羊春秋》，在董生长安家居之后，时年为三十岁前后，不能确定，姑系于此。

元封元年（前一一〇年）辛未，三十六岁。考《汉书·武帝纪》，元鼎六年（前一一一年）定西南夷……其明年（原注：元封元年）春正月行幸缑氏，登崇高，遂东巡海上，夏四月癸卯还登封泰山……父谈之卒，当在是秋。

元封三年（前一〇八年）癸酉，三十八岁。案《自序》，太史公卒三岁，而迁为太史令。

太初元年（前一〇四年）丁丑，四十二岁。又案《自序》"五年而当太初元年，十一月甲子朔旦冬至，天历始改……太史公曰，先人有言……于是论次其文"，是史公作《史记》，虽受父谈遗命，然其经始则在是年。盖造历事毕，述作之功乃始也。

"补正"：史公《自序》谓于"天历始改"之太初元年，"论次其文"，与所谓"至于麟止"之意正同，皆假此以神圣其事业，非谓以此为起讫。王说太拘，实则在太初元年以前，麟止以后，皆在从事中。

天汉三年（前九十八年）癸未，四十八岁。据《李将军列传》、《匈奴列传》及《汉书·武帝纪》、《李陵传》，陵降匈奴在天汉二年（前九十九年）。盖史公以二年下吏，至三年尚在缧绁，其受腐刑亦当在三年而不在二年也。

"补正"：太始四年（前九十三年）戊子，五十三岁。史公于此年春三月随武帝行幸泰山，任安与史公书，当在此前后，即《报任安书》中所谓"东从上来"者是。王氏将《报任安书》系于此年，不确。

"补正"：征和二年（前九十一年）庚寅，五十五岁。武帝如甘泉。秋七月，江充将胡巫入宫捕蛊，涉及太子，太子无以自明，乃杀江充，白皇后发兵反，败走自杀。任安为北军使者，以持两端，下吏，腰斩。史公《报任安书》，当在任安被刑之前，约为是年之十一、二月间。

昭帝始元元年（前八十六年）乙未，六十岁。案史公卒年，绝不可考。

按推论史公生平，一为根据《史记·自序》"卒三岁而为太史令"下的司马贞《索隐》注，"《博物志》，太史令，六百石，茂陵显武里大夫司马（迁）年二十八。三年（元封三年）六月乙卯，除六百石也"。据此上推，史公生于武帝建元六年（前一三五年）。一为《自序》为太史令"五年，而当太初元年"下张守节《正义》注，"案迁年四十二岁"。据此上推，史公生于景帝中元五年（前一四五年）。两者说相差十年。王氏采用《正义》说法的原因，认为《索隐》的"年二十八"的"二"字乃"三"字之讹。"'三'讹为'二'，乃事之常"；而《正义》的"年四十二"的"四"字，"'三'讹为四，则于理为远。"王氏说法的最大长处，在于若《索隐》之"二"字系"三"字之讹，则两家之说法是一致的；采用了《正义》的说法，也安顿了《索隐》的说法。等于是以两说为根据。而他采用的考证方法，是用"因形近而误"的常法。若采用《索隐》"年二十八"的说法，则对于《正义》的"年四十二"，作何安顿，由郭沫若到施先生，皆无一言。这是于二说中取其一而无条件的弃其一的方法，在考据上近于悍。由此即可证明王氏之说的优越性。

郭沫若以为汉代"二"、"三"、"四"字的写法是廿卅卌。廿卅卌，"都仅一笔之差，定不出谁容易，谁不容易来"，以推翻王氏"'三'讹为'二'，乃事之常，'三'讹为'四'，则于理为远"的论证。当我写《论〈史记〉》时，承认"郭氏此一说法可以成立，但只是把有异同的两个材料，打成了平手，尚未能转为王氏说法的反证"。但近来才知道,这是我当时运思不精密的误断。王氏之所谓"讹"，并不是指汉简上的讹。晋初对"二十"、"三十"、"四十"等字的写法，已与今日无异，此由日本二玄社所刊《书迹名品丛刊》三之《木简残纸集》，可以证明。晋张华著《博物志》采用汉简时，亦必以"二十"、"三十"、"四十"简易之字体，改易汉简之廿卅卌之字体。若张华未改写，唐司马贞援引时亦必改写。书籍刊印后，尚易发生因形近而误的情形；在抄写时代，其因形近而误，当更为常见。所以郭氏之论，乃"不知时变"的架空之论。我应借此机会纠正我一时的疏忽。施先生坚持《索隐》之说，我相信是受到郭氏之说的影响。此一问题，至此而应可谓完全澄清了。

施先生以史公生于建元六年（前一三五年），史公二十岁出游为元鼎元年（前一一六年），为郎中系元鼎二年（前一一五年）。由为郎中至太始四年（前九十三年）《报任安书》时（施先生此处系采用王氏之说），共二十三年，与《报任安书》中"待罪辇毂下二十余年"相合。"如生于景帝中元五年，则至太始四年，三十三年，与书中待罪辇毂下二十余年不合"。此一论证，乃补郭氏的不足。

但施先生说法最大的弱点，在于何以能断定史公在元鼎二年，年二十一岁时为郎中？汉武初，郎选尚未滥，除皇帝特别恩赐者外，其能为郎的资格计：（一）二千石任子，（二）富赀，（三）技艺，（四）博士弟子高弟，（五）献赋上书献策，（六）举孝廉等。王国维因没有把史公从孔安国学《古文尚书》，与孔安国为博士时，史公曾为博士弟子，及由博士弟子高弟而可为郎等情形，连在一起来考虑，所以说"其何自为郎，亦不可考"，因为发现不出史公有可以为郎的资格。施先生既不承认史公曾因博士弟子高弟而为郎，则史公在二十一岁时，是凭借什么资格而为郎中呢？若如我所说，史公二十六岁左右为郎，至征和二年五十五岁《报任安书》，经过了二十八九年，亦未尝不可称为"待罪辇毂下二十余年"。

施先生引《礼记·深衣》注：三十以下，无父称孤等材料，以为史公生于武帝建元六年，则其父死时史公年二十六，与《报任安书》中"蚤失二亲"之语合。若以为史公生于景帝中元五年，则其父死时史公年三十六，与上语不合。按史公只云"蚤失"，并未云"蚤孤"。云"二亲"，并非仅云"父"。他特别说出"蚤失二亲"，安知其母不是死在其父之前，因而连带在一起说"早失二亲"。何况"蚤失"两字，并无严格年龄的限定，以孝思之忱，认定三十六岁时已父母双亡是"蚤失"，这应当可以说得通的。

拙文以孔安国在元狩五年（前一一八年）由博士迁初设之谏大夫，可见在此以前，都是当博士。元狩五年前七年的元朔五年（前一二四年）公孙弘为丞相，奏请置博士弟子五十人，史公从安国问《古文尚书》，当在此时（其详情阅原文）。施先生则以公孙弘为丞相及请置博士弟子，皆当作元朔三年（前一二六年）。"将相、公卿二表在五年，误。建元侯、恩泽侯二表在三年，是也。"其证据因为《儒林传》记公孙弘请设博士弟子，中有"谨与太常臧、博士平等议曰"之语，臧即孔臧。据《公卿表》"元朔二年蓼侯孔臧为太常，三年（元朔三年）坐南陵桥绝，衣冠道绝，免。"孔臧既于元朔三年已免去太常，则请置博士弟子若为元朔五年，不得更有"太常臧"与议。而建元侯、恩泽侯二表，又记公孙弘系于元朔三年为丞相。两相印合，故施先生认为公孙弘入相及请置博士弟子，应为元朔三年而非五年，于是我的有关说法，完全推翻了。实则施先生在此处犯有很明显的错误。《资治通鉴考异》卷一在"五年（元朔五年）封丞相公孙弘为平津侯"下谓"《史记·将相名臣表》、《汉书·公卿百官表》，弘为相，皆在今年（元朔五年）。《建元以来侯者表》、《恩泽侯表》，皆云元朔三年封侯。按三年（元朔三年）以弘为御史大夫。盖误书'五'为'三'。因置于此年"。东汉末，荀悦约《汉书》为《前汉纪》，卷十二元朔三年"御史大夫张欧免，内史公孙弘为御史大夫"。元朔五年"冬十有一月乙丑，丞相薛光（泽）免，御史大夫公孙弘为丞相，封平津侯"。由御史大夫而拜相，乃宰相制度尚未完全破坏时之常轨。把上面的材料看了，则公孙弘之相，及请设博士弟子，皆在元朔五年，更无可疑之理。至《公卿百官表》记孔臧于元朔三年免太常之事，则可确切证明"三"字乃"五"字之误。太常主管祭祀，祭祀一年都有，所以《公卿百官表》上所记太常的免与任，在时间上都是紧相衔接，绝无例外，可以覆案。惟有记孔臧于元朔三年免太常，至元朔五年始记"山阳侯张当居为太常"，然则元朔四年的祭祀，由何人担任呢？由此可以断言孔臧系元朔五年免太常。未免以前，当然可以参与有关的议论。两个关键性的问题解决了，则施先生与此相关连的议论，应可不必讨论。至施先生谈到《古文尚书》、《今文尚书》的问题，我只简单指出，《古文尚书》只比《今文尚书》多出十六篇，其余除字句少异外，都是相同的。故孔安国得"以今文读之"。孔壁发现《逸礼》、《古文尚书》、《左氏传》，实际等于今人在通行本外，发现了古抄本古版本。其意义一为补今本之所缺失，一为可以证明今日所传者，其来有自，足以增加其价值。这是我细读刘歆《移让太常博士书》而恍然大悟的，他日将另文详加讨论。知道今、古文《尚书》之分别，仅在十六篇之有无，其余二十九卷（以篇计之，则为三十四篇），原是相同，则孔安国之以《今文尚书》为博士，与其治孔壁中发现之《古文尚书》，其间并无扞格之处。

我以为史公从董生受《公羊》之学，必在董氏家居之后，其时史公年在三十岁前后。《董仲舒传》"仲舒在家，朝廷如有大议，使使者及廷尉张汤，就其家而问之"。施先生根据《公卿百官表》，"元朔三年中大夫张汤为廷尉，五年迁"之文，而断定"仲舒于元朔、元狩间已致仕家居"，甚确。惟谓《武帝纪》徙郡国豪杰于茂陵前后有二。一在元朔二年，一在太始元年"，由此断定仲舒与史公徙茂陵，"当同在元朔二年"，则大有问题。按《汉书·主父偃传》"又说上曰，茂陵初立，天下豪杰兼并之家，乱众之民，皆可徙茂陵。内实京师，外消奸猾，此所谓不诛而害除。上又从之"。《武帝纪》元朔二年"又徙郡国豪杰及訾（赀）三百万以上于茂陵"。仲舒、史公，既皆不应罹此咎，亦无此资格。仲舒及司马谈官京师，有随时徙居京师之自由，岂必与此辈同徙。又《仲舒传》"年老以寿终于家，家徙茂陵"，则仲舒原家长安，死后其家乃徙茂陵。宋敏求《长安志》谓仲舒所葬之虾蟆陵，在万年县南六里。《陕西通志》引《马溪田集》云，"墓在长安故城二十里"；万年县，长安故城，实即西汉建都之长安。茂陵乃汉槐里县之茂乡，与长安相距尚远。若仲舒生前已居茂陵，当不至远葬长安。

又按王氏推定史公见董生当在十七、八岁以前，施先生认为"尚合"，但王氏与施先生所推之生年，相差十岁。故王氏之所谓十七、八岁，在施先生则应为七、八岁。两说是无由符合的。

关于史公《报任安书》之年月，施先生接受王氏太始四年之说。我认为是征和二年十一月末、十二月初左右的事，施先生则谓此时"任安死已四五月矣"。因为施先生据"《刘屈氂传》，北军使者任安，与司直田仁，同在七月腰斩也"。按《武帝纪》，征和二年七月，太子以节发兵与刘屈氂大战长安，太子出亡。"御史大夫暴胜之、司直田仁坐失纵，胜之自杀，仁腰斩。"《刘屈氂传》"北军使者任安坐受太子节，司直田仁纵太子，皆腰斩"。施先生忽略了"腰斩"是判刑，判刑须经过"下吏"的手续。所以《史记》卷一〇四《田叔列传》谓田仁"坐纵太子，下吏诛死"。褚先生补《任安传》亦谓"司直（田仁）下吏诛死"，"下安吏，诛死"。且任安之下吏，因"任安笞辱北军钱官小吏，小吏上书言之，以为受太子节，言幸与我其鲜好者。书上闻"，于是武帝"下安吏诛死"，经此转折，则任安之"下吏"，计亦当在八、九月。一经"下吏"判罪，汉制必于冬季行刑，所以史公在报书中说"今少卿抱不测之罪，涉旬月，迫季冬"。《汉书补注》引沈钦韩曰："戾太子事在征和二年七月……安以怀二心腰斩，而犹系至季冬，则汉法之异于后也。"施先生认田仁、任安，即腰斩于征和二年七月交兵之后，疏矣。又，暴胜之、田仁、任安三人，处人伦大变所采的态度，皆非常合理。武帝此时几已完全失掉理性，实为汉室最大污点。他后来因三老上书及车千秋之言而深切悔恨，此三人之死，亦当在悔恨之中。《史记》已有田仁的附传，褚先生为任安补传，而班固不为之立传，盖深为武帝讳。他在《司马迁传》中仅称任安为益州刺史而不称其北军使者的原因在此。施先生因此而谓他与史公书系在益州刺史任内，则报书开始的一段话皆无从索解。此乃施先生的大失。

施先生援《汉书·司马迁传》"宣帝时，迁外孙平通侯杨恽祖述其书，遂宣布焉"之言，遂以为"迁书至宣帝时始宣布，则武帝何能见及，怒而削之也"？此盖以拙文引卫宏《汉旧仪》注曰"司马迁作《景帝本纪》，极言其短及武帝过，武帝怒而削之"，施先生以为不可信。我在《〈盐铁论〉中的政治社会文化问题》一文的末尾曾说：又两方（御史大夫及贤良文学）皆多次引用《史记》。若史公死于武帝后元二年（前八十七年）甲午，则距始元六年（前八十一年，盐铁大辩论之年）仅六年，而其书已大行。《汉书·司马迁传》赞谓迁既死后，'其书稍出。宣帝时，迁外孙杨恽祖述其书，遂宣布焉'的话，还未能完全符合《史记》流传的真相。就常情推测，史公著史，近二十年，武帝岂能无所闻。《史记·司马相如列传》"相如既病免，家居茂陵。天子曰，司马相如病甚，可往从悉取其书。若不然，后失之矣。使所忠往"，则武帝闻史公著书而向其索阅，史公岂能拒绝。卫宏之言实无可疑。

拙文谓"但他（史公）除在《高祖本纪》赞中，略采（邹衍的）三代忠敬文三统之说以外，对邹氏（邹衍）深观阴阳消息而作迂怪之变……的一套大话，并不深信"。施先生引了《春秋繁露》的《三代质文改制》及《董仲舒传》对策之"三王之道，所祖不同，非其相反，将以救溢扶衰"等文字，又引缪荃孙曰："用夏之忠，此《公羊》家说，《春秋》所祖述……史公盖闻之董生者也。徐先生以三代忠敬文三统相救，为邹衍之说，缪矣。"我在写《董仲舒〈春秋繁露〉之研究》一文时，曾把《公羊传》好好地研究过一次，并作了约略的分类与统计，发现《公羊传》是一部很平实的书，没有何休所说的"其中多非常异义可怪之论"。较《公羊》为后出的《穀梁传》中有"阴阳"观念，《公羊传》中没有。《穀梁传》中言及天道，《公羊传》中除"天王"之天以外，连天字恐怕也没有，更何有天统地统人统的三统。何休所谓"非常异义可怪之论"，皆来自《春秋繁露》的《三代质文改制》等篇，与《公羊传》自身毫无关系。缪荃孙所说，乃不研阅原典，凭空断案之论。又《汉书·严安传》，安上书言世务中有谓"臣闻邹子曰，政教文质者，所以云救也。当时则用，过则舍之，有易则易之。"三统的尚忠尚敬尚文，简言之，即是"文质"，董氏言三统，即以"三代质文改制"名篇。邹衍在仲舒前百余年，邹衍的思想，在西汉发生了很大的影响，仲舒所受的影响更大。我以"三代忠敬文三统相救为邹衍之说"，很难说是"缪矣"。

我谓史公不用《五帝德》"杀三苗于三危"，而改"杀"为"迁"，此迁字译《舜典》"窜三苗于三危之窜字"，较为合理。施先生则谓"杀非杀戮，即窜之假借字"；"经典窜蔡寂粲四字，同音通用，皆谓放流之也。"但《孟子·万章上》"万章问曰，象日以杀舜为事，立为天子，则放之何也"。这分明是杀与放对举。"放"、"迁"、"窜"、"流"（下文"流共工于幽州"）在此处应是同义。我的说法似乎没有错。

我推重褚少孙，并认为他能得史公的微旨，例如他补《钩弋夫人传》，补《任安传》，补《东方朔传》，都值得深思细味。所以我认为他截取《封禅书》以为《武帝本纪》，实有深意。施先生引诸家之说，作相反的看法，这是见仁见智的问题，此不辩。

我由思想史的大纲维，以衡断《史记·礼书》《乐书》之所以为真而非伪，这是过去考据家所没有到达的层面。施先生所引诸家异同之说，此不辩。

我以《封禅书》"《诗》云，纣在位，文王受命"，是"史公对《诗》的概括性引用"。施先生有关这段所引的材料及"此节是述周自文王受命，至成王而后封禅也"的说法，皆我所不取。读者就《封禅书》详读细玩，自可作别择。

又汉沿用秦之二十等爵，此为郡县制下的二十等爵。《汉兴以来诸侯王年表》汉兴序爵二等，此乃封建制又加上郡县制下的"爵二等"。汉初半封建、半郡县，故有两系统的爵位。"诸侯王"，是说汉室所封之王，即封建时代之诸侯，施先生对此名词的解释，我不以为然。"二等爵"中之侯，指的是二十等爵中之彻侯，史公此处是就半封建、半郡县的事实，绾带两系统的爵位以言。二十等爵之十九等为关内侯，即为汉所常见。此处似不应把两系统混淆为"凡二等"。

《史记·自序》的小序中，有四处称项籍为"子羽"，

《索隐》谓"籍字子羽"，我则认为项籍只以羽为字，子羽乃来自《汉书·高纪》"是月项梁与兄子羽起吴"一语中"兄子羽"之误读，而推断此小序的窜乱"乃在《汉书》通行之后"。施先生引《汉书·叙传》"子丝慷慨"，颜师古注"爰盎字丝。此加子者，子是嘉称，以偶句耳"的孤证，断定《自序》小序中的"子羽"的"子"字，是史公加上去的嘉称。按《汉书·叙传》中的小序，皆四字一句的韵文，加一"子"字以"偶句"之说，尚可成立。而颜注的重点乃在"以偶句耳"一语。《史记·自序》中之小序是用的散文；其间用四字韵文者，皆后人仿《汉书》所窜乱。项羽及汉高两本纪小序，四字韵文，明非史公之笔。黥布及田儋两列传小序，皆散文，并无"偶句"的问题，则施先生所引的孤证亦难成立。

我推重韩信是"中国历史中最伟大的战略家"，并举垓下之战为例；施先生似不以为然。我是正规军人出身，四十年前，除教室的课程外，私人在战术战史上，很下过一番功夫，这是一般论史者所没有具备的条件。此不辩。

我对"夥颐"、"沈沈"的解释，似与施先生的解释无大差异。

关于《史记》书名之演变问题，我已注明是采用陈直之说，而修正其以《史记》名称，当以桓帝时的《东海庙碑》为最早之说，认为在桓帝以前已经流行；这一点我与施先生是一致的，惟施先生引《汉书·五行志》中称引

《史记》十余条立说，更为充实。但施先生引《后汉书·班彪列传》中"武帝时司马迁著《史记》"之语，此乃范蔚宗叙事之语，不出于班彪，不足以为班彪已用《史记》一词之证。且《彪传》录有他论史之文，主要是论《史记》，但未出《史记》之名。由此可以断定，"将《太史公书》称为《史记》，今日可以考见的，莫早于班固。"（按此说不能成立，见"补志"）

我对"太史公曰"的"公"字的解释认为，这是"秦汉之际，自称或称人之口头语"，"并无特别意义"。施先生引《周礼·职丧》注"居其官曰公"，及《史记·孝文纪》《索隐》"宦犹公也"，因而断定"太史官，后又称太史公也"。按"太史公曰"之"公"，是司马迁的自称，此"公"字指的是人，犹今日流行之某公某公。官是官职或官署。如何可以与称人之公相混？施先生引《周礼·职丧》注的"居其官曰公"，《正义》特加解释为"公谓官之常职也"，此处之"公"非就人而言，从注的上下文看，至为明显。至《孝文纪》的《索隐》注，是解释"五帝官天下"，而言"官犹公也"，意思是"官天下"即是"公天下"，即是"天下为公"，这与"太史公曰"之公，相去更远，如何可以证明"太史官故又称太史公"呢？至施先生所引的"太史官曰"，乃史臣既不知其姓名，又不知其为太史还是太史令，故作此泛泛之称，不能以此证明"太史公曰"即是本于"太史官曰"。史公明明自称为"太史公"，便只能从"公"字去解释。施先生的解释，我觉得远于事实了。

《论〈史记〉》拙文中所提出的论点颇多，望施先生及其他学人，继续提出指教。

一九七八年一月二十一日于九龙

编者先生：

《读〈论史记驳议〉——敬答施之勉先生》拙文寄上后，又思施先生对拙文之驳议，几无一说可以成立。我除接受其由张汤为廷尉之年，以推论董仲舒家居之年外，又接受其"《汉书·五行志》，称引《史记》十余条，师古曰，此《志》凡称《史记》者，谓司马迁所撰也，是班固称《太史公书》为《史记》也"之说。日来心殊不安。今日特再将《汉书·五行志》加以查考，知施先生果误。颜师古注之谬，王先谦《汉书补注》，已引齐召南、钱大昕两氏之说，加以驳正。综记《五行志》所引《史记》，有八条出于《国语》。秦事三条，虽不知所出，但亦史公《史记》所无。唯"夏后二龙伯阳甫事见《周纪》；土缶楛矢事见《孔子世家》，余皆无之（钱大昕说）"，钱氏遂以"班《志》所云《史记》，非专指《太史公书》矣"，是他以上两条所称之《史记》为《太史公书》。按《五行志》引汉代灾异，其与史公著书年代相及者，亦在二十条以上，无一称出自《史记》。则《周纪》及《孔子世家》两条之所谓"史记"，并亦指史官所记之泛称，钱氏当时尚不知史公书用"史记"一词之为后出（刘知几亦不知），故有此失。实则陈直原文详加辨析，班固时对史公书，或仅称"史"或称"前史"，尚未出"史记"之名，决无可疑。我一时记忆偶疏，遂为施先生之说所蒙，言考证之不可以不亲查原典，稍一偷惰，即有此失，自后当更引以为戒。

一九七八年一月二十六日补志

《史》、《汉》比较研究之一例

为把握汉代史学思想，在《论〈史记〉》一文后，应当有《论〈汉书〉》一文。但我感到，与其将两书作平列式的研究，不如将两书作对比式的研究，更能显出两书的特性，并且对史学在专制政治下，向何种方向演变，或可因此而能得到更大的启发性。我在《论〈史记〉》一文中，为了突出史公的思想与成就，已将两书作了若干比较。但若仅如此，则不仅两书何以有此异同的原因不够明了，且对《汉书》的价值，亦将因之受到掩覆，这是不公平的，也不是全面把握问题的方法。将《史》、《汉》加以比较的工作，前人已从不同的角度做了不少。我所做的或者比前人前进了一步，但就两书内涵的丰富而言，感到这里所写出的，依然只能算是"一例"，希望有人能继续做这种工作。

一、问题的回顾

《汉书》问世后，它在史学上所发生的影响，实较《史记》为大。《史通》卷一《六家》谓"诸史之作"，"其流有六"，"而朴散淳销，时移世异。《尚书》等四家，① 其体久废，所可祖述者，惟《左氏》及《汉书》二家而已"，正可反映出此种情形。唯将《史》、《汉》加以比较，而尊《史》抑《汉》者，当始于张辅。《晋书》卷六十《张辅列传》：

> 又论班固、司马迁云，迁之著述，辞约而事举，叙三千年事，唯五十万言。班固叙二百年事，乃八十万言。烦省不同，不如迁一也。良史述事，善足以奖劝，恶足以监戒，人道之常。中流小事，亦无取焉，而班皆书之，不如二也。毁损晁错，伤忠臣之道，不如三也。迁既造创，班又因循，难易益不同矣。又迁为苏秦、张仪、范睢、蔡泽作传，逞辞流离，亦足以明其大才。故述辩士，则辞藻华靡，叙实录，则隐核名检，此所以迁称良史也。

张辅谓班固"不如迁者一也"的问题，《史通》卷九《烦省》篇中，已指出这不过是因时代的不同，所凭借的材料，有多少之异，不应以此定优劣。赵翼更指出《汉书》多载有用之文，"不得以繁冗议之"，② 所以张辅此说，可

---

① 四家谓《尚书》、《春秋》、《国语》、《史记》。

② 见赵著《廿二史劄记》卷二"《汉书》多载有用之文"条。

谓毫无意义。并且如后所述，在叙述文字上，《史记》实较《汉书》为繁，与张氏所说的恰恰相反。张辅责班固之不如迁者二，盖谓《汉书》之传，选材不得体要，我看不出有这种情形。至谓班固"毁损晁错，伤忠臣之心"，为不如迁者三，事实上则正相反。《汉书》此传，在间架上本诸《史记》，但加入晁错的几篇有意义的文章，大为晁错生色。史公因不喜晁错所学的是"申商刑名之学"，故他与袁盎同传，在赞中许袁以"仁心为质，引义忼慨"；而对晁错则借"语曰，变古乱常，不死则亡，岂错等谓邪"的话，以深致讥议。班氏之赞，对袁盎则大体上袭用史公之语，对晁错则加以改写，谓其"锐于为国远虑，而不见身害"。结之以"悲夫，错虽不终，世哀其忠，故论其施行之语著于篇"。其态度实较史公为平恕。张辅其他的论点，亦了无意义。大约在清谈风气之下，人不乐读书而好随意立论，所以他的《史》、《汉》比较，没有客观上的价值。

其次，《后汉书》卷四十下，范蔚宗取华峤之辞以为班彪、班固父子的传论，也可以认为是一种《史》、《汉》比较。

论曰，司马迁、班固父子，其言史官载籍之作，大义粲然著矣。议者咸称二子有良史之才。迁文直而事核，固文赡而事详。若固之序事，不诡激，不抑抗，赡而不秽，详而有体，使读之者亹亹而不厌，信哉其能成名也。彪、固讥迁是非颇谬于圣人。然其论议，常排死节，否正直，而不叙杀身成仁之为美，则轻仁义，贱守节愈（甚）矣。固伤迁博物洽闻，不能以智免极刑，然亦身陷大戮（原注："此已上略华峤之辞"）。智及之而不能守之，呜呼，古人之所以致论于目睫也。

上面的话，是承认两家在史才上各有所长，而推重班固之意为多。对班氏父子有关司马迁的批评，并未加反驳，仅讥其"轻仁义，贱守节"较迁为更甚；此点沈钦韩引《汉书·王章传》赞及《翟义传》赞以实之。[①] 按与王章合传者共六人，赞亦及六人。前五人的赞，皆用瑕瑜互见的笔调。对王章谓其"刚直守节，不量轻重，以陷刑戮，妻子流迁，哀哉"。这不是"轻仁义，贱守节"的表现。《翟义传》赞出于司徒掾班彪，赞谓翟义"身为儒宗"，对其起兵抗王莽被族诛为"义不量力，怀忠愤发，以陨其宗，悲夫"，这也不是"轻仁义贱守节"的表现。至于说到迁、固皆未能明哲保身，但范蔚宗亦卒陷刑戮，这是专制下知识分子的共同悲剧，不应以此为论人之资。而范氏的"赞曰，二班怀文，裁成帝坟，比良迁（司马迁）、董（董狐），兼丽卿（司马相如）、云（扬雄）"。则他之所以推重班书

---

① 见王先谦《后汉书集解》本文所引。

者，可谓甚为笃至。所以他写《后汉书》，受《汉书》的影响，大过于受《史记》的影响。至于他在狱中与甥侄书谓班书："任情无例，不可甲乙辨（此大概指数人合传的配列情形而言）。后赞于理近无所得，惟志可推耳，博赡不可及。"此信乃为标榜己书，故对班固的批评，无损于他对班书的全般的评价。但毁誉之辞，亦多未得当。到刘知几的《史通》，始对两书作了较慎重详细的比较、批评。兹按该书卷次节录于下：

（一）寻《史记》疆宇辽阔，年月遐长。而分以纪传，散以书表。每论国家一政，而胡越相悬。叙君臣一时，而参商相隔，此其为体之失者也。兼其所载，多聚旧记，时采杂言，故使览之者事罕异闻，而语饶重出，此撰录之烦者也。（卷一《六家》）

（二）《汉书》家者，其先出于班固……循其创造，皆准子长。但不为世家，改"书"曰"志"而已。……如《汉书》者，究西都之首末，穷刘氏之废兴，包举一代，撰成一书。言皆精练，事甚该密。故学者寻讨，易为其功。自尔迄今，无改斯道。（同上）

（三）既而丘明传《春秋》，子长著《史记》，载笔之体，于斯备矣……盖荀悦、张璠，丘明之党也。班固、华峤，子长之流也。惟此二家，各相矜尚。必辨其利害，可得而言焉。夫《春秋》者，系日月而为次，列时岁以相续。中国外夷，同年共世，莫不备载其事，形于目前。理尽一言，语无重出，此其所以为长也。至于贤士贞女，高才俊德，事当冲要者，必盱衡而备言。迹在沈冥者，不枉道而详说……故论其细也，则纤介无遗；语其粗也，则丘山是弃，此其所以为短也。《史记》者，纪以包举大纲，传以委曲细事，表以谱列年爵，志以总括遗漏。逮于天文地理，国典朝章，显隐必该，洪纤靡失，此其所以为长也。若乃同为一事，分见数篇。断续相离，前后屡出……又编次同类，不求年月。后生而擢居首帙，先辈而抑归末章，遂使汉之贾谊，将楚屈原同列，鲁之曹沫，与燕荆轲并编，此其所以为短也。考兹胜负，互有得失。而晋世干宝著书，乃盛誉丘明，而深抑子长……向使丘明世为史官，皆仿《左传》也，至于前汉之严君平、郑子真，后汉之郭林宗、黄叔度，晁错、董生之对策，刘向、谷永之上书，斯并德冠人伦，名驰海内；识洞幽显，言穷军国。或以身隐位卑，不预朝政；或以文烦事博，难为次序。皆略而不书，斯则可也；必情有所吝，不加刊削，则汉氏之志传百卷，并列于十二纪中，将恐碎琐多芜，阑单失力者矣。故班固知其若此，设纪传以区分，使其历然可观，纪纲有别。（卷二《二体》）

（四）司马迁之记诸国也，其编次之体，与本纪不殊，盖欲抑彼诸侯，异于天子，故假以他称，名为世家。案世家之为义也，岂不以开国承家，世代相续。陈胜起自群盗，称王六月而亡……无世可传，无家可宅，而以世家为称，岂当然乎……至于汉代则不然（与周之封建诸侯不同），其宗子称王者皆受制于京邑，自同州郡。异姓封侯者，必从宦天朝，不临方域……而马迁强加别录，以类相从。虽得划一之宜，讵识随时之义。盖班固知其若是，厘革前非……并一概称传，无复世家，事势当然，非矫枉也。（卷二《世家》）

（五）异哉班氏之《人表》也。区别九品，网罗千载。论世则异时，语姓则他族，自可方以类聚，物以群分，使善恶相从，先后为次，何藉而为表乎？且其书上起庖牺，下穷嬴氏，不言汉事，而编入《汉书》……何断而为限乎？"（卷三《表历》）

（六）古之天，犹今之天也。今之天，即古之天也……但《史记》包括所及，区域绵长，故书有《天官》，睹者竟忘其误，榷而为论，未见其宜。班固因循，复以天文作志。志无汉事，而隶入《汉书》，寻篇考限，睹其乖越者矣。（卷三《书志》）

（七）夫古之所制（指典籍），我有何力？而班《汉》定其流别，编为《艺文志》。论其妄载，事等上篇……愚谓凡撰志者宜除此篇。（同上）

（八）而汉代儒者，罗灾眚于二百年外（谓在汉代二百年以外，收罗灾情的材料）。讨符会于三十卷中

（谓在《春秋左氏传》三十卷中求灾眚的应验）……如斯诡妄（谓所附会的灾异之说），不可殚论。而班固就加纂次，曾靡铨择，因以《五行论》而为志，不亦惑乎。（同上）

（九）既天文有志，何不为人形志乎……既艺文有志，何不为方言志乎？但班固缀孙卿之词，以序《刑法》；探孟轲之语，用裁《食货》。《五行》出刘向《洪范》，《艺文》取刘歆《七略》，因人成事，其目遂多……盖可以为志者其道有三焉：一曰都邑志，二曰氏族志，三曰方物志。（同上）

（十）必寻其（《论赞》）得失，考其异同，子长淡泊无味……孟坚辞惟温雅，理多惬当。其尤美者，有典诰之风。（卷四《论赞》）

（十一）《史记》者载数千年之事，无所不容。《汉书》者纪十二帝之时，有限斯极。固既分迁之记，判其去取；纪传所存，唯留汉日；表志所录，乃尽牺年。举一反三，岂宜若是。（卷四《断限》）

（十二）寻马迁《史记》，上自轩辕，下穷汉武，疆宇修阔，道路绵长。故其《自叙》，始于氏出重黎，终于身为太史。虽上下驰骋，终不越《史记》之年。班固《汉书》，止叙西京二百年事耳。其《自叙》也，则远征令尹，起楚文王之世；近录《宾戏》，当汉明帝之朝，包括所及，逾于本书远矣……施于家牒，犹或可通；列

于国史，多见其失者矣。（卷九《序传》）

（十三）盖左丘明、司马迁，君子之史也；吴均、魏收，小人之史也……若司马迁、班叔皮，史之好善者也。（卷十八《杂说下》）

（十四）班氏著志，牴牾者多。在于《五行》，芜累尤甚。（卷十九《汉书·五行志》）

刘知几"历事二主，从宦两京；遍居司籍之曹，久处载言之职"。①寝馈于史学者约三十年之久，所以他所著的《史通》，在史学方面的分量，堪与刘彦和的《文心雕龙》在文学方面的分量并称。将上录材料稍加综合，他将当时史学所承，分为两个系统。一是由左丘明所代表的《左氏传》的编年体，一是由司马迁所代表的《史记》的纪传体；他认为这两个系统，各有短长，不相轩轾。但为求史的完备，他内心是更重视纪传体的，此通过《史通》全书而可见，由前面所录的（三）亦可略窥其端倪。在纪传体中，他主要的要求约有四端：一是断限要严，二是序例要清，②三是是非要出于公正，四是著作须成于私人。三、四两端，对《史记》、《汉书》，刘氏认为皆无大问题，所以对两书

---

① 刘知几《史通》原序。
② 《史通》卷四《序例》："夫史之有例，犹国之有法。国无法，则上下靡定；史无例，则是非莫准。"

的比较、批评，多是就一、二两端来立论的。前面所录的（一），是指《史记》的纪传体，因其"疆宇修阔，年月遐长"，没有断限，发生两种弊病，一为叙述难免夹杂，二为材料难免重复。（二）则认为《汉书》有断限，所以能"言皆精练，事甚该密"。因此，断代史遂为后代所禀承。此一批评的当否，留到后面讨论。（四）论《史记》将世家一体，延至汉代为不识"随时"之义，故《汉书》废除世家，"一律称传"为"事势当然"，此站在体例的统一上，刘氏的说法，是可以成立的。（五）（六）（七）（八）（九）（十）（十一）（十二）（十四），其中除《五行志》牵涉到内容的批评，并另立专篇①驳正外，其余都是站在断限的立场，而认为班氏不应有《古今人表》、《天文志》、《五行志》及《艺文志》的。此一批评，其当否甚关重要，也留到后面去讨论。（十）是对《史》、《汉》论赞的批评，认班氏较马迁为优，这是来自刘氏为当时文体所限，且对马迁的认识不深。由韩、柳的古文运动起而在文学上对《史记》的认识一变；由我的《论〈史记〉》一文出而对马迁的微言大义，可能略有发挥。（十二）是站在断限上论马迁、班氏叙传的得失，祖马迁而抑班氏，此乃出于刘氏之迂拘。（十三）为刘对马迁及班彪作平等的肯定。刘氏推重班彪过于班固。大较而论，刘氏的推重班固，乃由重视

---

① 《史通》卷十九有《五行志错误》及《五行志杂驳》两篇。

断限而来；然创造之功，则他不能不归之马迁。其他所论，虽有得有失，但并不能说他一定是出于偏见。

宋郑樵受刘知几的影响，①但在断限与会通的这一点上，则与刘氏持相反的意见。清人章学诚，特尊郑氏，于是著史贵会通而卑断代，遂成为一时风气。郑氏说：

> 自《春秋》之后，惟《史记》擅制作之规模。不幸班固非其人，遂失会通之旨，司马氏之门户，自此衰矣。班固者浮华之士也，全无学术，专事剽窃。……由其断汉为书，是致周秦不相因，古今成间隔。自高祖至武帝，凡六世之前，尽窃迁书，不以为惭。自昭帝至平帝凡六世，资于贾逵、刘歆，复不以为耻。况又有曹大家终篇，则固之自为书也几希。往往出固之胸中者，《古今人表》耳。他人无此谬也。后世众手修书，道旁筑室，掠人之文，窃钟掩耳，皆固之作俑也……迁之于固，如龙之于猪，奈何诸史弃迁而因固。刘知几之徒，尊班抑马。且善学司马迁者莫如班彪。彪续迁书，自孝武至于后汉，欲令后人之续己，如己之续迁……世世相承，如出一手……其书不可得而见，所可见者，元成二

---

① 郑樵《通志》二十略中之《氏族略》、《都邑略》，固倡议于刘知几；其《昆虫草木略》，即由刘氏所倡之《方物略》而出。故知郑樵实受有《史通》之影响。

帝赞耳，皆于本纪之外，别记所闻，可谓深入太史公之阃奥矣……固为彪之子，既不能保其身，又不能传其业，又不能教其子，为人如此，安在乎言为天下法。(《通志·总序》)

自班固以断代史，无复相因之义。虽有仲尼之圣，亦莫知其损益，会通之道，自此失矣。语其同也，则纪而复纪，一帝而有数纪；传而复传，一人而有数传。天文者千古不易之象，而世世作《天文志》。《洪范五行》者，一家之书，而世世序《五行传》。如此之类，岂胜繁文。语其异也，则前王不列乎后王，后事不接于前事。郡县各为区域，而昧迁革之源。礼乐自为更张，遂成殊俗之政。如此之类，岂胜断绠。曹魏指吴、蜀为寇，北朝指东晋为僭……房玄龄秉史册，故房彦谦擅美名。虞世南预修书，故虞荔、虞寄有嘉传。甚者桀犬吠尧，吠非其主……似此之类，历世有之。伤风败义，莫大乎此。(同上)

迁法既失，固弊日深。自东都至江左，无一人能觉其非。惟梁武帝为此慨然，乃命吴均作《通史》，上自太初，下终齐室，书未成而均卒。隋杨素又奏令陆从典续《史记》，讫于隋，书未成而免官。岂天之靳斯文而不传欤？抑非其人而不佑之欤？(同上)

郑樵志大才疏，于班固极丑诋之能事，略不反省自己所说的有无根据。例如他说班固"掠人之文",却没想到作史一定要掠他人之文的,司马迁是如此,郑氏自著《通志》的纪传部分,也是"即其旧文,从而损益"(《总序》)。因《汉书·古今人表》为一般人所共同诟病,所以他便说"往往出固之胸中者,《古今人表》耳"(同上),班氏"潜精积思二十余年",[①]岂除《古今人表》外,皆无所用心。又责班书启后来作者偏私之弊,"伤风败义,莫大乎此",其言诚似。但郑氏著《通志》,应上承春秋,下迄当世(南宋);乃因"《唐书》、《五代》,皆本朝大臣所修,微臣所不敢议,故纪传迄隋"。(《总序》)史公著书之精神,莫大于褒贬当代,以发现历史之表里,而郑氏则连宋代大臣所修之史亦不敢议,则是作为史学基础的近代史当代史,永无人敢于执笔。此较之于执笔而不免偏私者,又远为卑怯,这还能绍史公的宏业吗?诸如此类,不必多辩,仅就其所谓会通与断限之论,稍作衡量。

历史是在人与事的因果流贯中所形成的,时间没有断限,历史也没有断限;除非某一民族在历史中消失掉。但就学历史的人而言,尤其就写历史的人而言,则在便宜上必分为若干断限。就中国以一个民族为主流,不断地融合其他民族以形成主流扩大的形势而言,在便宜上要分断限,则以朝代的兴亡,为划分断限的标准,乃极

---

① 《后汉书·班固列传》。

自然而合理的事情。因为这不仅意味着统治集团的交替，且势必给文化、社会以巨大影响。《史通》卷二的《二体》篇，以"丘明传《春秋》，子长著《史记》，载笔之体，于斯备矣"。篇中较论二体长短，以编年体便于政治活动的贯通，亦即是便于作通史，但难作社会性及典章制度方面的赅备。纪传体能尽赅备之责，但《史记》无断限，以致"兼其所载，多聚旧记，时采杂言，故使览之者事罕异闻，而语饶重出，此撰录之烦者也"，这是他对《史记》作为通史的批评。其实，史公系以本纪、表、世家、书、列传为骨干，建立一种完整的新体裁、新形式，而将各种材料，加以分解后，融合于此新体裁新形式之中，使历史出现一种新面貌，无所谓"事罕异闻"、"语饶重出"的问题。但在史公以后，应用此体以求该备，则从事著作的人，势必自设断限，乃可尽搜罗编整之能。而以朝代为断限，恰可成为一种客观的共同标准。在政治人事以外的典章制度等，应明其因革损益的情形，所以《汉书》十志，皆具通贯的性质，而不以西汉为断限，此正班氏能深于著史的地方，刘氏有关这方面的批评，皆自暴其浅陋。但刘氏对尔后以纪传体为通史的批评，是完全恰当的。他说：

至梁武帝又敕其群臣，上自太初，下终齐室，撰成《通史》六百二十卷。其书自秦以上，皆以《史记》

为本，而别采他说以广异闻。至两汉以还，则全录当时纪传，而上下通达，臭味相依。而吴、蜀二主，皆入世家，五胡及拓跋氏，列于夷狄传，大抵其体皆如《史记》。其所为异者，唯无表而已。（卷一《六家》）

郑樵仅注意到《梁书》四十九《吴均列传》"使撰《通史》，起三皇，讫齐代，均草本纪、世家，功已毕，唯列传未就"，郑氏便据此以大发感慨。而不知此"未就"乃吴均经手者未就，梁武帝命群臣所共撰者则已就。所以《梁书》卷三《武帝本纪下》"又造《通史》，躬制赞序，凡六百卷"，《隋书·经籍志》所录者尚有四百八十卷。按梁武帝制《通史》的用心，不在史的断限与贯通的问题，而在由三皇以下的统绪以争取南朝在历史中的正统地位。杨素奏令陆从典续《史记》的用心，也是如此，这是政治性的立场，而不是史学性的立场。此点刘、郑两氏皆未能了解。刘氏站在史学的立场对《通史》的批评是"况《通史》以降，芜累尤深。遂使学者宁习本书，而怠窥新录。且撰次无几，而残缺遽多。可谓劳而无功，述者所宜深戒也"。（卷一《六家》）证之事实，《隋志》所录之《通史》四百八十卷，已经残缺；至《唐志》则仅有一百七十卷，后遂湮没无闻。郑樵《通志》二百卷，仅赖其二十略的七十六卷以俱传，自七十七卷以下所抄之纪传，岂复有人过问？深入言之，纪传体之不适宜于通史，除刘氏上面所述，常作无意义的重复外，更须注意到，前人所著的良史，其取材及表现的文字，皆各有用心，各有精意。作通史者随意加以取舍，使其原有之精神面貌，不免为之丧失；此在班固袭《史记》，已在所不免；郑樵、李贽[1]之流，更何足论。若纪传体之通史行，将使史学仅具形式而无精神。且近代史现代史，乃史学得以成立的基础。无近代史无现代史即无史学。作近代史现代史的人，有的以一人一家一地一事为断限。岂特必有纪传体之断代史而始能有编年体之通史，且必须有一人一家一地一事之许多断限史而始能写成一代之断代史。所以断代史乃各种断限史的完整而完成的形式。纪传体代代相续，史史相承，何有所谓"周秦不相因，古今成间隔"的怪论。史公创体，其势不得不起自黄帝，他因材料的限制，即以黄帝为断限。班氏继业，其势不得不承继史公。承继史公而至死尚不能完业，则其势不能不设定断限以期成为首尾完具之书，甚为明显。他袭史公的一部分，以自成一书，如后所述，其意在于尊汉，而并不在标榜断代，甚至也不止于后世之所谓著史。他在《汉书·叙传》的最后说："凡《汉书》，叙帝皇，列官司，建侯王。准天地，统阴阳，阐元极，步三光。分州域，物土疆，穷人理，该万方。纬六经，缀道纲，总百氏，赞篇

---

① 明李贽著有《藏书》、《续藏书》，其体裁盖亦欲以纪传为通史，去取任心，抑扬随意，乃一无可取之书。

章。函雅故，通古今，正文字，惟学林。"他的意思是囊括一代的政治文化，以上通于唐虞三代，故曰"通古今"，岂刘知几立断限的体例所能限，更非郑樵"古今成间隔"之说所能诬。他在政治上以西汉为断限，乃在古今之变中，自然所形成的一个段落。他受命著《光武本纪》及功臣、平林诸传二十八篇，也是《汉书》的延续，但这里所写的不能成为历史的段落，故《东观汉记》，必经多人的继续，虽间及献帝时事，但终未能如《后汉书》之完整，则以其未能达成应有的断限。作史者各有其用心及其能力之所至。纪传体以朝代为断限，乃势所必然。由通断以论《史》、《汉》优劣，与由文字多少而论《史》、《汉》优劣，同属没有意义。

二、班氏父子的家世、思想及其著书的目的

除了上述的班、马体例异同优劣之论以外，尚有不少的人，从史学文学的立场作过这种工作，但率零碎不足道。其中最鄙陋无识者，莫如方苞所持以绳饬班氏之义法。[①] 欲较论班、马的异同优劣，必追及他们作史的动机与目的。欲追及他们作史的动机与目的，必先把握他们的思想。欲

---

① 《方望溪先生全集》卷二有《书〈汉书·礼乐志〉后》，《书〈汉书·霍光传〉后》及《书〈王莽传〉后》三文，皆鄙陋不足观。

把握他们的思想，须究明他们的家世与其时代。史公这方面的问题，我在《论〈史记〉》一文中①已加以论述，此处偏于班氏父子方面的叙述。

《汉书·叙传》，是一篇有点奇怪的文章。《汉书》元、成二帝纪赞，及卷七十三《韦贤传》赞，卷八十四《翟方进传》赞，卷九十八《元后传》赞，虽并出有"司徒掾班彪"之名，以见出自班彪，但《叙传》中盛扬先烈，而无一字及班彪之作史；班彪作史的情形，必待范蔚宗《后汉书》卷四十上《班彪列传》而始明。固叙事以详密称，而《叙传》仅著"时隗嚣据垄（陇）拥众，招辑英俊……嚣问彪曰……"但隗嚣何缘而得问班彪，无从查考。至《后汉书·班彪列传》谓"年二十余，更始败，三辅大乱。时隗嚣拥众天水，彪乃避地从之"，而彪此时之行迹始显。《后汉书》有"彪复辟司徒玉况府"，且曾上言"宜博选名儒有威重明通政事者以为太子太傅"等事，为光武所纳。"后察司徒（孝）廉，为望都长，吏民爱之。建武三十年，年五十二卒官（西纪三至五十四年）"。而《叙传》皆无之，仅谓其"举茂材，为徐令，以病去官，后数应三公之召，仕不为禄。所如不合，学不为人，博而不俗，言不为华，述而不作"；则不仅《汉书》传赞中的"司徒掾班彪"的"司徒掾"之来历不明；且其父的生卒之年亦不具。但

① 见《大陆杂志》五十五卷六期。

在他盛宏先烈的叙述中，使我们可以了解与他们思想形成有关的家庭背景。

据《叙传》，班氏是楚令尹子文之后。"始皇之末，班壹避地于楼烦（颜师古注：楼烦，雁门之县）……当孝惠、高后时以财雄边。四传而至班况。"况女为成帝婕妤，由《汉书》卷九十七下《外戚传》的《班婕妤传》中，可以了解她是一位有文采而又能深自抑制，得免于赵飞燕姊妹之祸的才德兼备的女人。班氏虽以边疆豪富入仕，但至班况已为"左曹越骑校尉"。且因班婕妤的关系，已跻身于外戚之列，而又能免外戚之祸。"况生三子，伯、游、稚"，长子"伯容貌甚丽……拜为中常侍"。郑宽中、张禹在金华殿为成帝讲《尚书》、《论语》，特诏伯得听讲。"数年金华之业绝，出与王、许子弟为群（师古注：王，成帝母家；许，成帝后家），在于绮襦纨绔之间，非其好也"。他又得到王太后的信任，成帝"每朝东宫常从。及有大政，俱使谕指于公卿……卒年三十八"。次子游，"以对策为议郎，迁谏大夫，右曹中郎将，与刘向校秘书……上器其能，赐以秘书之副。"东平思王以叔父之尊，"求《太史公》、诸子书"而不许，所以这是一种殊遇。"游亦早卒"。三子稚，为广平相时，没有顺王莽意旨采上"颂声"，被劾"嫉害圣政，不道"，幸赖太后顾念班婕妤之贤，许其得补延陵园郎，"由是班氏不显莽朝，亦不罹咎。"伯、游、稚，都是班婕妤的兄弟，他们都有"加官"，得随侍皇帝左右。

《叙传》谓"谷永尝言建始、河平之际，许、班之贵，倾动前朝，熏灼四方，赏赐无量，空虚内帑，女宠至极，不可尚矣"。班氏特引谷氏之言，盖深以此为荣幸。游生子名嗣，"贵老严（庄）之术"，因桓谭修儒术而拒不借书给他。稚生子名彪，"幼与从兄嗣，共游学。家有赐书，内足于财。好古之士，自远方至，父党扬子云以下，莫不造门"。所以班氏父子继史公修书，有些观点，受了扬子云的影响。[①] 班彪（叔皮）治学的方向，与其从兄嗣不同，"唯圣人之道，然后尽心焉"。班婕好于班嗣、班彪为姑母，在因更始之亡而关中大乱以前，他们一直是享受着外戚的余荫，可以说，他们和汉室有特殊的关系，也可推测他们对汉室抱有特殊的感情。

王莽亡时（西纪二十三年），班彪年二十。王莽未亡以前的形势，可用卜者王况的话加以概括。"况谓焉（魏成大尹李焉）曰，新室即位以来，民田奴婢不得卖买，数改钱货，征发烦数，军旅骚动，四夷并侵，百姓怨恨，盗贼并起，汉家当复兴。"[②] 由长安的卜者说出"汉家当复兴"，这可反映出当时的社会心理；班彪因家庭关系，此时学业已有成就，对卜者所说的情形，当必更有所感受。

---

① 　见拙著《两汉思想史》卷二《扬雄论究》页五三八至五三九。（编者注：现为页六〇二至六〇三。）
② 　《汉书》卷九十九下《王莽传》。

更始亡时（西纪二十五年），班彪二十二岁。更始亡而关中大乱，彪因"旧室灭以丘墟兮，曾不得乎少留；遂奋袂以北征兮，超绝迹而远游。"[①]他因家毁而投隗嚣，当在二十二三岁的时候。他因隗嚣有纵横之志，"著《王命论》"，当在光武即位于冀州（西纪二十五）之后，但他此时不仅与光武尚未通声气，且因交通断绝，并不知道光武的情形，所以在答隗嚣之问，及《王命论》中，绝未提及光武。《王命论》之作，当在他二十五六岁时，这是他的思想基干。

《王命论》主要是说明"神器有命，不可以智力求"。他认为"盖在高祖，其兴也有五。一曰帝尧之苗裔，二曰体貌多奇异，三曰神武有征应，四曰宽明而仁恕，五曰知人善任使"。五个条件中，班彪实系以前三者为主，因为前三者是天命的证明，后两者可以说是由前三者而来。再又加上"灵瑞符应，又可略闻矣"的刘媪"梦与神遇"，及"白蛇分"、"五星聚"等天命在身的征验，不仅可以证明高祖之得天下，不是凭"智力求"；并以此断定天下必再归于刘氏。他眼见更始之亡，未闻光武之兴，即悬空作此断定，这可以说是把政权固定在刘姓身上而不能转移到他姓的政治思想，这是刘氏家天下的天命论、宿命论。与由贾谊的《过秦论》以来，下逮刘向、杜邺、谷永等等的

---

① 《全后汉文》卷二十三班彪《北征赋》。

奏疏，皆以天命为不可恃，两相比较，是非常突出的。更与西汉诸大儒，皆认定"官天下"应为政权运行的常轨，两相比较，更是政治思想上的大倒退。班彪"唯圣人之道，然后尽心"，在政治的根本问题上，实与圣人之道背道而驰；我推测，这是来自通过外戚关系所保持的对刘氏的感情，及吸收了当时社会心理的反映，而将其天命化、理论化。此一思想，深深印入于他的儿子班固的思想之中，此通过他的《两都赋》、《典引》、《离骚序》而皆可见。《汉书·叙传》自述其著书的目的是：

> 固以为唐虞三代，《诗》、《书》所及，世有典籍。故虽尧舜之盛，必有典谟之篇，然后扬名于后世，冠德于百王，故曰，巍巍乎其有成功，焕乎其有文章也。汉绍尧运，以建帝业，至于六世，史臣乃追述功德，私作本纪，编于百王之末，厕于秦、项之列。太初以后，阙而不录。故探采前记，缀辑所闻，以述《汉书》。起元高祖，终于孝平王莽之诛，十有二世，二百三十年，综

其行事，旁（广）贯五经，上下洽通。为《春秋》，^①考
（成）纪、表、志、传，凡百篇。

由此可知，班氏不满史公将汉代"编于百王之末，厕于秦
项之列"。故特以前汉为起讫，称为"汉书"，以与唐虞三
代之书，争光并美；其意在于尊汉，为汉代之统治者而著
书，绝无标榜断代之意。后人纷纷，皆谬为揣测。史公则
"耕牧河山之阳"，出身于平民。他父亲是以"余先周室之
太史也"，^②为其家世背景，不认为与汉廷有特殊关系。史
公的政治思想，正如拙文《论〈史记〉》中所述，是抱着
"天下为公"的思想，这与班氏父子"天下为汉"的思想，
恰成一显明的对照。史公所面对的是人类整个的历史，汉
代仅为此整个历史中之一阶段，并无亲疏厚薄可言。他著
史的目的，是"述往事，思来者"，是为了人类将来的命
运着想，历史皆在人类命运之前衡定其是非得失，决非在

---

① 此句师古"为《春秋》考纪，谓帝纪也"。王先谦《汉书补注》引"刘
奉世曰……考，成也。言以编年之故，而后成纪、表、志、传，非止
于纪也……齐召南曰……李贤注《后汉书》引《前书·音义》曰，《春秋》
考纪，谓帝纪也。言考核时事，具四时以立言，如《春秋》之经。较
师古注尤明"。按似当以"为《春秋》"为一句。"为《春秋》"者，意
谓如孔子之作《春秋》。省略其言者，盖亦班氏之微言也。《春秋》有
褒贬，《汉书》虽意在尊汉，然未尝无褒贬。考，成也，成纪、表、志、
传凡百篇。

② 皆见《史记·自序》。

汉代统治者之前，衡定其是非得失。只要着眼到史公与班氏父子，在家庭背景、思想，与著书目的上的不同，便应首先发现到流注于《史记》与《汉书》中的精神，会大异其致。这是比较研究工作的大前提。但不应因此而忽视了班氏父子，毕竟是有儒学教养的人；儒家思想，一定会给他们对汉室的感情以制约，而使他们的史识，在许多地方得到升进。因之在汉代范围以内的是非得失，他们与史公依然是站在共同的基础上，大体上可以成为天下之公。若没有这一点，《汉书》的价值便很难肯定。

三、班氏父子对《史记》的批评

《后汉书》卷四十上《班彪列传》仅谓"彪既疾嚣（隗嚣）言，又伤时方艰，乃著《王命论》"，以二三语述其著论的指归，而未录其文。但概略采录了彪的"因斟酌前史（指《史记》）而讥正得失"的言论。由彪对史公的批评，可以窥见他与史公在史学识解上的同异，兹录如下：

> 唐虞三代，《诗》、《书》所及，世有史官，以司典籍。暨于诸侯，国自有史。故孟子曰，楚之《梼杌》，晋之《乘》，鲁之《春秋》，其事一也。定、哀之间，鲁君子左丘明，论集其文，作《左氏传》三十篇；又撰异同，号曰《国语》二十篇；由是《乘》及《梼杌》之事

遂暗，而《左氏》、《国语》独章。又有记录黄帝以来至春秋时帝王公侯卿大夫，号曰《世本》一十五篇。春秋之后，七国并争，秦并诸侯，则有《战国策》三十三篇。汉兴，定天下，太中大夫陆贾，记录时功，作《楚汉春秋》九篇。孝武之世，太史令司马迁，采《左氏》、《国语》，删《世本》、《战国策》，据楚汉列国时事，上自黄帝，下讫获麟，①作本纪世家列传书表，凡百三十篇，而十篇缺焉。迁之所记，从汉元（高祖）至武以绝，则其功也。②至于采经摭传，分散百家之事，甚多疏略，不如其本。务欲以多闻广载为功，论议浅而不笃。其论学术，则崇黄老而薄五经；序货殖，则轻仁义而羞贫贱；道游侠，则贱守节而贵俗功。此其大敝伤道，所以遇极刑之咎也。然善述序事理，辩而不华，质而不野，文质相称，盖良史之材也。诚令迁依五经之法言，同圣人之是非，意亦庶几矣。夫百家之书，犹可法也，若《左氏》、《国语》、《世本》、《战国策》、《楚汉春秋》、《太史公书》，今之所以知古，后之所由观前，圣

---

① 李贤注："武帝泰始二年，登陇首，获白麟，迁作《史记》，绝笔于此年也。"按武帝无泰始年号。冬十月祠五畤获一角兽，因以元狩纪年。《史记·自序》"至于麟止"，正如梁玉绳所谓"取《春秋》绝笔获麟之意"，盖"假设之辞耳"。史公作史，终于太初，而成于天汉；在未死以前，即征和之际，当仍在加笔，决非绝笔于获麟之年。彪误，李注尤误。此种显著谬误，而王先谦《集注》，未曾修正者何也。

② 此句之"则"字，从监本移于"绝"字之下。

人之耳目也。司马迁叙帝王则曰本纪；公侯传国，则曰世家；卿士特起，则曰列传。又进项羽、陈涉而黜淮南、衡山，细意委曲，条例不经。若迁之著作，采获古今，贯穿经传，至广博也。一人之精，文重思烦，故其书刊落不尽，尚有盈辞，多不齐一。若序司马相如，举郡县，著其字；至萧、曹、陈平之属，及董仲舒并时之人，不记其字，或县而不郡者，盖不暇也。今此后篇，慎核其事，整齐其文，不为世家，唯纪传而已。传曰，杀史见极，平易正直，《春秋》之义也。[①]

按史公作史，实以继承《春秋》的"贬天子，退诸侯，讨大夫"自任，《自序》中乃以《春秋》统贯六经。班彪的重点则在左丘明之传，亦即在史之自身，而未尝重视在史的后面的意义；这由他的刘氏家天下的宿命论，是不难理解的。《史记·自序》，他当然看过，也当然会看得懂。"崇黄老而薄五经"，系指司马迁之父司马谈的《论六家要指》而言。至司马迁本人，则既未尝菲薄黄老，但尤推崇六艺，以六艺为考信的准绳，以《春秋》为著作的导引，这在《史记·自序》与全书中，没有一点含糊的。但班氏内心，既深不以史公援《春秋》贬天子之义为然，则对《史记·自序》中所述著书之动机、目的，与其所遵循的轨范，

---

① 此二语之意义不明。

皆持否定的态度。但史公所张出的六艺之帜，特别是《春秋》之帜，是不能否定的，于是姑以其父司马谈的思想，栽在史公身上，借以贬低其学术上的地位，因而否定其"贬天子"的意义，借此以维系汉家皇室的用心，是可以想见的。所以《汉书》用《史记·自序》以为《司马迁传》时，干脆把"贬天子"三字删掉。同为五经，在立五经博士以前及立五经博士以后，精神面貌，为之一变。在未立五经博士以前的五经的精神，广博而生动；在立五经博士以后，五经之出于博士者，其精神自然狭隘而拘滞。未立五经博士以前，习五经者"耕且读，三年而通一艺"，[①]他们多立足于社会。立五经博士以后，因"广励学官之路"，而习五经者皆托身于朝廷。史公所习者盖立五经博士以前之六艺，故能深入于社会生活之中，而可写出《货殖列传》；且认定是非不应仅操之于朝廷，故可写出《游侠列传》，而不认为与六艺有所矛盾。班氏所习者乃立五经博士以后之五经，故不知不觉地，将习五经者之生活，游离于社会之上，以货殖与五经之教不相容，故特加以贬抑。并以游侠为盗窃朝廷赏罚之权，抹煞士人在社会上之悲惨遭遇，不深原史公立传立言之意，遂妄责其"轻仁义而羞贫贱"，"贱守节而贵俗功"；并谓"此其大敝伤道，所以遇极刑之咎"；对史公所遇极刑，认为理所当然，略无同

---

① 《汉书·艺文志·六艺略》序。

情之意，此乃立足于人类，与立足于一家一姓的思想上的冲突，遂影响其对史学乃至整个文化识解之高下。但班氏不了解或不承认史学乃圣人为探索人类运命，挽救人类运命的重要手段，依然承认史学为"圣人之耳目"，承认史公有"良史"之才，在否定其作史精神中，仍不得不承认其作史的业绩。故他仍续"前史"而为"后篇"。史公面对春秋战国之形势，不能不有世家。班氏面对汉代的形势，并不能不去世家。至《史记》中尚有"刊落不尽"之"盈辞"，乃来自"一人之精，文重思烦"，"盖不暇也"，这是深知甘苦之言，平情之论。他仅及纪传，而未及书表，未足以尽《史记》的规模，故班固所承《史记》的规模，实艰难之业。而他（班彪）自称他所续的史传是"慎核其事，整齐其文"，眼光虽狭，而下笔谨严，其不足者在思想而不在品格，所以范蔚宗推为"通儒上才，倾侧危乱之间，行不逾方，言不失正，仕不急进，贞不违人，敷文华以纬国，典守贱薄，而无闷容……何其守道恬淡之笃也"，[①]范氏此处是从人的品格上，推许班彪于班固之上，因为他认为"彪识皇命，固迷世纷"[②]的原故。

　　班固节取其父论史公之文，以为《汉书·司马迁传》赞，但亦有与其父不相同之见解。兹录如下，以便比较两

---

①　《后汉书》卷四十上《班彪列传论》。
②　同上传赞。

人对史公识解之深浅，亦即对史学识解的深浅。

　　赞曰，自古书契之作而有史官，其载籍博矣。至孔氏纂之，上继（断）唐尧，下讫秦穆。唐虞以前，虽有遗文，其语不经，未言黄帝、颛顼之事，未可明也（按此为严守《尚书》之断限，不以史公述黄帝、颛顼为然）。及孔子因鲁史记而作《春秋》，而左丘明论辑其本事以为之传（按此处对班彪原文删改，使孔子之《春秋》与《左氏传》之关系，更为明白）。又纂异同为《国语》。又有《世本》，录黄帝以来至春秋时帝王公侯卿大夫祖世所出。春秋之后，七国并争，秦兼诸侯，有《战国策》。汉兴伐秦定天下，有《楚汉春秋》（按以上所删字句，不及原文之详密）。故司马迁据《左氏》、《国语》，采《世本》、《战国策》，述《楚汉春秋》，接其后事，迄于大汉（天汉），[①]其言秦汉详矣。至于采经摭传，分散数家之事，甚多疏略，或有抵捂（迕），亦其涉猎者广博，贯穿经传，驰骋古今，上下数千年间，斯以勤矣（按此段文字之增删，较其父对史公更有了解），又其是非颇谬于圣人，论大道（按以"大道"易原文

---

① 杨树达《汉书窥管》："树达按，大汉无义，当作天汉。天汉，武帝年号。司马贞《索隐序》云，太史公记事，上始轩辕，下讫天汉。并本此文为说。是唐人所见《汉书》并不误。裴骃《史记集解序》引此文作天汉，尤其明证矣。"

之"学术"，较有分际），则先黄、老而后六经；序游侠，则退处士而进奸雄（按此处以"奸雄"易"俗功"，知固较其父恶游侠更甚）；述货殖，则崇势利而羞贫贱（按此句文字之修正，较彪文为有分际）；此其所蔽也（按此较彪之"此其大敝伤道，所以遇极刑之咎也"之责难，减轻甚多）。然自刘向、扬雄，博极群书，皆称迁有良史之才，服其善序事理，辨而不华，质而不俚，其文直，其事核，不虚美，不隐恶，故谓之实录（按此段称美迁之成就，其分量远过于彪文）。呜呼，以迁之博物洽闻，而不能以知自全；既陷极刑，幽而发愤，书（师古：言其《报任安书》）亦信矣。迹其所以自伤悼，《小雅·巷伯》之伦。夫唯大雅"既明且哲，能保其身"，难矣哉（按此段对史公之深厚同情，完全为彪文所无）。

两相比较，班固实以自己之观点，略采其父之文，则其不出"司徒掾彪曰"，亦自有故。由此可见班固用力之深，或且在其父班彪之上，未可轻加抹煞。

除思想上的问题外，还有班固所受政治上的压力，也不能不加以考虑。明帝已特别注意到史的重大作用，固因"有人上书显宗，责固私改作国史"，"诏下郡国收固"，若非班超的驰诣阙上书援救，他是否会在此时即死于狱中，很难断定。又班氏在《典引》中具述明帝以《史记·始皇帝本纪》赞所用贾谊《过秦论》为非。又谓史迁"以身陷刑戮之故，反微文刺讥，贬损当世，非谊士也"，这无异是对班固的一种暗示。所以班氏作史，精神上所受政治的压力是相当大的。我怀疑他把帝纪改为简单的编年，可能与此有关。而他与史公的异同，可能也应把此一因素加在里面。

四、《汉书》之成立历程

了解《汉书》成立的历程，为了解《汉书》在史学史上的分量的第一步。《后汉书》卷四十上：

> 彪既才高而好述作，遂专心史籍之间。武帝时，司马迁著《史记》，自太初以后，阙而不录。后好事者颇或缀集时事，然多鄙俗，不足以踵继其书。彪乃继承采前史遗事，傍贯异闻，作后传数十篇。

《史通·正史》篇"《史记》所书，年止汉武；其后刘向、向子歆，及诸好事者若冯商、卫衡、扬雄、史岑、梁审、肆仁、晋冯、段肃、金丹、冯衍、韦融、萧奋、刘恂等，相次撰续，迄于哀平间，犹名《史记》。至建武中，司徒掾班彪，作后传六十五篇"。按《汉书》武帝以前，取之《史记》，则《史记》入汉以后之所记，亦可视为《汉书》得以成立之第一历程。刘向等十五人所作，仍为班氏父子所资。刘向《新序》原三十卷，今存十卷；其第十卷皆述汉事，其中有引自《史记》的，有补《史记》所缺的。如"孝武皇帝时，大行王恢数言击匈奴"条，较《史记》为详备，班固即取其中王恢的议论以入《韩安国传》，即其一例。而根据《汉书》七十六《赵尹韩张两王传》赞，则刘向、冯商、扬雄们确曾继《史记》而作传，是毫无可疑的。此中尚漏列褚少孙。褚少孙除为史公补缺四篇外，亦有续史公之作，如《外戚世家》后及《滑稽列传》后之"褚先生曰"者皆是。凡在班彪以前所补所作的，皆可视为《汉书》得以成立的第二历程。班彪所续六十五篇，乃以一人为单位之篇，与《汉书》合数人为一篇者不同，此可视为《汉书》得以成立之第三历程。《后汉书》卷四十上《班彪列传》：

固字孟坚（生于建武八年，西纪三十二年；死于永元四年，西纪九十二年）。年九岁，能属文，诵诗。及长，遂博贯载籍，九流百家之言，无不穷究。所学无常师，不为章句，举大义而已。性宽和容众，不以才能高人，诸儒以此慕之。

父彪卒，归乡里。固以彪所续前史未详，乃潜精研思，欲就其业。既而有人上书显宗（明帝），告固私改作国史者，有诏下郡收固，系京兆狱，尽取其家书。先是扶风人苏朗，伪言图谶事，下狱死。固弟超，恐固为郡所核考，不能自明，乃驰诣阙上书，得召见，具言固所著述意，而郡亦上其书，显宗甚奇之，召诣校书部，除兰台令史（《汉官仪》：秩百石），与前睢阳令陈宗，长陵令尹敏，司隶从事孟异（冀），共成《世祖本纪》。迁为郎，典校秘书。固又撰功臣平林新市公孙述事，作列传载记二十八篇，奏之。帝乃复使终成前所著书……固自永平中始受诏，潜精积思，二十余年，至建初中乃成。当世甚重其书，学者莫不讽诵焉。

按彪死于建武三十年，固应为二十二岁。入明帝之永平元年（西五十八年），应为二十六岁。《史记》有纪、传、表、书、世家五种体裁，班彪并世家为传，尚有四种体裁。彪所续者仅传六十五篇，表、书皆缺，而应有之传亦不仅六十五篇，故固以为"未详"。因有人上书入狱，不知何年，但从"郡亦上其书"的话看，是他已写成了一部分。以意推之，固出狱至除兰台令史与陈宗等共修《世祖本纪》，"迁为郎"，当在永平二、三年间，时固年二十八岁左右。因他奏进"所作列传二十八篇"，"乃复使终成前所著书"，推定这是永平五、六年间的事情，时固年三十二、三岁。永平共有十八年（西纪五十八至七十五年）。如上面的推定可以成立，则他在受命明帝后，尚有十二、三年间，从事自己的著作。加上归扶风后的三四年，再加上章帝的建初共有八年（西纪七十六至八十三年），始写成全书初稿，这是《汉书》得以成立之第四历程，这是决定性的历程。所以范蔚宗说他"潜精积思，二十余年，至建初中乃成"。章帝在建初八年后，尚有元和三年（西纪八十四至八十六年），章和二年（西纪八十七至八十八年），皆固迁为郎之年，亦应即皆固继续从事著作之年。但建初四年（西纪七十九年）冬十一月会诸儒于白虎观，议五经异同，"作《白虎通德论》，令固撰集其事"。又"肃宗（章帝）雅好文章，固愈得幸，数入读书禁中，或连日继夜。每行巡狩，辄献上赋颂。朝廷有大议，使难问公卿，辩论于前"，再加上他作《两都赋》、《典引》等，都要花费相当的时间。但约略计算起来，他专心写成《汉书》的初稿，共费了"二十余年"，是没有错的。这一点所以值得叮咛提出，因为对《汉书》的评价是重要的。由此可知郑樵谓"往往出固之胸中者《古今人表》耳"之妄。

和帝永元元年（西纪八十九年），窦宪出征匈奴，以固为中护军，行中郎将事，固作《封燕然山铭颂》。永元四年（西纪九十二年），窦宪伏诛，固坐免官。因"诸子多不遵法度，吏人苦之。"固奴又曾辱骂洛阳令。洛阳令因窦宪败，捕固下狱，竟死狱中，时年六十一岁。所以在和帝永元的四年间，固未能从事著作。《后汉书》卷八十四《列女传》：

扶风曹世叔妻者，同郡班彪之女也，名昭……博学高才。世叔早卒，有节行法度。兄固著《汉书》，其八表及《天文志》，未及竟而卒。和帝诏昭就东观藏书阁，踵而成之……时《汉书》初出，多未能通者。同郡马融伏于阁下，从昭受读。后又诏融兄（按当为弟）续继昭成之。

八表及《天文志》，班固当已着手，特有待补苴，故须班昭、马续的踵成，这是《汉书》得有今日面貌的第五历程。由《汉书》成书的历程，可以了解著史的艰难，及《汉书》内容的结实。

五、《史》、《汉》比较之一——纪

体例上，除班彪去世家外，《汉书》可谓一承《史记》的规模，[①] 无可比较。内容上，则凡"接其后事"的，亦无可比较。兹仅从纪、表、志、传，袭用《史记》的部分着手。

班氏著书，意在尊汉，则首须尊刘邦。但《史记》的《高祖本纪》，既尽量采录刘邦的长处，而将其短处，以微言方式，散见于他传，且流布已久，班氏无从改写，只

---

① 《史通》卷一《六家》："寻其（《汉书》）创造，皆准子长。但不为世家，改书曰志而已。"

好在相关材料的编排取舍上，着实加了一番用心。班氏把《史记》八千字左右的《项羽本纪》省为六千四百余字，以为《项羽传》，省去的部分，多有政治深意。项梁由范增之策，立楚怀王孙心为怀王后，即对项羽加以防嫌，为项羽使英布杀怀王的张本。所以此事本无是非可论的。但刘邦既假"为义帝发丧"之名以攻项羽，则对怀王防嫌项羽的情形，应尽可能地以掩覆。所以《项羽本纪》中"楚兵已破于定陶，怀王恐，从盱台之彭城，并项羽、吕臣军自将之"一段文字，班氏将其完全省去。项羽、刘邦鸿门之会，刘邦的死生，全系于项羽之一念；而项羽之一念，受影响于当时参与人物的心态与各个动作，此真历史发展中最紧张最微妙的一天，所以史公作了集中的详细描述。班氏为了减低项羽的声势，除在《项羽传》中删去《项羽本纪》中若干突出的文字及委曲的情形外，将此段材料，简单节入《樊哙传》中，将"项王即日因留沛公与饮"的座次一段，完全删掉。因为在这一座次中，以"项王、项伯东向坐"为最尊，"亚父南向坐"次之；"沛公北向坐"，乃屈居人臣北面之位，在班氏看来，这是很不光彩的，所以非加以隐瞒不可。垓下之战，虽从全般战略上看，项羽已在大包围圈中，有必败之势，但决胜的前夕，依然是"汉王败固陵"。这说明刘邦临阵指挥的能力是有限的。垓下决战的胜利，主要是靠"多多益善"的韩信。《史记·高祖本纪》的记载是"五年，高祖（应作"汉王"）与诸侯兵共击楚军，与项羽决胜垓下。淮阴侯将三十万自当之，孔将军居左，费将军居右，皇帝（汉王）在后，绛侯柴将军在皇帝（汉王）后。项羽之卒约可十万。淮阴先合，不利，却，孔将军、费将军纵，楚兵不利；淮阴侯复乘之，大败垓下"。按项羽用兵的个性及在敌众我寡的形势下，他采用的是中央突破战术。韩信估计到这一点，不仅在正面部署了三重兵力，使项羽的突破不易奏功；并应用诱敌入彀的方法，一举而收包围歼灭的效果。"淮阴先合，不利，却"，他把直接指挥的部队，首先出动合战，使项羽知道了这是敌方主力的出动，便大胆地向他突击。他的"不利，却"，是有计划的"不利，却"，不是真正的"不利，却"；他既退却，项羽的军队必乘势突进；但他退却到预定的位置，又能立稳阵势，不再退却；而项羽军的左右两侧，暴露在孔、费两将军部队之下，陷入了三面包围之中，所以孔、费两将军此时才纵兵出击，韩信再由正面反攻，楚军遂受到歼灭性的打击。韩信的部署，固然是世界战史中可称为典型的包围歼灭战的部署；但项羽也是不世出的名将，岂能容易陷入包围圈套之中；所以韩信不能不使出先攻伪败，以诱敌进入圈套的险着。其关键全在由伪败的退却中，依然能再站住阵脚以阻敌前进，这非有极大的指挥能力与极高的威望，是做不到的。韩信在伐赵的井陉之战中，借"背水"之势，也显出了这种本领。我们只要想到赤壁、淝水这类的战役，前军一经动摇，大军即随之崩溃的情形，便可以了解这是战场上的险着。垓下决战的胜利，完全是靠韩信这种伟大军事家的部署及指挥之力。但班固觉得这样的实录，更增加了韩信在刘邦事业中的有决定性的地位；而韩的被掳被诛，更足以显出汉家的不德，所以便在《高帝纪》中，完全删去。

《史记·高祖本纪》末在"群臣皆曰，高祖（《汉书》将高祖改为'帝'，较合理）起微细，拨乱世反之正，平定天下，为汉太祖，功最高，上尊号为高皇帝"后，有下面一段：

> 太子袭号为皇帝，孝惠帝也。令郡国诸侯各立高祖庙，以岁时祠。及孝惠五年，思高祖之悲乐沛，以沛宫为高祖原庙。高祖所教歌儿百二十人，皆令为吹乐。后有缺，辄补之。高帝八男（历叙八男）……次燕王建。

共一百四十字，班《纪》皆删去。按史公未立惠帝本纪，太子袭号为皇帝，"孝惠帝也"一语为不可无。班氏立有《惠帝纪》，故此语可略。"高帝八男"中，《史记》仅为齐悼惠王肥立世家，为淮南王长立传，则此总叙高帝八男，有其必要。《汉书》有《高五王传》，以"高皇帝八男"一段为传首，又"淮南厉王长自有传"，则加上惠帝、文帝，八男皆有着落，故在帝纪中"高帝八男"一段可删。"令郡国诸侯各立高祖庙……高祖所教歌儿……"一段共

五十四字，史公叙在此处，乃与前面"十二年十月，高祖
已击布（黥布）军会甄……高祖还过沛，留置酒沛宫"一
大段相呼应。高祖在沛教歌儿百二十人，史公以为在礼乐
的基本观点上不足述，但可以表现刘邦的个性，故有此呼
应之笔。站在文章的立场看，有此一叙述，则结构完整而
又富有风致。班氏则将此段移于《礼乐志》中，并将字句
加以简化；因为他以此为汉代礼乐的一部分，便采用了各
归其类的方法。由此可知两氏对文字安排的异同，皆苦心
经营，不是苟且随意的。在这种地方，不应以优劣论。

《史记·高祖本纪》赞："太史公曰，夏之政忠，忠之
敝，小人以野，故殷人承之以敬。敬之敝，小人以鬼，故
周人承之以文。文之敝，小人以僿，故救僿莫若以忠。三
王之道，若循环，终而复始。周秦之间，可谓文敝矣。秦
政不改，反酷刑法，岂不谬乎。故汉兴，承敝易变，使人
（民）不倦，得天统矣。"史公此文，用邹衍文质相救之
说，① 而其真正用意乃在"秦政不改，反酷刑法，岂不谬乎"
三语。"汉兴承敝易变，使民不倦"，《史记正义》谓史公
"引《礼》文② 为此赞者，美高祖能变易秦敝，使百姓安

---

① 　见《汉书》六十四下《严安传》。
② 　《礼记·表记》有"子曰，夏道尊命事鬼……殷人尊神率民以事神……
周人尊礼尚施事鬼……"一段；又有"子曰，虞夏之质，殷周之文，至
矣……"数语，与邹衍之言相似而实不同，邹衍或由此演变而出。邹氏
之说，至唐已晦，故《正义》以为史公系引《礼》文。

宁"。但萧何律令，一承秦刑法之酷，班氏因此而作有《刑法志》；所以史公此处的话，乃是以微言作讽刺，班氏是会了解的。质言之，史公对刘邦，实一无赞颂，所以史公此处所表现的思想，即反秦反法的思想，为当时儒者的共同思想，班氏亦不曾例外。但他要尊汉，便更要尊汉的一世祖刘邦，于是他仅保留史公的"得天统矣"一句，此外便完全割弃，重新着笔。而"天统"的内容，史公与班氏绝不相同，这是很容易明了的。

《汉书·高帝纪》在"上尊号曰高皇帝"后，添写了这样的一段："初高祖不修文学，而性明达。好谋能听。自监门戍卒，见之如旧。初顺民心，作三章之约（按此乃临时性的）。天下既定，命萧何次律令，韩信申军法，张苍定章程，叔孙通制礼仪，陆贾造《新语》。又与功臣剖符作誓，丹书铁契，金匮石室，藏之宗庙。虽日不暇给，规模弘远矣。"这一段是从好的方面将刘邦的一生，加以总结，应当即是《高帝纪》的赞。但班氏以此为未足，更写了附会《春秋左氏传》，以证明"汉承尧运，德祚已盛；断蛇著符，旗帜上赤，协于火德，自然之应，得天统矣"的共二百三十五字的"赞曰"，这样便觉得汉德可以与二帝三王比隆了。按《后汉书》二十七《杜林列传》："明年（建武七年）大议郊祀制，多以为周郊后稷，汉当祀尧。诏复下公卿议，议者金同，帝（光武）亦然之。林（杜林）独以为周室之兴，祚由后稷。汉业特起，功不缘尧。祖宗故事，所宜因循。定从林议。"汉家尧后"之说，始见于昭帝元凤三年《眭弘传》。眭弘之为此言，重在汉"有传国之运"，主张应"求索贤人，禅（禅）以帝位"，眭弘卒以此伏诛。[1] 后来刘向父子，站在宗室的立场，加以宣扬；贾逵为争《左氏》立官，亦加以利用。汉室若果信此说，则对尧应特有表彰。由杜林之言，则汉室亦未尝信其为真实，而班氏遽以此书之史册，这是承其父《王命论》的余绪，特出于尊汉之心的。

史公不为惠帝立本纪，因为他即位后不久，吕后"断戚夫人手足，去眼煇耳，饮瘖药，使居厕中，命曰人彘"，并还要惠帝去看，"乃大哭，因病，岁余不能起，使人请太后曰，此非人所为。臣为太后子，终不能治天下"。惠帝挂名帝号，七年死后，"太子即位为帝，谒高庙。元年，号令一出太后，太后称制"。四年"帝废位，太后幽杀之"，更"立常山王义为帝"，"不称元年者，以太后制天下事也"。所以史公只立《吕后本纪》。而在《吕后本纪》中，主要叙述吕后的凶暴行为，及刘、吕的斗争；对于这一共十五年的政治设施，除简略地叙述了"城长安"一事以外，几无所论及。"太史公曰，孝惠皇帝、高后之时，黎民得离战争之苦，君臣俱欲休息乎无为，故惠帝垂拱，高后女主称制，政不出房户，天下晏然，刑罚罕用，罪人是

① 见《汉书》七十五《眭弘传》。

希，民务稼穑，衣食滋殖。"这是对朝廷无政治而天下依然安定的一种解释。盖在史公心目中，此一阶段，实无政治可言。

班氏采《史记·外戚世家》写得很沉痛深刻的叙论以作《汉书·外戚传》的叙论，是他对汉初外戚之祸的看法，与史公相同。他为惠帝、高后各立纪，将吕后的恶德录入《外戚传》中，于是吕后一人，既有纪而又有传。对戚夫人之死，增加了"令永巷囚戚夫人……戚夫人舂且歌曰……"的一段材料，使此事的经过，更为完备，可知他并不想为吕后隐瞒什么。他之所以在两纪中改用提纲挈领的编年体，不惜将惠帝及吕后个人的行为架空，并以此成为他自己所编帝纪的成法；但不愿放过吕后，所以又在《外戚传》中重出。大概他认为由此而可保持帝统的面子，以符合尊汉的用心，且借此可以减少他在帝纪叙述中所冒的危险。他在《惠帝纪》赞中称惠帝"可谓宽仁之主。遭吕太后亏损至德，悲夫"，由惠帝的居心以承认他存在的意义，可谓平允。而《高后纪》即用史公之赞以为赞，盖不以此段天下安定之功与吕氏，和史公之用心是相同的。

班氏在惠、吕两纪中，补录了若干有意义的政治设施。如惠帝即位，重吏禄的诏。四年举民孝弟力田者复其身；除挟书律。《高后纪》元年，除三族罪，妖言令，初置孝弟力田，二千石者一人（言令各举一人）等，足以补《史记》之缺，这是较《史记》为完备的地方。

对文帝的观点，班氏与史公相同，所以《汉书·文帝纪》的赞，虽然没有用《史记·孝文本纪》"太史公曰"的赞，但即截取《本纪》在"后七年六月己亥帝崩于未央宫"前面一段总结性的叙述，以作帝纪的赞，仅在后面加"断狱数百，几至刑措，呜呼仁哉"三句作结。但这依然是来自"太史公曰"收尾的"呜呼，岂不仁哉"的。不过《汉书》的《文帝纪》，虽然大部分袭用《史记》，但依然加了一番增删移易的工夫。并且我怀疑《史记》的《文帝本纪》，可能也有残缺，计有四年、五年、七年、八年、九年、十年、十一年、十二年，及后三年、四年、五年，共十一年，皆缺而不书，亦未如《吕后本纪》书明"三年无事"。这是有点奇怪的。虽然《汉书·文帝纪》，在这几年中，除十二年有较详记录外，余亦皆非常简略，例如九年仅"春大旱"三字，可视为因为当时太平无事，史公乃援《春秋》常事不书"之例，特别略过，究竟未免略得太多了。《史记》文帝元年"人或说右丞相（勃）曰，君本诛诸吕，迎代王，今又矜其功，受上赏，处尊位，祸且及身。右丞相勃乃谢病免罢"，《汉书》移置《周勃传》。六年，《史记》以一百三十一字记淮南王长以谋反迁蜀道死事，《汉书》则仅书"十一月淮南王长谋反废迁蜀严，道死雍"十六字。此外则移置到《淮南传》。其他尚有《史记》详而《汉书》略的，但他作了"语在《郊祀志》"，"语在《刑法志》"，"语在《晁错传》"的交代。有未作此交代而亦系移到他处的，如元年十二月"上曰，法者治之正也"一段议论，移到《刑法志》。凡此，可以看出他删改《史记》本纪的体裁，以就他所创立的帝纪体裁的实例。但有两点值得特别提出的。一是史公对于除引起当时政治措施的灾异外，皆不加纪录，而《汉书》自《惠帝纪》起，对灾异无不加以补录；这是受了董仲舒、刘向们思想影响的关系。其次，记匈奴之事，《史记》详而《汉书》略，这说明匈奴问题在政治上的比重，在史公时代远较班氏时代为重。诏令方面，《汉书》较《史记》有所补充，这是来自著书的着眼点稍有不同，应以《汉书》为优。在字句的增减上，《汉书》后出，应当因有所凭借而更密，但事实上并非如此。元年正月，《史记》"有司皆固请曰，古者殷周有国，治安皆千余岁"，《汉书》易"皆千余岁"为"皆且千岁"，当然以《汉书》之义为长。《史记》"三月，有司请立皇后，薄太后曰，诸侯皆同姓。立太子母为皇后。皇后姓窦氏"。顾炎武谓："文帝前后死，窦氏妾也。诸侯皆同姓，无甥舅之国可娶，故援母以子贵之义，立窦氏为后。开景帝、武帝立贱者为后之端，故史公记之如此。"《汉书》则简化为"皇太后曰，立太子母窦氏为皇后"，而其中的委曲情形不可复见。《史记》"上从代来，初即位，施德惠天下，填抚诸侯，四夷皆洽欢，乃循从代来功臣"，《汉书》既去"上从代来初即位"一语，又将"乃循从代来功臣"一语，简为"乃循代来功臣"，意义因之不明。

《汉书》常有意义不明，而后人曲为之解之句，皆由求简太过而来。十四年，《史记》文帝欲自将击匈奴，因"皇太后固要帝，帝乃止。于是以东阳侯张相如为大将军，成侯赤为内史（《正义》：赤音赫），栾布为将军"。《汉书》将"成侯赤为内史"，改为"建成侯董赫内史、栾布皆为将军"；董赫本封成侯而非建成侯，其误一。据《公卿表》，董赫此年为内史而未为将军。《汉书》则以为由内史而与栾布同时调为将军，故用一"皆"字，其误二。盖班氏不了解当时形势，匈奴一入边，京畿即为之震动，故文帝以成侯赫为内史，乃所以加强京畿之拱卫，与命将为同时，且亦为同一目的，致有此误。两书相较，类此者尚多。至于记后元年，《史记》"其岁，新垣平事觉，夷三族"，《汉书》"冬十月，新垣平诈觉谋反，夷三族"。将"其岁"改为"冬十月"，这在时间上较《史记》为密。《史记》称"其事觉"，不言"诈"而"诈"自见。《汉书》易为"诈觉"，此种异同无关宏旨。惟《汉书》添"谋反"两字，新垣平一介江湖术士，如何有谋反的可能？文帝以自己受骗，故"夷三族"以泄愤；班氏则轻轻加上"谋反"两字，以见夷三族为理所当然。这种随意捏造罪名的记载，有伤历史的良心，此乃出于班氏尊汉之心太过。

我在《论〈史记〉》一文中指出《孝景本纪》虽因逢武帝之怒而被破弃，现《本纪》乃迁后不知何人所补，但开始一段及赞的"太史公曰"，补者仍存史公之旧。《史记》开始的一段是"孝景皇帝者，孝文之中子也。母窦太后。孝文在代时，前后有三男。及窦太后得幸，前后死，及三子更死，故孝景得立"。在史公这段叙述中，实以"立嫡立长"的传统观念为背景，以见孝景之所以得立，实经过了一段曲折的情形；窦得幸而前后死，三子亦更死，其中是否含有宫闱惨剧在里面，史公未曾明言，后人自亦不必臆测；但这种叙述，对于景帝的尊严，多少有点损害。所以《汉书·景帝纪》便简化为"孝景皇帝，文帝太子也，母曰窦皇后"，这便把史公所叙的曲折一下子掩覆过去了。《史记》称"母窦太后"，既是景帝之母，当然应称太后。《汉书》"母曰窦皇后"，"皇后"是站在文帝立场的称呼；既曰"母"，则已站在景帝的立场，如何可以称"皇后"。一字之差，两人文字的疏密立见；此例极多。

《史记·孝景本纪》的全文不可见，但由保存下来的赞，与《汉书·景帝纪》的赞，两相比较，史公与班氏两人对景帝的观点，并不相同；但班氏下笔是相当有技巧的。兹分录于下：

> 太史公曰，汉兴，孝文施大德，天下怀安。至孝景，不复忧异姓。而晁错刻削诸侯，遂使七国俱起，合从西乡（向）。以诸侯太盛，而错为之不以渐也。及主父偃言之，而诸侯以弱，卒以安，安危之机，岂不以谋哉。

史公首先承认景帝时代是社会比较太平安定的时代，但他把功劳归之文帝而不愿归之景帝。其次，他以七国之变，为景帝时代政治上的大事。晁错为之不以渐，未能善其谋，责晁错，实以责景帝。《汉书·景帝纪》赞：

赞曰，孔子称斯民三代之所以直道而行也，信哉。周秦之敝，罔密文峻，而奸轨不胜。汉兴，扫除烦苛，与民休息。至于孝文，加之以恭俭。孝景遵业。五六十载之间，至于移风易俗，黎民醇厚。周云成康，汉言文景，美哉。

班氏对景帝的称颂，也止用"遵业"两字，则他仍未跳出史公所作批评的范围。但他不提七国之变，即是不打景帝的痛脚，而转一个弯，把汉的文、景，比之周的成、康，这便把景帝的地位提得很高了。

《史记》的《今上本纪》①虽不存，但把《平准书》、《封禅书》、《魏其武安侯列传》、《卫将军骠骑列传》、《酷吏列传》等综合起来，汉武的人格智慧、文德武功的真面目，可以说，都已经勾划出来了。宣帝因其祖父戾太子的叛变，而已降为平民，赖霍光弄权专制的野心，得以跻身九五。于是他认为自己是由戾太子以上承武帝，极力加以

---

① 现《史记·孝武本纪》的名称，依《自序》，应称《今上本纪》。

推尊，以填补内心的虚弱。即位之初，即诏丞相御史，称颂武帝功德，欲为他立庙乐。长信少府夏侯胜当庭数武帝罪过，"亡德泽于民，不宜为立庙乐"，"诏书不可用"，胜因此下狱。[①] 然胜之言，乃当时对武帝的公论。贡禹在元帝初的奏议，更明白指出武帝乃汉室由盛转衰的关键。[②] 这些义正辞严的议论，既皆为班氏所录，在《酷吏传》中，他亦未为武帝加隐瞒，武帝的罪过，他岂有不知之理。但他居然以夏侯胜认为"不可用"的诏书，为《武帝纪》赞的底本，而更加以夸饰，谓"汉承百王之弊，高祖拨乱反正，文景务在养民；至于稽古礼文之事，犹多缺焉。"于是把武帝所演的"假戏"，通过班氏的口而"真唱"出来，认为"后嗣得遵洪业，而有三代之风"。最后仅用"如武帝之雄才大略，不改文景之恭俭，以济斯民，虽《诗》、《书》所称，何有加焉"的委曲之笔，略示美中的不足，实际则是把武帝的地位，推在文、景之上，遂造成后人对武帝的错误印象。在雄才大略上，将汉武与"秦皇"并称，这不仅是由尊汉太过，以致泯没了历史的真实，且对儒家政治是为了人民，统治者的功罪，应由人民的遭遇来决定的大传统，班氏父子在这种地方，似乎没有深切地把握到。《武纪》以下，无可比较，但可由此类推。

---

① 见《汉书》七十五《夏侯胜传》。
② 见《汉书》七十二《贡禹传》。

六、《史》、《汉》比较之二——表

《史记》有十表,《汉书》有八表。《史记》中《秦楚之际月表》以前的一《世表》、两《年表》及《秦楚之际月表》,因与汉无关,故皆为《汉书》所无。其他各表的异同及有无,是值得作比较研究的。《汉书》之《异姓诸侯王表》,起自"西楚霸王项籍始为天下主,命立十八王",以此为"汉元年";此实截取《史记·秦楚之际月表》"义帝元年"以后之表,下接《史记·汉兴以来诸侯王年表》中之异姓王表。《史记》合异姓同姓诸侯王为一表,下讫武帝太初四年(太初仅四年);即史公著书大体断限之年。[①]班氏分同姓另为《诸侯王表》,而异姓诸侯王,"讫于孝文,异姓尽矣",[②]所以此表即讫于文帝之世。项羽所封十八王[③]与刘邦所封异姓八王,[④]性质完全不同,而班氏合为一表,

---

① 史公著书,至太初而讫,自未可疑。然太初四年后即天汉元年。列传中出有天汉时事,亦情理之常。故此处称"大体断限之年"。

② 《汉书》卷十三《异姓诸侯王表》序。

③ 计项羽西楚霸王、吴芮衡山王、共敖临江王、英布九江王、张耳赵王、赵歇代王、田都齐王、田安济北王、田市胶东王、章邯雍王、司马欣塞王、董翳翟王、臧荼燕王、韩广辽东王、魏豹魏王、可马卬殷王、韩成韩王、申阳河南王。

④ 韩信齐王徙为楚王、英布淮南王、卢绾燕王、张耳赵王、彭越梁王、韩王信代王、共敖临江王、吴芮长沙王。

盖欲以《秦楚之际月表》的一部分，表示秦亡楚兴，及楚汉兴亡的演进。然项氏封十八诸侯王以前的情形不明，仍不足以表现历史转变的关键。故为班氏计，实应留《秦楚之际月表》以清理历史眉目。《史记·汉兴以来诸侯王年表》，以刘邦即帝位之年（西纪前二〇二年）为"高祖元年"，这是符合历史事实的。因为在这以前，还有义帝及项羽，刘邦还是项羽所封的汉王。《汉书·异姓诸侯王表》，却以《史记·秦楚之际月表》中的"义帝元年"（西纪前二〇六年）为"汉元年"，这即是出自以汉室为中心的对历史真实的埋没。《汉书》将异姓、同姓的诸侯王，分为两表，在形式上，似乎较《史记》合异姓同姓诸侯王为一表，条理更清楚。但史公所以合为一表，在借此以表现汉初政治的形势三变，通过诸侯王的封废所运用的策略亦三变；由此可以把握到汉初政治形势的大纲维。由楚汉对立的形势而封异姓，由天下已统一的形势而杀戮异姓，代之以同姓。至文帝时，由要求中央集权的形势而开始削除同姓，终之以主父偃的"众建诸侯"之策，这都是一连贯的发展。表叙的"太史公曰"，即完全发挥这种意思。适应了此一形势，即引生出另一形势；解决了此一问题，即引生出另一问题，所以结之以"形势虽强，要之以仁义为本"，以点出政治上应采用的根本原则。班固把它分为二表，便使上述意义完全消失了，而成为单纯的年月、人物、官爵的序列。这是《史记》的表，与《汉书》及以后正史中的表，最大的分别。《汉书·异姓诸侯王表》，撮取《史记·秦楚之际月表》序及贾谊《过秦论》以为序，则其意重在项羽所封的十八王，所以说"故据汉受命，谱十八王，月而列之。天下一统，乃以年数"。据此文，一若十八王为汉所封，反而把汉封异姓八王，为刘邦战胜项羽的重大因素的意义抹煞了。抹煞异姓王的开国之功，这是班固为了尊汉的一贯态度，后面还要提到。

　　班氏析《史记·汉兴以来诸侯王年表》中的同姓诸侯王以为《汉书》的《诸侯王表》，并撮取敷衍补益史公的叙以为叙，而精神全异。史公认为周之封建是为了"褒有德"，"尊勤劳"，"以辅卫王室"。班氏则仅强调"辅卫王室"的这一点。史公未尝言及封建的功效，而仅言及封建的弊害，[1] 而班氏特夸张其功效，将西汉之亡，归咎于"王莽知中外殚微，[2] 本末俱弱。"盖史公对政治的得失兴亡，"要之以仁义为本"。而对朝代的更替，并无迫切之情。班氏既深情于汉室之兴亡；又仅由"中外殚微，本末俱弱"，以论兴亡的教训；殊不知正因由封建而来的局面不能维持，始发展成为后来有名无实的局面。若封建的形势继续维持，而仁义不施，汉不亡于外

---

[1] 史公序，谓"汉定百年之间，亲属益疏，诸侯或骄奢，忕（习）邪臣计谋为淫乱"，此系封建流弊之概述。

[2] "中"指"国统三绝"，师古"谓成、哀、平皆早崩，又无继嗣"。"外"指诸侯王"势与富室无异"。

戚，亦将亡于另一种情形之下。这种地方，正因班氏著史之立足点低于史公，故其政治上的见识，亦不能不低于史公。

汉武帝听主父偃之计，于元朔二年，下诏使诸侯王得推恩分封子弟以国邑，于是由文帝时代起，所感到同姓诸侯王对朝廷的威胁，至此得完全解决；中央集权的要求，至此亦已完成。史公在《汉兴以来诸侯王年表》叙中，叙述其经过，认为这是"强本干、弱枝叶之势"。由此政策所封的诸侯，则列为《建元以来王子侯者年表》，次于《建元以来侯者年表》之后，这是按其时序以决定其次序。《汉书》则称为《王子侯表》，次于《诸侯王表》之后，则是由问题之归趋所决定的次序。《汉书》将此表分为上下，表下乃列平帝元始间（西纪一至五年）王莽"伪褒宗室侯及王之孙"所封的侯，其性质与武帝为削弱诸侯王所封的王子侯，并不相同。可视为《王子侯年表》的副表。

《汉书》将《史记》的《高祖功臣侯者年表》及《惠景间侯者年表》中的惠、文部分，合为《高惠高后文功臣表》，略采史公《高祖功臣侯者年表》之叙以为叙。但史公之叙，意在发明"居今之世，志古之道，[①] 所以自镜也"

的历史教训，而不在这些诸侯坐法陨命亡国的自身。站在史公的立场，这种事，在政治上是无关重要的。他说"观所以得尊宠及所以废辱，亦当世得失之林也"，即是隐约点明这种意思。班氏则引杜业之"纳说"，意在"乐继绝世"，"安立亡国"，不问其所以"废辱"的原因，而要求把他们先世的"尊宠"，永远继续下去。这也是两人政治观点异同之所在。

《汉书·景武昭宣元成功臣表》，系截取《史记·惠景间侯者年表》的景帝部分，加上《史记·建元以来侯者年表》，更附益以昭、宣、元、成时代封侯之功臣为表。按《史记·惠景间侯者年表》，实包含文帝所封之侯。据叙，此期间所封之九十余侯，共包括六类：（一）"追修高祖时遗功臣"（二）"及从代来"（从文帝由代王来长安即帝位的人）（三）"吴楚之劳"（讨伐吴楚七国有功者）（四）诸侯子弟（此与武帝时推恩封诸侯王之子弟不同）（五）"若肺腑"（外戚）（六）"外国归义封者"。《建元以来侯者年表》，则以"北讨强胡，南诛劲越，将卒以次封"为主，而附之以"若肺腑"及"外国归义者"。史公年表，不仅谨守年次先后，且各表分合之故，皆所以表现各表所代表时代政治特色与重点。班氏的分合，则把此种意义隐没了。

《汉书》特将因外戚及恩泽而封侯者立《外戚恩泽侯表》，此中之侯，史公皆按封侯年代，列入各年表之中，班氏特检而出之，以与功臣侯者相对照，应有其意义。惟史公仅对高祖所封者称功臣；惠、景以下，则不称功臣。因高祖封侯之时，虽意有爱憎偏袒，要皆以打天下有功可纪者为据。此后则并未遵守此种客观标准，故不冠以"功臣"的名称。乃班氏则概冠以"功臣"之称，其中名实不相称者甚多。且因封侯之性质而分类，其分类恐亦不止此。

然班氏所以"别而叙之"，特立此表之用心，意存贬刺，是值得称道的。表序首称"自古受命及中兴之君，必兴灭继绝，修废举逸"，所以"武王克殷，追存贤圣"。及高祖"庶事草创，日不暇给，然犹修祀六国，求聘四皓"等情形，以与因外戚及出于恩泽而封侯者相对照，则其为政治上的最大失德之意，不直言而自明。此盖亦班氏应用微言之一例。

《史记·汉兴以来将相名臣年表》，亡失叙论，且孝昭始元元年以后，显为他人所补。但此表与诸侯王及侯者诸表的性质大不相同，史公赋与以特别的意义。诸侯王及侯，及爵而非职，仅表示政治上的地位，不表示政治上的责任。所以他们之封废，虽亦为政治人事的重要举措，但与一般政治的措施，并无直接关系；因此，这类的表，省纪录之烦的意味较重。《汉兴以来将相名臣年表》，凡分五栏：一"纪年"，二"大事年记"，三"相位"，四"将位"，五"御史大夫"；相、将、御史大夫，理论上是政治操作的中心，是政治得失的关键所在，所以史公便加上"大事年记"一栏，与相、将、御史大夫的任、免、死，合列在一起，由此可以总撮政治的纲维、得失，使览者得以提要钩玄，对历史较易作集中的把握、判断，这是史公立此表的主要用心。所以《自序》说"国有贤相良将，民之师表也。维见汉兴以来将相名臣年表（按'年表'两字疑衍），贤者记其治，不贤者彰其事，作《汉兴以来将相名臣年表》"。《汉书》略去此表，所以清万斯同特补《汉将相大臣表》，已失史公本意。但亦可谓班氏将此表加以扩充，扩充而为《百官公卿表》。表序历述设官分职的历史及汉代宰相以下各官的职守、员额，由此而推演为司马彪《续汉书》八志中的《百官志》，使形成政治结构的官制，得有系统有条理地记录于历史之中，此乃补史公之所未及，其意义之重大，固不待言。

《汉书》八表中，受后人批评最多的是《古今人表》。刘知几认为：

> 异哉班氏之《人表》也！区别九品，网罗千载，论世则异时，语姓则他族。自可方以类聚，物以群分，使善恶相从，先后为次，何藉而为表乎。且其书上自庖牺，下穷嬴氏，不言汉事，而编入《汉书》……何断而为限乎？（《史通》卷三《表历》）

按刘氏之意可分两点：第一点他认为应使"善恶相从，先后为次"，不应把"异时"、"他族"的善人恶人，统列在一个表里面。刘氏在写此篇时，对表的作用，尚未明了，所以责史公之表为"成其烦费"，"语其无用，可胜道哉"。他对《人表》的第一点批评，系由此而来。到他写《杂说上》时，了解到表的作用，便应当反过来，承认异时、他族及善恶等统一列于一表之内，以便提挈比较，"此其所以为长也"。第二点是认为表内皆汉以前的人物，其中"不言汉事"，为破坏了《汉书》之"汉"的时代"断限"。我在前面已经指出过，班氏的用意，只在"以缀续前记"，[①]并推尊汉室。断限的观念，是后人所加上，而为刘知几所提倡的，班氏自己根本没有此一观念。所以凡属这类的批评，对班氏皆无所当。至表内未入汉代人物，颜师古注以为"但次古人而不表今人者，其书未毕故也"。《补注》引钱大昕曰："今人不可表，表古人以为今人之鉴，俾知贵贱止乎一时，贤否著乎万世。失德者虽贵必黜，修善者虽贱犹荣。后有作者，继此而表之，虽百世可知也……颜盖未喻班旨。"又引梁玉绳曰："若表今人，则高祖诸帝，悉在优劣之中，非班所敢出也。"梁氏《人表考序》又引钱宫詹（大昕）之言谓："此表用章儒学，有功名教。观其

---

① 按"前记"指《史记》。班氏称《史记》只称"史"或"前记"。此乃《高惠高后孝文功臣表叙》中语。

尊仲尼于上圣，颜、闵、思、孟于大贤，弟子居上等者三十余人，而老、墨、庄、列诸家，咸置中等。书首祖述夫子之言，《论语》中人物，悉见于表，而他书则有去取。详列孔氏谱系，俨以统绪属之。孟坚具此特识，故卓然为史家之宗。"恽子居《〈古今人表〉书后》，[①] 特举例以发明"次古人即以表今人"之意。此皆可谓能见其大。班氏著书，虽意在尊汉，然《春秋》"贬天子，退诸侯，讨大夫"[②]之大义，固未敢全忘。诚如恽子居所说，班氏把"身无事功，而为弑被弑被灭者，列之第九等之愚人；而有事功者列之第八等，所以著哀、平、王莽之罪也"。"齐桓公列第五等，秦始皇列第六等，而高祖、武帝，可推而知。"按在此表以上之诸表，皆仅列人之姓名爵位官守，未作价值判断。然人的历史，必由人、事，及价值判断所构成，否则成为一种混沌的世界，历史亦无由继续，亦无由叙述。《古今人表》所分之品第是否得当，乃一问题，然其屏除爵位权势于价值判断之外，一以人格、学术、事功为标准，以见人的地位、尊严，在此不在彼。此则犹承《春秋》、《史记》之统绪，以标示人类行为的大方向大趋归，诚可推为班氏著史的一大卓识。则班氏作史之微言，莫大乎此。郑樵之徒，纷加指摘，何足以与此。至其影响于东汉末期

---

① 　见《大云山房文稿》初集卷二。
② 　《史记·太史公自序》史公引董仲舒语。

的月旦人物的风气，及魏的九品官人的制度，证明这种人物批评，是为历史所需要的。

至张晏历举评第的"差违纷错"，师古又谓张氏之论"亦自差错"，齐召南又举数例，以证"此表屡经传写，紊脱尤多"。夏燮《校汉书八表》卷八《校古今人表》，梁玉绳著《人表考》，蔡云有《汉书人表考校补·附续校补》，翟云升有《校正古今人表》，^①这站在考史的立场上，各有其意义，此处俱不涉及，仅就著史的立场，论其大端如此。

七、《史》、《汉》比较之三——书、志

班氏自名所著为《汉书》，则不能不易《史记》之"书"为"志"，此无关宏旨。《史记》之为书者八，《汉书》之为志者十。《史记》始于《礼书》第一，《乐书》第二，《汉书》则合《礼书》、《乐书》为《礼乐志》第二。《史记》次为《律书》第三，《历书》第四。而《律书》的内容本为兵书，今已残缺，且被后人羼乱。《汉书》合称《律历志》第一，而将《史记·律志》中"大刑用甲兵"一小部分，取入《刑法志》中。《史记》把《礼书》、《乐书》安放在前面，说明史公用心的重点在标示政治的方向。《汉书》把《律历志》放在前面，说明班氏用心的重点在标举

---

① 自夏燮以下，皆收入《二十五史补编》内。

统摄一切的天道。《史记·自序》谓"律居阴而治阳，历居阳而治阴，律历更相治，间不容翲忽"云云，与《历书》的内容，全不相应，《律书》中无一字及律，其为窜乱律书者所改写，无复可疑。《律历志》取自刘歆的"三统律"，或称"三统历"，① 他的目的不仅在言乐律、时历及二者相互的关系，而系承董仲舒之后，把凡可以拼进去的东西都拼在一起，以形成一个无所不包的天的哲学系统；这是董仲舒以后所发展出的一种特殊思想形态，其基本思想是天道由阴阳而见，阴阳运行于三百六十五日之中，故天道由时历而见。这是孟喜、京房们的"卦气说"所创造的。再加上落下闳们的音律也通过"气"而与历发生关系；② 他们认为天道由历而见，也由律而见，所以律历都是天道。既是天道，当然无所不包。这样一来，把由实测而来的历学，

---

① 《汉书·律历志上》以黄钟为天统，林钟为地统，太簇为人统："此三律之谓矣，是为三统。"此系刘歆的特别思想。又"至孝成世刘向总六历，列是非，作五纪论。向子歆，究其微妙，作《三统历》及谱以说《春秋》，推法密要，故述焉"。

② 《汉书·律历志上》："而闳（落下闳）运算转历，其法以律起历，曰，律容一龠，积八十一寸，则一日之分也……夫律阴阳九六，爻象所从出也，故黄钟纪元气之谓律。律，法也。莫不取法焉，与邓平所治同……乃诏迁用邓平所造八十一分律历。"

变成了非常奇特的拼盘^①式的哲学大系统。一直至沈约修《宋书》，始复历志之旧。这一方面是因西汉所言带有神秘性之律，至东汉已无人可以明了。一方面是因何承天等的努力，明斥《三统历》之谬。但《三统历》虽沿袭《太初历》，但对日食周期及星次运行等，附加了新的知识。更导入上元积年以作历推算的起点；而其推算不仅包括日月，且包括了五星，具备了天体历的规模。所以站在纯历学的立场，也有他的贡献。他在中国历学史上仍占有重要的地位，不在其哲学，而在其所纪录的实测与推算。

史公根据"六艺"之目，故分礼乐为二书。班氏本礼乐的互相为用，故合礼乐为一志。司马彪承《汉书》之绪，沈约复《史记》之初。这种分合，应可谓无关宏旨。

《史记》的《礼书》，是针对秦汉以权势统治人民，而提出礼治的真正意义的。《乐书》是针对汉初，尤其是针

① 所谓拼盘，是指我国酒席上将许多样菜肴，拼在一个盘子里的拼盘而言。在盘子里的许多样菜肴，形式摆得很整齐，但相互间并没有内在的关连。西汉人喜建立无所不包的哲学大系统，仅凭想象之力，把许多东西聚合在一起，其实这些东西相互之间，也并没有内在的关连，不能算是逻辑的结构。所以我方便称为拼盘式的哲学系统。西方由思辨的逻辑推演所建立的形上学，有如春蚕吐丝一样，或者可方便称为蚕丝式的哲学；这是一种逻辑结构，但在这结构中并没有材料。所以他们以为无所不包，实际什么也没有包在里面。故亦称为"观念游戏"。两种哲学形态，没有高下真假可分，但拼盘式的哲学中，毕竟还保有若干材料。并且他们还是落实在现实的政治、社会、人生问题之上，提出合理的解决之方，这都是出自深刻的观察与思考。

对武帝时由皇帝的荒淫，大臣不能尽责，而提出乐是以"歌咏劳苦"及"损减"为教的。这都是由深入于现实政治之中，以发现礼乐的真正意义，都是犯忌讳之词。而对于当代的礼，则以"大抵皆袭秦故"，"官者养交安禄而已"，及武帝"乃以太初之元，改正朔，易服色，封太山，定宗庙百官之仪，以为典常"，作极简单扼要的概括。于当代之乐，则以"高祖过沛，诗三侯之章"，"今上即位，作十九章……多尔雅之文……世多有，故不论"，及"又尝得神马渥洼水中，复次以为《太一之歌》"，"后伐大宛，得千里马……次作以为歌"，而终之以汲黯的"先帝百姓，岂能知其音耶……丞相公孙弘曰，黯诽谤圣制，当族"，也是极简单扼要的概括。并且在这种概括中，都含有深刻的批评性。在史公心目中，认为汉代的礼乐，不足称为礼乐，所以便把荀子的《礼论》及《议兵》篇的一部分，和《礼记》中的《乐记》，分别录在后面，以作正面的启发，其用心是很深的。

礼乐的意义，由战国中期以后，一直到西汉诸大儒，多有所阐述。在儒家思想中，遂占有重要的地位。班氏在此种背景之下写《礼乐志》，他的态度谨严深稳，其用心，其观点，与史公并无不同；而在体制上，《史记》的《礼书》、《乐书》，有点像一支悍锐的奇兵；而《汉书》的《礼乐志》，则有堂堂正正，法度森严的大军气象，这应当算是《汉书》中的一篇大文章。《叙论》"六经之道同归，而礼乐之用为急"，以简严之笔，说明"礼乐所以通神明，立人伦，正情性，节万事"，并引《礼记·经解》"故婚姻之礼废，则夫妇之道苦，而淫辟（僻）之罪多"一段以作例证。而"敬畏之意难见，则著之于享献辞受，登降跪拜。和亲之说难形，则发之于诗歌咏言，钟石管弦"的几句话，可谓将礼与义的关系，概括得深切著明。书中历叙汉代贾谊、董仲舒、王吉、刘向等主张制礼乐之议不行，以见汉代的礼乐，不足以称礼乐。叙到"世祖（光武）受命中兴"，"乃营立明堂辟雍"；"显宗（明帝）即位，躬行其礼，宗祀光武皇帝于明堂，养三老五更于辟雍"。班氏仅许之以"威仪既盛矣"。接着说"然德化未具，群下无所颂说，而庠序尚未设之故也"；而结之以"故君臣长幼交接之道，寖以不章"。是他对东汉，亦未尝宽假。

在乐的部分，先简述"先王立乐之方"。接着对古代雅乐，及春秋以后的"礼乐丧矣"，作了较《史记·乐书》为详的叙述。汉代先叙述"叔孙通因秦乐人制宗庙乐"的情形，而点出"大氐（抵）皆因秦旧事焉"。此后叙述"武帝郊祀之礼"，"作十九章之歌"，及《安世房中歌》十七章的经过，并纪录歌词，又纪录了孔光、何武所奏定的各乐的乐工人数，这在史的体例上，较《史记》为密。因另有《郊祀志》，所以在礼的部分，对郊祀的仪节，便在这里省略。但他点出"常御及郊庙，皆非雅声"，"皆以郑声施于朝廷"；"是时（成帝时）郑声尤盛"，而结之以"今大汉继周，久旷大仪，未有立礼成乐，此贾谊、董仲舒、王吉、刘向之徒，所以发愤而增叹也"。班氏在这种地方，坚持了儒家礼乐的原则，对历史作了严正的批评，以保持历史发展"应然"的方向，是与史公无异的。不过史公乃切指现实的政治，而班氏则泛述一般的情形，所以史公是冒着更大的风险。

刑法，是统治者最重要的统治手段，史公《酷吏列传》中，深痛汉代刑罚之酷烈。然在被人伪托羼乱的《律书》中，可以发现出于史公之笔的，仅述兵制而未及刑法，《汉书》在《礼乐志》后，继之以《刑法志》第三，在"大刑用甲兵"的观念下，先概述了古代及汉的兵制，[①]而重点则在叙述汉代的刑法。此在作史的体例上言，与《郡国志》、《艺文志》，同为补史公之所不足，意义重大。在作史的识解上言，从正面提出了政治中与人民的生命财产直接关连在一起的最严重的问题。此一最严重的问题，一直延伸到现在而仍未能解决，成为中国历史中最黑暗最残酷的一面。这可以说是中国所有的统治阶层，所有的知识阶层的奇耻大辱。同时，他在此志的全文中，不知不觉地充满了痛愤之情，流露为悲慨之笔，使此文的风格，特接近史公。因为由汉初起，凡是像样的儒生，莫不以汉承秦代根据法家所制定的刑法，太违反人道，皆欲把它翻转过来，而终未

---

① 准此以言，宋钱子文撰《补汉兵志》，应正名为《汉书·刑法志补》。

能作到。班氏乃在两百多年的儒生所要求的积累之下，又加以他曾"系京兆狱"的痛苦经验，写成此志，故充实光辉，言之不能自已。连武帝在此问题中所占的重要分量，也未曾为之讳。叙到韩信、彭越，具五刑而死的惨毒，也露出了叹息之声。此问题中包含三个因素，一是皇帝的意志，一是"执法之吏"，而最根本的则是法律的原则和条文。志中把这三大因素，都深刻地反映了出来，并且充满了对人性的信赖，强调了儒家以教育为目的的刑法原则。"董仲舒治《公羊春秋》，始推阴阳为儒者宗"，[①] 衍为一代学术潮流；推其最根源的动机，乃在"尚德不尚刑"的一念。所以言政治史而不深入到此一问题，固然是未能把握到人民的痛苦。言汉代思想史而不深入到此一问题，便容易成为浮游惝恍的无根之谈。

班氏补充编纂《史记》的《平准书》以为《食货志》第四。史公以平准名书，重点在汉武的财经政策；班氏以食货名志，重点在社会的经济生活。《食货志》分为上、下两卷，上卷志食，下卷志货。所以《平准书》系采综合的叙述方法，以见各因素的互相因缘，由此以透视整个时代的动态。《食货志》则采分析的叙述方法，以便于将复杂的因素加以条理。在文章构造上，史公所采的途径为难，班氏所采的途径为易。在这种地方，后人大抵只能学班氏

---

① 《汉书》二十七上《五行志》叙论。

而不能学史公。

班氏所补的有三：一为对汉以前的叙述。二为因时代限制，《平准书》及《史记》其他各书，内容多较《汉志》为略；班氏后出，所凭借者厚，所以在被限定的范围内，能较史公集中了更多的精力，补充了更多的材料。在《食货志》中，班氏采用了《周官》中的有关材料，这是史公时代所没有的。在汉代补充了许多有意义的奏议，更补充了"武帝末，悔征伐之事，乃封丞相为富民侯……赵过为搜粟都尉"，因而记载了赵过改良耕种方法的情形，尤有重大意义。三为补充了武帝以后的情形，特详于王莽，这是很自然的。

班氏把《平准书》中有关食的部分编入上卷，作了重要的补充，此卷班氏用力最勤。将《平准书》中述武帝财经政策的部分，也即是《平准书》的最主要的部分，编入下卷，仅有文字改正，此不具论。班氏深受《论语》"不患寡，而患不均"的影响。全文皆以此为衡量经济得失之原则，这也是很可注意的一点。

班氏把《史记》的《封禅书》改称为《郊祀志》第五，封禅是特称，郊祀是全称。《封禅书》是由反面提出问题，主要是以此暴露秦皇、汉武由泰侈而求长生，由求长生而陷入方士的各种骗术中，以自暴其愚蠢。《郊祀志》则由正面提出问题，用心是在说明祭祀的真正意义，及周公在这一方面，制定了由天子、诸侯、大夫以及士、庶人"各有典礼，而淫祀有禁"，^① 以见凡违反周公所制定的祀典，都是淫祀，都应在禁止之列。班氏改了《封禅书》的名称，但对此一问题的观点，与史公并无二致。

此志可方便分为三部分。一是叙论的部分。因为史公是从反面提出问题，所以《封禅书》的叙论，由"自古受命帝王，曷尝不封禅"，到"其详不可得而记云"，采用"反言若正"的方法，以见封禅一事的无稽。班氏是从正面提出问题，所以在叙论中不采用史公只字，由"《洪范》八政，三曰祀，祀者所以昭孝事祖，通神明也"到"故郊祀社稷，所从来尚矣"，先说明祭祀的正当意义，作以后全文判断的标的。虽然文字不多，但方便称为第一部分。

从《封禅书》的"《尚书》曰"（《郊祀志》改为"《虞书》曰"）起，至"公孙卿之候神者，犹以大人之迹为解"，终孝武之世，乃《封禅书》的主文，几乎亦可谓为它的全文，除极少数的文字异同外，全为《汉书·郊祀志》所吸收，方便称之为第二部分。

由"昭帝即位"到王莽"自以当仙，语在其《传》"，这是"接其后事"，方便称之为第三部分。

在第二部分，史公生动的描写，深刻的讽刺，班氏都保留了下来，中间还加了一点材料，例如把《封禅书》"于是天子遂东（《汉书》无此二字）幸汾阴"下，加"汾阴

----

① 《汉书》二十五上《郊祀志上》叙论。

男子公孙滂洋等见汾旁有光如绛"一句，此皆未尝为武帝讳。在文字上有极少数的增删修改，及在最后有一两处移动；一般地说，修改的文字，多不如《封禅书》原文，且亦有改错了的。例如《封禅书》"上有所幸王夫人"，《郊祀志》改为"李夫人"，据沈钦韩说，此时当为王夫人而李夫人乃在其后。移动则是为了接其后事，调整与下文的关系。还有，在年代的计算上，两者常有不同。例如《封禅书》"禹遵之，后十四世……""后十四世，帝武丁得傅说为相"，两"十四"，《郊祀志》皆作"十三"。据王先谦《补注》：由禹……至孔甲，"并禹数之为十四，除禹数之则十三也"。又：自太戊至武丁，"共十四世，除太戊数之为十三"，则这种数字的不同，由于两人起算的不同，不能谓谁对谁错。又"其后三世汤伐桀"，《郊祀志》"三世"作"十三世"，据齐召南说，《史记》是对的。"后十四世世益衰"，《郊祀志》"十四世"作"十三世"，据齐召南说：两者"并讹"。然即此一端，亦可知班氏此志之袭《史记》，并非仅随自己行文之习惯，对文字有所调整，他实际对材料作了一番检讨的工夫。

接其后事的第三部分，最难得的是他记载了张敞、贡禹、韦玄成（韦的议论此处仅提到"语见《韦玄成传》"）、匡衡、张谭、谷永、杜邺及王莽未做皇帝以前的有意义的议论。其中刘向的议论，因他系站在宗室的立场，仍陷于迷信迷雾中；而王莽做了皇帝以后，又"兴神仙事"，由此可知，最高权力，是可以使人"变性"，以致迷失理智的。赞以"究观方士祠官之变，谷永之言，不亦正乎，不亦正乎"作结。谷永是针对"成帝末年，颇好鬼神。亦以无继嗣故，多上书言祭祀方术者"，乃"说上曰，臣闻明于天地之性，不可或（惑）以神怪。知万物之情，不可罔以非类。诸背仁义之正道，不遵五经之法言，而盛称奇怪鬼神，广崇祭祀之方，求报无福之祠（祀），及言世有仙人，服食不终之药……者，皆奸人或（惑）众，挟左道，怀诈伪，以欺罔世主……是以明王距而不听，圣人绝而不语"。谷氏的这些话，把由秦皇、汉武在这一方面因侈泰骄妄愚蠢所制成的妖云怪雾，才算流入了一股清新之气，所以我说，班固在这一问题的观点上，是与史公相同的。

这里引申出另一问题。周公制定祭祀之礼，对祭祀的范围、仪节，皆加以规定、限制，儒者特别加以推崇。过去，我不能了解他的真正意义。现在由《封禅书》、《郊祀志》所叙述的最高权力者被方士玩弄于股掌之上，由此而劳民伤财，以作罔世诬民之事，真达到了疯狂的程度。假定不悬出周公所制的富有人文精神之礼以为鹄的，使少数儒生，还可凭此以与愚妄诈伪之大流相抗拒，历史真要投向无底的黑渊中去。所以祭祀之礼，应从这种地方去把握。

《史记》的《天官书》，在《汉书》则为《天文志》第六。据《后汉书》八十四《列女·班昭传》，《天文志》乃马续所成。但由《史记·自序》及《汉书·叙传》，亦可看出两人对此问题的观点。

以星气言机祥，这是史公以前的传统，同时也是史公身为太史令的职责之一，故《天官书》中，不能不加以序述。但史公对此，似乎并不太相信，于是形之语言者，多托为犹疑两可之辞。《自序》谓"星气之书，多杂机祥，不经，推其文，考其应，不殊。比集论其行事，验于轨度以次，作《天官书》"。《天官书》赞："太史公曰……天则有日月，地则有阴阳。天有五星，地有五行。天则有列宿，地则有州域。三光者阴阳之精，气本在地，而圣人统理之。幽、厉以往尚矣。所见天变，皆国殊窟穴，家占物怪，以合时应（言并无一定之准据。以合于时者为应验）。其文图籍机祥，不法（其见于图籍以言机祥者，皆不可以为法），是以孔子论六经，纪异（仅纪其异）而说不书（而不书对异象之解说），至天道命不传。传（得）其人，不待告；告非其人，虽言不著。"所以《天官书》中，虽记录了机祥，在史公不过因官守以虚应故事。《汉书·叙传》："炫炫上天，县象著明。日月周辉，星辰垂精。百官立法，宫室混成。① 降应王政，景以烛形。三季之后，厥事放纷。

---

① "张宴曰：星辰有宫室，百官各应其象以见征咎也。"是张氏以百官为指地上之百官而言。但将下文连结在一起来了解，则此百官，乃指星辰的官位而言。

举其占应，览故考新。述《天文志》第六。"在上面几句话中，把天上的"百官"、"宫室"，作了进一步的形象化，把由这种形象所给与于"王政"的影响，较史公作了更密切、更进一步的确定，这主要是来自两人的时代思想背景的不同。

马续所续成的《天文志》，[①]中宫[②]天极星，东宫苍龙，南宫朱雀，西宫咸池，北宫玄武，五经星部分，皆录自《史记》。自岁星以下，则多各申一说。例如《天官书》"察日月之行，以揆岁星顺逆。曰东方，木，主春，日甲乙。义失者罚出岁星……"《天文志》"岁星，曰东方春木，于人五常，仁也，五事，貌也。仁亏貌失，逆春令，伤木气，罚见岁星……"《天官书》的"日甲乙"出于《吕氏春秋·孟春纪》，《天文志》将其略去。把仁义礼智信的五常，配金木水火土的五行，在史公时代，仅由董仲舒作初步的尝试，而尚无明确的定说。以《洪范》的五貌配五行，大概出于后史公约七十年的刘向。所以这种异同，第一，

---

① 《汉书补注》引齐召南说，以《天文志》为马续"所撰"，并引《晋书·天文志》"凡天文以下五句直云马续云"为证。按《后汉书·列女·班昭传》只谓"兄固著《汉书》，其八表及《天文志》，未及竟而卒，和帝诏昭就东观藏书阁，踵而成之"。"后又诏融兄续继而成之"，则《天文志》并非有目无书可知。且就《叙传》看，《表》及《天文志》，乃有材料尚未完全收入，而《天文志》待补充整理者更多；其骨干轮廓，则班氏已具，故只应称为"续成"。

② 依钱大昕、王念孙，五经星之"宫"字皆应作"官"。

可以反映出时代思想的发展演变。第二，可以了解这种道德价值向天文天象上的投射，本是出于人的一种想象，既没有逻辑的根据，也没有事实的根据，想象可以出入的范围是很大的。最后某种想象被认为与某些现象，较为近似，便约定俗成地成为定说。而这种定说，也始终是虚浮不实的，在这里，与天官天文的自身是不相干的。此外，须要专门知识方面的比较，我没有资格开口。

班氏新立《五行志》第七，这是董仲舒建立"天人相与"的哲学后，学术趋向以想象猜度言灾异，以灾异附会矫揉的《洪范》、《春秋》，再由被附会矫揉的《洪范》、《春秋》，以言现实政治的得失，遂成为一代学术风气的结果。这是汉代学术中"非合理"的一面。在方法上，完全以想象代替了思维；在内容上，以想象矫揉了经传的本来面貌；这是学术中最大的武断。班氏在此一与现实政治相勾连的学术风气积累之下，便写出了《五行志》。刘知几谓"斯（指《五行志》中所引经传）皆不凭章句，直取胸怀，或以前为后，以虚为实，移的就箭，曲取相谐，掩耳盗铃，自云无觉"，[①]正指此而言。若史公生于班固的时代，是否受此影响而出此，观其当邹衍之说盛行时，他虽相当详赅地叙述了邹氏学说，但结

①《史通》卷三《书志》篇。

之以"邹衍其言虽不轨,倘亦有牛鼎之意乎",①大概会跳出这种烟雾,将其摒弃不录吧。邹氏及附会邹氏者的著作见于《汉书·艺文志》者,可谓相当的繁富。但除史公在《孟荀列传》中所述,及其他偶加引用之零星语言者外,皆已堙没无闻。可知这种无实之谈,本来是受不了时间的考验的。汉代此种非合理的学术风潮,原亦应随时间之经过而消失。《汉书·艺文志》"五行三十一家,六百五十二卷",与"阴阳二十一家,三百六十九篇",皆一无存者。但因班氏在史中特立一志,以致此种非合理的学术,得到了较完整的保存,且后来修史者,都须备此一格。这站在今日研究思想史的立场来说,可谓为幸事;但站在它所及于后世思想发展的不良影响来说,实是中国学术发展的大不幸。

刘知几除在《史通·书志》篇对《五行志》深加讥评外,又有《汉书五行志错误》及《五行志杂驳》两篇,②可谓尽讥弹之能事。但刘氏自身亦陷在此非合理的思想泥淖中,所以他的讥弹,在引用文献的是正上有其意义;他自己所发舒的新解,同为毫无意义。因为这种出于想象而不是出于思维推理的说法,本可以随人随时随事而异,有如测字者的测字一样。至于他指摘引书失

---

① 《史记》卷七十四《孟子荀卿列传》。
② 《史通》卷十九。

宜中的"《史记》、《左氏》，交错相并"一项，他根本不知道，汉人乃以"史记"为古史的通称，到东汉末期，《史记》方成为《太史公书》的专称，他的这一指摘，近于以其昏昏，使人昭昭了。

另一点应在这里一提的是：自董仲舒以迄孟喜、京房、刘向们的非合理的这一方面（他们还有合理的一方面）的学术活动，今天看来，在知识上是没有意义的。但在他们，也和许多伟大的宗教家、形而上学家一样，是以严肃的态度、热烈的追求，认定自己真正揭露出"天人相与之际"的秘密，是真实无误的真理。因此，在他们的各种奇说异论中，都流注着他们真实的精神，并且都是以现实社会中人民的悲惨运命，为他们想象的基点。所以他们表现在现实政治社会上的大是大非，都是符合人民生存的要求的大是大非。他们常常赌着自己的生命，以坚持他们所认定的大是大非，因为他们认为这种大是大非，是由阴阳五行的灾异所显示出来的，亦即是天的意志的表现，他们的精神，得到了天的意志的支持，所以宁冒万死而不悔。从这一点说，他们较之西方的形而上学，有更真实的基础与真实的意义。胡适们骂他们是大骗子，只显出自己的浮薄无知而已。

班氏创立《地理志》第八，意义重大。清汪远孙《汉书地理志校本序》中说："班氏孟坚，创作《地理志》，上续《禹贡》、《周官》、《春秋》，下及战国秦汉，迄乎平帝元始二年（西纪二年），以为西汉一代之志乘。又本朱赣，条其风俗，考其山川，则行乎地者可以施其政。后世之言地理者，悉祖是书矣。"按近代政治学，率以主权、人民、土地，为构成国家之三要素。班氏《地理志》继《禹贡》之后，将当时大帝国的生存空间，提出具体而详备的叙述，使此后史与地不相离，时间与空间得到统一，此乃史学自身的一大发展。地理观念之成立，始于交通。班氏在《序论》中首谓"昔在黄帝，作舟车以济不通"，即此一语，亦可见其卓识。全志可分为三大部分，首录《禹贡》及《周官·职方氏》，以明地理的沿革；尔后言历史地理者，应以此为元祖。第二部分为汉代郡国县道，此为《地理志》的主文，在此主文中，具录各郡国人民的户口数字，此为世界上最早最完备的户口记录，由此可知汉代政治对户口的重视，亦即最早具有"人口论"的意识。[①] 又记有

---

① 《地理志》所总结当时（元始二年）的户口数字是"民户一千二百二十三万三千零六十二。口五千九百五十九万四千九百七十八"。是每户约五人。中国当父母尚在时，很少有分居的传统习惯。父母及夫妇占有四人，而子女仅有一人，不合情理。由《周官·职方氏》（按本《周书·职方》第六十二）所反映之各州所生子女数，以荆州之一男二女为最少，冀州之五男三女为最多。豫州、青州、兖州、并州皆二男三女，雍州三男二女，幽州一男三女，扬州二男五女。此数字虽颇机械，但应可以反映出一般的生育情形。故仍以孟子所称"八口之家"，近于事实。故西汉末人口，应为一亿左右。但因逃避算赋（人头税）及兵役关系，隐蔽无名籍者多，故官府记录者只有此数。

现耕田可垦田及不可垦田的数字，使生产观念与地理观念连结在一起。亦即含有经济地理的意义。第三部分自"凡民函五常之性"起，备录了各地之山川与社会风俗的关系，此乃人文地理之元祖。所以班氏《地理志》的成立，是世界史学中非常突出的成就。

班氏尽取史公的《河渠书》以为《沟洫志》第九。"沟洫"一名，盖取《论语》禹"尽力乎沟洫"之意。在袭用《河渠书》后，始接其后事。所以班氏此志，系一循史公之成规，未尝自出新意，此亦事势所当然。《河渠书》的"太史公曰"，皆史公自述其所亲历者以志慨，班氏无从袭用，故只得另写"赞曰"。惟河指黄河，渠指为水利由人工所开之水道。全篇皆以黄河为经，以其他各水为纬；而志中凡关及水利之设施，皆称渠而未尝称沟洫；且沟洫乃田间之水道，与渠之性质亦不相同；所以沟洫之名，远不及河渠名称之实际。言魏文侯时的水利，史公归之西门豹，班氏根据《吕氏春秋·乐成》篇，归之史起。但征之褚先生补《滑稽列传》，及《后汉书·安帝纪》初元二年修西门豹所分漳水为支渠以溉田等纪录，则左太冲《魏都赋》谓"西门溉其前，史起灌其后"，为得其实。班氏存史起而抹煞西门豹，犹病其查考之不精，由此可知史公之言，未可轻废。惟史公叙文帝时"河决酸枣，东溃金堤，于是东郡大兴卒塞之。其后四十有余年，今天子元光之中……"班氏改"四十有余年"为"三十六岁"，齐召南指出"孝文十四年河决东郡，至元光三年，河决濮阳，实三十六年"，由此可知班氏于袭用中的负责态度。

班氏删刘歆《七略》之要以立《汉书·艺文志》第十，对我国文化的传承，有莫大关系。孔子作《春秋》，所纪者为政治；但所据以权衡政治，褒贬人物的，则为文化学术。政治有王朝的兴废，而文化学术，则贯通于王朝兴废之中，以形成历史延续的统绪。史学的兴起，实出于文化学术发达到某种高度时，人对自身存在的自觉。所以历史与文化学术是不可分的。文化学术，一存于其人，一存于其书。书较人的寿命为长久，由书而得以知其人，得以知其人在学术文化上的成就、贡献，所以保存书，即所以保存学术文化，即所以保存历史。文化积累，书籍繁多，著史既不可能是编纂丛书，而编纂丛书亦不成其为史；于是在史中保存群书的目录，区别其流派，撮录其要端，使读史者可由此以窥见文化学术表现于著作的全貌，由此以窥见其流传之统绪，演变之源流，这是将文化学术拥抱于史学中的最重要的方法之一。尤其世变不常，典籍之损失重大，犹赖史中保有已经损失的目录，由目录以知道在历史中曾有此书，由书名以推想在历史中曾有此类思想，得于茫昧中勾画出文化在历史中的稀薄但不是虚幻的面貌，以与其他可以切实把握得到的材料映带在一起，以得出比较完整的历史形象，这意义当然是非常重大的。所以刘向们校录群书，刘歆继之总为《七略》，是一个意义。班氏取

《七略》以入《汉书》，是另一意义。这关系于班氏对史的统一的识解。

《艺文志》的六略，乃按典籍的内容分为六大类。每一略中，又按其内容分为若干小类，称之为"家"。这种分类，即表示刘氏父子所把握到的整个学术的流别。所以《艺文志》可以反映出先秦学术的概略面貌，反映出先秦学术在汉代传承的情形，反映出汉代学术的特性。例如由《六艺略》及儒家者流，可知汉代儒术之盛。道家三十七家，仅次于儒家，《老子》已有四家的传、说，可知道家思想在西汉的流行。名家七家，墨家六家，其中皆无汉人著作，可知此两家在汉之微。如诗赋不附于《六艺略》诗家之后，另为一略，由此可知西汉对文学之特为重视。而兵书之另为一略，乃反映兵书特为汉初所尊重。[①]《术数略》、《方技略》的成立，及阴阳家之盛，仅次于道家，乃董仲舒"始推阴阳为儒者宗"[②]所发展演变的结果，反映出刘向父子在学术上的见解与态度。刘氏父子在学术上和董仲舒相同，有其非合理的一面，也有其合理的一面；而态度则较董氏更为开朗。凡此皆表现在对经学今古文的问题，能突破五经博士所设的藩篱，作平情的处理。而对诸子百

---

① 《史记·太史公自序》"韩信申军法"，《汉书·艺文志·兵书略》，"汉兴，张良、韩信次兵法"，此乃政府最先着手整理的典籍，由此可知汉初对此一方面的特别重视。

② 《汉书》卷二十七上《五行志》叙论中语。

家，认为皆有所长，皆有所短，绝无举一而废百之意，这在他们担当全般典籍整理的任务上，是非常必要的条件。由《七略》而来的《艺文志》，不仅非后来同类之志所能及，且在品质上亦远驾清代《四库全书总目提要》而上之，这不仅是从事者的知识问题，大关键在于他们对学问的态度问题，甚至关连到他们的品格问题。

八、《史》、《汉》比较之四——传

因《汉书》无世家一体，所以入汉以后，《史记》的世家，《汉书》皆改为传。其中项羽的本纪及陈胜与萧相国等五侯的世家问题，在《论〈史记〉》一文中已经谈过了。这里为便于比较，《史记》中入汉以后的世家，皆作传来看待。

首先，自项羽起，到武帝时为止，考查两者立传的概略情形。凡同者此处从略，仅述其异者。大体上说，史公立传时的选择，较重视有历史意义的实质，而班氏则有时较重视著作形式上的整齐。《史记》"高祖八子"之名，及齐悼惠王肥、赵隐王如意、赵幽王友、赵共王恢等的遭遇，因系吕后专制，大发其毒狠之私的结果，而诸人又无独立行谊可述，故《史记》皆附见《吕后本纪》。"子建为燕王"，亦附见《吕后本纪》。其中除齐悼惠王之子齐哀王襄、朱虚侯刘章，因捍卫刘室，诛灭诸吕有功，另为之立世家；及淮南厉王长因后有淮南王安之变，另为之立列传外，余皆不为之立独立之世家。《汉书》卷三十八，则有齐悼惠王肥、赵隐王如意、赵幽王友、赵共王恢、燕灵王建的《高五王传》。其"厉王长另有传"，则与《史记》同。《高五王传》，在形式上，较《史记》为整备；但不仅在内容上无所增益，且史公由诸王之遭遇以集中写出吕后的凶残成性，借此以暴露此段历史之真相的用心，反因之模糊消失。且其中有的传则可谓全无内容。例如："赵隐王如意，九年立，四年（师古曰，赵王之四年）高祖崩，吕太后征王到长安，鸩杀之，无子绝。"据《吕后本纪》："赵王少"，惠帝"自挟与赵王起居饮食"，根本没有结婚，则"无子绝"三字，反增纠葛。"赵灵王建十一年，燕王卢绾亡入匈奴，明年立建为燕王，十五年薨。有美人子，太后使人杀之，绝后。"把这列入《诸侯王表》中已经够了，何取乎另立专传的名目。又如《史记》有《淮南衡山王列传》，关于济北王勃，则因无事可述，故仅于文帝立厉王长之三子刘安为淮南王，刘勃为衡山王，刘赐为庐江王。景帝将衡山王勃徙为济北王，将庐江王赐徙为衡山王时，附带叙及，不另立济北王勃的专传。《汉书》则有《淮南衡山济北王传》，把淮南厉王长的三个儿子都列出了，这在形式上便很整备。但内容是"济北贞王勃者，景帝四年徙。徙二年，因前王衡山凡十四年薨"，再就是传了两代"国除"，此外更未述一事，这列在《诸侯王表》中不是已经够了吗？

还有,《史记》的附传,实含有许多不同的意义。附传是在列传标题上不出其名的,在《汉书》则几乎都被改为专传之名,这种变动,有得有失。例如周昌、赵尧、任敖、申屠嘉,大概史公以为他们只有一节足称,不足为之立专传,故皆附入《张丞相(张苍)列传》中,以见汉初在萧何、曹参、陈平之外,惟张苍为特出。故由人物价值轻重的批评,以表现政治活动中有主从之分,在历史的复杂现象中,依然可以看出一条主线。这一意义,在最后"自申屠嘉之后,景帝时开封侯陶青、桃侯刘舍为丞相,及今上时,柏至侯许昌、平棘侯薛泽、武强侯庄青翟、高陵侯赵周等为丞相,皆以列侯继嗣,娖娖廉谨,为丞相备员而已。无所能发明功名,有著于当世者"的一段话中,更为明显。这些丞相,连列入附传的资格也没有,则专传与附传的分量不同,自可推见。在"太史公曰"中,说明"张苍文学律历,为汉名相",这是说明所以为他立专传的原因。就周昌、申屠嘉们说,"然无术学,^① 殆与萧、曹、陈平异矣",这是说明何以不为他们立专传。史料是一堆材料。史学是从一堆材料中把历史的关节线索,及人物对历史形成的意义等疏导出来,使人对历史可以把握到一个明朗的形象;在此明朗的形象中,看出人类的大方向。所以没有价值判断便没有史学,便不能把逝去的历史重现。

---

① 此处所谓"术学",乃指智术及学问而言,不可与"学术"一词混。

班氏则一概与以专传的地位，这在体裁的眉目上是清楚多了。但历史的主线，也因之不复存在。

朱建因陆贾而有以自见其智术，此乃《陆贾列传》之余波，史公殆欲借此以透露吕后的隐密，故将其附《陆贾列传》后。蒯通组入《淮阴侯列传》，以见韩信之冤；伍被组入《淮南王安列传》，以见刘安之迂阔，其谋叛为可疑。卫绾、直不疑、周仁附《万石张叔列传》，因卫绾"自初官以至丞相，终无可言"，"塞侯（直不疑）微巧，而周文（名仁）处谄，君子讥之；为其近于佞也。"此传皆"长者"型的人物，但史公觉得他们三人的品格，次于石奋、张叔，所以都列入附传。田蚡（武安侯）构陷窦婴（魏其侯）以致窦婴被诛，为史公所深痛。"灌夫无术而不逊"，为促成此祸原因之一。而灌夫本人，除讨伐七国时驰入吴军外，其活动皆交错于窦婴、田蚡之间，故史公作为《魏其武安侯列传》的附传。董仲舒、兒宽，皆见《儒林传》。卜式附《平准书》，因为他的起与绌，皆与武帝的财经政策相关连。张汤、杜周列入酷吏，所以说明他二人的本质。张骞附《大宛列传》，而错见于《卫将军列传》。李广利附见于《大宛列传》，徐乐、严安，附见于《主父偃列传》，皆有义例可以推寻。以上诸人，班氏皆列为专传。董仲舒之列为专传，因董氏在汉代学术的影响，至宣、元时代而大著。但班氏既录入天人三策，其势亦非专传不可。《兒宽传》补充了"迁左内史"后的政绩，及促成封禅等材料。

但传末依然采用了史公"宽在三公位（《汉书》作'宽为御史大夫'），以和良承意（《汉书》作'以称意'），从容得久（《汉书》作'任职故久'），然无所匡谏于官（《汉书》无然字，'所'作'有'，'官'作'上'），官属易之，不为尽力（《汉书》无此句）"的意思。由此可知史公衡论之公。张汤、杜周，大概是因他二人子孙的煊赫而得改专传。但班氏却未为桑弘羊立专传。大概因为若把桑弘羊的材料，从《食货志》中抽出来，便使《食货志》中最重要的部分无从着笔的原故。

《史记》有《扁鹊仓公列传》，其用意在重视医学，故详录仓公学医治方及脉法等。扁鹊在先秦，仓公淳于意系汉初人，班氏乃弃而不录，仅将淳于意女缇萦上书救父事录入《刑法志》中，这是对医学的忽视，亦即对科学的忽视，成为中国文化发展中的一大弱点。《史记》有《滑稽列传》，《汉书》代之以《东方朔传》，这是很有意义的。《史记》有《日者列传》、《龟策列传》，为《汉书》所无；这是在文化的发展上，两者已式微不足道，代之而起的是董氏阴阳五行思想的蕃衍。但依班氏之例，未尝不可以从《日者列传》中，抽出司马季主为其立专传。

《汉书》中也有较《史记》增益了在时间上史公可以着笔而未曾着笔的传。因一篇《至言》而增立了"尝给事颍阴侯为骑"，此外未见其他官职的《贾山传》，这与为"学黄老之术"，极力反对厚葬的杨王孙立传，都表现出其卓越的史识。又为"守军正丞",敢于斩为奸的"监事御史"的胡建立传,也同样为难得。他站在文学的立场,增益了枚乘、严助、终军等列传,也都有意义。史公不屑为景、武两代的丞相许昌们立传,班氏亦未尝为之补传。为丞相公孙贺立传,其内容主要记载"贺引拜为丞相,不受印绶,顿首涕泣"的情形,以见武帝晚年的轻于用相,又轻于杀相的昏暴。为左丞相刘屈氂立传,是为了叙述巫蛊之巨变。这都是很得体的。

史公与班氏最大的分歧点,我已经指出过,史公是站在人类的立场看历史,所以汉代及其他朝代,在史公心目中,是受到同样的客观尺度来处理。而班氏则是站在汉代帝室的立场来看历史,所以他所操持以衡量历史的客观尺度,与史公未尝不相同,因为两人都是儒家思想,但应用到汉代帝室时,尺度的客观性,便不知不觉地打了若干折扣,这在帝纪中对高祖与武帝的处理最为明显。而在传中,则对以韩信为首的被杀戮的异姓功臣的处理上最为明显。史公对被杀戮的异姓功臣,都客观地记录了他们在这段历史大变动中所发生的作用和意义。这些记录一经流传下来,因为符合于人类求真的本性,便不容易被推翻。班彪所努力的,只在"续其前史",即是对史公所写的,予以全般的承认。班固则要使其著作成为与唐虞三代之书比美的汉代之书,所以不能不截取《史记》中汉代的记录,而以陈胜、项羽两传为时代过渡的桥梁。对于有损刘氏庄严的异姓功臣诸记录，他在良心及事实上不能不承认，但在承认中也作了技术性的处理，以减轻他们的分量，亦即所以维护帝统的庄严。

在《史记》，魏豹、彭越为合传。黥布（英布）、淮阴侯及田儋各独立为一传，韩信（韩王信）、卢绾为合传。《汉书》则魏豹、田儋、韩王信为合传，因为这都是六国余荫的异姓之臣。在形式上，《汉书》的排列似较合理。但史公主要是因为彭越是魏豹王魏时的"相国"，一直到垓下之战前，始封为梁王，王魏豹故地。他两人有密切的关系，又因为他两人都是贫贱出身，而在忍辱不死上，两人又有相同之处，由此而引发了史公忍死著书的"同命感"，所以史公将他两人合传。

太史公曰，魏豹、彭越虽故贱，然已席卷千里，南面称孤，喋血乘胜，日有闻矣。怀叛逆之意，及败不死，而虏囚，身被刑戮，何哉，中材已上，且羞其行，况王者乎。彼无异故，智略绝人，独患无身耳。得摄尺寸之柄，其云蒸龙变，欲有所会其度，[1] 以故幽囚而不辞云。

上面的话，和《报任安书》中的话合看，更容易了解史公

---

[1] 按此句的"其度"，指预定的计划。"欲有所会其度"，意谓将乘"云蒸龙变"的时机，想实现（会）他预定的计划。

的心境。在专制黑暗残暴迫害得无理可说的情形之下，希望保存自己的生命，以与残暴的迫害者，作时间上的竞争，这是人类争取前途保证的最后的愿望。假定这种愿望也放弃，或破灭了，即是个体生命、集体生命的最后大悲剧。

彭越、黥布、韩信，是"同功一体之人"。[①] 魏豹与彭越同传，而魏豹部分仅三百二十一字左右，彭越部分则有一千一百九十三字左右。实质上，魏豹等于是彭越传的附传；但魏豹首事在先，而彭越又是他的相国，不好出以附传的形式。这说明了史公的本意，是要对"同功一体"的三人，各安排一个独立的列传的。

韩王信虽系韩襄王的孽孙，但项羽先所封为韩王者为韩成，及成因无功被贬为列侯，更被杀后，项羽所封者为郑昌。信之得封为韩王，全出于刘邦的恩德。但他封韩王之后，据其自称，对汉有三罪，"荥阳之事，仆不能死，因于项籍（实系降），此一罪也。及寇（匈奴）攻马邑，仆不能坚守，以城降之，此二罪也。今反为寇（匈奴）将兵，与将军（柴将军）争一旦之命，三罪也。"[②] 他的情形，与魏豹及田儋皆不类。

卢绾因与刘邦"同里"、"同日生"，又"俱学书"，得

---

① 《史记》卷九十一《黥布列传》滕公以黥布反事问故楚之令尹，楚之故令尹所言。
② 具见《史记》卷九十一《韩信列传》。

到刘邦特殊的"亲幸",因而他之得封为燕王,殆无一功可纪,此与韩信、彭越、黥布的情形,可谓天壤悬隔。陈仁锡谓"韩王信、卢绾,封王同,反叛同,亡匈奴同,子孙来降同,故二人同传",[①]大体是不错的。

《史记·田儋列传》,实为田儋、田荣、田横三人的合传。他们"兄弟三人更王",既不由项氏,亦非由刘氏,皆自力所致。项氏之亡,与其未能得志于田儋之弟田荣,有莫大关系。田氏的情形,与魏豹、韩王信皆不同,故史公为之独立立传。

由上所述,可知班氏的安排,在形式上较为合理;而在问题的实质上,则史公的安排为不可易。

班氏为了尊崇帝室,不惜歪曲历史的用心,在将韩信、彭越、英布、卢绾、吴芮五人为一合传上而表现得最为明显。《史记》的合传,必其中人物,在重要方面的性行上大约相类相称,《汉书》亦是如此。班氏把卢绾与韩、彭、英三人列在一起,用意是在贬低他们三人的地位。贬低他们三人的地位,即是维护帝室的庄严。吴芮本人没有参加过灭秦灭项的战役,只派将梅鋗,"与(沛公)偕攻析、郦";项羽"以芮率百越佐诸侯从入关(按指梅鋗从入关),故封芮为衡山王,封梅鋗十万户侯。刘邦"以鋗有功从入武关,故德芮,徙为长沙王"。这是最小的一个王

---

① 引自《史记会注考证》本传下。

国。他"一年薨","子成王臣嗣"①的时候，因为英布是他的姑丈，当英布与刘邦战"不利，与百余人走江南"时，臣"使人给布伪与亡，诱走越，故信（英布相信）而随之番阳，番阳人杀布兹乡民田舍"，②以此得"传国数世"。他的情形，与韩、彭、英三人既不相类，分量又不相称，怎么可以合传？并且吴芮把他"一年薨谥曰文王"七个字算在一起，纪录他平生，只有一百三十个字，根本不够为他立专传的条件。班氏所以这样安排，是认为"唯吴芮之起，不失正道，故能传号五世，以无嗣绝。庆流支庶，有以矣夫。著于甲令，而称忠也"；他认定这是一位模范功臣，使韩、彭、英三人，在此模范功臣相较之下，益显得他们三人和其他人一样，"皆徼一时权变，以诈力成功"，本身没有一点真实本领，所以他们"事穷势迫，卒谋叛逆，终于灭亡"，③是罪有应得，一点无亏损于人类良心，无损于帝室庄严的。班氏在赞中所表现的态度，与《史记》上有关的三个"太史公曰"的态度，正好成一正号与负号的明显对照。

史公已经写出了实录性的列传，班氏无从推翻，但他在文字上也使用了若干技巧。汉二年八月，刘邦以韩信为

---

① 以上具见《汉书》卷三十四《吴芮传》。

② 以上见《史记》卷九十一《黥布列传》。惟给布者作"长沙哀王"。据《集解》、《索隐》及正文，皆认为应是"成王臣，吴芮之子"。

③ 以上皆见《汉书》卷三十四的传赞。

左丞相击魏，九月"下魏破代，汉辄使人收其精兵，诣荥阳以拒楚"。汉三年九月，韩信、张耳下井陉，斩成安君陈余，掳赵王歇后，"行定赵城邑，发兵诣汉"。楚急围刘邦于成皋，"汉王出成皋，东渡河……晨自称汉使，驰入赵壁，张耳、韩信未起，即其卧内，上夺其印符，以麾召诸将，易置之……汉王夺两人军，即令张耳备守赵地，拜韩信为相国，收赵兵未发者击齐"。^①刘邦自彭城败退后，与项羽相持于荥阳成皋一带，屡战屡败，主要是靠韩信在赵所收的军队作救急之用。《汉书·韩信传》在"魏王豹惊，引兵迎战信，信遂虏豹，定河东"下，加"使人请汉王，愿益兵三万人，臣请以北举燕赵，东击齐，南绝楚之粮道，西与大王会与荥阳，汉王与兵三万人"一段，再接"遣张耳与（信）俱，进击赵代"。班氏所增的"汉王与兵三万"的这段话，不仅为《史记·淮阴侯列传》所未有，亦为《高纪》及《张耳陈馀列传》所未有，尤为当时刘邦所处的紧迫形势所不能有，且与此句下面相隔两句的"汉辄使人收其精兵"，有直接的矛盾。班氏所增的材料，若有所据，亦当在摒弃之列；若无所据，更为史笔所不许。班氏殆欲由此以见不仅韩信以兵力支持了荥阳成皋之战，刘邦也曾以兵力支持了韩信的河北之战。由此以平衡刘邦与韩信的关系。当韩信下齐，并斩楚将龙且后，"项王恐，

---

① 以上皆见《史记》卷九十二《淮阴侯列传》。

使盱台人武涉往说信"，班氏把武涉说韩信中最重要的共二十句语，都加以删节，且另立《蒯通传》，将蒯通说韩信的语，从《韩信传》中，分割出去，这都是为了减轻刘邦夷韩信三族的罪恶。

班氏的尊汉，在与帝室的尊严有关时，他便偏向帝室的一面；但他父子既皆以儒术立身，受董仲舒、刘向、刘歆、扬雄的影响最大，则儒家之所谓君道臣道以及一般人立身行己之道，都不能不影响到他的历史观念。所以他大部分承受了史公的业绩，采用了许多史公的论赞。而在史公以后的各传，不仅采录了许多对当时政治社会严厉批评的言论；并且在选择时，未尝以当时的权势为标准，而尽可能地选择在历史中代表某种价值的，以作立传的标准。在《史记》以后的各传，皆照顾到历史各方面的意义与关键，精严郑重，诚能使人读之不厌。盖他所凭借者厚，而在不与帝室尊严发生直接冲突时，他仍能承儒家之绪，以表现其史识史德，否则他根本不能被推为良史之一。我们应当由此一角度去读《汉书》各传。

班氏有时也用到微言以显历史真实的技巧。例如霍光是西汉存亡继绝的关键性人物，所以《霍光传》，是分量很重的传。《昭帝纪》赞所写的即是"光知时务之要"。传谓："先是后元元年（武帝死前之一年），侍中仆射莽何罗，与弟重合侯通，谋为逆。时光与金日磾、上官桀等共诛之，功未录。武帝病，封玺书曰，帝崩发书以从事，遗诏封金日磾为秺侯，上官桀为安阳侯，光为博陆侯，皆以前捕反者功封。时卫尉王莽子男忽（师古曰，即右将军王莽也，其子名忽）侍中，扬语曰，帝病，忽常在左右，安得遗诏封三子事，群儿自相贵耳。光闻之，切让王莽，莽鸩杀忽。"班氏若不以王忽之言为可信，传中决不暇记及此。且杀莽何罗的只是金日磾，与霍光、上官桀并无关系。若因此事封侯，岂会事隔一年，始见之遗诏？且又将并无关系之人，并封在一起？光传"元平元年昭帝崩，无嗣。武帝六男，独有广陵王胥在，群臣议所立，咸持广陵王……光内不自安。郎有上书言周太王废太伯立王季，文王舍伯邑考立武王，唯在所宜……言合光意，光以其书示丞相敞等，擢郎为九江太守"。因郎的一言，乃迎立"武帝孙昌邑哀王子"昌邑王贺。及"既至即位，行淫乱，光忧懑"，乃决心废立，于是光即与群臣俱见白太后，具陈昌邑王不可以承宗庙状，"太后被珠襦，盛服，坐武帐中……召昌邑王伏前听诏"，由尚书令宣布的罪状凡数百言，最重要的是"五辟之属，莫大不孝"。但卷六十三《昌邑王贺传》，龚遂曰："……宜进先帝大臣子孙亲近，以为左右。如不忍昌邑故人，信用谗谀，必有凶咎。"卷七十六《张敞传》"会昌邑王征即位，动作不由法度，敞上书谏曰，'……国辅大臣未襃，而昌邑小辈先迁，此过之大者也'"。据此，则霍光废昌邑的真正原因，也未尝不间接表达了出来。昌邑废后，"光坐廷中，会丞相以下，议定所立。广陵王已前不用，及燕刺王反诛，其子不在议中。近亲唯有卫太子孙号皇曾孙，在民间，咸称述焉"，于是"光遂复与丞相敞等上奏"了一番堂皇的话。但卷六十《杜延年传》"帝（昭帝）崩，昌邑王即位废。大将军光、车骑将军张安世，与大臣议所立。时宣帝养于掖庭，号皇曾孙，与延年中子佗相爱善。延年知曾孙德美，劝光、安世立焉"。霍光欲立幼、立疏、立贱，以达到自己专制的目的，玩弄帝位于股掌之上，较王莽殆尤过之。他和王莽的不同，一在他能"知时务之要"的政策，一是运用女儿充当昭帝、宣帝的皇后，及与上官桀、金日磾等结为婚姻；另一是把自己的子侄女婿，遍布朝廷枢机之地，并掌握了兵权。上官桀看不惯他玩弄少主，专权太过的情形，便想援立燕王旦，因而以反叛的罪名被诛。霍光一生，是继续不断地丑恶地权力斗争的一生；班氏不能不推其功，但斗争的错综复杂情形，也未尝不可通过班氏的记录透露了出来。

尤其是，宣帝非霍光做不了皇帝。但霍光虽死，他若不族诛霍氏，则他根柢的弱点，始终操在霍氏家族手上，皇帝的尊严与权力，势必有所亏损。所以族诛霍氏，乃出于宣帝不能不如此的预谋。光死后，他的丧礼"皆如乘舆制度"的尽量铺张，及"天子思光功德"的矫情处理等等，都是预谋的步骤。宣帝一步一步地剥夺了霍家所掌握的兵权，造出许多事端，弄得霍家怪异百出，"举家忧愁"后，说他们有"因废天子而立"的想法，这当然是预谋的成熟。于是"会事发觉，云（霍光侄孙）、山（云之弟）、明友（范明友，霍光之婿）自杀，显（霍光妻）、禹（霍光之子）、广汉（郑广汉，霍光之婿）等捕得，禹腰斩，显及诸女昆弟皆弃市。唯独霍后（霍光之女）废处昭台宫。与霍氏相连坐诛灭者数千家。"宣帝的预谋至此始得完全实现。这种情形，班氏不是不知道，但他如何从正面写出呢？他叙述了"男子张章先发觉"，"建发其事"，因而张章等五人皆得封侯后，再叙述"徐生上疏言霍氏泰盛，陛下即爱厚之，宜以时抑制，无使至亡。书三上，辄报闻。其后霍氏诛灭，而告霍氏皆封，人为徐生上书"，详述曲突徙薪的故事，因谓"今茂陵徐福，数上书言霍氏且有变，宜防绝之。乡使福说得行，则国无裂土出爵之费，臣亡逆乱诛灭之败。往事既已，而福独不蒙其功，唯陛下察之，贵徙薪曲突之策（指徐福），使居焦发灼烂之右。上乃赐福帛十疋，后以为郎"。经此故事的叙述，则宣帝对霍家的本意，不在成全，而在诛灭，已可谓跃然纸上。又述霍光骖乘，宣帝"有若芒刺在背"事，引"故俗传之曰，威震主者不畜，霍氏之祸，萌于骖乘"，则谋叛之为诬枉，亦可谓不言自明，此亦可谓微言之一例。由此亦可见班氏用心之密，必须后人熟读而深思之始见。

九、《史》、《汉》比较之五——文字的比较

史学除作者的人格、学识，有决定性的作用外，作者文字的巧拙，在表现的效率上，也有非常重要的意义。史公与班氏，在文学上是属于两种不同的文体，后人好尚不同，但不应以此论巧拙。下面举例性的比较，是想由文体的不同，进入到表现上的效果。而这种举例，在《汉书》袭用《史记》的文字而有所修改时，最为显著。这种修改，又选的是与两人的政治观点无关系的。

首先由字句加以比较，① 我发现班氏常将史公所用的虚字及动词去掉。试从《史记·项羽本纪》与《汉书》的《项羽传》中，随意举出若干例。其下有"·"者为被班氏省去之字。

《史记·项羽本纪》

① 项梁杀人，与籍避仇于吴中。

② 籍长八尺余，力能扛鼎，才气过人，虽吴中子弟，皆已惮籍矣。

---

① 宋倪思有《班马异同》三十五卷，将两书作了并排对比的工作，使文字异同，可以一目了然，我在二十年前，曾看到此书。惜此次未能找到，非常可惜。杨士奇《史汉异同跋》："思以班史仍《史记》之旧，而多删改，务趋简严，或删而遗其事实，或改而失其本意。"倪氏可谓为知言。

③ 于是梁为会稽守。

④ 少年欲立婴便为王。

⑤ 陈婴母谓婴曰，自我为汝家妇，未尝闻汝先古之有贵者。

⑥ 此时沛公亦起沛往焉。

⑦ 从民所望也。

⑧ 穷来从我，不忍杀之。

⑨ 天下匈匈数岁者，徒以为吾两人耳。

⑩ 于是项王乃悲歌忼慨。

⑪ 项王泣数行下。

⑫ 亡其两骑耳。

《汉书·项羽传》

① 项梁尝杀人，与籍避仇吴中。

② 籍长八尺二寸，力扛鼎，才气过人，吴中子弟皆惮籍。

③ 梁为会稽将。

④ 欲立婴为王。

⑤ 婴母谓婴曰，自吾为汝家妇，闻先故未曾贵（全句结构之次序改）。

⑥ 时沛公亦从沛往。

⑦ 从民望也。

⑧ 穷来归我，不忍杀。

⑨ 天下匈匈，徒以吾两人。

⑩ 乃悲歌忼慷。

⑪ 羽泣下数行（句结构改）。

⑫ 亡两骑。

上面的例子，是有概括性的。尤其史公用作上下连结的虚字，例如③、⑩的"于是"两字，常为班氏所省。当然也偶然有由班氏所增加的虚字，例如《史记》"剑一人敌，不足学，学万人敌"；《汉书》则增一"耳"字，作"学万人敌耳"。但由班氏所增的虚字，绝对少于由他所减的虚字。而增得得当的，如①的增一"尝"字，也少于增得不得当的。史公描写项羽粗豪之气，所以"学万人敌"，不用"耳"字。班氏加一"耳"字，是把"学万人敌"和上面的"书足以记名姓（《汉书》作"姓名"）而已"的"而已"两字，等量齐观，这是添得不太得当的。也有不是虚字而为班氏所省去的，例如"又不肯竟学"，班氏去一"学"字而成为"又不肯竟"，这在意义上并无亏损，但在此段的文气上，便有两种不同的感觉。上述的情形，在班氏袭用史公的赞语中，表现得尤为突出。例如《汉书·项羽传》赞是袭用《史记·项羽本纪》赞的。《项羽本纪》赞"身死东城，尚不觉悟，而不自责，过矣"。班氏去"而"字去"矣"字，成为"身死东城，尚不觉悟，不自责过失"，不特把《史记》文气的顿跌，变而为《汉书》的直遂，且语意也随之而变。又如《汉书》的《张耳陈馀传》赞，也是袭用《史记》的。《史记》"太史公曰，张耳、陈馀，世所称贤者（《汉书》去'者'字），其宾客厮役，莫非（《汉书》易'莫非'为'皆'字）俊杰；所居国无不取卿相者。然耳、馀始居约时，相然信以（《汉书》去'以'字）死，岂顾问哉。及据国争权，卒相灭亡，何乡者相慕用之诚，后相倍（《汉书》作'背'）之戾（《汉书》作'盭'）也，岂非以利哉。名誉虽高，宾客虽盛，所由殆与太伯延陵季子异矣"。（《汉书》将"岂非以利哉"以下全削去，易以"势利之交，古人羞之，盖谓是矣"），也是把《史记》的跌宕，变为《汉书》的直遂。

其次，应就表现之精确性加以比较。表现精确，是著史文字的最基本要求。就常情而论，袭用前人文字而有所修正，在表现效率上应更为精确。但将《史》、《汉》加以比较后，因修改而更精确者，占极少数；因修改而将精确度减低者，占绝对多数。试以《张耳陈馀列传》的首一段为例：

《史记·张耳陈馀列传》

① 张耳者，大梁人也，其少时及魏公子毋忌为客。
② 张耳尝亡命游外黄，外黄富人女甚美，嫁庸奴，

亡（逃亡）其夫，去抵父客。父客素知张耳，乃谓女曰，必欲求贤夫，从张耳。女听，乃卒为请决，嫁之张耳。张耳是时脱身游，女家厚奉给张耳，张耳以故致千里客，乃宦魏为外黄令，名由此益贤。

③陈馀者，亦大梁人也。好儒术，数游赵苦陉。富人公乘氏以其女嫁之，亦知陈馀非庸人也。馀年少，父事张耳，两人相与为刎颈交。高祖为布衣时，尝数从张耳游，客数月。

④秦灭魏数岁，已闻此两人，魏之名士也，购求有得张耳千金，陈馀五百金。张耳、陈馀，乃变名姓俱之陈，为里监门以自食。

《汉书·张耳陈馀列传》

①张耳，大梁人也。少时及魏公子毋忌为客。

②尝亡命游外黄，外黄富人女甚美，庸奴其夫，去抵父客。父客谓曰，必欲求贤夫，从张耳。女听，为请决嫁之。女家厚奉给耳，耳以故致千里客，宦为外黄令。

③陈馀亦大梁人，好儒术，游赵苦陉。富人公乘氏，以其女嫁之。馀年少，父事耳，相与为刎颈交，高祖为布衣时，尝从耳游。

④秦灭魏，求耳千金，馀五百金，两人变名姓俱

之陈，为里监门。

上面的 ②，《汉书》将《史记》的"嫁庸奴，亡其夫"缩为"庸奴其夫"，语意不及《史记》原文明显。在"去抵父客"下省去"父客素知张耳"一句，则父客何以劝女嫁张耳的原因不明。省去"张耳是时脱身游"一句，则"女家厚奉给张耳"的意义不显，"耳以故"的"故"的原因亦不明。省去"名由此益贤"一句，及在 ③ 省去"亦知陈馀非庸人也"一句，则④中秦的购求两人的原因不明；且富人公乘氏之所以把女嫁陈馀的原因亦不明。③ 中将《史记》"高祖为布衣时，常数从张耳游"的"数"字省掉，又将"客数月"一句去掉，则不足以表示刘邦、张耳的关系很深，不能说明刘邦何以对张氏父子（子张敖）的情谊特厚。张耳不过是做过外黄令，陈馀则始终是一平民，不是政治上突出的人物，所以④中史公在"秦灭魏"下更加"数岁"两字，以见并不是秦一灭了魏，便知道他两人是名士而即购求他两人的，乃在灭魏的"数岁"后，才知道他两人是魏之名士，这才悬赏购求。班氏省去"数岁"，在时间上便含浑不清；又省去"已闻此两人魏之名士也"，则悬金购求的意义不易明了。《史记》的"为里监门以自食"，顺便点出张、陈两人在逃亡中的生活；《汉书》省去"以自食"三字，对于他两人逃亡中的生活，表达得不够完全。上面的例子，在全书中都是有概括性的例子。

时间、方位及地点，在历史叙述中当然占有重要的地位。《汉书》有的在时间上修正了《史记》的错误，但有的则《史记》未错，而经他修改反而错了的；这在《汉书》袭《史记》的《封禅书》以为《郊祀志》中，表现得很清楚。但一般地说，《史记》对时间、方位、地点的叙述，较《汉书》为详密。试以袭《史记·淮阴侯列传》以为《韩信传》为例。

《史记·淮阴侯列传》

① 汉二年出关……令齐赵共击楚，四月至彭城。

② 汉与楚和，六月魏王豹谒归视亲疾……

③ 其八月乃以韩信为左丞相，击魏。

④ 信遂虏豹，定魏为河东郡。

⑤ 遣张耳与信俱引兵东北，击赵代兵，后九月破代兵。

⑥ 六月，汉王出成皋，东渡河。

⑦ 信追北至城阳皆虏（广）楚卒，汉四年遂皆降，平齐。

⑧ 信至国，召所从食漂母，赐千金。及下乡南昌亭长，赐百钱。

⑨ 汉六年，有上书告楚王信反。

《汉书·韩信传》

① 二年出关……令齐赵共击楚彭城。

② （《汉书》此处省去）

③ 乃以信为左丞相击魏。

④ 信遂虏豹，定河东。

⑤ 遣张耳与俱，进击赵代，破代。

⑥ 四年，汉王出成皋。

⑦ 信追北至城阳，虏广。楚卒皆降，遂平齐。

⑧ 信至国，召所从食漂母，赐千金。及下乡亭长钱百。

⑨ 有变告信欲反。

上表所列，在全书中是有概括性的。这里有一点，应当特加说明。在刘邦即皇帝位以前，《史记》在年号上，皆加一"汉"字，如①中的"汉二年"；《汉书》则否。盖史公之意，在刘邦未即皇帝位以前，统一之时间，应属于楚，如《秦楚之际月表》所列。但汉人抹煞楚在这段时间内的实际政治地位，直以秦亡之年为汉的元年，史公不能反对，故特加一"汉"字，以表示此元年、二年等，乃汉的元年、二年，而非代表当时一统的元年，至⑨的"汉六年"的"汉"字，可视为一时的笔误。

　　《汉书》比《史记》，录了很多有意义的策议奏疏，但《史记》也录了不少的彼此对话。《史记》录此种对话时，常尽力保持对话时的两方神气；而《汉书》袭用《史记》

时，则常将这种地方加以删节，由此影响到《史记》上的人物比较生动，比较能表现个性；而《汉书》上的人物，则缺少这种生动个性的表现。试以《淮阴侯列传》中蒯通说韩信的一段，与《汉书·蒯通传》为例。

《史记·淮阴侯列传》

① 齐人蒯通，知天下权在韩信，欲为奇策而感动之，以相人说韩信曰，仆尝受相人之术。韩信曰，先生相人何如？对曰，贵贱在于骨法，忧喜在于容色，成败在于决断。以此参之，万不失一。韩信曰，善。先生相寡人何如？对曰，愿少间。信曰，左右去矣。通曰，相君之面，不过封侯，又危不安。相君之背，贵乃不可言。韩信曰，何谓也……愿足下熟虑之。韩信曰，汉王遇我甚厚。载我以其车，衣我以其衣，食我以其食。吾闻之，乘人之车者，载人之患。衣人之衣者，怀人之忧。食人之食者，死人之事。吾岂可以乡利倍义乎。蒯生曰，足下自以为善汉王，欲建万世之业，臣窃以为误矣。始常山王成安君……

《汉书·蒯通传》

① 蒯通知天下权在信，欲说信令背汉，乃先微感信曰，仆尝受相人之术。相君之面，不过封侯，又危而

不安。相君之背，贵而不可言。信曰何谓也……信曰，汉遇我厚，吾岂可见利而背恩乎？通曰始常山王成安君……

也或许可以这样的说，史公所录的，较多保持原貌，而班氏则认为这类文字，无事实上的意义，故特多删节。史公录贾谊的《过秦论》以为《秦始皇本纪》及《陈涉世家》赞，文字与贾氏的《新书》无大出入。班氏所录贾氏《治安策》，则与《新书》的出入较大。《汉书》中常有因删节他人之言太过，以致意义不很明了的。但在思想史中文学史中，常有识解不足的人，对意义不十分明了的语言，特别感到其"不可说"的神秘性而加以推崇的。虚字的去取，关乎著史者的文体、习性。对他人文字语言的保留或删节，则与文体、习性无关。史公决不会为古人造作语言，这关于对古人语言原貌重视的程度。

将上面的比较加以综合，应当可以得出如下的结论。

史公的文体疏朗跌宕，富于变化；文句的组成较为圆满；篇章的结构，线索分明，照应周密，所以在理解上亦较为容易。在叙述上，则较精确而能尽量地保存历史的原貌。班氏大概要力存简要，所以他的文体较为质重简朴而缺少变化。结构的线索不甚分明，上下文间的关系，有的须读者加以推想补充，使人感到较《史记》的文字为难懂，说好听一点，似乎较《史记》为古奥。对于叙事，未能如

《史记》的尽其委曲，渐流于空洞化；对人物的活动，未能像《史记》的描出其生态，渐流于抽象化。不过，和以后的著作纪录比较起来，还是高出很多的。并且《汉书》中有的传也写得很绵密，例如《霍光传》、《外戚传》等。其中《张汤传》、《杜周传》、《韦贤传》，我怀疑是由他们的家传而来。

《史记》的文字，我觉得与《左传》及先秦诸子中的儒家为近，这是古代散文流行以后的正统。到了班氏手上，何以有这一曲折？我想可能有两个原因：第一，他要把他的著作，与唐虞三代之书比美，所以称为"汉书"。因此，他可能有心模拟《尚书》，力求简古，例如在用字上，《史记》上的用字，比较是当时流行的，并把他所引用的《尚书》，用当时流行的语意加以转译。而班氏则常将《史记》上流行的字，改为古字。这一点，前人已经指出过。而王莽时有拟《周诰》的风气，班氏也可能受此影响。这样一来，他的文体，不是顺着古代散文的正统趋向而下笔的，乃是把散文的趋向挽回到《尚书》的时代而下笔的。刘知几说他"有典诰之风"，或可和我的推测相印证。第二，司马迁也可能作过赋，《艺文类聚》卷三十的《悲士不遇赋》，也可能出于他之手。但他在赋上所下的功夫，不能及班氏于万一。而与他并时被称为词赋之宗的司马相如的赋，吸收有重要的散文成分在里面，其气势的雄浑跌宕，实与史公的《自序》及《报任安书》，有异体同工之妙。

但相如以后，及相如以外诸家的赋，则板重多于跌宕，整齐多于变化。班氏《汉书》的文体，也可能受到他在赋上面所下的深厚工夫的影响。总之，《汉书》的文体，不是代表古代散文正统的文体。

由此我们可以了解，韩愈、柳宗元们针对当时流行的骈文而提倡古文，亦即是提倡在骈文之外，另创造一种富有艺术性的散文，他们特重视《史记》而未尝重视《汉书》，乃事理所当然，亦可见他们在文学上造诣之高，真能把握到古文的正统。明代前、后七子，主张"文必秦汉"、"文必西汉"，虽然在时代风气之下，他们也标举《左》、《史》，但我怀疑他们之所谓"秦汉"，所谓"西汉"，实际是以《汉书》为范本的。与后七子相抗的归震川（有光，号熙甫），后人说他能得《史记》之神，这是在《史记》的虚字上用功夫，在《史记》的跌宕上用功夫，所得到的效果。但史公之神，发乎他的精神、情感，深入于历史之中，与历史人物同其呼吸的自然之神。而明以后古文家仅能得之于讽诵中的声调模拟，其深浅大小，不可以道里计。

《史记》札记

吴福助抄辑

摘抄例言

（一）本文依据东海大学图书馆特藏组收藏徐复观先生手批日本泷川龟太郎《史记会注考证》，择要摘抄。

（二）凡作者撮述史文段落大意，供个人诵读备忘之用，而未加评论诸条，不录。

（三）作者释注原书，部分零句片语，内容或有重复，或仅供个人记诵之用，缺乏参考价值者，不录。

（四）作者论述史文，供个人构成某种见解之基础，内容较乏参考价值者，不录。

（五）作者引录他书相关资料以参读，而未加评论者，不录。

（六）作者用红、蓝原子笔及蓝水钢笔反复诵读札记，批写时间先后，难以认定，今昔不加区别。

（七）所录考论《史记》本书各条，一律系以史文，并注明原书页码。其或批驳三家注及《会注考证》所引注家说法者，夹注说明，以便检读。

（八）所录各条，校释字义加引号（""），书名加书名号（《》），"按"下加冒号（：）。所系史文较长者，录其首尾句子，中加省略号（……），以便观览。

卷一　五帝本纪

五帝本纪第一（页1、2）

始于黄帝而不始于伏牺、神农，盖为材料所限制。
《说文》十三上"纪"，段玉裁注："《史记》每帝为本纪，谓本其事而分别记之也。"

幼而徇齐。（页4）

徇，慧，敏捷之意。
按：史公虽采《大戴礼》，然改字乃常见之事。（《索隐》）

神农氏世衰。（页5）

崔述乃以神农、炎帝为二人。（《集解》皇甫谧说）

东至于海，登丸山。（页9）

中国疆域之所自始，亦即建国之所自始。

官名皆以云命。（页 10）

政治制度之所自始。

万国和，而鬼神山川封禅，与为多焉。（页 11）

推许黄帝为最善。

顺天地之纪。（同上）

《大戴记·五帝德》"顺天地之纪"上有："黄帝黼黻衣，大带、黼裳、乘龙扆云，以顺……"
按：纪犹序也。

幽明之占（故），死生之说。（页 12）

人道民生之所自始。

旁罗日月星辰，水波土石金玉。（同上）

按："旁罗"者，广及之义；言广及于天地皆得其所之意。

有土德之瑞，故号黄帝。（页13）

按：黄帝之名已见于《左传》，非因邹衍五德终始之说而始有。特邹衍援黄帝之名以为傅会。（《考证》）

黄帝二十五子，其得姓者十四人。（页14）

锡土而始有姓。
按：同姓不婚，乃后起之事。（《考证》崔述说）

眚灾过赦。（页38）

按："过赦"，《尚书》作"肆赦"，则此"过"字疑"遂"之误。"肆类上帝"之"肆"，《史记》正作"遂"也。

惟刑之静哉。（页39）

泷川之言甚是，且以成其一人之文体也。（《考证》）

迁三苗于三危。（页41）

按：此段乃用《五帝德》之文。但《五帝德》谓杀三苗于三危，《尚书》则用"窜"字。史公用"迁"字，盖其用字之慎也。

尧立七十年而得舜。（页42）

以下杂采《孟子》、《左传》、《国语》、《大戴记·帝系》及《韩非子》而成。

尧知子丹朱之不肖不足以授天下……而卒授舜以天下。（页43）

按：此数语为史公所发挥，乃其所把握之历史关键也。尧、舜有与此相反之传说而不采，所谓"必考信于六艺也"。（《正义》引《竹书》说）

舜曰："天也夫！"（同上）

按：舜为天子"天也"，虽系《孟子》之言，然舜若不感其为天命，即不应践天子位，故史公直记云曰"天也夫"，非误解也。（《考证》梁玉绳说）

顺事父及后母与弟。（同上）

按：后母之说，史公必有所本，特后人不见耳。（《考证》崔述说）

予观《春秋》、《国语》，其发明《五帝德》、《帝系

姓》章矣。（页67）

按：（一）在民族现实及生活之精神中，有此一段历史，则历史家不能弃而不顾。（二）又有许多互相发明之资料，足以证明《帝德》等记载之有旁证，其材料有可用之价值。

按："发明"者，互相发明之意。

书缺有闲矣。（同上）

按："闲"当作"间隙"之"间"。《尚书》残缺有不完全之处。

择其言尤雅者。（同上）

不如此，则各个材料无法加以构成。

卷二　夏本纪

载四时。（页6）

按：载，乘也。乘四时之运以为功。

卷三　殷本纪

简狄取吞之，因孕生契。（页2）

按：《史记·五帝本纪》去其神话，于《殷纪》、《周纪》、《秦纪》则书之，盖神话之来源不同，一为后人之附加，一为其本系之自述。后人所加者，史公可以去之。其本系自述其典者，史公安得而抹煞之乎？

西伯归，乃阴修德行善。（页30）

梁乃迂腐之见。（《考证》梁玉绳说）

卷四　周本纪

居期而生子。（页2）

此根本不了解古代常须经过一种神话之阶段。（《考证》）

武王亦答拜。（页26）

小司马氏陋见。（《索隐》）

余各以次受封。（页 32）

此乃谬迂之说。（《考证》崔述说）

周既不祀。（页 96）

按："既"者，卒也。下不应有缺文，王说非。（《考证》王鏊说）

卷五　秦本纪

《秦本纪》第五（页 1）

按：《秦本纪》直述至二世之亡，首尾完整，此与三代之《本纪》无异。其所以另立《始皇本纪》，乃因时近资料丰富，分之以求其详。实则《始皇本纪》，乃《秦纪》之别出耳。诸说何纷之乎！（《索隐》、《考证》）

四十四年，攻韩南郡取之。（页 76）

按：此系引《潜研堂集》卷十二答问九，文字蕲裁多不当。（《考证》引钱大昕说）

王齕将，伐赵武安、皮牢，拔之。（页 77）

睡虎地秦简《大事记》，昭襄王"四十八年，攻武安"，足证此处"武安"不误。梁说不足信。（《考证》梁玉绳说）

卷六　秦始皇本纪

大索逐客。（页 11）

按："大索逐客"，乃逐吕不韦之客。李斯为吕不韦舍人，故亦在被逐之列。非逐一切之游客也。

方今水德之始。（页 23）

按：五德运转，本无所根据，而系人有意安排。此说倡始于邹衍，故秦人自以邹说为主。

胡、王诸氏，乃根据刘向后起相生之说，又不知汉初有继秦、不继秦之诸项主张，故有此拘愚之见。（《考证》胡三省、王鸣盛说）

更名民曰黔首。（页 28）

"黔首"一词在前已流行，至此乃成为政府之正式法令，加以统一。

亲巡远方黎民。（页 34）

按："黔首"乃通称，"黎民"乃仿古之称谓，此在文辞上乃常见之修饰辞，与下《琅邪刻石》称"郡守"为"方伯"者正同。

项羽为西楚霸王，主命分天下王诸侯，秦竟灭矣。（页86）

此即注明为项羽立本纪之故。

善哉乎贾生推言之也。……是二世之过也。（页87）

按：贾生之论所以立劝戒，其与史实有出入，乃出于其主观意识之要求。诸人所批评皆系腐论。

其势居然也。（页89）

按："势居"犹"居势"，《考证》妄。（《考证》）

卷七　项羽本纪

项羽本纪第七（页1）

全文约八千零八十四字，《汉书·项羽传》约六千四百七十九字。

（一）个人材料之取舍。（二）个人材料之安排。（三）一般情势之反映与穿插。（四）脉络之贯通。（五）以事实代说明结论。凡此皆须先能把握纲领，融会贯通。

项籍者，下相人也。（页2）

项籍为全篇之主，故先叙其平生。但项梁未死时，梁实为主体，故须即叙梁。二人在生活与事业上不可分，故在叙项羽中带出与梁之关系，在叙项梁一段中，又带出项籍。

此小段叙项氏与楚之关系，以显出项氏起兵之背景。

项籍少时学书不成，……又不肯竟学。（页3）

此数语叙出羽粗豪之气的性格。其所以能穿插于项梁叙述之中者，以其年少受项梁之教也。

此一段叙述，反映羽之性格。此性格与其尔后事业相关。

以是知其能。（页4）

按："知其能"者，知各人之能力也。为他日起事成军作准备。此句与下皆相勾连，此其所以为法之密也。

梁与籍俱观，籍曰："彼可取而代也。"（同上）

按：秦楚之际为历史上一大转变，故史公对此种心理极力描写。

由此数句所流露之野心，为尔后起事张本。

一种心理，两种口气，表现两种性格。一粗豪，一沉鸷。（《考证》刘邦语）

籍长八尺余。（同上）

以上皆衍梁事，故此处必补出籍。

对羽之形容，不缀于上段而出于此处者，盖所以为吴中子弟惮籍作注解，而吴中子弟之惮羽，乃与起兵举大事有关也。且上皆叙项梁之才，若此处不插入项籍，则文字成为单线发展，以致忽视项籍的一面。

才气过人。（同上）

以上叙未起事前情形，处处伏笔。"气"字尽羽之一生。

虽吴中子弟，皆已惮籍矣。（页5）

按："已惮籍"之"已"，从"项梁奇籍"而来。《汉书》此句去"虽"、"已"、"矣"三字，遂无跌宕之致。

秦二世元年七月，陈涉等起大泽中。（同上）

此句提醒当时形势。

江西皆反。（同上）

按：当时之所谓"江东"，乃指长江下游而言。"江西"，乃指长江上游而言。由下游向上，故下曰"渡江而西"也。

后则为人所制。（同上）

《史记》用句较《汉书》多变化，于此亦可见一端。（《考证》引《汉书》）

请召籍使受命召桓楚。（同上）

按：《汉书》多改《史记》之"命"为"令"，盖"命"尊于"令"也。

一府中皆慴伏，莫敢起。（页6）

按："一府"者，全府也。"起"，犹动也。

　　梁部署吴中豪杰。（同上）

"部"乃组成互相隶属之单位。"署"乃安置其职位。

　　有一人不得用，……众乃皆伏。（同上）

由此一具体事实之叙述，而项梁蓄计之久，才识之过人，皆得以彰显。

　　徇下县。（同上）

按：如李说，则"徇"者，以兵力略取之意。（《集解》李奇说）

以上叙起事时情景。

　　项梁乃以八千人渡江而西。（页7）

"渡江而西"，乃一大关键，十一字句写来堂皇，脉络显活。

此小段叙其起事后渡江之机缘。

　　无适用。（页8）

按："适"应释作"合"，无适用者，无合用之人也。颜说非。(《考证》颜师古说)

　　少年欲立婴便为王。(同上)

"少年欲立婴便为王"，此乃当时一般之社会心理。婴母劝其"有所属"，乃见其较一般心理特为细密，故史公特书之。此乃文中之插曲，然插曲必与主题有关系，乃能有风致而不觉赘累。

　　异军苍头特起。(同上)

按："特起"者，不属于他人而独树一帜之意。

　　陈婴母谓婴曰。(同上)

此段所以著婴母也。婴母之识未必特为可贵，要出自妇人，斯为可贵耳。

　　未尝闻汝先古之有贵者。(同上)

按：就《汉书》所改，可知《史记》之"先古"原作"先故"，班固误解"故"义而妄改。

婴乃不敢为王，……以兵属项梁。（同上）

　　有此一般，以见项梁因家世而得众望，乃其所以能迅速发展之原因。

　　此两小段叙项氏之始大。中间夹入陈婴之母一段，一以描写当时之各种心理，一以显出项氏之人望。叙事文中有此等笔墨，乃能有生气。且陈婴之母，得此而入于史乘。

　　当是时秦嘉已立景驹为楚王。（页9）

　　按：《汉书》去"当"字，文势弱。

　　项梁已并秦嘉军。（页10）

　　提笔必如此，精神脉络乃贯注而不散漫。

　　项梁前使项羽别攻襄城。（同上）

　　此段以项梁为主，而照应到项羽。

　　还报项梁。（同上）

　　至"还报项梁"止，述项梁起事之初期发展，至此告一段落。文章段落，须与事势相应。

项梁闻陈王定死。（同上）

必点醒此句，乃与全般形势相应。此乃另开以后之局面。

此段在叙项梁之初步发展，且暗叙出此时之形势。

此时沛公亦从沛往焉。（同上）

因以后与沛公互相关涉，故此时须插入此一句。此为另一事，故用"焉"字以顿跌之。《汉书》去"焉"字，文气全别。

居鄛人范增，年七十。素居家，好奇计。（同上）

数语为以后之行动作准备，故此数语为前段转向后段之桥梁。

今陈胜首事，不立楚后而自立，其势不长。（页11）

范增论陈胜，未尝不是。盖陈假楚继而首发难，其势甚孤，故应有社会潜力之凭借。但非所以论于项梁之时。盖项梁此时，形势已与陈胜时不同也。

乃求楚怀王孙心，民间为人牧羊，立以为楚怀王。从民望也。（页12）

按此时乃历史之一大转变时期，平民而有为天子之心，无所借助于早经没落之六国遗族。平民而有为天子之心，乃新的浪潮，而六国遗族之后起，乃余光之反照。此意惟张良知之耳。且楚与六国平列，原非天下之共主。立楚后并不足以号令天下，尔后六国之叛楚，此亦其原因之一也。

此段叙立怀王之经过，已伏下杀义帝张本。

项梁自号为武信君。（同上）

此处叙陈婴与项梁之地位，以见怀王一开始即不信任项氏。

与齐田荣、司马龙且军救东阿。（同上）

"初，章邯既杀齐王田儋于临菑，田假复自立为齐王。儋弟荣走保东阿，章邯追围之，梁引兵……"按《汉书》加此数句，较为明密。

因齐与项氏相终始，纠葛最多，故叙此一段。

项梁已破东阿下军。（页13）

因中夹叙齐事，故必有此句，而其前后相终始显。

此段叙楚与齐之关系较详，因与项氏兴亡有密切关系。

　　齐遂不肯发兵助楚。（同上）

为后伏笔。

　　项梁使沛公及项羽，别攻城阳，屠之。……外黄未下。（同上）

若项羽及刘邦非主要人物，则此类小军事行动，必略去不加叙述。（指城阳一役）

此小段叙项、刘之活动，乃项梁死后形势转移作伏笔。

　　项梁起东阿，西北至定陶，再破秦军。（页 14）

此乃与上并叙，而非续叙。

　　宋义乃谏项梁曰。（同上）

叙此段，不仅见项梁之所以败，且由此而伏下宋义为上将军一段公案。

　　项梁死。（页 15）

叙项梁之死，自起事至此告一段落。以后乃以羽为主。

乃与吕臣军俱引兵而东。（同上）

引兵而东，乃暂退军也。

此小段叙项梁死后之形势。

章邯已破项梁军。（同上）

此句系明脉络。

自此以后，以巨鹿之战为主。此为秦亡楚兴之关键。一切叙述皆以巨鹿之战为中心。

当此时赵歇为王，陈余为将，张耳为相。（同上）

按：叙事之法，有其一贯主题，楚者此文之主题。然楚未掌握全局以前，其行动必与全局相关；故必叙全局而楚行动之意义乃明。即楚以外之某一局部形势，若与楚之利害有关，则此形势亦成为楚行动之背景，必此种背景明而后楚之行动意义乃显。故一切插叙均以此断之。

此小段叙秦、赵两军之形势，即叙楚以外之形势。此时之全局仍在秦。

楚兵已破于定陶。……将砀郡兵。（页16）

必有此句提醒，脉络乃明。（指首句）

此小段叙楚之形势。

在两方关连交错一决雌雄时，必将两方形势交代清楚，眉目乃清楚。

按：《汉书》去此数句，所以加羽杀怀王之罪也。

项羽为鲁公为次将。（页17）

羽之封不叙于上一小段而叙于此者，以便与宋义作对照，且与上系别为一路也。

范增为末将救赵。（同上）

按：《汉书》"救赵"之移置是也。

诸别将皆属宋义，号为卿子冠军。（同上）

号"卿子冠军"，壮义之声势。

行至安阳，留四十六日，不进。（同上）

《汉书》去"四十六日"四字，文因抽象化而不现精神。

夫搏牛之虻，不可以破虮虱。（页 18）

按："搏牛"二句，喻赵小而坚，秦攻之不易也。上
句言章邯虽破项梁，但未必即能攻破邯郸也。

强不可使者。（同上）

由"强不可使"四字，可以知怀王防羽之故。

今将军诛乱。（页 20）

语气未完。慌乱不暇完也。
此段叙杀宋义事，为巨鹿之前奏。
杀宋义为羽获得权力之张本，故详叙之。

项羽已杀卿子冠军。（同上）

加强羽之声势。

无一还心。（同上）

按："一"者，在此段乃丝毫之意，言绝无还心也。

当是时……诸侯军无不人人惴恐。（页 21）

此数语已将战事叙了。必加此一小段，乃有声有色，且使人有战事之真实感。

叙楚军之声威不由敌军反映，而由友军反映，此其所以有声有色。因此时之友军系处于旁观地位。

> 项羽由是始为诸侯上将军，诸侯皆属焉。（同上）

前者为楚上将军也。

此段叙巨鹿之战。

经巨鹿之战即秦之命运已失，故巨鹿战为亡秦事业之高峰。

> 章邯军棘原，项羽军漳南，相持未战。（同上）

此三句说清战后形势。以下之活动，皆在此形势下进行。

> 项羽悉引兵击秦。（页 24）

羽盖乘其狐疑不决而击之。

> 章邯使人见项羽，欲约。（同上）

章邯乃秦主力，故对其降楚经过详叙之。章邯降而秦势已尽矣。

此段所以详叙章邯之降者，盖章邯降而秦实已亡矣。但若无巨鹿之战即无章邯之降。故由此点言，则此段亦可谓为巨鹿之战的余波。

到新安。（页 25）

此处《汉书》加"汉元年，羽将诸侯兵三十余万，行略地至河南，遂西"数语，较明密。

行略定秦地，至函谷关。（页 26）

一面前进，一面略定秦。

此段叙章邯降后项羽之行动。按秦军完全覆没后，秦实已亡。文字由亡秦转入于刘项斗争。其第一高峰为鸿门之会。故此段乃鸿门之会的先声。

按：《汉书》将此段移入《高纪》，为《项纪》减色，为《高纪》生色矣。

当是时，项羽兵四十万，在新丰鸿门。沛公兵十万，在霸上。（页 27）

此小段叙两方形势。

按：有此两句，两方之壁垒分明，而文势亦特现精神严整。

范增说项羽曰……急击勿失。（同上）

叙此一段，为鸿门之会作势。

良曰："料大王士卒，足以当项王乎？"（页28）

按：观下文项庄"君王与沛公饮"之言，则顾说是也。（《考证》顾炎武说）

此一夜之事关系于楚汉兴亡，故详叙之。

此段详叙张良缘项伯以求解救之经过，以见刘势之弱，情势之险。

吾得兄事之。（页29）

南宋绍兴庚申刊《集解》本作"吾得见兄事之"。

不如因善遇之。（同上）

按：梁说迂论也。此时项、刘在表面上固仍为友军而非敌军也。（《考证》梁玉绳说）

项王曰："此沛公左司马曹无伤言之，不然籍何以至此。"（页30）

项羽此语具见其年少气盛，而实则中无定见，实童骏耳。

项伯东向坐，……张良西向侍。（同上）

坐次可以反映当时之地位，且为后之演出交待场面也。

按：《新序》（《杂事》篇）"秦欲伐楚，使使者往观楚之宝器"一段，昭奚恤所定之坐次，正与此处合，以东向为贵，西向次之。

范增之南向坐，盖所以尊之，故不称范增，而称"亚父"，下乃加"亚父者，范增也"一句以解释之。

按：后汉间蜀，"见使者，详惊愕曰：'吾以为亚父使者，乃反项王使者！'"按此，则"亚父"当为尊敬之辞，非其字也。

按：《韩非子·外储说左下》："管仲相齐……曰：'臣尊矣，然而臣疏。'乃立为仲父。"又《外储说右下》："昔者齐桓公爱管仲，置以为仲父。"按此，则如说是而刘说非矣。（《集解》如淳、《考证》刘攽说）

又鸿门之会，为项氏一生发展之最高峰，又为由灭秦转入刘项斗争之转捩点。而一夜及半日之紧张活动，关系于刘项兴亡者至大，其决定因素全系于两方人士之心智活动。换言之，此为在此一段历史中，历史人物性格之集中表现，故史公对群象之描写特力。此盖说历史中之人格活动以掌握历史之关键也。

大礼不辞小让。（页 33）

枫山本、三条本无"小"字。按：无字者是也。

当是时项王军在鸿门下，沛公军在霸上。（页 34）

二句提醒当时形势。

沛公则置车骑，脱身独骑。（同上）

"脱身"犹单身。

谨使臣良奉白璧一璧。（同上）

各本下"璧"字作"双"，泷本"双"误作"璧"。

立诛杀曹无伤。（页 35）

按：欲杀刘邦者，仅范增少数人之私计。就外表言，

固仍为友军耳。董份之论迂切。（《考证》董份说）

项王使人致命怀王。（页36）

按："致命"犹"请命"。

汉之元年四月，诸侯罢戏下，各就国。（页44）

此段叙项羽封诸侯王之形势，政治力由秦转于项羽。

项王出之国，……击杀之江中。（页45）

此一小段结束交代项羽与怀王之关系。

陈涉乃首义之人，怀王孙心系项家所立所废，其在历史上之地位与意义，岂可相提并论，赵翼真腐俗之见。（《考证》赵翼说）

今尽王故王故丑地。（页47）

各本下"故"字作"于"字。

齐、赵叛之。（页48）

按：彭越此时受命于田荣，不应与齐并列；《汉书》

改"齐、赵"为"齐、梁",非是。(《考证》)

　　令萧公角等击彭越。(同上)

　　此为楚汉相争之始。

　　按：自鸿门以后,重心移于刘、项之争。凡叙齐、赵、
彭越、臧荼,皆与刘、项之争有关,故分叙而实有一重心
以贯注之。

　　项王由此怨布也。(同上)

　　为后作伏笔。

　　多所残灭。(页49)

　　按：汉能劫五诸侯兵而羽必出之于阬戮,刘、项之胜
负于此可见。

　　春,汉王部五诸侯兵。(同上)

　　"五诸侯兵"以颜说为长。(《考证》颜师古说)

　　而自以精兵三万人,南从鲁出胡陵。(页50)

此处可见项之能用兵，兵少则行动迅速，而指挥掌握为易。

项王乃自东击彭越。汉王得淮阴侯兵，欲渡河南，（页 58）

自荥阳之战以后，由相持而项羽转于罢弊，其原因为韩信与彭越之袭扰楚后方。

汉之转机在于得彭越、韩信之力。

皆会垓下诣项王。（页 68）

按："诣项王"者，指向项王。三字非衍。（《考证》中井积德说）

汉皆已得楚乎？是何楚人之多也！（同上）

此处用"乎"字、"也"字，其气衰矣。

项羽乃欲东渡乌江，（页 71）

按：项羽之事业皆其本身才气之直接表现，而气尤为其人格之具体内容。故于垓下之败后，直至其死，皆其人格之直接描写也。

故分其地为五：……封吕胜为涅阳侯。（页 73）

此小段叙诸人得侯之易，实反衬出项羽之余威。

自矜功伐，奋其私智而不师古。（页 76）

此处之"而不师古"，殆指其不能用人而言。

卷八　高祖本纪

常有大度，（页 5）

《佞幸传》："汉兴，高祖至暴亢也。"李笠《订补》："此皆恐犯罪讳以杂见错出而明己论也。"按：如李说则《本纪》为虚语。《本纪》之"大度"，乃刘季未得天下以前容忍精神。《佞幸传》之"暴亢"，乃刘季得天下后所暴露之本性。故有"汉兴"二字，以见其得天下以后情形也。

是时章邯已以军降项羽于赵矣。（页 31）

此点破灭秦之功在羽而不在邦。

沛公以为诈，（页 32）

此以见司马之为实录也。(《考证》)

闻项王怒欲攻沛公,(页 37)

无所谓尊君之体。(《考证》梁玉绳说)

士卒皆歌思东归。(页 41)

林乃腐论,可笑。(《考证》林伯桐说)

有功者辄裂地而封为王侯。(页 63)

可知此为其得天下之主要条件。

王陵对曰:(页 65)

按:陵言与韩信言合,又与上群臣之言合,此即所谓"顽钝无耻嗜利者多归汉"也。

太公家令说太公曰:(页 68)

家令之言,定一尊于人主,此乃不明大体之言。

乃伪游云梦,会诸侯于陈,楚王信迎,即因执之。

（页 70）

于此见刘邦之深惧韩信。

天子以四海为家，非壮丽无以重威，且无今后世有以加也。（页 75）

萧何陋说。

始大人常以臣无赖，不能治产业，不如仲力。今某之业所就，孰与仲多？（页 76）

此种描写，乃人格之涌现。

立子恒以为代王。（页 79）

按：书名者史公之笔，不书名者乃后人所改，钱说误也。（《考证》钱大昕说）

高祖还归过沛，……道旧故为笑乐十余日。（页 80、81）

此等处所叙述之生活，皆其率真之表现，故可以表现其人格。

高祖崩长乐宫。（页 85）

如臣瓒之说，则高祖以秦庄襄王三年，岁在甲寅生。（《考证》）

卷九　吕后本纪

薄夫人子恒为代王。（页 4）

此以后世例前代，不当。（《考证》梁玉绳说）

三年，方筑长安城。……十月朝贺。（页 8）

按：吕后主政，无设施可言，故特为省笔以见意。

君等幸得脱祸矣。（页 9）

按：汉初，诸大臣以能免死为大事，诸说皆迂。（《考证》）

三年，无事。（页 15）

按："无事"者，无新造之事，非无循常之事。

诸吕权兵关中，（页 27）

按：名词常作动词用，"权兵"者即执兵权之意，不必"拥"字义长也。（《考证》）

代王，方今高帝见子，最长，（页 35）

按："见子，最长"者，现存之子最长也。

太史公曰：……衣食滋殖。（页 37、38）

按：此赞不完具，但系言朝廷乱而天下仍得以安之故。

卷十　孝文本纪

此所谓盘石之宗也。（页 3）

按："宗"疑"安"之误。

及为收帑，（页 13）

按："及"者，"乃至"之义，非"乃"字之误。

卷十一 孝景本纪

孝景本纪第十一（页1）

按：《孝景本纪》，仍系史公之旧，而经后人删削者，非本于《汉书》。

更命廷尉为大理，……置左右内官，属大内。（页12、13）

按：此段，《汉书》仅"十二月，改诸官名"七字，可知此文乃在《汉书》之后。

卷十三 三代世表

余读谍记，（页3）

"谱牒"对举，则"牒"以列其事，"谱"以纪其系谥；单举则其义可以互兼。（《考证》）

从黄帝至武王十九世。（页22）

"十九世"之"十"字，当有脱文。

卷十四　十二诸侯年表

十二诸侯年表第二（页1）

傅氏之说可信，但对其所以然之故，尚未能言之成理。按：董仲舒有孔子作《春秋》，亲周王鲁之说，司马氏既本《春秋》以成表，故亦以鲁居于王位，不与十二诸侯同。亦犹秦统一六国，故不与六国同也。（《考证》傅占衡说）

按：表有曹而无《曹世家》。表无越而有《越世家》。曹乃成王时同时受封之国，入表以存周室封建之形势。其细已甚，故不为其作世家。此表以春秋为主，越在春秋之末始见，故不必入表。然尔后曾称霸诸侯，且有史料可据，故为之立世家。

按：此序主要言世运之隆污演变之故。

序意：在周厉王以前，世运寄于政统。自厉王之始乱而政统不足以持世运，故孔子作《春秋》，而世运寄于学统。此亦史公作史之意也。

师挚见之矣。（页3）

按：就《论语》之语意推之，似以《关雎》为国风之始，乃厘定于师挚，故曰"师挚之始"，大约史公以为师挚之所以定《关雎》为首，正因其有闺门教化之意。

周道缺，……《鹿鸣》刺焉。（页 4）

"诗人本之衽席"，盖针对汉初而言。

此数语言之始于微，即《自序》引《易》曰："失之毫厘，差以千里"之意。

乱自京师始，而共和行政焉。（页 5）

此段言周室因失其礼义之本以至王纲解纽，不复为历史命运之所寄。

周之政统实终于此。

"共和"应以杨树达《师𫇭𣪘跋》之说为妥，见《积微居金文说》页一三八。

是后或力政，……贼臣篡子滋起矣。（同上）

按："力政"者，以力为政也。

此段言周衰而有五伯，但五伯孙"力政"，故依然非世运之所寄托。

此极言世运之无所托。

齐、晋、秦、楚其在成周微甚……皆威而服焉。（同上）

此言四国乃凭地形之便利而起，非以德服天下也。

此段言周室失政后，历史上之混乱情形，使生民无所托命。

　　　　是以孔子明王道，……不可以书见也。（页6、7）

此段言孔子作《春秋》，乃世运之所系，学术文化代政治而维系世运也。

由个人言，谓之"义"。由政治言，谓之"法"。与"古文义法"不同。

按："王道备，人事浃"，以见《春秋》为世运所寄也。

按：荀子谓《春秋》之微也。史公谓七十子之徒，变其传指，为其不可以书见也。由此可知作史之艰难，故无理想以克服此艰难，即不能写成客观之历史。

　　　　因孔子史记具论其语，成《左氏春秋》。（页7）

孔子因事以见义，则义亦由事而显，故《左氏》具论孔子所语之事实，使事实为义法之断制。

按："论"乃编定之意，"其语"者，孔子所语《春秋》之事实也。

史公因董氏而义承《公羊》。此处特出《左氏》者，因年谱之材料，皆本于《左氏》。

铎椒为楚威王傅，……各往往捃摭《春秋》之文以著书，不可胜纪。（页8）

由此段叙述可知，《春秋》非仅作史书看，而系作私人之著作看。

盖即就事（具体的思维）言理，而非以思辨言理之思维特性。

此段言"春秋学"之发展流变。

汉相张苍历谱五德，（页9）

以年历列明五德转运之数。

欲一观诸要难。（同上）

此句总评其缺点。

此系就以上各家加以评断，而指不完不备无所折衷，以见其作此《年表》之意。

于是谱十二诸侯，自共和讫孔子。（同上）

就史对儒者及驰说者之批评观之，乃由教训之意识，转为史学意识之表现。孔子乃匹夫耳，自共和讫孔子，此正表明以文化济政治之穷。

表见《春秋》、《国语》、学者所讥盛衰大指著于篇。（同上）

按：此处之《春秋》，乃包括《吕氏春秋》而言。

卷十五　六国年表

六国年表第三（页1）

按：《六国年表》，主要为秦并六国之过程，故序以秦为主。

按：此序言秦统一天下之经过，以见时代变迁之急。此篇之理念为司马光史观之所本。

按：对世变之深切感受，即所谓"通古今之变"，此乃史家把握历史之关键。

谋诈用而纵横短长之说起。（页3）

按："短长"犹言利害，策士向时君陈策，何者为长，何者为短，短长相较，以动时主，故谓之"短长术"。

盖若天所助焉。（页4）

按：史公此等处言天，言其德不足王也。

或曰："东方物所始生，西方物之成熟"。（同上）

此乃当时术数家之言，史公引之。
此段对秦能统一天下所作之怀疑性之解释。

烧天下诗书，诸侯史记尤甚，（页5）

按：《竹书纪年》当为魏之史臣所录。
按：由此亦可见孔子作《春秋》在史学上之贡献。

世异变，成功大。（同上）

按："世异变"者，世与前代异而情势亦因之而变也。

传曰"法后王"，何也？（同上）

按：《荀子》之所谓"法后王"，乃指法周而言，史公
及后人皆误解。

学者牵于所闻，……悲夫！（页6）

"牵"犹拘也。
由此可知当时学者之不敢道，并非真出于政治得失之
判断，而系来自成败势利之见。

卷十六　秦楚之际月表

秦楚之际月表第四（页1）

刚性的句子，气象挺拔；柔性的句子，风神飘逸。两者以相形而愈显其特性，以迭出而更显抑扬顿挫。

此文可作《风骨》篇（《文心雕龙》）之范文。

虐戾灭秦，自项氏。（页2）

阬降卒，杀子婴，焚宫室，故曰"虐戾"。

拨乱诛暴，平定海内，卒践帝祚，成于汉家。（同上）

此实以十六字为一句。

笔势挺拔。

故愤发其所为天下雄，安在无土不王。（页3）

按："愤发"犹奋起。

上文跌宕低回，此两句则重新振起，故能于跌宕之中，依然可以透出强大的力量。

岂非天哉，岂非天哉！（页 4）

按：此序乃见汉兴为历史上之一大变局，此大变局非一二人之力使然，故曰"岂非天哉"。

以见时势造英雄，非一人之力。

此二句乃此序之主题，层层逼出，故特为有力。

非大圣孰能当此受命而帝者乎？（同上）

"大圣"乃作主题闪避之用。

秦二世元年。（页 5）

按：在此表二世元年之所谓"楚"，系指陈涉及楚怀王，此与项氏无关。项氏后又号令天下，亦与原来之"楚"无关，故不能不将"楚"、"项"分而为二。

卷十七　汉兴以来诸侯王年表

汉兴以来诸侯王年表第五（页 1）

按：此篇以形势为主题。

汉以大封异姓诸王，合天下之力以灭项羽，得天下后力求安天下之策。始则杀戮功臣，非异姓者不王，以同姓制异姓。继则同姓亦尾大不掉，乃削封召乱。继则采众建诸侯而少其力之遗策，以强干弱枝，以中央制地方。此皆在形势上讲求安定。然枝弱而王室兴，汉卒以亡，则仅凭形势以求安定之果不足恃也。史公之以仁义为本，信哉。

> 形势虽强，要之以仁义为本。（页7）

汉削弱封建，其形势已强矣，其仍以仁义为本，盖以安天下者，在此不在彼也。

此表之最大特色为仅有兴废叛服之记载，而无政治文化之设施及交互之交往。盖此一封建局面，全为形势逼出，此外更无目的、成效可言。

卷十八　高祖功臣侯者年表

高祖功臣侯者年表第六（页1）

按：此表与前表异者，不仅上表以王为主，此表以侯为主；抑且上表所列者，为当时之所谓王，亦同于诸侯，当时形势之所不得不封。其封与废，皆所以对应当时之形势，以求安定天下，而非出于酬庸报功。此表所列者，则以酬庸报功为主，非由形势所主宰，而系由高祖私人所主宰。故在性质上与前者不同，因分为二表。

封爵之誓曰：“使河如带，泰山若厉。国以永宁，爰及苗裔。”（页2）

按：此处所引者乃相传之古誓词，非就汉而言，视此段之上下文而极易明白。《困学纪闻》所引《楚汉春秋》之词，乃汉高祖袭用古誓词，而于末二句改为汉语。两不相混，无所谓“吕后更之”。梁盖未求之于上下文义耳。（《考证》引梁玉绳说）

曰：异哉所闻！（同上）

按：此谓古者衰微之以渐，久而尚存，而汉则封之未必以其道，失之亦非其渐。骤封骤失，故曰异于古所闻。

罔亦少密焉。（页4）

此《自序》所谓“隐约”者也。

然皆身无兢兢于当世之禁云。（页5）

此段言汉室之上薄下偷，不及于古。

居今之世，志古之道，所以自镜也，未必尽同。（页5）

封废皆不出于一己之私，所以自镜其失。

此段似曲为汉室原谅，而实所以深其慨感，且肯定其在历史中之意义。

卷十九　惠景间侯者年表

惠景间侯者年表第七（页1）

按：此表序文义似不完。

按：此表内所列之侯，皆所以表示朝廷之恩泽，与前二表殊科，故云"当世仁义成功之著者也"。

卷二十　建元以来侯者年表

建元以来侯者年表第八（页1）

按：此表以汉武伐闽越、匈奴之将帅为主。序文之意，以为蛮夷在所当伐，然以汉武凭借之厚，而消耗国力至大，则其设施用舍之不当可知。封侯者之多，正见其耗费耗力耗时之大且久。此乃序之微意所在。应与《匈奴传》赞合观。

卷二十一　建元已来王子侯者年表

制诏御史，……朕且临定其号名。（页2）

按：此种封侯，毫无政治上之意义，仅表示天子一人之恩而已。

卷二十三　礼书

洋洋美德乎！宰制万物，役使群众，岂人力也哉？（页2）

按："洋洋美德乎"系美礼。"宰制万物"两句，指政治权力，"岂人力也哉"，言非可恃人力而须恃礼。此乃一篇之主题。

政治应本于礼，而不出于人之权力意志。

仲尼曰："禘自既灌而往者，吾不欲观之矣。"（页4）

"仲尼曰"二语，乃对周废以后之总判断，言徒具礼之形式者，皆不足观。

夹此句言礼之不可乱，以引起下文。

奢溢僭差者谓之显荣。（同上）

按："差"乃差失之意，即政治上之失礼。

而况中庸以下，（页5）

按：此处之"中庸"，犹中人之资者。

至秦有天下，……依古以来。（同上）

因汉承秦礼，故此处对秦采曲笔。

"尊君抑臣"，为此后礼制之骨干，缘人情而为节，诱进以仁义之意全失。

按：《正义》释"依古以来"为"依古以来典法行之"，与上文义矛盾，此句下当有阙文。按：当释为"依托古礼传下之形式行之"。

躬化谓何耳，（页6）

按："躬化"犹言"身教"。"躬化谓何耳"，犹言"身教之谓何"，言不合于身教之旨也。

御史大夫晁错明于世务刑名，数干谏孝景曰：（同上）

此言晁错本刑名精神以言礼，非礼之本义。

　　追俗为制也。（页7）

"追俗"犹"随俗"。

　　乃以太初之元改正朔，……垂之于后云。（同上）

此言汉或以侈泰之心补秦之缺漏。

　　是儒墨之分。（页12）

　　由此处之以删字而衔接无迹，可知由礼论中夹入议兵一段，盖有其深切用意，乃针对汉武穷兵而言也。

　　刑措而不用。（页16）

下又入礼论。

　　太史公曰：（页22）

按：非后人妄增。（《考证》）

卷二十四 乐书

太史公曰：……未尝不流涕也。（页2）

按：乐以和为主。汉时君臣间残忌猜嫌，故史公于发端处有此痛切之感。

按：此当与《匈奴列传》赞对看。

仅以文章惯性论之，陋矣。（《考证》方苞说）

"维是几安"，恐系"惟几惟康"（《尚书·益稷》）一语之转用。（《考证》）

推己惩艾，（页3）

"惩"，创也。即鉴戒之意。

君子不为约则修德，……非大德谁能如斯！（同上）

按：此皆针对汉武而言。

斟酌饱满，（同上）

按："斟酌饱满"，言取之于音乐而得精神满足。

名显邻州，（页4）

此四字疑衍文。

赵高曰：（页5）

此以赵高比公孙弘。

二世然之。（同上）

此言乐随政坏而极于秦。

高祖过沛，……习常肄旧而已。（同上）

此段言汉兴四代，音乐简陋。

通一经之士，……多尔雅之文。（页6）

按：由此可知当时经学之陋。

世多有，故不论。（页7）

由此更可知史公著书，所以备遗补缺之意。且甚有微辞。

又尝得神马渥洼水中，……当族。（页7、8）

因马作歌，正以见其侈心的流露。（指汉武帝）

按：先王作乐，采自风俗，所以通人之情，饰人之性，以与万民共之也。而武帝竟以马而作乐，具用之郊祀庙享，故说为此语以讥之。（汲黯谏武帝语）

以上是武帝之荒淫无知，全失音乐之本意。

按：此或亦史公作象征性之叙述，以自表无微意耳。（公孙弘语）

声相应，故生变；（页9）

声与声相应，故生变化。郑生非。（《集解》郑玄说）

凡音由于人心，……故身死国亡。（页72）

此段特强调音乐乃天人相感之桥梁。下引《韩非子·十过》篇，以为此段之例证，未可谓为"妄增"。

太史公曰：……故君子终日言而邪辟无由入也。（页75、76）

按：此或为序文"当族"以下之文，史公置于此，所以正汉廷之失，而又欲顾及身之祸。似未可轻谓为后人妄增。

卷二十五　律书

王者制事立法，……何足怪哉？（页2至4）

按：史公《自序》之意，其所谓"律"，乃《易》"师出以律"之律。本篇将音乐之六律，加以神化，似为史公所未有，于古亦无据。史公本文当自"兵者，圣人所以讨强暴、平乱世"，至"孔子所称有德君子者邪。"此本文与"律"毫不相干，故知开始之一大段，乃汉代术士之言，至西汉末而大行，遂由后人加上以求完备，非史公本文。

按：八书中惟《律书》、《历书》、《天官书》，前后皆无"太史公曰"，盖编纂尚未成篇之书也。

按：此书最为错乱，其中有应属《历书》者，有应属于《乐书》者。

作战乃生死存亡，决于顷刻之事，故在此种特殊心理之上，古人认为与天地相关连，而由气以窥天地之机，由机以定其师行所宜，乃有望气听声之事。（论"望敌知吉凶，闻声效胜负"两句）

兼列邦土。（页5）

汉人不尽讳。(《考证》梁玉绳说)

南越、朝鲜自全秦时,(页7)

"全秦"者,言当秦统一之时。

朕能任衣冠,(同上)

"衣冠"指中国。"任衣冠"者,仅任中国之责。

太史公曰:……孔子所称有德君子者邪!(页9)

此言汉之不轻用兵,所以暗示武帝穷兵黩武之不当。

《书》曰:七正二十八舍。(同上)

此下乃后人所妄加,恐系出于纬书。

卷二十八　封禅书

封禅书第六(页1)

按:文学之效果在将人世之情事,加以刻尽描述,使
其隐而不明、晦而不显者,皆由此而得到明确之形象。使

人行之于不知不觉、意识惝恍之中者，却见之于客观反映之中，在客观反映中自见其心机、嘴脸，此写实主义之所以成为文学之一巨流也。此篇与文学为一体。

按：此文实分两大段，由"自古受命帝王"起，至"移过于下"止，历述封禅实起于秦俗及齐方士之言，为典礼所未有。由"汉兴"起，至末尾止，乃描述汉武之淫侈童骏，为方士所玩弄之可怜可笑。虽以封禅为主，而封禅实源于淫祠求福，故并述各种不经之淫祠怪说。

按：《封禅书》为后来《郊祀志》之所自出，此乃以宗教历史中之问题为主。中国宗教与政治不分。但经周公及儒家之努力，已由原始之迷信而奠基于道德之上。但当由不德之君，因野心与无知的结合，而又走回迷信之路。《封禅书》即为揭破此点而作。

自古受命帝王，曷尝不封禅？（页3）

按：此乃以庄严之词，尽调侃之意。

《尚书》曰，……五载一巡狩。（页4、5）

此段述祀天子巡狩之情形，义似于封禅，而实与封禅有本质之别，详述之以破傅会而便比较。
此乃与武帝主封禅相对照而成义。

按：汉由五行观念而立五岳之名，史公于此增"中岳"，盖受其影响。

禹遵之。……后稍怠慢也。（页5、6）

此段将好神、修德，作错落之叙述，而其意则指明兴亡在德而不在神，以见封禅之乱德。其所以作错落之叙述，一资比较，一资隐微，且历史中之本来面目，固如此也。

伊陟赞巫咸，巫咸之兴自此始。（页5）

下"咸"字因上文而衍。

《周官》曰，（页6）

按：此乃古文《尚书》之《周官》，今已佚。

天子曰明堂、辟雍，（页7）

按：此"明堂"二字衍文。

《周官》曰，……郊社所从来尚矣。（页6、7）

此段略述古代祭祀之情形及起源，以见无所谓封禅。

秦襄公既侯，居西垂，自以为主少皞之神，（页8）

详叙秦之淫祀，以见武帝之直承秦后也。

诸神祠皆聚云。（页9）

史公用"云"字作语尾助词，盖表不从之意。

而后世皆曰秦缪公上天。（同上）

以上言秦由开国至缪公，用夷狄之俗，无礼义之教，故好神淫祀，虽无封禅之名，而其本质实同于封禅。

秦缪公即位九年，（页12）

以此句将两故事加以连结。

齐桓公既霸，……桓公乃止。（页12至15）

齐桓公之三十五年，秦缪公之九年。

夹入此段以见封禅为管仲所不信，所以与秦之戎俗相对照，亦与汉武相对照也。

中夹此段，以见传说中之封禅，亦为管仲所不道，且叙述方士神话之另一来源。

传略言易姓而王，封泰山禅乎梁父者七十余王矣。（页15）

按：孔子论叙六艺，其中无封禅之事甚明。而传经者都略言及封禅之事。此指当时小儒迎合傅会之言而言，梁误解。（《考证》梁玉绳说）

其俎豆之礼不章，盖难言之。（同上）

因系傅会之词，故俎豆之礼不章。

或问禘之说，……其于天下也视其掌。（同上）

此段见孔子即禘之说亦所不言，更何有于封禅，以此破当时儒者假托傅会之说。

其后百一十五年而秦并天下。（页19）

以上言秦之好神信怪。神怪之说，秦自为一系统，与正统之祭祀典礼无关。

始皇闻此议各乖异，难施用，由此绌儒生。（页40）

按：儒者之议，对始皇有讽谏之意，故为始皇所绌。中井说非是。（《考证》中井积德说）

立石颂秦始皇帝德，明其得封也。（页 21）

明其所以能封泰山之故，并非偶然。

于是始皇遂东游海上，（同上）

由始皇之东游海上而再插叙齐燕系统方士之怪说，使两大系统，融合得非常自然。而始皇为集方士怪说之大成，于是而益显。

而宋毋忌、正伯侨、充尚、羡门高最后皆燕人，（页 23）

按："最后"者，指此四人而言。与前"神将"对，故曰"最后"也。

然则怪迂阿谀苟合之徒自此兴，不可胜数也。（页 24）

以上言秦始皇由秦俗而接受燕齐方士之怪说，集迷信之大成。其所祠者既皆由燕齐方士而来，可见其全为诈伪。

其傅在勃海中。（同上）

"其傅"当为"其传"或"共传"，形近而误。

其物禽兽尽白，（页25）

与秦之尚白相傅会。

船交海中，（页26）

"交"者，来往之意。

令祠官所常奉天地名山大川鬼神可得而序也。（页28）

"序"，整理而定其次序。

唯雍四峙上帝为尊，（页33）

按：此皆根据秦之传说，不可以为考典之资。梁说迂。（《考证》梁玉绳说）

即有灾祥，辄祝祠移过于下。（页35）

以上因封禅而总述秦之各种祭祀，为以后《郊祀志》之所自出。

封禅为特典，而上段所述者为祭祀之常典。

祠蚩尤，衅鼓旗。（同上）

刘邦之行事，不必皆与古合。梁说迂。（《考证》梁玉绳说）

四帝，有白、青、黄、赤帝之祠。（页 36）

按：何妄说。（《考证》何绰说）

是时丞相张苍好律历，以为汉乃水德之始，（页 40）

按："始"字是水德之始，言秦不足以当水德，而水德实始于汉。以言汉非继秦之水德也，《汉志》误。（《考证》）

而使博士诸生刺六经中作《王制》，（页 42）

按：六经中无封禅之事。此明言"刺六经中作《王制》"，其为今《礼记》之《王制》无疑。

许将《逸礼》误为《礼记》。(《考证》许慎说）

尤敬鬼神之祀。(页 45）

先总揭一句，武帝之纲领乃显，精神乃现。

使人微伺得赵绾等奸利事，(同上）

按："奸利事"当另有所指，徐说迂。(《考证》徐孚
远说）

是时李少君亦以祠灶、谷道、却老方见上，(页
46）

封禅与不死，原为两事。至李少君乃结合而为一，于
是益增汉武诞妄之心。

而海上燕齐怪迂之方士多更来言神事矣。(页 48）

以上叙汉武迷信诞妄之始，由此而愈演愈诞。史公以
此等承上同时即明下之方法，使此一复杂之事象，能在演
变中得到清楚之线索。

太一、泽山君地长用牛；(页 49）

按：当为三神。

　　锡诸侯百金，风符应合于天也。（页 51）

以风示符应之合于天也。
以见封禅之事由迷信之积累而来。

　　一者壹统，天地万物所系终也。（页 62）

按："系终"或为始终之义。

　　泰山之草木叶未生，（页 74）

草木叶未生，乃气候使然。所以叙之者，以见其决无
所谓瑞应也。

　　兕牛犀象之属不用。（页 75）

按：此亦有不杀生之意。

　　肙如有望，（页 76）

"肙"，同"屑"，杂碎众多之貌。

有星茀于东井。（页78）

"茀"，蔽。光掩蔽于东井。

于是退而论次自古以来用事于鬼神者，（页88）

当时之所轻所略者，史公觉其有历史之意义，故为之拾遗补缺。

卷二十九　河渠书

蚡言于上曰：……塞之未必应天。（页8）

按：钱说非是。果如钱说，则武帝何以因封禅亲见梁楚之敝，而卒塞瓠子乎？（《考证》钱大昕说）

太史公曰：……而作《河渠书》。（页18）

按：先有经纶天下之志，故随其所见而能发现历史上之大利大害。

卷三十　平准书

平准书第八（页1）

《平准书》主要述人主之根本动机、政治设施、财经问题、社会经济之相互影响。且实系一整套构造，在政治上有如发条之绞练，其势不能不愈转愈紧。

自文学言之，通篇头绪纷繁，而条理分明，勾连密切。千门万户，一气贯通，故成其为大文章。

自史学言之：（一）史公特重视经济问题，以《河渠书》述水利，以《平准书》述财经政策，以《货殖列传》述社会工商之活动，此三篇当合看。（二）史公不孤立地把握财经问题，而系在政治、财经、社会三者之互相影响中把握问题。《平准书》即在说明由人主之政治动机而形成政治之方向，由政治之方向而促成财经之设施，由财经之设施而影响社会生活与治安。由社会生活与治安而又影响到政治之方向，三者互相激射，以形成整个之危机。在史公心目中，汉之不亡于武帝，盖亦侥幸耳。（三）武帝设平准令以调剂物资之流通与物价之贵贱，乃实行统制经济政策，为其财经政策之重心及其发展之最高峰，故即以此名篇。《汉书》改为《食货志》，则以"食"与"货"为财经之主要内容。

此《书》特重视货币之作用，因货币可以发生控制物资、物价之关系。

后尾之"太史公曰"一段，应移置于开首之处。

史公以《封禅书》描述汉武之愚昧性格，以《平准书》叙述武帝之政治、社会危机，以《酷吏列传》叙述武帝政治之本质，以《魏其武安侯列传》叙述当时朝廷之政治结构与政治斗争。

一黄金一斤，（页3）

《国语》："二十两为一镒。"《孟子·公孙丑下》"于宋，馈七十镒而受"，赵岐注："古者以一镒为一金。"按：因汉金少而钱多，故将秦以二十两金为一锭值钱一万者，改为十六两为一锭值钱一万，以见其币值之下落也。

至今上即位数岁，……物盛而衰，固其变也。（页6、7）

此极言政治、社会之安定。

此段言生养休息，上下富足，风俗醇厚。

此在今日则表现以比较之数字。史公则举出具体之事例。数字明确而事例生动，一为科学的，一则带文学的意义。

因财富之增加而引起社会之侈心，因社会之侈心而引起朝廷好大喜功之念。

总上两小段，言武帝即位之初，物力雄厚，为以下武帝开边黩武政策作张本，且与以后之虚耗作对照。

而乘字牝者傧而不得聚会。（页7）

按："字牝"当为已生产之母马。

役财骄溢，（同上）

因人力少而骄，因财富多而溢。

以武断于乡曲。（同上）

武断与讲理相反，是以强暴之力决定是非。

自是之后，……兴利之臣自此始也。（页8、9）

此段总言兴利之所自始。概括当时大势，分四方面叙述，文势整齐而文笔变化。此乃史公文章之得力处。

此段言武帝凭富厚之治具实财，因开边政策而引起政治、社会之败坏，因政治、社会之败坏而引起严刑峻罚，因继续消耗而引起兴利之法。严刑峻罚与兴利之法为不可分，此乃通篇之主眼。

散币于邛僰以集之。……吏发兵诛之。……悉巴蜀租赋不足以更之，（页9、10）

因系一事，故连用三"之"字。

于是大农陈藏钱经耗，赋税既竭，犹不足以奉战士。（页11）

按："经"或即已经之意，与下"既"字相对成文。文景之储积，至此而零。

留蹛无所食。（同上）

按："留蹛无所食"，或系留滞于北边而无所得食之意。

请置赏官，命曰武功爵。（页12）

因原有王爵不足，故特设武节。

自公孙弘以《春秋》之义绳臣下取汉相，……穷治之狱用矣。（页13）

按：此点醒黩武与言利及政治关系之相互影响。
按：同一《春秋》也，董生以之贬天子，公孙以之绳臣下，小人巧饰辞说以济其奸，盖无所不至。
加入此数句，以见当时整个政治形势之演变。

当是之时，……稍骛于功利矣。（页 14）

此段言因官职耗废，乃不能不严刑督责。因吏道杂乱，乃不得不加以文饰。因买爵得官，提高有钱者之社会地位，有钱者趋于淫侈，故不得不提倡节俭。然皆不能改变由财货消耗所造成之趋向。

按：功利与礼义相对，社会皆趋于武功，趋于货利。

而富商大贾或蹛财役贫，……而吏民盗铸白金者不可胜数。（页 16 至 20）

此段言货币改革。

搜括贵族豪商之财富为言利之第二阶段。此次之货币改革，有两面之意义，系以"法令货币"，代替实质货币，使实质货币之财富，受到重大打击。另一则以三铢钱代五铢钱，并消灭私铸之钱，对一般社会，行通货膨胀。

天子乃思卜式之言，……拜为齐王太傅。（页 25 至 28）

先叙结果，再叙缘起，乃与上文紧相凑合，且在文势上特为振拔，能作势。

此段述汉武欲以卜式激励天下。

卜式急国家之急。其所以夹叙在此，乃与下文天下趋利犯法者蜂起相对照，以见上言利而欲下为义，乃不可能之事。

稍稍置均输以通货物矣。（页 28）

按："均输"者，将有余之物资不必输于京师而输于郡之输官，使物资、物价得以调剂之谓。

赦吏民之坐盗铸金钱死者数十万人。（页 29）

按：《通鉴》删"赦吏民"之"赦"字是，此因下文而衍。（《考证》）

其不发觉相杀者，不可胜计。（同上）

"相杀"乃互相保密、互相抵消之意。

而御史大夫张汤方隆贵用事，……而直指夏兰之属始出矣。而大农颜异诛。（页 30）

连用三"而"字作连接词，乃急转直下，紧接"犯者众"，此三事皆其直接结果也。不详述诛颜异事，则其惨急深刻无法作具体之表现。

是岁也，张汤死而民不思。（页 32）

张汤死而民不思，此乃当然之事。特表而出之者，盖以微词反映张汤之为当时所痛恨也。其意有甚于"不思"者。

其后二岁，……唯真工大奸乃盗为之。（同上）

此段述以前币制之失败及再改革。此种改革，皆以政治的强制力代替经济自身之法则，故可收暴利于一时，结果终归于失败。

即治郡国缗钱，（页 33）

按："即治"者，就地而治之。

益广关，（同上）

因搜括特多，故须广关也。

徒奴婢众，而下河漕度四百万石，（页 35）

按："下"犹消耗之意。

天下郡国皆豫治道桥，……而望以待幸。（页37）

因鉴于前数太守之自杀。

斥塞卒六十万人戍田之。（页38）

按：“斥”是动词，“斥塞卒”者，指定边塞戍卒之意。

齐桓公用管仲之谋，通轻重之权，（页45）

按：“轻重”当犹贵贱。
不叙周，盖以周重礼治而未尝重利。

及至秦，中一国之币为二等，（页48）

按：“中”犹定也。

古者尝竭天下资财以奉其上，（同上）

此言“古”而实指汉。

事势之流，相激使然。（同上）

按：“激”者，以言强烈之影响。

此为一篇之眼目。全文即系将相激之情形，加以陈述。

卷三十一　吴太伯世家

太王欲立季历以及昌，（页2）

立嫡立长，至周公定宗法，始成为定制，前此无之。

卷三十三　鲁周公世家

周公卒后，……以褒周公之德也。（页16、17）

史公用《尚书大传》，乃今文家说。故史公实今古文并用。

卷三十四　燕召公世家

燕召公世家第四（页1）

燕僻处北方，无足纪之史料，故录入有关键之当时大事，以使燕在中国之地位，借此以显。

卷三十五　管蔡世家

十四年，晋文公败楚于城濮。（页7）

此世家中带叙楚事最多，因与蔡息息相关。

武王发，其后为周，有本纪言。……周公旦，其后为鲁，有世家言。（页12）

按：所谓"世家言"、"本纪言"者，指其原有此种材料，似非指史公之"本纪"、"世家"也。《卫世家》赞可证。因之"世家"、"本纪"恐系旧有名称，非史公所创。
世家所以表封建之政治形势。封建由周初而始著，故周初所封，皆应列为世家。尤其是周之宗室。其未列为世家者，因无文献可征。故特于此发其例。

太史公曰：……故附之世家言。（页13）

史公因蔡曹之先，皆为武王之同母弟，在始封时，有其主要意义，故特于赞中发之。但其后微弱不足道，既不能独立自救，更无关春秋大局，故特于首尾述周初封建同姓之大势。

曹叔振铎者，周武王弟也。（页14）

接：《索隐》所见者，乃偶失题之本。《管蔡世家》及《曹叔世家》，各有"太史公曰"，其原另立标题明矣。《自序》中无之者，因无义可述也。（《索隐》、《考证》）

宋华父督弑其君殇公，及孔父。（页15）

曹灭于宋，故附叙宋事。

卷三十六　陈杞世家

杞小微，其事不足称述。……故弗采著于传云。（页21至24）

杞小，不足道，故列述与周异姓之封建形势，且以明立世家之体例。

卷三十八　宋微子世家

箕子者，纣亲戚也。……乃遂杀王子比干，剖视其心。（页5、6）

箕子、比干，无世家可立，然其人不可没，故特于《宋微子世家》中附出之。

按：亲戚者，家族内之泛称，不必拘于专指父兄或子弟。

微子曰：……则其义可以去矣。（页7）

此虽史公推论，盖欲以此发君臣之义耳。

于是太师、少师乃劝微子去，遂行。（同上）

刘乃以后人之观点说历史。（《考证》刘敞说）
此皆迁论。（《考证》刘敞、崔述说）

天乃锡禹鸿范九等，常伦所序。（页9）

泷见甚卓。（《考证》）
林说迂。此乃古代神话，不可以后人之见律之。（《考证》林之奇说）
观本文所述五行之具体情态，其非万有之原的抽象物明甚。

故殷之余民，甚戴爱之。（页22）

《管蔡世家》明言诛武庚、杀管叔，后分殷顽民为二，一卫，一宋。陈说妄。（《考证》陈子龙说）

君子讥华元不臣矣。（页36）

援引《左氏》之"君子曰"，可知史公于左氏，非仅便其述事，且于义有取也。

太史公曰：……殷有三仁焉。（页43）

焦妄说。小儒妄探圣人之用心。微子、箕子、比干，为社稷人民而弃独夫纣，此其所以为仁也。（《考证》焦循说）

春秋讥宋之乱，自宣公废太子而立弟，国以不宁者十世。（页44）

《左氏》得其原义。《公羊》以传子为正，后起之义。（《索隐》）

卷三十九　晋世家

六年春，秦缪公将兵伐晋。（页33）

春乃始谋之时，九月乃合战之时，史不误。（《考证》）

文公之卫徒与战，（页49）

所谓史公以意补者，安知非出于《晋世家》言。(《考证》)

十二月，秦兵过我郊。(页63)

按：此正出于《晋世家》言之证，故称"我"。

卷四十　楚世家

十八年，楚人有好以弱弓微缴加归雁之上者。(页69)

按：正因《战国策》所无，故详录之。史公著书之例，因以一家言，即欲包罗二千年往事遗言，故凡已有记载者，但择要录入，以保持历史之线索与天下大势，力避繁复。《世家》诸文，皆应以此意读之。(《考证》)

卷四十一　越王句践世家

蠡对曰："持满者与天，(页5)

按：《史记》常用同义异字，非避讳。(《考证》)

卷四十三　赵世家

春秋祠之，世世勿绝。（页 14）

按：史公必有所据。若屠岸贾系秉晋军之命，此处乃《左》、《国》所未尽之委曲，则赵氏之疑为多事矣。（《考证》赵翼说）

使太子毋恤将而围郑。（页 28）

按：卿之子称"太子"，乃私称。（《考证》梁玉绳说）

四年，魏败我兔台。（页 38）

此下纪事称"我"，当皆根据《赵世家》言。

卷四十七　孔子世家

孔子世家第十七（页 1）

按：孔子及陈涉之列为世家，乃史公作史之特例。孔子以学术，陈涉以政治，一影响于后世，一影响于当时。诸说皆非，《索隐》、《正义》之说为可信。

《孔子世家》之问题：（一）史公力求详备，有简择不精者。（二）有承其师说而不尽当于事实者。（三）有为后人所羼入者。然史公曾见到今日所不能见到之史料，而出之以虔敬之心，故言孔子生年者，仍必以此为基础。又关于内容之问题，过去所认为不实者，由今日观之，或反为信史，此则时代之异，而对史料评判之尺度亦因之不同。

纥与颜氏女野合而生孔子，（页5）

此"生"字义与"妊"同。

景公曰："吾老矣，（页20）

此迂论。古人年四、五十亦有称老者。（《考证》崔述说）

季桓子穿井，得土缶，中若羊。（页21）

按："若"字是。一言"中有物若羊形"，非真有羊也。盖古代陶塑之物。（《考证》李笠说）

由大司寇行摄相事。（页33）

按：《自序》"太史公曰，余闻董生曰，周道衰废，孔子为鲁司寇……由此益可证明此处"由大司寇行摄相事"，为后人所加。

今孔丘述三五之法，（页62）

按：作"三王"者是。（《考证》）

古者诗三千余篇，及至孔子，去其重，（页69）

按："删"者实整理之意。经整理者三百五篇。（《考证》）

孔子以诗书礼乐教，（页75）

"孔子"以下，总述孔子立身行己之大节，而终之作《春秋》。此乃史公所把握之孔子之人格与学术。对他人则常以有其人之著作，更不多费笔墨。

据鲁亲周故殷，运之三代。（页83）

案："亲周"者亲附于周。如"春，王正月"，标周时以为定准，亦亲周之意。阮说缪。（《考证》阮元说）

而诸儒亦讲礼乡射大饮于孔子冢。（页89）

按："冢"者，乃指冢地而言。犹后人之所谓"墓田"。"往从冢而家"之"家"，其意甚明。阎说非。孔子之冢，定能大射。（《考证》阎若璩说）

孔子布衣，……可谓圣矣。（页93）

此正以见学术与政治之不同。政治之势力表现于空间，随时间之经过而缩小。学术之影响表现于时间，随时间之经过而扩大。

卷四十八　陈涉世家

陈涉世家第十八（页1）

陈胜以匹夫起事，乃历史上之创举，而此一创举，与当时整个之社会有关。史公对陈之功与其短皆作客观之叙述，并穿插当时形势以及对以后之影响，故叙一人，亦即叙一时代。

陈胜者，阳城人也，字涉。吴广者，阳夏人也，字叔。（页2）

因起事时二人同谋，故先于此提出，以清眉目。

陈涉少时尝与人佣耕，……燕雀安知鸿鹄之志哉！
（同上）

此段所以表现陈涉之志气，以见其起事并非偶然。

乃行卜。卜者知其指意，曰："足下事皆成，有功。
（页4）

此乃六国游士之余。盖亦沉机观变之人，惜二人失之
交臂耳。

然足下卜之鬼乎！（页5）

此一句，遂开中国二千年农民暴起之形式。

又间令吴广之次近所旁丛祠中，（同上）

"次"是驻地。"近所旁"，近处之旁。
按："近"字不衍。"次近所旁"，军舍附近之一侧也。

狐鸣呼曰："大楚兴，陈胜王。"（页6）

按：《考证》之说甚附会。乃作狐鸣之中，夹入此二
句耳。（《考证》）

陈涉乃立为王，号为张楚。（页 8）

以上叙起事之经过。

以无所凭借之戍卒起事，在历史上为特出，在事势上极艰难，故详述其经过。

陈王诛杀葛婴。（页 9）

陈涉颇似《水浒传》中之王伦。

此见陈涉局量之小。

悉发以击楚大军，尽败之。（页 10）

按："大军"与上"卒数十万"相应，不衍。（《考证》）

当此之时，诸将之徇地者，不可胜数。（页 13）

总结一句，以醒眉目。

陈王故涓人将军吕臣为仓头军，……复以陈为楚。（页 16 至 18）

以上皆系陈胜之余波。乃向另一发展作交代。

事变并非陈死而告一结束，反之形势尚在发展演变之中。故择其与陈有渊源者，详加叙述。

会项梁立怀王孙心为楚王。（页 18）

有"会项梁……"一句，对形势之发展，提供一强有力之线索。而本文与《项羽本纪》，实有贯通呼应之妙。

卷四十九　外戚世家

外戚世家第十九（页 1）

宦官、外戚，为随专制而来之大灾祸。史公时，宦官之害未著，而外戚之祸已深，故特立《外戚世家》。此与后来正史之《外戚传》、《后妃传》不同。此以言鉴戒，而后人则以张大皇室耳。不了解此《世家》，即不能了解《史记》中其他有关之文字。

人能弘道，无如命何！（页 3）

按：史公有鉴于汉初宫廷之斗争惨烈，故提出一"命"字以痛之。

此篇命意，表面以"命"为主题，而实则以"人能弘道"为主题。夫妇之道行，而外戚之祸可免。汉室不能行夫妇之道，故宫闱中之惨祸无已时，而卒以亡国。史公不便直书，故以"命"字隐约其辞。

婚姻之道，固已立矣，然行之者在人，人知之而不能行之，以至祸乱相循，以其中似有命焉。

按："无如命何"四字，盖深讥之也。

> 甚哉，妃匹之爱，君不能得之于臣，父不能得之于子，况卑下乎！（页4）

此数语乃探索外戚何以能对政治有如此之影响。

此言妃匹与人主之关系，非其他关系可以相比，故其影响之深切，亦非其他关系所能比。及其关系于天下之兴亡时，亦非臣子之力所能挽救。

> 既欢合矣，或不能成子姓；（同上）

按：此指吕后以张敖女为孝惠皇后而言。

> 能成子姓矣，或不能要其终。（同上）

按：此指汉武帝生子者，无不谴死而言。

> 孔子罕称命，盖难言之也。（同上）

上二句言人主已尽其心机，而仍不能避免悲惨之结果，故特以"命"言之。

太史公曰：……唯独无宠疏远者得无恙。（页4、5）

按：另有《吕后本纪》，故此段乃概略言之，以为此篇之开端。

此岂非天邪？非天命孰能当之？（页6）

事势发展全出于吕后意料之外，故曰"天命"。

绛侯、灌将军等曰："吾属不死，命乃且县此两人。"（页13）

由此可见刘家外戚为祸之烈。

卷五十　楚元王世家

楚元王世家第二十（页1）

由汉立诸王之淫秽，亦可知周室礼教之意义。

卷五十一　荆燕世家

荆王刘贾者，诸刘，不知其何属。初起时。（页2）

按：《汉书》作"不知其初起时"。此仅有"初起时"，语意不全，应据《汉书》补。

太史公曰：荆王王也，（页9）

按："荆王"下当有"之"字。

事发相重，（页10）

封王之事，发于相仗为重。

按：吕后欲仗刘泽以为重，故刘泽因而得王，此所谓"事发相重"也。

卷五十二　齐悼惠王世家

深耕概种，（页4）

按："概"与"概"通，平也。平土以下种之意。

勃请为君将兵卫卫王。（页6）

按：“兵卫”连词，下“卫”字乃动词。

卷五十三　萧相国世家

以文无害，（页2）

熟于律令。

高祖为布衣时，何数以吏事护高祖。（同上）

此小段叙何与刘邦之关系，且以见萧何对人周到之性格。

写何与刘邦之关系，特为细密深刻，因此决定其命运之重大因素。

萧何之地位，与刘邦之私人之关系，重于其个人之勋业。此传之着眼点在此。

高祖为亭长，常左右之。（同上）

“左右之”，帮助之意。

秦御史监郡者与从事，（页3）

“从事”者，助其治事。

数使使劳苦君者，有疑君心也。（页5）

"疑君心"三字，为以下文章之骨干，此为后文埋伏之线索。

至如萧何，发踪指示，功人也。……功不可忘也。（页6）

按："踪"者，兽之踪迹。"发踪"者，发现兽之踪迹也。

此惟张良、韩信可以当此。萧何不足以当之。其真意乃在"举宗数十人随我"一语。

此段乃叙述萧何所受之赏，关系重于功勋。

前事之本身若无独立价值，而又与后事不相应，即无叙述之价值。琐事之所以宜叙述者，一为表现其人之性格，一为有后事相应。此种琐事之所以被选择，常为暴露历史表面现象之后面所隐藏之真实。此种真实常为表面理由、事象所遮蔽，仅能由最具体之琐事的脉络表现之。

关内侯鄂君进曰：（页7）

按：鄂君之言，后世皆艳称之，但此仅能说明萧何克尽厥职而已。

因刘邦原自亲厚萧何，而仍不免于猜忌，此见其猜忌之出于天性而非偶然也。

中段叙述刘邦对萧何之亲厚。一以点明萧何对刘邦之关系，与其功绩所应得之报酬，可谓前文之自然结果。一以陪衬出刘邦对自己所亲厚之人，仍无解于其猜忌之性。此可谓系为后文作势。

以帝尝数咸阳时，何送我独赢奉钱二也。（页9）

必须补足此一语，乃见仍以关系为主。

召平者，……从召平以为名也。（同上）

插叙召平之生平，极自然而无生凑之痕迹。
因其人其事可存，故因势顺便插叙，且可使文章曲折生动。

召平谓相国曰：……高帝乃大喜。（页10）

由此可知鄂君之言非实。

数使使问相国何为。（同上）

正面点出疑。

由此可知刘邦所要求于萧何者，不在其治功。

刘邦大悦大喜者凡三次，即萧何之解脱危机凡三次，乃表现刘邦猜忌之心理过程愈演愈深，非平列之叙述也。

上大怒曰：（页11）

此处之"大怒"，与下文之"不怿"，上文之"大喜"、"大说"相映带、对照，而文意愈显。

"大说"、"大怒"，乃猜忌心之直接表现，"不怿"乃猜忌心与理智互相矛盾中之表现。

"不怿"乃猜忌与情理相矛盾，而无可奈何之心理状态。

乃下相国廷尉，械系之。（同上）

以见其械系之轻易。

因小忠而卒不得自全。

小说之内容不以理论之形式表现，而系由故事之结构表现传证，文学亦然。如此篇全由材料之安排选择而自然表现出刘邦之猜忌心理，不俟外者加一说明语也。

陛下奈何乃疑相国受贾人钱乎！（页12）

点出"疑"字。

以王卫尉语，揭穿刘邦之用心，并以事实纠正刘邦用心之不当。

相国年老，素恭谨，（页 13）

"素恭谨"三字，点出无可致疑之理。

高帝曰：……欲令百姓闻吾过也。（同上）

此乃不正当之心理，被揭穿后，不能不服输，而又不肯服输中，所流露出之无赖语。

何置田宅必居穷处，……毋为势家所得。（同上）

此见前以自污者、自全之苦心，且说明"素恭谨"之实，且见自全之难。

萧何能善终于刘邦之后，实经惊涛骇浪而得之。

太史公曰：……与闳夭、散宜生等争烈矣。（页 14、15）

此乃点破何功第一者，非真第一也。

按：此世家仅前半段言何之功，后半段则写何之所以求自免于罪。盖何之功在守关中及"顺流与之更始"，故只点醒即足。

此篇除以简要手法叙何之功勋外，为主则以何与刘邦之关系，写出刘邦之猜忌而复杂之心理及何谨守自全之苦心，实系刘邦之补传，乃一篇绝好文字也。

又刘邦得天下后，何为相国，实仅重行故事，无所施为，故亦无可叙述也。

卷五十四　曹相国世家

曹相国世家第二十四（页1）

史公对特出人物，始就各人物自身之性格才能加以叙述。对普通人物，则仅录功册而已。因此等人因缘时会，无特殊之人格与智能值得叙述也。

按：史公于此等处，并未自定义例以自缚也。（《考证》钱大昕说）

参功：凡下二国，……御史各一人。（页12）

按：曹参先随刘邦，后随韩信，未尝独将。故此处总叙之功，实则多系主将之功。将丰沛人，即以此记入曹参名下耳。此见赞语而可见。

盖公为言治道贵清静而民自定，（页13）

按：参身更战乱，故能体悟盖公之言。

参闻之，告舍人趣治行，"吾将入相"。（页14）

按：刘邦临死答吕后之问，参必已有所闻，故言"吾
将入相"也。
又参功次第二，何死，故以次当及参。

至何且死，所推贤唯参。（同上）

按：何亦因其势而成之耳，非真能推荐之耳。

日夜饮醇酒。（页15）

此亦免祸之一术耳。
此正吕后称制之时，参惟有以此术免祸。盖公之术的
另一面，即全身免祸也。

府中无事。（同上）

府中无事，非天下无事也。

太史公曰：……故天下俱称其美矣。（页 19）

史公之意，曹之功非真功，曹之治非真治也。前文歌颂乃写当时之反映，赞则报导历史之真实也。

卷五十五　留侯世家

留侯世家第二十五（页 1）

按："世家"一词，或为战国各国所固有。其意为世代相传之家，原指有封土之贵族。然史公使用此一名词，恐另含较一般人之地位更为重要之意，故孔子、陈涉、外戚，皆列为世家。汉初诸侯王有土，可列为世家，至列侯则有赋而无土，不应列为世家。史公仅在列侯中选择五人列入世家，其意可见。班氏概改为传，此乃对体例之一大改进。

东见仓海君。（页 3）

"仓海君"，盖海滨隐者之名，不应以地名实之。（《集解》、《索隐》、《正义》）

战国游士最盛，秦灭六国，六国游士中之杰出者，多隐名以避祸，但非无沉机观变之心。故此时多如仓海君之伦。

良尝间从容步游下邳圯上，……良因异之，常习诵
读之。（页4至6）

此段述良得化才气为智略，并化坚锐为深密柔退之
所本。

当时豪杰率多负气之士，虽良亦如此。黄石之教特教
以能柔能忍，张良卒以此佐刘邦成帝业，并以此免祸。其
神秘性乃张良所自添附，亦以坚沛公之信心，且以为避祸
留地步，以示彼早无意人间事也。

齐后亡而近海，与秦相距较远，故避秦者，多匿于此
一地区。当时为黄老言者，多集于齐，或亦因此故耳。

然卒破楚者，此三人力也。（页12）

前者划策之功易见，而此策关系特大，但其效果乃系
间接的，三人又皆为汉所诛戮，其效果不易见，故史公特
为点出。此等处皆系史心之所在。

张良多病，……时时从汉王。（页13）

按：在此总点醒一句以绾带上下，始连接不懈。

食其未行，张良从外来谒。……令趣销印。（页14
至17）

因郦食其援汤武为立言之根据，陈义甚高，故必须详述彼此形式之不同，而不嫌烦复。

按：八难仅有三意：一为古人于强敌既灭之后，方能控制分封之诸侯，否则强敌在前，分封或且以资敌。二为分封乃偃武修文时，整个设施中之一事，若时机未至而单独行之，适以滋乱。三则分封反足以绝攀龙附凤者之望，不足以激励此辈之智力，失取天下之工具。其所以分作八项者，或张良故张大其立说之势。盖沮已成之事，必出之以铺排以张己说之势。

六年，上已封大功臣二十余人，……我属无患矣。（页18至20）

按：子房之语，乃当时未得封者，一般心理之反映，虽并非真谋反，但可向谋反方向发展，所谓乱萌也。故张良借机提醒刘邦，使其忘恩仇以消乱萌。

留侯之谋，盖深通于人之心理状态，不仅深于事势也。鸿门之事，封雍齿之事，及四皓之事，皆其明证。

留侯性多病，（页21）

篇中言留侯病者六："张良多病"、"留侯性多病"、"留侯病"、"病甚"、"子房虽病"、"因病不视事"，则知"病"

之一字，在留侯一生中有其重要之意义，而赞曰："余以为其人计魁梧奇伟"，则史公不信留侯为真病明矣。"病"者乃张良柔退之术的具体表现。

东园公、角里先生、绮里季、夏黄公。（页27）

按：刘邦鞭笞天下，天下游士无不入其牢笼，彼自定高出一世。此世若有不能为彼所罗致之人，其内心当自视阙然，觉其较所能罗致者高出一等，对之反增敬慕之心。张良深知此种心理，故推荐四皓以达成自己所不能直接达成之目的。及刘邦见四皓侍其子，遂以为其子能罗致彼所不能罗致之人，天下皆可入其牢笼而无不能守成之顾虑矣。孔明谓："若法孝直在，必能制主上东行也。"此种心理之曲折，恒为政治上之重大因素，非碌碌者所知也。

学者多言无鬼神，然言有物。（页30）

鬼神乃另一世界，怪物乃同在此一世界中，不为人所常见之物。

卷五十六　陈丞相世家

伯闻之，逐其妇而弃之。（页2）

按：后张负"事嫂如母"之言，则其兄固已再娶，其盗嫂与否，与此处之逐妇无关。许说迂曲可笑。（《考证》许应元说）

其计秘，世莫得闻。（页 14）

史公于张良之计，则择其有关于天下存亡者备录之。而陈平之计，两言其秘莫得闻，则其仅投刘邦好恶之私，而不足为外人道明矣。

卷六十一　伯夷列传

伯夷列传第一（页 1）

此传极开阖变化、顿挫抑扬之能事，故广为古文家所称，而不知其开阖变化、抑扬顿挫之所由来。

《伯夷列传》之用意有二：一为推重伯夷让国在政治人生中之重大价值；一为表明作史者发微阐幽之重大责任。而其方法上因材料之限制，乃采"疑以传疑"之方法。

梁玉绳因不知选择材料，有须以价值为标准，而在叙述方法上又有"疑则传疑"之方法，故有此妄论。伯夷见称于孔子，则为必有其人，必有其事。孔子称其为"求仁而得仁"，即一己之自觉，自心之所安，而视政治之利益为如敝屣，此乃人格之直接完成表现，由此而下开"独行"、"逸民"一型。"独行"乃个人德性之所独至。"逸民"乃志节不为现实政治所屈。在政治牢笼外，另立一人生境界，其意义可谓大矣。但彼等让国而隐逸于史公千年之前，其传闻异辞，乃至多所附益或傅会，而无可取证。此乃无可如何之事。史家于此，乃不得不存其义而传其疑。作史之义莫大乎此矣。诸人龌龊，何足以知此哉！（《考证》）

史公身处皇权专制下的权力剧烈斗争之中，一切政治之黑暗面，多由此而来，亦多由此而显，此乃政权自身之死结。故其以吴泰伯为世家第一，以伯夷为列传第一，推重政治中之让德，乃由此真实背景而来，非泛泛可比。

此传为"疑以传疑"之标准文例。

又此实为一汇传，以伯夷主领之。

文章之跌宕乃来自感情之丰富盘郁。

此文极开阖变幻之妙。盖许由、务光之伦，其义可取，而文献可疑。可取则应为史者不可弃。可疑则史者难于载策。史公徘徊于可取、可舍之间，终以其补天命而主人极之大责任，将其矛盾心理完全表达出来。此种矛盾心理之由来，乃由于此类有价值之史料，乃在若存若亡之间，为能不引发而为慨叹之情，故自然形成此跌宕唱叹之大文章。

按：史公激于天道之难凭，行善积德者既多穷饿于当时，且被埋没于后世，故感发而写此传，系多慨叹跌宕之辞，前说非是。（一九七二年十二月十二日夜）

夫学者载籍极博，……其文辞不少概见，何哉？（页5~7）

此段先述与伯夷相类似之人物，引起写伯夷传之困难与必要。

此段就史法言，此传乃汇述事义相同之人物，故其前先叙许由诸人，以构成此传之一部分。就文章言，伯夷之事迹不多，欲先叙同类之人物，以为陪衬引导，然后文章有远势而不陷于单寒拘迫。

许由、卞随、务光之事，为先秦道家所盛为称道，故史公不能加以抹煞。

如吴太伯、伯夷之伦详矣。（页7）

按：此"详"字乃确实之意，非详密之意。

伯夷在全篇为主，而在此处为客。有此一句，下文过渡至主题方极自然而不唐突。

其文辞不少概见，何哉？（同上）

此处之"何哉"有二义，一为可疑，一为叹惜。无史家之记述，使其高义至于埋没。

盗跖日杀不辜，肝人之肉，（页12）

　　"肝"不必字讹，殆文学上之险句。（《考证》）

　　暴戾恣睢，（同上）

　　按："恣睢"，犹放纵自适也，《李斯传》可证。

　　至若近世，……是邪非邪？（页13、14）

　　此乃就眼前事、本身事指点，实其寄慨之由来，系此一篇之眼目，亦史公发愤著书之眼目。

　　君子疾没世而名不称焉。（页15）

　　此句应自为顿挫，似结上而实以起下。
　　此句实又一转折。君子虽可独立特行于当时，然未尝不欲垂名于后世，此乃人情之最大安慰，亦为人心世道之一大保证。
　　"君子"句实系一转折。君子可轻视当时之富贵，但不能忘情于后世之声名，此种声名乃人心世道所系，而声名之传播，端赖茫茫千载中精神上之知己，而此为史学家之真正责任感。

名堙灭而不称，悲夫！（页17）

此"悲夫"二字，乃史公对历史责任感之所由来。

此段言圣人补天道之穷，使独立特行之士，得以遂其徇名之志。

闾巷之人，……恶能施于后世哉？（同上）

此暗示彼之所以作《伯夷列传》之故。

圣人不世出，则此显微阐幽之责，不能不属望于史家。

卷六十二　管晏列传

管晏列传第二（页1）

管、晏为《论语》所称道，故次传及之。

管传前段实附鲍传以存友道，而管传则重事功。管传之特附鲍传，以见友情之可贵，此即系通过自身之经验以发现历史价值之一例。

下令如流水之原，令顺民心。（页5）

按：水由源而出，乃出于自然而非强制，以见其顺民心也。（《考证》）

桓公实怒少姬，……诸侯由是归齐。（同上）

按：苏说陋。一人之行为，常有内心之动机与外在之借口，二者常有一距离。动机真而不必义，借口义而不必真。管仲不必争桓公之动机而付与适合之借口，此所谓因祸为福。苏氏所引《左传》材料，不能证明桓公之动机实怒少姬。至北征山戎以救燕，固也。然燕之受侵，正由不修召公之政。管仲因此机会而使其修召公之政，乃真正使燕得自存之道，其征山戎之意义，不更重大乎？（《考证》苏辙说）

后百余年而有晏子焉。（页6）

结上起下，使两传打成一片，因而使其成一统一之结构。

以节俭力行重于齐。（页7）

此句系晏传一篇之提纲，以下再分述。“节俭”者，不放肆而守礼。“力行”者，有责任感。下文之“志念深”，由此而来。

弗谢，入闺。（页8）

按："弗谢"者，晏子不向越石父为礼之意。即今日之所谓不打招呼也。

晏子为齐相，……晏子荐以为大夫。（页9）

此乃从侧面写晏子之为人，乃与节俭力行有关。

其书世多有之，是以不论。（页10）

《老子韩非列传》、《司马穰苴列传》、《孙子吴起列传》、《孟子荀卿列传》，皆叙明不论其著作。

论其轶事。（同上）

轶事之意义：（1）有附传之作用，如《萧相国世家》中之召陵瓜，此传之鲍叔。（2）表现其人之性格。（3）与作者之思想感情相契合，因而存其义。（4）表现一特殊之情调、色彩。

管仲世所谓贤臣，……岂管仲之谓乎？（同上）

按：史公之意，不仅本《孟子》，且亦为公羊家思想。俞说乃沉浸于专制中妄语。（《考证》俞正燮说）

假令晏子而在，余虽为之执鞭，所忻慕焉。（页11）

按：此乃针对当时侈靡成风、阿谀成习之政治风气而言。

晏子力行节俭，与当时政风，正成一对比，《考证》之说甚陋。（《考证》）

卷六十三　老子韩非列传

老子韩非列传第三（页1）

按：老子与伯夷同为隐逸之士，其平生传说多而不能断于一是，于是史公择其较近情理者为传之正文，而将其他传说则作为插叙、插曲，以备后人参考。自"或曰老莱子……世莫知其然否"，皆为插叙，而一则曰"以自隐无名为务"，再则曰"莫知其所终"，三则曰"老子隐君子也"，以见其歧说之所由来，乃不能断而归之于仍故。此乃史公"疑以传疑"之谨慎态度。在记录文字未发达以前之先秦时代，凡在政治中无地位之人物传记，皆遇有此类之困难。后人不善读书，徒成纷扰可笑。

在司马迁心目中，以为老学有两枝：（1）庄子——在人生方面之发展。（2）申、韩——在政治方面之发展。

周守藏室之史也。（页3）

按：春秋之末，王官散而之四方者甚多，《论语》"入河"、"入海"可证。

老子盖先仕而后隐，汪氏颠倒其序矣。（《考证》汪中说）

不得其时则蓬累而行。（页4）

"蓬累"，或随世俗之意。

其言洸洋自恣以适己。（页11）

老庄之学全以自身为主。
"适己"二字为庄学之主干。

《说难》曰：（页16）

史公录《说难》全文，乃其特例。盖有所感发而然。

卷六十四　司马穰苴列传

司马穰苴列传第四（页1）

按：司马穰苴之故事，或系田氏（篡齐）所渲染。史公所以传之者，以其与《司马法》有关。而汉武用兵所用将帅皆倖臣，或亦有取于斩庄贾之事欤？要未可知也。

又按：史公当时汉武对外用兵，求将急而将非其人，故史公列传中对兵家特详。

卷六十五　孙子吴起列传

君弟重射，（页6）

按："重射"，以重金作射之赌注耳，《索隐》误。（《索隐》）

卷七十三　白起王翦列传

太史公曰：……彼各有所短也。（页19）

按：史公明言"尺有所短"，其意盖以天下非仅可恃军事耳。与贾谊《过秦论》同意。中井说迂。（《考证》中井积德说）

卷七十四　孟子荀卿列传

　　梁惠王不果所言，（页3）

　　"不果所言"，不卒听其所言。果者决也，乃完全采纳之意。

　　故武王以仁义伐纣而王，（页9）

　　按："故武王"之"故"，当作"昔"字解。《郦生陆贾列传》，朱建"故尝为淮南王黥布相"。史公如此用法甚多。

卷七十六　平原君虞卿列传

　　喜宾客。（页2）

　　"喜宾客"乃一篇之主题。
　　平原君乃一无才而有量之人。无才，故不能相士立功。有量，故尚能容物而纳谏。

卷八十一廉颇蔺相如列传

　　廉颇蔺相如列传第二十一（页1）

由史学观点言之，廉、蔺、赵、李，关系赵国之存亡，而蔺、李又极为西汉时人所称道，故史公特为之立传。

由文学观点言之，廉、蔺事赵，其行迹互相关涉，史公于此传特著组织分合之妙。

先点明廉颇之功勋地位。两人事赵，先点出，而文字之线索始明。

赵王以为贤大夫，（页7）

按：赵必非以缪贤舍人之身份，使相如于秦，乃假以大夫之名耳。李说谬。（《考证》李笠说）

赵奢曰："请受令。"（页14）

"请受令"者，谓请受许历之令。《通鉴》改"令"为"教"者是。（《考证》）

廉颇之免长平归也，……有何怨乎？（页19）

史公甚有感于世态之炎凉，故特记此。此乃一种插话（曲），文章赖此而特为活泼有生气。

李牧者，赵之北边良将也。（页20）

此时赵王甚孱弱，秦统一天下之势已成，而李牧两破秦军，可见其将才之卓绝。

卷八十三　鲁仲连邹阳列传

鲁仲连邹阳列传第二十三（页1）

为鲁仲连立传乃史公之特识。鲁仲连之性格近游侠，而其识及其自处之高，非一般游侠所能企及，故特立一传。悲邹阳之遇，而不能为之特立一传，故因其为齐人而附于鲁仲连之后，史公在赞语中叙述甚明。其录《上梁王书》，与全录韩非《说难》同意。盖悲专制时代遇合之难也。

卷八十四　屈原贾生列传

屈原贾生列传第二十四（页1）

西汉文学之主流，皆受屈原之影响，而其端则发自贾谊，故屈、贾合传。

汉人著作，不以抄袭为嫌，史公深有契于淮南王安所作之《离骚传》，故即袭用其文，其中当有所增益。

淮南王当时已因汉廷之猜忌，而危殆不自安，故武帝命其作《传》时，即借以自明其志。

淮南王安之传《离骚》，乃所以自明其志，而史公发愤著书之心，亦即屈原作《离骚》之心。

　　屈平既绌，（页5）
　　屈平既嫉之，虽放流，（页8）
　　顷襄王怒而迁之。（页9）

　　"绌"，绌其位，然仍在朝列。"放"乃去其官，然仍在楚都。"迁"则迁于江南而远离楚都。

　　怀王时之"流放"，乃流放在外，不使与朝政。顷襄王时之"迁"，乃安置于江南，使离其江北之故国。各说皆谬。（《考证》页9至11）

卷八十六　刺客列传

　　刺客列传第二十六（页1）

　　在史学上：此传乃缀辑先秦原有故事编成，文字亦多仍前人之旧。史公特合为一传，使此类守信重义、感激轻生之人，特显出其生命之形态与价值，而给与以历史中之地位。盖以此类型之难能可贵，而不愿其湮没，且以激励末俗，开东汉节义之风。此乃将原故事赋与以新的意义。

　　在文学上言：此传乃缀辑《左传》、《战国策》以成篇，而弥缝无间，使其成一整体。间于其中加入若干议论或材料，在风格上亦无不谐和统一。

此传所记者乃社会中守节重义轻生敢死之人，此可以反映先秦及当时之风气，特为史公所重视。故特表而出之，此亦为东汉名节来源之一。

> 政姊荣闻人有刺杀韩相者，……卒于邑悲哀而死政之旁。（页20）

此段叙聂政之姊为扬聂政之名而死。后所以加一段议论，乃所以发明聂政性情之真挚笃厚。其轻生敢死，皆出自其性情之自然，亦即皆出自其人格之直接显现。

> 鲁句践已闻荆轲之刺秦王，……彼乃以我为非人也！（页39）

按：顾亭林以此为论断之法，恐迁。实乃文章之余波荡漾，使人发生叹息怅惘之情。（《考证》）

卷八十七　李斯列传

李斯列传第二十七（页1）

赵高事，分见于《李斯》、《蒙恬》两传中。始皇死，秦政一出于赵高，而李斯为傀儡。史公所以不为之立传者，殆以其不足齿数也。

在史学上言，秦统一天下后，所建制度规模皆出于李斯之手，此乃历史中之关键人物，故为之立传。在文学上，以一具体之小故事，反映出李斯之人格，即以其人格与知识之分裂，解释其一生之活动，而终无以自全，故其一生实由此一分裂之人格所贯穿。

人格系以价值判断为目的。价值判断中，必有知识作用。此时之知识，亦系纯正之知识。无人格之人，系以价值判断者以外之一时利益为目的，判断是虚伪的，在判断中的知识活动也是虚伪的。

　　顾谓其中子曰：……岂可得乎！（页43）

此段言李斯为赵高所玩弄所构陷，欲以自明而不可得，以见逐权势之终不可恃。

李斯之真正心理，必待权势绝望时乃肯说出，可知以前之种种言论，皆非出自其本心而系为巩固权势。此正可见其人格与知识之分裂。

　　李斯已死，……遂以亡天下。（页43至45）

此段述李斯死后，赵高与秦之结局。盖李斯一人本关系全局，必如此而此篇乃完整。

察其本。（页46）

本者乃其志之所存，即所谓动机与目的。

卷九十三　韩信卢绾列传

太史公曰：……于人也深矣。（页18、19）

"哀"、"悲"两字，乃史公对汉初诸臣之共同感慨，特于此发之。

卷九十五　樊郦滕灌列传

余与他广通，为言高祖功臣之兴时若此云。（页35）

《索隐》误。史公仅从他广得诸人之出身及与刘邦之关系耳。功则当另有纪录。（《索隐》）

卷九十六　张丞相列传

张丞相列传第三十六（页1）

此传乃就曹、陈后之丞相，择其尚可称述者，作一总传，而以张苍贯穿之。此不仅为文章结构之方法，盖在诸人中，亦以张为前出也。御史大夫为副相，为升任丞相必经之阶段，故并序列。且由此亦可见其未经立传者之更为不堪。

此传乃以张苍为主，而将官职相同，无独立作传之价值者附入之，乃史家之经济手段。但在文章上如何保持其统一性，乃文学上之一大要求也。

按：由此传可知立传与不立传，以人为主。而于同官位之人，可分三等，一主传，二附传，三附名而已。此亦史法之主要意义。

张苍为计相时，绪正律历。（页10）

按："绪"者始也，与后文"卒"相对称。

按：就下文"至于为丞相，卒就之"之言，则所谓"绪正律历"者，乃始正律历耳。此事非朝夕可以就功，张苍开始于为计相之时，而成功于为计相之后也。

按此文，则所谓张苍善历者，仅指水德之历而言，即终始五德与历的配合，非推步之历。

若百工，天下作程品。（页11）

"程品"，规定之样式，犹标品也。

苍之免相后，……尝孕者不复幸。（页12）

有些种插曲，文字乃有生气。此盖由史公生活兴趣之高之故。

卷九十七　郦生陆贾列传

郦生陆贾列传第三十七（页1）

此乃"军吏"以外之人物。在"军吏"以外之人物（儒生、读书人），择其有成就者，加以叙述。因郦、陆两人皆以辩说进，故合传。

沛公方倨床使两女子洗足，而见郦生。（页4）

按：洗足乃休息不治事时也，《考证》陋说可笑。（《考证》）

此蚩尤之兵也，非人之力也，（页 10）

按："蚩尤之兵"，犹言"神兵"之意。

号其书曰《新语》。（页 17）

按：号其书曰《新语》者，乃刘邦号之。以闻所未闻，故号曰《新语》。此乃一有天才之流氓，初与文化接触，故其精神受感至深，因而有惊异之感也。

此两人深相结，则吕氏谋益衰。（页 20）

按：此处之"则"与"而"同意。

平原君朱建者，楚人也。（页 21）

朱建之得以附见，不仅因陆贾之余波，且亦借以尽宫廷之隐秘。此隐秘乃历史之真实也。且杀戮功臣，多出于吕后之手，太史公对之隐痛深矣，安得不表而出之乎！

皆陆生、平原君之力也。（页 23）

中井积德陋见。史公所以著汉家之丑也。（《考证》）

卷九十八　傅靳蒯成列传

傅靳蒯成列传第三十八（页1）

按：以史笔调推之，傅宽、靳歙乃后人所补。周緤及论赞乃史公手笔或系未经整理之史料。

此传应在《郦陆传》前而反列其后，由此亦可知系后人所羼入。

卷九十九　刘敬叔孙通列传

刘敬叔孙通列传第三十九（页1）

按：以上诸人，乃活动于刘邦打天下之时。而此二人乃活动于刘邦打天下已成功之后，但与刘氏政权有密切关系，故史公将此二人合传。

叔孙通儒服，（页12）

以上在叙述中表现叔孙氏之投机的性格。

臣颇愿采古礼与秦仪杂就之。（页14）

按：叔孙通定朝仪，关系于尔后二千年之世运，而其根源所在，乃来自叔孙之人格，故此传全以表现叔孙人格者为取材之标准。《留侯传》表明以影响之大小为取材之标准。《伯夷传》以价值为取材之标准。

按：儒家安定上下之关系以德，乃情意之感通及对人民共同之责任感。叔孙之所以安定上下关系者乃以权威。

> 高帝欲以赵王如意易太子，叔孙通谏上曰：（页18）

其所以为保全太子而尽力，一为其自己着想，二存吕后为兴援。

> 叔孙通希世度务，（页22）

《汉书·董仲舒传》："希世用事"，注："希，观相也。"故"希世"乃观察时世。度务者，揣摩时代需求。

卷一百　季布栾布列传

> 遂斩丁公，（页8）

按：丁公见刘邦，盖自以有德于刘邦，而不知此实所以暴刘邦之短，故刘邦杀之。此与陈胜之杀其故人尝与佣耕者同一心理。顾假口于不忠项氏，千古为大猾所欺。

栾布者，梁人也。

栾布实无可传。其所以为之立传，盖欲借栾布以明彭越之冤耳。

卷一百一　袁盎晁错列传

邓公，城固人也，……显于诸公间。（页 20、21）

附见之例。其所以附见者，著晁错之冤也。

太史公曰：……岂错等谓邪！（页 21）

按："善傅会"三字，已尽袁之品格。"傅会"者，迎合也。"仁心为质"者，袁不为已甚矣。

盖错之所变者，皆以申韩加强秦之遗耳，故史公恨之。

卷一百二　张释之冯唐列传

文帝曰："卑之，毋甚高论，令可施行也。"（页 3）

按：此文帝之言，正法家之教也。

尉左右视，尽不能对。（页 4）

"左右视"，描写呆窘之状。必有此等笔，文章乃有生气也。

其敝徒文具耳，无恻隐之实。（页5）

此乃大智慧语。

虽固南山犹有隙，（页7）

按："南山"当指终南山而言。

冯公之论将率，有味哉！有味哉！（页17）

冯唐之所以入传，乃因其用将之道，正可与汉武用将相对照也。

卷一百三　万石张叔列传

万石张叔列传第四十三（页1）

在专制之下，无复才略节概之士，能敦厚醇谨，已为难得。此传言石家三人及卫绾、直不疑、周文、张叔凡七人。

按：此传所描叙之人物，以敦厚醇谨为主，即所谓庸言庸行。无才智功业可言，故叙述最为困难。然此人对社会亦甚有影响，汉初社会风气之形成，此等人有力，故史公特为立传。其以细事微言表现其人之精神面貌，乃叙事中之最难者也。后世传人孝谨之文，皆自此开出。又每人在各方面所发生之影响，其好坏并非一致。普通人只顺着某一方面叙述下去，于史为不客观，于文学为离开现实，而不切合具体之形相。史公则采纯客观之方法。此亦最为难得者。

按：此传卫绾等，乃另一型态之人物。此乃极平常之人物，然成为另一典型。史家须对各型人物当有兴趣，乃能理解一个时代。因时代系由各型人物构成也。此传之妙在其叙述寻常琐事，以表现人之性格。其琐事之叙述，极委曲之能事。此等处乃与文学相通。

石奋一家，乃无才无能、谨小慎微，保持禄位之起身微侧者之官僚典型。此型人物，在专制政治中，乃至在一切政府中皆占一地位。惟此君笃厚出于天性耳。

"恭敬"乃一篇之纲领。

重用谨厚无能之人，以预防祸变，其意盖发自刘邦之用王陵、周勃，此殆为汉家家法，亦一切专制之家法。由此《传》可以了解，中国历史上，每当承平之际，即为人才凋弊之时，读此《传》可以了解。

常衣敝补衣溺裤。（页16）

按："溺裤"疑为便于溺之裤，即吾故乡小儿所着之开裆裤。

卷一百四　田叔列传

田叔列传第四十四（页1）

田叔乃一节可取之士，为田叔立传，亦以见当时之无人也。

叔为人刻廉自喜，（页2）

按："刻"即下文之所谓"切直"。

故云中守孟舒，长者也。（页4）

此妄言。魏尚获罪之情形与孟舒异，何能疑为一人。（《考证》洪迈说）

代人为求盗亭父。（页9）

"代人"乃"托人"之意。（《正义》）

其后有诏募择卫将军舍人以为郎，……此两人立名

天下。（页 10 至 12）

叙卫青庸劣如画。

卷一百五　扁鹊仓公列传

扁鹊仓公列传第四十五（页 1）

此乃曾氏之无识，正以见史公之卓绝也。（《考证》曾国藩说）

按：良医多传闻、傅会之言，故此传于时间上不能完全吻合。

虢太子死。（页 6）

按：下"先生过小国"及"偏国寡臣"之言，则当为"虢"而不当为"赵"。（《考证》梁玉绳说）

卷一百七　魏其武安侯列传

魏其武安侯列传第四十七（页 1）

按：此传在史学上言，乃所以暴露当时政治权力之结构，乃以外戚近倖为中心，其中矛盾斗争之胜，一决于外戚势力之消长，不仅无是非可言，且必发生反淘汰之作用。史公盖以此一传，作为汉武政治人物之消长进退之典型。

在文学上言之：（一）以三人情节之互相穿插，阐明问题发展之因果关系及文章之线索关连，使全篇之结构为完整统一。（二）在各种对比之描述中，显见其是非之所在及势力消长之形势。（三）在势力消长斗争中，描写两方之心理状态。（四）由三人交往情景之具体描述，而可以反映当时此一社会层之活动面貌，历历如绘，此甚为难得。

此传所以见汉武用相之无状也。当与《匈奴列传》赞合观。

史公穷究人类行为所引起之病祸因果关系，而有不得其解者，即采社会早已风行的报应之说，以济现世之穷。此实为佛教思想之先导，亦以见佛教所以容易流行中土之故。

相提而论，（页5）

按："相提而论"者，将废太子及屏闲处两事相并而论也。中井积德妄说。（《考证》）

魏其侯为寿，（页18）

按："为寿"乃敬酒祝宾客健康之意。

卷一百八　韩长孺列传

韩长孺列传第四十八（页1）

按：韩安国智而质厚，又曾谏伐匈奴，故史公有取焉。

韩安国为梁使，见大长公主而泣曰：……而太后弗恤也？（页3、4）

此真善于语言者，盖揣太后之意而出此。

名由此显，结于汉。（页4）

以上言其事梁王，能以才智成其忠。

语曰："虽有亲父，安知其不为虎？虽有亲兄，安知其不为狼？"（页6）

法家语。

今匈奴负戎马之足，……虏以全制其敝。（页8）

按：此为秦汉时一般人之看法。

史公深不满于武帝之伐匈奴，故凡谏匈奴者皆记之。

安国为人多大略，智足以当世取合，而出于忠厚焉。（页12）

此乃史公之断语，及其所以作传之故。

所推举者皆廉士，贤于己者也。（同上）

史公最重举士。

安国既疏远，默默也。……病欧血死。（页14）

史公叙此，如闻安国叹息之声。

卷一百九　李将军列传

李将军列传第四十九（页1）

以内宠起家之晚辈，其地位一旦凌驾于前辈而又有才能者之上，必力加排挤构陷，而特别提拔其无才能者之部下，其心理始得以安宁、满足。此古今之所同，而李广之悲剧，即为其显例。史公特为此而立传，此乃良心对现实之反抗。

　　惜乎！子不遇时！（页2）

　　"不遇时"三字，遂注定李广一生之命运。叙此一句，以见汉武之不能用将也。有此一叹息，而后叙述李广一生之数奇，乃为有势有力。

　　皆以力战为名。（页3）

　　此皆为李广不侯之反烘托。以与大将军而侯者相对照，更显。

　　而程不识亦为长乐卫尉。（页6至8）

　　此段插入程不识，将两人之性格及治军方法，作对比的叙述，而李广之特性更为明显，且以副传程不识。

　　顷之，家居数岁。……至军而斩之。（页9）

　　夹叙其屏居时之轶事，以见人情之冷暖，然亦见广之器量有所不足，不及韩安国。

　　大将军使长史急责广之幕府对簿。（页17）

此与《卫青传》（页 13）对苏建之态度对看。

太史公曰，……可以谕大也。（页 21）

此应《卫霍传》合观。

卷一百十　匈奴列传

匈奴列传第五十（页 1）

史公有《匈奴》、《南越》、《东越》、《朝鲜》、《西南夷》五列传，其书实已具备世界史之规模。

为其切当世之文而罔褒，忌讳之辞也。（页 69）

按："为其切当世之文而罔褒"者，谓当世之公文书多无实之饰词也。

《索隐》乃溺于专制下之邪说。

此数语暗示对当时之大事，多不能明言，故只得托微言以见意。以下乃对伐匈奴事之微言。

以便偏指，（同上）

按："偏指"者，指汉武片面之企图。将率（帅）仅借中国之广大而气奋，言其非真有能力，据庙算以出兵也。

伐匈奴为汉武一代大事，其内情，史公仅以"席中国广大，气奋"及"偏指"尽之。

唯在择任将相哉！（页70）

汉武之任将，已见《卫霍列传》，而其用相则应参阅《张丞相列传》后"为丞相备员而已"一段。平津侯犹其中之佼佼者。

卷一百十一　卫将军骠骑列传

卫将军骠骑列传第五十一（页1）

应与《匈奴传》及《李广传》合看。

此传将卫青与其姊卫子夫之事迹参错并叙，以明卫青之地位及所谓功勋，皆由其姊之内宠而来。

捕伏听者三千七十一级。（页8）

按：此所谓"伏听"者，实即无武装之匈奴人民。

宁乘说大将军曰：……徒以皇后故也。（页16）

按：此处乃点出卫青贵幸之真正原因及汉武之真正用心所在。

诸宿将所将士马兵亦不如骠骑，……比大将军。（页 21）

此见李广不侯之真原因。

其校尉裨将以从大将军侯者九人。（页 34）

按：用"以从"二字，见得侯之故在从大将军，而不在战功也。此参阅以下各文可见。

为裨将者曰李广，自有传。（同上）

李广以裨将而另立传，此乃史公之特识。

其校吏有功为侯者凡六人，（页 41）

此处须与卫青处对照观之。卫青下称"以从大将军侯者九人"，而此处则称"其校吏有功为侯者凡六人"，以见封侯之原因不同也。

《游侠列传》所以著社会势力，所以著社会对不合理之反抗精神。

专制日久，一以权力属于政治，而社会之权力为大禁，固不能知史公立此传之本意。

游侠乃社会之反抗精神，故凭借政治势力以招贤纳士，似游侠而实非游侠。此指当时田蚡之属而言。

游侠乃同情弱者之正义的反抗。豪暴恣欲自快，有似于游侠，而正与游侠相反。

按：此时去刘、项起兵时不远，社会豪杰奋起之力量与影响，正未可轻视，《通鉴考异》及李笠皆自己时代之社会推论古人，此最为无识。

　　而学士多称于世云。（页2）

按："学士多称于世"，以见侠者多被埋没，伏作此传之用意。

"学士"中有两种人。一为以术取宰相卿大夫者，此种人显名于当世，"故无可言者"，此五字含有无限讽刺之意。另一种人为季次、原宪，则有《弟子志》云。故此一段乃"学士多称于世"一语之申述。

　　于戏，惜哉！（页17）

史公于此盖有无穷之叹息。

卷一百二十五　佞幸列传

延年善承意，弦次初诗。（页8）

"弦次初诗"者，为初诗作乐谱耳。李说误。（《考证》李笠说）

太史公曰：……虽百世可知也。（页9）

佞幸为封建专制下之必然产物，史公谓"虽百世可知"，痛哉此言，确哉此言也。

以卫、霍之勋贵，而不能免列名于佞幸，此史家之尊严，为不可犯也。

卷一百二十七　日者列传

日者列传第六十七（页1）

司马季主之言，乃对当时仕途之总批评。

史公此传，乃有感于司马季主之言。借此为季主立传以传之耳。梁说妄。（《考证》梁玉绳说）

又按：史公似无全录人文入传者。此乃未完成之传。

卷一百二十八　龟策列传

龟策列传第六十八（页1）

褚先生未尝冒史公之名，后之说者，反纷纷乎。

褚未见《龟策列传》。

按：《序论》乃真史公手笔。与《封禅书》同意。

卷一百二十九　货殖列传

货殖列传第六十九（页1）

应与《平准书》合看。

史公以《平准书》言政府之财经政策及财经政策与政治社会之关连、影响。以《货殖列传》言国家社会之经济活动，及经济活动对人生社会之意义。儒家主张藏富于民，承认合理之经济自由竞争。而此种合理之经济竞争，乃人类生活之重要条件，史公特表而出之，于此正可见其特识。

此传之特色：（一）先作历史之叙述，再作当时之叙述。（二）将原则与事实相关连。（三）有国家之叙述，有民间之叙述。（四）有社会全面之叙述，有各别成就之叙述。（五）重视财富，亦分别财富自身之等第。

诸家议论皆迂腐可笑。（《考证》）

而白圭乐观时变，（页 14）

商业以生产为基础。农业社会之商业活动，必考虑到年岁之丰穰问题。此时大规模之商业活动，多以农民为对象之屯积居奇为主，由此亦可反映出商业对农民的剥削性。